常村李啓命先生 魏晉隋唐史研究論文集 Ⅱ

西魏·北周·隋唐의 官僚的 門閥士族研究

常村李啓命先生 魏晋隋唐史硏究論文集 Ⅱ

西魏·北周·隋唐의 官僚的 門閥士族硏究

인 쇄 2017년 2월 20일
발 행 2017년 2월 27일

저 자 이계명
발행인 정병석
발행처 전남대학교출판부
등 록 1981. 5. 21. 제53호
주 소 61186 광주광역시 북구 용봉로 77
전 화 (062) 530-0571~2
영업부 (062) 530-0573
팩 스 (062) 530-0579
홈페이지 http://www.cnup.co.kr
이메일 cnup0571@hanmail.net

값 35,000원

ISBN 978-89-6849-386-7 (93910)

이 도서의 국립중앙도서관 출판예정도서목록(CIP)은
서지정보유통지원시스템 홈페이지(http://seoji.nl.go.kr)와
국가자료공동목록시스템(http://www.nl.go.kr/kolisnet)에서 이용하실 수 있습니다.
(CIP제어번호 : CIP2017004695)

이계명 씀

常村李啓命先生 魏晉隋唐史研究論文集 Ⅱ

西魏·北周·隋唐의 官僚的 門閥士族 研究

서위·북주·수당의 관료적 문벌사족 연구

宇文泰의 "關隴有武力·才智者"
唐太·玄宗의 "興重儒學·盛唐景狀"

전남대학교출판부

■ 總序說

현재 中國 魏晉隋唐史研究는 韓·中·日 3國이 거의 같은 수준이라고 생각된다. 中國의 대표적인 연구자 陳寅恪선생은 이전에 작성한 논문을 규모나 내용면에서 보강·확대하거나 再構成하여 『隋唐制度淵源略稿』, 『唐代政治史述論稿』 등을 발표하여 동 時代史의 연구에 金字塔을 세웠다는 칭송을 받았고, 현대 그의 후학들이 수용 발전시키고 있다. 日本 京都大學校의 貴族制論者의 대표 谷川道雄교수는 陳선생과 같은 방법으로 연구를 진척하여 괄목할 만한 성과를 이루었고, 中國에서 그 성과와 방법을 수입하여 큰 성과를 거두었다고 한다. 그 대표적인 事例로 최근 100여 년간에 염원해 왔던 中國通史, 곧 總主編 白壽彝의 『中國通史』, 張岱年의 『中國全史』가 그것이다. 또한 魏晉隋唐唐시대만하여도 唐長孺 周一良 諸教授의 수많은 연구 성과가 홍수처럼 쏟아져 나오고 있어 한국·일본 등의 論著까지 섭렵조차 힘드는 상황이다.

필자는 魏晉隋唐史를 전공하여 1977년 전남대학교 인문대학에 入仕하여 山東郡姓이요, 門風이 優美하였던 范陽盧氏와 關中郡姓으로 군사적인 功績이 탁월하였던 河東薛氏가 門閥士族으로 흠정 받고 漢人 門閥士族(制) 등의 활동상황에 대하여 약 20여 편에 달하는 拙稿를 발표한 바 있다. 2015년 전남대학교 도서출판지원으로 『魏晉北朝의 門閥士族研究』(常村李啓命先生 魏晉隋唐史研究論文集 I)를 출판하였다. 이상의 제논문은 균전제를 논제로 설정하고 중국 토지제의 전반·연원부터 살펴보아야 하는데 방법론을 몰라 당전기 균전제 붕과에 관한 고증적 방법으로 탐방하였으니 한국의 시대적인 한계 등으로 진척시키지 못하였다. 문벌사족에 관한 고증적 연구를 해보겠다는 생각으로 宮騎市定씨가 말한 육조연구 방법론을 이해하지 못한 채, 서위·북주의 관료적 문절사족에 관한 기가관을 가지고 宇文泰집단에 대하여 고증적으로 연구해보니 향병=부병제를 통하여 기가관을 살펴보니, 필자의 연구방법론이 잘못되었다는 것을 알았다. 또한 박한제교수님이 쓰신 우문태의 虜姓再行·賜姓에 대한 논문이 필요하여 전화연락을 하였더니 논문 외에 『대당제국과 그유산』을 보내주시고 起家官만은 이번에 꼭 밝혀보라는 따뜻한 충고를 하여 고마웠다. 그러나 박교수님의 애정어린 충고에 따라 모든 논문을 재정비할 수 없어 고증적인 방법을 통한 姓氏學研究集을 이제 재정비하기에는 힘·시간이 더 이상 없는 필자는 어떻게 할 수 없어서 저간에 전북대학교 송준호지도교수님께서 고증적방법으로 한국 사족연구를 하셨던 연구방법으로 대다수 논문을 써서 범양노씨 등의 문벌사족의 논문집과 고증적 연구방법으로 펴낸 졸작 『中國政治思想史綱要』·『中國史學史學史要綱』·司馬光의 『資治通鑑史論探訪』은 필자의 성과라고 내놓아볼만 하다고 보고, 본 논문집을 내놓았었다. 이번에 저간에 고증적 방법으로 작성한 제논문을 약간씩 재정비하였다. 특히 제1편 1장 「西魏·北周의 官僚的 門閥(문벌)士族(사족)研究」는 고증적인 방법으로 『주서』를 분석하여 舊稿 서위·북주시대에 관한 2편의 논문을 起家官·襲爵·功績 등을 정리하여 대폭 보완하였다. 결국 위진수당시대의 연구를 동시대의 성씨 명족·문벌사족(=귀족)을 통하여 연구한 것이다, 이점에 유념하시어 惠覽을 기대한다.

이제 北朝後期 西魏·北周의 官僚的 門閥士族(制)은 北魏·北齊의 그것과 性格과 實態면 등에서 隋·唐時代 官僚的 門閥士族과 아주 가까운 功績主義的 文武兩兼의 官僚的 門閥士族으로 이해하고 있다. 까닭에 박한제교수님의 『大唐帝國과 그 文化遺產』-胡漢統合과 多民族國家의 형성-(碩學人文講座 57/세창출판사 2015년 5월)을 바라보면서 책이름을 『西魏·北周·隋唐의 官僚的 門閥士族研究』(常村李啓命先生 魏晉隋唐史研究論文集 Ⅱ)을 출판한 것이다.

필자가 새롭게 재구성할 『西魏·北周·隋唐의 官僚的 門閥士族研究』(常村李啓命先生 魏晉隋唐史研究論文集 Ⅱ)』의 序說은 『隋唐官僚制의 成立과 展開』에서 詳說하였고 이번에 상당이 보완하였기 때문에 재론하지 않았다. 그 간략한 내용과 목차는 다음과 같다.

第1編 西魏·北周 官僚的 門閥士族의 成立과 發展

第1章 西魏·北周의 官僚的 門閥士族研究

530년 關西大行臺 元帥 尒朱天光 大都督 賀拔岳이 軍閥 高歡의 使嗾를 받은 侯莫陳悅에게 피살되자, 그를 따르던 趙貴 등 50명의 諸將이 夏州刺史 宇文泰를 盟主로 삼아 平涼同盟을 결성하였다. 이들 諸將들은 기본적으로 자신들의 州郡縣이나 大小 鄕里社會의 豪傑로 豪俠을 통하여 義勇을 결집하였다. 宇文泰는 高歡을 따르던 侯莫陳悅·曹泥를 토평하고 534년 고환과 알력 끝에 入關한 孝武帝의 영접하여 西魏政權을 열어 나라의 正統性과 正當性을 확보하였다. 군벌 고환은 부득이 孝靜帝를 옹립하고 鄴에 천도하여 柱國大將軍 大丞相 勃海王으로 晉陽에 霸府를 열고, 아들 高澄과 親信을 鄴京에 보내 정치를 操縱하는 入朝輔政體制를 확립하고 對西魏戰을 전개하였다.

이때에 西魏는 領土와 人口上에서 東魏에 열세이었고 文化的으로도 南朝 梁王朝 武帝에 뒤져 있었다. 이에 大丞相 太祖 宇文泰는 蘇綽·盧辯 등의 關中本位政策, 곧 周禮主義에 입각한 西周 六官制의 採用, 虜姓賜與와 再行 그리고 이른바 隋唐世界帝國의 府兵制의 기반을 확립하였다. 北周 武帝는 宇文護의 專政을 停止하고 北齊를 평정하여 華北을 통일하였다. 隋文帝는 7세기 초에 南朝까지 평정하여 중국을 統一하였고 唐帝國이 再統一한 것이다. 저간에 통치계층을 앞서 말한 陳寅恪선생은 '關隴集團', 谷川道雄氏는 文武兩兼의 '新貴族'이라 하여 정리하였다. 필자는 이들에 대하여 西魏·北周의 훈귀집단과 관료사족으로 정리하였으나, 不實하여 이번 기회에 대폭 보완하였다. 그리하여 西魏에서 활약한 文武兩兼의 관료적 문벌사족이 서위의 형성과 발전에서 어떠한 활동을 하고 어떠한 공로를 세웠는가 하는 등의 측면을 考究하여 西魏의 통치집단, 이른바 "關隴有武力·才智者", 곧 關中·隴西지역의 武力과 才智를 가진 諸將을 비롯한 관료적 문벌사족의 功績과 性格에 관한 역사적 지위에 관하여 재구성·정리하였다. 아울러 557년 北周의 成立事情, 北周 官僚的 門閥士族와 정치발전에서 등장하여 蜀·江陵을 평정하는 등에 활동한 인물들의 功績과 그들의 性格 특히 山東과 關隴의 郡姓 출신의 활동과 공적을 재구성·정리하여 북주시대의 官僚的 門閥士族(制)의 실태와 성격을 살펴보았다.

第2章 北周末 尉遲迥 등의 叛亂

580년에 大丞相에 진출한 楊堅에 대하여 等夷關係에 있던 尉遲迥 王謙 司馬消難의 반란경위와 성격 그리고 周隋革命에 관하여 살펴보았다. 이로써 西魏·北周 官僚的 門閥士族의 실태와 성격을 재구성·정리한 것이다.

第2編 隋·唐王朝時代의 官僚的 門閥士族硏究

第1章 7世紀 前後 南朝系人士의 動向에 關한 一考察

여기서 말하는 南朝系人士란 주로 西魏 恭帝 원년(554) 江陵平定이래 附庸인 後梁과 平陳前後 入關한 門閥士族의 동향과 활약을 구체적으로 고찰하여 隋王朝의 官僚的 門閥士族에 합류한 사정을 考究함으로써, 그들의 性格을 再構成·整理한 것이다.

第2章 隋初의 "四貴"와

第3章 隋 尙書省의 職能과 人的構成－隋的 支配集團 把握의 一環으로－라는 논문을 재정비하고 약간을 보강하였다. 즉, 隋王朝初期에 楊惠 虞慶則 蘇威 그리고 高熲의 '四貴'를 비롯한 이들의 官歷과 官僚的 門閥士族의 志向을 考究하였다. 그리고 隋王朝 關隴 官僚的 門閥士族의 文武兩兼的 實務役割에 관점을 두어 關隴·山東의 郡姓을 중심으로 그들의 출신·역량과 공적을 考究하여 隋王朝의 官僚的 門閥士族의 성격을 파악하려는 방향에서 재구성 정비하였다.

第4章 隋·唐 交替期의 江南諸集團에 관한 一考察－蕭銑을 중심으로－

隋末·唐初에 발발·진행된 農民戰爭중에서 江南의 蕭銑 등 官僚集團과 群盜集團은 山東·關隴의 諸集團과 유사하게 結集하여 隋王朝의 倉粟·兵器로 隋·唐王朝와의 투쟁을 전개하였다. 그렇지만 이들은 강력한 唐軍에게 평정되어 唐王朝의 官僚的 門閥士族이나 백성으로 一元化, 곧 재편성되었다. 貞觀의 治와 盛唐을 연출하는 중요한 정치·경제적 기반으로 발전하였다. 이에 이를 재구성·정리한 것이다.

第5章 中國 科擧制의 成立

中國 科擧制는 漢時代 秀才·明經 등의 分科擧人을 말할 수 있다. 1905년 中國의 現代化시기에 廢止할 때까지의 選擧制를 가르켜 말하는 것이 타당하다. 이에 필자는 漢代의 鄕擧里選이 曹操의 唯才是擧를 거쳐 이른바 門閥士族制의 제도적인 장치인 九品中正法을 대체하기 위하여 채용된 進士·明經科로부터 성립되었다고 본다. 이는 隋煬帝 때에 실시한 10科擧人 중에 '時務堪應科'가 바로 進士科고 단정하고, 武則天시대에 완성 실행되었다고 정리하였다. 이는 실제로 강대한 皇帝權을 관철하는 제도적 장치이었다. 그리하여 황제가 門閥士族이나 官僚를 통하여 파악하고 나아가 官僚制로 발전한 것이다. 이에 隋唐시대 政界에 진출한 官僚的 門閥士族의 성격을 규명하는 데에 근거를 제공하는 제도로 발전하였다. 이 제도를 통하여 수당시대에 등장한 官僚的 門閥士族의 實態와 性格을 규명하는 데에 중요한 척도로 이해하고 이를 재구성·정리한 것이다.

第6章 唐太宗의 世襲刺史 詔勅에 대하여

唐太宗이 唐王朝의 長治久安의 하나의 방편으로 既存 諸王의 封建이외에 당왕조 건설에 막대한 공로를 세운 功臣들의 역량을 子孫에게 세습시켜 당왕조의 무궁한 발전의 방향을 획책한 것이다. 그러나 그 정책은 時宜에 어긋나고 子孫들의 犯法을 우려하는 공신들의 반대에 부딪쳐 정지시켰다. 따라서 唐王朝의 官僚的 門閥士族의 성격을 명확하게 들어낸 사정으로 이해한다. 이에 이를 당왕조의 관료적 문벌사족이라고 評判할 수 있는 중요 요인으로 삼을 수 있다. 이에 이 논문을 다소 보완하여 재정리하였다.

第7章 唐前期 均田制崩壞에 對한 一考察

均田制는 北魏이래 律令秩序를 관철하는 중요한 제도였다. 그렇지만 根本的으로 狹鄕과 寬鄕이 존재하였고 給田의 有無에 따라 本籍地 移住의 통제되었으며, 방대한 官人營業田 賜田 公解田 職分田 및 食實封制의 실시 등으로 均田農民은 부득이나마 逃亡하여 節度使의 募兵에 참여하거나 客戶로 寄住戶·寄莊戶로 轉化되어 율령질서의 파탄을 가져와 地主佃戶制라는 사회경제적인 封建化에 밀려 中國封建社會의 후기 혹은 이와 엇물려 唐末五代를 걸쳐 宋代이래의 官僚制에로의 발전을 촉진하는 결과를 가져왔다. 따라서 이를 본 논문집에 제구성한 것이다.

第3編 隋唐官僚制의 成立과 展開－山東의 門閥士族·官僚를 중심으로－

이 論文『隋唐 官僚的 門閥士族(制)의 成立과 展開－山東 門閥士族과 官僚를 중심으로－』은 著者의 博士學位論文『魏晉北朝의 門閥士族－范陽盧氏를 중심으로』의 속편으로 규모가 커서 책으로 硏鑽하였다. 이제 본 논문집 앞 1·2편의 諸論文의 기초 위에 재구성하였다.

北魏 孝文帝의 漢化政策 특히 姓族詳定을 통하여 胡漢 兩民族의 상층부가 官製的으로 官品에 의하여 체계화하여 胡漢融合에 크게 기여한 것은 사실이다. 호한 양민족 상층부만의 漢化와 그들의 封建化 그리고 好奢는 胡漢 차하계층(豪族·豪右 등)은 選擧에서 不利하였다. 또한 遷洛이후 胡漢 양민족의 차하계층은 시대의 변화를 열망하였다. 그러나 과거 영광스럽던 六鎭의 병사는 물론, 武力과 才智가 있는 자는 洛陽遷都이후 仕宦上의 출구가 막혀 出口가 막힌이외에, 內地의 犯罪者가 鎭民에 충당되었을 뿐만 아니라 鎭將의 탄압수탈 또한 지나쳤다.

까닭에 州郡縣이나 鄕黨에서 豪傑이 豪俠으로 義勇을 결집하여 반란을 평정하고 세력을 확대하는 정치군사구릅이 발생하였다. 尒朱榮 高歡 宇文泰가 그 代表格이었다. 尒朱榮은 많은 공적으로 정권을 건설하였지만, 스스로 봉건화하고 정권을 세웠지만, 산동 문벌사족 등이 주도하던 체제를 河陰役으로 否定하여 自滅하였고 그 집단에서 성장한 高歡은 高乾·封隆之·李元忠 등 漢人 門閥士族과 信都에서 同盟하고 자신이 옹립한 孝武帝와 알륵하여 東魏와 그 연장선상의 北齊가 등장하였다.

이리하여 이 책은 다음 5단계에 걸쳐 隋唐의 官僚士族(制)나 官僚制의 成立과 展開를 설정하여 고찰하려는 것이다. 다만 필자의 박사학위논문이 산동 문벌사족 범양노씨이었기 때문에 그들의 연장상에서 西魏·北周 그리고 隋唐時代의 山東 郡姓에 관련된 것이어서 기존의 연구성과를 다소 보완하고 재구성하여 정리하였다. 다만 사실상 士族에 관한 연구는 吳郡四姓·賜姓·關

中郡姓 그리고 代北虜姓 및 庶民地主層까지 고찰하는 작업이 필요하고 본 논문집Ⅰ의 하동설씨에 대하여 논설을 등재하여 그들의 후예로 이름높은 薛道衡 薛收 薛元超 薛稷 薛仁貴 薛訥 그리고 薛嵩 등에 대하여 정리할 필요가 있지만 필자에게는 더 이상의 시간·힘이 없어 후학들의 연구에 기대할 뿐이다.

제1단계로 關西大行臺 大都督 賀拔岳이 高歡의 使嗾를 받은 侯莫陳悅에게 피해를 입자, 趙貴 寇洛 赫連達 등의 翊戴, 곧 추대를 받아 平涼同盟을 결성하고 후막진열과 曹泥 등을 평정하였다. 곧이어 고환과 알륵 끝에 入關한 孝武帝와 擧義 入關한 山東 門閥士族 출신을 맞이하여 西魏政權을 건설하였다, 大丞相 宇文泰는 蘇綽 盧辯 등이 창출한 이른바 六官制 府兵制 虜姓再行·賜與 그리고 六條詔書 및 中興永式 등에 입각하여 諸將과 더불어 鄕兵, 곧 府兵制를 점차 보완하여 對東魏戰에서 연전 연승(潼關 沙苑 小關 玉壁 河橋 玉壁大戰에서 대승하고 邙山戰은 약간 불리)를 획득하였다. 또한 漢中 蜀 江陵을 평정하였다. 이러한 諸戰鬪에 참여한 諸將이 關隴豪右와 산동 문벌사족으로 入關한 세력과 그 이외에 梁에서 入關한 인물들이었다. 이들과 그들의 자제들이 宇文周政權을 창출하여 周禮主義的이었다. 무제 때의 정치 군사력을 보완하여 北齊를 평정하여 화북을 통일하였다. 이러한 북주의 화북통일은 중요한 역사적 계기로 필자는 이들 통치계층을 官僚的 門閥士族으로 정리하여 舊稿를 대폭 보완하였다. 이들은 隋唐시대의 중심적인 통치계층을 陳寅恪씨가 關隴집단이라고 말한 이래 아직도 유행하고 있다. 따라서 필자는 西魏·北周의 통치집단이 그 관롱집단의 父祖에 해당되어 상세한 검토가 필요하다고 보고 추진하였다.

제2단계 北周末 尉遲迥 王謙 司馬消難 등의 反對세력을 평정한 楊堅의 隋朝에서도 關隴集團의 지배력이 관철되는 사정 하에서 平齊 후 北周 武帝의 徵召를 받아 入關한 산동 문벌사족들은 형식상으로는 北周의 周禮的 世界, 실질상으로는 北周의 尙武的 世界에서 생활하였다. 이들은 곧 周隋革命의 전환기를 맞아 北魏 末 孝武帝를 따라 入關한 산동 문벌사족과 함께 隋朝의 창건에 막대한 역량을 발휘하여 재상 등 고관에 이르렀다. 高熲, 李德林 등이 그들이다. 이들은 다른 한편으로 隋朝의 통일정책 예컨대 중앙과 지방행정조직의 개편, 輸籍法 등을 입안하는 과정이나 易太子 事件을 통해서 거세되었던 것처럼 억압받고 채용되지 못하였다. 이러한 隋朝下에서 山東 門閥貴族들의 동향 및 억압되었던 사정을 살펴보고자 第3章은 山東 門閥貴族에 대한 통제로 설정하고, 제1절은 隋王朝時期를 설정하여 다루어 보려는 것이다.

제3단계 隋末·唐初의 반란이 反徭役鬪爭의 성격을 갖는 것은 두 말할 필요가 없다. 다만 煬帝의 關隴出身 인물의 배척과 關隴地域을 홀시한 태도도 적지 않게 작용하여 關中에 거점을 설정한 李唐에 유리하였고, 李唐의 본신과 그를 둘러싼 세력은 隋朝와 같은 關隴集團이었으며, 그 지배력이 관철되었다. 그렇지만 唐 初期에는 왕조의 창출, 東都平定 등의 재통일, 玄武門事件 등에서 산동의 인물들도 막대한 공로를 세워 그들을 배척할 수 없었다. 뿐만 아니라 통일왕조로써의 唐왕조는 관료적 문벌사족들로 하여금 왕조의 官品, 禮教에 맞는 혼인을 이행하게 함으로써 정치·사회의 질서를 회복하려 하였다. 이런 때 山東門閥士族들은 어떤 동향을 보였는가를 이해하기 위하여 第3章 2절은 唐 初期를 설정하여 다루어 볼 것이다.

제4단계 長孫無忌를 중심으로 하는 關隴集團의 지배는 高宗의 武皇后 冊立을 통하여 와해되고, 정권을 창출하려는 야심만만한 武皇后는 科擧制를 정비·확대하였다. 北齊의 멸망 이후 山東地域은 낙후되고 山東門閥士族 또한 北朝後期이래 隋朝 및 唐 初期에 여러 가지의 억압과 통제를 받았던 사정에서 武皇后의 정권창출과 같은 기도는 經史 및 문학적 역량이 풍부한 그들에게 있어서 정계에 진출하고 현달할 수 있는 절호의 기회가 되어 과거제 등을 통하여 중앙정계에 적극적으로 진출하였다. 이리하여 산동인물들은 門閥士族이라기 보다 官僚로서 關中·江南에서 진출한 庶民地主層에서 부상한 인물 등과 더불어 관료로 편성되어 드디어 唐朝 官僚制가 성립되었다. 또한 高宗 顯慶年間(656-660)에 官修된 『姓氏錄』과 禁婚令은 관료제 형성의 주요한 작용을 하였다. 이 시기에 山東 門閥士族들이 어떤 동향을 전개하였는지 살펴보고자 第4章 1절은 武后期 官僚制의 성립에 대하여 정리할 것이다.

제5단계 武則天 때에 성립된 官僚制下에서 玄宗의 開元·天寶時期 및 唐後期에 士·庶鬪爭과 黨爭과 같은 정치집단간의 투쟁이 전개되어 결국 士·庶合流가 이루어졌다. 이는 官僚制 하에서 나타나는 현상으로 이 오랜 동안에 산동관료는 어떤 양태로 생활하고 활동하였는가를 이해하고자 第4章 2節은 唐 中·晩期 산동관료의 동향을 재구성·정리할 것이다.

제4편 原文資料의 해설과 번역

필자는 入仕이래 中國古代史 中國史學史를 강의·연찬해왔다. 上古로부터 唐末까지로 광범위하였다. 欽定 正史와『資治通鑑』『全唐文』등 各國文에 보이는 表奏文 詔書 중에 중요한 자료에 관하여 간단한 해설과 번역문을 동시에 게재하여 학부학생 대학원생 연구자 그리고 일반 독자 여러분에게 제공하고자 삽입하였다. 이는 대학생과 원생들이 저명한 杜維運著 權重達譯『中國歷史研究方法論』을 추천한다. 또한 지방도시 光州에서 필자의 才智와 자료가 태부족인 상황에서 연구방법조차 개발 되지 않았던 사정에서 참으로 적잖은 노력으로 미흡하나마 몇 권의 저서를 출판하였던 일을 작은 즐거움으로 여생을 살게 되었다. 아울러 이 일을 추진하는 하는 데에 전남대학교 총장님을 비롯한 당국과 출판부 관계자에게 깊은 감사를 드립니다. 또한 이 연찬을 할 수 있도록 길을 열어준 최영태교수, 발췌문 번역을 도와준 김봉중 교수 중어 중문학과 이등연교수님을 비롯하여 이강래 송한용 이성원 윤선자 강은영 김병인 임종명 최혜영교수님 諸位께 깊은 감사를 드립니다. 아울러 사학과 조교 이애슬양, 대학원생 이희성군 주은진양 이선희양 김송이양 박혁민군이 2회씩이나 교정해 주어 참으로 고맙다. 그리고 고생고생한 내 아내의 희생적인 내조, 가족의 협조, 특히 내딸 선희의 용감한 효성에 대하여 깊은 감사와 고마움을 전한다.

2017년 2월
常村 李啓命 엮음

■ 목차

第1編 西魏·北周 官僚的 門閥士族의 成立과 發展

第2編 隋·唐王朝時代의 官僚的 門閥士族研究

第3編 隋唐官僚制의 成立과 展開

第1編

西魏·北周 官僚的 門閥士族의 成立과 發展

第1章
西魏·北周의 官僚的 門閥士族研究

〈目 次〉

1. 序 言

北魏말에 야기된 六鎭의 反亂에 대한 통설적인 해석은 낙후된 선비귀족의 종족적인 反動으로 별다른 理論이 없었다. 그러나 실제로는 魏晋以來 발달되어온 漢人 門閥士族制에 커다란 타격을 주어 정치사회의 전환기가 되었다. 그것은 孝文帝의 여러 가지 漢化정책, 특히 門閥主義로 말미암아 낙후된 선비인과 漢人 門閥士族 그리고 그 차하계층인 광범한 豪右 豪族층으로 하여금 非門閥的인 세력으로 대두하게 하였다. 이들은 종래에 사회적 지위와 기득권을 향유하던 門閥士族에 대항하여 새로운 諸階層을 결합함으로써, 北朝後期에 諸政權, 東魏－北齊와 西魏－北周정권이 성립하였다[1])고 하였다.

이러한 谷川氏의 논설에 동의한 直江直子는 그 당시 諸階層의 결합원리를 제시하여 곡천씨 논설을 보강하였다. 즉, 直江氏는 북조후기 정권에서 주체적 담당자가 북방민족 출신이라고 보았다. 또한 동씨는 谷川氏가 언급한 北族정권을 지지하는 사회에 눈을 돌려 그들 국가의 성격을 거기에 합류한 漢人이 共同體를 指向하였다는 예상에 共感하였다. 그리하여 북족사회의 기초적인 구조를 규명하기 위하여 북진의 반란이후 북중국의 위정자 Group의

1) 谷川道雄, 『北魏研究의 方法과 課題』, 名古屋大學 文學部研究論集 32, 1964.

세력결집 기반[2]에 대하여 논술하였다.

同氏의 所論은 북위말 내란을 계기로 등장하고 次期의 정권을 담당한 北鎭출신이 北鎭이라는 鄕里社會에 몸을 둔 豪傑들이 豪俠이라는 資質에 따라 鄕里의 民을 義勇으로 삼아 집단을 결집하였다는 것이다.

따라서 서위·북주정권의 주체적 담당자는 한인 사회에 눈을 돌려 사회를 어떻게 재편성하여 운영할 것인가 하는 것이 문제의 핵심이다. 그리하여 종래 문벌사족과 그 차하계층에 대하여 대항하기보다는 그들을 어떻게 정권에 합류시켜 연합하는 것이 중요하였다. 동시에 關隴지방에서 西魏성립이후에 胡漢 官僚的 門閥士族, 곧 統治集團은 徵兵과 鄕兵을 통하여 對東魏戰을 치열하게 전개하던 상황에서 점차로 형성되고 편성되었다. 이런 사정에서 關隴의 胡漢 官僚的 門閥士族은 상호 자긍심을 가지고 통치계층으로써의 역할을 분담하는 가운데에 胡漢融合이 이루어진 것이다.

이러한 西魏·北周의 官僚的 門閥士族의 動向에 관하여 陳寅恪선생은 '關隴有武力才智者'로 唐前期의 지배집단인 '關隴集團'으로 정리하였다.[3] 다만 이들 父祖의 활동 실태에 대해서는 소략되었다. 또한 布目潮渢씨도 隋王朝와 隋末·唐初期 통치계층에 대하여 정리하였지만, 隋王朝 唐前期 통치집단에 대하여 정리하였다.[4] 다만 그들의 父祖에 대해서 성명만을 거론하였을 뿐이다. 아울러 谷川道雄氏는 西魏－北周의 통치집단을 '新貴族'이라고 정리하였지만, 그 구체적인 실태를 考究하지는 않았다.[5] 그런데 宮騎市定씨는, "西魏－北周에서 功績을 중시하는 새로운 傾向이 출현하였다. 이러한 신경향이 지속된다면 별도의 貴族制를 고려할 수 있다"[6]고 지적하였다.

따라서 본고의 목적은 平涼同盟으로부터 西魏·北周의 성립과 발전과정에

---

2) 直江直子, 「北朝後期政權爲政者구릅의 出身에 대하여」, 名古屋大學 東洋史硏究報告 5, 1978.

3) 陳寅恪, 『金明館叢稿初編』 「唐代政治史述論稿」 上編 政治階級之氏族及其昇降(臺北 里仁書局 1981;1963年 原刊本 影印), pp.48-9.

4) 布目潮渢, 『隋唐史硏究』 「序說 唐朝政權の形成に關する課題」로부터 楊玄感 李密 李淵 李世民과 唐宗室婚姻集團 등에 관한 상세한 연구가 있다.

5) 谷川道雄, 『隋唐帝國形成史論』의 諸硏究論文 참조.

6) 宮騎市定, 『九品官人法の硏究』－科擧前史; 임대희·신성곤·전영섭 번역, 『구품관인법의 연구』(소나무 2002년 2월), pp.58-61.

서 활약한 關隴의 胡漢 官僚的 門閥士族과 그 차하계층 출신 인물에 관하여 살펴보려는 것이다. 그리하여 谷川氏가 말하는 '新貴族'이나 陳寅恪의 '關隴集團'이나 布目潮渢이 말하는 隋와 唐前期에 걸친 통치집단의 父祖의 이력과 경력을 통하여 同時代의 官僚的 門閥士族의 성격을 살펴보려는 것이다.

이들에 관한 연구는 먼저 『資治通鑑』에서 西魏·北周의 정치군사적인 발전에 대하여 정리할 것이다. 또한 唐太宗 貞觀 10년에 완성한 總裁官 魏徵 등이 편찬한 隋 北周 北齊 梁 陳왕조에 관한 欽定正史 중에, 令狐德棻과 岑文本이 主篇한 『周書』의 「本紀」와 「列傳」에 ①本官과 世居地 ②西魏 官僚士族界에 등장한 배경과 자격 등 ③功績 昇進(爵)·封戶 그리고 起家官과 襲爵사항 ④虜姓의 再行과 賜姓 ⑤北周왕조에서 本人과 諸子의 공적을 추적·종합할 것이다.

그리하여 西魏·北周의 官僚士族의 시대적인 위치와 동향 그리고 성격 등에 관하여 정리할 것이다.

2. 宇文泰 西魏政權의 形成·發展

西魏政權의 건설자 宇文泰는 6세기 초반 520년대 北鎭의 반란시기에 輕財好施하는 賢士大夫로부터 부친 宇文肱과 함께 賀拔度拔 등 胡漢 諸豪傑들이 豪俠이라는 기질을 통하여 州郡縣과 각지의 鄕黨이나 宗黨에서 義勇을 結集하여 정권을 구축·쟁패전을 전개하던 중에 등장하였다. 北魏말 軍閥 尒朱榮이 朝士대학살로 門閥士族制를 전면적으로 부정하여 조급히 정권을 창출할 것을 기도하였지만, 실패하였다.[7] 이어 懷朔鎭에서 호걸로서 의용을 결집한 高歡은 尒朱氏정권에서 성장하고 '國恥家怨'을 雪辱하려는 山東 문벌사족과의 信都동맹으로 尒朱氏를 타도하여 이른바 高歡정권(東魏)과 北齊정권이 성립·발달하였다.[8]

처음 宇文泰는 孝明帝 正光말 破六韓拔陵에 호응한 衛瓜孤의 위협을 받아

7) 李啓命, 「北魏末의 亂政과 叛亂」 본 논문집 Ⅰ에 所收.

8) 李啓命, 「高歡政權論」; 「北齊士族制의 一研究」 본 논문집 Ⅰ에 所收.

부친 宇文肱과 함께 鄕里의 義勇을 규합하여 孤를 살해하였다. 무리들이 흩어졌다가 다시 침입해 왔다. 이에 宇文肱은 인근의 賀拔度拔(賀拔勝岳의 부친)과 合謀하여 그들을 격퇴시켰으나, 戰歿하고 말았다.9) 이때에 宇文泰는 獨孤信·賀拔勝 등과 함께 武川鎭에서 因家하고 友善하여 西魏의 형성·발전에 중요한 역할을 하였다.

『周書』 文帝紀에 의하면, 우문태의 先祖는 炎帝 神農氏로부터 나왔다. 黃帝에게 멸망되고 자손이 朔野에 거주하던 중에, 武略이 雄傑한 葛虎蒐가 鮮卑인들의 추앙을 받아 12部落을 統領하던 大人이었다. 그 후 普回가 수렵하던 중에, 玉璽二紐를 습득하여 보니, 표면에 '宇文'이라는 글자가 새겨져 있었다. 宇는 하늘, 文은 임금이라는 의미가 있어 하늘이 宇文國, 宇文氏를 그들에게 준 것이라고 하여 國名과 姓氏名이 나왔다.

普回의 아들 莫那(獻侯)는 陰山에서 남하하여 遼西에 거주하면서 北魏에 의지하여 獻侯로 北魏에 納后하여 舅生의 나라였다. 이시기에 宇文部가 慕容部, 拓拔部, 段部와 함께 鮮卑四部의 한 部族으로 등장한 것이다. 莫那로부터 9세 厚歸豆에 이르러 慕容滉에게 멸망되었다. 아들 陵이 모용씨를 섬겨 부마도위에 오르고, 軍功으로 玄兎公을 받았다. 그는 북위 도무제가 中山에 진출할 때에, 慕容寶를 따라 방어에 나섰지만 모용보가 실패하였다. 까닭에 500騎로 北魏에 귀부하여 都牧主 安定侯에 올랐다가 天興 초에 豪傑로 代都 武川鎭에 이주하여 因家, 곧 一家를 이룬 것이다. 陵의 아들 系, 손자 韜는 武略이 뛰어났다. 증손자 肱은 氣幹이 있어서 북주 무제 保定 초에 德皇帝를 추증하였다.10)

太祖 宇文泰는 德皇帝의 少子이었다. 모친 王氏가 그를 5월에 잉태하였다. 꿈에, "몸소 아들을 쌓아 보듬고 하늘로 끝없이 올라갔다가 돌아왔다"고 하니, 덕황제는, "이 아이가 天子에는 이르지 못하겠지만, 그 貴함이 끝없으리라"고 하였다. 모친이 분만하자, 黑氣가 온몸에 퍼져있었다. 장성하여 신장이 8척이나 되고 네모난 넓은 얼굴, 아름다운 머리와 수염이 있었다. 또한

---

9) 『周書』 卷1 文帝紀, p.2. 및 卷14 賀拔勝傳, p.214.(이하 二十四史는 1974年 北京 中華書局 校勘本에 의거한다.)

10) 상게서, 卷1 文帝紀, p.2.

팔다리가 길고 등 뒤에는 黑字가 뚜렷하였으며, 龍盤形狀의 얼굴에서는 紫光을 비추어 사람이 바라만 보아도 敬畏하였다는 것이다.[11] 이런 說話는 우문태의 탄생과 용모의 偉大함을 꾸민 英雄觀點에 불과하다. 그렇지만 그가 성장하면서 大度가 있고 家人처럼 生業에 종사하지 않았으며, 재물을 가볍게 여겨 기꺼이 베풀면서 賢士大夫와 交流·結合하였다.

우문태는 諸兄과 함께 鮮于修禮軍에 의지하였다가 鮮于가 실패하여 葛榮軍에 들어가 그의 將帥에 임명되었다. 그러나 그는 葛榮이 결코 성공하지 못할 것을 보고 諸兄과 함께 탈출을 획책하던 중에, 尒朱榮이 갈영을 생포하여 河北을 안정시키는 일에 성공하였다.

이리하여 우문태는 尒朱榮을 따라 晉陽에 옮겼다. 이주영은 우문태와 그의 諸兄이 武略이 있는 것을 보고 背信을 염려하여 제 3형 洛生을 살해하고 자신까지 살해하고자 하였다. 이에 우문태는 강개하여 스스로 家怨을 申理하고 탄원하였다. 이주영은 감복하여 그를 더욱 恭待하였다.

한편 우문태는 앞서 부친과 合謀하던 賀拔度拔의 아들 允·勝·岳 3형제와는 특별한 관련을 가진 인물들이었다. 특히 賀拔岳은 어려서 큰 뜻을 가져 베풀기를 좋아하고 한 때에 太學生이었다. 하발악은 처음 廣陽王 元深의 帳內軍主였다가, 형 하발승과 함께 恒州에 鎭하였다가 함락되었다. 이주영에 의지하여 別將 都督으로 사태수습을 의논하여 중시되었다. 즉, 이주영이 육진의 반란과 정치부정의 책임을 물어 朝士를 大規模로 虐殺하자, 高歡은 이주영에게 즉위를 권고하였다. 그러나 하발악은 고환을 주살하여 천하에 사례해야 하고 孝莊帝를 옹립할 것을 주장하여 많은 臣僚들의 찬성을 얻어 定策의 공로로 前將軍 太中大夫를 제수받고 樊城현남에 올랐다. 그는 이주영의 前軍都督으로 滏口에서 葛榮군을 격파하였고 元顥를 격파하여 武衛將軍 光祿大夫에 진출하였다.

그때에 万俟醜奴가 황제를 일컬어 關中이 動亂에 휩싸였다. 이주영은 賀拔岳을 보내 토벌하고자 하였다. 하발악은 개인적으로 형 賀拔勝에게 万俟醜奴 평정에 관하여 尒朱氏 1人을 元帥로 삼고 자신을 副將으로 삼아줄 것

---

11) 상게서, 同卷, p.2.

을 요청하도록 부탁하였다. 이주영은 크게 기뻐하여 關西大行臺를 설치하였다.[12)]

尒朱天光을 使持節都督二雍二岐諸軍事驃騎大將軍 雍州刺史로 삼고 賀拔岳을 持節假衛將軍 左大都督으로, 侯莫陳悅을 右大都督으로 삼아 함께 천광의 副將으로 關隴지역을 평정하도록 하였다. 이때에 天光은 그의 무리가 二千에도 미치지 못하여 潼關에 이르러 난색을 표명하였다. 하발악은 天光에게, "공이 오히려 늦게 의심한다면, 만약 大敵을 만나면 어찌 하시렵니까"라 하여 천광의 소극적인 태도를 고무시켰다. 이에 천광은 賀拔岳에게, "금일 사건은 하나같이 위임할 것이니, 마땅히 공은 나를 위하여 처리하여 주시오" 라고 위임하였다. 천광은 이주영이 보낸 劉貴에게 杖 일백을 맞고, 賀拔岳과 渭北에 진군하여 말 2천필을 획득함에 따라 세력이 크게 떨쳐 마침내 万俟元珍을 추격하여 격파하고 高平에 진출하여 만사추노의 포로 蕭寶寅을 생포하였으며, 平涼에서 하발악 후막진숭은 万俟醜奴를 격파하여 關中을 席捲하고 천하에 大赦하였다. 또한 이주천광은 万俟道洛을 牽屯山에서 격파하였고, 隴右에 들어가 略陽賊首 王慶運이 万俟道洛을 수용하여 稱帝하였다가 天光에게 平定되어 坑殺되고 말았다. 이에 3秦·河·渭·瓜·涼·鄯州가 모두 항복하여 천광은 略陽에 주둔하여 侍中 儀同三司, 賀拔岳은 涇州자사, 侯莫陳悅은 渭州자사에 올랐다.

이때에 步兵校尉 宇文泰는 賀拔岳을 따라 入關하여 征西將軍·行原州事에 나아가 恩信으로 위무하여 백성이 즐거이 복종하였다. 그것은 우문태가 낙양에서 長安에 이르러 하발악에게 高歡이 皇位를 아직 찬탈하지 못한 것은 公(賀拔岳)의 兄弟때문이라 하자, 岳은 우문태에게 상황을 자세하게 설명하고 황제에게 다시 보고하도록 하였다. 황제는 하발악을 都督雍華等 20州 諸軍事 雍州刺史로 삼았다. 岳은 平涼에 주둔하여 牧馬를 명분으로 내세워 斛拔彌俄突 紇豆陵伊利 費也頭 万俟受洛干 鐵勒斛律沙門 등을 회유함에, 모두 岳에게 의부하였다. 오직 靈州자사 曹泥만이 高歡에 의부하였다. 이리하여 秦·南秦·河·渭 4州刺史가 平涼에서 會同하여 賀拔岳의 節度를 받았다. 또한

---

12) 『資治通鑑』 卷155 梁紀11 武帝 中大通4年(532) 3月 辛未條의 通鑑考異, p.4821; 『北史』 卷36 薛孝通傳, p.1335.

하발악은 夏州를 중시하여 어진 刺史로 鎭치도록 하려고 인물을 물색하였다. 이때에 宇文泰를 추천받고 자신의 오른팔이라고 하면서도 苦心 끝에 결국 우문태를 表用하였다.[13)]

한편 승상 高歡은 은근히 賀拔岳 侯莫陳悅의 강대함을 염려하여 右丞 翟嵩에게 어려움을 말하였다. 翟嵩은 자신이 양인의 중간에 끼어 상호 도모하도록 역할할 것을 자청하여 파란이 예상되었다. 이때에 賀拔岳은 장차 曹泥를 평정하고자 武川에 因家한 趙貴를 夏州의 宇文泰에게 보내 의논하도록 하였다. 우문태는 조니는 멀고 먼 孤城에 있어 당장 걱정할 것 없고, 信義없는 侯莫陳悅을 서둘러 도모할 것을 요청하도록 하였다. 그러나 하발악은 長史 雷紹가 신중하게 처리할 것을 당부한 충고[14)]를 멀리하고, 侯莫陳悅을 가볍게 보아 많은 의견을 나누었다. 이에 선봉이 된 侯莫陳悅이 河曲의 軍營에서 군사작전을 의논하자는 구실로 초청하였다. 하발악이 하곡에 이르렀다. 黃河의 河曲은 1千里마다 1曲이 있고 靈州의 서쪽 漢詢卷에서 일단 北流한다. 후막진열은 계속 유인하여 入營한 하발악을 사위 元洪景에게 지시·살해하고 말았다.

이때에 하발악의 좌우는 모두 散走하였다. 悅은, "내 별도로 密旨를 받은 바 있으니, 두려워하지 말라"고 하여 움직이지 못하였다. 悅은 마음을 猶豫하고자 諸將을 懋納하지 않고 隴右 水洛城으로 들어갔다. 岳의 諸將은 平涼으로 흩어져 돌아왔다. 이때에 趙貴는 悅에게 하발악의 시신을 葬事해 줄 것을 요청하자, '壯하다'면서 허락하였다. 悅의 軍中에서는 서로 祝賀하였지만, 行臺郎中 薛澄은 친지에게 개인적으로, "悅의 才略은 본디 작고 순식간에 良將을 해쳤으니, 나는 지금 타인의 포로가 되어버려 무엇을 축하한다는 것인지 알 수 없다"고 말하였다.[15)]

실제로 534년 2월 賀拔岳을 따라 河曲에 갔던 大都督 趙貴는 部曲을 동원하여 하발악의 시신을 수습하여 平涼軍營에 돌아왔다. 諸將들은 소속을 잃고 사태를 처리하지 못하고 당황하고 있었다. 이때에 諸將들은 洛陽의 황제

---

13) 『資治通鑑』 卷156 梁紀12 武帝 中大通 5年(533) 8月條, p.4835.

14) 『北史』 卷49 雷紹傳, p.1807.

15) 『資治通鑑』 卷156 梁紀12 武帝 中大通 5年(534) 1月條, p.4837.

에게 보고하자거나, 荊州의 賀拔勝을 받들어 추대하자는 의견도 나왔지만, 시간과 거리관계로 곤란하였다. 이에 趙貴는 諸將들 중에 최연장 寇洛을 總師로 추대하여 사태를 해결하려 하였다. 그러나 구락은 간절하게 사양하고 雄略이 없어 威令이 실행될 수 없었다. 이에 趙貴는, "元帥는 不義로 사망하였으니, 반드시 賢者를 선택하여 諸將을 總統하여 처리해야 한다. 내 가만히 大行臺左丞 宇文夏州를 보니, 영특한 자태와 웅대한 모략이 뛰어났다. 지금 장례를 통보하면 반드시 달려 올 것이다. 그때에 奉戴하면 대사는 모아질 것이다"고 제안하였다. 이에 제장들이 합의하지 못하자, 杜朔周(=赫連達)는 제장들에게, "멀리 있는 물로 가까운 곳의 불을 끌 수 없는 일입니다. 오늘의 일은 宇文夏州가 아니면 능히 구제할 자 없으니, 趙將軍의 의논이 옳다. 나 朔周는 가볍게 달려가 哀事를 알리고 맞아드리겠다"고 제안하여 제장이 적극 합의하여 平涼同盟을 결성한 것이다.[16] 이에 赫連達이 자청하여 영접하고자 夏州에 간 것이다.

그때에 夏州자사 우문태는 빈객 韓褒에게 의견을 묻자, 去留之計를 내놓았다. 潁川潁陽人 韓褒의 조부는 平涼군수, 부친 演은 恒州자사를 각각 지냈다. 그는 好學하여 經史의 大略만을 섭렵하여 遠大한 方略을 가졌다. 그는 北魏 末 정계에 진출하였지만, 천하가 喪亂으로 夏州에 피난하였다. 이때에 태조 宇文泰가 夏州자사로 부임하여 그를 벽소하여 客禮로 대우하였다. 韓褒는 우문태와 혁련달의 일행에게, "使君은 타고난 姿態가 영걸스런 호반이니, 군사들의 마음을 은혜로 결합하십시오. 寇洛은 스스로 평범하고 나약한 것을 알고 使君에게 의탁한 것입니다. 兵權을 장악하여 關中을 점거할 수 있는 기회를 하늘이 주신 것입니다. 무엇을 의심하십니까? 侯莫陳悅은 平涼에서 水洛에 屯營할 것이니, 이것이 우물 안 개구리입니다. 사군께서 가서 반드시 悅을 잡아 탁월한 勳功을 세울 기회는 이번 一擧에 달려 있습니다. 때는 얻기 어렵지만 쉽게 잃는 것이니, 진실로 사군이 圖謀할 것을 청원합니다"고 건의하여 우문태가 받아들였다.[17]

16) 『資治通鑑』 卷156 梁紀12 武帝 中大通 5年(534) 1月 癸亥條, pp.4837-8.

17) 『資治通鑑』 卷156 梁紀12 武帝 中大通 6年(534) 1月條, p.4838; 『周書』 卷37 韓褒傳, p.660.

바로 그때에 하주의 羌族 首望이자, 都督이었던 彌姐元珍이 悅측에 가담하고자 음모를 꾸몄다. 이 사실을 우문태가 이미 알고 있었는데, 帳內都督 高平人 蔡祐가 보고하고 일당을 채포하여 奸人으로 몰아 제거하니, 諸將이 同盟하고 侯莫陳悅을 평정하기로 하였다. 이때 蔡祐는 우문태의 제의로 擬制的인 부자관계에 맺었다.18)

또한 赫連達(=杜朔柱)이 平涼에서 夏州에 갈 때에, 동료 중에 한사람이 牧馬하는 백성을 노략질하고자 하였으나, 도리어 宇文公이 죄 없는 백성을 위무하려고 하는 현 시점에서 사리에 어긋나는 일이라고 설득하여 遠近의 백성들이 기꺼이 복종하였다.

이리하여 우문태와 그 휘하는 輕騎로 平涼에 달려가고 별도로 杜朔柱에게 먼저 彈箏峽(原州의 百泉縣)으로 가도록 지시하였다. 宇文泰가 平涼에 가서 통곡하니 將士들은 모두 悲喜하였다. 또한 고환은 侯景·張華原·王基 등을 보내 富貴로 회유하고 설득하였지만, 우문태는 따르지 않았다.

孝武帝는 賀拔岳이 橫死하였다는 소식을 듣고 武衛장군 元毗를 보내 賀拔岳과 侯莫陳悅의 군대를 낙양으로 귀환할 것을 명하였다. 이에 우문태는 寇洛 등 諸將이 하발악軍의 掌握하라는 권고로 부득이 수용하였고, 중간에 高歡이 河東에서 막고 있으며, 侯莫陳悅이 水洛에 있으며, 士卒이 거이 關西人들이라 그들의 愛鄕心을 없애기 쉽지 않다는 등의 이유로 점차로 동쪽으로 나갈 것을 요청하였다. 이에 황제는 우문태를 關西大行臺 大都督으로 삼아 하발악의 군대를 總統하도록 하였다. 앞서 賀拔岳은 東雍州자사 李虎를 左廂大都督으로 삼았다. 李虎(唐高祖의 祖父)는 제장과는 별도로 荊州자사 賀拔勝에게 달려가 岳의 무리들을 거두어들이기를 요청하였다. 賀拔勝이 따르지 않았다. 이호는 곧이어 宇文泰가 岳軍을 總統하였다는 소식을 듣고 入洛하여 황제를 알현하러 가던 도중에 閿鄉에서 고환의 別將에게 붙잡혀 洛陽에서 황제를 알현하였다. 효무제는 때마침 關中을 취하려고 하여 기꺼이 李虎를 만나 衛將軍을 삼고 우문태에 나아가게 하였다.19)

이리하여 우문태는 悅에게 서신으로, "賀拔公은 朝廷에 大功을 세웠다. 그

18) 『資治通鑑』 卷156 梁紀12 武帝 中大通 6年(534) 1月條, pp.4838-9.

19) 『資治通鑑』 卷156 梁紀12 武帝 中大通 5年(534) 2月條, p.4840.

대는 명성이 미미하고 행동은 야박하다. 하발공은 그대를 추천하여 隴右行臺를 삼았다. 또한 高氏가 擅權하고 있는데, 그대는 하발공과 함께 密旨를 받고도 누차 맹약을 맺었다. 아울러 國賊에 의부하여 함께 宗廟를 위태롭게 하여 口血이 아직 마르지도 않았는데, 匕首를 이미 빼들었다. 지금 나는 그대와 함께 조칙을 받고자 還闕할 것이니, 금일의 진퇴는 오직 그대의 언행에 달려있다. 그대가 만약 隴東으로 나온다면 나 또한 北道로부터 入洛할 것이다. 만약 首鼠 兩端이면 나는 곧 날짜를 정하여 서로 볼 것이다"고 힐책하였다.[20]

때마침 原州자사 史歸는 본래 하발악의 親任者였다. 그러나 그는 河曲의 사태변화를 보고 도리어 悅에게 의지하여 지켰다. 이에 悅은 그의 여당 王伯和 成次安 등에게 2천의 병력을 보내 史歸를 도와 原州에 鎭치게 하였다. 이에 우문태는 都督 侯莫陳崇에게 輕騎 1천명으로 습격하도록 하였다. 崇은 밤에 10餘騎를 성 아래에 대기시키고 나머지 무리들은 모두 길 가까이에 매복시켜 놓았다. 史歸는 騎兵이 작은 것을 보고 설비하지 않았다. 崇은 즉시 入城하여 城門을 점거하였다. 그때에 高平令 李賢과 동생 李遠·穆이 성중에 있다가 崇에게 내응하였다. 이에 中外에서 鼓譟하면서 복병이 함께 일어나 드디어 史歸 次安 伯和를 생포하여 平涼으로 돌아왔다. 우문태는 崇을 行原州事로 表授하고 3월에 悅을 평정하려고 原州에 이르러 諸將士를 收合하였다.[21]

한편 李弼은 遼東襄平人으로 어려서 大志가 있어서 北魏말 喪亂에 親知에게, "大丈夫 武器로 반란을 평정하여 사직을 안정시켜 功名을 취할 일이지, 어찌 門生으로 영광된 지위를 구하랴"고 하였다. 永安 초에 이주천광의 別將으로 賀拔岳을 따라 赤水蜀과 万俟醜奴 등을 先鋒으로 격파하여 용맹을 과시하였다.

李弼은 侯莫陳悅에 배속되어 軍功으로 대도독 淸水郡守에 나아갔다. 이때에 후막진열이 하발악을 해치고 隴上에 멈추자, 태조가 平涼으로부터 후막진열을 평정하기 위하여 진군해 왔다. 이에 李弼은 悅에게, "公은 죄 없는

20) 『資治通鑑』 卷156 梁紀12 武帝 中大通 5年(534) 2月條, p.4840.

21) 『資治通鑑』 卷156 梁紀12 武帝 中大通 6年(534) 2月條, p.4841.

賀拔岳을 해치고 그 무리들 또한 어루만져 수용하지 않아 宇文夏州가 收合하여 굳게 원수를 갚으려 하고 있다. 지금이라도 병사를 해체하여 사죄해야지 그렇게 하지 않으면 반드시 禍를 면하지 못할 것이다"고 충고하였지만 수용하지 않았다. 또한 친지들에게, "우문하주는 才略이 冠世하고 德望과 義理가 우두머리이다. 후막진공은 지혜는 작고 모의는 크지만, 어찌 능히 자신조차 보존하랴! 우리가 별도의 계책을 세우지 않으면 우리 함께 族滅에 이르리라"고 우려하였다.[22] 우문태가 兄子 宇文導를 都督으로 삼아 原州에 鎭치게 하였다. 우문태는 軍令을 엄숙하게 하여 추호도 범하지 못하게 하였으니 백성들이 크게 기뻐하였다.

宇文泰軍이 뜻하지 않게 木狹關(原州 平高縣 서쪽 소재)으로부터 나와 2尺이나 쌓인 눈을 해치고 倍道로 겸행하여 왔다. 悅은 소식을 듣고 略陽으로 물러나 萬人을 水洛에 남겨 지키게 하였지만 곧 항복하였다. 우문태는 輕騎 수백으로 略陽을 함락하였다. 悅은 上邽에 退保하여 同壻 李弼로 하여금 우문태에 대항하려 하였지만, 이필은 悅이 반드시 실패할 것을 알고 事前에 사죄할 것을 충고한 것이다. 親知·將士들을 이끌고 우문태에게 항복하여 內應하였다. 悅은 州城을 포기하고 山險에 의지하여 버티었지만, 우문태는 이필을 秦州자사로 삼아 공격해왔다. 이에 悅은 대적하였지만, 자신의 군대가 自潰하여 좌우의 만류를 뿌리치고 두 동생과 아들, 그리고 하발악을 謀議·殺害한 7·8人과 함께 군사를 버리고 어찌할 줄 모르다가 좌우가 靈州의 曹泥에게 의지할 것을 권고하자, 좌우에게 도보로 따르도록 하였다. 우문태는 賀拔穎으로 하여금 추격하도록 하였다. 결국 悅은 추격해오는 기병을 바라보고 들판에서 목메어 죽고 말았다. 우문태는 上邽에 들어가 薛澄을 기실참군으로 삼아 悅의 府庫를 접수하고 산적된 재물을 추호라도 범하지 못하게 하여 將士들에게 모두 賞주도록 조치하였다. 우문태는 좌우가 은항아리를 빼내어 놓았는데, 이를 알게 된 우문태는 좌우를 罪주고 즉시 將士들에게 剖賜하여 將士들의 士氣가 크게 떨쳤다.[23]

---

22) 『資治通鑑』 卷156 梁紀 武帝 中大通6年(534) 4月條, p.4841. 『周書』 卷15 李弼傳, p.239.

23) 『周書』 卷15 李弼傳, p.239.

또한 우문태는 悅의 잔당 豳州자사 孫定兒가 數萬衆으로 웅거하자, 都督 中山人 劉亮으로 하여금 습격하도록 하였다. 孫정아는 준비 없이 置酒하고 있다가 亮의 군사가 입성하여 평정하였다. 또한 氐王 楊紹先이 내항하였고 이필을 原州에, 可朱渾道元을 渭州에 보내 경략하였다. 그러나 可朱渾道元은 高歡·曹泥와 내통하여 익년 정월에 차기대장군 의동삼사 李虎가 평정하였다. 이에 關隴지역이 宇文泰의 수중에 들어왔다.[24] 西魏·北周 그리고 隋·唐政權의 기반이 되었다.

關中은 天府의 지역으로 鎬를 수도로 삼아 발전한 중국문화의 원천이라 하는 西周文化의 발상지였다. 그 문화가 春秋·戰國시대에 꽃피고 열매를 맺은 것이다. 특히 秦은 통일전쟁 중에 合縱한 6國을 평정하여 大望의 천하통일을 이루었다. 이때 關中은 百二, 곧 百萬 大軍을 불과 2만으로 방어할 수 있다는 그런 지역이라 하여 强國의 表像이었다. 이제 宇文泰는 東漢이래 낙후된 關中에 진출하여 韓褒의 去留之計와 平涼同盟을 통하여 관롱지구를 확보한 것이다.

또한 우문태는 자신의 夏州長史 于謹이 세운 都關中之計(=新隆中之計)에 따라 정권을 건설하였다. 그것은 于謹이 우문태에게, "明公께서 將士가 驍勇하고 토지가 비옥한 關中의 險固한 지역을 점거하여야 합니다. 지금 天子는 洛陽에 계셔 群兇의 압박을 받고 있습니다. 만약 明公이 懇誠으로 시대적인 利害를 計上하여 關右에 都邑을 청하여 天子를 끼고 諸侯를 號令하며, 王命을 받들어 叛亂을 토벌할 수 있습니다. 이것이 齊桓公·晉文公의 霸業이니 千載一遇의 기회입니다"라고 정권을 건설하는 對策을 제출한 것이다.[25]

이제 孝武帝의 西遷에 대하여 살펴보자.

승상 高歡은 宇文泰가 秦隴을 평정하였다는 소식을 듣고 사자를 보내 甘言 厚禮로 상호 협력을 요청해왔지만, 일체 받아들이지 않고 그 글을 봉함하

24) 『資治通鑑』 卷156 梁記 武帝 中大通6年(534) 4月條, p.4842.

25) 『資治通鑑』 卷156 梁紀 武帝 中大通6年(534) 4月條, p.4843; 『周書』 卷15 于謹傳, p.248.

여 都督 濟北人 張軌로 하여금 효무제에게 바치도록 하였다. 이때에 佮巧하여 尒朱氏 평정에 절대적 역할을 하였던 斛斯椿은 張軌에게, "고환의 逆謀가 이미 행인들이 알만큼 드러났고 人情으로 의지할 곳은 오직 西方에 있으니, 우문태의 才能이 하발악에 비하여 어떠한가"라고 물었다. 張軌는 椿에게, "宇文公은 文으로 충분히 經國하고 武로는 능히 叛亂을 평정할 수 있습니다"고 대답하였다. 이에 椿은, "경의 말대로 라고 하면, 진실로 의지할 수 있겠다"고 말하였다.[26] 이어 효무제는 宇文泰에게 2千騎를 보내 東雍州에 鎭치도록 지원하였다. 또한 거듭하여 우문태가 직접 軍隊를 이끌고 東으로 올 것을 명령하였다. 이에 우문태는 大都督 武川人 梁禦를 雍州자사로 삼고 장차 步騎兵 5천명으로 前行하도록 하였다. 이는 앞서 승상 高歡이 그의 都督 太安人 韓軌에게 將兵 1만명으로 蒲反에 웅거시켜 후막진열을 구하려 하였던 상황에 비추어, 이제 雍州자사 賈顯度로 하여금 선박으로 맞아드리도록 한 것이다. 아울러 梁禦는 賈顯度로 하여금 즉시 出迎하도록 하여 직접 자신이 長安에 입거하도록 한 것이다. 그리하여 효무제는 우문태를 侍中 驃騎大將軍 開府儀同三司 關西大都督 略陽縣公을 제수하였다. 또한 우문태는 寇洛을 涇州자사, 李弼을 秦州자사, 前 略陽태수 張獻을 南岐州자사로 삼고, 남기주자사 盧待伯이 교체를 수용하지 않았다는 이유로 우문태는 輕騎로 습격하여 생포하도록 하였다. 사마광은 이 사실로 역사상 우문태가 覇權을 획정하였다[27]고 해설하였다.

533년 高歡이 옹립한 孝武帝는 저간에 고환과의 모순이 발생하여 알륵하던 끝에, 534년 5월 다급하게 고환을 평정하고, 關中에 의지하고자 諸臣들의 의견을 탐방하였다.

中軍將軍 王思政은 황제에게, "高歡의 마음을 확실하게 알 수 있습니다. 洛陽은 군사활동에 적절하지 못한 지역입니다. 우문태의 마음이 이미 王室을 돕고 있으니, 지금 가서 취해야 할 것입니다. 옛 서울로 귀환하는 것인데, 어찌 극복하지 못할 것을 염려하십니까"라고 설득하였다. 황제는 깊이 이해

---

26) 『資治通鑑』 卷156 梁紀 武帝 中大通6年(534) 4月條, pp.4843-4; 『周書』 卷37 張軌傳, p.664.

27) 『資治通鑑』 卷156 梁紀12 武帝 中大通6年(534) 4月條, p.4844.

하였다.

또한 散騎侍郎 河東 柳慶이 高平에서 우문태와 御駕를 받들어 맞이할 것을 의논한 바가 있었다. 이에 유경은 황제에게, "다시 명령하면 어떨까 합니다"고 말하였다. 이때에 황제는 유경에게, "荊州로 가면 어떨까"하고 묻었다. 유경은 "關·荊은 형승의 지역이고 우문태는 才略이 있으며, 荊州는 要害가 아니고, 남으로 梁의 침략을 받고 있으니, 신의 어리석은 생각으로는 가능하지 않습니다"고 주장하였다. 또한 황제는 閤內都督 宇文顯和에게 묻자, 황제에게 西行을 권하고 州郡兵을 널리 징집하도록 조치하였다.

이때에 河東郡태수 裵俠이 낙양에 이르렀다. 王思政이 裵俠에게, "지금 權臣이 擅命하여 皇室이 날로 비천하게 되고 있으니, 어찌하면 될까" 라고 물었다. 이에 배협은 "宇文泰는 3軍의 추대를 받고 百二地域(關中)에 웅거하고 있으니, 西遷해야 합니다"고 의견을 제시하였다. 이에 배협을 中郎將으로 삼았으니, 서천을 추진하라는 명령이었다.[28)]

이리하여 효무제는 宇文泰를 兼尙書左僕射 關西大行臺 大都督을 제수하고 馮翊長公主에 장가들일 것을 약속한다는 황제의 뜻을 우문태의 帳內都督 楊荐에게 전달하도록 하였다.[29)]

결국 효무제는 534년 7월 乙丑 10만병을 거느리고 沙門 惠臻으로 하여금 玉璽를 所持하도록 하여 河橋에 주둔하고 斛斯椿이 邙山의 北에 鎭쳤다. 그날밤 南陽王 寶炬, 淸河王 擅, 廣陽王 諶이 500騎로 瀍西에서 宿衛하였지만, 도망자가 태반이었다.

이때에 武衛將軍 獨孤信은 單騎로 황제를 알현하였다. 황제는 즐거워, "將軍은 부모와 처자를 버리고 왔으니, '세상이 혼란하면 忠臣을 안다'고 했는데, 어찌 虛言이랴"고 하였다. 甲戌에 溎中에서 李遠을 만났고 곧 바로 長安에 播遷하였다.[30)]

한편 534년 7월 乙酉에 高歡은 洛陽 永寧寺에 들어와 영군 婁昭, 長孫子彦, 高敖曹 등에게 황제의 還東을 요청하면서 추적해 가도록 하였다. 또한

28) 『資治通鑑』 卷156 梁紀12 武帝 中大通6年(534) 6月條, pp.4847-8.

29) 『資治通鑑』 卷156 梁紀12 武帝 中大通6年(534) 6月條, p.4849.

30) 『資治通鑑』 卷156 梁紀12 武帝 中大通6年(534) 7月條, pp.4850-2.

황제가 湖城에 이르자, 王思村民이 麥飯을 바치니, 황제가 즐거워하였다. 황제는 이 村의 십년 세금을 면제하였다. 潼關대도독 毛洪賓이 酒食을 바쳐 入關者들이 기갈을 풀었다.

반면에 丞相 高歡은 百官을 소집하여 효무제에게 한마디 諫言도 바치지 않은 잘못을 물어 尙書左僕射 辛雄, 吏部상서 崔孝芬, 開府儀同三司 叱列延慶, 都官상서 劉廞, 度支상서 楊機, 그리고 산기상시 元弼 등을 살해하였으니, 고환이 자신의 잘못으로 황제가 서천함으로써, 자신의 정당성과 왕실의 정통성을 상실한 책임을 일부 門閥士族官僚들에게 전가한 것이다.[31)]

宇文泰는 趙貴, 梁禦에게 二千甲騎를 주어 황제를 奉迎하도록 하였다. 황제는 梁禦에게, "이 강물은 東流하는데, 짐은 西上하니 내 만약 洛陽을 다시 볼 수 있다면, (친히 능묘를 가리키며) 그것 또한 경들의 공로이다"고 하여 황제와 좌우가 눈물을 흘렸다. 太祖 宇文泰는 儀衛를 갖추어 東陽驛에서 알현하고, "황제께서 여기까지 오시게 하였으니, 신의 罪가 큽니다"고 인사하였다. 이에 황제는, "공의 忠節로 왔다. 이제 부덕한 짐은 공에게 사직을 위임하니 깊이 勉勵하여 주시오"라 하여 將士들은 만세를 불렀다. 태조는 潼關을 공격한 薛瑜를 斬하고 그의 士卒 7천을 포로로 잡았다. 또한 南汾州자사 蘇景恕와 元慶和에게 東魏에 대처하도록 하였다. 이때에 효무제를 따라 입관한 六坊의 무리는 만 명이 채 되지 못하였다.[32)]

이로써 우문태는 夏州에 있을 때에, 長史 于謹의 都關中之計(新隆中對)을 달성한 셈이었다.

534년 12월 우문태는 儀同 李虎 李弼 趙貴를 靈州에 보내 토평에 나선지 40일만에 曹泥는 투항하였다.[33)] 이에 효무제는 우문태에게 丞相, 略陽公 都督中外諸軍事, 錄尙書事, 大行臺 대도독을 제수하고 安定王에 봉하였다. 그러나 宇文泰는 安定王과 錄尙書事를 굳게 사양하여 허락받았다가 安定公을 봉받았다.

여기서 필자는 宇文泰, 곧 太祖가 고환과는 달리 王爵을 고사한 것은 우문

---

31) 『資治通鑑』 卷156 梁紀12 武帝 中大通6年(534) 7月條, p.4852.

32) 『資治通鑑』 卷156 梁紀12 武帝 中大通6년(534) 8月 甲寅條, pp.4850-3.

33) 『資治通鑑』 卷156 梁紀12 武帝 中大通6年(534) 12月條, p.4861.

태정권의 名分과 正當性 그리고 그 당시 關隴지역의 관료적 문벌사족을 비롯하여 江南, 山東 문벌사족을 동 정권에 흡입하는 실제성을 확보하는 역할로 작용하는 계기였다고 생각한다.

이리하여 西魏政府가 편성되어 東魏·梁과 함께 三國鼎立을 이루었다. 그러나 잠깐의 여유도 없이 東魏·梁왕조와의 쟁패전에 돌입하였다. 실제로 영토와 인구, 그리고 문화적인 격차가 컸던 상황에서 西魏의 국정은 쉽지 않았다. 특별한 돌파구 마련을 위하여 혼신의 노력을 기울인 인물이 武功人 蘇綽이었다.

王佐才를 가진 蘇綽은 太祖가 關西大行臺 左丞에 발탁 받아 機密을 參典한 가운데에, 승상 우문태와 함께 時政을 혁파·개혁하여 强國, 富民의 도리를 힘써 넓히고자 하였다. 이에 자신의 재능과 지혜를 다하여 그 일을 도운 것이다. 그는 ㈠ 文案程式을 朱出墨入하여 분위기를 일신하였다. ㈡ 官員을 省略 調整하고 鄉里의 二長을 설치하고 計帳戶籍法을 정비하여 신속하고 원활한 軍政을 추진하였다. ㈢屯田을 설치하여 軍國의 資(財用)로 사용할 것을 건의·시행하였다.[34]

이런 실제적인 變法은 태조에게 수용되어 서위정권 내부의 질서안정과 對東魏 梁戰에서의 優勢를 확보하려는 급선무로 추진되었다. 따라서 對東魏·梁戰 등에 관한 구체적 서술이 필요하다.

효무제가 서천한 직후 몇 개월 동안 西魏의 권력구조의 편성과 황실의 잡음 때문에 효무제와 太祖 사이에 사소한 갈등을 발생하여 결국 효무제를 폐립하고 文帝를 옹립하였다. 이런 시점에서 荊州에 자리 잡고 있던 賀拔勝이 武衛將軍 獨孤信을 대도독으로 삼을 것을 表請하였다. 그러나 東魏가 이미 荊州를 장악하여 西魏는 獨孤信을 荊州諸軍事 尙書右僕射 東南道大行臺 大都督 荊州자사로 삼아 荊州에 진출할 기회를 확보하고자 하였다. 이때에 賀拔勝 獨孤信 楊忠 등은 東魏 西荊州자사 辛纂을 토벌에 나섰지만 실패하여 梁왕조에 일시적으로 피신하였다가 양무제의 양해로 돌아왔다. 535년 東魏

34) 『周書』 卷23 蘇綽傳, p.382.

大行臺尙書 司馬子如가 대도독 竇泰와 泰州자사 韓軌를 거느리고 潼關을 공격하여 자사 王羆가 격파하였다. 이렇게 東西 兩魏사이의 대결이 시작되었다.

이때에 蘇綽이 太祖에게 발탁되어 對東魏戰에 대한 기반을 확립하기 위하여 新制 24條를 만들어 봉행하였다. 이 24조의 新制 중에는 앞서 말한 것처럼, 文案程式을 비롯한 計帳 戶籍 鄕里의 鄕里長을 중심으로 하는 향촌사회의 재편성이었을 것이다. 計帳과 호적법은 編戶齊民, 곧 농민에게 토지를 주고 授田한 농민은 토지세 租와 賦役 兵役 등을 부담하던 齊民支配의 보편적인 원리였다.

좀 구체적으로 보면, 중앙의 律令制, 곧

中男을 포함하는 丁男에 100畝, 有室者 140畝를 주는 균전제[35]를 확보하였다. 병제는 처음 가벼운 有疾者를 포함하여 규정상 6丁兵(일년 2個月役)였지만, 서위초기 大統 9年 邙山戰까지는 동위와의 치열한 공방전이 지속되어 몇 배의 기간동안 徵兵되어 首都警備와 戍邊하였다. 그러는 과정에서 점차로 計帳 戶籍의 정비와 府兵體制가 정비되어 編戶齊民한 결과 성립·완성되어 갔다.[36] 이때에 賦法은 有室者는 해마다 불과 絹 1匹·綿8兩이고 粟5斛이며, 丁者는 半額을 징수하여 국가재정 군량 등을 충당하였다.[37] 이리하여 授田한 농민은 18세로부터 60세까지 耕作·首都警備·戍邊하는 兵農一致의 鄕兵, 곧 府兵으로 역할 및 부역을 담당하고 위 통상적인 임무이외에 대규모로 침략을 받을 때에, 徵兵 差役 등에 동원한 것이다. 또한 농한기에는 鄕土防衛와 軍事教育訓練을 통하여 대동위전 등에 참가 활동하였다.[38] 이는 西魏의 丞相인 太祖로서는 梁王朝·東魏에 비하여 정치군사적으로 열세에 놓여있는 상황에서 徵兵을 통하여 平涼동맹이래 군단을 재편성하고 이른바 府兵, 곧 鄕兵을 편성하고 이를 전국적으로 확대하면서 東魏와의 전투를 진전한 것이다.

---

35) 『通典』 食貨2 田制 下 後周項, p.28.

36) 府兵制에 관한 연구는 陳寅恪·谷霽光·高敏 등의 논설이 많다. 대표적인 논자는 日人 賓口重國의 秦漢隋唐史의 硏究가 대표적이다. 본고에서는 동씨의 「西魏의 二十四軍과 儀同府」 등을 많이 참조하였다.

37) 『通典』 卷5 食貨5 賦稅中, pp.95-6. 이하 『通典』은 中華書局 北京1988에 의한다.

38) 『周書』 卷23 蘇綽傳, pp.382-391.

東魏와의 본격적인 전쟁은 舌戰으로부터 시작되었다. 그것은 西魏 文帝가, "高歡의 罪 20項目를 해아리고 太祖와 더불어 凶醜를 掃除할 것"을 선언하였다. 이에 東魏 또한 宇文泰·斛斯椿을 逆徒로 몰아 백만을 영도하여 西討할 것을 결의함에 따라 東西魏의 全面戰이 시작된 것이다. 그것은 동년 8월 趙剛이 東魏 東荊州자사 趙郡 李愍을 西魏에 래부시키고 獨孤信과 賀拔勝을 梁으로부터 귀환하게 한 것이 주요한 촉진제로 작용하였다.[39]

실제로 西魏의 東魏와의 戰況은 舌戰이래 熱戰은 헤아릴 수 없이 많았다. 그 중요한 潼關 小關 弘農 沙苑 河橋 邙山 그리고 玉壁에서 전개되었다. 이들 전쟁의 대체적인 전황을 통하여 서위의 발전과 성격 등에 관하여 정리해 보자.

西魏 文帝 大統 3年(537) 정월 高歡이 蒲坂에 군사를 주둔시키고 3浮橋를 만들어 도하하였다. 이에 태조는 장수들의 의견을 듣고, "竇泰는 고환의 驍將이지만, 누차 승리하여 교만하다. 그를 집중 공격하여 잡으면 고환은 싸우지 않고 드주할 것이다"고 결책하였다. 東·西魏의 양군이 潼關에서 다투다가 小關에서 격돌하여 고환의 驍將 竇泰는 화살·창칼로 집중 공격받고 결국 자살하였다. 고환은 憤함을 참지 못하고 퇴병하였다, 憤兵적 착오를 범하여 실패한 것이다.

한편 獨孤信이 서위의 지원 하에 梁武帝에게 西魏로의 귀환을 요청하였다. 梁武帝는 對西魏 관계를 개선하려는 입장에서 楊忠 賀拔勝 盧柔 등을 귀환시켰다. 황제는 독고신의 가족이 山東에 있는 것을 알고 梁에서 갔던 곳을 묻자, 信은, "임금님을 섬기는 자가 감히 私親을 고려하여 두 마음을 품을 수 없습니다"라고 대답하였다. 황제는 '義롭다'고 칭찬하였다. 서위는 독고신이 三荊을 안정시킨 공로로 표기대장군 개부의동삼사 시중을 제수하였다.

태조는 楊忠의 용맹함을 아껴 그 휘하에 있게 하였다.[40] 이때에 宇文深이 弘農 토벌을 건의하였다. 이에 서위 문제 대통 3년(537) 8월 丁丑에 우문태

39) 『資治通鑑』 卷156 梁紀13 武帝 中大通6年(534)末, pp.4858-9.

40) 『資治通鑑』 卷157 梁紀13 武帝 大通3年 7月條, p.4879.

는 李弼 등 12將을 동원하여 동위를 토벌하였다. 北雍州자사 于謹은 6軍의 선봉으로 盤斗와 弘農을 공격 함락하여 東魏 陝州자사 李徽伯을 생포하고 그 戰士 8천여 명을 포로로 노획하였다. 그때에 하북의 諸城이 東魏에 귀부하였으나, 大行臺左丞 楊㯹가 부친 楊猛 이래 邵郡 白水令으로 正平에서 東魏軍을 격파하고 귀부함에, 城堡를 탈환하여 行正平郡事에 올랐다.[41)]

또한 高歡은 537년 閏 9월 甲子에 將兵 10만명을 동원하여 壺口에서, 高敖曹는 3만병으로 蒲津에서 關西에 대한 대대적인 공격을 감행하였다. 이때에 關中은 大饑饉을 맞아 太祖의 군사는 만 명에도 채 이르지 못하였고, 弘農의 官穀은 50여일을 버티기 어려웠다. 동위의 군대가 도하하여 入關하고 高敖曹로 하여금 弘農을 포위하도록 하였다. 고환의 右長史 薛琡은, "關中에 기근이 들어 가을 추수까지 포위하고 기다린다면 그들이 餓死할 것이니, 宇文泰와 文帝가 어찌 항복하지 않겠습니까"라고 권고하였지만, 고환은 듣지 않았다. 반면 우문태는 華州자사 王羆로 하여금, "죽을자 오라! 死生을 결단하겠다"고 大言하여 맞서게 하자, 고환은 감히 공격할 수 없다고 하여 물러났다. 이리하여 우문태는 渭南에 이르러 諸州에 徵兵을 단행하였다. 太祖는 동위군은 멀리에서 왔다고 하여 10월 壬戌에 沙苑에서 징병한 병사가 아직 도착하기 전에 공격하고자 하였다. 諸將들은 만류하였지만, 宇文深은 축하하였다. 太祖가 이 이유를 묻자, 宇文深은, "고환은 河北을 鎭撫하였으니, 군사들의 마음을 사로잡아 懸師로 自守하기는 어려울 것입니다. 또한 고환은 아끼던 驍將 竇泰를 잃었으니, 이를 수치로 생각하고 忠諫을 뿌리치고 여기까지 왔을 것입니다. 이는 憤兵의 착오이니, 고환을 잡을 수 있습니다. 사리가 昭然하니 어찌 축하하지 않을 것입니까"라고 대답하였다.

이리하여 太祖는 須昌縣公 達奚武에게 고환군의 동태를 살피도록 하였다. 고환은 우문태가 왔다는 소식을 듣고 임전태세를 갖추었다. 이때에 侯景이, "黑獺를 생포하여 백성들에게 보여주자"고 얕잡아 보았다. 太祖는 李弼, 趙貴로 하여금 항거하도록 하고, 于謹 등 諸將으로 편성한 六軍과 더불어 참으로 치열한 격전을 전개하였다. 특히 李弼이 東魏軍을 橫擊하고 태조는 耿永貴

41) 상게서, 同卷 同條, pp.4879-80.

李穆 李摽寸 등과 함께 격렬하게 공격하였다. 고환은 甲士 8만명을 상실하였다.[42)]

이때에 하동 薛善의 지원으로 蒲坂民 敬珍·祥이 鄕里를 규합하여 來附해와 抗戰하였다. 즉, 李弼이 河東에 이르렀을 때에, 猗氏 등 6縣 10萬戶가 歸附해온 것이다. 太祖는 敬珍을 平陽태수, 敬祥을 行臺郎中으로 삼았다.[43)] 아울러 541년 8월 宇文測을 대도독 行汾州事로 삼아 파견하였다. 그의 정치는 간략하고 은혜로워 민심을 얻었다. 이때에 東魏民들이 수차에 걸쳐 노략질을 해왔다. 이에 宇文測은 그들에게 好意를 베풀어 客禮로 대우하여 보내어서 汾晉간의 慶弔時에 왕래가 이루어져 時論상 칭찬받았다.[44)]

그리고 542년 9월 고환은 서위 汾·絳으로부터 40리에 걸치는 軍營을 설치하였다. 태조는 王思政으로 하여금 玉壁을 지키고 그 길을 단절하도록 하였다. 고환은 王思政에게, "만약 항복하면 마땅히 并州자사를 제수하겠다"고 회유하였다. 이에 왕사정은, "可朱渾道가 항복하지, 왜 할 수 없는가"라고 맞대응하였다. 동년 10월 乙亥에 고환은 玉壁을 포위하여 9일이 지났다. 때마침 큰 눈이 내려 士卒이 굶주리고 많은 凍死者가 발생하자, 고환은 부득이 퇴군하였다. 태조는 추격하다가 중도에서 멈추었다.[45)]

특히 543년에 전개된 邙山戰은 東·西魏 간의 최대의 격전이었다. 처음 東魏의 御史中尉 高仲密이 吏部郎 崔暹의 누이를 妻로 맞이하였다가 버려 양인사이에 모순 갈등이 일어났다. 또한 고중밀이 10御史를 선발할 때에, 자신과 친밀한 鄕黨인물을 많이 채용하였다. 이에 崔暹은 불만을 가졌다. 또한 고중밀의 후처 李氏를 高澄이 보고 희롱하였다. 이씨는 이 사실을 중밀에게 고하여 더욱 원한이 깊어졌다. 이리하여 崔는 고중밀을 北豫州자사로 출외시켜버렸다. 고환은 이 사실을 중시하고 亥壽興을 보내어 감시하도록 하였다. 중밀은 그를 제거하고 동년 2월 壬申에 西魏에 亡命을 요청하였다.

---

42) 상게서, 同卷 同條, pp.4883-6.

43) 상게서, 同卷 同條, p.4887.『周書』卷35 설선전, pp.626-7.

44)『資治通鑑』卷158 梁紀14 武帝 大通7年 8月條, p.4908.『周書』卷27 宇文測傳, p.454

45)『資治通鑑』卷158 梁紀14 武帝 大通8년(542) 9月條, p.4912.

태조는 고중밀의 來附와 관련하여 太子少傅 李遠을 선봉으로 삼아 洛陽에 이르도록 하였다. 또한 개부의동삼사 于謹에게 栢谷을 공격 함락하도록 하였다. 자신은 諸將과 함께 河橋 南城을 포위하였다. 이에 고환은 장병 10만으로 河北에 이르자, 우문태는 일단 瀍上으로 물러나 火船을 이용하여 河橋를 소각시키고자 하였다. 그러나 東魏 斛律金이 行臺郎中 張亮으로 하여금 막도록 하여 다리소각은 모면되었다. 이어 고환이 도하하여 邙山에 鎭치고 수일을 버티었다. 태조는 瀍曲에 輜重을 옮기고 밤에 邙山에 올라 고환을 습격하였다. 고환은 西魏軍을 기다려 彭樂 등의 용전분투로 서위의 시중 개부의동삼사 대도독 臨洮王 元柬을 비롯하여 趙善 등 都督 僚佐 48인이나 포로로 잡고 태조의 將士 3만 명이 희생되고 말았다. 이때에 太祖도 곤경에 맞아 상대에게 金帶 一襄을 주고 훗날을 약속하여 위기를 모면하였다. 다음날 高歡은 彭樂을 다시 내보내자, 西魏軍은 中軍 太祖, 左軍 趙貴, 右軍 若干惠로 맞섰다. 중군과 우군이 고환과 合擊하여 동위군을 대파하여 步卒을 전부 포로로 잡았다. 이때에 고환은 말에서 떨어졌다. 赫連順陽이 말을 바쳐 남은 7인과 함께 도주하였다. 그러나 左軍 趙貴는 5將과 함께 동위군과 싸웠으나, 失律하여 불리해져 동위군이 다시 떨쳐 일어나 완강하게 버티었다. 이에 독고신과 우근이 反擊하였다. 고환이 陝에 이르자 達奚武가 대항하였다. 고환은 諸將이 너무 깊이 들어왔다고 충고함에, 진격을 중지하고 劉豊生이 잠시 추격하다가 물러나도록 하였다. 이리하여 이름난 邙山戰이 끝나고 동서위 양군은 교전상태에서 벗어나 소강상태에 접어들었다.[46]

543년 3월 태조는 王思政을 玉壁에 불러 성곽을 보수하도록 하는 한편, 營農하여 軍糧을 비축하여 방어태세를 갖추도록 하였다.

태조는 이번 邙山役에서 서위의 피해가 많은 것을 자신의 잘못으로 돌려 諸將의 無功을 책임지고자 하였다. 文帝는 불허하고 失律한 趙貴의 강등으로 마무리하였다.[47] 힘써 싸워 많은 공로를 세운 耿永貴에게 이름 豪와 雍州자사를, 太子武衛率 王胡仁에게 이름 勇과 岐州자사를, 도독 王文達에게 이름 傑과 北雍州자사를 각각 제수하였다.

---

46) 『資治通鑑』 卷158 梁紀14 武帝 大通9년 正月條, pp.4913-8.

47) 『周書』 卷2 대통9년 3月條, p.28.; 同書 卷16 趙貴傳, p.262.

아울러 태조는 대통 9년(543)말 關隴지역의 豪右를 널리 모집하여 軍旅를 增强하는 조치를 단행하고[48] 10월 櫟陽에서 大閱하고 華州에 진쳤다. 이 조치는 서위 건설이래 徵兵하여 편성한 府兵體制에 의지하여 전개된 潼關 弘農 小關 沙苑 河橋 그리고 邙山戰을 마감한 결과 이루어진 것이었다. 특히 이들 여러 戰爭에서 弘農의 楊氏 河東의 薛氏 裵氏 柳氏를 비롯하여 河東의 敬氏 樊氏 등 豪右가 同地域의 首望으로서 서위에 귀부하여 혁혁한 공로를 세운 것이 사실이었다. 따라서 태조는 동지역에서 宗族이 宗黨을 중심으로 世居하여 自衛力을 가진 이들을 서위의 군사체제에 흡수하여 재편성하고 다시 관롱지역 전체로 확대할 필요가 있었다. 까닭에 鄕兵 혹은 府兵의 형성·성립을 서위 문제 대통3년(537) 李弼의 12軍이나 대통7년 6軍에서 구하기보다는 대통 3년 弘農에서 徵兵하여 大會를 열어 전투에 돌입한 사실로부터 이 이후 징병하여 12軍 혹 6軍을 편성하고 廣募豪右하여 대통 16년 6柱國－12大將軍－24軍－100開府儀同三司의 軍府의 지휘계통이 완성까지 점차로 확립된 것이라고 생각한다. 또한 이러한 조치는 關隴의 豪右들에게도 자신들의 本州郡縣을 혼란으로부터 스스로의 自衛力으로 보호 구제한다는 자긍심을 확브하고 鄕黨, 곧 宗黨에 기초한 통치계층, 곧 官僚적 門閥士族으로 성장 발전할 수 있었기 때문에, 서위의 발전에 적극 협력한 결과였다. 결국 漢人 官僚士族이 적극적인 서위의 文武官僚界에 진출하여 활동한 것은 그들이 종래 門閥士族의 폐쇄성을 극복하는 방향에서 강구되어 추진되었다는 점에서 주목되는 조치였다. 그 대표적인 정치군사활동이 東西魏간에 전개된 실제상 최대 격전으로 官僚的 문벌사족 晉州자사 韋孝寬의 玉壁大戰이었다. 이리하여 西魏후기에 전개된 玉壁大戰과 漢中·蜀과 江陵平定에 대하여 詳述해보자.

태조는 西魏 文帝 大統 12년(546) 8월 幷州자사 王思政을 荊州자사로 삼고 諸公에게 玉壁에서 대신 鎭戍할 인물을 추천하도록 하였다. 王思政이 韋孝寬을 천거하여 우문태가 수용하였다. 이때에 고환은 山東의 群衆을 대거 투입시켜 西魏를 정벌하고자 하였다. 그는 鄴都에서 晉陽에 와서 山東의 군

---

48) 『周書』 卷2 文帝紀 下, p.28.

사 10여만을 동원하여 大會를 열고 9월에 옥벽을 공격한 것이다. 玉壁은 동으로는 函谷關에서 長安에 이르는 대략 천리에 이르는 협곡 중에 가장 險固한 요세지로 전국시대 秦의 連橫에 대한 合縱으로 맞선 백만의 대군을 불과 이만으로 방어할 수 있었다는 險固한 요충 百二지역이었다. 고환은 이러한 玉壁을 정복해 보려는 거대한 야망으로 그의 無謀함과 憒兵的 실패, 나아가 政策과 正統與否 등 東魏의 정치군사상의 구조적인 열악한 弱點을 극복하려는 차원에서 추진한 것으로 보인다. 그러나 고환은 자연적인 天險을 넘지 못한 채, 得病·死亡하였으니, 高歡에게 인간적인 憐憫과 후인에게 鑑戒할 것을 권고하지 않을 수 없다. 결국 고환은 옥벽을 공격하는 중에 西魏軍을 끌어들려 결사항전을 추구한 것이었다. 西魏軍은 물론 불응하였다.

이제 그 전황을 살펴보자.

고환은 수십리에 걸쳐 連營하고 城아래에 이르러 城南에 土山을 일으켜 入城하고자 하였다. 또한 城上에 두 樓閣이 있어 孝寬은 나무로 묶어 연결해 놓고, 전쟁무기를 쌓아 방어하였다. 고환은 城中人에게, "너희가 누각사이를 묶어 하늘 닿게 해놓았으니, 나는 城 밑을 뚫어 너희를 취할 것이다"고 위협하였다. 드디어 城南으로부터 땅굴을 파고 城北에서 土山을 일으켜 주야로 쉬지 않고 공격을 퍼부었다. 孝寬은 또한 長塹을 만들어 戰士를 屯塹시켜 땅굴을 통해 들어오는 敵軍마다 잡아 살해하도록 하였다. 또한 고환은 塹壕밖에 땔감을 쌓고 불을 저장하여 적이 이르면 땔감에 불을 놓아 가죽에 붙여 냄새가 한꺼번에 가득차게 하여 모두 혼란하도록 하였다. 성 밖에 攻車를 만들어 攻車가 돌진하면 부숴 훼손되도록 하였다. 비록 排楯이 있더라도 능히 대항하지 못하도록 하였다. 이에 효관은 縫布로 縵을 만들어 그 곳을 향하여 길게 늘어뜨려 공중에 걸어 그 攻車가 능히 파괴하지 못하도록 하였다. 성 밖에 또 竿을 소나무에 묶어 灌油桶에 불을 부쳐 누각을 불사르고 성안으로 몰아넣고자 하였다. 효관은 또 다시 긴 鐵鉤를 만들고 그 鋒刀를 예리하게 만들어 火竿을 쏘아대면 철구로 그것을 찢어 松麻가 함께 떨어지도록 하였다. 밖에서 또한 城西面에 땅굴을 파오면 21道를 만들고 4路로 나누어 그 중 각 곳마다 기둥을 세워 油灌하는 기둥으로 삼아 방화하여 소각하려하면 城이 무너지도록 하였다. 또한 효관은 무너진 곳에 木柵을 세워 막게 하여 적이 들어올 수 없도록 하였다. 성 밖에서는 그 공격의 방법을 다하여도 효관은 항거하여 격파하였다. 이에 高歡은 어떻게 할 방도가 없었다. 이리하여 倉曹참군 祖孝徵이, "구원병이 온다는 소식이 없다. 어찌 항복하지 않는가" 라고 물었다. 孝寬은, "나의 城池는 嚴固하고 군량은 여유가 있다. 공격하는 자는 스스로 노고하고 지키는 자는 늘 편안하다. 어찌 旬朔사이에 반드시 구원병이 필요할 것인가? 꼭 우려되는 것은 돌아가지 못할 위험이 있지 않을가 한다. 효관은 關西男子로 반드시 降將이 되지는 않을 것이다"고 써서 쏘아 보냈다. 이윽코 祖孝徵은 城中人에게, "韋城主가 받는 봉록의 두배를 줄 것이니 외부로부터 온 軍에게 어찌 서로 湯火 중에 넣으려 하는가"라고 썼다. 거듭 성중에, "능히 城主를 斬하여 항복하는 자에게는 太尉를 제수하고 開國郡公 邑萬戶 그리고 비단 萬疋을 상으로 줄 것이다"고 募格을 쏘아 보냈다. 이에 효관은 그 募格 뒷면에, "만약 고환을 斬하는 자 있으면 똑같은 상을 줄 것이다"고 써서 성 밖으로 反射하였다. 이때에 효관의 弟子 遷이 앞서 山東에 있었다. 이번에 묶어 성 아래로 끌고 와 白刀로 위협하며, "만약 빨리 항복하지 않으면 살해할 것이다"고 위협하였다. 효관은 慷慨하여 激揚되어 어찌할 수 없없다. 士卒들은 感勵하지 않을 수없어 將士들은 마침내 죽을래야 죽지 곳하는 마음을 가졌다.

고환은 苦戰 60일 만에 다치고 병사한 자 30%에 이르고 智力이 곤궁하여 病을 얻어 그날 밤으로 軍營을 소각하고 철수하였다. 후에 고환은 이때의 痛憤으로 사망하였다. 西魏 文帝는 孝寬의 공로를 치하하고 殿中상서 長孫紹遠과 左丞 王悅을 玉壁에 보내 위로하고 표기대장군 개부의동삼사를 제수하고 建忠郡公에 봉하였다. 이때에 효관을 추천한 王思政을 知人이라고 평가받았다. 반면에 고환이 옥벽에서 패전하여 돌아가니, "효관의 勁弩一發로 고환이 凶身이 自隕하다"라는 유언이 떠돌았다. 고환은 이 말을 듣고 諸將을 바라보면서 斛律金으로 하여금 결사항전을 다짐하던 勅勒歌를 부르도록 하고 자신도 스스로 화답하여 좌중이 哀感하여 流涕하였다. 익년(547) 정월 丙午에 사망하고 말았다.[49)]

49) 『資治通鑑』 卷159 梁紀15 武帝 中大通 元年(546) 9月條, pp.4941-8.

이로써 高歡과 太祖는 尒朱榮집단에서 出自하여 信都동맹·平涼동맹; 북위의 정통을 계승·개혁하는 제정책과 호한의 모순·갈등·대립을 극복하지 못한 채, 숫자상의 우세를 통하여 '百二지역' 정복의지는 또한 憤兵으로 변모되고 북제에서 斛律光의 비극으로 끝나버려 문벌사족세력의 약화되어 서위-북주의 鄕兵=府兵에 기초를 둔 보편적 관료적 문벌사족 세력에 평탄되었다.

이제 漢中과 蜀 평정 그리고 江陵陷沒에 대하여 살펴보자. 먼저 侯景에 대하여 간단하게나마 살펴보는 것이 필요하다.

六鎭의 반란 중에 侯景은 驍勇하고 무예가 절윤하여 杜洛周軍, 鮮于修禮軍을 전전하다가 尒朱榮을 만났다. 그는 이주영이 葛榮을 평정할 때에, 先鋒으로 갈영을 생포하는 데에 막대한 공로를 세워 定州자사 大行臺 僕陽郡公에 올랐다. 그러나 성품이 잔인하고 혹독하여 받은 賞賜品을 將士들에게 班賜한 것은 다음의 공로를 기대한 것이었다. 동위 때에 그는 고환과 함께 병권을 총람하여 司徒, 河南道行臺로 河南의 군사 10만으로 對梁활동의 중심인물이었다.

高歡이 병이 깊어 아들 高澄에게, "侯景은 狡猾하고 잔꾀가 많아 反覆을 알 수 없으니, 내 죽은 후에 다시는 채용하지 말라"고 충고하였다.[50)]

후경은 먼저 西魏에 河南을 가지고 귀부할 것을 요청하여 서위로부터 太傅 上谷公을 삼겠다고 약속받았다. 그러나 후경은 기대에 미흡하였던지, 같은 조건으로 梁과 접촉하였다. 후경은 고환의 소환을 받고 자신에게 禍가 미칠 것을 알고 梁武帝에게 항복한 것이다.

양무제는 百官의 반대를 무릅쓰고 그를 받아들였다. 그러면서도 후경은 河南에서의 군비확충은 물론, 北齊와 梁王朝에 군사적 지원을 요청하기도 하여 모순과 갈등이 심각하였다. 결국 후경은 548년 壽陽에서 起兵, 10월 渡江하고 8천병으로 臺城을 포위하고 양무제를 劫迫하여 마침내 황제는 걱정하다가 餓死하고 말았다. 이에 軍閥 王僧辯, 陳霸先의 쟁패전이 전개되던 중에 簡文帝가 즉위하였으나, 相東王 蕭繹, 武陵王 蕭紀, 岳陽王 蕭詧 등이 梁主에 오르고자 경쟁하였으며, 진패선이 陳王朝를 열었다.

---

50) 『梁書』 卷56 侯景傳, p.834.

이러한 사정에서 西魏는 府兵制를 비롯한 이른바 關中本位政策을 추진하여 괄목할만한 성과를 거두었다. 550년 2월 후경이 相東王 蕭繹을 핍박하자, 왕은 人質을 보내어 서위의 附庸이 될 것을 요청하여 승인하였다. 또한 서위는 그것으로 만족하지 못하고 岳陽王 蕭詧을 梁王으로 삼아 후일을 기대하였다. 552년 陳覇先이 蕭繹과 함께 侯景을 평정하는 일에 성공하였다.

또한 552년 漢中의 확보, 553년 尉遲逈의 平蜀, 그리고 554년 주국대장군 于謹의 江陵陷沒이었다. 이는 543년 廣募豪右하여 550년 府兵制 완성의 효과를 가름하는 성과이었다.

大統17年(551) 西魏는 達奚武에게 3만병을 주어 漢中을 경략하였다. 梁將 楊賢이 武興을 들어 西魏에 항복하였고 梁深은 白馬를 들어 항복하였다. 이에 梁 무릉왕 蕭紀는 楊乾運 등 장병 만여 명을 지원하여 蕭循을 구제하였다. 그러나 소순은 내외로 적을 만난 상황이라고 잘못 판단하고 정예기병 3천으로 白馬에서 楊建運을 대파하였다. 이에 蕭循은 지원군이 격파되는 것을 보고 달해무에게 漢中의 3만을 인솔하고 입조함으로써 서위는 漢中을 접수였다.[51)]

아울러 相東王 蕭繹이 인구 3만으로 稱帝하였다. 이때에 翼州자사 武陵王 蕭紀는 이미 상동왕과 후경평정을 결의하여 준비하고 있었다. 그런데 상동왕이 자신과 상의하지 않고, 陳覇先과 함께 후경을 평정하고 稱帝한 것이다. 이에 武陵王이 반발하여 成都에서 稱帝하고 군사를 독려하여 강릉을 향하여 동진하려 하였다. 그러나 상동왕 蕭繹은 西魏에 출병하여 구원해주고 蜀을 평정해줄 것을 요청하였다.

이때에 尉遲逈이 平蜀을 주장한 것이다. 그는 우문태의 妹 昌樂大長공주의 아들이었다. 그는 총민하고 큰 뜻과 재능과 도량이 있어서 愛士에게 베풀기를 좋아하였다. 그는 文武兩兼으로 우문태의 帳內都督으로 西魏 文帝의 金明公主에 장가들어 駙馬都尉이기도 하였다. 沙苑戰 등에서 공로가 컸다. 우문태는 그의 平蜀주장을 諸公과 함께 논의하는 회의에서 여러 논의가 나왔다. 그러나 尉遲逈만이 "무릉왕 蕭紀가 東進하면 蜀地가 공허해질 것이니,

51) 『周書』 卷19 達奚武傳, p.304.

그때에 王師가 임하여 공격하면 싸우지 않고도 정벌할 수 있을 것입니다"고 주장한 것이다. 우문태는 이를 수용하고 "蜀을 평정하는 일을 하나처럼 너에게 一任할 것이니, 어떤 계책이 있느냐"고 물었다.

이에 尉遲迥은, "星夜에 적의 심장부를 향하여 主攻擊路와 倍道로 습격하면 적이 官軍이 빨리 왔다고 놀라 당황해 하는 바로 그때, 줄기차게 공격하면 지키지 못할 것입니다"고 대답하였다. 이리하여 尉遲迥은 都督 元珍, 乙弗亞, 俟呂陵始, 叱奴興, 綦連雄, 宇文昇 등 6軍 甲士 12,000名, 騎兵一萬名을 거느리고 蜀平定에 올랐다.

廢帝 2년 봄 西魏軍은 散關으로부터 固道를 거쳐 白馬에서 나와 晉壽를 취하고 平林舊道를 열었다. 선봉이 劍閣에 이르자, 蕭紀의 安州자사 樂廣이 선봉이 되고 梁州자사 楊乾運이 潼州에 鎭을 쳤지만, 모두 州를 가지고 항복하였다. 처음 蕭紀가 巴郡에 이르자, 尉遲迥이 침입하였다는 말을 듣고 譙淹을 보내 回師하고 蕭撝에게 外援하도록 하였다. 尉遲迥이 元珍, 乙弗亞 등을 나누어 파견하여 輕騎로 격파하여 항복하였다. 蕭撝가 전후 수십합을 싸웠으나, 모두 尉遲迥에게 격파되었다. 이처럼 尉遲迥이 쉽사리 平蜀한 것은 앞서 태조가 은밀하게 양건운에게 鐵券과 梁州자사 安康郡公을 하사한 결과이었다.[52] 또한 태조는 益州를 함락하기 직전에, 任果에게 鄕兵 이천인으로 尉遲迥을 따라 平蜀하도록 명령하였다. 果는 표기대장군 개부의동삼사로 蕭紀가 보낸 趙拔扈 등 3만명을 격파하고 成都를 평정함에 始州자사를 제수하였다.[53] 이리하여 蕭撝와 蕭紀의 아들 宜都王 蕭肅 그리고 그 문무관속이 軍門에 이르러 뵙기를 청하여 尉遲迥이 이들을 예로 맞이하였다. 그 吏屬 등에게 각기 復業하도록 하였다. 오직 그 僮隷와 쌓인 재물을 將士들에게 班賜하였다. 尉遲迥은 호령을 엄숙하게 하여 사사로움이 없이 하였다. 결국 尉遲迥을 大都督益潼等18州諸軍事 益州자사를 삼고, 蜀을 평정한 공로로 한 아들을 公으로 봉하였다. 尉遲迥은 상벌을 밝히고 恩威를 펼쳐 새로운 지역을 安集하였다. 또한 아직 未附한 지역을 경략하여 夷夏人들이 모두 서위 우문태에게 悅附하였다.[54]

---

52)『周書』卷44 楊乾運傳, p.794.

53) 상게서, 卷44 任果傳, p.799.

아울러 554년 강릉함몰에 대하여 살펴보자.

湘東王 蕭譯이 후경을 평정한 이후 北齊와 더불어 通使코자 하였다. 그러나 岳陽王 蕭詧은 雍州자사로 梁元帝와 원한이 있어 來附해 오자, 王師를 요청하였다. 우문태는 靑泥谷에서 송별하도록 하였다.

이때에 長孫儉은 于謹에게, "장차 蕭繹을 平定하는 對策을 어떻게 하시렵니까"라고 물었다. 우근은, "江沔을 輝兵하여 江左를 석권하고 丹陽에 진출함이 上策이다. 廓內의 居民을 옮겨 子城에 물러나게 하고 그 陣堞을 강고히 하여 지원병을 기대하는 것이 中策이다. 만약 이동이 어려우면 羅郭을 지켜야 하니 이는 下策이다"고 대답하였다. 이에 長孫儉이, "蕭繹은 어찌 할 것이라고 보십니까" 라고 질문하였다. 우근은, "그는 下策을 쓸 것이다. 蕭氏는 강남에 응거한지 수십년이나 되었지만, 중원의 사정이 복잡하고 外略이 없어서 無謀하고 결단력이 없는 그가 하책을 사용할 수 밖에 없으리라"고 대답하였다.[55] 결국 태조는 554년 10월 서위 柱國大將軍 于謹을 行軍元帥, 唐瑾을 長史로 삼고 中山公 宇文護, 大將軍 楊忠 등에게 5만병을 주어 江陵을 평정하도록 하였다. 우근은 먼저 정예부대를 인솔하여 江津에 점거하여 그 퇴로를 차단하였다. 梁人들은 外城에 木柵을 세워 60리를 廣輪하였다. 이윽코 우근이 이르러 城을 포위하였다. 이에 梁主는 누차 兵士를 파견하였지만, 그때마다 격파되었다. 16일 만에 外城이 함몰되어 梁主는 子城에 물러났다. 익일 梁主는 太子이하를 인솔하고 面縛으로 城에서 나와 항복하였지만 살해되었다. 그 남녀 10여 만인을 捕虜로 삼고, 府庫의 珍寶를 거두어 들였다. 宋 渾天儀, 魏의 相風烏, 銅蟠리, 大玉徑 등을 헌납받았다. 군사들은 사사로히 취하지 않았다. 또한 蕭詧을 세워 梁王으로 삼고 개선하였다.

이때 太祖는 직접 于謹의 宅을 방문하여 크게 賞讚하였다. 즉, 우근에게 奴婢 일천명을 하사하고 梁의 보물과 金石絲竹樂 一部를 주고 新野郡公과 별도로 一子에게 邑일천호를 봉하였다. 우근은 고사하다가 부득이 駿馬와 鎧甲을 받았다. 「常山公平梁歌」 10首를 지어 工人에게 노래하도록 하여 칭

---

54) 『周書』 卷21 尉遲迥傳, p.350.

55) 『資治通鑑』 卷165 梁紀 元帝 承成3年(554) 8月 乙巳조, p.5117. 『周書』 卷15 于謹傳, p.247.

송하였다.[56] 이때 長史 唐瑾은 書籍 二車分를 가져왔다. 보물을 사사로히 절취하였다고 고발되었다. 우문태가 명료하게 申理하여 도리어 名人으로 존숭받았다.[57]

이상과 같이 西魏는 漢中·蜀·江陵의 中國 中西部를 확보하여 장차 화북통일을 이룬 첫 단계라고 할 수 있다. 아울러 311년 永嘉亂이래 分裂되어 抗衡하던 남북의 세력판도 상에서 460년대 후반 薛安都의 北歸로 말미암아 北魏가 중국의 중심지역으로 변경되어 세력판도가 顚倒되었으며, 효문제의 한화정책으로 큰 성과를 거두어 머지않은 장래에 북위나 그 연장선상에 있는 세력이 중국을 통일할 것이라는 전망을 갖도록 하였다. 그리하여 서위시대에 蜀과 江陵을 평정하여 胡漢융합의 西魏－北周－隋唐의 통일제국적 雄姿가 역사상에 출현·발전한 것이다.

3. 宇文周政權下 官僚的 門閥士族 動向

먼저 魏周혁명은 어떻게 이루어졌을까?

風雲兒 太祖 宇文泰는 西魏 恭帝 3년(556) 9월 임종을 깨달았던지, 平涼郡 高平縣 牽屯山 일대를 巡狩하던 중에 병을 얻어 中山公 宇文護를 驛召하여 涇州에서 그에게, "나의 諸子가 어리고 外敵이 강성하니, 천하의 사업, 곧 나라의 건국과 경영을 네게 위촉한다. 마땅히 노력하여 나의 뜻을 이루어라"라는 顧命을 남기고 동년 10월 乙亥에 雲陽宮(北地郡 소재)에서 사망하여 우문호는 장안에서 발상하였다.[58]

이때에 諸公은 等夷로 제각기 執政하고자 하여 서로 率服하지 않았다. 中山公 우문호는 小司徒로 비록 顧命은 받았지만, 名位가 낮아 상황의 추이를 걱정하였다. 이에 그는 于謹을 은밀히 방문하였다. 우근은, "일찍이 승상의 특별한 돌보심을 입었으니, 情으로는 골육보다 깊다. 금일의 사태는 반드시

56) 『周書』 卷15 于謹傳, pp.247-8.

57) 『周書』 卷32 唐瑾傳, pp.564-5.

58) 『資治通鑑』 卷166 梁紀22 敬帝 太平元年 10月條, pp.5153-4.

死爭이 이루어지라. 만약 諸公에 대한 方策이 정해지면 공은 반드시 사양할 수 없다"고 의견을 모았다. 다음날 諸公회의에서 우근은, "지난날 황실이 기울어져서 위기에 이르자 사람마다 개국을 도모하였다. 승상은 뜻을 오직 匡救에 두시고 분투노력하신 연고로 나라를 중흥하고 만백성을 보전하시었다. 지금 하늘이 殃禍를 내려 庶僚(寮)를 버리려 하고 있다. 嗣子는 비록 어리지만 中山公이 親하여 자식과 같고 겸하여 顧命까지 받았으니, 軍國之事는 마땅히 순리대로 따라야 할 것이다"고 방략을 제안하였다.(言辭와 顔色이 근엄하고 맹열하여 제공은 송구스러워 하였다.) 이에 宇文護가, "이는 家事이고 본디 비록 庸昧하오나 어찌 감히 무슨 할 말이 있으리까"라 하고 顧命에 따를 것을 다짐하였다. 이때에 于謹은 이미 태조와 等夷로 우문호는 매차례 예를 다하여 공경하였다. 이리하여 우근은 서둘러 "公(우문호)이 軍國을 統理한다면 于謹 등 우리는 따를 것입니다"고 재배하였다. (제공 또한 우근이 압박하여 재배하였다. 이로써 諸公회의에서 宇文周정권을 세워 諸公의 朝政合議로 經略하기로 결정한 것이다.59)

앞서 이미 宇文泰와의 양해 하에, 서위 공제는 3년 3월 태조의 제 3자 元氏소생 覺을 安定公世子에 봉하고, 4월 大將軍에 진출시켰다. 태조가 사망하자, 10월 乙亥에 太師 大冢宰를 계승하도록 하였다. 또한 12월 丁亥에 封地 岐陽으로 周公을 봉하였다. 이리하여 周公 宇文覺은 황제 임석 하에 濟北公 元迪으로 하여금 황제의 璽紱을 전하며 백관이 즉위를 권하여 원년(557) 1월 신축에 天王位에 올랐다. 이에 천왕은 태조 우문태가 平涼동맹이래 關隴을 평정완료하고 蘇綽·盧辯 등의 戶籍整理 新制 六條詔書 虜姓의 再行과 賜與 그리고 六官制를 정비하고 鄕兵, 곧 府兵制를 점차로 증강시켜 高歡의 東魏軍을 격파하고 漢中·蜀·江陵을 평정하였다. 이리하여 북주는 北齊 남조 陳과 더불어 3國鼎立의 상황을 역사상에 그 위상을 들어냈다. 五胡시기 '天王'이라기보다 西周시기 '天王'으로 천왕 宇文覺의 첫 인사는 李弼을 태사·대종백, 趙貴를 태부·대총재·대사마, 獨孤信을 태보 대종백, 中山公 宇文護를 소사도 대사마, 영공 宇文毓, 達奚武, 豆盧寧, 李遠, 賀蘭祥 그리고 尉遲逈을

59) 『周書』 卷15 于謹傳, p.248. 『資治通鑑』 卷166 梁紀22 敬帝 太平元年(556) 10月條, pp.5153-4.

柱國大將軍에 진출시킨 것이다. 이 인사는 恭帝 3년 1월 丁丑에 『周禮』에 따라 六官을 세울 때에, 六官의 長官 태조 우문태(大冢宰), 이필(大司徒), 조귀(大宗伯), 독고신(大司馬), 우근(大司寇), 후막진숭(大司空)을 개선한 것이었다.60)

그러나 이 인사는 우문호의 전횡을 자행할 수 있도록 그 길을 열어 놓았다. 왜냐하면 그것은 첫째로 독고신의 大司馬權과 이필의 大司徒權을 회수하고 함께 대종백을 제수하였다. 원래 이필과 독고신의 공로가 막대하여 태조가 대사마, 대사도를 맡겼던 것이었으나, 대종백 곧 북주황실업무를 관장하도록 하고 우문호자신의 小司徒는 보유한 채로 행해졌기 때문에, 도리와 사실에 타당하지 못하는 측면이 커 보인다. 우문호가 바로 북주황실의 원로이기 때문이다. 둘째로 조귀에게 번다한 직무 대총재와 함께 대사마권을 우문호와 함께 管掌하도록 하였다. 이는 職責만 있고 職務는 없었다. 세째로 이필로부터 회수한 의 대사도권을 회수하고 空席으로 두어 우문호의 전제권 행사의 길을 열어놓았다. 넷째로 이전에 태조는 서위의 丞相이자 大冢宰權 그리고 都督中外府의 군사권을 통하여 국사를 이끌어 온 것이 사실이지만, 그렇게 할 수 있었던 것을 태조 자신의 인격과 역량이 커서 합심하여 거둔 성과였다. 그러나 우문호는 서위시대 정치군사적 공로가 크거나 많지도 않으며, 岑文本이 지적한 것처럼 大體가 없어서 개인적인 安危와 恩怨 그리고 私心으로 이끌어 국가발전에 적잖은 장애를 저지른 것이 사실이었다.61)

따라서 우문호는 小司徒로 단지 태조의 顧命을 봉행한다는 명분으로 都督中外府의 군사권을 장악하고 于謹의 협조를 얻어 魏周 역성혁명을 마무리하고 西周 成王을 섭정하던 周公 姬旦의 地位에 스스로 나아가 북주의 人事와 軍事權을 통하여 어린 조카 天王 宇文覺을 섭정한 것이다. 이러한 우문호의 섭정, 곧 전횡하던 시기는 北周史 25년 중에 16년간으로 孝閔帝와 明帝를 폐위하고 武帝를 옹립하여 10여 년간에 달한다. 이러한 우문호 전횡기와 나머지 10년동안에 무제의 華北統一 宣帝의 暴政과 北周末 楊堅丞相府에서 활동한 인물들을 통하여 北周政治史를 살펴보자.

---

60) 『周書』 卷3 孝閔帝紀, p.46.

61) 『周書』 卷11 晉蕩公 護傳 史臣曰, pp.181-2.

먼저 于謹이 諸公회의에서 8柱國 등의 諸公合議로 國政을 추진할 것을 전제로 魏周을 추진하였지만, 우문호가 인사와 군사의 통치권을 독점하여 정치를 추진하자, 平涼同盟의 元勳·元輔였던 趙貴는 매사에 제동을 걸며 복종하지 않다가 마침내 우문호에게 대항하려 하였지만, 독고신이 이를 제지하였다. 宇文盛·丘의 형제가 우문호에게 고발하여 조귀는 주살되고 독고신은 정치군사적인 威望이 커서 사람을 보내 핍박하여 자살하도록 하였다.[62)]

그리고 侯植은 兄 龍恩이 晋公의 親任이 있음을 알고, 趙貴誅殺後에 諸將이 모두 不安해 한다면서, 龍恩에게, '지금 主上은 春秋가 富하고 安危는 몇몇 사람에 달려있으니, 한 가지로 唇齒되어도 오히려 구제하기 어려운데 항차 서로 헐뜯고 살해함에 있어서랴'고 개탄하고, '나(植)는 天下의 사람이 해체될까 두렵다. 兄이 그 사람의 親任을 받고 있으니 알고도 告하지 않으랴' 하고 충간할 것을 요청하였다. 그러나 龍恩이 말하지 않았다. 侯植은 晋公에게, '君臣의 分을 情均이오. 父子의 理는 須同이지만, 그 근심은 반드시 始終을 밝혀야 한다. 公은 骨肉의 親으로 社稷과 存亡을 같이해야 한다. 원컨데 公은 王室을 推誠하고 伊尹과 周公의 業績을 모방하여 국가에 泰山과 같은 安全이 있게 하고 家에 世祿의 豊盛함을 傳하게 함이 多幸일 것입니다' 라고 西周 成王의 攝政 周公처럼 공적을 세우도록 아첨하였다. 이에 晋公 우문호는, '나는 일찍 太祖의 厚恩을 입고 또한 그대와 같이 서약하여 장차 心身을 다하여 輔國코자 하니, 賢兄은 나의 마음을 알아주오. 卿은 나의 말에 어찌 다른 뜻이 있겠는가' 라고 말한 후에, 晋公은 龍恩의 말을 자세히 듣고 은근히 시기하였다. 植은 禍가 자기에게 미쳐 면제받지 못할 것을 알고 걱정하면서 사망하였다.[63)] 더욱이 前述한 李植 등의 事件으로 父인 李遠이 連坐되어 被誅되고 季父인 李穆도 일시적이나마 免官되었다.[64)] 곧이어 天王 宇文毓의 초에 王勇은 驍將으로 功績이 많았지만, 너무 교만하였다. 그는 柱國大將軍인 侯莫陳崇의 位望이 높고 크자, 그를 해쳐 영달하려고 그를 晋公에게 모략을 하니, 晋公은 短見임을 알고 却下하자, 勇이 오히려 辱되어 등창이 나서

62) 상게서, 卷16 獨孤信傳, p.267.

63)『周書』卷29 侯植傳, p.506.

64) 상게서, 卷25 李遠傳, p.422.

사망하고 말았다는 촌극까지 있었다.[65)]

반면에 天王 宇文覺은 557년 8월에, "지금 24軍은 마땅히 賢良·方正者를 뽑아 治民하도록 하라"고 하였다. 동 9월에 "짐은 천하에 군림하여 한 사람만이 아닌 상하가 동심한 소치이다. 지금 文武官 및 諸軍人 중에 爵封이 不霑한 자는 마땅히 兩大階(官職·爵)에 진출시켜야 한다. 태수를 군수로 개선한다"고 조칙을 내린 것이다.[66)] 이는 태조 宇文泰이래 官職과 爵位를 주어 國政에 참여시켜 왔다면서 태수를 군수로 고친다는 통상적인 정치명령이었다. 그러나 이 조치는 저간에 우문호의 관직과 봉작의 수여 등 국정전횡에 대한 강한 반발로 보인다. 왜냐하면 天王은 성품이 剛果하여 진공호가 집정하는 것을 보고 매우 시기하였다고 적고 있다. 실제로 司會 李植, 軍司馬 孫恒은 태조의 佐命으로 황제의 좌우에 입시하여 우문호의 정치전단을 嫉視하여 宮伯 乙弗鳳, 賀拔提 등과 함께 우문호의 주살을 권고하였다. 황제가 그러리라고 수긍하자, 宮伯 張光樂을 동모에 참여시켰지만, 광락은 도리어 우문호에게 밀고하여 李植은 梁州자사, 孫恒은 潼州자사로 출외되었다. 이에 을불봉은 불안하여 다시 황제에게 우문호 주살을 권고함에 제공을 소집하여 호의 주살을 합의했지만, 다시 광락이 밀고하자, 우문호는 금병의 숙위를 총괄하는 소사마 尉遲剛을 불러 황제폐립을 함께 모의하였다. 즉, 剛이 금병을 해산함에, 황제는 홀로 내전에 있어서 대사마 賀蘭祥을 보내 핍박하여 양위하였고 1개월여 만에 시해되고 李植과 孫恒 또한 피해를 입었으며, 태조의 佐命 李遠 또한 살해되고 말았다.[67)]

또한 태조의 장자 宇文毓은 姚夫人 소생으로 이때에 岐州자사이었다. 우문호가 영접하여 9월 天王에 올라 元氏자제로 趙貴사건 등에 연좌되어 관노비로 된 자들을 모두 방면하였다. 이는 元偉·定 등 태조의 좌명, 태조의 元황후 소생 우문각을 천왕으로 삼았던 전례없던 胡胡간 胡漢간의 마찰보다는 親族化하여 융합하려는 의도로 보인다. 또한 익년 1월 대총재 우문호는 태사를 겸하여 국정을 전단하던 중에 36국, 99성은 북위의 남하 이래 모두 河

65) 상게서, 卷30 王勇傳, pp.491-2.

66) 『周書』 卷3 孝閔帝紀, p.49.

67) 『周書』 卷3 孝閔帝紀, pp.49-50.

南洛陽人이라 불러 姓族詳定을 이루어 선비귀족의 한화를 추구하였지만, 지금 주왕조는 關中에 도읍하였으니 마땅히 京兆人으로 개칭하도록 下詔하였다.[68] 서위의 성립과 발전에 유공한 호한 관료적 문벌사족에 대하여 虜姓의 再行과 賜姓을 통하여 친족화하여 원활한 국정운영을 기도한 조치로 보인다.

그런데 武成원년 1월 太師 晉公 宇文護는 정치를 황제에게 반환한다는 上表로 明帝는 비로소 만기를 親覽하였다.[69] 그러나 우문호는 大冢宰 都督中外府諸軍事 小司徒로 인사와 군사상의 실권을 비롯한 국정을 총람하였으니 말뿐인 형식적 歸政이었다.

아울러 명제가 나라의 무궁한 발전을 기원하는 입장에서 태조가 夏州자사로부터 유공한 諸將, 곧 平涼동맹이래 관료적 문벌사족 중에, 지금 생존자와 사망자에게 錢帛을 하사할 것이라고 下詔하였다. 이 조칙에 고무되었던지 효무제를 따라 入關하였던 崔猷가 稱帝建元을 요청하여 天王을 皇帝로 바꾸고 武成이라 建元하고 태조를 文王에서 文帝로 추증하였으며, 御正上大夫를 4명씩이나 증가하여 설치하였다.[70] 어런 조치는 요직인원을 대폭 강화하는 조치여서 우문호의 攝政이 필요하지 않다는 강한 항거라는 의미가 커 보인다. 그것은 그때에 儀同三司 齊軌가 같은 職掌의 上司였던 禮部중대부 薛善에게, "兵馬와 萬機는 반드시 天子에게 되돌려야지, 어찌 오히려 私門에 있어야만 하는가"라고 불만을 털어놓았다. 설선은 이 말을 우문호에게 告白하였다. 護는 곧바로 齊軌를 살해하고 薛善이 자신에게 충성한다고 하여 그를 中外府司馬로 삼고 六府事를 우문호의 보좌하여 총괄하도록 하였다.[71]

이상과 같은 우문호의 정치농단은 북주의 발전상 중대한 장애물이었다. 반면 우문호가 撫育한 明帝는 너무 명석하였다. 결국 우문호는 武成 2년 4월 晉公 宇文護의 使嗾를 받은 李安이 올린 독약이 든 음식을 먹고 大漸하여,

---

68) 『周書』 卷4 明帝紀, pp.55에. "三十六國 九十九姓 自魏氏南徙 改稱河南之民. 今周室旣都關中 宜改稱京兆人"이라 있다.

69) 『周書』 卷4 明帝紀, p.56.

70) 『周書』 卷4 明帝紀, p.58.

71) 『周書』 卷35 薛善傳, p.624.

"……지금 大位에는 虛曠하지만 주인이 없다. 짐은 幼稚하여 감히 國務를 감당할 수 없다. 魯國公 邕이 짐의 介弟이고 寬仁大道하여 海內에서 모두 아는 바이다. 능히 나의 周家를 넓힐 자이다. 諸公은 邕을 主人으로 有終하게 하라. 死生間에 人臣의 大節은 諸公이 이 말을 명심한다면 만대에 칭찬받으리다……"고 한 帝位를 傳하는 遺詔를 남겼고[72], 우문호와 于翼이 이 顧命을 받았다.

明帝는 寬明仁厚하고 九族을 敦睦시켜 군주의 도량을 가추었다. 어려서부터 호학하여 群書를 박람하여 屬文의 詞彩가 溫麗하였다. 즉위하여 公卿이하 80여 명을 麟趾殿에 소집하여 經史를 刊校하였다. 많은 책을 모아 犧·農이래 북위말까지 世譜 500권 중에 10권을 저술하였다. 이리하여 명제는 공신을 禮貌하고 九族을 敦睦하도록 하며, 恭儉하고 文雅를 숭상하여 첩첩하게 군주의 덕망을 갖추었다. 처음 權臣이 발호하고 정치는 私門, 곧 宇文護에게서 나와 마침내 독살되어 애석하다고 평론하였다.[73]

또한 이런 明帝의 사망 때에, 晋公은 于翼과 같이 顧命을 받았는데, 于翼에 阿史那皇后의 迎立과 諸王의 師傅를 선발하는 일을 위임하여 皇帝의 親任者라는 인식을 하도록 해놓고, 그를 시기하여 小司徒·柱國으로 승진시켜 겉으로는 崇重된 듯하였으나, 실제로는 疏斥된 것이다.[74] 이러한 상황에서 晋公은 百官을 總覽하고 太祖가 西魏의 軍國機務를 장악한 것과 같이, 晋公의 명령이 아니면 실행하지 않는 등 모든 일을 처리하였다. 또한 그의 집에 軍隊를 주둔시켜 禁衛가 宮闕보다 隆盛하게 하였다.

아울러 周武帝는 태조의 제 4자로 叱奴太后 소생이었다. 어려서부터 孝敬하고 聰敏한데다가 器質 또한 있어서 태조가 "내 뜻을 이룰 자는 반드시 이 아이일 것이다"고 하였다. 무성원년 魯國公으로 명제가 친애하여 朝政大事를 參議하였다. 세종이 사망할 때에 제위를 전하는 遺詔를 顧命으로 삼아 우문호와 于翼이 주선하여 옹립·즉위하였다. 保定원년 1월에 즉위하여 2월

72) 『周書』 卷4 明帝紀, p.59.

73) 『周書』 卷4 明帝紀 史臣曰, p.61.

74) 상게서, 卷30 于翼傳, p.524.

에 천하에 大使를 파견하여 순찰하고 擧輦을 생략하고 百戱를 없앴으며, 3월에 8丁兵(2년 3個月役)을 12丁兵, 곧 1년 1個月役으로 바꾸어 백성의 부담을 경감시킨 것은 탁월하다.[75] 아울러 동 2년 4월 "九州가 未日하여 문무의 관원이 功效를 세우고도 矛土는 물론, 租賦조차 지급하지 못하고 있다. 諸柱國 등 勳德이 隆重하면 마땅이 優崇하여야 하니, 각기 別制에 准하고 封邑戶가 他縣에 있어 그 곳에서 寄食을 허가하였으며,[76] 동년 10월 황제 스스로 검소하고 공경들을 大武殿에 모아 大射會를 열고 少陵原에서 講武도 하여 伐齊, 곧 華北統一의 꿈을 제시하였다. 그리고 보정 3년 4월 太學에 행차하여 太傅 燕國公 于謹을 三老로 삼아 問道하여 정치의 要綱을 듣고 수용하였다.[77] 또한 처음으로 천하의 보복을 금지하고 위반자는 인륜을 해치는 행위로 엄단하며, 百官과 民庶로 하여금 득실을 극언하는 上封事를 허가하였다. 이는 전국에 걸쳐 강건한 백성의 정서를 진작시켜 화북통일 준비하려는 정략으로 이해될 뿐만 아니라 오래도록 專橫하던 晉公 우문호에 대한 사퇴를 권고하는 의미 또한 없지 않아 보인다.

이제 우문호의 정치농단의 상황을 살펴보자.

앞서 언급한 효민제의 李基·齊軌 등 측근 관료적 문벌사족 대립과 피해, 명제의 稱帝建元 御正상대부의 增置를 비롯한 이 외에도 몇 가지 상황이 있었다. 北周武帝 保定·天和年間에, 진공 우문호는 都督中外諸軍事에 任命받아 5府를 天官府에 從屬시킬 뿐만 아니라, 자신의 功德을 周公에 비유[78]하는 등 一連의 政治權力의 전단을 자행하였지만, 관료사족들의 반발 또한 적지 않았다.

몇 가지 사례를 살펴보자.

첫째로 保定 2년(562) 大司空 侯莫陳崇은 황제를 따라 原州에 幸行하다가 當日로 還宮하였다. 崇은 친우 常昇에게 '내가 卜筮者에 들으니, 晋公이 今年

75) 『周書』 卷5 保定元年 3月 丙寅條, p.64.

76) 『周書』 卷5 武帝上, p.66.

77) 『周書』 卷5 武帝上, p.68.

78) 상게서, 卷11 宇文護傳, p.167.

에 不利하여 사망할 것이어서 환궁하였다'고 失言하였다. 그런데 이 말을 晋公에 告한 者가 있었던지, 武帝는 諸公卿을 召集하고 崇을 힐책하였다. 숭은 惶恐하여 사죄하였지만, 晋公은 그를 핍박하여 자살하도록 하였다.[79)]

둘째로 保定元年 賀若敦은 對北齊戰에서 크게 패하여 晋公이 그를 除名하였는데, 同 二年에는 金州總管으로 有功하였다. 그러나 同 五年 對北齊戰에서 不振함에 또다시 除名되니, 敦은 晋公을 원망하게 되어 자살토록 핍박하였다.[80)]

셋째로 保定 3年 柳雄亮이 그의 부친 檜를 해친 도적 黃衆寶를 朝廷에서 우대하는 것을 보고 분개하여 長安城 중에서 그를 살해하였다. 晋公이 대노하여 柳慶 등 一族을 가두고 나라의 紀綱解弛를 이유로 삼아 問責하였다. 이에 柳慶은 변색하지 않고, '父母의 원수는 天昆에 不同하고, 弟의 원수는 國明에 不同이라. 公은 孝治天下를 함에 어찌 힐책하느냐'고 항변하여 一族이 죽음을 면하였다.[81)]

넷째로 保定 四年 楊忠이 諸將과 더불어 突厥을 격파하고 개선함에, 武帝는 楊忠을 太傳로 삼고자 하였다. 晋公은 찬성하지 않고 總管으로 出外시켰다.[82)]

다섯째 令狐整은 晋公의 집정 초에 심복으로 삼으려 하였으나 거부하여 疏斥된 일이 있었다. 人事상 그에게 本州에 赴任하는 錦衣還鄉의 영예를 주지 않고 朝廷의 일을 빙자하여 弟인 休를 파견하였다.[83)]

여섯째 天和末 晋公이 政治를 專斷함에 搢紳이 모두 아첨하여 벼슬을 구하였으나, 裴漢만은 直道를 固守하여 8年間 不徙職(車輅下大夫)하였다.[84)]

일곱째 竇熾은 太祖가 渭化에서 田獵을 할 때에, 晋公과 더불어 말을 달려 토끼사냥을 하였다. 晋公은 사냥이 부진하여 그를 은근히 시기하였다. 두치

---

79) 상게서 卷16, 侯莫陳崇傳, p.269.
80) 상게서 卷28, 賀若敦傳, p.476.
81) 상게서 卷22, 柳慶傳, p.373.
82) 상게서 卷19, 楊忠傳, p.318.
83) 상게서 卷36, 令狐整傳, p.644.
84) 상게서 卷34, 裵漢傳, p.597.

는 晋公에게 武帝가 年長하였으니, 정치를 천자에게 반환할 것을 권고하였다. 이에 진공은 오히려 大宗伯에서 刺史로 疏斥시켰다.[85)]

이상과 같이 魏周革命으로부터 武帝 天和말까지 북주의 관료적 문벌사족과 晋公과의 관계를 구체적으로 例證하였다. 趙貴·裴漢 등 북주의 관료적 문벌사족은 晋公의 專權에 대하여 항변·충고 혹은 誅殺을 모의하여 自身들의 勳功으로 건설한 北周政權의 主體的 擔當者로써의 적극적인 動向으로 간주된다.

아울러 武帝의 建德年間(572-577)에 북주정권이 완성되어 대망의 화북통일을 이루웠다. 이때에 魏周革命으로부터 專權을 行事하던 大冢宰 晋公 宇文護를 제거한 사실로부터 시작한다. 周武帝 建德2년(572) 3월 宇文護가 稍伯대부 庾季才에게, "지금 天道가 (나에게) 어떠한가"라고 물었다. 季才는, "받은 바 은혜가 매우 두터웠으니, 공은 마땅이 정치를 천자에게 반환해야 한다. 이것이 期頤한 수명을 누린 것이다. 옛날 周公旦·昭公奭의 아름다움을 받아 자손이 번성하였으니, 그렇지 않으면 더 이상은 알 수 없다"고 잘라 말했다. 이에 우문호는 오랫동안 신음하다가, "나의 근본 뜻이 이와 같지만, 말씀은 회면하기 어렵다는 말씀입니다. 공은 이미 王官이 되었으니, 朝例에 따라야 하여 번거롭게 별도로 과인을 참고할 것이 없겠구려"라고 하였다. 우문호는 이르부터 庾季才를 배척하였다.[86)] 이때에 衛公 宇文直(周武帝의 同母弟)은 우문호와 매우 친밀하였지만, 元定 등과 함께 陳과의 沌口전투에서 실패하여 免官됨에 우문호를 원망하고 무제에게 그를 주살할 것을 권하고, 宇文護의 지위를 얻고자 하였다. 이에 황제는 은밀히 宇文直을 비롯하여 右宮伯중대부 宇文神擧, 內史중대부 태원 王軌 그리고 右侍上士 宇文孝伯 등과 모의하였다. 황제는 우문호를 만날 때마다 항상 한 집안의 인물로 예로써 대우하여 태후는 우문호에게 앉을 자리를 권하고 황제는 태후 옆에서 모셨다. 이윽고 우문호가 同州로부터 長安에 돌아와 文安殿에서 황제를 만나 함께 태후의 含仁殿에 들어갔다. 이때에 태후는 춘추가 높았지만 자못 好酒하여 이를 警戒해드리고자 酒誥를 읽던 중에 衛公 直 등이 護를 살해하였다.

85) 상게서 卷30, 竇熾傳, p.520.

86) 『資治通鑑』 卷171 陳紀5 宣帝 太建4年 3月條, p.5302.

황제는 長孫覽 등에게 柱國 譚公 會, 大將軍 莒公 至, 崇業公 靜, 正平公 乾嘉와 그 형제들 그리고 侯龍恩 萬壽 李安 등을 殿中에서 살해하였다. 아울러 위왕 직은 우문호가 親任하던 제왕 憲을 살해하자고 하였지만 허락하지 않았다. 그밖에 우문호의 아들 蒲州자사 訓, 돌궐에 사자로 갔던 昌成公 深을 살해하였으며, 護의 長史 叱羅協 호의 司祿 馮遷 및 그의 친임자를 제명하였다. 효백 신거 왕궤를 중용하였으며, 유계재에게는 태중대부에 승천시키고 粟帛을 포상하였다. 아울러 무제는 정부의 조직개편을 단행하였다. 尉遲迥을 太師, 竇熾를 太傅, 李穆을 太保, 宇文憲을 大冢宰, 衛公直을 大司徒 陸通을 大司馬, 柱國 辛威를 大司寇 그리고 趙公 招를 대사공으로 삼아 황제를 보좌하는 親政체제를 확보하였다. 그런데 衛公 直은 護의 지위 大冢宰를 희망하였지만 얻지 못하자, 불평하여 병권이 있는 대사마를 희망하였다. 황제는, "네 형제간에 長幼次序가 있는데, 어찌 下列에 등용하랴"고 일축하였다.[87] 그러나 위공 직은 황제의 인사에 불복하고 태자궁을 습격하는 난동을 벌려 尉遲運 등이 격파하였다.[88]

북주무제의 큰 공적은 平齊한 일이었다. 이제 平齊사업에 대하여 살펴보자. 周武帝 建德2년(572) 5월 北齊 尙書左僕射 祖挺은 그 세력이 조야를 기울려 좌승상 함양왕 斛律光이 자못 증오하였다. 호한대립이 본격화 된 것이다. 곡율광은 人臣으로 귀하였지만 성품이 절검하였고 성색을 좋아하지 않았다. 어쩌다 빈객을 접대하였지만, 성찬을 준비하지 않고 권세를 탐내지 않았다. 조정에 회의가 있을 때마다 항상 마지막 한마디하고 합리적으로 처리하였다. 엄숙하고 언제나 무장하고 군사를 행할 때에, 사졸이 죄가 있을 때는 오직 태장으로 가볍게 칠뿐 망령되게 살해하지 않아 死力을 다하였다.[89] 光의 동생 羨은 도독 幽州자사 行臺尙書令으로 治兵을 잘하여 士馬가 精强하고 章候가 엄정하여 돌궐에서 두려워하여 南可汗이라 하였다. 또한 光의 長子 武都는 개부의동삼사 梁·延2州자사였다.

光은 後主에게 납비하여 이따금 朝堂에 수렴을 치고 諸官僚의 동향을 살

87) 『資治通鑑』 卷171 陳紀5 宣帝 太建4年(572) 3月條, pp.5302-6.

88) 『周書』 卷40 尉遲運傳, p.710.

89) 『資治通鑑』 卷171 陳紀5 宣帝 太建4年(572) 5月條, p.5308.

폈다. 祖珽의 언행을 보고 듣더니 小人이라 하였다. 조정이 승마한 채로 목례도 없이 光의 앞을 지나치는 것을 보고 화내어 꾸짖었다. 이때에 恩倖 穆提婆가 斛律光의 庶女에 구혼하여 거절을 당하였다. 齊王은 목제파에게 晉陽田을 하사하였다. 그러나 光은, "이 토지는 神武帝(高歡) 이래 禾(벼)를 심어 말 수천필을 먹여 외적에 대비해 왔는데, 이제 제파에게 주어버렸으니, 군무를 빼놓을 수밖에 없겠구나"라 하여 원상회복시켰다. 이에 조정과 穆提婆는 光을 원망하였다. 바로 그때에 후주의 斛律皇后가 은총을 잃어 祖珽은 이에 개입한 것이다.

이즈음 546년 玉壁에서 고환의 대군을 격파한 명장 韋孝寬은 天和4년(569)에 勳州자사로 북제의 침입을 막고 유사시에 군사활동의 편의를 위하여 汾北과 離石을 잇는 城을 쌓을 것을 朝廷에 요청하였지만, 진공 우문호는 長史 叱羅協을 보내, "韋公의 자손이 비록 많지만, 헤아려 보면 100명을 넘지 못한다. 汾北에 축성하면 누구를 보내 고수할 것입니까" 하여 참으로 치졸하게 거절하여 수포로 돌아가버렸다.[90] 북주무제가 친정하여 平齊에 뜻을 두고 있을 때에, 때마침 북제 승상 斛律明月이 宜陽의 포위를 풀고 효관과 만나기를 요청해왔다. 明月은 효관에게, "宜陽은 小城으로 오래도록 싸워 수고 많았다. 지금 그대가 차지하였으니, 汾北으로 보상함이 어떤가"라고 제안하였다. 이에 효관은, "宜陽은 그대들의 要衝이요, 汾北은 우리가 버린 곳으로 상환이 무슨 뜻인가? 그대는 幼主를 輔翼하고 隆盛한 重望이 있으니 백성을 어루만져야 한다. 군사활동을 자제함이 어떤가" 라고 맞대응하였다.[91]

이때에 효관의 參軍 曲嚴이 자못 卜筮에 능하였다. 효관에게, "내년 東朝에 반드시 큰 살륙이 있으리다"고 조언하였다. 효관은 嚴에게, 謠歌 "百升(斛律光)이 上天을 날으니, 明月이 長安을 비춘다"; "高山(=북제)이 꺽지 않고도 스스로 무너지네. 槐樹(위효관)는 부뜰지 않고도 스스로 세워지네" 라는 글을 많이 작성하여 鄴都에 뿌렸고 북제의 수도 鄴 중에 뿌렸다. 소아들이 길거리에서 노래로 뿌리고 다녔다. 祖珽은 직접 고하기 어렵다고 처형 鄭道

90) 『周書』 卷31 韋孝寬傳, p.539.

91) 『周書』(『北史』) 卷31(64) 韋孝寬傳, p.539-40(2263-4).

蓋로 하여금 상주하도록 하였다. 황제는 祖珽에게 묻자, 陸令萱이 거드는 가운데 조정은, "百升은 斛律光이요 盲老는 臣을 말함이요, 女侍中은 陸씨(=令萱은 後主의 유모로 太姬라 존칭하여 恩倖과 더불어 치부 황후책봉 朝廷人事 등을 전단하였다.) 결국 황제는 조정 등이 언급한대로 무력과 위망이 있는 斛律光 등을 "이전 關西 군사작전이후 勅令으로 散兵하지 않고 帝城을 핍박하려다가 그친 일이 있다는 罪로 살해하고 말았다.[92] 결국 이 사건은 북제정치의 난맥상의 일단면을 표출한 것으로 北齊말 胡漢 政治鬪爭상의 단막극이었다.

이상과 같이 北齊는 和士開이래 後主를 둘러싼 朝臣간의 離合集散, 恩倖 등 佞臣의 政體紊亂과 政治不正 그리고 胡漢통치계층의 致富·豪奢와 百姓收奪이 감행되어도 후주는 호사만을 추구하던 無愁天子이었다.

반면에 北周武帝는 앞서 말한 바와 같이 三老 于謹의 政治要綱을 확보 하여 국내안정을 취한 위에 大體없는 宇文護의 정치농단을 혁파하여 親政체제를 구축하였다.[93] 또한 북주무제는 건덕5년(573)말 百官을 비롯하여 沙門·道士를 모아놓고 황제는 스스로 높은 자리에 올라 三教의 先後를 판별하여 儒學을 優先하고 道教를 次先으로 하고 佛道를 後로 결정하고[94] 그 익년 5월 佛·道二教의 금지를 단행하고 그 經典과 佛像 등을 훼손하고 대다수 沙門·道士를 還俗시켰으며, 아울러 諸淫祀를 금지하고 祀典所載者가 아니면 절대로 배제하였다.[95] 이런 사상통제는 明帝 때에 韋瓊의 「三教序」에서 보이는 바와 같이 儒佛仙 三教의 통합추세선상에 있는 사상계의 동향을 반영하여 儒學의 德治이상을 실현, 곧 무도한 정치로 백성이 살라야 살 수 없는 통치를 격파하여 백성을 해방시키려는 조치로 이해된다. 말하자면 그것은 北齊를 평정하려는 무제로서는 황제권의 사상적 기반이 유학에 있고 道·佛

92) 『資治通鑑』 卷171 陳紀5 宣帝 太建4年 5月條, pp.5308-10; 『周書』 卷31 韋孝寬傳, p.540.

93) 『周書』 卷5 武帝 保定3年 4月條, p.68; 『資治通鑑』 卷171 陳紀5 宣帝 太建5年 4月條, p.5331.

94) 『周書』 卷5 武帝上 建德2年 12月條, p.83. 『資治通鑑』 卷171 陳紀5 宣帝 太建6年 12月條, p.5335.

95) 『周書』 卷5 武帝上 建德3年 5月條, p.85.

사상은 出世間的이고도 균전농민이 승려·도사로 됨으로써 농민의 租賦와 身役을 감소시키는 등 부정적인 측면을 고려한 조치라고 하지 않을 수 없다. 그것은 건덕2년(572) "軍士를 侍官으로 바꾸어 백성을 募集하여 충당하고 그들을 縣籍에서 제외시켰다. 이후 夏人 半이 兵士가 되었다"는 通典의 記事[96]는 그러한 사실을 반영한 것이다.

또한 위효관은 북제의 정치부정의 상황에서 황제에게 平齊三策을 올렸다. 첫째 지금 大軍이 軹關에서 출발하여 陳氏와 기각을 함께하여 나아가 山南의 驍銳를 연결하며 다시 山北의 稽胡를 보내어 幷州·晉州路를 두절시키고 諸軍이 각자 모집한 외에 關河지역에서 거듭 强勁한 勇士를 모집하여 爵·賞을 厚하게 하여 선봉대로 삼아 전광석화처럼 공격하면 승산이 있을 것입니다. 둘째로 널리 屯田을 일으키어 미리 저축하고 그 驍悍한 무리를 모집하여 隊伍를 편성하고 심복의 병사를 끌어들여 아군이 宿合비용을 절약하여 기다리면 일·이년 중에 반드시 스스로 이반해 올 것입니다. 또한 北齊後主는 혼폭하여 정치가 多門에서 나오고 있으며, 官은 財物로; 刑獄은 뇌물로 이루어지며 酒色으로 황음하고 忠良을 시기하여 해치니 그 폐단을 이겨내기 어렵습니다. 이로써 보면 북제의 멸망은 기대할 수 있으니 신속히 공격하고 摧枯를 기다려야 할 것입니다. 셋째로 옛날 구천은 吳를 멸망시키고자 10년을 기다렸습니다. 武王이 商紂를 취하고자 번거롭게 재차 거병하였습니다. 이것은 또한 다시 時와 상관되기 때문입니다. 臣 위효관은 隣好를 숭상하고 그 盟約을 申하여 安民和衆하게 하여 通商은 惠工하며 蓄銳養威하다가 틈이 보이면 움직일 것입니다. 이것이 곧 長策으로 遠御함이니 앉아서 스스로 兼併하는 것입니다.[97] 북주무제는 三策을 보고, 開府儀同三司 伊婁謙을 內殿에 불러 從容하여, "짐은 用兵코자 하니 누구를 선봉으로 삼아야 하겠는가" 고 묻자, 겸은, "齊氏가 沈溺倡優하여 혼폭하였으니, 그의 절충의 장수 곡율명월이 讒言으로 斃하였습니다. 이로 말미암아 上下가 믿지 못하는 상황이 이미 도로에 들어나 있습니다. 이것이 北齊를 쉽게 취할 수 있는 것입니다"

96) 『通典』 卷5 食貨5 賦稅下 後周項, p.96.

97) 『資治通鑑』 卷172 陳紀6 宣帝 太建7年 2月條, pp.5341-3; 『周書』 卷31 韋孝寬傳, pp.540-1.

고 답변하였다. 황제는 대소하고 謙을 小司寇 元衛와 함께 齊使로 파견하여 그 틈을 보도록 하였다.[98]

황제는 앞서 齊王 憲, 納言 王誼, 3차에 걸친 于翼과 問策하고 7월 병자에 大將軍 이상을 大德殿에 소집하여 알렸고, 丁丑에 平齊할 것을 下詔하였다. 이에 柱國 陳王純 滎陽公 司馬消難 鄭公 達奚震이 前3軍 總管, 越王 盛 周昌公 侯莫陳崇 趙王 昭가 後3軍 總管, 齊王 憲은 2萬軍으로 黎陽을 趣하고; 隨公 楊堅과 廣寧公 薛逈은 舟兵3萬을 통솔 渭로부터 河로 들어가며; 梁公 侯莫陳芮는 무리 2萬兵으로 太行道를 수비하며, 申公 李穆은 무리 3萬으로 河陽道를 수비하며 常山公 于翼은 무리 2萬으로 陳·汝를 통수하도록 하는 行軍 大編成을 완료하였다.[99]

北周武帝는 內史上士 賀若弼·趙煚 등의 의견을 말살하고. 무리 6만을 統帥하여 河陰에 이르러 楊素의 선봉을 수용하여 晉陽에 진출하려다가 河陽에 이르러 北齊 右丞 高阿那宏의 抗拒를 받았다. 이때에 북주무제가 병을 얻어 長安에 돌아왔다. 齊王憲 于翼 李穆 등은 이미 勝戰하여 30여 城을 降拔하였다.[100] 동년 9월 平齊를 다시 선언하고 越王 盛 杞公 亮 隨公 楊堅을 右三軍으로 삼고, 초왕 儉 大將軍 竇恭 廣化公 丘崇을 좌삼군으로 삼아 齊王 憲과 진왕 純을 前軍으로 편성하였다.[101]

북주무제는 平陽城을 확보하고자 노력하고 齊王 憲은 洪東·永安城을 확보하고 梁士彦이 晉州자사로 큰 역할을 하는 등 황제이하 諸將이 平齊를 위해 노력할 때에, 北齊後主는 馮淑妃와 더불어 天地에서 사냥하고 晉州와 平陽이 북주에 큰 공격으로 몇 번이나 구원을 요청하였으나, 後主와 右丞相 高阿那宏은 아랑곳 하지 않았다.[102] 玉壁 등에서 승전하고 기강이 상실한 齊軍을 통령하던 高阿那宏이 戰意를 상실하고 戰況을 확인하던 後主에게, "우리 軍士는 비록 많으나 전쟁을 감당할 수 있는 병사는 10만에 불과하고

98) 『資治通鑑』 卷172 陳紀6 宣帝 太建7年 3月條, p.5343.
99) 『資治通鑑』 卷172 陳紀6 宣帝 太建7年 7月條, pp.5334-5.
100) 『資治通鑑』 卷172 陳紀6 宣帝 太建8年 7·8月條, pp.5345-7.
101) 『資治通鑑』 卷172 陳紀6 宣帝 太建8年 9·10月條, pp.5352-3.
102) 『資治通鑑』 卷172 陳紀6 宣帝 太建8年 10月條, pp.5353-5.

病傷者 등이 그 3분지 1이나 되니, 싸우지 않는 것만 같지 못합니다. 高梁橋로 물러나 굳게 지켜야 할 것이라 함에, 후주는 이를 수용하였지만 晉陽까지 밀렸고, 鄴城으로 물러났지만, 周軍이 다시 평정하여 北齊의 君臣 能安生 李德林 등을 발탁하여 詔式과 산동인물의 채용을 위임하였다.[103] 또한 북제후주의 호사를 위한 루각과 지난번 우문호의 저택을 소각한 것과 같이 하고, 사치를 엄단하고 검소한 생활을 우선하여 사마광이 賞讚하였다.[104]아울러 동년 10월 북주무제는 鄴都를 접수하고 徐州의 徇地하게 하고 稽胡를 토벌하였으며 북위말 永熙이래 노비를 방면하고 후궁을 대폭 감소시켰다. 또한 행군 때마다 친히 行陣하고 將士들을 은혜로 어루만지며 明察하고 과단성이 있었으며, 用法이 준엄하여 이로 말미암아 황제의 威嚴을 두려워하고 죽음도 마다하지 않고 즐거워하였다 한다.[105] 아울러 宣政원년 5월 북주무제는 突厥을 평정하고자, 柱國 元公 姬願 東平公 宇文神擧 등 將兵을 5道로 진격하도록 하였지만, 諸軍驛을 정지시키고 宗師 宇文孝伯을 행재소로 불러 그의 손을 잡고, "내 스스로 회복할 방도가 없다고 생각하니 이후의 일은 군에게 부탁한다"고 효백을 司衛上大夫로 삼았다. 효백은 숙위병을 총통하여 역마로 장안에 이르렀지만, 그날 저녁 사망하였으니 36세이었다.[106] 北周武帝가 이미 皇太子의 失德을 잘 알고 차자 漢王 贊도 또한 不才이고 남은 황자들은 나이 어려 폐위시키지 못하고 다만 임종 때에, 우문효백을 불러 훗일을 부탁하였으니, 효백은 능력·지위가 아직 왜소하여 혁신하지 못하고 태자가 즉위하였다.

578년 6월 즉위한 宣帝는 즉시 사치와 욕심을 드러내어 선제장례를 치루기도 전에 슬퍼함이 없이 笞杖을 맞인 흔적을 보고 "죽어도 늦게 죽었구나"고 매도하고 장례일정도 축소시키고 장례에 따르지도 않았다. 先帝 高祖의 궁인을 閱視하고 핍박하여 음욕을 표현하였으며, 吏部하대부 鄭譯을 超拜하여 개부의동대장군 內史중대부로 삼아 朝政을 위임하였다. 또한 齊王 憲이

103)『資治通鑑』卷172 陳紀6 宣帝 太建8年 11·12月條, pp.5356-70.
104)『資治通鑑』卷173 陳紀7 宣帝 太建9年(577) 5月條, p.5379.
105)『資治通鑑』卷173 陳紀7 宣帝 太建9年(577) 11月條, p.5383.
106)『資治通鑑』卷172·3 陳紀7 宣帝 太建 10年 5月條, p.5387.

중망이 있는 것을 보고 시기하여 孝伯에게, "공은 능히 짐이 齊王憲을 도모하고자 하면 마땅이 그의 관직으로 제수할 것이라"고 협박 혹은 회유함에, 효백은 고개를 흔들며, "선제께서 골육을 濫殺하는 것을 불허하였습니다. 齊王은 폐하의 叔父이고 공로는 높고 德은 茂盛하니 社稷의 중신입니다. 폐하께서 만약 무고하게 살해한다면 신은 不忠하고 폐하는 不孝子가 될 것입니다"고 절간하여 충간하였지만 소척받았다. 이에 개부의동대장군 于智와 鄭譯은 憲이 異謀가 있다고 密謀하여 황제에게 고하여 결국 처참하게 살해하고 말았다. 참군 李綱은 棺을 보둠고 통곡하다가 돌아갔다. 이때에 于智는 齊公이 되고 포상받았다.[107] 아울러 선제는 579년 1월 露門에서 백관에게 조회를 받았는데, 비로소 群臣이 胡服을 벗고 漢魏의 衣冠을 착용하였다. 이때 赦免을 하고 大成이라고 改元하고 「記文王世紀」에 虞夏商周에 四輔疑丞이 있다고 하여 四輔·三公을 설치하고 大冢宰 月王 盛을 大前疑, 相州총관 蜀公 尉遲逈을 大右弼 申公 李穆을 大左弼, 대사마 隨公 楊堅을 大後丞에 보임하였다. 그 위에 무제의 刑書要制가 매우 엄중하다고 하여 樂運의 반대에도 불구하고 없애고 惡人을 窺間한다는 명분으로 스스로는 사치·음란하고 좌우로 하여금 群臣을 사찰하여 譴責·誅殺하고 무제의 장례를 겨우 마치자마자 방자하게 聲樂·百戲를 항상 陳設하여 날마다 밤마다 휴식이 없이 즐기고, 미녀를 많이 취하여 後宮을 충실하게 하여 잔치는 10여일이 지나도록 끝나지 않았다. 이에 京兆郡丞 樂運은 朝堂에 이르러 宣帝의 八失 開陳하였다. ①大存은 독단하지만 아래로 諸宰輔들은 참여하지 않고 무리들과 함께하고 있다. ②미녀를 많이 뽑아 후궁을 충실히 하여 儀同이상 女人이 출가도 못하게 하여 貴賤者가 함께 원망하고 있다. ③大存은 한번 후궁에 들어가면 수일동안에도 나오지 않아 반드시 奏聞할 바 있어도 대체로 환관에게 주고 만다. ④관대한 형벌을 명령하고도 반년이 되지 못하여 거듭 형벌이 엄해지고 있다. ⑤무제께서 힘써 검소·소박하였으나 돌아가신지 일년이 되지 못하여 사치·화려함이 그 도를 넘고 있다. ⑥백성에 대한 요역·부역은 배우자를 各抵하여 받들도록 하여야 한다. ⑦上書에 빠진 글자가 있으면 즉시 다스리

107) 『資治通鑑』 卷173 陳紀7 宣帝 太建10年 6月條, pp.5387-9.

지만, 獻書의 길은 두절되고 있다. ⑧玄象이 垂誡하지만 능이 善道를 諮取할 수 없다고 지적하고 修養하시어 德政을 펴시라고 충간하였다. 만약 이 八失을 혁파하지 않으면 신은 周廟에 모신 先王·公들이 제사를 받지 않을 것이라고 지적하였다. 선제는 대노하여 살해하고자 하였지만, 조신들이 두려워하자, 내사중대부 元巖이, "만약 락운의 免하지 못한다면 우리는 장차 함께 죽겠습니다. 樂運은 죽음을 무릅쓰고 求命하려는 것이 아니니, 폐하께서는 수고를 위로하고 聖道를 넓히심이 어떨까요" 라고 청원하자, 선제는 감오하여 이튿날 樂運을 불러 지난밤에 卿의 上奏를 보니 실로 충신이라고 칭찬하여 돌려보냈다.108)

679년 2월 宣帝는 산동 諸州兵을 징발하여 낙양궁을 세우고 東京六部를 건설하였다. 선제는 寵臣 鄭譯에게, "내게 있는 杖痕은 누구 때문인가" 하고 묻자, 鄭譯은 烏丸軌때문이라 하였다. 결국 왕궤 우문효백 등이 주살되어 주천하의 기반은 상실하였다. 이 문제를 보기위하여 좀 소급하여 보자. 북주무제가 1차 북제평정을 건강을 이유로 유보하고 태자의 토곡혼 평정에 관련되어 있어 조금 소급하여 살펴보자.

建德5年(576) 北周太子(宣帝)는 吐谷渾을 평정하고자 伏俟城에 이르렀다가 돌아 왔다. 태자의 失德은 宮尹 鄭譯·王端 등과 戱狎이 지나쳐 황제가 그들을 견책하였으나, 태자가 그들을 다시 불러 君主로서 문무역량의 德性을 구비하지 못하고 무절제한 언동을 자행한 것이었다. 심지어 鄭譯은, "전하는 언제나 天下를 얻을 것인가"라고 태자를 부추겼고 태자는 정역을 친대하고 더욱 戱狎하였다. 북주무제는 황태자에 대하여 매우 엄격하여 태자가 進止함을 群臣과 똑 같게 하여 비록 酷寒·盛暑에도 휴식할 수 없어 嗜酒하자, 황제는 술을 동궁에 들여보내지 못하게 하였으며, 번번히 捶撻하였으며, 일찍이, "예로부터 태자로 피폐된 자가 얼마던고? 남은 아이들도 어찌 감당하여 세울 수 있으랴!"고 하면서 東宮官屬에게 태자의 언어동작을 매월 奏聞하도록 하였다. 이에 태자는 父帝의 威嚴을 두려워하고 감정을 거짓되게 바꾸고 황제에게 들어가지 못하도록 하였다.

108) 『資治通鑑』 卷173 陳紀7 宣帝 太建10년 1月條, pp.5391-3.

한편 王軌는 賀若弼에게 太子가 미흡하여 國事를 감당하기 어려울 것이라고 개탄하자, 賀若弼은 이에 동조하고 軌가 帝에게, "太子의 仁孝를 듣지 못하였다"고 上奏하고 자기 대신에 弼을 천거하였다. 이때에 帝는 弼에게 太子에 對하여 묻자, 弼은 태자의 과실을 듣지 못하였다고 하면서 退場하였다. 軌는 弼에게, "어찌 二言을 하느냐"고 문책함에, 弼은, "이것은 公의 過失이다. 태자는 국가의 儲副인데, 어찌 쉽게 말할까 보냐? 일이 차질이 있으면 族滅을 면하지 못한다"고 대답하자, 軌는 默然히 있다가, "나는 國事에 專心하지 私計를 꾀하지 않는다"고 토로하였다. 이때 帝는 宇文孝伯에게 태자에 대하여 묻었다. 효백은, "태자는 天威를 두려워하고 過失이 없으며, 음주하지 않는다"고 대답하자, 帝는 효백을 문책하였다. 이에 "효백은 부자간은 말하기 어렵다"고 함에, 帝는 默然하였다. 그 후 王軌는 徐州總管으로 轉任되었고 宣帝가 즉위했는데, 帝는 鄭譯에게 先帝에게 맞은 笞杖을 보고 누구 때문인가 함에, 譯은 烏丸軌 때문이라고 하여 소환·주살하였다. 즉, 軌는 徐州에서 정역 등이 用事함을 듣고, 禍가 오래지 않아 자신에 미칠 것을 알고 주위의 친근자에게 나는 진심으로 社稷之計를 폈으나, 마음과는 달리 禍를 면하기 어렵게 되리라고 했는데, 그때 바로 소환령을 받았다. 이에 軌는, "陳에 망명도 할 수 있지만, 私計때문에 忠義之節을 훼손할 수 없고, 더욱이 先帝의 厚恩을 입었음에 있어서랴"라고 죽음을 기다리면서, "몇천 년 후에나 나의 진심을 알게 될까?"고 통탄해 하였다. 帝는 內史 杜慶信으로 하여금 徐州에 가서 軌를 소환·주살하도록 명령하였다. 이때 內史中大夫 元巖은 황제의 명령에 대하여 서명하지 않고 힘써 충간하자, 帝는 도리어 성내서 元巖을 軌의 徒黨이라 하였으나, 巖은 아니라고 응답하면서 濫誅는 진실로 天下의 位望을 잃을까 두렵다고 충간했으나, 받아들이지 않아 軌는 살해되고 巖은 파직되어 遠近의 인사들이 눈물을 흘렸다[109]는 것이다. 이때 물론 顏之儀와 尉遲運도 간절히 충간하였으나 모두 허사였다. 게다가 宣帝는 王軌를 비롯한 孝伯·神擧·尉遲運 등을 先帝의 所親待者로 보아 그들을 몹시 두려워하였다. 軌가 被殺되자 運은 孝伯에게 사후대책을 묻자, "지금 당상에는 노모가

109) 『資治通鑑』 卷172 陳紀6 宣帝 太建8年 (576)년 8月條, pp.5350-2.

있고, 지하에는 宣帝가 있으니, 子息·臣者로써 일의 귀추만 볼 뿐인 것이니, 사람은 本是 名義에 따를 뿐이니, 충간해서 받아드리지 않으면 주살되거나 도피를 해야 하는 것이지, 만일 私計를 도모하려면 멀리 떠나가는 것이다고 함에 運은 地方官을 願하여 秦州總管에 부임했으나, 마침내 걱정 끝에 죽고, 孝伯은 선제가 앞서 齊王 憲에게 太師를 담당토록 하는 詔書를 보냈는데, 사양한 일이 있었다. 그 후 帝는 孝伯에게 公은 憲의 謀叛의 뜻을 알고도 고발하지 않았다고 문책함에, 孝伯은, "齊王은 社稷의 忠臣으로 小人의 謀略이라"하고, 자신은 先帝로부터 폐하의 輔導하라는 명령을 받았으나, 황제께서 따르지 않았으니 황제께 대죄를 지었다고 함에, 帝는 뉘우치는 듯했으나, 귀가하여 自盡하도록 하였다. 宇文神擧도 任地 幷州에서 使者에게 독살되고 말았다.110)

579년 2월 선제는 正統이 태자에게 옮겨졌다고 하여 어린 태자에게 양위하여 大象이라 改元하고 자신은 天元황제라 자칭하고 天臺에서 威儀를 갖추고 皇帝를 正陽宮이라 하여 納言·御正·衛官을 갖추어 天臺에 준하도록 하고 황태후를 天元황태후로 존대하였다. 高祖를 長祖, 高氏를 姜氏로 고치게 하고, 官名에 '高'字를 削除하는 등 두려움과 돌아봄이 없이 國家의 儀典을 변경하였으며, 신하를 대할 때마다 자신은 天이 사용하는 飮食 곧, 樽·彝·珪·瓚 등을 먹는다고 과시하였다. 또한 天臺에서 朝會를 할 때에는 3日에 1日은 淸身토록 하는 등 스스로 上帝에 비유하여 威儀를 갖추었으며, 宮人도 120명에서 240名으로 증가시키고 朝臣이 조금만 거슬리는 일이 있으면, 天의 琨杖으로 다스려 공포 분위기가 조성되었으며, 河·陽 등 7州總管을 東京 六府에서 관리·처분하도록 하는 措置를 실행하였다. 아울러 東京六府라 하여 옛 北齊지역에 對한 封建軍府를 설치하기도 하였다.111) 아울러 한 가지 宣帝 때의 군사적 공로는 579년 9월 韋孝寬이 行軍元帥로 杞公 亮과 郕公 梁士彦으로 하여금 淮南에 진출하여 黃城과 肥口에 이르렀다가 周·陳이 교전 끝에 盱眙·山陽 등 9郡은 陳에, 淮水 이북의 譙·北徐州는 周에 들어갔다.112)

---

110) 『資治通鑑』 卷173, 陳紀7 太建11년 2月條, pp.5394-5.

111) 『周書』 卷7, 宣帝紀, pp.118-9.

112) 『資治通鑑』 卷173 진기7, pp.5400-2; 주서 권31 위효관전, pp.542-3.

그리고 天元황제는 전위한 후로 더욱 교만하였으니, 스스로 존대함에 힘써 官名 등에 天·高·上·大의 칭호를 사용하지 못하게 하고 鄴城의 石經을 洛陽에 옮기도록 하였으며, 동년(579) 5월에 趙(梁國郡)·陳(濟南郡)·越(武當·安富2郡)·代(上黨郡)·滕(新野郡)國의 5國을 세워 趙王 招, 陳王 純, 越王 盛, 代王 達 그리고 滕王 逌을 보내 對北齊지역의 徇地化와 對突厥의 방비를 위한 藩屛을 만들었다, 이는 비록 시대에 뒤진 조치인 것은 확실하지만, 宣帝의 유일한 정치명령이었던 셈이다. 아울러 제도를 개선하여 天制, 勅을 天則, 황태후를 천원상황태후, 천원황태후를 천원성황태후라 하고 양후와 3후를 태황후라 하였다. 또한 杞公 亮의 子婦는 尉遲逈의 손녀로 미색이 있어 宗婦로 입조하였다가 천원황제의 성희롱으로 夫君이 놀라 위효관의 습격하다가 실패하고 伏誅되자 天元은 즉시 입궁시켜 長貴妃로 삼았다. 천원은 다시 5황후를 세우고자 소종백 辛彦之에 물었지만 알맞지 않다고 하였으나, 何妥가 황후는 따로 정해진 숫자가 없다고 하여 陳氏를 천중태황후, 尉遲妃를 천좌황태후로 삼고 부인을 추가하여 위용을 갖추어 즐거워하였고 양황후는 柔婉하여 투기하지 않아 4황후 비빈 등을 사랑하여 모두 우러러 보았다. 황제에게는 굽히지 않아 母侯 獨孤황후가 叩頭·流血하여 면제받았다. 후의 부친 大前疑 楊堅은 威望이 隆重하여 族滅을 협박당하였다. 다행인지 총신 鄭譯과 同學으로 서로 恭敬·依支하는 사이였기에 번번히 면제되었다. 말하자면 天元이 鄭譯을 보내 江東을 평정하려 함에 정역은 懿戚重臣이 아니면 鎭撫할 수 없고, 髓公 楊堅이 간다면 따라가겠다고 하여 황제는 그의 의견을 따랐다. 그런데 隋公 楊堅이 갑자기 足疾이 생겨 가지 못하게 되었다. 甲子에 法駕를 갖추어 天興宮에 행차하였다가 不豫하여 귀환하였고 天元의 寵臣 小御正 劉昉, 어정중대부 顔之儀에게 후사를 부탁하려다가 瘖되어 말을 잇지 못하자, 昉은 靜帝가 幼沖한 것을 보고 楊堅이 后夫로 重名이 있어서 드디어 內史系를 이끄는 鄭譯, 御飾大夫 柳裘, 內史대부 杜陵 韋摸, 御正下士 皇甫績 등과 더불어 楊堅에게 輔政할 것을 모의하였지만, 양견이 고사하여 감당할 수 없다고 사양함에, 劉防 등은 "公이 하려면 신속하게 하십시오. 만약 하지 않는다면 劉昉이 스스로 할 것입니다" 하여 조칙을 받을 것을 일컬어 천원황제의 병을 돌보았다. 이날 황제는 사망하였으니 향년 22세이었다.[113] 유방 등은 宣帝의 發喪을 비밀로 하고 劉昉과 鄭譯이 꾸민 楊堅을 總知中外兵馬事로 삼는 矯詔에 御正中大夫 顔之儀의 서명을 죽음으로 항거하여 昉·譯 등이 代署하고 玉璽를 안지의에게서 강제로 빼앗아 실행하였다.[114] 또한 千金公主의 突厥출가를 이유로 5王을 입조시켜 사태에 대비하였다.[115] 아울러 相州자사 尉遲逈이 重望이 있었고 북주 종실 諸王公의 동향을 점검하였다. 그리하여 漢王 贊을 上柱國 右大丞相으로 虛名으로 존대하여 실권이 없게 하고 楊堅을 假黃越·左大丞相 秦王 贄를 上柱國으로 삼았으며, 左丞相이 百官을 총괄하도록 하였다. 이것은 양견이 처음 고명을 받았을 때에, 刊國公 楊惠는 御正하대부 李德林으로 하여금 朝政의 文武事를 총령하려는 이때에 공 또한 사양할 수 없다고 하자, 德林은 죽음으로 公을 받들겠다고 하자, 양견이 크게 기뻐하였다. 처음 정역과 유방은 양견을 大冢宰로 정역은 大司馬, 유방은 小冢宰에 나아가 朝政을 합의하려 하였다. 그러나 李德林이 "마땅히 大丞相 假黃越 大都督中外諸軍事로 임하여야만 한다. 그렇치 않으면 衆心을 制壓할 수 없다"고 결단하여 正陽宮에 丞相府를 세우기로 합의하고 發喪하여 절차에 들어갔다. 이때에 양견에게 추종하던 司武上士 盧賁은 崇陽門에서 백관을 거의 겁박하였다. 유방·정역은 丞相府 司馬·長史로 同 府屬 德林을 원망하였다.[116]

결국 北周政治는 楊堅이 승상으로 보정하는 것으로부터 尉遲逈·王謙·司馬消難의 반란을 韋孝寬 王誼 梁睿 등 北周의 官僚士族이 평정하여 周隋혁명이 추진되었으니, 이 문제는 다음의 과제로 미룬다.

---

113) 『資治通鑑』 卷174 陳紀8年 宣帝 太建 12年 2月條, pp.5404-9.

114) 『資治通鑑』 卷174 陳紀8 宣帝 太建12年 5月條, p.5409.

115) 『資治通鑑』 卷174 陳紀8 宣帝 太建12年 5月條, p.5409. 『通鑑考異』에 선제가 不豫하여 5王을 입조는 丁未일로 己酉에 大漸하여 防·譯 등이 矯詔로 輔政·當國하였다고 있다. 乙未에서 己酉까지 15일동안인데 어찌 사태가 누설되지 않았으랴! 그러나 司馬光은 『隋書』 文帝紀(卷1 p.3)의 記事에 따라 서술한다고 있다.

116) 『資治通鑑』 卷174 陳紀8 宣帝 太建12年(580) 5月條, pp.5409-11.

4. 西魏·北周 官僚的 門閥士族의 功績과 門閥士族制의 성립

A. 西魏·北周 官僚的 門閥士族의 功績

북위말 太祖 宇文泰는 夏州자사로부터 趙貴 寇洛 등 50명 諸將이 결성한 平涼同盟으로 翊戴받아 賀拔岳 등 諸將이 거두어들인 赤水蜀 万俟醜奴 등 關隴에서 할거하던 세력을 평정한 關西大行臺의 군사력을 장악하고, 親高歡 세력 侯莫陳悅 史歸 孫定兒 曹泥를 가볍게 제압하여 關隴지역을 확보하였다. 또한 태조는 高歡과 알륵하여 西遷한 孝武帝를 영접하여 정권을 세웠으니, 이것이 西魏政權이었다.(534)

西魏는 太祖를 丞相으로 삼아 앞서의 원종공신을 비롯하여 關隴首望 豪右의 참여와 귀부를 수용하고 山東의 大族의 義徒세력을 받아드려 對東魏戰을 전개하여 河東을 확보하였다. 또한 태조는 戶籍·計帳을 정리하여 編戶齊民하고 徵兵하여 鄉兵, 곧 府兵을 增大·完成하여 玉壁대전으로 동위에 대한 군사적 우위를 확보하였다. 또한 梁武帝의 잔여세력이 爭帝중에 襄陽 ·汝潁·漢中·蜀 그리고 江陵 등지의 著姓 首望과 豪右세력의 歸附 나아가 그들의 支援을 받아 평정하여 영토 인구상의 확장에 성공하여 北齊와 약체 陳왕조와 더불어 三國抗衡의 기틀을 확립하였다.

556년 太祖가 사망하고 顧命을 받은 宇文護가 柱國大將軍 于謹의 지원을 받아 北周정권을 확립하였다. 또한 무제의 北齊평정 그리고 宣帝때에 韋孝寬의 淮南평정으로 華北을 통일하여 隋의 남북통일 唐의 재통일로 호한융합을 성취하였다.

이 기간 동안에 西魏의 성립과 발전 그리고 北周시대의 有功者는 적잖아 210여 명을 헤아릴 수 있다. 이들의 이·경력을 통하여 서위·북주의 관료적 門閥士族制의 성립을 살펴보자.

먼저 동 시대에 등장 활동한 유공자의 本貫으로부터 살펴보자. 동 시대에 등장인물의 列傳 冒頭에 '代武川人' '弘農華陰人' 등과 같이 등재되어 있다. 이들을 성씨의 래원과 발전에 대하여 소상히 밝힌 8세기 초 儒學者 柳芳의

「姓系論」, 특히 동시대 姓氏에 관한 자료를 집대성하여 작성한 現代 日本人 池田溫氏의 唐代郡望表 등을 참조하여 서위·북주시대에 등장하여 활동한 210여 명에 달하는 유공자 본관을 통하여 유사한 특성을 가진 인물을 묶어 다음과 같이 5集團으로 분류하였다.

즉, 太祖 宇文泰를 중심으로 平涼同盟 전후에 關隴을 평정하던 漢人·鮮卑인들을 "有武力·才智者"를 통털어 官僚的 門閥士族으로 초종하던 가)胡漢元從功臣集團, 나)鮮卑官僚士族集團, 다)關隴首望集團, 라)關隴豪右集團 그리고 효무제의 서천전후에 山東·山南으로부터 入關한 마)山東(南)入關官僚士族集團의 5집단으로 분류하였다.

이들 5집단 총 211명의 功績은 그 당시 '壯士封侯事業'으로 추진되었다. 까닭에 각 개인이나 집단별로 서술할 수 없기 때문에 이른바, 壯士封侯事業에 관한 하나의 事例를 例示하고 개인별 功績은 北魏最末期 西魏前·後期 北周前·後期의 5時期로 나누어 어떠한 人·才·門地를 가지고 어떠한 功績으로 昇進·封侯하여 봉호·별식 등이 수여되었으며, 子弟에 대한 起家官·襲爵 虜姓再行과 賜與 大中正 등의 상황에 대하여 圖表化하여 살펴보는 것이 하나의 방법이다. (다만 방대한 有功者의 人·才·門地는 '善騎射', '善屬文', '著姓'처럼; 官歷도 加官은 빼고 '車騎大將軍 儀同三司'는 '郡守 儀同三司' 혹은 '郡守 儀同', '驃騎大將軍 開府儀同三司'는 '刺史·開府'로만 정리하는 등로 簡略化에 힘썼다.)

西魏初期의 국가사업은 河東진출이었다. 百二地域의 동쪽으로 정치군사적으로 要衝이요, 西魏가 東魏에 진출하는 橋頭堡로 이 지역의 확보여부는 나라의 前途에 절대적인 과제이었다. 따라서 태조는 이 지역을 확보하려는 戰略, 壯士封侯事業이 그것이었다. 高歡쪽에서 먼저 침략해 왔지만, 이미 小關 潼關 沙苑에서 대승을 거두어 패퇴하고 있었다. 이때 河東의 首望 河東汾陰人 薛善의 勸誘를 받은 河東蒲坂人 敬珍과 그의 從祖兄 敬祥과의 對話에서 壯士封侯事業이라는 용어와 그 의미를 알 수 있다.

(1)경진의 字는 國寶로 하동 蒲坂人이다. 漢 楊州자사 韶의 10세손이었다. 부친 伯樂은 州主簿·安邑縣令을 지냈다. 이들은 '郡姓'이나 '首望'처럼 著姓

은 아니었지만, 有功하여 그런 반열에 올라 계속 발전하면 首望에 이를 수 있는 宗族으로 關隴의 官僚的 門閥士族으로 분류할 수 있는 豪右였다. ⑵敬珍은 俠氣가 있어 騎射를 학습하여 知名하였고, 從祖兄 敬祥은 慷慨하고 大志가 있어서 오직 英豪와 交結하는 것을 업무로 삼아 敬珍과 祥이 서로 友愛하여 같은 처지에서 노닐었다. 이는 兩人이 宗人으로 서로 우애할 뿐만 아니라 호협한 기질과 大志를 가진 小豪傑로 同郡의 薛端·薛善과 같은 英豪(=大豪傑)에 합류하고 유공하여 封侯받아 통치계층에 합류하여 사태의 진전을 고대하는 호우 출신 壯士였다.

⑶이때에 沙苑에서 참패한 齊神武, 곧 高歡이 추방되고 있었다. 敬珍이 祥에게, '고환의 乘輿가 핍박받아 추방되고 있다. (황제는) 關右에 파천하였으니, 누가 그 腹 중에 推刀하지 않으리오? 다만 그 힘이 제압하기 어렵습니다. 이제 다시 內侮하고 군사를 일컫르고들 있습니다. 이때가 진실로 志士가 效命할 때입니다. 마땅히 兄과 더불어 이를 도모해야 할 것입니다'고 뜻을 드러내었다. 이는 자신들을 비롯한 豪傑들이 義勇집단을 結集하여 태조에게 歸附하여야 할 것을 촉구한 것이다. ⑷兄 敬祥은 기뻐하면서, "계략이 장차 어디서 나왔는가" 라고 물었다. 敬珍은, "宇文丞相은 天姿雄豪하고 寬仁大度하여 覇王의 智略이 있습니다. 天子를 끼고 諸侯를 호령한지 수년이 지났습니다. 그는 승상으로 政刑을 갖추어 실행하고 將士들은 명령을 받들어 비록 고환이 무리는 많다고 하지만 그를 상대할 적수는 아닙니다. 하물며 고환은 順理를 거슬러 특별하니, 장차 싸우지 않고도 스스로 무너질 것이다. 내 만약 義勇을 초집하여 그의 귀로를 차단하고 凶徒를 섬멸하여 고환의 雙輪이 귀환하지 못하게 함으로써, 곧바로 朝政의 수치를 설욕하는 것, 또한 壯士封侯事業이 아니리오" 라고 거듭하여 포부를 드러내 壯士封侯事業을 적극 추진할 것을 주장한 것이다.

⑸이에 敬祥은 적극으로 同意하고 드디어 同郡의 豪右 張小白 樊昭賢 王玄略 등과 더불어 擧兵하여 수일 만에 萬餘名에 달하는 義勇을 결집하고 高歡의 後軍을 邀擊하여 대첩을 거두었다. 또한 이때에 李弼軍이 河東에 이르자, 敬珍·祥 張小白 등은 猗氏·南解·北解·安邑·溫泉 그리고 虞卿 등 6縣 10萬戶를 인솔하여 태조에 歸附하였다. ⑹태조는 매우 즐거워하고 敬珍을 平

陽太守에 발탁하여 永寧防主를 겸하여 통령하도록 하고, 敬祥을 龍驤將軍 行臺郎中에 발탁하여 相里防主를 겸하여 통령하도록 하여 특별한 은총을 표현하고자 하여 鼓吹를 주었다. 태조는 거듭 敬珍의 손을 덥썩 잡고, '나라에서 河東지역을 확보한 것은 卿兄弟의 공로이다. 또한 이 지역을 卿에게 부탁할 것이니, 나는 東顧의 걱정을 없애게 되었다"고 선포하였다. 또한 오래되어 絳州자사에 올라 병사하였다. 아울러 張小白 등은 이미 敬珍 등과 함께 歸闕하여 태조는 그들의 立效를 칭찬받고 모두 군수·자사에 임용하였다. 이는 敬珍·祥과 張小白 등이 沙苑戰에서 실패하여 귀환하는 고환의 후군을 섬멸하고 猗氏 등 6縣 十萬으로 서위에 귀부한 공로를 태수·자사로 三河, 곧 하동 하내 하북의 六縣지역은 물론, 인근지역까지 徇地化에 역할, 말하자면 編戶齊民하여 義勇을 점차로 徵兵하여 鄕兵, 곧 府兵으로 편성하여 장차 對東魏戰 등 군사활동 대비하라는 명령이었다. (7)아들 元約은 성품이 貞正하여 識學이 있어 布憲中大夫에 올랐다.117)

이들에게 공로에 대한 관직을 주고 封侯하지는 안았지만, 후속하는 공로를 기대하여 封侯하고 土地나 封邑을 수여하려는 일차적인 포상이었다. 이리하여 서위·북주의 통치계층에 합류한 것을 틀림없는 壯士封侯事業임에 변함이 없다. 따라서 宇文泰를 翊戴한 諸將을 비롯한 諸功臣은 敬珍 등의 戰功·歸附으로 功績에 합당하는 官職에 나아가 후속하는 功績으로 昇進, 封侯받아 鄕黨에서 一家를 이루거나(因家), 宗黨에서 유력한 임무를 수행하여 새로운 宗黨·鄕黨을 세우는 일, 곧 本官을 신설하거나 宗黨을 확장하는 기반을 확보하였다고 이해된다.

이제 앞에서 언급한 西魏·北周시대 政治軍事方面에 진출하여 활동한 211명에 달하는 인물에 대하여 北魏最末期 西魏前·後期 北周前·後期로 나누어 官職 封侯로 발탁 승진하고 받은 바의 封號와 封邑 그리고 子弟에 대한 襲爵 등의 문제를 일괄하여 20圖表로 정리하고 특별한 상황만을 간략하게 해설하려 한다.

---

117) 『周書』卷35 薛善傳 부 敬珍傳, pp.626-7.

가)胡漢元從集團은 主體的 政權擔當者들이다. 이들 세력 중에 ①侯莫陳崇 ②侯莫陳順 ③侯莫陳瓊 ④侯莫陳凱 ⑤達奚武 ⑥達奚震 ⑦達奚寔 ⑧若干惠 ⑨若干鳳 ⑩怡峯 ⑪劉亮 ⑫王德 ⑬赫連達 ⑭庫狄昌 ⑮宇文導 ⑯宇文護 ⑰宇文盛 ⑱宇文丘 ⑲豆盧寧 ⑳豆盧永恩 ㉑賀蘭祥 ㉒于謹 ㉓于寔 ㉔于翼 ㉕長孫儉 ㉖韓褒 ㉗寇洛 ㉘趙貴 ㉙趙善 ㉚梁臺 ㉛梁禦 ㉜梁睿 ㉝蔡祐 ㉞蔡澤 ㉟常善 ㊱李弼 ㊲李耀 ㊳李剽 ㊴李賢 ㊵李遠 ㊶李基 ㊷李穆 ㊸呂思禮 ㊹史寧 ㊺史雄 ㊻楊荐 ㊼張軌 ㊽陸通 ㊾陸逞 등 49명이 보인다.

나)鮮卑官僚士族集團은 호한의 융합 단계에 들어선 魏周宗室을 비롯한 선비인들이다. 이들 세력 중에 ①宇文惻 ②宇文深 ③宇文孝伯 ④宇文顯和 ⑤宇文神擧 ⑥宇文虯 ⑦宇文貴 ⑧元偉 ⑨元定 ⑩念賢 ⑪賀拔勝 ⑫獨孤信 ⑬賀若敦 ⑭尉遲迥 ⑮尉遲綱 ⑯尉遲運 ⑰梁椿 ⑱梁明 ⑲韓果 ⑳王勇 ㉑伊婁穆 ㉒叱列伏龜 ㉓陸騰 ㉔王猛 ㉕王勵 ㉖王懋 ㉗王顯 ㉘高琳 ㉙庫狄峙 ㉚段永 ㉛閻慶 ㉜長孫紹業 ㉝長孫澄 ㉞斛斯徵 ㉟叱列協 ㊱馮遷 등이 보인다.

다)關隴首望集團은 西魏의 河東확보는 關隴首望의 협조를 얻은 결과였다. 이들의 선조는 西·東漢이래 대소의 閥閱, 곧 門閥을 형성하고 魏晉北朝에서 鄕里와 國家의 정치군사상의 활약을 보여 “著姓”, “冠族”, “右族”, “累世二千石” 등으로 기록된 인물과 그 父祖와 子弟들을 하나의 집단으로 묶어 놓은 것이다. 이들의 父祖가 이른바 陳寅恪선생이 “關隴의 有武力才智者”, 곧 관롱(지배)집단으로 隋唐帝國 통치집단의 기반세력이었다. 이들 세력 중에 ①楊忠 ②楊懙 ③楊敷 ④楊寬 ⑤楊穆 ⑥楊儉 ⑦楊紹 ⑧韋瑱 ⑨韋孝寬 ⑩韋瓊 ⑪韋祐 ⑫杜杲 ⑬杜叔毗 ⑭裵寬 ⑮裵漢 ⑯裵尼 ⑰裵鴻 ⑱裵俠 ⑲裵果 ⑳裵邃 ㉑裵文擧 ㉒柳虯 ㉓柳帶韋 ㉔柳檜 ㉕柳慶 ㉖柳敏 ㉗柳昻 ㉘柳霞 ㉙薛端 ㉚薛善 ㉛薛愼 ㉜薛寘 ㉝薛澄 ㉞令狐整 ㉟令狐休 ㊱辛威 ㊲辛慶之 ㊳辛昻 ㊴辛仲景 ㊵皇甫璠 ㊶蘇綽 ㊷蘇椿 ㊸蘇亮 ㊹蘇諶 ㊺蘇讓 ㊻王羆 ㊼王子直 ㊽王悅 ㊾梁昕 ㊿趙文表 등이 보인다.

라)關隴豪右集團은 關隴豪右·豪族으로부터 출신한 세력이다. 이 세력 중에, ①王雅 ②王傑 ③趙昶 ④趙剛 ⑤趙肅 ⑥周惠達 ⑦權景宣 ⑧梁士彦 ⑨竇熾 ⑩竇毅 ⑪田弘 ⑫李和 ⑬敬珍 ⑭司馬裔 ⑮司馬消難 ⑯劉志 ⑰耿豪 ⑱劉雄 ⑲郭賢 ⑳韓雄 ㉑陳忻 ㉒樊深 ㉓樂遜 ㉔楊纂 ㉕陽猛 ㉖陽雄 ㉗泉企 ㉘泉元禮 ㉙泉仲遵 ㉚檀翥 ㉛梁默 등이 보인다.

마)山東(南)入關官僚士族集團은 孝武帝를 따라 入關한 山東 官僚士族과 山南이남에서 仕梁하다가 入關한 인물들 또한 많다. 이들 세력 중에, ①盧柔 ②盧辯 ③盧光 ④盧誕 ⑤鄭孝穆 ⑥鄭譯 ⑦鄭偉 ⑧鄭頂 ⑨崔謙 ⑩崔說 ⑪崔猷 ⑫崔彦穆 ⑬王思政 ⑭王雄 ⑮王謙 ⑯王慶 ⑰王軌 ⑱王士良 ⑲李昶 ⑳唐瑾 ㉑高賓 ㉒侯植 ㉓寇儁 ㉔郭彦 ㉕申徽 ㉖李彦 ㉗魏玄 ㉘任果 ㉙李遷哲 ㉚楊乾運 ㉛韓盛 ㉜馮景 ㉝李延孫 ㉞徐招 ㉟席固 ㊱顔之儀 ㊲劉璠 ㊳王褒 ㊴庾信 ㊵蕭撝 ㊶蕭世怡 ㊷蕭圓肅 ㊸蕭大圜 ㊹宗懔 ㊺扶猛 등이 보인다.

이제 이상 20圖表에 5集團 총211명에 관하여 각 개인의 本貫을 비롯하여 本人의 人·才地, 官歷과 功績사항, 封爵과 封戶 한인에의 賜姓 및 襲爵 등에 대하여 살펴보자.

魏晉隋唐시대를 중국에서 士族制사회라 하고 일본에서는 貴族制사회라 하는 것은 통설이다. 동 시대는 東漢중기까지 거슬러 올라갈 수 있고 唐中期 安史반란까지 500년간이나 된다. 또한 그들의 生態, 곧 自律性의 有無나 국가에서 그들을 파악하는 選擧방법을 크게 변경하여 科擧制가 정비되었고 均田-租庸調-府兵制 등의 律令支配秩序가 무너져 地主佃戶制가 일반화하였다는 사실은 일반화 되어있다. 이런 사정에서 魏晉北魏 그리고 北齊시기의 門閥士族制사회와 그것과는 달리 西魏·北周로부터 隋唐前期에는 정치군사적 공적을 쌓고 쌓아 승진하고 爵位·封邑(土地)를 주어 정치사회 경제적 지위를 보증하고 起家·昇進에서 父祖의 職位와 爵位를 襲爵 혹 昇爵까지 밀접하게 연결·운영하였다. 더욱 중요한 것은 周隋·隋唐 역성혁명이 전개되었지만, 같은 궤도의 官職·官爵制가 운영되었고, 科擧制가 隋煬帝의 進士科 설치에서 武則天에 이르러 완성됨으로써, 官僚制가 성장한 것으로 이해하고 있다. 따라서 필자는 北周·隋·唐 3왕조의 통치계층을 관료적 문벌사족이라고 하여도 문제될 것이 없다고 본다. 그렇지만 적어도 西魏北周·隋·唐초기까지는 관료적 門閥士族이 宗族의 在地(土着)역량이 溫存하고 있었기 때문에 鄕·宗黨을 중심으로 운영하는 이들의 自衛力이나 禮教, 곧 修己治人의 통치역량을 포용할 수밖에 없었다. 수당시대에 전개된 地方行政制度의 개편을 비롯한 輸籍法과 같은 강력한 一元化정책을 아직 추진할 수 있는 단계가 아직 남아 있었기 때문이다.

이런 상황에서 『周書』와 『北史』의 列傳에 등록되어 있는 인물의 本貫은 관료적 문벌사족의 근본적인 由來를 살펴보는 데에 중요하다. 그러나 『新唐書』宰相世系表에 약간 보이고 다른 자료는 희소하다. 작업 또한 방대하여 조금씩 참조만 할 뿐. 후인에 기대할 따름이다. 한 가지 방편으로 唐玄宗 초에 柳沖이 찬수한 『姓族系錄』을 참조하여 작성하였다는 柳芳의 「姓系論」에서 姓氏의 形成 후 漢高祖가 禮治하고자, 官을 崇尚하여 官族이 나왔고; 그 官族에서 "7相5公", "4世5公"의 閥閱, 곧 門閥이 형성·발전하였다. 孝文帝는 鮮卑族의 정치사회적 지위를 확보하려고 이른바 姓族詳定을 강행하여 官製的인 「方司格」이 나왔지만, 일부 遷洛한 상층부의 門閥士族化를 촉진하였다. 그렇지만 留鎭한 대부분의 鮮卑族은 婚宦上 낙후되어 결국 정치부정으로 羽林·六鎭의 반란으로 파탄나고 말았다.

西魏·北周시대에는 北周 武帝 建德氏族은 "四海通望", 隋文帝의 開皇氏族에서는 "茂姓上品", 唐太宗 『貞觀氏族志』에서는 "第一等"을, 柳沖의 『姓氏系錄』에서는 "四海望族"을 각각 右姓으로 삼아 편찬하였다는 것이다.118) 문제는 「方司格」을 비롯한 氏族志가 오늘날 전해오지 않아 그 眞面目을 알수 없고 建德氏族과 開皇氏族은 문맥상 책이름같지만 그 기호가 없고 응용기록 또한 보이지 않는다. 다만 한 가지 알 수 있는 것은, "四海通望" "四海望族" "茂姓上品" "第一等"이라는 의미는 天下를 통털어 輿望이 큰 宗族으로부터 정리하여 上級士族 그것마저 황제권에 예속되어 自衛力보다는 황제권에 依

118) 『新唐書』 卷199 儒學 中 柳沖傳 附 柳芳의 「姓系論」, p.5678.

附하거나 寄生하는 관료적 측면이 농후한 그런 官僚的 門閥士族制社會를 구축하였다는 사실을 알 수 있다. 이는 앞서 간략히 설명한 시대개황이나 『주서』「열전」에서 대부분 父祖에 대한 설명이 없거나, "그 先祖는"이라 하였으며, 關隴지구의 "舊族"이라는 표현에서 알 수 있다. 또한 柳芳은 吳郡4姓, 江左賜姓 山東郡姓을 大族이라 한 것에 비하여 關中郡姓과 代北虜姓을 "關中首望"과 "虜姓首望"이라 하여 關中政權이라 하는 北周·隋·唐의 3왕조의 통치집단을 望族 중에 首位에 올려놓아 首望이라는 용어를 사용하여 차이를 반영한 것이다.

따라서 『周書』「列傳」에 등록된 本貫을 그대로 수용하여 논리를 전개할 방법이외에는 방법이 없다. 결국 『周書』에 등록된 본관에 따라 앞서 말한 것처럼 5집단으로 구성하여 考究할 것이다.

B. 西魏·北周의 官僚的 門閥士族制 성립

이제 風雲兒 太祖 宇文泰는 535년 정월 丞相 (柱國大將軍) 都督中外諸軍事 大行臺 安定郡公으로 본격적으로 壯士封侯사업을 통하여 河東·山南을 장악하는 일로부터 시작하였다. 사실상 이 사업은 이른바 壯士의 功績에 근거하여 官職과 封戶를 포함하는 封爵을 주어 河東 山南 등을 확보하였다는 것을 뜻한다.

몇 가지 구체적인 사례를 살펴보자.

먼저 대통3년(537) 정월부터 먼저 東魏는 龍門에 침입하여 蒲坂에 屯쳐 그 장수 竇泰·高敖曹가 浮橋를 만들어 渡河하고 竇泰는 潼關을 습격 탈취하지만, 小關에 이르러 창졸간에 太祖의 6千騎兵의 급습과 집중적인 공격을 받아 高歡의 驍將 竇泰는 저간의 승리에 도취되어 죽고 만여 명의 將士를 상실하였다. 한편 高敖曹는 洛州를 습격·함몰하고 親高歡인물 杜窋을 자사로 삼고 자사 泉企와 元禮를 생포하였다. 이에 고환은 두태의 패전을 보고 將士와 浮橋를 모두 철수 물러났다. 이때에 西魏는 太祖·宇文深이 籌策한대로 전투·대승하고 두태의 有名한 牟甲을 로획하여 李弼에게 하사하여 전투력을 끌어올려 對東魏戰에 瑞光을 받은 셈이었다. 반면에 고환은 자신이 크게 믿고 자랑하던 勇敢無雙하였다는 驍將 竇泰를 잃어 앞으로의 여러 전투에서 이른바, '憤兵的인 錯誤'를 범하였기 때문이다. 아울러 鄴都로 끌려가던 洛州자사 泉企의 아들 元禮는 부친 泉企의 西魏에 충성할 것을 당부 받고 포로대열에서 탈출하여 洛州 豪右들의 지원을 얻어 洛州를 복구하고 자사에 올랐다.

또한 대통3년(537) 7월 徵兵하여 8월 咸陽에서 大會를 개최하였다. 태조는 李弼, 獨孤信, 梁禦, 趙貴, 于謹, 若干惠, 怡峯, 劉亮, 王德, 侯莫陳崇, 李遠, 達奚武 등 12諸將을 인솔하고 潼關에 이르러 將士들에게, "나는 여러 將士와 더불어 天威를 받들어 暴亂을 誅罰할 것이다. 너희 將士들은 甲兵을 정돈하고 規律을 지켜 財産을 탐하여 적을 가볍게 보지 말고, 백성을 포악하게 대하지 말라. 명령을 잘 지켜 공로를 세우면 褒賞하고 그렇치 않으면 주륙할 것이다. 너희 壯士들은 면려하라"고 당부하여 誓約하였다.

이때에 于謹을 前軍으로 槃豆에서 徇地하여 동위 장수 高叔禮를 격파하여 포로 1,000여명을 잡고, 弘農에 이르러 동위장수 李徽伯을 격파하고 포로 8,000명을 노획하였으며, 동위장수 高干이 도하하여 오자, 賀拔勝으로 하여금 생포하도록 하여 高叔禮와 함께 長安에 보냈다. 이에 宜陽 邵郡이 모두 歸附해왔고, 앞서 河南豪傑이 많이 東魏에 호응하였다가 각기 거느리는 所部를 인솔하고 來降해왔다. 이에 高歡은 두려워하여 10만을 거느리고 壺口에서 나와 蒲坂을 거쳐 장차 后土를 건너려 하였고, 高敖曹는 3만군으로 河南에서 출발하였다. 이로써 沙苑戰이 시작된 것이다.

그 대략적인 전황은 앞서 말했지만, 그 구체적인 전황을 살펴볼 필요가 있다. 537년 10월 태조가 사원에 이르러 보니, 고환군과 불과 60여리 사이였다. 고환이 이르렀다는 보고로 태조는 諸將을 불러 戰術을 籌略하였다. 李弼은, "적은 무리가 많고 우리는 적으니, 평지에 鎭칠 수 없습니다. 이곳 동쪽 10리에 渭曲이 있으니, 먼저 점거하여 기다리는 것이 가당할 것입니다" 라고 건의하였다. 태조는 진군시켜 渭曲의 東西에 背水하여 鎭치고, 李弼·趙貴은 右左에서 각각 무리를 이끌고 무성한 초목을 이용하여 항거태세를 갖추고 있다가 북소리를 듣고 일어나기로 하였다. 고환이 이르러 태조의 군대가 적은 것을 보고 將士들이 대오도 없이 앞 다투어 나오자, 太祖가 북을 울려 접전이 전개되었다. 右軍 등의 6軍이 고환군과 合戰하고 李弼 등 鐵騎軍은 高歡軍을 橫擊하고 적군을 두 부대로 나누어 6천여 급을 살해하고 항복한 자 2만여 명이나 되었다. 高歡이 그날 밤에 遁走하여 태조는 河上을 추격하여 7만여 명을 포획하여 나머지 2만여 명이 고환을 따라 돌아갔다. 태조는 적군의 輜重兵甲을 수합하여 長安에 보내고 渭南에 이르렀다. 이때에 비로소 諸州에서 徵兵한 병사가 도착하여 이들 壯士들로 하여금 각 전쟁터마다 한 그루씩 나무를 심도록 하여 武功을 旌勵하였다. 결국 태조는 柱國大將軍 邑총5천호, 李弼 등 12將 또한 昇爵 增邑받았으며, 將士들 또한 褒賞받았다.

아울러 太祖는 馮翼王 元季海를 行臺, 開府 獨孤信에게 步騎兵 2만으로 洛陽에 진출시키고 洛州자사 李顯으로 하여금 荊州를 추격하도록 하였으며, 賀拔勝과 李弼로 하여금 蒲坂을 包圍하도록 하자, 牙門將 高子信이 賀拔勝 李弼 등의 군사를 受納하였다. 이에 太祖는 동위장수 薛崇禮가 城을 버리고 도주하였지만, 薛崇禮 등을 追獲함으로써, 汾絳지역을 略定하였다. 또한 태조가 弘農을 복구하자, 동위장수 高敖曹는 渡河하여 獨孤信이 洛陽에 진출하였고, 동위 潁川長史 賀若統과 密縣人 張儉이 자사 田迅을 잡아 城을 들어 항복해왔고, 滎陽 鄭滎業 鄭偉 등이 梁州를 공격하여 그 자사 鹿永吉을 잡고, 淸河人 崔彦穆·檀探은 군수 蘇定을 생포하여 來附하였다. 이렇듯 梁·陳以西로부터 將吏로 來降한 자들이 줄을 이었다. 아울러 동위장수 堯雄·趙育 是云寶는 서위에 항복한 지역을 복구하고자 함에, 태조는 儀同 宇文貴·梁遷으로 하여금 逆擊·大破하여 趙育이 來降하였다. 이에 동위는 任祥으로 하여금 河南兵을 이끌고 堯雄과 함께 복구하도록 하였지만, 태조는 儀同 怡峯·宇文貴·梁遷 등으로 하여금 다시 격파하였다. 또한 都督 韋孝寬은 동위 豫州를 확보하고, 是云寶는 그 東梁州刺史 那椿을 살해하고 州를 들어 來附해왔다.[119] 이상 汾絳지역의 略定, 줄이은 來附 그리고 韋孝寬의 豫州확보는 西魏의 군사력이 우수하고 효무제 서천에 따르는 正統性을 확보한 선상에서 전개된 상황이었다. 또한 무엇보다 平涼同盟이후 等夷관계나 그런 선상에서 거둔 군사적 성공에 기인한 성과라고 하지 않을 수 없다.

---

119)『周書』卷2 文帝紀, pp.22-5.

여기서 한 가지 간과할 수 없는 사실은 汾絳지역을 略定함에 있어서 河東汾陰人 薛端 薛善 그리고 敬珍 등의 동향은 중대한 의미가 있다. 이는 또한 사원전 직전 태조가 于謹·賀拔勝에게 槃豆·弘農의 동위장수 高叔禮, 高干, 李徽伯을 격파하였다. 이때에 宜陽(魏玄)·邵郡(楊懎)이 래부해 왔고, 앞서 河南의 豪傑들이 聚兵, 곧 義勇을 결집하여 동위에 嚮應하였다가 所部, 義徒를 인솔하여 來降해왔다는 기록이 있다.

따라서 薛端 薛善 등의 동향을 살펴볼 필요가 있다. 먼저 薛端은 북위말 17세에 司空 高乾이 參軍으로 벽소 받아 汾陰縣男을 받고 天下가 騷亂하다고 官職에서 물러나 鄕里로 돌아왔다. 大統초에 太祖가 一族 薛崇禮를 大都督에 발탁하여 楊氏壁을 수비하라고 하였지만, 東魏에 항복하여 동위는 行臺 薛循義, 都督 乙干貴에게 수천을 거느리고 西渡하여 楊氏壁을 점거하였다. 이에 薛端은 처음 薛崇禮에게 西面, 곧 西魏에 歸附할 것을 요청하였지만, 듣지 않아 宗親 家僮 등과 함께 壁中에 대기시켜 東魏軍을 핍박하여 楊氏壁을 복구하였다. 태조가 慰撫하자, 薛端은 赴闕하여 大丞相府 戶曹參軍에 나아갔다.[120] 또한 薛善은 高歡이 沙苑에서 실패하여 간절하게 崇禮가 東面하려는 의지를 꺾고자하였지만 실패하고 一族 愼, 馨 등과 함께 斬關하여 李弼軍에 들어갔다. 이때에 預謀者들은 五等爵, 곧 壯士封侯를 받으려고 하였지만, 설선은 이를 背逆歸順이라 규정하고, "臣者의 통상적 정리로 어찌 門열어 용납하고 봉읍을 받으랴"고 반문하면서 동생 愼등과 봉읍을 받지 않아 태조가 그를 汾陰令으로 삼아 善政하였다.[121] 특히 敬珍·敬祥의 경우는 앞서 詳說한 것과 같이 壯士封侯事業에 동참한 것이다. 따라서 태조의 壯士封侯는 河東略定하고 山南을 확보는 영토확장사업이었다.

이런 상황에서 宇文泰를 翊戴한 諸將을 비롯한 諸功臣은 敬珍 등의 戰功·歸附으로 功績에 합당하는 官職에 나가 후속하는 功績으로 昇進, 封侯받아 鄕黨에서 一家를 이루고(因家) 宗黨에서 유력한 임무를 수행하여 새로운 宗黨이나 鄕黨을 세우는 일, 곧 本官을 신설하거나 宗黨을 확장하는 기반을 확보하였다고 이해된다.

---

120) 『周書』 卷35 薛端傳, pp.620-1.

121) 『周書』 卷35 薛善傳, pp.623-4.

이제 앞에서 언급한 西魏·北周시대 政治軍事方面에 진출하여 활동한 211명에 달하는 인물에 대하여 本貫으로부터 北魏최말기 西魏전·후기 北周전·후기로 나누어 官職 封侯하여 발탁·승진하고 받은 바의 封號와 封邑 그리고 子弟에 대한 起家官·襲爵 등의 문제를 일괄하여 20圖表로 정리하였는데, 이에 대하여 상설해보자.

먼저 西魏·北周이래 柱國大將軍과 大將軍에 진출한 인물들을 살펴보자. 『周書』卷16 趙貴 獨孤信 侯莫陳崇傳 卷末에,

"(a)初, 魏孝莊帝以尒朱榮有翊戴之功, 拜榮柱國大將軍, 魏在丞相上. 榮敗後, 此官遂廢. (b)大統3年 魏文帝復以太祖建中興之業, 始命爲之. 其後 功參佐命, 望實俱重者 亦居此職. (c)自大統16年以前, 任者凡有八人. 太祖位總百揆督中外軍. 魏廣陵王 元欣元氏懿戚 從容禁衛而已. (d)此外六人 各督二大將軍分掌禁旅, 當爪牙禦侮之寄. 當時 榮盛莫與爲比. (e)故今稱門閥者 咸推八柱國家云. (f)今幷十二大將軍 錄之於下.

①使持節 太尉 柱國大將軍 大都督 尙書左僕射 隴右行臺 小師 隴西郡開國公 李虎,

②使持節 太傅 柱國大將軍 大宗伯 大司徒 廣陵王 元欣,

③使持節 太保 柱國大將軍 大都督 大宗伯 趙郡開國公 李弼,

④使持節 柱國大將軍 大都督 大司馬 河內郡開國公 獨孤信,

⑤使持節 柱國大將軍 大都督 大司寇 南陽郡開國公 趙貴,

⑥使持節 柱國大將軍 大都督 大司空 常山郡 開國公 于謹,

⑦使持節 柱國大將軍 大都督 小傅 彭城郡開國公 侯莫陳崇.

(이상 7명과 ⑧太祖가 柱國大將軍)

⑨使持節 大將軍 大都督 小保 廣平王元贊

⑩使持節 大將軍 大都督 淮安王 元育,

⑪使持節 大將軍 大都督 齊王 元廓,

⑫使持節 大將軍 大都督 秦七州諸軍事秦州刺史 章武郡開國公 宇文都,

⑬使持節 大將軍 大都督 平原郡開國公侯莫陳順,

⑭使持節 大將軍 大都督 雍七州諸軍事雍州刺史 高陽郡開國公 達奚武,

⑮使持節 大將軍 大都督 陽平公 李遠,

⑯使持節 大將軍 大都督 范陽郡開國公豆盧寧,

⑰使持節 大將軍 大都督 化政郡開國公宇文貴,

⑱使持節 大將軍 大都督 荊州諸軍事 荊州刺史 博陵郡開國公 賀蘭祥,

⑲使持節 大將軍 大都督 陳留郡開國公楊忠,

⑳使持節 大將軍 大都督 岐州諸軍事 岐州刺史 武威郡開國公 王雄.

(g)上十二大將軍 又各統開府二人. 每一開府領一軍兵 是爲二十四軍. (h)自大統十六年以前 十二大將軍以外 念賢及王思政亦作大將軍. 然賢作牧隴右 思政出鎮河南 竝不在領兵之限. (i)此後功臣 位至柱國及大將軍者衆矣. 咸是散秩(不限此秩) 無所統御. (j)六柱國十二大將軍之後 有以位次嗣掌其事者 而德望素在諸公之下 不得預於此列"

이라고 있다.[122]

(a)官職 柱國大將軍은 孝莊帝가 北魏말 軍閥 尒朱榮이 六鎭의 반란을 평정하여 政治不在 상황에서 자신을 옹립한 공로로 爲政하도록 수여하였다. 그 지위는 국정을 總攬하는 丞相보다 높아 정권을 좌우하는 지위였다. 그러나 이주영은 저간에 반란과 정치부정에 대한 책임을 물어 山東의 門閥士族 중심의 朝士 2천여 명을 살해(河陰役)하여 문벌사족의 '國恥家寃'을 샀다. 또한 이주씨정권의 貪慾과 無能으로 자신의 휘하에서 성장한 高歡이 이주씨를 타도하여 이른바 고환정권이 등장하였다. 따라서 관직 柱國大將軍은 폐지되었다.

(b)大統3年(537) 西魏 文帝는 또한 太祖가 中興하는 사업을 세워 비로소 사용하도록 명령하였다. 이는 동년에 潼關·弘農을 복구하고 小關·沙苑에서 大功을 세워 諸將과 將士들에게 昇進·褒賞하였다. 태조는 이때에 柱國大將軍에 진출하였다.[123] 그 후로 平涼同盟에 참여하여 太祖를 翊戴한 佐命공신들의 輿望과 重厚한 功績을 참작하여 이 柱國大將軍에 진출시켜 활약하게

---

122) 『周書』 卷16 趙貴 獨孤信 侯莫陳崇傳 卷末, pp.271-3.; 『北史』 卷60 李弼 等傳 卷末, pp.2153-5.

123) 『周書』 卷2 文帝下, p.24.

한 것이다.

(c)大統16年(550) 이전까지 이 관직 柱國大將軍에 진출하여 역임한 인물은 대체로 8명이었다. 太祖는 職務상 백관과 中外軍을 총독하였다. 西魏의 皇室 廣陵王 元欣은 元氏의 皇親, 獻文帝 第3子 廣陵王 元羽의 次子[124]로 형식상 종용하여 禁衛할 뿐이었다.

(d)柱國大將軍 8명 중, 李虎는 唐高祖의 祖父로 柱國大將軍에 진출하였다는 것은 즈서 권16 卷末의 本引用文과 『舊唐書』 卷1 高祖本紀 冒頭에 보이고 있다. 그렇지만 『周書』에 李虎의 列傳이 없고 다만平涼同盟 前後와 서위 전기의 功績이 많지 않고 散見되고 있기 때문에, 숭상하는 의미로 삽입한 것으로 이해된다. 이는 唐太宗이 魏徵을 總裁官으로 삼아 梁·陳·北齊·周·隋의 5史를 편찬를 편찬할 때에, 『周書』의 主篇者는 令狐德芬과 岑文本이었다. 특히 영호덕분의 조부 令狐整은 關隴首望 중에 한 宗族으로 宇文泰에 발탁되어 智略과 탁월한 政術로 瓜州의 義首로 막대한 공로로 大將軍에 진출하여 이름이 높다. 까닭에 영호덕분은 자신과 자신의 조국 唐王朝를 존숭하는 의미로 본 인용문에 삽입한 것이 아닐까 하고 고려해보는 것이다.

이상 李虎와 元欣을 제외한 6柱國大將軍은 각기 2大將軍을 總督하였다. 이들 6柱國大將軍과 12大將軍은 西魏·北周시대에 軍事業務를 分掌하여 近衛·外敵을 방어하는 임무를 담당하였다. 그 당시에 영광되고 성스러움이 이들에 비길 바 없었다. 그런 고로 지금, 곧 唐太宗 貞觀 초년에 門閥을 指稱하는 사람들은 모두 八柱國家를 일컫는다는 것이다.

(f)이제 柱國大將軍과 大將軍에 진출한 인물들을 함께 아래에 기록한다. '使持節'은 兵符를 지녀 군사를 통령하고 太保 大宗伯 小傅 諸軍事·刺史 등을 역임하여 주국대장군(대장군)에 進出·有功하여 郡公과 開國功臣에 오른 李弼 등 6柱國 12大將軍이 열거되어 있다.

①隴西郡公 李虎,/②廣陵王 元欣,/③趙郡公 李弼,/④ 河內郡公 獨孤信,/⑤南陽郡公 趙貴,/⑥常山郡公 于謹,/⑦彭城郡公 侯莫陳崇,/⑧安定郡公 太祖,// 大將軍으로 ⑨廣平王 元贊,/⑩淮安王 元育,/ ⑪齊王 元廓,/⑫章武郡公 宇文

---

124) 『魏書』 卷21 上 p.551에, 元欣은 北魏末 北中郎將 刺史를 역임하고 淮陽王, 孝武入關하여 太師 開府였다가 廣陵王 大司馬이었다.

都,/⑬平原郡公 侯莫陳順,/⑭高陽郡公 達奚武,/⑮陽平公 李遠,/⑯范陽郡公 豆盧寧,/⑰化政郡公 宇文貴,/⑱博陵郡公 賀蘭祥,/⑲陳留郡公 楊忠,/⑳武威郡公 王雄이었다. 이들의 功績과 昇進과 昇爵은 西魏·北周시대에서 이루어져 周書에 기록되어있다. 이에 필자는 이들의 공적과 승진 승작은 表에 정리하였지만, 元贊 元廓, 元育에 대한 유공기록이 보이지 않는다.

(g)위 12大將軍은 각기 驃騎大將軍 開府儀同三司 2명을 통령하고 驃騎大將軍 開府儀同三司는 一軍의 軍兵을 統領하였으니, 이것이 二十四軍이었다.

(h)大統16年이전에 12大將軍이외에 念賢과 王思政 또한 大將軍에 진출하였다. 그러나 念賢은 隴右의 刺史, 王思政은 河南에 出鎭하여 中央兵을 통령하지 않아 포함하지 않았다.

(i)이후 功臣으로 직위 柱國大將軍과 大將軍에 이른 자 많아, 부득이 '統御하는 바 없다'는 이유로 모두 散秩하였다는 것이다. 이 내용은 이해하기 어렵다. 그것은 『周書』에 등장한 功臣들은 6柱國大將軍 12大將軍의 18(20)명뿐만 아니라, 중심인물 太祖를 비롯한 功臣 諸位와 그 子弟를 포함하여 211명에 대한 輿望과 功績상황을 비롯하여 昇進·昇爵·襲爵 및 封戶에 대하여 정리하고 있었다. 특히 功臣의 功績에 대한 褒賞이 없이 국가 경영이 가능하지 않다는 것은 중심인물 太祖가 강조하였고, 封爵과 봉호를 散秩한다고 하여도 全額을 蕩減할 수 없는 것이며, 나라의 경영상 어려워 감액하거나, "別食"을 賜與되었던 사정은 장차 隋王朝시대와 唐前期에, 이 官職이 散官化하고 "食實封"의 先例로 보이기 때문에, 西魏와 北周에서 운영하는 승진·승작제에 대한 강한 우려를 나타낸 발언으로 보인다.

(j)6柱國 12大將軍의 후손은 그 지위를 계승하여 그 군사상의 업무를 장악하고 있었다. 하지만 德望이 본디 諸公의 아래에 있기 때문에, 태조를 중심으로 하는 8柱國大將軍 12大將軍의 대열에 참여시킬 수 없었다. 이는 本 引用文의 내용에 포함할 내용이라 하기 보다는 (e)항에서 그 "當時의 門閥=8柱國大將軍家"라는 언급과는 어울리지 않는다.

따라서 필자는 西魏·北周時代에 柱國大將軍 大將軍에 진출한 인물들의 功績사항을 살펴보는 것이 선결문제이다.

〈가·나·다·라·마 5集團의 個別功績總括表〉

▌西魏·北周 官僚的 門閥士族 總括表 가A▐

번호	人名	本貫	上系名祖因家	조부	부친	周書
가①	侯莫陳崇	代郡武川人	拓拔別部 庫斛眞水에서 世居 5世祖이래 渠帥	尹-武川因家	興-殿中羽林監	卷16
②	侯莫陳順	代郡武川人	(崇의 兄)			
③	侯莫陳瓊	代郡武川人	(숭의 동생)			
④	侯莫陳凱	代郡武川人	(숭의 次弟)			
⑤	達奚武	代人	奚·達奚氏 同姓으로 북위때에는 河南洛陽人	眷-懷朔鎭將	長-汧城鎭將	卷19
⑥	達奚震	代人	(武의 아들)			
⑦	達奚寔	河南洛陽人	고조 涼州는 북위 정서장군 산양공		顯相-武衛장군	卷29
⑧	若干惠	代郡武川人	北魏와 함께 일어나 國名이 姓氏로 되었다.		樹利周, 平葛榮沒	卷17
⑨	若干鳳					卷17
⑩	怡峯	遼西人				卷17
⑪	劉亮	中山人				卷17
⑫	王德	代郡武川人				卷17
⑬	赫連達	盛樂人	赫連勃勃의 후손 증조가 피난 杜로 改姓			卷27
⑭	庫狄昌	神武人				卷27
⑮	宇文導	代郡武川人	(太祖의 兄子)			卷10
⑯	宇文護	代郡武川人	(太祖의 兄子)			卷12
⑰	宇文盛	代人				卷29
⑱	宇文丘	代人				卷29
⑲	豆盧寧	昌黎徒何人				卷19
⑳	豆盧永恩	昌黎徒何人				卷19
㉑	賀蘭祥	賀蘭人	北魏와 함께 일어나 紇伏氏; 良家子-武川因家			卷20
㉒	于謹	河南洛陽人	원래 代人 栗磾-勁에 누세 貴盛-1皇后·4公·2尙書令·4開國公; 勁弟 天恩아들 仁生(太重大夫)	安定-平原郡守·高平鎭都將	子提-太守·縣伯 子勳-贈建郡平公	卷15

번호	人名	本貫	上系名祖因家	조부	부친	周書
㉓	于寔	河南洛陽人		大提	謹	卷15
㉔	于翼	河南洛陽人		大提	謹	卷30
㉕	長孫儉	河南洛陽人	昭成帝-북평王長孫嵩후손; 曾祖 地汾-臨川公	酌-恒州자사	有彧-散騎侍郎	卷26
㉖	韓褒	潁川潁陽人	昌黎에 移住함	瓌-郡守 郡公	演-恒州자사	卷37
㉗	寇洛	上谷昌平人	累世 將吏		延壽-武川因家	卷15
㉘	趙貴	天水南安人	증조부 達은 북위 庫部尙書 臨晉子	仁-武川因家		卷16
㉙	趙善	天水南安人	(조귀의 從祖兄)	國-洛州자사	更-安樂군수	卷34
㉚	梁臺	長池人			去斤-隴西군수	卷27
㉛	梁禦	安定人	北邊仕宦-武川因家; 改姓紇豆陵; 高祖父定陽侯			卷17
㉜	梁睿	安定人			禦	卷17
㉝	蔡祐	陳留圉人	증조부 巢는 夏州鎭將으로 高平因家	護-陳留군수	襲-군수·자사	卷27
㉞	蔡澤	陳留圉人	(祐의 동생)	護	襲	卷27
㉟	常善	高陽人	代代로 豪族		安成-統軍-전몰	卷27
㊱	李弼	遼東襄平人	6세조 근이 모용수의 황문시랑	貴醜, 平州자사	永-子勳, 贈刺史	卷15
㊲	李耀	遼東襄平人	(이필의 아들)			卷15
㊳	李摽寸	遼東襄平人	(이필의 동생)			卷15
㊴	李賢	隴西成紀人	증조부 富는 北魏 太武帝때에 屠各평정(전몰)=贈隴西군수	斌, 襲領父兵, 高平因家	文保-3子勳-贈刺史·司空	卷25
㊵	李遠	隴西成紀人				
㊶	李基	隴西成紀人				
㊷	李穆	隴西成紀人				
㊸	呂思禮	東平壽張人				卷38
㊹	史寧	建康袁氏人	증조부 豫는 沮渠氏 臨松令	灌, 撫寧鎭將因家	遵-子勳 贈자사	卷28
㊺	史雄	建康袁氏人		遵	寧	卷28
㊻	楊荐	秦郡寧夷人			寶-昌平군수	卷33
㊼	張軌	濟北臨邑人			崇-高平令	권37

번호	人名	本貫	上系名祖因家	조부	부친	周書
㊽	陸通	吳郡人	증조부載는 劉裕의 평요진 참여, 北魏中山군수		政, 行臺左丞伯爵	권32
㊾	陸逞	吳郡人		政	通	권32

▌西魏·北周 官僚的 門閥士族 總括表 7-B ▌

번호	人名	人·才地	北魏 最末期	西魏前期
①	侯莫陳崇	驍勇·善騎射	關隴평정-도독; 太祖翊戴; 平悅	刺史 驃騎大將軍 開府儀同三司
②	侯莫陳順	豪俠 有志度	통군 대도독 군공	行夏州事 大統초 諸戰유공
③	侯莫陳瓊			至孝·事兄 北秦州자사
④	侯莫陳凱			형따라 누차의 공로로 尙書左·右丞
⑤	達奚武	倜儻·善騎射	하발악의 別將 子都督, 太祖翊戴 平悅	동진주자사 표기-開府儀同三司
⑥	達奚震	武藝絶倫		員外散騎常侍
⑦	達奚寔	有文武幹局		都督 從事中郎
⑧	若干惠	勇猛, 至孝	別將-관롱평정 태조익대-大都督	儀同三司 開府儀同三司 刺史
⑨	若干鳳	有才能度量		
⑩	怡峯	驍勇	都將으로 관롱평정-都督 태조익대	華州자사 大都督-刺史
⑪	劉亮	倜儻·有縱橫略	都督-관롱평정 태조익대	驃騎大將軍 開府儀同三司 刺史 雍州자사
⑫	王德	善騎射 善政	龍讓장군 관롱평정-태조익대-平涼군수	驃騎大將軍 開府儀同三司 刺史
⑬	赫連達	剛鯁·有膽力	관롱평정·태조익대·平悅-平東장군	本州 雲州자사 驃騎大將軍 開府儀同三司
⑭	庫狄昌	便騎射·有膂力	統軍-관롱평정-태조익대	郡守, 驃騎大將軍 開府儀同三司 刺史
⑮	宇文導	雄豪·仁惠	都督으로 관롱평정·태조익대-평열	
⑯	宇文護	有志度	관롱평정·태조익대 都督	儀同三司
⑰	宇文盛	智力驍雄	태조장내(익대인듯)·평열-威烈장군	풍익군수 수도독 서안주대중정
⑱	宇文丘	(盛의 동생)	(형과 늘 同行)	

번호	人名	人·才地	北魏 最末期	西魏前期
⑲	豆盧寧	驍果·善騎射	別將-太祖所愛·平悅	刺史 儀同三司 驃騎大將軍 開府儀同三司
⑳	豆盧永恩	有識度	평열 때에 귀부-殄寇장군	親信都督 驃騎大將軍 開府儀同三司 刺史
㉑	賀蘭祥	有膽氣·志立功	태조장내-익대-평열	大都督
㉒	于謹	(都關中之計)	別將-關隴평정·함양군수-자사	표기대장군 개부의동삼사 자사
㉓	于寔	和厚	太祖帳內로부터 征討참여	
㉔	于翼	有識度	大都督	員外散騎常侍
㉕	長孫儉	方正·嚴肅	隴右平定-夏州長史·三夏總統	荊州자사-강릉평정 준비
㉖	韓褒	有志尙	태조에게 去留之計제출-록사참군	자사-群盜 노략질 척결
㉗	寇洛	明辯·不拘小節	別將 관롱평정-태조익대-涇州자사·平悅	儀同, 표기대장군 개부의동삼사 자사
㉘	趙貴	穎悟·有節槩	別將관롱평정 평량동맹주모 태조익대	표기대장군개부의동삼사 刺史 東南諸州節度
㉙	趙善	經史涉獵·遠量	이주영의 別將 關中大行臺長史 태조익대	표기대장군 개부의동삼사 망산전(捕虜)
㉚	梁臺	果敢·有志操	관롱평정 태조익대 平悅	平涼군수 儀同三司; 本州大中正
㉛	梁禦	好學弓馬祥雅	都將·領民酋長 관롱평정-태조익대 儀同三司	표기대장군 개부의동삼사 자사
㉜	梁睿			
㉝	蔡祐	有大志	태조의 親信·養子 태조익대·侍從	사원·하교전 대공(東魏軍이 鐵猛獸라고)
㉞	蔡澤	好學有才能		丞相府 記室
㉟	常善		都督으로 平悅-天水군수	涇州자사
㊱	李弼	志在立功	別將-관롱평정·평열-진주자사	大功 汾·絳확보-大都督·儀同三司 驃騎大將軍 開府儀同三司 刺史; 恒州大中正
㊲	李耀	(이필 아들)		
㊳	李剽寸	有膽力·決斷力	❀天光의 別將-梁에 피신-귀국	短身勇猛 帳內都督 大都督
㊴	李賢	志立功篤友愛	❀관롱평정 대공	行原州事로 (民和)
㊵	李遠	有才能·度量	❀別將-장성·고평군수 원주대중정	河東군수
㊶	李基	工騎射涉群書		

번호	人名	人·才地	北魏 最末期	西魏前期
㊷	李穆	明敏有度量	❃관롱평정-도독	大都督 儀同三司 驃騎大將軍 開府儀同三司
㊸	呂思禮	門地寒微	하발악기밀전장; 태조익대	尙書右丞 홍농전유공(朝政비방피해)
㊹	史寧		別將-군공-南程州자사	行涇州事
㊺	史雄	용감무예편궁마	14세로 平悅참여	
㊻	楊荐		太祖 夏州都督	孝武入關주도 直閤장군
㊼	張軌		태조의 都督으로 平悅	中書舍人·左장군·著作佐郎 郡守; 濟州대중정
㊽	陸通		태조도독·태조익대	刺史 儀同三司
㊾	陸逞			태조친신·우림감

▌西魏·北周 官僚的 門閥士族 總括表 가C ▌

번호	人名	西魏後期	北周前期	北周後期
가①	侯莫陳崇	★★柱國大將軍 大司空	大司徒 私小한 失言	改謚-莊閔
②	侯莫陳順	★大將軍	刺史 ★★柱國大將軍	
③	侯莫陳瓊	車騎大將軍儀同三司 刺史	驃騎-開府儀同三司·★大將軍	★★柱國大將軍 ☆上柱國
④	侯莫陳顯	차기대장군의동삼사	司憲·工部中大夫 刺史	驃騎大將軍 開府儀同三司 齊使
⑤	達奚武	玉壁築城 齊將격파 ★大將軍	★★柱國大將軍 同州자사	(애국정심 탐욕)
⑥	達奚震	차기대장군의동삼사	표기-개부의동삼사 ★大將軍	大宗伯 原州總管刺史★★柱國
⑦	達奚寔	大都督 行南岐州事	표기대장군 개부의동삼사 중외부사마	文州자사
⑧	若干惠	高仲密래부지원-郡公		
⑨	若干鳳	驃騎大將軍 開府儀同三司	中大夫 자사	★★柱國大將軍
⑩	怡峯	표기대장군 개부의동삼사		
⑪	劉亮			
⑫	王德			
⑬	赫連達	표기대장군 개부의동삼사	★大將軍 總管刺史	★★柱國大將軍
⑭	庫狄昌	★大將軍(病卒)		

번호	人名	西魏後期	北周前期	北周後期
⑮	宇文導	尙書令 贈刺史	尙書令 贈刺史·贈★大將軍	重贈★★柱國大將軍
⑯	宇文護	小司徒 ★★柱國大將軍	都督中外諸軍事 大冢宰	(피해)
⑰	宇文盛	표기대장군 개부의동삼사 자사	刺史 ★大將軍, 洮陽평정 ★★	★상대장군 ★★상주국
⑱	宇文丘	襄威장군 縣子	개부자사 ★대장군	★★柱國大將軍
⑲	豆盧寧	★大將軍 羌族·江陵평정	★★주국대장군 大司寇	病中에 平齊從軍 사망
⑳	豆盧永恩	개부자사, ★大將軍	刺史	司會中大夫
㉑	賀蘭祥	자사 ★大將軍	★★柱國大將軍 大司馬	行軍總管
㉒	于謹	★★柱國大將軍 平江陵行軍元帥	大司徒 三老(虛心納諫)	
㉓	于寔	표기대장군개부의동삼사 자사	★大將軍, 中大夫, 자사★★柱國	★大左輔 ★★上柱國
㉔	于翼	禁中宿衛 江陵陷沒	자사 ★大將軍	★★柱國大將軍 總管刺史
㉕	長孫儉	★大將軍 平江陵之計		
㉖	韓褒	표기대장군 개부의동삼사 자사	汾州자사 夏州總管	太保
㉗	寇洛			
㉘	趙貴	표기-개부의동삼사 ★大將軍	開府儀同三司 ★★柱國大將軍	
㉙	趙善	贈★大將軍 刺史		
㉚	楊臺	刺史 표기대장군 개부의동삼사	★大將軍 자사	
㉛	梁禦	표기대장군 개부의동삼사 자사	刺史	
㉜	梁睿			★★柱國大將軍(平王謙元帥)
㉝	蔡祐	표기-개부의동삼사 ★大將軍	刺史-贈★★柱國大將軍	
㉞	蔡澤	평촉참여 帥都督	下大夫 刺史(瀆職)	云州자사로 消難에 拒逆 피해
㉟	常善	표기대장군 개부의동삼사 刺史	★大將軍, 大司徒朝政合議	贈★★柱國大將軍
㊱	李弼	개부의동삼사 ★★柱國大將軍	大司徒-朝政合議	

번호	人名	西魏後期	北周前期	北周後期
㊲	李耀	員外散騎侍郎	★大將軍	★★柱國
㊳	李摽寸	표기대장군 개부의동삼사	★大將軍 자사	
㊴	李賢	표기대장군 開府儀同三司 자사	武帝·齊王憲양육, ★大將軍(舊恩)	總管자사 贈★★柱國大將軍
㊵	李遠	태자소부 開府儀同三司★大將軍	★★柱國 宇文護에 피해	
㊶	李基	御正中大夫	자사	贈★大將軍, 重贈★★柱國
㊷	李穆	原州자사 鄕里牧宰	★大將軍 ★★주국대장군	
㊸	呂思禮			
㊹	史寧	표기-개부의동삼사 ★大將軍	자사 駕部中大夫 鎭金城中 사망	
㊺	史雄	표기대장군 개부의동삼사	御伯대부 ★大將軍	
㊻	楊荐	표기대장군 개부의동삼사	★大將軍	
㊼	張軌	儀同三司 府長史	大司寇	
㊽	陸通	표기대장군 개부의동삼사	中大夫 軍司馬 자사	納言; 자사; 太子少保
㊾	陸逞	丞相府記室	자사 태자태보	贈★大將軍

▍西魏·北周 官僚的 門閥士族 總括表 가D▍

번호	人名	성품	漢人賜姓·宗室通婚	爵位·封戶	子·弟官職·爵
①	侯莫陳崇	小言			아들 芮-★大將軍·★★柱國로 伐齊-★★上柱國 대사마; 次子, 穎-개부의동삼사로稽胡평정-隋刺史.
②	侯莫陳順				
③	侯莫陳瓊				
④	侯莫陳凱				
⑤	達奚武	貪汚時論鄙		柱國·鄭國公 邑萬戶	次子 惎-차기장군·渭南縣子, 益州자사로 王謙과 擧兵실패伏誅
⑥	達奚震			襲爵鄭國公	부친과 같은 大宗伯 역임으로 영예
⑦	達奚寔			縣公	豊
⑧	若干惠	剛直-善統御-懷恩	(至孝-射堂移轉 禮遇)		鳳
⑨	若干鳳		尙太祖妹	徐國公(5천호)	(追錄)

번호	人名	성품	漢人賜姓·宗室通婚	爵位·封戶	子·弟官職·爵
⑩	怡峯	驍將			父親功勞追錄 長子昻-開府·鄭國公; 차자 光-원외산기상시-開府자사-縣侯(-公); 제3子-吏部하대부 儀同
⑪	劉亮	至性·至孝	侯莫陳氏-서위전기 尙太祖女 河西長公主	刺史郡公	長子, 昶-★★주국·총관자사-彭國公5000戶; 次子, 靖(郡守); 제3자 恭은 開府·縣伯);제4子, 幹-儀同·縣侯)
⑫	王德	厚重廉愼		刺史·郡公 읍2700戶	葬禮費-賣子女로 충당-平涼解憂-이름을 慶-開府儀同三司
⑬	赫連達	儉素·淸廉		柱國·郡公	子-遷-★大將軍·蒲州刺史
⑭	庫狄昌			郡公총4100戶	
⑮	宇文導	寬明·撫御			장자 廣-★대장군·郡公; 次子 亮-★大將軍·郡公
⑯	宇文護	寬大暗大體		晉國公·邑만호	무제의 誅殺로 諸子피해-復官爵
⑰	宇文盛		西安州大中正	郡公읍4600戶	아들 述-大象末 ☆上柱國·僕陽公
⑱	宇文丘			縣侯·읍1000호	隴
⑲	豆盧寧		(別食-鹽亭縣1000戶)	楚國公-만호	系子 績-습작; 生子 讚-郡公·開府刺史
⑳	豆盧永恩			縣公·邑4500호	通
㉑	賀蘭祥	淸素無賂物		涼國公 萬戶	7子;敬(★★柱國)·讓(★大將軍)·讚(贈★★上大將軍)·寬(國公습작;隆★大將軍
㉒	于謹	沈深善事上		燕國公 만호	諸子 義(☆上柱國,郡公)·禮(刺史,郡公)·智(★★柱國,齊國公)·紹(刺史,郡公)·弼(上儀同,縣公)·蘭(上儀同,縣公)·曠(上儀同,贈刺史); 顯達蕃衍·貴盛再現
㉓	于寔	和厚		燕國公 襲爵	顗(總管·郡公;仲文(★大將軍·郡公);象賢(儀同·尙主)
㉔	于翼	恭儉無競爭	尙太祖 平原公主	任國公	自戒滿盈; 璽(軍司馬·郡公); 銓(上儀同·常山公); 讓(儀同三司)
㉕	長孫儉	奉公謹志		鄗公	아들 隆; 장손검은 선정-荊州백성이 立廟樹碑

번호	人名	성품	漢人賜姓·宗室通婚	爵位·封戶	子·弟官職·爵
㉖	韓褒	忠厚	侯呂陵氏-大統초		아들 繼伯
㉗	寇洛	明辨	若口引氏 (아들和 북주전기 받음)	郡公·읍500호	子, 和-郡公·開府·中大夫; 弟, 紹(☆上柱國,郡公)
㉘	趙貴		乙弗氏(西魏말)		
㉙	趙善	謙退			長子 度(의동); 次子 絢(개부자사)
㉚	梁臺	仁恕-良臣	賀蘭氏-西魏말	縣公읍1000戶	아들 元慶은 父勳으로 현후1000호를 別封.
㉛	梁禦			郡公읍1000戶	아들 睿(습작)
㉜	梁睿			蔣國公읍5천호	
㉝	蔡祐	절검, 산시	大利稽氏(西魏말)	郡公·총4천호	아들 正-使持節 車騎大將軍 儀同三司
㉞	蔡澤				
㉟	常善		(贈柱國)	郡公邑2000戶	아들 昇和-父勳으로 儀同三司
㊱	李弼	沈雄`深識	徒河氏-西魏말	魏國公 萬戶	차자衍-大將軍·郡公; 3자綸-中大夫·開府·郡公; 제4子晏-開府-★大將軍·郡公; 平齊戰歿; 손璟(襲爵)
㊲	李耀			邢國公	아들 寬(蒲山郡公)
㊳	李摽寸	果決有膽力		郡公2100戶	弼子 椿嗣-開府刺史·郡公-★大將軍)
㊴	李賢		婦人-우문씨(西魏말)	郡公	아들 端(開府刺史·襄陽公) 吉(의동삼사)등 5子顯達
㊵	李遠			黎國公3千戶	
㊶	李基				아들 威-★大將軍-★★주국대장군冠冕盛大-西京盛族-冠冕之盛 當時莫比
㊷	李穆		拓拔氏-西魏말	中國公5천호	아들 榮·才·孝軌·雄(別封密國公 邑3000戶)·淳(開府刺史 ·郡公. 贈★大將軍)
㊸	呂思禮				
㊹	史寧	財貨損雅志		縣侯邑800戶	祥(郡公襲爵); 雲(縣公습작·하대부); 威(縣公습작)(諸子分爵인듯)
㊺	史雄		尙太祖女		

번호	人名	성품	漢人賜姓·宗室通婚	爵位·封戶	子·弟官職·爵
㊻	楊荐			郡公	
㊼	張軌	清素	宇文氏(폐제2년) 濟州 대중정(서위 말)	縣子	아들 肅(宣納上士)
㊽	陸通	柔謹清廉自守·好施	步六孤氏(西魏말)	郡公	
㊾	陸逞	勤密		郡公	操

▌西魏·北周 官僚的 門閥士族 總括表 나A▐

번호	人名	本貫	上系, 名祖, 因家	祖父	父親	周書
①	宇文測	代武川人	太祖族子, 고조中山 증조 豆頹 北魏-현달	麒驎-현달	永-현달	卷27
②	宇文深	代武川人	(우문측의 동생)			卷27
③	宇文孝伯	代武川人			深	卷40
④	宇文顯和	代武川人	고조부 晉陵 曾祖 九男은 北魏에서 현달		金殿-자사·侯	卷40
⑤	宇文神擧	代武川人			顯和	卷40
⑥	宇文虯	代武川人				卷29
⑦	宇文貴	昌黎大棗人	夏州에 이주하였다.		莫豆干-子勳贈柱國·刺史·郡公	卷19
⑧	元偉	河南洛陽人	昭成帝의 후손 曾祖 忠은 城陽王	盛-城陽公	順-中書監·자사	卷38
⑨	元定	河南洛陽人		比頹-자사	道龍-鉅鹿군수	卷34
⑩	念賢	金城苞罕人				卷14
⑪	賀拔勝	神武尖山人	北魏초 陰山출현 如回(大莫弗); 武川因家.	爾頭-驍勇絶倫	度拔-武川軍主	卷14
⑫	獨孤信	雲中人	北魏초 36部의 하나.	俟尼, 武川因家	庫者-領民酋長	卷16
⑬	賀若敦	代人	漠北에서 代代로 部落大人, 증조 貸가 北魏에 歸附하여 都官尙書 安富縣公	伏連-雲州자사	統-潁州長史·兗州자사·縣公	卷28
⑭	尉遲迥	代人	위의 별부 尉遲部를 姓氏로 함		俟兜-尙太祖妹	卷21
⑮	尉遲剛	代人	(형의 동생)			卷20
⑯	尉遲運	代人	(강의 아들)			卷40

번호	人名	本貫	上系, 名祖, 因家	祖父	父親	周書
⑰	梁椿	代人		屈朱-昌平鎭將	提- 內郎	卷27
⑱	梁明	代人			椿	卷27
⑲	韓果	代武川人				卷27
⑳	王勇	代武川人				卷39
㉑	伊婁穆	代人			靈-刺史·縣公	卷29
㉒	叱列伏龜	代郡西部人	代代로 部落大人; 魏초 歸附=領民酋長			卷20
㉓	陸騰	代人	고조부 征西대장군 東平王	彌-夏州자사	旭·老莊學·자사	卷28
㉔	王盟	樂浪人	明德皇后(=태조의 모친)의 오라버니. 6세조 波는 前燕태수	珍-黃門侍郎 樂浪公	羆-伏波장군 武川因家	卷20
㉕	王勱	樂浪人	(盟子)			
㉖	王懋	樂浪人				
㉗	王顯	樂浪人				
㉘	高琳	高句麗人	6세조欽 仕燕, 5세조宗-領民酋長·賜姓羽眞	明(仕魏顯達)	遷(仕魏顯達)	卷29
㉙	庫狄峙	遼東人	本來 匹磾후손; 代에 이주; 代代로 豪右	淩-武威군수	貞-上洛군수	卷33
㉚	段永	遼西石城人	晉刺史 匹磾후, 증조愢 黃龍진장-河陽이주			卷36
㉛	長孫紹遠	代人	長孫道生의 6世孫(河南洛陽人)		稚-上黨王	卷26
㉜	長孫澄	代人	(장손소원의 동생)			卷26
㉝	斛斯徵	河南洛陽人	先系는 莫弗大人(廣牧富昌人)	足(=敦)-左牧令	椿-尙書令·태부	卷26
㉞	叱羅協	代郡人	寒微하여 州小吏			卷11
㉟	馮遷	弘農人			漳-州從事	卷11

▌西魏·北周 官僚的 門閥士族 總括表 나B▐

번호	人名	人·才地	北魏最末期	西魏前期
①	宇文測	沈着仁恕好施	駙馬都尉 태조에게 皇帝入關의지 傳達	丞相府右長史; 宗室系譜정리
②	宇文深	善籌略	尒朱榮 車騎府主簿, 子都督	승상부주부 대공(策捕竇泰, 太祖의 陳平)

번호	人名	人·才地	北魏最末期	西魏前期
③	宇文孝伯	무제同日生·學		
④	宇文顯和	武藝絶輪·名弓	孝武入關확정	태조의 帳內大都督 夏州자사
⑤	宇文神擧	卓越才能·智略		
⑥	宇文虯	驍悍有膽略	독고신의 都督, 梁에 피난	儀同三司·漢陽군수
⑦	宇文貴	志在立功	❆鄕兵別將-자사 합내도독	표기대장군 開府儀同三司 刺史
⑧	元偉	有淸才		伏波장군 度支郎中
⑨	元定	淳厚剛毅	관롱평정 평열-평원장군 보병교위	諸戰大功-太守 大都督
⑩	念賢	涉獵經史	衛可孤 평정-別將; 대도독 군수 자사 郡公	표기대장군 개부의동삼사 秦州자사★大將軍
⑪	賀拔勝	豪俠·名弓	효무제옹립-荊州자사-梁에 피난 歸國-太師	사원·하교·망산전 有功-李弼과 함께 汾絳획정; 고환과 갈등-諸子 고환에 피해-憤恨사망
⑫	獨孤信	雄豪有節義	別將 대도독	10주대도독 刺史
⑬	賀若敦	氣幹善騎射		독고신이 태조에 추천 車騎大將軍儀同三司
⑭	尉遲迥	通敏有才能	태조의 장내도독	領軍장군
⑮	尉遲剛	驍勇善騎射	太祖陪侍	諸戰대공-帥都督 大都督
⑯	尉遲運	强濟志在立功		
⑰	梁椿	果毅善撫納	統軍·都將으로 관롱평정 平悅-衛장군	의동삼사 표기대장군 개부의동삼사 자사
⑱	梁明	椿子		
⑲	韓果	豪雄善騎射	하발악 장내로 平悅(익대)	諸戰有功 驃騎大將軍 開府儀同三司 刺史
⑳	王勇	雄建有膽決	別將-관롱평정	홍농사원망산전 大功
㉑	伊婁穆	有機辯	太祖親信	망산유공 丞相府從事中郎
㉒	叱列伏龜	武藝進止詳雅	廣陽王 征討참여-군수 高歡의 大都督	사원歸附-누천驃騎大將軍開府儀同三司 刺史
㉓	陸騰	慷慨有大節	이주영의 都督 동위장수	망산전에 실패 포로-帳內大都督
㉔	王盟	弘雅汎愛	관롱평정-군수 平悅-原州자사	趙靑雀난평정 동위군 격파
㉕	王勵	(맹의 아들)	太祖侍從 부자함께 관롱평정	사원전에서 勇戰 전몰 贈태위·자사
㉖	王懋	(맹의 차자)	3부자 함께 관롱평정	개부 자사 영군장군
㉗	王顯	敏悟·沈着	(盟의 兄子)太祖帳內都督	개부 자사

번호	人名	人·才地	北魏最末期	西魏前期
㉘	高琳	勇敢無雙	統軍으로 관롱평정-寧朔장군·奉車도위	대통초 매전유공 군수 대도독
㉙	庫狄峙	有謀略善騎射	高陽군수-爲政(仁恕) 入關	중서사인 황문시랑
㉚	段永	有志操	刺史로 杜社客·元伯生평정	南汾州자사 표기대장군 개부의동삼사
㉛	長孫紹遠	寬容 有大度	司徒右長史	入關 尙書
㉜	長孫澄	有智謀		
㉝	斛斯徵	聰悟解音律		入關 太常卿으로 音樂發展에 寄與
㉞	叱羅協	小吏·恭謙	統軍	승상부 종사중랑
㉟	馮遷	恪勤	楊鈞의 參軍	大統초 有功-郡守

▍西魏·北周 官僚的 門閥士族 總括表 나C ▍

번호	人名	西魏後期	北周前期	北周後期
①	宇文測	開府-行汾州事·行綏州事		
②	宇文深	儀同三司·吏部下大夫	開府儀同三司, 軍司馬, 京兆尹, 司會	
③	宇文孝伯		宗師上士 개부의동삼사	平齊때 宿衛 ★大將軍 小冢宰
④	宇文顯和	刺史 贈刺史		
⑤	宇文神擧		中侍上士; 京兆尹 平齊대공 ★大將軍	병주총관자사 ★★柱國
⑥	宇文虯	자사개부, ★大將軍(每戰先鋒)		
⑦	宇文貴	자사 ★大將軍 羌·氐族평정	★★柱國大將軍	
⑧	元偉	태자서자 행대우승 平蜀史祿 ★大將軍	師氏中大夫 州자사로 3천명 復業	民部중대부, 齊使
⑨	元定	표기대장군 개부의동삼사	★大將軍 伐陳에 전몰	
⑩	念賢			
⑪	賀拔勝			
⑫	獨孤信	우문중화평정 ★★柱國大將軍	태보 대종백 護의 自盡핍박	
⑬	賀若敦	開府 자사 諸蠻평정	大將軍未進出不評-우문호에 피해	贈★大將軍

번호	人名	西魏後期	北周前期	北周後期
⑭	尉遲迥	平蜀으로 ★大將軍 자사	★★柱國大將軍 蜀國公	大前疑-相州擧兵-韋孝寬이 토평
⑮	尉遲剛	儀同 개부자사 ★大將軍 郡公	宿衛 ★★柱國대장군	
⑯	尉遲運		누천 표기-개부의동삼사 ★大將軍	平齊有功 ★★주국대장군
⑰	梁椿	刺史-侯景來附지원; 래부자 千餘名	★大將軍	
⑱	梁明	대도독	의동삼사 어정하대부	
⑲	韓果	개부자사 ★大將軍	자사 ★★柱國대장군	자사
⑳	王勇	대도독 개부의동삼사	★대장군	
㉑	伊婁穆	蜀使로 반항민 3만평정	병부중대부 총관자사 ★大將軍	소사구 荊州·幷州소요 토평
㉒	叱列伏龜			
㉓	陸騰	梁州·龍州叛民토평-개부자사	8州夷夏討平-3만招納	江陵總管 ★★柱國大將軍
㉔	王盟	자사		
㉕	王勵			
㉖	王懋			
㉗	王顯		★大將軍 매전유공	
㉘	高琳	개부자사	★大將軍 강릉총관 ★★柱國대장군	
㉙	庫狄峙	개부자사 돌궐과 통호 ★大將軍	익주자사	
㉚	段永	개부자사 항주자사	자사 ★대장군 총관	
㉛	長孫紹遠	록상서사 大司樂	太常	예부중대부
㉜	長孫澄	자사개부	★大將軍	
㉝	斛斯徵	司樂中大夫	개부 대종백	★上大將軍
㉞	叱羅協	行南岐州사 尉遲迥長史	★大將軍 ★★柱國大將軍	護誅殺로 除名
㉟	馮遷	陝州자사(錦衣還鄕)	軍司馬 小司空	護誅殺로 除名

❙ 西魏·北周 官僚的 門閥士族 總括表 나D ❙

번호	人名	性品	賜姓·宗室通婚	爵位·封戶	子·弟官職·爵
①	宇文測	仁恕	尙北魏宣武帝公主		該-上開府 儀同三司·縣公

번호	人名	性品	賜姓·宗室通婚	爵位·封戶	子·弟官職·爵
②	宇文深	仁愛宗黨 지원		縣公	孝伯
③	宇文孝伯				歆
④	宇文顯和				
⑤	宇文神擧			郡公6900戶	아들 同(儀同대장군); 동생神慶(★★柱國·郡公)
⑥	宇文虯			郡公2200戶	
⑦	宇文貴			許國公-萬戶	善·★大將軍★★柱國자사; 沂★★上柱國·英國公; 愷(郡公·中大夫); *貴따라 귀부한 是云寶는 ★大將軍
⑧	元偉	溫柔·虛靜			
⑨	元定	沈審·剛毅		郡公읍1000戶	樂.
⑩	念賢	美容質		郡公읍1000戶	아들 華(開府儀同三司-合州자사·和厚)
⑪	賀拔勝	(輕財重義)	(西魏에 큰 協助)	(贈刺史·太宰)	嗣弟子-仲和(徐州자사 江陵總管)
⑫	獨孤信	風度弘雅		衛國公萬戶	羅(郡守); 善(刺史·郡公); 3녀는 周明帝·隋文帝·唐元貞황후로 周隋唐 3國 皇后家이었다.
⑬	賀若敦	恃功負氣		武都公1700戶	아들 弼(刺史·縣公-천호), 誼(柱國·縣公)
⑭	尉遲迥	至孝	모친이 太祖姊氏	蜀國公 邑萬戶	諸子不睦
⑮	尉遲剛			吳國公읍萬戶	아들 安(★★柱國·총관) 安의 弟, 敬(尙명제公主-儀同
⑯	尉遲運			盧國公5千戶	아들 靖(의동대장군)
⑰	梁椿	決斷·慰撫		郡公4300戶	아들 明이 습작 의동삼사; 동생 朗-郡公 자사.
⑱	梁明			郡公4200戶	
⑲	韓果	强記		郡公1000戶	아들 明은 ★上大將軍 黎州자사 尉遲迥과 同謀피해
⑳	王勇	驕慢得病 사망		郡公2000戶	아들 昌, ★大將軍, 縣伯500戶를 追論받아 兄子에 줌
㉑	伊婁穆		(賞田30頃·絹粟300)	현공2100호	
㉒	叱列伏龜		尙邵惠公女	縣公邑千戶	아들 椿은 北周에서 開府刺史 縣公·★大將軍진출

번호	人名	性品	賜姓·宗室通婚	爵位·封戶	子·弟官職·爵
㉓	陸騰			郡公읍3500戶	아들 玄-齊현령, 周都上士; 子, 融-★大將軍縣公
㉔	王盟	謙恭			
㉕	王勵	小心謹肅		贈郡公	아들 弼 습작 尙公主 대도독
㉖	王懋	溫和·敬信		郡公	아들 烈(★大將軍·刺史·郡公)
㉗	王顥				아들 誼-襄州총관★★杜國; 사마소난평정-☆上杜國
㉘	高琳			郡公2000戶	아들 儒-습작, 의동대장군
㉙	庫狄峙	弘厚		郡公2000戶	아들 嶷-小納言 開府 刺史 小內史
㉚	段永		爾綿氏	郡公1000戶	아들 岌-의동삼사 병부하대부
㉛	長孫紹遠				
㉜	長孫澄			郡公	
㉝	斛斯徵				
㉞	叱羅協		(別封1000戶)	郡公	
㉟	馮遷				아들 恕-伏夷장군· 縣伯

▌西魏·北周 官僚的 門閥士族 總括表 다A▐

번호	人名	本貫	上系, 名祖, 因家	祖父	父親	周書
①	楊忠	弘農華陰人	高祖父 元壽는 武川鎭司馬, 神武樹頽因家	烈-龍讓장군 太原군수	❀禎-結義徒; 戰歿; 贈★★杜國·郡公	卷19
②	楊摽	正平高涼人		貴-縣令	猛-白水縣令	卷34
③	楊敷	弘農華陰人	華山公 寬의 형자	鈞-恒州자사	暄-贈華州자사	卷34
④	楊寬	弘農華陰人	증조부 鈞-華州大中正			卷34
⑤	楊穆	弘農華陰人				卷34
⑥	楊儉	弘農華陰人				卷34
⑦	楊紹	弘農華陰人		興-新平군수	國-中散대부	卷29
⑧	韋瑱	京兆杜陵人	代代로 三輔著姓·증조 惠度 姚興尙書郎자사	千雄-略陽태수	英-군수·贈자사	卷39
⑨	韋孝寬	京兆杜陵人	代代로 三輔著姓	直善-2군수	旭-자사, 雍州大中正	卷31
⑩	韋瓊	京兆杜陵人	(효관의 형)			卷31
⑪	韋祐	京兆北山人	代代로 州郡著姓	駢-主簿·博士	義-군수·贈자사	卷43
⑫	杜杲	京兆杜陵人		建-贈豫州자사	皎-武都군수	卷39

번호	人名	本貫	上系, 名祖, 因家	祖父	父親	周書
⑬	杜叔毗	京兆杜陵人	襄陽에 이주하였다.		漸-梁·邊城태수	卷46
⑭	裵寬	河東聞喜人		德歡-군수	靜慮·贈자사	卷34
⑮	裵漢	河東聞喜人				卷34
⑯	裵尼	河東聞喜人				卷34
⑰	裵鴻	河東聞喜人				卷34
⑱	裵俠	河東解人		思齊-秀才議郎	所-贈晉州자사	卷35
⑲	裵果	河東聞喜人		思賢-靑州자사	遵-齊州자사	卷36
⑳	裵邃	河東聞喜人				
㉑	裵文擧	河東聞喜人		秀業- 贈자사	邃-贈定州자사	卷37
㉒	柳虯	河東解人	5세조 恭(後趙 河東太守; 汝·潁간에 이거	서집-宋安군수	僧習-歸附·군수 大中正	卷38
㉓	柳帶韋	河東解人				
㉔	柳檜	河東解人				
㉕	柳慶	河東解人				
㉖	柳敏	河東解人	西晉 太常 純의 7세손		懿-汾州자사	卷32
㉗	柳昻	河東解人			敏	卷32
㉘	柳霞	河東解人	증조 卓-晉 汝南태수 襄陽에 이주	叔珍·義陽內史	季遠-宜都태수	卷42
㉙	薛端	河東汾陰人	6세조辯-옹주자사; 河東著姓 고조 瑾(培陵公) 증조 洪隆-하동태수	조부 麟駒-尙公主-夏陽賜田	英集-통직산기상시	卷35
㉚	薛善	河東汾陰人		瑚-하동군수	和-南靑州자사	卷35
㉛	薛愼	河東汾陰人	(설선의 아우)			卷35
㉜	薛寘	河東汾陰人		遵彦 태수·侯	乂-吏部郎·군수	卷38
㉝	薛澄	河東汾陰人	증조 弘敞-宗人인솔 襄陽이주			卷38
㉞	令狐整	燉煌人	代代로 西土冠冕 증조 嗣,本郡守=良二千石	詔安-本군수	虯-程州자사	卷36
㉟	令狐休	燉煌人	(영호정의 동생)			卷36
㊱	辛威	隴西人		大汗-자사	生-河州대도독 子勳-贈刺史	卷27
㊲	辛慶之	隴西狄道人	代代로 隴右著姓		顯崇(宗)贈자사	卷39
㊳	辛昻	隴西狄道人	(慶之의 族子)			卷39

번호	人名	本貫	上系, 名祖, 因家	祖父	父親	周書
㊴	辛仲敬	隴西狄道人	(昂의 族子)			卷39
㊵	皇甫璠	安定三水人	代代로 西州著姓 후에 京兆에 이주		和, 州治中, 자사	卷39
㊶	蘇綽	武功人	曹魏 侍中 則의 9세손 累世 二千石		協-武功군수	卷23
㊷	蘇椿	武功人	(蘇綽의 아우)			卷23
㊸	蘇亮	武功人		權-中書侍郎	祐-泰山군수	卷38
㊹	蘇諶	武功人	(蘇亮의 아우)			卷38
㊺	蘇讓	武功人	(蘇亮의 아우)			卷38
㊻	王羆	京兆霸城人	東漢 河南尹 王遵후손 代代로 州郡著姓			卷18
㊼	王子直	京兆杜陵人	代代로 郡右族		琳-東雍州長史	卷39
㊽	王悅	京兆藍田人				卷33
㊾	梁昕	安定烏氏人	代代로 關中著姓 京兆로 이주		權儒-贈자사	卷39
㊿	趙文表	天水西人	후에 南鄭에 이주, 累世에 二千石		江-開府자사·伯	卷33

❙ 西魏·北周 官僚的 門閥士族 總括表 다B ❙

번호	人名	人·才地	北魏最末期	西魏前期
①	楊忠	武藝有將帥略	尒朱度律統軍 獨孤信과 梁에 피신-歸國	사원 하교망산 대공 대도독 儀同開府刺史
②	楊剽寸	豪俠有志氣	❀종인규합-원호격파-都督·太重大夫	❀從孝武入關; 義士統領-正平군수, 建州자사
③	楊敷	有志操 覽書傳	父爵세습 羽林監	승상부참군 평동장군
④	楊寬	獵群書篤友弟	華山郡公 황문시랑 兼吏部尙書	開府本州涇州刺史 開府儀同三司
⑤	楊穆		華州 別駕, 弟寬의 縣子양보받아 中軍장군	車騎장군 幷州자사 贈華州자사
⑥	楊儉	有才行	太守 刺史(簡惠)	대도독-사원전大功; 승상諮議 開府華州자사
⑦	楊紹	慷慨有智略	屯騎校尉	군수 대도독 의동삼사; 朔州대중정
⑧	韋瑱	有才能智略	參軍 冠軍장군	❀자사 표기대장군 개부의동삼사
⑨	韋孝寬	和正經史涉獵	統軍 都督 府司馬	郡守로 사원전 등 有功-大都督 刺史

번호	人名	人·才地	北魏最末期	西魏前期
⑩	韋瓊	志尚簡易	州從事에 應命했다가 곧 퇴임후 불응	「三教序」逍遙公
⑪	韋祐	任俠 孝敬	❀山南거주 帝·王公入關지원-太重大夫	洛州자사 河南尹, 對東魏戰
⑫	杜杲	涉經史有幹略		
⑬	杜叔毗	慷慨有志節		
⑭	裵寬	諸弟撫育友愛	宗中의 敦睦和合, 韋子爽救濟	法保에 조언
⑮	裵漢	聰敏 好學		丞相府參軍
⑯	裵尼	有才能度量		
⑰	裵鴻	恭勤有幹略		
⑱	裵俠	總慧	別將-郡守	❀鄕兵統領 行臺郎中 河北군수 獨立君
⑲	裵果	有智略	軍主·郡丞	❀黃驄소년 宗黨인솔 하교·옥벽전 有功
⑳	裵邃	方儼	司空從事中郎-鄕人규합	李弼의 嚮導-正平군수 贈의동삼사 자사
㉑	裵文擧	忠謹涉經史	승상부참군	승상부 참군사
㉒	柳叫	好學	府主簿-歸鄕農耕	丞相府記室(直筆강조) 秘書丞(撰起居注)
㉓	柳帶韋	沈着有度量		州主簿 승상부 참군
㉔	柳檜	剛幹善騎射		도독 하교전유공 군수
㉕	柳慶	聰敏有器量	산기시랑-태조와 時事논의	소작과 大誥확정 王茂雪冤
㉖	柳敏	操履方正		本郡丞 蘇綽과 新制찬수; 本鄕兵兼領-帥都督
㉗	柳昻	總名有才能		
㉘	柳霞	同合規矩	梁에서 雍州別駕	太祖·明帝徵命(不應)
㉙	薛端	有志操篤學	❀楊氏壁복구(宗親·家僮) 승상부참군	소관사원전유공 本州大中正 이부랑중
㉚	薛善	愛樂閑靜		汾陰令 行臺郎中 夏陽縣 20屯冶鐵監
㉛	薛愼	好學 善屬文	行臺學堂 侍讀 敎授(大乘學까지)	丞相府記室 禮部郎中
㉜	薛寘	覽群書好屬文		著作佐郎·中書侍郎-國史·起居注찬수
㉝	薛澄	覽文籍	평열후 태조참군 행대랑중	中書侍郎 安東將軍

번호	人名	人·才地	北魏最末期	西魏前期
㉞	令狐整	聰敏有識量		
㉟	令狐休	有文武才		
㊱	辛威	慷慨有智略	太祖帳內·羽林監	소관·사원·하교·망산 大功-大都督 자사
㊲	辛慶之	有文學	義徒結集하여 賀拔岳-太祖 行臺左丞	丞相府長史 刺史 표기대장군 개부의동삼사
㊳	辛昂	有知行		
㊴	辛仲景	好學有雅量		
㊵	皇甫璠	忠謹有幹略	太祖의 夏州자사 都督 主簿	승상부참군 태상소경
㊶	蘇綽	(王佐才)	太祖著作佐郎, 計帳戶籍·減官制	度支尙書·司農卿, 鄕兵·6條詔書 등
㊷	蘇椿	廉愼		군수 鄕帥
㊸	蘇亮	博學·能屬文	行武功郡事 賀拔岳 行臺左丞; 岐州大中正	吏部郎中 尙書 行華州刺史
㊹	蘇諶	有至行	西土著名-孝莊帝 中書侍郎 雍州자사	
㊺	蘇讓	聰敏·好學	武都군수 太祖丞相附屬-汾州자사	
㊻	王羆	剛直平當	東益州 氐族평정-河西內史사양-荊州자사	南秦州자사(討賊-勇猛과시); 沙苑戰대공
㊼	王子直	節儉有幹能	州主簿 行臺郎中	都官郎中 하교·망산전 유공, 상서좌승
㊽	王悅	有氣幹	❆縣令으로 鄕人규합 유공	鄕兵統領 大行臺左·右丞
㊾	梁昕	有才能·度量	太中대부 (三輔望族)	승상참군 弘農·沙苑전 유공-河南군수
㊿	趙文表	弓馬志在忠節		

▌西魏·北周 官僚的 門閥士族 總括表 다C▐

번호	人名	西魏後期	北周前期	北周後期
①	楊忠	平隨郡安陸 (★大將軍) 江陵함몰	★★柱國大將軍 대종백 護따라平齊	司馬消難來附지원
②	楊剽寸	❆大都督晉建邵郡河內諸軍事	❆保定4년 義軍실패-無問罪	
③	楊敷	廷尉小卿 蠻族귀부-의동삼사	師水中大夫,平齊준비·자사	화살부족-생포-憂死 贈★大將軍

번호	人名	西魏後期	北周前期	北周後期
④	楊寬	河州자사 겸승상부사마 廷尉卿	★大將軍·御正중대부·梁州자사	
⑤	楊穆			
⑥	楊儉			
⑦	楊紹	漢中평정·江陵함몰-개부자사	★大將軍	
⑧	韋瑱	鴻艫卿 望族·鄕兵통령	표기대장군 개부의동삼사	
⑨	韋孝寬	옥벽대승 개부자사 (★大將軍)	★★柱國大將軍·明月과 담판	平齊3책·淮南·相州평정★★上柱國
⑩	韋瓊			
⑪	韋祐			
⑫	杜杲	州長史 한양군수	漢城郡守로 반란토평-司會上士	御正中大夫로 수차 陳使
⑬	杜叔毗	형제의 雪冤 등-의동삼사 군수		
⑭	裵寬	孔城主 河南군수	沔州자사로 陳과 항전 실패	(개황원년 贈刺史)
⑮	裵漢	이원의 화주사마	司車路下大夫로 㯳令參議	
⑯	裵尼	왕부종사중랑·평강릉원수부司祿	御正下大夫	
⑰	裵鴻	내외직 역임	御正中大夫, 開府儀同三司	刺史 南征中 戰歿
⑱	裵俠	雍州별가 定州자사	工部중대부 瀆職汚名自理-賜田宅	(淸德頌記)
⑲	裵果	正平군수·司農卿 平蜀	개부자사	
⑳	裵邃			
㉑	裵文擧	中外府 참군사 齊王憲府司祿	絳州刺史 開府·柱國府軍司馬	定州자사
㉒	柳虯	贈延州자사		
㉓	柳帶韋	君臣論설파-解縣·汾陰令	開府儀同三司·織方중대부	二王府長史
㉔	柳檜	華陽군수·黃仲寶謀叛으로 피해	贈자사-雄亮복수-武帝사면	賓部하대부
㉕	柳慶	民部尙書·開府儀同三司·상서좌복	護에 소척 출외 雍州別駕	(雄亮사건-護에게 항변 一族救濟)
㉖	柳敏	驃騎大將軍 開府儀同三司	자사·禮部중대부·監修國史·律令	★大將軍 平齊유공

번호	人名	西魏後期	北周前期	北周後期
㉗	柳昻	(柳敏의 아들)	內史중대부 文城郡公	大宗伯·潞州자사-勸學;州縣博士둠
㉘	柳霞	(태조·명제벽소불응)	武帝徵命에 霍州자사-德治; 贈2자사	
㉙	薛端	의동삼사 吏部상서	民部중대부 자사. 贈★大將軍	
㉚	薛善	승상부종사중랑, 군수, 開府儀同三司	工·吏部중대부, 中外府司馬, 司會中	
㉛	薛愼	工部하대부로 兄 善과 淸顯진출	御正하대부 자사로 敎化	
㉜	薛寘	平江陵元帥府司祿, 周官品表	御正중대부 개부자사	
㉝	薛澄	丞相府參軍 盧辯과 禮典정비		
㉞	令狐整	❈宇文仲華토평-군수·瓜州義首대도독 2千鄕人 인솔입조-征討참여	司憲중대부 우문호가 심복으로 삼고자-사양-疏斥 大將軍 刺史	
㉟	令狐休	本郡守-錦衣還鄕(兄 代身)	의동삼사 合州자사	
㊱	辛威	開府儀同三司·河州자사·大中正	★大將軍 叛胡격파 ★★柱國	平齊대공 ★★上柱國 대사구
㊲	辛慶之	秘書監 太祖의 諸王教授		
㊳	辛昻	승상부참군·成都군수	兵部하대부 開府總管자사	우문호親對본 武帝 오해로 피해
㊴	辛仲敬		18세 對策에 高第-司空府主簿	內史하대부 開府儀同三司
㊵	皇甫璠	諸曹郎中 計部하대부	東道大使 總管長史	民部중대부
㊶	蘇綽			
㊷	蘇椿	本郡守 의동삼사	開府儀同三司	
㊸	蘇亮	中書監-國史撰修; 岐州자사(錦衣還鄕)(一年3遷도 不怪)		
㊹	蘇諶			
㊺	蘇讓			
㊻	王羆			
㊼	王子直	仲和토평·行州事·황문시랑		

번호	人名	西魏後期	北周前期	北周後期
㊽	王悅	옥벽대전 特使; 雍州大中正	개부 자사 사헌중대부	
㊾	梁昕	東荊州자사 차기대장군 의동삼사	표기대장군 개부의동삼사 자사	贈★大將軍
㊿	趙文表	태조친신-도독 수도독 行郡事	總管長史 자사개부 ★大將軍	吳州總管-吳州자사 于顗의 大言

▎西魏·北周 官僚的 門閥士族 總括表 다D ▎

번호	人名	性品	漢人賜姓·宗室通婚	爵位·封戶	子·弟官職·爵
①	楊忠		普六如氏-西魏말 (別食竟陵縣1000戶)	髓國公邑萬戶	堅(隋文帝); 父親勳功-次弟 整(開府·陳留郡公)-孫, 智積(襲爵); 제3·4·5弟 慧, 嵩, 達(郡公)
②	楊剽寸	豪俠		縣侯	아들 某 襲爵
③	楊敷			臨貞公1500戶	아들 素(有文武才略 大象末 ★★上柱國에 진출
④	楊寬			郡公1200戶	아들 紀(大象말 의동대장군 虞部하대부
⑤	楊穆				
⑥	楊儉			縣侯邑800戶	
⑦	楊紹		叱利氏(西魏말) 朔州대중정	郡公2200戶	아들 雄 대상말 ★★상주국 邦國公
⑧	韋瑱	清儉	宇文氏(恭帝2년)	縣公3000戶	아들 峻(의동삼사); 師(中外府記室·行河東郡事)
⑨	韋孝寬	名將	宇文氏(恭帝2년)	鄖國公萬戶	6子顯達 鄖·滑國公 습작 門風優秀
⑩	韋瓊				6子 世康·洸·瓘·藝·沖 周隋에서 顯達(約에 田宅수여)
⑪	韋祐	好遊俠			아들 初는 건덕말 개부의동대장군
⑫	杜杲			縣公1300戶	
⑬	杜叔毗				廉卿
⑭	裵寬			縣公1000戶	아들 宜宣(司金上士(奉還父柩)
⑮	裵漢				아들 境民-聰敏 春官府 都上士
⑯	裵尼				아들 之隱-王府記室; 師民-王府參軍
⑰	裵鴻				
⑱	裵俠	忠謹		縣公1600호	아들 祥-忠勤 成都令·長安令 肅-貞亮하여 御正대부

번호	人名	性品	漢人賜姓·宗室通婚	爵位·封戶	子·弟官職·爵
⑲	裵果	嚴猛決斷力		縣公1500戶	아들 孝仁-총민 경사섭렵 의동삼사 鎭將·자사
⑳	裵邃				
㉑	裵文擧		賀蘭氏(恭帝2년)	縣公1700戶	胄-大都督(謙讓)
㉒	柳叫	小節不拘		縣男200戶	아들 鴻漸
㉓	柳帶韋				아들 祚-宣納上士
㉔	柳檜				
㉕	柳慶	孝治天下	宇文氏(孝閔帝천조)	縣公1500戶	장자 機(개부자사·중대부; 차자 弘-어정하대부 使陳
㉖	柳敏	恭謹	宇文氏-西魏말	郡公	자식들 喪事簡略명령에 泣訴奉行(名臣)
㉗	柳昂				
㉘	柳霞	爽邁 成人才量			靖-武陵王 國常侍; 莊-梁太府卿 隋開府刺史
㉙	薛端		宇文氏(西魏말)	縣公1800戶	胄-聰敏-刺史; 裕-世務不干與 韋瓊과 談論, 贈刺史
㉚	薛善		宇文氏(西魏말)	縣公	子, 裒-高涼군수; 설선이 敬珍 등과 함께-李弼에 歸附
㉛	薛愼			縣子	
㉜	薛寘	至孝·溫情		縣侯1500戶	아들 明-대상말 의동대장군
㉝	薛澄			縣男200戶	아들 舒-禮部중대부 陳使
㉞	令狐整	優雅度量	宇文氏(恭帝2년)	현공 1000戶	熙-文武兩兼 吏部중대부 의동대장군
㉟	令狐休	聰敏才能			
㊱	辛威	威嚴 無過誤	普屯氏-西魏말	宿國公5천호	아들 永達-父勳으로 의동대장군(五世同居·有友義)
㊲	辛慶之	儉素			아들 加陵-主寢上士
㊳	辛昂				
㊴	辛仲敬	有雅量			아들 衡
㊵	皇甫璠	淸雅·淸白			아들 諒-吏部下大夫
㊶	蘇綽	儉素·太平		邳國公2千戶	威-稍白하대부 개부의동대장군
㊷	蘇椿	廉愼	賀蘭氏(大統초)	美陽縣公	植
㊸	蘇亮		岐州대중정-북위말	縣子300戶	師-父親名望으로 황문시랑에서 기가("二蘇")

번호	人名	性品	漢人賜姓·宗室通婚	爵位·封戶	子·弟官職·爵
㊹	蘇諶				
㊺	蘇讓				
㊻	王羆	鴻雅·節儉		郡公	慶遠-直閤장군-早卒; 손長述(有度量-습작★上大將軍)
㊼	王子直	淸淨·德政		縣男200戶	宣禮-柱國府 參軍事
㊽	王悅	儉約	宇文氏(효민천조)	縣公 1000戶	姜-司邑下大夫
㊾	梁昕	溫柔		縣伯500護	동생榮-開府儀同三司(關右舊族-家業克隆)
㊿	趙文表	修謹		縣公1000戶	

▌西魏·北周 官僚的 門閥士族 總括表 라A▐

번호	人名	本貫	上系, 名祖, 因家	祖父	父親	周書
①	王雅	闡熙新囶人				卷29
②	王傑	金城直城人	고조부 萬國은 北魏 伏波장군 燕州자사		巢-楡中鎭將	卷29
③	趙昶	天水南安人	증조부 襄은 中山군수로 代에서 因家하다	泓-廣武令	探-上洛군수	卷33
④	趙剛	河南洛陽人	증조부 蔚 북위병주자사	寧-高平태수	和-贈膠州자사	卷33
⑤	趙肅	河南洛陽人	河西에 世居-증조 武가 귀부하여 金城侯	興-中書博士	申侯-軍府主簿	卷37
⑥	周惠達	章武文安人			信-3縣令(廉能)	卷22
⑦	權景宣	天水顯親人			曇騰-隴西군수	卷28
⑧	梁士彦	安定烏氏人				卷31
⑨	竇熾	扶風平陵人	漢 대홍로 章의 11세손, 子 統이 雁門태수로 망명; 歸魏-代因家, 紇豆陵氏; 累代大官		略-平遠장군. 子勳·贈柱國, 郡公	卷30
⑩	竇毅	扶風平陵人				卷30
⑪	田弘	高平人	천광의 도독			卷27
⑫	李和	隴西狄道人	선조는 朔方에 이주		僧養-夏州酋長	卷29
⑬	敬珍	河東蒲坂人	漢 楊州자사 韶의 10世孫		伯樂-州주부·令	卷35
⑭	司馬裔	河內溫人	司馬懿弟 馗후손; 증조 楚之-歸魏 琅邪王			卷36
⑮	司馬消難	河內溫人			子如-高歡佐命	卷21

번호	人名	本貫	上系, 名祖, 因家	祖父	父親	周書
⑯	劉志	弘農華陰人	漢태위, 寬10세손; 증조隆, 馮翊군수, 汝穎因家	善-北雍州자사	瓌-贈서주자사	卷36
⑰	耿豪	鉅鹿人	선조는 劉·石亂에 仕燕, 歸魏-神武川因家			卷29
⑱	劉雄	臨兆子城人				卷29
⑲	郭賢	趙興陽州人			雲-涼州도독	卷28
⑳	韓雄	河南東垣人		景-赭陽군수		卷43
㉑	陳沂	宜陽人				卷43
㉒	樊深	河東猗氏人			❀保周·叔,歡周-(太祖)贈刺史 증자사	卷45
㉓	樂遜	河東猗氏人				卷45
㉔	楊纂	廣寧人			安仁, 都督·鎭將	卷36
㉕	陽猛	上洛邑陽人	代代로 豪族	斌-上庸태수	猛-하북군수·伯	卷44
㉖	陽雄	上洛豊陽人	商洛世雄 증조 景言 宜陽군수 兼本縣令·侯		安志-의양군수	卷44
㉗	泉企	上洛豊陽人				卷44
㉘	泉元禮	上洛豊陽人				卷44
㉙	泉仲遵	上洛豊陽人				卷44
㉚	閻慶	河南河陰人	증조부 善은 雲州鎭將	提 燉煌鎭都大將	進-衛可孤격파로 盛樂군수	卷20
㉛	檀翥	高平金鄕人				卷38
㉜	梁默		(梁士彦의 蒼頭)			卷31

▌西魏·北周 官僚的 門閥士族 總括表 라B ▌

번호	人名	人·才地	北魏最末期	西魏前期
①	王雅	膽勇善騎射	태조가 招引하여 軍功으로 都督	사원전 勇猛 의동삼사
②	王傑	有壯志善騎射	子都督	소관·홍농·하교·망산전 大功-都督
③	趙昶	聰敏有志節	都督에서 起家	氐族懷柔來附-統領 叛胡격파
④	趙剛	機辯有幹能	閤內도독	潁川군수 郡民 8千家 歸附·義軍 지원
⑤	趙肅	有操行	河南主簿 군수	宗人嚮導 糧儲감독

번호	人名	人·才地	北魏最末期	西魏前期
⑥	周惠達	進退可觀	태조 秦州司馬 衣馬공급	太祖長史·행대상서·중서령; 良士천거
⑦	權景宣	有智略	태조 關右평정지원 行臺郎中	大統초 大功-南陽군수(立碑頌德)秦州대중정
⑧	梁士彦	任俠 勇決		
⑨	竇熾	嚴明有謀略	효무 합내도독 자사	소관 사원 하교전 유공-의동삼사
⑩	竇毅	有器度 孝聞	효무따라 입관 符璽郎	홍농·사원유공 후장군
⑪	田弘	志功名有謀略	都督으로 爪牙任務요청	사원·하교전 대공 原州자사(錦衣還鄉)
⑫	李和	勇敢有識度	하발악 帳內, 군수(관대)	대도독 의동삼사
⑬	敬珍	豪俠 義勇結集	太祖에 의지코자 李弼의 河東진출에 6縣 10여萬戶로 歸附	平陽태수 絳州자사 元從者 刺史·郡守에 오름
⑭	司馬裔	志在立功	❀溫城에서 起義 歸國 河內군수	河內4千餘家歸附; 太重大夫 郡守統領
⑮	司馬消難	聰慧矯飾		
⑯	劉志	有武略涉群書		
⑰	耿豪	武勇·淩蔑	太祖親對 平悅	刺史 儀同三司
⑱	劉雄	機辯有大志		洛西에서 義徒60-1000명·配兵받아 高歡·郭崇略 등 45차 공격.
⑲	郭賢	質直有算略	자사의 統軍	主簿·都督 行弘農郡事
⑳	韓雄	有才能·覇氣	의용결집실패; 태조지원再결집-성공	對東魏戰 有功 의동삼사
㉑	陳沂	驍勇氣俠	서위에 래부때에 東魏寇掠	❀義徒-立義大都督, 儀同三司 자사
㉒	樊深	好學至孝	三河 五經講習-中散大夫	父親·叔父추증-귀부; 太祖·諸將子弟교수
㉓	樂遜	志操至道不倦	碩儒 徐遵明에 修學; 太祖 諸將子弟교수	太學박사 政要14조 제출
㉔	楊纂	有智略善騎射	사원전실패로 귀부	대도독 표기대장군 개부의동삼사
㉕	陽猛	行義	관롱평정유공-商洛首望-鎭將縣令·華山군수	❀義徒와 配兵-동위 홍농태수 淳于越 생포
㉖	陽雄	有志略	도독 명의장군 유공	대도독 의동삼사
㉗	泉企	孝聞	❀본군수-鄕兵3천-소보인·叛民토평-刺史	❀상락자사로 동위에 실패 아들에 臣節당부

번호	人名	人·才地	北魏最末期	西魏前期
㉘	泉元禮	志才·弓馬草隷		❀洛州剌史세습·大中正·杜窋평정; 사원전
㉙	泉仲遵	勤實涉經史	❀高敖曹에 重傷; 형과 杜窋평정	❀洛州자사·대중정 망산전때 대공-開府剌史
㉚	閻慶	聰敏·儼然	盛洛別將에서 高歡跋扈로 歸附-中堅장군	大都督 표기대장군 개부의동삼사
㉛	檀翥	善屬文	侍御史 太重大夫	中書舍人 國史, 座談輕躁; 황문徐招-논박피해
㉜	冀儁		하발악 참군	태조참군 도독 황문시랑 華州·本州대중정
㉝	梁默	驍武絶倫	梁士彦의 蒼頭	

❙ 西魏·北周 官僚的 門閥士族 總括表 라C ❙

번호	人名	西魏後期	北周前期	北周後期
①	王雅	개부자사	汾州자사·勵精, 700餘家來附	
②	王傑	개부자사 강릉평정 대공	河州자사(금의환향); ★대장군伐齊	平齊 ★★柱國大將軍; ★★上柱國
③	趙昶	郡守·鎭將		
④	趙剛	표기대장군 개부의동삼사 자사	選部중대부 총관	
⑤	趙肅	정위소경(平允) 의동삼사		
⑥	周惠達			
⑦	權景宣	병주자사 개부 강릉함몰	司憲中大夫·★大將軍; 河南·蠻族평정	
⑧	梁士彦		晉州자사 ★大將軍 발탁	★★上柱國·총관·相州자사·平淮南
⑨	竇熾	개부자사 ★大將軍 자사	★★주국대장군 대종백 자사	아들 竇恭 ★大將軍 평제 제2총관
⑩	竇毅	표기대장군개부의동삼사 자사	소종백 ★大將軍	★★柱國 總管
⑪	田弘	표기대장군 개부의동삼사	자사 ★大將軍	★★柱國 平齊대공
⑫	李和	표기대장군 개부의동삼사 자사	司憲중대부 자사(簡惠) ★大將軍	★★柱國 자사
⑬	敬珍			

번호	人名	西魏後期	北周前期	北周後期
⑭	司馬裔	❀의동삼사; 本郡中正	❀표기대장군 개부의동삼사 자사	★大將軍
⑮	司馬消難		高歡佐命 子如 아들, 刺史로 의심받아 귀부 ★大將軍 滎陽公	大後丞 靜帝后父 云州刺史에서 反楊堅 擧兵에 王誼 평정
⑯	劉志	明經, 廣州別駕 義徒結集歸附	世宗岐州部司祿 大體學習시킴 의동삼사 武帝 魯公府 司馬	표기대장군 개부의동삼사 자사; 贈★大將軍
⑰	耿豪	開府儀同三司		
⑱	劉雄	太祖親信·都督·縣令·中書舍人	下大夫 儀同三司 中大夫	河州刺史(금의환향); ★★柱國
⑲	郭賢	益州長史	표기대장군개부의동삼사; 자사	
⑳	韓雄	驃騎 開府儀同三司, 河南邑中正	자사 贈★大將軍	
㉑	陳沂	宜陽군수, 대도독; 戰齊軍 宜陽大中正	표기대장군 개부의동삼사 자사	
㉒	樊深	국자조교 의동삼사	중대부 개부의동삼사 著述	
㉓	樂遜	下大夫	자사, 田10頃노비받고 著作도	
㉔	楊纂	개부자사	★大將軍 자사	平齊대공 ★★柱國大將軍 자사
㉕	陽猛			
㉖	陽雄	자사	★大將軍	강릉총관
㉗	泉企			
㉘	泉元禮			
㉙	泉仲遵	洛州자사	南洛州자사 金州자사 贈★大將軍	
㉚	閻慶	개부자사 雲州大中正	자사 ★大將軍; ★★柱國	무제중시 ★★上柱國
㉛	檀翥			
㉜	梁默		開府	隋 개황말★大將軍·楊諒 평정★★柱國; 대업5년 平吐谷渾戰歿·증광록

| 西魏·北周 官僚的 門閥士族 總括表 라D |

번호	人名	性品	賜姓·宗室通婚	爵位·封戶	子·弟官職·爵
①	王雅	小言		縣公	아들 世積 총명·지략 上大將軍 郡公
②	王傑		宇文氏(大統초)	郡公3600戶	孝倦-개부의동대장군(有功-高爵厚位
③	趙昶		宇文氏(明帝때)	郡公	(상사는 將士에 頒賜)
④	趙剛			郡公1000戶	元卿
⑤	趙肅		乙弗氏(大統17년)	縣子300戶	아들 正禮 대도독 군수
⑥	周惠達	謙退		蕭國公-隋文帝追封	아들 題가 追封받음(이연수는 "篤終之士")
⑦	權景宣	驕傲		郡公800戶	아들如璋-開府刺史; 如玖-의동대장군 縣侯
⑧	梁士彦	任俠			아들들 父親反逆으로 早卒 流配·伏誅
⑨	竇熾	嚴明	紇豆陵氏-北魏초	鄧國公萬戶	兄 善은 孝武따라 入關 開府 縣公 아들 榮定은 開府 中大夫 ★大將軍 진출; 차자 恭 ★大將軍 平齊大功 贊國公 總管
⑩	竇毅	溫和 謹愼		郡公5000戶	아들 賢은 神武國世子; 北周 儀同大將軍; 開皇중 襲爵 信武公 刺史; 次女는 唐太穆皇后로 杞國公; 아들 紹先-刺史로 襲爵 杞國公-紹先형 紹宜 아들 德藏爲嗣
⑪	田弘		紇干氏-西魏말	觀國公	아들 恭-★★柱國 小司馬 부친 著勳을 추록받음
⑫	李和		宇文氏(大統초)	郡公1000戶	아들 徹
⑬	敬珍				
⑭	司馬裔	請約		縣伯	아들 偘-大도독, 平齊유공-자사; (주택비루·祠堂하사)
⑮	司馬消難	矯飾			
⑯	劉志	方重	宇文氏(明帝때)	縣公1000戶	아들 子明-絳州별가, 隋군수; 子陵-州別駕 總管長史
⑰	耿豪	凶暴不遜	和稽氏(大統15년)	郡公1800戶	아들 雄★大將軍
⑱	劉雄		宇文氏-西魏말	郡公2000戶	아들 昇-대상말 의동대장군
⑲	郭賢	强記		縣公1400戶	아들 正
⑳	韓雄		宇文氏,(明帝2년)	郡公 3800戶	아들 禽(虎) (隋名將)

번호	人名	性品	賜姓·宗室通婚	爵位·封戶	子·弟官職·爵
㉑	陳沂		尉遲氏-西魏말	郡公2600戶	아들 萬積-部曲통령 허가
㉒	樊深		万紐于氏(恭帝2년)		
㉓	樂遜			縣子400戶	입신-謙遜·忠信教導
㉔	楊纂	不知書-忠恕	莫胡盧氏(西魏말)	郡公1000戶	아들 睿-★★上柱國 郡公
㉕	陽猛		(贈3州刺史)		
㉖	陽雄			郡公3500戶	아들 長寬-의동대장군(善附會로 爵祿보전)
㉗	泉企				
㉘	泉元禮			郡公	貞-의동삼사
㉙	泉仲遵			郡公	暅-本縣令 開府儀同三司(이연수 臣節 상찬)
㉚	閻慶		大野氏·雲州大中正	郡公1500戶	장자 常(早卒) 12子 毗(★大將軍)는 尙武帝公主
㉛	檀翥				
㉜	梁默				
㉝	邊平	삭방인	宇文護府司馬 軍司馬 ★大將軍 p.181.		

▌西魏·北周 官僚的 門閥士族 總括表 마A▐

번호	人名	本貫	上系, 名祖, 因家	祖父	父親	周書
①	盧柔	范陽涿人	盧玄의 從祖兄 溥가 慕容寶 때에 反魏	洪-樂陵·陽平 군수·幽州中正	崇-표기부참군	卷32
②	盧辯	范陽涿人	(累世儒學)		靖-太常丞	卷24
③	盧光	范陽涿人	(盧辯의 동생)			
④	盧誕	范陽涿人	증조 晏은 燕 給事黃門侍郎 營丘·成周郡守	壽-魯군수	叔仁-員外郎	卷45
⑤	鄭孝穆	滎陽開封人	魏將作大匠 渾의 11世孫	敬叔-영천군수	瓊-범양군수	卷35
⑥	鄭譯	滎陽開封人		瓊-군수	孝穆-자사	卷35
⑦	鄭偉	滎陽開封人	魏將作大匠 渾의 11世孫	思明-贈자사	先護-자사·피해	卷36
⑧	鄭頂	滎陽開封人	(鄭偉의 族人)			卷36
⑨	崔謙	博陵安平人		辯-魏武邑군수	楷-冀州자사	卷35
⑩	崔說	博陵安平人	(崔謙의 아우)			卷35

번호	人名	本貫	上系, 名祖, 因家	祖父	父親	周書
⑪	崔猷	博陵安平人		挺-북위자사	孝芬-이부상서	卷35
⑫	崔彦穆	清河東武城	魏司空林의 9世孫, 증조顯-魏平東府 諮議	蔚-程州자사	稚-永昌군수	卷36
⑬	王思政	太原祈人	漢司徒 王允의 후; 魏태위 王凌의 후손		祐-州主簿	卷18
⑭	王雄	太原人			崙-雄의 勳, 贈★★주국	卷19
⑮	王謙	太原人		崙	雄	卷21
⑯	王慶	太原祈人			因-靈州자사·公	卷33
⑰	王軌	太原祈人	漢司徒 允후손 代代로 州郡冠族		光-표기開府, 公	卷40
⑱	王士良	太原晉陽人	晉亂-涼州피난, 燉煌鎮將; 代因家	公禮-鎮司馬	延-蘭陵군수	卷36
⑲	李昶	頓丘臨黃人		彪-御史中尉	遊-尒朱亂亡命	卷38
⑳	唐瑾	北海平壽人	晉亂으로 晉昌에서 丹陽에 이주; 北海因家	揣-北海태수	倫-青州자사	卷31
㉑	高賓	渤海蓨人	仕宦으로 遼東하다가 몰락, 太和초 歸魏	暠-衛尉卿	季安-兗州자사	卷37
㉒	侯植	上谷人	연산기상시 龕8세손; 고조恕-北地군수因家	→州郡冠族)	所-秦州자사·公	卷29
㉓	寇儁	上谷平昌人		讚-南雍州자사	臻-程州	卷37
㉔	郭彦	太原陽曲人	關右에서 仕宦하여 馮翼에 거주하였다		胤-靈武令	卷37
㉕	申徽	魏郡人	6세조 鐘-後趙司徒, 증조爽宋옹주자사	隆道-兗州자사	明仁-郡功曹	卷32
㉖	李彦	梁郡下邑人		光之-淮南태수	靜-南青州자사	卷37
㉗	魏玄	任城人	6世祖 休-晉魯군수; 永嘉南遷		承祖-歸魏新安	卷43
㉘	任果	南安人	代代로 方隅豪族으로 仕南朝	安東-益州별가	褒-沙州자사·公	卷44
㉙	李遷哲	安康人	代代로 山南豪族으로 仕南朝	方達-本州治中	元眞-자사·侯	卷44
㉚	楊建運	黨城興勢人	方隅豪族		天興-安康군수	卷44
㉛	韓盛	南陽渚陽人	5세조遠-古臧令; 鄭縣令; 증조良-古臧令	興-黨城군수	先藻-安夷군수	卷34
㉜	馮景	河間武垣人			傑-伏與令	北史 63

번호	人名	本貫	上系, 名祖, 因家	祖父	父親	周書
㉝	李延孫	伊川人		伯扶-汝南군수	長壽-華州자사	卷43
㉞	徐招	高平金鄕人	代代로 著姓이었다.			卷37
㉟	席固	安定人	고조衡이 姚秦難- 襄陽에 이주, 襄陽著姓			卷44
㊱	顔之儀	琅邪臨沂人	晉侍中 含9世孫	見遠-南齊忠臣	協-상동왕參軍	卷40
㊲	劉璠	沛國沛人	6세조 敏는 晉亂으로 廣陵에 이주		臧-梁 著作郎	卷42
㊳	王褒	琅邪臨沂人	증조부 儉은 南齊 시중 태위 南昌文憲公	騫-시중 安侯	規-尙書 章侯	卷41
㊴	庾信	南陽新野人		易-齊 徵士	肩吾-中書令	卷41
㊵	蕭撝	蘭陵人			秀-양무제아우	卷42
㊶	蕭世怡				恢-양무제아우	卷42
㊷	蕭圓肅			梁武帝	무릉왕 紀	卷42
㊸	蕭大圜			양무제	간문제	卷42
㊹	宗懍	南陽涅陽人	8世祖 承은 永嘉亂 때에 陳敏 평정-柴桑縣侯·宜都군수, 자손은 江陵에 이주		高之 梁山陰令	卷42
㊺	扶猛	上甲黃土人	白水蠻族 代代로 渠帥			卷44

Ⅰ 西魏·北周 官僚的 門閥士族 總括表 마B Ⅰ

번호	人名	人·才地	北魏最末期	西魏前期
①	盧柔	聰明·善屬文	荊州자사 賀拔勝 大行臺郎中(上策제시)	❀太祖行臺郎中 여·영간의 擧義래부인사지원
②	盧辯	累世經學 秀才	大戴禮註釋	급사황문시랑 태상경
③	盧光	유학정통	司空參軍 員外散騎侍郎	❀효무서천·立義·刺史遙授; 入關-行臺郎中
④	盧誕	至孝博學通亮	幽州別駕 都督府 長史	❀고중밀 래부에 동행, 급사황문시랑
⑤	鄭孝穆	謹厚涉經史	別將 都督 咸陽王長史	❀行武功郡事 山東人士來附지원
⑥	鄭譯	總敏善音樂		
⑦	鄭偉	倜儻有大志		❀宗黨·州里-陳留擧義 來附-하교대공 자사
⑧	鄭頂	有才能·度量	❀族人偉와 함께 擧義歸附-태부소경·군수	❀立義-郡守,尉衛卿; ❀아들 常-上開府儀同大將軍 ·饒陽侯

번호	人名	人·才地	北魏最末期	西魏前期
⑨	崔謙	聰敏有識量	하발승 행대좌승 장사	사원·하교·망산전 有功하여 자사
⑩	崔說	有節義 善騎射	하발승의 도독	소관사원유공-의동삼사 상서
⑪	崔猷	有軍國籌略	사도종사중랑으로 家難入關-奏門下事	급사황문시랑 六官편수 자사
⑫	崔彦穆	王佐才	司馬 從事中郎	❀潁川擧義 縣侯
⑬	王思政	明悟神彩卓然	孝武帝潛邸 賓客 中軍大將軍 大都督 西遷역설·추진-태원郡公	하교전대공 玉壁축성 幷州자사
⑭	王雄	有謀略	하발악 따라 입관 征西장군 관롱평정	의동삼사 대도독 개부자사
⑮	王謙			
⑯	王慶	有才略		홍농·사원전유공-殿中장군
⑰	王軌	質直有遠量		
⑱	王士良	修謹不忘交遊		
⑲	李昶	能屬文	明堂賦, 太學修學 陸通司馬	2千石郎中
⑳	唐瑾			승상부기실 사원·하교전유공
㉑	高賓	聰悟文武幹用	동위 立義도독 棄家屬 入關	안동장군 은청광록대부
㉒	侯植	倜儻有大節	義勇결집 統軍 군수-관롱평정	사원·하교전대공 대도독 광록대부
㉓	寇儁	寬雅有識量	자사	동위 락주자사지명으로 親屬400家인솔 入關
㉔	郭彦	忠厚知名		태조 雍州郎中 當州首望으로 鄕兵통령
㉕	申徽	至孝審愼	太祖丞相府主簿 大行臺郎中	中書舍人 給事황문시랑; 本州大中正
㉖	李彦	好學 有節操	봉조청 기가	저작좌랑 찬수기거주 상서좌승
㉗	魏玄	慷慨有膽略	중산대부	山南에서 立義-대동위전
㉘	任果	勇決志在立功		
㉙	李遷哲	修立有識度		
㉚	楊建運	雄武		
㉛	韓盛	有操行善騎射		開府行參軍 李遠따라 大功-大都督
㉜	馮景		賀拔岳의 행대랑중-高歡진심파악-효무제에 西遷권고 瀛州자사	行臺尙書 行涇州事
㉝	李延孫	雄武有將帥略	하발승의 都督	諸王百官 入關지원-廣州刺史 대도독

번호	人名	人·才地	北魏最末期	西魏前期
㉞	徐招	善辨析	對策甲科 二千石郎中 仲遠行臺右丞	尙書左丞 給事황문시랑
㉟	席固	明敏有遠志		
㊱	顔之儀	穎悟群書涉獵		
㊲	劉璠	善文筆		
㊳	王褒	識量·精巧屬文		
㊴	庾信	聰敏通左氏傳		
㊵	蕭撝	經史博覽善屬文		
㊶	蕭世怡	聰慧경사섭렵		
㊷	蕭圓肅	優雅敏捷		
㊸	蕭大圜	聰敏·俊悟		
㊹	宗懍	好讀書		
㊺	扶猛			

▌西魏·北周 官僚的 門閥士族 總括表 마C▐

번호	人名	西魏後期	北周前期	北周後期
①	盧柔	黃門侍郎, 儀同三司	小內史·開府	
②	盧辯	朝章복구-周官品表완성; 尙書左僕	★大將軍진출-儒者榮光 宜州자사	
③	盧光	行臺右丞 夏州長史 京兆郡守	工部중대부 行軍長史 자사	
④	盧誕	國子祭酒 秘書監		
⑤	鄭孝穆	中書令	諸州자사(大政績) 小司空	
⑥	鄭譯		輔成公 小宮尹	內史上大夫-★★柱國-★★上柱國
⑦	鄭偉	儀同三司; ★大將軍	義·華주자사	
⑧	鄭頂			
⑨	崔謙	柳仲禮격파 개부자사; 定州大中正	★大將軍 총관(良牧-立祀祭香)	
⑩	崔說	개부자사; 定州大中正	★大將軍 자사	
⑪	崔猷	開府儀同三司자사; 本州大中正	칭제건원제청; 司會·御正중대부	司會中大夫 小司徒

번호	人名	西魏後期	北周前期	北周後期
⑫	崔彦穆	의동삼사 司農卿, 潁川邑中正	어정·민부중대부·齊使 ★大將軍	消難擧兵-王誼 휘하 총관
⑬	王思政	荊州자사 ★大將軍 河南諸軍事 侯景南叛, 동위10만군 격파; 고징에投降		
⑭	王雄	★大將軍 東梁州평정	★★柱國大將軍·자사, 對明月戰전몰	
⑮	王謙	父勳으로 開府儀同三司		평제유공 ★★上柱國; 益州총관擧兵
⑯	王慶	賓部下大夫	대도독 개부 대부	자사 총관 ★★柱國
⑰	王軌		內史下大夫 ★上大將軍	개부·平齊大功, ★★柱國-無罪피해
⑱	王士良		동위북제에서현달(자사)-歸附	★大將軍 총관자사 ★上大將軍
⑲	李昶	御史中尉	御伯·御正중대부 자사	
⑳	唐瑾	吏·戶部尙書 開府儀同三司 平江陵元帥府長史	吏部·納言·御正·內史 4職 10旬수행	
㉑	高賓	대도독 함양군수	세종賜田10경-堂宇·池沼, 중대부	長史 개부자사
㉒	侯植	우문중화평정 강릉함몰	동맹결속노력-우문호에 충간피해	(무제赦免복권)★大將軍
㉓	寇儁	비서감 경적·군적정리	開府퇴직; 자제교수, 세종예우	
㉔	郭彦	사농경 강족토평 강릉함몰	개부자사 南安토평 大使	汝·潁鎭撫 소사공
㉕	申徽	瓜州사태해결-상서우복사	御正上大夫 小司徒	
㉖	李彦	개부자사 군사마 輕財好施		
㉗	魏玄	대도독 의동삼사	개부자사 매번 明月격파	
㉘	任果	폐제원년來附平蜀지원-자사	方隅首望 刺史世襲	
㉙	李遷哲	직주자사	★大將軍 信州자사	
㉚	楊建運	安康군수로 南叛-남양주자사로 태조에 來附의사 밝히고 平蜀지원		
㉛	韓盛	郡守 儀同三司; 河南邑中正	新平군수; 565년東伐戰歿; 贈3州자사	
㉜	馮景			

번호	人名	西魏後期	北周前期	北周後期
㉝	李延孫			
㉞	徐招			
㉟	席固	군수 親兵1千內屬, 豊湖2州刺史		
㊱	顔之儀	江陵함몰때 입관 司書上士	武帝太子侍讀. 小宮尹	御正중대부 隋자사 郡公
㊲	劉璠	郡守 武陵王 黃門侍郎	中大夫·郡守 光族1200家래부	王府史錄『梁典』30권 저작
㊳	王褒	국자제주 秘書丞; 의동삼사	표기대장군 開府儀同三司	태자소보·자사
㊴	庾信	東宮學士·御史中尉 의동삼사	개부자사	
㊵	蕭撝	무릉왕중서령, 개부의동삼사	예부중대부	太子少保
㊶	蕭世怡	梁刺史, 陳侍中, 齊刺史	來附 개부자사	
㊷	蕭圓肅	開府儀同三司	下大夫	군수 자사 ★大將軍
㊸	蕭大圜	于謹에 투항『梁武帝集·簡文帝集』		
㊹	宗懍	梁元帝江陵令, 江陵함몰入關	의동삼사 麟趾學士	
㊺	扶猛	梁자사, 왕웅平魏興래부-자사	10여차 諸蠻격파 ★大將軍	

▌西魏·北周 官僚的 門閥士族 總括表 마D▐

번호	人名	性品	賜姓·宗室通婚	爵位·封戶	子·弟官職·爵
①	盧柔	聰敏		縣子500戶	아들 愷, 天才로 禮部下大夫·陳使, 東京吏部下大夫
②	盧辯			范陽公	
③	盧光	崇佛道至誠信敬		燕郡公1900戶	아들賁-大象末 府의동대장군(精通佛道+道德經章句
④	盧誕	高尙·通澆		縣伯500戶	(儒宗-이연수는 儒學不隕 상찬)
⑤	鄭孝穆		宇文氏-西魏말	縣男200戶	장자 翊-納言 陳使; 차자는 譯
⑥	鄭譯			縣公1000戶	隋文帝 佐命
⑦	鄭偉			郡公2000戶	
⑧	鄭頂			(증자사)	常·立義·下大夫 3주자사 軍功으로 요양후 子神符

번호	人名	性品	賜姓·宗室通婚	爵位·封戶	子·弟官職·爵
⑨	崔謙	至孝·友愛 ·同財	宇文氏(西魏말)	郡公	曠(중외부기실·자사)과 說 子 弘度에게 遺訓하여 (至孝·友愛·同財)奉行하다.
⑩	崔說		宇文氏(西魏말)	縣公2400戶	아들 弘度는 대상말 ★★上柱國 郡公
⑪	崔猷		宇文氏(西魏말)	縣公3000戶	아들 仲方
⑫	崔彦穆			郡公2000戶	君綽-참군; 君肅-王侍讀·군수
⑬	王思政			郡公	아들 秉
⑭	王雄		可頻氏-西魏말	庸國公邑萬戶	아들 謙
⑮	王謙			襲爵 庸國公	
⑯	王慶			郡公	아들 淹
⑰	王軌	質直	烏丸氏(魏말祖父받음)	郯國公3000戶	
⑱	王士良			郡公	(잠문본·이연수는 "背叛之徒", 아들 德衡-의동대장군
⑲	李昶	峻急不忘交遊		縣公1300戶	
⑳	唐瑾	方重	宇文씨(大通10); 万紐于氏(폐제때于謹요청)	郡公	(이연수는 당근을 "명신·시대영수"我-태조의지실현자인 듯; 長子 大智잇고, 차자 令則-하대부 陳使
㉑	高賓		獨孤氏-北周초	縣伯-公	아들 頻-수문제좌명
㉒	侯植		侯伏侯씨氏-大統초 賀屯氏-大統말	郡公2000戶	동생 萬壽는 ★大將軍진출
㉓	寇儁	寬雅篤實仁義	若口引氏	開府2000戶	宗中번창; 아들奉-개부자사·縣公★大將軍; 隅-小納言 郡公
㉔	郭彦			郡公1600戶	
㉕	申徽	勤敏親自省覽	宇文氏(廢帝2년)	縣公	康-자사 하대부; 敦-군수; 靜-군수; 處-상개부 현후
㉖	李彦	謙恭		縣子300戶	아들 昇明-중대부 의동대장군
㉗	魏玄			縣公900戶	
㉘	任果			郡公2500戶	제6자 景猷-대도독 의동대장군으로 父兵統領
㉙	李遷哲				
㉚	楊建運				아들 端-개부자사; 略-의동대장군 縣伯; 樂廣-의동삼사 縣公1000호 주었다.

번호	人名	性品	賜姓·宗室通婚	爵位·封戶	子·弟官職·爵
㉛	韓盛			縣子·읍300戶	子, 謙대도독; 장형德輿-자사縣男; 차형仲恭中正·3縣令
㉜	馮景			縣伯邑300戶	
㉝	李延孫			郡公	伊洛안정-贈자사; 아들人傑-개부자사郡公; 義孫-개부
㉞	徐招				翦翥와 士庶鬪爭?
㉟	席固			郡公읍3300戶	弟 世雅(★大將軍 郡公); 世榮(上開府 의동대장군)
㊱	顔之儀			縣公1200戶	(重望-隋文帝寬容·刺史郡公 10萬錢·米10石慰撫)
㊲	劉璠			縣子900호	(이연수는 梁典(屬辭比事)을 "一家之言"이라고 상찬)
㊳	王褒			縣子300호	
㊴	庾信			縣子500호	哀江南賦 諸王·諸公의 碑誌 등
㊵	蕭撝			郡公1400호	(別食500호) 아들 濟-中外府기실 참군 군수
㊶	蕭世怡			郡公1300戶	
㊷	蕭圓肅			郡公3700戶	(別食 思君縣500戶 租賦)
㊸	蕭大圜			縣公2200戶	(蕭梁子孫으로 優待)
㊹	宗懍				(諸學士와 群書刊定)
㊺	扶猛			縣公1000戶	

먼저 위 表에서 西魏·北周時代에 柱國大將軍(★★) 大將軍(★)에 진출한 인물은 다음과 같다.

鮮卑人 大將軍·柱國大將軍은 44명 승진으로 중복된 자 20명으로 24명이고 漢人은 149명으로 승진으로 중복인 자 34명을 감안하면 115명을 합하면, 총 139명으로 贈職者와 追贈者를 포함하였다.

이들에 대하여 蘇綽·盧辯 등이 어려워 고심하여 작성한 〈周官品表〉와 賀拔岳 關西大行臺 이래 平涼同盟에 편성되어 유공한 인물들에 대한 승진코스가 완성되어 있지 않다. 현재 필자로서는 유공한 인물들의 승진에서 都督－帥都督－大都督－車騎大將軍儀同三司－驃騎大將軍·開府儀同三司－大將軍－柱國大將軍의 7계단은 확실하지만, 都督이하 中下級 武官의 將軍號와 戍

主－軍主－統軍－別將 奉朝請 給事中 등으로부터 起家·昇進하고 各級 武將이 統領하는 軍額·編制 그리고 유공자의 封爵·封戶 기준 등을 알 수 없어 완성된 코스·운영상황을 이해하기 어렵다.

실제로 河東에 진출하기 위하여 太祖의 同盟軍團을 中央軍으로 삼았지만, 徵兵하여 河東에 진출하려 할 때부터 楊檦, 司馬裔 泉企·元禮·仲遵의 3父子 그리고 山東의 盧光 鄭偉 崔彦穆 등 鄕黨이나 宗人중심의 宗黨을 기반으로 결집한 大小 40여 義徒集團을 결집·활동하였다.

▌義徒鄕兵表▐

번호	人名	時期	地位	活動內容	褒賞	周書卷쪽
1	楊禎	북위말	建遠장군	結義徒-鮮于脩禮와 격전 戰歿	子勳-柱國·郡公	19/314
2	楊檦	효장제때	大行臺左丞	宗人규합--元顥격파	정평군수건주자사로 義士兼領	39/590-94
3	韋瑱	대통12년	蒲州總管長史	望族으로 鄕兵兼領	의동삼사	39/694
4	韋祐	효무서천직전	임협	왕공피난지원 효무입관지원	右장군太重대부	43/775
5	裵俠	大統3年	승상부참군	향병통령 사원전용맹-선등함진-仁者必勇	하북군수	35/618
6	裵果	사원전직후	河北郡守	고환이 沙苑에서 참패-宗黨인솔 歸闕	正平군수 田宅·賞賜品-多	36/647
7	裵邃	대통3년	간의대부	鄕人규합 동위 司馬恭·工作-東雍內屬	本郡 正平군수	37/668
8	柳敏	대통12년	예부랑중	수도독을 가하여 본향병 겸령	대도독	32/560·1
9	柳霞	保定中-應命		향리-經籍自娛; 태조·명제의 徵命불응	開府-霍州자사	42/767
10	薛端	대통3년	汾陰縣男	薛崇禮 東面으로 鄕人·家僮으로 楊氏壁복구--沙苑전등유공	本州大中正; 兵·吏部郎中	35/621
11	薛善	대통3년	하동별가	족인 설숭례 東面철회요청-入李弼軍	汾陰令行臺郎中	35/623·4
12	王悅	영희말	이주천광참군	太祖관롱 初定-향인모아지원	평동장군·현백	33/78
13	王悅	대통4년		태조의 侯景낙양공격지원에 鄕里千餘명으로 지원	尙書左·右丞	33/78·9

번호	人名	時期	地位	活動內容	褒賞	周書卷쪽
14	梁昕	효무입관 때	右장군	太祖의 孝武영접시 三輔望族으로 알현	승상부호조참군	39/695
15	司馬裔	大統3년	溫城擧義	동8년-義士인솔입조-河內4천가 歸附통령 東討·漢中평정에 義士참여	河內郡守·刺史	36/645
16	令狐整	대통12년	西州令望	宇文仲華를 평정하고 瓜州義首-鄕親二千으로 入朝征討참여	의동삼사 開府儀同三司	36/641·2
17	敬珍	대통3년		薛善 入李弼軍에 6縣10萬戶 인솔래부	平陽태수·자사	35/626
18	韓雄	대통초		洛西에서擧義60여명-천여명 모우고, 配兵받아 전후45차에 걸쳐 洛州·高歡요격·郭崇略을 공격	河南尹儀同三司 개부中州자사, 河南邑中正, 賜姓 宇文氏	43/776
19	陽猛	永安末	商洛首望	結義徒 竇泰공격-太祖의 配兵-성공	都督	44/796
20	泉企	永安중 528년	상락군수	소보인 여당 곽자회의 동관습격과 호응한 泉·杜氏를 습격하였다.	淅州자사	44/786
21	陳沂	효무서천 직후	勇敢少年 數十名으로	結義徒-抄掠하고 歸附	立義大都督	43/778
22	樊深	孝武西遷 때		부친(保周)·숙부(歡周)의 擧義	태조추증 협조	45/811
23	劉志	효무서천 때	廣州別駕	義徒규합-廣州들어 귀부	승상참군대도독	36/649
24	裵寬	대통초		諸弟에 西面강조 -孔城主·沔州자사로 실천	전몰-無罪평론	34/594·5
25	李賢	永熙末이래	鄕人結集	이주천광·태조를 지원	西京盛族	25/413·5
26	盧柔	대통초	賀拔勝, 行臺郎中	歸國; 太祖行臺郎中; 사원전직후 汝·潁間 擧義來附지원	子爵, 中書舍人	32/563
27	盧辯	534년	太學博士	창졸간 不至家, 單馬로 孝武따라 入關	給事黃門侍郎	24/403
28	盧光	534년	明威장군	孝武入關에 山東에서 立義	大都督刺史遙授	45/807
29	盧誕	543년	北豫州都督府長史	刺史 高仲密귀부에 文武二千名이 大將軍 李遠지원으로 歸國	鎭東장군, 金紫光祿大夫 縣子	45/807

번호	人名	時期	地位	活動內容	褒賞	周書卷쪽
30	鄭偉	537년	通直散騎侍郎	忠義로 諸宗人과 州里규합하고 陳留에서 建義-刺史城主郡守생포-귀국	龍讓장군·北徐州자사	36/634
31	崔謙	孝武서천직후	荊州長史	賀拔勝따라 귀국-大統초 諸戰유공	尚書左丞	35/612
32	崔說	위와 같음	荊州방성도독	賀拔勝따라 귀국-대통초 諸戰유공	侯爵 京兆군수	35/614
33	崔猷	普泰초-531	司徒종사중랑	부친 孝芬은 高歡에게 피해-入關	本官·奏門下事	35/615
34	侯植	正光중	奉朝請	群盜봉기에 傾產義徒모집	統軍·淸河군수	29/505
35	寇儁	대통2년	落鄉중	동위에서 洛州자사 임명에 대하여 5년 親屬400餘口 인솔入關	秘書監-經籍抄集	37/658·9
36	李長壽	효무서천때	北華州자사	義士로 동위에 항거하고 거듭侯景에 항거하다가 義衆적어피해	追贈定州자사	43/773
37	李延孫	西遷직후	都督	父親의 義衆으로 王公百官 入關지원 동위 慕容紹宗 등 東魏軍 대격파	車騎·儀同三司·大都督 郡公	43/774
38	泉元禮	효무서천때	父親洛州刺史휘하(都督)	효무제 西遷함에 高歡이 潼關에 이르러 元禮는 鄉人 5천명으로 방어	泉岳·杜窟평정-開府刺史·郡公	44/786·7
39	泉仲遵	효무서천때	위와 같다	東魏 高敖曹 洛州공격때에 鄉人 500名으로 力戰重傷-杜窟평정	縣伯 征東장군 行豫州자사	44/788
40	泉仲遵	효무천 때	위와 같다	梁司州자사 柳仲禮침략에 태조의 명으로 鄉兵인솔 楊忠따라 평정	開府豫州자사 兼領본주대중정	44/788·9

이들은 洛州·河東·山南 그리고 汝·潁間으로부터 孝武帝西遷을 前後하여 西魏에 歸附하여 西魏가 河東·河內·山南 등을 略定하고 編戶齊民하여, 늦어도 543년 邙山戰에 불리하였던 사정에서 關隴豪右를 廣募하여 각 州郡에 鄉帥(蘇椿 薛端 柳敏 등)를 설치하였던 大統12년(완성은 동16년)의 鄉兵, 곧 府兵制를 편성하여 실시함으로써, 이전보다 강한 군사력으로 對東魏戰을 전개하여 성공하였다. 다만 正平의 楊擯와 河內 司馬裔가 결집하여 활약한 義徒集團은 周武帝의 北齊平定 때까지 지속되었다.

이처럼 鄕兵, 곧 府兵制를 통하여 西魏가 성장할 때에, 州郡縣이 개편되고 郡守나 刺史에 軍統領權에 分與되어 大都督, 車騎大將軍 儀同三司·驃騎大將軍 開府儀同三司의 權限을 주고 일부 州郡의 長官에게 大中正을 加官하고 賜姓하여 軍務와 地方行政을 수행하도록 하였다.

大中正은 널리 알려지고 있는 것과 같이 曹魏末 司馬懿와 曹爽과의 정치투쟁 중에 門地二品을 획정하기 위하여 설치하여 그의 정치기반을 확보함으로써, 司馬晉을 세운 이래 魏晉南北朝의 門閥士族制의 정치적 장치였다. 西魏·北周시대는 門閥士族制의 門閥主義的 폐단을 극복·개선해야 하는 사정인데도 불구하고 적어도 大統10년 蘇綽의 擢賢良을 포함한 이른바 六條詔書가 아직 채용되기 이전으로부터 『周書』에 20여명이 보인다. 본고에서는 위 총괄표에서 각 집단인물 역임하였던 관직과 함께 동록해 놓았다. 이들은 北魏말로부터 孝武帝 초기까지 楊鈞, 韋旭, 蘇亮은 북위말 關隴首望 출신의 人格者들이다. 특히 李遠은 관서대행대 行軍元帥 尒朱天光을 지원하여 天光이 그의 인격을 흠모하여 本州인 原州大中正에 지명하였다. 남은 대부분 인물은 중앙정부에서 지방정부의 장관에게 加官의 형식으로 부여하여 地方行政 특히 選擧上의 職務를 강조하여 문벌체제의 폐쇄성을 극복하려는 통치자의 의지로 보인다. 또한 州郡의 장관을 지원·보좌하는 大吏인 長史·司馬·別駕·司錄·主簿 등을 중앙에서 임용·파견하는 권력의 중앙집중화의 조류에서 임명되었던 사정에서 시행된 것이다. 이들은 本州郡의 大中正(閻慶, 薛端, 辛威, 司馬裔, 韓雄, 權景宣, 王悅 陳沂, 泉元禮 泉仲遵 등)에 임명됨으로써, 關隴地域의 首望인 것을 나라에서 인정 보증하는 의미가 있다. 말하자면 門閥士族세력을 나라에서 包容하여 東漢末 이래 발전되어온 통념으로 문벌이라는 용어를 사용한 것으로 보인다. 그것은 서위·북주에서 州郡의 長史·主簿·司馬 등 大吏의 중앙에서 임용 파견하는 권력의 중앙화 현상이나, 적어도 北魏말이래 문벌사족의 농후한 폐쇄성을 극복하려는 상황이기 때문에, 농후한 文武兩兼적인 관료적 문벌사족의 성격을 강화하려는 의도를 표출하기 위하여 실행하였다고 보아도 좋다. 따라서 門閥主義를 관철하려는 의지라 하기보다는 賢才主義적 인재등용을 강조하려는 정책적 맥락으로 보인다. 이 점은 擢賢良에서 명확히 들어나 있다. 또한 山東의 인물 張軌를 비롯한 崔

謙·說·猷 그리고 申徽 등에게 本州나 有關한 州郡의 大中正에 임용하여 동 지역에서의 래부를 지원하여 이미 來附해 온 인물에 대한 支援 및 그 지역에 대한 宣撫工作 등을 추진함으로써, 시대적 正當性·統一性을 내 세운 것이다. 아울러 宇文盛은 代人으로 太祖의 本貫, 곧 代郡武川人과 다르지만, 鮮卑 宇文部 인물이고 이미 태조가 宇文測에게 宗族의 昭穆·世系를 정리하도록 하였고[125] 宇文貴를 親對하여 많은 것을 委任하였다는 사실[126]은 宇文氏를 성장시켜 장차 宇文周王朝를 열려는 의도가 있어 보인다. 또한 그것은 漢人 官僚士族들에게 宇文氏를 賜姓하였던 사실과 관련지을 수 있어 보인다. 그리고 太原 陽邑人 冀儁은 본래 蒼頭출신이지만, 隷書를 잘 쓰고 摸寫도 잘하여 太祖의 參軍으로 費也頭에게 步騎 千名을 보내도록 勅書를 模寫하여 보냈왔다. 태조는 이들이 統領하여 弘農을 복구하고 사원전에서 크게 활약하였다. 그는 有功하여 華州中正 大統13년 襄樂郡守였다가 世宗 宋獻公 등에게 隷書를 가르쳤고 스스로 蒼頭에서 일어나 합례하지 못하다고 발언도 하였다. 심지어 태조에게 釋尊은 蒼頭이었다면, 先聖·先師에 이르지 못하였을 것이라고도 하였다. 태조는 그를 黃門侍郞 本州大中正을 제수하였다.[127] 이는 통념상 戱言이라 할 수 있지만, 태조의 模寫된 敎書까지 이용하는 어려움은 군사전략상의 문제이니 비판할 필요는 없다. 다만 문벌사족의 폐쇄적인 選擧독단으로 말미암아 야기된 반란으로 규정하여 논리를 전개하는 것보다 비록 최하층 인물도 有功하면 그만큼 포상하는 그런 정책이 필요하고 그런 인물을 선발해야 한다는 하나의 교육자료로 영호덕분이 列傳에 입전한 것 같다.

이런 大中正과 함께 추진하였던 것이 漢人 官僚的 문벌사족에게 宇文氏를 비롯한 鮮卑人의 姓氏를 賜與하였으니, 다음 표와 같다.

---

125) 『周書』 卷37, 宇文測傳 p.453.에, 太祖가 丞相이 되어 測을 右長史로 삼아 軍國政事를 많이 委任하였다. 또한 測에게 宗室의 昭穆의 遠近을 詳定하여 續籍에 첨부하도록 지시하였다고 있다.

126) 『周書』 卷19 宇文貴전 p.312.에, 우문귀가 騎射에 능하고 將帥의 才略이 있는 것을 보고 태조는 宗室로써, 매우 親對·委任하였다고 있다.

127) 『周書』 卷47 藝術 冀儁傳, pp.837-8.

▌漢人 官僚士族에의 賜姓表▐

NO-기본NO	有功者명	賜姓명칭	賜姓시기	특기사항	周書卷쪽
① 가27	寇洛	若口引氏	明帝2년	舊勳기록시 아들和에게	15/238
② 가28	趙貴	乙弗	大統말	柱國진출때	16/262
③	李弼	徒何氏	廢帝1년	柱國진출직후	15/240
④	蔡祐	大利稽씨	大統말	開府儀同三司 진출 때에	27/444
⑤	張軌	宇文氏	廢帝2년	車騎大將軍儀同三司에 오른 후	37/664
⑥	楊紹	叱利氏	西魏말	有功-開府刺史에 오르고	29/501
⑦	韋瑱	宇文氏	恭帝2년	차기대장군-의동삼사-사성-곧바로 개부자사	39/694
⑧	韋孝寬	宇文氏	恭帝2년	平강릉-尙書左僕진출때	31/538
⑨	裵文擧	賀蘭氏	恭帝2년	효민천조에 澄城縣子	37/669
⑩	柳慶	宇文氏	孝閔帝1년	司會中大夫-효민천조로	22/372
⑪	薛端	宇文氏	西魏말	吏部尙書에 진출하여	35/622
⑫	薛善	宇文氏	西魏말	하동군수-표기개부 昇進	35/624
⑬	令狐整	宇文氏	西魏말	鄕親2千인솔入朝-開府權과 함께 수여	36/643
⑭	蘇椿	賀蘭氏	大通초	鎭東장군·金紫光祿大夫로	23/395
⑮	王悅	宇文氏	孝閔帝1년	開府復權·司憲中大夫로	33/581
⑯	劉志	宇文氏	明帝2년	縣公-增封1千戶하고	36/849
⑰	耿豪	和稽氏	大統15년	동13년論功後로 사성받은 후 開府權 부여	29/495
⑱	韓雄	宇文氏	孝閔帝1년	郡公에 진출하여	43/777
⑲	樊深	万紐于氏	恭帝2년	國子博士에 올라	45/812
⑳	楊纂	莫庫盧氏	恭帝2년	開府權을 획득하고	36/636
㉑	崔謙	宇文氏	大統말	開府刺史에 진출하고	35/613
㉒	崔說	宇文氏	大統말	차기대장군 의동삼사로	35/614
㉓	崔猷	宇文氏	大統말	驃騎·開府·大中正으로	35/616
㉔	唐瑾	宇文氏	大統말	호부상서 표기·개부로	32/564
㉕	唐瑾	万紐于氏	廢帝2년	우근-태조에要請;瑾호응	32/564
㉖	申徽	宇文氏	廢帝2년	公爵 尙書右僕射로	32/556
㉗	陳沂	尉遲氏	恭帝2년	驃騎開府·大中正으로	43/778
㉘	趙肅	乙弗씨	大統말	車騎大將軍 儀同三司로	37/663

NO-기본NO	有功者명	賜姓명칭	賜姓시기	특기사항	周書卷쪽
㉙	李和	宇文氏	大統초	開府刺史로 이름 意(太祖意志와同一함)과 함께	29/498
㉚	高賓	獨孤氏	明帝초	車騎大將軍儀同三司로	37/670
㉛	李彦	宇文氏	大統말	車騎大將軍 儀同三司로	37/666
㉜	韓褒	侯呂陵氏	534년 冬	太祖丞相參軍로	37/660
㉝	구준	약구인씨	공제3년	親屬歸附; 車騎儀同三司로	37/659
㉞					

NO-기본NO	有功者명	賜姓명칭	賜姓시기	특기사항	周書卷쪽
35. 가 ⑪	劉亮	侯莫陳氏	大統초	名將으로 謀策제시-太祖·吾孔明	17/285
36. 가 ㊴	李賢의 妻	宇文氏	西魏말	周武帝 양육	25/417
37. 가 ㉚	梁臺	賀蘭氏	邙山 直前	潁州자사에 진출할 때에	27/453
38. 가 ㊷	李穆	拓拔氏	西魏말	大將軍에 진출하여	30/528
39. 가 ㊽	陸通	步六孤氏	西魏말	開府 太僕卿에 올라	32/559
40. 다 ①	楊忠	保六如氏	西魏말	江陵·諸蠻토벌하고	19/317
41. 다 ㉖	柳敏	宇文氏	西魏말	平蜀-開府-尙書에 올라	32/561
42. 다	閻慶	大野氏	西魏말	開府·雲州大中正에 올라	20/342
43. 라?	田弘	紇干氏	大統초	沙苑·河橋大功-原州자사에 올라	27/449
44. 라 ②	王傑	宇文氏	大統초	沙苑·河橋大功·勇敢無雙으로	29/489
45. 라 ③	趙昶	宇文氏	明帝때	前後의 功勞=郡公에 올라	33/578
46. 라 ⑱	劉雄	宇文氏	西魏말	都督·中書侍郎으로(곧이어儀同)	29/503
47, 라 ⑨	竇熾	紇豆陵氏	北魏초	北魏 權力構造 編成시에	30/517
49, 마 ⑤	鄭孝穆	宇文氏	西魏말	中書令에 진출할 때에	35/610
50. 마 ㉒	侯植	侯伏侯氏 -賀屯氏	大統말	車騎大將軍 儀同三司에 올라	29/506
51.	王雄				
52.	王軌	烏丸씨	北魏말	조부때 받음	

이상 西魏·北周一代에 官僚的 門閥士族에 대하여 宇文氏 등 賜與한 虜姓 52事例를 살펴보았다. 그것은 北魏초에 竇氏에게 紇豆陵氏를 賜與한 것을 수용하고 태조에게 去留之計로 서위정권의 성립을 촉구한 韓褒에게 侯呂陵氏를 사여한 것으로부터 西魏의 諸將들에게 수여하여 丞相이요, 元首인 태

조가 그들에게 친밀감을 주고 용감하게 싸워 대공로를 세우도록 戰鬪力을 강화하고자 賜與하고 有功하여 승진할 때에 賜姓하고 있었다. 대체로 車騎大將軍 儀同三司 郡守, 驃騎大將軍 開府儀同三司 刺史에 진출할 때에 실행하였으며, 賜姓이후 승진이 잘 이뤄지고 있었다. 특히 唐瑾의 경우는 이미 名人으로 宇文氏를 賜姓하였는데, 于瑾이 특별히 자신의 子弟들과 당근의 자손과 結義兄弟를 맺고 자손교육에 협조를 받겠다고 내심을 들어내는 요청으로 다시 사여한 것이다. 이리하여 万紐于氏를 받은 唐瑾은 반갑게 庭園에 兩家의 자제를 모아 결속을 다짐하고 있었다.[128] 이는 唐瑾이 名人으로 學德이 훌륭하여 제자교육을 당부하고 等夷관계에 있는 태조에게 교육방면의 책략을 제시하였다는 의미가 있어 보인다.

그런데 恭帝2년말, "北魏초 36國 99大姓 統轄하였지만, 후에 많이 絶滅되었다. 지금에 이르러 諸將 중에 功高者를 36國의 後孫으로, 次功者를 99姓의 後孫으로 삼고 그들이 통할하는 軍人은 또한 그 姓을 고쳐 따르라"는 황제의 명령이 나왔다.[129]

이는 태조의 의지를 담은 칙령임에 틀림없지만, 그 구체적인 방안에 없고 태조가 사망한 후 효민제 천조한 직후 柳慶, 明帝때에 柳志·劉雄·高賓에게 宇文氏, 獨孤氏를 賜姓하여 太祖가 賜姓한 의지를 계승하고 있는 것 같았다.

그러면 태조가 虜姓을 再行하고 漢人 官僚的 門閥士族에게 賜與한 이유는 무엇일까? 이에 대하여 朴漢濟교수가 매우 상세한 검토 끝에, 親族化라고 결론지었다.[130] 필자는 이에 동의한다. 다만 태조가 사망할 때에, 宇文護에게, "내 뜻을 이루어라" 라는 한 마디[131]는 宇文氏를 우두머리로 하는 鮮卑人과 賜姓받은 한인 공신을 주축으로 삼는 宇文周정권을 세우라는 것이라고 이해된다. 따라서 한인 관료적 문벌사족에의 賜姓은 諸將들의 전투력을 增長시켜 기대하는바, 성과를 달성하고, 그런 유공자들에게 虜姓을 사여하여 정권의 주체적인 담당자로 성장시킴으로써, 예견되는 魏周革命에 대비하여 추진

128) 주서 권32 唐瑾傳, p.564.

129) 주서 권2 문제기, p.36.

130) 박한제, 「로성재행과 사여」, p.95.

131) 『周書』 卷11 晉蕩公 宇文護傳, p.166.

해 왔던 방안이었다고 이해할 수 있다. 그것은 北周말 楊堅이 大丞相으로 執政하여 周隋혁명이 임박하였을 때에, "諸改姓者는 마땅이 모두 復舊할 것"을 勅命하여[132] 특히 漢人 官僚的 門閥士族의 宇文氏 등 虜姓을 賜與받은 인물들을 회유하였던 사정 또한 태조의 의지와 정반대의 왕조건설을 암시하는 조칙이라고 고려되기 때문이다.

이상과 같이 西魏·北周시대의 官僚的 門閥士族界에 진출하여 어떠한 군사적 功勞와 政治業績을 쌓았을까? 그리고 받은 바의 待遇는 어떠하였을까? 이 문제는 매우 번거로운 측면이 있어서 도표화 하여 최대한 간략하게 정리하려고 힘썼다.

▌功臣個別 功績狀況表▐

번호	有功者名	職位	行軍元帥	功績사항	특기사항	周書卷쪽
가 ①	侯莫陳崇	開府儀同三司	太祖 (=宇文泰)	擒竇泰·復弘農. 破沙苑, 戰河橋 平稽胡	勇猛大功 元勳凶終	16/269
②	侯莫陳順	儀同三司	太祖	平梁企定·武都氐族	1000가 來附 시킴	19/308
③	侯莫陳瓊	都督	太祖	勝小關, 破沙苑; 齊使		16/270
④	侯莫陳凱	東宮屬	太祖	勝小關, 破沙苑		16/270
⑤	達奚武	儀同	太祖	勝小關, 破沙苑 등, 司馬消難來附지원, 祈雨祭 봉행	金帶貪慾 →하사품	19/303-08
⑥	達奚震	員外散騎常侍	太祖	누차 전투참여	名弓 - 父子 大宗伯	19/306·7
⑦	達奚寔	行南岐州事	太祖	平蜀時군량보급; 氐族회유租賦납부		29/503
⑧	若干惠	대도독	太祖	破小關·沙苑; 망산불리 깃발·호각으로 패잔병수합-善將士慰撫	壯하다고 칭찬	17/281
⑨	若干鳳	中大夫		父勳追錄하여 徐國公 총5천호		17/282
⑩	怡峯	大都督	太祖 등	潼關복구 破沙苑; 宇文仲華평정	驍將(子, 昂 - 父勳 追錄	17/283

132) 『周書』 卷8 靜帝紀, p.135.

번호	有功者名	職位	行軍元帥	功績사항	특기사항	周書卷쪽
⑪	劉亮	大都督	太祖	騎將 每力戰有功-名將-長策開陳	太祖-自身의 孔明	17/284·5
⑫	王德	儀同	太祖	每戰有功; 수차 叛羌族토평-悅服	無葬費賣子女-慶	17/286
⑬	赫連達	雲州刺史	達奚武	漢中平定=大將軍 隴州자사	爲政仁恕	27/440·1
⑭	庫狄昌	衛將軍	太祖	復弘農·破沙苑·平劉平伏·蠻族평정		27/448·9
⑮	宇文都	都督	太祖	每戰有功; 高仲密 來附지원		10/154
⑯	宇文護	都督	太祖	家務總括; 每戰有功(元輔周公)	爲政不善無大體	11/165
⑰	宇文盛	都督		趙貴告發; 平齊有功	上大將軍	29/493
⑱	宇文丘	都督		趙貴謀議예고 누천 柱國		29/493·4
⑲	豆盧寧	都督	太祖·于謹	大統초 諸戰大功 平梁企定·稽胡·羌族 華州자사로 爲政廉平	別食-塩亭縣 1천호	19/309-310
⑳	豆盧永恩	刺史		文州叛蠻토평-兄이 佐命공신 楚國公에 진출하자-3千戶 增封요청		19/319
㉑	賀蘭祥	都督	于謹·太祖	楊氏壁복구 大統초 諸戰大功·吐谷渾 평정-涼國公	宇文護에 助力	20/335-37
㉒	于謹	太祖-夏州長史	太祖-都關中計제안	大統時期 諸戰大功 江陵함몰; 三老-治道제출	子孫蕃衍-貴盛再現	15/247-50
㉓	于寔	太祖 帳內	太祖	大統初 諸戰有功, 功臣刻石. 平羌族·吐谷渾	和厚	15/251·2
㉔	于翼	帳內都督	于謹	平江陵有功-상사품보다-昇進; 吐谷渾 평정; 諸軍事로 개부·의동 20인 등 有才幹者 채용-平齊大功	-任成縣 천호-別食	15/525·6
㉕	長孫儉	夏州長史	于謹	三夏統領; 풍속개량 百姓安集 (平江陵之計 제출)	立碑頌德	26/428·9
㉖	韓褒	太祖夏州賓客	太祖	去留之計, 刺史로 群盜척결 豪右抑制-小民爲兵; 齊人侵奪억제	三帝封事·忠厚知名	37/660-62; 671日
㉗	寇洛	驃騎大將軍	太祖	獨孤信과 같이 洛陽복구, 戰河橋		15/238
㉘	趙貴	大都督	太祖	平梁企定·沙苑·河橋; 高仲密來附지원 등-大統16년 柱國大將軍	宇文護에 반발피해	16/262
㉙	趙善	尙書左僕射		有公輔之量; 邙山戰에서 포로	建德初 歸樞	34/588

번호	有功者名	職位	行軍元帥	功績사항	특기사항	周書卷쪽
㉚	梁臺	平涼郡守	史寧·太祖·賀蘭祥 등	平莫折後熾; 邙山유공; 平洮陽; 齊王憲을 따라 平齊	果毅·膽決	27/452
㉛	梁禦	大都督·刺史	太祖	歸附賈顯, 復弘農, 破沙苑 東雍州刺史	爲政-大綱 百姓稱善	17/280
㉜	梁睿	開府儀同三司		益州총관 柱國 蔣國公에 올라 行軍元帥로 王謙을 평정-上柱國		17/286
㉝	蔡祐	寧朔장군	太祖	擒竇泰, 復弘農, 破沙苑, 河橋大功 高仲密來附지원, 太祖死亡-至孝	太祖와 父子관계	27/443·4
㉞	蔡澤	宣威장군	尉遲逈	平蜀=刺史로 收賂-功臣子弟-관대처분; 司馬消難에 거병-거역피해		27/445·6
㉟	常善	平東장군	太祖	擒竇泰, 破沙苑, 從河橋; 茹茹격파-開府儀同三司-蔚州자사	有政績	27/446
㊱	李弼	大都督	太祖	汾`絳關확보; 擒竇泰; 大功沙苑·河橋·邙山戰; 稽胡·茹茹격파; 朝政參議	功名종식	15/240·1
㊲	李耀	武衛장군	太祖	太祖西巡에 公卿子弟로 一軍편성; 保定中 梁州자사로 獠族慰撫歸附		15/241
㊳	李摽寸	帳內都督	太祖 豆盧寧	復弘農; 破沙苑; 大功邙山; 平茹茹`稽胡; 또한 稽胡大獲. 5尺短身	勇猛-東魏軍待避令	15/242·3
㊴	李賢	安東장군	史寧과 같이	原州群盜토평; 周武帝·齊王憲양육 大賜; 總管으로 羌·渾族 東進沮止		25/415-18
㊵	李遠	征東大將軍	太祖	征竇泰, 復弘農, 沙苑大功 河橋有功; 河北군수-農桑勸課; 高仲密來附지원, 東魏 段孝先격파 등	尙書左僕射	25/419·20
㊶	李植	丞相府司祿		掌朝政-宇文護執權에 반발	無罪判明 父親피해	25/422
㊷	李穆	都督	太祖	擒竇泰, 復弘農, 大功沙苑; 原州牧宰; 平齊大功; 尉遲逈擧兵-楊堅지지	獻馬-10死恕·鐵券	30/527-29
㊸	呂思禮	行臺左丞	태조	黃門侍郞; 擒竇泰-晝理政事·夜則讀書-碑·誄·表·頌작성	謗議朝政 投書-賜死	38/482
㊹	史寧	州刺史		東魏軍·宇文仲華·叛羌·獠族토평하고 復業시킴; 突厥平定大功	梁武帝의 懷柔거부	28/466-68
㊺	史雄	有弓馬算略	태조·父親	牽屯山에서 태조와 校獵; 尙太祖女永富公主; 누차전공-開府儀同三司		28/469

번호	有功者名	職位	行軍元帥	功績사항	특기사항	周書卷쪽
㊻	楊荐	直閤장군		孝武入關成事; 蠕蠕·突厥과 結婚同盟成事(北齊방해에도)		33/570·1
㊼	張軌	吏部郎中		河北군수=政績優秀; 府長史·尙書	淸素-遺品冊수백권	37/664·5
㊽	陸通	帳內都督	太祖	擒竇泰; 復弘農; 大功沙苑; 高仲密來附지원-每戰力戰有功	淸新自守所得與親舊	33/558·9
㊾	陸逞	丞相府屬		三府軍司馬(著績); 中外府司馬; 大司寇	驍勇·文雅文武兩兼	32/559

번호	有功者名	職位	行軍元帥	功績사항	특기사항	周書卷쪽
나 ①	宇文測	駙馬都尉		詳定宗室昭穆遠近; 爲政簡; 돌궐入寇저지; 好施與	仁恕·公主盜衣-報恩	27/453·55
②	宇文深	太祖左右	太祖	小關·沙苑·河橋戰에 謀略提供; 宗人發展지원; 豪右억제	太祖의 陳平	27/455·6
③	宇文孝伯	右侍上士		武帝와 同日生日-同學으로 侍讀; 護誅殺參與; 皇太子匡正-惡感賜死	隋文帝는 周의 良臣	40/718·9
④	宇文𥬽和	閤內도독		孝武入關획정; 名弓-帳內大都督刺史-吏民所懷		40/714
⑤	宇文神擧	右侍上士	武帝	大都督·開府儀同三司-爲政威恩; 護誅殺참여; 平齊大功; 忠諫-惡感毒酒	文武兩兼	40/715·6
⑥	宇文虬	帳內都督	太祖-王雄	擒竇泰; 復弘農; 沙苑·河橋大功; 楊乾運격파; 上津·魏興격파	大將軍·刺史에 진출	29/492
⑦	宇文貴	儀同三司	豆盧寧·賀蘭祥	有將帥之略; 開府刺史로 諸羌·氐族討平; 吐谷渾평정; 隆州叛亂토평과 屯田으로 大功-許國公	太祖는 宗室로 親委	19/312·3
⑧	元偉	伏波장군	尉遲迥	度支郎中 平蜀司祿; 刺史-爲政淸靜-流民復業 3千口; 平齊직전 齊使감금-大將軍	虛靜·謹愼·無忤	38/388·9
⑨	元定	平遠장군	太祖	潼關, 回洛城 小關弘農沙苑 河橋戰에서 先登陷陣-無爭功; 對陳戰詭矯로 失敗-憂憤發病卒	太祖-감당할 자 없다고 賞讚	34/589
⑩	念賢	太尉刺史·大將軍	太祖	河橋戰에서 力戰하지않고 先還-명예감소; 諸將 부친처럼 禮遇		14/226·7

번호	有功者名	職位	行軍元帥	功績사항	특기사항	周書卷쪽
⑪	賀拔勝	歸國-太師	太祖	擒竇泰; 復弘農; 破沙苑-李弼과 함께 汾絳획정; 名弓; 遺品兵仗書冊	輕財重義	14/219·20
⑫	獨孤信	大都督	太祖	復弘農; 破沙苑; 秦州자사-流民願附者數萬家; 平定宇文仲華; 大統16년東討-數萬인솔從軍	周 隋 唐 3皇后 父親	16/265, 267
⑬	賀若敦	開府儀同三司		梁州叛蠻토평; 金州자사로 諸蠻토평; 陳將矯詭-失敗無功; 大將軍진출희망 좌절-怨望-우문호가 핍살	追贈大將軍	28/475·6
⑭	尉遲逈	帳內都督	太祖	復弘農; 破沙苑; 平蜀; 反楊堅擧兵	韋孝寬 평정	21/349-52
⑮	尉遲剛	帳內都督	太祖	擒竇泰; 復弘農; 破沙苑·河橋,	名弓	20/339-40
⑯	尉遲運	隴州자사		汧·渭지역 民俗難治-撫納; 宇文直 作亂평정; 皇太子匡諫-惡感憂死	大將軍 진출	40/709·710
⑰	梁椿	梁州자사	太 祖 · 于謹·獨孤神	復弘農; 破沙苑; 戰河橋; 討稽胡; 岷州羌族`氏族 梁企定 평정	頒賞賜-將士盡死力	27/451
⑱	梁明	大都督		內外職 두루 歷任		27/452
⑲	韓果	虞候도독	每從 太祖	擒竇泰; 復弘農; 破沙苑; 戰河橋; 平稽胡 2회; 平吐谷渾; 華州자사	著翅之人; 爲政簡惠	27/441·2
⑳	王勇	太祖帳內	太祖	擒竇泰; 破沙苑; 討趙青雀; 邙山戰不利-決死隊300명; 王傑·耿豪와 함께 殊功; 征茹茹; 平岷山羌族	驍將, 矜功, 好揚人之惡	29/490
㉑	伊婁穆	太祖內親信	太祖	邙山有功-儀同三司; 蜀使로 搆逆-刺史 叱羅協과 討平(民亂·蠻族)		29/499·500
㉒	叱列伏龜	(太祖帳內)	太祖	東魏大都督-沙苑戰실패 歸附; 尙邵惠公女 大統前期 每戰有功-開府 刺史	豪門으로 禮遇	20/341
㉓	陸騰	(帳內大都督)	太祖	高歡장수로 邙山戰에서 포로; 安康群盜·李廣嗣·陵州獠·蠻族 토평; 陳侵入擊破-柱國·郡公에 진출	志氣懍然 雅杖名節	28/470-72; 曰482
㉔	王盟	儀同三司		行雍州事로 關中諸軍節度 悼后영접; 平趙青雀亂-太傅 開府	謙恭自處 弘雅汎愛	20/333·4
㉕	王勵	太祖侍從	太祖	破沙苑戰에 勇敢無雙-戰歿		20/334
㉖	王懋	武衛장군	太祖	喪期임에도 대통초 每戰有功-開府儀同三司 領軍장군		20/345
㉗	王顯	帳內都督		累遷 大將軍 진출; 아들 王誼는 司馬消難擧兵에 行軍元帥로 平定		북사 61/2165

번호	有功者名	職位	行軍元帥	功績사항	특기사항	周書卷쪽
㉘	高琳	平西장군	太祖·賀蘭祥·豆盧寧	破沙苑; 戰河橋; 東方老의懷柔격파; 吐谷渾평정; 稽胡격파; 陳侵入격퇴	勇健-杜國大將軍	29/496·7
㉙	庫狄峙	黃門侍郎		對東魏戰 奔走時 蠕蠕邊患회유; 突厥강성懷柔-擒齊使; 益州자사로 獠族安集하여 大將軍진출		33/569-70
㉚	段永	剌史	太祖 宇文護	擒竇泰; 復弘農; 破沙苑; 戰河橋-開府刺史; 天和4년 平齊	一族多冠爲榮	36/637
㉛	閻慶		太祖	高歡발호에 宜陽들어 귀부-河橋邙山大功; 雲州자사-爲政寬和	婚連帝室謙愼自固	20/342·3
㉜	長孫紹遠	司徒左長史		殿中尙書(황제특사)로 韋孝寬의 玉壁戰勝을 慰撫		26/430
㉝	長孫澄		太祖	援玉壁; 戰邙山-開府 大將軍		26/431
㉞	斛斯徵	太常卿		音樂整備 皇室敎育-大宗伯	撰樂典	26/422·3
㉟	叱羅協	都督		恒州大中正 平漢中有功	士庶대립	11/180
㊱	馮遷	參軍	太祖	復潼關; 擒竇泰; 復弘農; 破沙苑; 戰洛陽; 廣漢군수-簡恕·謙恭	不敬無怨	11/180·1

번호	有功者名	職位	行軍元帥	功績사항	특기사항	周書卷쪽
다 ①	楊忠	都督	太祖·于謹	平潼關; 破沙苑; 戰河橋; 邙山大功; 隨·安陸평정; 江陵함몰; 돌궐토평 東伐; 涇州자사	❀부친 楊禎-結義徒(戰歿)	19/315-19
②	楊檦	行正平郡事	太祖支援	❀義徒士統領; 正平·河北來附-建州자사-侯景에 실패책임졌고 회복 건주자사 복구; 무제의 徵義士萬餘名 平齊실패-投降苟免	功大-不之罪·可襲爵; 華陽縣侯	34/590-04
③	楊敷	帥都督		廷尉少卿; 蒙州자사-諸蠻래부시키고; 齊將 段孝先과 싸우다가 盡矢로 잡혀 不屈-鄴都에서 憂懼卒	周武帝-平齊贈職·諡	34/599-501
④	楊寬	吏部尙書		開府·東雍·涇州자사-尙書左僕射-大將軍진출 (漢中공략 유공)		22/367
⑤	楊穆	華州別駕		동생寬으로부터 伯爵양보받아 中軍장군 幷州자사-贈開府華州자사		22/368
⑥	楊儉	北雍州자사	太祖	東秦州자사로 沙苑戰有功-開府華州자사	爲政簡惠	22/368
⑦	楊紹	衛장군	侯莫陳崇達奚武	郡兵으로 平稽胡; 平漢中; 于謹따라 江陵함몰-開府刺史		29/500·1

번호	有功者名	職位	行軍元帥	功績사항	특기사항	周書卷쪽
⑧	韋瑱	行臺左丞	太祖	復弘農, 破沙苑, 戰河橋; 高歡의 汾絳침입에 蒲津關에서 격퇴; 鄉帥	爲政淸儉	39/694
⑨	韋孝寬	都督	太祖	剋潼關; 擒竇泰; 戰河橋; 平宜陽; 大勝玉壁; 雍·勳州자사; 明月과의 談判과 魁樹自竪; 平齊3策; 尉遲迥平定과 淮北확보	門風優美	31/535-43
⑩	韋敻	居士		消遙公; 三教序(歸一善·虛靜); 明帝禮敬		31/545·6
⑪	韋祐	好任俠		王公官僚入關지원-洛州자사로 配兵지원; 河南尹으로 東魏軍糧 移送-공격하다가 流矢피해		43/775·6
⑫	杜杲	漢陽군수		鳳州반란 平定; 陳文帝 동생 成王頊이 長安滯留 數州와 交換論議- 使陳하여 文士歸還 타협체결		39/701·2
⑬	杜叔毗	中直兵參軍		達奚武漢中평정시-兄·從子(君錫映·晰피해-蕭循은 斬曉免策-숙비는 孫策살해請罪-주무제특혜, 자사	특혜=赦免·葬禮費·田200頃	46/829-30
⑭	裵寬	王府參軍		韋子爽은익; 韋祐에 侯景警戒당부; 新城被擒-高澄회유-太祖에 歸附-禮遇하고 孔城主; 沔州刺史로 對陳격전-衆寡不敵·捕虜; 江左에서死亡	아들 義宣 還柩	34/564-97
⑮	裵漢	승상부 참군		李遠府司馬, 格令參議; 宇文護擅權에 直道固守 8年不徙職	兄死-애통할 뿐	34/597·8
⑯	裵尼	梁王從事中郎	于謹	江陵평정후 取物에 梁元帝 素琴一張뿐-歎美-御正下大夫		34/598
⑰	裵鴻		衛公 直	北周에서 내외관역임-자사, 總管府長史로 南征 戰歿-朝廷哀悼 贈3州자사		34/598·9
⑱	裵俠	孝武 따라 入關 參軍	太祖	❀鄉兵(義徒)統領; 破沙苑; 王思政幷州長史; 河北군수-獨立君; 工部中大夫-瀆職명료처리-田宅 등下賜	鄉兵-大統3년이니 義徒이다	35/518-20
⑲	裵果	宗黨引率歸闕	太祖	❀田宅奴婢수여; 戰河橋, 邙山에서敵將생포-帳內도독; 隨郡安陸확보; 正平군수; 平蜀참여-數州자사	爲政嚴明 豪右억제	36/647·8
⑳	裵邃	司空從事中郎		❀宗人규합; 司馬恭의宣撫工作僞善에 李弼의 嚮導로 歸附-正平군수		37/668
㉑	裵文擧	丞相府參軍		齊王憲府司祿·大都督-商販百倍이익 권유에安身道融만; 絳州자사로 부친 廉愼배워 韋孝寬柱國府司馬	宗中敦睦; 有謙讓之風	37/669

번호	有功者名	職位	行軍元帥	功績사항	특기사항	周書卷쪽
㉒	柳叫	秀才		獨孤信行臺郎中·府主簿·從事中郎; 丞相府記室-史官直筆강조-秘書丞으로 開誹謗之路 納忠讜之言요청	文質論; 小節不拘	38/681·2
㉓	柳帶韋	州主簿	達奚武	太祖의 參軍-反民懷柔귀부; 達奚武 漢中평정때 蕭循항복설득; 解·汾陰令·諸官職역임	無滯淸肅	22/374·5
㉔	柳檜	郡丞 ·都督	太祖·王雄	戰河橋; 吐谷渾격퇴; 河州別駕·帥都督; 黃仲寶모반에 力戰피해-贈梁州자사; 次子 雄亮이 복수	武帝特赦-賓部下大夫	46827·8
㉕	柳慶	散騎侍郎		入關추진; 相府大行臺郎中-大誥작성; 兼雍州別駕-權戚奸狀척결; 王茂의非罪冤死·忠諫; 攝政宇文護에 忤志-출외; 雄亮사건-一族監禁治罪-論孝治天下로 抗拒하여 면제		22/369-72
㉖	柳敏	河東郡丞		太祖河東확보-丞相府參軍 禮部郎中; 帥都督-領本郡鄕兵; 平蜀行軍司馬; 河東군수 開府剌史	監修國史·監修律令	32/560·1
㉗	柳昻			武帝때 內史中大夫 開府 郡公; 武帝의 輔政命으로 宣帝에 疏斥에도 不離職; 楊堅丞相에 大宗伯-勸學行禮上表-置州縣博士習禮		32/561·2
㉘	柳霞			梁岳陽王雍州別駕侍中 開府; 卽位-歸鄕; 太祖·明帝의 辟召-稱病불응; 武帝에 應命-霍州자사(德政)	吏民感化	42/766·7
㉙	薛端		太祖	❀一族 薛崇禮 東魏에 투항-薛循義 楊氏壁점거-薛端이 宗親·家僮 동원복구; 擒竇泰, 戰沙苑; 丞相府吏部郎中, 吏部尙書, 開府; 廢帝異見-蔡州자사	爲政寬惠·薄葬不受賻儀	35/621·2
㉚	薛善		太祖	❀薛鳳賢東面저지실패-入李弼軍하여 歸附-汾陰令; 敬珍 등 10만 등 함께 귀부; 夏陽20屯冶鐵監; 河東군수·開府; 齊軌발언 고발	北周武帝-시호繆公수여	35/623·4
㉛	薛愼	相府參軍		太祖諸子教授; 禮部郎中 御伯中大夫; 湖州자사로 諸蠻教化孝純(減賦役)	風化大行有同華俗	35/524-26
㉜	薛寘		于謹	從孝武入關 누천中書令; 元帥府司祿; 盧辯과 官品表작성; 博學	至孝無違	38/685
㉝	薛澄	相府參軍		盧辯과 儀制參定; 스스로 遊離世故 不聽音樂		38/684

번호	有功者名	職位	行軍元帥	功績사항	특기사항	周書卷쪽
㉞	令狐整	州主簿		❀宇文仲和평정-瓜州義首望으로 鄕親 2000여명 入朝-征討참여-大將軍진출; 宇文護 入府요청-사양 疏斥; 明政術	淸廉愼重	36/641·2
㉟	令狐休	太學生		都督으로 張保추방 大都督 樂安군수; 兄대신 燉煌군수-錦衣還鄕	在郡10餘年 有政績	36/644
㊱	辛威	太祖帳內	太祖	擒竇泰; 復弘農; 破沙苑; 戰河橋; 刺史開府-民和; 司馬消難來附지원; 平反胡·伐齊	有威嚴·未過·五世同居·有友誼	27/447·8
㊲	辛慶之	行臺左丞	太祖	河東복구-鹽池都將; 戰河橋-河東郡事; 陝州總管府長史	有幹能-著稱	39/695·6
㊳	辛昻	相府參軍	尉遲迥	侯景來附時 入朝; 平蜀時 召募從軍-龍州長史·成都令立身要綱설파; 益州夷獠慰撫-華夷和合	武帝誤解 피해	39/698-70
㊴	辛仲敬	對策高第		司空府主簿 員外散騎侍郎 建德中 內史하대부 開府儀同三司		39/700
㊵	皇甫璠	太祖夏州主簿		丞相府 諸部郎中; 東道大使 刺史 長史 中大夫-爲政簡惠	淸白自許 守志善人	39/696·7
㊶	蘇綽	著作佐郎	(王佐才)	大行臺左丞-기밀장악; 尙書 司農卿-戶籍·屯田·二長설치; 六條詔書·新制·大誥·佛性論·7經論	太祖의 成功助力者	23/382, 396
㊷	蘇椿	都督		鎭東장군,武都군수,西夏州長史; 鄕帥-追驛馬-統領鄕兵; 平氐族, 武功군수-爲政淸儉盡忠恕-開府大都督		23/395·6
㊸	蘇亮	吏部郎中		黃門侍郎 尙書 中書監-修國史 秘書監; 岐州자사錦衣還鄕(路車·鼓吹·騎士3千, 列羽儀, 遊鄕黨, 經過故人, 歡飮旬日, 然後入州, 世以爲榮	"二蘇"	38/678·9
㊹	蘇諶			孝莊帝 尙書郎 中書侍郎 落鄕病卒 贈자사		38/679
㊺	蘇讓	州主簿		丞相府屬·南汾州자사-善政	人倫鑒識	38/679·80
㊻	王羆	荊州자사	太祖	破沙苑-勇猛-守正不回		18/292·3
㊼	王子直	行臺郎中		涇州兵으로 屠各평정-平南山; 解洛陽; 戰河橋; 平宇文仲華; 數州長史 大都督 行瓜州事	爲政淸靜 西土悅服	39/700·1

번호	有功者名	職位	行軍元帥	功績사항	특기사항	周書卷쪽
㊽	王悅		太祖·楊忠	❀의도모아 태조지원과 侯景洛陽攻圍에 千餘名 引率 從軍; 韋孝寬慰撫; 隨郡安陸평정; 廩米600石헌납-京兆군수; 達奚武 漢中평정에 說得降服有功-尙書人員調整混線불만	住宅四壁 뿐으로 600石下賜	33/578-580
㊾	趙文表	太祖親信	田弘·宇文貴	山南·南巴州·信州평정-行郡事; 突厥迎后; 蓬州 獠族평정-爲政仁恕夷夏悅服	于顗의 謀略-胡漢士庶不合	33/581·2
㊿	梁昕	相府參軍	太祖	三輔望族(관중저성) 皇帝알현	復弘農 破沙苑-郡守·刺史-誠信; 開府刺史로 稱職	39/695·6

번호	有功者名	職位	行軍元帥	功績사항	특기사항	周書卷쪽
라 ①	王雅	都督	太祖	擒竇泰; 破沙苑; 邙山有功-군수·자사; 大都督 開府刺史; 汾州자사로 勵精하여 人庶悅附	爲政簡易	29/501·2
②	王傑	都督	太祖·于謹	復潼關; 破沙苑; 戰河橋; 敢勇邙山-大都督 開府刺史; 江陵함몰大功-郡公자사 大將軍진출	爲政忠恕-百姓思慕	29/489-90
③	趙昶	都督	太祖	復弘農; 平氐族; 諸氐族통령; 南秦州 氐·獠族 20만平定-刺史로 통령; 恭帝初 羌族평정; 鳳州反民토평慰撫-太祖상찬; 賓·吏部中大夫		33/577·8
④	趙剛	郡守·衛大將軍	太祖	復弘農; 潁川大功-義軍節度; 氐·羌族토평-贈3주자사		33/572-74
⑤	趙肅			獨孤信嚮導-司州治中,別駕,行華山郡事; 廷尉卿-平允·廉信-淸河縣子	自選封名	37/662·3
⑥	周惠達	行臺尙書		尙書左僕射; 平趙青雀; 禮樂정비; 盡心人才選拔推薦		22/363
⑦	權景宣	司部郎中	太祖·于謹	復弘農; 破沙苑; 東南義軍으로 對東魏戰; 江陵함몰; 河南평정; 對陳戰에 교만-戰敗不之罪		28/477-80
⑧	梁士彦	扶風군수	武帝	平齊앞둔 武帝가 발탁-晉州함락- 大將軍晉州자사; 平齊하여 上柱國 郕國公; 雍·徐州총관으로 淮南확보; 尉遲迥擧兵에 韋孝寬과 평정-相州자사; 劉昉 등과 謀叛伏誅		31/547·8

번호	有功者名	職位	行軍元帥	功績사항	특기사항	周書卷쪽
⑨	竇熾	西 豫 州 자사	太祖·李弼	擒竇泰; 復弘農; 破沙苑; 戰河橋; 邙山大功; 討稽胡; 高仲密來附지원; 原州자사-豪右억제-大將軍·柱國진출; 宇文護에 歸政天子요청	子孫皆處列位-當時盛族	30/517-30
⑩	竇毅	符璽郎	太祖	擒竇泰; 復弘農; 破沙苑-開府刺史 縣公 大將軍; 突厥可汗과 迎后담판; 無矜惰之心	次女는 唐高祖太穆황후	30/521·2
⑪	田弘	帥都督	太祖·楊忠	復弘農; 破沙苑; 戰河橋; 氐·羌·蠻族평정; 征齊-大將軍·柱國진출	太祖借鐵甲·盡心	27/449-50
⑫	李和	征北장군	太祖	智略明瞻 立身恭謹-每戰大功-大將軍 柱國진출	賜名 '意'	29/497·8
⑬	敬珍			有俠氣 交結英豪爲務-薛善入李弼軍에 河東6縣10萬戶인솔 歸附-平陽태수	太祖"無東顧之憂"라고	35/626·7
⑭	司馬裔	中堅장군	太祖 達奚武	❀義徒(本兵·所部)로 溫城起義-戰河橋, 別途對東魏戰有功-郡守·刺史로 4千家引率歸附; 東魏5城탈환; 漢中平定지원; 楊㩻東討지원; 信州群蠻討平-자사 大將軍진출(鄕舊任用도 竝行)	淸約·俸祿散施	36/645·6
⑮	司馬消難			高歡佐命 子如의 아들 文宣帝에 의심받아 歸附-大將軍滎陽公; 大後丞; 納靜帝皇后; 云州총관 擧兵-陳에 투항	佞嬌한 人物	21/354·5
⑯	劉志	廣州別駕		義徒결집 廣州들어 歸附-國子祭酒 世宗 岐州牧 司祿 儀同三司; 魯公府司馬 開府-群盜慰撫-자사	爲政寬大 贈大將軍	36/648·9
⑰	耿豪	征虜장군	太祖	擒竇泰, 復弘農, 破沙苑-南逞州자사; 邙山大功-北雍州자사 開府	凶悍不遜 太祖優容	29/494·5
⑱	劉雄	太祖親信		統軍-都督-大都督-儀同三司-中大夫-通好不可侵 約束 北齊違約-明月에 힐책; 段孝先과 力戰-軍司馬; 平吐谷渾·北齊有功-柱國; 突厥평정하다가 戰歿-贈總管자사		29/503-05
⑲	郭賢	都督		高歡 夏州襲陷 資糧莫繼로 不來 헌책; 伏波장군으로 王思政에 헌책; 侯景래부·平蜀에 헌책-자사	廉平	28/480·1
⑳	韓雄			❀천여명으로 擧義실패-太祖지원으로 再擧兵 성공; 東魏 東雍州공략-河南尹으로 敵人허실 탐지 前後 45차 戰功세움-東魏軍감탄	贈大將軍	43/776·7

번호	有功者名	職位	行軍元帥	功績사항	특기사항	周書卷쪽
㉑	陳沂	立義大都督	太祖	❀辟惡山에서 勇敢少年수십명으로 東魏抄掠하고 歸附; 復弘農, 戰河橋, 高仲密來附지원; 侯景邀擊; 東方老·段孝先격파-開府刺史 宜陽大中正; 伐齊유공	太祖는 그의 父祖를 儀同三司 齊·徐州 자사를 追贈	43/777-79
㉒	樊深			孝武西遷에 樊·王2姓 擧義-東魏평정; 태조는 河東평정하고 保周·歡周를 刺史와 儀同三司에 追贈; 于謹이 諮議에 발탁 教授·博士 中大夫 開府儀同三司	撰著 많다	45/811·2
㉓	樂遜	參軍		碩儒 徐遵明에 受學; 李弼이 諸子教授 부탁; 相府에서 牧民官으로 추천하여 太學博士 下大夫·衛公直蒲州府 主簿로 무성원년 6월 百官에게 上封事에 崇治方 등 政要14條를 上陳하였다	立身-忠信·不矜; 不爲人之先	45/514, 518
㉔	楊纂		太祖	大統초에 歸附-征虜장군; 解圍洛陽-刺史·郡公; 大將軍 刺史 東伐-柱國大將軍 진출	不知書·誠信·忠恕뿐	36/626
㉕	陽猛		太祖	❀結義徒 北魏末 商洛首望-酋奴평정; 廣陵王恭은익보호-征虜장군 河北군수; 竇泰습격받아 配兵으로 擒竇泰하고 別途로 東魏 弘農군수 淳于業을 로획-贈華洛揚3州자사		44/796
㉖	陽雄	都督	太祖·于謹·李遠 등	攻盤豆柵; 破沙苑; 戰河橋; 高仲密지원; 平上津; 陳軍격퇴-洵州자사		44/796·7
㉗	泉企	洛州자사·도독		❀孝武西遷時 아들 元禮의 鄕兵5千兵과 大谷방어하다가 친고환세력 泉岳 등 제거; 嚮導 杜窋 高敖曹·竇泰가 州城함락	捕虜로 脫出하여 本朝에 忠誠당부	44/786·7
㉘	泉元禮		太祖	동생 重遵과 함께 豪右·巴人과 함께 州城을 습격하여 刺史에 올라 沙苑戰중에 流矢에 사망	鄕兵은 義徒이다	44/787·8
㉙	泉仲遵			500인으로 高敖曹에 항거-포로-州城탈환-征東장군 豫州자사; 兄戰歿로 洛州자사; 洵州자사로群蠻悅服-郡公·金州자사	爲政嘉譽, 來附者相繼	44/788·9
㉚	檀翥			孝武西遷에 中書舍人으로 國史撰修; 談論輕躁로 黃門侍郎 徐招에 반박받아 廷尉獄에서 사망	(士庶투쟁)	38/687

번호	有功者名	職位	行軍元帥	功績사항	특기사항	周書卷쪽
㉛	梁默	(梁士彦蒼頭)	梁士彦	武藝絶倫; 周에서 開府儀同三司; 開皇末 楊素따라 突厥평정-大將軍진출; 楊諒평정하여 柱國; 煬帝吐谷渾평정 力戰 전몰-贈光祿大夫		31/548

번호	有功者名	職位	行軍元帥	功績사항	특기사항	周書卷쪽
마 ①	盧柔	行臺郎中		❀沙苑戰이후 누차 勝捷-汝·潁間으로부터 오는 歸附者지원-中書·黃門侍郎; 太祖가 그의 빈곤구제 中書監 內史大夫 開府儀同三司	所作한 詩頌碑銘檄表啓는 流行하였다	32/563
②	盧辯	給事黃門侍郎		單馬로 孝武따라 入關; 太子 諸王수업 太常卿 太子少傅 范陽公; 典章제도 보완-尙書左僕射; 世宗即位하여 大將軍에 진출-皇帝·諸公의 방문-儒者榮光	蘇綽未完成周官品表 작성	24/403·4
③	盧光	大都督·安西장군 晉州자사	賀蘭祥	❀孝武入關에 山東에서 擧義하여 遙授하고 대통6년入關-相府記室 尙書右丞 中大夫; 府長史로 平吐谷渾-燕郡公; 高祖修業; 宗廟監營	道德經章句 찬수. 贈少傅·謚號 簡	45/807·8
④	盧誕	鎭東장군		❀東魏北豫州자사 高仲密府長史로 文武2천여명과 함께 大將軍 李遠따라 入關 給事黃門侍郎; 儒宗 國子祭酒 儀同三司 秘書監	博學有詞彩·高尙	44/806·7
⑤	鄭孝穆	司徒左長史		❀孝武따라 入關; 大統5년 行武功郡事로 善政-3000家에서 數萬家로 증가 考績최고-京兆尹; 中書令, 數州자사政績 최고; 山東歸附人士지원	太祖賞讚	35/609·10
⑥	鄭譯			明帝가 輔成公으로 섬기라고, 都督 御正下大夫 宮尹-태자실덕보호; 선제즉위-개부의동대장군, 內史中·上大夫, 沛國公	楊堅輔政-大丞相府長史·上柱國	35/611
⑦	鄭偉	北徐州자사	太祖	❀州里·陳留에서 무리 만여명으로 擧義하여 梁州 州城攻拔하여 군수·현령 노획 歸附-龍讓장군 刺史로 戰河橋; 解圍玉壁 先鋒陷陣; 大將軍 華州자사	爲政威猛-盜賊休止	36/634·5
⑧	鄭頂			❀鄭偉와 함께 擧義 歸附-太府소경 扶風군수-爲政恪勤; ❀아들常또한 擧義·戰功-上開府, 儀同三司 饒陽侯		36/635
⑨	崔謙	征虜장군	太祖	擒竇泰; 破沙苑-尙書右丞; 解圍洛陽; 戰河橋; 開府刺史-政術탁월; 江陵·荊州총관-風俗改良	吏民敬愛-良牧; 財産無私	35/611-14

번호	有功者名	職位	行軍元帥	功績사항	특기사항	周書卷쪽
⑩	崔說	衛장군 都督	太祖	復弘農; 戰沙苑-累遷 開府剌史 大將軍에 진출	太祖 賜姓·名	35/614
⑪	崔猷	司徒左長史		給事黃門侍郎-盧辯과 六官편수; 開府刺史; 御正中大夫로 稱帝建元 제안; 宇文護의 平陳만류	隋文帝-前代舊臣; 大將軍 郡公	35/615-17
⑫	崔彦穆	(王佐才)	于謹	❀西遷직후 兄 彦珍과 成皐擧義- 군수·자사를 살해후 歸附-鎭東장군 司農卿; 入幕府 文案장악; 平江陵; 陳使로 隣好체결; 襄州총관-消難평정		36/640·1
⑬	王思政	入關주도	太祖	河橋戰에 勇猛大功; 玉壁築城-城主 孝寬추천; 荊州자사로 8千兵으로 10萬 東魏軍격파-거듭 高澄10만軍(衆寡不敵;無援)에投降	非丞相舊人-每番不自安	18/293-97
⑭	王雄	都督		大都督 儀同三 開府儀同三司 刺史 郡公大將軍 진출; 北周초 柱國大將軍 庸國公-與明月力戰전몰		19/320
⑮	王謙	開府儀同三司		高祖가 柱國大將軍 습작시킴; 太子 吐谷渾정벌에 유공-益州총관; 수문제 秉政에 擧兵-梁睿平定		21/352·3
⑯	王慶		太祖	復弘農; 破沙苑-殿中장군; 晉公護의 典籤-大都督; 北齊농간에도 돌궐과-혼인동맹 成事; 총간자사	爲政嚴肅	33/575·6
⑰	王軌			宇文護 圖謀에 찬성-開府儀同三司 郯國公, 陳將 吳明徹격파. 平齊有功-上大將軍; 太子실수-直告 결국 피해		40/711-13
⑱	王士良			北齊의 州司馬로부터 누천 太常卿 豫州자사에서 權景宣 공격에 투항하여 大將軍 郡公 小司徒; 幷州자사로 故舊만나爲榮	背叛之徒의 評論	36/638·9
⑲	李昶			陸通司馬 二千石郎中; 丞相府東閣祭酒修國史, 黃門시랑, 御史中尉; 近侍清要·盛選國華	太祖皆多委任	38/686·7
⑳	唐瑾	丞相府參軍事	太祖	破沙苑; 戰河橋-吏部郎中 開府儀同三司; 賜姓-宇文氏-于謹요청-万紐于氏; 庭園에 子孫弟姪모아 相互恭敬당부; 吏部尙書; 平江陵 墳籍2車-申理-吏禮納言中大夫	退勤時에도 衣冠整齊; 봉록·토지-빈한한 親族부터	32/564·5

번호	有功者名	職位	行軍元帥	功績사항	특기사항	周書卷쪽
㉑	高賓			高歡에 의심받아 歸附; 安東장군 대도독 함양군수-爲政簡惠; 開府자사; 總管府長史	賜田10頃 竹木堂宇	37/670
㉒	侯植	都督	太祖 獨孤信	破沙苑; 戰河橋; 平宇文仲和; 동맹파탄 우려 護에게 切諫 憂死. 宇文護주살후 特別赦免		39/505·6
㉓	寇儁			東魏의 洛州자사 임용에 歸闕 大統5년 家·親屬400口로 入關-秘書監으로 經籍정리; 世宗에 우대	子孫教授 期功孤者 優待	37/568·9
㉔	郭彦		宇文貴	太祖雍州西曹徐佐 虞部郎中; 當州首望-鄉兵통령; 帥都督 岷州羌族평정; 江陵평정; 王士良래부 수용		37/666-68
㉕	申徽	大行臺郎中		大統초 中書舍人=修起居注; 瓜州문제 처리; 明帝 大御正 존숭		32/555-57
㉖	李彦	諸曹郎中		尙書左丞 등 10여년 遲滯없이 잘처리-恭謹明察-兵部尙書 開府	親黨洵洵 輕財重義	37/665·6
㉗	魏玄			❀효무서천에 鄕曲모집 韋祐와 같이 關南에서 高敖曹와 접전 10여차 東魏에 항전; 關南義徒로 李義孫과 같이 伏流城 攻拔 대도독 河南군수로 洛安民叛을 토평; 의동삼사로 북제 段孝先과 공방	爲政簡惠	43/579-80
㉘	任果			❀廢帝원년 所部를 인솔래부-大都督 沙州자사 현공; 尉遲迥平蜀에 鄕兵二千 지원-始州자사-郡公	鐵券路車 등 세습	44/799
㉙	李遷哲			❀大統17년 梁州자사로 達奚武에 실패-항복; 田弘의 梁漢평정에 大協力 巴直信州의 諸蠻相繼투항해왔다; 江陵외곽 陳軍격파		44/790-93
㉚	楊乾運			漢中평정에 黎州刺史-蕭紀의 梁州자사로 爭帝중에 太祖로부터 鐵券 梁州자사 郡公을 수여받고 尉遲迥에게 旬日만에 투항		44/793·94
㉛	韓盛	開府參軍	李遠	每戰有功-누천 大都督; 보정4년 新平군수-豪右억제-郡治肅然	爲政淸靜	34/593·4
㉜	馮景			平悅時 洛陽군수 行臺左丞, 留守原州; 行臺尙書; 大統초 行涇州事	周惠達 同志相友	22/363·4
㉝	李延孫			❀父親 長壽는 孝武西遷에 義士격려 東魏공격-전몰-贈자사; 延孫이父衆수합-入關王公官僚지원; 東魏軍대격파-廣州자사·華山郡公	매차 剋淸 伊洛을 自任	43/773·4

번호	有功者名	職位	行軍元帥	功績사항	특기사항	周書卷쪽
㉞	席固	梁 興 州 자사		❀梁氏失政에 招攜以禮하는 太祖에게 歸附하여 共圖富貴를 내걸고 從者 5千으로 歸附-安定군공 읍총3300호, 襄陽墓田도 수여		44/798·9
㉟	徐招			孝武따라 入關-給事黃門侍郎 尙書右丞으로 典章法式 보완; 度支尙書로 賜死(이연수 士庶갈등)		북 사 70/2331·32
㊱	顔之儀			江陵평정으로 入關-麟趾學士 司書上士 高祖侍讀 宣帝 小宮尹; 王軌살해에 극간; 楊堅輔政에 抗拒-輿望있어 出外; 隋初-刺史·郡公		40/720
㊲	劉璠			蕭循·梁元帝諮議; 太祖中外府記室 黃門侍郞; 世宗시 內史중대부 掌綸誥; 同化군수시에 生羌降附者 500餘家 德化; 『梁典』은 屬辭比事로 기록	임종시 아들 祥에게 刊行지시	42/781-85
㊳	王褒			文學上 世冑; 江陵함몰에 儀同三司-詩賦담론; 開府刺史; 內史중대부		41/730
㊴	庾信			江陵함몰 儀同三司 洛州자사 師宗중대부 諸王公 碑誌작성	「哀江南賦」	41/733-34
㊵	蕭撝			平蜀에 尉遲迥과歃血同盟; 開府禮部중대부·郡公-多陵縣500戶 別食		42/752-53
㊶	蕭世怡			開府 蔡州자사 郡公	爲政簡惠	42/754
㊷	蕭圓肅			歸附의 공로로 思君縣500戶 別食; 함양군수, 자사, 大將軍에 진출		42/755-56
㊸	蕭大圜			于謹에 투항-儀同三司; 梁武帝孫-우대; 『武帝集·簡文帝集』 편찬		42/756-57
㊹	宗懍			江陵평정에 入關 太祖예우; 麟趾殿에서 群書간행		42/760
㊺	扶猛			梁南洛州자사 縣男 大統17년 王雄에 투항; 자사 현남-10여차 諸蠻族평정 陳軍격퇴		44/795-96

이제 종합·분석하여 西魏·北周의 官僚的門閥士族(制)의 진면목에 접근하여 보자.

처음 太祖는 夏州刺史로 史歸 孫定兒 등의 반대 策動을 분쇄하고 平涼同盟에서 諸將의 翊戴를 받고 賀拔岳의 部衆을 收合하여 배신자 侯莫陳悅을 평정하고 고환을 따르는 曹泥를 평정하여 여망의 인물로 떠올랐다. 또한 그는 高歡과 알륵하던 중에 입관한 孝武帝를 영접하고 長安에 定都하여 西魏政權을 세웠다. 東魏와의 전쟁은 앞장에서 詳述한 것처럼, 等夷관계에 있는 諸將의 자발적인 俠氣있는 기질과 고환의 政治專斷에 대한 關隴首望과 山南·山東의 大族들이 擧義하여 歸附하는 가운데에 전개되었다. 특히 沙苑戰에서 승리한 것을 보고 태조에게 귀부하여 협조한 河東의 薛氏·裵氏·柳氏 敬珍 그리고 司馬裔 등 關隴首望과 豪右의 공로는 결코 적지 않다. 아울러 서위의 境內에는 諸蠻을 비롯하여 흉노의 별종 獠; 羌, 氐, 稽胡 등이 漢人과 더불어 雜居하여 대체로 국가의 형성 단계에 이르기도 하였다. 계호와 같은 部族은 離石에서 安定에 이르는 지역에서 農耕에도 종사하여 漢人과 거의 같았다. 獠族과 같이 難治의 部族 또한 있었다. 이들은 北魏말 이래 혼란에 편승하여 漢人을 노략질하고 險固한 곳에 의지하여 반항하였다. 이에 태조는 于謹 李遠 宇文貴 田弘 趙文表 등에게 配兵하여 평정한 목적은 그들이 民和를 이루어 租賦를 납부하도록 하는 것이었다.133)

아울러 몇 차례에 불과 하지만, 지방에서 일어난 叛亂이나 群盜를 평정하였다. 예컨대, 북위최말기 東陽王 元榮이 瓜州자사에 부임하여 瓜州의 首望 令狐整을 州主簿로 벽소하였지만, 곧 사망하였다. 瓜州의 首望들이 元榮의 아들 康을 자사로 삼아줄 것을 表請하였다. 그러나 元榮을 따라온 사위 鄧彦이 康을 살해하고 그 지위를 빼앗았다. 당시 혼란으로 기강이 紊亂하여 처벌하지 못한 것을 이용한 사건이었다. 太祖는 거리가 멀어 군대이동의 어려움을 감안하고 그를 刺史로 삼아 누차 소환하였지만, 불응하고 吐谷渾과 연통하였다. 이에 태조는 어려움이 많다고 보고 황문시랑 申徽를 河西大使로 삼아 歸朝할 것을 권유하도록 하였다. 신휘는 令狐整과 상의하고 그를 計略으로 체포하여 長安에 압송하였다. 이윽코 東魏에서 義州를 확보한 西魏는 史寧을 涼州자사로 임용하자, 전 涼州자사 宇文仲和가 西魏의 刺史交替명령을 수용할 수 없다고 항거하였다. 이에 瓜州民 張保는 과주자사 成慶을 살해하고 仲和에게 호응하고, 晉昌民 呂興이 태수 郭肆를 살해하여 郡을 들어 호응하였다. 이리하여 영호정은 甘言利說로 張保를 설득하자, 그는 整의 父兄이

133) 『周書』 卷49 異域 上 蠻獠氐羌稽胡等傳, pp.887-98.

城中에 있는 것을 보고 의심하지 않고 따랐다. 그러나 영호정은 玉門郡에 이르러 豪傑들을 소집하여 張保의 반역을 토벌할 것을 결의하고 먼저 晉昌을 평정하고 進軍하자, 州郡人들이 영호정의 威名에 복종하여 장보를 버리자, 장보는 吐谷渾으로 도망하였다. 이때에 州郡人들이 영호정에게 刺史에 오를 것을 요청하였다. 그렇지만 그는 자신이 州郡民을 모두 不義에 빠뜨릴 수 있고, 지금은 凶惡者를 제거할 때인데, 자칫 추천받는 것이 도리어 禍를 부를 수 있다고 본다면서 朝廷의 저간의 상황을 보고하였다. 이에 태조는 申徽를 瓜州자사로 삼았다. 태조는 영호정을 壽昌군수 襄武縣男 邑200戶를 수여하면서, "卿은 일찍이 영걸스런 才略을 가져 殊勳을 세웠으니, 지금의 官位는 보수로 주는 포상으로 충분하지 못하다. 지금부터 마땅히 公과 함께 천하를 平定하여 함께 富貴를 취하리라" 라고 말하고, 즉시 瓜州義首로 삼아 使持節 撫軍將軍 通直散騎常侍 大都督를 제수하였다. 말하자면 망산전 불리한 이후에 西魏는 關隴首望과 豪右를 널리 모집하여 鄕帥를 지명함으로써, 대략 대통12년까지 鄕兵, 곧 府兵制의 골격이 완성될 때에 義로운 鄕帥로 지명하여 태조의 壯士封侯 방법·방향을 구체화 한 것이다. 이에 영호정은 나라가 평안하지 못한 것을 걱정하여 宗族을 들어 全力을 다할 것을 所願하였던 그런 때라고 생각하고 드디어 鄕親 2千餘名을 인솔하여 入朝하였다. 이후 그는 將士를 잘 通御하고 慰撫하여 中央軍을 따라 征討에 참가하여 車騎大將軍 儀同三司에 올랐다. 아울러 태조는 항상, "卿의 遠祖는 나라에 忠誠하였고 卿은 지금 나라에 충성하고 있으니, 積善하는 家에 慶事가 있다고 하였으니 세상을 구제하는 그런 아름다움이다"고 상찬하였다. 이는 영호정의 遠祖 西漢 建義장군 令狐邁가 王莽에게 아첨·굴복하지 않고 그 아들 稱이 河右에 피난한 일을 내세워 칭찬한 것이다. 이윽코 태조는 그를 驃騎大將軍 開府儀同三司를 제수하였다. 아울러 태조는, "卿은 勳功은 婁敬·項某과 같고 의로움은 骨肉과 함께 하였으니, 立身함이 敦雅하여 다른 사람에게 模範이다"고 상찬하여 宇文氏를 賜與하고 이름 整을 하사하여 宗人 200餘戶를 竝列·屬籍하도록 하여 영호정과 그의 일족의 발전을 기대하였다. 그리고 북주 효민제 천조하여 司憲中大夫로 法執行을 平允하게 처리하여 당시에 칭찬받고 彭城縣伯 邑一千戶를 받았다.

처음 梁 興州자사 席固가 州를 들어 來附해와 태조가 흥주자사를 그에게 제수하였다. 석고의 직무처리가 옛 梁朝의 습관화 되어 法典에 위배된 점 또한 있었다. 정부에서는 은밀히 代替할 인물로 영호정을 豊州자사에, 席固를 湖州자사에 임명하였다. 이에 整은 威恩·撫接 그리고 착오를 개선하여 民和를 이루어 席固가 湖州자사에 옮겨갈 때에, 그의 部曲이 整에 의탁하고자 함에, 국법으로 불가한 일이라고 불허하여 눈물을 흘리며 떠나갔다. 그의 임기 만료 때에는 吏民老幼가 再任을 요청하여 부득이 몇 일을 停留하다가 豊州를 벗어났다고 한 것처럼, 善政하여 인심을 쌓았다. 곧이어 御正中大夫, 中華郡守, 同州司會, 始州자사를 역임하였다. 영호정은 담임한 직무마다 우아한 인식 밝은 政術로 다스리고 恭謹·廉愼하고 항상 만족함을 두려워하여 내외직을 두루 역임하여 상찬받았다. 결국 주무제 天和6년 大將軍에 진출하여 읍총2100호를 받았다. 또한 영호정은 宇文護 집정 초에 자신을 심복으로 삼으려 하였다. 이에 整은 감당할 수 없다고 사양하여 護의 뜻을 거슬러 소척받았다. 그것은 우문호의 집정기에 공신에게 錦衣還鄕의 영예를 준다는 명분으로 추진된 本州刺史를 제수하여 정치업적을 쌓도록 하였을 때에, 우문호는 영호정에게, "공의 功勳·輿望상 응당 본주자사에 부임하는 영광을 누릴 수 있겠지만, 朝廷이 公에게 위임한 바를 거슬렀으니, 멀리 출외하는 것을 용납할 수 없다. 그러나 公의 家門에서 반드시 錦衣의 영광이 있을 것이다"고 말하고 당시 우문호의 中外府樂曹參軍 동생 令狐休를 本郡 燉煌군수에 내보냈다.134) 周武帝 建德원년 우문호가 주살되어 우문호에게 附會한 자들이 伏法당했지만, 整은 홀로 자신을 保全하여 당시인들은 그를 先覺者라고 일컬었다. 그가 建德2년 향년 61세로 사망하여 本官에 鄜宜豳鹽4州諸軍事 鄜州刺史, 謚號 襄을 받았다. 이런 영호정에게 작위가 처음 작위는 襄武縣子뿐이니, 우문호에게 소척받은 사정에서 보이지 않는 것이라고 보고, 邑總2100戶에 해당하는 爵位는 公爵에 해당되어 襄武縣(郡)公에 올랐을 것으로 생각된다.

아들 熙는 성품이 方雅하고 度量이 있어 비록 개인 방에 있을지라도 容貌

134) 『周書』 卷36 令狐整傳 附傳 休傳, p.644.

를 儼然하게 지켜 一時의 賢俊이 아니면 함께 노닐지 않았다. 騎射를 잘하고 音律을 이해하였으며, 群書를 박람하였고 더욱 三禮에 밝았다. 누차 역임한 職任에서 能名하였다. 大象中에 官位는 吏部中大夫 儀同大將軍에 올랐다.[135] 이런 令狐熙의 次子 德棻은 貞觀초에 國子祭酒에 올라 周書를 主篇하였다.

이상에서 太祖의 壯士封侯의 정책에 따라 昇進하여 大將軍에 진출한 令狐整의 사례를 태조가 모범이라 하였다. 필자는 이를 본보기로 삼아 서위·북주시대 관료적 문벌사족의 공적사항과 받은 바의 禮遇, 곧 封爵·封戶을 간략하게 정리하여 보자.

西魏·北周시대 文武兩兼的 官僚的 門閥士族의 功績은 군사적 武功과 행정상의 政治業績으로 나눌 수 있다.

軍事적 武功은 關隴의 万俟醜奴 등을 평정하고 太祖를 翊戴하여 侯莫陳悅·曹泥를 토평하였던 사실로부터 西遷해 온 孝武帝를 영접하여 山南·河東을 略定, 襄陽과 汝·潁間 그리고 漢中·巴蜀·江陵을 평정하여 西魏는 東魏(北齊) 약체 陳과의 三國鼎立을 이루었고 武帝의 華北統一 나아가 韋孝寬의 淮南을 병합할 때까지 약 반세기에 걸쳐 전개된 大長征상의 功績을 말한다.

有功者, 곧 西魏의 官僚的 門閥士族의 군사적 武功은 對東魏戰을 전개하면서 소수민족 稽胡·氐·羌·蠻·獠族의 평정과 그들의 叛亂과 群盜들을 討平한 것이나 茹茹 蠕蠕나 突厥과 통혼으로 화합하는 胡漢融合의 방향을 추진하였던 것이 그것이다.

對東魏戰은 서위전기에 태조가 行軍元帥로 총괄·지휘하였고 그 외 山南·洛州의 평정은 支援이나 配兵하여 略定하고 達奚武·尉遲迥 그리고 于謹에게 配兵하여 확보하였다. 소수민족의 평정과 그들의 叛亂 그리고 叛民·群盜는 해당 州郡兵으로 토평하고 어려우면 諸將 중에 유력한 大將軍 柱國大將軍을 지명하여 行軍元帥로 삼고 配兵하여 토평하도록 하였다. 行軍元帥로 참여한

135) 『周書』 卷36 令狐整傳, pp.643-4.

인물은 太祖(6회)와 周武帝(2회)는 물론, 앞서 말한 于謹(10회) 達奚武(3회) 尉遲迥(3회)을 비롯하여 宇文護(2회) 賀蘭祥(4회) 豆盧寧(3회) 侯莫陳崇(3회) 獨孤信(3회) 宇文貴(2회) 衛公宇文直; 李弼(2회) 王雄 李遠(2회) 楊忠(3회) 史寧(3회) 田弘(3회) 梁士彦(2회) 등 총 19명(총68회)의 인물이 보인다. 이들 중에 漢人 관료적 門閥士族이 7명(18회)로 상대적으로 적고, 태조의 親姻戚이 상대적으로 많다. 이는 中國封建社會 특히 西魏·北周 그리고 隋唐시대의 官僚的 門閥士族制社會 특징의 하나라고 하지 않을 수 없다.

이들이 세운 武功으로 略定·確保한 지역은 곧바로 西魏 나아가 北周의 영토로 편입된다. 먼저 地方行政改編이 단행되고 州郡縣 지방장관의 주도로 州郡民과 來附者를 포함하여 律令에 따라 授田하여 身役(鄕兵)과 租賦를 담당하도록 編戶齊民하여 新制, 中興永式 그리고 六條詔書에 따라 통치하고 叛民을 토평하며, 외적의 침입을 격파·격퇴하고 백성을 慰撫·安集하여 善政하도록 한 것이다.

이러한 방향의 통치는 소수민족에게도 어김없이 추진되었다. 예컨대 州武帝 天和3년(568) 趙文表가 襄州總管府長史로 諸夷중에 無知하여 禮義로 설득하기 가장 어렵다는 恒稜獠가 반란하여 토평하고자 進軍하였다. 이에 그들은 鄕導를 빙자하여 險路에는 進軍하기 어렵지만 복병이 없고, 寬路에는 있을 것이라고 함에, 문표는 길이 넓고 평평하면 향도가 필요 없을 것이니 그대들은 먼저 가서 子弟들을 慰撫하라고 먼저 보냈다. 문표는 곧 그들이 일러준 복병이 없을 것이라던 險路를 선택하여 진군하면서 高地에 올라 살펴보니 과연 伏兵이 있는 것을 보고 진군하였다. 그들은 계략이 실패한 것으로 보고 險固에서 나와 물러났다. 문표는 大蓬山아래에 屯치고 그들을 禍福으로 懷柔하여 來降하였다. 이에 租賦를 징수할 것을 지시하였지만, 감히 움직이는 자 없었다. 후에 문표는 蓬州자사에 올라 獠族과 和合를 이루었다.[136] 이러한 來(歸)附의 사례가 많아 표에 정리하였다.

이러한 統治와 관련하여 서위·북주의 관료적 문벌사족들은 于謹이 「都關中計」를 제출하여 西魏의 방향을 제시하고 周武帝의 三老로 周武帝에게 爲

136) 『周書』 卷49 獠者傳, pp.891-2.

政의 要綱으로 삼아 정치를 추진하도록 하였다. 잠깐 그 내용을 살펴보자. 무제 保定3년 4월, "나무는 세끼로 감아 키우면 바르게 크고, 帝王은 忠諫을 따라 정치하면 聖스럽게 됩니다. 예로부터 밝은 임금과 성스러운 君主는 모두 마음을 떵 비우고 忠諫을 받아드려 得失을 알고 다스려야 천하가 평안해지는 것입니다. 폐하께서는 유념하소서. 나라를 다스리는 根本은 忠信에 있습니다. 까닭에 옛사람은 去食·去兵을 말하였습니다. 믿어 상실할 수 없는 것이기 때문입니다. 또한 국가의 興廢는 이것으로 말미암지 않는 것이 없기 때문입니다. 원컨대 폐하께서는 지키고 잊어버리지 마십시오. 治國의 도리는 반드시 法度가 있는 것입니다. 법도란 나라의 綱紀로 강기는 바르지 않을 수 없고 그것을 바르게 하는 것은 賞罰에 달려 있습니다. 만약 功勞가 있으면 반드시 賞주고 罪가 있으면 반드시 罰을 주면, 善한 자는 날로 有益하고 惡한 자는 날로 악행을 날로 그칠 것입니다. 만약 공로가 있지만, 賞을 주지 않고 罪가 있지만 罰을 주지 않는다면 천하의 善惡은 分別할 수 없으니, 아래 백성이 그 手足을 어떻게 할 수 있으리요. 또한 言行은 立身의 기본이니, 말씀이 나오면 행동을 곧바로 따라 해야 하는 것이니, 원컨대 폐하께서는 세 번 생각하고 말씀하시고 아홉 번 고려하시어 행하십시오. 만약 생각하고 고려하지 않는다면 반드시 過失이 있게 될 것입니다. 天子의 과실은 大小의 사물이나 日月의 침식과 같은 것이어서 알지 않을 수 없는 것입니다. 원컨대 愼重히 하십시오" 라고 말씀을 마쳤다.[137] 참으로 『주서』에서 말하는 君子의 말로 통치계층이 시행할 요강이었다.

또한 韋孝寬이 平齊3策을 제시하고 淮南을 倂合하여 强國에 이르도록 하였다. 서위의 관료적 문벌사족으로 崔猷가 天王制보다 稱帝建元을 주장하여 관철·실행하였다. 아울러 柳慶이 태조가 張茂의 寃死를 雪冤하였고, 자신의 양육한 조카 雄亮이 부친 柳檜가 叛徒 黃仲寶에게 피해를 입은 사실을 알고 長安에서 활보하는 황중보를 살해하였다. 晉公 宇文護는 대노하여 柳慶과 諸子姪을 감금하고, "나라의 법은 모두 그대들이 만들었다. 비록 私怨이 있지만, 다간 사람을 斷殺할 수 있으랴" 라고 질책하였다. 이에 유경은, "부모

137) 『周書』 卷15 于謹傳, pp.249-50.

의 원수는 같은 하늘아래에 살 수 없고, 昆弟의 원수와는 같은 나라에 살 수 없다. 명공은 孝로써 천하를 다스린다고 하면서 어찌 이에 대하여 叱責하십니까"라고 항변하였다. 이에 우문호는 더욱 화를 냈지만, 유경이 굴복하지 않아 마침내 면제되었다. 무제 또한 특별히 사면하였다. 유경은 사회중대부 개부의동삼삼사 자사 상서좌복야 등의 중책을 담당해 왔다. 우문호는 그를 단죄하려고 저간에 유경의 故吏를 60일 동안이나 사찰을 실시하였지만, 유경이 淸白한 正人君子라는 사실만 드러났다.

아울러 黃聰少年 鄕兵통령 獨立君으로 저명한 裵俠은 工部中大夫에 올라 大司空掌錢物典 李貴가 隱費錢 500萬전을 포탈하였다고 자수하였다. 이에 배협은 그 奸狀을 肅遏하고 淸嚴하게 변상하도록 처리하였다. 그 후 병들어 자택에 칩거하고 있었다. 大司空 宇文貴와 小司空 北海公 申徽가 伺候해왔다. 배협이 살고 있는 집이 風霜을 면하지 못할 정도였다. 보고 받은 황제는 그 貧苦를 인정하고 저택과 良田 10頃 奴婢 耕牛 食糧을 흡족하게 하사하여 搢紳이 모두 영광스러워 하였다. 그리고 서위·북주의 관료적 문벌사족들은 각자 가진 바의 人·才地로 有功하여 중앙과 지방관에 올라 屯田을 열고 農桑을 勸課하고, 豪右의 小民침탈을 억제하였으며, 難治의 민속이나 풍속을 개량하였다. 또한 財利보다 道隆을 중요시하여 誹謗의 출구를 열어 忠讜하는 言論을 嘉納하도록 요청하고 10여년 동안 尙書에서 國務가 遲滯됨이 없게 하는데 전력을 다하여 나라의 발전에 매진하였다. 이리하여 서위·북주의 관료적 문벌사족들은 爲政이 淸淨, 寬惠, 寬大, 淸廉愼重, 仁恕, 恭勤, 平允, 誠信, 恪勤, 簡惠하는 政治업적으로 이민이 기꺼이 복종하였다. 특히 劉璠이 同化郡守로 재직할 때에, 羌族 500家를 德化하여 夷夏, 곧 漢人·夷民族이 함께 기꺼이 복종하는 胡漢融合의 정치발전의 길 또한 추진하였다.

이제 西魏·北周의 官僚的 門閥士族이 받은 바의 禮遇, 곧 封爵과 封邑 그리고 襲爵과 起家官 등에 대하여 살펴보기 위하여 먼저 『周書』, 『隋書』에 보이는 유공자 본인의 최종작위와 총봉호를 서위·북주 관료적 문벌사족의 공적사항총괄표 그리고 유공자 諸子의 起家官과 襲爵상황을 다음 표와 같이 정리하였다.

▌起家官과 襲爵▐

NO-基本NO	有功者名	최종직·작	子名	아들의 직·작	특기사항	周書卷쪽
1.-가집단①	侯莫陳崇	柱國 大司空 梁國公·萬戶	芮	拜大將軍-柱國-從平幷州-上柱國	平鄴-大司馬	16/270
2.-가⑤	達奚武	柱國; 太保太傅	震-	☎員外散騎常侍	柱國-鄭國公 襲爵; 上柱國	19/306
3.			惎	車騎장군 縣子-刺史	同謀王謙피해	19/311
4.-가⑧	약간혜	刺史 郡公	鳳	개부자사, 襲郡公-佐命공로 追錄, 徐國公5천호	尙太祖女	17/282
5.-가⑩	怡峯	開府刺史	昻	開府儀同三司 佐命공로 追錄-鄭國公		17/283
6.			光	父勳-縣侯; ☎員外散騎常侍	開府刺史, 縣公	17/283
7.			春	吏部下大夫 儀同三司		
8.-가⑪	劉亮	開府刺史·郡公	昶	柱國總管, 彭國公5千戶	尙太祖西河長公主	17/284·5
9.			靖	天水郡守		17/285
10.			恭	開府儀同三司, 縣白		17/285
11.			幹	上儀同三司 褒重侯		17/285
12.-가⑫	王德	開府刺史·郡公	慶	開府儀同三司	無葬費賣子女解憂 名 慶	17/286
13.-가⑬	赫連達	柱國總管郡公	遷	大象中 至大將軍 刺史		27/441
14.-가⑮	宇文都	重贈國公·柱國	廣	柱國 國公 總管	宗室-歸政天子要求	10/156
15.-가⑯	宇文護	柱國國公周公	訓등	刺史	피해-복귄	11/177
16.-가⑰	宇文盛	郡公 上柱國	述	大象末 上柱國 僕陽公		

NO-基本NO	有功者名	최종직·작	子名	아들의 직·작	특기사항	周書卷쪽
17.-가⑲	豆盧寧	柱國 楚國公萬戶; 別食鹽亭縣 1000戶	績; 讚	顯達襲爵-上柱國總管; 父勳-縣侯-開府郡公	永恩-封地變更도허락(2인 모두佐命인듯)	19/310·1
18.-가㉑	賀蘭祥	柱國國公萬戶 隋文贈上柱國	敬	顯達縣侯-襲爵涼國公-柱國刺史	(습작후 승진가속)	20/338
19.			讓	大將軍 刺史 郡公		
20.			璨	開府縣公-전몰-贈上大將軍 郡公		
21.			師	上儀同大將軍 刺史 郡公	尙明帝公主	
22.			寬	開府儀同大將軍 郡公		
23.			隆	大將軍 縣公		
24.-가㉒	于謹	柱國 燕國公萬戶 三老	寔	大將軍 刺史로 襲爵燕國公-上柱國 大左輔		
25.-가㉒	于寔(謹子)	上柱國·燕國公	顗	上開府總管郡公		
26			仲文	大將軍 郡公		
27			常賢	儀同三司	尙高祖公主	15/251·2
28.-가㉒	于義(謹子)	上柱國總管·郡公				
29.-가㉒	于禮(謹子)	上大將軍 刺史 郡公				
30.-가㉒	于智(謹子)	開府-上大將軍·齊國公; 柱國總管			(宣帝命令-齊王謀叛告發)	
31.-가㉒	于紹(謹子)	上開府刺史郡公				
32.-가㉒	于弼(謹子)	上儀同 縣公				
33.-가㉒	于蘭(謹子)	上儀同 縣公				
34.-가㉒	于曠(謹子)	上儀同, 贈刺史				15/251·2

NO-基本NC	有功者名	최종직·작	子名	아들의 직·작	특기사항	周書卷쪽
35.-가㉔	于翼(謹子)	上柱國 任國公 5千戶	璽	上大將軍 郡公	尙太祖女; 別食任城縣千戶	30/526
36			銓	上儀同·下大夫 常山公		30/526
37			讓	儀同三司		30/526
38.-가㉗	寇洛	開府·刺史·郡公	和	賜姓·郡公-開府儀同三司中大夫		15/238
39.-가㉙	趙善	儀同三司 郡公 贈大將軍·刺史	度	儀同三司		34/588
40.			絢	開府 2刺史		34/588
41.-가㉚	梁臺	大將軍·刺史縣公	元慶	父勳-別封縣侯	(官職不見)	27/453
42.-가㉛	梁禦	開府·刺史·郡公	睿	開府, 父勳, 蔣國公, 平謙上柱國		17/280
43.-가㉝	蔡祐	大將軍 郡公 贈柱國	正	至使持節車騎大將軍 儀同三司	(起家官·襲爵不見)	27/445
44.-가㉟	常善	大將軍 郡公 贈柱國	昇和	父勳-拜儀同三司.		27/446·7
45.-가㊱	李弼	柱國魏國公	輝	☎員外散騎常侍·郡公刺史-父勳-國公(弱體)	孫寬-上大將軍 郡公(尙太祖女	
46.			衍	大將軍 郡公		
47.			崙	顯職-開府·郡公齊使	功臣子로 文武兩兼	
48.			晏	大將軍 郡公	戰歿-아들 璟(습작)	
49.-가㊳	李摽寸	大將軍 郡公	系子 椿(弼 子)	父勳-縣子; 大將軍 郡公		15/243.
50.-가㊴	李賢	大將軍 郡公刺史 贈柱國	端	刺史-戰歿贈上大將軍·郡公	舊恩慧 갚기	25/417·8
51.			吉	儀同三司		25/418
52.			崇	官至中大夫 上柱國 郡公		25/418

NO-基本NO	有功者名	최종직·작	子名	아들의 직·작	특기사항	周書卷쪽
53.			孝軌	開府 縣伯		25/418
54.			詢	顯達-上柱國	(隴西郡公)	25/418
55.-가㊵	이원	柱國郡公4천호	기	☎원외산기상시-자사군공	兄 植에 連累-武帝贈職爵	25/423
56.-가㊶	李基	자사 군공	威	☎上士-柱國	平齊有功	25/423
57.-가㊷	李穆	上柱國總管 中國公5千戶	惇	父勳縣侯; 개부 자사贈大將軍		
58.			雄	平迴, 分授-別封國公3천호	榮·才(의동)·任孝軌(개부)	30/258
59.-가㊸	呂思禮	尙書 贈刺史	亶	位至下大夫	太祖翊戴	38/682·3
60.-가㊹	史寧	大將軍·郡公 刺史	雄	開府 中大夫	尙太祖女	28/467
61.			祥	父勳-縣公		28/469
62.			雲	父勳縣公下大夫·儀同大將軍		28/469
63.			威	父勳-縣公	(分授허락)	28/469
64.-나①	宇文測	太子小保	該	歷內外官; 至上儀同三司·縣公		27/455
65.-나②	宇文深	開府 中大夫縣公	孝伯	☎上士-大將軍-上大夫	宣帝에게 無罪피해	27/457 40/716·9
66.-나④	宇文顯和	刺史儀同三司	神擧	☎上士-上大夫	宣帝, 無罪피해	40/714
67.-나⑦	宇文貴	柱國·國公萬戶	善	上柱國 刺史	(罪免官-復官)	19/314
68.			忻	父勳郡公-上柱國 國公		19/314
69.			愷	☎上士-中大夫	縣公-襲爵郡公 上開府	19/314
70.-나⑩	念賢	大將軍 刺史	華	至開府刺史		14/226
71.-나⑪	賀拔勝	太師 郡公	系子 仲華	樊城公·☎通直郞	襲爵 刺史	14/220·1
72.-나⑫	獨孤信	柱國 國公	羅	郡守儀同; 父勳縣公開府	父親피해; 有功자사襲爵郡公	16/266·7
73.-나⑬	賀若敦	贈大將軍	弼	至開府儀同大將軍 縣公	有文武才略	28/476

NO-基本NO	有功者名	최종직·작	子名	아들의 직·작	특기사항	周書卷쪽
74.			詛	至柱國 縣公	有文武才略	28/476
75.-나⑰	梁椿	大將軍 郡公	明	父勳縣公대도독-郡公刺史		
76.			朗	襲爵縣公回授		27/453
77.-나⑲	韓果	柱國 刺史	明	至上大將軍	與逌同謀피해	27/442
78.-나⑳	王勇	大將軍 郡公	昌	至大將軍		29/491·2
79.-나㉒	叱列伏龜	開府刺史縣公	椿	拜車騎 儀同	大將軍진출	20/341
80.-나㉓	陸騰	柱國 郡公	玄	☎上士-현달		
81.			融	顯職, 至大將軍	縣公	28/473
82.-다①	楊忠	柱國 國公	堅	隋文帝	自勳으로追贈부친禎 柱國	19/314
83.			동생 整	開府郡公; 戰歿	孫 智績 습작	19/319
84.			동생 慧	大宗伯 縣公		19/319
85.			동생 嵩	忠의勳功, 郡公		19/319
86.			동생 達	忠의勳功, 郡公	(分授인듯)	19/319
87.-다③	楊敷	開府刺史 贈大將軍	素	上柱國 淸河郡公	유문무재략	34/600
88.-다④	楊寬	大將軍 郡公	紀	至上儀同大將軍 下大夫	兄 穆-縣伯양보받아至刺史	22/367
89.-다⑦	楊紹	刺史 大將軍	雄	上柱國 國公		29/501
90.-다⑧	韋瑱	開府 縣公	峻	襲爵 至儀同		39/694
91.			師	☎府記室- 行河東郡事		39/694
92.-다⑨	韋孝寬	柱國 國公	聰	重贈上柱國	孫, 國成襲國公	북사 64/2268
93.			壽	縣侯 儀同		
94.			霽	太常少卿, 縣侯		64/2268
95.			津	侍郎判尙書事		64/2269
96.-다⑩	韋瓊	逍遙公三敎序	洸	☎上士-柱國		64/2274
97.			世康	☎上士 郡公柱國		북사 64/2274
98.			瓘	下大夫 刺史		64/2274
99.			藝	上儀同 縣侯		64/2274

NO-基本NO	有功者名	최종직·작	子名	아들의 직·작	특기사항	周書卷쪽
100.			沖	府參軍		64/2274
101.-다⑪	韋祐	開府 公爵	初	至開府儀同大將軍 防主		43/775·6
102.-다⑫	杜杲	中大夫 刺史	運	☎上士	수차 陳使	39/703·4
103.-다⑭	裵寬	刺史-陳포로	宜善	王府 記室	還父柩-縣令	34/597
104.-다⑮	裵漢	贈刺史	鏡民	☎上士, 大將軍		34/598
105.-다⑯	裵尼	下大夫	之隱	王府參軍, 侍讀		34/598
106.-다⑱	裵俠	開府 中大夫	祥	成都令	至孝 毁卒	35/650
107.			肅	秀才-拜給事中	縣子	35/620
108.-다⑲	裵果	開府刺史, 縣侯	孝仁	☎上士-刺史		36/648
109.-다㉑	裵文擧	開府刺史	胄	至大都督		37/670
110.-다㉕	柳慶	開府刺史 中大夫	機	小納言 中大夫		22/372·3
111.			弘	☎中外府記室 -上士		22/373
112.			帶韋	總管府長史	子祚-上士 (起家)	22/375
113.-다㉔	柳檜	贈刺史	頻·雄亮	☎記室參軍		46/829
114.-다㉖	柳敏	上大將軍 刺史 郡公	昂	中大夫-開府刺史	請置州郡博士 (勸學行禮)	32/561·2
115.-다㉘	柳霞	刺史	靖	尙書度支郎 大都督 郡守		42/767
116.-다㉙	薛端	吏部尙書 贈大將軍	胄	☎帥都督, 開府儀同大將軍		35/622
117.-다㉚	薛善	河東군수 中大夫	裒	高陽군수		35/624
118.-다㉜	薛寘	開府刺史	明	儀同大將軍 郡守		38/685
119.-다㉝	薛澄	中書侍郎·縣男	舒	下大夫·儀同大將軍		38/684
120.-다㉞	令狐整	大將軍 刺史	熙	中大夫·儀同		36/644
121.-다㊱	辛威	上柱國 國公 小傅	永達	拜儀同大將	父勳(舊族)	27/448
122.-다㊲	辛慶之	尙書·刺史	加陵	☎上士		39/698

NO-基本NO	有功者名	최종직·작	子名	아들의 직·작	특기사항	周書卷쪽
123.-다㊵	皇甫璠	開府刺史 中大夫	諒	吏部下大夫		39/697
124.-다㊶	蘇綽	尙書	威	拜儀同-開府	尙晉公女	23/395
125.-다㊸	蘇亮	本州刺史	師	☎黃門侍郎	名人子로	38/678
126.-다㊻	王羆	驃騎大將軍贈太尉	慶遠	拜直閤장군	孫子襲郡公	18/292
127.-다㊼	王子直	大都督 行州事	宣禮	杜國府參軍		39/701
128.-다㊽	王悅	開府刺史 縣公	康	至下大夫		33/581
129.-라①	王雅	開府刺史	世積	上大將軍 郡公	有文武智略	29/502
130.-라②	王傑	上柱國·追封國公	孝僊	開府儀同大將軍		
131.-라⑥	周惠達	尙書右僕射 儀同	題	追封蕭國公	進發良士薦	22/363
132.-라⑦	權景宣	大將軍 郡公 總管	如璋	至開府 刺史		28/480
133.			如玖	儀同大將軍 縣侯		28/480
135.-라⑧	梁士彦	大將軍·刺史(謀叛)	操	上開府 縣公		31/547
136.			剛	大將軍·縣公·刺史	固諫-귀양	31/548
137.-라⑨	竇熾	上柱國 國公	恭	大將軍 國公		30/521
138.-라⑨	竇善(두치의 兄)	衛尉卿 開府 縣公	榮正	☎千牛備身 上大夫 大將軍		30/521
139.-라⑩	竇毅	大將軍 總管 縣公	賢	使持節儀同大將軍除授-杞國公	毅＝尙太祖제5女	30/522
140.-라⑪	田弘	柱國 郡公 大司空	恭	顯位-至柱國 父勳追錄 觀國公		27/450
141.-라⑬	敬珍	平陽太守絳州刺史	元約	布憲中大夫		35/626
142.-라⑭	司馬裔	大將軍 刺史	侃	有功-授使持節儀同三司 開府刺史		36/646
143.-라⑯	劉志	開府刺史 縣公 贈大將軍	子明	☎上士 帥都督 涼州別駕		36/650

NO-基本NO	有功者名	최종직·작	子名	아들의 직·작	특기사항	周書卷쪽
144.-라⑰	耿豪	開府刺史	雄	至大將軍		29/495
145.-라⑱	劉雄	柱國 郡公(戰歿)	昇	父親戰歿-儀同大將軍		
146.-라㉔	楊纂	大將軍·郡公刺史	睿	至上柱國 郡公		36/636
147.-라㉖	陽雄	大將軍·總管郡公	長寬	至儀同大將軍	아들-善附會爵祿保全	44/797
148.-라㉗	泉企	開府刺史 郡公	元禮	洛州자사	孫 貞-儀同	
149.			仲遵	開府刺史 郡公	孫 항 本縣令起家	44/787·9
150.-마①	盧柔	中書監 開府	愷	☎齊王記室-上士·下大夫		32/563
151.-마③	盧光	中大夫刺史 郡公	賁	開府儀同大將軍		45/808
152.-마⑤	鄭孝穆	開府刺史	翊	納言 大將軍		35/610
153.			譯	☎무제의 給事中士-上大夫柱國	隋文帝佐命	35/611
154.-마⑧	鄭頂	☎員外散騎常侍縣伯 太府少卿	常	撫軍將軍·通直散騎常侍-上開府饒陽侯	立義와 累次戰功	36/635
155.-마⑨	崔謙	開府刺史·郡公	曠	☎中外府記室, 開府刺史	四寸友愛同財	35/613·4
156.-마⑩	崔說	大將軍刺史·縣公	홍도	上柱國 郡公		35/614
157.-마⑪	崔猷	開府中大夫 郡公	仲方	儀同大將軍 下大夫		35/616·7
158.-마⑫	崔彦穆	上大將軍 郡公	君綽	丞相府賓曹參軍		36/640·1
159.			君肅	☎道王侍讀 潁川郡守		36/641
160.-마⑭	王雄	柱國 國公	謙	父勳累遷開府·國公襲爵-上柱國 總管	柱國사양(反堅擧兵)	19/320 21/352·3
161.-마⑰	王光	開府 縣公	軌	☎下士-上士-下大夫·上大將軍	輔城公으로 섬기라하고	40/671

NO-基本NO	有功者名	최종직·작	子名	아들의 직·작	특기사항	周書卷쪽
162.-마⑱	王士良	上大將軍 刺史	德衡	儀同大將軍		36/639
163.-마⑳	唐瑾	開府·刺史·縣公; 中大夫(禮吏納言御正4旬 동안에)	令則	下大夫 隋 太子左庶子		32/564·5
164.-마㉒	侯植	開府 郡公 贈大將軍	定	車騎大將軍 儀同三司	武帝-知植忠誠-特免	29/506
165.-마㉓	寇儁	秘書監 開府	奉	儀同大將軍 刺史 縣公		37/659
166.			顒	儀同大將軍 下大夫 郡公		37/660
167.-마㉕	申徽	尙書 開府 刺史	康	刺史·下大夫上開府		32/556·7
168.			敦	郡守		32/557
169.			靜	郡守		32/557
170.			處	上開府 縣侯		32/557
171.-마㉖	李彦	尙書 開府 縣伯 軍司馬	昇明	中大夫 儀同大將軍		37/666
172.-마㉙	李遷哲	開府刺史郡公	敬猷	大都督 儀同大將軍	父兵통령	44/792·3
173.-마㉚	楊乾運	開府刺史郡公	端	梁州자사 儀同三司	父親歸附卽拜	44/794
174.-마㉛	韓盛	車騎大將軍 儀同三司郡守	謙	大都督		34/594
175.-마㉝	李延孫	刺史儀同郡公	人傑	開府刺史郡公		43/774
176.-마㊲	劉璠	中大夫 郡守	祥	萬年令	著 梁典	42/764·5
177.-마㊵	蕭撝	開府刺史郡公	濟	中外府記室參軍; 郡守 儀同		42/752·3
179.-마㊶	蕭世怡	開府·刺史郡公	子寶	楊堅相府典籤		42/754

NO-基本NO	부친이름	본인기가관	최종직·작	특기사항	전거
1.	李穆	渾-☎左侍上士	隋 大將軍·襲國公	一族徙嶺外	수서37/1123
2.	李賢	崇-☎州主簿	隋 上柱國總管		수서37/1123
3.	鄭孝穆	譯-☎武帝給事中士	周上大夫; 隋刺史	隋文帝佐命	수서38/1136

NO-基本NO	부친이름	본인기가관	최종직·작	특기사항	전거
4.	于謹	義-☎大統말直閤장군	周上柱國	"貴戚"	수서39/1145
5.	于義	宣道-☎左侍上士	周上儀同	아들志寧	수서39/1146
6.	于義	宣敏-☎右侍上士	隋 奉車도위	早卒	수서39/1147
7.	源 纂 隴 西王	雄-☎북위말秘書郎	周·隋刺史		수서39/1154
8.	王顯	誼-☎明帝中侍上士	周總管 隋 國公		수서40/1168
9.	祥-周靈武太守	慶則-☎周말中外府 行參軍	周總管; 隋尙書右僕		수서40/1174
10.	韋경	洸-☎直寢上士	周柱國郡公; 隋總管		
11.		協-☎周말著作佐郎	隋 柱國자사		수서47/1168
12	柳慶	旦-☎周左侍上士	隋 黃門侍郎事		수서47/1272
13	柳慶	肅-☎周齊王憲文學	隋 工部侍郎	柳昻子調隋秘書郎 기 가 (4 7 - 1279)	수서47/1274
14.	牛允-尙書	弘☎中外府記室上士	隋 秘書監 禮部尙書		수서49/1297
15.	彧 魏侍中	禮成☎大統中著作郎	周 刺史 郡公		수서50/1316
16.	長孫紹遠小宗伯	覽-☎大統중東宮친신	隋 刺史		수서50/1328
17.	達奚慶-표기대장군	長孺-☎大統中奉車도위	大將軍; 隋上大將軍刺史		수서53/1349
18.	賀婁景賢	子幹-周무제司水上士	周上開府; 隋刺史		수서53/1351
19.	史靜 周刺史	萬歲-☎周武帝侍伯上士	刺史; 隋 柱國		수서53/1234
20.	王慶遠周刺史	長述-☎大統中員外散騎侍郎	周 柱國大將軍		수서54/1361
21	李弼	衍-☎周初千牛備身	柱國 刺史		수서54/1362
22.	元季海	亨-☎西魏末千牛備身	刺史; 隋太常卿		수서54/1365

NO-基本NO	부친이름	본인기가관	최종직·작	특기사항	전거
23.	令狐整-大將軍 刺史	熙-☎一時名士로 吏部上士	中大夫; 隋 尙書		수서56/1388
24.	于寔	仲文 ☎名公子로 趙王屬	柱國; 隋 右翊衛大將軍		수서60/1450
25	于翼	璽-☎周武帝右侍上士	上大將軍 刺史		수서60/1457
26	宇文盛	述-☎周武帝때 父勳으로 開府	上柱國 國公; 隋 左右衛大將軍 國公		수서61/1463
27.	元禎魏자사	巖-☎宣威장군武賁給事	內史中大夫	宣帝에 無罪피해	수서62/1475
28.	裵俠, 中大夫	肅-☎給事中士	總管府長史		수서62/1486
29.		張奫-☎北周 州主簿	隋 總管		수서64/1510
30.	吐萬通자사	緒-☎撫軍장군	周大將軍; 隋總管		수서65/1537
31.		房熊-☎州主簿-郡守	아들彦謙-隋刺史; 손자가 玄齡이다		수서66/1561

이상 西魏·北周 官僚的 門閥士族 5集團 211家의 諸子의 관계진출은 東漢 이래 지속된 辟召制의 확대와 起家官에 따라 운영되었다. 起家官은 본래 9品中正制에서 西晉이래 그 官品이 문제되어 鄕品二品을 中正이 裁定하면 최후로 2品官까지 승진한다는 약속이었다. 그러나 9品中正法은 곧바로 門閥士族化하여 鄕品이 才·人地보다는 門地, 곧 家格에 따라 결정되어 秘書郞 著作佐郞에서 起家하는 것을 영예로 생각하였고, 尙書郞 奉朝請의 순위가 있었으며, 승진에도 영향을 주었다. 史書에도 "起家"이나 "釋褐"·"出身"이라는 용어를 반드시 사용되어 필자도 이를 『周·隋書』각자 열전에서 수집·정리하였다. 그 결과, 員外散騎常侍(5명); 上士(8명)를 中外府의 記室이나 參軍(6명)을 비롯하여 開府 帥都督 黃門侍郞 千牛備身 下士 縣令 王附侍讀이나 記室 등 약 40명을 탐방하였다.

西魏·北周시대 起家官의 사용은 대체로 河東柳氏를 비롯한 關隴首望集團

인물들이 많아 六鎭의 반란이후 자신들의 종래의 지위를 확보·발전시키려는 적극적인 노력으로 이해된다.

또한 대다수 官僚的 門閥士族의 諸子는 官職·爵이 父兄은 아래1등급 혹은 아래2등급에서 시작하여 머지않아 공로에 따라 승진·승작하고 있었다. 이는 주로 代郡武川人 宇文氏를 비롯한 鮮卑族의 경우와 漢人 關隴豪右集團에 많아 이들의 정치사회 그리고 경제문화상의 지위를 확보하려는 사정에서 太祖가 추진한 壯士封侯事業에 적극 동참하고자 擧義-歸附-有功하였기 때문이라고 할 만하다.

또한 벽소가 확대되어 일반화한 듯 싶다. 그것은 太祖를 비롯한 于謹·達奚武·尉遲迥 등 行軍元帥가 부대를 재편성할 때에, 諸將중에서 선발하였다. 이때에 각급 지휘체제상의 지휘관 부관 등의 유력한 인물을 행군원수 자신이 직접 선발 혹은 유력자의 推薦을 받아 편성하고 임무를 수행한다. 이런 과정에서 유공자의 子弟를 추천하는 것은 매우 자연스런 현상이라 할 수 있다.

왜냐하면 西魏·北周의 관료적 문벌사족들은 立功할 때에, 父兄을 따라 戰鬪·有功한 측면이 농후하다. 또한 앞서 말한 賜姓과 虜姓再行 그리고 平涼同盟이래 等夷·朝政合議 등의 정치군사적 和合의 차원이 추진되었던 사정에서도 이해할 수 있었다. 따라서 起家官이나 辟召를 통하여 일단 정계에 진출하면 승진코스에 따라 유공하여 승진·승작이 이루어진 것이다. 그런데 그 당시의 승진·승작에 관련된 승진코스가 아직 설정되어 있지 않다. 현재 그 당시 軍額·編制 등을 알 수 없어 後學의 완성을 기대하면서 잠정적으로 昇進코스를 『魏書』「官氏志」와 『周書』 卷24 盧辯傳 卷末에 보이는 『周禮』에 입각하여 어렵게 작성하였다는 「周官品表」를 참조하여 만들어 보았다. 즉, 戍主-幢主-軍主-統軍-別將-都督-帥都督-大都督-車騎大將軍·儀同三司(開府儀同大將軍)-驃騎大將軍·開府儀同三司(上開府儀同大將軍)-大將軍-(上大將軍)-柱國大將軍-(上柱國)(괄호안은 周武帝의 改稱·增設)에 이르기까지 오직 有功에 뜻을 두고 매진하여 魏晉北朝·北齊시대의 門閥士族制와 흡사한 말하자면 官僚的 性格이 농후한 官僚的 門閥士族制를 확립하였다고 고려한다. 그것은 西魏·北周에서 州郡의 大吏인 長史, 司馬, 司祿, 功曹, 主簿 그리고 別駕 등을 중앙에서 파견하는 등의 一元化를 추진하여 門閥士族

의 기반인 鄕黨·宗黨의 自衛力을 국가에서 흡입하여 鄕兵, 곧 府兵制國家 나아가 수당제국으로 발전하였다는 측면이 없지 않아 보이기 때문이다.

아울러 封爵은 주서 열전에 서위·북주시대 官僚的 門閥士族의 개인적인 공적에 따르는 작위와 봉호를 등록하고 있어서 필자는 이를 정리하여 5集團 공적상황표의 D항에 놓았다. 封爵 先秦이래부터 시행되었다. 先秦이래 봉작은 本貫이나 因家한 郡縣 등의 명칭에 공로의 大小를 평가하여 縣男(200戶)－縣子(300戶)－縣伯(500戶)－縣侯(800戶)－縣公(1000戶)－郡公(2000戶)－國公(萬戶)를 책정하여 襲爵은 父兄보다 아래1 혹은 2등급에서 시작하였고 戰歿의 경우는 父兄의 작위를 그대로 습작하고 있으며, 아들이 많을 경우는 허가받아 于謹·史寧처럼 分授하였으며, 楊忠의 부친 楊禎에게 주국대장군을 추증하고, 북위말 효무서천 때에 王·樊씨가 고환에 항거하였다가 高歡·高敖曹에 실패하고 피해를 입었다. 태조는 樊深의 부친 保周를 남영주자사, 숙부 歡周를 의동삼사를 贈하여 끌어들여 관료적 문벌사족제의 지향을 반영하고 있었다.

실제로 于謹의 사례를 살펴보자. 河南洛陽人 于謹은 '王佐才'를 가져 北魏말 靈太后를 알현하여 특별히 別將에 발탁되었다. 尒朱天光을 따라 万俟醜奴를 평정하여 石城縣伯 봉읍500호를 받고 太祖의 夏州長史로 「都關中計」를 제시하여 효무제를 영접하고 태조를 따라 潼關을 정복하고 迴落城을 격파하여 使持節 車騎大將軍 儀同三司 北雍州자사에 오르고 藍田縣公 봉읍1천호를 받았다. 또한 弘農을 복구하고 沙苑戰에서 대공로로 常山郡公 봉읍1천호를 증액받았다. 아울러 河橋戰과 稽胡 劉平伏을 토평하여 대도독 恒·幷等5州諸軍事 大將軍 恒州자사에 진출하였다가 太子太師에 올라 태조를 따라 栢谷塢를 攻拔하였다. 불리하였던 邙山戰에서 동위군을 교란시키고 華州자사로 司空에 올라 400호을 증읍받고 柱國大將軍에 진출하였다. 북제 문선제가 稱帝하여 태조의 後軍大都督으로 유공하여 一子에게 鹽亭縣侯 읍천호를 別封받았다. 그리고 5만군으로 江陵을 평정하여 新野郡公 읍2000호를 받았고 宇文護를 도와 魏周혁명을 달성하여 燕國公 邑萬戶에 올라 朝政을 諸公과 合議하였다. 무제 武定3년에 三老로 존숭받아 政治要綱을 제시하여 접수하였고, 우문호의 東伐에 관한 武略을 제시하고 雍州牧으로 天和3년에 향년76세로 사망하였다. 주무제가 親臨하여 本官에 使持節 太師 雍·恒等20州諸軍事 雍州刺史를 추가하여 贈하고 시호 文을 주었다. 于謹은 자손이 蕃衍하여 모두 위 표에서 보는 것처럼, 顯達하였으니, 그 당시 비길만한 자 없었다.[138] 따라서 于謹은 자신의 군사적 대공로와 대책략 그리고 諸子의 유공·현달로 말미암아 貴하고 盛大한 宗族으로 성장하였다. 이는 또한 北魏시대에 1皇后 4贈公 3領軍 2尙書令 3開國公으로 貴盛이루었다는 于勁[139]의 동생 天恩의 5대손이 于謹이니, 西魏·北周시대에 貴盛을 再現한 것이다. 아울러 그 당시 貴盛이라 하였던 竇熾·毅 一家(毅의 次女는 唐高祖 太穆皇后이었다)[140]와 西京盛族이라 하였던 原州의 隴西人 李賢·遠·穆 一家[141]와 함께 새로운 門閥, 곧 필자가 말하는 官僚的 門閥士族의 대표적인 宗族으로 浮上한 것이다.

따라서 平涼同盟 이래 西魏·北周의 官僚的 門閥士族들이 西魏의 발전과정에서 정치 군사적으로 有功하여 통치집단에 편성되고 善政하여 封爵·封戶 그리고 別食·別封의 禮遇를 받고 통치대열에 합류함으로써, 종래 문벌사족를 更新한 관료적 문벌사족제 사회를 확립하였다고 생각한다. 다만 西魏정부는 이러한 關隴의 首望·虜姓首望 그리고 광범한 동 지역의 호우세력을 편성하여 鄕兵(=府兵)의 군사력으로 정권을 발전시켰으니, 有功者에 대하여 封爵과 封戶를 賜與하여 예우하는 것은 당연하다. 다만 규정된 封戶의 租賦를 全額 收斂할 경우 나라의 財政상의 문제가 야기되기 때문에, 三分의 一정도를 收斂할 수 있도록 하는 散秩이 추진하였고, 事例 그러는 과정에서 于謹 楊忠 등 유력한 관료적 문벌사족에 대하여 別食조치를 추진하였다고 생각된다. 왜냐하면 唐前期에 문제가 되던 食實封의 先例라 할 수 있기 때문이다.

한 가지 덧붙일 상황은 胡漢融合이 더욱 구체적으로 추진되었다는 것이다. 북위 孝文帝의 漢化는 우수한 漢文化를 통하여 낙후된 鮮卑族의 정치 사회 경제 문화적 발전을 추구하여, 일부 洛陽에 진출한 선비를 발전시킨

---

138) 『周書』 卷15 于謹傳, p.250.

139) 『北史』 卷23 于栗磾傳 附 于勁傳, pp.844-5.

140) 『周書』 卷30 竇熾傳 卷末 p.520 및 史臣曰, p.529-30.

141) 『周書』 卷25 李賢·遠傳과 史臣曰, p.424.; 同書 卷30 李穆傳·동 史臣曰, p.530.

것은 사실이었다. 북위말 留鎭한 대다수 선비인들은 낙후·반발하여 육진반란으로 발전하였다. 태조 우문태는 平涼同盟－翊戴받아 關隴을 평정하고 河東·洛州 등지를 略定하는 도중에 擧義－歸附한 세력 그리고 襄陽 漢中 蜀 江陵을 통합하고 저간에 稽胡를 비롯한 氐 葛 羌 獠族을 토평하는 가운데 대부분 歸附·和睦을 추진하여 이른바 이하, 곧 호한이 기꺼이 복종하였다는 사정이 그것이고 漢人에 대한 虜姓賜與를 비롯한 조치는 호한융합의 사례라고 하지 않을 수 없다. 또한 江陵을 평정한 후에 몇몇 梁帝室 출신자와 士族官僚를 우대하고 관직·봉작 그리고 別食도 사여하였다. 특히 劉璠은 北周초에 同化郡守로 항복한 羌族500家와 인근에서 歸附해 온 700家를 德化하였다.[142] 이처럼 劉璠이 펼친 德化야말로 장차 추진해 나갈 胡漢融合의 街道로 좋은 선례라고 아니할 수 없다.

또한 劉璠은 『梁典』30권, 文集20권 있었다. 『梁典』은 임종 시에 아들 祥에게 "내 뜻을 이루려거든 그것이 이 책에 있다"고 하였다. 祥은 부친의 有志로 이를 繕寫하여 一家로 勒成하였다. 잠문본은, "劉璠은 저술에서 의심나는 것, 믿을만한 것의 詳略을 잘 나타내고 屬辭比事로 잘 정리하였으니, 근래의 佳史라 할만하다"고 평가하였다.[143]

5. 結　言

北魏말 豪傑 太祖 宇文泰는 賀拔岳과 悠久하여 그의 別將으로부터 行原州事, 하발악 關西大行臺 左丞, 夏州刺史에 올라 輿望의 인물로 떠올라 侯莫陳悅에게 하발악이 피해를 입자, 韓褒의 「去留之計」를 수용하여 諸將들의 翊戴를 받아 諸將과 더불어 侯莫陳悅 등을 평정하여 平涼同盟의 盟主로 부상하였다.

태조는 于謹이 제시한 「都關中之計」에 따라 孝武帝를 영접하여 서위정권을 확립하였다. 新生 西魏는 大統초년에 蘇綽의 戶籍정리－授田－租賦를 수

142) 『周書』 卷42 劉璠傳, p.764.

143) 『周書』 卷42 劉璠傳, p.765; 同 史臣曰, p.769.

납하여 徵兵을 통하여 對東魏戰을 전개하고 그 과정, 곧 沙苑의 대승을 계기로 關隴首望의 자발적인 義徒集團의 擧義－歸附한 군사력을 鄕兵으로 흡수하고 府兵制를 점차 확대·강화하였다. 저간에 洛州·河東을 略定하는 데에 성공하였지만, 河橋戰으로부터 불리하더니 邙山戰의 대패배를 맛보고 이른바 "廣募關隴豪右 以增軍旅"의 조치로 군사력을 크게 확대·강화하여 마침내 玉壁에서 韋孝寬이 大勝하고 達奚武가 漢中, 尉遲迥이 蜀 그리고 于謹이 江陵을 함몰하여 北齊 약체 陳과 더불어 三國鼎立을 이루었다. 또한 北周 宇文護의 전횡에도 불구하고 北周武帝는 사상통제와 군비증강에 전력을 기우렸다. 결국 無愁天子 北齊 後主의 사치·음란 그리고 북제정국에서 전개된 胡漢사이의 모순·갈등으로 名將 斛律明月을 주살하는 등의 혼란 중에, 周武帝가 부폐·무능한 북제를 평정하였다. 무제의 한 가지 잘못은 태자의 과오를 改善匡正하려는 노력은 많이 하였지만, 잘 안되어 輿望이 넘치는 제왕 憲을 太弟로 삼아 문제를 처리하는 방법을 생각하지 않아 태자가 즉위하였으니 宣帝이었다. 宣帝는 父帝의 장례기간이 너무 많다고 불평하고 父帝奉送조차 하지 않았다. 그는 輿望이 있던 叔父인 齊王 宇文憲을 于智로 하여금 허위로 반역한다고 고발시켜 살해하고, 5皇后를 설치하였으며, 어린 靜帝에게 禪位하고 四輔官을 설치하는 등 나라의 儀典을 멋대로 바꾸고 時宜에 알맞지 않는 5王을 就國시키는 등 탐욕·포악이 난무하였다. 다만 선제 때에 이룬 군사적 성취는 名將 韋孝寬이 淮南을 평정하여 천하통일을 앞당긴 일이었다.

이상과 같이 諸단계에서 有功한 官僚的 門閥士族 중에 開府權을 갖는 直前·直後에 大中正을 加官형식으로 賜與한 20여 사례가 西魏일대에 추진하고 있었다. 이는 서위시대에 州郡의 大吏인 長史 司馬 司祿 主簿 別駕 등을 중앙정부에서 임용하는 권력을 집중하는 一元化의 정책방향에 따라 有望한 關隴세력을 포용하는 방향에서 추진한 것으로 이해된다. 말하자면 종래 門閥士族의 폐쇄적인 문벌주의 폐쇄성을 극복하는 차원에서 文武兩兼의 관료적 문벌사족의 성격을 강화하려는 정책적 차원으로 추진한 것이다. 蘇綽의 「六條詔書」擢賢良이나 蘇綽 등의 제정한 中興永式 등에서 구체적으로 정리·실천을 지시한 것이다. 필자가 작성한 총괄표에서 유공자 개인마다 人·才地를 등록한 이유도 이에 있다.

또한 太祖가 漢人 官僚的 門閥士族에 대하여 虜姓을 賜與한 宇文氏 등 50여 事例도 대부분 開府權을 갖는 直前·直後에 褒賞형식으로 사여하고 있었다. 이는 朴漢濟교수가 결론한 親族化의 일환으로 추진했을 뿐만 아니라, 유공자의 전투력을 강화하여 虜姓을 再行하고 賜姓받은 서위의 관료적 문벌사족이 親族처럼 협력하여 장차 宇文周政權의 확립·발전에 주체적 담당자일 것을 요청하는 태조 우문태의 강력한 意志라고 하지 않을 수 없어 보인다.

問題는 有功者에 대한 昇進 昇爵 그리고 子弟에의 起家官과 襲爵이다. 이에 대한 완성된 연구는 아직 보지 못하여 『주서』 권24 盧辯傳 卷末 周官品表와 同書 列傳을 읽는 과정에서 이해한 내용을 통하여 정리하고 특히 승진코스는 등장하는 장군호와 각급 장군이 통령하는 軍額과 編制를 알 수 없기 때문에, 후학의 완성을 기대하였다. 잠정적으로 戍主－幢主－軍主－統軍－別將－都督－帥都督－大都督－車騎大將軍－儀同三司－驃騎大將軍 開府儀同三司－大將軍－柱國大將軍에 진출하는 과정에서 공로에 따라 수여하고 승진·승작시켜 활약하게 한 것이다. 다만 『通典』에 보이는 公侯伯子男의 五等爵이 『周書』列傳의 封爵과 封戶 그리고 승작상황은 유공자 本貫이나 因家한 郡縣의 명칭에 공로의 大小를 평가하여 縣男(200戶)－縣子(300戶)－縣伯(500戶)－縣侯(800戶)－縣公(1000戶)－郡公(2000戶)－國公(萬戶)의 封(昇)爵과 封戶를 공로에 대한 賞與로 책정·적용한 것으로 이해하였다.

결국 서위·북주 관료적 문벌사족제의 승진 습작은 유공자의 父兄의 기가관은 대체로 아래4등급에서 시작하여 앞시대와 거의 같았으나, 습작은 부형이 아래1등급이나 아래2등급에서 시작하고 유공에 따라 襲爵하였으며, 정부의 허락을 받아 諸子에게 分授허거나, 유공자의 부친에게 官職·爵을 贈 혹 追贈하였다고 파악하였다. 이는 파격적인 대우로 종래 문벌사족제의 폐쇄성을 극복하는 방안이라는 측면이 반영이라 할 수 있다. 그리하여 다수의 諸弟諸子孫이 유공하여 大將軍 柱國大將軍 國公(郡公)에 진출하여 (上)中大夫 六官의 長次官 및 지방의 總管刺史나 刺史의 업무를 담당하는 통치계급에 편성·활약한 것이다.

그 결과 于謹처럼 자손이 蕃衍·顯達함으로써, 영예가 비길만한 인물이 드물어 "貴盛"이라고 상찬받았으니, 虜姓首望의 대표적인 사례로 서위·북주의 관료적 문벌사족의 實態로 보았다. 또한 北魏말 1皇后 4贈公 3領軍 2尚書令 3開國公을 배출한 于勁의 경우처럼, "貴盛"을 更新하여 "盛族"이 된 것이다. 아울러 隴西成紀人 李賢 李遠 그리고 李穆이 서위·북주의 관료적 문벌사족으로 성장하여 西京盛族이라 하였다. 그런데 佳史家 李延壽는 李賢의 本貫을 "自云隴西成紀人"이고 李陵의 후손으로 기록하고 있어서[144] 종래의 문벌사족이라고 하기보다 竇熾·毅의 一家와 함께 西魏·北周시대 성장한 "盛族"이라고 해야 할 것 같다. 따라서 이런 關隴首望集團의 출신인물들을 포함한 盛族을 비롯한 서위·북주의 관료적 문벌사족들은 벽소나 起家官으로부터 관직을 받아 누차에 걸쳐 有功하고 昇進·昇爵·襲爵하여 封戶를 받고 大官에 진출·활약한 중심으로 하는 관료적 문벌사족제를 이룬 것이다. 다만 盛族이라 한 李賢의 一族과 竇熾·毅의 一族이 본래 胡人이거나 胡化漢人으로 차기 정권의 건설자 楊堅과 李淵이 胡化漢人이었다. 周明帝, 隋文帝, 唐元皇帝(李昞=唐高祖 부친)가 獨孤信의 따님에 장가들고 唐太宗이 長孫氏에 장가들었으며, 당고조는 胡化漢人 竇毅의 차녀에 장가들어 태종을 낳았다. 이분이 太穆皇后이다. 당태종은 『貞觀氏族志』를 편찬하여 天下1等을 희망하여 宗室과 外家를 높혔고, 公主主壻는 有功名臣家에 취하도록 하였다. 8세기 唐玄宗초 사학자 柳芳은 竇氏를 虜姓首望에 포함하고 關隴首望 중에 有功-大官에 오른 인물이 많은 六姓, 곧 京兆韋·杜氏, 弘農楊氏 河東裵·薛·柳氏를 關中郡姓, 곧 關隴首望으로 「姓系論」에 등록한 것이다. 그 결과 西魏·北周 그리고 隋唐政權의 주체적 담당자로 이들 "盛族"의 후손과 동 시대의 關隴首望을 함께 評論함으로써, 命名된 時宜에 알맞은 통치집단이라 할만하다. 따라서 필자는 그 기반인 서위의 성립과 발전 그리고 북주정권에서 활약한 관료적 문벌사족의 有功하고 大官에 이르러 封爵·封戶로 예우받던 상황을 구체적으로 분석·고찰하여 이들을 이른바 관롱집단의 초기형태로 보고 정리한 것이다. 따라서 이들은 또한 민족적으로 胡漢融合, 入關한 山東·山南의 大族을 包括하고 有功-禮遇하였으며, 특히 그들의 遺産(東晋南朝文化)을 정리·보관하여[145] 統治集團 사이의 화합을 이루웠다. 나아가 주무제의 平齊와 韋孝

---

144) 북사 卷59 이현전, p.2105.

145) 『周書』 卷32 唐瑾傳, p.564-5에 당근이 于謹의 江陵平定元帥府長史로 江陵의 衣

寬의 淮南평정은 隋文帝의 開皇·唐太宗의 貞觀의 盛時의 景狀를 이룬 기반을 확보하였다.

冠대오를 僕隷에 빠지지 않도록 하고, 兩車分量의 서책만 가져와 보물을 가져온 것이라고 무고 받아 태조가 伸理하여 名人이 되었다. 同書 卷15 于謹傳에 宋渾天儀 등 珍寶와 ·서책 등을 수합하여 凱旋한 사정이 보인다. 또한 同書 卷30 于翼傳, p.523에 ; 同書 卷4 明帝紀, p.60-1에, 정리한 사정이 보인다.

〈Abstracts〉

Establishment and Development of SiWei西魏, PeiGou北周 and Studies of Great Bureaucratic Clans

Kim, Bong-Jung

A hero UunTai宇文泰 in late PeiWei北魏, subdued KuanLung關隴 region with the generals of PingLiang平涼 alliance, and established SiWei西魏 regime with HuoWuDi孝武帝. He controlled HeuDueng河東, Shu蜀, and GiangLing江陵 and established three-state rivalry with the help of powerful military groups of HouHan胡漢 in KanLung關隴. In addition, WuDi武帝 of PeiCGou北周 controlled PeiGai北齊, and UeiHouKuan韋孝寬 did HuaiNan淮南, thus made an early unification possible.

In this process there appears gigantic clans who, mostly from the generals and their children who contributed to the political changes, were able to secure bureaucratic status and power. These were the great bureaucratic clans of KuanLueng關隴 who seized the power during Ssue隋 Dynasty and WuTzeTien武則天 period.

Some of the clans were the great clans of ShanDueng山東, iangLing江陵, hey pursued east-west and north-south reconciliation of the Chinese, assimilation of HouHan胡漢, secured the historical relics of DuengGinNanChao東晉南朝 of GiangLing江陵, thus established cultural assimilation of NanPeiChao南北朝. Therefore, great bureaucratic clans of SiWei西魏, PeiGou北周 and their descendents advanced to the politics of SsueTang隋唐, and played a central role in the making of GenGuan貞觀 of SsueUnDi隋文帝 and TangTaiTzueng唐太宗.

第2章
北周末 尉遲迥 등의 叛亂
- 周隋革命의 端緖로써 -

〈目　次〉

Ⅰ. 緖　言

隋王朝는 魏晉이래의 분열을 통일하고 다음 왕조인 唐과 連稱하여 隋唐帝國이라 한다. 이 시대는 先秦이래 중국의 문물제도가 다시 집대성되어 차기에 계승·발전되었을 뿐만 아니라, 주변국가에 파급되어 7세기에 東亞文化圈을 형성하였다. 이러한 수왕조의 건설자 楊堅에 대하여 趙翼은 "양견과 같이 천하를 쉽게 얻은 자 없다"[1]고 하여 周隋혁명이 容易하였음을 지적하였고, 王夫之는, "북주의 宣帝 때에 능히 자립할 수 있었던 韋孝寬, 楊惠, 李德林, 高熲 및 李穆 등이 后父(선제 양황후의 부친)인 양견을 일치단결하여 奉戴함으로써 주수혁명이 이루어졌다"[2]고 하였다. 그렇지만 수백 년 이후에 전개된 王夫之의 新正統論과는 차원이 다르다고 생각된다.

근래에도 이 문제에 대한 논의가 분분하고 그 대표가 布目潮風, 谷川道雄 양씨의 견해이다. 포목씨는 楊堅이 外戚으로 권력을 펼 수 있는 상류 중의 하류의 家格이라는 宮崎市定씨의 논설[3]을 받아들여 8柱國 12大將軍을 西

1) 趙翼, 『二十二史箚記』 卷15, 隋文帝殺宇文氏子孫條, 臺北, 1969.
2) 王夫之, 『讀通鑑論』 卷18, 陳宣帝條.
3) 宮崎市定, 『隋의 煬帝』, 人物往來社, p.35, 1965.

魏·北周의 최고 문벌로 규정하였다. 이 문벌은 종래 한인 문벌사족제와는 그 자태를 달리하는 형태로 고찰이 가능하다고 보았다. 또한 魏周혁명이래 북주정권을 專制한 宇文護의 주살에 이어 양견의 장녀를 황태자비로 책립한 것은 권력구조 상의 어떤 함수관계가 있다고 하였다. 아울러 그 결과 양견의 지위가 상승되었다고 하였다. 그리하여 宣帝의 측근 內史·御正系의 劉昉·鄭譯 등의 관료사족이 꾸민 矯詔를 통하여 승상으로 皇帝輔政을 이루었다고 논설하였다. 또한 顔之儀 등 楊堅에 반대하는 宮中의 관료적 문벌사족을 억압하여 정권을 장악하였다는 呂思勉씨의 견해[4]를 수용하였다. 또다시 양견은 정권을 안정시키기 위하여 尉遲逈 등 반대세력과 무력결전을 통하여 반란을 평정하고 북주의 전제권을 장악하여 마침내 주수혁명에 성공하였다[5]고 지적하였다.

한편 谷川道雄은 周隋혁명을 위진 이래 반복된 혁명의 형태, 곧 현왕조 내부에 이를 압도하는 군사적 세력이 발생하고 현왕조의 존립을 위협하는 內亂과 外寇에 대하여 군사적 수훈을 세우고 곧이어 禪讓이라는 형식을 통하여 신왕조의 출현과는 다르다고 전제하였다. 양견은 宇文泰이래 무훈으로 대관에 이른 대표인물이었고, 그와 비견되는 武人士族이 많아 그의 훈공이 보잘 것이 없었다. 그리하여 그가 宣帝의 舅氏였으나, 同輩諸家에 대하여 절대적 우위를 보증 받지 못하는 약한 입장에서 무력적인 강제에 의하여 정권을 탈취하는 데에 성공한 이유는 鄭譯·劉昉 등 內史·御正系의 관료적 문벌사족이 양견의 무력에 의지하여 정권을 장악하려는 것을 이용하였다고 하였다. 그리고 후술하는 바와 같이 後梁의 朝議와 같은 유리한 입장에서 사태를 先取하였기 때문[6]이라고 하였으나, 그 실태에 관해서는 양자 모두 소략하고 있다. 필자 또한 楊堅이 北周말 승상이 됨에 따라 야기된 尉遲逈 등의 反楊堅세력의 거병과 주수혁명에 이르는 진전과정에 대해서는 차기로 미룬바 있다.

---

4) 呂思勉,『兩晉南北朝史』臺北., 1978, p.772.

5) 布目潮風,『隋唐史研究』참조, 동『隋唐帝國の 成立』岩波 世界歷史 5. 古代5. pp.245-254.

6) 谷川道雄,『隋唐帝國形成史論』제3편 4장「周末·隋初の 政界」,「周隋革命の 經緯に ついて」

따라서 楊堅과 그 반대세력의 家系·官歷·動向 및 尉遲迥 등의 반란경위를 실제적으로 분석·검토하여 반란의 성격을 규명하고 이를 서위·북주이래 통치집단 內部의 갈등으로 이해하고 나아가서 관롱집단의 내부적 성격변화의 일환으로 파악하고자 한다.

Ⅱ. 楊堅과 그 反對勢力의 基盤

楊堅은 弘農華陰人으로 東漢 太尉 이름 높은 楊震의 後孫이다.[7] 楊震의 14대손 鉉이 後燕의 北邊 北平태수였다가 北魏가 北平을 병합하여 아들 元壽가 北魏초에 武川鎭司馬에 진출하고 자손이 무천진과 朔州의 인근 神武樹頹에서 因家하였다. 또한 아들 惠嘏와 孫子 烈이 太原군수 역임하였다.[8] 아울러 양견의 조부 禎은 寧遠장군으로 北魏말 義徒를 결집하여 鮮于脩禮軍과 싸우다가 전몰하여 北周 保定 중에 아들 楊忠의 著勳으로 柱國大將軍 郡公에 추증되었다. 楊忠은 狀貌瓌偉·武藝絶倫·將帥志略이 있어 北魏말 尒朱氏의 統軍·都督으로 활동하다가 고환의 전횡으로 獨孤信과 함께 효무제를 따라 入關하여 潼關·回落城 그리고 동위 장수 辛纂을 격파하여 유공하고 沙苑·邙山에서 大功을 세워 누천 大都督 刺史 驃騎大將軍 開府儀同三司에 올랐다. 그리고 梁 岳陽王 蕭詧을 복종시키고 柳仲禮를 평정하여 漢東을 획정하고 普六如氏를 賜姓받았다. 또한 于謹을 따라 江陵을 함몰하였고 柱國 達奚武와 함께 司馬消難의 來附를 지원하여 柱國大將軍에 진출하였다. 周武帝 保定원년 *隨國公 邑萬戶*를 封받고 竟陵縣 1千戶를 別食받아 그 租賦를 거두어 들였다. 이후 對北齊戰에 참가하여 유공하였지만, 실패도 하였다. 주무제가 太傅로 삼고자 했지만, 晉公 우문호가 자신에게 붙이지 않는다고 반대하여 總管 涇州자사에 올랐다. 곧이어 우문호를 따라 북제평정에 나서 많은 하사품을 받았다. 천화3년 병졸하였다.[9] 한 가지 문제는 양충의 大將軍에 진출한 시기이다. 554년 우근을 따라 강릉을 평정하러 갈 때에, 楊忠은 大將

7) 『隋書』와 『新唐書·宰相世系表』의 내용이 서로 달라 명확하지 못하다.

8) 『周書』 卷19 楊忠傳 p.314; 『新唐書』 卷71下 宰相世系 pp.2346-8.

9) 『周書』 卷19 楊忠傳 pp.314-9.

軍으로 참가하였다.[10] 그러나 이 사실이 양충의 本傳에는 보이지 않아 우문태가 추진한 관료적 문벌사족(제)에서 昇進·昇爵 그리고 賜姓은 대체로 대공로를 세운 직후에 실시하였기 때문에, 양충이 柳仲禮를 평정하여 漢東을 略定한 공로로 普六如氏를 賜姓받을 때라고 하는 것이 타당하리라고 생각한다. 특히 이 문제는『주서』권16 권말에, 8柱國大將軍 12大將軍을 并列하여 門閥로 규정하고 있다는 사정이 기록되어 있다.[11] 또한 필자는 서위·북주의 관료적 문벌사족(제) 라는 졸고를 작성 본 논문집 제1편 제1장에 삽입하였다. 즉, 양충은 8주국 12대장군의 한 사람이었고 아들 양견이 有功·襲爵하고 대장군, 주국대장군에 진출 마침내 수문제로 登極한 것이다.

이제 그의 功績에 관한 구체적 내용을 살펴보자.

隋文帝 楊堅은 柱國大將軍 隨國公 邑萬戶에 진출한 양충의 아들로 大統7(541)년 6월 馮翊 般若寺에서 태어나 太學에서 受業받았다. 나이 14세에 京兆尹 薛善의 功曹, 15세에 太祖 宇文泰가 부친의 勳功에 근거하여 散騎常侍車騎大將軍 儀同三司에 발탁하여 나이 16세에 驃騎大將軍 開府儀同三司에 올랐다. 또한 北周 明帝가 즉위하여 小宮伯 大興郡公에 올랐다. 무제 즉위하여 隋州자사 大將軍에 진출하였다. 周武帝의 北齊평정 때에 水軍總管으로 有功하여 柱國大將軍에 진출하였다.[12]

이상과 같은 楊忠·堅부자의 功績을 보면, 西魏·北周에서 편성·발전한 관료적 門閥士族制下에서 襲爵·起家官 및 職·爵 昇進에 관한 好例로 부친의 아래1·2등에서 기가 승진·승작하고 있었다.

결국 양견의 父祖는 胡化漢人으로 六鎭亂후 분분했던 병란 중에 탁월한 武勳으로 西魏·北周에서 정치·군사적 핵심세력, 곧 관료적 문벌사족의 중추적 멤버로 종래 사회적 지위와 기득권을 행사하던 관료적 문벌사족세력을 대표하는 주요 멤버였다.

아울러 양견은 주국대장군으로 북제의 잔여세력이었던 北齊 任城王 高諧

10)『周書』卷2 文帝 下, p.35.

11)『周書』卷16 卷末 pp.271-3.

12)『隋書』卷1 高祖 上 pp.1-2.

를 冀州에서 격파하고, 定州·亳州총관을 거쳐 宣帝즉위하여 소환하여 上柱國 大司馬를 제수하였다. 다시 4輔官을 설치하여 大後丞, 右司武 및 동 首官인 大前疑에 올라 황제에 대하여 善政을 펼칠 것을 간절히 충간하였다. 황제는 그의 忠諫을 받아들이지 않고 오히려 그를 제거하고자 하였다. 宣帝 楊황후의 지원과 同學 鄭譯의 奏請으로 大象2년 5월 陽州총관에 전임명령이 나왔지만, 발이 아파 출발하지 못하였다.13)

그리고 양견은 그의 家格, 武勳, 官歷 등으로 보아도 宇文泰이래 諸將에 비하여 결코 약한 입장이라고 할 수 없다. 이는 武帝가 建德初 晉公 宇文護를 주살하고 그의 장녀를 皇太子妃로 책립하였고, 총관 등의 외직과 내직의 추요를 두루 역임한 그의 경력은 적어도 양견에게는 그의 武功에 대한 補償이고 反宇文護派로 받은 핍박에 대한 황제의 慰撫라고 할 수 있으며, 황제는 양견을 통하여 관료적 문벌사족으로 황제권을 강화하려는 정치적 함수관계라고 할 수 있다. 그러므로 양견이 약한 입장에서 무력에 호소하여 군사적 구태타로 정권을 획득하였다는 견해는 타당하지 못하다. 또한 揚州총관에 전임되어 발이 아파 부임하지 못하였다는 것은 적어도 양견을 둘러싼 세력들에 의한 구태타의 준비를 示唆하는 사실이라고 할 수 있다.

그러면 양견을 둘러싼 세력과 그들의 활동은 어떠한가? 이들은 『隋書』列傳에 등장하는 인물은 거의 포함되어 있었고 劉昉·鄭譯을 비롯한 李德林·高熲 등 內史·御正系와 李孝貞, 崔仲方 등 山東에서 入關하여 李穆·韋孝寬 등과 함께 西魏의 관료적 문벌사족집단에 합류하였다. 먼저 內史·御正系 관료적 문벌사족의 동향을 보자. 宣帝는 太建 12년(580) 5월 甲午에 法駕를 갖추어 天興宮에 行幸하였으나, 이튿 날 예고 없이 환궁하여 그의 寵臣인 小御正 劉昉과 御正中大夫 顔之儀에게 後嗣부탁에 관한 말을 잇지 못하자, 유방은 太子가 幼沖하고 양견은 后父로써 重望이 있음을 보고 內史上大夫 鄭譯과 의논하고, 御食大夫 柳裘, 內史大夫 韋謨 및 御正下士 皇甫績과 더불어 양견을 끌어드려 幼帝輔政을 종용하였으나, 굳게 사양하였다. 이에 유방 등은, "공이 만약 수락하지 않으면, 昉 등이 스스로 하겠다"고 强勸하자, 楊堅은

13) 『資治通鑑』卷174 陳紀 陳宣帝 太建12年 6月 癸巳條. p.5408.

수락하였다. 여기서 유방·정역 등이 양견을 끌어드려 종용한 것은 양견의 공적과 관력 상에서 탁월하고 정역과는 同學 舊友로 友誼 또한 있었으며, 양견의 容貌가 비범하여 마음을 다하여 結友하였다는 사정에서 알 수 있다. 실제로 양견이 宣帝에게 시기를 받아 죽음을 면하지 못하게 됨에 적극 변호하였던 상황을 고려하면 鄭譯·劉昉과 타협하고 內史·御正系 官僚적 門閥士族들을 설득하여 동참하게 하여 사태의 추이를 先取하였던 것으로 보인다.

곧이어 宣帝가 사망함에, 유방·정역 등은 비밀리에 發喪을 미루고 양견을 總知內外兵馬使라는 矯詔를 작성하여 같은 顧命臣 顏之儀에게 서명하도록 강요하였다. 그는 황제의 뜻이 아니라고 보고, "지금 趙王이 幼帝와 가깝고 阿衡(=재상)의 임무는 宗英이 담당하여 충성을 다하여 나라를 보위하게 해야지, 어찌 神器를 타인에게 빌려줄 수 있으랴! 之儀는 오직 죽음이 있을 뿐 先帝를 속일 수 없다"고 항거하였다. 유방·정역 등은 그가 굴복하지 않을 것을 알고 代署하여 추진하자, 諸衛는 양견의 節度를 받았다.

그런데 『通鑑考異』에서 顏之儀는 宦官과 더불어 大將軍 宇文仲을 끌어들여 幼帝를 輔政하고자 하여 仲이 御座에 이르렀을 때에, 정역이 이를 알고 급히 楊惠·劉昉 등과 함께 들어감에 宇文仲과 안지의가 당황하는 중에, 양견이 기회를 선취하여 假皇鉞 左大丞相에, 漢王 宇文贊이 右大丞相에 올랐다. 명의상 우대승상이 上格이었으나, 양견이 百官을 總括하였다. 이에 宇文贊은 禁中에서 어린 황제와 함께 동석하여 양견 일파에게 불편하였다. 이에 유방은 미녀를 우문찬에게 바치면서, "대왕은 宣帝의 동생으로 重望이 있고 어린애가 어찌 대사를 감당하리오? 지금은 人情이 동요하고 있으니, 집에 가셔서 기다린 후에 天子에 오르는 것이 좋은 방도"라고 종용하자, 그는 연소하고 비상하지 못하여 믿고 따랐다.

처음 유방·정역 등은 楊堅이 大冢宰, 鄭譯은 小司馬를 겸하고 유방은 소총재를 희망하였으나, 양견은 이를 은밀하게 李德林에게 묻자, "마땅이 公이 大丞相 假皇越 都督中外諸軍事이어야 하고 그렇지 않으면 무리들을 압도할 수 없다"고 충고하였다. 장례가 끝나고 李德林의 주장대로 東宮에 丞相府를 설치하였으나, 朝廷臣下들이 방황하고 추종하지 않아 盧賁은 숙위병을 장악하고 公卿을 소집하여, "富貴를 원한다면 隋公을 도와야 한다"고 하여 거취가 분명하지 못한 자를 懷柔하거나 抑壓하였다. 이리하여 유방·정역 2인은 뜻을 이루지 못하여 원망하였다. 이리하여 鄭譯이 丞相府長史, 劉方이 同司馬, 德林을 同司椽 그리고 高熲으로 同司錄으로 삼아 親楊堅勢力의 핵심멤버가 결성되었다.

그런데 이들의 출신을 보면, 유방은 輕狡·奸邪하고 선제의 총애를 받았던 인물이고, 정역은 산동 문벌사족 출신으로 효무제를 따라 入關하여 관료적 문벌사족에 합류하고 활약하였다. 皇甫積은 韋孝寬의 외손, 高熲은 名門으로 渤海脩人이지만, 胡化漢人이다. 부친 高賓은 東魏에서 西魏로 망명하여 獨孤信의 僚佐를 지냈고 아들 高熲은 양견과 그 부인이 개인적으로 친숙한 관계를 가진 인물이다. 그리고 李德林은 北齊에서 文筆로 名望이 있었고 武帝가 平齊 때에, 그를 얻은 것을 무엇보다 기뻐하여 山東지역 인물을 採用하는 일을 위임하였다. 결국 이들은 종래의 문벌사족출신으로 서위·북주의 통치집단에 합류하여 문무양겸적인 능력을 통하여 봉사함으로써, 관료적 문벌사족제에 편성·활약하다가 다시 자신의 지위·기득권을 재건하여야만 되는 정치사회적 공통점과 동질성을 가져 지식인으로서의 職務와 명예보다는 周隋혁명이 예견되는 상황에서, 양견과 같은 군사적 능력자에게 적극 봉사한 것이다.

다음으로 일반적인 職掌에서 보면, 宣帝의 장례 때에, 양견은 楊惠로 하여금 북주의 종실 제왕의 반발에 대비하여 6千騎로 陵幸을 호위하게 하였다. 李孝貞과 李諤은 함께 趙郡人으로 북제에서 사환하다가 무제의 平齊로 入關하여 宣帝말 吏部하대부로 양견이 승상이 되어 거병한 尉遲迥에 대하여 韋孝寬을 따라 평정하였고, 李孝貞·鄂은 天官府 都上士로 양견의 奇表를 보고 내심 적극 결합하였고[14], 李顎은 양견이 승상에 오르자, 「重穀論」을 주청하였다.[15] 崔彭·崔仲方은 博陵安平人으로 崔彭은 御正上士로 양견이 승상에 오르자, 陳王 宇文純의 음모를 사전에 방지하였고,[16] 崔仲方은 우문태의 제자 및 양견과 동학으로 양견이 승상에 오르자, 時務18事를 상주하였고 은밀

14) 상게서 卷57·李孝貞 p1405.

15) 상게서 卷66·李諤傳. p.1543.

16) 상게서 卷54, 崔彭傳. p.1369.

하게 즉위를 권고하였다.17) 柳裘와 柳昂은 하동해인으로 유구는 강릉함몰 직전에 請和使로 入關하여 麟趾學士를 역임하고 양견을 奉戴하였으며, 그 당시 名望이 컸던 幷州總管 李穆을 친양견세력으로 회유하였다.18) 柳昂은 무제 때에 大內史로 백관이 그의 문하에서 나온다고 할 정도로 이름 높았다. 선제 때에 疏斥받았다가 양견이 승상이 되자, 내심 적극 결합하여 대종백에 올랐으며,19) 趙煚·趙芬은 天水西人으로 조경과 양견과의 특별한 밀착관계는 보이지 않으나, 양견이 승상에 오르자, 대종백으로 주수혁명 때에 璽紱을 바쳤고,20) 趙芬은 宣帝말 東京小宗伯으로 尉遲迥과 司馬消難이 은밀히 왕래하여 모의하는 것을 탐지하여 밀고하였으며,21) 楊尙希는 홍농화음인으로 宣帝말 司憲中大夫로 尉遲迥의 모의를 간파하고 양견에게 상주하였다.22) 따라서 이들은 앞서 말한 관료적 문벌사족으로 변신하여 자신들의 입장을 세우려는 정치사회적 공통점이나, 동질성에서 친양견세력으로 적극 활동한 것이다. 또한 이들은 內史·御正系의 관료적 문벌사족과 함께 西魏로부터 唐前期에 이르는 강력한 정치집단이라는 관롱집단에 흡수되어 이 집단의 구성분자가 확대된 것이다.

이러한 상황에서 북주말 관료적 문벌사족에는 顔之儀처럼 北周종실을 輔政하려는 인물은 없고, 鄭譯·劉昉처럼 북주의 體制를 유지하여 자신들의 입장을 재건하는 동향이라고 할 수 있다. 그리고 李德林 등 北齊출신은 처음부터 丞相制를 도입하여 楊堅을 추대하고 북주체제를 혁파하고 漢魏체제의 복구를 추진하려 한 것이다.

그리고 관료적 문벌사족에 속하는 인물을 보자. 李穆은 隴西成紀人으로 우문태 이래 그 무공이 막대하였고 북주말 병주총관으로 尉遲迥이 거병하여 그에게 사자를 보내 회유하고자 하였지만, 오히려 그 使者를 감금하고 양견에게 보고하였다. 아들 士榮은 양견을 적대하도록 권고하였지만, 거부하고

17) 상게서 卷60, 崔仲方傳. p.1484.
18) 상게서 卷38, 柳裘傳. p.1139.
19) 상게서 卷47, 柳昂傳. p.1278.
20) 상게서 卷46, 趙煚傳. p.1250.
21) 상게서 卷46, 趙芬傳. p.1251.
22) 『資治通鑑』 卷174 陳紀8 宣帝 太建12(580) p.5415.

소유하던 13환금대를 양견에게 바치고 天命에 따라 즉위할 것을 密表하였으며, 양견 또한 李渾 등을 보내 회유하였다.[23] 李崇은 처음 尉遲迥에 호응하려 하였으나, 숙부 李穆이 양견에게 귀부하였음을 알고, "合家하여 富貴者는 10여명인이나 되는데, 나라를 일으키지 못하고 무슨 면목으로 천지간에 대하랴" 하고 개탄하였지만, 韋孝寬이 매번 풍유하여 양견에게 합류하였다.[24] 楊素는 홍롱화음인으로 양견이 승상에 오르자, 내심 양견에 결합하고 변주의 刺史로 尉遲迥 평정에 공로를 세웠다.[25] 竇榮定은 扶平平陵人으로 그의 처가 양견의 昧(안성장공주)로 매우 친근하여 양견이 승상에 올라 금중의 숙위를 담당하였으며, 尉遲迥 평정에도 공로를 세웠다.[26] 李安은 隴西狄道人으로 양견의 심복이었다. 그의 숙부 璋(刺史)과 동생 哲(儀同)이 경사에서 趙王과 통도하여 양견을 도모하고자 하였다. 즉, 李安에게 "말을 해도 不義이고 감추어도 不忠이니 忠義를 잃고 어찌 立身하랴"고 회유하였다. 이에 이안은, "승상은 부친으로 어찌 배반하랴" 라 하고 양견에게 고백하여 조왕은 주살되고 璋·哲은 이안의 간절한 호소로 죽음만을 면하였다.[27] 段文振은 渤海기원인으로 尉遲迥이 거병하고 그의 노모·처자가 鄴城에 있는 것을 알고 끌어드리려 하였으나, 그는 양견에게 귀부하여 丞相府掾으로 司馬消難을 평정하는 데에 공로를 세웠다.[28] 王長述은 涇州覇城人인이요 信州總管으로 王謙이 그를 끌어드리려 하였으나 使者를 가두고 王謙을 평정하는 對策을 제출하였다.[29] 宇文沂은 朔方人으로 양견과 友誼가 두터워 양견이 승상에 올라 더욱 親對하여 尉지형 평정에 큰 공로를 세웠다.[30] 元景山은 하남낙양인으로 북주말 亳州총관에 나아갔다가 宇文胄와 尉지형이 통모하고 사자를 보내 회유하였지만, 그는 사자를 가두고 양견에게 보고하였으며, 사마소난 평정

23) 상게서 卷37, 李穆傳. pp.1116-7.
24) 상게서 權37 李崇傳 p.1123.
25) 상게서 卷48, 楊素傳. p.1282.
26) 상게서 卷39, 竇榮定傳. p.1150.
27) 상게서 卷50, 李安傳. pp.1322-3.
28) 상게서 卷60, 段文振傳. p.1458.
29) 상게서 卷54, 王長述傳. pp.1361-2.
30) 상게서 卷40, 宇文沂傳. p.1165.

에 공로를 세웠다.[31] 元諧는 魏종실로 양견과 동학으로 友誼가 깊었고 양견이 승상이 되자, "공은 지원하는 黨援이 없어 마치 물속 堵墻처럼, 위태로우니 勉强하십시요"라고 당부하였으며, 尉遲逈 평정에 有功하였다.[32] 于仲文는 하남낙양인으로 宣帝말 幽州총관이었다. 尉遲逈이 사자를 보내 끌어드리려 하였다. 그러나 그는 사자를 양견에게 압송하고 尉遲逈 평정에 공로를 세웠다. 아들 于讓을 양견에게 보내어 勸進表를 올렸다.[33] 그리고 長孫平은 하남낙양인으로 어려서부터 양견과 우의가 두터워 尉遲逈이 거병함에, 양견은 淮南의 賀若弼이 두마음을 가질까 걱정하고 長孫平을 보내 예방하였다.[34]

이상과 같이 西魏 宇文泰이래 관료적 문벌사족은 관롱집단의 핵심세력으로 군사적 훈공자라는 공통점과 서위·북주의 樞要官을 장악하는 등의 정치사회적 동질성을 가진 이들이 이미 魏周혁명에서 자신들의 領袖인 宇文氏를 봉대하여 北周를 건설한 것처럼, 이들 혹은 그 후예들도 북주에서 화려한 武勳을 세우고 정치면에서 추요를 장악하고 관료적 문벌사족이 봉대한 양견을 天命이라는 美名으로 추대함으로써, 자신들이 피땀흘려 쌓아놓은 정치사회적인 지위와 기득권을 온전하게 하고 영달하고자 하는 입장에서 北周의 匡國을 내세운 尉지형의 회유를 단연코 거부하고 오히려 反楊堅세력을 평정하고 주수혁명을 성취시켜 隋의 지배계층으로 편성된 것이다.

한편 反양견세력으로 일부의 관료적 문벌사족과 북주종실로 대표는 尉遲逈, 司馬消難 王謙 그리고 宇文胄와 諸王이었다.

尉遲逈은 代人이고 그 선조는 北魏의 別種으로 尉遲部로, 이로부터 姓氏가 나왔다고 한다.[35] 부친 俟兜은 도량이 크고 재능과 智略이 있어 宇文泰의 누이 昌樂長公主에 장가들어 逈·綱을 낳았다. 그는 일찍이 두 아이를 불러 病床에서 머리를 쓰다두면서, "너희는 貴狀이지만 네가 볼 수 없어 한스럽

31) 상게서 卷39, 元景山傳. p.1152.

32) 상게서 卷40, 元諧傳. p.1170.

33) 상게서 卷60, 于仲文傳. pp.1451-2.

34) 상게서 卷46, 長孫平傳. p.1154.

35) 姚薇元, 『北朝胡姓考』 第4 四方諸姓 尉氏項 p.194에, 尉遲氏의 原住地는 大非川, 곧 現在 青海 布哈河 代 京(大同)의 西部이다.

다. 너희는 마땅히 근면하여라"고 유언하였다. 尉지형은 어려서부터 총민하고 큰 뜻이 있어 많이 베풀었다. 西魏초 大丞相府 帳內都督, 서위 文帝의 金明공주에 장가들어 駙馬都尉에 올라 우문태를 따라 弘農을 탈환하고, 沙苑戰에 공토를 세워 尙書左僕射 兼領軍장군에 올라 文武에 재능을 발휘하여 우문태의 신임을 받고 儀仗宿衛를 관장하였다. 그의 최대의 武勳은 蜀을 평정한 것이다. 그때에 후경이 渡江하여 建康을 포위하자, 양원제는 강릉에 鎭치고 西魏에 請和하여 내부모순을 안정시키려 하였지만, 동생 武陵王 蕭紀가 蜀에서 기병하여 원제를 공격하는 틈에 宇文泰의 지원으로 蜀을 평정한 것이다. 북주 효민제 천조하여 柱國大將軍 益·潼 등 18州諸軍事 益州자사를 제수하여 漢 郭去病의 功勞에 비교하여 蜀國公을 封하자, 관료적 문벌사족 집단의 쟁쟁한 인물로 부각되었다. 또한 그의 손녀를 宣帝에 납비하여 尉遲황후였다. 까닭에 尉遲逈은 외척의 측면에서도 양견과 對等하였고 大前疑, 總管 등을 역임하여 軍功과 位望면에서 양견에게 결코 뒤지지 않는 입장에서 거병하였다.[36]

또한 司馬消難[37]은 河內溫人으로 부친 子如는 북위 말 大行臺郎으로부터 齊神武의 대행대 尙書로 황제의 좌우에서 東魏의 軍國機務에 참여하고 天平초에는 尙書左僕射로 高隆之 등과 朝廷을 이끌어 信望이 컸고, 북제 문선제 때에 太尉로 명망이 높았다. 消難은 어려서 총명하고 經史를 섭렵하였지만, 矯飾을 좋아하고 명예를 구하였다. 북제에서 著作郎으로부터 邢子才·王元景·魏收·崔瞻 등과 교유하였고, 곧이어 부마도위·광록훈을 거쳐 예주자사에 나아갔으나, 문선제의 포학으로 王弟 上黨王을 모해하고자 함에, 결국 北周에 망명하여 大將軍 滎國公에 올라 북주의 관료적 문벌사족에 합류하였다. 그 후 무제의 평제에 공로를 세우고 선제 때에 大後丞에 옮겨 그의 손녀를 靜帝에 納妃하여 외척이 되어 交州총관에 나아가 尉遲逈에 호응하여 거병하였다.[38]

그리고 王謙은 太原人으로 부친 雄은 서위 말 12大將軍 중에 1인이었다.

---

36) 『周書』 卷21, 尉遲逈傳. pp.351-2.
37) 『北史』 卷54, 司馬子如傳. pp.354-5.
38) 『周書』 卷21, 司馬消難傳. p.354.

王雄은 용모가 아름답고 어려서부터 책략이 있어 永安말 賀拔岳을 따라 入關하여 정서장군 금자광록대부, 효무제 서천하여 都督으로 누차의 軍功으로 大將軍에 올랐다.[39] 북주에서는 晉公 護를 따라 從軍하였으나, 전사함에, 朝議상 아들 겸에게 柱國大將軍을 제수하였다. 그러나 왕겸은 恭謹하여 재능이 없어 朝議를 固辭하여 그만 둔 일이 있었다. 武帝의 平齊친정 때에는 습작한 庸公·읍만호를 박탈당하는 수모를 받기도 하였으며, 평제의 대공으로 익주총관에 나아가 거병하였다.[40]

이 밖에 북주 종실 宇文胄가 자사로 호응하였고[41] 諸王의 양견을 謀害하려는 공작이 있었다.[42]

이상과 같이 반양견세력은 그 지도급인물을 제외하면 『周·隋書』列傳에 보이지 않지만, 이들은 대부분 서위이래 관료적 문벌사족 및 그 자손으로 앞서 말한 것처럼, 同質性·共通點을 가져 양견일파의 獨走, 곧 역성혁명에 대하여 북주지배질서의 持續선상에서 자신들의 입장을 선양하려는 의도로 擧兵·呼應한 것이다.

Ⅲ. 反亂의 經緯와 性格

楊堅은 西魏 文帝 大統7년(541) 6월 馮翊 般若寺에 탄생할 때에, 절 안에 紫氣가 충만한 가운데, 女僧이 河東으로부터 와서 呂氏(양견의 생모)에게, "이 아이는 보통 아이와는 달라 세속에 있어서는 안 된다. 별관에서 스스로 양육할 것이라"고 하고 밖으로 나갔다. 여씨가 문득 아이의 머리를 보니 뿔이 나 있었고, 몸에 비늘이 있어 크게 놀라 아이를 땅에 떨어뜨렸다. 곧 여승이 돌아와, "아이가 이미 놀랐으니 천하를 늦게 얻겠다"는 믿기 어려운 이야기를 하였다.[43] 이는 그 당시 불교가 성행하여 사상계를 석권하였던 점과

39) 상게서 卷19, 王雄傳. p.320.

40) 상게서 卷21, 王謙傳. p.353.

41) 상게서 卷10, 宇文顥-什肥-胄傳. p.154.

42) 상게서 卷13, 文閔明武宣諸子傳. 趙僭王의 楊堅謀害사건pp.202·3; 畢王 宇文賢不平大言 p.207이 있었을 정도이다.

『隋書』의 主篇者가 이름 높은 魏徵으로 唐의 정당성을 확립하려는 입장에서 편찬할 때에, 숭불로 피폐되었다는 관점에서 삽입한 야담일 것이다. 이런 입장과 관점 뿐만 아니라 그가 보통사람과 다른 점이 있어서 북주일대에 경계하였던 인물이었다.

예를 들면, 그가 16세 때에 宇文泰가 그를 보고 탄식하여, "이 아이의 風骨은 代人과는 다르다"[44]고 하였다. 明帝 즉위하여 善相者 趙昭를 보내 그를 살피게 하였다. "柱國정도에 이를 인물이다"고 거짓 보고하였다. 조소는 은밀히 楊堅에 대하여, "공은 마땅히 君이 될 것이다"고 하였다.[45] 북주의 실권자 우문호는 그를 더욱 시기하여 누차 그를 해치려 하였지만, 그의 여당 侯伏侯壽 등이 도리어 변호하였다.[46] 무제 親政期에도 齊王 宇文憲이, "普六茹堅은 상모가 보통사람이 아니고 볼 때마다 스스로를 잃고 깨닫지 못하니 사람아래의 인물이 아니다. 일찍이 제거함이 可하다"고 주청하였다. 무제는, "이 일은 다만 장군에게만 있겠는가?"[47]라 하였다. 또한 內史大夫 王軌가, "황태자는 社稷을 지킬 인물이 되지못하고 普六如堅은 叛狀이니 제거하여야 할 것"을 요청하였다 이에 황제는, "이 일은 다만 장군에게만 있겠는가"라고 하여 위기에서 벗어났다. 개다가 선제 즉위하여 后父로써 上柱國 大司馬에 오르고 樞要官인 大後丞 右司馬 그리고 大前疑에 나아가 황제가 순행할 때마다 숙의를 장악하였다.

이때에 황제의 刑經聖制가 너무 가혹하여 이를 완화시켜 興化하는 방도를 펴야한다고 간절히 충간을 올렸으나, 받아드려지지 않았다. 이로 말미암아 또한 楊堅의 位望은 더욱 극성하게 되어 황제는 오히려 양견을 시기하여 살해코자 하였다. 또한 황제는 4幸姬를 거느려 모두 황후로 竝立하였다. 이들은 楊皇后를 비롯하여 吳人 朱황후, 대장군 山提의 여식인 陳황후 개부 長孫盛의 여식 元황후 그리고 尉遲逈의 손녀 尉遲황후로 황제의 총애를 독점하

43) 『隋書』 卷1, 高祖 上, p.1.

44) 同 上.

45) 同 上.

46) 『周書』 卷11, 晉蕩公宇文護傳 史臣曰. p.182.

47) 『隋書』 卷1 高祖 上. p.1.

고자 경쟁하였다.[48] 楊황후는 성품이 柔婉하여 4황후 등이 모두 공경하였다. 후에 황제가 昏暴이 심하여 양황후가 이를 간절히 충간하다가 마침내 황제의 노여움을 사서 황후에게, "너의 家를 族滅하겠다"고 선언하고 좌우에게 양견을 부르게 하였다. 좌우에게, "만약 안색이 변하면 즉시 살해하라"고 명령하였다. 그러나 양견은 入侍하여 태연자약하자 그만두었다[49]는 상황들이 있었다.

이상과 같이 양견은 출생과 같이 보통이 아닌 인물로 북주일대에 여러 차례 위기를 모면하였던 상황에서 自身·自家의 입장을 선양하기 위하여 주수혁명을 단행하지 않을 수 없었고 이를 뒷받침하는 事例 또한 보인다. 먼저 來和 등 占卜術士들이 적극적으로 양견의 狀貌에 대하여 변호하고 양견에게는 은밀하게, "立天子云云"하며, 自重自愛할 것을 권하였다.[50] 龐晃은 양견이 隋州자사 때에 비범하다고 생각하여 내심 적극 결합하였다. 양견이 한때에 首都에 머무르고 있을 때에, 매우 환대하면서, "공의 상모가 비상하고 이름이 圖籙에 있어 九·五에 즉위할 것이니, 원컨데 잊지 마십시오" 하였다. 이에 양견은 웃으면서, "무슨 妄言이냐"고 하였으나, 이윽코 한 마리 雄稚가 뜰에서 울자, 양견은 晃에게, "쏘아 맞추면 賞이 있을 것이고 富貴의 날에 증험이 되리라"고 하였다. 晃이 쏘아 맞추자, 양견은 그의 손을 잡고 大笑하며, "이는 天意로써 공이 맞춘 것이다"고 하며 親對하였다. 또한 무제말 북제를 평정하고 定州총관에 나갔을 때에, 晃은 常山태수로 누차 왕래하였다. 이때에 定州城 西門이 오랫동안 폐쇄되어 있었다. 北齊 文宣帝 때에 어떤 이가, "문을 열어 통행에 편리하게 해야 한다고 주청하자, 황제는 불허하여, "마땅히 聖人이 와서 열 것이다"고 하였다. 楊堅이 이 문을 열자, 사람들이 놀랐다는 것이다. 곧이어 양견은 亳州총관에 전임되어 매우 불평하자, 晃은, "燕代는 精兵이 있는 곳입니다. 지금 백성을 움직여 천하를 도모할 수 없습니다" 고 위로하였다. 그 후 양주총관에 부임하라는 명령을 받고 晃과 동행을 요청하였다. 양견이 丞相이 되고 晃은 開府를 제수 받아 執政, 卽位에 공로를 세

48) 『周書』 卷9, 宣帝楊皇后傳. pp.145-6.

49) 『隋書』 卷1, 高祖 上. p.1.

50) 상게서 卷78, 來和傳. p.1773.

웠다.[51]

이상에서 살펴온 것처럼, 양견에게는 內史·御正系의 관료적 문벌사족의 奉戴 그리고 占術的인 諸家 등의 적극적인 조언 등으로 보면, 주수혁명이 성숙되었음을 알 수 있다. 이에 양견은 太史中大夫 庾季才를 불러, "나는 庸虛하지만 顧命을 받았는데, 卿으로서는 天時人事가 어떤가"라 하여 은근히 역성혁명의 시기를 물었다. 季才는, "天道는 가히 살피기 어렵고 사사로히 인사를 점치는 것은 이미 정해진 조짐을 맞추는 일이다. 공이 어찌하여 다시 箕潁之事를 얻으려하십니까" 라고 부정적으로 대답하자, 楊堅은 오랫동안 묵연하다가, "진실로 君子의 말이로다" 라고 하였다.[52] 이때에 獨孤부인에 양견에게, "대사는 이미 騎虎之勢로 그만둘 수 없다"고 하여 양견과 그 일파에게 역성혁명을 촉구하였다.

그렇지만 사태는 양견이 예견한 것처럼 북주종실의 끈질긴 음모와 尉遲迥 등이 거병하였다. 그것은 북주의 封建·藩屏적 성격을 趙王을 비롯한 5왕이 匡國하려는 노력이 있었다. 말하자면 양견이 승상이 되어 5王의 변란을 걱정하여 趙王 宇文招의 千金公主가 突厥에 출가함을 구실로 삼아 入朝를 하명하였다. 이때에 宣帝의 장례를 끝마친 후에, 雍州牧 弼王 宇文賢이 5王과 함께 양견을 도살하려는 음모, 곧 趙王 宇文昭의 王邸에 주안상을 마련하여 제거하려는 음모가 누설되어 元胄와 王弘의 機智로 위기를 모면하였다.[53] 이 밖에도 북주 종실제왕은 누차에 걸쳐 양견을 모살하고자 하였으나, 번번히 李圓通의 필사적인 보호로 어려움에서 벗어나곤 하였다.[54] 이처럼 어려운 상황에서 비록 矯詔이기는 하지만, 左大丞相으로 幼帝를 輔政하고 국가의 어려움을 극복해야 한다는 名分으로 사태를 糊塗함으로써, 그의 執政을 강화하여 반대세력을 평정할 수 있는 명분을 마련한 셈이었다.

한편 反楊堅側 尉遲迥, 사마소난 그리고 왕겸 등의 입장은 어떠한가? 尉遲迥은 그의 모친이 우문태의 妹(昌樂大長公主)로 北周종실과 관련이 깊고 서

---

51) 상게서 卷50, 龐晃傳. pp.1321-2.

52) 상게서 卷78, 庾季才傳. pp.1766-67.

53) 상게서 卷36, 文獻獨孤皇后傳. p.1108.

54) 『隋書』 卷64, 李圓通傳. p.1507.

위말 蜀을 평정할 때에, 큰 공로와 모친에 대한 효성으로 宇文泰로부터 袞冕章을 받았으며, 蜀人에게 베푼 惠政으로 頌德碑까지 세운 것을 보면,[55] 輿望의 인물 중의 한 사람이었다. 아울러 자신의 손녀가 幼帝의 황후로 大前疑라는 최고관직을 역임하는 등 그 지위·명망은 컸다. 사마소난은 비록 북제로부터 망명해왔으나, 북제평정에 공로를 세웠고 선제 때는 大後丞에 올라 樞要를 장악하였으며, 그의 令姬가 靜帝의 황후로 책립되어 外戚으로 장차 北周의 활발한 정계활동을 예상할 수 있었다. 그리고 王謙은 그의 부친 王雄이 12大將軍 중의 한 사람으로 관료적 문벌사족 집단의 중심인물이었다. 또한 부친의 공로를 세습하라는 朝議를 사양하여 재능이 없는 그로서는 도리어 자신의 위망을 선양하였을 것이다. 또한 尉遲迥 등이 역임한 大前疑, 大後丞 그리고 總管 등 樞要를 담임한 것은 적어도 그들의 무훈에 대한 보상이라는 의미도 있었을 것이며, 楊堅의 경우처럼 그들을 통하여 황제권을 안정시키고 강성한 관료적 문벌사족을 유호하려는 의미 또한 있어서 尉遲迥 등은 국가의 樞要官 혹은 元老로써 자신들이 세운 나라의 부강을 도모해야 한다는 사명감이나 남에게 빼앗기지 않아야 한다는 입장에서 반양견세력을 糾合·擧兵한 것이다.

이제 반양견세력의 투쟁경위를 『資治通鑑』권174와 『周書』, 『隋書』의 해당 본기와 열전를 종합하여 살펴보자.

먼저 尉遲迥의 경우를 보자.

처음 양견이 幼帝를 輔政함에 있어서 尉遲迥의 位望이 두터워 그가 다른 마음을 갖지 않을까 하는 우려로 우선 尉遲迥의 아들 淳으로 하여금, "선제의 장례에 참여하라"는 조서와 함께 부친에 보냈지만, 입조하지 않을 뿐만 아니라 양견이 승상이 된 것은 찬탈의도를 표현한 것이라고 규정하고 거병한 것이다. 그것은 선제말 황제의 명으로 산동·하북을 위무하던 楊尙希가 相州에 이르렀을 때에, 在地의 總管 尉遲迥은 官司에서 발상하였다. 이를 지켜보던 楊尙希는 밖으로 나와, "蜀公은 哭을 하여도 애도하지 않고 보기에도 불안하니, 다른 계책이 있는 듯하다. 내가 지금 떠나지 않으면 장차 어려움

55) 『周書』 卷21, 尉遲迥傳. p.351.

에 봉착하리라" 하고 밤중에 첩경을 따라 돌아와 양견에게 보고하였다. 이에 양견을 韋孝寬을 상주총관, 叱列長乂를 동 자사로 교체하자, 위효관은 下令에 따라 鄴을 따라 나가던 중 朝歌에 이르렀을 때, 尉遲逈의 도독 何蘭貴를 만나 尉遲逈에게서 孝寬을 회유하라는 명령을 받았다는 實吐를 듣고 사태가 변화될까 걱정하여 위효관은 병들었다고 徐行하면서 藥을 구한다는 구실로 사람을 상주에 보내 살피도록 하였다. 때마침 尉遲逈은 효관의 兄子 韋藝로 하여금 영접하도록 명하였다. 이에 韋藝는 엄격한 심문을 받으면서 모반이 확실한 것을 실토하였다. 尉遲逈은 위효관의 추격을 지연시키고자 驛마다 성찬을 마련하여 대접하게 하고 傳馬를 모두 거두었다. 양견도 侯正·破六韓裒 등을 보내 尉遲逈을 회유하도록 파견하였지만, 尉遲逈에게 살해되었다. 이에 尉遲逈은 城中의 文武士人을 모집하여 城北樓에 올라, "양견이 后父의 세력을 빙자하여 幼主를 威服하는 등 신하된 자의 도리를 다하지 못함이 행로에 폭로되었다"고 전제하고, "나는 國舅의 男으로 국가의 안전을 도모하고자 함이다. 어찌 卿등과 더불어 義男을 규합하여 匡國庇民하고자 하니 여하한가" 라 하니, 모인 군중은 모두 명령에 따르겠다고 하여 尉遲逈은 스스로 大總管이라 하고 官司를 설치하였다. 이때에 趙王이 入朝하여 호령하였다. 상황이 이렇듯 진전되자, 양견은 關中兵을 총출동시켜 韋孝寬을 행군원수로 삼고 梁士彦, 元諧, 宇文沂, 宇文述, 崔弘度, 楊素 그리고 李詢 등을 행군총관으로 삼아 토벌하도록 하였다.

한편 尉遲逈측에서는 집단을 결집하였는데, 그것은 尉지형이 총괄하는 9州와 尉遲勤이 통할하는 青州 등 5州에서의 10만 群衆을 포함하여 滎州의 宇文胄, 信州의 李惠, 東楚州의 費也, 潼州의 曹孝遠 및 莒州의 烏丸尼 등은 刺史로서 席毗羅는 서주총관부 司祿으로, 畢義는 前 東平군수로, 乞豆陵惠는 懷縣 永橋鎭將으로 각각 호응하였으며, 石遜(尉遲逈이 설치한 大將軍)은 建州를 韓長業(尉遲逈의 西道行臺)은 潞州를, 鉅鹿과 恒州를, 宇文威는 卞州를, 烏丸尼는 沂州를 檀讓은 趙·亳2州를, 席毗羅는 昌黎下邑을, 李惠는 永州를 그리고 李儁은 懷州를 각각 공격·함락하여 尉遲逈의 세력 또한 상당하였다.

이렇듯 상당한 尉遲逈 측의 威勢에 대하여 양견측에서는 于仲文으로 하여금 檀讓을, 楊素로 하여금 宇文冑를 각각 공격하도록 하였으며, 위효관이 이끄는 주력부대는 尉遲迥과 영교성을 사이에 두고 대치함에 양견은 고경을 監軍으로 보내 행군원수부의 분위기를 일신해서 승세를 잡고 宇文沂·崔弘度 등의 용전분투로 尉지형 등이 자결하고 尉지근 등이 청주로 도주하였지만, 郭衍이 이를 추격하여 격파하였고, 우중문은 단양·석비라를, 양소는 우문주를 각각 격파하여 尉지형이 이끄는 반란은 그 막을 내렸다.

다음으로 司馬消難은 交州총관으로 尉지형이 총관교체의 조칙을 받지 않고 거병하였다는 소식을 듣고 호응하였다. 소난은 처음 幕下의 田廣 등을 심복으로 삼고 총관부장사 侯莫陳杲, 望州자사 蔡澤 등 40여명을 살해하고 통할하던 9주 8鎭을 기반으로 거병하였다. 이때에 東京 소종백 趙芬이 尉지형과 왕래·통모함을 탐지하고 양견에게 보고하였고 양견은 襄州총관 王誼를 행군원수로 삼아 평정하도록 하였다. 소난은 그의 아들 泳을 陳에 인질로 보내 청원하였으나, 원병이 오기 전에 王誼에게 평정되어 陳에 투항하고 말았다.

그리고 王謙은 益州총관으로 司祿 何若昴이 수도에 다녀와 사태를 고하자, 謙은 대대로 국은을 입은 터에 匡國하고자 자신의 통할하던 益潼 등 18州와 嘉渝 등 10州인과 함께 호응하였다. 총관장사 乙弗虔과 익주자사 達奚惎는 험요한 장소를 거점을 삼도록 권유하였다. 隆州자사 阿史那瓌는 蜀人에게 근왕병을 모집함을 알려 정예병으로 거병함이 상책이요. 출병함은 중책이요 셋째 험요지를 거점으로 지키는 것은 하책이라고 건의하였다. 왕겸은 중·하책을 받아들였지만, 동중국을 평정한 양견은 梁睿를 行軍元帥로 삼아 益州로 가던 도중에 達奚惎·乙弗虔 등을 거리고 동진하다가 사자를 양예에게 보내어 속죄하고자 하였다. 왕겸은 이런 사정을 알지 못한 채로 成都를 지키려고 하였으나, 괴멸되어 도주하다가 신도현령 王寶에게 피살되고 말았다. 이로써 3방면의 양견에 대한 거병은 모두 실패하였다.

아울러 약체 주변국의 사정이 양견에게 유리하였다. 먼저 북주의 突厥과의 관계는 복잡하여 간단히 말할 수 없지만, 적어도 양견이 승상이 되고 千金공주를 출가시켰고, 賀若誼를 佗本可汗에 보내 뇌물을 주고 북제의 망명자 高紹義를 송환하도록 하였는데, 타본이 국경에서 사냥을 할 때에 잡아가도록 협조한 것을 보면, 양국관계는 원활하였다. 둘째로 後梁은 西魏때에 于謹의 江陵함몰 이후에 北周·隋初에 이르기까지 保護國으로 명맥만을 유지하고 있었다. 북주말 三方에서 야기된 거병을 보고 諸將들은 梁州에게 거병하여 尉遲迥에 호응하면 장차 삼남지방을 석권할 수 있다고 주장하였다. 梁主는 미루다가 柳莊이 귀환하자, 견해를 구하였다. 유장은 丞相 楊堅이, "내가 開府로 부친을 따라 江陵役에 종군하였다. 梁州는 나를 특별이 우대하면서 후사를 부탁도 하였지만, 지금 나라에 어려움이 있어 梁州가 다른 뜻을 가질까 걱정이니, 君은 귀환하여 나의 이러한 뜻을 알려라" 라고 당부하였다고 전제하였다. 柳莊은, "옛날 袁紹, 劉表, 王陵, 諸葛誕은 모두 일시의 雄傑로 요지를 거점삼아 강병을 가졌으나, 공업을 이루지 못하였다. 지금 尉遲迥은 老將이지만 쇠약하고 사마소난·왕겸은 평범하여 匡國할 수 없다. 또한 北周의 諸將들은 楊氏를 봉대하고 있으니, 결국 尉遲迥 등은 멸망하고 隋公이 반드시 나라를 얻을 것이다"[56]라고 하여 朝議를 번복하였다. 그리고 사마소난이 陳에 망명하려 하자, 陳將 樊毅가 구원하려고 하였으나, 亳州總管 元景山이 이를 격퇴하였고 陳慧紀·蕭摩阿 등이 廣陵을 공격하였지만, 오주총관 于顗가 격퇴시켰다. 이 같은 주변국가와의 사이에 원활한 관계를 유지하고 외교적 노력을 통하여 朝議를 번복하였으며, 陳의 入寇를 격퇴한 사실은 적어도 양견이 삼방의 반란세력을 평정하는 데에 유리하였다.

결국 양견은 580년 10월 相國에 오르고 王爵을 받았으며, 이듬해 2월 9錫의 殊禮를 받고 李穆·梁譽 宇文沂 및 盧賁 등의 受命권고를 받아들여 庾季才가, "九五日 甲子에 즉위함이 좋다"고 한 언급에 따라 태부 紀公 椿에게 책서를, 대종백 趙煚에게 璽紱을 각각 받들게 하여 靜帝로부터 선양을 받아 즉위함으로써 주수혁명을 이루었다.

대략 이상과 같이 진전된 북주 말 반란의 의미·성격은 어떠한가? 기본적으로 이 반란은 周隋혁명의 직접적인 단서이었다. 둘째로 북주일대는 우문호가 전제권을 행사하던 기간, 무제친정에서 선제까지 황제권의 확립시기로 볼 수 있다. 전자의 기간에는 趙貴, 獨孤信, 楊忠 등 관료적 문벌사족 집단의

---

56) 『隋書』 卷66, 柳莊傳. p.1551.

핵심맴버가 晉公에게 항변하여 주살되거나 배척받았다. 후자의 기간에는 이들 집단의 인물들은 중용하고 四輔官과 같은 추요직장을 설치하여 동 집단의 인물들에게 역임하도록 하여 황제권을 강화하였다. 그런데 국가기강의 쇠퇴와 황제의 유약으로 황제권이 도리어 미약해져 동집단의 제장이 상호투쟁을 전개한 측면이 없지 않았다. 셋째로 무훈과 지략 면에서 탁월한 李穆, 韋孝寬, 高熲, 李德林, 楊惠 등은 翕然히 양견을 봉대하여 관료문벌사족의 상향성을 들어냈다. 넷째로 유방·정역 등 또한 관료적 문벌사족 출신들은 문무양겸의 관료적 문벌사족제에 만족하여 士大夫로서의 직무와 책임을 방기하면서까지 실추된 자기네 정치사회적 지위와 기득권을 재건하려는 상향성이 두드려졌다. 다섯째로 친양견세력에 편성된 인물들은 수왕조에서 현달하고 있던 상황을 보면, 매우 추세적 측면이 있지만, 西魏이래 관료적 문벌사족 집단 인물로 서위북주의 관료적 문벌사족집단이 곧 이른바 「관롱집단」으로 이들의 정치군사력이 적어도 中唐시기까지 관철된 것이라고 생각된다.

Ⅳ. 結　論

필자는 北周宣帝의 사망으로 內史·御正系 등 대다수 관료적 문벌사족집단 출신 인물들이 양견을 승상으로 봉대함에 따라 야기된 尉遲迥을 비롯한 사마소난 왕겸 등의 반란에 대하여 살펴보았다.

양견은 父親이래 西魏·北周의 관료적 문벌사족제 편성·활약한 대표적인 인물이다. 동 집단 인물들이 양견을 우두머리로 삼아 四輔官의 정치적 운영 등 선제의 폭정으로 북주통치의 실효성이 상실되던 상황에서 尉지형 등 반대세력을 평정하고 주수혁명을 이룩하였다. 고로 谷川氏가, "양견은 諸將에 비하여 武勳측면이 보잘 것이 없고 절대적인 優位를 보증 받지 못한 약한 입장에서 무력에 호소하여 주수혁명을 성취하였다"는 견해에 동의할 수 없다. 그리고 布目潮渢·呂思勉이, "유방·정역 등이 꾸민 교조를 이용하였다는 부분은 긍정할 수 있지만, 朝廷의 관료적 문ㅂ절사족을 억압하였다는 부분에 대해서는 결코 그런 것이 아니고 관료적 문벌사족집단이 완전한 조직을 가진 것은 아니지만 양견을 중심으로 하는 정치구룹을 편성하여 글 봉대하도록 한 것이고 혹은 그들이 가진 교양과 지식 그리고 군사적인 능력을 발휘하여 황제로 추대한 것이며, 양견은 그들의 헌신적인 봉사를 바탕으로 대다수 조신들 종용하여 황제권을 장악하여 주수혁명을 성취한 것이다. 따라서 王夫之가 宣帝의 유능한 대신들이 양씨를 봉대하였다는 언급은 이로써 주수혁명이 커다란 피해 없이 북주의 군사력, 병기 倉粟을 이용하였던 것을 示唆하는 것이다.

이러한 주수혁명에 대하여 위진 이래 반복된 그런 형태와는 다르다고 곡천씨는 말하였지만, 서위·북주의 관료적 문벌사족의 대표인물이 樞要를 장악하고 平齊하여 화북을 통일하였다. 이러한 터전 위에서 양견이 집정하고 북주종실을 비롯하여 尉지형 등의 반란을 평정하였으며, 외부 돌궐과는 원활한 국제관계를 이루었고 후량의 조의를 번복하였으며, 陳의 침입을 격파하게 하였던 것 등은 군사적 수훈으로 간주되어 위진 이래 반복된 역성혁명과 같은 범주에 속하는 왕조교체일 뿐이다. 아울러 魏徵이, “처음 양견은 외척으로 고명을 받고 잘 다스렸지만, 북주의 舊臣들이 憤惋하여 尉지형·왕겸 등이 항거하다가 실패한 것이다. 이는 사람의 도모하는 것에 그치는 것만이 아니고 하늘의 도움이며, 이러한 기운을 이용하여 주수혁명을 달성하였다”고 한 論贊과 趙翼이, “周隋革命의 용이함은 仁義나 王道 등 儒家의 어려운 국가건설을 무력이나 패도로서 달성하였다는 언급에 대한 의견으로 간주된다. 말하자면 魏徵의 의견은 唐太宗의 「貞觀의 治」를 중시하려는 표현이며, 이런 입장이 趙翼·谷川씨에게 끼친 영향이 아니라고 할 수 없다고 본다.

한편 주수혁명의 과정에서 관료적 문벌사족집단 중에서 匡國하려는 尉지형 등에 대하여 矯詔로 승상이 된 楊堅에게 영합하고 尉지형 등의 반란을 평정하고 공로를 세웠다. 이들은 정치사회적 지위 그리고 군사적인 기득권을 재건해야 한다는 공통점과 동질성을 가져 지식인으로서의 명예와 직무를 방기하면서까지 예견되던 주수혁명과정에서 군사적인 유력자 양견을 봉대함으로써, 그들의 관료적 문벌사족의 지향과 상향성을 드러내었다. 이것은 그 당시의 사회상으로 顔之推가, “당시인들은 道를 행함에 있어서 利世가 아닌 利己한다”는 名言에 귀 기울려 들어야 할 귀감이 된다.

또한 양견측이나 반양견측이나 별로 다름이 없는 관료적 문벌사족집단으로 그 핵심적인 인물이 이른바 관롱 지배집단이라고도 말할 수 있다. 따라서 서위·북주의 관료적 문벌사족제에 편성된 인물들 중에 반양견세력이 폭군 선제의 장례를 계기로 匡國한다는 명분으로 거병하여 실패하여 대다수 관료적 문벌사족의 지향과 실제와 괴리되어 동 집단의 내부적 모순으로 일어났고, 동 집단의 장기발전의 整地作業過程의 성격이 강하다고 이해된다.

따라서 북주말 尉遲迥 등의 반란평정을 통하여 周隋혁명의 端緖를 열고 역성혁명을 성취하였다. 까닭에 서위시대 형성·발전한 관료적 문벌사족집단이 가진 바 건전한 濟世安民적 성격[57]이 魏周혁명을 거친 후, 북제·회남을 평정하여 천하통일을 앞당기는 공적은 매우 큰 것이었지만, 大體없는 宇文護의 16년의 專政과 宣帝의 混暴한 統治는 北周의 관료적 문벌사족에게 절망을 안겨주어 楊堅을 봉대하여 楊隋정권을 건설하여 자신들의 기득권을 보전한다는 방향이 전개된 것이었다. 그리하여 尉遲迥 등 三方의 擧兵과 平定은 隋文帝의 開皇·唐太宗의 貞觀의 景狀이 도출되어 隋唐 世界帝國 融合文化上 人的基盤의 整地작업이었다고 할 만하다.

57) 『周書』卷1 文帝 上 pp.2-3에, "時關隴寇亂 百姓凋殘하여 太祖撫以恩信하니 民皆悅服하여 咸喜日 早值宇文使君하여 吾等豈從逆亂이랴" 하고 있어 豪傑-義勇關係의 설정계기가 된 것이다.

〈Abstracts〉

ULGiGung尉遲迥 Revolt in Late PeiGou北周
– As a Precursor of GouSsue周隋 Revolution –

Kim, Bong-Jung

IangGien楊堅 and ULGiGung尉遲迥 in late PeiGou北周 were from great bureaucratic clans. When IangGien楊堅 became prime minister, his maternal relative ULGiGung尉遲迥 made a military coup against IangGien楊堅. However, the majority of great bureaucratic clans turned against anti-IangGien楊堅 groups for the hope of keeping their existing political and social status.

Therefore, the revolt of ULGiGung尉遲迥 was a part of internal conflict among the great bureaucratic clans of KanLueng關隴 from SiWei西魏 to early Tang唐. Through this revolt, the ruling class of SsueTang隋唐 was able to collect their strength and expanded their power to East Asia.

第2編

隋·唐王朝時代의 官僚的 門閥士族研究

第1章

7世紀 前後 南朝系人士의 動向에 關한 一考察

〈目　次〉

一. 緖　言

六朝에서 唐中頃까지를 士族社會라 한다. 육조시대에는 名望과 淸顯官의 輩出에 따라 家格이 형성 고정화하여 士族이 정치권력의 壟斷과 사회적인 우월성을 유지하여 門閥士族社會를 이루었다. 西魏 宇文泰의 關中本位政策을 기초로 하여 성립한 8柱國 12大將軍에서 유래한 官僚的 門閥士族政治는 北周에서 隋·唐까지 걸쳐 一系統의 지배집단에 일괄되고 있다.[1] 陳寅恪氏는 이들을 「關隴集團」이라고 그 명칭을 부여하였고, 문화적으로도 의의를 붙여 작금 이 명칭이 사용되고 있으나,[2] 陳氏의 論은 隋 및 唐初의 소위 關隴集團에 의한 정치지배의 실태에 대한 논술이 결여되어 있을 뿐만 아니라, 東魏·北齊 下의 山東門閥士族에 관한 것과 南朝系人士의 문제가 疎落되어 있다.

본고는 南朝系人士에 관한 것이다. 李公範교수는 남조의 名門高族은 역사무대에서 사라지고 하급귀족 내지 토호층이 문무고위관료의 주체를 이루고 있어 지배층지위의 전도이지 사회혁명이나 사회전환으로 볼 수 있는 질적 변혁을 認定하기 어렵다[3]고 논증하고 있다. 이러한 남조계 인사들이 隋의 平陳 전후 및 수말당초에 어떠한 동향을 보였으며, 수 및 당초에 어떠한 지

1) 布目潮渢「隋唐正權の形成に關する課題」,『隋唐史硏究』(京都: 1968) pp.11-2.
2) 陳寅恪,「統治階級之氏族及其升降」(『唐代政治史述論稿』 上篇 1944)
3) 李公範「南朝貴族沒落에 關한 一考察」(『大東文化硏究』 8輯, 1971)

위를 얻어 활약하였는가에 대한 문제는 자못 흥미가 있어 보인다.

日人 濱口重國은 남조 梁末·陳代를 내우외환으로 混沌한 상황이라고 전제하고 남조인들은 혼돈에 편승하여 武人실력자와 寒賤출신자들이 大官要職에 오르는 자가 많았으며, 귀족들은 戰禍때문에 죽거나, 북조에 투항하여 포로나 隷人으로 북방에 移去한 자가 많아 문벌사족제에 동요가 일어났다고 논술하였지만,[4] 그 실태를 밝히지 않았다. 또한 일인 布目潮渢氏는 남조계 인사는 唐에 직접으로 任官한 것이 아니고 일단 隋朝에 귀부하여 봉사하고 唐왕조에서 임관하였기 때문에 남조에서 隋唐왕조에 항복한 俘虜적 인물이었다고 전제하고 이들에 대하여 隋唐 두 왕조에서 채용·중시한 점은 정치적인 문제라기보다 문화적으로 문제를 삼아야 한다고 논하고 있다.[5]

필자는 이에 대하여 7세기 전후에 남조계인사의 지위와 활약에 관한 실태를 살펴봄으로써 남조계 인사를 반드시 俘虜 및 문화적 입장에서 단편적으로 다룰 수 없을 것 같고, 오히려 隋時代 및 隋末·唐初에 어떠한 지위를 확보하였고, 그러한 지위를 통하여 어떠한 활약을 보였으며, 그들이 당왕조 초기에 새로운 권력체제의 형성에 있어서 어느 정도의 위치를 차지하였는가에 대하여 諸家의 말미에서 약간의 의견을 제출하고자 한다.

二. 隋時代 南朝系人士의 地位

隋文帝 開皇 원년(581) 2월 수조의 첫 관료임명에 의하면, 尙書左僕射 高熲을 비롯하여 19명에 대한 人事가 이루어졌다.[6] 이들 중 左武衛大將軍 婁彦恭과 太子少保 孫恕는 『隋書·列傳』에 보이지 않아 제외하고 東魏·北齊 출신자 3명 외에는 모두 西魏·北周출신자들이었다. 北齊 출신자로는 高熲·李

4) 濱口重國, 『秦漢隋唐史の研究』 1966. pp.854-5.

5) 布目潮渢, 상게 논문.

6) 『隋書』 卷1. pp.13-4 開皇元年 2월 甲子에 「高熲爲尙書左僕射 虞慶則爲內史監 李德林爲內史令 韋世康爲禮部尙書 元暉爲都官尙書 元巖爲兵部尙書 長孫毗爲工部尙書 楊尙希爲度支尙書 楊惠爲左衛大將軍 趙熲爲尙書右僕射 婁彦恭爲左武侯大將軍 李穆爲太師 竇熾爲太傅 干翼爲太尉 田仁恭爲太子太師 柳敏爲太子太保 孫恕位太子少傅 蘇威爲太子少保云云」이라 있음.

德林 2명으로, 高熲은 처음 東魏의 諫議大夫로 참소를 피하여 西魏에 망명하였던 부친 高賓을 따라 獨孤信家에 의부하였다. 독고신은 西魏로부터 北周·隋·唐왕조 유력인물과 통혼한 동시대 關隴지배집단으로 그의 장녀는 北周明帝의 황후, 四女는 唐高祖 李淵의 母, 七女는 隋文帝의 황후를 배출하여 대단한 여망을 가졌다. 이리하여 고경은 僚佐로부터 獨孤氏의 賜姓까지 받아 隋文帝에 발탁되어 開皇 20년간의 최고 관직자로서 백관을 統帥하였다. 內史令 李德林은 北齊 및 北周시기의 文人賢士로서 平齊 때에 周武帝가 그를 불러들여 예우하였고 周隋革命 때는 楊堅을 도왔다. 西魏·北周출신자는 14명으로 절대다수이었다. 이것은 宇文泰로부터의 關中本位인 北周的 周禮的 지배체제가 관철된 것이라 할 것이며, 北周와 北齊간의 분쟁이나 北周의 平齊에 관련된 동서갈등에 이어진 北周末의 反楊堅地域에 대한 정치적인 배제라고 생각한다.[7)]

한편 周末의 내란기에 西魏이래 北周의 보호국이었던 後梁의 조정에서는 尉遲迥와 결탁하여 이 기회에 山東·河南을 석권하려는 朝議에 대하여, 柳莊은 "오래전 袁紹·劉表·諸葛誕의 무리는 일대의 英傑로 요지를 점거하였지만, 强兵을 구축하여 장악하지도, 사업을 건설하지도 못하였다"고 전제하고, "이것은 曹氏(魏), 司馬氏(晋)가 천자로 奉戴받아 정통성을 확보하였기 때문이다. 고로 迥는 반드시 파멸되고 隋公이 周를 대신할 것이다. 만약 조정의 衆議에 따른다면 사직을 어떻게 지키겠는가"라고 반문함으로써, 後梁의 朝議를 번복하여 隋를 섬기도록 하였던 사실[8)]은 楊堅으로 하여금 반대세력을 구축하는 데 있어서 절대적인 호기였을 뿐만 아니라, 北周 및 隋와의 마찰을 회피하여 後梁의 尊位를 隋에 의지하려는 정치적인 안목에서 취해진 조치라 할 것이다.

더욱이 隋文帝 開皇 7년(587) 平梁까지의 7년 동안 隋朝에 대한 종속적인 외교와 晋王廣에게 納妃하였던 사실은 그 당시 후양의 처지를 뚜렷이 설명하고 있다. 전자는 開皇 元年 3월 丁未에 後梁 司空 劉義가 개국을 축하하였던 일이라든지, 同 3년 4월 乙巳에 태자인 蕭琮이 축하하고 돌아온 일이 있

7) 谷川道雄, 「周末·隋初の政界と新舊貴族」, (『隋唐帝國形成史論 』所收, 1970.)

8) 『隋書』 卷66, 柳莊傳. p.1151.

었으며, 동 7년 8월 후량을 평정할 때에, 梁主 蕭琮이 입조했던 사실[9]에서도 엿볼 수 있다. 후자는 文帝가 第 2子 廣을 晋王에 봉하려 할 때에, 後梁에서 그의 妃를 선정하려 하여 後梁主 蕭巋의 諸女에 대하여 遍占토록 했으나, 모두 不吉하다고 하고 다만 舅氏에 의하여 양육된 女는 大吉이라 하여 晋王妃로 책정하였는데,[10] 이에 柳莊이 隋에 4,5차 왕래하여 성사되었다. 이것은 隋의 입장으로는 적어도 장차 後梁을 정복하고 나아가 平陳의 전진기지로 이용하여 남북조를 통일하려는 하나의 포석으로 간주된다.

한편 隋왕조는 건국이후 平陳까지 8년간 北周로부터 점철되어온 南朝 陳과의 외교적인 교섭으로 陳使의 來聘이 10회, 진왕조에 8회에 걸치는 사신파견이 이루어졌다.[11] 왕래자에 대한 기록이 보이지 않아 어떠한 구체적 외교접촉을 알 수 없다. 그러나 "陳왕조에서 사신을 파견하여 和平을 요청하고 胡墅에 돌아가게 하였다"라든지, "陳의 장수 湛文徹이 和州에 침입하여 陳에서 散騎常侍 李若을 파견해 왔고, 隋에서는 陳에 兼通直散騎常侍 崔君瞻을 사신으로 파견하였다"는 사실로 살펴보면, 隋初에 南朝 陳과 때때로 야기된 소규모의 국경분쟁을 해결하기 위한 외교적 노력으로 생각한다. 이것은 隋朝창건이 얼마 되지 않아 정치사회적인 안정이 무엇보다 절실히 요청되었기 때문이다. 말하자면 수문제 양견은 胡化漢人으로 조부 楊忠이 서위·북주 이래 관롱지배집단의 최상급인 8주국·12대장군 중에 한 사람이었다. 부친 楊禎은 북위말 義徒를 결집하여 鮮于脩禮軍과의 전투에서 전몰하였으며, 문헌독고황후는 흉노출신 輿望이 컸던 인물 獨孤信의 따님이었다. 아울러 양견은 父祖의 位望을 가지고 북주 무제의 북제평정에 막대한 공로로 그의 位像이 높아지자, 주무제는 그의 장녀를 太子妃로 삼았으며, 宣帝는 四輔官을 설치하여 극정을 강화였는데, 이때에 양견은 大後丞에 진출하여 樞要로 그 정치적 기반을 확보하여 輿望을 쌓았다. 이에 同輩 尉遲迥의 반란을 평정하였고 高熲·李德林·楊惠 등의 협력을 받아 周隋革命에 성공하였다. 여기서 주의할 점은 양견과 주위의 인물들이 형식상 漢人으로 보이지만, 이를 통하여

9) 『資治通鑑』 卷176, 開皇 7年 8月條, p.5491.

10) 『隋書』 卷36, 后妃傳. p.1111.

11) 同上 卷1,2, 『資治通鑑』 卷176.

漢의 지배구조가 완성되었다고 하기에는 아직 시간이 필요하였고 강한 군사력의 기반에는 北族의 요소가 크고 강하여 漢人국가로의 전환이란 거의 불가능하여 도리어 북방민족의 요소·강점을 강화·조직화하는 것이 필요하였다고 생각된다. 이에 수왕조 초기에 당면한 과제는 정치군사적 안정이었다. 아울러 수왕조 초기에도 북방민족이 수시로 도전해 왔다. 예컨대, 수문제 개황원년 8월부터 突厥과 吐谷渾이 동 3년 6월까지 각각 4,5차씩 침략해왔으나, 동 4년 2월부터는 항복하여 臣下를 일컬었으며,[12] 동 4,5년에는 長城을 축조함으로써[13] 북방이 안정되어 西晉 永嘉亂이래 남북의 분열·대립, 胡胡간·胡漢간의 대립·융합이 쉽지 않아 후량·진의 南朝를 평정하여 통일하는 방안이 추진되었다.

開皇 7년(587) 隋文帝는 後梁主 蕭琮에게 入朝하라고 조칙을 내리자, 琮은 君臣 200여 명을 인솔하여 江陵에서 출발하였다. 이로써 西魏이래 北朝·隋의 保護國이었던 後梁은 종료되었다.[14] 이어서 隋는 武鄕公 崔弘道 등 장병으로 하여금 鎭戍케 하였는데, 後梁主의 숙부 安平王 蕭巖과 弟 瓛이 弘度를 두려워하여 그를 습격하도록 하고 陳에 투항할 것을 청함에 동년 9월 陳 荊州刺史 陳慧紀가 병사를 이끌고 江陵에 이르러 남녀 십만 여명을 구출하여 陳에 투항하였다. 이에 수문제는 高熲을 보내 다시 안정시켰다.

실제로 수문제는 즉위초로부터 平陳사업에 착수하여[15] 지방의 여러 관직자로부터 平陳에 관한 獻策을 받아들였고,[16] 동 8년 3월에 陳평정을 명령하여[17] 陳使 許善心을 압박하고[18] 晋王廣을 淮南行省尙書令으로 삼고 앞서 항복해온 진의 장수 羊翔을 향도로 삼고 楊素 賀若弼 韓擒虎 秦王 俊 등을 총관으로 삼아 50여만의 대군으로 陳의 수도 建康을 공략하여 陳後主 陳叔寶를 사로잡았다.

---

12) 同上.
13) 同上.
14) 同上.
15) 同上.
16) 同上에 楊素·賀若弼·高勵 및 皇甫績 등의 獻策.
17) 『隋書』 卷1, 『資治通監』 卷176.
18) 同上.

晋王 廣은 陳後主로 하여금 招撫의 喩旨를 내리게 하여 陳 水軍提督 周羅睺 郢州刺史 荀法尙 등이 항복하였으며, 동 9년 4월까지 蕭瓛, 陳叔愼 및 陳 太夫人 冼氏 등의 항복으로 일단 平陳사업이 성취되었다.『隋書·本紀』및 『資治通鑑』卷177에 따라 살펴보면 다음과 같다.

後梁평정때에 陳에 투항했던 蕭瓛은 陳의 東揚州·吳州刺史로서 隋에 항거하려 하였다. 그러나 동 2월 隋將 宇文述에게 대패하여 瓛은 陳에 의탁하였는데, 述은 다시 추격하여 會稽를 들어 항복한 그들을 長安에 이송하여 참했다. 陳의 湘州刺史 陳叔愼은 陳의 復興을 꾀하여 거사하였는데, 수일동안에 5천여 群衆을 얻었고, 陳의 復陽太守 樊通 및 婺州자史 鄔居業이 거병하여 叔愼을 도왔지만, 隋 湘州刺史 薛胄가 공격함에 叔愼은 陳王里 樊通으로 하여금 胄에 항전토록 했으나, 대패하여 叔愼 등은 秦王俊에 의하여 살해되고 말았다. 또한 陳 太夫人 冼氏가 嶺南 高陽郡에서 항거함에 隋는 柱國 韋洸을 嶺外에 보내어 安撫하려고 하였으나, 陳 豫章太守 徐璒이 南康에서 저지함에 晋王廣은 叔賓로 하여금 '진이 망하였으니 수나라에 귀순하라는 글을 작성하게 하여 이를 洗夫人에게 보내자, 洗부인은 將嶺 수천인을 모아 하루종일 통곡하고 孫 馮魂을 隋陣에 보내어 喩旨를 따르게 하였다. 洸은 馮魂을 영접하고 나아가 璒을 공격·참살하였으며, 馮魂은 隋의 儀同三司에 拜하고 洗氏는 宋康公夫人으로 봉하였다. 그리고 陳 衡州司馬 任瓌는 도독 王勇에게 권하여 陳室 자손을 세워 帝로 삼아 陳 부흥을 꾀하려 했지만, 채택되지 못하자, 瓌는 관직을 버리고 勇은 隋에 투항함으로써 남조 陳平征사업이 완료되어 陳의 옛영토 30州·100郡·400縣이 隋에 통합됨으로써, 西晋의 永嘉亂이래 약 300년간의 분열과 전란은 종료되고 수왕조에 의한 통일제국이 이루었다.

이상과 같이 陳 遺民의 투항에도 보람 없이 平陳사업은 일단락되어 晋王廣이 동 9년 4월 을사에 개선하였다. 그러나 南朝人들의 反隋的 행동은 상당기간 지속되고 있었다. 예를 들면 동 11월 乙巳에는 陳의 전 계주자사 錢李卿이 黃州總管 周法尙에 투항하였으며, 陳의 전 定州刺史 呂州廓은 山洞을 점거하여 수왕조의 명령을 받아들이지 않아 法尙은 이들을 공격·참살하였다. 더욱이 동 10년 11월에는 陳의 옛 영역에서 반란이 속출한 것을 볼 수 있다.[19] 즉 婺州人 汪文進, 會稽人 高智慧, 蘇州人 沈玄懀 등은 거병하여 칭제하여 백관까지 설치한 인물들을 비롯하여 樂安 蔡道人, 蔣山 李陵, 饒州 吳世華, 溫州 沈孝徹, 泉州 王國慶, 餘抗 楊寶英 및 交趾 李春 등은 모두 大都督이라 자칭하였다. 이들은 일부 隋官을 惡人으로 몰아 州縣을 공략함으로써, 그들의 정당성을 표방하여 數千에서 數十萬에 이르는 무리를 장악하여 군사를 일으켰다. 수문제는 上柱國 內史令 越國公 楊素를 보내 모두 토평하였다. 이들은 地理·바다의 요세를 이용하여 저항하였으나, 高智慧의 평정을 계기로 隋왕조에 항복함으로써 陳王朝평정 이후 江南을 안정시키는 일을 마감하였다. 이러한 남조인들의 동향은 反隋的 항거에 참여하려는 의미가 있다고 할 수 있다. 그것은 또한 東晋이래 陳代에 이르러 名門士族이 약세화함에 따라 새로이 등장한 차하의 토호층은 그들의 세력이 隋의 平陳으로 말미암아 거세된 데에 대한 저항한 것이다. 이들은 隋에 필적할 만한 정통성을 확보하지 못하고 군사적으로 우월한 隋에 굴복한 것이다. 다시 말하면 陳叔愼에 호응한 樊通 鄔居業이나 陳太夫人을 옹위한 徐璒 및 任瓌(唐武德時 吏部尙書에 이른) 錢李卿·呂州廓 등은 列傳에 보이지 않아 그들에 대한 推究가 어렵지만, 그들의 직위가 비교적 하급인 것으로 보아 중견 토인층 내지 寒賤層인 것으로 생각되어 그들의 정치사회적 지위를 향상시켜보려는 의도에서 거사 내지 거사에 참여하였던 것이라고 생각된다.

이렇듯 舊陳지역에서 야기된 汪文進 高智慧 蔡道人 王國慶 등의 반란은 그들에게 호응한 민중이 수천에서 수십만에 이르렀다는 기록이나 "泉州王國慶 南安豪族也"라는 기사[20]로 보면, 이들은 陳代에는 중앙사족사회에서 소외 내지 탈락되었고, 隋의 중앙 집권적 권력의 수탈·속박을 감수해야 하는 사정에서 지방호족으로써 그들의 사회경제적 기반을 선양하려는 하나의 표상이라고 할 수 있다.

반면에 南朝系人士들은 平陳이후에 北周·北齊 및 隋에의 俘虜的 인물이 없지 않으나, 망명이나 招引에 의하여 隋에 仕官한 자들이 대다수에 이르고 있다. 또한 이들이 隋時代에 어떠한 관직을 역임하였는가를 추적함으로써 그들의 지위 및 성격을 분석하는 것도 하나의 방법으로 생각된다. 『수서』열

19) 『隋書』 卷48, 楊素傳. p.1283.

20) 『隋書』 卷48, 楊素傳. p.1284.

전에 나타난 인물들에 관하여 그 실태를 살펴보면 다음의 표와 같다.

▎平陳前後 南朝系人士의 活動表 ▎

NO	人名	本貫	父親官歷	本人官歷	開皇年間	大業年間	特記隋書권
1	袁充	陳郡陽夏人	君正-梁侍中	陳黃門侍郎	太史令	秘書少監	招引-69
2	王胄	琅邪臨沂人	祥-陳黃門侍郎	太子舍人	王府學士	著作佐郎	76
3	蕭吉	梁帝室		北周-儀同三司	上儀同	太府少監	俘虜的-78
4	庾子直	婺州人	持-陳 羽林監	王府記室	晉王府學士	著作佐郎	招引-76
5	柳䛒	河東解人	明-梁太子舍人	梁駙馬都尉	大將軍刺史		38
6	柳莊	河東解人	霞-梁周-刺史	後梁-尉衛卿	給事黃門侍郎		俘虜的-66
7	柳辯	河東人	暉-梁都官尙書	陳-侍中	晉王諮議	秘書監	俘虜的-58
8	裵政	河東聞喜人	之禮-梁廷尉卿	梁黃門;周散騎	率京令		俘虜的-66
9	裵蘊	河東聞喜人	忌-陳都官尙書	周-郡公	上儀同	刺史	俘虜的-67
10	劉臻	沛國相人	顯-梁 太守	梁舍人;周縣令	儀同三司	東宮學士	招引-76
11	劉行本	沛人	瓌-梁-淸顯	梁常侍;周太守	諫議大夫	黃門侍郎	亡命-62
12	王頍	太原祈人	僧辨-梁 太尉	周-太守	縣公 刺史		招引-72
13	陸知命	吳郡富春人	敎-陳散騎常侍	陳-太學博士	儀同三司	侍御史	招引-66
14	虞世基	會稽餘姚人	茘太子庶子	陳-尙書左丞	通直郎	內史侍郎	招引-67
15	虞綽	會稽餘姚人	孝曾-王參軍	太學博士	晉王府學士	著作佐郎	招引-76
16	樊子蓋	廬江人	儒-北齊刺史	周儀同刺史	太守 總管	東都留守	63
17	沈光	吳興人	君道陳吏部郎		太學博士	郎將	招引-64
18	明克讓	太原鬲人	山賓-梁侍中	中書侍郎;學士	率更令		招引-58
19	許善心	高陽人	亨-陳尉衛卿	陳-度支侍郎	秘書丞	禮部侍郎	招引-58
20	來護兒	江都人			上開府	左翊衛大將軍	亡命-64
21	陳陵	蘆江人			驃騎將軍	光祿大夫;侯	歸附-64
22	周羅睺	九江尋陽人		陳-水軍都督	東宮右虞侯	右武衛大將軍	俘虜的-65
23	周法尙	汝南安城人	炅-陳刺史	陳都督;州刺史	刺史	總管	亡命-65
24	麥鐵杖	始興人			車騎將軍太守	征遼先鋒將	歸附-64
25	鮑宏	東海郯人	機-梁侍御史	梁散騎;周學士	刺史		俘虜的-66
26	韋鼎	京兆人	規-梁太守	梁王府記室	王府學士	著作郞	亡命-78
27	諸葛穎	丹陽人	正-梁黃門侍郎	陳-黃門侍郎	上儀同	刺史	招引-76
28	許智藏	高陽人	景-梁王參軍	陳-散騎侍郎			醫方-78

〈表一〉의 38명에 대하여 종합적으로 분석해 보자. 우선 家格面에서 살펴보면,

A. Group: 南朝梁·後梁·陳帝室출신6명(蕭吉, 蕭琮·璟·瑀+陳叔寶·叔達)

B. Group: 南朝 梁·陳代의 門閥士族(袁充, 王胄, 庾自直; 柳裘, 柳莊, 柳辯, 裴政, 裴蘊, 劉臻, 劉行本, 王頍, 陸知命, 虞世基, 虞綽, 樊子蓋; 顧彪, 魯世達, 張沖)

C. Group: 地方豪族 豪右 14명(沈光, 明克讓, 許善心, 來護兒, 陳稜, 周羅睺, 周法尙, 麥鐵杖, 鮑宏, 諸葛훙, 韋鼎, 許智藏, 褚輝, 潘徽)

원래 門閥士族은 토지나 재산 소유 등의 경제적 基盤으로 결정되기보다 官位에 있는 것이 중요한 의미를 갖는다. 그것은 국가에 대한 功績이나 學識으로 채용된 일반 관리와는 달리 빈번한 왕조교체에도 초연히 관료의 지위를 확보해서 자자손손 정치권력을 향유하는 것으로 사족의 관료로서 지위는 淸要官輩出數, 혼인·교양 및 출신 지역 등으로 생긴 가문의 高下로 결정된다. 이 같은 문벌사족에 의한 사족정치는 梁末의 侯景亂 및 江陵陷沒에 의하여 揚州를 중심으로 한 토착세력이 浮上되었다고 한다.[21)]

앞에 분류한 A Group의 3명 중 1 袁充[22)]은 父祖가 梁·陳의 淸要顯職을 역임한 一流名族, 2 王胄[23)]와 4 庾自直은 원래 僑姓貴族으로 수문제 혹은 晋王廣에 의하여 招引되었다. 이들은 강남지방의 名門層에 대한 隋帝室의 懷柔라고 생각된다. B Group의 15名의 인물중 5 柳裘[24)]와 8 裴政[25)]은 江陵함몰시에, 6 柳莊[26)]과 7 柳辯은 後梁평정시에, 9 裴蘊[27)]은 陳末에 北周 혹은

---

21) 李公範, 前揭 論文.

22) 『隋書』 卷69. 袁朗傳 p.1610에, 「充은 도술을 좋아하여 점을 쳐보니, 隋室에서 태자를 慶하려는 徵候가 보이자 태자양위를 주장하였고, 양제의 遼東役에 參從」.

23) 『隋書』 卷76. p.1741·2 「胄는 仁壽末에 劉方을 따라 林邑을 擊破」.

24) 同上 卷38, 「裘는 楊堅이 北周의 萬機를 총람할 때, 尉遲迥에 作亂하자 李穆을 論하여 堅에 歸心토록 했다」.

25) 同上 卷66, 「政은 蘇威와 함께 魏晋梁陳의 刑典을 절충하여 律令을 수정」.

26) 同上 「莊은 後梁의 明帝때 迥와 결탁하려는 朝議를 번복하고 晋王廣에 納妃」.

27) 同上 卷67 「蘊은 江南의 衣冠之士로 厚待」.

隋에의 진입한 인물로 隋朝에 임관 봉사하였으며, 10 劉臻은 北周 大冢宰 宇文護에 招引, 隋에서 平陳의 공로를 세웠다. 11 劉行本,[28] 12 王頍,[29] 16 樊子蓋[30]는 梁末 侯景亂 등 혼란 중에 北周나 北齊에 망명하고 平陳役에 입공하였다. 13 陸知命,[31] 14 虞世基,[32] 15 虞綽는 平陳후 晋王廣에 招引 봉사하였다.[33] 儒林 顧彪 魯世達 및 張沖은 학식이 뛰어나 발탁되었던 것을 보면, 隋의 새로운 체제하에서 본인 및 家格의 향상을 꾀한 추세라 할 것이다. C Group의 14명중 17 沈光은 江南의 豪族이고, 18 明克讓, 23 周法尚,[34] 25 鮑宏,[35] 26 諸葛潁,[36] 27 韋鼎,[37]은 北周·北齊 및 隋에 망명하여 楊堅에의 충성 및 伐陳에 입공했으며, 19 許善心,[38] 22 周羅睺[39]는 부로적 인물이

28) 同上 卷62 「行本은 北周末 尉遲迥가 作亂하자 河內太守로 吏民을 인솔하여 拒之했고 太子勇의 폐립시는 極諫」.

29) 同上 卷72 「頍은 그의 父 僧辯이 陳武帝에게 살해되자 慟哭絶食하고 布衣着用하며 소식함으로써 효의에 뛰어났고 伐陳時는 자청하여 衆徒 수백인을 거느리고 韓擒虎를 선봉으로 출정, 陳武帝陵을 파해쳤고 自縛하여 晋王廣에 나아갔다. 高祖는 오히려 孝義之道라 칭찬하고 柱國에 봉하려 하자 굳이 사양하여 말하기를 「亡夫의 雪怨이 本心이라함」.

30) 同上 卷63 「子蓋는 大業9년 東都留守로 楊玄感의 亂을 맞아 악전고투 끝에 病卒」.

31) 同上 卷66 「知命은 陳亡후 가업에 종사하다 高智慧 등이 作亂하자 晋王廣이 江都에 鎭戌時 賊17城 및 陳王緒 등 300여명을 통솔 入隋」.

32) 同上 卷67 「世基는 煬帝의 鴈門幸時에 隨從타가 돌궐의 포위를 받아 帝에게 賞與할 것을 卷하였고, 遼東役으로 朝野가 離心하고 도적이 日盛하자 洛口食에 屯兵을 청했으나 不納」.

33) 同上 卷58 柳䛒傳, p.1423.에 「晋王好文雅 招引才學之士 諸葛潁 虞世南 王胄 朱瑒等 百餘人 以充學士云云」이라 있음.

34) 同上 卷65. pp.1527·8에 「法尚은 鐵山에서 三叛蠻과 陳寇를 擊走, 伐陳役에서 熊門超를 破. 陳亡후 陳의 舊官인 錢李卿, 柳䛒, 鄧皓, 毛爽, 呂子廓 및 李光任을 격파. 仁壽중에는 쉬州의 烏蠻이 叛하자 또 토벌했으며 來護兒 宇文述 등과 함께 楊玄感의 亂을 討平하는 등의 화려한 戰功을 이루었다」.

35) 同上 卷66, 鮑宏傳 p.1547에 「宏은 北周末 楊堅을 도와 王謙의 亂에 대응」.

36) 同上 卷67, 「潁은 周의 北齊로 십여년간 두문불출하다가 晋王廣에 招引됨」.

37) 同上 卷68, 「鼎은 梁陳교체기에 陳武帝에게 음양의 이치로 王僧辯을 도모할 것을 진언했고 陳太建中 北周에 파견된 일이 있었는데, 이때 楊堅을 보고 大貴로 대卷을 장악하리라하여 自重自愛할 것을 충고했다. 그는 僧寺에 寓居하고 있었는데 友人 毛彪가 그 연유를 묻자 「江東엔 王氣가 쇠하였고 長安의 王氣가 將하다」하여 周隋혁명 및 陳亡을 예견함」.

38) 同上 卷58, 「善心은 陳後主 禎明 2년(589) 隋에 파견되었지만, 反命을 不許하여

며, 20 來護兒,[40] 21 陳稜,[41] 24 麥鐵杖[42]은 寒門 내지는 群盜출신으로 陳亡에 江南招撫에 입공하여 武將으로서 활약이 컸다. 그리고 D Group의 6명은 모두 부로적 인물들이지만 특히 蕭瑀 등 煬帝 蕭皇后의 외척이 榮達하고 있다.

이상과 같이, 濱口重國氏나 布目潮渢氏의 입장인 南朝系 인사들에 대한 「俘虜的 경향의 인물」이라는 견해보다는 오히려 망명 내지 招引발탁에 의하여 隋朝에 봉사한 인물로서 채용되었다고 할 것이며(俘虜 13: 망명 등 25), 南朝평정후 통일제국인 隋에 歸投봉사함으로써 본인 및 家格의 유지 혹은 그들의 지위를 향상시키려는 상황으로 명문출신자보다는 2,3류의 문벌이나 지방호족 寒賤출신자들의 대두가 두드러지게 나타나는 것으로 보아 梁末혼란기로부터 성장해 온 그들의 지위가 隋에서 상당히 상승되어 隋的체제의 일원으로 활약하고 있는 사정에서 南朝의 문벌사족사회와 그 정치가 소멸된 상황이라고 정리할 수 있다. 이러한 사정이 수당왕조에서 과거제를 통하여 중앙집권적 통치가 성장하고 律令制하에서 士族制보다 관료제가 발전하는 정치사회적 기반이 확보되어갔다고 생각한다.

아울러 남조계 인사들의 지위가 隋의 행정을 좌우할 수 있는 三省六部의 장차관에 채용되지 못한 것이나 (侍郎級 3,4명에 불과), 『隋書·本紀·列傳』에

平陳消息에 즈음하여 3일동안 號哭하였는데, 文帝는 이에 대하여 「平陳으로 오직 善心을 얻었다」하고 舊君에 대한 忠을 곧 자기의 誠臣이라고 칭찬」.

39) 同上 卷65, 「羅睺는漢王 諒의 모반때 楊素의 부장으로 諒을 討平」.

40) 同上 卷64, 「護兒는 煬帝의 遼東役에는 隋수군을 인솔하여 고구려 수군을 破하는 戰功을 세웠으나, 宇文述 등의 패를 알고 班師, 이때 楊玄感이 作亂하자 宇文述 등과 함께 평정하였으며, 大業 10년 卑奢城에 이르러 고구려군 千餘級을 참수하고 장차 평양성을 유린하려 하자 高元震은 이를 두려워하여 叛臣 斛斯政을 執하여 遣使請降」.

41) 同上 卷64, 「稜은 平陳後 高智慧·汪文進 등의 作亂時에 相應要求에 불응하고, 柱國 李撤이 당도하자 그의 父 峴은 撤과 내응하려 했으나, 混渡되어 稜만이 겨우 탈출한 후에 楊玄感의 作亂에 衆만여인을 率하여 楊을 참수하였고 彭城賊徒 子護을 討平하였다」.

42) 同上 「鐵杖은 驍勇과 膂力으로 1口에 4百里주파하고 신의를 중하게 여겼다. 그는 陳太建中 군도를 聚結하여 光州刺史 歐陽頠을 습격, 그 뒤에 李陵, 高智慧 등의 陣을 살피다가 탄로되어 구속됐으나, 곧 탈출하여 楊素에 歸, 또 楊素를 따라 江南群盜 및 돌궐정복시에 入功」.

등장한 인물 231명 중 38명으로 16%에 지나지 않아 關中本位정책 및 北周·隋·唐에 이르는 이른바 關隴집단에 의한 지배체제에 별다른 변동을 가져오지 못한 채, 隋에 대한 충직한 봉사로 그들의 지위를 향상시키고자 노력한 결과라고 할 수 있다.

한편 南朝系人士가 역임한 관직을 보면, 太守·刺史·留守 등 지방행정에 참여한 자가 11명, 武將으로 봉사한 자 7명, 御史·書記가 5명, 그리고 學士·博士·助教·著作(佐)郎 등 문화적으로 활동한 자가 13명으로 문화적으로 채용중시라기 보다는 오히려 그들의 지위가 비록 하급이기는 하나 중앙 및 지방의 행정상 실무자 또는 그러한 지위에서 榮進되었고 더욱이 13명중 7 柳辯, 19 許善心 및 14 虞世基 등은 문화적 임관자들이지만 秘書丞(監·郎)으로 조정의 機要를 장악하였다[43]는 점 등을 고려하면 정치적 입장에서 채용·중시한 것이라고 할 수 있지 않을까 한다.

三. 隋末·唐初 南朝系人士의 活躍

隋의 체제는 開皇末 仁壽연간에 이르러 획기적인 전환기를 맞는다. 그것은 太子勇을 폐립하고 晋王廣이 태자로 책립되고 元勳인 楊素가 高熲에 대신하여 煬帝 大業 元年 (605)에 尙書令으로 隋의 大權을 장악하였기 때문이다. 煬帝는 즉위초로부터 대규모의 토목공사 및 원정에 착수하고 있다. 즉, 大業元年의 東都의 造營으로부터 각지에 離宮설치·大運河 開鑿, 長城축조 및 高句麗원정이 그것이다. 이들 사업에 대해서는『隋書·本紀·食貨志』,『資治通鑑』卷181-183 및『大業雜記』등에 詳說되어 있다.

먼저 東都造營사업은 大業元年 3월부터 翌年 正月까지 10개월간에 매월 200만명(연인원 2천만)을 투입하여 호화극치의 별천지를 만든 것이다. 役事가 매우 촉박하여 사망에 이른 자가 십중 사·오에 이르고, "사망자를 실은 차가 서로 마주보았다"는 상황이었다. 대운하의 開鑿은 前代로부터의 계속사업이지만, 이는 주로 煬帝에 의하여 완공되었던 것으로 隋이후 諸王朝의

43)『隋書』卷67, 虞世基傳. p.1573.

경제·문화의 발전에 지대한 공헌을 하였다. 그러나 煬帝 때는 宴遊를 목적으로 通濟渠·邦溝·永濟渠 및 江南河를 延人員 약 2백여 만 명을 동원하여 開鑿하여 사망에 이른 자가 십중 사·오에 이르는 가혹한 사역이었을 뿐만 아니라, 황제는 遊樂을 위한 龍舟를 비롯하여 大小船舶 수백척을 建造·行樂하였다. 이러한 大運河를 통과하는 皇帝의 행렬은 8만 여명, 2백여리(0.45×200=90km)에 걸쳤고, 행렬이 지나가는 州縣에서는 이들에 대하여 獻食해야 하였기 때문에, 그 고통은 자못 컸다. 그리고 長城축성은 突厥 및 吐谷渾 등 명분상 異民族의 침입에 대비한 것이지만, 延人員 백오십여만에 이르고 사역자 十中 五·六이 사망하였다는 것이다. 더우기 고구려원정은 3차에 걸쳐 이루어졌다. 1차 때만도 113만의 遠征軍과 식량 등 보급을 담당하는 인원까지 직·간접으로 4백여 만 명이 참가했지만, 참패하여 죽고 다 친자는 십중 팔·구에 이르러 "고된 사역에 동원된 자들은 비로소 도둑떼로 변하였다"는 상황이었다. 이리하여 『수서』식화지에 "天下는 役으로 사망하였다"[44] 고 하였고, "群盜는 隋官을 얻으려는 山東의 士子, 곧 문벌사족과 그 자제를 모두 죽여라"는 구호[45]가 竇建德집단에서 나왔다.

이상과 같이 煬帝의 대다수 백성에 대한 혹사는 唐의 창업의 정당성을 고려한 어느 정도의 과장은 고려되지만, 楊玄感의 亂으로부터 봉기한 隋末喪亂의 중요한 원인으로 諸家의 연구성과가 풍부하다.[46]

隋末의 혼란에 편승하여 뜻을 얻으려는 야심가는 李淵을 비롯하여 李密, 王世充, 楊師都, 薛擧, 劉武周, 蕭銑, 沈法興, 李軌 및 羅藝 등 隋의 관료집단과 高開都, 竇建德, 劉黑闥, 徐圓朗, 杜伏威, 輔公祏 및 林士弘 등 群盜집단으로 구분된다. 전자는 隋의 地方官으로 民政이나 군사상의 능력을 가진 자로서 그들은 비축된 隋의 倉粟兵器를 이용하여 민중의 지지를 획득하고, 隋의 일부 지방관을 악인으로 내세워 스스로의 정당성을 주장했으며, 후자의 경

---

44) 『隋書』 卷24 食貨志 p.672.

45) 『舊唐書』 卷54 竇建德傳 p.2236-7.

46) ① 布目潮渢, 前揭書 중에 李淵집단 및 李密집단.
② 氣賀澤保規, 「竇建德과 河北」(『東洋史研究』 第31卷4號 所收).
③ 鈴木俊, 「隋末の亂と唐朝の成立」(『史淵』 所收).
④ 漆俠, 「隋末農民起義」 등.

우는 隋의 권력구조에 포함되지 못하여 隋의 압박에 따라 群盜로써 세력을 구축한 자들이었다. 이들 야심가중 南朝 梁·陳지역에서 隋에 항거하여 일어선 자는 蕭銑·沈法興 등 전자에 속한 자와 林士弘, 劉元進, 李子通, 汪華, 杜伏威 등 후자에 속하는 자가 있다. 이러한 야심가들은 후자가 전자에 병탄되었으며, 隋의 압박과 수탈에 대한 反隋蜂起로 풀이된다. 또 그들은 稱帝 혹은 稱王함으로써 정통성을 표방했으나 성공하지 못하였고, 後梁帝室의 蕭銑을 제외하고는 대개 토호에 불과했으며, 寒門 貧賤출신자들이 오합지졸을 통합함으로써 혼란에 편승, 본인 및 家系의 영달을 추구하고 거사하였으나, 강력한 통일집단을 형성치 못하고 唐의 세력하에 굴복평정되었다.

반면에 隋末·唐初에 南朝系人士가 어떠한 활약을 하였는가를 살펴보기 위하여 이들이 隋末·唐初에 어떠한 관직을 역임하였는가를 추적함으로써, 그들의 지위 및 성격에 관한 실태를 『唐書』·『舊唐書』의 「本紀」 및 「列傳」에 나타난 인물을 중심으로 살펴 보면 다음 〈表二〉와 같다.

❙ 隋末唐初期 南朝系人士 活動表 ❙

NO	人名	本貫	父親官歷	本人官歷	隋末	武德貞觀年間	舊唐書
1	陳叔達	陳帝室	陳宣帝	陳侍中	中書舍人	侍中	61
2	蕭瑀	後梁帝室	後梁明帝	隋 內史侍郎	郡守	尙書左僕射	61
3	蕭璟	後梁帝室	後梁明帝	隋 秘書監	尉衛卿	秘書監	63
4	蕭德言	蘭陵人	引-陳吏部侍郎		代王侑侍讀	洗馬秘書少監	189上
5	陳君賓	陳帝室	叔達	隋 太守	中書舍人	刺史太府少監	165上
6	袁朗	陳郡人	樞-陳尙書左僕	陳 秘書丞	尙書議曹郎	王文學 給事中	190
7	庾抱	潤州江陵人	超-陳 王記室	參軍事	太子學士	太子舍人	190
8	歐陽詢	潭州臨相人	紇-陳 刺史	隋-太常博士		給事中	189上
9	沈叔安	潭州臨相人				給事中 率更令	70
10	王珪	太原祈人	顗-北齊太守	隋-奉禮郎	王府諮議	刑部尙書	70
11	岑文本	鄧州숙陽人	之象-隋 縣令		蕭銑侍郎	太子中允 侍中	70
12	褚亮	杭州錢塘人	玠-陳 秘書監	陳 侍郎	東宮學士	郎中·中書令	70
13	褚遂良	杭州錢塘人	亮		薛擧-舍人	學士 太子舍人	80
14	顔師古	琅邪臨沂人	思魯-王府記室	隋 縣尉	李淵 公友	秦王府學士	73

NO	人名	本貫	父親官歷	本人官歷	隋末	武德貞觀年間	舊唐書
15	陸德明	蘇州吳人	雍-陳 王諮議	陳 國子助教	隋 國子助教	中書舍人·侍郎	189上
16	姚思廉	吳興武康人	察-陳 尙書	隋 州主簿		秦王府學士	73
17	虞世南	越州餘姚人	荔-陳中庶子	隋 王友	起居舍人	著作郎	72
18	賀德仁	越州山陰人	朗-陳散騎常侍	隋 吳王友	縣司法書佐	秦王府學士	190上
19	蔡允恭	荊州江陵人	大業-後梁尙書		著作佐郎	太子洗馬	190上
20	殷嶠	陳郡人	隋 秘書丞	隋 縣長	蕭銑黃門	秦王府學士	59
21	任瓌	廬州合川人	七寶-陳 太守	陳 荊州司馬	漢城尉	吏部相書	59
22	劉洎	南陽人			李密記室	兵部相書	74
23	來濟	揚州江都人	護兒-隋大將軍		王世充博士	都督府長史	80
24	許敬宗	杭州新城人	善心-陳侍郎	隋 郡司法書佐	秦王府學士	中書舍人·令	82
25	徐曠	洛州偃師人	廠-後梁秘書郎	博士	越王侗國子	秦王府學士	189上
26	朱子奢	蘇州吳人		秘書學士	杜伏威휘하	國子博士	189上
27	曹憲	揚州江都人		秘書學士		國子助教	189上
28	張後胤	蘇州崑山人	沖-陳 博士		李淵휘하	國子祭酒	189上
29	錢九龍	晉陵人			李淵隷人	大將軍	57

〈表二〉의 29명에 대하여 종합적으로 분석하여 보자. 우선 家格상으로 보면,

A. Group : 南朝 梁·陳의 帝室 및 명문출신자 7명 (1 陳叔達, 2 蕭瑀, 3 蕭璟, 4 蕭德言, 5 陳軍賓, 6 袁朗, 7 庾抱)

B. Group : 2,3류 문벌출신자 13명 (8 歐陽詢, 9 沈叔安, 10 王珪, 11 岑文本, 12 褚亮, 13 褚遂良, 14 顔師古, 15 陸德明, 16 姚思兼, 17 虞世南, 18 賀德仁, 19 蔡允恭, 20 殷嶠)

C. Group : 江南호족 및 寒賤출신자 9명 (21 任瓌, 22 劉洎, 23 來濟, 24 許敬宗, 25 徐曠, 26 朱子奢, 27 曹憲, 28 張後胤, 29 錢九龍)으로 구분할 수 있다.

A Group의 7명중 (1)陳叔達, (5)陳軍賓과 (2)蕭瑀,[47] (3)蕭璟은 南朝 陳

47) 『舊唐書』 卷63, 소우전, p.2401에 「瑀은 高祖의 母인 獨孤氏의 婿로 蕭郎으로 호칭, 貞觀초에 尙書左僕射에 遷했으나 평판이 좋지 않아 封倫·杜如敏 및 같은 南朝출신인 陳叔達과 不合하여 좌천 및 복귀가 잦음」.

및 後粱의 帝室출신으로 隋의 평정사업에 의한 俘虜的 경향의 인물들이고 일단 隋官을 역임하여 布目潮渢氏의 의견에 부합한다고 하겠으나, 이들이 隋末의 혼란기에 李淵집단 및 唐에 歸投봉사함으로써 唐에서 榮進되었으며 (4)蕭德言은 經史 및 屬文에 정통함으로써 唐高祖에 招引되었고, (6)袁朗과 (7)庾抱은 일단 隋의 末職을 얻었으나, 隋末에 李淵집단에 歸投하였다. 특히 陳叔達과 蕭瑀의 경우는 창업의 공로도 적지 않지만, 唐初에 최고관직자(侍中, 尙書左僕射)에 까지 영달된 사항이라든지 陳叔達이 南朝系名士를 많이 추천하였던 것[48] (그 실태를 推究하기 곤란하지만) 등으로 미루어 보면, 南朝 後粱 및 陳지역의 高門名士 및 민중을 회유하려는 의도라고 생각한다.

B Group의 13명중 (19)蔡允恭[49]을 제외하면 俘虜的 경향의 인물은 없고, 允恭도 그의 父 大業이 隋의 後粱평정때 蕭琮에 統帥되어 入隋한 자인 것으로 보면 자신이 직접으로 포로가 아닌 바에야 그렇게 규정할 수도 그럴 필요도 없다. 그리고 (10)王圭와 (14)顔師古[50]는 그의 祖·父가 粱末 혼란기에 北齊에 망명하여 다시 北周, 隋 및 唐에 이른 자들이며, (8)歐陽詢[51]은 平陳이전에 隋에 망명, 불명인 (9)沈叔安을 제외한 (13)褚遂良,[52] (14)顔師古, (16)姚思兼,[53] (17)虞世南,[54] 등 9명은 平陳 후 隋에서 활약, 沈叔安 및 (11)岑文

48) 同上 권61, 陳叔達전, p.2363.

49) 同上 189上. p.4988.「允恭은 煬帝의 起居舍人때에 궁녀를 교육하라는 명령에 불응」.

50) 同上 73, 90,「師古는 貞觀 19년 遼東役에 종군하다가 病卒」.

51) 同上 189上, 198,「陽詢은 그의 父 紇이 陳光州刺史로 謀反伏誅됨에 入隋하였고「藝文類聚」로 名高하고 開元通寶實錢의 필자로 能筆」.

52) 同上 80, 105,「遂良은 貞觀 18년에 고구려 莫離支 淵蓋蘇文이 遣使貢白金함에 太宗이 不納하였다. 이것은 蓋蘇文이 其圭를 弑殺했기에 용납될 수 없다는 의견을 따른 것이며, 同 23년에는 太宗으로부터 長孫無忌와 함께 從事를 附托받은 顧命之臣이었으나, 王皇后를 廢出하고 武氏영입에 반대하다 좌천」.

53) 同上 73, 102,「思兼은 父 察의 梁陳二史 편찬을 계승 魏徵과 함께 완성, 煬帝의 명에 따라 區宇圖志를 찬수, 또 代王侑의 侍讀으로 李淵군이 미진함에 諸僚가 驚駭中에 있었으나, 그는 왕의 측근에서 昇殿하는 李淵군에게「唐公은 擧義하여 옛 왕실을 匡함에 卿 등은 너무 무례하지 않는가」라고 叫하자 淵은 의롭다하고 觀者들은 충렬지사라 감탄」.

54) 同上 70, 102,「世南은 太宗 즉위후에 노쇠로 辭官을 청했으나 不許하여 秘書監에 遷했으며, 그의 傳識을 太宗이 인정하여 덕행, 충직, 박학, 文辭, 書翰의 五絶이라 칭함」.

本,[55] (13)褚遂良 외의 10명은 微官末職이나마 隋官을 역임하고, 隋末唐初에 李淵 등 諸야심가의 집단에 봉사하다가 직접·간접으로 唐의 관료에 포함 榮進하고 있는 것을 보면, 본인 및 가문의 상승을 위한 노력으로 간주할 수 있다.

C Group 9명중 俘虜的 경향의 인물은 陳使로써 平陳직전에 隋에 파견되었다가 억류된 許善心의 아들 敬宗,[56] 陳將 吳明徹의 裨將으로 李淵家의 隷人출신인 (29)錢九龍[57]과 江陵함몰때에 부로 許敬宗 (25)徐曠 등 3명이고 平陳 후 隋官을 거친 (21)任瓌[58] (張後胤과 隋에서 起家하여 활약한 (22)劉洎,[59] 朱子奢,[60] 曹憲[61] 그리고 陳의 寒賤출신으로 크게 武勳을 떨친 來護兒와 그의 아들 濟[62] 등이다.

한편 29명중 21명은 隋末반란기에 李淵 등 제집단에 招引 혹은 歸投한 자들로 그 상황을 개관하면 李淵집단에 10명(陳叔達, 蕭瑀, 庾抱, 王珪, 顏師古, 殷嶠, 賀德仁, 任瓌, 張後胤, 錢九龍)으로 가장 많고, 薛擧집단에 2명(褚亮, 褚遂良), 竇建德집단에 3명(虞世南, 蔡允恭, 孔德紹[63]), 蕭銑집단에 2명(岑文本, 劉洎), 李密집단에 2명(許敬宗, 徐曠), 王世充집단에 2명(陸德明, 徐曠)

---

55) 同上 70, 102, 「文本은 河間王 李恭이 荊州를 평정하여 부하장병이 江陵을 李蹂하려 하자, 恭蹂에게 「隋는 無道로서 群雄이 봉기함에 이르렀고 이제 江陵의 父老가 겨우 안정되어 있는데, 이를 짓밟고도 어찌 江嶺以南을 招撫할 수 있는가」라 하고 저지할 것을 청함에 李恭은 이를 받아들였다」.

56) 同上 82, 223, 「敬宗은 高宗때 武后 영입에 찬성하여 顯慶 6년 侍中 監修國史時에 賄賂을 받아 錢九龍의 공을 가하고 劉文靜, 長孫無忌와 同卷에 기록하는 曲筆로 唐書에서는 姦臣傳에 列하고 있다」.

57) 同上 57, 88, 「九龍은 群雄평정에 화려한 戰功을 세웠으며, 隷人으로부터 대장군에까지 榮進」된 것은 현저한 특색으로 주목되나 創業期에 무예로서 연유된다.

58) 同上 59, 90, 「瓌은 陳亡에 際하여 陳부흥을 도모했으나 不成하고 李淵起義때 永豊倉을 守, 玄武門의 變때는 弟 璨의 死에 坐하여 좌천」 또한 嚴表 897에는 武德 8,9년에 병부상서에 遷함을 입증한다.

59) 同上 74, 99, 「洎은 唐의 淵銑평정때 嶺表 50城으로 歸함」.

60) 同上 189上, 198, 「子奢는 貞觀初에 員外散騎侍郎으로 신라와의 연합을 추진함」.

61) 同上, 憲은 隋初에는 鄕里兒童을 모아 敎授 煬帝令에 따라 제학자와 함께 桂苑珠叢 100卷을 撰하고 該博하여 註를 했다.

62) 同上 80, 150 「濟는 武后迎入에 반대하여 諫함」.

63) 『隋書』 卷76, 文學孔德紹傳 p.1749.

그리고 社伏威집단에 1명(朱子奢) 등으로 다양하다. 이들 제집단 및 제집단의 인사들은 李淵집단의 唐에 의하여 평정되었다는 사실로 보면 제집단의 上記 인물을 俘虜的 경향이라고 하겠지만 隋官으로부터 歸投하거나 망명 내지는 世民의 제집단의 평정때 招引되어 唐의 관료에 포함되었으며, 三省六部 등 大宣에 진출한 자가 적지 않다.

唐初 武德·貞觀연간의 군신 중에는『新·舊唐書·列傳』에 등장한 南朝系 인사는 136명 가운데 29명으로 21%에 지나지 않아 隋와 같이 소위 關隴집단에 의한 지배체제에는 별다른 변동은 가져오지 있지 못하지만, 隋代와는 달리 南朝系인사들이 三省六部 등 大官에 임용되고 있었다. 역임한 관직의 일례이지만 尙書左僕射 1명(蕭瑀) 侍中 4명(陳叔達, 王珪, 許敬宗, 劉洎) 中書令 및 同侍郎 4명(顔師古, 褚遂良, 岑文本, 來濟) 六部長官 3명(殷嶠, 任瓌, 沈叔安)에 이르고 있다. 이러한 현상 가운데 褚遂良 祖父가 武德연간의 大官 임용사항[64]을 보면 北周, 隋唐의 지배집단 출신자 26명, 北齊출신자 6명, 南朝梁陳출신자 6명 그리고 불명 6명으로 집계되어 北周로부터 隋唐에 이르는 고정화된 지배집단의 관철이라는 논설[65]에 대하여 東魏北齊출신자 및 南朝系인사와 더불어 새로운 지배체제를 구축하였다고 생각한다. 아울러 武德연간에 太子, 秦王, 齊王의 屬僚 및 秦王府 18學士 설치의도의 저변에는 그러한 의미가 내재하여 있다. 전자는『唐書』卷201 文藝上 袁郎傳에,

> "武德初 隱太子 建成와 秦王 世民은 서로 名臣들의 협조를 구였다. 太子에게는 詹事 李綱·竇軌, 庶子 裴矩·鄭善界, 友 賀德仁, 洗馬 魏徵, 中舍人 王珪, 舍人 徐師謨, 率更令 歐陽詢, 典膳監 任瓌, 直典書房 唐臨, 隴西公府祭酒 韋挺, 記室參軍事 庾抱, 左領都督府 長史 唐憲이 있었고; 秦王에게는 友 于志寧, 記室參軍事 房玄齡·虞世南·顔思魯, 諮議參軍事 竇綸·蕭景, 兵曹 杜如梅, 鎧曹 褚遂良, 士曹 戴胄·閻立憲, 參軍事 薛元敬·蔡允恭, 主薄 薛收·李玄道, 典籤 蘇幹, 文學 姚思兼·褚亮, 燉煌公府文學 顔師古, 右元帥府司馬 蕭瑀, 行軍元師府長史 屈突通·司馬竇誕, 天策府長史 唐儉, 司馬 封

64) 布目潮渢「唐創業期における三省六部の人的構成」(『隋唐史研究』p.190 所收).
65) 布目潮渢「唐創業期における三省六部の人的構成」(『隋唐史研究』p.190 所收).

倫, 軍諮祭酒 蕭世長, 兵曹參軍 杜淹, 倉曹 李守素, 參軍事 顔相時가 있었으며, 齊王에게는 記參軍事 榮九思, 戶曹 武士逸, 典籤 裵宣儼이 있었고 文學으로 袁朗이 있었다."고 있다.[66]

이라 있다. 太子府의 屬僚 14명, 秦王府 26명, 齊王府 4명인데, 이들에 대한 실태에 관해서는 布目氏가 상세하게 밝히고 있다. 다만 출신지별로 보면 北周 16명, 北齊 9명, 南朝 梁陳 16명, 미상 3명으로 집계된다. 후자의 경우 秦王府 文學館 18學士)는 世民이 經史·藝文에 뜻을 두어 천하의 賢士를 초대하고 尊賢崇道로써 설치하였지만,[67] 그들은 세민이 「軍國機務가 있을 때마다 引見하여 典籍을 토론하였다"고 하여 李世民의 Brain역할을 하였다. 또한 이들은 太子 秦王및 齊王府의 屬僚임과 동시에 천하인의 존경을 받던 자들이며 수말·당초에 군웅을 토벌할 때에 얻은 인재들이었다. 태자·진왕이 이들을 많이 入館·入府시킴으로써 천하의 인심을 귀부시키는 데에 좋은 방안이라 할 수 있으며, 唐통일을 완성하게 하였던 까닭이라 할 수 있다. 이들은 명망이나 學德에 있어서 그 지방민중의 존경을 받은 인물들이기 때문이다. 이러한 18學士 중 南朝系 인사가 褚亮, 姚思兼, 陸德明, 虞世南, 蔡允恭 및 許敬宗 등 6명에 이르고 있다.

그리고 29명 중에는 문예에 뛰어나거나 經史에 밝아 學士, 博士, 文學, 秘書郎 및 著作郎 등 문화적 관직을 역임한 자가 11명에 이르고 있는데, 그러한 초임으로부터 大官에 이르고 있으며, 더욱이 11명 중 (1)陳叔達은 李淵집단의 丞相府記室 溫大雅와 함께 기밀을 장악했다든지, (12)褚亮은 秦王府學士로 출정때마다 종군하여 기밀을 장악했다든지 또한 (14)顔師古는 기밀 및 軍國史에 능하였다는 기록 등을 고려한다면, 南朝系 인사를 채용 중시한 점이 반드시 문화적이라고 단정할 수는 없다.

뿐만 아니라 『唐書』 卷191, 李憕傳에는 武德功臣 16명, 貞觀功臣 53명, 그리고 至德功臣 265명이 등록되어 있다. 이들 중에 武德功臣 16명은 房玄齡, 杜如梅, 蕭瑀, 高士兼, 魏徵, 王珪, 戴胄, 岑文本, 馬用, 劉泊, 褚遂良, 干志寧,

---

66) 『新唐書』 卷201 袁朗傳, p.5727.

67) 『舊唐書』 卷2 太宗紀, p.28.

張行成, 高李輔, 韓瑗 및 來濟 등으로 이들 중 蕭瑀, 王珪, 岑文本, 劉洎, 褚遂良 및 來濟 등 6명이 포함되고 있는 것으로도 짐작할 수 있다.

四. 結 論

필자는 이제까지 平陳전후 및 隋末唐初에 활약하였던 南朝系인사 70여명에 대하여 살펴보았다. 叙上한 내용을 간단히 정리하여 이를 결론에 代하고자 한다.

布目氏는 隋代 및 唐初의 南朝系인사에 대하여 隋唐에 항복한 俘虜的 경향의 인물이라 하고 이들을 隋唐兩朝에서 채용 중시한 것은 정치적인 면보다 문화적인 면에서 문제를 삼아야 한다는 견해를 가지고 있다. 그러나 南朝系인사 모두가 北朝 및 隋唐에 항복한 俘虜的 인물이라고는 할 수 없다. 물론 江陵함몰이나 南北朝간의 상쟁 및 隋의 南朝평정 때에 포로 내지는 항복한 자들을 가르킨다고 할 것이다. 이러한 인물로는 隋唐兩朝에 걸쳐 13명(蕭吉, 柳裘, 鮑宏, 裴政, 柳莊, 柳辯, 蕭瑀, 蕭璟, 裴縕, 周羅睺, 陳叔達, 徐曠, 錢九龍 등) 외에는 없다고 할 것이며, 陳末 陳使로써 隋에 억류된 許善心과 그의 아들 敬宗이나, 隋의 後梁평정 때에 俘虜가 된 蔡大業의 아들 允恭 자신의 경우는 晋王廣에 의하여 招引되어 포로라고 취급하기는 곤란하거니와 그들 대다수가 文帝 및 晋王廣에 의하여 招引 봉사한 자들이다. 더욱이 隋末唐初의 제집단 출신의 인물은 거개가 秦王 世民의 토벌과정에서 招引되어 秦王府의 文學館學士 및 王府屬僚로 入館(府) 했기 때문이며, 陳叔達 및 蕭瑀 등은 隋측으로는 俘虜的 인물이지만, 唐에 招引 大官에 오르고 있다.

또한 南朝系인사 중에 隋唐兩朝에서 學士, 博士, 秘書郎 및 著作郎 등 문화적인 직위를 역임한 자로는 王胄, 許善心, 虞世基, 陳叔達, 庾自直, 袁朗 등 20여명에 이르고 있다. (행정관 및 무장 39: 문화적 임관자 24명) 이러한 현상을 가지고 문화적인 면에서 그들을 채용·중시했다는 논리는 의문을 갖게 한다. 물론 南朝문화가 北朝문화보다 우월하였기 때문에 학문적으로 탁월했던 그들을 채용 중시했다는 논지가 성립되었을지 모르지만, 溫大雅, 房

玄齡, 杜如悔 등 北周 및 北齊系인사들도 이러한 문화적 임관사항은 얼마든지 예시할 수 있을 뿐만 아니라, 상기의 20여명 중 柳辯, 許善心, 虞世基, 陳叔達, 褚亮 및 顔師古 등은 秘書郎이나 學士 및 記室 등 末職이나마 조정의 비밀을 장악하고 軍國事에 능하였다는 내용이라든지, 그러한 문화적 初任官으로부터 행정상의 大官에 榮進하였다는 점 등을 고려한다면, 반드시 문화적으로 그들을 채용중시하였다고 단정할 수는 없다고 생각한다. 단지 그들은 隋의 권력체제에서 榮進되지 못하였고 煬帝의 폭정으로 말미암아 그들이 문화적인 지위를 확보했을 따름이라고 할 것이다. 이것은 그들이 唐初에는 현저하게 大官에 이르고 있는 것을 볼 때에도 그러하다.

한편 隋의 平陳 때에 反隋的 반란은 梁末陳代에 高門名流層이 정치사회적으로 약세화 함에 따라 새로이 등장한 하급사족 및 토호층의 동향으로써 陳帝室의 陳叔達 및 名流인 袁朗, 王胄 등은 末職에 머물고 있지만, 唐初에는 隋시대와는 달리 南朝 帝室출신자들이 3省의 長官을 역임하였다든지, 陳叔達이 南朝名士들 다수를 薦擧하였다든지, 南朝 2,3류의 문벌출신을 唐의 관료군에 포함시켰다는 등의 사실은 梁陳의 부흥을 표방한 바 있는 南朝 梁陳지역의 高門名士 및 宗中을 회유하려는 의도라 할 것이다. 이는 隋의 南朝陳의 평정 및 招撫時에 10여명이 참가하고 있다든지 唐이 제집단을 평정시에 5명 이상의 南朝출신이 직접으로 참여한 것은 위 사실을 뒷받침 해준다.

더욱이 唐高祖 武德元年 6월 1일 大官의 임명사항을 보면 北周로부터 隋唐에 이르는 지배집단이 26명 北齊系인사가 6명, 南朝系인사 6명, 불명 6명으로 나타나고, 太子, 秦王 및 齊王府의 屬僚 44명중 北周 및 隋출신이 16명, 北齊系 9명, 南朝系 16명 그리고 불명 3명으로 구성되어 있었다든지, 秦王府文學館學士 18명중 6명이 南朝系인사인 것 등으로 본다면, 北周로부터 隋唐에 이르는 소위 關隴集團이라는 고정화된 군벌적인 귀족 지배집단에 의한 唐 지배체제의 운영이라는 논설에 대하여 異論의 여지가 제기된다. 즉 隋를 거쳐 唐에 이르는 동안 점차로 東魏-北齊系 및 南朝系 人士를 唐의 官僚群에 포함시킴으로써 太宗 貞觀의 治 및 唐초기에 관료사족을 과거제로 수렴함으로써, 적어도 凡天下的 통일적인 새로운 지배체제를 확립하는 人的기반을 마련하였다고 할만하다.

〈Abstracts〉

Activities of Pro-NanCao南朝 Personnel in around 7th Century

Kim, Bong-Jung

From the establishment of Ssue隋 in 609 to early Tang唐 period, pro-NanChao南朝 personnel participated as military generals in subduing the anti-Ssue隋 forces, and contributed as local bureaucrats to the stability of GiangLing江南. Other pro-NanGao朝 group had secured IangGinKingFu 楊廣's 晉王府 and LiShimin李世民's WunHakGuan文學館, and was able to reach to high bureaucrat position.

Pro-NanGou南朝 personnel got out of their regional bureaucracy and entered into central politics. They became an important bureaucratic clan of TangTaiTzueng唐太宗 along with the clans based on pro-SiWei西魏 and PeiGou北周 personnel who encompassed pro-PeiGai北齊 group.

第2章
隋初의 "四貴"*

〈目 次〉

Ⅰ. 緖 言

隋의 文帝는 三省六部制는 물론, "十羊九牧"的인 州郡縣의 3級制를 州縣 2級制로 정돈하는 한편, 均田·府兵·選擧 등의 제도를 재정비하여 중앙집권을 강화하고, 나아가서는 충실한 국력을 통하여 後梁을 병합하고 陳을 평정함으로써, 永嘉亂 이후 수세기 동안 분열된 중국을 재통일하였다. 이러한 隋文帝의 開皇년간(581～599)에 정치를 추진한 대표적인 인물로 "四貴", 곧 楊惠·虞慶則·高熲 및 蘇威 등 네 사람의 관료적 문벌사족이었다.[1] 이들은 文武에 탁월한 能力을 발휘하여 開皇의 盛世를 이루어 황제로부터 특별한 은총을 받았던 인물들이다.

谷川道雄씨는 이들 관료문벌사족에 대하여 北周末 楊堅에게 隋왕조 창업에 결정적 계기를 열어준 劉昉·鄭譯 등의 정치그룹을 대표하여 개황년간의 정권을 담당한 官僚門閥士族 특히 高熲의 實務 官僚士族的인 성격 및 至公의 입장을 들추어 새로운 타입의 관료, 즉 新貴族이라고 지적하였다.[2]

그런데 5세기말 北魏의 孝文帝가 鮮卑人들에게 추진한 과도한 문벌주의를 포함한 일연의 한화정책에 자극되어 발발한 6세기 초반기 北鎭의 반란이

* 이 논문은 全南大學校 教育大學院 教育論叢 제3輯(1982년 12월)에 原載하였다.

1) 『隋書』 卷43, 觀德王 雄傳. p.1216.

2) 谷川道雄, 「北周·隋初の 政界と 新舊貴族」 『隋唐帝國形成史論』 所收.

후 東魏·北齊政權과 西魏·北周政權이 연속 성립하였다. 전자의 정권하에서는 북방민족과 한민족이 협력하여 국가를 건설하였지만, 勳貴集團과 漢人士族사이에 맹렬한 각축전이 전개되었다고 하며,[3] 후자의 정권하에서는 이른바 "關中本位政策"을 추진한 훈귀집단[4]을 중심으로 하는 官僚門閥士族[5]을 중심으로 하는 이른바 "關隴集團"의 지배력이 관철되어 北周는 隋에 대체되었지만, 동 집단은 隋왕조에서는 물론, 唐 초기에까지 온존되고 있는 것을 보면, 그들의 활동무대만 달라진 셈인데, 이들 관롱집단을 新貴族이라고 지칭한다고 이해된다. 우선 수초 관료사족의 중심인물로 보이는 四貴의 家格·관력 및 동향을 再構成·檢討할 것이다.

Ⅱ. 四貴의 家格과 官歷

楊雄(=惠)은 弘農華陰人으로 曾祖 興은 北魏의 郡守, 祖인 國은 中散大夫였다. 父親 紹는 西魏시대에 刺史로 達奚武·于謹을 따라 漢中·江陵을 평정하여 驃騎大將軍 開府儀同三司에 오르고 叱呂引氏를 賜姓받았고,[6] 북주 때는 8州刺史를 역임하였다. 雄은 北周의 武帝 때에 太子 司旅下大夫로 衛王直의 作亂을 격파하여 上儀同에 나가고 宣帝 大象 中에에는 刊國公에 올랐다. 그리고 楊堅이 승상이 됨에 雍州別駕로 雍州牧 畢王 宇文賢의 음모를 楊堅에 고지하여 柱國·雍州牧·領丞相府 虞候에 올라 宣帝의 장례 때에, 諸王(北周宗室)의 변란에 대비하였다. 곧이어 隋文帝 受禪하여 左衛將軍 宗正卿을 역임하고 右衛大將軍으로 朝政에 參預하였고 작위는 廣平王에 봉하였다. 그러나 그는 개황 9년에 이르러서 下士에 대하여 寬容하였고 朝野에서 촉망을 받아 四貴의 1인으로 일컬어짐에 수문제가 이를 시기하였다. 특히 舊勳을 생각하여 秩等을 禮加함이 옳다고 하여 司空을 제수하면서 공경하고 삼가하라고 명령하고 있다. 이는 형식상 優崇이지만, 실제로는 實權을 박탈한

---

3) 谷川道雄,「北魏政治史と 漢人貴族」上揭書 所收.
4) 李啓命,「西魏·北周의 勳貴集團」『歷史學硏究』Ⅸ 所收.
5) 李啓命,「北周의 官僚貴族의 硏究」『歷史學硏究』Ⅷ 所收.
6)『周書』卷29, 楊紹傳. p.501.

것이다. 이에 그는 직무가 없어 閉門하고 빈객을 받지 않았으니, 淸漳王으로 改封하고 仁壽初에는 太子太傅·京兆尹을 역임하고 吐谷渾親征 때는 諸軍을 총관하고 개선함에 觀王으로 개봉하였으니, 그는 才德이 없어 공경의 상위에 앉을 수 없다고 사양했으나 불허하였다. 高句麗원정 때는 檢校左翊衛大將軍으로 출정였다가 병사하였다.[7)]

이상과 같이 楊氏의 家格과 관력으로 볼 때, 西魏末 楊氏에게 虜姓 叱呂引氏를 사여한 것으로 보면, 弘農華陰人이며 이들은 北魏의 관료문벌사족제 때에 名家에 속하여 關中郡望으로 북진란 이래 于謹·達奚武 등에 從軍, 軍功을 세우고, 다시 郡公으로 政界에 진출하였다. 특히 楊雄은 북주말 군사적 능력자 楊堅에 적극 봉사하여 영달하고 있는 것으로 보면, 성격상 새 타입의 관료사족에 속한다.

虞慶則은 京兆櫟陽人으로 本姓은 魚氏, 그의 선조는 赫連氏를 섬겼고, 靈武에서 대대로 北邊豪傑이었다. 父親 祥은 北周 同郡太守였다. 경직은 성품의 倜儻하고 문무를 겸습하여 北周에서 中外府 行參軍으로부터 宣帝 宣政원년(578)에 儀同大將軍·幷州總管府 長史에 이르고 동 2년에는 越王 宇文盛과 內史下大夫 고경의 추천으로 石州總管에 발탁되었다. 開皇원년 大將軍으로 內史監·吏部尙書·京兆尹을 역임하고 新都 造營을 總監하였으며, 동 2년에는 돌궐의 入寇를 격퇴하여 尙書右僕射에 영달하였다. 이때에 突厥主 攝圖가 장차 來附코자 一重臣으로 使行을 요청하였을 때에, 경직은 帝命으로 돌궐에 들어가 長孫盛의 도움을 받아 돌궐을 藩附로 삼는 데에 성공하여 上柱國 魯國公에 올랐으며, 동 9년 平陳의 役에 입공하여 右武候大將軍이 되었다. 그런데 동 17년에는 嶺南人 李賢이 作亂함에 제명을 받아 평정 개선했으나, 모반한다는 모략으로 伏誅되고 말았다.[8)] 이상과 같이 虞씨는 대대로 북변 豪傑이라는 점에서 土豪이며, 關中의 郡望에 속하고 그런 지위로부터 북조시대에 일반적으로 시행된 豪族의 본적지에 임관하는 慣例로 靈武태수에 제수되었을 것이다. 육진란 이후 文武를 겸습하고 高熲의 추천과 누차의 공로로 영달하여 성격상 새 타입의 관료사족으로 성장한 인물이었다.

---

7) 『隋書』 卷43, 楊雄傳. pp.1215-7.

8) 『隋書』 卷40, 虞慶則傳. pp.1174-5.

高熲은 渤海蓚人으로 그의 선조는 北邊의 官職에 나갔다가 遼左에서 몰락하였다. 증조 暠는 北魏 太和년간에 遼東에서 귀환하여 安定郡守·衛尉卿에 올랐다. 조부 季安(『北史』에서는 孝安)은 撫軍將軍·兗州刺史를 역임하였다. 父 賓은 文武의 幹用이 있어 東魏에서 諫議大夫에까지 승진하였다. 그러나 그를 시기한 자가 북제의 神武에게 무고함에 大統 6년(540) 서위에 망명해 와 우문태는 가상히 여겨 安東將軍·銀青光祿大夫를 제수하고 獨孤信의 막료로 활약하였다. 곧이어 大都督에 이르러 魏周革命을 거쳐 北周에서는 郡守·刺史·長史·御正下大夫 등의 직무를 두루 역임하면서 직무를 처리함에 있어 민첩하고 과감한 결단력을 보였다. 비록 번거로우나 여유가 있었다고 한다.[9] 高熲은 어려서 明敏하고 器局이 있었다. 書史를 두루 섭렵하여 北周에서 開府 內史下大夫에 승진했을 때에, 楊堅이 劉方·鄭譯 등의 도움으로 丞相이 되자, 高熲의 능력을 잘 알고 楊雄을 보내 끌어들여 丞相府 司錄이 나아갔다. 이때에 相州總管 尉遲迥 등이 기병함에, 고경은 韋孝寬의 監軍이 되어 평정하고,[10] 義寧縣伯·丞相府司馬에 올랐다. 隋文帝 受禪하여 尙書左僕射兼納官 勃海郡公에 이르렀다. 平陳 때의 공로로 齊國公에 영달하였다. 그 후 右衛將軍 龐晃과 장군 盧賁 등이 高熲을 무고했으나, 오히려 方 등이 疎斥되었다. 곧이어 尙書都事 姜曄과 楚州行參軍 李君才가 水旱이 고르지 못하자, 이는 고경의 有罪하기 때문이라고 하여 疎黜토록 청원했다. 그러나 수문제는 오히려 고발자를 疎遠하여 그를 더욱 親待하였다. 突厥의 入寇에 그가 출정했을 때, 近臣이 무고했으나, 부답하였다. 이상과 같이 그는 文武兩兼의 교양사대부로 文帝를 도와 開皇의 盛世를 이루어 황제의 신임이 또한 두터웠으니, 개황말년부터 공경하여 격상하였다. 즉 문제가 太子 勇을 폐하고 晋王廣을 보살폈고, 그는 長幼有序를 내세워 폐위할 수 없다고 주장하였다. 황후는 그를 제거할 것을 도모하였다.[11] 그의 처가 병사함을 계기로 황제로

9) 『周書』 卷37, 高賓傳. p.670.

10) 李啓命, 「北周末 尉遲迥등의 反亂」 『龍鳳論叢』 10輯 (全南大學校 人文科學研究所 刊) 所收.

11) 『隋書』 卷36, 后妃傳 文獻獨孤皇后條 p.1109에, 개황 말 人壽宮에서 수문제가 울지형의 손녀가 미색임을 보고 총애하자 황후는 시기하여 은밀히 살해하였는데, 帝는 크게 노하여 "나는 천자가 되어서도 자유롭지 못 하구나"고 탄식하자, 고경

하여금 총애하지 못하도록 했다. 그러나 그의 첩이 産男하자, 황후는 엉뚱하게 그가 황제를 기만한다고 무고하여 疎斥되기 시작하였다. 동 18년 3월 漢王 諒이 고구려 원정의 行軍元帥가 그가 元帥府의 長史로 종군하였다. 고경은 霜潦·疾疫으로 귀환했다. 이때에 漢王 諒은 모후에게 자신은 그에게 하마터면 죽었을 것인데, 다행히 면했다고 울면서 무고함에, 황후는 황제에게 처음 그는 출정할 뜻이 없었지만, 부득이 파견되어 無功이라고 참언하였다. 황제는 매우 불평하여 치죄하려 했다. 이에 중신들(上柱國 賀若弼·斛律孝卿·柳述 등)이 무죄를 명증하자, 황제는 더욱 격노하였다. 게다가 그의 아들 表仁이 "司馬仲達은 처음 稱病不朝하여 得天下했는데, 공은 지금 그 기회를 만났으니, 어찌 非福이랴"고 한 말이 황제에게 전해졌다. 황제는 대노하여 鞠問이 일어났고, 憲司에서는 황제에게 그가 不敬을 범하였다고 탄핵하였다.[12] 황제는 群臣들에게 황제는 힘써 구할 수 없고 天命은 가히 듣지 못하는 것인데, 그의 아들 表仁의 언급은 무슨 의미인가 라고 반문했다. 有司는 그를 참할 것을 청했으나, 황제는 "去年에 虞慶則을 금년에는 王世積을 참했는데, 또다시 그를 죽이면 천하는 나를 무엇이라 하겠는가" 라 하고 除名하였다.

또한 煬帝가 즉위하여 太常卿에 옮겨 高熲은 황제를 보좌하고자 하였으나, 결국 朝政을 謗訕하였다는 죄로 주살되고 말았다. 이처럼 고경은 家格上으로 山東門閥士族 출신이 확실하다. 원래는 東魏－北齊계 출신이지만, 父賓의 망명 때부터 獨孤氏의 僚佐이었던 까닭으로 양견과 친숙했고 그런 입장에서 양견을 적극 도와 隋朝를 창업하고 隋의 良輔로써 開皇의 성세를 이룩한 명신으로 성격상 새 타입의 관료적 문벌사족으로 보인다.

그리고 蘇威는 武功人으로 魏 侍中 則의 10세손으로 누세동안에 二千石의 家系였다. 조부 協은 武功郡守였고, 부친 綽은 宇文泰의 親信者로 大行臺 度支尚書·司農卿으로 西魏·北周의 六官制·虜城再行과 賜與, 六官制·府兵制 그리고 六條詔書 등 이른바 관중본위정책을 입안하는 등 強國富民의 길을

이 "폐하는 어찌 一婦人으로 천하를 가볍게 생각 하십니까" 하고 위로했는데, 이 말은 들은 뒤부터 황후는 고경과 멀어져 필경 皇后의 시기로 제명되었다.

12) 『隋書』 卷41, 高熲傳. pp.1182-3.

넓히는 데에 큰 공로를 세웠다. 아들 蘇威는 어려서 至極으로 孝道하였고, 宇文泰의 親信으로 실권자 宇文護가 女婿로 삼았다. 그는 우문호가 專權하자, 그 禍가 자신에 미칠까 두려워 山寺에 은거하였고 몇번이나 관직에 출사할 것을 권고 받았지만, 병을 이유로 거절하였다. 楊堅이 丞相이 되어 高熲의 추천으로 入仕하였지만, 주수혁명의 議論을 듣고 귀향하였다. 수문제 즉위하여 民部尙書·納言을 제수받고 高熲과 함께 朝政을 담당하였다. 한 때 납언 등 五職을 겸직하여 治書侍御史 梁毗로부터 현량을 추천하는 마음이 없다고 탄핵까지 받았지만, 고경과 同心·協贊하여 천하가 稱職하였다고 상찬받았다. 그 후 吏部尙書를 거쳐 尙書右僕射에 영진하였다가 모친상으로 잠시 물러났다가 다시 소환하여 복직시켰다.

이즈음 그의 아들 蘇夔가 盛名이 있어 國子博士 何妥와 더불어 樂事에 관하여 의논을 할 때에, 蘇夔에게 많은 知名의 인사들의 동의하자, 하타는 분개하고 드디어 소위가 朋黨을 만들어 모반한다고 무고하여 蘇威의 관직은 삭탈되고 말았다. 얼마 안 되어 소위는 德行者로 납언에 복귀하여 강남을 巡撫하고 돌궐의 都監可汗과 화친을 체결하는 등의 공로로 尙書右僕射에 올랐다. 隋煬帝 즉위하여 고경의 주살에 연좌되기도 하였지만, 다시 납언으로 朝政에 參預하여 그 당시인들은 蘇威를 宇文述·裵矩·裵蘊 및 虞世紀와 더불어 五貴라고 하였다.

또한 高句麗원정, 長城의 役事에 참여하였고 양제말 반란이 봉기함에도 불구하고 巡幸을 즐기는 황제에게 還京하여 나라의 근본을 깊게 하고 社稷을 지켜야 한다고 주청하는 등의 헌신적 충성을 다 바쳤다. 결국 붕당을 만들고 이단을 좋아하며, 율령을 힐난하고 臺省을 謗訕한다는 죄목으로 제명되고 말았다. 아울러 우문화급의 양제시해 후에, 李密, 越王 侗, 王世充을 섬겨 轉傳하였으며, 李世民을 섬기고자 하였지만, 수용되지 못하고 82세로 병사하였다.[13]

이상과 같이 蘇威는 武功의 郡望으로 부친 蘇綽의 활약은 西魏·北周의 체제확립에 공헌이 커서 소씨의 지위를 크게 향상시켰다고 할 수 있다. 이런

13) 『隋書』 卷41 蘇威傳. p.1184.

의미에서 蘇威의 地位를 계속 그 지위를 보증 받았던 것이고, 자신도 힘써 봉사한 이외에 힘써 자신의 역할을 추구하였던 것으로 생각된다. 아울러 隋末의 반란 중에 蘇氏에게 關中按撫 임무를 위임하고 있는 것을 보면, 西魏·北周 및 隋에 일관된 지배집단인 관롱집단의 주요 멤버이며, 성격상 새 Type의 官僚士族像으로 보인다.

Ⅲ. 四貴의 動向과 官僚門閥士族的 志向

谷川道雄은 隋초기의 高熲을 비롯한 관료문벌사족을 비롯한 관료사족에 대하여 명확히 관롱집단에 속하고 앞시대 이래 문벌사족과는 다른 Type이고, 그들의 공통점으로 敎養士大夫로 文武兩兼으로 새시대의 관인상이라고 지적하면서, 그들의 구체적 자질로서 진실로 俠氣에 풍부한 성격, 직무에 대한 충실한 실무성 및 至公의 입장이라고 지적하였다.[14] 이에 필자는 四貴의 동향을 살펴봄에 있어서 그들의 性品, 實務性, 至公의 입장 및 貴寵 등의 여러 가지 측면에서 분석 검토하여 士族의 志向을 살펴보려고 한다.

가. 四貴의 동향

먼저 楊雄의 경우. 『隋書』의 撰者 魏徵이, "觀王(雄)은 本宗을 변경시킬 수 있는 충분한 능력을 가졌지만, 오직 臣節을 지켰고 늙어서나마 袞位에 오른 것은 실제로 仁厚한 까닭이었다"고 평가하였다.[15] 이처럼 그는 성품이 仁厚하고 充實한 실무성을 가졌으며, 至公의 입장을 통하여 황제의 貴寵을 받아 四貴의 일인으로 칭찬받았다. 말하자면 그는 수왕조 창업에 있어서 적극적인 공로를 세웠음은 말할 것도 없고 북주말 韋孝寬, 李德林, 高熲, 李穆 그리고 楊雄은 自立가능한 자로 本宗을 변경시키는 것은 여반장이었으나, 오직 양견을 奉戴한 것이며, 개황 초에 혹자가 고경을 붕당자라고 무고하였지만, 적극적으로 변호하고 있는 것으로 보면 그렇다는 것이다.

---

14) 谷川道雄, 「周末隋初の 政界と 新舊貴族」

15) 『隋書』 卷43 楊雄傳 史臣曰. p.1218.

虞慶則은 성품이 倜儻하고 문무를 겸습하여 本州의 豪傑들이 경탄하였다고 하였다. 이것은 有能·有德者로 그의 공로는 주로 돌궐을 평정한 것이다. 즉, 平陳하여 천하통일한 후에 晉王第에서 군신이 연회를 열었다. 이때에 高熲이 술잔을 받들어 황제의 장수를 축하하자, 황제는 "高熲은 江南을 평정하고 우경직은 突厥을 항복받았으니, 가히 茂功이라고 할 수 있다"고 한 것으로 보아 알 수 있다. 황제는 群臣들에게 나와 諸公의 자손 대대로 이 같은 富貴가 계속되기를 원한다"고 할 정도로 貴寵하였으며, 북주 말 양견이 승상이었을 때에, 우경직은 石州總管으로 정치에 있어 매우 威嚴이 있고 자애로워 稽胡로 의부한 자가 8천호나 되었으며[16], 북주말 우문씨의 족멸을 건의한 것 등으로 보면 실무능력 또한 상당하였던 것 같다.[17]

高熲은 성품이 明敏하고 문무양겸적 교양사대부의 대표적 인물이었다. 그는 開皇 20년간에 최고관직자로 국정을 장악하여 실무면에서 수문제가 眞宰相이라 칭찬할 정도이었다. 예컨대 북주말 양견이 우익으로 끌어들이니, 宗族의 멸망을 사양하지 않고 公, 곧 양견을 받들겠다고 한 것이라든지, 尉지형이 반양견 거병을 하였을 때에, 토벌군의 監軍이 될 것을 자청하여 충효는 양겸할 수 없다고 하여 노모에게 고별인사조차 하지 않고 바로 출정한 것 등에서 볼 수 있다. 또한 충실한 실무면에서는 平陳, 突厥鎭撫, 江漢지구 위무 등 헤아릴 수 없을 정도이며, 至公의 입장을 보면, 平陳 후에 晉王이 陳後主의 寵姬 張麗華를 취하려 하였으나, 西周 武王이 殷 帝辛의 妲己를 살해한 사실을 들어 반대하였으며, 그의 실각을 초래하였던 개황 18년 고구려원정 때에는 長史로 매사를 至公의 입장에서 처리하였다든지, 양제가 散樂을 수집하고 돌궐을 우대하며, 장성과 요동역사를 일으켜 朝政을 특별히 걱정하였다는 것 등이었다. 그리고 貴寵의 측면에서 보면, 황제는 그의 이름대신에 '獨孤'라고 하였다든지, 그가 항상 정무를 처리하던 곳은 조당 북쪽 魁樹아래였는데, 그 나무가 행렬상 알맞지 않아 有司에서 베어버리고자 하였으나, 황제가 특명으로 보존토록 하였다든지, 앞서 말한 것처럼 그를 誣告한 자는 오히려 疏斥되었고 그는 신임을 더욱 얻어 황제가 그를 良輔=眞宰相이라

16) 『隋書』 卷40 虞慶則傳 p.1174.

17) 『資治通鑑』 卷175 陳紀9 宣帝 太建13년(581) p.5436.

한 것이다.[18)]

그리고 蘇威의 성품은 至誠이라 하고 있지만, 앞서 말한 것처럼 樂事에 관한 일로 봉당에 연좌되어 면직되고 황제는 그를 곧 복관시켜, "世人이 소위가 詐淸하고 自家에 金玉이 많다고 하였지만, 이는 妄言이다. 그러나 그의 성품이 고루하고 세상에 요긴함을 끊지 못하며, 이름을 구함이 너무 심하여 자신을 따르면 좋아하고 어긋나면 반드시 화를 내니 이것이 큰 병이다"고 지적한 것처럼, 그는 처신함에 있어서 淸儉하여 廉愼하는 측면에서는 칭찬되었으나, 公議 때마다 자신과 다르다고 하였다. 작은 일에도 자기와 의견이 다르면 반드시 다투어 대신의 체모가 없다고 하였다. 그가 편찬한 格令章程이 簡允하지 않았다고 비난받고 있는 것을 보면, 그는 명백히 권위주의적이고 독선주의 성격의 소유자인 것 같다. 그의 실무성을 보면, 그의 부친 綽이 서위 때에 만든 징세법이 과중하여 平稅의 法이 되지 못하지만, 國用 때문에 부득이 실시한다고 말하였다. 그는 이런 부친의 언급에 따라 稅役을 경감하도록 상주하여 실시한 것이라든지, 관료의 복장·장식이 지나쳐 절검의 아름다움에 어긋난다고 상주하여 개선하도록 하였다는 것 등에서 그러하였다. 그리고 그의 至公의 측면을 보면, 수문제가 한 때, 무고로 朝臣을 살해하고자 하였으나, 이를 적극 만류하였다든지, 楊玄感의 반란이 일어나자, 확대될까 두려워하였다는 것 등이다. 한편 貴寵의 측면을 보면, 그가 형부상서·납언 등 5職을 겸하여 賢人을 추천하는 마음이 없다고 탄핵받았지만, 황제는 "그는 조석으로 힘쓰고 뜻이 원대하여 擧賢하는 것은 빈틈이 없는데 어찌 박해하랴" 하였다든지, 仁壽 초에 다시 尙書右僕射에 올라 長安留守를 명하고 황제는 行幸하였다가 환궁하자, 어사가 그의 職事함에 있어 불리함이 많았다고 상주하였다. 이에 황제는 그를 힐책할 뿐 문책하지는 않았다는 것 등이다.[19)]

이상과 같이 四貴의 언행과 동향은 한 마디로 문무양겸적 교양사대부로써 새로운 Type의 관료상이 있다는 점에서 대체로 동의하고 그 세부적인 측면 가운데에 충실한 실무성을 가졌다는 점에서는 谷川씨와 동감이지만, 그가

---

18) 『隋書』 卷41 高熲傳. p.1184.

19) 『隋書』 卷41 蘇威傳 pp.1184-6.

진실로 협기에 풍부한 성품이라기보다는 오히려 인후·척당 그리고 지성으로 표현되어 있어 실제와 다르고 지공의 측면은 고경의 경우를 제외하면 반드시 그러한 측면이 있다고 강조할 수는 없어 보인다. 특히 소위의 경우는 고루한 성품에 권위주의나 현실주의 측면이 보이고 있어 谷川씨의 견해에 의문이 제기된다.

나. 隋 四貴의 官僚적 門閥士族 지향

필자는 魏晉北朝 門閥士族은 賢者나 有德者로서의 地位와 鄕論上의 Pipe로 國政에 참여하여 災害 때에 貧者를 구제하거나 곤궁에 빠져있는 宗中과 그에 연결되어 있는 大小共同體를 중심으로 형성 발전해온 정권은 州郡縣－鄕黨이라는 정치사회를 통령하고 혹은 更生하게 하는 것은 물론, 군사적 自衛力을 발휘하던 指導層 곧 문벌사족으로 이해하였다. 이들은 谷川씨가 지적한 것처럼 北魏末의 반란과 란정에 따르는 혼란한 상황에서 전개된 生活倫理의 再建·實踐, 즉 그 내용은 첫째, 봉록·기타재산을 親戚·知友에게 아낌없이 散施하여 輕財重義·豪俠的 성격을 가져야 한다. 둘째, 복장·차마·주거 등은 검약하고 관리는 임지의 병사·빈자에 대한 救濟·善政·更生하게 한다. 셋째, 兄弟간에 和睦·友愛를 도모하며, 權門勢家와 結託을 피하며, 타인의 결점을 말하지 않으며, 貴賤을 불문하고 禮接한다는 것 등으로 요약된다. 谷川氏는 이런 家訓의 목적이 다분히 楊氏가 北魏의 조정에서 顯榮의 지위를 구축하고 문벌사족의 지위를 보존하려는 것, 즉 敎養士大夫로써의 항구적인 기반을 확보하기 위한 것이었다고 지적하였다.[20]

그런데 북위말의 六鎭의 반란의 원인은 효문제의 姓族詳定으로 획정된 門閥士族(制)의 폐쇄성 같은 약점과 정책상의 착오에서 비롯되었다. 반란평정 과정에서 尒朱榮 高歡 宇文泰과 같은 軍閥이 등장하였다. 문벌사족의 정치사회적 기초인 향리사회 혹은 향당에서 좀 확대된 국가의 하부조직인 州郡縣에서 豪傑이 豪俠이라는 氣質에 따라 義勇을 결집하여 군벌로 등장하였다. 尒朱榮은 胡漢 門閥士族制를 전면 부정하여 정권을 건설하였으나, 無智

---

20) 谷川道雄「北朝貴族の 生活倫理」『中國中世史硏究』所收.

하고 統治경험이나 資料의 부족, 무엇보다 政略家가 없어 자신의 軍府에 편성된 高歡과 宇文泰政權을 낳았다. 고환은 豪傑로 懷朔鎭 軍團과 六鎭降戶를 통령하고 信都(釜口)에서 國恥家怨을 雪冤하려는 盧文偉 盧景裕 崔悛 李元忠 高乾兄弟 封隆之 등 門閥士族 세력과 同盟하여 이주씨를 타도하고 고환이 옹립한 효무제를 내세워 북위정권 권력구조와 통치계층이 온존히 보존발전하는 방향이 추구되었다.

한편 530년 關西大行臺가 설치되어 尒朱天光을 元帥 賀拔岳과 侯莫陳悅이 行臺左右丞으로 關隴地域이 거의 평정되던 때, 高歡의 사주를 받은 侯莫陳悅이 하발악의 지위를 빼앗아 관롱지역을 장악하고자 하발악을 살해하였다. 이때 하발악을 따르던 趙貴 寇洛 赫連達 등 50명의 諸將이 平涼同盟을 결집하여 大豪俠 夏州자사 宇文泰를 盟主로 翊戴하여 후막진열과 曹泥를 평정함으로써 군벌로 등장하였다. 곧이어 효무제와 입관한 산동의 문벌사족을 맞아 西魏政權을 세웠다. 이때에 戰略家 韓褒의 進去計와 長孫儉의 新隆中計가 주효하였다. 蘇綽·盧辯 등의 六條詔書와 鄕兵, 곧 府兵制 그리고 大誥 中興令式 虜姓의 再行과 賜與 등 이른바 關中本位政策이었다,

따라서 東魏와 梁에 정치 문화상의 약세를 극복하여 자립적인 諸將과 關隴豪右 그리고 入關한 門閥士族의 功績으로 對東魏戰에 우세하였고 漢中·蜀·江陵을 평정하여 西魏의 統治集團이 편성되고 그 연장선상에서 北齊를 평정하였으며, 隋文帝가 천하통일과 당태종, 고종 그리고 무측천의 唐王朝와 6都護府로 融合한 이른바 世界帝國이 확립되어 北魏 孝文帝의 指向意志인 "胡越之人 親如兄弟"를 이룩한 것이다.

따라서 隋王朝의 官僚門閥士族의 대표적 인물인 수당왕조의 통치계층을 官僚門閥士族이라고 호칭하고 그러한 선상에서 考究할 필요가 있다.

다시 말하면 魏晉北朝와 高歡·高齊의 문벌사족의 自衛意志와 自衛力을 그대로 收容하여 胡漢間의 갈등·대립 나아가 敵對하여 斛律光의 비극과 같은 결과로 北齊가 北周에게 平定되었던 것보다, 西魏이래 府兵制 國家에서 六鎭叛亂의 문벌주의 폐쇄적 選擧를 탈피하고 그것에 근거한 착오나 과오를 개선하려는 功績主義 官僚士族制를 실시하였는데, 그것은 關隴지역의 향리사회를 보존하고 나아가 동지역의 향토방위와 동지역에 근거를 둔 왕조에

충성하여야만 하는 사정에서 종래 北魏에서 채용된 부족병제나 그런 성격이 강한 병제는 적어도 關隴 漢人사회에서는 성공할 수 없다고 생각되어 향리사회에 근거를 둔 鄕兵, 곧 府兵制에 編戶齊民上에서 낙후된 호한 兵民의 地位를 引上시켜 府兵과 府兵體制의 대소 지휘체계나 향리 혹은 州郡縣의 행정체계상에 종래 門閥士族의 宗主나 宗主力量者를 포괄하는 방향에서 인재등용과 경영이 필요 혹은 요구된 것이다. 이는 수왕조 초기에 高熲이 508破郡과 地方行政體系의 조정에서 李德林이 반대하고 貌閱과 輸籍法까지 실시하여 一元化하려는 高熲과의 충돌에서 隋文帝가 高熲의 입장을 선택하여 開皇의 盛世를 이루어 眞宰相이라고 賞讚하였던 사정에 잘 나타나 있다고 고려된다.

따라서 호한 관료적 문벌사족은 자기존재에 대한 自省과 變貌의 계기를 맞아 비록 宗族 宗中의 기반위에 문무양겸적 교양사대부로서 어려움을 극복하지 않을 수 없었다. 즉, 종래에 향유하던 사회적 지위와 명망 및 기득권을 통하여 鄕兵을 결집하여 질서를 유지하여 자기네 중심의 공동체방어를 하였다. 또한 그런 활동을 통하여 국가권력구조의 주요 멤버로 편성되었다. 그것은 우문태가 관롱 각지의 호우를 廣募하여 鄕帥로 삼았던 사실에서 뚜렷이 보인다. 게다가 宇文泰를 적극 보좌한 蘇綽의 六條詔書 중에 제 4條 擢賢良을 보면, "백성은 자치능력이 없어 人君이 있고 신하가 그를 보좌하는 것이어서 신하의 賢·不肖가 治世의 基調라고 전제하고, 門閥士族보다는 賢才가 중용하고, 賢才는 대체로 실무능력이 부족하지만, 이 양자를 겸한 인물을 찾아야 하는데, 그러기 위해서는 志行이 善한 자를 선택하되 먼저 향당에서의 생활을 관찰하고 임용하고 임용한 후에는 그 實績을 중시해야 하며, 백성의 師表·至公의 입장 등을 강조하였다.[21] 또한 이런 관료상은 서위·북주시대에 형성되었음을 『周書』列傳에 등장하는 인물의 清·謙·儉한 생활로 표현되었다[22]고 이해된다. 뿐만 아니라 周隋혁명의 과정에서 矯詔로서 결정적인 계기를 열어준 劉昉을 비롯한 鄭譯·韋謨·皇甫績은 한인 관료사족으로 그 당시 사회적 자위능력을 상실하고 개인적인 능력에 따라 胡漢의 軍閥(북주황

21) 『周書』 卷2 文帝下 p.28 大統9年 3月에, "於是 廣募關隴豪右 以增軍旅"라 있다.
22) 상게서, 卷23 蘇綽傳. 六條詔書 先治心 p.382.

실과 같은)과 결합하고 개인적인 능력을 잘 발휘할 수 있는 地位(內史·御正系官僚)에 진출하여 宣帝의 恣意와 橫暴에 의하여 북주의 주례적 권력구조가 파탄된 사정에서 北周를 楊堅에게 팔았다는 도덕적인 지탄을 면하지 못하였지만, 政治체제상 周隋 兩政權의 매개적 역할을 하였다. 그리하여 양견의 즉위 후 탄압을 받아 주살된 고경을 중심으로 하는 관료적 문벌사족구릅이 수왕조의 초기 정계를 주름잡았다고 지적하였다.[23] 옳은 평가이지만, 문벌사족으로써의 능력·역할이라기보다 관료문벌사족으로써의 역할이라고 생각한다.

결국 수왕조 초기 관료적 문벌사족의 대표 四貴의 지향은 北魏말 반란이래의 혼란과 군사정권이 계속 출현하고 있던 상황에서 새로운 사회질서를 구현하기 위해서는 文武兩兼的인 敎養士大夫의 출현이 요청되었고 이들이 군벌정권에 적극적으로 봉사하여 최상위의 官僚門閥士族으로서 영진하여 활약한 것이다.

Ⅳ. 結　論

필자는 수문제 開皇년간에 政界를 이끌었던 인물, 즉 四貴에 대하여 번쇄하게나마 분석·검토하였다. 이를 간략하게 정리하여 결론에 대할 것이다.

먼저 家格 상에서 楊雄·虞慶則·蘇威는 關中의 郡望출신으로 관롱집단, 곧 수왕조의 관료적 문벌사족의 중추적인 인물들이었다. 高熲만은 산동명족 발해수인 출신이었다. 부친이 東魏말 西魏에 망명한 이래 西魏·北周의 官僚적 門閥士族으로 獨孤信·楊忠과 같은 8柱國家와 관련을 맺으면서 동 집단에 흡수되었다. 이들은 하나같이 文武兩兼的 敎養士大夫로 主君에 대한 충실한 실무능력을 통하여 영달하였다. 谷川氏는 高熲을 비롯한 관료적 문벌사족을 新貴族이라고 일컫고 이들의 實務性·至公의 입장 등을 강조하였지만, 필자는 四貴의 性品·實務性·至公立場 그리고 貴寵의 측면으로 분석하여 검토하였다. 따라서 그들은 문무양겸적인 교양사대부인 것은 틀림없지만, 세부면

---

23) 谷川道雄, 「西魏 六條詔書に おける士大夫倫理」, 『中國中世社會と共同體』 所收.

에서 仁厚·倜儻·至公으로 표현되고 蘇威의 경우는 固陋하고 權威主義 및 現實主義的 側面마저 보이고 있어 谷川氏의 지적에 의문이 제기된다. 또한 同氏가 이런 新貴族으로 등장하고 劉昉·鄭譯 등 舊貴族(필자는 관료적 門閥士族) 대신에 高熲Group이 정계를 담당하였다고 정리하였다. 그러나 四貴의 家格을 보면, 모두 舊貴族, 곧 관료적 문벌사족으로 보이고 유방·정역의 거세는 실무능력의 결여와 태만 그리고 모반에 의하여 추진되어 소척되고 있다. 다만 그들이 북위말이래 격동하던 시대에 문벌사족으로 더 이상 향리사회와 주군현의 지방과 국가사회에서의 활약을 가능하지 않아 문벌사족제의 부활이라고 하기보다는 황제권에 포괄되어 官僚적 門閥士族으로 탈바꿈하여 충실한 실무능력을 발휘하여 성격상으로 변모되었다고 할 것이다. 결국 이러한 서위 우문태 이래 형성·발전한 관료적 문벌사족, 곧 關隴지배집단과 그들의 지배력은 西魏·北周에 이어 隋王朝에서 더욱 발전하여 북주 무제의 화북통일, 수문제의 開皇의 治를 이루었다. 아울러 그 연장선상에서 貞觀·開元의 治를 이루었으니, 수당제국이 융성하는 端緖·基盤이었고 구체적으로 수당의 관료적 문벌사족제 형성과 발전의 樣態라고 하지 않을 수 없다.

〈Abstracts〉

Four Noble Bureaucrats in Early Ssue隋

Kim, Bong-Jung

Four noble bureaucrats who led the politics during the KaiHuang開皇 of SsueUnDi隋文帝 were IangSung揚雄, UChingTze虞慶則, SsuUei蘇威 who belonged to great bureaucratic clans of KanLueng關隴, and GaoGUng高熲 who were from BoHeTiao渤海蓚人, bureaucratic clan of ShanDueng山東, and was able to join the KanLueng關隴 group due to his father GaoBin高賓 who had become a bureaucrat in early SiWei西魏. These were the most representative great bureaucratic clans who advanced the Gie豪傑-IUng義勇 relations through self-independency and 豪俠 in local communities since early SiWei西魏. Their characteristics were refined scholar officials who had both military and scholarly abilities, famous for their GiGueng至公 and GueiChueng貴寵. Therefore, they were the human foundation that made it possible to achieve the prosperity of KeiHiang開皇 and peace of GenGuan 貞觀.

第3章
隋 尚書省의 職能과 人的構成
-隋的 支配集團 把握의 一環으로-

〈目 次〉

一. 緖 言

隋王朝는 다음의 唐朝와 連稱 隋唐帝國이라 하고, 이 시대에는 漢代에 이어 중국의 문물제도를 다시 집대성하여 차기 諸王朝 및 주변국가의 문물·제도에 있어서 그 骨幹이 되어 東亞文化圈을 형성하였다. 여기서 문물·제도라 함은 주로 律令體系를 말한다. 그것은 국가권력의 기본적인 官制를 비롯하여 土地制 및 稅役制가 중요하고 특히 官制는 전통적으로 권력구조상에서 중시되었으며, 그것은 대체로 중앙행정기구와 지방행정기구로 구분하며, 중앙에는 三省·六部·9寺 諸臺監이, 지방에는 州縣 등의 기구가 그것이었다.

본고에서는 이상의 방대한 관료기구 가운데에서 三省 특히 尙書省과 六部의 職能과 그 장관에 등장한 인물에 관하여 살펴보고자 한다. 이에 대한 연구는 諸說이 많고 그 가운데에서 陳寅恪氏와 嚴耕望氏의 所說이 代表格이라고 할 수 있다. 陳氏는 수당의 관직은 北魏의 孝文帝 太和年間-高齊-楊隋의 계통을 이었고, 宇文周의 그것은 극히 일부분(武官職)을 제외하면 因襲하지 않았다[1]고 하였으며, 嚴氏는 수당의 尙書省은 宰相機官이요 行政機官이라고[2] 하였다. 고대의 문물제도에 대하여 전통적인 권위를 가지고 있는 『通

1) 陳寅恪, 「隋唐制度淵源略稿」 三 職官, 『陳寅恪先生論文集(上)』 所收.

典』 및 『六典』 등의 자료를 통하여 당의 尙書省의 성립 계통 지위 및 기능에 대하여 설명하면서 수당제국을 연칭하듯 隋制는 唐制에 준하는 것으로 서술하여 疎落되어 있는 것으로 이해하였다. 한편 진씨는 西魏·北周·隋 및 唐初에까지 걸쳐있는 지배집단은 關隴集團으로 西魏·北周 및 隋 그리고 唐의 則天武后기까지 지배력을 관철하였다[3]고 하였다. 布目潮渢氏는 위 陳氏의 所說에서 당초에 있어서 同集團의 정치지배의 실태가 缺如되어 있다고 지적하고 수말의 반란 및 당초의 三省六部의 長次官에 등장한 인물에 대하여 매우 상세한 분석을 하였다.[4] 谷川道雄氏는 북위의 문벌주의 정책이 북진의 반란 및 연달아 추진된 水平化운동의 선상에서 庶人층의 官界進出을 가능하게 하여 胡漢民衆의 동향에 따라 門閥的 신분제의 폐쇄성을 극복 신분·개개인의 능력에 따라 신귀족주의 운동이 지향되었고 이런 맥락에서 수당제국이 생성되었다고 파악하고[5] 이러한 신귀족적 관료상은 文武兩兼的인 教養士大夫라고 하였다.[6] 그리고 필자도 隋初 官僚적 문벌사족의 代表格이라고 할 수 있는 "四貴"에 대하여 성격상 새 Type의 官人像임에는 틀림없다. 隋朝의 대다수 관료적 문벌사족에 대하여 면밀한 분석·검토를 거치지 않고는 그들을 신귀족이라고 규정함은 속단이라고 판단 유보하였다.[7] 더구나 唐初의 정치적 지향은 후술하는 바와 같이 "開皇의 舊"를 복구하는 것이었고 당의 관제는 수의 옛것에서 연유한다[8]고 하였다. 이러한 상황에서 隋왕조의 권력구조와 그 인적구성에 대한 연구는 절실하게 요청된다고 할 수 있다. 그러나 너무 방대한 문제이기 때문에 그 제1단계로 尙書省과 6부의 직능과 그 長次官에 등장한 인물에 대하여 살펴보고자 한다.

---

2) 嚴耕望, 「論唐代尙書省之職權與地位」 『唐代研究叢書』 所收.
3) 陳寅恪, 「隋唐制度淵源略稿」 前揭書 上編.
4) 布目潮渢, 「唐朝創業期における 三省六部の 人的構成」 『隋唐史研究』 所收.
5) 谷川道雄, 「隋唐世界帝國の成立」 『世界歷史』 5 古代5 所收.
6) 谷川道雄, 「周末 唐初의 政界と 新舊貴族」 『隋唐帝國形成史論』 所收.
7) 李啓命, 「隋初의 "四貴"」 『教育論叢』 3 全南大學校 教育大學院刊 所收.
8) 『舊唐書』 卷50, 刑法 p.2133·4에 「高祖受禪 詔納言劉文靜與當朝通識之士 因開皇律令而損益之……又制五十三格……撰定律令 大略以開皇爲準」이라 하였다.

二. 隋 尙書省의 職能

먼저 隋時代의 尙書省은 唐代의 그것과 마찬가지로 국가행정의 중추기구였다. 이 문제를 살펴보기 위해서는 尙書省의 성립과 조직 및 그 기능에 대하여 살펴보는 것이 필요하다.

원래 尙書省의 尙書란 秦漢시대에 殿中에 있는 少府에 부속되어 문서를 管掌하는 하급기구에서부터 출발하였다.[9] 西漢 成帝 때에는 증가하는 임무에 대비하기 위하여 僕射 1명과 4曹를 두어 5인의 尙書가 등장하더니,[10] 東漢 光武帝는 스스로 吏職을 總領함에 따라 실권이 尙書에 돌아갔고 三公(宰相)은 단지 勅命만을 받아 그 권위가 失墜되었다.[11] 또한 尙書의 各曹(=司 혹은 部)는 東漢 靈帝頃부터 성립하기 시작하여 魏晋시대에 세분화하였다. 각 曹를 지휘하는 尙書省이 성립하여 同省의 장관 尙書令의 권위가 점차 높아졌다. 다른 한편으로는 中書令이 曹魏이래 황제의 親信者로 국가의 機務를 장악하여 사실상의 宰相이 되었고 이러한 추세는 南朝에서 더욱 상승되어 특히 梁陳에서는 중서성의 기구가 확장되고 同 長官이 정무를 장악하여 尙書省의 권한까지 빼앗아 尙書省을 지휘·감독하였다. 北魏에서는 門下省의 지위와 직권이 중시되었다. 이런 상황은 北齊에서 대체로 답습되었다. 隋에서 姬周의 六官制를 채용한 北周의 체제보다는 漢魏의 옛것, 즉 그 연장선상의 북위·북제의 체제를 수용하여 隋王朝의 尙書省은 內史(=中書)省 門下省과 더불어 三省으로 정립되고 그 장관 尙書令은 內史令 待中과 함께 三省長官이 되었다. 이런 정무기구 통속관계 및 기능은 당조에서 한층 더 조밀하게 완성을 보았다.

隋書 卷28 百官 下에 의하면, 尙書省은 "莫不總攝"이라 하여 모든 정무를 지휘하는 사령탑이었다. 그 통속체계는 尙書令·尙書左·右僕射를 각각 1명씩 두어 吏部를 비롯하여 禮部·兵部·諸官部·度支部 및 工部 등 六部의 직무를 總割·指揮하고 위 左右僕射와 六尙書를 8座라 하였다. 尙書令은 隋王朝 일

9) 『通典』 卷22, 職官4 尙書省條. p.587.
10) 同上
11) 同上

대에 걸쳐 楊素가 양제 즉위년에 일년 여 동안 역임한 것을 제외하면 역임자가 없었다. 左右僕射의 屬官으로는 尙書左右丞과 都事 8인이 있어 左僕射는 尙書左丞·都事 4명을 屬官으로 하여 吏部·禮部·兵部의 직무를, 右僕射는 右丞·都事 4명으로 都官 度支 工部의 책무를 지휘·감독하였다. 중요사항은 左右僕射와 六部尙書가 의결했기 때문에 8座라 하였다. 또한 六部 가운데 吏部를 비롯한 六部에는 각각 장관으로 尙書 1명, 차관인 侍郎 1명이 있었다. 각部에는 4曹(=司)가 있어 모두 24曹이었다. 말하자면 吏部尙書 휘하에 吏部(=選部) 主爵·司勳·考功; 禮部尙書 휘하에 禮部·祠部·主客·膳部; 兵部尙書 휘하에 兵部·職方·駕部·庫部; 都官尙書 휘하에 都官·刑部·比部·司門; 度支尙書 휘하에 度支·戶部·金部·倉部 그리고 工部尙書 휘하에 工部·屯田·虞部·水部 등이 그것이었다. 그 長을 曹郎(文帝 때만 侍郎)이라 하여 그 임무의 多寡에 따라 1, 2명을 두어 모두 36曹郎이 두었으며, 휘하 각 曹마다 각각 1명 내지 2명의 承務郎·主事 등의 流內官을 두어[12] 실무 행정을 담당하였다. 각 曹에는 員外郎을 두어 曹의 籍帳을 담당하고 曹郎의 유고시에는 대행하도록 하였다.[13] 그 밖에 상당수의 流外 令史가 있어 流內官을 도왔고 정원은 제도의 정비와 시대에 따라 각각 달랐으며, 唐代에는 隋의 그것보다 증가하고 있음을 볼 수 있다.

그러면 尙書省의 직무내용은 어떤가? 먼저 尙書令은 "衆務總攝" 혹은 "總領百官儀刑"이라 하여[14] 정무 행정을 指揮·監督하는 최고의 장관으로 楊素 1명 뿐이었다. 楊素는 楊隋 皇室과 系譜上 멀리 떨어진 弘農華陰人이다. 그는 隋王朝 건설 및 천하통일 등의 큰 공로가 있고 특히 煬帝의 奪宗 및 卽位에 적극 협조하여 승진한 지위였고 곧 박탈되었다. 따라서 尙書省의 실제장관은 尙書左右僕射이었다.

僕射는 원래 漢代의 軍官·宮人·博士·尙書의 주무관에 해당되었다. 그 후 점차 그 명칭을 사용하지 않고 단지 尙書에만 남게 되어 專官이 되었다. 남북조시대에는 尙書省에 장관인 令 1명 이외에 左右僕射 1명씩을 두어 同省

12) 『通典』 卷22, 職官4 歷代都事主事令史條. p.326.

13) 『通典』 卷22, 職官4 僕射外員郎條. p.327.

14) 同上 尙書省條 및 『隋書』 卷28, 百官下 參照, p.588.

의 次官格이었지만 실제로는 令과 더불어 지위의 상하가 있는 것이 아니고 함께 執政長官으로 "令僕", "朝端", "端右"라고 호칭하였다.15) 그런데 文帝 開皇 3년(583) 詔에, 左右僕射는 從二品官으로 左僕射는 吏部 禮部 및 兵部의 3尙書를 관장하고, 御史가 부당하게 탄핵함을 규명하고 右僕射는 都官·度支 및 工部의 3尙書를 장악하고 用度(國家財政)에 대하여 판정하였다.16) 이리하여 尙書省의 실제적 장관은 左右僕射이었으니, 尙書令의 直接 屬官이 보이지 않는 점에서도 그렇다.

이런 尙書省의 장관으로는 高熲·楊素를 비롯 蘇威·虞慶則 및 趙煚 등 5명이 보이고 특히 고경은 眞宰相 良輔라 하여 朝政을 專掌하였다.

六部가운데 吏部는 漢代 尙書의 一分曹로부터 한 때에 選部로 개칭하였다. 초기에는 관리의 任免考選이 주된 임무이어서 曹魏때로부터 吏部라는 정식 명칭으로 제정한 이후로 選擧를 오로지 관장하여 중요기구로 성장한 수왕조이래 六部의 首位였다.17)

또한 육부의 통속관계에 관해서는 많은 자료가 없다. 吏部에 統屬 된 각 曹의 명칭에서 보는 바와 같이 內外官僚의 選拔·除授·勳封 및 考課의 政令을 관장하는 기구이다.

그런데 수왕조 시대에는 위진남북조의 門閥士族制의 제도적 장치인 九品中正法을 폐지하고18) 새로운 考試制로써 科擧制가 성립하였던 시기이다. 수왕조시대의 選擧는 기본적으로 反隋分子를 제거하는 작업이라는 성격을 갖는 것이다. 西晋의 永嘉亂이래 수왕조시기 동안 분열된 중국의 통일을 달성하고 중앙정부 기구의 擴充을 비롯하여 地方정부의 十羊九牧的인 州郡縣 3級制를 州縣 2級制로 정비한 것이다. 지방장관은 물론 지방의 屬僚도 품관인 경우에는 중앙에서 파견하고 지방의 胥吏도 他地方과의 교환을 원칙으로 하며, 지방장관의 辟召를 엄격히 금지하여 중앙집권을 관철하는 황제권을 강화하였다.

---

15) 『歷代職官表』(上海古籍) 僕射條. 上海古籍 1993, p.11.

16) 『通典』 卷22, 職官4 僕射條. p.327.

17) 『歷代職官表』 吏部條. p.12.

18) 濱口重國 「所謂, 隋의 鄕官廢止に就いて」, 『秦漢隋唐史硏究』 所收.

실제로 문제는 이를 위하여 開皇 2(582)년 정월 賢良추천을 명령하였다.[19] 또한 同 3년 11월에는 각 지방에 풍속을 살피는 使節을 파견하면서 "文武才用者가 있으면, 시기를 가리지 말고 짐이 발탁할 수 있게 할 것이고 志節이 高妙한 자가 있으면 특별히 선발할 것"을 당부하고 있었다.[20] 아울러 同 7년 정월에도 諸州의 장관은 매년 3인을 貢士토록 하여 貢士制가 등장하여[21] 과거제 성립에 한걸음 앞당겼다. 그리고 同 15년에 鄕官을 폐지하고, 同 18년 7월 京官 5品 이상의 관직자와 總管·刺史는 志行勤修·淸平幹濟의 二科로 인재를 선발토록 한 조치[22]는 과거의 성립이라고 하는 논자도 있다. 이상과 같이 선거를 장악하던 기구가 吏部였고 장관인 尙書는 6품이상의 관직자, 차관인 侍郎은 7품 이하의 관직자를 任免·考選을 담당하였다.[23]

禮部는 본래 漢代의 尙書分曹 때에, 客曹尙書가 등장하더니, 魏晋 이후에는 尙書省에 祠部와 儀曹가 있었다. 隋에 들어와 禮部가 등장하여 儀制·祠祭·主客 및 정선 등의 임무를 수행했으나, 당왕조 후반기이래 貢擧·學校·考試·風俗敎化·宗敎 및 외국사절접대 등을 관장하여 그 직능이 古代職掌 중에 포함시키기 어려우면 모두 禮部에서 관장하도록 하였다.[24]

兵部는 본래 曹魏 때에, 五兵尙書가 설치되어 각 왕조에게 계속 답습하였다. 수왕조에 들어와 兵部·職方·駕部 및 庫部의 4曹가 성립되어 唐宋시대에까지 사용되었다. 이러한 兵部는 전국 軍事行政의 總和이다.[25]

都官部는 開皇 3년 刑部로 개칭되었다. 본래 魏晉시대 尙書의 分曹 때에, 比部·都官 등의 문서 처리를 주된 임무로 하였다. 執刑의 책임은 없었다. 수왕조에 들어와 천하의 刑名·徒隷勾覆·關禁 등의 政令을 관장하여 이후 明淸시대에 이르러 더욱 그 규모가 방대해지고 세밀하여졌다.[26]

---

19) 『隋書』 卷一 高祖紀上 開皇二年 正月 甲戌條. p.16.
20) 前掲書 同卷 開皇三年 十一月 乙酉條. p.20.
21) 前掲書 同卷 開皇7年 正月 乙未條. p.25.
22) 前掲書 同卷 開皇18年 7月 丙子條. p.43.
23) 『歷代職官表』 吏部尙書條.
24) 『歷代職官表』 禮部條.
25) 前掲書 兵部條.
26) 前掲書 刑部條.

度支部는 본래 戶部였고 漢代의 民曹로부터 나왔지만, 漢代 民曹의 직무와 후세의 호부 직무가 완전히 같지 않다. 그러나 위진 이후에 度支·左民 및 右民尙書를 설치하여 度支는 국가의 재정 좌민은 호적 그리고 우민은 公私의 田宅에 관한 직무를 담당하는 등의 변화를 거쳐 隋初에 度支部, 開皇 3년에 民部로 개칭되고 그 휘하에 탁지·호부·금부 및 고부를 통할, 당 고종 때에 태종의 諱를 피하여 戶部로 개칭되었으며, 그 직장은 실제로 국가재무 행정의 최고기관으로 稅收·錢幣·運輸·土地를 관장하였다.[27]

그리고 工部는 본래 漢代 民曹의 일부이었으나, 東晋이래 起部尙書가 尙書省에 포함되었지만 宗廟·宮闕 및 山陵 등을 건설할 때만 이 기관을 설치하고 일이 끝나면 폐지하였다. 수왕조에 들어와 六部의 하나로 등장하여 工部·屯田의 2曹[28] 뿐만 아니라 虞部·水部까지 관장하였다.[29]

한편 이상과 같은 尙書省과 六部의 令僕尙丞郎의 品階는 어떤가? 尙書令은 말할 것도 없이 職事官의 최고의 품계로 30품계 중 正2品, 尙書左·右僕射는 從2品 吏部尙書를 비롯한 六尙書 및 9寺의 각 卿이 정3품 六部 각 侍郎 및 9寺의 각 少卿이 정4품上 尙書左丞이 종4품上 右丞이 종4품下이며, 각 曹郎은 정6품上이었다.[30]

그런데 9寺 諸監의 임무는 尙書省 六部와 더불어 重復·混淆되어 있다. 예컨대 吏部와 宗正寺; 禮部와 太常·鴻臚·光祿寺 및 國子監; 兵部와 太僕 衛尉寺; 평부와 大理寺; 호부와 太府·司農寺; 그리고 工部와 少府·將作監이 각각 重疊되어 있었다. 嚴耕望氏가 明證한 것처럼[31] 六部는 政令기관·監督기관·宰相기관이고 9寺 諸監은 實務기관, 事務기관으로 唐制와 흡사하다고 고려된다. 그것은 당왕조의 관제는 통치계층이 서위이래의 관롱집단 등 거의 동일한 관료적 문벌사족으로 그들에게 익숙하였고 당왕조의 관제는 수왕조의 관제를 더욱 오밀조밀하게 구성하였다고 생각하기 때문이다. 실제로 첫째

---

27) 前揭書 戶部條.

28) 『通典』 卷23, 職官5 工部尙書條.

29) 『隋書』 卷28, 百官下.

30) 『隋書』 卷28, 百官下.

31) 嚴耕望, 前揭書.

官品에 있어서 수왕조의 官品은 앞서 살펴본 바와 같이 6部의 각 長次官과 9寺 諸監의 각 長次官이 같은 품계이지만, 당제에서는 6부의 각 長次官이 9寺의 각 長次官보다 한 품계 상위로 통속관계가 설정되어 있었기 때문이다. 둘째 太僕寺는 戶部의 政令을, 太僕寺는 兵部의 政令을 각각 따랐다[32]는 것으로 보아 다른 7寺도 六部의 어느 尙書의 政令에 따라 실무를 집행했다고 생각되기 때문이다. 셋째 반드시 그렇다고는 할 수 없지만, 職務가 중복되는 長次官의 승진코스가 九寺少卿 → 六部의 侍郎 → 九寺의 卿 → 六部의 尙書로 설정되어 있었다.(次項의 표 참조) 넷째 六部·9寺의 정원수를 확실히 파악하기는 어렵지만, 六部보다 9寺 쪽이 훨씬 많기(10倍 정도 즉 일백 수십 명에 대하여 일천 수백 명 정도) 때문이다. 그리고 內史(=中書)省 장관 內史令과 門下省의 장관 侍中이 尙書의 令僕보다 일품 아래였고 六尙書와 같은 정 3품이라는 것은 결국 수왕조의 尙書省·六部는 실무·행정기관이 아니고 그 장관들을 8座라 한 것처럼 政務·監督·宰相기관이요 9寺 諸監은 尙書省·六部의 指揮·監督을 받는 執行·事務기관이라 해야 될 것이다. 또한 품계상 같은 점과 황제가 직접 임면시킨 것은 국가기관 사이의 협조 및 견제를 위한 것이요, 황제권을 관철시키기 위한 조치였다고 고려된다. 그리고 수왕조 尙書省·六部의 역사적 위치는 다른 관료기구와 함께 漢魏이래 복잡한 과정과 변천을 통하여 隋文帝 開皇년간에 대체로 정비되어 집대성되어 가는 도중에 양제의 폭정으로 야기된 수말의 반란을 거쳐 당대에 완성되었다고 할 것이다. 그리고 수문제가 즉위 직후 북주의 옛것을 버리고 漢魏의 舊로 되돌아간다[33]고 하였지만, 북주는 관직 중에 姬周의 옛것을 모방한 것은 중앙문관제도 뿐이고, 오히려 柱國·開府 등 중앙문관직은 북주의 제도를 습용하고 있었다. 게다가 陳寅恪氏가 唐王朝의 직관은 北魏 太和=高齊-楊隋의 계통을 이어받았다고 하였고, 당의 관제는 그 名號와 祿秩의 증감은 때에 따라 있었을지라도 수왕조의 옛것을 沿襲하였다[34]고 정리하였다. 특히 당왕조 초기의 정치목표는 "開皇의 舊"를 복구하는 것이었다는 점에서 찾아진다. 다시 말하

32) 『歷代職官表』 太府寺 太僕寺條.

33) 『隋書』 卷28, 百官下. pp.773-4.

34) 『舊唐書』 卷42, 職官一. p.1783.

면 隋文帝는 北齊·北周의 제도를 참조하여 제도를 제정하여 힘써 寬平하도록 하려고 노력하였지만 그의 말년에 점차 滋虐해졌고 양제는 더욱 峻法을 만들어 백성이 上命을 능히 감당하지 못하여 멸망했다고 하여 唐初에는 煬帝의 苛政을 극복하는 방법으로 상당히 寬平하다는 開皇律令을 증감하여 53新格을 頒布하였고,[35] 곧이어 율령을 선정했는데, 대략 開皇율령이 기준이 되었다는 기록에서 알 수 있다. 따라서 隋唐의 律令體制 특히 尙書省·六部를 포함한 職官은 隋文帝 開皇년간에 집대성되고 당조에서 증감·정비하여 그 寬省을 보아 撥亂反正하였다고 할 수 있다. 이런 의미에서도 隋唐律令 官制를 이해하여야 할 것이다.

三. 隋 尙書省 長次官의 人的構成

北周末 수문제는 劉昉·鄭譯 등이 꾸민 矯詔로 左大丞相, 다시 李德林의 助言으로 大丞相·假黃鉞·都督中外諸軍事로 정권을 장악하였다.[36] 이 丞相府의 구성원은 長史 鄭譯, 司馬 劉昉, 司錄 高熲 등을 주요 멤버라고 할 수 있다.『隋書·列傳』에 등장하는 상당수의 인물이 周隋 역성혁명에 직접 또는 간접으로 간여하고 있다. 그러나 鄭·劉 2인은 楊堅의 父 忠과 同輩인 尉遲迥 및 그에 호응한 王謙·司馬消難의 三方의 반란[37]을 평정할 때에, 堅과 不合하여 去勢되고 말았다.[38] 楊堅은 이 삼방의 반란을 평정하고 581년 2월 隋王朝를 열고 곧이어 주요 관료를 임명하고 있다. 本項에서는 이 시점으로부터 수왕조 멸망까지의 수왕조 38년간에 3성 6부의 長次官에 등장한 인물을 분석하여 수왕조의 지배층의 성격을 파악하려는 목적을 가지고 있지만, 등장인물이 너무 많아 일차적으로 尙書省과 六部의 長次官에 등장한 인물에 대해서만 분석·고찰하고 내사 및 문하성에 등장한 인물에 대해서는 차기로 유

35) 上揭書 卷50, 刑法. p.2134.

36)『隋書』卷42, 李德林傳. p.1198.

37) 李啓命,「北周末 委遲廻等의 反亂」『龍鳳論叢』(全南大學校 人文科學研究所刊) 第10輯 所收.

38)『隋書』卷38, 劉昉 鄭譯傳. p.1198.

보한다(그 개략적인 것은 다음의 表와 같다).

(1) 尙書左僕射 高熲

熲은 어려서 명민하고 器局이 있었고 經史를 섭렵하였다. 북주말 內史下大夫로 楊堅이 보낸 雄의 회유에 따라 승상부 司祿으로부터 尉遲迥의 반란 평정의 監軍으로 큰 공로를 세워 수왕조 창업 때에, 尙書左僕射에 임명되어 開皇 19년간 朝廷을 담당하는 동안 新都건설 平陳사업을 완성하였고, 輸籍法[39]을 제정하는 등 수문제 開皇의 성세를 이루는데, 재능을 유감없이 발휘하여 眞宰相·良輔라 하였으나, 文獻獨孤皇后의 시기로 疏斥되었고[40] 양제 즉위 후 太常卿으로 황제에게 간절하게 충간하다가 오히려 伏誅되고 말았다.

(2) 尙書左僕射 楊素

素는 文武를 겸습하고 英傑의 자태가 있었다. 北周 武帝의 平齊때에 立功하여 上開府儀同三司에 오르고 楊堅이 승상에 올라 적극적으로 추종하여 汴州刺史에 부임하던 때에, 울지형의 반란을 만나 行軍總管으로 반란 평정에 큰 공을 세웠다. 수왕조 창업하여 上柱國·어사대부에 나아갔다가 일시 면직되었다. 平陳 때에 大功으로 越國公 納言에 올랐고 곧이어 內史令에 나아갔다. 그 후 江南人 李陵·高智慧 등이 作亂함에 行軍元帥로 파견 모두 평정하여 文帝로부터 公田 40頃·황금 40斤 등을 하사받고 尙書右僕射에 승진하여 高熲과 더불어 朝政을 專掌하였다.[41] 仁壽宮을 건설하고 돌궐의 入寇를 격퇴하여 仁壽初에는 高熲을 대신하여 尙書左僕射에 나아가 수문제로부터 재상의 재능만 뿐만 아니고 진실로 社稷之臣이라고 칭찬을 받고 있다. 그러나 柳述의 비판으로 疎斥되었다가 晉王 楊廣의 奪宗之計를 성취시켜 煬帝를 즉위하게 하였다. 漢王 楊諒의 반란을 평정하여 尙書令에 나갔으나, 1년여 만

---

39) 『資治通鑑』卷176, 隋文帝 開皇 五年 五月 甲申條 pp.5481-2에 의하면 "이때 민간이 연령호적을 위조하여 賦役을 위로하여 戶口조사(貌閱)를 철저히 하도록 하였고(이때 164萬餘口 括籍) 이때 高熲이 同法을 만들었는데 그것은 민간에 대한 과세, 운반은 그 인원수를 호적에 등재하여 州縣長吏로 하여금 도망하지 못하게 하였던 법을 말한다.

40) 上揭書 卷36, 后妃傳 文獻獨孤皇后 p.1109.

41) 前揭書 卷214, 職官12 吏部尙書條 및 『冊府元龜』卷464, 臺省部 謙退.

에 司徒로 승진하고 失權하여 병사하였다.

(3) 尙書右僕射 趙煚

조경은 器局이 있고 經史를 섭렵하여 西魏때에, 누차 승진하여 中書侍郎, 北周 때에 御正上大夫, 楊堅이 승상이 되어 上開府·大宗伯에 나아가 수문제 受禪 때에 璽紱을 전수하여 大將軍·郡公에 올랐다. 相州刺史를 잠깐 역임하고 尙書右僕射에 榮進하였다. 얼마 되지 않아 황제의 뜻에 거슬러 刺史에 옮겨 銅斗鐵尺을 만드는 등의 惠政을 폈다.

(4) 尙書右僕射 虞慶則

우경칙은 어려서 雄毅하고 성품이 倜儻하였으며, 특히 鮮卑語에 능통하였다. 북주말 文武幹略者로 越王 宇文盛과 高熲의 추천으로 石州總管에 擢拜되어 惠政을 펴서 稽胡로 歸附한 자 8천여戶였다. 開皇원년에 大將軍·內史監·吏部尙書·京兆尹을 겸임하였다. 동 2년 突厥을 격퇴하고 尙書右僕射에 승진하였다. 한편 동 17년 嶺南人 李賢이 난을 일으키자, 행군총관으로 파견되어 討平하였으나, 婦弟 趙什柱가 우경칙이 모반하려한다는 무고를 받아 伏誅되었다.

(5) 尙書右僕射 蘇威

부친 蘇綽은 西魏 宇文泰의 Brain으로 西魏=北周的 체제를 건설하는 데에 진력하여 이름 높았다. 威는 북주의 실권자 宇文護의 女婿로 一切의 관직을 사양했으나, 수왕조 창업하여 高熲의 적극적인 추천으로 太子太保로부터 納言을 거처, 民部尙書로 稅役을 가볍게 할 것과 관료의 節儉할 것을 上奏하는 등 高熲과 더불어 朝政을 參掌하였다. 한때는 5職을 겸임하여 梁毗의 비판도 받았으며, 그 후 吏部尙書도 역임하였으나, 開皇 12년 朋黨을 조장한다고 제명되었다. 곧이어 納言에 재임용하였다. 仁壽初에는 尙書右僕射에 올랐고, 양제 卽位해서도 參預朝廷하여(納言으로) 隋 一代에 걸쳐 顯達하였다. 그러나 성품이 편벽하여 대신의 체모가 없었다고 한다.

(6) 吏部尙書 韋世康

世康은 京兆杜陵人 逍遙公 韋瓊과 西魏·北周일대의 名將 韋孝寬의 조카이었다. 그는 敏捷하고 器度가 있었다. 북주때에 司會中大夫, 周末·隋初 刺史로 惠政하여 政積이 수년 동안 최고였기에 禮部尙書로 발탁되어 吏部尙書에 진출하여 平允하다는 평판을 얻었다. 母親喪으로 잠깐 물러났다가 開皇 4년(584) 7월 이래 刺史·總管을 역임하고 동 13년 入朝하여 吏部尙書에 다시 발탁되어 전후 10여 년간 選事에 廉平하여 稱職되었다.[42] 이즈음 隋王朝는 각지의 總管府를 모두 정리하고 중요한 幷州·揚州·益州 및 荊州의 4대 總管을 두었다. 앞 3州에는 3왕(漢王諒, 晋王廣, 蜀王秀)을 파견했고 世康을 荊州총관에 임명할 정도로 덕망이 있었다.[43]

(7) 吏部尙書 牛弘

牛弘은 好學博聞하여 北周에서 內史下大夫, 開皇初 秘書監으로 육조이래 書籍의 액운에 관하여 정리하고 서적수집을 上奏, 동 3년 禮部尙書로 五禮를 奉勅撰修하였고 동 6년 太常卿으로 雅樂을 개정하고 樂府歌詞 등을 저작하였다. 開皇말 吏部尙書였로 儀禮에 능통하여 文獻皇后 장례의식을 專擔하였다. 選事에서는 先德行·後文才를 기준으로 삼아 매우 審愼하여 稱職[44]하여 隋왕조의 選擧 중에 最善이었다고 칭찬받았다. 煬帝도 매우 禮遇하였다. 그의 성품은 매우 寬厚하고 학문에 篤志하며, 비록 煩雜한 직무라도 가리지 않았다.[45]

(8) 吏部尙書 令狐熙

令狐熙는 성품이 엄중하였으나 아량이 있었고 愼獨하였다. 文武音律을 兼習하여 北周에서는 吏部中大夫로 名譽가 있었다. 수문제 受禪하여 行納言事·滄州刺史로 稱職하여 吏民은 頌德碑를 건립하였다. 곧이어 卿鴻臚 兼吏部尙書에 올라 判五曹尙書事라도 明幹으로 칭직[46]하였다. 汴州刺史로 良政

---

42) 前揭書 卷458 臺省部 德望.

43) 前揭二書 同卷 同府 同條.

44) 『冊府元龜』 卷467, 臺省部 學職.

45) 『冊府元龜』 卷467, 臺省部 學職.

하여 天下一位였다. 영남 越人이 반란을 일으키자, 그는 桂州총관·17州諸軍事가 되어 教化로써 鎭定시켰지만, 뇌물을 받았다는 무고 때문에 억울하여 사망하고 말았다. 그 후 交州를 평정한 후에 그의 무죄가 증명되자, 4遺子에게 그의 지위를 세습하도록 하였다. 그 가장 유명한 아들이 唐初에 『周書』를 편찬한 令狐德棻이다.

(9) 吏部侍郎 韋師

韋師는 孝行이 뛰어났고 經史를 섭렵하였으며, 騎射를 兼習하였다. 北周에서는 賓部大夫로 北族使臣 접대에 능란하였다. 高祖 受禪하여 吏部侍郎, 平陳役에 元帥府掾으로 陳國 府藏을 위임받았으나, 추호도 범하지 않아 清白이라 표창받았다. 여식을 수문제의 아들 長寧王 儼에게 納妃하도록 하였다.

(10) 吏部侍郎 高構

高構는 성품이 滑稽·多智하여 弱冠에 北齊에서 州主薄·太守를 역임하였다. 수문제 受禪하여 州司馬로 能名하여 比部 民部侍郎에 나아갔다가 吏部侍郎으로 稱職하였다. 양제 즉위하여 吏部尙書 牛弘은 同侍郎 高構와 함께 選事를 幹明하도록 하였다.

(11) 吏部侍郎 裴矩

裵矩는 好學하여 文藻를 사랑하고 智數가 있었다. 北齊末 高平王 文學, 北周末 楊堅이 定州總管에 나아갔을 때에, 記室로 親敬하였다. 양견이 승상이 되어 記室事, 즉위하여 給事郎, 平陳役에 元首府 記室로 계속 영남의 徇地化하고 民部侍郎으로 西突厥 初附에 撫慰하였다. 尙書左丞 다시 吏部侍郎으로 稱職하였다.[47] 煬帝 즉위하여 주로 西域諸蕃과 交市의 임무를 장악하고 胡商들로부터의 견문을 토대로 『西域圖記』를 작성하여 황제에 헌상하였다.

(12) 吏部侍郎 陸彦師

陸彦師는 어려서 行儉하고 好學하여 東魏·北齊에서 中書·黃門侍郎, 北周

46) 同前揭 二書 同條.

47) 『冊府元龜』 卷460, 臺省部 正直.

에서 小納言에 이르렀다. 楊堅이 승상이 되어 울지형 반란을 探知하고 보고하여 內史下大夫, 수문제 受禪하여 尙書左丞에 나갔고 歲餘에 吏部侍郎에 올라 稱職하였다.

(13) 攝吏部尙書事 盧愷

盧愷는 성품이 孝友하고 書記를 섭렵하였으며, 屬文에 능하였다. 北周에서는 吏部下大夫에 이르렀다. 開皇 초에 吏部侍郎, 곧이어 尙書左丞으로 유능하였다. 동 10년 禮部尙書·攝吏部尙書事로 除名되었다. 이는 수왕조 초기 人事事件으로 그것은 蘇威의 從父弟 蘇徹과 蘇肅을 情實로 鄕正의 文狀을 받지 않고 임용하였다는 것이다. 이를 소외받던 국자박사 何妥가 문제삼아 황제에 탄핵한 것이다.[48] 말하자면 北周이래 官職의 淸濁을 가리지 않았는데, 盧愷는 陸彦師, 薛道衡 등과 士流를 甄別하여 朋黨을 조성한다는 탄핵을 받았던 것이다.

(14) 吏部侍郎 薛道衡

薛道衡은 好學·能文으로 이름 높았다. 北齊에서 中書侍郎, 北周에서 司錄上士, 楊堅이 승상이 되어 刺史, 開皇 초에 內史舍人·平陳役에 行臺尙書 吏部郎 平陳役후 吏部侍郎에 나아갔으나, 앞서 말한 바와 같이 明黨에 연좌되었다. 關西孔子라 하여 開皇末 上開府에 나아갔다가 양제 즉위하여 고경을 변호하다가 帝旨를 거슬려 誅殺되었다.

(15) 禮部尙書 崔仲方

최중방은 어려서 好學하여 文武에 才幹이 있었다. 西魏末 太學에서 楊堅과 동학하고 상호 친밀하였다. 北周에서 小內史, 楊堅이 승상이 되어 은밀히 受命할 것을 권하였다. 수문제 受禪하여 北周의 六官制를 폐지하고, 漢魏이舊를 복구할 것을 상주하였다. 上開府·司農少卿에서 開皇 6년(586) 刺史로 나가 平陳의 방략을 건의하였다. 平陳役에 行軍總管으로 활약하였다. 또한 會州總管으로 羌族을 평정하기도 하였다. 煬帝 즉위하여 한왕 楊諒의 반란

48) 이계명, 常村李啓命先生 魏晉隋唐史論文集 Ⅰ, 『漢人門閥士族硏究』(전남대학교출판부, 2016년 2월), pp.142-5.

을 평정하고, 民部尙書에 옮겼다가 禮部尙書를 역임하였다.

(16) 禮部尙書 辛彦之

신언지는 經史를 섭렵하고 西魏에서 中書侍郎, 北周에서 小宗伯에 오르고, 수문제 즉위하여 太常少卿·國子祭酒를 역임하고 歲餘에 禮部尙書로 同學 牛弘과 같이 新禮를 撰修하고 그 후 刺史로 惠政하다가 사망하였다.

(17) 禮部尙書 楊義臣

양의신의 본성은 尉遲氏로 尉遲迥의 반란 때에, 그의 부친 崇이 自家의 私獄에 自禁하고 승상 楊堅에게 사람을 보내 請罪함에 매우 親待하였다. 開皇 초에 돌궐 入寇에 대하여 격퇴하다가 전사하였다. 그의 공로로 義臣에 楊氏가 賜姓되었다. 의신은 부친의 공로[49]로 楊氏를 賜姓받아 開皇말 刺史로 돌궐의 入寇를 격퇴하여 仁壽 초에 朔州총관 刺史 역임했고, 宗正·太僕卿을 거쳐 고구려원정에 참가했지만, 楊玄感의 난이 일어나자 그는 반란을 평정하고 각지의 반란을 평정하는 데에 威名을 떨쳤으나, 황제는 오히려 시기하여 入朝시키니 群盜가 더욱 확대되었다. 그의 功勞로 光祿大夫·禮部尙書에 나아갔다가 사망하였다.

(18) 禮部侍郎 許善心

허선심은 총명하고 事理에 밝아 名高하고 自家에 있는 만 여권의 書記를 두루 섭렵하여 陳의 除陵이 神童이라 하였다. 陳에서 度支侍郎을 역임하고, 陳末 通直散騎常侍로 隋에 파견되었다가 抑留되었다가 平陳소식을 접하여 舊君에 대하여 예를 다하였다. 문제는 "平陳役에서 오직 이 사람을 얻었다. 옛 임금은 그처럼 생각함은 곧 나의 誠臣"이라 하여 많은 賜物과 함께 虞部侍郎을 제수하였다. 開皇 17년 秘書丞·太常少卿·자사 등을 역임하였다. 徐文遠·包愷·陸德明 등을 추천하였다.[50]

---

49) 『隋書』 卷63, 楊義臣傳. pp.1499-1500.

50) 『冊府元龜』 卷468, 臺省部 薦擧.

(19) 禮部侍郎 柳肅

유숙은 北周에서 齊王 文學으로부터 宣納上士에 올랐고, 楊堅이 승상이 되어 승상부의 賓曹參軍에 招引받았다. 受禪하여 開皇 초 太子洗馬 등 동궁 관직을 두루 역임하였다. 태자 勇의 폐위사건으로 제명되었다가 大業 중에 段達이 그 억울함을 상주, 제명을 해제하고 禮部侍郎으로 발탁하여 工部侍郎·郡守 등을 역임하다가 大業 11년 사망하였다.

(20) 兵部尙書 元巖

원암은 어려서 好學하고 剛毅·名節 및 器局이 있어 高熲·王韶와 동지였다. 그는 북주에서 內史中大夫로 宣帝의 폭정 때에, 樂運·王軌 등을 변호하다가 면직되었다.[51] 楊堅이 승상이 되어 民部중대부로 徵召하였다가 즉위하여 兵部尙書에 진출하였다. 그는 世務에 明達하여 황제와 公卿이 경탄하였다.[52] 수문제가 왕실의 기반을 공고히 하고자 하여 晋王·漢王·蜀王을 각각 양주·병주·익주에 파견할 때에, 한왕과 촉왕은 나이가 어려 그 보필자를 知名의 王韶와 元巖을 파견하였다. 사치를 좋아하는 촉왕 秀를 잘 보필하여 稱職하였다.

(21) 兵部尙書 元暉

원휘는 好學하여 經史를 섭렵하여 우문태 승상부 中兵參軍으로부터 北周에서 누천 司憲中大夫에 올랐다. 楊堅이 승상이 되어 上開府를 加授하고 開皇 초에 都官尙書. 兵部尙書를 역임하였다.

(22) 兵部尙書 柳述

유술은 명민하고 간략이 있었으며, 文藝를 섭렵하였다. 수문제의 蘭陵公主에 장가들어 內史侍郎, 歲餘에 判兵部尙書事, 仁壽 중에 判吏部尙書事로 직무수행에 稱職되었다. 상관 楊素를 어전에서 면박을 주어 楊素는 황제로부터 疎斥받았다. 그는 仁壽末에 兵部尙書로 機密을 參掌하였다. 수문제 사

51)『隋書』卷62, 元巖傳. pp.1475-76.

52)『冊府元龜』卷468, 臺省部 正直.

망 직전에 晋王이 陳貴人에게 무례하여 貴人이 帝에게 告知하였다. 帝는 대노하여 房陵王을 소환토록 했지만, 楊素가 사태를 수습하여 진왕이 즉위하여 마침내 제명되었다. 공주와 이별하도록 하였다. 그를 龍川에 옮기자, 공주는 동행을 요청했으나 不許되고 유술은 39세로 병사하였다.[53)]

(23) 兵部尚書 李圓通

이원통은 隋帝室家의 隷人이었지만, 양견이 승상이 되어 丞相府 外兵曹에 나갔고, 受禪하여 開皇연간에 내사侍郎, 尚書左丞, 攝刑部尚書 등을 역임하였다. 양제 즉위하여 兵部尚書에 나아가 帝가 江都에 幸行하여 京師留守도 역임하였다.

(24) 兵部尚書 段文振

문진은 어려서 膂力이 있고 膽氣가 過人이고 성품은 강직하고 時務에 明達하여 北周에서 總管長史에 진출하였다. 楊堅 승상부掾으로부터 司馬消難을 평정하고 入朝하여 衛尉少卿에 옮겼다. 平陳에 有功했고 양제 즉위 후, 兵部尚書로 돌궐대책을 상주하였으며, 고구려원정 때에, 左衛大將軍으로 출정했으나 병졸하였다.

(25) 兵部侍郎 解斯政

斛斯政은 대업 초에 兵部郎으로 황제의 신임을 받았다. 고구려 원정 중에 振文振 兵部尚書가 죽고 동 侍郎 明雅가 得罪하여 면직됨에 兵部侍郎에 승진하여 직무처리에 있어서 자못 幹理가 있었다. 그러나 楊玄感이 반란을 일으키자, 通謀하였다. 遠征軍이 되돌아옴에 불안하여 고구려에 망명하였다. 한편 고구려는 政을 隋에 押送하여 항복하였다. 隋煬帝는 그를 패전책임자로 삼아 처참한 최후를 마쳤다.

(26) 都官(=刑)部尚書 皇甫績

황보적은 3세로 고아가 되어 外祖 韋孝寬이 양육하였다. 經史를 섭렵하여

53) 前揭書 卷478, 臺省部 交惡.

北周에서 御正下大夫로 宣帝 사후 楊堅의 秉政에 유력하여 내사중대부에 진출하였다. 開皇 원년 刺史에 나아갔다가 곧이어 도관尙書, 刺史를 역임하면서 平陳役과 강남인 作亂 평정에 유공하였다.

(27) 刑部尙書 楊异

양이는 好學으로 書記를 섭렵하여 北周에서 太守, 수고조 즉위하여 宗正少卿, 수년 후 刑部尙書를 역임하였다. 吳州총관 때에 能名하였다.

(28) 刑部尙書 宇文弼

우문필은 慷慨하고 大節이 있으며, 博學多通하여 北周에서 刺史, 開皇 초에 尙書右丞, 동 3년 突厥을 격퇴하고 태업소경 吏部侍郎을 역임하였고 平陳役 후에 형부尙書, 형주長史에 나아갔다. 양제 즉위하여 刑部尙書 역임하였다. 그는 재능이 많고 顯要한 직위를 역임하여 盛望이 두터워 양제는 자못 시기하던 끝에, 그가 고경에게 "周天元(北周宣帝)은 聲色을 좋아하다가 國亡했는데, 지금 그것이 심하지 않는 가"하였는데, 告知하는 자가 있어 誅殺되고 말았다.[54]

(29) 刑部尙書 薛胄

주는 群書를 섭렵하고 북주에서 司金大夫, 高祖 受禪하여 刺史로 혜정을 폈고, 衛尉 大理卿으로 칭직하였다. 開皇말 고경을 변호하다가 帝旨를 거슬려 오랫동안 連坐되었다.

(30) 刑部尙書 梁毗

비는 경사를 섭렵하여 北周에서 布憲下大夫를 역임하였다. 수문제 즉위하여 治書侍御史, 대리경으로 법처리에 자못 平允이 있었다. 開皇 말 황제에게 楊素를 경계하도록 告知하였다.[55] 양제 즉위하여 형부尙書·섭어사대부로 대장군 우문술의 부병의 사역을 奏劾했으나 황제가 赦免하자, 그는 굳게 간쟁하다가 帝旨를 거슬려 면직시키자 걱정하고 분해하다가 사망하였다.

54) 前揭書 卷458, 臺省部 德望.

55) 前揭書 卷457, 臺省部 公正.

(31) 刑部尙書 衛玄

현은 器識이 있어 북주에서 京兆尹을 역임하였다. 수문제 즉위하여 淮州총관 刺史를 역임하였다. 양제 즉위하여 尉衛卿·工部尙書를 거쳐 右侯衛大將軍에 올랐다. 대업 8년 형부尙書를 거쳐 동 9년 關中安撫 등에 진력하였다.

(32) 刑部尙書 劉仁恩

劉仁恩은 倜儻하고 文武에 幹用이 있어 수왕조 초에 刺史로 치적이 천하제일로 형부尙書를 擢拜하였다. 그 후 楊素를 따라 平陳役에 공로를 세워 매우 명예가 있었다.

(33) 刑部侍郞 源師

원사는 어려서부터 盛望이 있어 北齊에서 尙書左兵郞中, 北周에서 司賦上士, 수문제 즉위하여 魏州長史·考功侍郞 등을 역임하였다. 開皇 17년 尙書左丞에 올라 明幹으로 名高하였다.[56] 양제 즉위하여 대리소경을 거쳐 형부侍郞으로 사망하였다.

(34) 度支(=民)部尙書 楊尙希

楊尙希는 서위말 이래 太學博士를 역임하고 北周末 東京司憲中大夫로 산동 하북을 巡幸할 때에, 尉遲迥의 作亂陰謀를 탐지하여 楊堅에 고지하여 대비토록 하였다. 수문제 즉위하여 度支尙書를 역임하고 지방행정 체계가 民少官多 九牧十羊的인 州·郡·縣 三級制를 州縣 2級制로 정비하도록 上奏하였다. 그 후 兵部·禮部尙書도 역임했는데, 그가 足疾이 있는 것을 알고 美酒를 생산하는 유명한 蒲州에 가서 看病토록 同州의 자사로 임명하였다. 그는 稻田 數千頃을 개간하여 백성을 윤택토록 하는 등의 惠政을 펼쳤다.[57]

(35) 度支尙書 長孫平

장손평은 器幹이 있고 書記를 섭렵하였다. 北周에서는 小司寇에 나갔다가 小宗伯 趙芬과 함께 六官을 分掌하였다. 尉遲迥의 반란에 淮南의 賀若弼이

56) 前揭書 卷467, 臺省部 學職.

57) 前揭書 권458 臺省部 德望.

호응할 것을 미리 제지시켰다. 開皇 3년 度支尙書로 천하의 州縣에 水旱이 많은 것을 보고, 義倉을 만들어 凶年에 대비토록 요청하였고 그 후 工部尙書도 역임하였다.[58]

(36) 民部尙書 張煚

장경은 好學하여 북위말 奉朝請, 宇文泰의 外兵曹, 北周에서 冢宰司錄으로 楊堅이 승상이 되자, 적극적으로 협력하여 楊堅도 매우 우대했다. 수문제 즉위하여 尙書左丞에 나갔다가 잠깐 父喪으로 관직에서 잠시 물러났다가 民部尙書를 역임하였다. 開皇말 冀州刺史로 惠政하여 "良二千石"이라고 칭찬 받았다.

(37) 民部尙書 韋冲

위충은 名家子弟로 北周 衛公의 禮部참군으로 대장군 元定을 따라 伐陳에 나섰지만, 오히려 포로가 되었다. 후에 서위 문제는 그들을 幣贖으로 귀환시켰다. 그 후 刺史에 나갔다. 수문제 즉위하여 刺史·총관을 역임하였다. 그는 용모가 都雅하고 寬厚하여 신망이 두터워 仁壽 중에 그의 여식을 豫章王 暕에게 納妃하도록 하여 民部尙書에 올랐다.

(38) 民部尙書 楊文思

文思는 北周에서 果毅·右旅下大夫, 楊堅이 승상이 되어 韋孝寬을 따라 종군하여 입공하고 刺史를 역임하였다. 惠政으로 吏民이 공덕비를 세웠다. 양제가 즉위하여 民部尙書·納言을 역임하였다.

(39) 民部尙書 長孫熾

熾는 성품이 敏慧하고 群書를 섭렵하고 무예도 잘 닦았다. 北周에서는 太守·御正上士를 역임했고 楊堅 승상부 공조참군으로 王謙 평정에 입공하여 儀同三司에 올랐다. 수문제 즉위하여 開皇 년간에 內史舍人·諫議大夫·太常少卿·吏部시랑을 역임하였다. 대업 년간에 大理卿을 거쳐 民部尙書에 이르

---

58) 前揭書 권460 臺省部 正直.

는 동안 수차에 걸쳐 巡州하여 백성을 慰撫하였다.

(40) 民部尙書 樊子蓋

번자개는 北周에 平齊의 공로로 刺史 開皇년간에 태수·刺史를 역임하였다. 대업 6년 民部尙書에 발탁되었다가 무위태수로 돌궐에 대처하였고 고구려 원정에 左武衛將軍 東都留守를 역임하였다.

(41) 民部侍郎 裴蘊

裵蘊은 성품이 明辯했고 陳말 興寧令으로 부친 忌가 隋에 생존, 고조에게 은밀히 內應할 것을 上表했다. 平陳 후 수문제가 江南 衣冠之士를 사열할 때에, 그를 발견하여 卽日로 開府儀同三司에 拜하고 곧이어 刺史로 나가 能名하였다. 대업 초 양제는 그의 선정을 듣고 太常少卿에 발탁하였지만, 그 후로는 양제의 사치와 峻法정치에 공헌하였다. 즉, 천하의 樂家子弟를 모아 太常隸下에 3만 여명을 모아 皇帝를 기쁘게 했고 民部侍郎에 나가서는 조세 부역 조달에서 연령을 속이는 자를 엄단하도록 하였다. 또한 직무에 소홀한 지방관 및 胥吏는 면직시키고 同鄕正·里長은 犯法한 사람을 신고하면 자신의 부역을 면제시켜 대업 5년에 新丁 貳拾數萬, 新附口 六拾四萬餘를 括籍하였다.[59]

(42) 工部尙書 賀婁子幹

하루자간은 어려서부터 驍武로 知名하여 北周에서는 刺史였다가 尉遲逈 平定때에 崔弘度와 더불어 선봉장군으로 활약하여 上開府에 올랐다. 開皇 원년 吐谷渾 入寇를 격퇴하고 동 2년 돌궐 입구를 격퇴하였으며, 新都 造營에 副監, 곧이어 工部尙書, 그 후 刺史로 동 14년 사망하였다.

(43) 工部尙書 楊達

達은 北周에서 內史下大夫, 수문제 즉위하여 급사황문侍郎, 吏部侍郎, 刺史를 역임하고 平陳 후 刺史로 治積이 천하제일로 工部尙書로 발탁되었다.

59) 前揭書 卷467 臺省部 擧職.

그는 성품이 弘厚하고 局度가 있어 군자의 體貌와 마음이 있는 사람이라고 칭송받았다.

(44) 工部尙書 蘇孝慈

소효자는 어려서 근면하고 器幹이 있어 府州에서 工部상대부를 역임하였다. 수문제 즉위하여 太僕卿, 大司農卿을 거쳐 兵部尙書로 명망이 있었다.[60] 더욱이 工部尙書를 역임하면서 常平倉을 설치했고 漕運의 편의를 위하여 渠를 만들고 臺省府寺에서 廨錢을 설치하여 取息하는 것이 부당하다고 하면서 職分田을 설치하도록 청원하였다.

(45) 工部尙書 宇文愷

우문개는 好學하고 書記를 섭렵하여 北周에서 御正中大夫, 楊堅이 승상이 되어 上開府에 올랐다. 수문제가 즉위하여 營宗廟副監, 營新都副監, 刺史로 能名하였다. 형 忻의 모반사건에 연좌·제명되었다가 開皇말 楊素의 천거로, 檢校將作大匠, 仁壽宮監을, 煬帝 즉위하여 營東都副監, 工部尙書를 역임하였다.

(46) 尙書左丞 李安

이안은 善騎射하여 北周에서 右侍上士, 楊堅이 승상이 되어 직방하대부에 올랐다.[61] 수문제가 즉위하여 內史侍郎, 尙書左丞을 역임하였으며, 平陳役에서 큰 공을 세웠다.

(47) 尙書左丞 楊汪

楊汪은 北周에서 掌朝下大夫, 수문제가 즉위하여 司勳랑, 兵部랑, 총관長史를 역임하면서 幹明으로 이름 높더니 尙書左丞에 나아갔다. 잠시 면직되었다가 荊州, 洛州長史를 거쳐 尙書左丞에 재임하였다.[62]

---

60) 前揭書 卷467 臺省部 擧職.

61) 『隋書』 卷50 李安傳. pp.1323-24.

62) 『冊府元龜』 卷457 臺省部 選任.

(48) 尙書左丞 元壽

元壽는 성품이 仁孝하고 경사를 섭렵하여 北周에서 儀同三司에 올랐다. 開皇 초의 伐陳議에서 사리가 분명하였다. 동 4년 主爵侍郎, 平陳役 때에, 行臺尙書左丞이었다. 平陳後 尙書左丞을 거쳐 太常少卿, 刺史를 역임하고 대업 4년에는 內史令에 이르러 사망하였다.

(49) 尙書左丞 元文都

元文都는 明辨하고 器幹이 있어 北周에서 右侍上士, 開皇 초에 內史舍人, 庫部·考功侍郎으로 能名하였다.[63] 尙書左丞에 발탁되고 역시 재능이 있어[64] 태부소경에 올랐다. 양제 때에 사농소경, 태부경을 역임하였다.

(50) 尙書左丞 皇甫誕

황보탄은 어려서 剛毅하고 器局이 있어 北周 畢王 宇文賢의 倉曹參軍을 지냈다. 수문제 즉위하여 兵部侍郎, 刺史, 比部侍郎으로 能名하였다. 尙書右丞에 발탁되었다가 母喪으로 잠시 물러났다가 尙書左丞을 역임하고 幷州총관 漢王 諒의 司馬로 반역을 切諫하다가 오히려 敗死하였다.

(51) 尙書左丞 郎茂

郎茂는 어려서 민혜하고 群書를 섭렵하여 北齊에서 太守에 이르렀다. 北周末 楊堅이 亳州총관으로 부임하여 그의 主簿로 辟召하였다. 開皇 초기 衛國令, 太常丞, 民部侍郎을 역임하는 동안 能名하였다.[65] 양제가 즉위하여 太常少卿을 거쳐 尙書左丞을 역임하였다.

이상과 같이 장황하게 등장시킨 인물들은 수조 일대에 尙書省의 令僕尙丞郎을 역임하였다. 이들은 먼저 家格상으로 분석해보면 山東名族 혹은 郡姓으로 渤海高氏에 ① 熲, ② 構; 范陽盧氏, ③ 愷; 博陵崔氏에 ④ 仲方; 河東聞喜裵氏에 ⑤ 矩 ⑥ 蘊; 河東柳氏에 ⑦ 述 ⑧ 肅; 河東汾陰薛氏에 ⑨ 冑 ⑩

63) 前揭書 卷458 臺省部 德望.

64) 前揭書 卷467 臺省部 擧職.

65) 前揭書 卷467 臺省部 擧職.

道衡 등이 있고, ⑪ 段文振 ⑫ 張煚 ⑬ 郎茂 등도 山東郡姓(郡四姓)에 속하는 것으로 이해된다. 關中郡姓으로 著姓·世爲豪右·累世二千石 등으로 지칭되었던 隋室楊氏에 ⑭ 達 ⑮ 尙希 ⑯ 异 ⑰ 汪, 같은 弘農華陰楊氏로 ⑱ 素 ⑲ 文思; 京兆杜陵韋氏에 ⑳ 世康 ㉑ 冲 ㉒ 師; 京兆武功蘇氏에 ㉓ 威 ㉔ 孝慈; 隴西狄道李氏에 ㉕ 安; 天水趙氏에 ㉖ 煚; 安定皇甫氏에 ㉗ 績 ㉘ 誕; 京兆櫟陽虞氏에 ㉙ 慶則; 燉煌令狐氏에 ㉚ 熙; 隴西辛氏에 ㉛ 彦之; 安定牛氏에 ㉜ 弘; 安定梁氏에 ㉝ 毗가 있다. 吳姓郡望으로 魏郡陸氏에 ㉞ 彦師; 郡4姓정도의 ㉟ 許善心 ㊱ 樊子蓋가 보인다.

虜姓으로 大姓이라 할 수 있는 長孫氏에 ㊲ 平 ㊳ 熾; 元氏로 ㊴ 暉 ㊵ 巖 ㊶ 壽 ㊷ 文都 ㊸ 弼 ㊹ 愷; 元氏에 ㊺ 師 등이 있고, 그 다음 가격으로 ㊻ 賀婁子幹 ㊼ 楊義臣 ㊽ 政 ㊾ 衛玄이 있다. 그리고 貫籍을 알 수 없는 ㊿ 劉仁恩이 있고 隋皇室家의 隷人 (51) 李圓通 등으로 구분할 수 있다.

특히 聞喜裵氏, 東海王氏는 위진시대에 名族으로, 渤海高氏, 淸河崔氏, 趙郡李氏, 滎陽鄭氏, 范陽盧氏, 太原王氏, 隴西李氏 등이 北朝에서 山東名族으로 각각 이름높지만, 士族이란 사실상 후한이래 누대에 걸쳐 관직에 나아가고 승진하는 그것으로 정치사회적 地位와 輿望 그리고 選擧에서 기득권을 갖는 門閥士族집단을 가리킨다. 다시 말하면 위진남북조시대에 많은 왕조를 거치면서 문벌사족은 자기네의 지위와 聲望을 유지하기 위하여 관료로 진출하는 것이 중요하였고, 그들의 高踏的인 자세에서 實務를 등한시하며 官職의 淸濁을 구분하였지만, 일단 官僚인 이상 맡은바 職務에 충실해야 하였다. 특히 남조 梁에서의 侯景亂과 북위 말 北鎭의 반란을 통하여 종래 문벌사족의 지향보다는 새로운 관료적 자세가 요구되어 谷川道雄氏가 말하는 '新貴族'이 文武兩兼的 敎養士大夫로 충실한 實務性을 가져야 한다는 것이 그것이다.

다만 谷川氏는 實務性을 갖는 文武兩兼의 교양사대부의 來源에 관해서는 밝히지 않았다. 隋王朝 관료적 門閥士族은 얼마 안 되는 後梁·北齊系 이외에 절대다수는 西魏·北周의 成立·發展에 유공한 인물이거나 그 후손이었다.[66]

66) 이계명, 「西魏·北周의 成立·發展과 官僚門閥士族硏究」 본 논문집 제1편 논문이다. 본고는 입사 초에 작성한 「西魏·北周의 勳貴集團」 역사학연구 9輯 1979과 이

이들 서위·북주의 관료적 문벌사족은 西魏 文帝 大統11년(545) 太祖 宇文泰가 蘇綽에게, "文章이 西晉말이래 경쟁적으로 浮華하여 習慣化된 弊端을 극복하고자 大誥를 지어 시행하도록 하여 文筆이 모두 이 文體를 따랐다"[67]고 한 교양사대부인 것으로 이해된다. 따라서 隋·唐前期의 관료문벌사족은 후량·진의 문벌사족 또한 평제로 입관한 사족과 함께 수왕조 당왕조의 체제에 포괄되어 활동하였다고 생각된다.

몇 가지 사례를 보자. 수왕조 일대에 걸쳐 蘇威에 대한 고위관직의 계속적인 保證은 부친 蘇綽을 대표로 하는 京兆武功人으로써의 사회적 지위와 基盤 그리고 명망에 대한 것이 그것을 통하여 사회질서의 안정을 꾀하려는 것이라[68]고 할 수 있다. 楊素는 허다한 군사적 공로로 본인은 영달은 물론, 一家에 황제의 親信이 융성하여 尙書列卿에 올랐고, 諸子는 汗馬의 노력 없이 柱國, 刺史에 이르렀으며, 親戚 故吏는 淸顯에 布烈, 貴盛이라 하였다.[69] 이밖에도 李穆일가를 貴盛이라고 한다든지[70] 京兆杜陵韋氏의 자제를 "名家子弟"한다든지,[71] 앞서 말한 것처럼 平陳役 직후 晋王第에서 祝賀宴이 열렸을 때에, 황제가 高熲 虞慶則 楊素 등 공신들에게, "나와 후손이 卿들과 후손이 대대로 富貴를 함께 누리기를 원한다"고 하였다.[72] 이상에서 홀시할 수 없는 것은 전통적인 문벌사족주의 보다는 蘇綽, 楊素, 李穆, 韋孝寬 등 西魏 이래의 충실한 實務性을 포함한 文武兩兼的인 敎養士大夫 및 그 자손들이 대한 황제의 官位보증을 의미하며, 다른 측면으로는 북진의 반란 이래 분열과 상쟁 등 격동하는 현실사회에서 관료들이 혼란을 극복 질서회복하려는 意志의 표현이 시대적 요청으로 부각된 상황에서 큰 宗族집단이 형성되었다고 고려된다.

계명, 「北周官僚貴族의 一硏究」 歷史學硏究 8輯 1978. 2편의 내용이 부실하여 이번에 대폭 보강하여 논문집에 삽입하였다.

67) 『周書』 卷23 蘇綽傳, pp.391-4.

68) 氣賀澤保規, 「蘇威をめぐる隋の政界について」 『鷹陵史學』 (3)卷 4期에 所收

69) 『隋書』 卷48 楊素本傳. p.1288.

70) 前揭書 卷37 李穆本傳. p.1117.

71) 前揭書 卷47 韋鼎傳. p.1772.

72) 前揭書 卷40 虞慶則傳. p.1175.

그러나 西魏·北周에서 周禮的 六官制를 채용하여 官의 淸濁을 배제하고, 특히 隋王朝 창업이래 남북조의 통일과 문물제도 등의 정비를 통하여 황제권을 계속 강화하는 상황에서 수문제 開皇 10년 盧愷·陸彦師·薛道衡 등이 士庶를 甄別하는 전통적인 자태는 퇴색되고 실무능력을 포함한 文武兩兼的 教養士大夫가 새로운 관료문벌사족의 恣態로 정립되어 구태어 신귀족이라는 용어까지 만들 필요는 없지만, 종래 전통적인 문벌사족이 현실적 어려움을 극복하는 과정에서 그 姿態가 변천되는 상황으로 이해된다. 결국 분열과 상쟁에서 통일로 지향된 이 시대에 關隴集團은 文武兩兼的 教養士大夫로 尙書省의 長次官에 참여하여 국정을 이끌어감으로써, 그 지배력을 관철하였다고 할 것이다.

四. 結　論

필자는 이제까지 隋시대에 尙書省과 六部의 직능과 그 長次官에 등장한 인물들에 대하여 장황하게 살펴보았다. 敍上한 내용을 간단히 요약하여 결론에 代하고자 한다.

尙書란 원래 秦漢시대에 황제의 秘書機關으로부터 東漢이후 그 권한과 임무가 차츰 증가하여 分曹되고 魏晉시대에 실제적인 행정기구-尙書省으로 부각되었으며, 各曹는 그 주요기구로 편성되어갔다. 물론 남북조시대에 尙書省이 중서성 혹은 문하성의 지휘를 받았던 일도 있었지만, 대체로 국가행정의 총사령탑으로 樞要의 中樞기구로 수왕조시대에 정비되었다. 이런 행정기구의 발달에도 불구하고 진한시대의 행정기구 九寺諸監은 폐지되지 않고, 그대로 존속되어 尙書省의 직무와 重復·混淆된 듯싶지만, 실제로는 그렇지 않다. 왜냐하면 官品상으로 六部의 尙書 侍郎과 九寺의 卿, 少卿이 隋의 관제에서는 같은 품위였으나, 唐의 官制에서는 9寺·諸監의 품위가 한 단계 아래였고 실제로 9寺諸監이 실무행정기구로 都省·六部의 政令을 받고 지휘감독을 받았던 근거가 있어 서로 統屬계통이 성립되어 있다든지, 반드시는 그렇지 않지만 9寺의 少卿 → 六部侍郎 → 9寺卿 → 六部尙書의 승진코스를 볼 수 있었으며, 관원수도 9寺諸監은 인원이 尙書省의 그것에 대하여 십 수배 수백 배에 달한다든지, 그리고 尙書 8座는 모두 宰相으로 우대하였던 사정을 보면, 唐制와 마찬가지로 隋制도 9寺諸監은 實務·行政·事務·下級기관이요, 尙書省과 六部는 政令·指揮·監督 및 宰相기관이었다. 이러한 현상은 唐王朝 초의 정치목표가 "開皇의 舊"를 회복하자고 하였던 것처럼, 隋왕조시대에 정비된 開皇律令이 기반이 되어 尙書省을 중심으로 하는 唐의 관제가 정비, 완성된 것으로 이해되었다.

한편 이러한 尙書省에 등장한 인물들은 家格상 魏晉이래 큰 종족집단이 거의 등장하고 있으며, 이들이 허다한 分裂相爭 그리고 통일의 대변혁 속에서 자기네의 문벌주의 폐쇄성을 극복하는 방법으로 文武兩兼的 敎養士大夫 및 실무능력자로 바꾸어져 곡천씨는 이들을 新貴族이라고 지칭하여 작금 유행하고 있다. 특히 수왕조시대의 주도적 지배 계층은 關隴집단으로 이해된다. 다시 말하면 동 집단의 주체적 정권담당자는 西魏·北周이래 관료적 무벌사족, 즉 關隴의 胡漢 首望들이었으며, 이들이 확립한 관중본위 정책을 통하여 北齊를 평정하여 華北을 통일함에 따라 山東명족과 郡望이 동 집단에 합류되고 수왕조의 그런 기반을 통하여 南北朝를 통일함으로써 강남인물들도 동 집단에 편입되는 기반을 조성하였다. 까닭에 진한이후에 정비되고 수왕조에 이르러 政務·指揮監督·宰相機關으로 성장한 尙書省·六部의 직능을 통하여, 다른 한편으로는 關中郡望을 핵심으로 하는 關隴支配집단에 山東 및 江南의 郡望은 물론, 代北虜姓까지 합류하여 胡漢兩世界를 포괄·융합함으로써, 적어도 수문제 開皇의 성세가 나타나고, 나아가서 수당제국의 거대한 자태를 역사상에 露呈한 것이다.

〈Abstracts〉

Human Structure of SsueChangShuSheng隋尙書省·LuBu六部

Kim, Bong-Jung

ChangShu尙書 is emperor's secret institution since ChinHan秦漢, which grew up to the central tower of entire government administration. It controlled GuanPum官品, GuanUnShu官員數, TueongGu統屬, and 9SsuGuGien9寺諸監 is a lower institute in control of general administrative works, and ChangShuSheng尙書省·LuBu六部 a executive branch in control of directing and supervision.

Those who worked in ChangShuSheng尙書省 in Ssue隋 dynasty were the people of gentry class who had both military and civilian abilities, and got out of their own circle of secluded lineage. They were based on bureaucratic clans who had both military and intellectual capabilities in the KanLueng關隴 region since SiWei西魏·PeiGou北周, who were added by ShanDueng山東·GiangNan江南 bureaucratic clans who came into power by organizing government ordinance, thus providing human foundation that made it possible to achieve the prosperity of KhaiHang開皇 and peace of GenGuan貞觀. Therefore, it can be argued that the bureaucratic clans who advanced to and worked in SsueChangShuSheng隋尙書省 were the human basis that made assimilation culture of the great SsueTang隋唐 world.

第4章

隋·唐 交替期의 江南諸集團에 관한 一考察

-蕭銑을 중심으로-

〈目　次〉

一. 緖　言

隋煬帝의 高句麗 大遠征과 대규모의 土木工事[1) 등에 기인하여 중국 각지에서 隋·唐 교체기에 일어난 반란은 大小 200이 넘는 집단이 출현하였다고 알려져 있다. 양제 大業 7年(611) 고구려 원정을 계기로 시작된 隋末 반란에 대한 종래의 연구 성과는 결국 隋의 멸망과 약 300年에 걸친 당조의 성립이라는 관점에서 이루어졌다. 그리하여 隋에서 唐으로의 추이도 소위 "關朧集團"을 기축으로 하였기 때문에 본질적인 차이는 인정할 수 없다고 하고 있다.

필자가 다루려 하는 강남지역의 諸反亂집단을 고찰하기 위해서는 좀 번잡스런 느낌이 들지만, 북중국에서 이루어진 제집단의 경위에 대한 諸家의 견해를 약술하는 것이 순서일 것 같다.

中國人 漆浹氏는 隋末의 반란에 대하여 大業 9年(613) 楊玄感의 반란을 거쳐 전국적인 규모로 전개되었다고 전제하였다. 또한 수문제의 권력과 농민기의와의 대항관계를 隋軍의 우세와 농민의 패퇴·양자의 세력균형 및 농

1) 『隋書』 本紀 및 食質志, 『資治痛鑑』 卷179-182.

민측의 우세와 隋亡의 3단계로 구분·파악하였다.[2] 中共文革 직전까지 문제되었던 것은 수·당 초의 통치집단을 舊世族集團과 新興庶族地主와 양면에서 추구하였으며, 수말의 起義에 가해져야 할 평가도 "貞觀의 治"를 이루는 역할을 하였다는 범위에서 그치고 있다.[3] 또한 日人 布目潮渢氏는 기본적으로 陳寅恪氏의 설에 의거하여 "唐朝정권의 형성과 성질에 가까운 隋末의 반란은 어떠한가의 입장"에서 楊玄感의 난을 기점으로 李密을 거쳐 李淵에로의 진전과정 및 그 내실을 명확히 하였다.[4]

그러나 중국 역대 왕조의 말기에 누차 발생한 농민 반란적인 요소를 다분히 인정하면서도 왕조의 성립에 주안을 두어 설명하고 있다.

한편 氣賀澤保規는 농민을 주축으로 하는 반란집단은 隋의 붕괴 직전까지 李密이 지휘하는 "瓦崗軍"을 중축으로 하는 竇建德과 杜伏威의 집단을 兩翼으로 하는 하나의 커다란 反隋전선을 형성하고 그것이 武德 4년에 이르게 되면 關中에 雄據한 李淵·洛陽에 웅거한 王世充과 河北에서 산동 일대에 세력을 구축한 竇建德. 삼자 옹립의 상황을 연출했다고 전제하고, 왕세충 및 두건덕집단의 평정 후에는 하북에서 두건덕을 계승한 劉黑闥에 의하여 약 1년 반 동안에 걸친 저항이 지속되어 唐정권은 이들 집단을 평정한 후에 확립되었다[5]고 하였다. 이는 포목씨의 입장을 부연·확대한 것으로 생각된다. 또한 동씨가 논술한 楊玄感 → 李密 → 李淵에 이르는 집단처럼, 隋의 관료로서 反隋적 농민을 지휘하여 일으킨 반란이라기보다는 竇建德·劉黑闥은 빈민을 원조함으로써, 얻은 人望을 배경으로 결성된 任俠的 집단으로[6] 群盜的 성격을 띠고 있어 상당한 이견이 제시된다. 그것은 동 반란이 大業 12년경부터 군웅할거의 상황으로 접어들었기 때문이다. 아울러 宇文化及에 의한 煬帝시해로 말미암아 李淵은 장안에서 代王 侑를, 왕세충은 東都 낙양에서 越王 侗을 각각 옹립하여 대권을 장악하였고 다시 李淵은 代王 侑로부터 受

2) 漆浹, 『隋末農民起義』(上海 華東人民出版社, 1954)
3) 吳澤·袁英光, 「唐初政權與政爭的性質問題」, 「唐初武德貞觀年間的階級鬪爭與統治階級內部鬪爭」, 『歷史研究』 1964-2.
4) 布目潮渢, 『隋唐史研究』, 序說 (京都,1968)
5) 氣賀澤保規, 「竇建德集團と 河北」『東洋史研究』, 제31권 4호
6) 氣賀澤保規, 「竇建德集團と 河北」『東洋史研究』, 제31권 4호

禪하여 唐이 성립되었고(618), 王世充은 侗을 廢하여 鄭을 확립하여 북중국에서는 2대 세력으로 양립하였다. 江南지방에서는 수왕조로부터 어떤 정통성도 받지 못하고 통일된 어떤 세력도 형성하지 못하였지만, 蕭銑을 비롯하여 沈法興, 林士弘 등의 제집단이 亂立되었음을 볼 수 있기 때문이다.

한편 "其欲爭天下者 不過十餘人而已"라고 한 張玄素의 언급[7]에 대하여 日人 鈴木俊氏는 이 10여인을 "당시 혼란기에 편승하여 得志하려는 야심가"로 규정하고 竇建德·李密·王世充·楊師都·薛擧·劉武周·高開道·羅運·李子通·蕭銑·沈法興·李軌·徐圓郎·杜伏威·輔公祏·任士弘 및 劉黑達 등 17명을 열거하고 있다.[8] 그 가운데 王世充·楊師都·薛擧·李軌·羅耘·沈法興 및 蘇善은 隋의 지방관으로 民政 혹은 軍事上의 能力을 가졌지만, 西魏이래 地方豪族으로서 얻은 名望을 이용하여 봉기한 세력이었다. 이 양면은 왕왕 적극적으로 결합하여 집단의 결합을 용이하게 하였다. 그들은 비축된 隋의 倉粟兵器를 장악하고 중도에서 단기간에 세력을 확대하였지만, 민중의 지지를 획득하였기 때문에, 일부 隋의 지방관을 惡人으로 내세워 그것으로써 스스로의 입장을 정당화하였다. 地方豪族 高開都·竇建德·劉墨闥·徐圓郎·補公鉐·李子通 및 任士弘 등은 수왕조 내부의 권력구조에 포함되지 못하고 隋의 압박 하에 향촌을 구축하여 群盜집단에 투신하고 두각을 나타내 마침내는 큰 세력을 형성하였다.

대략 이상과 같은 隋唐交替期의 諸反亂集團 중에서 북중국에서 일어난 집단, 즉 양현감－이밀－이연을 연결하는 일련의 제집단과 관동지방의 왕세충·두건덕 집단에 대해서는 활발한 연구가 진보되었지만, 강·회남에서 일어난 제집단에 대해서는 疎落되어 있고, 상호 쟁패관계가 미흡하였다.

본고는 이들 집단－劉元珍으로부터 蕭銑·沈法興과 같은 官僚集團과 任士弘, 李子通 등 群盜集團의 內實에 초점을 두고, 이들이 강남 각지에서 무엇을 結集軸으로 起義하여 어떠한 성격을 나타냈으며, 이들 집단이 가지고 있는 전체적 의미가 남북조의 대립과정에서 형성된 지역적 분립과 그 영향 하에서 볼 때에, 어떠한 위치에 있으며, 數的으로는 소수이지만, 각 집단에 歸

7) 『資治通鑑』 卷192, 唐紀8 高祖 武德9(626)年 pp.6027·8.

8) 鈴木俊, 「隋末の亂と唐朝の성립」 『史淵』 卷53 所收

附·投抗 봉사한 관료적 문벌사족들의 동향 등을 고찰함으로써, 당초기의 권력구조 내지는 성격에 관한 문제를 일각이나마 검토하고자 한다.

二. 蕭銑 集團

江南지역에서 隋의 地方官을 중심으로 하는 起義한 官僚集團으로는 蕭銑과 沈法興을 들 수 있다. 소선은 거의 독자적 발전을 추구하였지만, 심법흥은 群盜집단과의 관계가 깊어 차항으로 미루고 본항에서는 소선집단에 대해서 상술하고자 한다.

A. 蕭銑의 家系

〈蕭銑의 家系表〉

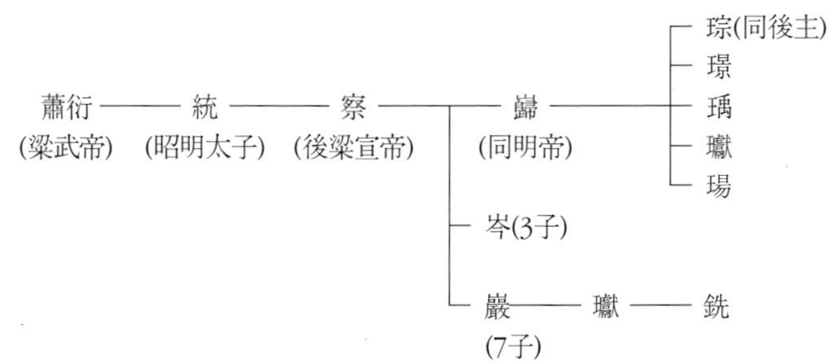

『隋書』卷79, 外戚 蕭巋傳 및 『北史』卷93, 僭位·附庸 梁傳에 의하면, 蕭銑의 증조부 察은 梁의 岳陽王으로 梁말 侯景亂 및 爭帝 중에 西魏에 군대를 요청하여 梁을 재건(後梁)하여 江陵에 定都하고 荊州를 領有하여 車服·節文 등 王者의 威儀를 갖추고 大正이라 건원하였다. 부친 統은 昭明皇帝(廟號는 高宗), 모친 蔡氏는 少德皇后, 생모 龔씨는 皇太后, 처 王씨는 황후 그리고 자 歸를 황태자로 봉하는 등 宗廟社稷을 정돈하였으며, 관직은 양제를 모방하였다.

그러나 後梁은 西魏이래 附庸으로 隋에 대한 종속적인 외교가 시종 지속되었다. 그 몇 가지 예를 들어 보면, 後梁의 건국에 이어 西魏이래 北朝 및 隋왕조는 江陵에 總管을 파견하여 간섭하여 왔고, 宣帝 5년에는 황태자 歸가 京師에 朝覲하였으며, 선제 사후 북주의 武帝는 稱臣한 명제(巋)에 대하여 雜繒 일만단, 양마 수십필과 아울러 北齊 後主의 妓妾을 하사하고 오백리까지 전송하였다. 수문제는 遣使하여 금 오백냥, 은 천냥, 포 만필 그리고 마 오백필을 하사하였다. 開皇 2년에는 예를 갖추어 蕭巋의 여식을 晉王妃로 맞아드렸다.[9] 곧이어 晉王(후에 양제)이 蘭陵公主를 歸의 아들 昌에게 출가시키려 하였던 사실은[10] 적어도 隋의 입장으로는 종속국 후량을 회유하고 平陳의 전진기지로 이용하여 남북조를 통일하려는 하나의 포석으로 간주된다. 후량의 立場는 이중외척관계를 맺음으로써, 隋에 대한 주종관계 내지는 사대관계를 강화한 것으로 이해된다.[11] 더욱이 開皇 4년 歸가 장안에 來朝함에 수문제는 매우 후대하고, 조회에서 歸를 王公의 윗자리에 배열하여 진퇴를 자유롭도록 할 뿐만 아니라, 천자가 囑目하여 백료가 경모하였고, 황제는 견 만필 및 珍玩을 하사하고, 執手하고 "梁主는 荊楚에 오랫동안 체류하여 舊都를 아직 회복하지 못하였으니, 짐이 마땅히 군사를 출동하여 장강지역을 평정하겠다"고 한 사실 등을 살펴보면, 위 사실을 뒷받침해 준다. 이어 綜이 繼位하자, 짐은 그 숙부 岑을 입조하도록 하여 大將軍·懷義公에 봉하여 장안에 머무르도록 하였다. 2년 후 綜에게 入朝하도록 함에 綜은 군신 2백여 명을 통솔하여 朝覲함으로써 후량은 33년 만에 막을 내렸다.(587)

이에 江陵의 父老들은 눈물 흘리며, "吾君 其不反矣"라 하였던 것을 보면, 강릉지역에서의 소씨는 대단한 名門이며, 그 세력과 名望이 상당하였던 것을 엿볼 수 있다.

隋의 후량 평정 이후 蕭氏의 동향을 보면 다음과 같다. 隋는 琮이 入朝한 후에, 武鄕公 崔弘度를 보내 屯戍하도록 하였다. 그런데 琮의 숙부 巖과 조

9) 『隋書』 卷66, 柳莊傳 p.1551.

10) 상게서 卷80, 烈女 蘭陵公主傳에 「初晋王廣 慾以主配其妃弟창 高祖初許之 後遂適河東柳術 晋王因不悅....」이라 있다.

11) 상게서 卷79, 外戚 蕭巋傳에 의하면, 後梁 건국 초부터 江陵總管이 설치되어 간섭하였다가 晋王妃가 책정된 후로 총관부가 폐지되어 귀가 전제하였지만 종이 계위하여 재설치 되었다.

카 巘이 弘度를 두려워하여 그를 습격하고 陳에 투항할 것을 청함에, 陳 형주자사 陳慧紀가 병사를 이끌고 강릉에 이르자, 巖·헌 등은 남녀 十萬口를 驅出하여 陳으로 도주하였다. 이것이 隋가 平陳하는 직접 동기였다. 그것은 수문제가 상서좌복야 高熲으로 하여금 勦撫하도록 하였다. 琮은 문제 때 柱國에 配하고 莒國公에 봉하였다가 양제 때는 더욱 중요하게 여겨 楊約과 더불어 內史令을 제수하고 봉작도 梁公으로 개선하여 후대하였다. 그러나 그는 澹雅하여 직무를 불이행하고 퇴조하여서는 作酒로 마음을 달랠 뿐이었다. 그리고 종친 중 緦麻 이상자는 재능에 따라 擢用하여 소씨 형제가 조정에 포열하였다. 이는 양제 蕭皇后의 외척이었던 까닭이었다. 이에 따라 榮進한 인물로는 蕭璟·瑀·창 및 銑 등으로 璟은 朝請大夫를 제수하여 御衣奉供이었고, 창은 衛尉卿·秘書監 및 陶兵侯를 역임하였다. 瑀는 진왕 廣이 태자로 책립됨에 太子右千牛로부터 起家하고 양제가 즉위하여 尙衣奉御, 檢校右翊衛鷹陽府郎將을 거쳐 內史侍郎에 나아갔다. 그는 황후의 동생인 연고로 황제가 직무를 위탁하였으나, 황제의지를 거슬려 배척받아 河池郡守로 좌천되었다.

이즈음 李淵이 장안을 영유하고 蕭瑀를 끌어들여 民部尙書(大唐創業記註에는 禮部尙書)에 임명하고 무덕 원년 6월 1일 諸官職者 임명 때에 내사령에 임명하여 정무를 위임하였다. 정관 초에 尙書左僕射의 최고 관직자에 옮겼지만, 평판이 좋지 않고 封倫·杜如晦 및 陳叔遠 등과 不和하여 좌천·복귀가 잦았다.[12] 본고에서 다루려는 銑도 羅川令에 擢用되었다가 起義하였다.

B. 起義

『隋書』卷24 食貨志에 의하면, 수양제의 요동정벌 및 토목공사로 말미암아 수말의 사회상은 매우 혼란한 미궁에 빠졌다. 몇 가지 예를 들면 다음과 같다. 東都의 造營 때에 天下 諸州의 富商大賈 數萬家가 倒産하였고, 강남 諸州에서 대량의 목재를 遞送하는 行列이 그 首尾가 相續되어 천리에 펼쳤다는 사실이나, 일차 遼東정벌 후에 河南·山東 등지에서 대홍수가 발생하여

12) 『舊唐書』卷63. 『唐書』卷101, 蕭瑀傳 p.2401.

민심이 소란한 틈에, 强者는 응결하여 群盜化하고, 弱者는 自賣하여 奴婢가 되었다는 사실이나, 더욱이 大業 9년 煬帝는 전국에 徵兵令을 내려 驍果衛를 설치하고 재차 요동정벌을 모색하여 천하인의 十分之 九가 도적이 되어 城邑을 攻陷하였다는 사실 등이 발생하였다. 게다가 황제는 賄賂를 公行하여 群盜로 전락하는 사회상이 노출되자, 엄형을 채용하고 竊盜 이상의 죄는 경중을 불문하고 참형에 처함에 따라 백성은 더욱 群盜化하여 城邑을 공격·함락하여 그 誅罰이 불능하게 되자, 황제는 더욱 峻法을 채용하여 도망자는 그 집을 籍沒하였으나 오히려 혼란에 빠졌다.

특히 楊玄感의 난을 평정하고 九族의 誅罰이 행하여졌다. 더욱 무거운 자는 轘裂·梟首刑으로 다스리고 公卿 이하에 그 肉을 연감하도록 하자, 백성이 怨嗟하고 천하가 大潰하였다.[13] 이 같은 정치 사회적인 상황은 각지에서 수백에 이르는 반란집단이 형성시키는데 있어서 결정적인 요인이 되었던 것으로 蕭銑 등 강남의 제집단의 경우도 예외일 수 없었다.

蕭銑은 巴陵郡 羅川令으로 大業 13년(617) 5월 岳州(현 호남성 岳陽縣)에서 校尉 董景珍·同兵士 鄭文秀·許玄徹·萬瓚·徐德基·郭華 및 張繡의 추대에 의하여 양자강 중류지역에서 세력을 결집하였다.

처음 雷世猛 등은 동경진을 추대할 것을 모의하였으나, 경진은 스스로 寒賤이라 하고 설사 그렇게 되더라도 輿望을 얻지 못하여 성공 할 수 없다고 사양하고 羅川令 蕭銑을 奉戴한 것을 제의하였다. 즉, 銑은 梁室의 후예로 寬仁大度하고 武皇의 기풍이 있었고 제왕은 마땅히 符命이 있어야 하는 법인데, 隋皇室은 碎殘하였으니, 이는 蕭氏의 中興徵兆라고 하였다. 이러한 敬珍의 입장에 대하여 雷世猛 등이 동조하였던 것을 보면, 관료적 문벌사족사회의 일면을 여실히 엿보여 주고 있다.

다시 말하자면 江陵을 중심으로 하는 舊荊州지방은 北朝 및 隋王朝에 대하여 비록 종속적인 역할을 하였을지라도 3대 33년간이나 梁의 전통을 계승한 後梁이 흥망하였고 강릉은 양무제의 기병지로 梁代로부터 중요시하던 지

13) 『隋書』 卷25, 刑法志 煬帝條 p.717.

역이었다. 또한 蕭銑의 成年期에 家貧하여 書生으로 自給하고 모친을 孝로 섬겼다는 것은 그의 名聲이 상당히 알려져 있었으리라고 추구된다. 이러한 사실에 비추어 볼 때에, 그 지방에서의 명망은 자연이 蕭氏에 있었기 때문에, 소선을 堡壘로 하여 梁王室부흥을 획책하였던 것으로 생각한다.

아무튼 동경진 등은 소선에게 奉戴의 수용할 것을 청하자, 소선은 크게 기뻐하여 동조하였다. 소선은 후량을 그의 本國으로 삼고 수왕조의 후량복속을 원망하여 명망을 배경으로 "討賊"이라는 명분을 내걸고 起義한 것이다. 이는 실제로 동경진 등과의 상응을 의미하여 이때에 州中의 수령과 民衆 數萬이 歸附投抗하여 소선집단을 형성한 것이다.

한편 洪州(현 호남성 진성현) 적수 沈柳生이 羅川현을 攻陷하려 하자, 蕭銑은 이를 물리치려다 불리함에 유생에 대하여 蕭銑은 岳州의 호걸들이 봉대하였으며, 천하가 모두 반발하여 홀로 지키고 스스로 온전하기 어렵거니와 江陵은 후량 수부였음을 상기시킴으로써, 유생을 懷柔하여 차기대장군으로 삼아 인근의 投抗歸附者 수만인으로 함께 기의하고 梁公이라고 자칭하고 隋王朝의 복색을 바꾸고 梁의 旗幟를 내걸었다. 그런데 起義 수일 만에 하나의 문제가 발생하였다. 즉 景珍이 徐德基를 보내, 유생을 영접하고자 하였으나, 유생은 그의 부하에게 "나는 양공의 선봉으로 공훈이 제일이고 악주 府中의 위망이 모두 나에게 기울어져 있어 내가 만약 입성하면 서덕기를 죽이고 그것으로 양왕을 협박하여 州城을 취하겠다"하면서, 좌우에 명하여 덕기를 살해하자, 소선이 대노하여, "지금 서로 다투어 살해하니 내가 어찌 너희 주인이 되겠느냐"하고 출상하게 하니, 유생은 겁내어 伏地·請罪함에 소선은 유생을 사면하고 돌아왔다. 그러나 경진은 소선에게, "서덕기는 일편단심과 至誠으로 奉主하였는데, 寃死하고 유생은 凶悖하고도 참하지 않으면 어떻게 하겠는가? 유생은 오랫동안 凶頊하다가 지금 비록 起義하여 따랐지만, 적심을 버리지 못하고 있어 장차 반드시 이런 일이 발생할 것인즉, 그를 도모하여 후환을 없애는 것이 마땅하다"고 주장하자, 소선은 유생을 참하니, 그의 부하들이 모두 도망하였다.

이상과 같이 起義 초에 일어난 불상사는 명분인 "討賊"하는 데는 일단 성공한 것으로 풀이되지만, 경진의 주장에 의하여 소선의 사면이 철회되고 유생이 주살되었던 것을 보면, 타 집단과는 달리 소선집단의 실력자는 경진으로 소선은 단지 꼭두각씨에 불과하였던 것 같다.

곧이어 소선은 강릉 성남에 축성하여 天祭를 행하고 梁王이라 자칭하였으며, 異鳥의 瑞가 있다고 하여 鳳五라 建元하였으며, 의령 2년(618) 4월 皇帝라 참칭하고 梁故事에 準하여 追謚 및 백관을 署置하였다. 후량의 후주 琮을 孝靖帝, 祖父 巖을 河間忠烈王, 父親 璿을 문헌왕으로 추존하고 자신을 봉대한 동경진은 晉王, 뇌세맹은 秦王, 정문수는 楚王, 許玄徹은 연왕, 萬瓚은 魯王, 張繡는 齊王 그리고 양도생을 宋王에 각각 봉하고 岑文本을 중서시랑에 배하여 기밀을 장악하도록 하였다. 그는 명의상으로 후량부흥을 표방하여 정통성 내지는 정당성을 강조하였으나, 특출한 開國智略은 찾아 볼 수 없다.

C. 세력확대와 與唐鬪爭

『資治通鑑』 卷184-189 및 『舊唐書』에 의하여 살펴보면 다음과 같다.

蕭銑은 起義하여 일차로 隋의 지방관과 일전을 하였다. 그것은 魯王 張繡로 하여금 嶺南 諸州를 徇地하도록 하였다. 隋將 張鎭周(舊唐書에는 鎭主) 王仁壽 등이 항거하여 능히 이기지 못하였다. 그러나 鎭周 등은 양제시해의 소식을 접하여 蕭銑에게 투항하게 됨에 嶺南 諸州를 장악하여 일대 세력을 확보하였다. 이보다 앞서 彭成郡(현 강소성 동산현) 方與賊師 張善安이 渡江하여 任士弘에 귀부하려 했으나, 사홍은 선안을 의심하여 南唐에 設營하니, 善安이 이를 원망하여 사홍을 공격하자, 소선은 장군 蘇胡兒를 보내 공격하여, 사홍은 南唐의 餘于에 물러나 상호 爭霸戰이 이루어졌다. 그 당시 江都에서 宇文化及에 의한 양제弑害의 소식은 隋의 정치부재를 가져와 북중국에서는 李淵과 王世充이 세력을 확대하고 隋의 지방관들은 구심점을 잃고 관료사족집단 내지는 군도집단에 투신하였는데, 이러한 상황은 江南지역에서도 같은 형편이었다.

몇 가지 예시하면, 漢陽(현 호북성 한양현) 태수 馮盎은 蒼梧·高凉·珠崖·番禺 등의 地域으로 任士弘에게 귀부하였고, 欽州자사 甯長眞은 鬱林·始安으로 소선에 귀부하였다. 소선과 사홍은 交趾太守 丘和[14]에게 사자를 보내 초무하고자 하였다. 소선은 甯長眞으로 하여금 嶺南兵을 이끌고 공격하도록 하자, 和는 출영하고자 했으나, 화의 司法書佐 高士廉[15]이 장진의 兵이 비록 많으나, 縣軍으로 지구전이 불능할 것을 짐작하여 만류하였다. 화는 사렴을 軍司馬로 삼아 水陸諸軍으로 역습하여 장진은 대패하였다. 그 때 江都로부터 온 驍果衛의 兵士가 양제시해의 소식을 전함에 소선에게 귀부하였다. 始安郡丞 李襲志[16]는 財産을 풀어 3천명의 士庶를 모집하여 소선·사홍 등의 공격을 물리쳐 郡城을 굳게 지키다가 양제시해의 소식을 듣고 吏民과 더불어 3일 동안 곡하였다. 이때 吏民들은 그를 주인으로 봉대하여 집단을 결집하고자 하였으나, 이습지는 오히려 자신은 충절을 중시한 가계의 출신으로 반대하고, 2년간 굳게 지키다가 外援이 없어 郡城이 소선에게 함락되고, 습지는 소선의 工部尙書檢校를 거쳐 桂州總管이 되었다.

이상과 같이 소선의 세력은 확대되어 嶺表地域을 초무함으로써, 동으로 九江(현 강소성 구강현), 서로 三峽, 남으로 교지, 북으로 漢川을 영유하고 40만 대군을 통수하였다.

이와 같이 세력을 확대한 소선은 당과의 투쟁에서 패망하였다. 즉, 武德 4년 (621) 趙郡王 孝恭이 적극적인 공략을 하기 전까지는 李靖(峽州刺史)과 더불어 對峙하다가[17] 동년 2월 孝恭이 岐州總管이 되어 이정이 건의한 소선 정벌에 관한 십책[18]으로 공략이 이루어진 것이다. 그는 巴蜀 수령의 자제를 징집하여 舟楫을 제조하도록 하고 水戰을 교습하여 행군총관 李靖·黔州刺史 田世康, 黃州총관 朱法明 등이 동년 9월 공격하였지만, 때마침 삼협이 漲溢하여 제장들은 퇴수를 기다려 진군토록 청했으나, 靖은 "兵事는 迅速을 귀하게 여긴다"고 주장하였다. 소선은 준비없어 전함 2천여 척을 거느려 요새지 荊門宜都를 점령하고 5州를 평정하였다. 이 전투에서 장수 사홍이 전사하는

---

14) 상게서 卷59, 丘和傳 p.2325.

15) 상게서 卷65, 高士廉傳 p.2442.

16) 상게서 卷59, 李襲志傳. pp.2330-1.

17) 『資治通鑑』 卷87, 武德 2년 8月條, p.5861

18) 상게서 卷188, 武德4년 正月條 pp.5901·2에 「李靖設趙郡王孝恭 以取蕭銑十策上之」라 한것에 대하여 考異에 의하면, 고조실록에는 효공의 平銑之策을 헌납하여 고조가 嘉納한 것으로 되어 있고 태종실록에는 상기한 바와 같다.

등 피해가 커서 소선세력은 약하였다. 다른 하나의 문제점은 武德 3년 11월 營農을 구실로 罷兵한 사실이다. 소선은 성품이 편협하여 시기심이 많은데다가 諸將은 공로를 빙자하여 將臣의 주살이 심하고 기강이 해이하여 파병 영농을 선언한 것이었다. 그 목적은 諸將의 병권을 빼앗고자 함이었다. 즉, 대사마 동경진이 동생을 장군으로 삼았지만, 그가 作亂을 모의하다가 사전에 누설되어 살해되었다. 진경은 두려워 長沙에서 峽州刺史 許詔에 투항하였다. 소선은 제왕 장수로 하여금 장사를 공격하도록 하니, 경진은 漢 고조가 공신 韓信을 살해한 예를 들어 수를 살해하고자 했으나 먼저 패주하였고 수는 상서령이 되었으나, 자신의 공로를 믿고 방자하여 주살되었다. 이때에 功臣 諸將은 異心을 갖게 되어 勢力는 더욱 약화하였다.

이러한 상황에서 唐의 내습을 받아 소선은 당황하고 諸州에서 징병하려 했으나, 길이 요원하여 효과를 얻지 못하였다. 이에 소선은 힘써 항거했으나, 외부와 연락이 차단되어 투항하였고 교주자사 丘和·동 長史 高士廉 동 사마 杜之松 등은 소선에게 朝覲하고자 하였으나, 소선의 失敗를 보고 孝恭에 투항하였다. 이에 소선은 "하늘은 梁의 踐祚를 돕지 않는다. 만약 힘을 다해 싸운다면 백성이 많은 희생을 면하지 못할 것인 즉, 어찌 내 한 사람을 위해 백성을 도탄에 빠뜨릴 것인가" 하고 문을 열고 나와 항복하여 李孝恭의 軍門에 나가, "當死者는 소선이고 백성은 죄가 없으니, 원컨대 殺掠을 하지 말라" 하였다. 효공이 입성하여 諸將이 大掠하고자 함에, 岑文本은 孝恭에게, "江南의 백성이 수말이래 학정을 못 이겨 군웅이 상쟁하였다. 생존자는 모두 眞主를 기다리고 있고 蕭氏로서 江陵 父老를 안전하게 하였다. 만일 약탈을 자행한다면 영남의 백성들이 두려워 어찌 向化하는 마음이 일어날 것이랴"고 설득하니, 효공은 稱善하고 殺掠을 금지하고 범하지 말도록 함에 10여 만 지원병과 嶺表 諸州가 이를 듣고 모두 귀부하였다. 이때에 소선의 황문시랑 劉洎[19]는 50城으로 唐에 歸附하였고, 소선의 계주총관 李襲志도 來降하였다. 『舊唐書』 卷56 史臣曰에 보는 바와 같이, 소선은 烏合之衆을 취하여 중요한 시기에 將臣의 권한을 빼앗아 약세화하고 唐대군에 의하여 평정되었다고 하

19) 『舊唐書』 卷74, 劉洎傳 p.2607.

지만, 開國이나 통치 및 전략면에서 탁월한 방략이 없어 패망하였던 것은 좋은 평론이다.

三. 群盜集團의 諸樣相

蕭銑의 起義에서 살펴본 것처럼, 煬帝의 고구려 원정 및 그 실패의 파급효과는 江淮南地方에서도 걷잡을 수 없는 기현상을 불러 일으켰다. 즉, 劉元珍의 擧兵에서부터 시작된 반란은 任士弘·沈法興·李子通 등의 제집단이 형성되어 대난국을 이루었다.

본항에서는 이들 군도집단(심법흥은 관료적 사족집단이다)에 대한 내실을 『자치통감』 권182-190 및 『구당서』 권56 등의 전적을 중심으로 살펴보면 다음과 같다.

煬帝 大業 9년 추7월 癸未에 餘抗(現 浙江省 杭縣) 劉元珍[20]이 기병하였다. 원진은 義俠心이 강하여 異志를 품었다가 1차 고구려 원정에 출정하였던 三吳(吳興·吳·會稽)의 병사가 돌아오지 않았음에도 불구하고 황제는 大業 9년 재차 천하에 徵兵令을 詔令으로 강제함에, 이에 대하여 백성들은 "우리들은 장차 살아남은 자 없겠구나"하여 원망하고는 도주하고 망명한 자가 속출하여 詔令에 불복함을 들어냈다. 이에 원진이 거병하자, 수개월 만에 수만명이 雲集하여 하나의 任俠적 집단이 형성되었다.[21] 원진은 그 大衆을 이끌고 楊玄感에게 內應하려 했으나 (兩人관계는 不明), 玄感이 실패하였다는 소식을 듣고 있을 때에, 朱燮과 管崇[22]이 원진을 추대하여 주인으로 삼고 원진은 吳郡(현 강소성 오군)을 본거로 삼아 칭제하고 燮과 崇을 尙書僕射로 삼는 등의 백관을 署置하였다. 이때에 毗陵을 비롯하여 東陽·會稽·建安 등

20) 『隋書』 卷70, 劉元珍傳 p.1623에, 「少好任來 爲州里小宗...自以相表非常 陰有異志」라 있다.

21) 『資治通鑑』 卷182, 大業9년 七月 癸未條 p.5679.

22) 상게서 동년 8月 癸酉條 pp.5682·3에 「吳郡朱燮 晋陵管崇 聚衆冦掠江左 變本還俗道人 涉經史 頗知兵法 形容眇小 爲崑山縣博士 數十與學生起兵 民苦役者赴之如歸崇長大美資容 志氣倜儻 隱居常執自言有王者相 故群相與奉之」라 있다.

의 豪傑들이 內應하여 그 세력이 자못 크게 번졌다.

이에 양제는 涿郡에서 虎牙郎將 趙六兒에게 장병 일만 명을 주어 南賊을 토벌하도록 명하였는데, 육아는 江都縣 楊子에 五營을 설치하고 屯兵하였으나, 관승은 장군 陸兒를 보내 육아의 兩營을 격파하고 兵器械 및 軍資를 획득하여 세력을 떨쳐 무리 십만을 얻었다. 동년 10월 황제는 左屯衛장군 吐萬緖와 광록대부 魚俱羅에 토벌하도록 명령받고 상호 대치하다가 원진은 패하여 曲阿에서 다시 100일 대항하다가 또 다시 실패함에 건안·회계·오군 등지를 轉傳하다가 王世充에 敗死하고 3만 여 무리들이 희생되고 말았다. 이처럼 유원진 집단의 패망에도 불구하고 반란세력은 날로 확대되어 隋의 官軍이 능히 토벌할 수 없게 되자, 양제는 王世充을 농락하고자 하였다. 이리하여 隋의 政治는 사실상 북방에서의 楊玄感의 난과 남방에서의 유원진의 난에 의하여 무너지고 무정부상태에 돌입하여 허다한 반란집단의 簇生을 보았다.

대업 12년 10월 파양(현 강소성 파양현) 賊師 操天成[23]이 豫章郡(현 강소상 南昌縣)을 공격·함락하여 동향인 임사홍과 더불어 반란집단으로서 起兵하고 사홍은 대장군이 되었다. 수는 治書侍御史 劉子翊으로 하여금 토벌하도록 하였지만, 천성은 실패·사망하고 사홍이 대신하여 統帥하고 자익과 더불어 彭蠡湖에서 싸워 자익이 실패하고 사홍의 병세는 크게 진작되어 무리가 十餘萬에 이르자, 동년 12월 壬辰에는 사홍이 楚帝를 자칭하고 太平이라 건원하였다. 이때에 九江, 臨川, 盧陵, 南康 및 宜春 등 郡의 豪傑이 隋의 지방 守令을 살해하고 다투어 호흥하여 사홍의 영역은 북으로는 九江에서, 남으로는 番禺(현 광동성 번우현)에 이르기까지 미쳤다.

이때에 (앞서 말한) 익년 12월 乙巳에 方輿의 적수 장선안이 廬江郡을 습격·함몰하고 사홍에 귀부하고자 하였다. 그러나 사홍이 의심하여 南塘上에 군영을 설치하여 전투태세를 갖추자, 선안은 원망하여 豫章을 격파하고 餘干(파양군 소재)로 퇴보하였다.

한편 양제의 凶問에 따라 隋의 漢陽太守 馮盎이 蒼梧·高掠·珠崖·番禺 등

---

23) 상게서, 卷183, 大業 12年 10月條, p.5711·2에 의하면, 唐高祖實錄 任士弘傳에는 「大業末 與其鄕人 操師乞起爲群盜 師乞僭號 建元天成」이라 있다.

郡은 사홍에 귀부하였으며, 武德 3년 12월에는 廣州 적수 高法澄이 隋官을 살해하고 귀부하여 循·潮州 등을 영유하여 상당한 실력자가 되었지만, 전항에서 언급한 것처럼 소선과의 쟁패전에서 패배, 다시 소선 패망 후 그 흩어진 士卒이 사홍의 휘하에 몰려들어 세력이 다시 진작되었다. 武德 5년 10월 孝公의 초무로 약화되자, 사홍은 弟 파양왕 藥師로 하여금 2만군으로 循州를 공략하도록 하였지만, 자사 楊略에게 실패함에, 사홍은 두려워 安城 山洞에 은거하였고, 부장 王戎은 南昌으로 唐에 내항하자, 당고조는 남창주자사를 제수하였는데, 왕융은 사홍을 불러 숨기고, 옛 흩어진 병사들을 불러들여 다시 반란하도록 하고는 洪州總管 장선안에게 은밀히 토벌하겠다는 뜻을 알리자, 이때에 사홍은 죽고 부하 병사들은 潰散하였다.

이상 장선안은 반란집단을 편성하고 轉掠하다가 孟讓의 무리에 예속되었고, 맹양이 왕세충에세 실패하자, 앞에서 거듭 말한 것처럼 사홍의 본거지 豫章을 공격·함락한 후에 당에 투항하고 洪州總管이 되어 사홍을 패망시켰지만, 보공석이 作亂하자 거병 상응하다가 패망하고 말았다.

한편 심법흥은 湖洲 武康人이고 부친 恪은 남조 陳의 特進 광주자사를 역임하여 郡著姓출신이었기 때문에, 앞서 말한 다른 집단과는 달리 관료적 문벌사족집단이라고 해야 좋을 것이다. 그것은 심법흥 자신이 지방관이었고, 양제를 弑害한 우문화급의 誅滅을 명분으로 기의하였기 때문이다.

沈法興은 대업 말 吳郡太守로 東郡 賊師 樓世幹이 거병 군성을 공격·함락하자, 황제의 명을 받아 太僕丞 元祐와 더불어 討滅하고, 양제흉보에 접하여 宗族 수천가를 구심점으로 삼아 起義하여 遠近이 복종하였다. 義寧 2년(618) 3월 部將 孫士漢·陳果仁 등과 더불어 隋에서 파견되어온 元祐를 살해하고 원근에 우문화급을 주멸한다는 명분으로 기병하였다. 장차 江都를 장악할 목표로 행군하던 도중 곧 餘恒에서 烏程에 이르는 동안에 정병 6만을 結集하였다. 법흥이 처음 맞이한 상대는 毗陵郡 通守 路道德이었다. 道德이 항거하자 법흥은 連和를 요청하여 會盟席上에서 그를 살해하고, 毗陵을 장악하였다. 또한 齊郡 적수 樂伯通이 우문화급의 城인 단양(현 남경)을 수비하고 있었는데, 陳果仁에게 江表 十餘郡을 공격·함몰하도록 하여 領有하고 江南道總管을 자칭하고, 東都에서 越王 洞이 즉위하였다는 소식에 접하여 上表

함과 아울러 大司馬錄尙書天門公을 자칭하고 隋制에 따라 百官을 설치하였는데, 이때에 진과인은 司徒, 孫士漢은 司空, 蔣元超는 상서좌복사, 殷芊은 상서좌승, 劉子翊은 선부시랑, 李百藥은 府椽에 각각 제수하였다. 곧이어 隋왕조의 멸망에 따라 법흥은 毗陵을 王都, 延康을 년호로 삼아 梁王을 자칭하였다. 그러나 그는 성품이 잔인하여 오로지 형벌을 좋아하고 將士가 사소한 과실을 범하여도 곧 사형시켜 弱體化하였을 뿐이었다. 결국 강남지방의 대세는 상당히 복잡한 양상을 이루었다.

이즈음 武德 2년 8월 江淮南지방의 형세를 보자. 두복위[24]는 歷陽(현 安徽省 和縣), 陳稜은 江都, 李子通은 海陵(현 강소강 泰縣)에 각각 웅거하여 각기 강병을 장악하여 모두 江表지방을 엿보고 있어 법흥은 3면에서 적을 만나 결국 패망하였다. 그리하여 子通이 江都를 포위하니 陳稜이 당황하여 법흥과 복위에게 청원하였다. 이에 법흥은 아들 綸을 楊子宮에 鎭치게 하고, 伏威는 淸流縣에 각각 군영을 설치·구원하려 하였다. 그러나 오히려 3면에서 적을 만난 子通은 그의 納言 毛文深이 "강남인을 모집하여 허위로 綸의 군사가 伏威를 야습한다고 하면, 伏威는 성내서 綸의 軍營을 습격할 것인즉, 2인은 서로 의심하여 선공하지 못할 것이다"고 한 獻策을 채용하고, 江都를 먼저 공략함에, 진능은 복위에게 도주하고, 子通은 강도에 입성 윤의 군병을 격퇴시키자, 복위는 퇴각하여 唐에 투항하여 和州總管을 제수 받았다. 이에 子通은 국호를 吳, 明政이라 건원하여 칭제하니, 단양 적수 樂伯通이 무리 만여 명으로 귀부해옴에 그를 僕射를 제수하였다.

이듬해(武德3년 12월) 子通은 渡江하여 심법흥을 공략하고 京口(현 강소성 丹徒縣)를 취하니, 법흥은 복야 蔣元超를 보내 항거하였다. 그러나 원초가 패사함에 毗陵을 버리고 吳郡으로 도망하니 江表要地는 子通에 돌아갔는데, 府掾 이백약을 內史侍郎 국자제주로 삼았다. 이때에 伏威는 行台左僕射 보공석·王雄誕등을 보내 단양을 공격·함몰하고 漂水에 設陣하여 子通과 더불어 일진일퇴를 거듭하다가 결국 공석이 火攻으로 승리하자, 子通은 江都를 버리고 京口를 거쳐 太湖에서 흩어진 병졸 2만여명을 수습하여 吳郡의

24) 상게서 동권 두복위전, p.2266.

법흥을 습격하여 대파하였다. 이에 법흥은 좌우 수백인을 이끌고 패주함에 崑山(현 강소성 서북소재의 산명) 적수 聞人遂安이 부장 葉孝辯을 보내 법흥을 영접하려 하였다. 그러나 법흥은 오히려 孝辯을 살해하고 회계로 향하려 하였는데, 효변이 이를 알게 되자, 법흥은 강에 몸을 던져 죽어 동 집단은 붕괴하였고 법흥의 故地는 子通이 영유하여 그의 세력이 다시 떨쳤다.

그리고 和州총관 伏威는 武德4년 12월 본거를 단양에 옮기고 장군 王雄誕으로 하여금 子通을 공략하도록 하였다. 이에 그는 杭州로 패주하다가 항복하여 李百藥 등과 함께 長安에 이송되었는데, 당고조는 죄를 불문하고 宅一區·公田 5頃을 하사하였다. 이보다 앞서 崑山에서 기병했던 문인수안 등도 왕웅탄에 평정됨으로써 강회주 諸州는 杜伏威에 의하여 大定되었음을 본다.

Ⅳ. 結 論

필자는 이제까지 隋·唐교체기에 있어서 수양제의 학정으로 야기된 허다한 반란집단과 그 당시 난세를 평정하고 일대 세력을 확보하려 한 여러 야심가중에 옛 남조지역의 인물인 蕭銑을 비롯하여 劉元珍·任士弘·沈法興·李子通 및 杜伏威집단에 관하여 살펴 왔다.

蕭銑은 隋의 후량 평정으로 몰락한 蕭氏의 후예로서 微士로부터 양제 소황후의 외척이었던 관계로 羅川令에 擢用되었고 강릉지방에서의 소씨에 대한 명성을 배경으로 岳州校尉 董景珍·雷世猛 등의 추대에 의하여 梁室부흥의 야심에 고무되어 상응하였고, 州中의 守令과 무리 수만의 호응에 힘입어 "討賊"을 명분으로 起義하여 梁室부흥을 표방하고 舊梁制를 모방하여 집단을 결집하였다. 또한 수양제 시해로 隋왕정이 무너지고 무정부상태에서 군도집단인 임사홍과 더불어 세력 확장에 부심하여 欽州·交趾 및 始安 등을 확보하여 양자강 중류지역에서 큰 세력을 장악하였지만, 唐에 의하여 평정되었음을 본다.

일반적으로 소선의 패망을 그의 편협한 성품으로 돌려 부하를 시기하고 대신을 주살하였던 것에 입각하여 평가하고 있으나, 오히려 소선의 능력 부족과 집단내의 불협화음으로 보는 것이 타당할 것이다. 그것은 起義의 처음에 일어난 沈柳生의 횡폭에 대한 처리라든지, 동진경의 반항이라든지, 더욱이 중요한 시기에 營農을 구실로 兵士를 혁파하여 將臣으로부터 병권을 탈취한 것 등으로 보면, 소선은 단지 명성으로 추대되었지만, 개국·통치 및 전략 면에서 어떠한 방략이 없어 구심점인 동진경·장수 등의 숙청을 자행함으로써, 일사불란한 상하 주종관계가 확립되지 못하여 패망하였다고 생각한다. 다시 말하면 소선이 관인대도하고 武皇之風이 있어 梁의 中興징조라 하였던 것은 조작된 것이며, 起義명분도 잘 이행되지 못하였던 것이며, 세력확대나 여당투쟁에 있어서나 기강확립에 있어서도 탁월한 면을 엿볼 수 없는 점 등에서 편협한 성품이 드러나 패망한 것으로 보아야 할 것이다.

한편 劉元珍은 요동정벌 때의 三吳兵이 돌아오지 않는 것을 문제삼아 민심이 동요하고 있던 대업 9년 징병령애 대하여 도망자가 속출함에 따라 임협적 집단을 결집하였고, 朱燮·管崇이 원진을 주인으로 추대함으로써 일대세력을 확보하였던 것이다. 여기서 섭과 숭은 자칭 왕자의 상이 있다고 하던 그들이 원진을 주인으로 삼았던 것은 그들의 기의명분을 명확히 하기보다 큰 세력을 형성함으로써 反隋적 응집력을 강화한 것이라고 생각한다.

沈法興은 대업 말 오군태수였는데, 우문화급을 주살한다는 명분으로 기의하여 江都장악을 목표로 하였다. 그는 隋의 지방관으로써 起義하여 婁世幹, 路道德, 樂伯通 등을 주살하고 江表 십여군을 영유하여 강남총관부를 설치하고, 越王 洞에 상표하여 大司馬·錄尙書·天門公府를 설치하였다가 隋의 멸망에 따라 梁王을 자칭함으로써 정당성을 표방하였다. 그러나 그의 성품은 잔인하여 威刑을 좋아하고 약세화한데다가 江南의 중심부를 영유하여 제집단의 공격목표가 되어 李子通, 杜伏威와 더불어 쟁패전이 이루어졌다. 결국 子通에게 패하고 子通은 앞서 唐에 투항한 바 있는 두복위에게 평정되었으며, 임사홍도 호걸 등의 호흥을 받고 隋의 지방관의 귀부를 받아 세력을 확보하였으나, 唐에 패망함으로써 강남지역은 大定되었던 것인데, 어느 집단도 통일하지 못한 채 모두 무너지고 말았다.

이상과 같이 이루어졌던 隋·唐교체기의 강남 제집단의 추이는 결국 隋의 정치력의 쇠퇴로 말미암아 劉元珍으로부터 각지에서 봉기하였고 우문화급에 의한 양제시해로 무정부상태가 야기되어 隋의 지방관을 습격함으로서 정당성을 표방하고 비축된 隋의 倉粟兵器를 이용하여 세력을 확대한 것인데, 각 집단을 응결시켰던 결집축은 무엇이었을까. 원진이 기의하여 비릉·동양·회계·건안 등의 豪傑이, 소선이 기의하여 악주의 수백 수령과 수만의 민중이, 임사홍에게는 구강·임천·노릉·남강 및 의춘 등의 호걸이 호응하였고, 심법흥은 원근을 호령하여 각 집단의 결집이 이루어졌던 것을 본다. 이 같은 결집은 향촌을 단위로 형성된 공동체의 파괴에 기인한다고 생각된다. 그것은 민중생활을 확보해야 할 국가가 무너져 정치 부재의 상황에 이르게 되면 공동체 요원들은 구심점으로 찾으려 할 것이고 이에 편승하여 각 지방의 명망가·수령들은 豪傑로 선도적 위치에 서게 되어 민중이 그들에게 추종한다는 것은 당연한 논리일 것이다. 다시 말하면 양제의 학정에 의한 제반란의 형성으로부터 隋멸망에 따라 지방관이 각 집단에 귀부하였던 사실이나, 이습지는 군민을 위하여 모병 견수하였던 사실 등에서 찾을 수 있고, 잠문본이 소선에게 투항을 권유하고 효공에게 약탈을 만류하였던 사실 등의 의미도 결국 공동체의 보존을 위한 노력으로 보아도 좋을 것이다. 따라서 강남지방의 제집단은 이러한 공동체를 재건하려는 의미는 물론 소선·심법흥과 같이 관료 중심의 집단이나, 유진원·이자통과 같이 임협적 인망을 배경으로 기의한 군도집단을 막론하고 수만에서 수십만에 이르는 민중을 응결하여 세력을 각기 확대하였던 것은 농민반란적인 색채가 농후한 것이라고 할 것이며, 이것은 또한 북중국에서 일어난 제집단에서도 같은 성격을 찾아 볼 수 있으며 천하의 민중이 많은 지역이 群盜化 하였다는 것은 이를 지적한 것이라고 추구되거니와 양자강 중하류지역에서 소선이 양왕, 임사홍이 초제, 자통이 오왕, 심법흥이 양왕이라 자칭하였고, 각각 鳳鳴·太平·明政·延康 등으로 建元하였던 것은 남북조의 대립과정에서 형성된 지역적 분립(북조와 남조가 대립은 물론 북주말 수초의 陳과의 관계, 종속국이지만 후량·진·수의 3자 정립과 같은)과 그 영향 하에서 나타난 현상으로 간주한다.

한편 각 집단에 등장하여 기밀이나 중추기구를 장악하여 참모역할을 하고 唐朝에서 영진되었던 인물들, 高士廉·丘和·劉洎·李襲志 및 岑文本 등은 다른 하나의 의미를 갖는다. 고사렴은 北齊系의 高門名族 출신으로 隋末 교지

태수 丘和의 司法書佐였다가 和를 따라 소선에게 귀부했으나, 소선 패망 후 당에 투항하여 고조의 명으로 영남 諸州의 徇地를 마치고 입조하여 정관 원년 시중에 擢拜되었고, 구화는 당에 입조하여 좌무후대장군을 제수하였으며, 유계는 소선의 황문시랑으로 영표 50성으로 경략하던 중에 소선 패망의 소식에 접하여 당에 투항하여 남강주 도독부장사로부터 정관 중에 시중·중서령에 이르렀으며, 이백약은 수초의 내사령 李德林의 아들로 수말 노군보병교위로부터 건안군승이 되었다가 심법흥의 府掾, 이자통의 내사시랑, 두복위의 행대효공낭중에서 정관 중에 예부시랑이 되었으며, 이습지(당실과 동 관적)는 수말 시안군승으로 郡城을 굳게 지키다가 소선에게 패하고 그에게 致仕하였으나, 소선 패망 후 계주총관으로 입조하여 우광록대부에 이르렀고, 잠문본은 소선의 중서시랑으로 소선에게 투항권고 및 효공에게 약탈금지를 청하여 강릉 안전에 노력하였고 입조하여 정관 중에 중서령에 이르렀다. 그리고 이들은 隋의 平陳전후 및 수·당교체기에 李淵 등 제야심가에게 초인 및 투항하여 봉사하고 唐의 官僚群에 포함되어 영진되었던 남조계 인사들과 더불어 무덕·정관년간에 삼성육부의 大官에 영진한 것을 본다.

이와 같은 상황에서 보면, 위진시대에 형성 발전한 남조 문벌사족체제는 양말 혼란기에 동요를 가져와 고문명족은 몰락하고 대신 2, 3류의 문벌이 陳의 정치무대를 좌우하던 현상은 일변하여 隋를 거쳐 唐에 이르는 동안에 南朝的 문벌사족체제는 北周로부터 隋·唐에 이르는 일련의 지배집단에 흡수되었던 것이다. 다시 말하면 이들 남조계 인사들은 당초에 동위·북제계인사와 함께 당의 官僚群에 포함됨으로써 당초기 관료적 문벌사족에 의한 통일적인 새로운 체제를 이룩하여 태종 "정관의 치"를 이루었다.

〈Abstracts〉

Various Groups of GiangNan江南 during the Transition Period of SsueTang隋唐
－Based on SiaoSien蕭銑－

Kim, Bong-Jung

LiouWuGou劉武周·DouGienDe竇建德 groups of northern region were absorbed into Tang唐 dynasty due to the decay of Ssue隋 dynasty during the transition period of SsueTang隋唐. SiaoSien蕭銑 and others revolted in GiangNan江南 and were absorbed into DuFuUei杜伏威 and eventually into Tang唐 dynasty. Their purpose of revolt was to establish their own local government by attacking local officials of Ssue隋 dynasty with civilian militia equipped with sufficient food and ammunition. But they failed and were forced to be part of the Tang唐 dynasty, thus completing the transition of NanChao南朝 bureaucratic clans of SiWei西魏·PeiChao北周 to SsueTang隋唐.

GaoShiLien高士廉 and others who as local officials of Ssue隋 dynasty and played significant roles by dominating various branches of local government were absorbed into Tang唐 dynasty, constituted a bureaucratic clan along with other successful pro-NanChao南朝 bureaucratic clans and provided a human foundation of "peace of GenKuan貞觀" of TangTaiTzueng唐太宗.

第5章
中國 科擧制의 成立*

〈目　次〉

Ⅰ. 緖　言

중국의 科擧制가 언제부터 시작되었는가에 대한 논의는 자못 분분하지만, 대체로 兩說로 정리된다. 하나는 隋煬帝 때에 설치한 進士科로부터 시작되었다는 隋開始說[1]이고, 다른 하나는 西漢 武帝때에 확정된 賢良·方正·孝廉 등 察擧制도 "分科擧人 考試進用"이라는 과거제의 개념에 어긋나지 않는다는 漢開始說[2]이 그것이다. 전제에 대하여 일찌기 五代에 楊九齡의 지적이 있었고,[3] 후술하는 바와 같이 魏晉南北朝시대의 선거제도인 九品中正法의 隋文帝 開皇 15년에 정식으로 폐지되고 곧이어 나온 二科擧人을 과거제의 시작으로 거론하기도 하였으나, 이 조치는 北周의 最末 靜帝 大定 元年의

* 이 논문은 1991년도 교육부 지원 한국학술진흥재단의 자유공모(지방대 육성)과제 학술연구조성비에 의하여 연구되었음.

1) 『唐會要』 75, 「帖經條例」; 韓國磐, 「關于科擧制制度創置的兩點小考」, 『隋唐五代史論集』 所收.

2) W.Eberhard, *Social mobility in Traditional China*, p.22, Brill Leiden, 1962.

3) 楊九齡, 『蜀桂堂編事』.

詔와 구분하기 어렵다고 하여 隋煬帝 때에 설치한 進士科를 그 시작으로 설정한 것이다. 이런 진사과는 宋의 神宗때에 이르러 他科를 모두 停廢하고 獨存시킨 이후 과거제는 진사과의 별명이 되었고, 이 논의는 중국인에게 거의 定論으로 되어왔다. 후자에 대하여 이미 宋의 章如愚의 지적이 있었고[4] 西漢 武帝 이래 賢良 등 察擧制는 魏晉南北朝 시대에도 지속되어 구품중정제도는 漢에서 隋에 이르는 察擧制의 역사를 대체할 수 없었다. 그런고로 과거제는 漢에서 구비되고 隋唐시대에 더욱 완비된 제도로 되었다. 따라서 과거제는 隋에서 창시된 것이 아니라는 것이다.[5]

필자는 科擧制의 시작으로 漢說보다는 隋說을 따르고자 한다. 왜냐하면 "分科擧人 考試進用"이라는 科擧의 의미로 西漢의 察擧와 隋의 그것을 같거나 동일선상의 제도로 이해할 수는 있지만, 西漢의 察擧는 鄕擧里選을 통하여 分科擧人하였고, 魏晉南北朝시대의 가장 중심적인 선거제는 九品中正法에 따랐으며, 이 시기 약 370년 동안 察擧制는 겨우 몇 차례 밖에 실시되지 않을 정도로 통치계급이 애용되지 못하였다. 北魏末 薛淑의 上奏에 魏末에 이 제도가 무너졌다[6]고 한 것을 보면, 察擧制는 설사 존재했다 하더라도 명칭만 있었을 뿐이며, 九品中正法의 보충형식에 지나지 않았다. 게다가 兩者의 科目과 고시내용에서 볼 때, 漢唐시대 뿐만 아닌 中國史 全體의 사회질서 관념이자, 통치이념이었던 유교적 德目을 과목으로 삼아 考試하여 관리를 채용하였던 관계로 大同小異하였고, 시대에 따라 특별히 다른 과목의 고시가 설정되기 어려운 점이 있었으며, 이점과 관련하여 중국인에게는 尙古的인 기풍이 있어 隋唐시대에도 兩漢의 察擧制를 재건하려 하였다든지 科擧制를 察擧制에 비유하였던 사정에서 그렇게 된 것으로 고려되기 때문이다.

그런데 문제는 隋의 進士科의 설치를 과거제의 개시로 삼는 것에 대한 여부가 중요하기 때문에, 과거제가 어떠한 상황에서 어떻게 성립하였는가 하는 것이 중요하다고 생각한다. 필자는 이에 대하여 두 가지 측면을 고려하고 있다. 하나는 科擧制가 北魏末 兵亂을 평정한 北朝후기 통치자들이 추진한

4) 章如愚, 『群書考索續集』38, 選擧.

5) 徐連達·樓勁, 「漢唐科擧異同論」, k22, 1990-11.

6) 『通典』 卷16, 選擧四, 雜論議上. p.380.

賢才主義 選擧의 방향과 그 선상에서 형성되기 시작하였다고 생각하기 때문에, 관료적 문벌사족주의에 대한 賢才주의가 南北朝 후기에서 어떻게 전개되었는가를 살펴야 할 것이다. 다른 하나는 隋朝 및 唐朝 초반기에 종래 문벌사족의 정치사회적 지위를 약화시키고 庶民地主층 등 次下 階層의 열렬한 정권에의 참여욕구를 적극적으로 포용하여 황제권을 강화하려는 제도적인 장치로써 성립되었다고 고려하기 때문에, 隋王朝 및 唐朝 초반기에 실시한 통일정책 특히 선거정책이 어떻게 추진되고 발달되었는가를 고찰하여야 한다고 생각한다.

Ⅱ. 北朝 후기 選擧制의 변화

魏晉南北朝시기 중심된 선거제인 九品中正法을 근간으로 발전한 門閥士族制는 그 내부적인 모순을 통하여 와해되기 시작했다. 북방에서는 北鎭의 반란을 계기로 孝文帝가 추진한 姓族分定 등 일련의 漢化정책에 대하여, 특히 문벌사족에 대하여 철퇴가 내려져 賢才주의 방향의 선거가 추진되었으며, 南方에서는 士庶의 현격한 구분이나 門閥士族의 淸要官 選好, 그리고 문벌사족의 실무능력의 결여 등 위약한 상황과 함께 북방과 대립 항쟁 중에 남조의 황제들은 관료적 문벌사족의 정치농단보다는 군사경제의 실무능력자가 필요하여, 宋의 孝武帝이래 "庶人掌機要"의 국면이 형성 발전한 선상에서 科擧制의 萌芽가 출현하였던 것으로 고려된다. 그리하여 北魏시대 선거의 상황을 비롯하여 西魏-北周, 東魏-北齊 및 梁陳의 선거개혁에 관하여 살펴보는 것이 순서이겠지만, 통치집단과 그들의 정책면에서 西魏-北周는 隋唐과 밀접한 관련을 가지고 있어 다음 장으로 넘겨 살펴보겠다.

1. 北魏末의 選擧狀況

北魏 孝文帝가 추진한 일련의 漢化정책 특히 姓族分定은 北族에 대한 사회적 신분을 官製的으로 재편성한 것임과 동시에 五胡時期에 "千丁共籍", "百室合戶"하던 漢人士族을 北魏 초기에 宗主督護制로 파악하였던 방략을

진일보 발전시켜 官製的으로 사회신분을 재조정한 것으로, 이는 北魏 門閥士族制를 이루는 기본조치였다. 그러나 이 조치는 각지의 漢人士族 및 遷洛한 상층 北族의 정치·사회적 지위를 제고시켜 잠정적으로 정권의 안정에 기여하였다. 그렇지만 韓顯宗이, "前代의 取士는 正名의 名이 있어 賢良·方正이 있다고 할 수 있으나, 지금의 선거는 州郡에서 貢察하여 秀才·孝廉의 이름은 있으나, 그 實은 없고, 그 門地만을 검사하여 현명하고 덕망 있는 士人을 얻을 수 없어 士人이 賤隸로 추락하였다"고 지적함으로써[7] 예견된 문벌주의의 폐쇄성이 폭로되었다.

게다가 胡太后의 섭정 아래에서 孝明帝 때에는 淸河王 元澤이, "中正을 妙選하여 官人의 失序를 구제해야 한다"[8]고 지적하듯 난맥상이 전개되었다. 이런 상황에서 519년 張中瑀는 武人의 淸職배제를 포함한 선거개혁을 上封事했지만, 도리어 이를 계기로 羽林亂이 야기되어 파국을 맞아 崔亮의 停年格(年月久者 就先擢甲)으로 사태를 호도하는 데에 그쳤다. 이 停年格은 劉景安·薛淑등 胡漢지식인에게서 賢才주의에 의하여 治理에 曉達者를 뽑고, 阿覺의 실마리를 방지해야 한다는 등의 매우 강한 비판을 받았지만,[9] 개선되지 못하고 줄곧 시행되었다. 이에 吏部郎中 辛雄이, "華夷의 백성이 서로 호응하여 반란을 일으키는 것은 守令이 其人이 아닌 까닭에 백성이 그의 명령을 감당할 수 없기 때문이다"[10]라고 지적하였던 것처럼, 이른바 北鎭亂이 일어났다.

다시 말하면 遷洛한 北人과 漢人士族은, "上品淸官"을 얻어 각각 顯榮하여 문벌사족으로서 就學·選擧·免稅·免役 등 봉건적 특권을 향유하는 세력으로 중앙과 지방행정를 농단하고 均田制를 통하여 地主로써 성장하였다. 그렇지만 종래 首都 平城을 둘러싼 北鎭의 상황은 전혀 별개의 세계였다. 南遷하지 않은 北人士族은 소위 "國之肺腑"로 "中原强宗子弟"와 함께 정치·사회상의 지위가 높아 文官淸職에 나가는 등 특권을 향유하던 지위로부터 冠婚上의

7) 『通典』 卷14, 選擧二. pp.341-2.
8) 上揭書 同上.
9) 上揭書 同上.
10) 『通典』 卷14, 選擧二. pp.339-340.

清流에서 탈락되고 일생동안 승진해야 경우 軍主정도에 불과했고, 심지어 "役同厮養"하는 府戶로 전락되어 문벌사족 집단 밖으로 배척되기에 이르렀다. 예컨대 賀拔氏 이른바 "北土之望"이었지만, 그 宗族의 걸출자였던 賀拔度·勝은 軍主로부터 軍功으로 겨우 總軍에 이르렀고, 宇文氏는 "虜姓之首"였지만, 宇文盛은 代郡에 거주했고, 그의 증조·조부·부 3代에 걸쳐 沃野鎮의 軍主를 역임했을 뿐이었다. 뿐만 아니라 그들 중에는 "善騎射", "性剛質", "壯進", "便弓馬"하던 勇士가 많았고, 宇文泰나 高歡처럼 "輕財重義", "好施愛士"하던 豪傑이 사태를 관망하면서 "傾産結客"이나 "北州賢俊 皆與之遊"함으로써 北鎮亂이 발발한 정치사회적 환경과 조건이 조성되었다.[11] 그리고 北鎮의 병사는 원래 단일의 拓拔族 성원으로 皇城守備라는 명예스런 지위에 처하여 있었으나, 遷洛後로 정복당한 名族, 심지어 범죄자도 구성원으로 충당되었을 뿐만 아니라 탁발족의 봉건화에 따라 허다한 농민이 依附佃客으로 변화하는 상황에서[12] 鎮兵도 병역뿐만 아니라 각종 노역을 담당하여 佃客이 되었다.[13]

이런 실정에 대하여 谷川道雄씨는 몰락한 北族이 自由民에로의 복귀를 위한 활동을 전개하였다고 하였고,[14] 直江直子씨는 豪傑과 義勇과의 관계가 형성되었다고 하였다.[15] 아무튼 北鎮반란이 발생하기 직전 사태를 정확히 살펴본 魏蘭根과 廣陽王 元淵은, "마땅히 鎮을 州로 바꾸고 그 밑에 郡·縣을 分置하고 府戶를 良民으로 격상시켜 그들의 정치사회적 지위를 提高시켜 入仕하도록 함은 물론, 옛 제도에 준하여 문무관에 겸용토록 하여야 한다"[16]고 주장하였다. 이런 주장은 사실상 앞서 말한 것처럼, 韓顯宗이 제기한 門閥主義에 대한 비판이나, 薛淑이나 辛雄이 停年格에 대하여 "先才·後地" 등의 賢才주의를 통하여 발탁된 인재를 擢用하는 것만이 北鎮의 불온한 환경을 완

---

11) 朱大渭, 「代北豪强酋帥崛起述論」, k22, 1989-9.

12) 唐長孺, 「拓拔國家的建立及其封建化」, 『魏晉南北朝史論叢』 所收.

13) 施光明, 「北鎮鎮兵成分與地主的變化及其原因探析」, k22, 1990-6.

14) 谷川道雄, 「北魏末動亂の諸潮流」, 岩波講座, 『世界歷史』 5, 古代5 所收.

15) 直江直子, 「北朝後期政權爲政者グループの出身について」, 『名古屋大學東洋史研究報告書』 5, 1978.

16) 『通典』 卷14, 選擧二.

화·개선할 수 있고 통치의 실효성을 확보할 수 있다는 방략과 같은 것이었다. 결국 최고 통치자(집단)에 수용되지 못하고 北鎭의 병란으로 발발·전개되었다.

2. 東魏－北齊의 선거(科擧制의 맹아 제①)

北鎭의 병란 중 尒朱榮에 의하여 저질러진 처참한 "河陰役"은 胡漢 上層士族으로 편성된 문벌사족제에 대한 일대 타격을 주고 尒朱氏 정권을 열었으나 朝野의 촉망인사로서 尒朱榮은 亂麻와 같은 정치사회적 諸문제를 개선하기에는 역부족이었을 뿐만 아니라, 漢人사족은 河陰의 참화를 "國恥家怨"으로 삼아 同政權을 적대시하고, 同政權에서 성장한 高歡과 더불어 信都同盟을 맺고 高歡정권을 건설하였다. 다시 孝武帝의 서천으로 宇文泰정권이 성립되어 西魏－北周, 東魏－北齊 왕조가 성립하는 국면이 조성되었다.[17]

이상과 같은 병란 중 尒朱榮이 집권하고 있을 때에, 孝莊帝의 詔勅은 괄목할 만하다. 즉, 州牧守令이 德行·文藝가 있고 政事에 强直者 3人을 뽑아 그 志業을 기록하여 처리토록 하면서 만약 보고한 바의 인재가 아닐 때는 刺史와 守令의 品階를 강등시킨다는 것이다. 이런 孝莊帝의 詔는 尒朱榮의 사주에 의하여 내려진 것임에 틀림없다. 하지만 문벌주의 아래의 선거와는 달리 ①中正이 아닌 지방장관에 직접 천거하도록 하여 隋唐科擧制에 접근하였고, ②門第보다 개인의 덕행 및 문예와 유능한 治人力量을 가진 자를 선발코자 하였으며, ③3인 이상을 천거한 守令에게 그 품계를 상향조정하고 被薦者의 역량이 부족하면 강등시킨다는 등의 강력한 賢才주의 선거를 추진하고 있다.[18] 따라서 이 詔勅은 그 당시에 어떻게 운영되었는가 함은 별개의 문제로 하더라도, 문벌주의에 대한 단죄라는 성격을 갖는 "河陰役"의 충격 아래에서 취해진 賢才主義 선거의 방향을 제시한 것임과 동시에 차기 高歡 및 高齊정권에서의 選擧제 변화에 대한 예고로 이해된다.

---

17) 拙稿, 「高歡政權論」, 『龍鳳論叢』 第14輯 (全南大學校 人文科學大學 研究所), 1984.

18) 『通典』 卷14, 選擧二.

高歡정권, 즉 東魏의 朝政은 高歡이 晉陽에 霸府를 운영하면서 鄴京에 長子 高澄을 파견하여 운영하는 이른바 入朝輔政체계였다.[19] 이때 高澄은(使持節, 尙書令, 令左右, 京畿大都督으로) 행정·군사를 총지휘함은 물론, 元象元年(538)에는 攝吏部尙書으로 앞서 羽林兵의 폭동때문에 崔亮이 임시방편으로 만든 停年格을 유보한 채, 人地에 따라 인재를 妙選하고자 하여 才名인사가 있으면 모두 그의 문하에 이르도록 하여 빈객으로 삼고, 장차 選人에 대비하였을 뿐만 아니라, 興和 2년(540)에는 孝明帝(胡太后섭정)이후 內外관료에 廉潔者가 적은 것을 문제로 삼아 吏部郎 崔暹을 御史中丞으로 발탁하여 官界의 기강을 바로 잡았으며, 직언하는 언로를 열어 苦言切至者를 優用하였다.[20] 이러한 高澄의 노력은 東魏의 행정을 지휘하는 실권자로서 취해야 할 당연한 조치이면서도 문벌주의의 폐쇄성·停年格으로 얽힌 선거상의 불합리성을 혁파하지 못하고, 단지 개인적인 덕망이나 재능을 가진 才名인사를 발탁하는 賢才주의를 추진함으로써, 高歡정권을 구축하였던 諸勢力에 대한 정치·사회적 기반을 확보하려는 것뿐이었다. 처음 高歡이 장악한 세력은 ①孝文帝의 漢化정책으로 성장한 胡漢士族으로 이들은 尒朱榮이 저질은 "河陰役"의 타격을 받고 흥투하였던 山東의 문벌사족과 北魏 종실 등 士族계층이었고, ②孝文帝의 漢化정책으로 낙후되어 北鎭의 병란에 편승하여 무장집단을 조직하여 활약하였던 北族이었다. 이들 양 계층은 고환세력에 흡수되거나 동맹하여 고환정권을 건설하여 현실정치·군사상 주도권을 확보하고 있었다. 이러한 상황에서 취해진 才名인사를 발탁하려는 賢才주의적 선거는 첫째, 새로이 등장한 北人상하층 불만을 해결하는 방략이었고, 기득권을 가졌던 胡漢 문벌사족에게 문벌적 폐쇄성에서 兵亂이 야기되는 주요 이유였다는 현실사정을 이해시켜 才地를 우선한다는 선거방침에 대해서 반대할 이유나 명분이 없었다. 게다가 河陰役과 같은 참혹한 살육을 당하는 현실을 극복하는 차원에서 그들이 가진 바의 정치군사상의 역량을 발휘하는 賢才 혹은 才名인사로 현실정치사회에 적극적으로 참여하도록 하는 계기가 되었다. 둘째는 그런 賢才주의적 선거를 통하여 曹操정권 이래 누차 그러했

19) 拙稿, 「高歡政權論」 同上.

20) 『北齊書』 卷3, 文襄王.

던 것처럼, 高歡정권이 추구할 명실상부한 高氏정권을 창출하려는 방향이 설정되었기 때문에, 이 방향은 후술하는 바와 같이 高齊에서 선거제 개혁의 기조로 설정되었다. 따라서 高齊정권에서 구품중정제를 기본적인 틀로 하는 선거제를 완전히 혁파하지는 못했지만, 賢才주의 선거는 상당히 진척되어 科擧制의 맹아로 나타났다.

그것은 高歡정권의 인적구성과 같이 새로운 北人세력과 河陰役 이후 更生한 북인과 한인 門閥士族에 의하여 창출된 高齊 文宣帝는 왕조의 정당성을 확보하고 왕권을 강화하려는 방향에서 諸元氏의 주살, 羊·畢 등 諸豪强의 遷徙 그리고 3州 153郡 581縣 2鎭 26戍를 幷省하는 조치를 취함으로써, 高齊에 依附하지 않은 胡漢사족의 기득권을 박탈하고 그들 존립의 근거를 부정하는 정책을 추진했고,[21] 이 선상에서 선거제가 크게 개선되었다.

高齊의 선거는 두 가지 방법이 채용되었다. 하나는 北魏의 九品中正制를 沿襲하여 州郡에 모두 中正을 설치하여 선거를 시행하였다.[22] 이는 漢人문벌사족들의 의향을 반영한 것이었다고 고려된다. 다른 하나는 課試制를 시행하였다. 北齊의 課試는 漢이래의 그것과는 달리 天子는 평상시의 복장으로 乘輿하고 朝堂에 出座한 가운데, 秀才·貢士 및 廉良을 中書·集書 및 吏部考功郎中이 각각 試策하되, 班草對字의 과정에서 脫誤者, 글씨 濫劣者 및 文章孟狼者는 落第하도록 하였다. 이는 국가행정의 중추기구인 中書를 비롯하여 集書(원래 문하성의 산기상시의 職掌이었다) 그리고 尙書의 吏部에서 선거를 관장하도록 하여 통일적인 조정이 어떻게 이루어졌는지 의문인 측면이 있다. 반대로 국가의 중요한 선거를 어느 기관에 집중시키지 않음으로써 황제권을 강화하려는 선상에서 강구된 조치라고 생각된다. 특히 集書에서 행하는 貢士의 策試는 매우 조직적으로 체계화 되어있다. 즉, 『通典』卷14 選擧 孝昭帝 皇建 2年 (561)詔에 의하면,

(1) 內外 執事官 從5品이상자 즉, 三府主簿·錄事參軍·諸王文學, 侍御史·廷尉三官, 尙書郎中, 中書舍人, 刺史, 郡守, 縣令(丞, 尉) 및 그 府僚인 錄事參軍 등이 擧人을 모아 貢士하도록 하여 구품중정제와는 전혀 다르고, 隋唐시기

21) 拙稿, 「北齊貴族의 一硏究」, 『全南大學校 論文集』 第29輯, 1984.

22) 『通典』 卷32, 職官十四.

과거제에 한층 접근되고 있다.

(2) 그 기준은 ① 朝政上으로 잘못 貶斥되고 굽혀져서 채용되지 못한 자. ② 먼저 관직에 나왔으나 승진이 밀쳐지는 등 停散된 자. ③ 白屋之人, 즉 中褐을 풀지 못했지만, 서인으로 재능이 높고 어진 인품이 있으면 文武에 있어 充任할 수 있으며, 理職이 深長하고 才幹은 통달되어 있고 至操와 행위는 엄숙하고 지극히 크며, 學業 또한 크고 풍부한 그런 자로 규정하였다. 이러한 人才는 한 가지 長技만으로도 取用해야 하는 것이니, 門第를 가리지 말고 곧바로 천거해야 하며, 천거하는 글은 어지럽게 꾸미지 말아야 한다.

④ 擧人은 3년에 1회로 한정하고 추천된 자 중에서 刑罪에서 犯罪를 범한 자가 있으면 擧主(추천자)가 擧人의 범죄에 따라 처벌받는다. 만약 3년이 못 되어 轉職하는 경우는 他職까지 3년 동안을 통산하여 3년간 擧人의 時政上 裨益을 살펴 상벌을 가한다.

⑤ 지방관은 3년마다 1인 천거를 원칙으로 하지만, 인품과 재능 상으로 탁월한 자가 있으면, 그 수효를 제한하지 않는다는 것 등이다.

이러한 貢士의 기준은 전술한 孝莊帝의 詔勅보다 더욱 보강되어 課試制가 추진된 것이다. 이는 첫째로 인품·재능 상으로 역량 있는 자는 門第를 따질 필요 없이 채용하는 등의 선거제 개선의 의지는 적어도 "士庶天隔"으로 "士庶差別"하여 "平流進取 就於公卿"하는 문벌주의 폐쇄성을 돌파하는 선거제의 개혁으로 이 선상의 선거제 발전은 科擧制형성의 단서나 맹아라고 하지 않을 수 없다. 둘째로 이 課試制는 賢才주의에 대한 제도적 장치로 고려된다. 특히 운영상에서 비리·부정을 막기 위한 상벌조항의 설정은 인재채용의 실효성을 확보하려는 조치로 고려된다. 이 같은 課試法에 관한 방법과 기준 등에 대하여 상세한 서술을 보이지 않았지만, 東魏－北齊시기에 寒人출신 李鉉·馬敬德·李業興 등이 秀才·孝廉에 발탁되어 入仕한 사실을 가지고 唐長孺씨가 과거제의 맹아라고 지적한 것은 옳다.[23)]

한편 北齊시기에는 魏晉이래 구품중정제가 엄격히 실시되어 谷川道雄씨가 北鎭亂 후 高歡·高齊 정권하에서 楊愔 등의 문벌사족정치가 추진되었다

23) 唐長孺, 「南北朝後期 科擧制度的 萌芽」, 『魏晉南北朝史論叢續編』 所收.

는 논설은 이를 두고 하는 말이다.[24] 실제로 同시대에 大選을 관장하였던 인물로 高澄·袁聿脩·楊遵彦 및 辛術이 있었다. 그 가운데 楊은 문벌사족적 풍류에 능하며 浮華에 빠졌다고 했는데, 이는 그가 문벌주의 선거를 추진했다는 말이며, 이것으로 孝昭帝때 楊의 정치그룹이 숙청되었다. 그리고 文宣帝때 辛術은 성품이 곧고 밝아 新舊의 인재를 잘 참작하여 등용하여 칭찬받았고, 그가 발탁한 자들은 모두 대관에 이르렀다고 하였는데,[25] 이는 비록 九品中正法에 입각하여 부분적으로 선거를 추진하지만, 운영상 士庶를 불문하고 인재를 채용하였음을 명확히 한 것으로 九品中正法이 원래의 취지, 즉 人地·才地에 의한 선거 및 課試制가 엄격히 추진되었음을 시사하고 있다.

그리고 이 시기에 있어서 선거상 커다란 또 하나의 변화는 州郡 지방장관의 辟召의 권한을 회수한 사실이다. 이것은 西漢 景帝때 지방할거의 吳楚七國亂을 평정 諸侯國王의 御史大夫 이하의 관직을 폐지하고, 武帝때에는 王侯國을 세분하고 秩二千石官으로 파견했으나, 그 佐史는 중앙에서 임명 파견하지 못한 이 관직에 대하여 魏晉南北朝시대에 守令과 刺史는 휘하의 別駕·長史 이하의 모든 屬僚를 自辟하였다. 이로써 지방장관의 본적지 출신을 임명하였던 것과 같은 사정에서 400명 내외의 지방 佐史 등 속료가 문벌사족이나 지방호족에서 벽소되어 지방행정이 이들에 의하여 농단되었던 것이다. 그런데 북제 後主때에, "州郡의 하급 鄕官을 勅用하여 주군의 벽소권을 분점하였다"고 하여 지방장관의 벽소권이 부분적으로나마 회수되고 있었다.[26] 이에 대하여 杜佑은, 북제의 후주가 失政하여 실제로 佞倖들에게 많이 賣官하던 사정에서 나온 것으로 고려하고, 이로부터 州主簿·郡功曹가 행하던 州郡 벽소의 권리가 조정에 의하여 侵移되었고, 外吏에 대한 精覆(核)을 이루지 못했다고 논평하여[27] 지방권의 벽소권 회수를 마치 北齊 後主의 실정으로 돌리고 그로부터 지방행정의 효율이 열악해졌다는 논리전개를 하고 있다.[28] 이런 杜佑의 논리는 關中郡姓 출신인 그가 강성한 唐의 재건을 기대

24) 谷川道雄, 「北齊政治史と漢人貴族」『隋唐帝國形成史論』所收.

25) 『通典』卷14, 選擧二.

26) 上揭書 同上.

27) 上揭書 同上.

하면서 저작한 『通典』의 저술의도에 관계되어 있는 것으로 이해된다. 그렇지만 필자의 생각으로는 隋文帝 開皇15년에 단행된 中正폐지를 통한 선거제 개혁과 관련지어 볼 때에, 그 조치가 비록 北齊 후주의 실정이라는 측면이 있음을 부정할 수는 없다. 다만 앞서 말한 바와 같은 왕권강화와 현재주의적 선거방향이 진전되는 사정에서 문벌사족에게 제압당했던 寒門출신에게 中正 등 지방의 佐史를 勅授하도록 하였던 것이었으며, 이런 사정이 후술하는 바와 같이 隋의 통일 정책상에서 수용되어 과거제성립의 중요한 단서가 되었다고 고려된다. 따라서 高齊에서의 課試制를 비롯하여 구품중정법의 근본적인 취지에 따르는 선거 그리고 부분적으로나마 지방관에 대하여 벽소권의 회수 등의 변모는 과거제 성립의 중요한 단서임에 틀림이 없다.

3. 梁陳時期의 選擧(科擧制의 맹아 제②)

孫吳정권이래 정치사회경제 및 군사적 제 방면에서 우위를 장악하였던 朱·張·顧·陸 등 江南의 大豪族들은[29] 북방민족의 침략을 막지 못하고 남하한 北東 漢人문벌사족과 더불어 司馬氏 정권을 재건하고 族門制에 근거한 문벌사족제를 형성하여[30] 관직독점 및 戶調式의 특권 등에 의한 그들의 기득권을 옹호(보장)하였다. 그렇지만 人地·才地 및 門地를 근거로 선거를 추진하였던 九品中正法의 실행결과는 劉毅 등이 "上品無寒門 下品無勢族"이라는 등으로 맹렬히 비난하였다. 王·謝를 중심으로 하는 문벌사족들은 황문시랑, 侍中, 산기상시, 비서랑 등 이른바 淸顯職을 選好하고 濁官에의 취임을 사실상 거부하였다. 게다가 그들은 통치자로서의 실무를 不知하여[31] 자신들의 衰落을 自招하였을 뿐만 아니라, 학문을 연마하여 "南朝의 士族에 忠臣이 없다"는 趙翼의 비판[32]처럼, 治人으로서의 위상을 보존시켜야 했음에도 불구하고 부패·무능하여 학문의 연마는 커녕, 자신의 지체조차 扶持하지 못하

28) 上揭書 同上.

29) 大川富士夫, 『六朝江南の 豪族社會』의 諸論文.

30) 越智重明, 『魏晉南北朝の 貴族制』 제5장 제도적 신분=족문제.

31) 『晉書』 卷80, 王義之傳 附徽之傳에 桓沖과 王徽之와의 對談. p.2103.

32) 趙翼, 『22史箚記』 「江南士族無忠臣」 項.

고,[33] 오직 血統, 즉 門第에 의지하여 "平流進取 就於公卿"을 희망하여 자긍심을 버리지 못했다.

반면에 東晋 宋齊의 諸帝皇은 북방민족(국가)의 침략을 저지하고 현실적으로 정권을 유지 발전을 위해서는 "王馬共天下 및 삼품이상 문벌사족 독점의 상황에서는 어려웠으며, 仕官"을 열렬히 희망하는 次門 이하의 계층을 중용하는 정책상의 변화가 요청되었다. 그리하여 劉宋 孝武帝 때에 이르러서는 "庶人掌机要"[34] 즉 劉宋 관료 260명중 문벌사족이 63%(163명) 庶族 37%(97명)의 국면이 조성되었으며,[35] 이런 사정은 梁代에 이르러서는 寒門세력(신흥지주)이 더욱 장대해져 武帝는 明經科를 설치하고 中正制를 개선함으로써, 문벌사족제의 폐쇄성을 극복하고자 하였다. 다시 말하면 國學과 五館을 열고 國子生 등 수 백 명의 학생을 모집하고 國子博士를 뽑아 그들에게 經書를 教授하도록 하고 考試로 우수한 자를 발탁하여 授官하였다. 梁武帝는 이 제도를 실행함에 있어서,

① 五館生은 모두 寒門秀才를 흡인하되 그 인수를 제한하지 말라.[36]

② 一經에 능통하고 策에 충실한 자를 선발하되 비록 牛羊을 치는 寒品後門출신이라도 재능에 따라 試吏하도록 하고 遺隔됨이 없게 하라.[37]

③ 지금 九流의 當選은 30세 미만에 일경에 통달하지는 못하나, 만약 有才이면 年次에 한정하지 말라[38]라고 하고 있다.

이런 武帝의 조치는 일찍이 西漢이래 秀才·孝廉의 察擧制를 개선하는 방략이었다. 말하자면 "士庶天隔"의 자긍심을 갖고 선거 및 관직을 농단하던 문벌사족에 대하여 일대 타격을 가하고 寒門庶人(서민지주층 등)에게 官界에 진출할 기회를 널리 제공하는 것이며, 士族이 20세에 登仕하고 後門 30세에 試吏할수 있었던 불공편한 舊규정을 폐지한 것으로 문벌사족의 자제가 "平流進取 就於公卿"이라는 문벌사족제의 최대의 맹점을 돌파하였다.

---

33) 『顔氏家訓』 涉務篇.

34) 『南史』 卷77, 恩倖傳 序. pp.1913-4.

35) 周大謂, 「孫恩徐道覆起義的性質及其歷史作用」, 『歷史論叢』, 1964.

36) 『隋書』, 卷26 百官志上. p722.

37) 『梁書』, 武帝紀中. p.49.

38) 上揭書 同上. pp.41-2.

이는 혈통이 중요한 것이 아니라 賢德者, 즉 修己治人의 역량자를 뽑는 데에 士庶나 門閥·寒門의 차이를 두거나 구별할 필요가 없다는 일종의 賢才主義선거를 추진한 것이다. 더욱이 梁武帝는 各州에 州望(혹은 州重), 각 郡에 郡宗(혹은 郡崇) 및 각 鄉에 鄉豪를 각각 1명씩 두어 인재의 추천을 담당하도록 하면서 앞으로 다시는 膏梁·寒素의 隔別을 없게 하라[39]고 엄격하게 명령하여 실행하도록 하였다. 이 조치는 종래 문벌사족제의 제도적 장치인 구품중정제를 부정하고 中正 대신에 州望 등의 지방선거 담당자를 갱신하고 사족출신의 賢德者는 물론 寒人 출신의 유능자가 억압받거나 매몰되지 않도록 하였다.[40] 이리하여 東晉·劉宋 兩代에 考試 入仕者는 겨우 1명씩에 불과하였지만, 南齊 때에는 12명(91명중 13%) 梁代에는 28명(149명중 19%)의 정황은,[41] 梁시대 明經科가 寒門庶人의 入仕者의 출구가 되었다는 증거인 것이다.

이상과 같은 梁武帝의 明經科는 士庶를 타파하여 寒門庶人에 대하여 널리 개방한 입사의 출구였지만, 中正대신 州望등의 선거 담당관을 설치함으로써 이 관직에 취임한 자의 출신 성분이 문제가 되겠고, 정치·사회·경제적 명성과 일정한 지위를 가졌던 문벌사족이 이 관직을 농단할 수 있는 측면이 있음을 쉽게 추구할 수 있다는 점에서 余行邁·魏向東이 지적한 것처럼, 개인적인 역량을 考試하여 進用하던 과거제의 맹아단계를 벗어나지 못했다.

한편 강릉함몰, 侯景亂 등으로 말미암아 강남의 문벌사족제사회는 회생불능의 상태에 빠졌다. 여기서 王僧辯의 세력을 격파하고, 陳王朝를 건설한 陳武帝(覇先)는 주로 그를 도와 陳王朝를 창건한 공신들을 공로에 따라 受官하고 그 관품에 따라 향품을 정하는 식의 방법으로 구품중정제를 재건함으로써, 여기에서 일종의 任子制(음서)가 설정되었다. 이는 鄉論에 근거한 향품을 결정하는 취지가 완전히 전도되어 구품중정제는 형식상의 제도일 뿐이었다. 陳代의 任子制를 과거제의 맹아라고 지적한 宮崎氏의 지적은 定見으로 수용하지만[42] 이제도는 陳의 개국공신을 중심으로 문벌사족제가 건설되었

39) 上揭書 同上.

40) 余行邁·魏向東, 「六朝選官制度述論」, k22, 1989-4.

41) 羅新本, 「兩晉南北朝入仕道路硏究之一」, 『西南民族學院學報』 1986-4.

다는 점과 梁制를 이은 明經科도 정기적으로 운영되던 것이 아니고 관직의 빈자리가 생기면 보충하였고 그것도 吏部에서 典銓할 때, 貴賤과 內外職·才能의 有無를 가렸던 상황[43]이었기 때문에, 陳의 任子制는 梁陳시기의 明經科와 함께 士庶莫辨 分科擧人의 科擧制성립의 주요 단서에 지나지 못하였다.

Ⅲ. 西魏-北周선거와 隋唐과거제의 성립

西魏-北周에서 門第에 의한 選擧를 혁파한 사실 또한 과거제의 맹아로 고려된다. 그것이 隋王朝 및 唐朝초반기에 어떤 단계 또는 과정을 거쳐 과거제도로 성립되었는가를 살펴보자.

1. 西魏-北周時期선거(科擧制의 맹아 제③)

宇文泰는 賀拔岳의 部衆과 關隴지역에서 흥기하여 투쟁한 한인사족을 모아 高歡과 더불어 抗衡하다가 입관한 孝武帝를 영접 西魏정권을 건설하였다. 이렇게 西魏실권자가 된 宇文泰는 경내의 胡·漢 양민족의 自卑感을 청산해주고 北族·胡化漢人 및 關隴 각지의 豪右를 널리 모집하여 이른바 24軍을 편성하고 향병-府兵制적인 병제를 꾸며 자신의 군사기반으로 삼았고, 孝文帝의 漢化政策에 대하여 北族의 근본을 고려하는 방향에서 虜姓再行·賜與 및 본관을 關中에 옮겨 사회적 안정을 도모하여 본거지 관중의 지위를 확고히 하고자 하여 관중중심의 西周 六官制를 답습하고 그 주요한 요직에 호·한 軍功者를 안배하는 등 이른바 일련의 관중본위정책을 추진하였다. 특히 賢才主義에 근거를 둔 選擧制의 개혁, 즉 六條詔書[44]의 제4조 "擢賢良"은 특기할만하다.

"擢賢良"은 문벌주의에 대한 賢才主義 선거의 방략이었다.

---

42) 宮崎市定, 『九品官人法の研究』 本編 第4章, 十. 陳の任子制.

43) 『通典』 卷14, 選擧二.

44) 『周書』 卷23, 「蘇綽傳」.
谷川道雄, 「西魏"六條詔書"における士大夫倫理」, 『中國中世史會と共同體』 所收.

그 내용은 첫째, (국가의 통치는) 賢者를 얻어 다스려야 한다.

둘째, 지금 刺史·守令은 그의 통치를 돕는 屬吏가 있는데, 그 중 府官은 중앙에서 임명·파견하지만 (종래) 주군의 大吏는 牧守가 自辟하면서 그 門第만으로 取士하고 현량을 선택하지도 않았으며, 그 志行을 考試하지 않고 채용하였다. 門第란 단지 先世의 爵祿으로 (그것으로 士族이 되었다), 그 중에서 현량을 얻으면 土牛木馬와 같이 쓸모없는 존재이다. 또 末曹의 小吏는 刀筆의 능력만으로 시행하고 그 志行을 시험하지 않았다 (그리하여 그들은 서인신분에서 벗어나지 못했다). 만약 刀筆者 중에서 志行者를 얻으면 罪를 獄으로 다듬는 것과 같이 人寶가 되는 것이지만, 경솔하고 거짓된 자를 얻으면 朽木으로 장식하여 일시적으로 보기에 좋게 할 뿐이다. 그래서 選擧는 門第(士)와 刀筆者(庶)를 한정하거나 가릴 것이 아니고 현량한 사람 그 사람, 즉 志行이 있고 材藝가 있는 자를 牧守가 선발하여야 한다.

셋째, (종래의 문벌사족이 다만 門第로써 소위 "平流進取 就於公卿"하고자 하여) 근면하게 살피지도 않고 현량이 없다고 하였지만, 邦國에는 반드시 英俊이 있는 것이니, 잘 살펴 우수한 자를 뽑아 채용해야 잘 다스리는 것이다.

넷째, 管中·呂尙·百里奚 등은 때를 잘 만났다고 하지만(종래에 문벌사족이 門第만으로 한정하여) 아무리 훌륭한 재주와 역량을 가졌다고 할지라도 임용하지 않으면 성장하여 공로를 세울 수 없다. 따라서 士庶를 구분하지 않는 賢良을 얻어 凡品에 머무르게 하는 일이 없게 하여 충실히 통치하게 한다면 治國에 성공한다.

다섯째, (본래) 官事의 煩省에서 淸濁이 나오는 것인데, 지금 (문벌사족아래의) 吏員이 너무 많고 (문벌사족은) 자신들과 서인을 (청탁으로) 구분하고 관직에 대하여 혼란하게 하니, 이들을 추방하여 채용하지 않아야 한다. (이런 현상은 특히 문벌사족의 입장에서 분할된) 下州郡이 더욱 심하니 이를 개선해야 한다 (그 후 곧 州郡縣이 改置되었다).

여섯째, 州郡은 물론, 향리 즉 鄕族閭里의 正·長의 選擧까지도 (문벌사족의 농단 없이) 서로 감독 통제하여야 한다. 왜냐하면 正·長은 治民의 기초이고, 기초가 기울지 않으면 上(상층부·제왕)이 반드시 안전하기 때문이다는 것이다.

결국 국가 통치의 기본은 賢良을 발탁하는 것이고, 그 방략은 士庶를 구분하지 않고 志行있는 현량을 뽑는 바의 賢才主義라는 것이다. 이것은 종래 문벌주의의 폐쇄성을 극복하려는 방략으로 작성된 것이다. 그리하여 실권자 宇文泰는 "擢賢良"등 六條詔書를 자신의 좌우로 두고 성찰 시행하면서 중앙·지방의 백관들로 하여금 이를 학습·암송하도록 하여 나라를 다스리는 방략으로 사용하도록 했다. 특히 州郡縣의 牧守令長이 이 六條詔書와 計帳에 능통하지 못하면 관직에서 해직시키고 있다.[45] 뿐만 아니라 宇文泰는 그 익년에도 賢臣을 얻어야 安民할 수 있다는 것을 재천명하면서, 문벌사족이나 志行이 천박한 庶人처럼 관직을 私恩으로 재수하는 것이 아니고 爵祿은 榮惠로 수여하는 것이 아니라 지극히 공적으로 운영해야 한다면서, 職事의 어려움을 생각하며 자신의 역량에 벗어나는 것은 회피하는 美德을 가져야 하고, 그런 곳에서 淸楚(涼素)한 기풍이 일어나 國泰民安할 것임을 강조하고 있다.[46]

이상과 같은 蘇綽과 宇文泰의 지향에 따라 西魏-北周에서 選擧가 실시되었을 것이라 추구된다. 다만 사료의 부족으로 그 구체적인 실황을 얻어 볼 수 없지만, 몇 가지 점을 살펴보자.

첫째로, 두우가, "蘇綽이 본래 깊이 생각하여 魏齊의 잘못을 징계하고 門資의 제도를 혁파하여 그가 察擧한 바는 자못 精愼했다"고 한 언급[47]은 蘇綽과 宇文泰의 지향에 따라 문벌주의적인 폐쇄성을 철저히 배격하고 賢才主義적인 選擧가 이루어졌음을 알 수 있다. 다시 말하면 그 選擧는 北魏 孝明帝 正光 元年(516)諸都의 中正이 폐지된 이후에 西魏·北周에서는 大中正制와 벽소제를 확대하여 기가관·봉작-습작을 통한 관료적인 문벌사족제를 조립하고 소작의 「육조조서·탁현량」의 원칙에 따라 운영함으로써, 수당 과거제의 맹아가 형성되었다고 이해하고 있다. 예컨대 蘇綽자신은, "널리 賢俊을 구하여 治道를 넓히고자 하여 인재를 추천하여 모두 大官에 이르렀다"[48]고

45) 上揭書 卷23, 「蘇綽傳」. p.385-86.

46) 上揭書 卷2, 大統 11年 3月令.

47) 通典 卷二 選擧 二

48) 上揭書 卷23, 「蘇綽傳」. p.394.

한 것과 서위·북주의 관료적 문벌사족들이 누차 승진하여 주국대장군·대장군에 진출하여 결국 北齊와 淮南을 평정한 것이다. 아울러 徇地化과정에서 北齊의 將相등이 연이어 항복해 왔다.[49] 이에 武帝는 官界에서 잘못 제외된 자를 널리 수렴하기 위하여 山東 諸州에서 明經幹理者 2명씩을 추천하도록 하였고 그 밖에 奇才異術을 지녔거나 탁월한 능력을 가진 자가 있을 때에는 숫자에 제한하지 않도록 조치하였다.[50] 이 같은 武帝의 두 가지 조치 중의 前者는 平齊에 관련된 전략상의 문제로 東中國의 주인이 바뀌어져도 賢才와 有功者는 존중된다는 홍보로 北齊 영내의 士民으로 하여금 背齊向周를 도모하도록 하여 성공한 것이다. 後者는 선무공작 때에 약속한 詔勅에 대한 이행일 뿐만 아니라, 北齊지역의 인재를 수렴하려는 방략으로 北齊에서 門閥·賢才主義를 병행하던 오류를 혁신하여 문벌주의를 배격하고 西魏이래 철저히 추진한 賢才主義를 東中國에서도 관철하고자 한 것이었다.

그리고 宣帝는 즉위년 8월 민심을 수렴하기 위한 9條에 걸치는 조칙을 州郡에 하달하고 있다.[51] 그 중 제5조 재능이 있어 임용할 수 있는 자는 마땅히 즉시 추천할 것, 제 6조 경전에 통달하고도 名位가 아직 달성되지 못한 자는 모두 採訪하여 상주할 것, 제7조 옛 北齊관리 중 입사코자 한다면 주군의 選擧에 참여하도록 하고 2등급을 강등시켜 授官할 것, 제8조(천하)諸州는 秀才(高才博學者), 諸郡은 孝廉(經明行修者)을 뽑아 중앙에 추천하되 上州(郡)은 매년 1명 下州(郡)은 3년에 1명으로 한정한다고 되어있는 것을 보면, 황제 즉위 후 인심수렴의 차원을 넘어 西魏 이래 賢才主義 選擧가 定制화하고 있다는 것을 알 수 있다. 말하자면 5·6조의 경우 종래 문벌주의 選擧로 입지하지 못한 賢才를 수렴하려는 것이고, 7조의 경우는 옛 北齊의 통치 그룹을 포괄하여 北周의 東中國 통치의 실효성을 확보하려는 조치일 것이며, 특히 8조의 경우는 앞서 산발적인 選擧에 관한 조치를 정기적으로 州郡에서 貢士하도록 함으로써 定制의 제 1단계 곧 과거제의 맹아라고 생각한다.

아울러 靜帝는 隋朝 창건자 楊堅의 괴뢰에 불과하지만 "上開府, 職事下大

49) 『周書』 卷6, 武帝 建德 6年 12月 辛亥詔.

50) 『周書』 卷6, 武帝 建德 7年 3月 壬午詔.

51) 『周書』 卷6, 宣帝 宣政元年 8月詔.

夫 外官 諸刺史 이상인 者는 淸平勤幹者 3명씩을 推擧하고 추천받은 관인의 3년간 공과로 추천자가 상벌을 받도록 할 것"을 下詔하였다.[52] 이 조치는 정기적인 貢士에 관한 조치로 보기는 힘들지만, 勳品官 및 中央職事官의 擧人하는 방법이 특기할 만하다.

이상과 같이 武帝때 東中國에서 貢士·選擧때 華北全地域의 州牧守令에게 貢士하도록 하였고 "明經", "奇才異術" 및 高才博學의 察擧科目이 나왔으며, 이 선상에서 宣帝때는 秀才와 孝廉이 설정되었으며, 靜帝때에는 내외 고위 관직자에게 淸平勤幹者를 추천하도록 함으로써, 兩漢時代에 시행했던 察擧制가 재건된 측면이 있었다. 이상과 같은 선거는 西魏 宇文泰이래 추진된 賢才主義 선거의 열매로 고려되거니와 隋唐시대에 보이는 分科擧人인 科擧제의 맹아라 하여도 잘못이 없을 것이다.

2. 隋王朝 시기의 選擧

581년 北周의 화북통일의 최고 공로자이며 외척이었던 楊堅은 대다수의 서위·북주의 관료적 문벌사족의 지지를 받고 위지형 등 반대세력을 격멸하고 隋王朝를 창건하였다.[53] 隋文帝는 통치를 공고히 하기 위하여 중앙과 지방 행정조직을 정비하는 것을 비롯하여 부병제를 정착시키고 균전제를 재건하였으며, 지주 등 유력자에게 의부하였던 농민을 국가의 편호로 개편하는 貌閱 및 輸籍法 등 일련의 통일정책을 추진하여 강성한 隋王朝가 역사상에 등장하였다. 그리고 이런 통일정책의 선상에서 선거도 단계적으로 개혁하였다.

隋文帝는 수왕조 창건 직후 諸州에 使者를 파견하여 前代의 가혹한 刑經聖制에 의한 형벌위주의 통치보다는 향리에서 志節이 있는 자를 양모하도록 하여 백성의 行善을 장려하는 德政을 펴도록 하였다. 아울러 文武才用者를 시기에 관계없이 예의를 갖추어 貢士하여 황제로 하여금 채용하도록 하도록 조치하였다. 이처럼 隋王朝 통치상 주요문제로 제기된 選擧문제는 지방행정조직의 개편과 병행하여 정비되었다.

---

52) 『周書』 8, 靜帝 大定元年 正月 壬午詔.

53) 拙稿, 「北周末 尉遲迥等의 反亂」, 全南大學校, 『龍鳳論叢』 10.

『隋書』卷28 百官志 開皇 3年 4月條,에는 ①郡을 폐지하고 州로 하여금 縣을 統領하도록 한다. ②別駕·贊務를 長吏·司馬로 한다. ③옛 周·齊의 州郡縣 중에 州郡(大中正)郡縣中正 이하는 모두 州郡將 및 縣令이 채용하여 時事를 담당하도록 했으나, 지금으로부터는 時事를 담당할 수 없으며, 鄕官은 별도로 品官을 두되 모두 吏部에서 제수한다. ④(매년 관리에 대하여) 殿最를 考核하고 자사·현령은 3년에 한번 옮기고 佐官은 4년마다 한번 옮긴다. 佐官 중에 某曹는 某司라 바꾼다는 변경내용을 선포하였다.

먼저 ①항은 東漢이래 지방행정 조직인 州郡縣 3級制에서 州縣 2級制로 개편한 것으로, 隋初에 山東地方을 巡省했던 楊尙希가 당시의 지방행정이 "九牧十羊"처럼 방만하여 비효율적인 측면이 있고, 이런 행정체계는 魏晉이래 문벌사족의 기득권강화의 측면에서 조장되었던 사정에서 郡을 폐지하고 縣을 州에 통속시킴으로써, 행정의 효율을 제고시켜 황제권의 강화에 주요 방안으로 주장되어, 명의상 조정 백관회의를 거쳐 蘇威의 적극적인 노력과 高熲 등의 협력을 얻어 확정되어 破郡이 결행되었다. 여기서 蘇威가 적극 노력한 것은 앞서 말한 바와 같이 그의 부친 綽이 宇文泰를 도울 때, 작성한 六條詔書의 擢賢良에서 지방행정의 방만함을 지적한 일이 있는 연고때문에 그런 것이다. 아무튼 이런 조치로 말미암아 508郡이 폐지되었고, 약 6만명의 佐官이 冗官으로 도태되어 지방행정기구가 精簡하도록[54] 되어 황제권이 강화되었다. ②항에서 別駕와 長史는 副刺史격이고 贊治라고도 하였다. 別駕와 함께 군사에 관한 업무를 관장하던 副刺史격으로 명칭의 변경은 혁신성의 표시한 것이며, 품급상의 변동이나 처우상의 변동을 통하여 행정기구의 간소화·황제권 강화의 방향이 수반되었으리라고 추구된다. ③항에서는 (大)中正 이하 지방 佐官의 중앙임명 특히 中正官은 향관으로 설치는 하지만, 刺史·縣令이 채용하여 選擧를 관장하지 않는 虛官으로 둔다는 것이다. 이는 지방관의 佐官의 벽소권을 완전히 박탈하여 중앙정부에 회수하는 중앙집권의 주요조치이며, 특히 문벌사족제의 제도적인 장치인 구품중정제의 中正官을 虛官으로 만들어 황제의 전제를 강화하도록 한 것이다. 다만 中正制(州

54) 陸慶大 「關于隋朝改革地方機構問題的凡點辨析」, K22, 1989-9.

郡)가 文帝 開皇 15년에 정식으로 폐지된 것은 10여년 후이었다. 그것은 虛官으로나마 설치함으로써 제도의 폐지에 따르는 부작용을 어느 정도 무마하려는 조치로 이해된다. 그런데 日人 福島씨는 隋에서 북제 때의 大中正(州都)·郡中正制를 계승하여 실시하였고 開皇 3년에 실권없는 향관이 된 것에 대하여 中正制의 정치사회적인 의의는 이미 상실하였다고 하면서 이 사실의 역사적 의미는 동15년의 中正폐지나 同 18년의 二科擧人에서 구할 것도 없이 六朝 豪族官僚에서 隋唐 律令制官僚로 전환된 획기적인 계기가 되었다고[55] 하였다. 그러나 필자는 서위시기에 20여명의 대중정이 보이고 있어 정리해 보았다. 다만 시대조류상 州刺史에 加官으로 賜與하여 關隴首望이나 入關한 山東 大族을 존숭하는 쪽에서 임용한 것이다. 결국 中正은 원래 중앙에서 파견되어 地方選擧를 관장하고 지방장관도 대체로 본적지 출신을 임명하였던 사실은 北朝후기이래 점차 없어졌고, 中正制 또한 북위 말 폐지된 이래 동위 북제에서 課試法과 병용하였으며, 西魏·北周에서는 처음부터 아예 설치조차 하지 않고 오직 전술한 바와 같이 賢才主義적 選擧가 추진되었으며, 북주 武帝의 화북통일 이후 현재주의 선거를 東中國에도 관철시켰던 사실을 보면, 福島씨의 견해에 대해에 의문이 생긴다. 게다가 舊 北齊지역(중원 혹은 산동)은 전통적으로 문화지역이었고 魏晉이래 山東문벌사족의 본거지로 西魏이래 이른바 關隴首望을 중심으로 하는 官僚적 門閥士族의 군사적 역량으로 평정한 후 北周 이래 隋시대에 東京을 설치하고 東中國 행정의 중심지를 설정하고 東京官·東都를 설치하는 등 깊은 정치적 배려를 하였던 사정은 開皇 3년 州都를 향관으로 삼아 虛職化한 사실로써 魏晉南北朝의 문벌사족관료가 隋唐의 律令制 官僚로 전환되었다는 논리전개는 너무 성급한 것이라고 하지 않을 수 없다. 뿐만 아니라 隋末 반란집단 126중에 60여집단이 관료적 문벌사족 출신이었다는[56] 연구성과에 따르면, 隋代에는 魏晉이래의 문벌사족들의 역량이 아직 잔존하였고 사족계층을 대체할 만한 사회계층이 아직 성장하지 못했다는 사실에서도 福島氏의 견해에 의심을 버릴 수 없기에 차라리 選擧制, 즉 과거제도가 성립된 시기를 그 전환기로 삼는 것이

55) 福島繁次部, 「南北朝硏究」, 1편 1장 2절.

56) 胡如雷, 「關于隋末農民起義的若干問題」, 『文史』 11 所收, 1981年 3月, 北京.

타당할 것이다. ④항에서 州縣의 장관 및 그 佐官에 대하여 고과평정 및 임기제를 운영함으로써 지방행정의 실효를 거양하고 황제권을 강화하는 조치였다고 생각한다. 이상과 같이 수문제 초기에 단행된 지방행정의 개편 특히 내외관리의 選擧와 인사권을 중앙에서 완전히 장악하였던 사실은 매우 중요한 사실이지만, 앞서 말한 산동지역의 통치문제를 비롯하여 破郡 및 州縣佐史의 감축에도 불구하고 開皇후기에 들어와 내외관리의 총 숫자는 앞 시대의 그것을 오히려 상회하였다는 것은[57] 관료기구의 운영상 감축된 관리가 증대되었다는 점을 비롯하여 平陳 사업과 같은 대 사업, 영토확장에 따르는 州縣의 증대 등의 사실 등에서 많은 관료를 채용하였던 사정에서 비롯된 것이다.

이런 사정에서 隋文帝는 開皇 7년(587) 州佐史로 하여금 매년 3명씩 貢士하도록 하였고[58] 동 18년에는 京官 5품 이상인 자와 總管·刺史로 하여금 志行修勤者와 淸平幹濟者를 推擧토록 하였다.[59] 이 조치는 북주의 宣帝와 靜帝 때의 擧人에 관한 조치가 그 간의 지방행정의 간소화와 대량의 관료의 충원을 위한 제도적 정비를 해야 한다는 사정에서 취하여진 것이다. 그런데 이 조치, 즉 開皇 18년의 二科擧人을 가지고 많은 학자들이 과거제의 개시로 설명하고[60] 있지만, 이것은 北周시대의 조치와 큰 차이가 없고 다만 찰거과목의 명칭만 변경되었으며, 특별한 변동 내용을 찾을 수 없다. 다만 開皇後期에 나타난 선거상의 문제 예컨대 盧愷事件이나 地方佐史의 吏部임명과 운영에서 보면, 과거제의 개시나 성립의 단계는 아직 도래하지 않았다고 고려된다.

전자의 경우 盧愷가 開皇 11년 攝吏部尙書로 侍郞 薛道衡, 陸彦師 등과 더불어 인물의 품류를 甄別하여 자못 淸幹하다는 평가를 받았다. 그러나 隋朝의 대표적 관료적 문벌사족인 蘇威의 一族 徹, 徽 등을 선발한 것이었다. 이에 대하여 그 당시 蘇威와 대립하고 있었던 何妥가 隋文帝에게 붕당을 만

57)『通典』卷40, 職官.

58)『隋書』卷1, 高祖上 開皇七年 春正月 乙未制.

59)『隋書』卷1, 高祖上 開皇十八年 秋七月 壬申詔.

60) 宮崎市定,『科擧』.

든다고 모함하여 盧愷 등이 제명되었던 사건이다.[61] 이것은 西魏·北周이래 선거에 있어서 청탁이 있을 수 없다는 통념을 가지고 何妥가 반박하였다. 文帝 또한 選擧上 종래의 문벌사족의 대두를 견제하고자 하여 盧·薛 등에게 철퇴를 가한 것이다. 따라서 隋代에는 士庶不問의 청탁배제라는 選擧원칙에도 불구하고 아직 魏晉이래 문벌사족을 대체할 만한 사회계층이 성장하지 못하여 종래의 문벌사족이나 그 아류의 출신을 選擧할 수밖에 없다는 사회환경에서 볼 때에, 二科擧人이라는 조치를 과거제의 개시라고 할 수는 없다. 후자의 경우 開皇末 牛弘이 吏部尙書가 되어 州縣佐史의 제수를 吏部에서 담당하여 그 실효성이 없음을 보고, 그 당시의 碩學 劉炫에게, “周代에 多士였지만 府吏도 적었다. (그런데)지금의 吏는 前判官보다 백배는 되지만, 감소시키면 업무의 불법·비리 등을 구제하지 못하니 그 이유는 무엇인가”하고 묻었다. 이에 炫은, “古人은 책임성과를 대체로 위임했으나, 지금은 연말에 殿最를 너무 조밀하게 하기 때문에, (오히려) 政事가 번거로워 피폐된다”고 대답하였다. 또한 牛弘이 炫에게, “魏齊때는 州牧守令이 佐史를 종용할 뿐이었지만, 지금은 황급히 해도 그 일을 처리할 수 없으니, 그 이유는 무엇인가”고 묻자, 劉炫은, “옛날에는 州牧守令에게 自辟하도록 하여 政事를 보았지만, 지금은 州縣의 대소 관리를 모두 吏部에서 선발 파견하여 미세한 흔적이라도 모두 考功(考該)에 통속시키는 연고로 모든 일이 번잡하다. 그리하여 관직을 생략하자니 事務를 생략한 것만 같지 못하고, 事務를 생략하자니 淸心을 가진 것만 못해서 官職과 事務를 모두 생략하지 못하고 다만 종용코자 하니 어찌 그것이 가능하겠는가”라고 반문했다. 牛弘은 매우 좋은 지적이라 했으나, 是正하지 못했다[62]고 하였다.

이상의 두 가지 역사 사실에서 보면, ① 北周이래 選擧의 淸濁不問에 따라 士庶區分의 철폐가 관철되는 듯싶었지만, 士庶의 대립상이 보이고, 開皇 3년 이래 약 20년 동안 吏部에서 選擧와 銓選을 장악하여 실행했지만, 선거에 있어서 擧人에 이르는 과정에서 士族이 배제되고 있음이 명확하여 淸濁, 즉 士庶區別을 배격한 西魏이래 賢才主義선거가 퇴색되어 정략적으로 州縣官

61) 『通典』 卷14, 選擧二.

62) 『通典』 卷14, 選擧二.

과 佐官의 自辟의 혁파와 같은 성급한 제도개혁이라고 간접으로 비판하면서 엄밀한 考課制의 무리함을 지적하고 있음을 볼 수 있다. 이리하여 開皇18년의 二科擧人을 과거제의 개시로 보는 것은 타당하지 못하다고 생각한다.

또한 煬帝는 즉위하여 인심수렴의 차원에서 8使를 파견하여 풍속을 살피는 한편 品行方正者, 學業才能者 등의 發遣을 지시하였지만, 煬帝때 選擧는 사실상 進士科의 설치에 관한 문제이다. 그러나 進士科설치에 관한 명확한 근거는 찾을 수 없다. 『通典』을 비롯하여 『玉海』·『唐摭言』 등의 典籍을 보면, "煬帝가 처음으로 진사과를 설치하였다"는 짤막한 기사가 있을 뿐이다. 이때 選擧에 관한 기록으로 煬帝 大業 2년 閏七月 丙子詔는 상당한 의미가 있다. 즉, 煬帝는 "十步之內에 芳草가 있을 것인데, 四海중에 어찌 奇秀가 없겠는가"라고 반문하면서, 在家 혹은 入學者로 篤志好古, 典憤耽悅, 學行優敏, 時務堪膺한 자를 발탁하고 經術을 연마하고도 仕進을 원하지 않는 자는 門蔭의 高卑에 따르지 말고 準據에 따라 給祿하도록 하라. 國子 등 학교를 舊制에 따라 재건하고 生徒를 교습시키는 등 課試法을 갖추어라"고 하명하였다. 이 조칙에 따라 만들어진 과시법이 大業 3년 4월 甲午條에 보이는 十科擧人이다. 다시 말하면 "煬帝는 孝悌와 德行이 교화에 유익함을 강조하면서 내외 문무 5품 이상의 관원에게 强毅正直, 執憲不撓, 學業優敏, 文才美秀, 才堪將略, 膂力驍壯 등 一藝를 거쳐 가히 취할 한만 자질을 갖춘 자는 문음에 따라 구분하지 말고 십과로 나누어 거인토록 하라"고 하였다. 이것이 十科擧人(制)이다.

이 같은 煬帝의 두 詔書에 몇 가지 주의 할 점이 있다. 첫째, 西魏 宇文泰-蘇綽이래의 門蔭不問의 현재주의적 방향에서 선거를 추진하려는 의미가 있어 보인다. 둘째, 儒學상의 德目에 근거한 分科擧人을 하는 것을 말한다. 北周의 秀才·孝廉 혹은 文帝의 二科擧人과 큰 차이가 없고, 그 과목이 크게 증가된 점에서 北周 이래의 高才博學 등 分科擧人의 집대성한다는 의미를 가지고 있으며, 唐代에 進士科와 함께 성황을 이룬 諸科의 기원이 되었을 것이다고 추구된다. 셋째 10科에는 禦侮(將略이 있는 자)와 爪牙(체력이 驍壯한 자)를 뽑는다는 분과거인이 보인다. 이는 文帝때 文武志行者를 뽑는 것의 확대이자, 武則天때 武擧가 등장한 기원으로 고려된다. 넷째 同二年의 詔

中에 時務堪膺에 관한 과목 명칭이 보이지 않지만, "等"字 속에 포함되어 있음에 틀림없다. 이는 唐初期 進士科의 고시내용이 時務方略에 있었던 점에서 보면, 時務堪膺에 관한 과목이 곧 進士科라고 고려된다. 더욱이 武則天 天授 3년 薛謙光의 상소에는, "煬帝가 前法을 개변시켜 進士等科를 설치하였던 고로……"라고 하는 언급이 있다.[63] 필자는 이를 隋文帝 開皇 7년 이래의 貢士制와 동 18년 二科擧人 등 前法을 개변시켜 진사과 등 十科擧人으로 변경하였다는 것으로 해석하여도 무방하리라고 생각한다. 그러므로 "十科擧人" 중 時務堪膺에 관한 과목이 時務方略을 시험하였던 進士科이었다고 확신한다. 따라서 進士科의 설치는 隋煬帝 大業 3년 4월 甲午라고 할 것이고 과거제의 시작을 단순히 文帝때의 二科擧人이나 煬帝때의 진사과 설치의 사실만을 들추어 分科擧人하여 考試進用한다는 과거제의 시작으로 고려하는 의견은 실재와 부합하지 못한다. 후술하는 바와 같이 武則天 시대에 완성된 과거제가 성립되었고 隋시대에 만들어진 二科擧人·進士科 등 十科擧人은 과거제 성립의 중요한 단계 혹은 과정으로 이해하는 것이 옳지 않을까 생각한다.

3. 唐初半期 科擧制의 성립

反徭役鬪爭의 성격이 강한 隋末 농민전쟁을 평정한 唐初의 통치자들은 혼란을 극복하기 위하여 정책상으로 隋文帝 開皇時期에 나타난 강성한 국가를 재건하고자 하여 이른바 "開皇의 舊"의 재창출을 내걸고 수시대의 통일정책을 답습하였다. 특히 그들은 唐朝건국과정에서 隋朝의 관료 등 이른바 西魏 이래 형성·활동한 관료적 문벌사족 물론, 李淵集團 내의 山東·江南出身을 포괄하고 심지어 '赤牒補官'[64]까지 하였다. 그러나 수말 농민전쟁이 거의 진정국면에 접어 있었던 高祖 武德4년(621) 選擧法이 정비되었다. 즉, 諸州의 刺史로 하여금 明經·進士·秀才를 縣－州의 고시를 거쳐 그 합격자를 매년 10월 貢士하도록 하였던 것[65]이 唐朝 최초의 공식적인 선거에 관한 조치이

63) 『通典』 卷17, 選擧五 雜論議中.

64) 『資治通鑑』 卷192, 唐太宗 貞觀元年 12月詔.

65) 『文獻通考』 卷29, 選擧二.

다. 이것으로 보면, 隋의 選擧法이 답습되고 다시 설치되었음을 알 수 있다. 그 주요 과목이 秀才科를 비롯하여 明經科 및 進士科이었다.

秀才科는 우리가 알기로 孝廉·方正과 함께 兩漢시기의 察擧制 과목으로 選擧上 주요지위를 차지하고 그 역할을 다 하였다. 그러나 앞서 말한 바와 같이 魏晉南北朝 시대에는 문벌사족제의 발전으로 거의 어느 정도 실시되었다는 자료는 많지 않지만, 두 차례 실시된 상황을 살펴 볼 수 있다. 그 첫째는 隋文帝 開皇 15년(695)의 일이다. 이때 尙書左僕射 楊素가 秀才의 試策을 관장했는데, 杜正玄이 참가했다. 楊은 처음부터 同科의 성과를 회의하여, "周公·孔子가 다시 살아나도 오히려 수재라고 할 수 없는데, 자사 따위가 망령되게 추천하여 고시에 참가할 수 있으랴"고 하면서, 正玄으로 하여금 自退하도록 하려고 했다. 그가 응시하자, 時務方略 이외에 司馬相如의 "上林賦"를 비롯하여 王褒의 "星主待賢臣頌", 班固의 "燕然山銘", "劍閣銘", "白鵡鸚" 등의 雜文을 출제했다. 그렇지만 두정현이 답안을 훌륭히 작성해 내자, 楊은 놀라면서, "진실로 좋은 秀才"라고 극찬하였다. 그 두 번째는 동 16년 尙書右僕射 蘇威가 수재의 책시를 관장했고 正玄의 두 동생 正藏·正倫이 참여하였다. 이때의 고시는 時務方略이외에 賈誼의 "過秦論"을 비롯하여 尙書의 "湯誓", "匠人箴", "連理樹賦", "幾賦" 및 "弓銘" 등의 雜文이 출제되었지만, 杜씨 형제는 훌륭하게 답안을 작성하고 正藏은 上等及第를 요청했지만 용납되지 못하고, 中等及第에 그쳤다.[66] 이상의 두 자료를 보면, 隋朝의 秀才科는 시무책과 어려운 雜文을 시험하여 북주 宣帝때 高才博學者를 수재로 선발토록 한 조치에 부합된 것임을 알 수 있고, 위 두 가지 예를 제외하고도 몇 차례 실시하여 隋代에 선발된 자는 십여 명 뿐이었다.[67] 그렇지만 同科의 시험은 후술하는 바와 같이 隋文帝가 문장의 浮華를 배척하고 太宗이 유학을 존중하던 사정에서 어려운 잡문을 생략하고 時務方略만을 고시하여 初唐 30년간에 29명의 합격자가 보인다.[68] 이 때 時務方略의 고시는 5條를 시험하여 上上, 上中, 上下 및 中上의 4등급으로 뽑았고, 태종 정관 중에는 추거된 자가 중앙

66) 上揭書 同卷.

67) 『舊唐書』 卷70, 杜正倫傳. p.2541.

68) 上同書 同卷, 唐登科記總目.

에서 不第하면 推擧한 州長(刺史)이 그것에 연좌되어 문책을 당하는 문제가 발생하여 폐지되었다[69]는 것이다. 그렇지만 高宗 永徽 2년에 秀才科 停廢의 조칙이 나오는 것을 보면, 고종때 正式으로 폐지된 것으로 보인다. 그런데 『通典』 권15의 註에서는 현종 개원24년 이후에는 동과가 다시 존재하였다면서 고시를 주관하던 禮部에서는 동과의 폐지가 이미 오래되었고 다시 뽑을 생각도 없이 많은 수험자를 낙제하도록 했고, 동 30년에 이르러도 합격자가 없었기 때문에 天寶初에 이르러 選擧를 주지하던 禮部侍郎 韋陟이 停廢토록 했다는 것이다. 이 자료에 의하면, 고종 영휘 2년 폐지된 후 현종 개원 24년으로부터 약 30년까지 거슬러 올라가 보면, 현종의 復唐과 함께 동과가 재건된 것으로 추측할 수 있으나, 확실한 근거가 없고, 후술하는 바와 같이 進士科에 雜文이 추가되어 시행되고 있던 상황에서 唐氏가 지적한 바와 같이 時務方略만을 시험하는 동과의 시험은 進士科보다 오히려 합격하기 쉽게 되었을 뿐만 아니라[70] 수시대이래 진사시험의 내용은 時務策이었기 때문에 과목의 내용이 실제로 서로 유사하여 당시의 主務部署에서는 폐지했던 것이라고 고려된다. 따라서 秀才科의 실제적인 폐지는 고종 영휘 2년으로 보는 것이 타당할 것이다. 다만 州長이 추천한 자가 不第하면 그 당시 명경·진사도 지방관이 추천하여 중앙에서 고시하여 그 능력이 없는 자로 판명되면 州長이 벌을 받는다는 규정이[71] 있는 것으로 볼 때에 이것은 아마 관료적 문벌사족출신이 同科를 선호하던 사정에서 취해진 唐朝의 관료적 문벌사족에 대한 모종의 책략일 가능성이 있다.

또한 進士科는 煬帝 大業 3년에 처음 실시되어 수말 당초 농민전쟁시기에 10여 년간 중단되었다가 고조 무덕 4년 다시 설하고 秀才科 폐지이후 明經科와 함께 관료적 문벌사족계층은 물론, 서민지주층이 入仕하는 주요 관문으로 성장하였다.[72] 무덕 5년부터 武周革命때까지만 보아도 1000여명(고조 때 26명, 태종 때 205명, 고종 때 약 750명)의 급제자를 내어[73] 고위관직자

69) 『通典』 卷17, 選擧五.

70) 唐長孺, 「南北朝後期科擧制的萌芽」, 『魏晉南北朝史論叢續編』 所收.

71) 『唐書』 卷44, 選擧志. p.1159.

72) 『通典』 卷15, 選擧二.

의 주요 공급원으로 그 지위를 확립하였다.

아울러 明經科는 梁·陳의 그것에서 연유하였기 보다는 북주 宣帝때의 二科擧人중 명경수행자를 효렴으로 뽑은 후, 煬帝의 十科擧人 중 유학상의 역량을 시험하는 어떤 과목이 明經科로 채용되었을 것으로 고려된다. 특히 고종은 영휘2년에 孔穎達 등이 태종때 찬수한 『五經五義』를 長孫無忌로 하여금 刊正하도록 하고 이를 천하에 반포하도록 하여 魏晉이래 經學 해석상의 차이를 해소하였을 뿐만 아니라, 同科의 지침서로 삼아 고시하였다. 이 같은 明經科의 정리는 關隴의 관료적 문벌사족의 주요 仕宦루트로 등장하여 新관료문벌사족 성립의 계기가 되었다는 주장까지[74] 있는 것처럼 매우 성황을 이루었다. 따라서 明經科는 進士科와 더불어 당시대 고급관료의 공급원이 되었다. 그 밖에 明律·明算 및 明書 등 기능자를 分科擧人하였다. 이는 皇族이나 고급관료 자제의 學館(태학, 숭문관, 홍문관)보다 저급학관(四門學)에서 수학한 庶民(실제는 富豪子弟)이 참가하고 登第하면 8품이하 관직에 나갔다.[75]

이상과 같이 당초기부터 秀才, 明經, 進士科 등 과거제가 운영되고 있음에도 불구하고 태종·고종 및 武則天시기에 擧人에 관한 조칙이 누차 발표되고 있었는데, 이를 어떻게 해석해야 할 것인가?

첫째로, 이 조치들은 과거제 성립의 한 事像으로 고려할 수 있다. 당 태종은 정관4년 宰臣 房玄齡·蕭瑀 등과 함께 賢才를 提拔해야 한다는 의지를 분명히 하면서[76] 隋朝의 文·煬帝때와 같이 많은 分科擧人을 추진하였다. 同科의 추진상황을 보면, 후술하는 바와 같이 태종이 여러 차례 실시했고, 고종은 문무의 四科擧人을[77] 실시하고 있는데, 이는 十科擧人으로 분과했던 것을 종합한 것처럼, 태종 이래 多岐한 選擧를 조정한 것으로 이해된다. 이것이 이른바 制科이며, 동과에 대한 대표적인 논자는 岑仲勉·烏廷玉 兩人이다.

---

73) 『文獻通考』 卷29, 選擧二, 唐登科記總目.

74) 尙定, 「論武則天時期的"詩賦取士"」, 『中國社會科學』, 1991-6.

75) 同上.

76) 『舊唐書』 卷3, 太宗下 貞觀4年 秋七月 甲子. p.40.

77) 同上書 卷4, 高宗 顯慶五年 六月詔. p.80.

岑仲勉씨는 唐代 과거제 중에 가장 융성 중시했던 것은 諸科였다고 하면서 동과는 太宗과 高宗의 여러 차례 詔勅[78]에서 지적하였고 進士科에 합격한 者 역시 同科에 몇 번이고 응시했지만 入選된 자는 每次에 수십 명에 불과했고[79] 매년 거행한 것도 아니어서 仕途에 어떠한 영향을 끼치지 못했다고 하였다.[80] 그리고 烏廷玉씨는 동과는 "武則天 장안 2년(702)에 창립되고 원칙상 황제가 직접 時務策과 雜文을 主考하였는데, 820년의 停廢때까지 오로지 詩賦만을 고시했고, 그 명칭은 博學宏詞, 賢良方正, 直言急諫, 博直墳典, 達于敎化, 軍謀遠慮, 堪任將帥 및 詳明政術 등 86종에 이른다"고 했다.[81] 필자는 岑·烏의 兩說을 대체로 수용하지만, 두 가지의 이견을 제시하겠다.

하나는 동과의 설치에 있어서 烏文은 武則天 장안 2년에 창립되었다고 단정했지만, 그 근거를 명시하지 않아 무엇을 근거로 삼았는지, 모르겠다. 그리고 岑文에서 태종의 정관 11년 4월 孝悌淳篤者 등의 명목에 해당하는 자를 천거하라는 詔에서 창립된 것처럼 서술하고 있으나, 그 명칭이 앞서 말한 바와 같이 煬帝때 學業優敏者, 文才秀美者 등 十科擧人과 유사하여 동과의 기원은 정관시대에 구하기보다는 十科擧人에서 구하는 것이 타당하다고 생각한다. 또 다른 하나는 岑文에서 同科의 入選者가 적었고 매년 시행되지 않았기에 仕途에 어떤 영향을 주지 못했다고 했으나, 이는 岑氏자신이 書頭에서 동과가 가장 隆重되었던 과거과목이라고 한 언급과 상충될 뿐만 아니라, 동과에 합격한 자로서 고종 현경 3년에 1인이 보이는 것을 비롯하여 武周革命 직전 30명의 합격자를 낸 이후 1,334명이나 보여 唐代의 과거합격자 약 7천명 중의 약 20%를 점하고 있는 것을 보면,[82] 岑文에서 지적한 것처럼 융성·중시되었다는 지적은 상당히 적절한 표현임과 동시에, 岑文과는 달리

78) 同上書 권3, 貞觀 十一年 四月詔에 河南諸州에서 孝悌淳篤者 등을 洛陽宮에 이르도록 했고, 同 15년에는 天下諸州에 學綜古今者등을 泰山에 總集케 했으며 동 17년에는 孝廉·茂才 등을 推擧토록 했으며 高宗 顯慶 3년 志烈秋霜科를 설치한 사실 등.

79) 岑文에서 張九齡이 新龍 2년에 材堪經邦科, 先天 2년에 道侔伊品科에 합격한 것을 예로 들었다.

80) 岑仲勉, 『隋唐史』 卷下, 第18節.

81) 烏廷玉, 「唐代的科擧制度」, k22, 1987-2.

82) 『文獻通考』 卷29, 選擧二, 唐登科記總目.

당대의 仕途上 큰 지위를 차지하였다고 생각한다. 따라서 당의 과거제는 수양제 때의 十科擧人에서부터 기원하여 필요에 따라 수시로 시행되다가 적어도 武周革命 직전(垂拱4,688)에 다시 집성되어 정식과목으로 설정되었고 博學宏詞科, 賢良方正科 등 86종으로 확대되어 시행되었다. 다만 태종 이래 孝悌淳篤, 儒術該通 등 前代의 十科(유학덕목)와 달리 文辭秀美, 博學宏詞 등 시험과목이 포함되고 있는데, 이는 고종 초에 秀才科의 폐지로 雜文시험이 사실상 폐지된 이후 후술하는 바와 같이 前代이래 발전되었던 雜文이 武則天시기에 과거시험 과목으로 추가되고, 그것을 시험하던 進士科가 武則天때에 중시되고 발전한 계기가 되었다고 고려한다.

둘째로, 明經科와 進士科가 과거제의 중추과목으로 尊重 確定되었다. 唐高祖 무덕 4년 明經科 進士科 등이 다시 설치된 후 태종 정관 8년에 진사과에 대하여 일부의 經史를 읽도록 하는 조치를 하였고[83] 上官儀 사건으로 天后로 격상된 武皇后는 上元 元年(674) 고종에 표를 바쳐 도교를 聖教로 받들면서 王公이하 내외백관에게 老子의 道德經을 학습시킴과 동시에 명경과에 대하여 효경과 논어를 策試하도록 하였다.[84] 이것은 태종·무황후가 진사·명경 양과 출신에 대하여 더 많은 經史의 지식을 요구한 것으로 兩科 출신의 통치역량을 증장시키려는 조치로 이해되고, 동시에 武后가 장차 그의 정치역량을 과시할 수 있다는 표현이었다. 특히 兩科에 대한 고시과목의 추가도 調露 2년(679) 吏部 考功員外郎 劉思立이, "明經科는 대체로 義條를 베끼고 進士科는 오직 舊策만을 암송할 따름이니. 모두 실질적인 인재를 망치고 있는 격이요, 有司는 (필요한) 人數만을 충당하고 있을 뿐이다"라고 비판하고, "명경과에 帖經하도록 하여 10조 중에 6조 이상을 적중시킨 자를 합격자로 하고 進士科에 먼저 雜文 2策을 시험하여 文律에 통달한 자로 인정받고 다시 試策에 합격한 자를 뽑도록 하소서"라고 상주하여 그 翌年(永隆 2,890)에 수용되어 "常式"즉 정례화 되었다.[85] 이 같은 明經·進士 양과에 대한 帖經과 雜文의 추가는 劉祥道가 選擧에 대하여 明鏡修行者가 적고 流外入流者가 너

83) 『舊唐書』 卷3, 大宗 貞觀十五年六月詔. p.53.

84) 『文獻通考』 卷29, 選擧二.

85) 『唐書』 卷44, 選擧志, 高宗永隆二年詔; p.1163.

무 많을 뿐만 아니라, 秀才科의 廢絶은 매우 애석한 일이라고 비판한[86] 것이나, 雜文이 魏晉以來 唐代까지도 성행하고 있던 사정에 비추어 잡문을 시행하던 秀才科의 폐지는 문제가 있다는 당시의 여론을 수렴한 매우 주목되는 조치인 것이다. 이에 대하여 尙定씨는 태종 이래 과거 실시 지역을 河南·北, 江淮 이남까지 확대하고 "南選"의 실시를 산동과 강남을 포괄하는 정치 문화적인 조치로 파악하고 이 조치는 결국 무측천이 관료문벌사족을 파괴하고 자신의 정치적 기반을 확립하기 위해 雜文, 즉 "詩賦取士"로서의 進士科를 크게 제고시킨 조치였다고 하였다.[87]

賦·箴·銘·頌 등 雜文과 駢文은 魏晉이래 士族의 浮華的 文風의 본령이었다. 그리하여 宇文泰의 霸府에서 진력하였던 蘇綽이 앞서 말한 바와 같이 選擧上 "擢賢良"을 표방하여 문벌주의적 폐쇄성을 賢才主義로 전환시킴과 아울러 관료적 문벌사족의 文章 浮華를 혁파하고자 하여 大誥를 저작하고 모든 文體를 모범으로 하도록 했다.[88] 그리고 수문제 또한 李諤·司馬幼之의 건의로 모든 公私文翰을 實錄토록 조칙으로 명령했으나 일반화 되지는 못했다.[89] 더욱이 정관 23년 9월에는 考功員外郎 師旦이 京師에까지 才聲을 떨쳤던 冀州의 鄕貢進士 張昌齡과 王公瑾을 낙제시켰는데, 태종은 이들이 등제자의 명단에 빠진 것을 괴이하게 생각하여 그 이유를 묻자, 사단은 그들의 문장이 浮華하다고 하면서 만약 그들을 발탁하면 풍속이 피폐될 것이라고 설명하였고,[90] 태종은 그것을 수용하였지만, 그 말년에는 名高한 雜文 작자를 歡待하고 있음을 본다.[91]

이상과 같이 그 당시 성행했던 雜文을 쉽게 개폐시킬 수 없었던 상황에서 煬帝의 "十科擧人" 中에 文才秀美者, 唐太宗의 人才推薦 詔勅中에 文獻秀美

86) 『通典』 卷17, 選擧五.

87) 尙定, 上揭論文, 그리고 雜文을 時賦라고 한 것은 趙翼 《陔余叢考》 권28 進士永隆 二年條에, "……乃詔進士試 雜文二篇 通文律者 然後試策 此進士試 試賦之始"라, 있는 것에 근거했음.

88) 『周書』 卷23, 「蘇綽傳」. p.391.

89) 『通典』 卷16, 選擧四 雜論議上.

90) 『通典』 卷17, 選擧五 雜論議中.

91) 『唐書』 卷201, 文藝上, 張昌齡. p.5734.

者 등이 포함되다가 본격적으로 進士科에 雜文, 明經科에 帖經을 추가하였던 사실은 정치적 혁명을 추구하던 武則天이 雜文(특히 事類와 辭章)이 발달하던 그 당시에 『文選注』를 확정하고 "詩賦取士"로서의 進士科를 크게 제고시켰다고 한 尙定氏의 언급은 옳다. 이리하여 한층 강화된 明經·進士科는 과거제의 중추과목으로 크게 발전하였다.

셋째, 武則天이 自擧와 殿試를 실시함으로서 과거제가 역사상에 확실히 그 모습을 드러냈다. 自擧에 관한 기록은 무후가 專權을 행사하던 예종 垂拱 6년(685) 5월 내외 문무 9품 이상인 자와 백성에 대하여 自擧토록 조치하였고[92] 칭제 후 모든 관인에게 自擧토록 하였다.[93] 自擧란 "覓擧", "投牒自進", "懷牒自進" 이라고도 했는데, 현령·주자사가 보통 타인의 추천을 받은 자에 대하여 일정한 고시를 부과하고 이른바 鄕貢進士를 뽑고 이들을 중앙 상서성의 고시에 참가시키는 것이 통례였지만, 그 당시 사회경제의 발전에 따라 求官者의 폭발적인 증가와 무주혁명을 성취하려는 의도 아래에 추진한 것이다. 말하자면 求官者 자신이 중앙의 고관 및 縣과 州의 지방장관에게 求官하고 중앙 상서성의 시험에 합격한 후 입사하도록 하는 것이었다. 이 후 自擧는 과거제도의 시행에 있어서 첫 과정으로 운영되었다. 더욱이 武則天은 載初 2년(690) 2월 洛城殿에서 貢士에 대하여 직접 책문하였던 사실에서[94] 황제가 殿앞에서 과거를 주관한다는 의미로 殿試가 시작되어 이후 과거제의 마지막 관문으로 운영되었다. 王夫之가 이런 殿試에 대하여, "士에게 恩遇를 베풀고 대신의 마음을 떠나게 한 것이고", "천자가 그 甲乙을 친히 落點하였는 즉, 崇文으로 重爵하고 天秩을 공경하고 인재를 장려함에 게을리(가볍게) 하지 않았다"고 [95]하여 殿試가 실시되어 隋·唐初半期에 정부에 직속된 選擧權力이 최고 통치자의 수중에 집중되었다는 지적은[96] 주의할 만하다.

따라서 唐의 과거제는 수시대 유가사상의 덕목을 시험하던 진사과를 포함

---

92) 『舊唐書』 卷6, 則天武后垂拱元年 五月詔, p.117.
93) 同上書, 則天武后 天授二年 冬十月制, p.122.
94) 『通典』 卷15, 選擧三.
95) 王夫之, 『讀通鑑論』 卷21.
96) 『通典』 卷15, 選擧三.

한 十科擧人(제)이 그 당시 발전하던 雜文을 진사과에 추가하고 自擧와 殿試를 整齊化 함으로써 성립되었다.

Ⅳ. 結 論

北魏末 北鎭의 병란 후, 북조후기 정권이 등장하여 병란 전부터 제기된 賢才主義가 시대의 조류로 성장하고 그것에 근거하여 北齊에서는 課試法을 만들어 秀才를 선발하였으며, 서위-北周에서는 蘇綽의 "擢賢良"의 방침에 따라 秀才·孝廉 등 兩漢 시대의 察擧制가 재건되었고, 劉宋이래 梁陳時期에는 문벌사족의 세력보다는 次下階層의 세력이 장대해져 梁武帝는 이를 바탕으로 "明經科"를 설립하였으며, 侯景亂 및 사위의 江陵 함몰 후에 건설된 陳에서 任子制가 설립되었다. 이와 같은 선거상의 변화가 곧 과거제 성립의 맹아였다.

隋文帝때에 貢士制의 확대와 二科擧人이 이루어졌지만, 北周시기의 선거와 크게 다를 바 없었다. 그러나 煬帝 大業 3년 4월에 時務堪膺科 등 十科擧人이 이루어졌다. 이 시무감응과가 곧 時務方略을 고시하던 진사과라고 고려되거니와 이 진사과 등 十科擧人은 북조후기 이해 선거제의 정비로 이해하면서 明經科 이 十科擧人 가운 어느 한 과목을 지칭한 것으로 생각한다. 이런 隋의 선거제로부터 唐高祖 武德 4年 秀才·明經의 科 등이 다시 설치되었다. 秀才科는 唐初에 雜文이 생략되어 時務方略만을 시험하여 進士科와 중복되어 폐지되었고, 태종·고종 때에 명경·진사과에 과목의 추가가 이루어지기 시작하여 무후가 집정하던 영륭 2년(680) 劉思立의 上奏로 明經科에 帖經·進士科에 雜文이 추가되었다. 이 조치를 "永制"라 한 것에 유의하면서 특히 進士科에 雜文이 추가된 것은 唐의 과거제 시행 지역의 확대와 魏晉이래 널리 유행하던 文詞·詩賦 등 雜文에 관한 능력을 取士의 주요 조건으로 삼는 것으로 이를 채용한 武則天은 그의 정권창출 기반을 마련한 것이었다.

그리고 隋煬帝때 十科擧人은 주로 유학상의 덕목을 과목으로 했는데, 이것과 태종 이래 문학상의 과목이 다수 설치되었고 武周革命 직전에 재정비되어 賢才主義·博學宏詞科 86종의 制科가 출현하였다. 뿐만 아니라 武則天 시기에 "自擧" 및 殿試가 시행되어 중국과거제의 완성된 제도로써 성립되어 중국역사상에 그 위상을 드러냈다.

이상과 같이 상당히 복잡한 과정(단계)을 거쳐 성립된 과거제도는 兩漢의 察擧制와 함께 "分科擧人"이라는 의미와 유학의 덕목을 과목으로 설정하여 인재를 선발한다는 점에서 兩制를 同類로 보거나 唐의 과거제를 察擧制로 연장선상에 있었던 제도로 단정지울 수 있다. 그렇지만 漢唐사이의 魏晉南北朝시대의 九品中正法이 중심된 선거제로 역할를 하였고, 북조후기에 賢才主義에 따라 漢의 察擧制가 재건되고 그것이 隋煬帝때 진사과 등의 十科擧人으로 정비되었다. 뿐만 아니라 武周革命 전후에 制科의 등장, 進士科에 잡문의 추가, 自擧 및 殿試를 시행함으로써 한의 察擧制와는 별도의 제도로 설정되어 20세기 초까지 채용되었다. 이 점에서 張之洞이 取士法을 구분하여 漢－隋를 一種類, 唐－明을 一種로 묶은 것은[97] 주의할 만하다. 그리고 과거제의 개시에 대하여 隋文帝 때의 二科擧人이나 煬帝 때의 進士科에 구하는 논의가 있는데, 필자는 근본적으로 과거제도가 언제 개시되었는가를 규명하는 것보다는 그 성립과정을 검토하는 것이 주요한 일이라고 생각하면서 구태여 그 개시를 말하라고 한다면, 隋煬帝 大業 3년 4월의 甲午條에 보이는 進士科 등 十科擧人을 그 개시라고 생각한다.

마지막으로 지적하고 싶은 것은 진사과에 잡문을 채용 또는 전용하였다는 사실과 관련하여 과거제도가 신흥지주출신이 관계에 진출하는 수단이라는 주장도[98] 있지만, 신흥지주층보다는 오히려 宇文泰이래의 관료적 문벌사족 출신에 더 유리한 출구로 고려된다. 그것은 균전제의 붕괴와 관련하여 당중기이래 지주전호제가 경제적 중심을 이루었다고 생각하기 때문이다. 또한 이런 과거제도의 성립으로 魏晉이래 강고한 士庶區分의 오랜 장벽이 무너졌고 士庶合流를 가능하도록 하였으며, 이로써 賢才主義선거가 완성되었을 뿐만 아니라, 과거제도는 관료제도가 형성되는 제도적 장치로서 역사상에 등장하여 그 역할을 다하였다.

---

97) 張之洞, 『張文襄公奏稿』 卷32, 「籌漢變通政治人力爲先析」.

98) 翦伯贊, 『中國史綱要』 第2冊, 六章一節. 韓國磐, 同上.

〈Abstracts〉

Establishment of Chinese KeKi科擧 System

Kim, Bong-Jung

Due to the growth of SienTsaiGuI賢才主義 trend since the revolt of PeiGen北鎭, and KeShiFa課試法 of PeiWei北魏, GuoSienLiang擢賢良' policy of SsuUei蘇綽 of SiWei西魏, and MingGingKe明經科, RenGi任子制 during the LiangGen梁陳 period, there appeared the embryo of KeKi科擧 System.

Based on SsueUnDi隋文帝's ErKeKiRen二科擧人, IangDi煬帝 in April of his third year of rule completed ShiKeKiRen十科擧人, which included ShiUKanIngKe時務堪應科 that evolved to GinShiKe進士科 and MingGingKe明經科 of evaluating ShiUFangLue時務方略. There added TzaUn雜文 in GinShiKe進士科, TieGing帖經 in MingGingKe明經科 a part of UngGi永制, which were expanded into wider regions, and thus established the political base of WuTzeTien武則天. Along with 86 GiKe諸科, WuTzeTien武則天 practiced TziKi自擧·DienShi殿試 and completed the KeKi科擧 system, thus became the central system of selecting human resources up until early 20th century.

With the establishment of GinShiKe進士科, there disappeared the old practice of distinguishing ShiShu士庶 since WeiGin魏晉 and the bureaucratic clans, thus establishing the system of selecting Chinese feudal officials based on land owning class since the mid-Tang唐 period.

第6章
唐太宗의 世襲刺史 詔勅에 대하여

〈目　次〉

1. 緖　言

당태종은 貞觀 11(637)년 6월 을미에 荊王 李元景을 비롯하여 21諸王에게 세습자사를 제수하였다. 또한 그는 불과 10일 만에 長孫無忌를 비롯한 功臣 14명을 세습자사에 지명하였다.

世襲이라는 字意에 따라 보면, 이 조칙은 封建을 실시하려는 의도이었다. 당태종은 왜 이런 시대에 알맞지 않은 조치를 취하였을까?

주지하는 바와 같이 진시황이 春秋戰國時代의 혼란을 극복하고자, 李斯의 건의를 받아들여 봉건을 버리고 郡縣制를 실시하였다. 한고조는 秦王朝의 短命을 거울로 삼아 封建과 郡縣을 兼用하는 이른바 郡國制를 채용하였다. 그러나 西漢의 봉건은 제후왕에 대한 統制때문이었던지, 그들이 王莽의 찬탈을 오히려 支持함으로써, 봉건의 실효성이 의심되었다. 위진남북조시대에 諸王의 봉건은 있었지만, 세습하지는 않았다. 특히 晉武帝가 諸王을 크게 봉건하여 마침내 八王이 반란을 일으켜, 晉亡·亂華를 재촉하였다. 더욱이 功臣에 대한 封王은 서한 초기에 잠깐 실시하다가 폐지되었고, 북방 소수민족의 국가에서 군공을 세운 유력자에게 봉왕하였으며, 왕조의 최말기에 실권자를 봉왕하여 역성혁명이 이루어졌던 사실 이외에 봉건하지 않았다. 아울러 당태종은 隋文帝 開皇 初期의 均田 府兵 租庸調 選擧 등의 개혁을 계승 발전시켜 이른바 「貞觀의 治」라는 盛世를 맞아 국내외적으로 안정됨에 따라 唐王朝 중심의 東亞秩序를 이루었다.

필자는 寡問하여 동 조칙에 대한 專論을 아직 발견하지 못하였다. 10여 년전 任大熙 교수가 唐太宗·高宗 시기의 정치사를 살펴보면서 勳舊 大臣에 대한 통제 방안으로 세습자사를 고려하였다[1]고 하였다. 이러한 임교수의 지적은 필자에게 좋은 시사점을 제시하여 주었다.

이에 필자는 동 조칙이 나온 背景을 추구하고, 세습자사에 임명된 인물의 이력, 그리고 동 지역에 대한 역사적 지위를 검토함으로써, 당태종의 의도를 탐색하고자 한다.

2. 同 詔敕의 成立背景과 封建論議

당태종 李世民의 이름은 그가 龍鳳姿態·天日之表를 지녀 濟世·安民한다는 善相者의 언급으로부터 말미암았다 한다. 그는 隋末 太原留守 李淵의 次子로 晉陽宮事件을 주도하고, 반란시기에 突厥 방어에 실패한 부친 李淵을 설득하여 大將軍府를 설치하고, 反隋活動을 전개하였다. 동 집단은 長安에 진출하여 宋老生·薛擧·劉武周를 평정하여 隋代王 侑(恭帝)를 받들어 關中政權을 열고 곧이어 唐王朝를 건설하였다. 그리고 그는 山東을 평정하고 사방의 名士를 모아 秦王府 文學館 18學士와 함께 經義를 토론하였다. 이들 문학관 학사들은 형식상 학술단체인 듯 했지만, 李靖·李世勣 등 名將들과 함께 秦王 李世民을 황제에 奉戴한 핵심세력이었다.

皇太子 建成과 齊王 元吉이 저지른 玄武門 事件을 평정하고, 즉위한 당태종은 이른바 「貞觀의 治」라는 전제정치의 모범을 이루었다. 즉, 정관 3년(628)말 돌궐 등 소수민족의 來附者 120만을 安置하고, 동 4년 4월 돌궐의 頡利可汗을 평정하여 서북의 鐵勒·吐谷渾 등 소수민족의 왕·추장 등이 尊號 天可汗을 바쳤으며, 동년의 死刑者는 겨우 29명으로 당왕조의 통치가 비교

1) 任大熙, 「唐代太宗·高宗期の政治史への一視角」, 茨城大學人文學部紀要 第 22號, 1989年, pp.24-7.

적 안정되었다. 그리하여 東으로 바다, 南으로 嶺南에 이르렀다. 모두 外戶를 잠그지 않고, 斗米는 불과 3~4錢으로 여행자는 식량을 휴대하지 않았다.[2] 좀 과장된 측면이 보이지만, 이를 두고 「貞觀의 治」라고 한다. 이러한 정치적 안정은 明君 唐太宗과 名臣들이 隋文帝의 盛世를 재건하여 이룬 정치적 성과이었다. 또한 이것은 魏徵 등의 忠諫과 태종의 納諫으로 이룩한 측면이 컸다.[3]

本稿에서 살펴보려는 정관 11년 6월에 반포된 世襲刺史 詔勅은 비록 반포된지 불과 1년 8개월 만에 停止되었지만, 상당한 의미가 있었다. 그러면 同詔敕이 제정된 背景은 무엇일까?

첫째, 당왕조의 장구한 발전을 희망한 당태종의 정치적 포부이었다. 태종은 어려서 聰明하고 지혜있어 역사적 경험·교훈에 밝았으며, 어떤 일에도 決斷力이 있고 大凡하였다.[4] 그는 수말 반란시기에 晉陽宮事件을 통하여 부친 李淵을 설득하여 起兵하였고, 新生 당왕조에 위협적 존재이었던 突厥 可汗과 對談하여 물리쳤으며, 太原에서 기병한 이래로 宋老生 薛擧 劉武周 王世充 竇建德 등의 무장집단을 평정하여 唐의 再統一에 결정적인 공로를 세웠다. 이런 막대한 공로는 그로 하여금 당왕조에 대하여 더욱 애착을 갖게 하는 데에 충분하였다. 그 위에 玄武門 事件이라는 골육간의 정권쟁탈전을 전개하여 얻은 皇位는 태종에게 있어 중대한 사건이라는 것은 말할 나위 없다. 따라서 당태종은 당왕조의 무궁한 발전이라는 과제를 안게 되었고, 이 과제를 해결하려는 여러 가지 방략을 모색하는 사정에서 同 詔勅이 제정된 것이다.

둘째, 당태종이 傳統的인 정치 이상인 封建을 구현하려는 사정에서 동 조칙이 출현하였다. 다소 陳腐한 이야기이지만, 世民은 武功의 別館에서 탄생하였을 때에, 별관 밖에서 二龍이 3일 동안 遊戱하였다. 그 때 善相者가 李淵에게 貴公은 貴子를 가질 것이라고 하였고, 세민을 보고 龍鳳의 자태·天日之表가 있어 나이 20세가 되면 반드시 濟世·安民할 것을 예견하였다.[5]

2) 『舊唐書』 卷2, 太宗 上, p.37; p.40. p.41.
3) 田振庄 「古鏡金鑒的閃光」, 『論魏徵』의 諸論文 참조.
4) 상게서 同卷, p.21.

또한 당태종은 즉위할 때에, "짐은 신비한 天命에 따라 寶曆을 얻었다. …… 커다란 皇統을 贊成하여 보배로운 國祚를 융성하도록 하고 天下를 康寧하게 하겠다"[6]고 하였다. 이러한 언급을 보면, 이세민이 깊은 天命思想, 讖緯·迷信 思想을 가졌다는 것을 알 수 있다. 그리하여 이세민은 전통적인 國體, 곧 封建을 실시함으로써, 國祚의 장구함을 기대한 것이다. 따라서 春秋末이래 발전한 郡縣制를 保全하면서 군국제처럼 봉건제를 부분적으로 혼합하는 國體로 世襲刺史制를 착상한 것이다.

셋째, 당태종이 "以史爲鑑"의 역사적 경험·교훈을 실제 정치에 적용하려는 입장에서 나온 것이다. 당태종 때에는 정치사회가 안정되어 圖書의 수집 정리 그리고 찬수활동이 두드러져 많은 성과를 이루었다. 『群書治要』·『藝文類聚』 등이 그것이었다. 특히 魏徵이 總裁하여 찬수한 五代史와 令狐德棻 등이 찬수한 『五代史志』, 房玄齡이 총재하여 찬수한 『晉書』가 그것이었다. 즉, 역사 편찬의 功能에 대하여 당태종은 "箅惡彰善",[7] 위징은 "以隋爲鑑",[8] 영호덕분은 鑑戒[9]을 위하여 역사편찬을 주장하고, 각각 『晉書』, 『隋書』, 『周書』의 찬수에 참여하여 막대한 성과를 거두었다. 이처럼 역사 찬수에 관심이 컸던 당태종은 국가의 興亡盛衰·백성의 休戚에 대하여 광범하게 편람하였다. 따라서 당태종의 國祚 問題에 관심을 갖는 것은 자연스런 일이었다. 그것은 후술하는 바와 같이 長孫無忌 등이 세습자사에 대하여 극렬하게 반대하던 때에, 당태종은, "토지를 나누어 功臣을 분봉하는 것은 古今의 通誼라고 하면서, 공신들이 원망하면 强勸할 수 없다"고 하여 동 조칙을 정지시켰다는 사실로부터 보아도 명백하다. 그리하여 그는 역대로 칭송되어 온 封建에 관심을 갖고, 그 구현을 희망하여 동 조칙을 제정한 것이다.

넷째, 皇太子 承乾의 정치적 기반을 확보하려는 당태종의 조치로 보인다. 당태종의 황태자 승건은 唐高祖 武德 2년(619) 承乾殿에서 탄생하여 이름을

---

5) 同上.

6) 『唐大詔令集』 卷1, 帝王「太宗卽位冊文」, 臺灣 鼎文書局, 1972年, p.1.

7) 『晉書』 末尾, 「修晉書詔」, p.3305.

8) 『舊唐書』 卷71, 魏徵傳, p.2524.

9) 상게서 卷79, 令狐德棻傳, p.2597.

承乾이라고 하였다. 태종이 즉위하여 황태자를 삼았다. 그는 총명·민첩하여 당태종이 애지중지하였다. 당태종이 高祖의 장례 때에 輔政했는 데, 大體를 알았다. 이로부터 당태종은 行幸할 때마다 태자로 하여금 監國하도록 하였다. 그러나 태자는 長成하여 聲色을 좋아하고, 漫遊가 無度하였다. 그런데 태자는 父帝가 이런 자신의 행동을 알까 두려워하여 그 발자취를 드러내지 않았다. 또한 朝廷에 나아갈 때에나, 太子 官屬이 忠諫하면, 忠孝를 말하고 잘못을 뉘우치는 채하여, 태자의 언행을 헤아리지 못하였다.[10]

그러면 太子가 이렇게 심리적으로 뒤틀린 이유는 무엇일까?

ⓐ 황태자 승건이 患足으로 걷기조차 어려웠다.[11] 태자의 환족이 언제부터인지 알 수 없다. 다만 정관 7년 태자 때문에, 당태종은 불편한 심사를 내보였다.[12] 이 무렵 어떤 부상으로 그런 불행을 가졌을 것이다. 동생 李泰가 魏王으로 改封한 일이 정관 10년이고, 세습자사를 혁파한 후에, 당태종은 于志寧에게 뒤틀린 태자의 輔導를 간곡히 당부한 것[13]을 보면, 적어도 정관 11년 세습자사 조칙이 제정되기 이전으로 보인다.

ⓑ 한편 당태종은 영예있는 魏王 李泰를 애지중지하였다. 즉, 당태종은 그를 魏王으로 改封하고, 이전에 제수한 左武候大將軍·鄜州大都督 이외에 相州都督을 遙領하게 하였다. 또한 魏王 李泰는 선비를 좋아하고 文學을 애호하자, 당태종은 특별히 魏王府에 文學館을 별도로 설치하고, 임의로 學士를 채용하도록 하였다. 그 위에 위왕의 허리가 커서 거동이 불편하자, 작은 가마를 타고 조정에 출입하게 하는 은총까지 베풀었다. 또한 그를 武德殿에 入居하도록 하였다.[14] 이에 승건은 자신이 廢立될까 염려하여 동생 위왕을 시기하였다. 위왕 또한 그 才能에 의지하여 은근히 奪宗의 계책을 가졌다. 이에 太子·魏王은 각자 朋黨을 만들어 양자 사이에 모순·대립하였다.

ⓒ 태자는 太常寺 樂人으로 그 자태가 아름답고 가무를 잘하는 稱心을 총

---

10) 상게서 卷76, 太宗諸子傳, p.2648.

11) 상게서 동권, 동전, p.2648.

12) 『資治通鑑』 卷194, 唐紀 10, 太宗 貞觀 7年條, p.6104.

13) 『舊唐書』 卷78, 于志寧傳, p.2694.

14) 상게서 卷76, 太宗諸子傳 pp.2653-4.

애하였다. 이에 태종은 대노하여 稱心 등을 주살하였다. 태자는 위왕이 이 사건을 고발했다고 생각하여 그를 더욱 증오하였다. 아울러 稱心을 위해 東宮에 喪所·墓所를 만들고 官職을 追贈하였으며, 木碑를 세워 애도하였다. 태자는 이로부터 稱病하여 朝廷에도 나가지 않았고, 무절제한 技樂·鼓舞에 빠졌다.[15] 于志寧·孔穎達 등이 『諫苑』을 獻書하는 등 輔導를 담당하였으나, 태자는 정관 17(642)년 폐위되고, 晉王 李治(高宗)가 옹립되었다.

이상의 여러 사정에서 보면, ① 당태종에게 後嗣 問題는 절망적이었다. 자식 잘못 둔 애비로서의 고충·번뇌가 컸을 것으로 인간적인 동정심이 간다. 결국 당태종은 불우한 태자를 동정하여 世襲刺史라는 時宜에 알맞지 않는 조치를 취한 것으로 이해된다.

② 반면에 당태종은 魏王 李泰를 총애하여 그 자신이 右翼을 만들어 奪宗했던 文學館을 설치하도록 하고 學士를 스스로 임용하게 하였다. 이것은 위왕 이태에게 탈종도 가능하다는 암시를 준 셈이었다. 또한 당태종은 태자의 무도한 행위에 대하여 위왕 이태를 武德殿에 들어와 거주하도록 한 사실은 名分上 종묘사직을 위한다는 것이겠지만, 위왕 이태에게 황위계승자임을 확인한다는 오해를 불러일으킬 수 있어서 비인도적인 측면이 있다. 실제로 황태자 승건은 파락호의 행위를 구사하였고, 마침내 위왕 이태와의 일전을 모색하려는 모반사건이 탄로되기도 하였다. 당태종은 승건·이태 대신에 晉王 李治(高宗)를 옹립함으로써, 사건은 일단락되었다.

그러면 세습자사 조칙이 나오기까지 전개된 몇 차례의 봉건 논의에 대하여 살펴보자.

(1) 제 1차는 武德 9년(626) 11월 唐太宗이 尙書左僕射 封德彝와의 대화에서 보인다. 즉, 당태종이 즉위한 직후에 侍臣에게, "宗子, 곧 諸王을 봉건하는 것이 천하를 다스리는 데에 편리하느냐"고 물었다. 그는 역대 帝王들이 장구한 國祚를 희망한 것처럼, 儒家思想에 입각하여 諸王의 봉건을 회상하고 重臣들의 의사를 탐색한 것이다.

이에 尙書右僕射 封德彝는 다음과 같이 의견을 제시하였다. 先代(唐高祖)

---

15) 상게서 同卷, 同傳, p.2648.

때에는 九族의 篤睦을 도모하고, 왕조의 藩屛을 튼튼하게 하고자, 從弟·조카 심지어 어린애까지 수십명을 郡王으로 책봉하였다. 이 사실이 봉건 원칙에 벗어난다는 것이다. 그것은 ⓐ 封建은 황제의 아들·친형제에 국한되어 왔다. ⓑ 封王하면 役力을 많이 지급해야 한다. ⓒ 先代의 무분별한 봉건은 천하를 私事롭게 經營함이요, 특히 國務를 至公的으로 다스리는 道理가 아니다. 따라서 封建은 불편하다[16]고 주장한 것이다.

이때에 봉덕이의 발언은 사리에 합당하였다. 따라서 당태종은 天下란 백성을 근본으로 삼아 다스려야 하는 것인데, 도리어 그들을 수고롭게 하여 황실의 至親을 기를 수 없다고 단정하였다. 따라서 당태종은 봉건의 문제점을 알면서도 부득이 봉건을 추진한 것이다. 아울러 당태종은 고조 때에, 봉왕한 종실에 대하여 有功한 수명만의 王爵을 보전하도록 하고, 나머지는 縣公으로 낮추었다. 이러한 당태종의 조치는 봉건 원칙을 준수하고, 국가의 재정을 고려한 것은 물론, 자신이 玄武門의 사건을 통하여 즉위하고 공신들에게 막대한 食實封을 지급한 사실을 감안하여 이루어진 것이라고 생각한다. 실제로 당태종은 裵寂 1,500호, 長孫無忌 1,300호를 비롯하여 모두 43명에 31,000호에 달하는 封戶를 지급하여 국가의 재정에 과중하다고 아니할 수 없었다. 또한 淮安王 李神通이 공로에 대한 포상의 불만까지 있었다.[17]

이 食實封은 封戶의 租庸을 功臣이 收取하는 제도로 武韋時期에 많은 政變이 발생하여 공신에게 論功行賞하는 先例가 되었다. 또한 이 문제에 관하여 礪波護씨는 濫官·官僚機構와 함께 중국 특유의 지주전호제 및 관료제의 전개과정을 명확히 하였다.[18] 아울러 吳澤·袁英光·齊陳駿씨는 등은 士族·庶族政權이라는 唐前期 정권의 성격에 대하여 정리하고 있다.[19] 본고는 다만

---

16) 『資治通鑑』 卷192, 高祖 武德 9年 10月條, p.6025.

17) 『舊唐書』 卷57, 劉文靜傳, p.2294.

18) 礪波護(도나미 마모루)는 「隋の 貌閱と唐初の 食實封」, 『唐代政治社會史研究』, pp.282-3에서 ① 隋의 貌閱에 큰 효과 없었다. ② 食實封이 성행하였다. ③ 京畿地方, 洛陽地方에 승려·환관·귀족에 토지의 집중을 들어 個別人身支配說을 비판하였다.

19) 梁淼泰는 「關于唐初政權的幾個問題」에서 吳澤·袁英光은 「初唐政權與政爭的性質問題－唐初武德貞觀年間的階級鬪爭與統治階級內部鬪爭」(『歷史研究』 1964-2); 齊陳駿의 「試論隋和唐初的政權－與吳澤袁英光兩同志商榷」(『歷史研究』 1965-1)의 논

당 초기의 봉건 논의만을 살펴보려는 의도로 작성하였기 때문에, 封戶나 政權의 性格 논쟁은 유보한다.

(2) 제 2차는 貞觀 2년(628) 7월 당태종은, "짐의 자손을 장구하게 하고자 한다. 社稷을 영구히 안정하게 하는 理致는 무엇인가"라고 물었다.

이에 대하여 中書令 蕭瑀는, "國祚를 長久하게 하는 데에는 諸侯를 封建하는 것만 같지 못합니다. 秦은 六國을 倂呑하여 제후를 혁파하고, 守令을 설치하여 二代로 亡하였습니다. 漢이 천하를 소유하고 郡國을 창건하여 400년간 지속되었습니다. 魏晉은 이를 폐하여 능히 영구하지 못하였으니, 封建의 法度를 잘 실행하는 것이 가능할 것입니다"[20]고 대답하였다.

여기서 소우가 군현제보다 봉건을 선호하여 추천한 것은 그 자신이 유학을 학습·구현하려는 의도이었다. 그것은 그의 부친 後梁 明帝(蕭巋)가 사망하였을 때에, 효성이 높았다. 또한 그는 劉俊이 「辯命論」을 제출하여 儒家의 天命을 비판한 것에 대하여, 「非辯命論」을 제출하여 先王의 가르침을 손상하고, 性命의 이치를 미혹시켰다[21]고 비평하였다. 이런 그의 履歷으로 보면, 그가 비록 개인적으로는 佛教를 신앙하였지만, 隋末·唐初에 유학자로 처신한 것이다. 『資治通鑑』에서는 이로써 당왕조에서 國祚에 관련하여 封建 論議가 시작되었다[22]고 하였지만, 사실은 앞항과 같이 이미 한 차례의 논의를 거쳤다. 필자는 일찍이 故민두기 교수님께서 봉건을 國祚에 관련시켜 포괄적으로 논설[23]하여 많은 가르침을 받았다.

(3) 제 3차는 정관 5(631)년 10월 당태종이 백관들에게 봉건을 논의하도록 하였다. 이때 論者는 李百藥·魏徵·顏思古 등이 참여하고 있다.

먼저 李百藥은 禮部侍郎에 올라 장차 봉건제후를 책봉하는 동향이 나오자, 長文의 「封建論」을 제출하여 봉건을 배격하였다. 이를 요약하면 다음과

설(庶族地主政權)에 대하여 庶族地主가 士族地主를 代替하여 지배적 지위를 점한 것은 武周政權에서 시작된다고 하였다.

20) 『資治通鑑』 卷192, 唐紀8, 太宗 貞觀 元年 7月條, p.6037.

21) 『舊唐書』 卷63, 蕭瑀傳, pp.2398-9.

22) 상게 『資治通鑑』, p.6037.

23) 閔斗基, 「中國의 傳統的 政治像」-封建郡縣論議를 中心으로- 『中國近代史研究』 p.170.

같다.

① 국가를 경영하고 백성을 보존함에는 제왕의 통상적인 제도가 있다. 통치자는 누구나 왕업을 장구하도록 하려고 하지만, 天命의 曆數는 각기 다르고 나라마다 理亂의 차이가 있는 것은 많은 書冊에서 볼 수 있다.

② 西周는 封建하여 宗子維城으로 王統을 반석같게 하고, 근본을 공고하게 하며, 줄기와 가지가 서로 의지하게 하여 逆節이 일어나지 않고, 종묘의 제사가 끊이지 않게 되었다. 그러나 수대를 지난 후에, 제후가 先業의 간난을 잊고, 淫虐·敎唆하여 본분을 지키지 않았으며, 서로 원수가 되어 昭王은 南征하다가 실패하였다. 平王은 마침내 東遷하여 핍박받았고, 天神에의 제사조차 지내지 못하였다.

③ 秦氏는 옛것을 스승으로 삼지 않아 先王의 도리를 버리고, 守令을 설치하였으나 二代로 亡하였다.

④ 폐하께서는 장차 五等을 복구하려 하고 있다. 그러나 그것은 漢魏이래 폐단이 아직 남아 있고, 至公의 도리는 바뀌었으며, 秦氏는 실패하고 後魏때에는 華夷가 雜處하였다.

⑤ 隋文帝는 德이 없고 煬帝는 道理를 탕진하였습니다. 폐하께서는 寶曆을 이어 前王의 정치를 본받아 納諫하고, 饑饉과 荒廢함을 救恤하시어 백성이 안정되었으며, 사방의 오랑캐가 歸附하여 왔습니다. 이것은 폐하가 정치에 勉慮하여 名臣을 끌어들여 是非를 토론하는 등 정치에 유념하신 결과입니다. 청컨대 登封의 禮를 마친 후에, 疆域을 다스리는 제도를 정하시고, 山河를 나누어 褒賞하여도 늦지 않을 것입니다. 『易』에서 "天地가 가득차고 비워지는 陰陽의 理致는 天時에 따르는 것입니다. 하물며 사람이 그것에 따르지 않을 것입니까"라는 언급[24]을 인용하여, "인간사는 마땅히 그것에 따라 天道에 근거하여 정해야 하는 것입니다. 지금 논의되고 있는 封建도 그것에 따라야 할 것입니다"[25]고 반대하였다.

따라서 그의 의사는 다음과 같다.

ⓐ 이상적인 봉건은 정치기강과 대의명분이 무너지면 다시 세울 수 없다.

---

24) 白殷基 譯註, 『周易本義』 下經 豊, 서울 여강, 1999年, p.157.

25) 『舊唐書』 卷72, 李百藥傳, pp.2272-6.

ⓑ 秦이래 봉건은 무너져 郡縣으로 代替되었으며, 華夷가 혼합하여 다시 봉건을 실시할 수 없다.

ⓒ 폐하께서는 납간, 구휼, 소수민족의 歸附로 至治를 이루어 제도를 개선할 필요 없다.

ⓓ 현재 天時, 곧 天理상에서 볼 때에도 봉건을 실시할 때가 아니다.

결국 이백약은 시대에 뒤진 봉건 논의를 中止하는 것이 順理일 것임을 지적하려 한 것이다.

그리고 魏徵은 다음과 같은 5개항의 반대의견을 제출하였다.

⑴ 수말의 반란으로 말미암아 백가지 재앙이 함께 일어났고, 백성이 도탄에 빠져 10분의 1도 남지 않았다. 이제 겨우 안정을 되찾았는데, 하루아침에 제후, 곧 봉건을 시행하면, 백성이 안정을 얻지 못하여 혹은 도망갈 것입니다.

⑵ 제후를 세우면 그에 따라 마땅히 祀廟를 세우고, 威儀 등의 禮樂·文物을 갖추어야 할 것입니다. 만약 이를 회피하여 부족하면 理致上 불안해 질 것이고, 대략 거칠게 다스리면 나라의 일에 여유가 없게 될 것입니다.[26]

⑶ 만약 諸侯를 封建하면, 卿·大夫가 모두 俸祿을 밑바탕으로 할 것이니, 반드시 많이 거두어 들여야 할 것입니다.

⑷ 京畿 地方의 賦稅는 많지 않아 畿外에서 그것을 마련해야 할 것입니다. 만약 國邑을 封하면 經費가 다하여 부족할 것입니다.

⑸ 燕·秦·趙·代의 地方은 모두 外夷가 거처하여 만약 危急한 사태가 발생하면 內地에서 병사를 징집하여야 할 것이기에 어려울 것입니다.[27]

經世家 魏徵은 국가의 財政·軍事上의 문제, 곧 갑작스런 제도 변경으로 백성이 불안·도망, 세역의 증대 그리고 북쪽 남하에 대한 방비의 어려움 등을 들어 반대한 것이다. 특히 그는 『隋書』의 찬수자로 隋文帝의 諸子 封建이 실패한 사실을 잘 알고 있었기 때문에, 무리한 봉건을 경계하려 한 것이다.

한편 顔思古는 李百藥·魏徵과는 달리 封建을 찬동하였다. 즉,

① 封建은 天地 調和의 기밀이요, 深遠한 妙策으로 다스리는 要諦이다.

---

26) 상게서, 卷71, 魏徵傳, pp.2550-1.

27) 『資治通鑑』 卷193, 唐紀 9, 貞觀 5年(631) 10月條, p.6089.

② 다만 古今의 異俗·文質, 곧 문장의 화려함과 수수함 등의 차이가 있고, 헛된 名義가 온존하여 졸속하게 州縣制를 封建制로 개혁하는 것은 불합리하다.

③ 封建의 實效를 얻으려면, (a) 그 遠近을 헤아려 王國을 分置하고, 그 戶邑을 均等하도록 하여 强弱이 서로 구제하게 하며, 疆域을 誇大하지 않게 하여 州縣과 雜錯시켜 維持하도록 함으로써, 길이 傾奪할 수 없게 한다. 그리고 각각 그 境界를 지켜, 同心·協力하도록 하면, 충분히 京室의 陛下를 扶持할 것입니다. (b) 諸子를 각 封國에 就任하도록 하고, 官僚를 法에 따라 설치하여 威刑·朝貢·禮義를 恣意로 改作할 수 없게 하는 법령을 갖추어 시행하면, 萬歲에 永久할 것입니다.[28)]

따라서 顔思古는 李百藥·魏徵과는 달리 儒家의 經典에 精通한 학자로 儒家의 教說인 封建을 補强하여 운영하면 實效를 거두리라는 주장이었다.

이상과 같이 당태종과 봉덕이 사이에 봉건의 편리여부에 관한 문답으로부터 國祚 문제에 관련하여 봉건 논의가 전개되었다. 蕭瑀는 전적으로 봉건을 주장하였다. 顔思古는 봉건을 政治의 要諦라 하여 봉건 구역을 균등하게 하고, 州郡과 雜錯하는 등의 규정을 보완한 조건부 봉건을 찬성하였다. 반면에 魏徵은 軍事·財政의 문제를 들어 반대하고, 李百藥은 西周 封建이 근본상 타당하나, 큰 폐단이 있었고, 秦은 그것을 폐기하여 短祚하였으며, 현실 정치의 艱難은 名臣의 보좌로 개선하는 것이니, 봉건은 非順理라고 배격하였다. 당태종은 안사고의 의견을 수용하고, 諸王·功臣은 마땅히 藩屛으로 出鎭시켜 그 자손이 큰 사고가 없으면 축출·면제시킬 수 없다고 결정하였다. 아울러 이 일에 대한 條例를 명확히 밝히고 등급을 정하여 내 들도록 하라고 지시하였다.[29)]

그 후 곧바로 봉건 제후에 관한 규정이 정비되어 시행하는 명령만 남아 있었다. 그런데 貞觀 6년에 監察御史에 승진한 馬周는 封建에 관하여 자신의 의견을 개진하였다. 즉,

(1) 폐하는 安存·富貴한 까닭을 생각하고, 봉건을 시행하려 하지만, 마침

28) 『全唐文』 卷147, 顔思古 「論封建表」, pp.1875-6.

29) 『資治通鑑』 卷193, 唐紀 9, 唐太宗 貞觀 5年 11月條, p.6089.

내 후손이 驕慢·愚昧해져 백성과 나라는 災殃을 입을 것이다.

(2) 반드시 分封할 것이라면, 그 資質·品行이 있는 자를 보내야 어려움을 극복할 수 있다고 하여 봉건 실시의 再考를 촉구하였다. 이러한 馬周의 주장에 대한 당태종의 응답은 보이지 않는다. 다만 그의 「上太宗疏」의 末尾에, 당태종이 "深納之", "久之稱之"라는 표현[30]은 적잖은 폐단이 있는 봉건을 가지고 중대한 國體 問題를 다루려면 좀 더 검토해 보아야 한다는 입장이었던 것 같다. 그것은 이 문제가 5년동안 보류된 채로 남아 있었기 때문이었다. 그런데 당태종 정관 11년 6월 諸王과 功臣에 대한 세습자사 조칙이 반포된 것이다. 저간의 상황은 명확하지 않다. 앞서 말한 바와 같이 황태자 承乾의 患足에 대한 당태종의 좌절, 차선으로 魏王 李泰에게 관심을 두고 그에게 문학관 개설, 武德殿에 들어와 거주하도록 한 사실을 보면, 당태종의 착잡한 심경을 이해할 수 있다. 따라서 동 조칙은 嫡統의 황위계승을 시켜야 後嗣·國祚 問題를 해결할 수 있다는 당태종의 최종 결심으로 시행하려 한 것이다.

3. 同 詔敕의 內容과 그 含意

가) 동 조칙의 내용

당태종은 정관 11년 6월 乙巳, 戊辰 諸王과 諸功臣에 대한 世襲刺史 詔勅을 頒布하였다. 동년 동월 乙未에 高祖와 자신의 諸子 21명에 대하여 世襲刺史 詔勅을 요약하면 다음과 같다. 즉,

① 受命한 天子의 道理는 각각 다를지라도 官職을 설치하여 天下를 掌握하고 藩屛을 세워 황실을 돕게 하는 것이다.

② 정치가 義로우려면 賢明한 親族을 崇尙하는 것이고, 그렇게 해야만 나라가 무궁하게 발전하는 것이다.

③ 짐은 皇業을 잇고 성취하기 어려워 聖賢의 方途를 참조하고, 魏晉을 짐작하여 封建을 시행코자 한다. 賢明한 者는 代代로 尊崇된다는 사실을 드러내고, 그것을 모범으로 삼아 후손이 모방하는 방도로 삼아라는 것이다.

---

30) 『舊唐書』 卷74, 馬周傳, pp.2613-4, p.2618.

이상과 같은 당태종의 意志와 原則에서 세습자사 21명을 지명하였다. 예컨대 荊王 李元景의 地位는 옛 周公 姬旦·召公 姬奭과 같다. 刺史의 임무를 맡은 자는 그 자손으로 하여금 대대로 이어 世襲하도록 하여라. 또한 荊州都督 衡王 元景, 揚州都督 漢王 元昌, 徐州都督 徐王 元禮, 潞州都督 韓王 元嘉, 遂州都督 彭王 元則, 鄭州刺史 鄭王 元懿, 絳州刺史 霍王 元軌, 虢州刺史 虢王 鳳, 豫州刺史 道王 元慶, 鄧州刺史 鄧王 元裕, 壽州刺史 捨王 元名, 幽州都督 燕王 靈夔, 蘇州刺史 許王 元祥, 安州刺史 吳王 恪, 相州都督 魏王 泰, 齊州都督 齊王 祐, 益州都督 蜀王 愔, 襄州刺史 蔣王 惲, 揚州都督 越王 貞, 并州都督 晉王 某(治), 秦州都督 紀王 愼 등도 같다.[31]

그리고 諸功臣을 세습자사에 지명한 동 조칙을 요약하면 다음과 같다.

① 周武王은 王業을 정하고 子弟를 分封하여 사직을 세웠다. 漢高祖는 天命을 받고, 功臣을 보존한다는 誓約을 하였다. 이는 왕조의 기반을 藩屛에 의지하여 굳히려는 의도이었다.

② 魏晉이래 옛것을 본받지 않았기 때문에, 封建의 名實이 괴리되어 왕실에 도움이 되지 못하였다.

③ 짐은 王朝를 열고 隋末의 반란을 평정한 것이고, 繼位하여 英特·賢明한 신하의 보좌를 받아 천하를 肅淸하였다.

④ 지금의 刺史는 곧 옛 諸侯인 것인 데, 이제 그 이름을 세우는 것은 統一을 살피려는 것이다. 따라서 有司에서는 앞 시대의 규정을 참조하여 諸規定을 정하여 실행하고, 賢德한 자는 대대로 尊崇된다는 사실을 드러내고, 그것을 모범으로 삼아 모방하는 방도로 삼도록 하였다.

이러한 背景과 原則에서 功臣중에서 세습자사 14명을 지명하였다. 예컨대, 司空·齊國公 長孫無忌는 공로를 세우고, 의롭게 休戚을 다하여 짐을 보좌하였다. 이제 마땅히 藩鎭을 위임하여 영토를 하사한다. 그에게 준 官職·食邑은 이전과 같다. 子孫이 代代로 이어 世襲하도록 하라. 그리고 長孫無忌(趙州刺史, 趙國公), 房玄齡(宋州刺史, 梁國公), 杜如晦(密州刺史, 萊國公), 李靖(濮州刺史, 衛國公), 高士廉(申州刺史, 申國公), 侯君集(陳州刺史, 陳國

31) 상게서 卷64, 高祖二十二子傳, pp.2424-5.

公), 李道宗(鄂州刺史, 江夏郡王), 李孝恭(觀州刺史, 河間郡王), 尉遲敬德(宣州刺史, 鄂國公), 李勣(蘄州刺史, 英國公), 段志玄(金州刺史, 褒國公), 程知節(普州刺史, 盧國公), 劉弘基(朗州刺史, 夔國公), 張亮(澧州刺史, 陨國公) 등도 같다.[32)]

이상과 같은 詔勅이 頒布되자, 長孫無忌·房玄齡 등 諸功臣이 반대했고, 于志寧·馬周 등이 그 개선을 촉구하였다. 즉,

⑴ 장손무기 등은 자신들이 폐하를 섬겨 艱難을 극복하고, 지금 천하가 統一·安定되어 있다. 京師에서 떠남을 원하지 않는다. 代代로 州牧이 되어 나간다면 移住하는 것이라고 반대하였다.

⑵ 장손무기는 거듭 방현령과 함께 上表하였다. 즉, 지금 臣들을 隆盛하도록 하고자 歪曲되게 영토를 주시고, 子孫을 보전하도록 하려고 하십니다. 그러나 小人에게 分數에 넘치게 주면, 후에 반드시 재앙을 만나는 것입니다.

이러한 전제하에서 다음과 같은 네 가지 반대하는 이유를 제시하였다.

ⓐ 恩惠를 넘치게 베풀면, 紀綱이 문란해지는 사정이 史書에 누누이 보이고 있다.

ⓑ 智慧·器量이 庸劣한 자신들에게 넘치는 褒賞이다.

ⓒ 後孫이 職務를 맡아 法度를 犯하고, 백성을 요란하게 하여 마침내 誅戮을 免할 수 없을 것이다. 陛下는 仁慈하시지만, 後嗣가 단절될 것이니 애처로운 일이다.

ⓓ 현재 황제는 賢德者를 모아 정치를 안정하도록 하였으니, 자신들이 정치 사회적 弊端 또한 구제할 수 있다는 것이다. 또한 이들은 봉건의 실시로 손실이 많을 것임을 말하고 있으니, 통촉하여 性命을 보존하도록 하는 은혜를 내려 주시라[33)]고 청구하였다.

⑶ 于志寧은 당태종이 공신들을 세습자사에 임명하자, 그는 封建이란 古今의 특수한 일로 久安의 道理가 아님을 上疏하여 諫爭하였다. 그 내용을 구체적으로 찾아볼 수 없다. 다만 그 당시 모든 논자들이 그의 議論을 따랐

32) 상게서 卷65, 長孫無忌傳, p.2549.

33) 상게서 同卷, 同傳, p.2450.

다[34]고 하였으니, 그 논의가 설득력이 있었던 것 같다.

⑷ 馬周는 「陳時政疏」를 올려 封建의 폐단을 지적하였다. 즉,

ⓐ 國祚는 통치자의 節儉·積德에 달려 있다. 요사이 遙·兵役이 많아 1/10로 輕減하여야 한다. 백성이 원망하면 盜賊이 되고, 도적이 많아지면 叛亂이 일어나는 것이며, 마침내 나라의 滅亡은 시간문제이다. 貞觀 初에 保民한 것처럼 해야 한다.

ⓑ 諸子는 大國에 封하고, 封戶가 적지 않으며, 衣食仕上 豪奢하고, 매년 우악스런 하사를 하니, 富貴하지 않다고 할 수 없다.

ⓒ 통치자는 백성을 根本으로 해야 한다. 賢德者를 妙選하여 파견하여야 한다. 지금 백성이 불편하여 원망하는 것은 刺史·縣令에 武夫·勳人이거나, 京官으로 不稱職者가 파견되기 때문이라는 것이다.

馬周의 정성스런 上疏를 감탄하여 당태종은 매우 칭찬하였다.[35]

결국 이들의 見解는 다음과 같다.

⑴ 封建이 國祚 久安의 도리가 아니고, 그것은 통치자의 修德과 安民에 관련되어 있다.

⑵ 小人·器量이 없는 자에 넘치게 포상할 수 없으며, 그 후손이 교만·우매하여 국가와 백성에게 손해를 끼친다.

⑶ 정치는 賢德者가 안정시켜야 하는 것이니, 지금 州縣 長官에 파견되어 있는 武夫·勳人 등의 善政하지 못한 자에 대한 처리가 시급한 일임을 지적한 것이다.

이에 당태종은 장손무기·방현령·마주 등의 上表를 열람하고, "토지를 나누어 功臣을 封建함은 古今의 通義요, 朕의 의사는 諸公의 後嗣로 하여금 朕의 子孫을 돕게 하여 길이 藩屛이 되게 하여 사직을 영구히 傳하도록 그대들과 山河로써 誓約을 하려 한 것이다. 그대들이 怨望을 말하니, 朕 또한 어찌 諸公에게 영토를 강제하랴" 하고, 同 詔敕을 停止시켰다.[36]

---

34) 상게서 卷78, 于志寧傳, p.2694.

35) 상게서 卷74, 馬周傳, pp.2613-8.

36) 상게서 卷65, 長孫無忌傳, p.2651; 『資治通鑑』 卷195, 唐紀11, 太宗 貞觀 13年(639) 2月條, p.6146.

나) 同 詔勅의 含意

당태종의 諸王·功臣에 대한 封建은 근본적으로 患足인 황태자 李承乾의 정치적 기반을 세우려는 의도로 반포·실행하였다. 아울러 당태종은 정관후기에 들어와 해이해진 정치 사회의 기강을 개선하고, 지방행정을 쇄신한다는 의도를 가졌다. 이에 동 조칙을 당초기의 정치 사회 군사 등의 문제와 관련시켜 살펴보자.

▎諸王世襲刺史表▎

NO	人名	父母	封建區	唐初軍府	領縣數	戶數	人口	郡四姓
1	荊王元景	高祖莫嬪	荊州都督	大都督府	7縣	10,260	40,958	吳程史龔
2	漢王元昌	高祖孫嬪	梁州都督		6縣	6,625	27,567	宋張喬
3	徐王元禮	高祖郭倢好	徐州都督		7縣	9,366	55,428	劉袁朱張
4	韓王元嘉	高祖宇文昭儀	潞州都督	大都督府	10縣	25,707	116,391	鮑樊上官
5	彭王元則	高祖王才人	遂州都督	總管府	5縣	12,977	66,469	
6	鄭王元懿	高祖張寶林	鄭州刺史		7縣	18,793	93,937	鄭毛潘陽
7	翟王王軌	高祖張美人	絳州刺史	總管府	7縣	24,565	113,000	裵柳薛呂
8	虢王鳳	高祖楊美人	虢州刺史		6縣	7,400	31,900	楊劉姜晉
9	道王元慶	高祖劉倢好	豫州刺史	大都督府	10縣	21,968	102,079	盧祖范張
10	許王元祥	高祖楊嬪	許州刺史		7縣	15,715	72,229	陳鍾許韓
11	鄧王元裕	高祖崔嬪	鄧州刺史		7縣	4,754	18,215	張趙何韓
12	舒王元名	高祖小楊嬪	壽州刺史		5縣	2,996	14,718	
13	燕王靈夔	高祖宇文昭儀	幽州都督	大都督府	10縣	21,968	102,079	盧祖范張
14	吳王恪	太宗楊嬪	安州都督	都督府	6縣	6,338	26,519	
15	魏王泰	太宗皇后	相州都督	總管府	11縣	5,000	33,000	申栢暢長
16	齊王祐	太宗徐妃	齊州都督		8縣	3,580	18,593	史左宋甯
17	蜀王愔	太宗楊妃	益州都督	總管府	10縣	117,889	740,312	郗文費任
18	蔣王惲	太宗王氏	襄州刺史	大都督府	7縣	8,957	45,195	
19	越王貞	太宗燕妃	揚州都督	大都督府	7縣	47,874	200,936	戴高盛游
20	晉王某	太宗皇后	幷州都督	大都督府	13縣	20,889	85,090	王武郭溫令狐
21	紀王愼	太宗韋妃	秦州都督	大都督府	5縣	5,724	25,073	權趙尹姜
					158縣	388,559	1,988,030	

❙ 功臣世襲刺史表 ❙

NO	人名	封建區	食實封	封爵	領縣	戶數	人口	郡四姓
1	長孫無忌	趙州	1300호	趙國公	9현	11,819	60,079	李陸
2	房玄齡	宋州	1300	梁國公	10	10,103	53,720	
3	竇如悔	密州	1300	萊國公	4	4,652	23,900	許耿紀
4	李靖	濮州	400	衛國公	5	5,200	27,135	徐 慶房袁
5	高士廉	中州	700	申國公	3	4,729	23,016	
6	侯君集	秦州	1000	陳國公	6	6,367	30,961	
7	李道宗	鄂州		江夏王	5	3,754	14,615	潘黃喩
8	李孝恭	觀州	1200	河間王	7	10,135	52,141	史雍芮華
9	尉遲敬德	宣州	1300	鄂國公	9	16,937	72,753	黃賁
10	李績	蘄州	900	英國公	4	10,612	39,678	
11	段志玄	金州	400	褒國公	6	14,091	53,029	
12	程志節	普州	700	盧國公	4	15,840	67,320	孫任陶曹
13	劉弘基	朗州	900	夔國公	2	2,127	10,913	
14	張亮	澧州		鄖國公	4	3,474	25,826	
					76	119,840	555,086	

圖表로부터 35명의 諸王·功臣 世襲刺史의 履歷, 歷史 地理的 사정을 살펴 보자.

가) 21諸王의 封建區域과 그들의 출신, 唐 初期 軍府의 상황을 보면, 다음과 같다.

(1) 諸王 21명중에 高祖의 아들이 13명, 太宗의 아들이 8명이었다. 高祖의 22子는 太穆皇后 등 후비 18명의 소생으로 그 가운데 13王은 宇文昭儀의 2子, 莫嬪·孫嬪·崔嬪·楊嬪·小楊嬪·郭捷好·劉捷好·楊美人·張美人·張保林·王才人의 각 1명씩 이었다.[37] 그리고 당태종의 14子는 長孫皇后를 비롯한 后妃 9명의 소생으로 그 가운데 8王은 長孫皇后·楊妃 각각 2子; 陰妃·燕妃·韋妃·王氏 각 1子 등이었다.[38] 당태종이 諸王중에서 선발한 이들 諸王 세습자

37) 상게서 卷64, 高祖二十二子傳, pp.2413-4, pp.2423-33.

38) 상게서 卷76, 太宗諸子傳, p.2647, pp.3650-64.

사는 앞서 말한 것처럼, 姬旦·姬奭과 같고, 『詩』·『禮』에 정통하며, 材藝가 있어야 한다는 原則 아래에서 선발되었다.

(2) 唐 初期의 州府는 360 내외로 알려져 있다. 처음 북제 문선제가 州郡縣을 통폐합한 사실로부터 수문제 때에, 郡을 혁파하여 州縣制로 조정하였고, 隋煬帝는 州를 郡으로 개편하였으며, 唐政權이 각지의 群雄을 平定 혹은, 歸附받아 州를 설치한 것이다.

ⓐ 35 諸王·功臣 세습자사 구역(이하 封建區) 가운데에서 秦, 陳, 荊, 朗, 澧, 鄂, 蘄, 宋, 襄, 安 등 10州는 房彦柏, 薛擧, 蕭銑, 王世充을 평정하고, 唐高祖 武德 元年부터 同 4년까지, 張志節, 杜伏威의 歸附로 趙, 壽, 宣州를 각각 설치하였다. 나머지 12州가 隋의 郡을 개편한 셈이다.

ⓑ 唐 初期의 群雄을 평정하고 통일하는 과정에서 總管府 80여곳으로 大總管府는 武德 5, 6년에 益·幽州 등이 설치되었다. 동 6년부터 (大)總管府를 (大)都督府로 대체하였다. 이러한 軍府의 개편은 순수한 行政體系로 전환한 것이다. 즉, 州縣의 구역을 재조정하고 要地의 도독부 32곳만 남겼으며, 나머지 모두를 일반적인 州로 개편하였다.

ⓒ 魏王 李泰의 『括地志』, 『新唐書』 「地理志」에 보이는 32(대)도독부는 諸王 封建區와 13都督과 겹치고 있다.(40%) 이들 13봉건구 안에는 北周·隋王朝에서 중시한 幷, 荊, 益, 幽州 이외에, 唐 初期부터 중시된 潞州의 5大州는 정치군사적 주요 지역이 諸王의 봉건구로 포함되고 있다. 이것은 태종이 同詔勅을 중시한 의도를 명확히 반영한 결과이었다. 물론 이런 결과는 봉건구의 均等化를 주장한 顔思古의 의사와는 큰 차이가 있었다.

ⓓ 이런 봉건구와 일반 府·州와의 상호 통속관계는 없었다. 즉,

㉠ 안사고가 봉건구를 일반적인 府·州와 雜錯하여 설치함으로써, 그 효과, 곧 황제의 번병 역할을 거둘 것이라고 하였다.

㉡ 柳元迪 教授는 府州의 官署 規模가 同一하고, 刺史·都督의 명칭을 混用하였으며, 刺史·都督 官銜의 虛名化 하였고, 刺史·都督의 職務 類似하였다고 정리하였다. 특히 府兵의 中央軍化로 말미암아 지방관에게 군사권이 없다는 등의 관점에서 그 통속관계가 없다[39]고 명확히 증명하였다.

㉢ 武則天 이후 律令官制가 현실과 괴리되어 開元 년간에 지방행정의 감

찰을 전담하는 採訪處置使의 등장으로 말미암아 형식상 都督의 州縣을 감독하는 일은 끝났다[40]고 하였다.

필자는 柳教授의 탁견을 수용한다. 다만 필자는 柳教授가 記事上 親王의 "不任經營"[41]을 인정하였으나, 사실은 그렇지 않다. 諸王 世襲刺史는 모두 唐高祖·唐太宗의 親王들이었다. 또한 앞서 말한 바와 같이 長孫無忌 등이 동 조칙을 반대한 이유가 出外한다는 이유이었다. 아울러 제왕 세습자사들은 실제로 派遣 또는 轉任되었다. 그것은 다음과 같은 몇 가지 사례에서도 나타난다.

① 荊王 李元景은 武德 8년 安州都督, 貞觀 初에 雍州牧, 동 10년에 형주도독에 파견되었다. 동 조칙에 따라 세습 형주도독에 나아간 것이다. 또한 동 조칙의 停止에 따라 鄜州刺史에 전임되었다.[42]

② 韓王 李元嘉는 정관 6년 潞州刺史에 나아갔다. 이윽고 당고조 太穆皇后 사망에, "京師에 이르러 發喪하였고", 동 17년에는 絳州刺史로 善政하였다.[43]

③ 무예가 출중하였던 霍王 李元軌는 정관 7년 壽州刺史, 동 11년에 세습 絳州刺史에 나아갔다. 또한 동 조칙이 정지됨에 따라 徐州刺史에 부임하여 善政하였다.[44]

④ 제왕의 명칭은 파견할 지역에 관한 西周 春秋 시대의 옛 국명을 사용하고, 그 국명이 다르면 改封하였다. 이원경은 趙王에서 荊王, 이태는 衛王에서 魏王으로 바뀐 것 등이 그것이었다.[45]

⑤ 만약 부임하지 않았으면 "不之官", "遙領" 등으로 明記하고 있다. 예컨대, 魏王 李泰는 정관 2년 揚州大都督, 동 5년 左武侯大都督에 나아갔지만

---

39) 柳元迪, 『唐前期 支配機構의 變貌 研究』 제4장 제4절 州와 都督部와의 통속관계, 서울, 1990年, pp.197-208.

40) 상게 柳文, pp.213-4.

41) 『唐會要』 卷69, 別駕, 臺北 世界書局, p.1215.

42) 『舊唐書』 卷64, 高祖 二十二子傳 荊王 元景傳, pp.2422-3.

43) 상게서 同卷, 同傳 韓王 元嘉傳, p.2427.

44) 상게서 同卷, 同傳 霍王 元軌傳, pp.2429-30.

45) 상게 卷64, 76, 高祖·太宗 諸子傳. pp.2313-38.

"不之官", 곧 실제로 임무를 담당하지 않았다.[46] 그리고 晉王 李治(唐高宗)는 태종의 제 9자로 정관 7년 병주도독을 "遙授"하고 長史로 하여금 대리하도록 하였다.[47]

따라서 제왕 세습자사(도독)은 西漢의 제후왕이래 봉건하였던 사정에 따라 지명·파견한 것이다. 다만 정관 11년의 봉건은 규모가 크고 많은 의논을 거쳐 당태종의 정치적 판단으로 동 조칙을 반포·실행한 것이다.

한편 西魏 二十四軍의 편성 이래 北周와 隋에서 軍隊의 中央軍化에 따라 儀同府·鷹揚府가 운영되었고, 당왕조 때에도 같은 궤도를 달렸다. 그것은 당태종 정관 10년 全國(실제는 화북지역에 국한되었지만) 634 折衝府를 중앙의 16衛에 예속시켜 군대의 系統化·機構化로 中央軍化를 달성한 것이다. 제왕 봉건구 21州(都督府)에 府兵의 절충부 75곳을 찾아볼 수 있었다. 『舊唐書』에는 보이지 않고, 『新唐書』의 자료상 軍府로 나와 있는 것이 그것이다. 필자는 과문하여 절충부 배치상황을 취급한 專論을 아직 보지 못하였다. 谷霽光씨가 제시한 통계숫자로 보면, 絳州 33府, 太原 20부, 潞州 7부를 찾아볼 수 있었다.[48] 그리고 『신당서』 幽州에 14부, 益州에 3부를 볼 수 있었다. 아울러 江淮地方 등 壽·揚州 등에는 거리상 절충부를 설치하지 않았다는 것이 일반적 상식이다. 이렇게 보면 諸王 봉건구 특히 황하 연안, 府·州 지역에는 거의 절충부가 설치되어 있었다고 생각한다.

물론 府兵, 折衝府의 운영은 정관 10년 이후 군사권의 中央化하여 세습자사(都督)는 행정장관일 뿐이었다. 따라서 府兵은 戍卒·衛卒·訓練 이외에 州縣의 명령에 따라 納稅·賦役 등에 참여하면서 생활하였을 것이고, 지방행정관은 중앙에서 파견된 折衝將軍과 그 幕僚와 협력하여 軍務를 도왔을 것이다.

그러면 21諸王 중에 13諸王이 都督으로 파견되었는데, 왜 都督이라 하였을까? 동 조칙의 명칭은 명확히 刺史이었다. 都督區는 당왕조가 중시한 곳이지만, 무엇이 근거 혹은 표준이었는가를 알 수 없다. 특히 絳州는 折衝府가

46) 상게서 卷76, 太宗諸子傳 李泰傳, p.2653.

47) 상게서 卷4, 高宗 上, p65.

48) 상게 柳文, p.186.

33개나 설치된 州이었다. 이 지역은 당왕조 수도 인근이라는 점과 관중의 요충지라는 점 등을 감안하였겠지만, 都督이라 하지 않고 刺史라고 하였다. 또한 13都督區는 歷史·地理上 중요 지역이었고, 隋末·唐初의 격동기에 대부분 총관부가 설치되어 있었으며, (대)도독부로 변경되어 이후 계속 존재하였다. 이 점에서 볼 때에, 원칙상 정관 10년 이후 군사권의 중앙화로 도독의 군사권은 없어졌겠지만, 군사권에 대한 모종의 운영상의 장치가 강구되어 있었지 않았을까 하는 의문이 있어 보인다. 따라서 세습자사를 실시하려 한 당태종은 치안 특히 절충부가 설치되지 않았던 江南에 그것을 보강하려 한 것이다.

다) 功臣 世襲刺史 이력사항

功臣 세습자사 14명의 출신은 다양하였다. 이들의 이력을 구체적으로 살펴보면 다음과 같다.

ⓐ 渤海 蓚人 高士廉의 조부 高岳은 北齊 淸河王, 곧 高歡의 從父弟로 고환정권의 유력한 宗親으로 많은 공로를 세워 王爵을 받았다. 부친 高勱는 북제 자사를 역임하고 왕작을 세습한 樂安王이었다. 淸 王鳴盛의 지적[49]한 이래 북제 종실 고씨는 기록상 발해의 郡姓이지만, 鮮卑人으로 밝혀져 있다.[50] 고사렴은 文史를 섭렵하여 재량이 있었고, 북제 출신 才名者 薛道衡과 忘年之交를 맺었다. 따라서 고사렴은 漢化胡人이었다.

특히 그의 누이가 隋 右驍衛將軍 長孫晟의 부인으로, 長孫無忌와 당태종 文德皇后를 낳았다. 이리하여 그는 당태종의 처외숙, 장손무기의 외삼촌이었다. 隋末 그는 斛斯政과 교유하였는데, 斛이 高句麗에 망명함에, 그 사건에 연좌되어 交趾의 司法書佐로 좌천되었다. 노부모를 공양코자 큰집을 팔아 충당하였다. 당고조는 蕭銑을 평정하고, 그에게 嶺南을 巡撫하도록 하였다. 당태종이 雍州牧에 나아갔을 때에, 그는 治中에 나아가 兩人은 才望·姻戚上 친밀하였다. 그는 장손무기·방현령·두여회 등과 함께 玄武門 事件을

49) 王鳴盛, 『十七史商榷』 卷68, 「高允與神武爲近屬」, 臺北 大化, 1978年, p.707.
50) 姚薇元, 『北朝胡姓考』 高氏項, 臺北, 華世, 1978年, pp.134-7.

해결하고, 당태종의 즉위에 막대한 공로를 세웠다. 정관 원년 侍中, 동 5년 吏部尙書로 韋挺·岑文本·令狐德棻 등과 함께 『貞觀氏族志』를 편찬하였다. 동 11년 당태종의 좌명공신으로 申州 세습자사에 지명 받았다.[51]

ⓑ 장손무기는 河南洛陽人으로 북위 獻文帝 第 3兄의 후손이다.[52] 부친 盛은 수 右驍衛장군이고, 누이가 당태종의 장손황후이었다. 柳芳이 말하는 『虜姓』, 곧 북방민족 관료적 문벌사족에 속하였다.[53] 그는 好學하여 文史를 섭렵하고 籌略을 잘하였다. 특히 당태종과 친밀하여 그의 출전 때마다 참여하여 공로를 세웠다. 당고조 무덕 9년 황태자 건성 등이 당태종을 공격하려 함에, 先除 攻擊을 주장하고, 房·杜를 불러 사태를 처리하고 당태종을 황태자로 삼도록 하였으며, 이윽코 옹립하였다. 그는 吏尙 尙書左僕射 司空을 거쳐 정관 11년 趙州 세습자사를 지명 받고, 여러 공신들과 함께 반대하여 정지하도록 하였다. 아울러 동 17년 晉王 李治를 황태자로 삼는 데에 결정적인 역할을 하였다.[54]

ⓒ 齊州 臨淄人 房玄齡의 부친 彦謙은 五經에 정통하여 隋의 현령을 역임하였다. 그는 經史를 널리 섭렵하고 屬文·隸書에 능하였다. 그는 당태종의 군웅평정, 현무문사건, 통치상의 큰 역할을 담당하여 이른바 「貞觀之治」를 이룬 어진 재상으로 저명하였다. 특히 그는 貞觀末 『晉書』 찬수를 總裁하였다. 정관 11년 宋州 세습자사를 지명 받았으나, 장손무기 등과 함께 반대하여 철회하도록 하였다.[55]

ⓓ 京兆 杜陵 杜如悔의 조부 杲는 북주 자사·수 상서를, 부친 吒은 州長史를 각각 역임하였다. 그는 柳芳이 말하는 關中의 『郡姓』 출신이었다.[56] 수말

---

51) 『舊唐書』 卷65, 高士廉傳, p.2444.

52) 獻文帝는 文成帝의 長子이었다. 姚微元은 長孫氏가 獻帝의 제 3兄에서 出自하였다고 하였으나,(『北朝胡姓考』 p.12) 『魏書』에 헌제의 제 3형은 보이지 않는다. 『위서』 장손숭전에는 헌제의 후손으로 되어 있다. 따라서 장손씨는 헌제의 장자 계보로 보인다.

53) 상게 柳芳의 「姓系論」.

54) 舊唐書 卷65, 長孫無忌傳, p.2449.

55) 상게서 卷66, 房玄齡傳, pp.2461-2.

56) 『新唐書』 卷199, 柳沖傳 附 芳傳의 「姓系論」, p.5678.

관직을 버리고 귀항했다가, 당태종이 入關하여 王佐의 재능을 다하여 그가 특히 「정관의 치」를 이룩하는 데에 역할을 하였다. 그는 정관 4년 사망했으나, 동 11년에 密州 세습자사를 지명 받았다.[57] 당태종은 그의 아들에게 傳授하려 한 것 같다.

ⓔ 雍州 三原人 李靖의 조부 崇義는 魏 자사, 부친 李詮은 수말 趙郡守이었다. 당고조가 기병하여 入關함에, 李靖이 당고조를 음해하려 하였다고 오해하여 살해코자 하였다. 본인이 伸理하고 당태종이 진실로 요청하여 면제되었다. 그는 당태종의 막부에서 문무의 才略을 다하여 王世充·蕭銑·輔公祏을 평정하고, 특히 突厥을 격파하였다. 정관 초에 刑部尙書·中書令·尙書左僕射를 역임하였고, 동 11년 濮州 세습자사를 지명 받았다.[58]

ⓕ 曹州 離狐人 李勣(본명은 徐世勣)은 富豪로 베풀기를 좋아하였다. 陳寅恪씨가 말한 山東豪傑 출신이었다.[59] 隋末 李密의 참모로 黎陽倉을 확보하였다. 이밀을 따라 唐에 귀부하여 왕세충·두건덕 등 산동세력을 평정하고, 돌궐을 격파하는 데에 큰 공로를 세웠다. 그는 당태종의 명장으로 幷州都督을 역임하고 정관 11년 蘄州 세습자사를 지명 받았다.[60]

ⓖ 雍州 池陽人 劉弘基는 당고조의 태원 기병 때에, 병사 2000여 명을 모집하여 참가하였다. 의심하는 王威·高君雅 세력을 격파하여 이연 집단 건설에 큰 공로를 세웠다. 그는 당태종을 따라 薛擧集團을 평정하는 등의 공로를 세웠다. 당태종 즉위하여 그는 반역자 長孫安業과 교유했다는 사실에 연좌되었다. 얼마 후 易州刺史를 거쳐 朗州 세습자사를 지명 받았다.[61]

ⓗ 齊州 東阿人 程志節은 처음 향리에서 수백명을 모아 李密의 휘하에 들어갔다. 이밀이 실패하자, 잠시 王世充에게 예우받았다. 그러나 그는 세충의 야박한 성품을 보고, 좌우 수십명을 데리고 唐에 투항하였다. 秦王府의 주요 장수로 宋金剛·竇建德·王世充을 격파할 때마다, 적진에 먼저 올라 전승한

57) 本傳에는 기록이 없고, 상게 長孫無忌傳에 보인다.

58) 『舊唐書』 卷67, 李靖傳, p.2481.

59) 陳寅恪, 「論隋末唐初所謂'山東豪傑'」, 『陳寅恪先生論文集』 上, 臺灣 九思出版社, 1978年, pp.628-9.

60) 『舊唐書』 동권, 李勣傳, p.2486.

61) 상게서 卷58, 劉弘基傳, p.2311.

忠勇者이었다. 그는 정관 중에 都督·左領軍大將軍을 역임하고, 동 11년 普州 세습자사를 지명 받았다.[62)]

ⓘ 齊州 臨淄人 段志玄은 당고조 기병에 병사 천여명을 모아 합류하여 霍邑·絳郡을 격파하고, 永豊倉을 확보하여 두건덕·왕세충 평정에 큰 공로를 세웠다. 建成과 元吉이 뇌물로 회유하자, 당태종에게 고백하고, 현무문 사건 때에, 건성을 격파하는 데에 유력하였다. 정관 초에 左驍衛大將軍을 역임하고, 동 11년 金州 세습자사를 지명 받았다.[63)]

ⓙ 朔州 膳陽人 尉遲敬德은 匈奴 출신이었다. 당고조 무덕 3년 그는 劉武周 집단으로부터 투항해 왔다. 諸將이 의심했으나, 당태종이 예우했다. 당태종이 왕세충과 싸울 때에, 경덕은 위기를 구제했고, 당태종은 경덕의 부상 치료에 지성을 다했다. 건성의 회유를 거절하고, 당태종 즉위에 막대한 공로를 세웠다. 정관 초에 右武衛大將軍·都督·刺史를 거쳐 동 11년 宣州 세습자사를 지명 받았다.[64)]

ⓚ 당고조의 從父兄子 李孝恭은 李淵이 入關하는 데에 공로를 세웠다. 그는 山南道 招撫大使로 蕭銑을 평정하고, 嶺南을 초무하였다. 그는 관대하고 겸양하였으나, 자긍심이 강했다. 정관 초에 상서·자사를 역임하고, 동 11년 觀州(德州)[65)] 세습자사를 지명 받았다.[66)]

ⓛ 당고조 종부형자 李道宗은 당태종을 따라가 劉武周를 평정하고, 정관 초에 突厥·吐谷渾 평정에 立功했다. 정관 11년 鄂州 세습자사를 지명 받았다.[67)]

ⓜ 豳州 三水人 侯君集은 꾸미는 성품을 가졌고 武勇을 뽐내었다. 당태종 막부의 장수로 반란 집단과 건성 세력 평정에 막대한 공로를 세웠다. 吐谷渾·吐番 평정에도 큰 공로를 세웠다. 정관 11년 陳州 세습자사를 지명

62) 상게서 卷68, 程知節傳, p.2504.

63) 상게서 卷68, 段志玄傳, p.2505.

64) 상게서 卷68, 尉遲敬德傳, p.2500.

65) 상게서 卷39, 地理志 二, 德州항 1509쪽에, 정관 17년 觀州의 2縣을 德州에 편입시켰다는 기사에서 관주가 덕주로 혁파되었다는 것을 암시하고 있다.

66) 상게서 卷60, 宗室傳 河間王 孝恭傳, p.2349.

67) 상게서 同卷, 江夏王 道宗傳, p.2354에는 보이지 않고, 상게 長孫無忌傳에 보인다.

받았다.[68)]

ⓝ 鄭州 滎陽人 張亮은 본래 寒賤하여 농업에 종사하였으나, 재능이 뛰어나고 節度가 있었다. 수말 서세적(이적)에게 예속되었다가 귀국하였다. 방현령·이적이 당태종에게 그를 천거했다. 건성과 원길의 동태를 감시하고자, 그를 낙양에 파견되었다. 정관 초에 회주총관·어사대부·상주대도독부 長史를 역임하였고, 동 11년 澧州 세습자사를 지명 받았다.[69)]

결국 공신 세습자사 14명은 胡漢 양민족의 貴族·寒門勢力들이 망라되어 있다. 먼저 本貫上으로 보면, 두여회, 장손무기는 胡漢의 「郡姓」, 곧 관료적 문벌사족출신이다. 당종실 출신인 이효공, 이도종, 방현령, 이정은 漢人 관료적 문벌사족출신이다. 그리고 유홍기, 정지절, 단지현, 이적, 후군집, 장량은 寒人階層으로 분류할 수 있을 것이다. 또한 高士廉과 흉노 출신 위지경덕은 장손무기와 함께 漢化胡人이었다.

또한 이들은 사회 출신상 胡漢 融合의 양상을 볼 수 있고, 「郡姓」 1명, 「虜姓」 1명을 제외하면 2류 혹은 그 이하 계층이었다. 이 점은 앞서 말한 것처럼, 吳澤 등이 말하는 庶族地主 集團으로 말할 수 있겠으나, 개념상 士·庶族(地主)이 명확치 못하다.

아울러 高門 출신보다는 次下 階層의 두드러진 진출은 북조 후기 이래 황제권 강화의 線上에서 정치 사회를 주도하던 관료적 문벌사족으로 賢才主義, 文武兩兼 등의 潮流에서 名臣, 名將으로 부각되었다고 생각된다. 또한 이러한 정치 사회적 배경에서 「貞觀氏族志」의 찬수가 이루어 진 것이다. 따라서 동 조칙이 비록 당태종이 봉건의 약점을 홀시하고 착각한 측면이 있을지라도 공신들을 통제하려는 의도가 있었다. 아울러 이들과 유사한 현재주의적 관료를 배양하고, 황제권을 강화할 수 있다는 의도가 있어 보인다.

라) 당태종의 제왕, 공신 35봉건구는 종래 문벌사족세력이 강대한 지역 혹은, 그 인접지역이라고 하여도 좋다. 따라서 동 조칙에는 당태종이 이들 세력을 국가권력에 포괄하려는 의도가 포함되어 있었다고 생각한다. 즉,

① 위의 표에서 보면, 21제왕 봉건구 가운데 17주에 郡四姓이 106姓이 있

68) 상게서 卷69, 侯君集傳, p.2510.

69) 상게서 卷69, 張亮傳, p.2515.

었고, 106姓중에 11郡姓이 보인다.(도표 작성의 편의상 각 郡의 四姓씩을 표기하였다.) 그리고 공신 봉건구 가운데 7州 27姓이 보이고, 27성 가운데 1「郡姓」(京兆 杜), 1「虜姓」(河南 長孫)이 보인다. 이 숫치는 동 조칙이 정지되기 1개월 전 정관 12년 정월에 나온『정관씨족지』에 등재된 천하의 성씨는 293姓, 1651家에 비교하면 27.6%이나 된다. 그 당시 전국의 360 府·州에 비하면 제왕·공신 봉건구역 35州는 10%이기 때문에 월등하게 이들 봉건구에 많다. 물론 이것은 隋이래 정치·군사·행정이 중시된 幽·幷·益·荊州 이외에, 潞州를 포함하는 당 초기 5大州가 제왕 봉건구에 포함되어 있기 때문에, 치안의 강화와 같은 큰 의미가 있어 보인다.

한편 정치·사회의 중심지에 戶口는 물론 관료적 문벌사족의 世居地나 本貫이 존재한다는 것은 상식이었다. 북조 후기 이래 중앙집권주의 전제정치가 추진되고 있는 사정에서 관료적 문벌사족과 그에 연결된 세력은 수당의 정계에 출로인 수도, 각지 중심 도시에 모이게 되는 것은 부득이한 일로 생각된다. 실제로 북조후기 이래 門閥主義를 부정하고, 賢才主義에 입각한 문벌 통제 정책이 꾸준히 추진되어 내려 왔다. 몇 가지 사례를 통하여 살펴보자.

ⓐ 북제 문선제는 북위 말 이래 기강이 문란하여 大族·世家가 公主에 의탁하거나 뇌물로 설치한 지방 행정기구를 합병·생략, 곧 통폐합하였다. 그 규모는 3州 153郡 585縣 2鎭 26戍에 이르렀다.[70] 이로 말미암아 冗官으로 도태된 문벌사족과 그에 연결된 세력은 嚴耕望씨가 魏晉南北朝時代의 州郡縣의 佐史·府僚는 적어도 一倍 以上이라고 하였으니,[71] 적어도 2만여 명을 헤아릴 수 있다.[72]

ⓑ 북제 후주 때에, 中正 등 佐史의 勅授, 북주에서의 지방 행정기구를 정비하였다. 이 경우는 ⓐ의 경우와 함께 지방행정은 농단하던 문벌사족과 그에게 연결되어 있었던 세력을 弱化시키려 한 것이다.

---

70)『北齊書』卷4, 文宣, p.63.

71) 嚴耕望,『中國地方行政制度史』約論, 中國中央研究院歷史語言研究所之專刊四十五, 臺北, 1963, p.905.

72) 李啓命,『隋唐官僚制의 成立과 展開』, 光州, 1995, pp.24-5.

ⓒ 西魏 蘇綽이 제시한 六條詔書 제 4조 擢賢良에 "관직에는 淸濁이 없고 선거에는 士庶가 없다"[73]는 賢才主義로부터 科擧制가 배태되는 맹아를 가져왔다. 이러한 선거 방법의 변경은 문벌주의 폐쇄성을 극복하려는 방향이었고,[74] 중앙집권적 전제주의를 관철하는 방략이었다. 따라서 종래 통치계층 문벌사족은 그들의 생활양태를 바꿔 정계에 진출하지 않을 수 없었다.

ⓓ 가장 대규모로 이루어진 지방행정기구의 개편 조치는 수문제 개황 3(583)년 破郡이었다. 楊尙希는 "十羊九牧"의 郡縣을 통폐합하여 佐史·府僚를 감축하고, 賢才를 선발할 것을 건의하였다.[75] 수문제는 종래 문벌사족에 의한 多元政治를 止揚하고, 中正制 폐지 등 황제권의 一元化를 모색·추진하였다. 산동 세력의 중심인물이었던 李德林은 鄕里制와 破郡이 산동문벌사족의 기반을 파괴할 것을 염려하여 완강히 반대하였지만, 마침내 그의 정치적 생명까지 끊어지고 말았다.[76] 결국 산동의 508郡의 혁파로 위진 이래 州郡縣 3급제가 州縣 2급제로 축소되었다. 이리하여 관료적 문벌사족과 그들에게 연결된 세력 冗官으로 적어도 6만 명이상의 관원이 도태되어 그들은 一蹶不振을 면하지 못했다.[77] 수양제 때에는 改州爲郡하고, 總管府를 혁파하였으며, 부병제를 실시하였다. 이 과정에서도 사족 세력은 冗官으로 2만여 명이 도태되었을 것이다.[78]

ⓔ 隋시대 지방행정은 폭력에 가까운 통치이었다. 예를 들면, 淸河 崔氏가 世居하는 貝州에 파견된 刺史 庫狄士文은 황제의 승인 하에 엄밀한 통치로 범법자 천여 명을 嶺南에 유배시켜 큰 사상자를 냈다. 주민들은 刺史를 악마, 司馬를 독사, 淸河 縣令을 殺人鬼라고 비난하였다.[79] 酷吏 燕榮은 靑州總管에 나아가 五伯을 두어 폭력으로 통치하였다. 그러나 황제는 그를 칭찬하고 백관으로 하여금 송별시를 지어주도록 했다. 이윽고 그가 幽州總管에

73) 『周書』 卷23, 蘇綽傳, pp.385-8.

74) 李啓命, 상게 「中國科擧制의 成立」, p.17.

75) 『隋書』 卷46, 楊尙希傳, p.1253.

76) 李啓命, 『隋唐官僚制의 成立과 展開』 제3장, p.70.

77) 李啓命, 상게서, pp.74-5.

78) 상게 『隋書』, p.101.

79) 『隋書』 卷74, 酷吏 庫狄士文傳, pp.1962-3.

전임되자, 산동의 문벌사족 范陽盧氏를 吏卒, 곧 賤人化시켰다.[80)]

이상과 같은 폭력에 가까운 통치는 輸籍法과 아울러 그 대상이 관료적 문벌사족과 그에 연결된 세력이었기 때문에, 그들은, "이름은 향리에 뛰어났지만, 몸은 貧賤을 면하지 못하였다"[81)]는 상황에 빠졌다. 이런 사정에서 수말 반란시기에 "隋官·士族을 모두 죽여라"는 구호[82)]가 나와 사족과 그에 연결된 세력이 봉기하여 반란이 더욱 가열되었던 사실은 隋文·煬帝의 과도한 정책과 대신을 의심하고, 공포정치를 추진한 까닭이었다.[83)]

한편 당고조는 혼인을 중시하는 산동의 崔·盧를 비판하고 官品을 중시하였다.[84)] 당태종은 쇠퇴한 산동 문벌사족의 賣婚을 指斥하고, 고사렴 등에게 氏族志를 편찬하도록 하였다. 그것은 魏晉이래 사회적 名望이 아니고, 어디까지나 당왕조의 관품에 입각하여 씨족의 등급을 劃定하려 한 것이다.[85)] 이런『정관씨족지』의 편찬은 그것과 병행된 문벌사족 상호간의 內婚을 금지하였다. 결국 당태종의 의도는 ㉠ 관품질서를 절대화하여 신제국 질서를 수립하고, ㉡ 종래 산동 문벌사족과 그에 연결된 세력을 갱생시키며, ㉢ 293姓 1,651家의 士族, 곧 官僚供給源을 확대하려는 것으로 官僚制의 産生 條件을 배양하려는 조치이었다. ㉣ 지방관 혹은 국가 권력이 지방의 郡四姓을 파악하여 그들을 황제권 아래에 포괄하는 一元化를 모색하려 한 것이다. ㉤ 西魏이래 勳品의 세습을 위주로 하는 서위·북주 그리고 수 당전기의 관료적 문벌사족제를[86)] 전국적으로 확대함으로써, 황제의 전제 지배를 추구하려 한 것이다. 따라서 제왕·공신의 세습자사를 파견, 중국 上古의 이상적인 국체인 봉건이라는 美名을 빌려 제왕·공신을 통제함과 아울러 황태자 承乾의 지위

80) 상게서 同卷, 燕榮傳, p.1695.

81)『唐會要』卷83, 嫁娶 貞觀 6年 6月條, 臺北 世界書局, 1975年, p.1528.

82)『舊唐書』卷54, 竇建德傳, pp.2236-7.

83)『隋書』卷2·4, 文·煬帝 史臣曰, p.55, pp.95-6; 李啓命,「魏徵의 歷史認識」魏晉隋唐史研究 第五輯, pp.8-23.

84) 상게서 卷61, 竇威傳, p.2364.

85) 상게서 卷65, 高士廉傳, pp.2443-4.

86) 陳蘇愼,「北周隋唐的散官與勳官」, 北京大學報 哲社版, 1991-2, pp.36-37에서 關隴貴族의 門第觀念은 功勞로 승진한 勳品을 자식들에게 世襲시켰다고 하였다.

를 공고하게 하며, 황제지배를 강화하려는 의도를 엿볼 수 있었다.

마) 諸王·功臣 봉건구역의 규모

『中國人口史』에는 당태종 정관 14(640)년의 호구통계가 나와 있다.[87] 이 자료에 따라 봉건구의 규모를 계산하면 다음과 같다.

전국 360州 1500縣

전국 총인구…20,642,663명; 총호수…4,070,559호; 口戶比…5.07%

제왕봉건구의	領縣比…10.5%,	공신봉건구의	領縣比… 5.0%
〃	戶數比… 9.5%	〃	戶數比… 4.6%
〃	人口比… 9.6%	〃	人口比… 3.0%
〃	口戶比… 5.1%	〃	口戶比… 4.6%
35봉건구의	領縣比…16.0%	35봉건구의	戶數比…12.5%
35봉건구의	人口比…12.5%	35봉건구의	口戶比… 5.0%

그 결과 다음과 같은 사항을 고려할 수 있었다.

① 제왕봉건구가 공신 봉건구의 2배 이상의 차이가 있다. 당태종은 봉건을 하되 당왕조의 친왕을 원칙으로 하고, 공신 세습자사는 그들을 우대라는 차원보다는 통제라는 의도가 농후하였다.

② 옛 北齊 지역에 대다수의 봉건구를 설치하고 있다. 산동·강남 지역의 치안, 곧 사족 등 反唐 혹은 反關中政權의 정서를 극복하고자 하는 의도가 있어 보인다. 또한 동 조칙이 『貞觀氏族志』, 禁婚令과 거의 같은 시기에 추진되었다는 점에서 볼 때에, 비록 착각일지라도 아직 "名著于閭里"의 지방관료적 문벌사족과 그에 연결된 세력을 더욱 확실하게 파악하고, 황제권을 지방 사회에 깊숙이 관철하려는 의도가 있어 보인다.

③ 인구가 북방에서 남방으로, 도시에서 농촌으로 이동하는 사실을 알 수 있었다. 이것은 당 중기에 생산이 증대하는 사정에서 이루어진 결과로 보인다. 봉건구역은 전국의 13~14%에 해당하였다. 이리하여 35 봉건구역이 설치되더라도 그것이 전국에 걸쳐 있고, 州縣에 雜錯하고 있어서 태종은 중앙

---

87) 趙文林·謝淑君, 『中國人口史』 第6章 唐代和五代人口, p.153, pp.184-217.

집권에 커다란 장애 작용을 일으키지 않을 것이라고 생각하였으며, 자신의 의도를 관철하고자 원대한 포부를 제시한 것이다.

④ 절충부가 강남에는 설치되어 있지 않는 사정에서 府兵의 향토방위의 공백을 메꾸려는 당태종의 의도가 보인다.

⑤ 당태종－승건의 계보를 諸王·功臣 세습자사－자손이 世代를 이어 충성할 것을 봉건으로 맹약함으로써, 융성하였던 서주의 봉건처럼, 당왕조의 무궁한 발전을 기대한 것이다.

4. 結 論

이른바 「貞觀의 治」라는 盛世를 맞아 국내외적으로 안정된 치세를 이룬 明君 唐太宗이 시대적으로 뒤진 封建을 실시한 속사정은 무엇일까? 그것은 당태종의 정치적 포부로 이상적인 봉건을 추구하고 역사적인 경험·교훈을 운영하며, 특히 환족으로 뒤틀린 皇太子 承乾의 정치적 기반을 확보하려는 조치로 보인다.

同 詔勅이 나오기까지 전후 4차례에 걸쳐 봉건 논의가 전개되었다. 결국 당태종과 봉덕이와의 사이에 봉건의 편리여부에 관한 문답으로부터 國祚 문제에 관련하여 봉건 논의가 전개되었다. 蕭瑀는 전적으로 봉건을 주장하였고, 顔師古는 봉건을 政治의 要諦라 하여 봉건 구역을 균등하게 하고, 州郡과 雜錯하며, 봉건 규정을 정비하는 조건으로 찬성하였다. 반면에 魏徵은 軍事·財政의 문제를 들어 반대하고, 李百藥은 西周 封建이 근본상 타당하나, 큰 폐단이 있었고, 秦은 그것을 폐기하여 短祚한 것은 사실이지만, 현실 정치의 艱難은 名臣의 보좌로 개선하는 것이니, 봉건은 非順理라고 배격하였다.

당태종은 안사고의 의견을 수용하고, 諸王·功臣은 마땅이 藩屛으로 出鎭시켜 그 자손이 큰 사고가 없으면 축출·면제시킬 수 없다고 결정하였다. 아울러 이 일에 대한 條例를 명확히 밝히고 등급을 정하도록 명령하였다. 그런데 貞觀 6년 監察御史 馬周는 封建에 관하여 자신의 의견을 개진하였다. 즉,

봉건은 마침내 후손이 驕慢·愚昧해져 백성이 災殃을 만나고, 나라는 그 폐단을 입어 무너진다. 반드시 分封할 것이라면, 그 資質·品行이 있는 자를 보내야 어려움을 극복할 수 있다고 하여 봉건 실시의 再考를 촉구하였다. 따라서 동 조칙은 嫡統의 황위계승을 시켜야 後嗣·國祚 問題를 해결할 수 있다는 당태종의 최종 결심으로 시행하려 한 것이다.

당태종은 정관 11년 6월 頒布한 同 詔勅에서 밝힌 봉건의 원칙은 受命한 天子의 道理는 藩屛을 세워 황실을 돕게 하고, 賢明한 親族과 공신을 세워야 의롭고 나라가 무궁하게 발전하며, 賢明한 者는 代代로 尊崇된다는 사실을 드러내어 모범으로 삼아 후손이 모방하는 방도로 삼아라는 것이다. 이러한 당태종의 意志와 原則에서 세습자사 35명을 지명하고 세습하게 한 것이었다.

이상과 같은 詔勅이 頒布되자, 長孫無忌·房玄齡 등 諸功臣이 반대했고, 于志寧·馬周 등이 그 개선을 촉구하였다. 이들의 見解는 ⑴ 封建이 國祚 久安의 도리가 아니고, 그것은 통치자의 修德과 安民에 관련되어 있다. ⑵ 小人·器量이 없는 자에게 넘치게 포상할 수 없으며, 그 후손이 교만·우매하여 국가와 백성에게 손해를 끼친다. ⑶ 정치는 賢德者가 안정시켜야 하는 것이니, 지금 州縣 長官에 파견되어 있는 武夫·勳人 등의 善政하지 못한 자에 대한 처리가 시급한 일임을 지적하였다.

이에 당태종은 장손무기·방현령·마주 등의 上表를 열람하고, "토지를 나누어 功臣을 封建함은 古今의 通宜요, 朕의 의사는 諸公의 後嗣로 하여금 朕의 子孫을 돕게 하여 길이 藩屛이 되게 하여 사직을 영구히 傳하도록 그대들과 山河로써 誓約을 하려 한 것이다. 그대들이 怨望을 말하니, 朕 또한 어찌 諸公에게 영토를 강제하랴"고 하고, 同 詔敕을 停止시킨 것이다.

한편 당태종은 황태자 승건에 대한 기대를 저버리고, 그때에 영예있던 魏王 李泰를 애지중지하여 文學館 設置와 學士의 임용을 승인하고, 武德殿에 入居하도록 하였다. 이에 승건은 자신이 廢立될까 염려하여 동생 위왕을 시기하고, 그와의 일전을 모색하려는 모반사건이 탄로되었다. 이리하여 마침내 승건·이태는 貶斥되고 대신에 晉王 李治를 옹립함으로써 사건은 일단락되었다. 필자는 이 부분의 정치세력에 관한 임대희 교수의 분석은 탁월하여 동감하고, 재론하지 않았다. 결국 당태종은 불우한 태자를 동정하여 세습자사제라는 時宜에 알맞지 않는 조치를 취한 것이다.

이들 35封建區는 수말 반란을 평정한 구역, 唐에 귀부한 지역, 그리고 隋의 郡을 개편한 지역이었다. 당초에 (대)총관부를 설치하였다가 정관 초에 32도독부만을 남겼는데 많이 겹쳤다. 그리고 北周이래 중시한 幷·荊·益·幽州 이외에 唐 初期부터 중시된 潞州의 5大州는 정치, 군사적 주요 지역이 諸王의 봉건구로 포함되고 있어서 넓고 인구가 많았으며, 공신 봉건구는 협소하였다. 이 점이 세습자사의 특징이라고 할 것이다.

이러한 봉건구와 일반 府·州와의 상호 통속관계는 없었다고 한다. 일반적으로 記事上 親王의 "不任經營"을 인정하고 있으나, 장손무기 등이 출외한 것을 이유로 반대하였고, 제왕 세습자사는 실제로 派遣 또는 轉任되었다. 만약 부임하지 않았으면 "不之官", "遙領" 등으로 明記하고 있다.

그리고 唐初에도 北周·隋처럼 府兵의 中央軍化에 따라 634 折衝府를 중앙의 16衛에 예속시켰다. 제왕 세습자사 구역 21州(都督府)에 府兵의 절충부 75곳을 파악할 수 있었다. 이 점에서 볼 때에, 원칙상 정관 10년 이후 군사권의 중앙화로 도독의 군사권은 없어졌겠지만, 혹시라도 친왕 세습자사가 군사권에 개입할 수 없도록 하는 어떠한 감시 장치가 강구되었을 것이다.

따라서 당태종의 의사는 다음과 같다.

(1) 당태종은 봉건의 폐단을 홀시하여 황실을 번창시키고, 공신의 권능을 그릇되게 깍아 황제권을 강화하려 한 것이다.

(2) 府兵이 中央軍化하고, 江南에는 府兵이 설치되지 않아 세습자사를 보내 지방의 행정과 치안을 보완하고자 한 것이다.

(3) 공신 세습자사 14명은 胡漢 양민족·貴族·寒門勢力들이 망라되어 있다. 아울러 북조 후기 이래 황제권이 강화되고 현재주의 선거의 관철로 문무양겸의 새 통치계급의 성장을 가져왔다. 따라서 당태종은 동 조치로 그들을 통제하는 동시에 그러한 선상의 관료 문벌사족을 배양하여 왕조의 발전을 기대한 것이다.

그리고 제왕·공신 봉건구역의 규모는 행정구역상 360州 중에 35州이고, 戶口上에서 볼 때에, 13~14%에 해당되었다. 당태종은 봉건구가 얼마 되지 않아 봉건의 폐단이 야기될 수 없다고 판단하여 홀시하고, 자신의 의지를 관철하도록 한 것이다. 아울러 인구와 영토상 제왕 봉건구를 공신의 그것보다 2배 이상으로 확대함으로써, 봉건의 약점을 보강하고, 황제의 親王을 중심으로 하는 봉건을 희망한 것이며, 공신의 우대라기보다는 통제하려는 의도가 농후하였다. 그러나 공신들은 봉건이 時宜에 합당하지 않고, 혼란한 시대에 국가에 중대한 장애작용을 일으킨다고 반대하였다. 당태종은 마침내 공신들의 의견을 수용하여 同 詔勅을 停止시킨 것이다.

■ 中文提要

明君唐太宗推進已評爲過時的封建措置的裏面原因在何? 不妨先說結論, 就是唐太宗通過封建要確保由患足歪斜的皇太子承乾之政治的基盤的措置.

唐太宗推辭不合時宜, 順理的, 從軍事, 財政上的理由反對的魏徵, 李百藥等人的見解, 而接收蕭瑀的贊同和顔思古的改善案, 來決心以嫡統式皇位繼承追求長久的國祚. 同詔勅是施行樹立藩屛來輔助皇室的封建制, 也是從將應竪立賢明的親族和功臣, 然後可談義, 國家發展, 賢明的人代代被尊崇的種種事實當作後孫的模範的原則出發的. 基於這些唐太宗的意志和原則, 貞觀 11年指名諸王, 功臣世襲剌史35名, 讓之世襲. 但是, 長孫無忌, 房玄齡等諸功臣就反對之, 于志寧, 馬周等則促求改善, 他們的主要觀點如下:

⑴ 封建不是久安國祚之道理, 這就與統治者修德和安民有關的.

⑵ 不能過度褒賞小人, 沒有器量者, 如此, 其後孫走向驕慢, 愚昧, 結果損害國家, 百姓.

⑶ 只有賢德者才能安定政治, 但目前武夫, 勳人升到地方官, 弊端極多, 應迅速處理這類問題.

結果, 唐太宗認爲封建諸王, 功臣雖是古今之通義, 然功臣怨望, 反對則不可强制, 而使停止同詔敕.

唐太宗拋棄對皇太子承乾的期待, 寵愛當時有譽的魏王李泰, 承認設置文學館, 任用學士等, 使之入居武德殿, 慇懃期待他. 因此, 承乾擔心廢立, 猜忌魏王, 造成謀叛, 可是立刻被綻露, 承乾, 李泰被貶斥, 擁立 晉王李治, 事件就告一段落.

這些35封建區, 多是隋末平定反亂後, 歸於唐的地區, 大多數與貞觀 初重視的32都督府重複. 就是說, 35封建區是北周以來政治, 軍事上的主要地域, 特別, 帝王的封建區地域廣大, 人口繁衆; 功臣封建區則狹小. 帝王, 功臣封建區域的規模, 是全國360州中占百分之10左右, 戶口則占百分之13～4左右.

唐太宗忽視封建的弊端, 却誤認用之能確保皇太子的基盤, 强化治安及皇權. 但是功臣們認爲封建不合時宜, 於國家混亂時代引起重大的障碍, 堅決反對施用; 結果, 唐太宗接收功臣們的這種意見, 停止實施了.

이등연　: Lee TengUan

영문제목 : On the Imperial Order, 'Shi Si Tsi Shi', Given by Tang TaiTzueng.

第7章

唐前期 均田制崩壞에 對한 一考察*

〈目 次〉

一. 緖 言

중국 中世에 있어서 사회경제적으로 중요한 위치를 차지하고 있었던 균전제는 北魏 孝文帝 太和 9년 창제하였던 바, 토지와 노동력을 평준화하여 국가의 세수입 증대를 도모하고자 하는 경제적인 목적과 토지의 분배를 균등하게 함으로써 토지겸병에서 발생하는 폐해를 구제하고 빈부의 격차를 없애려는 사회정책면을 고려하였으며, 더욱이 拓跋族 北魏의 문화발전단계에 부합시키고 전통적인 한민족의 반발을 억제하기 위하여 제정·시행한 후에 다소의 차이는 있었으나, 北齊, 北周, 隋 등 각 왕조에서 실시하였던 제도를 당전기에 재정비하여 실행하였다.

그러나 당전기의 균전제는 앞 시대의 그것에 비하여 不課役者에 대한 授田범위를 확대함으로써 국가의 보루를 공고하게 하였다고 할 것이고, 課役者를 먼저 不課役者를 후에 授田하도록 하였다든지, 여자 및 노비에게는 수전하지 않음으로써 모든 수전은 耕者爲主였던 것으로 이해된다.[1] 이와 같은

* 本文은 1960년대 후반에 동 문제에 대한 논문과 툰황·투루판문서를 열람하지 못한 채, 작성하였고, 본논문집에 삽입하지 않을 수도 없어서 삽입하였다. 저간에 中國과 日本 그리고 韓國에서도 수많은 연구성과가 있다는 한 마디만 남길 뿐이다.

1) 『唐六典』 卷3 戶部에 "무릇 토지의 지급은 課役을 담당하는 자에게 먼저, 과역을 담당하지 않는 자에게 후에 한다"는 규정이나 규정이외의 소유를 兼倂이라고 하였던 사정에서 알 수 있다.

조치는 결국 국가의 재원확보라는 정책적인 면을 뚜렷하게 한 것이라고 생각한다.

『新·舊唐書』 本紀에 "武德7년 4월 庚子에 새로운 律令을 반포하였다"고 하여 이때에 균전제를 제정·실시하였다.[2)]

당전기의 균전제는 현종 개원 말에 勅撰된 『唐六典』에 의하면, 남자 연령 18세 이상 59세까지의 中男·丁男[3)]에게 永業田 20畝와 口分田 80畝 합하여 100畝(1경 현 3,000평)를 수전하였다. 한편 老男·篤疾·廢疾者에게는 40무, 僧侶에 30무, 女觀 및 僧尼에 20무, 官戶에 40무 그리고 雜戶와 太常音聲人에게 균전농민과 동액을 수전하여 생계를 유지하도록 한 이외에, 宅地[4)] 약간씩 급여하여 "耕者爲主의 정신"이 있었던 것 같다. 그러나 王公·官人에게는 다액의 永業田·職分田 및 公廨田 등을 수여하였다. 이와 같은 수전은 토지사유를 부득이 인정하고 토지를 개인적으로 賣買나 不動產 抵當을 불허하여 균전농민을 토지에 결속시키려 하였다.

대략 이상과 같은 균전제가 唐前期에 전면적으로 실시되었는가 혹은 그렇지 않았는가에 대한 논의 매우 번거롭지만, 필자는 전면적으로 시행되었다고 생각되며, 아쉽지만, 그 당시 西域出土의 古文書를 직접 대하여 보지 못한 채, 典籍과 仁井田陞의 『中國法制史硏究』 第二卷 土地法에 인용된 古文書, 日人 玉井是博 등의 연구 성과를 통하여 정리하고자 할 따름이다.

따라서 본 소고에서는 균전제를 당전기에 시행함에 있어서 균전제 그 자체가 어떤 성격을 띠고 있었는가? 황제와 관료적 문벌사족들은 어떻게 타협하였으며, 증가하는 인구에 따르는 수전부족을 여하히 해결하였는가를 살피고 나아가 균전제를 근본전제로 수립한 조용조 및 의창을 아울러 살펴봄으로써, 사치와 邊備 등으로 말미암아 천보 말 어떤 상황에서 붕괴되었던가를

2) 『通典』 卷2 田制下, 『冊府元龜』 卷495, 邦計部 田制 그리고 『唐六典』 卷3 戶部 등에 4월 제정으로 정리되어 있다.

3) 『通典』 卷7, 丁中, 『唐六典』 卷3 戶部에 "高祖 武德 7년에 나이를 정하였는데, 태어나면 黃, 4세를 少년, 16세를 中男, 21세를 丁男 그리고 60세를 老男이라 하여 授田·還收의 연령을 규정하고 있다.

4) 上揭書 同卷에 "圓宅地는 良人 3인 이하에 1무를 지급하고 3명이 추가될 때마다 1무를 추가한다, 賤民의 경우는 5명을 단위로 한다"고 규정하고 있다.

고찰하여 당전기 균전제를 파악하고자 한다.

二. 制度上의 不均衡

士農工商을 四民[5]이라 하여 天下民을 그 직능에 따라 사회적인 신분을 규정하였으나, 실제로는 토지제도에 따라서 그것이 調定되었다고 말할 수 있다. 그것은 親王 100경으로부터 관품과 작위에 따라 막대한 액수의 토지를 수여하였으나, 실제의 授田대상자이어야 할 균전농민에게는 100畝의 토지를 수여하여 사유권을 허용하여 세습을 인정하였을 뿐이었다.[6] 이와 같이 토지의 균등한 배분을 원칙으로 하였던 균전제는 동 계층에게만 한정되어 수전상의 균전이 실행되지 못하였을 뿐만 아니라, 耕者爲主라는 균전제의 근본정신을 위배하여 왕공·관인에게는 막대한 官人永業田을 수여하여 그 사유를 인정하였다. 균전제를 시행함에 있어서 모든 永業田의 사유권을 인정하였다는 것은 최대의 모순이었다. 그것은 균전농민에게 수여하였던 中·丁男에게 수여한 100무는 그들의 생계와 사회의 안녕질서를 유지하고 나아가서 국가권력의 안전을 도모하는 의미에서 세습을 허용하여 사유권을 인정[7]하는 한편, 王公·官人 등의 관인영업전은 서위북주이래 성장한 관료적 문벌사족 나아가 수당의 관료적 문벌사족은 매우 융성하였고, 그들에 대한 천하민의 존경이 제실보다 오히려 더하였기 때문에 그들과의 제휴라는 의미를 지녀 막대한 액수이었다고 생각한다.

이것은 당태종 정관 12년 『정관씨족지』를 편찬할 때에, 황실보다 淸河崔씨, 范陽盧씨, 太原王씨 그리고 滎陽鄭씨 등의 四姓을 천하제일의 名族으로 기재하였던 사실은 문벌이 매우 중시되었음은 물론, 문벌·호족세력이 자못 강대하였음을 알 수 있다.

---

5) 『唐六典』 卷3 戶部에 "天下의 四民은 그 사업에 따라 판별하는데, 文武를 學習한 자를 士라 하고, 힘써 耕桑에 종사하는 자를 農이라 하며, 工作·貿易하는 자를 工이라 하며, 상품을 팔아 생활하는 자를 商이라 한다"고 규정하고 있다.

6) 『通典』 卷2 田制 下.

7) 『通典』 卷2 田制下에 "諸永業田 皆傳子孫 不在收受之限 卽子孫犯罪除名者 所承之亦不追"라 있다.

이러한 상황에서 당제국은 새로운 관료적 문벌사족제를 편성할 필요에서 몇 가지 조치를 취하고 있다. 그것은 첫째로 고조 때에 宗姓者를 每州에 일인씩 보내어 공적인 사무를 統攝하도록 하였고[8)] 둘째로 태종 때는 공신들에게 食邑(食實封)을 지급하였다.[9)] 이런 조치는 당제국이 이제 겨우 건립되고 안정하도록 하자는 입장에서 당황실중심의 어떠한 관료적 문벌사족제를 추구하려는 의도를 들어낸 것이었다고 생각한다. 말하자면 당황실을 정점으로 하는 지배집단과 결연으로 마치 무측천 집정 시에 반장손무기파와 신흥관료와 결탁한 사례와 흡사하다. 그 위에 북위 등 각 왕조에서 왕공·관인에게 수전대상자였던 노비를 하사하였던 일이나, 수시대에 왕공·관인에게 막대한 토지를 수여하여 사유하게 함으로써, 대토지겸병이 자행되어 균전농민의 분해를 가져와 유민 등의 사회적인 문제가 일어났던 전철에도 불구하고 당전기에 또다시 왕공·관인에게 막대한 토지를 수여하여 사유하도록 함으로써, 대토지겸병이 자행되어 균전농민의 분해를 가져와 유민 등의 사회문제가 발생하였던 앞서의 잘못[10)]에도 불구하고 당전기에 또다시 王公·官人에게 막대한 官人永業田을 수여한 의도는 황실을 호위하는 공로에 대한 보수이었던 것이며, 그들이 강성한 관료적 문벌사족이 황실의 번병이라는 이유였던 것으로 풀이된다. 다시 말하면, 황실권력이라는 의미에서 막대한 富力을 그들에게 보장해주고 언제 어떻게 야기할지도 모르는 방대한 호족에 대항하는 기초적인 보루를 공고히 하려는 의도와 관리로써 맡은 바 직무를 충실하게 수행함으로써 황제권을 지방민에게까지 침투시키려는 양면효과를 거두려는 목적이었던 것 같다.

뿐만 아니라 京官은 京兆府를 벗어나 100리 이내에서 수전하도록 하였던 것이라든지,[11)] 父祖의 영업전을 습작자가 아울러 세습하고 만약 작위에 해

---

8) 『舊唐書』 卷1 高祖紀, p.8에 高祖 武德 2年에 "詔天下諸宗人 無職任者 不在徭役之限 每州置宗一人以相統攝"이라 있다.

9) 상게서 卷57 裵寂傳 p.2288에 "始定功臣 食封差第 文靜旣死 於是裵寂可食九百戶 通前爲一千五百戶……"라 있다.

10) 『隋書』 卷18, 王誼傳. p.1168.

11) 『通典』 卷2 田制下, 『唐六典』 卷3 戶部에 "京官授田 京去百里之內; 諸襲爵者 唯得承父祖永業田 不合別請"이라 있다.

당하는 수전액이 부족하면 청구할 수 있었던 것이라든지, 散官 5품 이상은 職事官과 동액의 수전을 하였던 사실[12] 등은 그런 의미를 더욱 뚜렷하게 한 것이라고 생각한다.

토지사유의 인정에 있어서 하나의 중대한 조치는 口分田의 還收를 면제한 것이었다. 본래 구분전은 丁男에서 老男이 되면 80무 중에 60무를 환수하고, 사망하면, 곧 회수하도록 되어 있었지만, 戰傷者의 경우에 그대로 향유하는 등 예외조치가 가능하였다. 이와 같이 막대한 官人永業田과 균전농민의 사유 확대는 증가하는 授田不足현상을 초래하였음은 물론, 대토지겸병의 주요 요인으로 등장한 것이다.

아울러 균전제를 실행함에 있어서 또 하나의 중요한 모순은 토지매매와 不動産抵當이 부득이나마 허용되었다는 사실이다. 唐시대까지 전통적인 지배체제인 황제의 균전농민을 기반으로 성립한 전제지배를 강화하기 위해서는 농민을 토지에 緊縛하도록 하는 것을 爲主로 삼아 매매나 부동산저당 등을 법률로 억제하였다.[13] 이는 근본적으로 寬·狹鄕이 있고 토지의 수여에서도 차등을 두었다. 이로부터 야기된 流民, 課役 그리고 食實封의 賜與 등이 실행됨으로써, 균전농민의 分解가 일어나 결국 균전제 붕괴가 촉진되는 요인이 된 것이다.

토지와 인구의 다소에 따라 寬·狹鄕을 구분[14]하고 寬鄕에로의 移駐를 허락하여 인구의 분산을 도모하였지만, 軍府(折衝府)가 있는 州에서 없는 州에로의 이주는 원칙적으로 불가능하였다.[15] 말하자면 미발달된 그 당시 농업사회의 질서혼란은 물론 균전제도에 기초를 둔 租庸調稅法과 府兵制상의 지장을 초래하였기 때문에 隣保제도의 채용은 물론, 한번 토지를 매도한 자에

---

12) 상게서 同卷에 "其永業田 親王百頃 職事官正一品六十頃……其散官五品以上 同職事給"이라 있다.

13) 상게서 同卷 및 『唐律疏議』 卷12 戶婚 上에 "諸田不得賣買貼質 違者財沒不追 地還本主"라 있다.

14) 상게서 同卷에 "應給寬鄕並依所定數 若狹鄕所受者 減寬鄕口分之半 其給口分田者易田則倍給"이라 있다.

15) 『唐六典』 卷3 戶部에 "樂住之制 居狹鄕 聽其寬鄕 畿內諸州 不得樂住畿關內諸州 不得其餘州 其京城縣 不得其餘縣 有府州 無府州"라 있다.

게는 다시 수전하지 않는다든지, 유산자의 가장에게 徒刑 3년에 처벌하는 등의 律令은 엄격하게 존재하였다. 그러나 인구의 증가와 私有地의 확대로 말미암아 균전농민에게 돌아가야 할 토지부족 현상을 야기하여 狹鄕에서 관향에로의 移住를 허용하지 않을 수 없었다. 이에 따라 태종 정관이래 이주자가 허다하여 "虛近遠實"이라는 비정상적인 상황이 초래되어 정책상의 시행착오를 일으켰다.[16] 이러한 사정에서 정부가 균전농민을 토지에 긴박하도록 하였지만, 균전농민 또한 근본적으로 정든 고향을 떠나면 더욱 고통을 받았기 때문에 祖上의 墳墓를 떠나 유랑을 원하지 않았던 상황에서 부득이 점차 증가한 것이다. 이에 대하여 日人 玉井是博은 流民의 동기로 課役의 기피를 비롯하여 兵亂과 自然災害 그리고 왕공·관인과 연결된 세력의 대토지겸병을 들어 설명하고 있다.[17] 필자는 동의하고 몇 가지 사항을 附加하고자 한다.

첫째로 지배계층의 호사생활에 대한 반발이었다. 당전기에 科擧를 통한 관료계에 진출하지 않거나 못한 자는 향리에서 대소 地主로 균전농민 위에 군림하였고, 때로는 지방관과 결탁하여 치부·축재하고 호사생활을 영위하여 과중한 稅役을 담당하는 균전농민은 파산·몰락하여 流民化의 길이 열렸다.

둘째로 貨幣와 高利債의 고통이 컸다. 당고조 무덕4년 開元通寶를 주조한 이래 私鑄錢이 빈번하여 唐高宗 顯慶연간에 이르러 惡錢이 범람해지자, 마침내 율령으로 금지하였을 뿐만 아니라,[18] 惡錢이 화폐의 유통질서를 문란하게 하였음으로 정부는 채무자의 고통을 감소시켜주기 위하여 악전과 정부에서 주조한 화폐의 교환하여 주었다.[19] 그러나 무력한 농민은 고리채로 악전을 받고도 현물이나 정부주조의 화폐로 상환하여야 하였으므로 이자는 물

16) 『唐會要』 卷84, 移戶貞觀六年條.(崔善爲)

17) 日人 玉井是博, 「唐時代노 社會史的硏究」(『支那社會經濟史硏究』 所收)

18) 『唐律疏議』 卷36, 雜律上 私鑄錢에 "諸私鑄錢 流三千里 作具其備 未鑄者 逃2年 作具未備者 杖一百"이라 있다.

19) 『資治通鑑』 卷212 開元元年條에 "正月辛酉勅 禁惡錢 武德4年 鑄開元通寶 其後逃鑄漸起 顯慶5年 以惡錢多 官爲市之 以一善錢售5惡錢 於是 京城紛然 賣買殆絶 宋璟請出大府錢二萬緡 置南北市 以平價買云云"이라 있다.

론[20] 2·3重의 고통을 참아내야만 하였다. 이런 균전농민에 대한 지배계층의 착취는 마침내 流亡을 조장하는 요인으로 변화한 것이다. 셋째로 다음 항에서 살펴보는 것처럼, 과중한 세금을 견디지 못하고 앞서 말한 移住정책에 호응하여 보다 낳은 생활을 추구하는 데에도 流亡이 촉진하였을 것으로 생각된다.

이상과 같은 여러 요인으로 流民이 점차로 증가하여 무칙천 때에 李嶠의 流民對策[21]과 현종 때에 宇文融의 括戶政策이 실시되었다. 전자 이교의 대책은 禁令, 恩德, 權衡 그리고 限制이었다. 禁令이란 지방 郡縣의 장관이 流亡을 경계한다. 恩德이란 이미 流亡한 자의 죄를 면제해 주고 의식을 풍족하게 하여 이전 거주지로 복귀한다는 것이다. 權衡이란 이미 타향에 流亡한 자로 그 지방에 정착을 원한다면 이를 허용해야 한다는 것이다. 그리고 限制란 도망한 호구가 100일 이내에 자수하지 않고 이를 태만히 하는 자는 엄벌하여야 한다는 내용이었다.

이러한 이교의 의견은 여러가지 모순을 가지고 있었다. 말하자면 禁令의 경우, 隣保制 등 지방에 자치적 조직이 있었다고는 하지만, 이면 이권이 수반된 개인적인 결속이 아니고 거의 국가의 강제로 성립된 것이어서 그 실효는 불가능하였을 것이다. 恩德의 경우는 기왕의 도망한 죄는 관용한다는 것이지만, 유민의 대다수가 公私債의 債務者였을 개연성이 컸다고 해도 좋을 것이다. 따라서 밀려있는 債務에 대하여 최소한 그것에 상응하는 혜택이 되는 어떠한 지원이 없는 한, 유민의 채무는 해결되지 못하였을 것이다. 또한 復業시킨다고 할지라도 그 채무 때문에, 다시 유랑할 수밖에 없었을 것이다. 權衡의 경우는 국가의 권력에 의거하여 일단 어느 일정한 곳에 정착시킬 것이지만, 그들이 반드시 도망하지 않는다는 보장은 없다. 그리고 限制의 경우도 정든 고향을 떠난 逃戶가 관청에 자수할 이유가 없었을 것이며, 실제로 자수한다고 할지라도 처벌의 대상이 된다면 다시 流亡한다고 예상하는 것은 명백한 사실이다. 결국 이런 소극적인 대책은 실패하였고 오히려 恩德이나 權衡은 流亡의 풍조를 한층 더 조장시킨 요인이라고 생각된다.

---

20) 『唐六典』 卷6 刑部에 "凡質掌之利 不得踰5分 出息債過其倍"라 있다.

21) 『唐會要』 卷85 및 『冊府元龜』 卷186 邦計部 戶籍條.

후자, 곧 당현종 開元 초에 宇文融의 괄호정책은 攝御史와 勸農判官 29명을 전국 각지에 파견하여 客戶 80여 만과 막대한 미등록된 剩田을 括籍하였다.[22] 이런 괄호대책은 유민을 구제하는 대책이었다고 하기보다 오히려 국가의 재정강화를 위하여 실시하여 국가 세수입면에서는 어느 정도의 성공을 거두었지만, 왕공·관인 및 호족들이 자기네의 대토지겸병에 커다란 타격을 받을 것이기 때문에 일으킨 반발로 말미암아 결국 실패하고 말았다. 결국 당전기의 유민대책은 본적지 이탈금지와 寄寓地에의 編附로 요약된다.

이상과 같은 상황아래에서 당정부는 수전부족을 어떻게 해결하였을까?

첫째 職分田을 貧民戶에 분급하고 있다. 이 경우는 원래 직분전이 관리의 봉록을 대신하여 수여한 토지였기 때문에 관료를 법령으로 莊園主로 인정하고 균전농민을 관료의 小作人으로 전락시킨 조치였다.[23] 말하자면 균전농민이 이미 관료의 소작인으로 투탁한 비정상적인 사태를 합법화 하는 결과를 낳았다고 할 것이다. 둘째로 수전대상자의 연령을 줄이고 있다. 당고조 무덕초에 21세에서 59세로; 고종 신룡원년(705)에 22세에서 58세로; 현종 천보3년(744)에 23세에서 59세로; 숙종 광덕원년(764)에는 25세에서 54세로 정남의 연령을 대폭 줄였다.[24] 수전부족에 따르는 流亡 등의 난제를 해결하기 위한 조치였던 것으로 고려할 수도 있겠지만, 이는 도리어 국가의 兵力源·稅源을 줄이는 결과로 되어 국가재정의 차질만을 가져왔던 것이다. 셋째로 屯田 및 墾田을 실시[25]하였으나, 이 경우는 富戶나 州鎭의 將軍 및 그 官吏를 대지주로 인정하는 모순을 초래하였다고 할 것이다. 그리고 이주자의 토지처분을 허용하여 碾磑나 邸店을 설치할 때에, 토지의 매도를 허용하며, 매입의 방치 등을 규정한 개원 25년 田令의 경우는 기왕의 토지겸병과 이주를 인정하고 있거니와 연애 등의 특수한 사유재산을 인정함으로써, 비대해진

---

22) 『新唐書』 卷51 食貨志1 p.1345에 "開元8年 監察御史 宇文融獻策 括籍外羨田 逃戶……玄宗方任用融 乃貶璟 爲盈州都尉 諸道所括得八十萬剩田"이라 있다.

23) 상게서 卷55에 "貞觀11年條 p.1355에 以職田 侵漁百姓 給逃還貧戶"라 있다.

24) 『冊府元龜』 卷186 邦計部 戶籍.

25) 『文獻通考』 卷6 및 『通典』 卷2 水利田에 "大唐 武德7年 同州治中雲得臣開渠 白龍水引黃河 漑田60餘頃"이라 있고, 同 貞觀18年條에 "李襲譽爲揚州大都督部長史 乃引雷破水. 又築句城塘 以漑田8百餘頃"이라 있다.

왕공·관인 그리고 지방 유력자와의 타협이라는 의미를 포함하고 있으며, 그들로 하여금 유민을 포섭하게 하여 기울어져가고 있는 제국의 권력을 지탱해 보자는 시도에 불과하였던 것이었으니, 균전제의 근본의도와는 정반대 방향으로 이탈하고 말았다. 게다가 지배계층들은 대토지겸병 등 축재에 부심하여 균전제의 편전제화를 한층 더 촉진시킨 것이다.

아울러 王公·官人들은 관인영업전·직분전·공해전을 관리·사유하여 대지주의 성격을 가지고 있었음에도 불구하고 지방의 豪富(지주)와 결탁하여 균전농민의 토지를 침탈하고 半圓圃의 점유를 위법으로 자행하였으며,[26] 고종 영휘 년간으로부터 형성되기 시작한 대토지겸병이[27] 현종 개원 말, 천보 년간에는 개원 25년 田令에서 볼 수 있듯이 왕공·관인·부호에게 대폭적인 양보에도 불구하고 그 만연의 상태에 이르렀던 것이니,[28] 토지의 위법매매, 황폐지나 牧田의 하사를 청하거나 그리고 관리의 寄莊 등 여러 가지 수단으로 토지를 겸병한 것이다.

한편 寺觀은 無盡財[29]·喜捨·寄進 그리고 私入道[30] 등으로 행하여졌던 토지겸병 및 축재를 자행하여 護國·求福을 빌어 국태민안의 정신적인 지도자이었어야 할 그들이 국가재정 위기를 초래하고 있었으니, 衆生救濟나 四海平等의 실현이라는 본연의 자태에서 벗어나 인력을 생산으로부터 빼앗아 제국의 쇠망을 조장한 측면이 없지 않았다.

더욱이 황제의 賜田은 특별한 대상이나 아무런 조건이 없이 제왕의 재량에 따라 사여되고 그 액수 또한 장대하여 하나의 장원이었다.[31] 이는 세습[32]

---

26) 『舊唐書』卷58, 長孫順德傳 p.2309에 "前刺史 張長貴 趙士達 竝占境內 膏腴之田 數十頃 順德竝劾而追奪 分給貧民"이라 있다.

27) 『新唐書』卷51 食貨1. p.1345에 "最初 永徽中 禁賣買世業口分田 其後富戶兼併 貧者失業"이라 있다.

28) 『冊府元龜』卷495 邦計部 田制 天寶11年 11月 1日條에 "如聞王公官人 乃富戶之家 比置庄田 恣行吞併 莫懼章程 借荒者 皆有熟田 內之侵奪 置牧者 唯指山谷 不限多少爰 乃口分永業 違法賣買 或改籍書 或云典貼 致令百姓 無處安置 乃別停客戶 使其佃食……"이라 있다.

29) 『宋高僧傳』卷15, 道標傳에 "置田畝歲收萬斛 置無盡財 與衆共之"라 있다.

30) 『舊唐書』卷89 狄仁傑傳 p.1893에 "無名之僧 凡有畿盡 都下檢括 己得千數"라 있다.

31) 상게서 卷57 裵寂傳. p.2288.

또한 허용하여 공로에 대한 응분의 보수 또는 황실의 안정세력을 강화하려는 의미도 포함되어 있겠지만, 대토지겸병을 금지하였던 황제자신의 위법조치였다.

이상과 같이 합법 비합법적으로 자행 되었던 토지겸병과 축재에 대하여 혁파하려는 방책을 세우지 못하고 시행가능성이 적어보이는 법령이나 소극적인 개원 25년 田令 등을 반포할 따름이었다. 이리하여 왕공·관인과 부호(지주) 그리고 寺觀의 대토지겸병 결과 균전농민은 태반이 四散되었고 균전제는 파괴되어 『通典』저자 杜佑가 "비록 제도는 있으나 개원 말 천보 이래 법령이 파괴되어 겸병의 폐해가 漢의 成·哀帝年間의 그것을 초월한 바 있다"고 개탄하였던 것이다.[33] 이런 상황에서 균전농민은 태반이 유랑하여 파괴된 府兵制 대신에 등장한 募兵制의 將兵이나 小作人으로 전락하여 균전농민을 기반으로 성립·운영된 당제국의 지배체제가 와해되어 버린 것이다.

몇 가지 사례를 통하여 살펴보자.

『沙州文錄補遺』의 호적에 의하면, 先天원년 戶籍에는 授田額 544畝 중 78畝의 授田; 天寶 6년 程思楚의 戶籍에 授田額 366畝 중에 79畝만을 授田하여 겨우 正額의 20%정도의 급여와 환수가 시행되고 있는 사정이었다.[34] 이러한 상태는 균전제도가 무너지기 직전의 천보말의 人口와 應授田額을 비교하여 보면 더욱 확실하게 보인다. 또한 천보 14년(754) 인구는 52,880,480명이고,[35] 課コ 8,208,221명, 不課口 44,700,988명에 비하여 20%에도 미치지 못하는 반면에 不課戶는 3,665,501호에 비하여 33%에 지나지 못하였다. 이런 상황은 1인의 不課戶에 12명, 課戶는 겨우 1.5명에 비유되어 그 당시의 응수전액은 14,204,862경 20무로 과호 평균 1경 65무라고 기록되어 있지만,[36] 위의 비율에 따라 비교해보면 8대 1로, 불과호의 응수전액은 12,715,432頃 98畝인데, 課戶의 액면은 15,889,290경 12무로 과호의 평균수전액은 겨우

32) 『唐律疏議』 卷13, 應分田宅條에 "財物兄弟均分……兄弟亡者 子承父分 兄弟俱亡 則諸子均分"이라 있다.

33) 『通典』 卷 田制

34) 仁井田陞, 「唐律令의 土地所有制」(『中國法制史硏究』 卷2 土地法 所收)

35) 『唐代政敎史』 人口盛衰表 p.66.

36) 『通典』 卷6, 賦稅下.

20무로 나타나 왕공·관인·지주 그리고 寺觀의 대토지경병 및 축재의 상황을 알 수 있다.

三. 租賦의 重壓

본항에서는 균전제를 근본으로 삼아 성립한 조용조제도 호세 및 의창 등이 어떠한 측면에서 균전제의 붕괴를 촉진하였는가를 살펴보자.

授田에 대한 반대급부로 租庸調制는 薄賦·輕徭의 精神으로 2石의 租, 20일의 正役 그리고 은 14냥분의 絹·綾·絁·布·綿·麻 등 지방특산품으로 납부하는 調, 실제로 身役을 납부하도록 하였다. 그러나 당전기에는 당태종 이래 관·협향의 수전상의 차이에도 불구하고 균전농민의 부담은 하등의 차이가 없었으며, 수전순서에 있어서도 課役者·多丁者에게 먼저 수전하고 不課役者·小丁者는 다음에 수전하도록 함으로써 조세납부자를 우대한다는 규정은 있었으나, 실제와는 거리가 멀었다.

불과역자의 경우는 대개 왕공·관인 그리고 寺觀은 정치와 사회 그리고 경제와 문화에 있어서 통치지배계층이었다. 특히 관리는 징세권을 가져 사실상 免稅者이었던 사정에서 과역자도 먼저 수전하지 못하였던 것으로 신체상의 고통만 가중되었다. 말하자면 수전상의 우선은 인근의 토지를 받아 부족함에 따라 먼 곳의 땅이나 주현을 넘어 수전하도록 하여 노동력이 부족하였던 小丁者는 더더욱 곤란하게 된다는 것은 명백하다. 결국 조용조세법은 적어도 균전농민에게 희생을 강요한 위에 관원의 증가와 외정 등으로 재정의 궁핍을 초래하여 戶稅·地稅 등이 부가되었다는 것이다.

戶稅는 唐太宗·高宗의 동아시아 제패를 꿈꾼 사정에서 外征과 役事 그리고 佛寺建立[37] 등으로 財政을 낭비하고 그 부족을 충당하기 위하여 武則天때에 제정하였다. 즉 천하 諸州의 왕공·관인이하 工商者가 戶에 근거하여

37) 『資治通鑑』 卷209 唐紀25 중종 景龍3(709)년 p.6633-4에 "景龍3年 韋嗣立上疏 謂比者 造寺極多 務求崇麗 大則用錢數百數十萬 小則四五萬 無慮所費 十萬以上 人力老弊 怨嗟盈路"라 있다. 『新唐書』 卷55에 "高宗 永淳以後 給用不足 加以武后之亂 紀綱大懷 民不勝其毒"이라 있다.

납세할 것을 전제로 上上戶 4000文에서 下下戶 500文에 이르기까지 9등급으로 규정하였다.[38] 이러한 호세는 왕공·관인이하 균전농민은 물론, 공상자에 이르기까지 부담시켰다는 점에서 정치적으로 무칙천에 대한 반대세력을 억압하고 정치적 기반을 공고히 하도록 하는 방편이었다고 할 것이며, 경제적으로 균전농민에게 그 이상의 부담을 지울 수 없다는 성격이 뚜렷하기 때문에 재정보완을 위하여 시행한 것이 확실하다. 그러나 결과적으로 균전농민에게 과중한 부담·고통을 안겨주어 부모와의 호적을 달리 편성하여 戶等級을 낮추려는 상황이 전개되어[39] 사회경제의 변화를 한층 재촉하였다고 할 수 있다. 호세의 등급을 규정하는 데에 무엇을 기준으로 삼았는가에 대해서는 명백하지 않으나 당대종 대력 4년(768) 호의 등급에 따르면, 王公·官人의 경우 일품 上上戶, 9품 下下戶, 寄莊戶는 8等號 그리고 寄住戶는 9等號로 편입시켜 징세한 것이다.[40] 무칙천 때의 균전농민의 호세는 8등호의 세액 1,000文 이상이었다고 생각된다. 이것은 천보 14년(754)의 세액 중에 호세는 22,250,000貫으로 그 당시 쌀값 1석 200文으로 환산하면 11,125,000석에 해당된다. 이는 정조 1640만석에 비하면, 적어도 30%정도 약 500만석이 탈루되었다고 추산되며, 이런 탈루는 왕공·관인의 원칙에 어긋난 면세와 호부(지주)를 비롯한 부상대고 그리고 불교·도교승려와 투탁자 등은 합법 혹은 비합법으로 관료와의 타협을 통하여 면제받았을 것이어서 결국은 호세는 그 근본 원칙을 이탈하여 무력한 농민들에게 전가되고 말았으니, 균전농민들은 이를 감당하지 못하고 앞서 말한 것처럼 도망을 자행하니 국가는 도호대책이나 괄호정책을 추진하였지만, 사회경제적인 난제는 극복하지 못하고 균전농민은 분해·유랑하였던 것이니, 균전제를 근본으로 삼아 부병제와 조용조제의 차질만 배가되어 先秦이래 전승되어온 家族主義를 위로부터 파괴시킨 결과를 낳아 마침내 당제국의 律令體制의 파괴는 부득이한 것으로 되고 말았다.

---

38) 『通典』 卷6, 賦稅下에 "武德6年 3月令 天下戶 量其資產 定爲3等 至九年3月條 天下戶立3等 未盡升降宜爲九等"이라 있지만 根據가 없다.

39) 『唐律疏議』 卷12 戶婚 中에 "父母在而子孫 別籍異財者 徒3年"이라 하고 있다.

40) 『通典』 卷6, 賦稅下.

다음으로 義倉에 대하여 살펴보자. 본래 唐의 의창은 隋시대 長孫平의 건의에 따라 설치된 社倉에서 그 기원을 찾아야 하지만, 唐의 의창 설치 때에 그 영향을 감안하였다는 입장이 포함되어 있어 그 내용은 유보한다.[41] 당태종 정관 2년(828) 4월 상서좌승 戴胄와 호부상서 韓仲良의 주청에 따라 설치되었고[42] 貞觀令이외에도 永徽令, 開元令 및 貞元令 등이 再 頒布되어 3회 이상 변천하였던 사정을 엿볼 수 있다.

貞觀令은 王公이하 균전농민에게 수전액에 따라 "畝稅2升"을 거둬들이고 商賈無田者에 대해서는 上上戶 5石으로부터 下下戶 5斗에 이르기까지 체감하여 수렴하였다지만,[43] 永徽令에서는 왕공이하 균전농민은 商賈無田者 및 수전부족자는 9등호에 편입시킨 상상호 5석으로부터 하하호 5두에 이르기까지 "토지에 의거하여 세를 (체감하여) 갹출한다"는 것이다.[44] 이는 왕공·관인 및 豪富·强丁의 토지 사유액에 비하여 훨씬 가벼운 부담이었기 때문에, 그들에게 치부할 기회를 제공하였고 당 말까지 지세의 감면이 지속된 것으로 보아 義倉과는 별도로 조용조 및 양세법의 부가세로 부과하였던 것이다. 開元令에서는 정관령·영휘령과는 달리 현재소유의 田畝에 따라 "무세 2승을 갹출한다"는 것이고 商賈無田者 및 수전부족자는 9등호에 편입시켜 수렴하였으나, 애당초 하하호 및 夷獠戶는 賑恤의 대상으로써 의창수렴에서 제외되었지만, 그들에게 하호의 半額을 부과하였다.[45] 이것은 부담을 공평히 한

---

41) 隋文帝 開皇5年 長孫平의 社倉설치 건의문은 唐 戴胄의 義倉설치 건의문과 비슷하여 생략한다.

42) 『舊唐書』卷49 食貨志 p.2122-3에 "貞觀2年4月 尙書左丞戴胄上言曰……今請王公已下 爰及衆庶 計所墾田 稷穡頃畝 致秋熟 準其在苗 以理勸課 盡令出粟 稻麥之鄕亦同此稅 各納所在 爲立義倉 若年穀不登 百姓饑饉 當所州縣 隨便取給……戶部尙書 韓仲良奏 王公已下 墾田畝納二升 其粟麥 펀稻之屬 各依土地 貯之州縣 以備凶荒 可之"라 있다.

43) 『新唐書』卷51 食貨志上 p.2091-2에 "太宗善之乃詔 畝稅二升 粟麥杭稻 隨土地所宜 寬鄕斂以所種 狹鄕據靑苗簿而督之……商賈無田者 以其戶爲九等 自五石至五斗爲差 下下戶夷獠不取焉"이라 있다.

44) 상게서 同卷, 『通典』卷12 輕重, 『冊府元龜』卷502 邦計部 常平倉條에 "高宗永徽2年九月頒新格 義倉據地取稅 實是勞煩宜令 出粟上上戶五石 各有差"라 있다.

45) 『通典』卷12 輕重에 "開元25年定式 王公已下 戶別據所種田畝別稅二升 以爲義倉 其商賈無田者及不足者 上上戶五石 中上以下遞減各有差"라 있고, 『唐六典』卷3 戶

다는 의미는 있었으나, 토지겸병을 자행하여 대지주로서의 왕공·관인 및 豪富나 强丁에 대한 회유 또는 국가의 재정강화라는 측면을 살펴볼 수 있었으며, 정원령은 정관령에 준하였다고 있는데,[46] 이는 좋은 어떤 방향이 없던 사정에서 의창의 근본적인 원칙이나마 관철해야 한다는 가이드라인을 제시한 조치라고 생각한다.

이상과 같이 변모되어 시행하였던 義倉은 사회경제적인 측면에서 볼 때에, 조용조의 부가세로써 재정확보를 위하여 시행되었던 것으로 생각한다. 그것은 첫째로 의창설치에 관한 상주문 중에 "일무에 2승을 각출한다"나 "또한 이 세와 같다"고 한 기록은 재원을 확장한다는 의미를 가져 각지에 강력하게 웅거하고 있었던 당왕조의 관료적 문벌사족과 그에 연결되어 있는 세력에 대항하기 위하여 관료계를 재편성할 필요가 있었기 때문에 막대한 영업전을 수여하였던 것이라든지, 의창을 그들에게 운영하도록 하였던 조치는 언제 어떻게 叛起할지도 모르는 豪族이나 지주를 견제하고 관료로써 직분을 충실하게 수행하도록 한 것이었다고 생각할 때에, 의창은 조용조제를 보완하는 부가세로써 설치·운영하였다고 고려된다.

둘째로 백성을 善治하여야 하였던 왕공·관인 및 호부(지주)나 强丁들이 법적 혹은 불법적으로 대토지겸병 및 축재에 부심하여 황제의 권력이 피지배층에까지 관철되지 못하여 국가존립이 위협받는 상황에서 그들의 반발을 회유하는 상황에서 개원령을 재반포하여 의창을 강화한 것이다. 이것은 義倉米를 江·淮南에 가중시켰다든지[47] 下下戶 및 夷獠戶에 대해서도 하호의 반만을 갹출하도록 하였던 사례라든지 더욱이 천보 6·7년 이후로는 국가의 재정으로 전용된 사례가 확실하게 나타난 것으로 본다면[48] 의창은 국가재정을 강화하기 위하여 재반포되었다고 하지 않을 수 없다. 현재 의창

部에 "下下戶及全戶逃幷夷獠薄稅 竝不在取限 半輸者 出粟下戶之半"이라 있다.

46) 『全唐文』 卷450 齊映請修義倉表에 "……擧祖宗之成法 復修義倉 以救歉稅"라 있다.

47) 『通典』 卷12 輕重에 "稻穀一斗五升 粟一斗"라 있다.

48) 『冊府元龜』 卷105 帝王部 惠民에 "開元15年12月制 河北饑甚 轉江淮租米 百萬石賑給之"다 있고, 同條에 "開元21制 是歲關中久雨害稷 京畿饑 詔出太倉粟二百萬粟賑給之"다 있으며, 同條에 "天寶13載秋 大霜雨八月至十月凡六十餘日……太倉米百萬石 於城中 分十場 賤糴與貧人"이라 있다.

수렴상의 통계에 따라[49] 보면, 총 세수입액 96,002,220석 중에 의창수렴이 63,177,660석이나 되어 과반수를 훨씬 초과하고 정조 수렴액 42,126,184석보다 훨씬 많았던 것은 의창이 국가재정을 강화하려는 의도로 설치·운영되었다는 입장을 뒷받침해주는 좋은 사례라고 생각한다.

셋째로 義倉米의 賑貸給 및 地稅의 減免이라는 기록을 반드시 恤民이라고 규정하는 것이 타당한 가라는 의문이 있다. 자연재해에 대한 진대급 중에 식량은 재생산비였으며, 종자는 재생산수단이었음으로 권농하여 실농을 방지하기 위하여 이러한 농업생산의 조건을 충족시켜야만 하였을 뿐만 아니라 그렇게까지 해서라도 조세수렴상의 차질을 제거하는 것은 통치자의 책임이기 때문에, 균전농민을 토지에 긴박되어 조세·병역을 부담하였던 균전농민은 국가의 중추로써 그들의 충직한 국가에의 봉사는 국가의 부강을 가져올 기본적인 요인이었던 것인데, 그들이 고리채 등으로 말미암아 왕공·관인 지주에의 투탁은 중앙집권력을 약화시키는 반면에 이들 貴戶의 세력이 강성하여 국가의 안보 및 존립에 중대한 사건이 발생할 것이기 때문에 의창미를 상황에 따라 진·대급하고 지세의 감면을 결행함으로써 稅源이나 兵力源의 이주를 방지하려는 것이었다. 진대급 및 지세의 감면상황을 살펴보자. 『冊府元龜』帝王部 惠民에 의하면, 당시대에 賑貸給은 약 50회 정도 실시되었고, 그 중에 진급이 34회, 대급이 16회 시행되었다.[50] 추수 후에 상환해야 하는 대급은 해당지역이 광범위하였고 首都로부터 遠方이었으며, 江淮南과 같은 곡창지역이었음에 비하여 진급은 수도에서 가까운 京兆府, 경기지방에 많았다. 의창이 설치되던 정관연간에 9회로 內治에 충실하여 이른바 개원의 치 때에 15회에 걸쳐 시행되었다는 상황으로 보면 균전농민과 국가의 안정을 고려한 재정적인 배려가 농후하였다는 사실을 반영한다. 또한 지세를 국가의 慶事時와 水旱蝗蟲 등 자연적인 재해를 만났을 때에, 半免 혹은 全免하였다는 것이다.[51] 이것은 당시대에 대략 20여 차례에 걸쳐 실시한 가운데, 자연적인 재해에 대하여 7회에 걸쳐 시행하였고 나머지 14회에 걸쳐 황제의

49) 『通典』卷12 輕重 天寶8年 凡天下 諸色米表.

50) 『冊府元龜』卷105·6 帝王部 惠民1·2.

51) 상게서 卷502 邦計部 蠲復二.

순행이나 대사 등에 의하여 이루어졌다. 이 경우 전자는 "토지에 근거하여 세를 부담시킨다"는 地稅가 義倉에서 변모하였다는 사실을 인정할 수 있으나, 후자는 地稅가 마치 황제의 권위를 선양하는 재원이었던 것처럼 전용되었던 사실은 주목할 만하다.

이상과 같은 恤民의 조치는 貧者 대부분이 균전농민이었기 때문이고, 그들이 조세와 병역의 부담자라는 이유에서 그들을 보호하여 중앙집권력의 이완·파괴를 제거하기 위한 방편이었다고 규정하는 것이 타당할 것이다. 따라서 당시대의 의창은 단순하고 소박하게 휼민 혹은 구제조치로 규정하기보다는 오히려 조용조 및 양세법의 부가세적인 성격이 있어서 국가재정의 강화를 위하여 시행하였던 조치였다고 할 수 있다. 결국 당시대의 균전농민은 100무의 수전에 대하여 토지세, 병·요역의 身役은 물론 호세와 의창미 2석이라는 가혹하리만큼 과중한 부담을 감내해야만 하는 참으로 헐값의 백성이라고 하지 않을 수 없다.

아울러 정관 연간의 백관수는 730명에 불과하였으나, 현종 개원 말 천보 연간에는 정치기강이 문란해지는 등의 사정에서 18,000명으로 증가하였으며, 궁중의 비빈 중에 봉록을 받는 자만도 5만이 넘었다[52]고 하니 국가의 재정은 크게 어려워 공해전 수입만 가지고는 봉록의 충당이 크게 부족하여 職分田을 경작하던 빈호나 균전농민에 대한 가렴주구가 우심하였을 것이라는 예상은 어렵지 않다. 그 위에 왕공·관인 그리고 지주 등 지배계층은 대지주로써 균전농민에 대한 우월감은 물론, 관직자로 실무능력보다 오히려 교양을 위주로 선발하여 해당지역의 사정을 알지 못하고 기피하여 吏屬에게 政事를 위임하지 않을 수 없었다. 만약 관료로서 어떠한 활동을 전개하려면 강력한 왕공·관인 그리고 지주와의 타협을 하지 않을 수 없었을 것이다.

이러한 상황에서도 괄호정책으로 상당한 성공을 거둔 당현종은 거기에서 정치에 염증을 느껴 마침내 일락에 빠져 국가의 세수입보다 군비·사치의 비용이 막대하여 이후 韋禎·陳少遊 등의 취렴하는 관료가 날로 증가하였다. 말하자면 위정은 경조윤으로 농민과 부호의 田宅에서 80만민을 취렴하였고,

---

52) 『資治通鑑』 卷205에 "玄宗之世 冗使冗濫 開元21年 帥以下 一萬七千六百八十六人 吏自佐史以上 五萬七千四百十六人 俸祿所給 財用不足"이라 있다.

진소유는 회남절도사로 재산 천문당 200문을 증액 취렴하였다.[53] 특히 호부시랑 王鉷은 호구색역사로서 30년간이나 밀렸던 세금을 추증하였는데, 현종은 그가 "부국의 기술이 뛰어났다"고 칭찬·후대하였다는 것이다.[54] 따라서 정치는 윗사람의 의사가 아래에 펼쳐지지 못하였고 아랫사람의 의사는 윗사람에 전달되지 못하였다"는 바로 그런 상황이었다. 게다가 契丹, 土蕃, 東突厥 및 南詔 등이 당제국에 반기를 들어 변방비는 개원이전에 200만석에 불과하였지만, 천보 연간에는 재용의 4분의 3을 충당하였으며,[55] 아울러 절도사가 할거하여 당황실의 권위는 침체되고 이른 바 外重之弊가 등장하였다. 결국 당현종 개원말 천보 초에는 토지와 조세의 증가하는 비용을 감당하지 못하여 조세·군사 등 절대적인 부문에 와해를 가져왔고 영구사유화한 경작지(지주토지소유제)는 왕공·관인 지주 그리고 사관 등의 지배계층에게 전환되어 균전농민은 과거보다 작은 토지를 소유하면서 과거보다 더 많은 조부를 착취당하여 측면에서 균전제의 붕괴를 촉진시켰던 것이다.

Ⅳ. 結　論

당전기의 균전제는 王公·官人에 대한 막대한 토지수여와 賣買·典當 등의 특혜이외에, 寬鄕과 陜鄕의 차이 때문에 관향의 농민에 비하여 陜鄕의 농민은 규정의 5분지 1정도를 授田하고 租庸調를 비롯하여 의창미-地稅, 戶稅 등의 부담은 관향의 균전농민과 同額이었기 때문에 농민의 관향에로의 移住는 불가피한 상황이었다. 그러나 당왕조의 折衝府는 정치군사적 중심지인 관롱지역과 하북·산동과 하남일부 지역에 집중적으로 설치되어 있었기 때문에, 이 지역에서 軍府가 없는 지역으로 이주는 처음에 허락하였으나, 崔善爲의 "虛近遠實"이라는 지적에 따라 법령으로 금지하였다. 그러나 농민의 移住는 방지하기 어려워 李僑의 逃戶對策과 宇文融의 括戶對策 나왔다. 전자

53) 『舊唐書』 卷48. p.2094.

54) 상게서 卷118 楊炎傳 pp.3420-1에 "至天寶中 王鉷爲戶口使 方務聚斂以丁……積徵30年租庸云云"이라 있다.

55) 『唐代政敎史』, p.365.

는 소극적이어서 효과는 없었고, 후자는 강력하게 추진하여 寄寓地에의 編附로 막대한 客戶, 곧 小作人이 量産되어 職分田의 分給이나 開元 25年田令까지 나왔으나, 결국 『通典』의 저자 杜佑가 均田制가 偏田制化 하였다고 지적한 것처럼, 地主佃戶制로 전환된 것이다.

또한 균전제를 근거로 성립된 府兵制를 비롯한 租庸調制·戶稅·義倉에서 발달하여 나온 地稅는 균전제의 붕괴를 측면에서 촉진하였다. 조용조제도는 근본적으로 관·협향과의 수전상의 차이에도 불구하고 조세부담은 차이가 없어서 薄賦輕徭의 정신이 결핍되어 있었다. 戶稅나 의창은 "畝稅2升"으로 처음 목적과는 달리 잡다한 용도로 변질되어 균전농민의 구제나 恤民이라는 성격을 벗어났다.

그밖에 현종 개원말년이후 기강의 문란으로 재정이 크게 부족하였지만, 지배계층은 관직을 독점하고 관리는 당해지역의 사정을 알지 못하였으며, 황실은 사치·일락에 빠져 정치는 거의 퇴폐되어 양세법의 성립·전개로 황제권이 점차 약화되어 당의 律令支配體制가 무너지고 송왕조 이후 황제의 勅令支配體制가 관철된 것이다.

〈Abstracts〉

Studies on the Destruction of GunTienGi均田制 in early Tang唐 Period

Kim, Bong-Jung

GunTienGi均田制 in early Tang唐 was adopted to release farmers from heavy taxes, and gave them 20Mu畝 of UngIeTien永業田 and 80Mu畝 of KouFenTien口分田, a total of 100Mu畝(approximately 3000 pyeong), and made them to pay 2 seok (10 percent of production) of land tax and provided the government with military and labor services and local indigenous products. Although SiaSiang狹鄕 farmers of KanLueng關隴 were given the same 20Mu畝 as other regions, they were not allowed to move to other regions due to the fact that the region was full of feudal lands and SheChuengFu折衝府 of pro-emperor personnel.

When TaoHu逃戶 occurred during the WuTzeTien武則天 period, LiGiano 李嶠 responded with passive policies. TangSuanTzueng唐玄宗 adopted UunRueng宇文融's KuoHu括戶 policy and found out SiaoTzuoRen小作人 and ShengTien剩田, allowed the migrants to form their own communities. Nevertheless, land and house taxes in addition to the luxurious life of TangSuanTzuenge唐玄宗 increased burdens of farmers twice and led them to escape to other regions. To solve these problems, new land policies including the division/unity of GiFenTien職分田 and owning of large land were proclaimed in the 25th year. However, these efforts could not stop the socioeconomic development, and GunTienGi均田制 was transformed into PienTienGi偏田制 and DiGuDienHuGi地主佃戶制 of Chinese feudal society.

第3編

隋唐官僚制의 成立과 展開

-山東의 門閥士族·官僚를 중심으로-

第1章 序　論

中國史에 있어서 魏晋南北朝時代를 士族(制)社會라 하고, 宋代 이후를 官僚制社會라고 규정하는 데에는 대체로 異論이 없는 것 같다. 그렇지만 그 중간에 끼어 있는 隋唐時代에 관해서는 論者에 따라 士族制사회 혹은 官僚制사회라 하여 서로 다른 견해를 보이고 있다. 8세기 중엽에 전개된 安史亂을 계기로 地主의 大土地兼併과 地主佃戶制의 발달에 근거하여 封建社會 前期와 後期로 획분하기도 한다. 본 연구는 경제적 측면에 대해서는 유보하고, 唐代를 官僚적 門閥士族(제)사회라는 전제 아래 추진하였다. 魏晋時期에 형성된 문벌사족(제)사회는 東晋南朝에서 개화하였지만, 小數 門閥士族의 정치독점과 각종 특권의 향유로 말미암아, 황제권의 약체를 가져와 北中國의 제 정권에 대하여 열세를 면하지 못하였다. 한편 북방민족의 남하에도 불구하고 북중국에 남아 있던 門閥士族과 豪族은 북방민족과 협력하여 이른바 胡漢 二重體制를 이루었다. 鮮卑 拓拔氏에 의하여 華北은 통일되고 孝文帝의 漢化政策 특히 姓族詳定을 통하여 胡漢 兩族의 상층부가 官製的으로 官品에 의하여 체계화되었다. 이리하여 胡漢 兩族의 上層, 즉 士族은 정치적으로 다만 門第로써 入仕하고 顯達하였으며, 사회적으로 士族 상호간의 通婚에 열을 올려 자기들의 사회적 威望을 과시하고 門第를 保持하여, 北方民族의 상층부에 漢族의 고도한 문화를 전달하는 등 北族의 中國化를 촉진시켜 胡漢融合에 공헌하였다.

그렇지만 이런 門閥士族制의 이행은 상대적으로 일부 상층부의 문벌사족을 제외한 次下階層 특히 遷洛 이후 留鎭한 北族들의 낙후를 면하지 못하게 함으로써 이들의 투쟁을 일으켰다. 그 투쟁 중에 발생한 「河陰의 役」으로 막대한 희생을 당한 漢人 문벌사족들은 앞서 흥기한 北族과 함께 새 질서를 세웠으니, 北朝 後期政權 아래의 위정자 집단이 그들이다.

이들 가운데 특히 山東 門閥士族들이 역사발전 과정에서 어떤 지위에 처해 있었고, 어떠한 사정에서 唐朝 官僚制에 관료로 변모하여 활동하였던가를 고찰하는 것이 본 연구의 과제다. 매우 복잡하고 지극히 어려운 작업이어서 다음의 다섯 단계로 나누어 살펴보고자 한다.

첫째로, 孝武帝의 西遷을 계기로 하여 東中國에서는 高歡을 중심으로 胡漢 兩民族이 高氏政權을 건립하고 課試法을 시행하는 등 약간의 변화는 있었지만, 대체로 北魏의 옛 제도를 복구하는 선상에서 문벌사족제를 재건하였다. 반면에 關隴地域에서는 宇文泰를 중심으로 하는 武川鎭 軍團과 關隴有武力·才智者 등의 이른바 關隴集團이 아직 兵戶制의 성격이 남아있는 府兵制와 虜姓再行 등 이른바 關中本位의 정책을 추진하여 高齊政權을 평정하여 북중국을 통일하였다. 이러한 北朝後期 정권 하에서 산동문벌사족들은 高歡·高齊政權의 정치·사회·경제·문화적 측면에서 어떤 지위에 있었고, 어떤 역할을 하였는지를 살펴 보는 것이 논리의 전개와 독자의 이해를 돕는 데에 필요하다. 따라서 第 2章을 산동문벌사족의 지위를 설정하였다.

둘째로, 隋朝에서도 關隴集團의 지배력이 관철되는 사정 하에서 平齊 후 北周 武帝의 徵召를 받아 入關한 산동문벌사족들은 형식상으로는 北周의 周禮的 世界, 실질상으로는 北周의 尙武的 世界에 처하였다. 이들은 곧 周隋革命의 전환기를 맞아 北魏 末 孝武帝를 따라 入關한 산동사족과 함께 隋朝의 창건에 막대한 역량을 발휘하여 재상 등 고관에 이르렀다. 高熲, 李德林 등이 그들이다. 이들은 다른 한편으로 隋朝의 통일정책 예컨대 중앙과 지방행정조직의 개편, 輸籍法 등을 입안하는 과정이나 易太子事件을 통해서 거세되었던 것처럼 억압받고 채용되지 못하였다. 이러한 隋朝 下에서 산동문벌사족들의 동향 및 억압되었던 사정을 살펴보고자 第 3章은 산동문벌사족에 대한 통제로 설정하고, 제 1절은 隋王朝時期를 설정하였다.

셋째로, 隋末·唐初의 반란이 反徭役鬪爭의 성격을 갖는 것은 두 말할 필요가 없지만, 煬帝의 關隴出身 인물의 배척과 關隴地域을 홀시한 태도도 적지 않게 작용하여 關中에 거점을 설정한 李唐에 유리하였고, 李唐의 본신과 그를 둘러싼 세력은 隋朝와 같은 關隴의 관료적 문벌사족집단이었으며, 그 지배력이 관철되었다. 그렇지만 唐 初期에는 왕조의 창출, 東都平定 등의 재통일, 玄武門事件 등에서 산동의 인물들도 막대한 공로를 세워 그들을 배척할 수 없었다. 뿐만 아니라 통일왕조로서의 唐은 관료적 문벌사족들로 하여금 왕조의 官品, 禮敎에 맞는 혼인을 이행하도록 함으로써, 정치·사회의 질서를 회복하려 하였다. 이런 때 山東門閥士族들은 어떤 동향을 보였는가를 이해하기 위하여 第 3章 2절은 唐 初期를 설정하였다.

넷째로, 長孫無忌를 중심으로 하는 關隴 관료적 문벌사족집단의 지배는 高宗의 武皇后 擁立을 통하여 와해되고, 정권을 창출하려는 야심만만한 武皇后는 科擧制를 정비·확대하였다. 北齊의 멸망 이후 山東地域은 낙후되고 山東 門閥士族 또한 北朝後期이래 隋朝 및 唐 初期에 여러가지의 억압과 통제를 받았던 사정에서 武皇后의 정권 창출과 같은 기도는 經史 및 문학적 역량이 풍부한 그들에게 있어서 정계에 진출하고 현달할 수 있는 절호의 기회가 되어 과거제 등을 통하여 중앙정계에 적극적으로 진출하였다. 이리하여 산동인물들은 門閥士族이 아니라 관료로서 關中·江南에서 진출한 서민 그리고 서민지주층에서 부상한 인물 등과 더불어 관료로 편성되어 드디어 唐朝 관료적 門閥士族制에 편승하였다. 또한 高宗 顯慶年間(656-660)에 官修된 『姓氏錄』과 禁婚令은 관료제 형성의 주요한 작용을 하였다. 이 시기에 山東官僚들이 어떤 동향을 전개하였는지 살펴보고자 第4章 1절은 武后期 官僚制의 성립을 설정하였다.

다섯째로, 武則天 때에 성립된 官僚制 下에서 玄宗의 開元·天寶時期 및 唐 後期에 士·庶鬪爭과 聯盟 혹은 黨爭과 같은 정치집단간의 투쟁이 전개되어 결국 士·庶合流가 이루어졌다. 이는 관료제 하에서 나타나는 현상으로 이 오랜 동안에 산동관료는 어떤 양태로 생활하고 활동하였는가를 이해하고자 第4章 2節은 唐 中·晩期 산동관료의 동향을 설정하였다.

이상과 같은 순서와 내용으로 진행될 本 研究의 목적은 魏晋南北朝時代의 실질적인 통치계층이었던 문벌사족 특히 山東의 門閥士族이 隋·唐前期에 진행된 통일정책과 사회의 변모에 따라 어떻게 관료계층으로 변모하였는가 그리고 새로이 부상한 서민지주층과 어떻게 合流하였는가 등의 문제를 고찰하여 唐 官僚制의 성립과 전개에 대하여 살펴보려는 것이다. 이와 같은 문제를 제대로 究明하기 위해서는 庶民地主層이 어떠한 사정에서 성장하였는가와 같은 문제를 동시에 고찰하여야 할 것이지만, 너무 방대하여 다음 기회로 유보하였다.

第2章 山東門閥士族의 地位

제1절 山東 門閥士族의 政治社會的 地位

山東은 오늘날 中國의 행정구역인 山東省만을 가리키는 것은 아니다. 山東은 중국을 남북으로 가로지르는 太行山脈의 동쪽, 秦始皇이 수축하여 華夷를 구분하던 상징인 萬里長城의 남쪽, 華北과 華中地域을 획분하는 秦嶺山脈의 북쪽, 그리고 東海에 이르는 광대한 구역이다. 이 지역은 역사상 中原이라 하였고, 오늘날 행정구역상 北京市를 비롯하여 河北省·河南省 그리고 山東省을 포함하고 있다.

『隋書』卷30, 地理志 中에 기재되어 있는 57郡은 山東에 해당되는 지역이고 아울러 本稿에서 다루려는 산동 문벌사족의 본거지인 冀州地域의 諸郡에 해당된다. 冀州는 옛 堯의 도읍지로 舜이 全領域을 分置할 때에 幽州와 幷州로 나누었고, 夏에 이르러 폐지하였으나, 唐, 즉 堯의 옛 자취가 있었다고 하여 堯舜의 至治的 정서가 보전되었음을 시사하고 있다. 그리고 西周時期에는 宗周로서 鎬京이 정치의 중심이었다. 武庚과 三監을 평정한 周公 旦이 呂尙과 자신의 長子 伯禽을 齊, 魯의 諸侯로 삼은 이후 周禮가 거기에서 행해지고 남아 있었다. 후에 이곳에서 孔子가 탄생한 것은 우연한 것은 아니었다. 그 후 이 지역은 정치·군사적으로 중심 혹은 변방으로서 起伏이 엇갈렸지만, 정치·문화적으로 거점지역이었다. 그러기에 ① 清河·信都·河間·博陵·恒山·趙郡·武安·襄國 등 지역 사람들은 품성상 인정이 많고 농업에 힘쓰며, 儒學을 즐겨 숭상하였다. 風俗은 용맹을 중시하고 朋黨을 잘 꾸미며 서로 死生을 겨루니 역시 仁義에서 나왔다. ② 太原의 산천은 중복되어 있어 실제로 일국의 도읍지로 될 수 있었기에 高齊에서 別都가 되었다. 인물은 심하게 機巧하지는 않고 굳세고 사나워 武術을 익혔다. 離石·雁門·馬邑·定襄·樓煩·涿郡·上谷·漁陽·北平·安樂·遼西는 모두 이웃하고 있는 邊郡으로 太原과 습관이 같았던 이유로 예로부터 용감하고 俠氣있는 者라면 모두 幽·幷州의 인물을 손꼽았다. 따라서 涿郡·太原은 옛부터 文雅의 선비가 많아 비록 邊郡이지만 그 風敎는 타 지역에 비길 바 없다고 하였다. 산동 즉 冀州에서는 유학을 숭상하고, 仁義를 실천하며 용감하고 협기가 있어 文武를 함께 숭상하던 그런 지역이었다. 아울러 위진남북조시대의 통치계급인 문벌사족이 그러한 문화적 전통을 온전히 보존하여 전승하던 지역이었음을 지적하고 있다.

이상 열거한 지명 가운데서 淸河·博陵·趙郡·涿郡 그리고 太原郡은 山東郡姓의 본거지로서, 郡名을 本貫 혹은 貫籍(籍貫)으로 채용하였다. 즉 淸河 崔·博陵 崔·趙郡 李·范陽 盧·滎陽 鄭 그리고 太原의 王氏가 그들이었다.

魏晋南北朝 隋唐時代의 통치계급에 대하여 右姓·郡四姓·上姓·甲門·四海望族·上品·茂姓·盛門 등으로 지칭되었으나, 그것에 대한 어떤 기준이 있는 것은 아니었다. 예컨대 涿郡의 郡望으로 盧·祖·鄒氏, 滎陽郡의 鄭·毛·潘·陽氏, 趙郡의 李·陸氏, 太原郡의 王·武·郭氏 등 11姓을 지칭하고 있다.[1] 8세기 前半期의 譜學者 柳芳은 「姓系論」[2]에서 山東郡姓을 비롯한 천하의 士族 29姓과 그들의 특성을 소개하였다. 여기서 말하는 山東郡姓·關中郡姓 등은 그 당시 全 中國의 姓氏 가운데 그들의 정치·사회적 지위가 다른 郡四姓 보다 현저한 氏姓을 가르킨다. 또 그들보다는 한 단계 낮았지만, 홀시할 수 없었던 名門으로써의 宗族, 곧 郡四姓이 있었다. 渤海의 高·封; 廣平의 宋·邢; 淸河의 張·房·杜·姚; 太原의 郭氏 등이 그들이었다.

門閥士族이라는 기준은 곧 修己治人的 儒學을 家傳하여 지방·향리사회에서 禮敎를 이끌고 地方과 中央의 官界에 진출하는 力量을 가진 宗族을 가르키는 것이다. 그것은 西晉시대 太原人 王昶이 자기의 자손에게 경계한 교훈에서 찾을 수 있다. 말하자면, "三代不仕, 不學, 不看客, 失婚無譜, 不葬, 無墳墓" 및 "不修仁"[3] 등이다. 그 가운데 사족으로서 최우선인 것은 官界의 진출이요, 나머지는 그 요건으로 해석할 수 있다고 하였던 것을 보면,[4] 士族이 되고 그들의 門地를 보전하였던 기준과 방법은 累世에 걸쳐 관료계에 진출한 官歷이 중요하다는 것은 의심할 여지없다. 그렇지만 그 당시의 문벌사족

1) 『太平寰宇記』 各郡의 右姓; 池田溫, 「唐代の郡望表」, 『東洋學報』 42-3,4. 1960.

2) 『新唐書』 卷199, 柳沖傳 附 芳傳. pp.5676-80.

3) 『全唐文』 卷545, 王顔, 「追樹十八代祖晋司空太原王公神道碑銘」.

4) 李成珪, 「北朝前期門閥貴族의 性格」-淸河 崔浩 一門을 中心으로-, 『東洋史學硏究』 11, 1977, 서울.

의 官歷을 분석할 수 있는 宗譜나 欽定 氏族志가 전래되지 않고 있는 사정에서 士族의 기준은 아직 확실하지 않을 뿐만 아니라 宗族內에 官界進出者 몇 사람만을 가지고 문벌사족이라고 할 수 없다.

따라서 筆者는 柳芳이 밝힌 山東 郡姓중 門風이 가장 우미했던 范陽 盧氏를 중심으로 北朝 貴族의 宗主集團的 構造에 대하여 이미 분석·검토 하였다.[5] 그 결과는 다음과 같다. 첫째, 東漢 末 盧植은 鄭玄과 함께 大儒 馬融에게서 『尙書』·『春秋』를 배우고, 『尙書章句』 등을 저작하여 經學上 一家를 이루어 門徒를 敎授하고, 정치·사회적 비리를 개선코자 노력하였으며, 蠻夷를 慰撫하고 黃巾賊의 討伐에도 진력하였다. 그의 아들 毓은 曹魏의 吏部尙書로서 曹操가 혼란한 국면을 극복하려는 차원에서 부득이 취했던, "비록 효도하지 않고 인자하지 않지만 오직 재주만 있으면 채용한다"는 敎令에서 탈피하여, "먼저 성품과 행동을 살피고 후에 말과 재능을 고려한다"는 방략으로 魏晋 士族制의 골격이 되는 방략을 제시했다. 그리고 毓의 아들 欽은 曹魏末 吏部尙書를 역임하면서 청렴하고 산업을 경영하지 않으며, 받은 바 봉록은 거의 散施하여 西晋의 武帝로부터 "맑고 바른 道理와 곧은 德을 가졌다"는 지극한 賞贊을 받았다. 欽의 아들 志와 손자 諶은 西晋 末 匈奴 등 북방민족의 남하에 대하여 이른바 尊王攘夷 운동을 전개하였다. 이처럼 盧植 一家의 정치상 顯達과 治者로써의 역량은 范陽 盧氏가 다음 代에 門閥士族으로 성장할 수 있던 기초였다.

둘째로, 북방민족의 남하에 대하여 華北에 남아 있던 문벌사족들은 "百室合戶", "千丁共籍"하여 五胡政權에서는 胡漢 二重構造를 형성하고 그들의 舊籍을 획득하였다. 盧偃·盧邈은 在地有力者(門閥士族)를 本郡의 太守 및 그 佐史로 임명하여 통치의 실효성을 확보하였던 이 시기에 本郡의 太守를 역임하였다. 이러한 門閥士族的 非相避制는 北魏 초기의 宗主督護制로 진전되었고, 다시 孝文帝 때는 胡漢上層分子의 군사적 공로와 통치역량을 포괄하는 姓族分定을 단행함으로써, 官製的으로나마 北朝 門閥士族制가 확립되었다. 이런 北魏時代 盧玄·崔綽·高允 등 宗主的 力量者들을 崔浩의 奏請에 의

5) 李啓命, 『北朝의 貴族』 – 范陽盧氏를 중심으로 –, 1987, 2, 광주.

해 太武帝가 徵士하였다. 崔浩는 부친 宏과 함께 北魏의 華北統一과 국가의 典章制度를 완비하는데 절대적 공로를 세웠을 뿐 아니라 太武帝로부터 정책 결정에 있어서 先諮까지 委任받은 바 있었다. 이에 崔浩는 盧玄·高允의 만류에도 불구하고 그의 政論인 五等論에 입각하여 漢人 위주의 門閥士族制를 건설코자 했으나, 國史事件을 계기로 주살되고 말았다.

셋째, 盧玄의 자손들은 五胡·北朝의 諸 政權 下에 四卿을 배출하고 本州·郡縣의 刺史·守令·大中正·中正·主簿·參軍 등을 역임한 자가 많았다. 北魏 宗室에서 三公主를 맞이하였고, 淸河 崔氏와 같은 門閥貴族과 더불어 끊임없는 內婚을 추진하였다. 심지어는 姉妹가 媤家에서 同婿關係가 될 정도로 빈번한 內婚을 행한 것이다.

넷째로, 北魏 末 문벌사족제의 폐단으로 北鎭의 兵亂이 야기되고 「河陰役」과 같은 참화가 전개되어 "國恥·家怨"을 설욕코자 李元忠·封隆之 등이 起義하였고 바로 이 때에 盧文偉·盧勇·盧曹 등도 宗主集團을 결집하여 향리 사회의 위기를 극복코자 하였다. 그 당시 盧景裕·景宣·景仁의 3형제는 三國帝師로서 盧植 이래의 家學인 經學에 정통하고 註釋을 하여 經學의 家門으로 굳은 기반을 쌓았다. 특히 景宣은 西魏政權을 건설한 宇文泰의 막료로서 경학의 이념을 통하여 六官制를 중심으로 國體를 정비함으로써, 周禮主義 國家(北周)를 건설하는 데에 막대한 공로를 세웠다.

총괄하면, 范陽 盧氏를 비롯한 北朝의 문벌사족은 북방민족의 남하로 말미암아 황제권이 미약했던 魏晋南北朝時期의 華北 각지에 族居하던 宗族이었다. 그들은 혈연적·정치 사회적 力量을 갖춘 계층으로 그들의 대표자인 宗主나 宗主的 力量者의 사회적 位望을 보증하는 방향에서 관료로서 국가의 권력에 포괄되었다.

이상과 같은 北朝門閥士族의 대표격인 范陽 盧氏가 갖는 여러 가지 측면은 같은 山東郡姓이나 次下 士族에서도 얼마든지 찾을 수 있다.

여기서 다음 논리 전개의 편리를 위하여 淸河 崔氏의 士族적 측면도 살펴보자. 그런데 淸河 崔氏에 대해서는 이미 李成珪 教授가 崔浩와 그 一門을 중심으로 北朝 前期의 門閥士族의 성격에 대하여 매우 설득력 있게 논술하였다. 필자도 이에 동감하기 때문에 본고에서는 그 요점만을 발췌·정리하고 북조 후기 이후 清河 崔氏의 동향에 대해서만 고찰하겠다.

李教授는 그들에 대하여 다음 세 가지를 지적하였다. 하나는 冀州의 大姓豪族에 불과했던 清河崔氏가 名族으로 대두하게 된 계기는 魏晋·五胡·北魏初期였다고 하였다. 말하자면 魏晋時期 崔琰과 그의 從弟 崔林이 大姓豪族인 점과 儒學·統治力量을 가졌다는 점에서 曹操에게 辟召되고, 曹操政權 및 曹魏 政界에서 中尉·司隸校尉에 이르렀다. 西晋代에는 琰의 아들 諒이 中書令, 林의 아들 隨가 尙書僕射, 隨의 아들 瑋가 太子右衛率을 역임하는 가운데, 隨가 趙王倫의 모반사건에 가담하여 실각되는 시련도 겪었다. 五胡時代에는 崔瑋의 아들 悅은 范陽 盧諶과 함께 西晋 司空 劉琨의 휘하에서 흉노 등 북방민족의 남하를 저지코자 하는 이른바 尊王攘夷 운동을 전개하였고, 石氏政權 하에서 司徒左長史를 역임하였다. 崔琰의 系子 遇는 特進, 瑜는 黃門侍郎을 역임했으며, 遇와 崔悅의 아들 潛은 慕容暐의 黃門侍郎을 역임하여 문벌사족의 관료적 기반을 충실히 다졌다. 그리고 北魏 초기 潛의 아들 宏(玄伯)과 孫子 浩는 黃門侍郎·司徒로서 50년 동안 北魏의 文物·典章·制度를 정비하고 華北統一에 있어서 공로를 세웠다. 이러한 그들의 적극적인 활약은 崔門을 北朝 최고의 名門으로 급성장시키는 데에 결정적인 역할을 하였으며, 南渡派 崔道固·崔光 및 崔亮 등이 北魏의 정계에서 크게 진출한 것도 玄伯과 浩가 이룩한 기반위에서 가능했다고 하였다.

다른 하나는 崔門이 名門으로 성장한 조건으로 家學의 전통과 사회적인 기반을 들었다. 家學의 전통에 대하여 유학을 비롯하여 書道·天文 및 術數 등에 탁월했음을 제시하였다. 말하자면 崔浩는 天文·術數에 능달하여 「魏曆」을 작성하여 北魏에서 채용했고, 書道는 그의 증조 崔悅 이래 衛瓘體를 계승하고 范陽 盧諶에게도 전승되었다. 특히 유학 방면에서 보면 崔琰이 鄭玄을 事師한 이후 비록 경학상의 一家를 이루지 못했지만, 그는 從弟 林과 함께 魏朝에서 유학관료의 면모를 보인 이래 儒學이 家學으로 전승되고, 崔浩의 시기에 이르러 『孝經』·『論語』·『詩』·『書』·『周易』·『禮記』의 註解를 만들고 石銘까지 하였을 뿐 아니라, 涼州 출신 유학자를 규합하여 儒家의 大宗이 되었다고 하였다.

또 다른 하나 崔氏의 사회적 기반은 冀州內의 大姓豪族으로 魏晋南北朝의 중앙관료로 진출하였을 뿐만 아니라 崔門 출신인 隆宗·景茂·延壽 등이 冀州의 守令 및 主簿·別駕·中正 등 佐史를 독점하여 崔浩가 大中正에 임명되자 太武帝가 "가히 그 사람을 얻었다"라고 평가할 정도였다. 더욱이 崔門은 范陽 盧氏를 비롯하여 渤海 封, 趙郡 李, 太原의 王·郭, 河東 柳, 彭城 劉 및 遼東의 公孫氏 등 名門과 重婚하였다. 이는 崔門이 강고한 宗族集團을 가지면서 그 당시 一流 名族 또는 정치사회적 세력이 강력한 씨족과 긴밀한 통혼관계를 유지한 그들을 北朝의 군주들이 유력한 협조자로 인정하고, 이를 충분히 이용함으로써 崔門은 북조 최고의 門閥士族으로 성장하였던 것이므로 단순히 북조의 군주들이 요구하는 능력의 소유자만은 아니었다는 것이다.[6)]

이른바 崔浩의 國史事件 이후에 崔林 系의 崔門은 부진하였으나, 崔琰 系 崔門의 정치사회적 지위는 혁혁하였다. 崔琰 系는 후에 淸河大(小)房과 淸州房으로 나누어졌고 淸州房에 대해서는 필자가 귀족제의 기초로 宗主集團임을 전제로 구체적으로 살핀 바 있다. 다시 말하면, 崔琰의 次子 欽의 5世孫 泰山太守 輯은 冀州(淸河)에서 淸州로 離居하여 青州房이 형성되었다. 輯의 賤出所生 아들 道固는 兄들의 경멸 때문에 南仕하여 劉宋의 冀州刺史에까지 올랐고, 劉子勛을 옹립하려다 실패하여 北魏에 歸附하여 平齊郡守가 되었다. 輯의 孫인 僧佑·僧淵은 劉宋의 明帝로부터 輔國將軍을 수여받아 青齊地域의 통령을 위임받은 일이 있으며, 北魏 末 孝莊帝 때 河間의 邢杲가 河北 유민 10만을 동원하여 青州를 공격하자 留鄕 중인 崔光韶(崔幼孫의 아들, 崔亮의 從弟를 州長史로 辟召하여 격퇴하였다. 그리고 元顥가 入洛하여 河南의 諸州를 회유할 때 崔光韶는 단호히 그의 使者를 처단하였으며, 前廢帝 때 僧淵의 아들 崔祖螭는 統軍으로 해적을 토벌하기는 하였지만, 反尒朱氏 기치를 높이 들고 10만을 결집하여 東陽을 공격하였다. 이와 같이 崔門의 宗主(的力量者)는 本 宗族 및 房·張氏 등 在地勢力과 협력하여 南朝 諸 王朝의 침입 격퇴 혹은 상호 의부 그리고 반란을 전개하여 향촌을 구제하는 활동을 전개하였다.[7)]

淸河 崔門의 또 하나의 支派에는 이른바 淸河大房이 있다. 이들은 崔琰의

---

6) 李成珪, 同上 論文.

7) 李啓命, 「北魏 貴族의 一硏究」, 『龍鳳論叢』 15, 1985, 광주.

5세손 逞의 5대손 崔休와 崔寅 兄弟로부터 형성되었는데 北朝 後期에 가장 융성했던 支派였다. 崔休의 曾祖 寅과 祖父 靈和가 劉宋과 北魏間의 交兵 때에 南仕하였고, 父 宗伯 때에 北歸하여 그 宗主的 역량과 子 休의 有功 등으로 本郡太守에 추증되었다. 休의 妹는 孝文帝가 漢化政策을 추진하는 적극적인 의지의 일환으로 名族으로부터 자신의 四嬪을 징발했을 때에 그 중의 한 사람이었고, 休는 孝文帝 때 秀才로 선발된 후 누차 승진하여 北海王 詳의 長史·兼給事黃門侍郎으로 禮義를 參定하였다. 이때 孝文帝는 休의 5대조 逞이 예의를 제정했음을 상기하면서 "이것은 卿家의 舊事이다"라고 칭찬함으로써 崔門이 名族임을 勅許하였다. 그리고 그는 중앙의 尙書·地方官 등을 역임하면서 모범을 보여 文貞이라 시호를 받았고, 尙書右僕射에 추증되었다.[8)]

이런 崔休의 子 㥄과 孫 瞻은 특히 이름이 높았다. 㥄은 北魏 末 高歡政權(東魏) 건설에 立功하고 누차 승진하여 尙書에 이르고, 武成縣公(邑 千戶)에 封해졌다. 그간에 㥄은 孝靜帝 武定 末 실권자 高澄에 대하여 "더벅머리 소년이 어찌 대사를 감당할 것이냐"고 비아냥거린 말이 高澄에게 고발되었다. 그후 㥄은 澄을 路邊에서 만났는데, 澄이 㥄에게, "어린 아이에게 어찌 절하느냐"라 하고 㥄을 족쇄에 채워 晋陽에 보내 심문하게 하였으나, 불복하니 옥사를 담당했던 崔暹은 邢子才를 증인으로 삼았다. 邢은 다음날 㥄의 아들 瞻에게, "公(㥄)의 의사를 존중하려면 陳元康과 通婚해야 한다"고 충고했다. 이때 瞻에게는 新生女가 있었고, 元康의 子婦로 삼는 것을 허락했다. 이에 陳은 澄에게 三次에 걸쳐 㥄을 赦免시켜 줄 것을 청원하여 겨우 죽음을 면했다. 이것은 㥄의 언행이 너무 경박했기 때문이다. 말하자면 이 사건이 있기 전에 㥄은 훈공에 의지하여 탐오하고, 魏收를 輕薄徒로 능멸하였을 뿐만 아니라, 여러 차례 范陽의 盧元明에게 "천하의 盛門은 나와 너, 博崔·趙李는 무엇들이냐"고 하여 같은 산동의 郡姓까지도 능멸하였다. 이에 博陵 崔暹이 매우 못마땅하게 여기고 원한을 품어 그가 어려운 때에 그런 곤경을 벗어나지 못하게 하였던 것이다.

---

8) 『北史』, 卷24, 崔㥄傳. p.870.

그렇지만 門閥士族制社會에서 정치적·사회적 역량을 가졌던 士族은 同格의 士族 상호간의 내혼을 통하여 자신들의 家格을 保存하였고, 심지어는 崔凌과 從弟 長謙은 范陽 盧尙之의 2녀를 각각 맞이하여 姉妹關係가 同婿關係로 되었던 것이다.9) 그리고 梁朝에서 琅邪 王源이 士庶의 판별조차 어려운 滿章之의 女息을 며느리로 삼은 것에 대한 御史中丞 沈約의 탄핵은 매우 유명하다.10) 이런 정황 하에서 次下階層은 士族과의 통혼을 희망 혹은 염원하였다. 예컨대 陳元康은 寒門 출신의 賢才로서 北魏 末 이래 군사 행정면에서 두각을 나타내고 李崇·高澄의 브레인으로 활동하였다. 그간에 魏의 尙書僕射였던 范陽 盧道虔의 여식이 右衛將軍 太原 郭瓊의 子婦가 되었지만, 瓊이 死罪를 범하여 沒官됨에 高歡이 이를 알고 陳元康에게 주어 妻로 삼도록 했다. 이에 陳은 本婦人 李氏를 버리니 識者들에게 비난을 샀다.11) 이때 陳이 비난을 산 것은 人倫을 파기한 것에 대한 것이고, 非門閥 출신의 사족과의 통혼을 매우 염원하였던 상황을 반영한 것이며, 그런 사정에서 邢子才(凌의 友善者)가 瞻에게 충고한 것이다. 실제로 士族이 받는 사회적 輿望이란 修己治人의 유학을 학습하고, 그것을 실제생활에 體現함으로써, 그 향리나 국가 사회의 규감(모범)이 되고, 그것이 이른바 家學과 門風으로 준수·운영되어 화평한 가정·사회를 꾸미려는 家長·統治者에게 필수사항으로 존숭받고 그들이 그것을 실현코자 하는 점에서 나타난 것이다. 예컨대, 崔凌 一家의 婚嫁는 모두 일가로서의 길흉의 예법을 갖추었고 그 당시 칭찬하는 바가 되었으며, 崔凌은 侍中으로 魏齊의 禪代 때에 예의를 參掌했던 것이며, 婁太后(高歡의 后)는 博陵王妃로 崔凌의 妹를 맞이했고, 혼인식에서 文宣帝가, "新婦가 아들을 잘 낳고 孝順하면 富貴하리라"고 하면서 祝酒하자, 崔凌은, "孝順은 臣門에서 나왔지만, 富貴는 폐하로부터 나오는 은총이라"고 진언한 것을 보면,12) 문벌사족 뿐만 아니라 非門閥도 황실과의 통혼은 그런 맥락에서 이루어졌던 것이다. 그리하여 瞻이 여식을 陳의 子婦로 삼는 것을 허락하자,

9) 『陔餘叢考』 卷31, 姉妹爲妯娌.

10) 『文選』 卷40, 沈休文奏彈王源一首.

11) 『北齊書』 卷24, 陳元康傳. pp.342-3.

12) 上揭書 卷23, 崔凌傳. p.335.

陳은 자신의 주인 高澄에게 崔凌의 곤경을 간절히 구걸하였던 것이다.

이런 崔門의 家學, 즉 經學上의 학습과 체현은 모범이 되었다. 崔浩 일문의 家學大成 이후 그런 家學은 清河大房에도 전승되고 名望을 가진 자가 속출하였다. 예컨대, 崔凌을 비롯하여 아들 瞻·儦 등이 그들이다. 凌은 앞서 말한 바와 같이 門閥士族의 자부심이 너무 컸던 측면도 있었지만, 高歡의 六鎭兵士와 漢人士族이 信都에서 동맹한 후 의거한 명분을 명백하게 주장하고, 高歡으로 하여금 타당하게 실권자 지위에 오르도록 했다. 이는 그가 經學, 즉 修己治人의 학문을 학습하고 구현하려는 태도로 이해되거니와 아울러 辭藻(詩文의 才能)에도 뛰어났다는 것을 알 수 있는 점이다. 말하자면 孝靜帝가 雲龍門에 올라 잔치를 벌이자, 凌과 그 아들 瞻은 함께 侍宴하면서 作詩했다. 황제가 邢卲 등에게 "지금 瞻의 이 詩는 그 父의 것과 비교해서 어떤가"라고 묻자, 모두 "凌의 詩는 博雅·弘麗하고, 瞻의 詩는 氣調·清新하니 함께 詩人의 冠冕이다"라고 했다. 잔치가 해산되자, 모두가 이들 부자를 "금일의 잔치는 崔瞻 父子를 나란하게 했다"고 賞贊하였다.

瞻은 東魏·北齊時期에 있어서 經史는 물론 才學·風流에도 제일가는 명인으로 그의 父 悛에게 나쁜 감정을 가졌던 博陵 崔暹이 高澄의 참모로 각지의 인재를 발탁할 때 그를 선발하지 않을 수 없었다. 또한 그가 비리를 恣行하는 上司요 吏部尚書였던 馮子琮을 비판·매도하면서, "어찌 名人을 굴복시킬 것인가"라고 하면서 자긍했던 것은 修己治人의 학문을 구현하는 統治者的 正道로 이해된다.

凌의 동생 仲文은 문학상으로 이름이 있었고 孝靜帝 興和中 高歡(승상)의 掾이었다.[13] 西魏와 沙苑의 전투에서 패배했을 때에 仲文이 말꼬리를 잡고 강을 건너면서 어려움을 겪고 있는 것을 高歡이 보고 "崔掾이다"고 하고 구조해 주면서, "卿은 임금과 어버이를 섬김에 있어서 만사를 돌아보지 않으니 가정으로는 효자요, 국가에는 충신이라 할 만하다"고 하였다. 北齊 文宣帝 때는 銀青光祿大夫에 승진했는데, 같은 날에 兄인 凌도 侍中에 올라 사람들은, "두 마리의 鳳이 연달아 난다"고 모두 흠모하였다. 이런 仲文도 兄인 凌

13) 『北史』 卷24, 崔逞傳 附 崔凌傳. p.877.

처럼 辭藻에 뛰어났다. 그는 황제의 칙조를 받고 황제 앞에 나갔으나, 지난 저녁에 마신 술기운이 아직 남아 있었기에 황제는 노하여 처벌하고자 하면서 觀射詩 十韻을 저작토록 하자, 그가 훌륭하게 作詩함에 용서하면서 散騎常侍·光祿大夫를 加했다.[14)]

이상과 같이 崔凌·仲文 형제가 東魏 건설 및 對西魏戰에서 활동하고 세운 공훈은 高歡政權에 등장한 두 계층, 즉 北人貴族과 漢人士族 中 후자에 속하여 門閥士族들이 사회질서의 재건에 적극 참여함으로써 자멸할 수밖에 없었던 폐쇄성을 극복하였을 뿐만 아니라, 자신들의 체질변모의 단서를 확보한 것이었다.[15)]

仲文의 次子인 崔儦는 어려서 范陽 盧思道·隴西 辛德源과 동지로 친밀했고 항상 독서를 자신의 임무로 삼고 특히 그는 才地를 과시하여, "오천권의 서책을 읽지 않는 자는 이 방에 입실할 수 없다"고 하였다. 그는 北齊時期에 秀才에 推擧되어 員外散騎常侍·殿中侍御史로 당시 유학상의 宗長格인 熊安生·馬敬德과 함께 『周禮』를 議定하고 律令을 겸수하였다. 곧이어 散騎常侍로서 陳에 使行했고, 北齊 패망 후에 귀향하여 郡功曹·州主簿를 역임했다.[16)]

이상과 같이 清河 崔門은 앞서 말한 范陽 盧氏와 같이 본관, 즉 본거지에서 宗主集團을 구성하여 향리사회에서 활동하였다. 修己治人의 유학을 비롯하여 禮를 兼修하고 우미한 家風을 준수하며 향리사회를 지도하였다. 그리고 宗族의 宗主 및 宗主的 유력자는 정권 창출에 참여하였으며, 학습한 經史 등의 知識 및 家格에 근거한 中正法을 통하여 지속적으로 지방행정 및 중앙행정에 참여하여 정치를 독점하였다. 또한 宗族的 결합을 통하여 외적의 침입격퇴 혹은 사회질서의 안정을 도모하는 起事活動 등을 전개하였던 名門巨族, 즉 門閥士族이었다. 그런 사족적인 측면은 산동사족중 崔門과 盧門이 가장 빼어났던 것이다.

---

14) 上揭書 同卷, 崔逞傳 附 仲文傳. p.877.
15) 李啓命,「高歡政權論」,『龍鳳論叢』14, 1984.
16)『北史』卷24, 崔儦傳. p.877.

제2절 山東貴族의 經濟的 地位와 統制

山東門閥士族의 경제적 지위를 살피자면, 그들의 대토지 겸병 사정이나 그들에게 의부한 농민들의 상황을 파악하는 것이 가장 좋은 방법이겠다. 그러나 이러한 자료가 매우 희소하여 대체적인 윤곽을 살펴보는 것이 고작이다.

산동지역은 北朝 後期에 들어 門閥士族을 포함한 權貴들에 의한 봉건적인 割據局面이 더욱 심화되었다. 『通典』에 부기되어 있는 宋孝王의 「關東風俗傳에 의하면,

A) 關東地域은 강자와 약자가 서로 능멸하고 세력에 의지하여 침탈한 결과 부자는 토지를 겸병하고, 관직의 濫授와 함께 公田은 橫賜되었다. 北齊後主 武平 이후에는 豪勢者가 황제에게 荒地, 山澤을 借地·請賜하여 농민은 최소한의 토지조차 얻어 경작할 수 없었다.[17)]

B) 瀛·冀州의 諸劉, 清河의 張·宋氏, 并州의 王氏 및 濮陽의 侯族 등은 宗族이 거의 萬室에 이르고, 煙火가 連接할 정도의 大族이었다. 그들은 高歡의 起義 初에 冀州의 大族과 함께 벌떼처럼 일어나 호응하였다.[18)]

C) 北齊 文宣帝는 南征의 실패로 수십만의 희생자를 냈고, 장성수축·궁전창건 등의 토목공사로 부역이 매우 무거워 戶口가 많이 隱漏되었다. 옛 제도 또한 北魏의 租調制에서 未娶者는 半狀을 納付케 한 것에서 문제가 발생하였다. 예컨대, 陽翟 一郡의 戶數는 수만을 헤아렸지만, 호적에는 대부분 妻가 없는 것으로 기재되어 있었다. 이에 有司에서는 이를 사찰코자 했지만, 帝는 이를 生事(生計)라 하여 불허하니, 이로부터 호구를 기만하는 것이 더욱 심화되어 戶口와 租調는 60~70%가 망실된 상태이었다.[19)] 이 가운데 적지 않은 노동력이 門閥士族이나 그에 연결되어 있는 세력에 依附되었으리라는 추측은 어렵지 않다.

이러한 정황들을 자세히 분석해 보면,

---

17) 『通典』 卷2, 食貨 2, 田制 下 pp.27-8(북경 중화서국, 1988).

18) 上揭書 卷3, 食貨 3, 鄉黨 北齊條. p.62.

19) 上揭書 卷5, 食貨 5, 賦稅 中. pp.94-5.

A)의 경우, 魏 孝文帝 때에 제정 시행된 均田制가 土地國有制에서 봉건적 土地私有制에로 전환되어 가는 추세를 단적으로 나타낸 것이다. 예컨대, 隴西 李曉(李延壽의 曾祖)는 東魏 孝靜帝 天平 初에 從母兄인 崔淩의 고향 인근에 거주하였는데, 淩은 그에게 良田 30頃을 주었다.[20] 이 때 崔淩의 一門에서 소유한 토지가 얼마나 되었고 어떻게 경작하였는가에 대해서 구체적으로 알 수는 없지만, 광대한 토지를 겸병하고 『齊民要術』에서 보이는 바와 같은 경영이 예상된다. 이와 같은 많은 사례를 찾기는 어렵지만, 宋孝王은 산동문벌사족을 포함한 王公·官人 및 富戶들이 자행한 토지겸병에 대하여 糾賞·帖賣 및 廣占의 제한을 제시하였다. 말하자면 廣占이란 王公·官人은 물론 良人도 令에 따라 자신과 노비 몫의 請田 및 牛地의 請賜 등이 가능하니 富家의 牛地를 貧人에게 先給해야 한다고 하여 토지 겸병자에 대한 제한을 건의한 것이다. 帖賣란 토지를 帖 즉 貼(典當)하는 것으로 荒田은 7년, 熟田은 5년을 넘으면 還地할 수 있었다. 이는 露田으로 還地할 경우 허가하고 다시는 매매할 수 없도록 한 것이었다. 그러나 매매하여도 무거운 책임이 없으며 貧戶가 국가의 부세를 납부하지 못하는 경우에는 三正이 그 口分田을 팔아서 충당하고 있어 糾賞을 하자는 것이었다. 이는 令에 따르는 구분전 이외의 토지를 매입하거나 은닉하면 서로 규찰하고, 초과 소유분에 대해서는 고발자에게 施賞하라는 것이었으나, 봉건적 토지사유제를 일편의 법령으로 통제나 제어할 수는 없었다. 武成帝 河淸 3년(564) 北齊에서 均田令이 반포되기는 하였으나, 얼마만큼의 성과를 거두었는지는 의문이다. 왜냐하면 위의 두번째의 경우처럼 幷州의 王氏, 淸河의 宋·張氏를 비롯한 大族이나, 盧文偉·崔淩·趙郡의 李元忠·高乾 兄弟·封隆之 등 冀州의 문벌사족들이 高歡 및 高齊政權을 건설하였던 사정을 감안하면, 이들과 북족 문벌사족의 봉건화에 따라 토지 廣占에 대한 제한은 성과를 거두지 못한 것을 확실한 것이기 때문이다.

B)의 경우, 宋孝王은 자신이 淸河 宋氏 출신이었던 관계로 大族에 대한 강한 통치에 크게 우회하고 있다. 즉 河南의 濮陽 侯族은 원래 劉元海(淵)·石

---

20) 『北史』 卷100, 序傳. p.3339.

勒의 무리들이다. 東魏 末 侯景의 배반으로 큰 두통거리이었다. 차제에 北族 즉 10姓·8氏·36姓 등 北魏 건설의 유공자들도 高齊의 심복이 아니므로 이들을 郡國中 士族이 없는 곳에 散配시키는 것이 옳다고 하였다. 이에 그들도 仕宦토록 하여 그들의 門第를 보전토록 하고 그들의 氣勢를 나누어 다른 뜻을 품지 못하도록 하는 것이 좋다고 청원했다. 황제는 이를 즉시 받아들이지 않았지만, 수년 후에 諸 元氏를 濫殺하고 諸 州郡에 分隷하고 있다. 예컨대 元氏(元魏의 宗室)의 濫殺은 文宣帝 天保 10년 5월 癸未에 始平公 元世(哲), 東平王 元景式 등 25家를 주살하고, 特進 元韶 등 19家에 대한 仕宦禁止 조치가 이루어졌던 것을 보면,[21] 前代의 통치집단에 대한 처리가 쉽지 않아 수년간에 이루어졌던 것으로 이해되고, 유력자에 대한 諸郡에의 分隷는 C)의 경우와 함께 추진되었다.

C)의 경우, 遠征과 土木工事 그리고 士·豪族에의 依附 등으로 말미암아 야기된 戶口와 租調의 막대한 공백을 극복하는 적극적인 방책이었다. 이는 武成帝 때에 均田制·租稅·隣保制 등을 조정한 것이었지만, 文宣帝가 취한 조치로 하나는 백관의 봉록을 감액하고 군인의 常廩(생활 부조금)을 없애고, 刺史·守宰 등 行兼者에 대한 幹(관료에 지급한 사역하는 門僕)의 지급을 중지하는 등[22] 국가의 비용을 절제하는 이른바 긴축재정의 운영이요, 다른 하나는 지방행정기구의 개편과 아울러 사족과 호강에 대한 통제 조치가 그것이다.

北齊 文宣帝 때 단행된 지방행정 개편은 隋朝에서 단행된 破郡 등 대대적인 개혁의 선구이었다. 그것은 3州·153郡·58縣·2鎭·26戍를 줄인 것이다.[23] 이에 관한 사정은 『隋書』 卷30, 地理志 中에 잘 나타나 있다. 예컨대 淸河郡의 경우, 淸陽이 폐지되어 武城에 편입되었고, 臨淸은 폐지되었으며, 淸泉은 千童縣에 편입되었다. 그리고 茌平도 폐지되었다. 趙郡의 경우, 宋子·元氏·欒城·房子縣이 폐지되었고, 稿城縣이 下曲陽에 편입되었다. 다시 高城縣으로 바뀐 후 鉅鹿郡에 편입되었다. 博陵의 경우, 盧奴縣은 安喜에 편입되었고,

21) 『北齊書』 卷4, 文宣帝紀. p.66.

22) 『通典』 卷5, 食貨 5, 賦稅中. p.95.

23) 『北齊書』 卷4, 文宣帝 天保 七年 十一月詔 p.63.

望都·蒲陰 두 縣은 합병되었으며, 隋昌·深澤縣은 폐지되었으며, 安平縣이 설치되었다. 上谷郡의 경우: 固安縣을 폐지하였고, 北魏 南營州는 5郡 11縣이 昌黎郡만 남았다. 그리고 太原郡의 경우: 弁州와 晋陽縣을 설치하였으며 종래 祁縣·遼山縣이 폐지되었다.

이와 같은 州郡縣 등의 통폐합은 어떤 의미를 갖는가?

주지하다시피 魏晋 이래 中正이 各郡에 파견되어 鄕品을 제정하고, 인재를 선발하여 중앙에 파견하면 관품을 받고, 郡中正이 제정한 품까지 승진하는 그런 제도가 九品中正制였다. 그러나 이 法의 시행이 오래되고 정치적인 함수관계, 즉 大小 宗族集團과의 族居的 사정 등에서 이른바 門閥士族制가 개화되었다. 북조의 사족제는 北魏 孝文帝의 姓族分定에 의하여 官製的으로나마 劃定·開花되었다. 이런 과정에서 各郡에는 이른바 右姓 즉 郡四姓이 형성되었고, 이들에 의하여 州郡縣의 中正·郡功曹·州主簿 등의 佐史가 거의 독점되었고, 북방민족의 남하와 사회불안 등으로 말미암아 황제권이 미약한 상황에서 豪族·大姓들은 族居하고, 이들 修己治人의 역량을 쌓은 몇몇의 宗主나 宗主力量者들에 의하여 정치가 조종되었다. 반면에 황제는 이들이 갖고 있는 自衛力量을 이용하기 위하여 이들을 本州·郡·縣의 장관까지 본적지에 임명 파견하여 통치의 실효성을 확보하고자 하였다. 이에 지방행정은 이들에 의하여 독점되지 않을 수 없었다. 중앙행정 또한 郡四姓보다 정치·사회적 그리고 학문적 위망이 높은 山東郡姓(崔·盧·李·鄭·王氏)에 의하여 독점되었다. 거기에 北魏 종실을 비롯한 姓族에 편성된 북인귀족이 합류하여 北魏에서 門閥士族이 재편성되었고, 그들의 기득권 및 권익에 맞추어 행정이 추진되던 사정에서 지방행정기구인 州郡縣이 증가되었던 측면을 부정하기 어려운 것이다.

예컨대『晋書』卷14, 地理志 上 冀州의 趙國과 鉅鹿郡의 2郡은 11縣을 통할했는데,『魏書』卷106 上의 地形志 上의 殷州는 趙郡 鉅鹿郡 및 南趙郡으로 분리되었고, 3郡이 15縣을 통령하고 있었다. 이처럼 西晋에서 北魏에 이르기까지 약 2세기간을 걸친 인구변동에 관한 문제도 있겠으나, 숫자상 郡縣의 증가는 門閥士族制의 발전과 무관하지 않다. 더우기 文宣帝가 내린 同조치에 관한 詔에서 보면 확실히 알 수 있다. 다시 말하자면 北魏 孝明帝

孝昌 元年(525)이래 兵亂이 일어나 豪右·大族이 鄕部를 統領·謹王하였기에 州郡을 설치한 이외에 外戚·公主 등 권세가에게 納財하여 州郡이 크게 증가하였다. 말하자면 "국가를 경영함에 있어 주요 임무는 정치를 簡易하게 함에 있는데, 丁口는 옛보다 적어졌으나, 守令은 옛보다 많아져 심지어 要荒의 지방에서는 잇달아 僞造하여 百室의 邑에 州, 3戶의 백성만 있으면 郡이라 칭한다"고 한 것이[24] 그것이다.

이와 같이 門閥士族制의 발전 등으로 증가된 지방행정조직에 대하여 3州·153郡·589縣·2鎭·26戍을 통·폐합한 조치는 門閥士族의 자립적인 본거지가 포함되고 있었으며, 그들이 향유하던 관료로서 지방행정장관 및 막료로 취임하는 권한을 비롯하여 就學 및 免稅(役) 등 권한을 削弱하여 축소시켰던 것을 말한다. 실제로 嚴耕望氏에 의하면, 北齊時期 州郡縣의 佐史 숫자를 州 393명, 郡 212명, 縣 54명(州郡縣의 上中下 等級은 있지만, 실제로 2, 3배까지 辟召가 가능했다고 함)에 따라 추산하면[25] 6만여 명을 失職시킨 것으로 어마어마한 조치인 것이다. 이런 조치는 황제권을 관철시키기 위한 지방행정의 재편성인 것임과 동시에 門閥士族 및 그에 연결된 세력에 가한 철퇴인 것이다. 아울러 文宣帝 天保 8년(557)에 冀·定·瀛州의 無田人을 寬鄕 幽州에 이사토록 한 조치는[26] 동 지역의 封·高·羊·畢 등 諸 豪强의 部曲 등 의부농민을 削弱시키고자 하는 강한 통제 정책이었던 것이다.

그런데 이와 같은 문벌사족에 대한 강한 통제에도 불구하고 門閥士族의 도전이 일어나지 않은 것은 다음 네 가지 이유를 들 수 있겠다. ① 北魏 門閥士族制의 閉鎖性에 반발하여 창출된 北朝 後期 政權의 위정자 집단은 문벌주의의 폐쇄성을 극복하여 賢才主義를 지향한 통치계층이었다. ② 北齊의 권력구조상 胡漢 양족의 균형이 유지되었다. ③ 均田制上 王公·관료 및 士族들의 기득권이 보전되었고, 선거 상에서도 明經科와 같은 현재주의적 선거 방법과 함께 中正制가 재건되어 문벌사족의 기반을 옹호하였으며, ④ 위의

24) 同上 詔文.

25) 嚴耕望, 『中國地方行政制度史』 上編 卷 中, 魏晋南北朝地方行政制度史 上冊, 3, 4, 5章, 中央研究院歷史語言研究所專刊之四十五.

26) 『通典』 卷2, 食貨 2 田制 下 北齊條. p.26.

조치로 失職된 6만 여명은 행정조직을 통폐합한 후 재편성된 주군현의 인사에서 현재주의적 벽소가 이루어질 때 문벌사족에게 유리했을 것 등을 들추어 볼 수 있겠다.

이상과 같이 文宣帝 時期의 일련의 정책은 문벌사족에 대한 통제라는 차원에서 추진되었지만, 前代 통치계급 중 北魏 宗室 및 몇몇 豪强에 대한 조치가 있었을 뿐이었다. 앞서 詳說한 것처럼 漢人 문벌사족은 문벌주의의 폐쇄성을 통하여 야기된 北鎭의 亂 및 河陰의 役과 같은 시련을 극복하고 北魏 문벌주의 정책에서 낙후된 사정에서 興套한 북방민족과의 합작이라는 정권의 성격상 철저한 賢才主義 정책은 실효성을 얻기 어려웠다. 실제로 北齊 武成帝 河淸 3년(564)에 단행된 均田·租庸調稅制에서는 문벌사족의 기득권을 옹호하여 그들에게 큰 피해를 주지 못하였다.[27]

다만, 北齊 後主時代에 州主簿·郡功曹를 勅用하여 문벌사족이 독점하던 지방행정이 황제권에 의하여 추진되려는 듯한 일이 있었으나,[28] 이는 後主가 자신의 恩倖들에게 賣官토록 한 것이다. 이에 州郡縣의 佐史는 富商 大賈 中에서 많이 나왔고 이들은 상호 경쟁적으로 백성을 탄압 수탈하여 백성은 살 수 없게 되었다. 이런 현상은 諸州郡縣에 파급되어 雜稅가 濫發되어[29] 정치의 실효성은 상실되었다. 게다가 이를 계기로 황제권이 지방행정에 간여할 수 없게 되었고 富商·大賈 등 상인층이 정권의 기층에 등장하여 문벌사족제의 동요를 가져왔던 것이다. 이는 다음 時代의 전개상 특기할 만한 사항이다.

한편, 산동문벌사족들은 北周 武帝의 平齊를 계기로 깊은 상처를 받게 되었다. 이를 세방면으로 검토하여 보자.

第一方面으로 西魏의 실권자 宇文泰의 참모 蘇綽이 작성한 六條詔書 中 "擢賢良"은 종래 문벌주의의 폐쇄성을 극복하고자 선거에 있어서 士庶를 구분하지 않고 志向과 材藝가 있는 賢才를 선발하는 방략으로 채용된 이후, 北周의 宣帝는 秀才·孝廉 과목을 설치하는 등 賢才主義 選擧를 관철시켰

27) 上揭書 卷2, 田制 下 및 同書 卷5, 賦稅 中. pp.94-5.

28) 上揭書 卷14, 選擧 二 北齊條. pp.340-1

29) 上揭書 卷5, 賦稅 中. p.95.

다.[30] 이와 같은 현재주의의 선거는 平齊 후 東中國에서 관철되었다. 말하자면, 武帝가 산동의 諸州에 대하여 明經幹理者 2명씩을 추천토록 하였고, 그 밖에 奇才·異術을 지녔거나 탁월한 능력을 가진 자가 있을 때에는 숫자를 제한하지 않도록 조치했다.[31] 이는 北齊 평정 후, 단순한 인심수렴의 차원을 넘어서 東魏－北齊 정계에서 행하여지던 課試法과 中正法을 혼합하여 채용한 오류를 혁신한 것이었다. 특히 문벌사족주의를 철저히 배격하고 西魏 이래의 賢才主義를 東中國에 관철하려는 의지였다. 그리고 宣帝는 즉위년에 인심수렴의 차원에서 九條의 詔를 반포하였다.[32] 그 중의 제 7조(옛 北齊 관료의 수용); 8조(秀才·孝廉의 선발) 등의 선거가 추진됨으로써 北齊 後主의 失政 등으로 말미암아 문벌사족제가 동요되던 상황을 더욱 가속화시켰다고 고려된다.

第二方面으로 宣帝는 옛 北齊地域에 대하여 종실의 五王을 就國하도록 하고,[33] 東都(洛) 6府의 節度를 받는 7總管府를 설치하여[34] 강한 군사적 통치를 실행함으로써 옛 北齊 지역에 대한 통치를 강화하였는데, 이런 군사적 통치는 문벌사족이나 豪强勢力에 대한 통제가 그 주된 내용인 것으로 이해된다.

第三方面으로 武帝는 사회경제적인 일련의 개혁을 추진하였다. 말하자면,

① 武平 3년 이래 河南 諸州의 백성으로 北齊에 약탈되어 奴婢가 된 자는 마땅히 官私奴婢를 불문하고 방면토록 하되 河南 거주자는 귀환시키고, 淮北에 거주하기를 원하는 자는 그들의 편의에 따라 안치하도록 하라.[35]

② 모든 雜戶는 방면하여 編民으로 삼아라.[36]

③ 永熙 3년(534 孝靜帝 元年)에서 北周 武帝 建德 5년(576)까지 東中國의 백성으로 抄略되어 노비가 된 자와 西魏의 江陵 陷沒(554)이후 良人으로서

---

30) 李啓命, 「中國 科擧制의 成立」, 『全南史學』 5, 1991, 광주.
31) 『周書』 卷6, 武帝 建德 六年 三月 壬午詔. p.102.
32) 上揭書 卷7, 宣帝 宣政 元年 八月詔. p.116.
33) 上揭書 卷7, 宣帝 大象 元年 五月 辛亥詔. p.120.
34) 上揭書 卷7, 宣帝 大象 元年 二月 癸亥詔. p.119.
35) 上揭書 卷6, 武帝 建德 六年 二月 癸丑詔. p.101.
36) 上揭書 同卷, 武帝 建德 六年 八月 壬寅詔. p.103.

노비가 된 자는 마땅히 放免하여 호적에 등재하고, 일반 백성에 편성할 것이며 만약 옛 주인과 반드시 동거하기를 원한다면, 그의 部曲·客女로 남도록 허락한다.[37]

④ 武帝는 「刑書要制」를 행함에 있어서 흉기를 지니고 무리를 지은 强盜로 훔친 것이 1필 이상인 者, 흉기를 지니지 않은 强盜로 훔친 것이 五匹 이상인 者, 창고관리자로서 스스로 20匹 이상 훔치거나 小盜와 허위로 官物 30匹 이상 청구한 자; 正長으로 五戶나 十丁을 숨긴 자; 三頃 이상 은닉한 자는 모두 사형에 처한다[38]는 등이었다.

이상과 같은 정치 사회 경제적인 재편성은 적어도 세 가지 의미를 갖는다.

하나는 포로나 범죄자로서 노비가 된 자에 대하여 황제권으로 放免시켜 編戶化 하여 인간적인 삶을 갖도록 하는 조치임과 동시에 옛 北齊의 王公·貴族·官人 등 상층계급으로부터 노비를 탈취하여 그들의 경제적 기반을 削弱하는 정책임에 틀림없다.

다른 하나는 江陵 함몰 때 노비가 된 자는 西魏－北周의 훈귀집단에 賜與된 자들이기 때문에 西魏 이래 관료적 문벌사족집단의 정치·경제기반의 삭약이지만, 이 경우 옛 주인과 동거 희망자는 그 部曲·客女로 남는 것은 허락한다는 예외 조항으로 同 集團이 西魏－北周의 통치기초인 점에서 배려하고 있었다.

또 다른 하나는 「刑書要制」를 실시함에 있어서 너무 가혹하다. 특히 隱戶·隱地의 경우 이런 일을 할 수 있는 자는 貴族·王公 등 상층계급으로 이들에 대한 철저한 탄압과 경제적 기반을 탈취하는 매우 엄중한 조치였다.

결국 선거제의 개편, 정치·군사상의 개편 그리고 사회·경제적인 일련의 개혁을 추진함으로써 산동문벌사족과 그에 연결된 세력의 존재기반이 거의 상실될 위기에 처했었다. 다만 이런 상황은 곧이어 진행된 周隋革命으로 더욱 구체화 되었던 것이며, 이런 점에서 北朝 後期에 진행된 서위·북주에서 형성·성장한 관료적 문벌사족에 대한 각 방면의 통제정책은 후술하는 隋王朝 통일정책의 선구적인 지위에 있었다고 할 것이다.

---

37) 上揭書 同卷, 武帝 建德 六年 十一月詔. p.104

38) 上揭書 同卷, 武帝 建德 六年 十一月詔. p.105.

제3절 入關한 山東官僚門閥士族의 動向

가. 孝武 西遷時期 入關者

山東의 門閥士族이 北朝後期 西魏·北周의 關中政權에 진출한 것은 두 차례였다. 처음 北魏 末 高歡과 抗衡하던 孝武帝를 따라 入關하였고, 다음에는 北周 武帝가 平齊한 후 被徵되어 入關하였다. 前者는 博陵 崔猷, 范陽 盧辯 및 太原 王思政 등으로 대표되는 一群의 산동의 문벌사족이다. 이들 가운데에는 王思政처럼 本據地를 떠나 關中政權의 尙武的 世界에 處하여 東魏－北齊政權과의 전투에서 용감히 싸운 인물도 있었다. 그러나 대체로 內史·御正 등 文官的 職掌에 나아가 그들이 가진 바의 修己治人의 역량을 발휘하여 官僚적 문벌사족의 면모를 나타냈다. 崔猷가 稱帝·建元을 주장하고,[39] 盧辯이 帝師를 역임하며 蘇綽과 함께 西周의 六官制를 再建하여 北周의 周禮主義 國家를 건설하는데 이바지 하였던 것이[40] 그것이다. 이들의 후예로는 鄭譯, 盧賁, 崔仲方, 高熲과 같은 인물이 그들이다. 이들에 대하여 구체적으로 살펴보자.

① 博陵 崔仲方은 崔猷의 아들이다. 그는 文武에 재간이 있어 宇文泰의 여러 아들 및 楊堅과 함께 太學에서 同學하여 서로 친밀하였다. 宇文護가 擅權하던 때에 明經으로 晋公府의 參軍事로서 군공을 세우고, 禮律을 參定하였으며, 武帝에게 平齊 20策을 바치는 등의 활약을 하였다. 楊堅이 丞相이 됨에 곧 歸心하고, 그 날 저녁에 18事(時務策인 듯)를 上奏하고 天命에 따라 황제에 즉위하도록 권고하고 있다.[41] 그리고 일족 崔彭은 北周의 五王 평정에, 崔弘度·弘昇 兄弟는 尉遲迥 叛亂의 평정에 각각 큰 공을 세웠다.[42]

② 范陽 盧賁은 盧輔의 계통으로, 부친 光은 北周 武帝의 師傅였고, 仲父가 盧辯이다. 盧賁은 父爵 燕郡公을 襲爵하고, 太守·司武上士 등을 역임하던 때에 자신의 上司가 된 大司武 楊堅이 보통사람이 아님을 알고 깊은 주종관

39)『周書』卷35, 崔猷傳. pp.616-7.

40) 上揭書 卷24, 盧辯傳. pp.404-5.

41)『隋書』卷60, 崔仲方傳. p.1447.

42) 上揭書 卷54, 崔彭傳 p.1369.; 同書 卷74, 崔弘度傳. pp.1698-9.

계를 맺고, 楊堅政權 성립 직전에 술렁이던 百官을 회유 혹은 억압하여 일촉즉발의 위기를 극복함에 있어서 중요한 역할을 하였다. 堅의 宿衛를 도맡고, "하늘이 주는 것(황제의 지위)을 받지 않으면 도리어 그 허물을 입는다"[43]라고 하면서 周隋革命을 강력히 촉구하였다.

③ 滎陽 鄭譯은 孝武帝를 따라 入關하여 北周에서 御正中大夫·刺史 등을 역임하여 政治的 業績을 올린 바 있는 鄭孝穆의 아들이다. 그는 經史를 섭렵하고 音樂과 騎射에도 뛰어났다. 그는 武帝 때에 給事中士로부터 起家하여 御正下大夫·太子宮尹에 이르러 太子의 失德으로 除名되는 시련도 겪었지만, 宣帝가 즉위하자 內史上大夫·沛國公에 영진했다. 宣帝가 사망하자 鄭譯은 同學이자 서로 구원해 주었던 楊堅을 奉戴하여 楊堅政權의 창출에 주요 역할을 했으며, 三方의 亂 때에는 더욱 親禮를 받았다.[44]

④ 高熲은 渤海 蓨人이다.[45] 그는 北周 武帝의 平齊 때에 內史大夫로 立功하여 開府에 올랐고, 楊堅의 주요 참모로서 尉遲迥의 난을 평정하고 周隋革命에 대공을 세운 이른바 文武兩兼의 관료적 문벌사족으로서 대표적인 인물이었다.[46]

아울러 崔彦穆이나 鄭偉·頂·祥 등 州里·汝·潁간에서 擧義-歸附하여 對東魏戰 등에 참가하여 有功하여 서위·북주의 관료적 문벌사족 또한 많다.

나. 平齊 後 入關者

A. 入關의 經緯

北周 武帝에 被徵되어 入關한 者로는 李德林 등 18명의 산동 문벌사족이 있다. 北周의 武帝는 北齊의 鄴都를 평정한 직후에 小司馬 唐道和를 中書侍郎 李德林에게 보내서, "平齊의 이익은 오직 너에게 있다. 마땅히 곧바로 들어와 相見하도록 하라"고 慰撫하였다. 또한 內史(大夫) 宇文昻을 (李德林에

43) 上揭書 卷38, 盧賁傳. pp.1141-2.

44) 上揭書 卷38, 鄭譯傳. p.1136.

45) 『周書』卷37, 高賓傳 p.670.에 의하면, 그의 부친 高賓은 勃海 蓨人으로 高歡에게서 시기를 받고 入關하여 獨孤信의 僚佐였다가 御正下大夫·刺史를 역임하였다.

46) 谷川道雄, 「周末唐初の政界と新舊貴族」, 『隋唐帝國形成史論』, 所收.

게 보내) 수일간 北齊王朝의 風俗·禮敎 및 人物의 善惡 등을 묻게 했다. 여기서 18명이 선정되고 風俗·政敎에 대하여 구체적으로 上奏했을 것이다. 이때에 선정된 인물은 지략을 겸비한 고위 士族官僚들로 中書監 陽休之을 비롯하여 吏部尙書 袁聿修, 衛尉卿 李祖欽, 度支尙書 元修伯, 大理卿 司馬幼之, 司農卿 崔達拏, 秘書監 源文宗, 散騎常侍 兼中書侍郎 李若, 散騎常侍 給事黃門侍郎 李孝貞, 給事黃門侍郎 盧思道·顔之推, 通直散騎常侍 兼中書侍郎 李德林, 通直散騎侍郎 兼中書舍人 陸乂, 中書侍郎 薛道衡, 中書舍人 高行恭·辛德源·王劭·陸開明(爽)이 그들이다. 이들 가운데 李祖欽·崔達拏·李孝貞·盧思道·李德林·王劭 등 6명은 山東郡姓 출신이고, 元修伯·源文宗·陸乂와 陸開明은 北族出身이며, 나머지 10명은 郡四姓 출신이었다.

이들은 東中國의 통치계급인 문벌사족이었다. 이들을 徵召形式으로 선발하여 長安에 개선하는 武帝를 從駕하도록 한 것은 지략을 겸비하고, 산동의 잘 알려진 名士로써 山東의 北齊政權을 扶持한 그들로 하여금 北齊의 멸망을 기정사실로 선포하였던 표현이었다. 또한 인재수렴으로 東中國을 위무하여 종래 胡漢門閥士族들이 일으킬지도 모르는 復齊運動을 저지하려는 정략적 조치이기도 한 것이다.

한편 이들 胡漢 門閥士族들이 武帝에 從駕하였던 것은 다음 몇 가지 사정을 반영한다.

첫째 北齊政界의 不協和音의 표현이었다. 北齊政權은 高歡政權을 계승하였다. 그러나 그 통치계층은 漢人 문벌사족과 孝文帝 이래 낙후된 北人勢力의 二重性을 가졌다. 이런 二重性을 가진 北齊의 정계는 양측의 대립과 갈등이 전개되었다. 특히 北齊 後主 武平 3(572)년 漢人 士族官僚의 대표 祖孝徵이 北族 武人勢力의 대표이자, 名將이었던 斛律光을 함정에 빠뜨려 被誅하도록 한 것을 계기로 그 翌年에는 顔之推가 추진하고 祖孝徵이 후원하여 설립된 漢人 門閥士族세력의 亞城格인 文林館의 유력자 崔季舒 등이 北族系 武人官僚들의 不法·非理행동에 대하여 탄핵한 上奏文에 서명함으로써 정치투쟁이 전개되었다. 그리하여 이번에는 반대로 서명자 전원이 처형되었다.[47] 이 정치투쟁에서 漢人 문벌사족들은 국정을 쇄신하려는 의지조차 상실하였다. 그후 後主의 奢侈와 放蕩 그리고 恩倖·寵臣들의 정치농단, 특히

州主簿·郡功曹 등 佐史를 胡商·商人 등에게 賣官함으로써 지방행정을 독점하던 士族들의 정치·사회·경제적 기반을 부정하는 결과가 되었다. 이런 사정에서 한인 문벌사족들은 北齊政權에 대하여 하등의 희망이나 미련을 갖지 못하여, 北周 武帝의 平齊에 대하여 "山東衣冠들이 많이 (北周軍을 해방군으로) 맞이하였다"는 것이다.[48)]

둘째 산동 문벌사족들은 西魏·北周의 정치는 『周禮』·『尙書』에 입각한 정치를 펴고 있다고 믿고, 그런 정권 하에서 처신하고자 동경하였던 사정을 홀시할 수 없다.

셋째 부득이나마 武帝의 徵召에 應待함으로써 문벌사족으로서의 기반, 즉 治人의 통치역량으로 累代 官僚 혹은 佐史가 되고, 유사시에 위기나 혼란의 극복하는 등의 宗族역량을 통하여 北周政權 下에 참여하여 문벌사족의 位望을 保持하려는 지향에서 從駕했던 것이다.

B. 被徵者들의 門閥士族的 樣態

被徵者 李德林·李孝貞·盧思道·王劭 등을 통하여 그들의 문벌사족적인 양태를 구체적으로 살펴보자.

① 李德林은 平齊 후 武帝가, "平齊의 이익은 오직 너뿐"이라고 한 言及에서 北齊政權下의 대표적 문벌사족이었음을 알 수 있다. 그에 대하여 『隋書』에서는 博陵 安平人으로 되어 있지만, 『新唐書』 宰相世系表에는 趙郡 李氏의 漢中房에 속해 있다. 이 家系는 德林과 아들 李百藥, 李安期 등 현달한 3인 외에는 매우 미미한 것으로 기록되고 있어 魏晋南北朝時代에는 그 위망이 높지 못하고 宗族的 기반이 미약하였던 것 같다. 이러한 연유에서 비롯한 것인지 확실하지 않지만, 李德林은 趙郡李氏 가운데 李孝貞(東祖房)과 李祖欽을 被徵者 18인에 포함시켰다. 이는 문벌사족인 趙郡李氏의 정치적 기초를 강화시키려는 그의 의지로 고려되어진다. 나아가 李德林이 후술하는 바와 같이 楊堅에 적극 의부하여 周隋革命을 성공시켰다든지, 鄕里制 개편에 대한 완강한 반발을 보였던 것은 그의 지향이 문벌사족제의 재건에 있었기

47) 谷川道雄, 「北齊政治史と漢人貴族」, 同上 所收.

48) 『北齊書』 卷15, 庫狄士文傳. p.199.

때문일 것이다.[49)]

② 李孝貞은 趙郡 栢仁人으로 東祖房出身이다. 그의 字는 元操이다. 학문을 좋아하고 屬文을 잘하여 高齊에서 司徒府 參軍事로부터 射策하여 甲科로서 給事中에 나갔고, 곧이어 兼通直散騎常侍로 陳에 使行도 했다. 이러한 孝貞의 家門은 北齊 宗室과 더불어 혼인을 중첩하고 있다. 즉 孝貞의 從妹는 文宣帝 昭信皇后이고, 從兄 祖勳의 女는 廢帝 濟南王妃이었으며, 祖勳의 弟 祖欽의 2女는 後主의 娥英 및 琅邪王 高儼의 妃이었으며, 祖勳의 叔父 騫의 女는 安德王 延宗의 妃였다. 이들 李家의 女息들은 才貌가 있었고, 昭信皇后로 말미암아 중복된 외척이 되었다. 그렇지만 그는 문학으로 自達하여 外戚家가 되었던 것을 수치로 생각하였으며, 賓客을 망령되게 通接하지도 않았을 뿐 아니라 권세자와의 결탁이나 통혼도 거절하여 문벌사족으로서의 位望을 체현하고자 하였다. 예컨대 當時 실권자이자 비록 일류의 문벌사족출신은 아니었지만, 이름 높았던 黃門侍郎 渤海 高乾和가 孝貞에게 求婚해 오자, 그는 이를 단호히 거절한 것을 들 수 있다. 이로 말미암아 양인 사이에 알력이 생겨 太尉府 外兵參軍으로 밀려 났고, 나중에 中書舍人·博陵 太守를 역임했으나, 顯要에 들지 못하였다. 그러나 高氏 주살 후에 司州別駕를 거치고 다시 兼散騎常侍로서 北周에 使行하여 給事黃門侍郎에 제수되었고, 文林館待詔로서 詞令이 아름다워 李德林과 李若(中書侍郎) 등과 더불어 별도로 황제의 詔勅을 장악하는 등 활동을 함으로써, 문벌사족의 宗主的 입장에 서 있었다.[50)] 그의 從弟인 祖欽 역시 외척이긴 했으나, 앞서 말한 바와 같이 李德林에 의하여 선발된 인물이고 보면, 趙郡李氏 중 宗主的 力量者이었음이 틀림없다.

③ 崔達拏는 博陵人으로 魏齊革命을 전후한 시기에 御史中丞·尙書左僕射 등을 역임하여 막대한 공로를 세운 賢相 崔暹의 아들이다. 그는 溫良하고 廉謹하며 識學이 있어 儀同三司·司農卿을 역임하였다. 부인 樂安公主가 姑婦間의 갈등을 일으키자 文宣帝가 達拏의 모친을 살해했고, 達拏는 齊亡 後 공주를 살해하였다.[51)] 그러나 文宣帝가 "賢者 達拏는 매우 才學이 있다"고

49) 『隋書』 卷42, 李德林傳. pp.1198-200.

50) 『隋書』 卷57, 李孝貞傳. p.1405.

칭찬하고 처벌하지 않았던 사실이나, 부친의 훌륭했던 정치적 업적 그리고 그 자신이 至孝했던 점으로 보아 山東郡姓중의 輿望者임에 틀림없다.

④ 范陽 盧思道는 河間 邢子才에 師事하여 才學이 뛰어났다. 左僕射 楊遵彦이 조정에 추천하여 司空行參軍·員外散騎常侍에 이르렀다. 이때 文宣帝가 死亡함에 조정의 文士들로 하여금 挽歌 十首를 저작 사용토록 하였으나, 魏收·陽休之·祖孝徵 등이 한 두 首를 저작하는데 그친 반면 思道는 홀로 8편을 저작하여 당시인들은 "八米盧郎"이라 칭찬했다. 그러나 그는 操行을 지키지 못하고, 인물을 얕잡아 보는 약점이 있었다. 丞相府 西閤祭酒·太子舍人·司徒 錄事參軍 등을 역임했지만, 많이 譴辱을 당하는가 하면, 庫錢을 멋대로 유용하여 解職되었다. 이런 思道는 宗中에서 영묘하다고 칭찬받고 從兄 昌衡과 더불어 촉망되어 "盧家千里, 釋奴·龍子"라는 幽州의 속담이 생겨났다. 이는 幽州에서 盧氏가 대표적인 姓氏로 그 盧氏중에 인물은 釋奴(思道의 小字)와 龍子(昌衡의 小字)가 대표자 즉 宗主的 人物이라는 뜻이다. 이런 思道는 후에 재발탁되어 給事黃門侍郎에 올랐고 文林館待詔에 나갔다.[52] 이는 當時 漢人 문벌사족의 대표 祖孝徵의 배려인 것 같다. 그리고 昌衡은 재식이 풍부하고, 風身이 儋雅하여 經史를 섭렵하였으며 草行書에 뛰어났다. 東魏에서 太尉外兵參軍을, 高齊 初에는 平恩令을 각각 역임했다. 北齊 末 右僕射 祖孝徵이 昌衡을 尙書 金部郎에 천거하면서 "내가 子均(昌衡의 字)을 尙書郎으로 삼았으니, 幽州에서 부끄럽지 않다고 자위할 수 있겠다"[53]고 하였다. 말하자면 子均의 祖父 盧淵은 幽州刺史에 추증되었고, 父 道虔은 天平中에 幽州刺史를 역임했는데, 그런 父祖에 걸맞게 祖孝徵의 人選은 꺼릴 것이 없다고 自負함으로써 문벌사족 정치독점의 한 단면을 보여주고 있다.

⑤ 王劭는 太原晋陽人, 곧 幷州의 大族出身이다. 그의 부친 王松年은 北魏末 병란을 당하여 一門을 이끌고 高歡에 협력하였고, 高澄이 幷州刺史였을 때 主簿로 벽소한 것으로부터 通直散騎常侍에 이르러 梁朝에 使行하고 尙書郎中에 나아갔다. 魏收가 撰한 『魏書』에 대하여 비방하다가 文宣帝에게 杖

---

51) 『北齊書』 卷30, 崔暹傳 附 達拏傳. p.406.

52) 『隋書』 卷57, 盧思道傳. pp.1397-8.

53) 上揭書 卷57, 盧昌衡傳. pp.1403-4

罰을 받았지만, 얼마 후 臨漳令을 거쳐 本州 司馬·別駕 및 大中正에 이르러 문벌사족으로서의 관력을 가졌다. 孝昭帝 때는 給事黃門侍郎으로 政事를 매우 능란하게 論하였다. 그후 侍中·御史中丞을 역임하면서 律令도 參定했다.[54] 劭는 과묵하고 독서를 좋아하였으며, 諸子學에도 통달하였던 것 같다. 약관에 부친과 원한이 있던 尙書僕射 魏收의 벽소를 받아 開府參軍事에서 太子舍人에 이르렀다. 그는 文林館待詔에 지명되어 祖孝徵·魏收·陽休之 등과 古事를 논할 때에 遺忘한 것이 있어 토론하다가 할 수 없으면 의당 王劭를 불러 물었는데 명쾌하게 잘 답변하여 博物에 밝다고 칭찬을 받았으며 中書舍人에까지 승진하였다.[55]

그 밖에도 武帝에 被徵된 山東郡四姓은 袁聿修를 비롯한 10여명이 있다. 淸郎·淸卿으로 관력상 청백을 自守한 賢才 袁聿修, 高歡政權의 佐命 司馬子如의 兄子로 "淸簡으로 自主하니 칭찬할 만하다"는 贊言을 받은 賢才 司馬幼之; 南朝의 琅邪名族으로 臣節을 끝까지 지킨 문벌사족출신의 逸才 顔之推; 才識이 敏瞻한 北族 문벌사족 자제 源文宗, 武帝의 被徵 때 타인과 달리 書冊 수천 권을 지참하여 학문의 세계에서 游歷하려는 북족 사족출신 陸開明; 五經에 정통하여 時人들이 石經이라고 칭찬하던 북족 사족출신 陸乂; 北齊政界의 名士 楊遵彦과 辛術이 禮敬하고 추천한 雅器(賢才)인 辛德源; 關中郡姓으로 河東 汾陰人이고 유학상 "關西孔子"라 칭하여졌으며 문학상 陳의 使臣 傅縡와 쌍벽을 다투어 남북에서 稱美하던 薛道衡 등이 있다.

이상과 같은 武帝에의 被徵者들은 관력과 宗族上으로 부진하였다. 그러나 陸開明·陸乂 등 북족 출신은 孝文帝의 漢化政策으로 중국에 정착하고 漢族과 융합하여 문화상으로 성장하여 통치역량에 있어서 유학을 습득하고, 통치상 北族 主持의 정권 하에서 고위관력 혹은 문벌사족이 취임코자 하는 관력을 가짐으로써 漢人 門閥士族과 함께 정치·사회적인 위망을 키워갔다. 이들은 이러한 사정에서 東中國에 있어서 여망의 파이프로써 被徵된 것이지 門閥士族으로 정치·사회적인 기반을 굳힌 것은 아니었다. 그러나 이들은 郡四姓으로 崔·盧·李·鄭·王氏 등 山東郡姓과 함께 중앙·지방행정을 主持하였

54) 『北齊書』 卷38, 王松年傳. pp.470-1.

55) 『隋書』 卷69, 王劭傳. p.1601.

고, 사회상으로는 同 山東郡姓과 더불어 통혼하거나 鄕里의 위기에 대하여 협조하였던 그러한 인물들이었다.

C. 被徵者들의 動向

이들 被徵者들은 長安의 北周政界에서 中士·上士·下大夫 등 北齊에서 자신들이 받았던 관위보다 수개의 등급을 낮춘 관품을 받았고, 권력의 핵심부에 들어갈 수 없어 상당히 自卑感을 가졌으리라는 추측을 할 수 있다. 또한 그들은 被徵될 때에 단순히 『周禮』·『尙書』 主義 세계에서 安住할 수 있으리라는 기대와는 달리 알력이 심한 尙武의 세계, 즉 宣帝의 폭정 및 周隋革命 직전의 격동 등 변혁기에 대체로 세 가지 부류의 동향이 보인다. 그것은 ㉠ 淸簡 등의 士大夫 입장에서 현실을 수용한 자들(袁聿修·辛德源·陸開明); ㉡ 어쩔 수 없이 應召 受官하였지만, 현실을 逸脫코자 했던 자들(盧思道와 李孝貞 등), ㉢ 楊堅과 같은 유력자에게 의부하였던 자들(李德林과 薛道衡 등)로 구분할 수 있다.

㉠그룹에 속한 사람들은 東魏·北齊의 문벌사족주의 즉 北魏 그것보다는 河陰의 참변 후 개량된 문벌주의 하에서 賢才로서 中正法이나 課試法에 따라 발탁되고 현달하여 被徵者에 끼였던 인물들이다. 이들은 西魏의 蘇綽이 내건 "擢賢良"의 원칙에서 운용된 선거를 통하여 文官系에 등장했던 인물들과 비교하여 실질적으로 차이가 없었던 賢者, 즉 士大夫 계층으로 보아도 좋을 것이다.

㉡그룹에 속한 사람들은 山東郡姓으로 이른바 官·婚 양면에서 우월감을 가졌던 위진남북조시대의 정치사회상의 상층계급이다. 이들은 『周禮』·『尙書』主義下의 北周의 정계에서는 자기들의 역할이 과거보다는 약간 처지겠지만, 그래도 상당히 클 것을 예상하여 周師를 해방군으로 맞이하고, 武帝를 따라 入關하였다. 형식상으로는 周禮主義이고, 실질상으로는 예리한 尙武의 世界로 그들의 처지를 적극적으로 수용하는 것은 아니었다. 그것은 盧思道 등의 동향을 보면 확실히 들어나고 있다. 예컨대 思道는 平齊하여 儀同三司에 제수되어 장안에 追赴되었지만, 同輩인 陽休之 등 數人과 더불어 현실세계에서 逸脫하고 있다. 다시 말하면 이때 陽休之 등 數名이 이른바, "文外玄

友"로 지칭된 彦琮을 中心으로 하는 北齊系 관료적 문벌사족집단을 구성하고 있었다. 彦琮은 趙郡 栢仁人으로 山東郡姓 출신이다. 그는 北齊時期 문벌사족의 亞城인 文林館의 諸賢들과 더불어 친교가 깊고 명성이 높아 武帝도 잘 알고 있던 터라 平齊 후에 入關하여 通道館의 學士로서 "『大易』·『老莊』을 강론하고 陪侍"하면서 北周의 정계에서 불교부흥을 기대했다. 이러한 "文外玄友" 집단에는 盧思道·李孝貞을 비롯하여 王劭·辛德源·陽休之·元行恭·顏之推 등 被徵된 18士가 거의 가담하고 있는 점에서 『聽蟬鳴篇』과 같은 작품이 나올 만 하였다.[56] 이 작품은 잠깐 활동하다가 처량한 신세가 되는 매미처럼 자신들의 처지를 표현한 것이었다. 특히 思道의 작품은 文詞의 뜻이 청절하여 時人들이 소중히 여겼다. 그리고 이 작품에 대하여 新野의 庾信이 便覽하고 매우 칭찬하였다 함은 문사의 優美함을 의미할 뿐만 아니라, 西魏의 江陵 함몰 이후 浮虜的 처지에 있던 그가 "文外玄友"들을 동정했던 상황으로 이해된다. 그리고 盧思道는 노친의 병환소식을 접하고 귀향했는데, 그 때 涿郡의 祖英伯·從兄 盧昌期 등이 擧兵 作亂하자, 思道는 이 起事에 동참하였다. 이때의 起事란 北周의 北齊并呑에 대한 것으로 起事의 주모자 祖英伯은 涿郡의 郡四姓이었고; 盧昌期는 전·후술하는 바와 같이 昌衡의 형으로 在地力量을 통해서 일으켰다. 이들은 北齊 패망으로 九品中正法을 통한 지방행정의 독점과 중앙정계에 진출할 수 있는 기회를 상실하여 起義를 일으킨 것이었다. 이 사건에 盧思道가 동참하였다는 것은 그 동기에 적극 찬동하였다는 말이 되고, 이 사건을 통하여 성공하면 문벌사족주의를 관철할 수 있는 그런 정권의 창출을 도모할 수 있다는 것이다. 결국 이 사건은 北周에서 미리 예측하고 파견되어 있던 柱國 宇文神擧에 의하여 討平되고 말았다. 神擧는 思道의 죄가 참형에 해당되었지만, 그의 명망을 들은 바 있어 露布를 작성하게 하여 훌륭하게 작성해 내자 치하하고 이를 너그러히 용서하였다. 이런 宇文神擧의 조치는 宗主的 門閥士族의 역량이 큰 그의 죄를 용서하고 受官하게 함으로써 同 지역의 대표자를 포용하였던 것으로 상황에 적절한 것이었다. 思道는 그 후 北周 末 掌教上士에 除授되었다가 楊堅이 丞相이 될

56) 『唐高僧傳』 卷2, 彦琮傳.

때에 武陽太守로 자리를 옮겼다.[57] 이에 대하여 그는 자신의 位望보다 관직상의 지위가 너무 하위로 治國의 큰 뜻을 펼 수 없다고 생각하였고, 『孤鴻賦』로써 자신의 志高·位下의 심정을 표현하면서 자위하였다.

㉢그룹에 속한 사람들은 北周의 상무적 세계를 전적으로 수용하고 달라진 새로운 자세로 軍閥 楊堅에 적극적으로 추종하여 次期의 영달을 기대하고 있었다. 이들의 이런 태도는 자신들의 位望뿐 아니라 一族의 정치사회적 位望을 提高시키려는 지향을 가졌기 때문이다. 말하자면 李德林은 앞서 말한 바와 같이 趙郡 李氏이지만, 漢中房으로 일족의 관력이나 종족적 역량은 미미했다. 또한 北魏 太武帝 때 蓋吳가 亂을 일으키자 薛永宗이 일족을 거느리고 가담하여 河東 鎮撫에 큰 어려움을 겪었던 것[58]처럼, 河東 薛氏는 宗族力量이 매우 큰 關中郡姓중 하나였지만, 일족의 관력은 그렇게 현달치 못하였다. 이 薛氏의 후예로 薛道衡이 있다. 이런 사정에서 李·薛 兩人은 각각 宗主的 力量者로서 자신과 일족의 역량을 제고시키려는 것은 자연스러운 것이었다. 李德林은 入關한 후 內史上士로 발탁되어 詔誥格式을 장악함은 물론이고 산동인물의 채용을 위임받아 잘 처리하였다. 宣政 末에는 御正下大夫에 올라 조칙을 관장하였다. 이러한 가운데 北周의 폭군 宣帝가 사망하고 劉昉·鄭譯 등이 矯詔로 楊堅을 總知中外兵馬事로 삼아 政局을 안정시키려고 했다. 이때 楊堅의 從弟이자 위망이 큰 楊惠의 회유에 따라 德林은 楊堅에게 매우 즐거히 "죽더라도 公을 봉대하겠다"는 다짐을 했고, 楊堅이 劉昉·鄭譯 양인의 방안에 대하여 묻자, "마땅히 大丞相 假黃鉞 都督內外諸軍事이어야 衆心을 복종시킬 수 있다"고 주장하여 승상부를 東宮에 설치하고, 반항하는 朝臣들을 盧賁이 회유·억압하여 사태의 기선을 잡았다. 이리하여 劉昉은 丞相府의 司馬, 鄭譯은 同 長史, 高熲이 同 司錄, 李德林은 同 司掾으로 지명함으로써 靜帝를 傀儡로 하는 楊堅政權이 탄생되었고, 周隋革命을 예견하게 되었다. 그러나 西魏 이래 관료적 門閥士族의 반발은 컸고, 특히 백전의 노장 尉遲迥을 비롯한 司馬消難·王謙이 反楊堅의 기치를 높이 들었으나 실패하고 말았다.

57) 『隋書』 卷57, 盧思道傳. p.1398.

58) 『魏書』 卷45, 裵駿傳. p.1020.

이러한 反楊堅 세력인 尉遲迥은 相州總管으로 총관부에 소속된 9州와 弟綱의 아들 尉遲謹이 통할하는 淸州 등 5주(군중 10만)를 들어 기병했고, 그 밖에 滎州·申州·東楚州 등이 호응함으로써 尉지형의 세력은 山東 전 지역을 장악했다. 말하자면 산동 전 지역이 反楊堅地域으로 변하였다. 이리하여 楊堅은 關中의 병사를 동원하여 韋孝寬을 行軍元帥로 삼고, 梁士彦·元諧·宇文忻·宇文述·崔弘度·楊素 등을 行軍總管으로 삼아 토벌토록 했고, 李德林은 軍書羽檄을 담당하였다. 이때 행군원수의 長史 李詢이 "大將 梁士彦·宇文忻·崔弘度가 尉遲迥으로부터 뇌물을 받아 군중이 소란하고, 人情이 크게 달라졌다"고 고발하자, 堅은 丞相府의 幕僚 鄭譯 등과 논의하여 三將을 교체시키려 했다. 이에 李德林은 臨戰直前에 將帥交替는 어려울 뿐만 아니라 虛實을 명백히 다루기가 어려우니 諸將의 信服者를 파견하여 그 情況을 탐지한 후에 처리함이 옳다고 건의하였다. 丞相 楊堅은 이에 크게 깨닫고 "만약 공이 이 말을 하지 않았다면 大事를 그르칠 뻔 하였다"고 하면서 高熲을 파견하여 諸將을 節度하도록 하여 문제를 해결하였다. 이에 李德林은 丞相府 從事內郎에 올라 그의 위상이 현저해졌다. 이리하여 三方의 亂을 평정하고 周隋革命에 이르러 虞慶則이 楊堅에게 宇文氏를 族滅하도록 권고함에 高熲·楊惠 등은 그 문제에 대하여 미적미적하다가 따랐지만, 李德林은 홀로 그 불가함을 고집하였다. 이와 같은 李德林의 행동에 楊堅은 발연히 화내어 "君은 독서인이라 이 일을 平章함에는 부족하다"면서 宇文氏 일족을 몰살시켰다.[59)]

그리고 薛道衡은 전술한 바와 같이 "關西孔子"로 지칭되었고 北齊에서 中書侍郎·文林館待詔에까지 영진하여 활약했으며, 河東에서의 宗族力量 또한 자못 컸지만, 北周 武帝에 被徵되어 겨우 御史 따라서 二命士 (中士)에 제수되자, 귀향하여 州主簿에 벽소되고 다시 司祿上士로 入朝하였다. 이런 선거는 종래 九品中正法에 의한 선거는 아니다. 말하자면, 蘇綽이 "擢賢良"에서 누누히 지적하듯이 本州의 刺史가 薛道衡 본인의 治人的 역량에 따라 선발하여 자신의 主簿로 삼은 것이고 다시 徵士命令에 따라 중앙정부에 천거하

---

59) 李啓命, 「北周末 尉遲迥 등의 叛亂」, 『龍鳳論叢』 10, 1980, 광주.

여 上士(三命)가 된 것이다. 그후 三方의 亂중에 益州 總管 王謙이 反楊堅 세력을 구축하고 도전함에 楊堅은 梁睿를 행군원수로 삼아 평정하였다. 梁睿는 西魏·北周의 관료적 문벌사족 중에서 상당한 역량이 있는 인물로 태조 宇文泰의 좌명이자, 西魏時代 太尉를 역임했던 梁禦의 아들이다. 그는 北周에서 小冢宰 및 刺史總管을 역임하면서 惠政을 베풀어 柱國에까지 승진한 노련한 무장이었다. 이처럼 위망과 혜정으로 저명한 그에 대해 楊堅은 은밀히 꺼리고 두려워하는 처지였다. 이에 薛道衡은 從軍하여 梁元帥에게 "천하의 여망은 이미 隋(楊堅)에 돌아갔다"고 설득하고, 楊堅에게 즉위할 것을 권고토록 종용하여 堅과 睿 兩者 사이가 원활히 되었다. 말하자면 楊堅과 동배이자 위망이 드높은 老將을 설득하여 危懼를 구제하였던 것으로 포상 받을 만한 일이었다.[60]

그리고 袁聿修처럼 被徵 후 儀同大將軍·吏部下大夫에 제수되어 大象 末 東京 司宗中大夫에 전임하여 東中國의 司宗, 즉 禮部에 관한 사무를 관장하였으며; 李孝貞은 被徵 후에 儀同三司·典禮下大夫에 제수되고 宣帝 즉위 후에 행군원수 韋孝寬을 따라 尉遲迥 平定에 공로를 세워 上儀同三司에 승진하기도 하였다.

이상과 같이 北周 및 楊堅政權에 적극 협력하여 고관에 이른 자도 있었다. 반면에 崔達拏처럼 被徵 후에 御史大夫로 제수되어 鄴에 使者로 파견되었으나, 尉遲迥 반란에 휩싸이고 (부득이나마) 그 總管 司馬에 임명되었다가 동 반란이 평정된 후 誅殺된 자도 있었다.

이처럼 北周 末 격동하는 政局에서 被徵者들은 예리한 尙武的 世界에서 逸脫하려는 지향도 없지 않았으나, 결국은 西魏·北周의 賢才主義에 흡수되어 문벌사족으로서 在地力量을 상실하고 중앙정계도 주지할 수 없어 자신들의 문벌사족적 지향을 발휘할 수 없었다.

다. 그밖에 入關者들

위와 같은 入關者중에는 포함되지는 않았지만, 산동 문벌사족으로 위망이

60) 『隋書』 卷57, 薛道衡傳. p.1406.

켰던 隴西 李氏도 상당한 활동을 하고 있었다. 北魏의 문벌사족제가 파괴되고 六鎭의 叛變이 惹起되어 隴西 李氏는 다른 門閥士族들보다 훨씬 더 많은 타격을 입었다. 爾朱榮의 이른바 「河陰의 役」에 피해를 입은 자만도 李瑒를 비롯하여 李皓·李義順·李義達·李遐·李延孝 등 6명이나 되었다. 李延寔은 외척으로 孝莊帝의 尒朱榮 謀殺에 간여하여 李諺을 비롯하여 李義眞·李義邕·李季凱 등이 尒朱世隆이나 爾朱仲遠에게 살해되어 그 피해는 一門에 크게 확대되었다. 이러한 산동문벌사족이 상당한 수치와 모욕 즉 "國恥·家怨"으로 보면 일족이 현달한 만큼 그 피해도 가장 커 큰 수난을 받았다. 이리하여 "國恥·家怨"을 씻고자 군벌 高歡과 협력하였던 산동문벌사족의 동향 가운데는 隴西 李門 출신이 보이지 않지만, 상당히 맹렬한 활동을 보였을 것이라고 추측된다. 그리고 北周 후기의 불안한 政局상에서 隴西 李門 출신은 상당히 활발한 동향을 보였다. 예컨대, 李蒨之는 문학에 정통하여 北齊 天保 初에 太子洗馬·行陽翟郡守를 역임했는데 그가 펼친 정치는 淸靜하여 당시인들이 칭찬했다. 후에 尙書 考功郎中에 올랐으나, 행정상의 착오나 비위사실이 없이 폭군 文宣帝에 살해되자 당시인들이 원망하였다. 또한 李仲擧(超)는 經史를 섭렵하고 禮制에 밝았다. 그는 약관에 北齊의 大司馬 襄城王 高淯(高歡의 8子)의 參軍事로부터 문벌사족이 존중하는 인격자로써 令長을 충당코자 선발한 8명중에 范陽 盧昌衡과 함께 뽑혀 司州 脩武令에 제수되어 寬簡(明)한 정치를 폈다.

한편 高歡과 抗衡하던 孝武帝가 西遷함에 따라 隴西 李門中에서도 몇 사람이 從行하고 있는데, 李仲膺·李禮成 등이 그들이다. 李仲膺은 學行으로 칭찬을 받아 北齊에서 太子洗馬를 역임했으며, 北周의 平齊 후에 東京 小吏部上士를 역임했으며, 隋 開皇中에 荊州 總管司馬로 卒職하였다. 李禮成은 北魏 시대의 名臣인 李沖의 曾孫이다. 그는 유교의 덕목인 道·德·仁·義·禮·智·信을 銘名한 七兄弟중 제 5子(彧)의 子이다. 李禮成은 어려서(七歲) 蘭陵·榮陽太守를 역임한 姑從兄인 滎陽 鄭顥가 孝武帝를 따라 入關한 틈에 끼었다. 鄭顥의 母는 여러 차례 타인에게, "이 아이의 평생은 아직 회고할 단계는 아니나, 마땅히 重器가 될 것이다"고 하였다. 그는 성장하여 품행이 방정하고 겸손하였으며 빈객과 더불어 妄通하지 않았다. 西魏에서 著作郎·太子

洗馬·員外散騎常侍 등을 역임하였고, 北周에서 平東將軍·散騎常侍에 제수되었다. 이때 北周의 政界는 西魏 건설의 주역인 8柱國 12大將軍과 그 후예, 그리고 그들에 연결된 세력들에 의하여 독점되고 운영되던 사정에서 군사적이고 상무적인 세계였다. 그 귀공자들은 모두 경쟁적으로 軍服裝을 하고 弓馬 즉 武藝를 연마하였다. 禮成은 비록 騎射에 능란하였지만 유학자의 복장을 착용하여 所望, 즉 修己治人의 역량을 체득하고 그것으로부터 현달코자 하는 희망 또한 잊지 않았다. 그는 군공으로 車騎大將軍·儀同三司에 올라 脩陽侯에 봉해졌고, 遷州刺史에 제수되었다. 禮成은 蠻夷의 징발을 만류하여 그들의 동요와 반항을 없게 했고, 武帝의 平齊 때에는 齊將 席毗羅의 정병을 격퇴하는 등의 功勞로 開府를 추가하고 冠軍縣公에 進封됬으며, 北徐州刺史·戶部中大夫를 역임하였다. 北周 末 그의 처 竇氏가 일찍이 사망함에 楊堅은 禮成이 비상한 儀表를 가진 것으로 보고 妹弟로 삼았으며, 堅이 승상에 올라 上大將軍으로 지위를 높이고 司武上大夫로 발탁하여 심복으로 삼았으며, 隋初에 總管刺史을 역임하였다. 이처럼 이들 隴西李氏 출신들도 다른 산동문벌사족과 함께 孝武入關이나 平齊 入關하여 北朝 後期로부터 隋初에 걸쳐 현달하고 있었다. 그리고 앞서 언급한 李仲擧(본명 超)는 北齊 末 郡守로서 施政上 寬明하고 淸靜하여 嘉觀이었다. 그는 平齊 때 晋州의 別駕로 北周軍이 晋州를 포위하여 매우 위급함에 行臺 尙書左丞이었던 侯子欽은, "지원군이 오지 않아 앉아서 죽을 수 밖에 없으니, 身命을 보전할 방도를 찾자"고 함에, 李仲擧가 臣者의 義로 꾸짖자, 侯는 두려워 周軍에 투항했다. 北周의 將軍 梁士彦은 본래 그에 대하여 듣고 있던 터이라 더불어 時事에 대해 논의코자 했다. 이에 李仲擧는, "代代로 山東에 거주하여 高氏의 은혜를 받았고 지금 國維가 不張하여 外軍이 왔지만, 臣道를 지켜 죽지 못하는데 어찌 감히 그런 논의가 있으랴" 라 하고 완강히 반항했다. 결국 梁의 설득으로 晋州의 招撫에 협조하였다. 齊都가 평정되어 문벌사족들은 入關하였지만, 그는 親故와 유리됨을 원하지 않아 入關하지 않으려 하였다. 이에 妻의 伯父인 京兆尹 博陵 崔宣猷가 간절히 만류하였지만 뿌리치고 귀향했다. 그때에 옛 位望과 門資가 높은 자를 勒送하라는 武帝의 엄령에 따라 입조하여 秋官 賓部上士에 보임되었지만, 내심으로는 불복하여 군색한 변명으로 귀향하고 말았다.[61] 이는 명분상으로는 유학을 겸수한 治者로서 不事二君을 지키려는 의향이었고, 실제로는 志高位下의 지위를 감수할 수 없다는 태도로 간주된다.

결국 北魏 末 孝武帝를 따라 入關한 산동 문벌사족들이 西魏-北周의 政界에서 자신들이 가진 바의 개인적 역량을 충분히 발휘하여 政權에 이바지함으로서 현달했던 것처럼, 平齊 後 北周 武帝에 被徵된 자들도 격동하던 北周 末 三方의 亂 평정과 周隋革命 과정에서 실권자 楊堅에게 문무의 양면에서 철저히 봉사하여 차기정권에서 현달할 수 있는 기반을 마련하지 않을 수 없었다. 말하자면 산동문벌사족은 顔之推가 지적한 것처럼, 道를 행하여 世上을 이롭게 하려는[62] 그러한 士大夫像을 가지고[63] 자신들이 과거에 누렸던 特權, 예컨대 血統에 따라 평범하게 政界에 진출하여 公卿에 이르던 정치적 특권을 비롯한 免稅·免役 그리고 就學 등 제 특권은 이제 과거의 한갓 영광된 자태에 지나지 않게 되어버렸던 것이다. 이리하여 그들은 스스로의 文武官僚的 力量 등을 통해서 政界에 진출·현달하거나, 문벌사족의 긍지를 버리고 황제권에 의부하는 도리 밖에 없게 되었다. 이런 상황에서 谷川道雄氏가 말하는 新貴族의 출현을 이해 할 수 있을 것이다.[64] 따라서 入關한 산동 문벌사족들의 동향은 존재 형태상 다음 시대인 隋唐時代 山東官僚像의 선구적인 측면이 있다고 할 것이다.

61) 『北史』 卷100, 序傳. p.3341.
62) 『顔氏家訓』 卷8, 勉學篇.
63) 朴漢濟, 「南北朝末-隋初의 過渡期的 士大夫像」, 『東亞文化』 16, 1979.
64) 谷川道雄, 上揭論文.

第3章 山東門閥士族에 대한 統制

제1절 隋王朝時期

가. 隋王朝의 통치집단

이 문제에 관하여 처음으로 학계에 논설을 제출한 이는 일본학자 山崎宏氏이다. 山崎氏는 隋王朝가 창업 전후에 北周, 北齊, 後梁 및 陳의 遺臣을 흡수하였고, 隋皇室 楊氏의 출신은 東漢의 名高한 官吏인 楊震의 후예지만, 胡化漢人임이 농후하며, 北族(獨孤氏·元氏·宇文氏)과 漢族(蕭·韋·崔 등)과 통혼하였음을 근거로 隋王朝의 통치집단을 胡漢聯合體로 파악하였다. 또한 氏는 隋王朝의 三師·三公·宰相·六部 尙書 및 禁軍 衛府大將軍을 역임한 인물에 대한 本貫, 出身王朝 및 力量 등에 대하여 매우 상세한 분석을 하였다. 그 결과 이들의 民族(文官의 경우 胡 3: 漢 7; 武官의 경우 胡 6: 漢 4)과 출신지 분포 상황으로 볼 때 弘農 {18(문)+27(무)}; 陝西·甘肅{41(문)+26(무)}; 洛陽 등 山東 {27(문)+24(무)}; 江南 {2(문)+3(무)} 등으로 분석하였다. 氏는 이러한 분석을 통하여 ① 隋王朝는 漢人王朝로 自處하면서도 北族에 대하여 개방적이었다. ② 隋宗室인 弘農 華陰人이 行政과 武職에 다수 진출하면서 隋王室 一族의 전제적 성격이 있었다. ③ 각 방면 즉 北周 등 4王朝의 다원적 제 세력과 제 요소를 조화·균형여부가 隋王朝의 운명을 결정짓는 것이어서 隋王朝는 제 세력을 조화·균형시키려는 노력을 경주해야 했다고 하였다.[65)]

필자 또한 이 문제에 관심을 가져 앞서 말한 것처럼 서위·북주의 통치집단에 관련하여 우문태를 중심으로 하는 서위·북주의 성립·발전과 관료적 문벌사족(제)를 정리하였다.[66)] 또한 隋 一代의 尙書左·右僕射·六部尙書 그리고 尙書左·右丞 등을 역임자에 관하여 분석하였다. 그 결과 이들은 魏晋이래 문벌사족의 후예들이었다. 이들은 北朝 後期 분열과 대 변혁 속에서 자기

65) 山崎宏, 「隋朝官僚の性格」, 『東京教育大文學部紀要』 1956-6.

66) 李啓命, 본 논문집 제1편 1장에 삽입하였다.

극복의 방법으로 文武兩兼的 敎養 士大夫 및 실무능력자로 바뀌어져 후술하는 바와 같이 이들은 관료적 문벌사족이라고 지칭할 만하다. 따라서 이들 관료적 문벌사족들이 진인각씨가 말한 수왕조 당전기에 이른 지배계층 關隴集團이라고 파악하였다.

나. 山東門閥士族의 動向

그러면 이시기에 山東 門閥士族으로부터 나온 인물들은 어떻게 활동하였는가? 산동 官僚門閥士族으로 隋代에 활동한 인물을 보면, 博陵 崔仲方, 范陽 盧思道·昌衡, 趙郡 李德林, 太原 王劭, 滎陽 鄭善果, 隴西 李仲擧 등이 있었다.

A) 博陵崔氏의 인물에 대하여 살펴보자.

崔仲方은 北周 小司徒 崔猷의 아들로 그는 北周에서 禮律格式을 撰修하고 滅齊 20策을 上奏하였다. 그리고 丞相 楊堅에 대하여 勸進과 함께 時務 18策를 상주했으며, 高熲과 더불어 正朔·服色을 정함에 있어 土(赤)德을 채용할 것과 北周의 六官制를 버리고 漢·魏의 舊制를 따를 것을 권고하였다. 그리하여 隋朝 권력구조의 기본골격을 갖추게 하였다. 즉 중앙정부는 三師·三公의 최고 관직자 밑에 尙書·門下·內史·秘書 및 內侍 등 五省과 御史·都水 등 2臺를, 그리고 太常 등 11寺를 두었으며; 武職으로는 左右衛 등 12衛를 두고 각기 分司·統職토록 하였던 것이다. 즉 崔仲方은 分司·統職하는 국가조직의 大綱에 대하여 설파한 것이다. 이 대강은 漢魏의 舊制를 복원하는 것이라 했지만 실제로는 漢魏 이래 복잡다기한 중앙행정기구의 변모를 종합한 것으로 이해된다. 이것은 또한 西魏·北周의 周禮에 입각한 낡은 체제의 모순에 대한 제도적인 개혁으로써 北齊의 중앙제도를 채용하여 ① 새로운 隋朝의 정당성을 확보하고; ② 周禮主義(중국문화의 원천인)라는 역사의 수레바퀴는 역전시킬 수 없음을 환기시킨 것이며; ③ 정계에서 어떤 획기적인 공로를 세움으로써 至高한 입장에 서려는 것이었다. ④ 이런 국가체제에 대한 方略은 經史를 섭렵·통달하지 않고는 나오지 않는 것으로 그의 父 崔猷가 北周

明帝에 대하여 稱帝·建元하도록 주장한 것과 흡사한 사정에서 나온 방략이다. 말하자면 이런 방략은 修已治人으로서의 제시한 방략일 뿐만 아니라 관료적 문벌사족은 높은 학문적 수준과 풍부한 교양을 가져 시대 상황의 변동에도 불구하고 名實이 相符한 통치계급이라는 표현이다. 隋朝 창건 후 上開府 司農少卿으로 장성을 축조하고 虢州刺史로 平陳의 方略을 상주하고 基州刺史로 옮겨 입조하여 많은 하사품을 받았다. 다시 平陳의 役에 行軍總管으로 참가하였으며 未附한 諸羌族을 평정하여 노비 130구, 황금 30근을 받았다. 더욱이 煬帝가 즉위하여 漢王 諒이 叛旗를 들자, 楊素가 토평했는데, 諒의 餘黨이 呂州에서 완강히 저항하자, 周羅睺가 그들과 싸워 敗死함에 仲方은 이들을 평정한 후 大將軍에 이르렀으며, 民部·禮部尚書·國子祭酒·太常卿·上郡太守 등을 역임하였다.[67] 이상과 같은 崔仲方은 入仕(明經)와 文武의 재간으로 국가의 체제를 비롯하여 禮律格式을 撰修하고, 군사적 방략과 제 공로로 영달하고 治者로서 역량을 잘 발휘하여 많은 봉건적 賞賜를 받았다.

一族 弘度는 전술한 바와 같이 尉遲逈 亂의 평정에 큰 공을 세웠고, 그후 華州刺史·襄州總管·江陵總管(平陳 후)을 역임했다. 그의 妹는 文帝의 아들 秦王 秀의 王妃가 되었고, 그의 동생 弘昇의 여식은 煬帝의 河南王妃로 隋皇室과 거듭 외척관계를 맺었다. 그러나 公私間에 엄숙한 가풍을 이루어 그 당시 칭찬한바 되었다. 그 후 秦王妃는 誅殺되었고, 河南王妃는 폐출되었다. 이에 弘度는 병이 났고, 여러 동생들과 별거하여 더욱 뜻을 얻지 못했다. 煬帝가 즉위하여 河南王이 太子가 됨에 崔妃를 복위코자 하여 中使를 파견하여 帝旨를 전달코자 했는데, 使者가 弘昇家에 이르러도 弘度는 모르고 있었다. 使者가 황제에 복명하자 황제는 "弘度가 한 말이 없더냐"고 묻자, 使者가 "弘度는 병을 핑계삼아 일어나지조차 않았읍니다"라 함에 그 일(崔妃 復位問題)은 수포로 돌아갔다. 弘度 一家는 前代로부터 家風이 優美한 관료문벌사족이었던 까닭에 一門에서 두 왕비를 納妃했던 것으로 고려된다. 弘度가 두 왕비의 被誅와 폐출에 대하여 근심하고 원망하여 발병까지 하게 되고, 심지어 형제간에 화목하지 못하고 별거하게 되어 왕비복위 문제까지도 실패하자

67) 上揭書 卷60, 崔仲方傳. pp.1449-50.

憂憤하여 얼마 있다가 죽고 말았다. 그의 동생 弘昇은 北周 末 右侍上士였다가 尉遲迥 叛亂이 발생하자, 兄 弘度와 더불어 尉遲迥을 평정하고 그 공로로 上儀同에서 黃臺縣侯에 올랐다. 隋王朝 創建 후에는 公爵을 받고 驃騎將軍이 되어 십여년간 황제의 숙위를 담당했으며 勳舊勢力으로 慈·鄭州刺史를 역임하고 더우기 戚屬인 연고로 대우가 더욱 융숭하여 襄州總管에 遷任했다. 그러나 河南王妃 폐출로 면직되었다. 煬帝가 즉위해서는 冀州刺史·信都太守 및 涿郡太守를 역임했고, 檢校左右衛大將軍으로 高句麗 원정에 참여했지만 乙支文德에게 宇文述과 함께 패배하여 병이 나 죽고 말았다.[68]

弘度의 從弟 彭(北周 江陵總管 崔謙의 아들)은 성품이 至高하고 剛毅하였으며, 게다가 武略이 있고 騎射에 뛰어났다. 『周官』과 『尙書』를 좋아하여 대의에 통달했다. 北周末 侍伯·門正上士를 역임했고, 就國한 五王을 귀환시키려는 朝議에 따라 齊州에 파견되어 방략으로 陳王 純을 귀환시켰고, 隋朝 건설 후 監門侍郎 兼領右衛長史와 車(驃)騎將軍으로 20년 간을 매우 근밀하게 황제의 숙위를 담당하였다. 文帝는 崔彭이 堂上하여 숙위를 보면 매우 편안하다고 칭찬하는가 하면, "卿은 진실로 絶人이니 자못 배운 것이 없지 않느냐"고 묻자, 이에 彭은, "신은 어려서 『周禮』와 『尙書』를 좋아하고, 지금도 휴식 때에는 감히 이를 빠뜨리지 않고 있습니다"라고 대답하였다. 황제는, "시험 삼아 나에게 (그것을) 말하라"하자, 彭은 군신에 있어서 戒愼의 義를 설파함에 황제는 稱善했고 이를 관람한 자들은 知言이라 했다. 그는 또한 名弓이었다. 이 때 匈奴(突厥)의 達頭可汗의 使者가 武德殿에 머물러 있었다. 鴿이 上樑에서 울자 황제가 彭에게 쏘도록 명령하여 彭은 곧 명중시켰다. 황제는 크게 기뻐하여 錢 一萬을 하사했다. 이를 본 匈奴(突厥)의 使者가 돌아가 그의 可汗에 복명하자 可汗은 使者를 다시 파견하여 崔將軍과 더불어 相見할 것을 청함에 황제는 이는 반드시 虜庭(돌궐 可汗의 궁정)에서 善射함을 듣고 請함이라 하면서 崔彭을 匈奴(돌궐)에 파견하였다. 可汗은 善射者 10여 명을 불러 솔개를 명중토록 했으나 맞추는 자가 없었다. 崔彭은 可汗의 청원을 받아 수개의 화살을 연발하여 몇 마리를 명중시켜 떨어뜨리니

---

68) 上揭書 卷74, 崔弘度·弘昇傳. pp.1698-700.

돌궐인들은 서로 보며 탄복하지 않는 자가 없었다. 그리고 彭은 煬帝가 즉위하자 左領軍大將軍으로 洛陽에 從行하고 後軍을 감독했다. 그때 漢王 諒의 잔당이 곳곳에 屯聚하자 황제는 崔彭에게 수만의 병사를 주어 山東을 鎭撫하도록 했다. 곧이어 慈州의 刺史職을 수행토록 했는데 매우 清明한 政事를 베풀어 황제는 絹 500필을 하사하였다.[69]

그밖에 崔廓이 있다. 그의 父 子元은 北齊에서 燕州司馬를 역임하였다. 廓은 母親이 賤出이었던 고로 宗門에서 많은 굴욕을 받고 산중에 은거하면서 서적을 博覽하여 山東 학자의 宗長이 되었다. 隋文帝의 벽소에 불응하고 후술하는 趙郡 李士謙과 더불어 忘言의 친우로서 왕래하였다. 그는 刑名의 理致에 대하여 매우 정통하였다. 大業中에 80세로 타계하였다.[70]

이상과 같은 산동의 문벌사족 博陵 崔氏의 동향에서,

① 西魏 이래 隋·唐 初期에 걸쳐 지배집단인 關隴集團에 "武略"·"工騎射"로 軍功을 세워 大將軍에까지 영달하여 관료적 문벌사족집단에 편성되고 전제군주 하에서 가장 중요한 황제의 숙위를 담당하여 칭찬을 받고 있다.

② 관료적 문벌사족으로 그 특점의 하나인 우미한 家風을 통해 外戚이 되어 통치자 계급에 합류할 수 있다는 방향이 보였다.

③ 관료적 문벌사족은 대체로 世家·大族으로 그런 역량을 통해 漢王 諒의 모반 후 아직 진정되지 못했던 東中國을 鎭慰토록 위촉 받음으로써 관료적 문벌사족이 황제권에 의부하는 한 존중되고 탄압받지 않음을 시사하고 있다.

④ 관료적 문벌사족은 통치계층으로 修己治人의 유학을 계속 학습하고 지방관에 파견되어 통치자로서 清理念 具現·法의 遵守·紀綱確立 등을 통해 황제권 발전에 협조함으로써 종래 문벌사족의 존재형태가 상당히 변모되고 있음을 볼 수 있다.

B) 范陽 盧氏 인물에 대하여 살펴보자.

范陽 盧氏의 大房出身 盧思道와 昌衡은 앞서 말한 바와 같이 "盧家千里, 釋奴·龍子"라 하여 二千里에 걸친 幽州에서 族居하는 盧氏 인물중 英妙者로

69) 上揭書 卷54, 崔彭傳. pp.1369-70.

70) 上揭書 卷77, 隱逸 崔廓傳. p.1755.

서 처음 北齊의 官界에 入仕하였다. 思道는 平齊 後 黃門侍郎·待詔文林館으로 東中國의 저명인사로 被徵되었으나, 北周에서 重用되지 못하고 「孤鴻賦」로 영탄하였다. 그는 귀향 중에 從兄 盧昌期의 起事에 참여하여 실패하고 그의 문학적 재능으로 露布를 작성하여 겨우 구제되었고, 隋朝 初에는 다시 被徵되어 陳使를 맞았고, 잠깐 귀향했다가 散騎侍郎으로 起家하고 內史侍郎의 임무를 담당하였다. 이때 두 가지 일을 하였다. 하나는 六卿을 설치하고 大理를 혁파하려는 朝議에 대하여 "省에 駕部, 寺에 太僕이 있으며; 省에 刑部, 寺에 大理를 없애려면 이는 곧 畜産을 중시하고 刑名을 賤하게 하는 것이니 진실로 불가하다"한 것이다. 다른 하나는 "殿庭은 杖罰의 장소가 아니며 朝臣中에 笞罪를 범한 자가 있으면 策論토록 해야 한다"는 것이다. 이에 대해 文帝는 可納하였다. 그가 죽자 文帝는 직접 사신을 파견하여 장례를 돕게 할 정도로 우대하였다. 아들 盧赤松은 大業中에 河東 長史에 이르렀다.[71]

그리고 盧昌衡은 앞서 말한 대로 문벌사족제 하의 盧氏의 宗主的 인물로 北齊에서 尙書郎에 추천되었고, 北周 武帝의 平齊 때에 散騎侍郎으로 周使를 맞았고, 入關하여 司玉中士로부터 大宗伯 斛斯徵, 博陵 崔仲方과 함께 禮論을 撰修하였다. 예컨대 그는 매우 관후한 성품을 가져 開皇 初에 尙書 吏部侍郎으로 제수되었을 때, 황제가 백관에게 자신의 공적을 自陳토록 하자, 모든 이가 경쟁하였지만, 昌衡만은 홀로 말하지 않음에 尙書左僕射 高熲이 특이하게 보았다. 거듭 陳使·來聘을 맡았으며, 荊州 總管府 長史로 能名했고, 당시 吏部尙書 蘇威는 그를 "德으로 사람의 표상이요, 행동은 士流의 法度가 된다"고 考課評定하여 論者들은 美談이라고 하였다. 그리고 그가 애용하던 말이 他人의 소뿔에 받쳐 죽었다. 소의 주인이 진심으로 謝意를 표시하였지만, 昌衡은 "六畜은 서로 싸우는 것이 常理인데, 이것이 어찌 인정에서도 그럴 것이랴. 귀하는 어찌 사례하려 하는 가"라고 반문하면서 받지 않았다. 그 후에 壽州總管府 長史로 전출되어 總管 宇文述이 매우 그의 인품을 존경하고 州務를 위임했다. 또 文帝 仁壽 中에는 河南道巡省大使로 임무를

71) 上揭書 卷57, 盧思道傳. p.1403.

잘 수행하여 儀同三司에 제수되고 많은 하사품을 받았다. 煬帝 大業 初에는 太子左庶子에 被徵되어 洛에 이르러 客死했다.72)

다음으로 范陽 四方 盧氏와는 계보를 달리 하는 盧輔系가 있다. 이 계보출신의 盧賁은 三國帝師中 一人인 北周 開府 燕郡公 盧光(字, 景仁)의 아들로서 父爵을 세습하고 魯陽太守, 儀同三司, 司武三司를 역임하였다. 그 동안 楊堅이 大司馬로 부상함에, 賁은 그가 보통사람이 아님을 알고 정성껏 봉대하였다. 北周 宣帝가 즉위하자 開府에 올랐고, 이 때 楊堅이 顧託을 받고 승상이 되었지만, 조신들이 방황하자, 그들을 회유하거나 혹은 압박하여 진정시키고 항상 堅의 숙위를 담당하였으며, 틈있는 대로 受禪(周隋革命)할 것을 권하여 易姓革命을 성취하는 데에 큰 공을 세웠다. 隋文帝는 盧賁에게 淸宮을 명령했고 이로 말미암아 궁성의 숙위를 담당하여 北周의 旗幟 대신에 靑龍·騶虞·朱雀·玄武·千秋 및 萬歲의 旗를 만들어 황제와 隋朝의 위세를 드높여 散騎常侍 兼太子左庶子·左領軍右將軍에 올랐다.

그러나 隋初에는 高熲과 蘇威가 朝政을 掌握하였다. 盧賁은 자기의 공로에 비하여 양인이 크게 미흡함에도 불구하고 조정을 좌우하는 것에 대하여 크게 불평하였다. 그때 마침 周隋革命의 결정적인 단서를 제공한 劉昉이 文帝에게 배척되고 미움을 받고 있음을 보고 盧賁은 劉昉과 上柱國 元諧·李詢·華州刺史 張賓 그리고 鄭譯 등과 함께 高熲·蘇威를 축출시키고 자신들이 輔政할 것을 도모하였다. 또 한편으로는 文帝의 愛子 晋王을 봉대하는 반정을 꾀하면서 皇太子(勇)에게는 구구한 마음을 살펴주기를 희망하였다. 그런데 擧事 直前에 모의 사실이 누설되었다. 昉 등은 모든 죄를 盧賁·張賓에게 전가하고 제신들은 二人의 죄가 죽어 마땅하다고 주장하였다. 황제는 그들의 공로가 막대하여 차마 주살하지 못하고 제명하였다. 그 일년후에 황제는 盧賁의 작위를 복구하여 주었다. 그는 檢校太常卿에 나아가 古樂宮懸을 七에서 八로 고쳐 黃鐘으로 宮(樂)을 만들었고, 儀同 楊慶和와 더불어 周·齊音律을 판정하였다. 그후 盧賁은 郢·虢·懷州刺史를 역임하면서 利民渠·溫潤渠를 開鑿하여 백성을 安集시켰다. 그러나 齊州刺史로 전임되어 부정축재 곧

72) 上揭書 卷57, 盧昌衡傳. p.1404.

官米를 매출한다는 명분으로 자신의 곡물을 부정으로 매매하여 사회적 물의를 일으켜 제명되었다. 또 文帝가 幸洛할 때에, 從駕하자 文帝는, "내가 처음(北周에서) 大司馬가 되고 朝政을 총람할 때부터 盧賁에게 많은 은혜를 입었다. 卿(盧賁)이 만약 허물이 없었다면 官이 高熲과 더불어 같았겠지만 흉인과 더불어 交構하여 폐출되었다. 또 옛 은혜를 생각하여 牧伯의 지위를 부여해도 그 효과가 보이지 않고 이에 이르렀다. 내가(文帝) 차마 卿을 살해할 수는 없지만 이는 국법을 어기고 私恩을 도모하는 것이다"고 개탄함에 盧賁은 陳謝하였다. 그러나 다시 황제의 뜻을 다시 어기고 자신의 공적을 내세우며 怨言을 퍼뜨리자, 文帝는 대노하여 "내가 장차 盧賁에게 一州를 주려 했지만, 이를 보니 復用할 수 없겠다"고 하였다. 뿐만 아니라 皇太子가 盧賁 등에 대하여, "그들의 性行은 輕險하지만 진실로 放棄할 수 없다"고 奏請함에 황제는 자신이 劉昉·鄭譯·盧賁·柳裘 및 皇甫績 등의 신명을 보전하도록 하고자 했으나 帝旨에 어긋나는 배신자라고 하면서, "그들은 北周 宣帝 때 무뢰(배)로서 총애를 받았고, 宣皇帝가 갑자기 死去함에 顔之儀 등이 조정을 輔政하도록 했는데, 이들이 矯詔를 만들어 내게 顧命토록 했다. 그리고 내가 爲政코자 함에 또한 紛亂을 도모하여 劉昉은 앞서 말한 大逆을 저질렀고, 그후 鄭譯은 巫蠱를 만들었으며, 盧賁과 같은 자는 그것으로 만족하지 않고 任命하면 不遜하고 致仕토록 하면 원망하니 믿기 어렵다. 내가 이들을 버린 것이 아니다. 어떤 자는 나에게 공신을 박대한다고 할지 모르겠지만, 그런 것이 아니다"라고 개탄하였다.[73)]

또한 范陽 盧氏로 鮮卑 慕容氏 지배 하의 宗主的 인물인 盧傅는 同郡의 四姓중 祖氏를 처단하면서까지 北魏에 반대하였다. 이들은 北魏 前期에 정치적으로 득세를 못했지만 혼인상으로는 盧玄家, 즉 四方 盧氏와 나란히 하였다.[74)] 이 계보에서 盧柔·愷 부자가 등장하였다. 西魏 中書監인 盧柔의 아들 愷는 어려서 穎悟하고 經史를 섭렵하여 幹能이 있었으며 屬文에도 능하였다. 北周 때에는 齊王憲의 記室로부터 伐齊에 立功하여 小吏部大夫가 되었다. 이때 染工 王神歡이 北周의 실권자 宇文護에게 뇌물을 주고 計部下大

73) 上揭書 卷38, 盧賁傳. pp.1143-4.

74) 『北史』 卷30, 盧玄傳 附. p.1090.

夫로 발탁되려 함에 愷는 재물로써 搢紳과 더불어 병열하면 破局을 초래할 것이라고 경고하여 저지하였다. 北周 武帝가 老牛로써 享士코자 함에 仁政을 해치는 일이라고 諫하여 그만 두게 하였으며, 陳에 使行도 하였다. 또 軹關·栢崖를 평정하고 宣撫하기 위하여 露布를 작성하였는데, 그 글이 명문으로 武帝가 칭찬하였고, 宣帝 大象 元年에는 東都吏部大夫, 隋文帝 開皇 初에는 上儀同三司·吏部侍郎·尙書左丞 등을 역임하면서 최상의 考課를 얻는 영예도 누렸다.

또한 몇 년 후(開皇 12년인듯) 盧愷는 禮部尙書 攝吏部尙書에 제수되었다. 이때 國子博士 何妥와 右僕射 蘇威가 서로 不協하여 妥는 威의 陰事를 상주하였다. 盧愷·薛道衡 등이 이에 연좌되고 憲司의 탄핵으로 제명되었다. 이 사건은 隋文帝 開皇 初이래 조정을 주지했던 蘇威와 何妥 사이, 그리고 蘇夔(蘇威의 아들)와 妥가 대립하는 가운데 대다수 朝臣들이 蘇威 父子의 의견을 따르자, 妥는 時政의 損益을 논박하면서 當世의 朋黨을 지척하였다.[75] 이때 何妥의 指斥에 관한 황제의 사찰지시에 의하여 사건은 드러났다. 憲司에서는 盧愷에 대하여 상주하였다. 다시 말하면, 첫째 房恭懿란 者는 北周 末 反楊堅 세력인 尉遲逈의 死黨으로 仕進할 수 없음에도 불구하고 蘇威·盧愷 2인이 서로 왜곡 추천하여 海州刺史에 이르렀다.[76] 둘째, 吏部預選者가 매우 많지만, 盧愷는 곧 바로 관직을 제수하지 않고 사사로이 채용하고 있다. 예를 들면, 蘇威의 從父弟 蘇徹과 蘇肅 2인은 鄕正으로부터 吏部에 이르렀다. 즉 徹은 文狀이 뒤에 이르렀지만 먼저 임용하였고, 肅은 左足이 건전하지 못하여 채용할 수 없음에도 불구하고 盧愷는 그가 威의 從父弟인 연고로 朝請郎을 제수한 사례로써 愷의 朋黨은 매우 명백하다고 상주하였다. 이에 文帝는 대노하여 "감히 천자의 관직을 사사로이 베푸는가" 하고 질책하였다. 盧愷는 免冠·頓首하면서 "皇太子가 通事舍人 蘇夔를 舍人으로 삼고자 하였을 때에, 臣은 온당한 승진이 아니라고 啓陳하여 그친 적이 있습니다. 臣이 만약 威와 더불어 私情이 있다면, 어찌 그렇게 하였겠습니까" 라고 명백함을 주장하였다. 황제는 "蘇威의 아들에 대한 일은 조정이 모두 아는 바인데, 卿

75) 『隋書』 卷75, 何妥傳. p.1715.

76) 上揭書 卷73, 房恭懿傳. p.1679.

은 또 고집으로 一身의 요행을 구하려 한다. 이렇게 되면 알지 못하는 사이에 朋附를 행하게 되는 것이니, 간신의 행동이다"라고 질책하고 제명하여 백성(庶)으로 강등시켰고 얼마 후 사망하였다.[77]

이상과 같은 盧愷를 중심으로 한 選擧에 관한 사건은 北周 이래의 賢才主義를 관철하려는 反門閥主義的 선거방침에 따라 야기된 문제이다. 그것은 앞서 말한 바와 같이, 盧愷가 薛道衡·陸彦師 등과 함께 선거를 실시함에 있어서 "대체로 任人함에 있어서 士庶를 자못 견별하였는데, 論者는 아름답다"고 한 것과 같이 士庶를 엄격히 구분하여 "注色하여 파견함"으로써 선거가 이루어졌다. 이는 西魏 이래 官에는 淸濁이 없다는 선거원칙에 어긋났다. 이런 사정에 대하여 『隋書』의 撰者 魏徵도 附記하고 있다.[78]

이상에서 살핀 范陽 盧氏의 동향에서 몇 가지 주의할 점이 있다.

1) 隋王朝는 산동문벌사족들에게 관료이상의 어떠한 봉건적 특권을 허락하지 않았다. 예컨대 范陽 盧氏의 宗主(力量者)로 北周末 隋初의 政界에서 현달하지 못한 志高位下의 심정을 『孤鴻賦』로 자위하던 盧思道가 말년에 殿庭은 笞杖의 장소가 아니라는 점과 국가기구의 調定에 관한 陳言 등의 관료적 활동을 하였다. 이에 대하여 황제는 그의 죽음을 애도하며 使者를 보내 助祭하는 등의 특별한 예우를 하고 있다. 또 盧昌衡이 베푼 정치업적에 대하여 "덕망은 타인의 표상이 되고 행동은 선비의 법도가 된다"고 평정하고 있다. 특히 文帝 楊堅의 忠僕 盧賁에 대하여 공로이상의 배려를 삼가하고 있다. 이러한 사실들은 隋王朝가 산동문벌사족들의 종래의 지위를 수용할 수 없다는 표현임과 동시에 그들의 진로에 대한 방향 제시로 간주된다.

2) 隋王朝는 산동문벌사족은 물론 關隴集團에 대해서도 어떠한 형태의 士族制를 용납하지 않았다. 이 점에서 주의할 몇 가지 측면이 있다.

첫째로 문벌주의적 선거가 문벌사족간에는 아직 正道로 수용되고 있다는 사회적 통념을 반영하고 있다. 말하자면 西魏 실권자 宇文泰의 謀士 蘇綽의 六條詔書중 "擢賢良"에서 門資(門第)를 파괴하고 賢才를 추천하는 선거가 추진되었지만, ⓐ 東西魏·北齊北周間의 전투에서 속출한 軍功者와 그 자손에

77) 上揭書 卷56, 盧愷傳. p.1384.

78) 上揭書 同卷, 盧愷傳 末尾. p.1384.

대한 銓選과 選擧問題를 비롯하여 平齊 後에 山東門閥士族의 수용이 있었고; ⓑ 근본적으로는 선거문제를 비롯한 왕명출납과 같은 국가의 중요문제를 담당하는 자는 최고의 經史 등 학문적 역량을 가진 자로서 충당되었고, 문벌사족 출신만이 그런 일을 원만하게 수행할 수 있다는 통념에서 벗어나지 못했다. 그것은 北周에서 內史御正系 및 吏部의 관료가 盧辯·光, 崔猷 등 流寓한 산동출신 문벌사족이었던 점에서 그런 것이다.

둘째로 황제는 何妥와 같은 문벌적 기반이 없이 황제권에 완전히 의부하는 관료를 신임하여 北周 이래의 賢才主義를 관철시켜 황제권을 강화하려는 지향이 있었다는 것이 확실하다. 그리하여 이것를 첫째의 사정과 함께 고려하면, 西魏 이래 尙武世界에 대한 종래 門閥士族 출신의 대립과 같은 士庶鬪爭의 성격이 있었음을 엿볼 수 있다.

셋째로 당사자인 盧愷는 父 柔 이래 入關하여 在地力量을 갖지 못하였다. 그는 隋一代에 그의 지위가 보증되었던 유력자임과 동시에 府主인 蘇威와 밀착하여 朋附의 의심을 면하지 못한 점도 있다. 그렇지만 그의 잘못이 蘇威一族의 인사에 관한 일이었다. 이리하여 盧愷의 입장은 前代 이래의 문벌주의를 재건이라기보다는 隋의 관품에 따르는 새로운 문벌사족제의 방향을 추진하려는 것이었다. 그러나 이것조차 황제의 오해를 불러 일으켜 실패한 것으로 이해된다.

넷째로 蘇威·何妥의 門閥과 寒門間의 대립의 측면도 있다. 즉 피해자측의 인물인 盧愷는 范陽盧氏 출신임을 비롯하여 蘇威는 武功人으로 「家世二千石」, 薛道衡은 關隴首望으로 종래 문벌사족의 家格을 가졌던 것을 보면, 이들과 寒門 출신 何妥와의 사이에 발생한 대립의 측면도 있다.

다섯째로 그 결과는 盧愷·薛道衡·陸彦師 등이 문책을 받아 실무책임자에게 책임을 전가하여 그 이상 문제를 확대하지는 않았다. 아무튼 同 사건에 관련된 자는 얼마 후 모두 다시 復官되고 있는 것을 보면 국가정책방향에 위배되거나 황제권을 손상하는 어떤 행위도 관용될 수 없다는 皇帝專制의 방향, 곧 국정의 一元化가 관철되었음을 반영한다. 결국 이런 방향의 정책기조는 隋唐帝國에서 꾸준히 강력하게 지속되었다. 이러는 동안에 종래 문벌사족의 사회적 기반은 위축되고 이제 황제권에 기생하게 되어 관료 이상으로 할거하는 宗主(力量者)와 같은 그런 지위는 관용될 수 없게 되었다.

C) 趙郡 李氏의 인물에 대하여 살펴보자.

趙郡 李氏로는 李孝貞·李德林·李德饒·李雄 등이 있다.

李德林은 앞서 말한 것처럼, 平齊 後 東中國의 대표인물로 被徵되었고, 北周 末 楊堅 丞相府 司錄으로 적극 三方亂을 평정했으며, 周隋革命을 이행하는 주관자로 隋王朝 創建 후 內史省의 장관인 內史令에 올라 高熲·虞慶則과 함께 재상이 되었다. 그러나 李德林의 최고 관직자로서의 생활은 순조로운 것만은 아니었다. 그것은 周隋革命 직전에 虞慶則이 楊堅에게 宇文氏 一族은 모두 멸진시켜야 한다고 주장함에 高熲과 楊惠는 미적미적 하다가 양해했지만, 李德林만은 그 불가함을 강경하게 고집하였다. 이에 楊堅은 武帝·宣帝와 宇文氏로부터 너무 많은 박해를 받아서인지 모르겠으나, 발연히 얼굴색을 붉히며 화내어 "君은 讀書人이다. 이일을 平章하기에는 부족하다"고 하였고, 宇文氏 一族은 모두 살해되고 말았다.[79]

이런 일이 있은 후로부터 『隋書』 撰者도 高熲·蘇威 다음에 李德林의 열전을 편집하고 있지만, 隋王朝 건설에 있어서 가장 공로가 컸던 李德林에게는 이른바 國公·納言의 品位가 추가되지 않았고, 위계상 高熲 (尙書左僕射·郡公)과 虞慶則 (內史監·郡公)의 아래였으며, 다만 재상의 반열로 上儀同(從4品 上)이 제수되어 子爵이 수여되었을 뿐이었다. 內史令 李德林은 文帝 開皇 원년에 太尉 于翼·高熲과 함께 律令(開皇律令)을 撰修하여 九環金帶 一腰와 駿馬 一匹을 별도로 하사받았다. 그렇지만 李德林에게 있어서 가장 중요한 것은 朝議上 그의 의견이 전혀 수용되지 않는 것으로 법령개폐 문제에 관한 蘇威와의 엄중한 대립(투쟁)이 그것이다. 蘇威는 高熲의 천거로 文帝 開皇 初에 太子少保에 나갔고 곧이어 納言(前代의 門下省 장관인 侍中) 및 民部尙書를 겸임했다. 蘇威는 겸직도 사양했으나, "兼人의 人才로서 多務를 사양할 수 없다"는 황제의 만류로 다시 맡았다. 또한 앞서 말한 대로 그는 자기의 부친인 綽이 西魏 宇文泰의 謀士로 부득이 한 重稅에 대하여 개탄하면서 후

---

79) 『資治通鑑』 卷175, 陳紀 9, 宣帝 太建 十三年 正月 乙巳詔. p.5436.

에 군자가 나와 완화할 것을 기대하였다는 말을 듣고, 모든 일이 자신의 임무임을 자처하는 經世的 정치가로 등장했다. 이런 蘇威와의 대결이 鄕里制와 罷郡에 관한 문제이다.

근본적으로 鄕里制는 西晋 門閥士族政治의 失政으로 北方民族의 남하를 저지하지 못하고 이른 바 五胡亂華라는 현상이 전개되는 가운데, 현실적으로 胡漢 二重構造가 북중국의 질서로 유지되었다. 이런 구조는 漢族側에서 보면, 北魏 太武帝 華北統一 직전에 전국 각지의 위망이 높은 인사들을 徵召하고 곧이어 이른바 宗主督護制를 조직·실시한 것이다. 이는 향리사회의 유력자에 대하여 그들의 역량과 기득권을 인정함으로써 일차적으로 국가에서 그들을 파악하는 방략이었다. 다음 단계로 이른바 三長制를 건립한 것이다. 주지하는 바와 같이 三長制는 향리사회를 "五家를 隣, 五隣을 里, 五里를 黨"으로 편성하고, 隣·里·黨長(隣·里·黨長의 兼務 경우 26~31명)은 鄕里의 强謹者를 임명하고, 隣長의 경우 一夫, 里長의 경우 二夫, 黨長의 경우 三夫를 각각 體職토록 했다.[80] 그렇지만 이 경우 三長에 취임한 人士, 즉 "鄕里의 强謹者"란 문벌사족세력이거나 그에 연결된 향촌세력으로 파악되며, 그런 사회적 배경에서 문벌사족제가 발전하였던 것이다. 이런 구조는 北魏 末 北鎭의 兵亂과 그 확대로 파탄되었고, 西魏·北周에서 보다는 東魏·北齊에서 胡漢 양측의 합작으로 조립되었던 문벌사족제는 큰 변동없이 발전되었다. 그리하여 鄕里制 또한 北魏의 制度가 약간 수정되어 재건되었을 뿐이었다. 그것은 곧 隣·閭·黨制度이다. 즉 "十家를 隣, 五十家를 閭, 百家를 族黨"으로 편성하고 一黨 內에 黨族 一人, 副黨族 一人, 閭正 二人, 隣長 十人 등 14名은 稅役을 면제 받고 黨閭를 통괄하는 국가의 최말단 기구였다.[81] 한편 西魏에서는 北魏-北齊의 향리구조와는 달리 국가권력이 명확히 관철되는 조직이 설정되었다. 그것은 蘇綽이 六條詔書中 擢賢良에서, "州郡은 물론 향리 즉 鄕族閭里의 正·長의 선거까지도(문벌사족의 농단 없이) 서로 감독 통제해야 한다. (왜냐하면) 正·長은 治民의 기초이고, 기초가 기울지 않으면 上(帝王)이 반드시 안전하기 때문이다"라고[82] 하여 하부구조에 대하여 문벌사

80) 『魏書』 卷110, 食貨志. pp.2855-6.

81) 『隋書』 卷24, 식화. p.680.

족이나 그에 연결된 어떤 세력도 현명한 자가 아니면 비록 鄕正·里長의 말단까지지도 채용하면 안된다는 엄격한 명령으로 前代의 문벌사족제를 말단에서부터 否定하였다. 다만 西魏－北周의 향리조직에 대한 규정이 보이지 않는 것으로 보면 北魏의 三長組織이 準用되었을 것으로 생각한다. 이런 西魏의 鄕里制는 이른바 關中本位 정책의 일환으로 추진된 것이며, 隋王朝 初期에 蘇威가 文帝의 支持下에 이 문제를 적극적으로 추진하였던 것으로 보인다.

鄕正·里長에 관한 李蘇論爭의 발단은 최초로 開皇律令에 포함된 鄕里制에 있었다. 畿內의 경우, "五家를 保, 五保를 閭, 四閭를 族"과 畿外의 경우, "五保를 里, 四閭를 黨"의 鄕里制,[83] 다시 말하면 北魏－北齊系統의 지방행정의 최말단 조직이 채택되어 있었다. 이에 蘇威는 이미 획정된 鄕里制의 터전 위에 鄕正制를 실시하자고 제안하였다. 이에 李德林은 格式은 이제 발표되었다면서 의미상 반드시 획일되어 다소 간의 약점이 있을 지라도 (律令이) 과도하게 백성을 해롭게 하는 정치가 되지 않으려면 빈번히 改弊할 수 없다고 완강히 버티었다. 이로써 李德林과 蘇威, 內史省과 門下省 사이의 律令에 관한 시비가 시작되었다.

蘇威는 五百家마다 鄕正을 두어야만 민간의 辭訟을 다스리는 데에 합리적이라고 하였다. (이에) 李德林은 본래 鄕官判事를 폐지한 것은 그 里閭의 친척이 된 자들의 불평을 剖斷코자 한 것이었다. 이제 鄕正으로 하여금 500家를 오로지 다스리게 한다면 아마 그 폐단은 더욱 심해질 것이다. 지금 吏部에서는 인물을 總選하여야 한다. 천하는 수백현에 6~700만호에 불과하여 수백 현령이 註簡함에도 오히려 그 재능을 헤아리기 어려울 것이다. 따라서 겨우 一鄕 내에서 500家를 능히 다스릴 수 있는 한 사람을 선발하는 것도 어려울 것이다. 나아가 遠地의 要荒한 小縣에는 五百家에 이르지 않는 곳이 많고, 또한 兩縣이 一鄕을 共管하는 곳도 있다고 하면서 그 불가함을 역설하였다.

이처럼 鄕正設置의 可否問題에 관한 朝議가 양립됨에 황제는 東宮에서 內外群臣會議를 열도록 하여 백관들의 의견을 물었다. 결과는 皇太子 이하 백관들이 李德林의 논의에 따랐다. 그렇지만 文帝는 一元化를 추구하여 多元

82) 『周書』 卷23, 蘇綽傳 附 六條詔書 四條 擢賢良. p.385.
83) 『隋書』 卷24, 食貨志. p.680.

的 요소가 농후한 鄕里制는 里黨의 長·正이 前代와 같은 문벌사족이나 그에 연결된 세력으로 판단하고, 그 위에 鄕正을 설치하자는 蘇威의 의견을 수용하였다. 이에 李德林은 자신의 의견을 철회할 수밖에 없었기에 그가 주장한 鄕里制는 고스란히 隋朝의 律令에 포함되지 못하였다.[84] 王夫之는 이런 鄕正制에 대하여 "千萬의 虎狼을 천하에 뿌려 貧民을 후려치는 속박이다. 李德林은 이를 諫爭했지만, 蘇威는 『周禮』를 끼고 淸議의 입을 다물게 하여 백성의 膏血이 蘇威의 佔畢하는 가운데에 다했다"고[85] 指斥하였다. 결국 500家를 오로지 다스리는 鄕正의 등장으로 北朝後期 특히 山東地方의 문벌사족과 그에 연결되는 세력이 성장하고 보존될 수 있는 정치 사회적인 배경이 상실되어 鄕里制의 개편은 종래 문벌사족제에 대하여 커다란 타격을 준 조치였다. 다시 말하면, 隋初의 鄕正은 통치기구의 末端에서 국가의 정책(의사)를 체현하는 존재이었기 때문에 隋王朝는 鄕正을 중심으로 오백가를 오로지 다스리는 향촌의 재편성하였다. 이리하여 鄕正제는 산동문벌사족세력의 존재기반을 탈취하고 그 지방 민중의 동향을 억제하여 사회 곳곳에까지 隋王朝의 지배력을 관철시키려는 의도에서 나온 제도 개편이요, 多元的인 세계를 극복하고 一元的 세계를 달성하려는 것이었다.[86] 따라서 수왕조는 鄕正制를 실시함으로써 隋王朝의 말단 통치조직은 士族의 다원적 세계로부터 황제 전제를 통한 일원적 체제가 조립되었다.

두번째의 李·蘇의 논쟁은 罷郡, 즉 지방행정조직을 개편하는 것이었다. 정치의 실효성이나 왕조의 도덕성·정당성은 爲民하는 곳에 있음은 두말할 여지가 없고, 그런 입장에서 지방행정 조직을 개편하려는 것은 온당한 책략임에 틀림없다. 魏晋南北朝時期에 북방민족의 남하, 사족제의 발달 및 인구의 증가 등으로 확장된 지방행정상의 문제점에 대하여 개선하는 방략으로 北魏는 上中下 3等級; 北齊는 9等級; 北周는 인구상 5等級制 등 州郡縣의 等級制가 강구되었지만, 효과를 기대할 수 없는 소극적인 방안이었을 뿐 적극적인 대책은 되지 못하였다. 앞서 구체적으로 살펴본 바와 같이 北齊의 文宣

84) 上揭書 卷42, 李德林傳. p.1200.

85) 王夫之, 『讀通鑑論』 19-8.

86) 氣賀澤保規, 「隋代鄕里制に關する一考察」, 『史林』 58-4, 1975.

帝 때 상당히 적극적으로 州·郡·縣·鎭·戍에 대한 倂省하였다.87) 이는 隋朝의 지방행정개혁의 선구적인 의미를 갖는 것이었다.

사실상 隋王朝의 罷郡 즉 지방행정 개혁은 開皇 3년, 平陳 직후 그리고 煬帝 大業 初에 3차에 걸쳐 이루어졌다. 開皇 3년의 罷郡과 그것에 관련된 문제만을 접근해 보자.

隋朝에서 결행된 罷郡의 조치는『隋書』卷1, 開皇 3년(583) 十一月 甲午에, "天下의 諸郡을 혁파한다"고 간략히 기록하고 있지만, 내용은 그렇게 간단하지만은 않다. 開皇 2년 5월 舊 北齊의 잔존세력은 突厥의 앞잡이가 되어 침입해 왔다. 이에 대비한 듯, 동 2년에 幷州·洛州·益州에 河北道·河南道·西南道 行臺를 설치하였고, 同 3년 4월 庚辰에 行軍總管 陰壽가 黃龍에서 高氏를 평정하고, 同年 同月 甲午에 突厥이 來朝함에 동년 10월 河南道 行臺가 폐지되었다. 이런 일이 진행되던 중에 罷郡의 실제적 건의자 楊尙希는 開皇 2년 12월 己酉에 巡省風俗使에 발탁되었다. 그는 황제의 명에 따라 약 1개월간을 巡省하였다. 그는 천하 州郡縣의 過多함에 대하여,

> "秦이 천하를 통일하여 諸侯(封建)을 혁파하고, 郡守(郡縣)를 설치한 이래로 漢魏晋에서 邦邑이 누차 개혁되었다. 가만히 현재의 郡縣을 살펴보니 옛보다 배 이상 많고 百里가 못되는 지역에 수개의 縣이 竝置되어 있으며, 혹은 千戶가 되지 못하는 곳을 2郡이 分領하고 있다. 佐史·府僚가 많아 資費가 날로 많아지고 吏卒은 배나 되지만, 租調는 해마다 감소된다. 淸幹한 良才는 백번 분별해도 하나 없는데 수만 번을 움직인들 어찌하여 찾겠는가? 이른바 백성은 적은데 관리가 많고 羊은 열 마리이지만, 牧者는 아홉이라 한 그런 상태다. 이제 요긴한 것은 남기도, 불필요한 것은 없애고, 적은 것은 합병하여 크게 하여야 국가가 곧 粟帛을 不虧하게 할 것이고, 選擧는 곧 賢才를 쉽게 얻을 것이다. 감히 管見한 바를 개진하오니, (이에 대하여) 제정하여 처리하기를 伏請합니다"

고 하였다.88)

87)『북제서』卷4 文宣 p.63.

88)『隋書』卷46, 楊尙希傳. p.1252.

楊의 건의는 ① 郡縣의 兼省; ② 佐史 府僚의 太多, 資費의 太重; ③ 良才無選 등이다.

이러한 楊尙希의 奏文은 당시 納言 蘇威에게 접수되었고, 蘇威가 內史令 李德林과 더불어 의논했으나, 李德林은, "律令(開皇律令)撰修 때에 公(蘇威)은 어찌하여 罷郡함이 편리하다함을 논설하지 않았는가? 이제 겨우 (의견이) 나왔는데, 그것을 가히 改易하겠는가" 라고 반문하면서 거부하였다. 그러나 尙書左僕射·納言인 高熲은 蘇威의 논의에 동의하였고, 李德林은 완강히 고집하였다.[89] 이로 말미암아 隋文帝는 蘇威의 논의를 전폭적으로 수용하고 천하의 諸郡을 혁파하였던 것이다.

그러면 여기서 李德林이 이처럼 罷郡을 완강히 반대한 이유는 무엇일까? 그는 종래 문벌사족 출신이었고 문벌사족제의 전통이 계속 잔존했던 山東地方의 대표인물로 北周 武帝의 被徵이래 山東人物을 추천 선발함에 있어서 代行者格이었으며, 隋朝건설에 커다란 공로를 세워 內史令의 재상지위에까지 올랐다. 그렇지만 周隋革命 직전 宇文氏 族滅에 관한 반대 의견으로부터 鄕正制 문제 등에서 자신의 입장이 수용되지 못했고, 지위는 재상이지만 자신의 상사격인 內史監으로 虞慶則이 있고; 高熲이 內史令으로 同 지위에 포진했을 뿐만 아니라, 공로에 대한 爵位 및 父爵 수여 등의 특전 등에 있어서 우대를 받지 못하는 등 名位上 위축되던 상황에 놓여 있었다. 이런 때 다시 罷郡의 논의는 문벌주의의 근본적 구도가 郡中正의 인사권으로부터 구축되어 왔는데, 이제 罷郡을 한다면 종래 문벌사족과 그에 연결된 세력으로 잔존되어 왔던 종래 문벌사족제는 붕괴될 수밖에 없는 처지가 되었기 때문에 狼戾하여 고집하였던 것이다. 종래 산동문벌사족의 領袖인 李德林은 결국 蘇威와 투쟁에서 실패하고 그의 정치생명마저 위기에 처하고 말았다.

아무튼 罷郡의 결과 508郡縣이 혁파되었고, 약 6만 명의 佐官이 冗官으로 도퇴되어버렸다.[90] 이에 대하여 杜佑는, "文帝가 학술이 없이 천하를 盜有하고, 分權하지 않고자 州郡의 벽소권을 혁파하였다"고 비난하고 있다.[91] 또한

89) 上揭書 卷42, 李德林傳. p.1200.

90) 陸慶夫, 「關于隋朝改革地方機構問題的幾点辨析」, k22, 1989-9.

91) 『通典』 卷18, 選擧 六, 杜佑의 評.

劉秩도, "里閭에 豪族이 없고, 井邑에 衣冠이 없다"고 비판하였다. 심지어 柳芳은, "隋朝가 鄕擧를 혁파하였기에 향리에 士族, 즉 衣冠의 인물이 없어 사람들은 염치가 없게 되었고 門閥士族은 혼란되었으며, 庶人은 僭越하는 바 되었다"고 맹렬히 비난하였다.92) 이런 비판과 비난은 이들이 前代의 문벌사족의 후예인 점에서 볼 때에, 隋時代에 행한 罷郡 등의 잘못이 唐代에까지도 큰 역작용을 하니 이를 개선해야 爲政의 실효성을 확보할 수 있다는 일종의 政論이다. 즉, 漢代 이래의 향리사회의 賢·有德者를 뽑아 郡縣의 佐史로 삼아 통치의 효과를 거양했던 훌륭한 제도를 혁파하여, "위로 정치는 번쇄해지고, 아래로 사람들은 혼란에 빠져 四空(사방에 구멍이 생겨)이 나왔던 고로 隋朝가 멸망했다"고 한 것이다.93)

사실상 嚴耕望氏가 지적했듯이 漢制는 郡縣에 守令을 파견하고 지방에서 佐史를 辟召하여 통치하고 刺史를 두어 監察하게 함으로써, 좋은 제도이었다. 그러나 東漢 末 이후 혼란과 北方民族의 南下 및 士族制의 발달 등으로 말미암아 州는 행정기구로 승격되고 그 위에 都督府가 설치됨에 따라 府·州·郡·縣의 4級制가 등장하였다. 게다가 刺史와 守令에게 將軍職을 부여함에 따라 그들이 거느리는 行政佐史와 軍府의 屬僚는 정원의 3倍나 되었다. 더우기 北魏의 화북통일후 80년 동안에 州郡縣의 수는 3배에 달하였고 州의 領郡, 郡의 領縣 상황은 매우 미미하였다. 뿐만 아니라 종래 문벌사족과 그에 연결된 세력들은 刺史·守令 및 佐史와 屬僚가 되어 지방행정을 독점하고, 做官權을 비롯하여 免稅·免役 등의 봉건적 특권을 향유함은 물론, 대토지를 겸병하여 많은 依附農民과 部曲을 장악하여 황제권의 관철을 불가능하게 하였다.94) 이로써 보면 罷郡·鄕里制의 개편으로 郡의 佐官과 府僚가 혁파되고 (大)中正의 虛官化, 州縣佐官의 吏部 임명 파견 등 후속 조치가 단행됨으로써, 황제의 전제권이 강화되었던 반면에, 종래 지방행정을 독점했던 문벌사족과 그에 연결된 세력 특히 산동지방에 아직 남아 있었던 그들은 행정상의 발언권 등 기득권을 완전히 상실하여 소생하기 어렵게 되고 말았다. 이리하

---

92) 『新唐書』 卷199, 柳沖傳 附 芳傳 姓系論. pp.5678-9

93) 『通典』 卷18, 選擧 六, 杜佑의 評.

94) 嚴耕望, (同上 冊의 章)

여 산동문벌사족의 대표 李德林은 완강히 반대한 것이며, 杜佑·劉秩 및 柳芳 등이 비판과 비난은 그들이 문벌사족의 후예라는 입장을 표현한 것으로 이해할 수 있다.

그 후 李德林은 황제로부터 宰相時의 文翰을 撰錄토록 명령을 받아 『霸朝雜集』 5권을 저작했다. 李德林은 그 序文에서, "隋朝의 초창기에 王佐로 傾心하여 聖皇을 보좌하였고, 周·隋 兩朝의 文翰을 담당하고 三方構亂에 조석으로 奉戴하였으나, 書記할 뿐이었다. 때로는 잠도 자지 않았으나, 詞理가 疏謬되었으면 神筆로 개정하였다. 여러모로 방책을 짜내고 사물의 이치를 환히 밝힘으로써, 從命者는 편안함을 얻고, 違命者는 모두 禍를 입는 것이며, 萬里 밖을 헤아려 오는 일을 기대하여 항상 보는 것 같이 해야 함은 진실로 神이 안다. 大亂이 일어나 다시 太平에 이르고, 可誅者를 바꾸어 깨끗하고 순수하게 하고, 도리에 합치되게 함이 人文으로 모두 聖懷를 내어서 典誥를 이루어야 함인데, 아울러 臣의 뜻이 거기에 미치지 못하여 이에 이르렀다"고 개탄하였다. 말하자면 聖皇의 命으로 살생을 결정하는데, 자신의 고집으로 말미암아 황제에 의심받아 오늘의 처지에 이르렀음을 피력하고 있다. 文帝는 『霸朝集』을 독파하고 이튿날 德林에게, "자고로 제왕이 일어남에는 異人의 보좌가 있었다"고 전제하고, "내가 『霸朝集』을 읽고 바야흐로 감응의 이치를 알았다. 지난 밤에 깊게 개탄하여 아침 일찌기 公의 얼굴를 보지 못할 뻔 하였다. 반드시 公으로 하여금 국가에서 始終 貴하도록 하겠다"고 일렀다. 황제는 그의 父를 恒州刺史에 追贈했고, 얼마 있지 않아 다시 "나의 본의는 심히 영광되게 함이로다"고 하면서 또 다시 定州刺史·安平縣公을 추증하고, 시호를 孝라 하면서 李德林으로 하여금 襲爵하도록 했다. 말하자면 황제로서는 李德林의 공로에 대해 세습받는 것으로 영광되게 할 뿐이지 더 이상 우대할 수 없다는 뜻이 담겨 있었다.

그리고 李德林은 梁士彦·元諧와 같은 무리들이 자주 逆意를 가지고 江南을 上國으로 삼고자 함에 天命論을 저작하여 隋王朝가 天命을 받아 尉遲迥·王謙 등을 제거하여 백성이 돌아갈 곳은 隋王朝 뿐임을 역설하였다. 이에 江南의 陳國은 처음 受命했으나, 백성은 一郡보다 적고 疆域은 半州일 뿐이며, 天命이란 항상 있는 것이 아니니, 곧 평정될 것임을 上奏하면서 平陳의

計策를 몇 차례 撰奏했다. 開皇 8년(588)에 황제가 同州에 출행했는데, 李德林은 몸이 불편하다고 참가하지 않았다. 황제는 勅書로 伐陳의 일에 뜻이 있으면 마땅히 수행하라 했다. 이때 高熲이 平陳元帥府 長史로 入京함에 황제는 高熲에게, "李德林이 만약 아파 감히 수행하지 못하면 마땅히 내 스스로 그 댁에 이르러 그 방략을 취하리라"고 하면서 高祖는 平陳 行軍總管인 晋王 廣에게 부쳤다. 後에 從駕하여 歸京하는 도중에 말채찍으로 南方을 가르키며, "平陳의 사업을 마친 후 七寶로 嚴公을 장식하여 스스로 山東人으로서 미칠 자 없게 하리라"고 하고, 平陳 후에 柱國 郡公과 實封 800戶와 3,000단의 물품을 賞與하도록 했다. 晋王 廣은 이미 칙령대로 상여코자 했지만, 어떤 이가 高熲에게, "天子가 劃策하고 晋王과 諸將이 힘을 합쳐 이룬 것이다. 이제 공로가 李德林에게만 돌아가니 諸將은 반드시 憤愧해 할 것이며, 훗날에 公은 虛行했다고 할 것이다"고 충동질을 하자, 高熲은 이를 황제에 말했고, 文帝는 李德林에 대한 賞與를 그만두게 하였다.95) 이리하여 李德林은 隋朝下에서 자신의 위망을 제고시키기 위하여 자신의 과오를『霸朝集』에 표시하여 반성하고, 황제의 신뢰를 다소 회복코자『天命論』을 저작하여 梁士彦·元諧 등 역신을 징계하고, 아울러 平陳計略을 상주함으로써, 平陳功臣이 되어 자신의 위망을 높이려 하였다. 그리하여 황제는 이를 용납하고자 하였으나, 결국 황제는 어떤 이와 高熲의 異議를 수용하여 李德林의 뜻은 좌절되고 말았다.

게다가 北周 大象末 楊堅은 三方의 亂을 평정하고 李德林의 공로를 생각하여 逆人 王謙의 저택을 賜與코자 했는데, 문서가 잘못 전달되어 崔謙에게 돌아갔다. 이에 李德林에게 좋은 저택 하나를 선택하든지 莊店을 營造토록 함에, 옛 北齊의 權倖 高阿那肱의 衛國縣의 市店 80區를 取入하였다. 그런데 文帝가 開皇 9년 晋陽에 幸行했을 때에, 店人이, "토지는 백성의 것인데 高氏가 강탈하여 造舍했읍니다"라고 상표하여 斥論함에, 황제는 有司에 그 땅값을 반환토록 하였다. 이때에 蘇威는 長安으로부터 와서, "高阿那肱은 亂世의 宰相으로 황제에게서 총애를 얻고, 백성의 토지를 강제로 빼앗아 市店을 만

95)『隋書』卷42, 李德林傳. p.1207.

들어 이를 임대하였다. 李德林은 황제를 속여 자기의 소유로 할 것을 妄奏하였다"고 上奏하였다. 뿐만 아니라 황제는 隷人 李圓通·馮世基 등이, "이 市店의 수입은 食 千戶와 같으니 청컨데 날자를 보아 追贓해 보소서"라고 함에 따라 文帝는 드디어 李德林을 힐책하였다. 이에 李德林은 逆人의 文簿와 換宅의 뜻을 감안하여 달라고 요청하였다. 그러나 황제는 듣지 않고 모두 追店하여 居住者에게 지급하였다. 이는 李德林에게 특별한 잘못이 없었지만, 이 사건으로 말미암아 황제는 그를 더욱 의심하였다.

한편 開皇 10년에 山東의 諸州를 巡省하고 돌아온 虞慶則 등이, "五百家마다 鄕正을 두어 辭訟을 專理하도록 했지만 백성에게 불편하다. (왜냐하면) 辭訟이 黨與와 愛憎으로 처리되고, 貨賂가 공공연히 자행되고 있다"고 上奏하였다. 황제는 이것, 즉 鄕正制가 아니라 鄕正의 辭訟 專理問題를 폐지토록 했다. 그런데 李德林은 원래 鄕正制를 반대한 입장에 있었기에, "이 일은 臣이 본래 불가하다고 했습니다. 그렇지만 설치한 것이 이제 얼마 되지 않았습니다. 다시 鄕正과 그의 任務를 停廢한다면 政令이 不一하여 朝成·暮毁하는 格이니, 매우 帝王이 설계한 의도가 아닙니다. 臣이 바라옵기는 폐하께서 律行을 자주 改善하려는 것은 즉 軍法으로 從事함입니다. 그렇지 않는다면, 소란스러우니 그만 두소서" 라고 抗命調로 上奏하였다. 이에 文帝는 드디어 성내어, "너는 나를 장차 王莽으로 만들겠느냐"고 크게 꾸짖었다. 이 일이 이렇게 진전되는 가운데 李德林의 父가 太尉의 諮議였다고 하여 贈官했는데, 李元操와 陳茂 등이 은밀히 "李의 父는 校書郞으로 마쳤는데, 諮議를 妄稱했다"고 上奏함에 황제는 매우 원망하였다. 이리하여 황제는 결국 그를 湖州刺史로 파견함에 李는 內史令을 바라지 않으니 散官으로 나마 預政토록 해주시면 죽어도 한이 없겠다고 청원하였다. 그러나 다시 懷州刺史로 貶斥되어 한 해를 넘겨 61세에 사망하니, 大將軍·廉州刺史를 추증했고 시호는 "文"이라 했으며, 많은 하사품이 있었다.

이상과 같이 李德林은 河朔의 天才로 隋文帝의 佐命功臣으로 10여년간 內史令으로 위망을 保全했다. 그러나 그는 魏徵이, "명예를 다투는 무리가 서로 僭毁하였다"는 언급과[96] 산동 문벌사족으로서 諡처럼 文과 武略에 뛰어났지만, 關隴의 관료적 門閥士族의 指斥(嫉視)을 받았다. 특히 山東 門閥士

族의 대표자로서 그는 文帝를 중심으로 하는 關隴의 관료적 문벌사족의 尙武의 世界에서 考終命하지 못하고 말았다.

아들 百藥은 너무 病弱했기 때문에, 祖母 趙氏가 지은 이름이다. 7세에 屬文을 해독하고 陸乂·馬元熙 등이 부친 李德林의 讌集에서 南朝 文豪 徐陵의 글을 읽던 도중에 막혀 해석하지 못하자, 百藥이 그 典據를 밝히자 모두 놀랐다. 開皇 初에도 東宮의 通事舍人·太子舍人 兼東宮學士에 이르렀으나, 그 재능을 투기하는 자가 있어 稱病 辭退했고, 同 19년에는 父爵을 이었다. 左僕射 楊素·吏尙 牛弘이 그 재능을 사랑하여 禮部員外郞을 奏授하도록 하였고, 太子 勇은 다시 東宮學士로 불러 들였다. 곧이어 詔令에 따라 『周禮』를 撰修하고, 律令을 정했으며, 『陰陽書』도 撰修했으며, 臺內의 奏議·文表를 많이 撰修했다. 그러나 楊廣이 揚州에 出鎭하고 있을 때에 百藥을 불러들였으나, 그는 稱病하여 부임하지 않아 楊廣을 대노하도록 하였고, 즉위하자 桂州司馬에 좌천되었다가 후술하는 바와 같이 煬帝가 州를 郡으로 변경할 때에 해직되어 歸鄕하였다.97)

李孝貞은 앞서 말한 것처럼 東中國의 인물로 武帝에 被徵되어 入關하여 儀同三司·少典祀下大夫를 지냈고, 宣帝가 즉위하여 吏部下大夫에 영전되었으며, 尉遲迥 반란 때에는 韋孝寬을 따라 공로를 세워 上儀同三司에 이르렀다. 開皇 初에는 수년간 馮翊太守를 역임하다가 蒙州刺史에 올라 善治했지만, 이때부터 文筆에 더 이상 유의하지 않았다. 사람들이 그 이유를 물으면, "五十年간이면 잠깐만에 지나가고 이제 늙어 筋力이 이미 쇠퇴했으며, 宦意와 文情은 일시에 다 쇠진했으니 슬프다"고 세월의 무상함을 한탄하면서, 한가한 틈에 빈객과 歡樂하는 데에 그쳤다. 그후 內史侍郞으로 內史令 李德林과 함께 文翰을 參典했다. 그러나 孝貞은 幹劇 (번잡한 일을 처리하는 재능)의 能力이 없어 견책받고 金州刺史로 좌천되어 卒官하였다. 이러한 李孝貞의 실제 言行은 종래 문벌사족으로 隋初 關隴集團의 상무적 세계에 처하여 志高位下의 역겨운 心情과 종래 문벌사족만으로 역량을 펼 수 없는 상황에서 나온 것으로 이해된다. 동생 李孝威는 역시 雅望이 있어 大業中에 大理少

96) 同上, 史臣 曰. p.1209.

97) 『舊唐書』 卷72, 李百藥傳. pp.2571-2.

卿에 이르렀다.[98)]

趙郡 栢仁人인 李諤은 北齊에서 中書舍人을 역임했고, 平齊 후 天官 都上士로 楊堅이 특이한 表像이 있음을 보고 잘 받들어 「重穀論」 등으로 諷諭했다. 隋 건설 후에는 比部·考功 二曹侍郎을 역임하면서 언행상 至公·方正을 내세우고 細務에 能達하여 治書侍御史가 되었다. 이때 황제는 李諤의 노력을 칭찬하고 하사품을 주었다. 그후 그는 ① 禮教가 凋蔽되어 公卿이 죽으면 그 애첩과 侍婢를 자손이 嫁賣하여 取財하는 故로 이것이 禮에 합당하지 못하다고 주장하여 5품 이상 妻妾을 改嫁할 수 없게 하였다. ② 그는 屬文家로서 그 당시 文體가 경박한 것에 대하여 이는 정치가 문란되는 근거로 삼고 公私 文翰은 實錄해야 한다고 주장하였다. ③ 그 당시 當官者는 실제로 矜伐하기를 좋아한 것에 대하여 人臣의 도리는 (時務를) 구제함에 있는 것이어서, 矜伐하는 것이 중요한 것이 아니라 君主와 부모를 잘 섬겨야 한다고 주장하였다. 이에 文帝는, "體國의 臣은 당연히 이와 같아야 한다"고 칭찬했으며, 그가 年老하였기에 通州刺史로 超拜하였고, 그는 매우 惠政을 펼쳐 백성과 오랑캐가 悅服했다.[99)]

李雄은 趙郡高邑人으로 祖父 榼는 魏의 太中大夫, 父 徽伯은 北齊 陝州刺史로 北周와의 交戰中에 戰沒하고, 兄 子旦과 함께 入關하였다. 李雄은 어려서 慷慨하고 大志가 있었다. 李門은 대대로 학업으로 通顯했는데, 雄만이 騎射를 익혔다. 이에 兄인 子旦이, "文을 버리고 武를 숭상함은 士大夫의 素業이 아니다"고 책망함에 李雄은, "제가 가만히 古今 誠臣의 貴仕를 살펴보니, 文武를 갖추지 않고 능히 그 功業을 이룬 자 적었다"고 하면서, "저는 비록 불민하지만, 단지 章句만을 지킬 수 없습니다. 이에 文武에 대하여 兄은 무엇이 病이라고 할 것인가"라고 반문하였다. 이런 李雄은 西魏 때 輔國將軍으로부터 北周 때 刺史·總管 및 그 長史를 역임하며 누차 군공을 세웠다. 楊堅이 北周末 승상으로서 尉遲逈 평정 때, 入功하여 上開府 儀同三司, 隋朝 創建 후에 鴻臚卿에 제수되었다. 그리고 隋初 幷州에 河北道 總管府를 두어 晋王 廣을 파견하였다. 高祖는 李雄을 河北行臺 兵尙으로 삼으면서, "吾兒(楊廣)

98) 『隋書』 卷57, 李孝貞傳. p.1405.

99) 上揭書 卷66, 李諤傳. p.1546.

는 아직 어리고 卿은 문무의 재능을 겸비했으니, 이 임무를 맡겨 내 北顧의 걱정을 없애고자 한다"고 하면서 晋王 廣을 잘 보필할 것을 당부하였다. 이에 李雄은, "臣이 불초함을 생각하지 않고, 重任을 주시니 비록 愚固하지만, 마땅히 身命을 바쳐 鴻恩에 보답하겠습니다" 라고 하였다. 李雄은 관직을 수행함에 있어 정직하여 晋王이 매우 경탄했고 吏民의 칭찬이 있었다.[100)]

李德饒는 趙郡栢仁人이다. 祖父 徹은 魏 尙書右丞, 父 純은 開皇中 介州長史를 역임했다. 德饒는 총명하고 학문을 좋아하였으며, 지성함이 있어서 宗黨이 모두 존경했다. 약관에 校書郞으로 內史省에서 文翰을 參掌했다. 監察御史로 승진하여 貴戚에 아부하지 않고 비리를 바로 잡았다. 大業 3년(607) 司隷從事로서 四方을 巡遊하며 寃枉을 도리어 雪怨해 주고 孝悌를 褒揚하는 등 德行者였다. 부모의 장례식에 會葬者가 千餘人으로 그의 孝誠을 감탄하여 눈물을 흘리지 않는 이가 없었다. 그가 살던 지역을 納言 楊達이 巡省하고 孝敬村이라고 이름했다. 후에 金河長에 발탁되었으나, 도적이 봉기하여 부임하지 못하고 있던 차에 渤海에서 格謙 등이 반란을 일으켰다. 황제에게서 歸服할 것을 권고받은 그들은 德饒의 善行을 듣고, 만약 그가 오면 歸服하겠다고 하자, 황제는 德饒로 하여금 渤海의 諸賊을 慰撫하도록 하였다. 이에 德饒는 冠氏에 이르렀으나, 다른 도적에게 살해되고 말았다.[101)]

李士謙은 趙郡平棘人이다. 그는 至孝하고 群籍을 涉獵하여 博學하고, 天文·術數에까지 능통하여 伯父 瑒(刺史, 安世의 孫)이, "吾家의 顔子"라고 칭찬하였다. 약관에 魏 廣平王 贊이 辟召하여 開府 參軍事에 나갔고 高齊·隋初에 수삼차에 걸쳐 벽소되었으나 불응하였다. 宗主(力量者)로서 節儉하고, 散施를 자신의 임무로 생각하고 흉년에는 곡식의 貸與帳簿를 불사르고, 禮에 어긋나는 말을 하지 않으며, 隋의 嚴刑·峻法을 간접으로 비판하였다. 그의 死後에 會葬者가 만여명에 이르렀다. 賻贈을 받지 않은 그의 부인 范陽 盧氏는 장례 후 粟 500石을 풀어 貧窮者를 賑恤하였다. 이러한 李士謙의 친구가 앞에서 말한 博陵 崔廓이다.[102)] 이런 隱逸者 李士謙은 修己한 德行者로 先代

100) 上揭書 卷46, 李雄傳. p.1261.

101) 上揭書 卷72, 李德饒傳. p.1670.

102) 上揭書 卷77, 李士謙傳. pp.5752-54.

로부터 傳來된 봉건적 특전으로 積善하여 積善家로 향리에서 一種의 自律世界를 건설한 셈이었다.[103]

이상에서 살펴본 趙郡李氏의 인물들의 동향에서

① 李德林의 경우처럼 楊堅(實權者)에 절대적으로 봉사하여 隋朝의 창건에 절대적 공로를 세워 재상까지 영진하였지만, 罷郡과 鄕正制의 설치와 같은 정책 상에서 황제의 전제 방향에 위배되어 실각되었다.

② 李士謙의 경우처럼 知的 力量·富力으로 자율세계를 구축하기도 하였으며; 李孝貞처럼 종래 문벌사족의 지향을 가졌으나 뜻을 얻지 못하였다.

③ 李諤과 李雄 그리고 李德饒처럼 世態의 변화에 적응하여 철저하게 관료적 입장을 추구하여 종래 문벌사족의 矜伐까지도 반대하였다는 것을 알 수 있다.

D) 太原 王氏의 인물에 대하여 살펴보자.

王頍은 梁의 太尉 王僧辯의 아들로 西魏의 江陵 평정 때 入關하여 北周에서 左侍上士·漢中太守를 역임하였다. 開皇 初에는 平蠻의 공로로 開府 儀同三司 蛇丘縣公에 이르렀다. 平陳의 役에 自願하여 선봉에 참가하여 陳 武帝(霸先)의 陵을 파헤쳐 부친의 원수를 갚았다. 平陳에 관한 표창에서 자신의 행위는 私的인 雪怨行動으로 관작승진은 온당하지 못하다고 받지 않았다. 그후 代州刺史로 惠政을 폈고 齊州刺史도 역임했다. 동생 頍는 開皇 5년 著作左郎·國子博士에서 漢王 諒의 諮議參軍으로 煬帝에 도전했으나, 실패하였다.[104]

王劭는 太原 晋陽人으로 父 松年은 北齊 通直散騎侍郎이었다. 劭는 앞서 말한 것처럼, 北齊 中書舍人에서 武帝의 被徵으로 入關했으나 受官하지 못하고, 隋朝가 개창되어 著作左郎에 제수되었다가 모친 사망으로 去職하였다. 그는 在家하면서 『齊史』를 撰修하였다. 內史侍郎 李元操가 私撰의 禁止를 어긴 것을 上奏하여 황제가 怒했지만, 『齊史』를 거두어 省覽한 후에 기뻐하여 員外散騎侍郎으로 삼으며 起居注를 撰修하도록 했다. 著作郎에 올라

103) 氣賀澤保規, 「竇建德と河北」, 『東洋史硏究』 31-4, 1974.

104) 『隋書』 卷72, 孝義 王頍傳. pp.1752-4.

『魏書』, 「釋老志」를 본받아 그는 符命을 『齊書』에 「述佛志」를 추가했다. 이런 王劭의 저작활동에 대하여 일찌기 劉知幾는 2, 3의 결점은 있으나, 筆力이 있고 簡明하여 우수한 史書라고 했다.[105] 그 결점이란, 『隋書』의 撰者가 비판 했듯이 符命·詭辭·妄說로 佞媚한 점이다. 그리고 日人 藤善氏는 文帝說話, 定州說話 등은 모두 北周系 관료적 문벌사족에 대하여 강한 반발을 보이면서 隋王朝의 정당성을 강조한 점; 文帝의 불교 진흥에 대한 讚歌인 점; 그리고 北周宗室의 滅族과 같은 간악한 행위까지도 은폐한 점에서 보면, 王劭는 李德林과는 다른 방면에서 산동인물을 옹호하고 北齊系 관료의 지위 확립에 힘썼다고 하였다.[106] 그러나 필자는 王劭가 현달하고자 노력하였지만, 隋文帝는 加官이나 加爵은 하지 않고, 단지 著作郎 20년간에 은총과 하사품만 날로 융성하였을 뿐이라고 한 것을 볼 때에, 종래 산동 문벌사족에 대한 牽制, 혹은 不採用으로 이해된다.

王通은 文帝를 알현하고 太平十二策(儒學振興 등)을 獻策했으나, 수용되지 못했다.[107] 煬帝 때에 蜀郡 司戶書佐였다가 大業 末에 관직을 버리고 귀향하여 講學·著書로서 업무를 삼았다. 그의 著書로 『元經』과 『中說』이 있었다. 前者는 『春秋』의 儀例에 따라 春秋 이후 北魏에 이르기까지의 역사를 기록한 저작이었고; 後者는 『孔子家語』와 揚雄 『法言』의 體例에 따라 主客問答 형식으로 서술한 저작이었다. 그의 문하생인 楊素·魏徵·房玄齡·杜如悔 등은 대단한 名儒였다. 특히 그 門人 薛收 등이 상의하여 "文中子"를 謚하도록 하였다.[108]

이상과 같이 太原 王氏의 인물들의 동향은 王劭가 매우 적극적으로 현달코자 하였고; 王通이 헌책하며 정계에 진출하려 하였으나 뜻을 이루지 못했다. 이처럼 隋의 정계에서 배척되던 사정에서 王頍가 山東地域을 배경으로 煬帝에게 도전한 楊諒을 적극 돕지는 않았을까 라고 생각한다.

---

105) 『史通』, 雜說篇.

106) 藤善眞澄, 「北齊系官僚の一動向」－隋文帝の誕生說話をてがかりに－, 『膺陵史學』 3·4.

107) 『資治通鑑』 卷179, 隋紀 3, 文帝 仁壽 三年 九月詔. p.5599.

108) 『舊唐書』 卷190 上, 王勃傳. pp.5004-5.

E) 滎陽 鄭氏의 인물에 대하여 살펴보자.

鄭善果의 祖父 孝穆은 西魏에서 小司空·刺史를 역임했고, 父親 誠은 北周의 大將軍으로 相州 尉遲迥을 평정하던 도중에 전몰하였다. 善果는 9세에 父의 爵인 開封縣公을 세습받았고, 隋初에 武德郡公에 올랐으며, 刺史·太守를 역임했다. 母親 崔氏는 현명하여 가풍과 천자의 법을 준수토록 아들에게 당부하였다. 이에 그는 지방관으로 儉約·稱職하였다.[109)]

이상 鄭善果는 모친의 도움으로 문벌사족으로서의 位望을 보전하면서 관료로서의 사명을 다하며 時勢의 변화에 대처하고 있다.

F) 隴西 李氏의 인물에 대하여 살펴보자.

李仲擧는 平齊 후에 北周의 관직을 애써 사양하고 귀향하였다. 文帝 開皇中에 秦王 楊俊이 洛州에 出鎭했을 때, 友人 蜀王 楊秀의 府 記室인 盧士彦이 仲擧에, "어른께서는 지난번 徵辟을 지나치고 여러 차례 배척하여 물리치더니 어찌하여 헛되이 수고할 임무를 담당하여 가볍게 (귀하의) 덕망을 떨어뜨리려 하십니까"라고 물었다. 그는 웃으며, "屈伸하는 일은 당신이 알 바 아니다"고 했다. 그는 곧바로 勅召를 받아 赴京하였지만, 조정에서는 그가 州里를 배회한다고 하여 隆州 錄事參軍으로 左遷시켰다. 이에 그는 칭병하여 귀향하고 거문고를 타고 독서하면서 遊日에 빠졌다. 사람들은 그가 세상을 멸시하는 것이라 했다. 그후 그는 著作郎 王劭가 추천하여 應詔토록 했으나, 앞서 추천한 것에 대한 책임을 물어 冀州 淸江令에 제수했다. 그는 또 다시 칭병하여 귀향했다. 얼마 후 資品의 例에 따라 帥都督·洛陽令으로 除授하였다. 이에 彭城 劉逸人이 그에게, "귀하의 才智는 遠近이 다 아는 사실이다. 오랜 병으로 집에 머물러 있었지만 아마 時論때문에 武職을 갖춘 것 같으니, 自安함과 같은가 견주어 보시오"라고 충고하였다. 그는, "나의 성품은 본래 惰性에 젖어 어려서부터 做官할 심정이 없었으니, 어찌 70에 가까운 나이에 一階 半級을 구하겠는가? (귀하가) 말한 바의 武職은 徐君의 墓樹로 걸어 놓을 뿐이다"고 하면서 마침내 부임하지 않고 洛陽 永康里 자택에서

109) 『舊唐書』 卷62, 鄭善果傳. pp.2378-9.

일생을 마쳤다. 이때 나이 63세 이었는데, 당시의 名賢들은 애석하게 생각하지 않는 자 없었다. 두 아들 大師·行師가 있었다.

李大師는 키가 七尺五寸으로 風儀가 매우 아름다웠을 뿐만 아니라, 好學하여 典籍을 살피지 않는 것이 없었으며, 그 당시 인물에 대해서도 정통하였다. 약관에 州將이었던 賀蘭寬이 불렀다. 그 인품을 보고 매우 환대하고 左翊衛率로 임명했다가 冀州 司戶參軍에 제수토록 했고, 煬帝 初에 州를 郡으로 변경할 때에 信都郡 司戶書佐에 제수되었다. 大業 末年에 기강이 문란해져 관리들이 백성을 침탈하여 큰 재산을 모았지만, 李大師는 홀로 청렴하여 축재하지 않고 家産마저 더욱 窮迫해졌다. 그후 渤海郡의 主簿가 되었지만, 竇建德에게서 召命을 받아 尙書禮部侍郎에 나아갔고 竇建德이 평정됨에 西會州에 유배되었다. 그는 유배지에서 不樂하여 「羇思賦」를 지어 唐 高祖의 同安公主를 唐에 送出하기로 竇建德이 약속하고 후에 違約하자, 발생한 문제에 대해 자신의 의견을 표시했다. 이때 侍中·觀公이었던 楊恭仁이 凉州에 出鎭하여 그의 賦를 보고 大師를 불러 禮待하였다.

이런 李大師는 어려서부터 著述의 뜻을 가져 항상 宋·齊·梁·陳·魏·齊·周·隋 등 여러 왕조를 南北으로 나누어 南北史를 저작코자 했고, 南書에서는 北을 '索虜', 北書에서는 南을 '島夷'라고 각각 서술하여 장차 『吳越春秋』처럼 편년체로 成書코자 했다. 그는 이를 위해 일이 없으면 楊恭仁의 집에 가서 서적을 많이 열람했다. 李大師는 武德 9년(626) 사면을 받아 長安에 돌아왔다가 귀향코자 함에, 尙書左僕射 封德彝와 中書令 房玄齡이 歸鄕을 간절히 만류했으나 귀향하였다. 그리고 南·北史를 撰修코자 했으나 貞觀 初에 타계하였다. 그의 5子중에 李延壽가 있다.

그리고 李充節은 李琰之의 손자이고, 父 綱과 叔父 慧는 孝武帝를 따라 入關하여 綱은 宜州刺史·儀同三司를 역임했다. 充節은 어려서 慷慨하고 英略이 있어 開皇中에 行軍總管으로 돌궐 평정에 立功함에 上柱國·武陽郡公에 봉해져 朔州總管에 나아갔다. 이때 그의 位名은 突厥에까지 자자했다. 그후 모반한다는 譖言을 받아 文帝에게 심한 지척을 받고 憂憤하여 사망하고 말았다. 그의 아들이 李大亮이었다.[110]

이상 살펴본 隴西 李氏의 인물은 志高位下의 입장에서 현상을 타개하기 위하여 徵辟에 일단 應命하였지만 稱病·歸鄕하고(李仲擧); 다른 관료들과는 달리 청빈하면서 史書를 저술하여(李大師); 北周 以來 隋王朝의 尙武的 政界에서 자신과 家門을 보전하고 자기네가 가지고 있는 종래 문벌사족적인 志向을 保持하려는 측면이 엿보인다. 그리고 尙武的 世界에 합류하려는 志向을 가졌다. 그러나 모함에 대한 實査조차도 하지 않아 忠臣이 憂憤하여 사망하게 한 것을 보면, 산동 문벌사족 대한 背斥 嫉視라고 하지 않을 수 없다.

G) 淸河 崔儦는 仲文의 아들, 凌의 弟姪, 贍의 從弟로서 經史·群書를 섭렵하고 范陽 盧思道, 隴西 辛德源, 頓丘 李若 등과 友善하였고, 郡功曹로 벽소함을 거부하고, 北齊 末 秀才에 선발되어 員外散騎侍郎으로 熊安生, 馬敬德 등과 함께 五禮를 논의하고, 律令의 撰修에 참여했으며, 文林館待詔에도 충원되었다. 平齊 후 귀향하여 郡功曹·州主簿에 辟召되었다. 이런 崔儦의 官歷을 보면, 종래 문벌사족의 학문적 역량 및 族的 기반을 감지할 수 있을 뿐만 아니라, 賢才主義를 추구하던 北朝 후기의 시대 조류에 편승하였음을 엿볼 수 있다.

또한 그는 隋文帝 開皇 4년(584)에는 給事郎에 임명되었다가 內史舍人에 이르고, 通直散騎侍郎으로 陳에 使行했으며 귀환하여 員外散騎侍郎으로 옮겼다. 수년 후 越國公 楊素는 그 당시 貴倖이었지만, 崔儦의 門地를 중시하고 次子 玄縱으로 하여금 그 여식에게 장가들도록 하여 매우 雄厚한 聘禮도 치루었다. 親迎하는 날에 隋朝의 公卿이 가득이 앉아 있었고, 楊素는 騎士에게 崔儦를 영접토록 했다. 그런데 崔는 그 의관을 故弊한 것을 착용하고 노새를 타고 이르렀다. 楊素는 上座에 앉도록 권유했고, 崔儦는 楊素를 경멸하고 예의상 매우 거만했으며, 언사 또한 불손하였다. 이에 楊素는 분연히 옷을 걷어 부치고 일어나 연회는 끝나 버렸다. 며칠 후에 崔는 楊素를 방문하여 사과하였고, 楊은 이에 처음과 같이 崔를 대하였다.[111]

이처럼 關隴의 관료적 문벌사족의 대표인물인 楊素가 山東문벌사족인 淸河 崔門의 門地를 중시하여 통혼하고, 풍부한 聘財를 지불하였다는 것은 그

---

110) 『北史』 卷100, 李仲擧傳. pp.3340-1.

111) 『隋書』 卷76, 文學 崔儦傳. pp.1733-4.

당시 淸河 崔門이 산동의 최고 문벌사족이었다는 점을 인정하고, 그들과의 통혼을 통해 弘農 楊氏, 특히 楊素 直系의 사회적 위망을 提高시키고자 하였으며, 산동의 최고문벌인 崔門의 宗主人物인 崔儦가 北朝 後期 이래 나타난 문벌주의 퇴조와 賢才主義의 조류 속에서 정치 사회 그리고 경제적으로 어렵게 된 종래 문벌사족의 현실 극복의 방안으로 "貴倖"이자, 權臣인 楊素와 통혼한 것으로 고려된다.

그리고 山東郡姓에는 속하지는 않으나, 隋王朝의 정치에 있어서 중심적 인물이자 산동 문벌사족 출신인 高熲[112]에 관하여 詳論코자 한다.

高熲은 前述한 것처럼 北周末 丞相 楊堅의 司錄으로 反楊堅 勢力을 분쇄하는 등 隋朝 창건에 절대적 공로를 세워 尙書左僕射 兼納言·渤海郡公에 이르렀다. 그는 權勢를 회피하고자 蘇威에게 자리를 양보했고 文帝는 그의 아름다운 뜻을 이루어 주고자 수일간 허락하고 복직시켜 주었다. 그 후 그는 武職인 左衛·左領軍大將軍에 拜하였으며, 母喪 때에도 20일간의 말미를 주었을 뿐 국정에 진력하게 했다.

그가 宰相으로서 추진한 일을 모두 헤아릴 수는 없지만, 몇 가지 것을 구체적으로 살펴보자.

① 蘇威를 비롯하여 楊素·賀若弼·韓擒 등을 추천하고, 그들이 역량을 잘 발휘할 수 있도록 하여 모두 一代의 名臣이 되게 하였다.

② 文武에 정통하고 世務에 통달하였으며, 천하 통치에 임하여 자신의 責務로 자인하는 經世的 政治家로 平陳策을 건의함은 물론 平陳 사업 때 淮南行臺元帥·晋王 廣의 元帥府 長史를 역임하였다. 또한 開皇律令을 비롯하여 輸籍(定樣)法을 定하여 隋朝의 중앙집권을 달성하게 하였다. 이에 『隋書』의 찬자인 魏徵이 말하는 것처럼, 20년간이나 정치를 擔當하여 朝野가 推服해

112) 山崎氏는 上揭論文에서 高熲의 부친인 賓의 先代에서 北邊官이었다가 僚佐에서 戰歿한 사실과; 부인이 賀拔氏인 점; 그리고 『隋書』에 高熲의 貫籍이 "自云"이라는 말을 고려하여 高句麗系 인물이라고 했다. 그러나 필자는 그의 父의 貫籍이 渤海 蓨人임이 명확하고, 위진남북조시기 胡·漢間 통혼은 빈번한 일이었고, 특히 후술하는 바와 같은 재상으로서의 그의 역량은 막대하여 漢族이 아닌 北族이나 高句麗系 인물로 그런 단계까지의 성장은 아직 빠르다는 고려가 가능하리라고 생각한다. 따라서 高熲은 그 선대에 잠시 낙후되었던 名族 渤海 高氏 출신이다.

마지않는 가운데 정치는 承平을 이루어, 논자는 "眞宰相"이라 했다.

다시 말하면 ①의 경우, 그는 宇文泰의 모사였던 蘇綽을 매우 존경하여 그의 아들 威를 추천하여 자기를 대신할 자로 항상 그를 존중했다. 앞서 鄕正制 및 罷郡에 관한 일에 대해서 蘇威의 입장을 지지했던 것이 그것이다. ②의 開皇律令은 隋 통치의 제도적 장치로써 왕조의 정당성을 구현할 목적으로 대체로 北齊의 律令이 채용되었다. 그리고 輸籍法은, "大索貌閱"과 함께 실시되었는데, 이는 앞서 말한 鄕正制와 함께 옛 北齊 지역을 실제적으로 장악하려는 의도에서 실시된 것이다. 즉, 산동지방에는 종래 문벌사족과 그에 연결된 세력이 정치·사회·경제적으로 아직 막강하였던 관계로 이들 豪强·門閥士族에 의부되어 있던 농민을 編戶化 함으로써, 문벌사족과 그들에 연결된 세력을 억제하여 천하통일과 중앙집권을 달성하게 하자는 것이었다. 그리하여 均田制를 계속 시행하고, 稅役을 "輕稅"로 개정함으로써, 隋王朝가 더 많은 납세 농민을 장악하려는 것, 말하자면 농민으로 하여금 관료적 문벌사족이나 豪强과 같은 지방세력에 의부된 상태에서 벗어나게 해서 국가의 編戶, 즉 自耕農民으로 성장시켜 창고를 충실하게 하여 隋朝의 재정을 풍부하게 하자는 것이었다.

이처럼 국가권력과 지방세력이 가장 첨예하게 대립되는 정책은 前代 이래 국가의 가장 중요한 문제로 北魏의 三長制를 비롯한 鄕黨制이었고, 그것을 관철하기 위하여 강력한 括戶政策이 시행되었다. 예컨대 隋王朝로부터 가까운 北周 武帝 때에 만든 『刑書要制』에는 "正長이 五戶나 十丁 이상을 숨기거나 토지 三頃 이상을 隱匿한 者는 사형에 처한다"는 강력한 律令이 시행되었고; 北齊 때에 陽翟(河南 禹縣) 一郡의 戶數는 數萬에 이르렀지만 戶籍에는 대체로 未娶者가 많았다. 이는 舊制(北魏)에 未聚者는 租調를 반액 납세한다는 조항이 있었기 때문이다. 이는 陽翟 一郡 뿐만 아니라 전국적인 현상이었으므로 有司에는 규찰하여 적극 括籍고자 했지만 文宣帝는 이것을 백성의 生業이라 하여 不許하자 사기행위가 더욱 심했고, 租調를 납부한 戶口는 60~70% 밖에 되지 않았었다. 말하자면 南北朝時期에는 문벌사족·호강 등 지방세력이 많은 의부농민을 수용하여 대토지 경영을 恣行함으로써 국가권력과 대항관계에 놓여 있었다.

이런 현상은 隋王朝 초기에도 계속되어 戶口調査를 철저히 할 필요가 있었다. 말하자면 "山東地域은 옛 北齊의 습속을 이어받아 機巧와 姦僞로 부역을 회피하고 게을러 놀기만 하는 자가 전체의 60~70%나 된다. 四方의 疷人(피폐한 백성)들은 늙었다고 속이고 어리다고 속이며, 잔꾀로써 租賦를 면제받는다"는 상황이었다.113) 이런 상황에서 앞서 말한 바와 같이 鄕里制를 재편성하고 鄕正制를 강행하여 保·里·黨 및 鄕正으로 하여금 均田制를 추진하도록 하여 農桑을 勸課하고 부역을 독촉하고 호구를 검찰하는 임무를 부여하였다. 이리하여 戶口調査(大索貌閱)을 크게 실시하고, "輸籍定樣", 즉 戶籍에 登載를 집행하였다. 이 사정은『隋書』卷24,「食貨志」에 잘 전한다. 즉,

> "高祖(隋 文帝)는 '州縣에 대하여 大索貌閱을 행하게 하여 호구가 충실하지 못하면 正長을 유배시켜라. 서로 규찰하는 科(법조문)을 만들어 大功親(즉 부자간은 물론 四寸兄弟·祖父·伯叔父·姪·孫에 이르는 친척)이하는 호적을 나누고, 각기 戶主로 삼아 숨김을 막아라'는 명령에 따라 尙書左僕射 高熲은 '인간이 납세함에 있어서 비록 정해진 몫이 있지만, 매년 통상의 徵納 상황을 보면 기록을 없애버려 문제가 많다. 長吏가 문서를 살피려 하여도 문서가 출몰하여 다시 정해진 장부가 없다. 이에 輸籍定樣 즉 輸籍法을 만들어 천하 諸州에 널리 펴도록 하소서. 매년 정월 5일에 현령은 사람을 파견하여 각기 편리하고 가까운 곳에 따라 保·里·黨의 鄕里를 편성하고 五黨이나 三黨을 一團으로 삼고, 樣式에 따라 上·下戶를 정하십시오'라고 건의하였다. 황제는 '이에 따라 시행토록 하라'고 下命하여 이로부터 간사함이 용납되지 않았다"114)

고 하였다.

이리하여 輸籍法은 ①戶籍은 大功親(4寸)까지 인정하고 그 이상은 별도로 작성할 것; ② 각 州·縣에 납세 장부를 호적에 등재할 것; ③ 鄕里는 그 遠近에 따라 조직(保·里·黨·團)을 재편성하고 戶等을 上·下로 정할 것 등을 명령하고 鄕正과 里長으로 하여금 독려하도록 엄명하고 있다. 여기에서 호등을

113)『隋書』卷24, 食貨志.

114)『隋書』卷24, 食貨志. pp.681-2.

정한 구체적인 규정은 알 수 없다. 그러나 保·里·黨의 三長制를 통하여 戶口調査와 輸籍法을 시행함으로써, 문벌사족과 豪强 그리고 그에 연결되는 세력으로부터 依附農民을 빼내어 編戶化하고 稅收入을 증가시켰으니, 隋代를 盛世라 함은 高熲이 만든 輕稅法에서 비롯하게 되었다는 杜佑의 언급은 이를 두고 한 말이다.[115]

이와 같이 실행한 제 1차 호구조사는 北朝 後期 이래 중앙집권화의 방향에서 추진되었고, 隋朝의 開皇 초에 실시하여 丁男 443,000명; 新附口 1,641,500명을 검출하였다.[116] 이로써 산동 문벌사족과 그에 연결된 세력에 장악된 의부농민이 編戶(自耕農民)로 상승됨에 따라 종래 문벌사족 등의 경제적 기반은 크게 타격을 받아 再起 不能의 상태에 빠졌다. 國家(隋王朝)는 반대로 富國强兵하게 되고 盛世로써 중앙집권적 전제가 가능하도록 되었다. 따라서 輸籍法은 罷郡·鄕正制와 함께 종래 산동의 문벌사족(제)를 파괴하는 제도적 장치였다.

이런 輸籍法은 平陳 이후 강남과 煬帝 大業 3년 전국에 각각 실시되었다. 前者는 그 구체적인 자료는 없다. 그러나 平陳한지 2년 후 말하자면 隋의 제 정책이 江南에서도 추진되었던 사정에서 沈法檜·顧世興·陳正緖·蕭世略 등이 五敎施行의 반대를 빙자하여 반란을 일으켰다. 이 반란은 실제로 選擧上 貢士 및 地方官品의 吏部任命 그리고 경제상 輸籍法의 시행을 통하여 종래의 문벌사족 및 그에 연결되어 특권을 향유하던 세력의 반란이었다.[117] 後者는 裵蘊이 大業 5년 民部侍郎이 되어 文帝 이래 禁網이 疏闊했음을 보고, 貌閱을 주장하여 만약 한 사람이라도 충실히 못하면 官司의 장관 이하 모든 관직자는 해직하고; 鄕正·里長은 遠配할 뿐만 아니라; 백성에게 相互隱匿者를 고발하도록 하고 丁男 한 사람을 찾아내어 고발하면 은익한 戶에서 고발한 者의 부역을 대신하도록 했다. 이리하여 諸郡의 戶籍을 정비한 결과, 통상적인 인구의 자연증가는 제외하고, 丁男 243,000명; 新附 人口 641,500명을 검출하여 裵蘊은 煬帝의 신임을 받고 吏民은 그를 두려워하고

115) 『通典』 卷7, 食貨志 丁中. pp.147-8.

116) 金澤敏, 「隋代의 租調役 徵收體制와 土地所有關係」, 『東洋史學硏究』 42, 1993.

117) 高敏, 「隋初江南地區反叛的原因初探」, k22, 1989-1.

꺼려했으며,[118] 煬帝는 이를 바탕으로 土木工事 및 高句麗 遠征 등 전제황제의 威容을 과시하다가 國亡·身沒하고 말았다. 峻法의 결과 平陳 후 강남지역과 隋末 山東·江南地域에서 발발한 농민전쟁의 수령들은 종래 문벌사족이나 호강 그리고 그에 연결된 세력이었던 것은[119] 결코 우연한 일이 아닌 것이다.

아무튼 輸籍法은 隋王朝의 경제적인 기반을 강건하도록 한 법령으로 이를 통해서 정치 사회는 융성하였다. 그리고 이런 輸籍法 및 平陳事業에 막대한 공로 등으로 황제로부터 高熲은 '良輔'라고 칭찬받았을 뿐만 아니라, 文帝는 右衛將軍 龐晃과 盧賁(文帝의 隷人과 같은 親信者), 그리고 尙書都事 姜曄, 楚州行參軍 李君才 등의 모함을 물리치고 幷州에 幸行中 京城을 留守하게 하고 還京 後 비단을 주고, 다시 行宮 一個所를 莊舍로 하사하였다. 또한 부인 賀拔氏가 앓아 눕자 中使를 파견하여 위문하였으며, 황제가 친히 그 집을 방문하고 풍부한 재물과 千里馬를 하사했다. 그리고 高熲은 겸양하는 성품도 빼어났다. 大臣의 체모가 없다는 蘇威를 추천하고 자신의 대리자로 삼고자 한 것은 물론, 文帝가 한때 高熲과 賀若弼(平陳 제 1공신)로 하여금 平陳에 관한 일을 言及토록 종용함에 그는 "賀若弼(高熲이 文帝에 천거한 자로서 先鋒將 韓擒과 더불어 논공에 대해 논쟁했던)은 먼저 平陳에 관한 十策을 獻上하였고, 후에는 蔣山에서 고전하여 破賊했읍니다. 臣은 文吏일 뿐입니다. 어찌 감히 大將軍과 더불어 論功하리오"함에 황제는 大笑했고, 時論上 겸양의 미덕을 갖추었다고 했다.[120]

이상과 같은 高熲의 통치 상의 공로 및 위망으로 高熲의 아들 表仁과 皇太子 勇의 公主와의 혼인이 성립되어 풍부한 賞賜는 헤아릴 수 없었다. 이처럼 그의 位望은 朝野를 傾服하였다. 그렇지만 결국 易太子事件이 발생하여 그의 권세는 실추되고 말았다.

---

118) 『隋書』 卷67, 裵蘊傳. p.1575.

119) 胡如雷, 「關于隋末農民起義的若干問題」, k22, 1982-1.

120) 『隋書』 卷41, 高熲傳. pp.1180-2.

다. 易太子 事件

皇太子 勇은 好學했으나, 사치스럽고 文飾을 좋아하여 황제의 질책을 받았다. 朝臣들이 冬至를 지내면서 皇太子를 謁見·祝賀하였다. 이것이 法度에 어긋난다 하여 문제가 되었다. 결국 그 허물이 황태자에게 돌아가 이로 말미암아 은총이 쇠퇴되고 점차 의심이 생기고 늘 저촉되었다. 황제는 종종 衛侍官을 선발하여 皇宮을 宿衛하도록 하려고 하였다. 이에 高熲은, "만약 모두 强者를 취하면 아마 東宮 宿衛는 크게 약해질 것입니다"라고 함에, 황제는 오해하였고, 高熲의 아들이 皇太子 勇의 女에 장가든 것까지 의심했다. 게다가 황태자는 雲昭訓 등 內寵者가 많았고, 太子妃인 元氏는 은총이 없어 마음에 병이 난지 이틀 만에 죽고 말았다. 뿐만 아니라 雲昭訓이 內政을 專擅함에 투기로 유명한 文獻獨孤皇后[121]는 황태자 勇을 매우 책망하고 불평하며 勇의 잘못을 사찰하였다. 황후는 仁愛하기도 하였으나, 文帝의 寵愛를 받던 後宮(尉遲迥의 孫女)을 살해하자 황제가 크게 노하며 單騎로 山谷을 20餘里나 들어갔다. 이에 高熲과 楊素가 쫒아가 간곡히 忠諫하자 황제는, "나는 天子가 되어서도 자유롭지 않다"고 탄식함에, 高熲이, "陛下는 어찌 一婦人으로써 천하를 가볍게 여기십니까"라고 위로하여 還宮하도록 하였고, 高·楊 兩人이 황제와 황후 사이에서 화해하도록 했다. 그렇지만 皇后는 高熲의 父親이 親家(獨孤信)의 家客으로 그를 매우 親禮했는데, 자신을 "一婦人"이라고 한 것에 대해서 원한을 품었다.

이즈음 晋王 廣은 母后가 皇太子를 미워함을 알고 姬·妾을 규정대로 구비하고, 다만 蕭妃와만 居處를 함께 하자, 皇后는 이로 말미암아 황태자를 박대하고 더욱 晋王의 덕행을 칭찬했다. 이런 사정에서 (황후는 황태자를 바꾸어야 한다고 했던지) 황제는 高熲에게, "사람들이 晋王妃는 영명하고 왕성하여 晋王이 천하를 가지리라고 말한다면 어떤가"라고 묻자, 高熲은 長跪하고 "長幼有序인데 감히 廢할 수 있겠읍니까"라고 반문하였고, 황제는 묵연히 이 일을 그쳤다. 이에 황후는 高熲의 뜻을 가히 바꾸지 못할 것을 알고 은근히 제거하기로 마음을 정하였다. 熲의 부인이 사망함에 황후는 황제에게 高僕

121) 趙翼, 『二十二史箚記』 卷15, 隋獨孤皇后妒及臣子.

射는 늙었지만 부인이 죽었으니, 폐하는 어찌 재취하게 하지 않느냐고 하였다. 이에 황제가 高熲에게 의사를 피력하자, 이미 늙어 退朝 후에 佛經이나 읽을 뿐이라고 했다. 그런데 高熲의 妾이 아들을 낳았다는 소식이 들려 황제는 매우 즐거워했지만, 황후는 즐거워하지 않으며, "高熲이 황제를 기만하였는데, 다시 그를 신임할 것인가"라고 물었다. 이로부터 황제도 그를 疎遠했다.

그리고 開皇 18년(518) 2월 漢王 諒을 行軍元帥로, 伐遼 遠征의 불가함을 固諫한 高熲을 元帥府 長史로 삼아 水陸軍 30만으로 高句麗 원정을 단행하였다. 그러나 원정은 장마와 질병으로 아무런 소득이 없었다. 이에 황후는, "高熲이 처음에 行軍하러 하지 않았다. 그런데 폐하께서 강제로 파견하였으니, 妾(皇后)은 진실로 공로를 세우지 않을 줄 알았다"고 모함했지만, 황제는 高熲이 매사에 至公하여 의심이 없었다. 그러나 漢王 諒은 자신의 의견을 듣지 않은 高熲을 원망하고 母后에게, "하마터면 高熲에게 죽을 뻔 했다"고 모함함에 황제가 이 말을 듣고 매우 불평했다. 때마침 上柱國 王世積을 주살코자 하는 국문 중에 宮中에 관한 일이 밝혀졌고, 高熲에게 罪를 씌우려 함에 上柱國 賀若弼, 吳州總管 宇文弼, 刑部尙書 薛冑, 民部尙書 斛律孝卿, 兵部尙書 柳述 등이 高熲이 무죄임을 밝히자, 황제는 더욱 성내어 이들을 高熲의 屬吏라 하였다. 이로써 朝臣中에 감히 말하는 者가 없었고, 高熲은 마침내 파직되어 단지 公으로서 집에 머물게 하였다. 이에 그의 아들 表仁이 父에게 "司馬仲達은 稱病 不朝하여 天下를 얻었다. 이제 그 상황을 맞이하였으니 어찌 福이 아니라고 할 수 있겠는가"라고 한 말을 황제가 전하여 듣고 大怒하여 內史省에서 이를 推鞫하도록 했고, 憲司에서 沙門 眞覺은 "(이전에) 高熲이 明年에는 국가에 大喪이 있으리라"고 했다고 증명함에 有司에서 高熲을 참형에 처하도록 권했으나, 결국 제명되어 백성으로 되었다.[122]

高熲이 실각한 후 (황후의 결심으로) 皇太子의 자리를 노린 晋王 廣은 생활을 더욱 절검하게 하여 母后의 의사를 맞추었다. 이러한 晋王 廣의 야망을 부추긴 인물은 張衡이다. 그는 開皇初 晋王이 河北道 行臺尙書令일 때 考功

---

122) 『隋書』 卷41, 高熲傳. p.1183.

侍郎이었고 幷州總管이었을 때 그의 掾이었다.[123] 그리고 易太子, 奪宗에 동원된 인물은 宇文述·楊約·楊素 등이다. 宇文述이 平陳 직후 壽州總管으로 揚州에서 鎭撫하고 있을 때, 晋王과의 관계는 매우 돈독해졌다. 晋王은 述에게 은근히 奪宗의 뜻을 비추어 계책을 물었다. 이에 述은, "황태자가 황제의 사랑을 잃은지 오래 되었고, 덕망 또한 없다. 大王(晋王)의 仁孝는 著稱하고 재능은 세상을 뒤엎고, 수차 將領을 거느려 大功을 세웠다. (그 위에) 황제와 황후가 사랑하고 四海의 位望이 大王에게 돌아왔다. 그러나 皇太子 廢立이란 국가의 대사요, 父子 骨肉間의 일이니, 진실로 쉽게 모의할 수 없다. 그러나 王을 主上으로 모시게 할 자는 오직 楊素 뿐이다. 素와의 모의는 오직 그의 동생 約이다. 본인은 約을 잘 알고 있고, 京師에 朝禮하고 約을 만나 廢立을 도모하겠다"고 하자, 楊廣은 이에 크게 기뻐하여 많은 金寶를 주었다. 그리하여 述은 約을 만나 함께 도박하며 짐짓 이기지 못한 체 晋王에게서 받은 金寶를 다 잃어 주었다. 그리고 이것은 晋王이 준 것이고, 이것은 公과 述이 환락토록 준 자금이라고 하면서 晋王의 의중을 설파했고, 約은 兄인 素에게 말했으며, 楊素도 흔쾌히 승낙하였다.[124]

楊素는 궁중의 연회에 참석하여 황후에게 晋王 廣의 孝悌·恭儉에 대해 칭찬하여 황후의 뜻을 헤아려 보니, 皇后는 楊素의 말이 옳다면서, 태자는 소인과 더불어 노닐고, 골육 간에도 不睦한다고 흐느끼자, 素는 황후의 뜻을 알고 태자의 不才함을 盛言함에 황후는 素에게 金을 주며 비로소 廢立의 뜻이 있음을 표했다. 그리고 황제도 太子 勇을 잘 관찰토록 명령함에 태자가 황제를 원망한다고 誣告가 있었고, 이에 황제도 태자 폐립을 분명히 함에 左衛大將軍·五原郡公 元旻 등이 강력하게 반대하였지만, 황제는 不答했다.

더욱 東宮侍臣 姬威가 太子의 非法을 上奏하였고(楊素의 사주일 듯), 황후도 태자의 죄를 책망할 뿐만 아니라 太史令 袁充 또한, "天文을 보니 皇太子는 마땅히 廢位된다"고 하였는데 결국 廢位되었다. 이에 勇은 자신이 폐위될 만한 죄가 없다면서 황제를 뵙고 스스로 申寃하고자 했으나, 楊素의 간악한 모함, 즉 "勇은 情緖와 意志 모두가 혼란되었다"고 하여 廢出되고 말았다.[125]

123) 上揭書 卷56, 張衡傳. pp.1391-2.

124) 上揭書 卷61, 宇文述傳. pp.1464-5.

이상과 같은 易太子사건에서 高熲과 楊素는 각기 다른 면모를 보였다. 먼저 高熲은 北齊系 관료문벌사족 출신이었지만, 西魏–北周의 賢才主義 潮流와 尙武世界, 종래 山東門閥士族의 존재를 부정하던 세계에서 자신의 역량으로 入仕하고, 楊堅과 같은 실력자에 적극 결합하고 文武兩兼的 역량을 발휘하여 隋朝 尙書左僕射 兼 納言을 역임하였다. 그는 山東 문벌사족의 이익에 배치되는 鄕正制 支持, 輸籍法 등의 실시로, "眞宰相", "良輔"로서 국가발전이나 종래 문벌사족의 自力更生의 志向에서 볼 때에, 새 시대의 산동 문벌사족의 像을 제시한 측면이 있다. 또한 그는 關隴의 상무적 세계에서 흔히 보이는 不法·非理보다는 至公의 입장으로 학문을 존숭하는 山東 문벌사족으로서 황제의 易太子 의향에 대하여 長跪하고, "長幼의 순서는 가히 폐할 수 없다"는 것을 견지함은 가정·사회·국가의 기본적인 인륜의 墨守를 주장한 것이고, 명분에도 합당한 太子(高熲의 사돈)의 지위를 보전함으로써, 차대에서 자신들의 종래 문벌사족의 지향을 견지코자 한 측면이 있었다.

한편 楊素는 關隴의 관료적 문벌사족의 중심인물로 국가의 元勳으로서의 방략이 있었고, 승승장구한 무인적 기질을 체현하여 동류인 듯한 北齊系 高熲을 음험한 방법으로 모해하려 한 측면이 보인다. 더욱이 그는 山東의 종래 문벌사족 崔儦와의 통혼으로 兩世界(本方인 關隴과 山東)의 巨首로서 朝野에서 推服되던 高熲과의 정치투쟁이나, 문화적으로 徐淸廉이 주장하듯 종래 適長子의 체통을 존중하는 山東 門閥士族에 반대한 측면을 고려할 수 있겠다.[126]

이상과 같이 山東 문벌사족들은 隋朝 一代에 걸쳐 隋朝 創建 및 통치상에 막대한 이바지를 하였지만, 關隴 관료문벌사족이 중심이 된 隋朝의 정계에서 결국 억압되고(貶斥, 被誅), 채용되지 않았음은 부정할 수는 없다. 다만 그들은 군사적 공로를 통하여 關隴集團에 의부하든지 혹은 隋朝의 통일정책을 추진하는 일에 盡力하는 行方 이외에는 출구가 없었다.

그런데 山崎宏氏와 吳宗國氏는 隋王朝는 關隴(軍事)貴族과 山東系 인물이 聯合하여 통치하였다고 하여 산동문벌사족의 정치상의 지위가 대단하게 보

125) 上揭書 卷45, 文四子 房陵王 勇傳. pp.1232-3.

126) 徐淸廉, 「隋唐的門閥之爭與關隴集團」, k22, 1981-5.

증되었던 것처럼 보고 있다.[127] 그러나 筆者는 이에 동의할 수 없다. 왜냐하면, 隋初 즉 平陳 후 얼마 되지 않아 東中國의 정서가 불안하였고, 隋室조차 그 기반이 취약해서 文帝의 즉위 익일에 "그 前代의 品爵은 모두 옛것을 따름이 可하다"고 하여[128] 隋王朝 통치집단이 關隴 관료적 문벌사족의 지위를 보증하고 있는 것만 보더라도 그렇지는 않은 것 같다. 더우기 筆者가 이제까지 산동 문벌사족들의 동향에 관하여 다소 지루하게 설명한 것에서도 알 수 있다.

이제 그들의 동향을 종합 정리하여 필자의 의견을 개진코자 한다.

① 兩次에 걸쳐 入關한 문벌사족들은 在地性을 완전히 상실하고, 종래 門閥士族의 姿態에서 벗어나 賢才主義 潮流속에 자기들이 소유한 바의 학문적 정치적 역량을 통하여 정권건설과 운영의 樞要에 등장하여 皇權에 寄生하는 官僚적 문벌사족화 하였다. 예컨대, 盧辯·光·柔, 崔猷·仲方, 李德林, 李孝貞, 王劭, 高熲, 崔儦 등이 그들이다.

② 北周 후기의 격동기를 거치면서 종래 山東門閥士族은 崇文 뿐만 아니라 尙武를 자각하여 武藝와 武略에 대하여 관심을 갖고 학습하여 많은 軍功을 세워 서위이래 편성된 관료적 문벌사족제 특히 隋代의 동 집단에 합류하고 宮中의 宿衛 및 平陳에 참여하여 황제권에 의부하고 황실과 통혼함으로써 문벌사족의 位望을 保全하고자, 예로 崔弘度(昇)와 高熲을 들 수 있다. 그리고 隋文帝는 王通이 제시한 十二策(時務策인 듯)도 수용하지 않은 것처럼 儒術을 좋아하지 않았고; 오로지 刑名을 숭상하고; 佛法을 숭상했으며, 국내에 학문을 강조하고 근본을 기대할 수 있는 선비를 뽑지 않았을 뿐만 아니라, 동 集團의 軍功者를 우대하고 그들과 열심히 통혼하여 强固한 동 集團의 領袖로서의 치적을 쌓았다. 그리고 이런 정서는 煬帝 때에도 계속되었다. 이는 山東 문벌사족의 존재를 부정하는 처사요, 그들을 배제함으로써 통일된 全 中國을 통치하는 隋王朝의 位像이나 正當性에 문제를 초래하였다.

③ 東中國의 대표인물로서 산동 문벌사족은 尙武世界의 關隴 관료적 문벌사족에게 정복된 자들로, 종래 문벌사족의 力量("盧家千里" 등 在地力量)을

127) 山崎宏, 同上 論文; 吳宗國,「唐代士族及其沒落」,『唐史學會論文集』所收.

128)『隋書』卷1, 文帝 開皇 元年 三月 庚子. p.14.

재건하고자 하는 지향에서 盧思道처럼 고향의 起事에 참여했거나; 盧愷처럼 關中에서 문벌사족의 기반이 있던 蘇氏의 宗主人物 蘇威와 결탁 北周에서부터 士庶鬪爭을 전개하여 종래 문벌사족제를 재건코자 했지만 실패했으며; 盧昌衡처럼 至公的 문벌사족으로 처신코자 했다.

④ 舊 北齊의 중심인물이자 산동문벌사족의 대표자 李德林은 문벌사족제의 최후의 보루였던 郡 및 鄕里制에 대한 개편을 狼淚하면서까지 반대하여 황제의 질책과 同列이자 關隴 관료적 문벌사족의 거두 蘇威와 그에 의부한 高熲 등과 첨예한 정책대결을 벌여 결국 실패하였다. 또한 王劭는 文帝의 誕生, 定州說話 및 述佛志로써 隋朝 建設 및 楊堅의 행위에 정당성을 부여하면서까지 본인 및 산동인물의 顯達에 적극적으로 노력했지만, 恩寵과 賜物에 그쳤다. 특히 李德林은 州牧으로 좌천되자 "散參" 즉 職事官이 아닌 散官으로나마 朝議에 참여할 것을 애걸하는 것조차 수용되지 못하였다. 平陳 후 內史系 관료는 平陳 前 山東系 문벌사족이(李德林을 비롯 李孝貞, 崔儦, 薛道衡 등 교양이 풍부한) 기용되던[129] 사정과는 달리 內史令 楊素를 비롯하여 楊約, 郭榮, 裵矩 등의 關隴 관료적 문벌사족이 대거 진출하여 이후 山東門閥士族의 세력은 日蹙되어 不振을 면하지 못하였다. 특히 封德彝는 開皇初에 견식과 지능이 대신이 될 인물이라 하였지만, 煬帝 大業 末에는 倖臣인 虞世基에게 의부하였고, 심지어 宇文化及에 의탁하여 煬帝의 면전에서 帝의 죄상을 헤아리자 煬帝는 "卿은 士人인데 어찌하여 이 지경에 이르렀는가"라고 힐문하자, 무안하여 물러날 정도로 권력에 매달렸다.

⑤ 高熲은 옛 北齊系 문벌사족 高賓의 아들이다. 高賓은 北朝 後期의 격동기에 가족이 침략자·도적에 함몰되자, 北周에 망명하고 유력자 獨孤信에 의부하였다. 高熲은 北周의 賢才主義 세계에서 성장하고, "滅私奉公"의 지향으로 隋朝의 건설은 물론 輸籍法 등 국가의 제도를 획정하고 국가의 부강을 도모하여 황제로부터 "良輔"; 『隋書』 修撰者로부터 "眞宰相"이라 격찬되었다. 그는 盧昌衡처럼 至公的인 종래 문벌사족의 位像도 제시하였다. 그가 親熟했던 文獻皇后에 대하여 "一婦人"이라고 한, 이 한마디로 질투의 대상이 되

129) 山本義隆, 『中國政治制度の研究』, 第7章, 隋代.

었다. 뿐만 아니라 자기가 추천하여 同列의 大官에 오르게 한 楊素의 음험한 모략(史料상 정치투쟁의 내용은 발견하지 못했지만) 즉 高熲을 해치려던 황후에 의지하여 황태자 楊勇의 公主를 子婦로 맞았던 高熲을 위해 황제에 변호하지 않았고, 高熲이 다만 散職(公)으로 就第하도록 한 후 奪宗을 주도하는 등의 모략으로 결국 파직되었고 질시되어 煬帝에 의하여 誅殺되고 말았다.

⑥ 隋 創建 직전에 전개된 反楊堅 세력 가운데 尉遲迥은 關隴 관료적 문벌사족集團 인물이지만, 王謙은 太原 王氏 출신이고 司馬消難은 北周 후기의 風雲兒 高歡의 핵심인물의 하나인 司馬子如의 아들, 그리고 煬帝의 奪宗 및 즉위에 반대하여 起兵한 漢王 諒을 도왔던 王頍도 太原 王氏로 이들(산동세력)의 동향은 煬帝 때에 山東人에 대한 의구심을 불러일으키기에 충분하였을 것이다. 이 점에서도 隋朝 일대에 산동문벌사족들은 물론 그 次下階層의 仕宦에 적지 않은 장애 요인이 되었다고 고려된다.

⑦ 게다가 隋王朝가 산동지역에 펼친 정치는 폭력정치였다. 예컨대 酷吏 庫狄士文은 隋初에 貝州刺史에 부임하여 간사하게 은익한 者, 말하자면 문벌사족과 연결된 세력에 의부한 者 千餘人을 적발하여 上奏함에 황제는 이들을 江南에 귀향 보내 그들 중 10중 8, 9는 風土病에 걸려 사망했다. 이에 貝州의 司馬(韋焜)와 淸河令(趙達)은 매우 가혹했고, 長史만이 善政을 베풀어 주민들은, "刺史는 정사를 악마처럼 베풀고, 司馬는 독사처럼 눈을 부릅뜨며, 長史는 선정을 하지만 淸河縣令은 사람을 잡아 삼킬 듯이 다룬다"라고 풍자하였다.[130)]

그후 淸州 總管에 부임한 인물로 성품이 매우 강폭한 燕榮이 있다. 그는 힘이 절륜한 者를 선발하여 伍伯(五人의 우두머리, 향리조직개편)으로 삼아, 사람이 통과하면 반드시 힐문하게 하고, 번번히 이를 회초리로 종아리의 뼈가 보이도록 두둘겼다. 이리하여 간사한 도둑이 모두 종적을 감추고 경내가 숙연하였다. 다른 州·縣人이 그 경계를 지날 때면 마치 怨讐처럼 두려워했고, 감히 쉬어가지도 못했다. 황제는 이러한 燕榮을 매우 잘 한다고 칭찬했고, 述職 때는 그 노고를 치하하였다. 老母를 빙자하여 每年 入朝를 허락 받

130) 『隋書』 卷74, 酷吏 庫狄士文傳. pp.1692-3.

고 歸任할 때에는 王公에게 作詩하여 送別하도록 했다. 그리고 幽州總管에 轉任하여 대대로 著姓이었던 范陽 盧氏를 吏卒(賤人)로 삼고 욕되게 하였을 뿐만 아니라, 左右에 매질하도록 하고 움직이면 천번을 계속하여 流血을 받아먹으면서 즐거워 하였다. 境內를 按察할 때 무성한 싸리밭을 보면 笞杖을 만들게 하고 번번히 사람을 매질로써 시험한다는 것이었다.[131]

이 자료를 보면,

ⓐ 伍伯은 隋의 鄕里制의 기초인 保長으로 강한 힘을 가진 자를 임용하고 엄히 통제하도록 했다.

ⓑ 貝州와 靑州는 破郡對象 지역으로 數個의 郡이 廢止되거나, 合倂되었으며 종래 산동의 문벌사족의 주요 근거지의 하나였다. 여기에서 그런 폭력통치가 숭상되고 칭송되어 특전까지 베풀어 주었고 조정의 王公 이하 관료에게 그를 칭송토록 하였다. 이처럼 罷郡 이후 종래 門閥士族과 그에 연결되어 있던 세력이 존재해 갈 수 없는 사정은 분명했다.

ⓒ 더욱이 幽州에서의 代代로 著姓이었던 范陽 盧氏를 모두 吏卒(賤民)로 삼아 능욕하고, 笞杖으로 流血이 낭자하도록 하고 그것을 마시고 씹으면서도 自若하는 짐승과 같은 인물이 州의 長官(總管)으로 폭력통치를 자행했다.

ⓓ 또한 煬帝는 文帝에 이어 州와 總管府의 폐지를 비롯하여 州를 郡으로 변경하는 등의 지방행정 개혁을 단행하였다. 그 결과 冗官으로 사태된 자는 2만 3천여명을 헤아렸다.[132] 이 개혁에서 산동지역의 경우를 보면, 대략 2만명의 冗官이 사태되었다. 이들 대다수가 산동 문벌사족과 그들에 연결된 세력임을 고려할 때에 그들은 다시 한번 큰 타격을 받았던 것이다.

이상과 같이 산동 문벌사족은 隋의 정계에서 문벌사족제 재건에 실패하였고, 문벌사족으로서의 奉公과 獻身, 심지어는 추세적인 지향도 나타났다. 그러나 關隴 관료적 문벌사족의 튼튼한 亞城에서는 그들의 位望을 보전할 수 없었을 뿐만 아니라, 도리어 철저히 탄압과 통제를 받아 이른바 "이름은 향리에서 뛰어났지만, 몸은 貧賤을 면하지 못했다"는 처참한 상황에 빠지고 말았다.[133] 게다가 煬帝 大業 初에 通事謁者 韋雲起가, "지금 조정안에 山東人

131) 上揭書 同卷, 燕榮傳. p.1695.

132) 林洋晟, 「隋朝 地方行政組織의 改革과 吏治」, 1993, 광주.

이 많고, 스스로 門戶를 만들고, 서로 잘 추천하여 附下·罔上하여 함께 朋黨을 만든다. 그 실마리를 억제하지 않으면, 반드시 朝政이 기울게 될 것이니, 臣은 마음 아프고 분해서 적어 올립니다"라고 하였다. 이에 煬帝는 大理寺에서 추궁토록 명령했고, 郎蔚之·楚之 등이 朋黨에 연좌되어 漫頭·赤水에 유배되고 免官者가 9명에 이르렀다.[134] 이는 煬帝時期에 山東人과 關中人의 알륵 혹은 세력 다툼이 있는 것처럼 보인다. 그 구체상황은 알 수 없다. 그러나 여기에 관련된 산동인물이 적고 최하위 관직임을 보면, 산동계 인사에 대한 철저한 배제와 아울러 零落의 위기에 놓여 있는 산동인의 仕宦 및 顯達하려는 의지가 대단하였음을 볼 수 있다. 뿐만 아니라 罷郡·鄕正 설치와 州를 郡으로 변경하는 조치 및 輪籍法 실시 등으로 말미암아 산동 문벌사족과 그에 연결된 세력이 위축되어 부진하고 심한 타격을 받던 사정에서 李士謙은 곡물대여 장부를 불사르고, 가난한 자에게 아낌없이 베풀었다. 李士謙이 사망하자 그로부터 은혜를 입은 사람 등 會葬者가 萬餘名에 이르렀다. 이러한 이른바 自律的 세계는 종래 문벌사족의 위상을 반영한 측면이 있는 것이다. 말하자면 그가 비록 中央·地方官界에 진출하여 治人的 역량을 발휘할 수는 없지만, (그런 분위기를 인식하고) 隱逸하며 宗族이 族居하는 鄕里에서나마 治人的 입장(난세에 대처하는)을 견지하기도 하였다. 다른 한편으로는 李諤처럼 종래 문벌사족의 기본 자태라 할 수 있는 矜伐까지 반대하면서까지 仕進·顯達코자 하는 指向이 보이고 있었다.

이상과 같은 산동 문벌사족의 동향에 관한 분석을 통하여 볼 때에,

山崎宏氏가 隋朝의 통치계층이 關中·山西·關隴地域의 인물과 山東系 인물의 聯合統治라는 言及은 약간의 문제가 있는 것으로 생각된다. 즉, 關中·隴右 및 山西地域을 關隴地域; 山東系 인물을 산동 문벌사족으로 생각하면, 西晉이래 통일된 隋朝의 정계에 關中·關東 및 江南의 통치계층도 합류했으리라는 소박한 해석이 가능할 지 모르겠다. 그러나 隋朝의 통치계층은 西魏·北周 이래 關隴 관료적 문벌사족集團의 貫徹이라고 하지 않을 수 없으며, 산동문벌사족은 隋朝의 통치집단에 포괄되었지만 새 시대에 自力更生이 요

133) 『唐會要』 卷83, 嫁娶.

134) 『舊唐書』 卷75, 韋雲起傳. p.2631.

구되었다.

吳宗國氏 역시 隋朝의 통치세력에 대하여 關隴 관료적 문벌사족과 山東 문벌사족이 연합하여 통치하였고, 이들은 士族도 일반지주도 아니고 北魏 이래 관료의 후손으로 그들은 士族地主의 政治·經濟上 특권을 維護하지 않았다고 주장하였다.[135] 여기서 필자는 山東 문벌사족을 종래 산동문벌사족과 그에 연결된 세력으로 이해한다. 그리고 시대적으로 北朝 後期에는 東·西兩政權下에서 山東 문벌사족과 關隴 관료적 문벌사족이 각각 정치 등 제 분야를 주도하고 있었다. 또한 이들을 중심으로 北周의 華北統一, 隋王朝의 천하통일로 關隴 관료적 문벌사족의 集團의 통치가 이루어졌다. 이들 중에 종래 산동 문벌사족은 北魏 이래 문벌사족관료의 후손으로 고려하거니와 그들의 문벌사족적 정치경제상의 특권은 西魏-北周 이래 관료적 문벌주의의 극복과 尙武·賢才主義의 隋의 정계에서 억압받아 疏斥되고 채용되지 못한 상황에서 兩大勢力의 연합이라는 말은 쉽게 이해되지 않는다.

한편 谷川道雄氏는 隋朝의 관료적 문벌사족에 대하여 '新貴族論'을 내놓았다. 즉 北周 이래 賢才主義는 新貴族(高熲처럼 至公·文武兩兼的인)을 낳았고, 이들은 西魏-北周에서부터 성장하여 隋文帝 開皇년간이 그 절정기이고, 煬帝時期는 문벌주의의 부활이 시도된 시기였으나, 隋末 반란기에는 開皇의 盛世로 복귀하려는 지향이 등장하였다고 하였다.[136] 이에 대하여 氣賀澤保規氏는 종래 山東과 江南의 문벌주의는 北周系의 관료적 문벌사족과는 다른 배경(어떤 배경인가는 밝히지 않았지만)이 있어, 谷川氏가 隋史를 門閥士族(私的)과 非門閥(至公的)의 대립으로 보려는 입장은 불합리하다고 하였다. 말하자면 高熲 등 문벌사족을 至公的 존재로 파악하고 종래 문벌사족을 私的인 것으로 해석하려는 等式은 평면적이고, 해석을 다하지 못한 느낌이 있다면서, 隋末의 반란시기에 蘇氏 3代는 關中을 慰撫하여 至公的이고 백성과 유리되지 않는 역량도 있지만, 권위주의적 풍조를 보인다는 점에서 新貴族의 지향에 문제가 있다고 지적하여 谷川氏와는 다른 견해를 제시했다.[137]

135) 吳宗國, 上揭 論文.

136) 谷川道雄, 「周末隋初の政界」, 『隋唐帝國史形成史論』 所收.

137) 氣賀澤保規, 「蘇魏をめぐる隋の政界について」, (同上).

필자는 이전에 谷川氏의 견해에 따라 新貴族論을 수용하였다. 그러나 이제 산동 문벌사족집단의 동향을 구체적으로 살펴본 결과, 李德林·高熲·王劭 등 山東 문벌사족에게 至公的이고, 文武兩兼的 역량이 있는 것도 사실이다. 그것은 北魏末 동란 이래 문벌제의 극복과 賢才主義 조류속에서 진척된 西魏−北周政權 건설, 關隴集團의 형성·발전과 정착 그리고 平齊, 隋朝創建 등의 역사발전 과정에서 산동에서 입관−유공하여 서위이래 관료적 문벌사족 집단에 편성·성장하여 정치투쟁을 한 측면도 있지만, 새롭게 조성된 관료적 문벌사족의 存在形態의 변동이라고 이해된다. 따라서 谷川·氣賀澤 兩氏의 언급은 隋朝下에서 新·舊士族의 대립이란 關隴貴族과 산동 문벌사족과의 정치투쟁을 말하는 것이라고 생각되고 谷川氏가 煬帝時期는 문벌주의가 부활된 시기라고 하였고, 여기에 氣賀澤氏가 隋末 반란시기에 蘇氏 3代가 關中을 위무했다는 사실을 들어 谷川氏의 의견을 부연 설명한 것으로 이해된다. 실제로 蘇綽이래 武功 蘇氏의 문벌사족적인 측면이 보전되고 있었던 것도 사실이다. 그러나 西魏이래 추진된 賢才主義는 隋朝에서도 一貫되어 이른바 盧愷事件이 발생한 것을 보면, 부득이나마 江都에 安居한 煬帝가 關隴地域의 名族 武功 蘇氏의 인물(威·夔·儇 등)을 관중에 파견하였다. 이는 隋王朝 初期에 王劭 등을 山東에 파견하여 위무했던 것처럼 關中을 보존하려는 정략적인 조치일 뿐이다. 뿐만 아니라 隋末 반란기에 越王 侗이 盧楚를 內史令·涿郡公에 超拜한 사실[138] 또한 范陽 盧氏의 산동에서 종래 문벌사족적인 역량을 수렴하려는 방략과 더불어 다름이 없다. 따라서 이런 상황을 문벌주의의 재건·부활으로 보는 것은 합리적이라 생각되지 않는다.

이상과 같은 隋朝一代의 통치계급에 관하여 최근 중국 학계에서는 世族地主 혹은 庶族地主라고 하고, 隋朝를 世族 혹은 庶族地主 政權이라는 논의가 활발하다. 다시 말하면, 陳寅恪氏가 隋 및 唐 初期의 정권은 世族政權이라고 했고[139] 吳澤·袁英光氏는 同 政權을 庶族地主政權이라고 하여 陳說에 반대했으며[140] 齊陳駿氏는 世族地主政權이라 하여 吳·袁 兩氏의 논리에 근거가

138) 『隋書』 卷71, 誠節 盧楚傳. p.1651.

139) 陳寅恪, 「唐代政治史述論稿」 pp.18-19 同上.

140) 吳澤·袁英光, 「唐初政權與政爭的性質問題」, 『歷史研究』 1964-2.

애매하고, 隋·唐 初期에 庶族이라고 할 만한 인물이 매우 적다고 하였다.[141] 이 문제는 世·庶族의 구별이 주요 관건이겠는데, 이에 대하여 侯外廬氏는 世族은 身分性 士族으로 做官·就學·免稅·免役權 등을 향유하는 특권계급이고, 庶族은 그렇지 못한 계급이라고 했다.[142] 이런 개념 정리는 魏晋南北朝時期에 문벌사족과 寒門階層을 두고 내린 것이다. 隋·唐 初期에 그런 전통적 관념만은 아직 잔존해 있었다. 그러나 政治·經濟 및 選擧에 있어서 關隴의 관료적 문벌사족이 중심이 되어 운영되는 가운데, 산동 문벌사족이 억압되고 채용되지 않았던 사정에서 보면, 同 時期의 庶族出身이라고 할만한 인물은 何妥·馬周·戴胄·孫伏伽·張玄素 등 극히 少數에 지나지 않는다. 그리하여 庶族地主가 아직은 충분히 성장하여 世族地主를 代替할 만한 광범위하고 거대한 세력이 되지 못한 시대적 한계성에서 종래 문벌사족세력이면서도 賢才的이고 至公的인 인물을 채용하였으며, 選擧·輸籍法 등의 여러 방면에서 정책추진 방향이 世族(門閥士族) 보다는 서족지주의 성장에 유리하게 전개되었다고 보는 것이 타당하다는 것이다.

아울러 이런 隋朝官僚의 성격과 관련하여 范文瀾氏는 進士科의 설치로 士庶의 한계를 掃除하여 士族의 통치기초는 도리어 확대되었다고 하였고[143] 晏金銘氏는 隋王朝는 문벌사족의 통치가 계속된 시기라는 논설을 내놓았다.[144] 필자는 范氏가 進士科 설치로 士族의 한계를 없앴다는 논설에는 동의하지만, 同氏가 進士科 설치에 대해 단순히 煬帝 大業 3년(607) 十科擧人중 文才秀美 등으로부터 개시되었고, 그것은 詩賦를 爲主로 考試했기 때문에 기괴한 것이 없다고 한 점에 대해서는 잘못된 해석이라고 생각한다. 왜냐하면 十科擧人 가운데는 時務堪膺科가 있고, 進士試驗은 隋 및 唐初에는 時務策만 고시했을 뿐만 아니라, 進士科에 詩賦가 考試科目으로 추가된 것은 唐 高宗 永隆 2년(681) 劉思立의 上奏로 이루어진 것이기 때문이다.[145] 그리

141) 齊陳駿, 「試論隋和唐初的政權」, 『歷史研究』, 1965-1.

142) 侯外廬, 「中國封建社會的發展及其由前期向後期轉變的特徵」, 『中國封建社會史論』 所收, 1979, 北京.

143) 范文瀾, 『中國通史』, 3冊 3篇 1節, p.15.

144) 晏金銘, 「隋朝的門閥士族統治與社會階級矛盾」, k22, 1981-5.

145) 李啓命, 「中國 科擧制의 成立」, 『全南史學』 5, 1992, 광주.

고 晏氏가 進士科 실시로 士族의 통치기초가 확대되었다고 한 점에 대해서는 동감이지만, 시기적으로 보면 進士科 설치 직후 隋末 반란기로 접어들어 차기정권 唐朝의 武后期라고 보아야 할 것이며, 同氏가 隋王朝時期는 문벌통치가 계속된 시기라고 한 점은 문제가 있다. 전술한 것처럼 산동 문벌사족은 억압되고 채용되지 못하던 사정에서, 湯勤福氏가 산동 문벌사족이 아닌 隋文帝를 우두머리로 하는 關隴士族의 통치가 계속되었다는 언급[146]과 같은 뜻이라면 의미가 있는 말이고 수용할 수 있는 논설이다.

한편 韓昇氏는 煬帝의 關中本位 政策의 改變과 南人 重用政策으로 북방權貴의 불만과 반항을 일으켜 통치집단 내부에 투쟁이 형성되었고, 그 중 隋王朝 滅亡에 주요 영향을 준 것은 楊玄感의 亂과 煬帝弑害 事件이라고 하였다. 특히 煬帝의 用人政策에 관한 조칙은 통치집단 내부의 투쟁을 불러일으켰고, 이로 말미암아 隋朝가 망했다고 한 논설은 필자에게 있어서는 卓見으로 수용된다. 즉 ① 有功者라야 加爵하고, 無功者는 모두 除去하여 勳官者에게 職事官을 임명할 수 없고, 만약 吏部에서 選用하면 御史는 糾彈해야 한다. ② 煬帝 5년에는 "魏·周의 官職으로는 蔭敍할 수 없다"는 조치를 취하였다. 특히 煬帝가 十擧科人 등 인재등용에 보인 열성은 新人을 선발하여 文帝 이래 관료대오의 성분을 개변하려는 목적이었다. 이처럼 西魏-北周 이래의 관료적 문벌사족, 곧 關隴 관료적 문벌사족의 旣得權을 완전히 박탈하려는 詔勅은 곧이어 일어난 楊玄感의 亂에 隋朝의 고위 통치자의 子弟 예컨대, 楊恭道(雄의 子), 虞柔(世基의 子), 來淵(護兒의 子), 裵爽(蘊의 子), 鄭儼(善果의 子) 및 周仲(羅侯의 子) 등이 호응하였다는 것이 그것이다.[147] 氏가 煬帝의 關隴集團에 대한 기득권 박탈과 江南人 중용정책으로 직접 隋亡에 이르렀다는 논설에 대해서는 필자도 동감이지만, 楊의 반란에 고위 관직자의 자제들이 가입했다는 것은 잘못된 말이다. 왜냐하면 고관자제들 가운데에는 강남인 출신이 많고 이들은 근본적으로 楊에게 가입한 것이 아니라 楊이 반란을 일으키자, 그들은 東都留守 樊子蓋에게 종군하였다. 이 때에 河南의 贊治 裵弘策이 전몰하였다는 소식을 듣고 楊에게 항복한 것이고, 楊이

146) 湯勤福, 「隋文帝統治基礎之計量研究」, k22, 1988-1.

147) 韓昇, 「論隋朝統治集團內部鬪爭對隋亡的影向」, k22, 1987-7.

전략상 그들을 중시했던 것 뿐이었다.[148] 이리하여 煬帝의 關中本位정책의 개변과 같은 것은 江都를 宿衛하던 關隴 관료적 문벌사족 宇文化及 등 驍果衛 將領들에 수용되지 못하여 煬帝는 시해되고 隋朝는 패망하고 말았다.

결국 隋 一代의 통치집단은 산동 문벌사족과 關隴 官僚的 門閥士族집단의 연합은 더더욱 아니며, 關隴 관료적 문벌사족이 주도하였음을 부정할 수 없다.

제2절 唐 初期

가. 隋末·唐初의 農民戰爭과 山東

일반적으로 隋朝의 멸망은 煬帝의 3차에 걸친 高句麗 遠征을 비롯하여, 東都·離宮·長城의 修築·大運河의 開鑿 등 土木工事에 따르는 賦役, 즉 徭役이 끊임없이 구사되어 "天下는 役으로 죽었다"[149]라든지, 肢體를 고의로 손상시켜 役에 동원되지 않아 身命을 보존하여 "福手·福足"이라든지 하는 反徭役的 農民戰爭에 기인한다는 논설은[150] 옳다.

필자가 여기에 한 두가지 부연코자 하는 것은 隋末·唐初의 농민전쟁시기에 山東地域의 상황을 보면, 반요역투쟁이라는 농민전쟁적 성격 이외에, 隋朝 一代의 폭력정치에 기인하였던 측면을 부정할 수 없다는 것이다. 그런데, 이 수왕조의 폭력정치는 대체로 關隴 관료적 문벌사족집단에 의하여 자행되었고, 그것은 平齊 이후부터 전개된 것으로 좀 소급하여 살펴보자.

北周 武帝의 平齊 이후 「刑書要制」로 山東에 대한 통제는 매우 냉엄하게 강화되었다. 다시 말하면, 北周 武帝는 鄕正, 里長이 五戶 및 十丁 이상을 숨기고, 隱地 3頃 이상일 경우는 모두 사형에 처한다 하여 『關東風俗傳』에서 나오는 것과 같은 옛 北齊 지역의 문벌사족이 자행한 대토지겸병 사정에 대한 엄격한 통제가 시작되었다. 그리고 武帝 및 宣帝의 東中國 인물에 대한 徵召 및 貢士를 추진하는 일 이외에 五王을 파견하여 통치토록 하고, 東京官

148) 『資治通鑑』 卷182, 煬帝 大業 九年 六月.

149) 『隋書』 卷24 食貨 p.672.

150) 漆侠, 『隋末農民起義』, 華東人民出版社, 1954, 上海; 韓國磐, 『隋唐五代史綱』 1篇 5章, 1979, 北京.

을 설치했다. 곧이어 楊堅이 丞相이 되자 相州總管인 尉遲迥이 반란을 일으키자, 그에 대한 호응도 컸으며, 關隴集團 가운데 유일한 山東人 王雄의 아들 王謙은 蜀에서 益州總管으로 反楊堅擧兵을 하였으나, 梁睿에게 격파되었다.

더욱이 山東地域은 先秦이래 문화적 중심지역으로 學者가 많고 講學이 끊임없이 이루어졌으나, 隋文帝와 煬帝는 학문을 좋아하지도 장려하지도 않아 통치의 실효성을 상실하였다. 또 山東은 인구상 전국의 半 以上이나 되었고(平齊 직후 330萬戶, 煬帝 大業 2년 900萬戶 중 460萬戶), 楊堅에 도전한 山東門閥士族인 太原人 王謙을 비롯한 종래 문벌사족과 그에 연결된 세력의 본거지로 山東의 대다수 농민들은 그들에게 의부하고 있었다. 이리하여 山東은 反楊堅·反隋地域으로 隋朝는 통치상의 노력을 경주해야 할 지역으로 이른바 통일정책이 추구되었다. 이런 통일정책은 蘇威 高熲 李德林 崔仲方 등의 노력으로 立案·추진하였다.

그중에 山東의 대표인물인 李德林은 문벌사족을 보증하는 입장에서 鄕正制 및 罷郡을 반대했지만, 蘇威와 高熲은 鄕正制와 輸籍法 및 罷郡을 단행하였고 煬帝 때에도 州를 郡으로 변경하는 등의 조치를 취하여 종래의 문벌사족과 그에 연결된 세력의 정치·경제적 기반은 철저하게 파괴되고 상실되었다. 뿐만 아니라 燕榮과 같은 酷吏가 伍伯으로 무력 절륜자를 임용, 강력한 통제를 한다든지, 山東의 著姓인 范陽 盧氏 宗族을 집단으로 吏卒(賤民)로 삼는 등 폭력정치를 구사하고, 황제는 그것을 칭찬하고 우대하는 사정에서 종래 문벌사족의 威望은 철저하게 분쇄되고 말았다. 그리고 平陳 후에는 內史系 관료로 두각을 나타냈던 종래 문벌사족들은 李德林의 실각을 계기로 억압되고 도태되어 채용되지 못하였다.[151]

게다가 煬帝 즉위전 楊素가 주지하던 奪宗에 대하여 유감이 있었던 漢王 諒이 并州總管으로 기병하자, 山東地域의 상당한 州·縣에서 동조하였다. 이 모반은 결국 楊素에 의해 평정되었지만, 文帝이래 難治地域으로 강력한 통일정책을 推진하던 대상이었다. 그리고 山東 太原 출신이자, 漢王 諒의 謀士인 王頍가 활동하여, 煬帝의 山東 太原地域에 대한 감정은 좋은 것이 아니었

151) 山本隆義,『中國政治制度の研究』第7章, 1968, 東京.

다. 따라서 煬帝 조정에서 산동인의 등장은 기대할 수 없게 되었을 뿐만 아니라, 앞서 말한 것처럼 韋雲起가 煬帝에 대하여 山東人을 惡評하고 더욱 朋黨을 조성한다는 모함은 山東人의 정계진출을 봉쇄하는 결과가 되고 말았다.

한편 煬帝는 楊素 등의 계략으로 奪宗에 성공하여 皇太子가 되고 다시 父帝를 살해하여 즉위하였으며, 동생 漢王 諒의 挑戰을 무력으로 진압하였던 사정에서 前代의 기틀을 벗어나려는 정책을 추진하였다. 그것은,

첫째로 奪宗과 帝位의 謀臣인 楊素를 처음엔 尙書令, 즉 최고의 관직자로 추앙하고, 東京의 甲第 등 허다한 賜物을 수여하여 영예와 實權을 부여하였으며, 다시 太子太師를 제수하였지만, 일년 만에 司徒로 옮겨 실권을 완전히 박탈하고 楚公에 改封하였다. 이 당시에 隋의 정계는 마치 戰國 末 秦·楚의 대립처럼 隋와 楚의 兩朝廷이 있는 것 같았으며, 煬帝는 이런 사정에서 尙書令 대신에 司徒, 越國公 대신에 楚公으로 改封함으로써, 楊素에 대한 감정을 표시하였다. 이에 楊素가 병석에 눕자 煬帝는 여러 차례 名醫를 보내 보살피고 좋은 藥을 하사하여 推崇하는 것처럼 꾸몄지만, 병세를 은밀히 묻고 그가 죽지 않음을 두려워했고, 楊素 또한 자신의 名位가 최고로 높음을 알고 服藥도 하지 않고 근신도 않으며 동생 約에게, "내 어찌 다시 살아 나랴"고 하였다.[152)]

둘째로 煬帝는 前代의 名臣 高熲을 비롯하여 薛道衡·賀若弼·李渾 등을 살해하여 천하의 원망을 샀고, 반면에 새로운 인재선발에 지대한 관심을 보여 進士科 등 十科擧人制를 실시하여 父帝 때와는 정책을 달리하여 中國史上 선거제 변경에 있어서 획기를 이루었다.[153)] 이것은 關隴 관료적 문벌사족의 통치, 즉 政局主導에 대하여 쐐기를 박은 셈이었다.

셋째로 蕭皇后의 緣故때문이기도 하지만, 蕭瑀 등 蕭氏 人物이 조정에 포진하여, "蕭氏들이 또한 다시 일어난다"는 사정이나,[154)] 勳官者에 대하여 문관의 職事를 담당하지 못하게 하고; 西魏·北周의 관직에 대한 蔭敍를 不容함

152) 『隋書』 卷48, 楊素傳. p.1292.
153) 李啓命, 「中國 科擧制의 成立」, 同上.
154) 『隋書』 卷79, 蕭琮傳. p.1794.

으로써, 이른바 關隴 관료적 문벌사족의 정치적 기반에 대하여 치명적인 타격을 주었다. 이런 현상은 征遼(高句麗 원정)의 실패와 楊玄感의 반란으로 말미암아 더욱 심화되었다. 특히 關隴 관료적 문벌사족의 중심인물인 宇文述이 死亡하자 求心點이 될 만한 인물, 예컨대 李淵 같은 인물은 의심 받고, 弘化·太原 留守로 疏斥받아 정치는 裵蘊·虞世基; 군사는 來護兒와 같은 江南 인물의 수중으로 들어갔다.

넷째로 隋文帝는 開皇律令을 만들어 死罪 85條 등 前代의 가혹한 법령 천수백조항을 혁파하여 관대한 형법체계를 갖추었다. 그러나 文帝는 본래 시기심이 많고 학문을 좋아하지 않아 平陳 후에는 嚴刑峻法을 채용하였다. 즉 一錢만 훔쳐도 사형하고 仁壽年間에는 율령에 근거하지도 않고 자신의 喜怒에 따라 다스렸다. 煬帝도 처음에는 寬政을 베풀고자 開皇律令보다 200餘條나 형벌을 가볍게 하는 등의 大業律令을 만들었다. 그러나 외정, 토목공사 및 사치 등으로 稅役이 가혹해지고 뇌물이 公行하며 심지어 도적이 점차 많아졌다. 이에 煬帝는 竊盜 以上의 죄를 범하면 그 輕重을 가리지 않고 모두 斬刑에 처하도록 하는 엄형준법을 채용했으나,[155] 도리어 群盜가 봉기하여 隋王朝는 멸망하였다.

그밖에 江都에서 황제의 시위를 담당하던 驍果衛 병사들이 關中에 귀향하고자 하는 간절한 소망 때문에 不隱한 분위기가 증폭되는 가운데 宇文述의 長子 化及이 주도하여 煬帝 시해사건이 발생하여 천하는 無主空山이 되어 마침내 隋朝는 멸망하고 말았다.

隋末·唐初에 전개된 농민전쟁에 대한 연구경향을 보면 대략 다음과 같다. 漆俠氏는 隋末의 반란에 대하여 大業 9년(613) 楊玄感의 亂을 계기로 전국적인 규모로 전개되었다고 전제하고, 隋朝의 권력과 農民起義와의 대항관계를 隋軍의 우세와 농민군의 패퇴·양자의 세력균형 및 농민측의 우세와 隋末의 3단계로 구분하여 파악하였다. 그리고 隋末의 起義에 가해져야 할 평가도 「貞觀의 治」를 이루는 역할을 하였다는 범위에서 그치고 있다.[156]

布目潮渢氏는 기본적으로 陳寅恪氏의 說에 의거하여 「唐朝政權의 형성과

155) 上揭書 卷25, 志第 20, 刑法. p.716.

156) 漆俠, 同上 論著.

성질에 가까운 隋末의 반란은 어떠한가의 立場」에서, 楊玄感의 亂을 기점으로 李密을 거쳐 李淵에로의 진전과정 및 그 내실을 명확히 하였다. 그러나 중국 역대왕조의 말기에 누차 발생한 농민반란적인 요소를 다분히 인정하면서도 唐朝의 성립에 주안을 두어 설명하고 있다.[157)]

한편 氣賀澤保規氏는 농민을 주축으로 하는 반란집단은 隋의 붕괴 직전까지 李密이 지휘하는 「瓦崗軍」을 中軸, 竇建德과 杜伏威 集團을 兩翼으로 하는 일대 反隋戰線을 형성하였다. 그것은 武德 4년에 이르게 되면, 關中의 李淵·洛陽의 王世充과 山東에서 華北一帶에 걸쳐 세력을 구축한 竇建德이 3者 정립의 상황을 연출했으며, 河北에서 王世忠 및 竇建德을 계승한 劉黑闥에 의하여 약 일년 반 동안 저항이 지속되어 唐政權은 이들 집단을 평정한 후에 확립되었다고 하였다.[158)] 이는 布目氏의 입장을 부연 확대한 것으로 생각된다. 말하자면 竇建德·劉黑闥은 同氏가 논술한 楊玄感 → 李密 → 李淵에 이르는 집단처럼 反隋的 농민을 지휘하여 일으킨 반란이라기보다는 빈민을 원조함으로써, 얻은 人望을 배경으로 조성된 任俠的 集團으로 오히려 群盜的 性格을 띠고 있어 상당한 異見이 제기된다.

그것은 大業 12년경부터 群雄割據의 국면에 접어들어 갔고 宇文化及에 의한 煬帝 弑害로 말미암아 李淵은 長安에서 代王 侑를; 王世充은 東都 洛陽에서 越王 侗을 각각 擁立하여 대권을 장악하고 다시 李淵은 侑로부터 受禪하여 唐이 성립되었으며(618), 王世充은 侗을 폐하고 鄭을 세워 北中國에서 양대세력이 대립하였다. 그것은 江南地方에서 통일된 어떤 세력도 형성되지 못하고 蕭銑을 비롯하여 沈法興, 林士弘 등의 여러 集團이 난립되었음을 볼 수 있기 대문이다.[159)]

한편, "천하를 쟁취하고자 한 자는 불과 십여명 뿐이다"라고 한 張玄素의 언급에 대하여[160)] 鈴木俊氏는 이들을, "당시 혼란기에 편승하여 得志하려는

---

157) 布目潮渢, 『隋唐史硏究』 序說, 1968, 東京.

158) 氣賀澤保規, 「竇建德集團と河北」, 『東洋史硏究』 31-4.

159) 李啓命, 「隋·唐交替期의 江南 諸 集團에 관한 一考察」 – 蕭銑을 중심으로 –, 『歷史學硏究』 11, 1977, 광주.

160) 『資治通鑑』 卷192, 唐紀 8, 唐 高祖 武德 九年 十二月詔. pp.6027-8.

野心家"로 규정하고, 竇建德 李密 王世充 梁師都 薛擧 劉武周 高開道 羅藝 李子通 蕭銑 沈法興 李軌 徐圓郎 杜伏威 輔公祏 林士弘 및 劉黑闥 등 17명을 열거하고 있다.[161] 그 가운데 王世充·梁師道·薛擧·羅藝·沈法興 및 蕭銑 등은 隋의 地方官으로 民政 혹은 군사상의 능력을 가졌거나 地方豪族으로서 얻은 名望을 이용하여 봉기한 세력들이었으며, 이 양면성은 왕왕 적극적으로 결합하여 집단의 결집을 용이하게 하였다. 그들은 비축된 隋의 穀物倉庫를 장악하고 中途에서 단기간에 세력을 확대하였지만, 민중의 지지를 획득하기 위하여 일부 隋의 지방관을 悪人으로 내세워 그것으로 그들의 입장을 정당화 하였다. 다른 한편으로 高開道·竇建德·劉黑闥·徐圓郎·輔公祏·李子通 및 林士弘 등은 隋朝內部의 권력구조에 포함되지 못하고 隋의 억압하에 향촌에서 群盜集團에 투신하고 두각을 나타내 마침내는 큰 세력을 형성하였다.

대략 이상과 같은 隋末·唐初의 농민전쟁을 거치면서 결국 唐朝의 위상이 역사상에 등장했고 그 성과로 양보정책을 추진함으로써 「貞觀의 治」라는 盛世가 출현하여 전제정치의 모범이 되었다는 것을 거론할 수 있을 것이다.

이러한 隋末·唐初의 농민전쟁 중에 특히 산동지역에서 몇 가지 특기할 만한 사정이 있었다. 그것은,

첫째로 楊玄感이 擧兵함에, "난에 참여한 자 많았다", "한마디 호령에 따르는 자 십만이다"라는 상황[162]은 煬帝를 정점으로 하고 宇文述·于仲文·來護兒 등이 주도하는 제1차 高句麗 원정의 실패로 많은 遠征 兵士가 돌아오지 않은 사실은 직접으로 山東의 幼弱한 백성에게 슬픔을 안겨주어 楊玄感에 동참하게 하였고, 이후 각지의 群雄이 烽起하여 反徭役鬪爭에 동참하였다는 좋은 근거가 될 것이다. 더욱 중요한 것은 北周 武帝와 隋의 二帝 중심의 關隴 관료적 문벌사족의 철저한 山東 통제정책, 예컨대 鄕正制 실시 罷郡 등과 같은 지방행정의 개편 및 輸籍法 같은 강력한 폭력통치로 말미암아 낙후되어, "이름은 향리에 顯著하지만 몸은 貧賤을 면치 못한다"는 종래 문벌사족이나 그에 연결된 세력과 요역 등으로 고통과 탄압을 받았던 백성이 동

161) 鈴木俊, 「隋末の亂と唐朝の成立」, 『史淵』 53, 1952.

162) 『隋書』 卷24, 食貨. p.688.

참하였다는 것이고, 이런 사실은 어느 지역(關中, 江南)보다 극심하였던 것이다.

둘째로 山東의 거대한 반란세력이었던 竇建德集團에서 집단결성의 초창기에 竇建德 휘하의 群盜들은 "수왕조의 관직자와 산동사족은 모두 살해하라"163)고 하여 山東에 대한 강력한 3대 통제정책의 시행자인 관롱과 산동문벌사족을 모두 살해하라는 투쟁구호처럼 첨예한 계층간 모순을 드러냈다. 아울러 이를 극복코자 隋末·唐初에 對農民 유화정책이 이루어졌다지만, 종래 문벌사족세력은 更生하지 못하고 문벌사족(제)가 역사무대에서 소멸되었다는 일반적인 평가는 이해할 수 있다. 그러나 同 集團에서 郡丞(隋官) 王琮이 江都의 煬帝 시해 사실을 듣고 發喪함에 建德은 使者를 파견하여 조문하였고, 이어 王琮은 官屬을 인솔하여 建德에 항복하였다. 竇建德이 이들을 수용하려 하자, 그를 따르던 무리들은, "琮은 우리와 오래도록 대항하면서 우리 同志들을 살해하였다. 지금 곤궁하여 항복해 왔으니 이제 烹煮하게 하시오"라고 하니, 建德은, "이 사람은 義士다. 이제 擢用해야겠다. 매우 열심히 임금을 섬기던 者를 어찌 살해하랴. 이전 泊中(流寓 時)에서는 小盜로써 恣意로 살해함을 용서했을지 모르겠지만, 이제 백성을 安寧하게 하여 천하를 大定하려는 마당에 어찌하여 忠良을 해칠 수 있으리오"라고 하면서 軍中에, "앞서 王琮과 더불어 원한이 있는 자가 지금 감히 動搖하면(軍令을 어기면) 五族에게 罪를 줄 것이다"고 엄중한 명령을 하고 王琮을 瀛州刺史로 보임시키고 있다.164)

이러한 竇建德의 입장과 행동은 ⓐ 隋朝의 폭력통치에 의하여 沒落·破産되어 부득이 群盜로 전락하여 첨예한 계층간의 모순으로 隋官과 士族子弟를 임의로 살해했으나, 이제 천하의 질서를 회복해야 할 主導者로서 종래의 원한으로 사태를 그르칠 수 없고, 혼란을 극복하여 生民의 도리를 취해야 한다는 입장이었다. ⓑ 王琮을 "義士" 혹은 "忠良"으로 떠받들어 刺史로 발탁함으로써, 종전과는 달리 隋의 官僚와 山東士族을 吸引하여 통치체계를 갖추려 했고, 그런 방침을 對內外에 선포하였다. 이리하여 竇建德은 곧이어 樂壽에

163) 『舊唐書』 卷54, 竇建德傳. pp.2236-7.

164) 『舊唐書』 卷54, 竇建德傳. pp.2236-7.

定都하고, 金城宮을 수축하였다. 이로부터 郡縣이 竇建德의 휘하에 편성되었고, 夏國 長樂王을 稱하여 隋官 裵矩·崔君肅·何稠 등을 각각 尙書右僕射·侍中·工部尙書로 채용하였다. ⓒ 그밖에 ⓐⓑ와 같은 사정은 李密集團에서도 보이고 있다. 말하자면 楊玄感의 謀主 역할을 했던 李密이 東都에서 일어난 翟讓에게 의탁코자 했지만, 李密이 楊玄感의 亡將임을 아는 자가 翟讓에게 해치도록 僭勸하여 그를 營外에 머물게 하였다. 이에 李密은 方策을 건의하고 滎陽太守 楊慶과 同 通守 張須陁를 격파하고 精兵으로 興洛倉을 격파, 開倉하여 賑給함에 翟讓은 李密을 魏公에 추대하고 謀主로 삼았다. 즉위하여 元年을 일컫고 그를 行軍元帥로 삼고 魏公府를 설치하였다. 이리하여 翟讓集團에 房彦藻(左長史)·邴元眞(右長史)·楊得方(左司馬)·鄭德韜(右司馬)·單雄信(左武候大將軍)·徐世勣(右武候大將軍)·祖君彦(記室) 등이 등장하였다. 이런 翟讓-李密集團의 謀士인 祖君彦은 郡縣에 격문을 보냈는데, 그 가운데 房彦藻·房山基·封民瞻·劉興祖·崔白駒·李景·郝孝德·李士雄 등 同 集團中의 인물에 대하여 衣官世冑라고 지칭하고 있다.[165] 여기서 말하는 衣官世冑란 竇建德集團에 편성된 裵矩, 崔君肅 그리고 翟讓集團의 李密과 祖君彦 등을 포함하는 隋官僚 및 士族子弟를 가르킨다고 생각한다.

따라서 隋末·唐初 농민전쟁을 통하여 隋官僚및 士族子弟를 포함하는 통치계급이 계급모순과 투쟁으로 갱생하지 못하고 역사무대에서 소멸되었다는 논설은 재고할 필요가 있다. 말하자면 농민전쟁 초기에만 그런 측면이 있었고, 지역이 편협하여 같은 지역 사람을 포섭한 것은 당연한 점이 있으나, 전반적으로 生民·危機克服이라는 차원에서 修己治人의 역량을 가졌던 그들에게 自力更生이 활로가 되었던 것이다.

그리고 胡如雷氏가 隋末·唐初에 전개된 농민전쟁은 126차에 걸쳐 봉기하였고, 그 중에 지주계급이 일으킨 농민전쟁은 60여 차례나 되며, 그들의 봉기목적은 "實屬涼人", 즉 대토지겸병자의 노동력 확보라고 지적하였다.[166] 이는 좀 논리적으로 어긋나는 점이 있다. 말하자면 胡氏가 말한 이들 地主階級은 隋時代에는 庶民地主層이 아직 충분이 성장하지 못했던 사정과 隋政權

165) 『隋書』 卷70, 李密傳. pp.1627-8.

166) 胡如雷, 「關于隋末農民戰爭之幾個問題」, 『文史』 11.

을 士族地主(門閥士族)政權이라는 논설, 그리고 "이름은 향리에 뛰어났지만, 몸은 貧賤을 면치 못했다"는 처참한 상황에 처한 종래 山東의 문벌사족 및 그에 연결된 세력이라고 해도 과언은 아니다. 그런데 이들이 隋朝의 통치력이 무너지는 상황에서 隋朝에서 행한 폭력통치에 대항하여 봉기하거나, 해당지역의 집단에 편성되어 실재로 그들의 종래의 위망을 재건하려는 지향을 가졌다는 점에서 그쳐야 할 것이지, 대토지겸병자의 노동력 확보라는 것은 가당하지 않은 논리이다. 왜냐하면 隋末·唐初와 같은 生死가 교체되는 혼란기에 문벌사족과 그에 연결된 세력의 位望再建이나, 大土地兼併을 위한 노동력 확보라는 사실이 가능한가 하는 점; 隋에 이어 唐初까지 지배집단은 山東士族이 아니고 關隴 관료적 문벌사족이었다는 점, 그리고 科擧制 施行 및 輸籍法과 같은 강력한 중앙집권적 통제정책 하에 종래 문벌사족의 존재형태가 보전될 수 없다는 시대조류 상에서 그런 상황의 재건은 거의 불가능했기 때문이다. 따라서 隋末의 문벌사족과 그에 연결된 세력이 60여 차례에 걸쳐 봉기한 것은 그들이 關中政權의 강한 폭력통치에 대한 반작용이었다. 동시에 이는 北周 末 楊堅政權에 대하여 尉遲迥, 隋朝의 통치집단에서 배제된 楊諒과 楊玄感이 山東地域의 反 關中政權的 情緖를 이용하여 전개한 反隋活動과는 달리 큰 역량을 가진 자가 없어 실패했으나, 山東 문벌사족과 그에 연결된 세력이 自力更生하기 위하여 전개한 反隋活動이라고 생각한다.

결국 隋末·唐初 農民戰爭時期의 山東地域은 문화적으로 先進地域이었고 魏晋南北朝時代에 통치계급인 문벌사족의 중심지역이었다. 그러나 北周의 平齊 이래 隋朝의 暴力(抑壓과 不採用 및 鄕正·輸籍法 등)통치에 抗拒하여 山東의 문벌사족과 그에 연결된 세력들은 反隋勢力을 편성하거나, 群雄中 李淵과 같이 차기정권을 건설하려는 有力者에게 의부하는 것과 같은 활로를 개척하였다.

나. 唐 初期 통치집단

唐高祖 李淵은 隴西 狄道人으로 北凉 武昭王 暠의 7代孫으로 되어 있다. 陳寅恪氏가 그의 貫籍은 趙郡 李氏라고 한 적이 있고, 西魏 건설자 중의 한

사람 李虎가 趙國公을 受封했던 것 등을 문제삼아 唐宗室을 趙郡 李氏의 假冒牌라고 지적한 것처럼, 그의 先世에 대한 여러 의문점이 제기되어 명확하지 않다.[167] 다만 확실한 것은 그의 祖父 李虎가 北魏 末 宇文泰 등과 함께 西魏를 건설하여 이른바 "八柱國家"에 속하였고, 父親 李昞은 北周의 安州總管·柱國大將軍을 역임했으며, 그의 부인(元貞皇后)은 北周 隋唐에 걸친 최대 외척 獨孤信의 四女이었다. 그리고 李淵은 騎射에 뛰어나 西魏 이래 관료적 문벌사족으로 通顯하였던 竇威家와 통혼함으로써 전형적인 關隴 관료적 문벌사족 가운데 胡化漢人에 속하였다.

李淵은 北周 武帝 天和 元年(566)에 태어나 隋에서는 文帝 文獻皇后가 從母(姨母)인 까닭에 千牛備身으로부터 刺史, 煬帝 때에는 郡守·殿內少監·衛尉少卿을 역임하고 高句麗 원정 때에는 懷遠鎭에서 督運을 담당하였으며, 楊玄感이 반란을 일으킴에 弘化留守로써, 知關右諸軍事를 겸하였으며, 大業 13년에는 太原留守에 임명되기까지 智略을 겸비한 역전의 명장이요, 隋朝의 諸 사정을 겸통한 武將이었다.

이런 李淵은 사방에서 群盜가 蜂起하고 江都와 두절되는 등 隋朝의 통치의 실효성을 상실함을 보았다. 더욱이 앞서 煬帝로부터 받은 의심과 시기, 그리고 突厥과의 전쟁에서 패전 등으로 말미암아 次子 李世民, 晋陽令 劉文靜 및 晋陽宮監 裵寂 등이 꾸민 謀議를 수용하였다. 그리하여 그는 汾陽宮에서 擧兵한 劉武周를 격퇴한다는 명분으로 世民 劉文靜, 그리고 長孫順德·劉弘基 등에게 모병하게 하여 一萬兵을 모았다. 게다가 河東에 있는 建成과 元吉을 密召하는 등 反隋活動을 진행하였다.

한편 李淵의 행동을 의심한 郡丞 王威와 武牙郎將 高君雅가 副郡守로서 晋祠에서의 祈雨祭 행사를 빙자하여 李淵을 살해코자 하였다. 그러나 晋陽鄕長 劉世龍이 고발하여 거꾸로 晋陽府司馬 劉政會로 하여금 이들을 척살하게 하고, 劉文靜을 突厥에 보내 起兵 때에 상응한다는 합의를 받았다.

이에 李淵은 大業 13년(616) 6월 癸巳에 大將軍府를 세우고 三軍을 설치하여 建成과 世民을 左(右)令大都督으로 삼았고, 裵寂을 大將軍府의 長史,

---

167) 陳寅恪, 『唐代政治史述論稿』, (同上)

劉文靜을 司馬, 石乂 縣長 殷開山을 掾, 長孫順德·劉弘基·竇琮 등을 左右의 統軍으로 삼아 反隋集團을 결집하였다. 그리고 戰列을 가다듬기 위해 開倉하여 궁핍한 백성을 진휼함으로써 위세를 확대시켰다. 동시에 가혹한 隋政을 혁파하여 백성을 안녕하게 하기 위하여 起兵하였음을 내외에 천명하였다. 翌月(7월)에는 李淵은 中國文化의 根源地요, 關隴集團의 기반인 關中을 장악하기 위하여 元吉을 太原留守로 삼아 본거지를 안전하게 하고, 將兵 3만으로 太原을 발진하여 霍邑에서 항거하던 隋 武牙郎將 宋老生을 격파한 것을 비롯하여 臨汾·絳郡·河東의 屈突通을 격파하고, 馮翊 太守 蕭造를 비롯하여 華陰令 李孝常 등의 投降을 받았다. 同年 10월 長樂宮에서 그동안 증가된 元從軍과 來附한 三輔 등 長安 隣近의 將相 後裔·豪傑 등을[168] 회유하였다. 同年 11월 長安을 攻拔하고, 代王 侑를 皇帝, 煬帝를 太上皇에 追尊하고 李淵은 隋朝의 詔勅으로 假皇鉞 使持節 大都督內外諸軍事 大丞相 唐王으로 국정을 총람하게 되어 李淵政權이 성립되었다.

그리고 翌年 3월 丙辰에 宇文化及이 煬帝를 시해한 것을 계기로 동년 5월 甲午에 李淵은 형식상 隋帝의 선양을 받고, 百僚의 추대로 즉위하니 이에 唐帝國이 歷史舞臺에 등장하였다.

이런 唐朝의 당면과제는 전 중국 각지에서 봉기하여 할거상태에 있었던 군웅을 평정하여 통일을 이루는 것이었다. 이 통일사업은 주로 李世民의 탁월한 군사적 역량으로 이루어졌다. 말하자면, 秦王 世民은 陝東都大行臺·天策上將府의 元帥로 隴右의 薛擧·仁杲, 代北의 劉武周, 東都의 王世充, 河北의 竇建德·劉黑闥 및 江南의 蕭銑·沈法興 등 여러 세력을 평정하여 唐朝의 건설과 재통일 사업에 지대한 공로를 세웠다.[169]

대략 이상과 같은 과정을 거쳐 등장한 唐朝의 통치계급은 어떠하였던가?

먼저 李淵이 太原에서 起兵했을 때의 집단에 대하여 최초로 鈴木俊氏는 豪族集團이라고 단정하였으나,[170] 호족의 성격과 규모 등을 추적할 수 없어

168) 『全唐文』 卷1, 「授三秦豪傑等官敎」

169) 唐太宗의 武功面에 대한 논문은 매우 많다.
汪籛, 「唐太宗」, 『隋唐史論稿』; 袁英光·王界雲, 『唐太宗傳』 (天津, 1984); 『唐太宗與貞觀之治論集』 등이 있다.

별로 설득력이 없다. 布目潮渢氏는 唐初의 통치집단을 파악하기 위하여 李淵集團과 秦王 李世民 配下의 인물 등에 대하여 매우 상세한 연구를 진행하였다.

가) 李淵集團에 대하여 氏는,

a) 李淵이 太原留守로서 煬帝의 詔를 받아 群賊의 討伐에 출정하여 차기 정권 담당자로서 특별히 새로운 조직이 없고, 집단의 구성분자는 隋官의 경험자였을 뿐만 아니라, 父·祖 3대에 걸쳐 北魏－北周(齊)－隋라는 北朝후기 鮮卑王朝의 官僚 家柄者가 幹部의 반수를 점하고 있어서 組織的·人的·數的인 측면에서 北朝的 面을 그대로 가지고 있는 것이 李淵集團의 특색이라고 하였다.

b) 또 이들이 唐朝 창업 후 어떠한 관력을 가졌는가를 면밀히 추적하고 그 결과, 大將軍府의 文官인 長史·司馬·掾·屬·各 參軍으로 활약하였던 者들은 대체로 唐朝 官制의 중추인 三省六部의 長·次官이나 唐朝 군사면의 제일선의 최고 지휘관으로 나아갔다. 이 사실은 李唐 관료적 문벌사족의 중심으로 李淵集團이 확대되었다는 것이고, 律令制에 기초한 관료기구의 확대로 李淵集團 이외 본인 및 父祖가 北魏－北周－隋의 관직을 역임한 자가 대다수였다는 사실은 隋末의 동란기를 거쳤음에도 불구하고, 관료적 문벌사족이라는 것은 변화가 없다는 것, 즉 西魏·北周이래 관료적 문벌사족층의 고정화를 특징으로 한다고 지적하였다.

c) 山東의 문벌사족에 대한 대책으로 崔民幹을 登用한 것과 煬帝 통치하의 문벌사족 예컨대, 封倫 楊恭仁 鄭善果 裵矩 및 宇文士及 등을 進用한 것은 인재부족을 해결할 뿐만 아니라, 煬帝 휘하의 舊 隋的인 체제를 실질상 唐朝에서 갖고 있음을 천하에 주지시켜 민중에게 보수적인 안도감을 주는 것이라고 했다. 특히 錢九隴·樊興 등은 맹렬한 전투로 공로를 세워 고관에 승진함으로써 신분관계를 완화하고 신분에 구애받지 않은 등용이 李淵集團의 전투력을 강고히 했다[171]고 하였다.

이상과 같은 布目氏의 高見에 대하여 필자는 몇 가지 이견을 제시하고자

---

170) 鈴木俊, 同上 論文.

171) 布目潮渢, 「隋唐創業期における三省六部の人的構成」, 『隋唐史研究』 所收.

한다.

첫째로 필자가 앞서 말한 것처럼, 煬帝는 文帝 때의 정치적 구도를 혁파하려는 입장에서 進士科 등 十科擧人을 추진하였고, 武人의 文官職 취임 금지와 西魏·北周의 관직을 자손에 蔭敍함을 不容함으로써, 隋朝의 통치집단인 關隴集團의 기반를 탈취하였고, 州를 郡으로 변경하는 조치와 總管府 廢止로 關隴軍事士族의 기반 또한 탈취하였으며, 虞世基·來護兒 등 江南 인사를 重用함으로써 결국 宇文化及 등 驍果衛 將領에 의하여 煬帝가 시해되었다.

이러한 사정에서 唐朝는 太原에서 기병하고, 關中에 들어가 몇 가지 선무공작을 하였다. 예컨대 ① 唐朝에 의부한 五陵의 豪傑, 三輔冠蓋 등 公卿將相의 후예 및 良家의 자손에 관직을 제수하는 教令을 하달하였다.[172] ② 隋王朝의 名臣인 高熲·賀若弼을 비롯하여 薛道衡·宇文弼·董純 등 충신에 대하여 國公 등 官爵을 復舊해 주었다.[173] ③ 李金才(渾)와 李敏은 隋朝의 鼎族高門이고 元功 世胄이었지만, 煬帝에게 살해당하여 (李氏가 차기 정권을 건설한다는 참언으로) 朝野가 원망한다고 하여 (上)柱國·國公에 추증하였다.[174] ④隋朝의 정치는 기강과 法度가 없다면서 隋代의 公卿以下 民庶에 이르기까지 江都에 갔기에 唐朝의 義軍에 참여하지 못한 자들에게 그들의 田宅을 몰수하지 않고 곤궁하면 賑贍토록 하고 있다.[175]

이러한 『全唐文』의 記事中 五陵의 豪傑이나, 三輔冠蓋 등 公卿將相의 後裔와 良家의 子弟, 隋의 名臣과 忠義의 선비 그리고 江都에 從駕해 간 公卿과 民庶(驍果衛 장병) 등은 隋朝 통치집단인 關隴 관료적 문벌사족들이었으며, 高熲은 종래 山東 문벌사족의 후예로 關隴 관료적 문벌사족에 의부한 인물이고; 薛道衡은 河東人으로 北齊에서 관력이 있는 隋의 관료이었다) 李金才·敏은 隋代 대표적인 關隴 관료적 문벌사족으로 "盛族"이었다. 이들 關隴士族에 대한 특별한 배려(詔, 敎)는 隋 煬帝의 政略(文帝 때의 정치구도를 탈피하려는)에 대하여 효과가 없었음을 선언한 것으로, 煬帝 때에 탄압받은

---

172) 『全唐文』 卷1, 授三秦豪傑等官教.

173) 上揭書 同卷, 贈高熲等謚爵詔.

174) 上揭書 同卷, 贈李金才·李敏官爵詔.

175) 上揭書 同卷, 加恩隋公卿民庶詔.

隋朝의 통치집단을 포용하는 조치라고 생각된다. 이런 사정에서 關隴 관료적 문벌사족의 대표인물 煬帝가 放棄한 政略을 李淵이 再次 정비함으로써 唐朝의 정치적 기반을 확보하고, 강화시켜 재통일을 하였던 것이다. 따라서 이는 人的 측면에서 「開皇의 舊」의 복구요, 關隴 관료적 문벌사족集團의 再建이자 榮光으로 그들의 향배를 적극 吸引하여 성공한 것이다. 특히 氏가 작성한 〈李淵集團의 一覽表〉에 31명의 幹部 가운데에는 山東人이 溫大雅 등 9명이나 되는 것은 동 집단의 출발지점이 山東의 太原이라는 점에서 그런 것이고, 이런 사실은 關隴 관료적 분벌사족집단의 확대를 의미하는 것이다.

둘째로 山東 문벌사족에 대한 대책으로 崔民幹의 등용, 崔恭禮에게 眞定公主 降嫁 그리고 煬帝 配下의 몇 사람의 官僚 封倫·鄭善果 등을 채용한 것을 가지고 唐朝가 옛 隋的 체제를 保持했다는 시각에도 문제가 있다. 왜냐하면 博陵 崔氏가 대표적인 山東 문벌사족임에는 틀림없다. 그러나 후술하는 바와 같이 崔信明과 敬素와 같은 인물은 山東 문벌사족의 首位인 淸河 崔門 출신으로 隋末·唐初의 농민전쟁에 가담하였다. 이는 山東地域과 문벌사족 세력에게 가한 폭력에 가까운 통치에 대한 반항 투쟁의 의미가 있었다. 까닭에 隋의 통치정책에 있어서 산동문벌사족 및 그에 연결된 세력을 隋의 지배집단 일부로 설명는 것은 불가능한 일이다. 단지 山東 문벌사족을 채용하여 (崔·封·鄭 등) 山東地域을 慰撫 혹은 통일의 기반을 조성하였을 뿐이다.

셋째로 氏가 唐初의 지배집단이 西魏 → 北周(齊) → 隋를 거친 관료계층임을 내세우고 崔民幹 封倫 鄭善果 등 山東系 관료를 수용한 사실을 가지고 옛 隋唐의 체계 즉 北周·北齊의 통치집단을 포함하는 체계가 唐初에 재편되었다는 점으로 陳說(關隴集團)과 自說을 보완했다고 하였다. 이런 氏의 견해는 일찌기 山崎宏氏가 말한 것처럼, 隋朝의 통치계급은 통일왕조의 전 중국의 관료를 총망라한 것이라는 논술을 발전시켜 陳說과는 별도의 學說로 삼고자 하는 日本 學界의 동향으로 수용된다. 따라서 氏가 唐宗室 李氏를 비롯, 獨孤氏 및 宇文氏 등이 唐朝 창업기에 대관에 진출한 것을 상징적이라고 하는 것보다는 그들 3家는 關隴 관료적 문벌사족의 중심인물 八柱國이니, 그들 중심인 關隴 관료적 문벌사족의 통치지위를 인정하여 陳說을 수용하는 것이 보다 옹색하지 않을 것으로 생각된다.

넷째로 단지 한 두 사람의 隷人이 군공으로 현달한 사실을 가지고 李淵集團의 전투력을 강하게 하였다는 논설은 關隴集團의 상무적인 역량을 稀釋시켜 앞의 項과 같이 陳說을 부정하려는 것으로 이해된다. 더우기 李唐 宗室에 隷人 錢九隴·樊興 兩人과 같은 사례는 氏의 지적처럼 어디까지나 예외일 뿐이다. 그밖에 小笠原正治氏의 "官僚生活集團"이라는 견해도 있지만,[176] 이는 布目氏가 말하는 관료집단이라는 논술 및 그 배경에서 나온 논설로 이해된다.

결국 李淵集團은 關東의 太原에서 결집되어 그 지방의 여러 지역과 여러 계통의 인물이 포함되었고 李淵과 그의 세 아들을 비롯하여 9명의 간부가 關中人인 점과 곧이어 長安에 입성하여 李唐政權을 건설하는 과정에서 대거 關中人을 수용하는 등 關隴 관료적 문벌사족集團을 재편성하고 있다.

다. 秦王 李世民 配下의 人物들

秦王 世民은 중국을 재통일 하는 과정, 즉 사방의 군웅집단을 평정하던 과정에서 王府 등의 屬僚를 비롯하여 각 집단의 謀士를 포괄하여 상당히 강력한 (唐初에) 집단을 이루었다.

布目氏는 이런 秦王 世民 配下의 관료 52명을 매우 상세하게 분석하여,

a) 高祖 武德年間에 李世民 配下의 文官系 관료는 거의 前王朝 以來의 官僚層으로 새로운 계층이 없을 뿐만 아니라, 同 時期의 3省 6部의 長·次官級이 보다 더욱 隋的이었다고 하였다.

b) 吳澤·袁英光氏가 唐初의 政界를 世族地主集團과 庶族地主集團으로 분석한 논설에 대하여[177] 동 시기에 張亮, 貞觀時期의 劉洎·馬周 등을 제외하면 庶族地主集團의 인물을 찾을 수 없어 對立集團으로 존재할 수 있는가에 회의를 표시하였다.

c) 그리고 李世民 配下의 관료는 隋末의 군웅하에 있었던 謀士를 자기의

176) 小笠原正治,「隋朝末期の動亂における官僚群」,『史淵』 43.

177) 吳澤·袁英光, 上揭 論文.

傘下에 引入하였던 인물들로 「貞觀의 治」에 대한 인적 배경의 좋은 증거라 하였다. 즉 世民의 謀士로서 秦王府 18學士 중 南朝系 人士가 6명 (褚亮을 비롯하여 姚思廉·陸德明·虞世南·蔡允恭·許敬宗 등)이나 포함되었음을 주목하면서 그것은 그 당시 世民이 유학자를 초빙하려면 北朝系 뿐만 아니라 南朝系도 초빙하여 世民의 견식을 넓히고, 인재를 廣求하는 의도를 나타낸 것이라고 하였다. 또한 18學士 중에는 房玄齡·杜如晦 등이 貞觀時代 3省 6部의 長·次官 및 著作郎·弘文館學士에 진출하였는데, 房·杜를 제외하면 謀士的 성격을 나타내고, 이들의 父祖 官職이 판명되고 있다는 것은 그 당시 학자는 家格이 필요하였다는 것을 단적으로 나타내는 것이라고 하였다.[178]

이와 같은 布目氏의 高見에 대하여 몇 가지 異見을 제시해 보자.

하나는 世民의 配下에는 隋官을 경험한 北朝-隋系와 浮虜的 南朝系 인물을 포함하고 있다고 하였지만, 北朝 後期에 關中으로 옮긴 山東문벌사족과 그에 연결되는 세력이 引入되거나 歸附하고 있다. 다른 하나는 秦王府 18學士의 祖·父 관력이 판명되고 있는 것은 學者로서 家格이 필요하였음을 단적으로 나타내는 것이라고 한 점이다.

前者의 경우, 氏는 西魏-北周-隋 계통의 관료집단이 중심이 되어 唐의 3省 6部의 長·次官은 물론 秦王 李世民 配下의 관료도 같은 계통의 관료집단임을 전제로 한 논설로 앞서 말한 것처럼, 이는 陳氏의 논설을 명칭만 바꾼 것일 뿐 별다른 의미가 없다. 그리고 隋의 관료계에서는 옛 北齊系, 즉 山東出身을 적극적으로 배제하였던 관계로 많이 임용되지 못하였고 현달하지도 못했다. 이런 사정에서 산동 문벌사족 및 그에 연결된 세력이 唐初 3省 6部를 비롯하여 太子府·秦王府 그리고 齊王府 등에 진출하고 있는 것은 자못 흥미 있는 일이다.

예컨대 ① 唐高祖 武德 년간에 3省 6部의 관직 역임자로 崔善爲·封倫·唐儉·劉政會·崔民幹·崔君肅 및 溫大雅·彦博·大有의 三兄弟; ② 建成 太子府에 裵矩·鄭善果·魏徵·王珪·唐臨; ③ 世民 秦王府에 房玄齡·顔師古·顔思魯·薛元敬·薛收·唐儉·封倫·李守素·顔相時 등이 있었다.(元吉 齊王府에는 없다.)

---

178) 布目潮渢, 「秦王世民」, 『隋唐史研究』 所收.

여기에서 ①의 경우는 布目氏가 분석한 자료에서 검출되었고,[179] ②③項은 『新唐書』 卷201, 文藝 上, 袁朗傳에 기록된 자료들이다. 그리고 封倫과 唐儉은 天策上將府를 설립하고 東都平定 등 重大事를 관장한다는 입장에서 특별히 兩人을 轉出시켜 충원하였다. 이를 총괄하면, 唐 高祖 武德時期 3省 6部나 太子·王府의 속료로 등장한 인물 중에서 山東地域에 근거를 두었던 인물로 모두 20여명을 살펴 볼 수 있었다. 뿐만 아니라 布目氏의 분석과 袁朗傳에 등장하는 인물 이외도 徐世勣·張亮·高士廉·高季輔·李百藥 및 盧赤松·崔義玄 등(6명)이 보이고 있다. 이들에 대한 구체적인 정치·사회적 위망과 역량 등에 대한 분석은 이들이 太宗 貞觀時期에 大官에 이르기에 차후로 미룬다. 다만 이들의 출신을 보면, 山東문벌사족 崔民幹·君肅·義玄·善爲), 盧(赤松), 李(百藥·守素), 鄭(善果), 王(珪)의 5姓에서 9명이 보이고; 郡四姓으로 高(士廉·季輔), 房(玄齡), 封(倫), 溫(大雅·彦博·大有), 唐(儉·臨), 魏(徵), 劉(政會) 등 11명이 있으며; 관롱 관료적 문벌사족, 곧 郡姓으로 분류되는 河東 薛(收·元敬); 裵(矩); 琅邪 顔(師古·思魯·相時) 등 6명이 本人 혹은 父·祖가 北齊 관료를 역임하고 있다. 이리하여 山東人物 28명 중에 26명이 문벌사족세력이라고 할 수 있다. 또한 나머지 徐世積·張亮 등은 豪族 즉 庶民地主層으로 분류할 수 있다.

이들은 隋朝의 강력한 통일정책 특히 문벌사족과 그에 연결되는 세력에 대한 통제정책 때문에 枯死直前에 反隋群雄이 등장하자 여러 집단의 謀士 등으로 참여함으로써, 새로운 사태진전을 희망하고, 唐의 재통일 과정에서 太子 李建成·秦王 李世民이 名臣을 경쟁적으로 引入하는 사정에서 太子府와 秦王府 등의 屬僚로 적극 진출하여 아낌없는 노력을 경주하였다. 그 결과 皇太子 建成과 秦王 世民 사이에 이른바 玄武門의 事件이 전개되었던 것이다. 말하자면 魏徵이 太子에게 世民을 일찍 제거할 것을 청원한다든지, 공로면에서 크게 뒤진 太子에게 무력이 아닌 慰撫로 山東에서 劉黑闥의 농민세력을 평정하게 하였다는 등의 策略을 추진한 사실이 이를 뒷받침 해 준다.

後者의 경우 즉 秦王府 18學士 祖, 父의 官歷이 판명되고 있는 것을 근거

179) 布目潮渢, 同上 論文.

로 학자로서 家格이 필요함을 단적으로 나타내는 것이라는 견해는 隋唐 통치계층을 士族으로 분류하는 것보다, 관료집단으로 표현하려는 布目氏 등의 논리적 약점이 아닌가 싶다. 왜냐하면, ① 隋·唐 初期에는 강한 중앙집권정책이 추진되었지만, 이 시기의 통치계층은 서위·북주이래 前代의 통치계층인 관료적 문벌사족 및 그에 연결된 세력이 중심이 될 것은 당연한 일이다. ② 魏晋南北朝時期 통치계층(문벌사족)의 역량이란 家傳하는 修己治人의 학문인 유학을 학습하여 향리사회의 지도자; 지방행정을 독점하는 자; 그리고 중앙정계에 진출하여 爲政하였다. 그들은 이런 역량을 누대에 걸쳐 전개함으로써 輿望을 가져 정치·사회적 지위를 확보하게 되는 것으로 그것에 따라 가격이 결정되는 것이 원칙이었다. 따라서 布目氏가 官歷과 家格을 연결시키려는 논설로 보인다.

뿐만 아니라 布目氏가 인용한 袁朗이라는 인물만 하더라도 東漢의 司徒 袁滂의 12세손으로 그의 祖上 가운데에는 四世에 걸쳐 司徒·司空에 이른 者(淑·顗·粲)가 있고, 宋~齊時期에 袁昻이 名高하여 "스스로 中外人物로 海內에서 冠(首位)임을 自負하였고, 비록 琅邪 王氏가 계속하여 公卿이 되었지만, (袁氏는) 여러 왕조에서 佐命으로 有功하여 문벌사족의 隊伍에 끼워주지 않음을 鄙笑하였다"고 할 정도로 문벌사족적인 관력과 가격을 가지고 있었다.[180] 따라서 秦王府 18學士를 비롯하여 太子·秦王府 및 屬僚 등은 家傳하던 유학을 학습함으로써 修己治人의 역량을 가졌고, 누대에 걸쳐 做官하여 家格이 提高되어 정치사회적 위망이 컸던 문벌사족 또는 그와 연결된 세력이라고 생각된다.

특히 山東 및 江南地域의 출신은 隋朝에 강한 통일정책에 핍박을 받던 문벌사족세력 또는 그에 연결된 세력이었으며, 모종의 사태진전에 따라 자기들의 정치지위를 提高시키고자 하는 노력을 경주하는 것은 필연적인 것이다. 예컨대 封倫은 高祖 末 太宗 初에 中書令·尙書右僕射까지 현달하였지만, 玄武門 事件 직전 太子·元吉과 世民의 암투중에 兩端 사이를 걸쳤고 太子 建成에 陰附하여 世民을 일찌기 도모할 것을 僭勸했지만, 허락되지 않자 高

180) 『舊唐書』 卷190 上, 文苑 上, 袁朗傳. p.4986.

祖에게, "秦王은 큰 공훈을 세워 太子의 아래에 있으려 하지 않을 것입니다. 만약 그를 세우지 않으려면, 일찍 도모하소서"라고 하였으며, 建成에게, "무릇 四海를 통치코자 하는 이는 그 친함(혈육)을 고려하지 않습니다. 漢 高祖가 乞羹, 즉 項羽가 劉邦의 아버지를 인질로 잡고 항복하지 않으면 삶겠다고 하자, 劉邦이 그 국물을 청하였다고 함은 이를 말함입니다"고 作亂을 설득하였던 사례는 그 좋은 보기이다.[181] 따라서 唐 高祖時期는 山東 문벌사족 세력의 再胎動期라고 고려된다.

그리고 唐太宗은 亂世의 만만치 않은 野望을 가진 風雲兒로서, 그는 長子가 아닌 次子로서 長子相續의 철칙으로 皇位를 계승할 수 없는 지위에 있었지만, 晋陽의 기병으로부터 군웅평정에 이르기까지 큰 功勳을 세워 唐朝의 창건에 결정적 역할을 하였음은 異論의 여지가 없다. 게다가 그는 太原 晋陽事件 이전부터 유력자들과 交游하였고, 起兵 후 공식적으로는 秦王府를 비롯하여 陝東道行臺·天策上將府 등의 屬僚 그리고 秦王府 文學館 18學士 뿐만 아니라, 군웅평정 과정에서 群雄 諸 政權의 大官僚 및 謀士나 驍將을 수용하여 그의 정치적 역량이나 위망 그리고 唐初 정계의 세력관계상 막강한 지위를 가졌다.

더우기 高祖는 군웅평정에 관한 重大事를 世民에게 거의 위임하였고, 局面이 불리하게 전개되면 太子의 지위를 약속하고 局面이 호전되면 태도를 표변하는 등 우유부단한 측면을 보였다. 이에 太子를 비롯한 世民과 元吉이 천하의 명신을 引入하는 경쟁을 하였고, 그들 휘하에 운집한(된) 인물들 또한 문무에 탁월한 역량을 갖춘 자들로서 특히 世民의 配下에 모여든 인물들은 모종의 사태를 획책하게 되었다. 그것이 곧 玄武門事件으로 발전하게 된 것이다. 앞서 말한 것처럼 이 사건에 대하여 吳澤·袁英光 兩氏의 논설 즉 太子側을 世族地主集團; 世民側을 庶族地主集團으로 설정하여 양 집단의 계급투쟁이라고 설명하였지만, 논거가 매우 미약한 것이 사실이다. 그밖에도 이 玄武門 사건은 隋王朝의 易太子 사건처럼 關隴集團이 적장자 상속을 좋아하지 않는 사정에서 전개되었다는 색다른 주장이 있지만, 너무 애매하고

181) 上揭書 卷63, 封倫傳. pp.4984-9.

추상적인 측면이 있다.[182)]

결국 李世民의 配下에 모여든 인물들은 일견하여 보면, 關中을 비롯하여 山東 및 江南地域의 인물들이 포함된 貞觀時代가 전개된 것 같이 보이지만 실제로는 關隴 관료적 문벌사족집단 위주로 정치 사회가 진전되었다.

아무튼 玄武門 사건을 통하여 世民은 皇太子에 나아가고 곧이어 황제에 즉위하였다. 李世民은 武德 9년 6월(626) 皇太子 建成과 齊王 元吉의 도전에 대하여 配下의 長孫無忌 尉遲敬德 房玄齡 杜如晦 宇文士及 高士廉 侯君集 程知節 秦叔寶 段志玄 屈突通 및 張士貴 등을 이끌고 반대자인 建成과 元吉을 玄武門에서 처단하고 皇太子에 나아가 庶政을 모두 決斷하였다. 同年 7월 門下侍中에 高士廉 中書令에 房玄齡 宇文士及, 尙書左僕射에 蕭瑀, 尙書右僕射에 封倫, 雍州牧에 楊恭仁, 吏尙에 長孫無忌, 兵尙에 杜如晦를 각각 임용하고, 동년 8월에 즉위함으로써 名高한 太宗 貞觀時代가 개막되었고, 上記한 인물들, 곧 관료적 문벌사족 집단이 同 時期를 끌고 나간 주축으로 부각되었다. 이들을 중심으로 한 정치 군사상의 고관들에 대한 면밀한 연구와 분석이 필요하겠으나, 너무 번쇄하기 때문에 太宗 貞觀 23년간(627~649) 재상을 역임한 자 등을 중심으로 살펴보는 것이 하나의 방법이다.

이에 대하여 汪籛氏는 同 時期에 재상을 역임한 자 28명을 분석하였다. 그 결과,

① 재상역임자 28명 가운데 山東人은 11명, 關隴人 6명, 南朝系 5명이었다. 高祖때부터 연이어 현달한 자 蕭瑀 裵寂 秦叔寶 封德彝 楊恭仁 宇文士及까지 합하면 山東人 12명, 關隴人 9명, 江南·南朝系 7명 등이다.

② 太宗이 채용한 山東人은 세력이 아주 크고 지위가 아주 높은 山東著姓이라기 보다는 微族이었다.

③ 太宗이 山東人을 채용하지 않은 것은 竇建德과 王世充의 평정 때 많은 시련을 겪는 등 惡感情이 있었기 때문이다.

④ 太宗이 山東 門閥士族을 채용하지 않는 방침은 高宗, 그리고 玄宗 때까지도 지속되었다. 즉, 高宗 때 李敬玄이 吏尙으로 人士가 많이 의부하고 趙

182) 徐清廉, 同上 論文.

郡李氏와 合譜하였으며, 山東門閥士族에서 三娶한 것을 高宗이 알고 不悅하였다든지; 玄宗이 淸河 崔林과 盧從愿을 중시했으나, 族大·不廉이라는 이유로 재상으로 삼지 않아 政事堂에 들지 못하게 했다는 것이 그것이다.[183]

이러한 汪氏의 주장에 따라 보면, 太宗 때에 재상에 이른 자는 山東 關隴 江南人이 고루게 채용되었다는 점과 山東人의 채용은 山東郡姓 보다는 微族을 채용했고, 이것이 唐 前期에 재상 채용의 중요 준거가 되었음을 지적하여 산동의 微族을 다수 채용하여 표면상 그들 중심의 통치가 이루어졌다는 논설인 것 같은 인상을 받았다. 그러나 실제로는 唐 初期 정권의 중심은 太宗-長孫無忌를 중심으로 하는 關隴 관료적 문벌사족의 통치인 것이다.

이 시기에 關隴 관료적 문벌사족으로 顯達者는 汪氏가 지적한 것처럼 재상 9명 이외에도 대다수의 高位 武官(武散官)은 唐宗室 출신을 비롯한 西魏-北周 이래 關隴 관료적 문벌사족의 후예가 16衛의 大將軍을 거의 독점하였다. 이들 大將軍의 관품상 位階는 侍中·中書令과 같은 正三品의 재상급에 해당된다. 또한 이들 子弟(孫)들의 入仕를 蔭敍나 明經科 등의 방법으로 보증하였으며, 官品에 따르는 官人永業田을 비롯한 職分田 등을 막대하게 지급하여 그들의 경제적 지위 또한 보증하였다. 이리하여 關隴 관료적 문벌사족은 魏晋 이래 北朝의 宗族組織(宗主集團)이 기초가 되어, "혈통으로 평범하게 정계에 진출하여 公卿에 이른다"고 하던 문벌사족과는 달리, 北朝 後期 이래의 賢才主義 방향에 따라 주로 軍事的인 功勞에 의하여 顯達하고 政界를 主持하였던 것이다. 따라서 關隴 관료적 문벌사족은 漢人貴族(制)과는 다른 별도의 계층이 형성되었다.

그 몇 가지 實例를 들어 보자.

A) 먼저 竇威의 경우,

竇氏는 東漢의 鴻臚卿 章의 10세손인 略으로부터 확실히 나타난다. 章은 靈帝 때 雁門太守로 竇武의 難을 피하여, 匈奴에 亡命, 代代로 部落大人이 되었고, 北魏 때에 大官에 이르렀다고 한 것을 보면, 일찍이 東漢 때에 胡化되었다는 것을 알 수 있다. 北魏 末 그 10세손 略이 平遠將軍이었다. 그의

183) 汪籛, 「唐太宗之拔擢山東微族與各集團人士之幷進」, 『王籛隋唐史論稿』 所收, 1981, 北京.

3子인 熾는 병란때문에 定州에 피난하였다가, 葛榮과 爾朱榮집단을 따랐으며, 孝武帝가 즉위하자 閤內大都督으로 高歡과 대립한 孝武帝를 따라 入關하여 누차에 걸친 軍功으로 北周 武帝 때 柱國大將軍에 발탁되었다. 그 후에 大宗伯·刺史 등을 역임하는 등 국가의 원로로서 실력자 宇文護에게 황제의 친정을 충고하다가 좌천되었지만, 武帝가 친정하여 太傅에 나아가 大政에 참여했다. 隋文帝가 尉遲迥亂을 평정하여 周隋革命이 임박하자 백관이 楊堅에 즉위토록 권고했지만, 그는 누대에 걸쳐 周에 은혜를 입었다는 명분으로 勸進하지 않았음에도 불구하고 隋의 창건과 함께 太傅에 나가고 있었던 것 같이 이른 바 關隴 관료적 문벌사족의 주요 성원이었다.

그의 一族은 모두 현달하고 있다. 兄 善은 역시 孝武帝를 따라 入關하고 太僕卿·刺史 등을 역임했고, 善의 아들 榮定은 北周에서 平齊의 공을 세워 將軍·大夫에 이르고, 隋文帝 安成長公主에 장가들어 늘 楊堅과 친밀하고 隋朝 創建 후 右武候大將軍 등을 역임하고, 部曲 80戶 등 賞賜는 이루 헤아릴 수 없었다.[184] 그리고 善의 弟 岳은 早卒했으나, 동생 毅는 孝武帝를 따라 입관하여 누차의 軍功으로 北周 武帝 때에 大將軍에 이르렀으며, 隋 開皇初에는 定州總管에 나아가 善治하였다. 그는 宇文泰의 五女 襄陽公主에 장가들어 신임이 두터웠으나, 謹愼 自守하였다. 그의 아들 賢은 隋 開皇中 刺史, 二女는 唐高祖 太穆皇后로 竇氏의 중심인물이다. 皇后는 특히 北周 武帝에 愛重되어 宮中에서 길렀다. 그때 武帝는 突厥과의 관계상 可汗의 女를 皇后로 맞았다. 황제가 그녀를 총애하지 않자 皇后는 비록 어렸지만, 后를 위무하여 突厥의 원조하에 江南·關東의 걱정을 해결해야 한다고 충고하였다. 이 말을 武帝로부터 전해들은 竇毅는 賢夫를 맞아 주어야 하겠다고 생각하고, 大門에 孔雀 한마리를 그려 놓고 求婚하려는 여러 公子에게 활을 쏘아 눈을 명중하는 자를 사위로 맞겠다고 했다. 십여 명이 도전했으나, 명중하는 자가 없더니 후에 李淵이 이르러 두번 쏘아 두 눈을 명중하여 成婚하였다.[185]

이 太穆皇后의 直·間接的인 도움으로 竇氏가 현달하고 唐황실과 거듭 외

184) 『隋書』 卷39, 竇榮定傳. pp.1150-1.

185) 『舊唐書』 卷51, 太穆皇后 竇氏. p.2163.

척관계를 맺고 있다. 예컨대 ① 軌는 隋末에 기병하고 歸唐하여 丞相府 諮義參軍으로부터 太子詹事, 太宗 貞觀 初에 右衛大將軍에 이르렀고, 아들 奉節은 高祖의 女 永嘉公主에 장가들어 都督에 이르렀다. ② 琮은 隋末에 犯法하고 歸唐하여 右屯衛大將軍·左領軍大將軍을 역임했다. ③ 抗은 楊諒事件에 가담하여 煬帝 때에 현달하지 못했지만, 歸唐하여 高祖 武德 初에 納言·左武候大將軍을 역임하였다. 그의 長子 衍은 左武衛將軍; 次子 靜은 唐初에 幷州總管府 長史, 貞觀 初에 夏州都督을 역임했으며; 아들 逵는 太宗의 遂安公主에 장가들었다. 三子 誕은 隋에서 이미 殿中監을 역임하였고 唐 高祖의 襄陽公主에 장가들어 武德中에 刑部尙書를 역임했고, 貞觀中에는 右領軍大將軍을 역임했으며, 아들 孝慈는 左衛將軍을 역임했다. 그리고 抗의 막내 동생 璡은 隋朝에서 이미 太守를 역임했고, 武德中에는 禮·民部尙書를, 貞觀中에는 太子詹事를 역임했으며 女息은 酆王妃가 되었다.

한편 竇威는 太穆皇后의 從父兄으로 누대에 걸친 勳貴로 여러 형과 동생들이 모두 武藝를 숭상하고 현달하였으나, 威는 文史에 탐익하여 여러 형이 그를 "書癡" (책벌레)라고 通顯하지 못한 것을 조롱했지만, 웃고 대답하지 아니하였다. 그는 秀才科에 합격 秘書監에 나아갔으나, 10년간을 不調한 가운데에 학업을 더욱 넓혔고, 煬帝 때는 內史舍人·考功侍中에 이르렀으나, 면직되고 歸唐하여 영광스럽게 內史令에 발탁되었고, 아들 惲은 刺史에 이르렀다.

대략 이상과 같은 竇氏는 唐初 정계에서 3품 이상자 7명, 4·5품이 10여명, 尙主者 3명, 妃 수명으로 官冕이 융성하였다. 그리고 誕의 孫 希玠는 中宗 때에 禮部尙書, 玄宗 때에 太子少傅에 이르렀다. 이리하여 竇氏 一門은 唐朝에서 두 번이나 외척이 되었고, 一品에 이른 者 3명, 三品以上者 30여명, 尙主者 8명, 王妃된 자 6명으로 唐朝 일대에 "貴盛"함이 비할 자가 없었다.[186] 이와 같이 竇氏는 후술하는 高祖와 竇威의 대화처럼 관품과 황실과의 관계를 중시하는 關隴 관료적 문벌사족集團의 대표였다(表 1).

---

186) 『舊唐書』 卷61, 竇威傳. p.2369.

【表 1】 竇氏 世系表

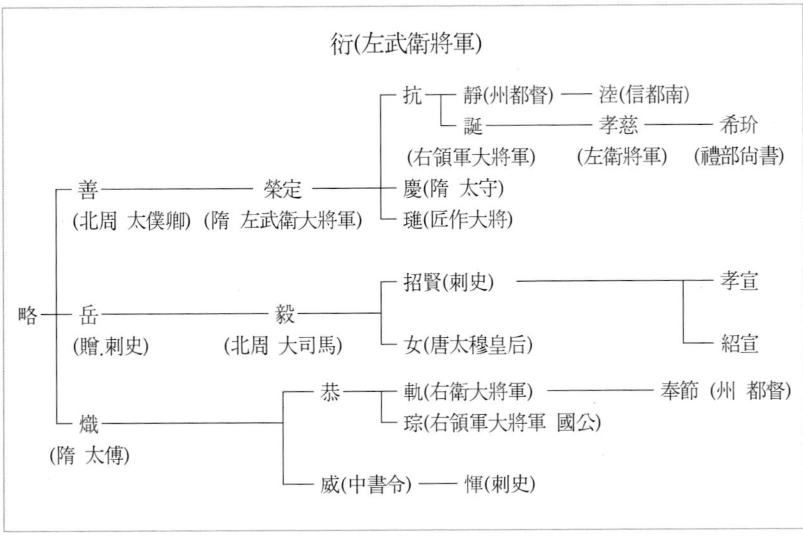

*이 표는『周·隋·舊唐書』를 의거한 것임

B) 楊恭仁의 경우,

恭仁은 隋初「四貴」의 한 사람이고 文帝 때의 명신인 觀王 雄의 長子이다. 그가 隋末의 혼란기에 歸唐하자, 唐 高祖는 매우 예우하였다. 그는 黃門侍郎·觀國公으로 발탁된 것에서부터 總管·吏部尙書 및 右衛大將軍을, 貞觀中에는 雍州牧을 역임했으며, 아들 思訓은 高宗 顯慶中에 右屯衛大將軍이었다. 恭仁의 弟 續은 貞觀中 刺史, 아들 思玄은 高宗 때 吏部侍郎·國子祭酒, 次子 思敬은 禮部尙書를 역임했으며, 孫 執柔는 則天武后가 外家에서 재상을 삼고자 하여 재상이 되었고, 次孫 執一은 中宗 神龍 初에 右金吾衛大將軍에 이르렀다. 그리고 恭仁의 少弟 師道는 隋末에 歸唐함에 唐 高祖는 吏部侍郎에 超拜하였고, 貞觀中에 侍中·中書令에 임명되었다. 이러한 楊氏와 唐室과의 통혼에 관해서는 일찍이 陳寅恪氏도 지적하였지만, 宗室과 중복된 혼인관계는 맺고 있다.[187] 예컨대 思敬은 安平公主에; 師道는 桂陽公主; 思訓의

187) 陳寅恪,「記唐代之李武韋楊婚姻集團」, 同上.

孫 睿交는 中宗의 長寧公主에; 師道의 子 豫之는 李建成의 女 壽春縣主에 각각 장가들었고; 恭仁의 姪女(續 혹은 師道의 女)는 李建成의 王妃였다.

이와 같이 華陰 弘農楊氏는 隋室과 同貫이기도 하고, 개인적인 역량도 컸을 뿐 아니라 唐室과 같은 關隴 관료적 문벌사족이라는 相關關係上 현달하고 거듭 외척이 되었다. 그리하여 一家門 內에 駙馬 3명, 王妃 5명, 贈皇后 1명, 3품 이상의 관직자만 20여명에 이르러 "盛族"이라 하였다.[188]

C) 京兆 韋門의 경우,

"韋氏는 周-隋 이래 令明한 사람이 나오더니 번창하여 冠族이 되었고, 安石·嗣立이 마침내 그 門戶를 키웠다"[189]라고 한 것처럼, 關隴 관료적 문벌사족의 주요 성원이었다. 다시 말하면 三輔著姓인 京兆 杜陵 韋門의 孝寬은 西魏 이래 누차의 軍功을 세웠고, 北周 末 楊堅의 周隋革命에 즈음하여 反楊堅勢力과 淮南을 평정하여 대공을 세웠지만 곧 타계하였다. 그의 兄(瓊)은 北周에서 몇 번 被徵되었으나 入仕하지 않았다. 그의 아들 世康이 吏部尙書로 10여년간 廉平했으며, 隋朝의 皇子들이 역임했던 4대 거점의 하나인 荊州總管을 역임하여 당시에 매우 영예스럽다고 하였다. 孝寬의 長子 壽는 刺史; 次子 霽는 太常少卿; 津은 內史侍郎을 역임했으며, 世康의 여러 동생 洸(廣州總管); 藝(刺史); 沖(民部尙書); 女息(豫章王 暕의 妃) 등도 모두 현달했다.[190] 이와 같이 대대로 인물이 나왔고 周·隋 兩朝에 勳庸이 茂盛하다고 하였다.[191] 唐初에는 韋沖의 아들 挺은 隋末 微官으로 武德中에 太守 屬僚였다가, 世民이 太子였을 때 主簿·郎中을, 貞觀中에 尙書左丞 黃門侍郎을 비롯하여 太常卿·刺史 등을 역임했으며, 高宗과 武則天朝에 津의 孫 安石은 中書令, 嗣立은 武則天朝에서 鳳閣侍郎·同鳳閣鸞臺平章事(재상)를 역임했다.[192]

D) 于志寧의 경우,

于志寧의 증조 于謹은 西魏의 八柱國中의 한 사람으로 大司徒까지 역임했

188) 『舊唐書』, 卷62, 楊恭仁傳. p.2382.

189) 上揭書 卷77, 史臣 曰.

190) 『隋書』 卷47, 韋世康傳. p.1267.

191) 上揭書 同卷, 史臣 曰.

192) 上揭書 卷92, 韋安石傳; 卷88, 韋嗣立傳. p.2955.

다. 謹의 長子 寔은 北周에서 上柱國·大左輔를 역임하였고, 開皇 元年에 사망하자 司空을 추증받았는데 시호는 安이었다. 長子 顗는 上開府·總管; 次子 仲文은 煬帝 때 右翊衛大將軍; 3子 象賢은 隋文帝의 公主에 장가들었다. 謹의 次子 翼은 宇文泰의 女 平原公主에 장가들었고 刺史·右官伯·總管·大司徒에 이르렀으며, 長子 璽는 隋初에 太尉·上大將軍을 역임했다. 謹의 3子 義는 北周 末 行軍總管으로 王謙을 평정하여 上柱國에 超拜되었고 노비 500口를 상여받았다. 長子 宣道는 內史舍人을 역임했는데, 長孫이 志寧이었다. 그리고 謹의 4子 禮가 上大將軍·刺史에 이르렀고, 5子 智는 柱國·總管·大司空을 역임하였다. 이처럼 大將軍과 上柱國을 10여명이나 배출했으며, 이에 "貴戚"이라 했고, 祿位는 자손에게 향유하게 하여 가문이 융성했다.[193]

于志寧은 隋末에 冠氏縣長이었으나, 山東에 群盜가 봉기하자 관직을 그만두고 귀향했고, 唐 高祖 입관 때에 영접하여 銀青光祿大夫·李世民의 渭北道行軍元帥府 記室·天策上將府 從事中郎·秦王府 文學館學士 등을 거쳐 貞觀 3년 中書侍郎에 나아갔다. 3품 이상의 貴臣에 대한 잔치가 내전에서 개최되었는데, 그는 正四品上으로 불참하자 황제는 즉석에서 散騎常侍를 加授하고 行太子左庶子로 삼아 참여하도록 했다. 그 후 그는 太子詹事로 太子 承乾의 輔學에 힘썼으나, 효과가 없었다.[194] 그 후 晋王이 皇太子가 되어 太子左庶子에 제수되었고, 高宗이 즉위하여 侍中·尚書左僕射·同三品 및 太傅를 역임했다. 이때 高宗은 그와 尚書右僕射 張行成 및 中書令 高季輔에게 賜田하고자 했는데, 志寧은, "臣의 家는 周魏 이래 關中에서 世居하여 貲業이 不墜하여 健在합니다. 지금의 行成과 季輔는 처음으로 産土를 경영하게 되었으니, 원컨데 臣에게 줄 것을 그들에게 分與하소서"라고 함에, 고종은 그를 가상히 여기고, 張과 高 2인에게 분여했다. 그 후 僕射의 해직을 청원하여 허락을 받았으나, 太子太師·同三品으로 다시 재상에 올랐다.[195]

이처럼 于氏 一家는 西魏-北周-隋에서 貴戚"·"盛族"으로 정치적으로 현달하였고, 경제적으로도 基址가 풍족하였던 것을 알 수 있다.

193) 『周書』 卷15, 于謹傳, 于翼傳; 『隋書』 卷39, 于義傳 및 同書 卷60, 仲文傳.
194) 『舊唐書』 卷78, 于志寧傳. p.2700.
195) 『舊唐書』 卷104, 于志寧傳. p.2693.

E) 長孫無忌의 경우

長孫氏는 처음 拓拔氏로 北魏 創建에 공로가 가장 크고 長孫系統이어서 宗室의 長孫으로 명명된 것이다. 無忌의 七世祖 道生은 後魏 司空·上黨靖王; 六世祖 旃은 後魏 特進·上黨齊王; 五世祖 觀은 後魏 司徒·上黨定王; 高祖 稚는 西魏 太保·馮翊文宣王; 曾祖 子裕는 西魏 衛尉卿·平原郡公; 祖 兕는 北周 開府儀同三司; 父 晟은 隋 右驍衛將軍으로 對突厥 작전에 多大한 공로를 세웠다. 長孫晟의 부인은 隋 揚州刺史 高敬德(勵) (北魏 樂安王·尙書左僕射)의 여식으로, 高士廉의 妹였으며 長孫無忌와 太宗의 長孫皇后를 낳았다.

無忌는, "貴戚"으로 학문을 좋아하여 文史에 해박하고 성격은 頓悟했으며 籌略함이 있었다. 어려서 世民과 友善하였고, 李淵이 기병하여 長安에 이르자 長安宮에 나아가 알현하여 渭北道 行軍典籤으로 世民의 征討 때마다 從軍하여 比部郎中·上黨縣公에 이르렀다. 玄武門事件 때 房玄齡·杜如晦와 함께 籌略하여 建成과 元吉을 討平하고, 世民이 皇太子로 됨에 太子左庶子가 되었다. 태종이 즉위하자 일등공로로 左武候大將軍·吏部尙書 齊國公에 나아갔다. 곧이어 元勳 및 外戚으로 尙書右僕射, 貞觀 7년에 司空에 超拜하자 固辭했지만, 太宗은 그의 才行 때문에 除授한 것이라고 하고 「威鳳賦」로 慰撫했다. 동 16년에 司徒에 冊拜했고, 19년 高句麗 원정 때 攝侍中, 돌아와 太子太師를 파했고, 同 21년 揚州都督을 遙領하게 했다.

게다가 無忌는 褚遂良과 함께 太子 책봉에 적극 개입하고, 顧命을 받아 高宗이 즉위하자 太尉에 進拜되었을 뿐만 아니라, 揚州都督을 겸임하고, 知尙書·門下二省事로 尙書·門下 兩省의 일에 간여하도록 하였다. 이때 無忌는 知尙書省事를 적극 사양하자 高宗은 허락하고 太尉·同三品·監修國史로 집정하게 하였지만, 후술하는 바와 같이 高宗의 廢王立武事件에 적극 반대하다가 許敬宗·李義府의 모략으로 黔州에 귀양 賜死되고 그의 家는 沒籍되었다가 上元 元年에 復爵되었다. 永徽 5년에는 세 아들이 朝散大夫로 발탁되었고, 顯慶 元年에는 高祖·太宗實錄 편찬의 공로로 一子(潤)를 金城縣子에 封했다.[196]

---

196) 『舊唐書』 卷65, 長孫無忌傳. p.2455.

이상과 같이 關隴 관료문벌사족은

① 北周－隋－唐政權을 건설하는 데에 있어서 多大한 군공을 세우고, 본인들은 물론 一族이 高位官職(三品 이상)에 나아가 정치를 좌우할 정도로 현달하여, 家風과 婚姻을 중시하는 山東 문벌사족과는 달리, 官品과 皇室과의 關係를 중시하는 關隴 관료적 문벌사족이 편성되었던 것이며, 그들을 "貴盛"·"盛族"·"冠族"·"貴戚"이라 하였다.

② 특히 武官(大將軍 등)位를 거의 독점하다시피 하여 정권의 기초로써 군림하고 있었다.

③ 賜物 등 봉건적 특권을 향유함으로써 황실의 우익으로 그 세력은 대단히 컸다.

④ 外戚 혹은 尙主者가 많아 황실과의 통혼을 통하여 유대를 강화하고 있다. 이런 사정은 후술하는 바와 같이 太宗에 의해서 王妃·主婿는 勳貴·名臣家에서 선발한다는 원칙이 만들어졌던 것이고, 그런 결과 陳氏가 지적한 것처럼 唐宗室과 楊·武·韋의 혼인집단이 형성되었던 것이다. 따라서 太宗의 혼인정책은 唐室의 군사기반인 關隴集團의 기반을 보증하는 것이고, 宇文泰 이래 關中本位정책의 관철이라고 해도 좋다.

⑤ 그밖에 凌煙閣에 초상을 그려 보존하게 한다든지, 世襲刺史로 발탁하여 그들의 지위를 보존하게 하여 황실의 藩屛으로 삼으려고 하였다. 즉 太宗은 貞觀 11년 "割地하여 封建함은 古今의 通宜로 公 등의 후사로 하여금 朕의 자손을 돕게 하고자 한다"고 하여 長孫無忌와 杜如晦 등 공신에게 世襲刺史를 수여하고자 했다. 이 논의는 無忌 房玄齡 馬周 李百藥 등은 封建은 聖代의 綱領을 문란하게 하고, 賢良의 牧守라야 백성이 蘇息한다는 賢才主義로 반대하여 취소되었다. 그리고 同 17년에는 공신들의 훈공을 褒崇코자 凌煙閣에 24공신의 肖像을 圖劃하여 안치하는 등의 이른바 長治久安의 실효성을 거양코자 했다. 그러나 太宗의 이런 노력은 그를 중심으로 하는 關隴 관료적 문벌사족 集團의 정치적 기반을 굳게 하였지만, 장차 그들에 배치되는 정치집단의 과녁으로 변화되는 것은 당연한 이치이었다.

⑥ 이들 집단은 원래 胡漢 상층부로 특히 北族 및 胡化漢人의 경우 經史 등을 학습하여 胡漢融合의 방향이 성숙하였고, 그리하여 隋唐 世界帝國의

雄姿에 일면목으로 등장하였다.

⑦ 심지어 長孫無忌와 같은 경우는 30년(貞觀·永徽·顯慶 初) 동안이나 재상의 지위를 누렸고, 황제의 외숙부로 황태자 결정 및 즉위에 결정적인 역할을 하여 그의 권능은 비할 바 없이 강대하였다.

이러한 關隴 관료적 문벌사족, 특히 동 집단의 중심세력인 北族 및 胡化漢人은 軍功·武藝能力으로 西魏이래 隋唐의 정권을 주도하였다. 일반적으로 그들은 士族적인 기초로 經學·禮法·婚宦 및 門風을 갖추는 특성이 없었다고 하여 軍事貴族으로도 지칭하였다. 그러나 이들은 前代 이래의 고위관직에 따르는 門蔭과 封爵에 따르는 仕官, 그리고 여러 가지 특권으로 말미암아 唐朝를 지지하는 강력한 집단으로 편성되었던 것이다. 더우기 太宗이 孔穎達 등에게 명하여『五經正義』를 刊正하게 하고, 이들에게 유학을 숭상·학습하게 하여 明經科 등의 科擧를 통과하여 官界에 진출·활동하게 하였다. 이는 山東 문벌사족에게도 仕官의 기회를 주어 唐朝에 협조하는 권고 혹은 문화를 개방함으로써 이 부분에 정당성을 갖는 장치이기도 하였지만, 보다 더 중요한 것은 수도 長安 및 그 근방에 거주하던 關隴 관료적 문벌사족에게 解送 등 특혜를 부여하는 방법으로 운영되었다.[197] 이러한 唐朝의 정책은 본거지를 중시함은 물론, 關隴 관료적 문벌사족의 문화수준을 제고시켜 장차 山東 문벌사족과 더불어 대등한 관계를 구축하려는 방향에서 설정된 것이라고 생각한다. 따라서 唐朝는 關隴 관료적 문벌사족 집단의 무궁한 발전을 추구한 것이다.

이리하여 王夫之가, "高宗은 貞觀의 余澤을 이어 永徽年間의 政治에는 (貞觀의) 流風이 風靡하였으나, 능히 한 사람의 강직한 人士를 얻지 못하였으니 무엇 때문인가? 좋은 것은 좋다고 하면서도 不用하였고, 악한 것을 싫어하면서도 제거하지 못하였으니, 눈이 폐쇄되어 암흑이 되고, 귀가 막혀 귀머거리가 되었으며, 그 발(足)은 生人의 기운을 좌절시켜(꺾어) 상실하게 하였으니, 주살함보다 심했다"고 비판하였다.[198] 이처럼 關隴 관료적 문벌사족을 기초로 하는 用人制度로 말미암아 太宗 이후의 정치가 신속히 沈滯하는 원인이

197) 吳宗國, 「進士科與唐後期的官僚世襲」, 『中國史研究』 1982-1.

198) 王夫之, 『讀通鑑論』, 21-7.

되어, 唐朝의 무궁한 발전에 장애요인이 되었다. 이러한 상황은 특히 새로이 성장하여 부상한 신흥지주나 前代에 억압 받았던 山東 문벌사족과 정치적인 야심가 則天武后에 이용되는 결과가 되었다.

라. 隋末·唐 初期 山東貴族의 동향

同 시기에 활동한 산동 문벌사족으로는 山東의 郡姓 및 郡四姓 출신이 많이 보인다. 山東郡姓으로는 ⓐ 淸河 崔門에 崔信明·敬素·善爲·義玄; ⓑ 博陵 崔門에 崔民幹·賾·恭禮·仁師·敦禮; ⓒ 范陽 盧門에 盧赤松·承慶; ⓓ 趙郡 李門에 李百藥·守素; ⓔ 滎陽 鄭門에 鄭善果·元璹·世翼; ⓕ 太原 王門에 王珪·勃·績·方翼·君廓 등으로 22명이 있고, 郡四姓으로는 淸河 房玄齡을 비롯하여 27명을 거론할 수 있다.

A. 먼저 山東郡姓 출신에 대하여 살펴보자.

ⓐ 淸河 崔門의 경우,

① 崔善爲는 貝州 武城人으로 祖父 顥은 後魏 員外散騎侍郎이었고, 父 權會는 北齊 丞相府 參軍事였다. 善爲는 학문을 좋아하여 儒學은 물론 天文과 算曆을 잘했고, 時務에도 뛰어났다. 弱冠으로 州學를 거쳐 文林郎이 되었다. 仁壽宮을 조영할 때 丁匠 500인을 잘 점검한 것에서 右僕射 楊素에게 신임을 받아 四方의 疑獄 때마다 推按하여 그 사리를 명확히 했다. 뿐만 아니라, 崔善爲는 仁壽中에 樓煩郡 司戶書佐로 在職中에(大業 初) 李淵이 郡守로 부임하자 그를 매우 예우했다. 이 때 崔는 隋王朝의 정치가 기울고 쇠퇴한다고 하면서 은밀하게 勸進함에 이를 깊이 받아 들였으며, 李淵이 기병하여 崔를 大將軍府 司戶參軍을 삼고 공로로 淸河縣令을 除授하였다. 그는 武德中에 內史舍人·尙書左丞으로 稱職하여 영예스러웠다. 이에 諸曹의 令史들이 그가 총명하여 매사를 잘 처리함을 미워하여, 그 몸이 短軀임에도 上司를 잘 받드는 것을 조롱하여 "崔子(善爲)는 구부림이 갈구리같이 하여 (윗사람에게 아첨하여) 例에 따라 封侯를 얻었으며, 어깨(뼈)는 전혀 크지 않는데, 가슴 앞에 별도로 머리가 있구랴"고 하였다. 이를 高祖가 듣고는, "천박한 자들이

올바른 것을 추하다 하고 곧은 것을 증오하는구나"고 개탄하고, "옛 北齊 末(名將) 斛律明月을 노래(모함)했는데, 高緯(北齊 後主)가 어리석고 암흑하여 그 家門을 멸망시켰고 北周에 평탄되었다. 朕은 비록 부덕하나 그런 일은 다행히 면하겠구나"라고 하면서 崔의 勞勉을 당부하고 꾸민 자를 죄 주었다.

또한 善爲는 그 당시 傅仁均이 찬수한 『戊寅元曆』을 많이 駁正했고, 貞觀 初에 陝州刺史에 발탁되었다. 이때 조정에서는 狹鄕의 民戶를 寬鄕에 遷徙함을 허락하고자 하는 朝議가 있었다. 이에 대하여 崔善爲는, "畿內가 狹鄕이고 장정이 많아 軍府에 충당하고 있다. 이는 곧 京師에서 가까운 곳은 空虛하게 만들고 먼 곳은 충실하게 될 것이니, 통틀어 경영하는 朝議가 아니라"고 上表하자, 그 일은 곧 중지되었다. 그 후 大理·司農寺의 二卿에 까지 승진하여 稱職했지만, 少卿과 협력하지 못했다고 하여 秦州刺史에 貶斥되어 사망했다. 死後에 刑部尙書에 추증되었다.[199)]

② 崔義玄은 貝州 武城人으로 大業 末에 李密集團에 의부하여 顯達하고자 했으나 채용되지 못하였다. 그는 天文上으로 唐公, 즉 李淵을 眞主로 생각하면서 歸唐함에 곧 李唐의 懷州總管府 司馬에 발탁되어, 王世充의 평정에 누차 籌策을 바쳐 채용되는 등의 군공으로 淸丘縣公, 東都平定 후에 곧바로 濕州都督府 長史를 거쳐 貞觀 初에는 左司郎中·韓王府 長史로 잘 다스렸다. 永徽 初에는 婺州刺史로 인근의 睦州女子 陳碩眞이 거병하여 그 與黨인 童文寶가 무리 4천으로 婺州를 습격함에 이를 평정하여 그 공훈으로 御史大夫에 제수되었다. 그리고 義玄은 章句의 學에 뛰어났고, 五經의 定義에 대한 先儒의 잘못이나 音韻이 명확하지 못하면 傍證을 통하여 조리있게 注疏했다. 이때 高宗은 義玄에게 孔穎達 등이 편찬한 『五經正義』에 대하여 토론하게 했는데, 여러 博士와 함께 그 是非를 (완성은 다하지 못했지만) 詳定했다.[200)]

③ 崔信明은 靑州의 益都人으로 北魏 末 七兵尙書 光伯의 증손이다. 祖縚는 北齊 北海太守이었다. 信明은 大業中에 堯城令에 나아갔는데, 竇建德이 기병하여 信明을 채용하고자 하였다. 이에 그의 族弟 敬素가 그를 竇建德

199) 『舊書書』 卷191, 崔善爲傳. pp.5088-9.

200) 上揭書 卷77, 崔義玄傳. pp.2688-9.

의 鴻臚卿으로 삼겠다고 설득 회유함에 "僞主"라 하여 太行山에 은거했다. 貞觀 6년 科擧에 응하여 興世丞을 거쳐 秦川令으로 사망했다. 이처럼 信明은 才學이 뛰어났지만 顯達하지 못하였다. 그리고 매우 교만하여 詩賦上 李百藥을 능가한다 했으나, 당시인들은 이를 인정하지 않았다. 특히 그는 오만하게 자신의 門族을 뽐내어 四海의 名士을 경멸하였다. 이것은 시대조류에 어긋나는 것으로 종래 문벌사족의 쇠퇴상의 표현이며, 이것으로 세상의 조롱거리가 되었다.[201)]

ⓑ 博陵 崔門의 경우,

① 崔賾은 博陵 安平人으로 祖 子元은 北齊에서 燕州司馬를 역임했고, 父 廓은 學問上 山東의 宗長이었으나 不仕하고 趙郡 李士謙과 더불어 莫逆한 사이였다. 그는 文帝 開皇 初에 秀才로 校書郞 協律郞 王侍讀으로 중시되었다. 煬帝의 高句麗 원정에 종군하여 帝詔로『東征記』를 썼다. 大業 9년(613)에는 越王 長史가 되었는데, 이 때 山東의 도적이 봉기하자, 황제의 명령에 따라 高陽 襄國을 위무하여 800여 명을 歸服시켰다.[202)]

② 崔民幹은 兩 唐書에 그의 列傳이 기재되어 있지 않지만,『新唐書』卷72 下, 宰相世系表 博陵 安平房에 보인다. 그의 祖父 猷는 북주 사헌중대부로 칭제건원 제안하여 추진하였다. 隋의 大將軍을 역임하였다. 父 叔重은 隋의 虞部侍郞이었다. 후술하는 바와 같이 民幹(혹은 幹 太宗의 諱를 피해서)은『貞觀氏族志』의 初進 때에 제 1등의 家格이 있었던 것처럼, 종래 천하 제일의 名門, 곧 문벌사족이었다. 그가 唐朝에 투항하기 이전의 사실은 명확하지 않다. 唐朝의 창업과 더불어 그를 黃門侍郞에 기용한 것은 崔賾이 煬帝의 命에 따라 高陽·襄國을 위무하였던 것처럼, 山東地域을 위무하는 데에 필요하여 博陵 崔門의 사회적 위망이 높아 포용한 것이다. 武德 元年 10월 庚辰에 淮安王 李神通이 山東安撫大使, 民幹이 그 副使로 임명되어 對山東招撫의 제일선에 나섰다.

다만 그 성과에 대하여 布目氏는 그의 행적이 兩唐書의 列傳에 기록되지

---

201) 上揭書 卷190 上, 文苑 上, 崔信明傳. p.4991.

202)『隋書』卷77, 隱逸 崔廓傳. p.1755.

않은 것과 『貞觀氏族志』 편찬시기까지 승진되지 못하고 黃門侍郎에 그대로 머물러 있었던 사실을 가지고 공헌도가 낮았기 때문이라고 하였지만,[203] 高祖와 太宗의 산동문벌사족에 대한 좋지 않은 감정때문에 黃門侍郎에서 승진하면 재상인데, 재상으로 채용하지 않으려는 사정에서 그런 것으로 이해된다. 그리고 高祖가 同族인 崔恭禮에게 眞定公主를 降嫁시키고 있다. 이는 博陵 崔門의 宗族的 역량과 사회적 위망을 통하여 어렵게 평정한 山東地域을 위무하려는 배려로 고려된다.

③ 崔行功은 貫籍上 博陵 安平人에서 恒州 井陘人으로 바꾸어져 있으나, 그의 兄 行謹은 胡蘇令이었고, 조카는 후술하는 바와 같이 武則天 때 재상을 지낸 바 있는 玄暐이다. 玄暐 父子의 경우는 本貫이 博陵 安平人으로 되어 있는 것을 보면, 行功이 일찌기 고향을 떠나 활약하였던 데서 비롯된 것으로 판단된다. 行功은 어려서 학문을 좋아하여 학문을 닦은 후 李淵의 기병에 참가하여 大將軍府·相國府의 記室參軍·中書侍郎 및 天策府 長史를 역임한 바 있는 唐儉의 휘하에서 征討의 文表를 작성하고, 高宗 때에는 吏部郎中·秘書少監을, 武則天 때에는 蘭臺侍郎에 이르렀다. 그동안 그는 內貯庫에 四部群書를 배치하는 데에 업무를 추진하고 있었다.[204]

④ 崔仁師는 定州 安喜人(博陵 安平의 改名)으로 『新唐書』 卷72 下 宰相世系表에 의하면, 仁師의 父는 崔昻이고 4子에 挹, 孫으로 湜이 기록되어 있다. 그러나 『舊唐書』 卷74 本傳에는 父가 보이지 않고 그의 子 湜·液·滌 三子가 보이고 涖는 從兄으로 기록되어 있다. 또한 『北史』 卷32, 崔挺傳의 昻傳에는 昻의 父는 孝偉이고, 5子가 있었는데, 3子가 液으로 보이고 있어 世系가 혼란스럽게 되어 있다. 그리하여 仁師를 파락호로 지적하기도 한다.[205] 이 혼란은 『舊唐書』 崔仁師傳에 祖, 父가 보이지 않는 점과 仁師 자손의 활동시기가 각각 상당한 간격이 있기 때문이지만 仁師가 昻의 늦게 얻은 아들이라면 반드시 世系上의 혼란이라고 할 수 없다.

아무튼 仁師는 武德 初 制擧에[206] 합격하여 錄事參軍으로부터 侍中 陳叔

---

203) 布目潮渢, 「唐朝創業期における三省六部の人的構成」, 同上.

204) 『舊唐書』 卷190 上, 文苑 上, 崔行功傳. p.4996.

205) 汪籛, 上揭 論文.

達이 史識을 가졌다 하여 천거하자 右武衛 錄事參軍에 발탁되어 梁·魏史 등의 편찬에 참여하였다. 太宗 貞觀時期에는 殿中侍御史로 이때 靑州에서 역모사건이 발생하여 많은 사람이 체포 구금되었다. 太宗은 동 사건을 仁師로 하여금 按覆토록 했다. 그는 그 수괴 10여명만을 연좌시키고 모두 방면하였다. 이에 大理少卿 孫伏伽가 異意를 제기함에, "理獄은 반드시 仁恕토록 해야 한다"고 하여 물리쳤지만, 그후 太宗은 勅使를 靑州에 보내 다시 심문했다. 諸囚들이 모두, "崔公은 仁恕했고, 사실상 잘못함이 있으면 伏罪를 청합니다"고 함에 다른 말이 없었다. 그후 度支郎中에 임명되어 度支의 財物이 對唱한 것과 다름이 없어서 太宗이 이를 기특하게 여겼다. 그때 校書郎 王玄道가 『尙書』·『周易』에 대하여 註釋했는데, 孔·鄭의 舊義를 훼손하여 舊註를 폐지하고 몸소 행한 주석을 실행하자고 청원하였다. 이에 太宗은 禮部로 하여금 諸儒를 모아 詳議토록 하였다. 王玄道의 口辯에 대하여 누구도 힐난하지 못함에 郎中인 許敬宗이 그 책을 秘閣에 보관토록 청했고, 河間王 李孝恭은 孔·鄭의 舊註와 竝行·持續하도록 했다. 이때 仁師는 王玄道의 註가 아직 천착되지 못했고, 그 조리가 아직 대의에 불합하다고 하면서 폐지하도록 주청하여 수용되었다.

이 밖에 그의 활동으로는, ㉠ 貞觀 16년 給事中에 승진되었다. 이때 刑部에서는 賊盜律의 반역에 대하여 형제를 連坐 沒官하는 것은 가벼우니, 死罪로 고쳐야 한다고 尙書省의 八座가 상의했지만, 秦은 엄한 法으로 실효를 거두지 못했음을 상기하면서 다시 깊이 헤아려야 한다고 駁議하여 번복하였다. ㉡ 魏王을 太子로 삼을 것을 請하여 太宗의 노여움을 사서 鴻臚少卿으로 좌천되고, 다시 民部侍郎에 나아갔다. 高句麗 원정 준비중에 近海의 租賦를 轉輸하던 과정에서 도망자가 많았지만, 上奏하지 않았다가 免職되고, 「體命賦」를 지어 정황을 申理함에 中書舍人으로 起用되고 곧이어 檢校刑部侍郎으로 승진되었다. 太宗이 翠微宮에 幸行하자 「淸署賦」를 영탄함에 太宗은 칭찬하고 賜物하였다. ㉢ 貞觀 22년 中書侍郎에 옮겨 軍國의 機務를 參知하게 하여 매우 큰 은혜를 입자, 中書令 褚遂良이 자못 시기 투기하였다. 백관이

---

206) 『文獻通考』 卷29, 選擧 2에 唐初 최초로 賢才를 廣求코자 "赤牒授官"까지 하였던 일이 있는데, 이를 가르키는 듯하고, 唐의 制擧는 武后時期부터 시행되고 있다.

伏閤上訴하는 일에 上奏하지 않아 龔州에 유배·귀환되어 永徽 初에는 簡州 刺史에 임명되었으나, 곧 사망했다.[207]

⑤ 崔敦禮는 雍州 咸陽人이다. 그의 祖父 仲方은 隋의 禮部尙書로 원래 본관은 博陵 安平人으로 北魏 末 關中에 遷徙하였다. 文史를 섭렵하고, 절의를 중시하였다. 예컨대 武德 9년 李世民은 幽州의 廬江王 瑗을 의심하여 敦禮를 보내 소환코자 했는데, 그가 幽州에 당도했을 때에는 이미 거병했다. 瑗은 敦禮를 잡아 京師의 형편을 묻자 조금도 다른 말을 하지 않고 있는 대로 말했다는 소식을 들은 太宗은 장하다면서 左衛郎將에 발탁하고 良馬·黃金 등을 하사했다. 貞觀 元年에 中書舍人·兵部侍郎을 역임하고 거의 20년간 靈州都督으로 對突厥 관계에 노심하여 동 20년(646)에 兵部尙書에 임명되었고, 廻紇·鐵勒部落을 안무시켰다. 이때 薛延陀가 침입하여 李勣과 함께 격파하고 瀚海都督·廻紇吐迷度가 부하에 살해되자 그 부락을 위무하고, 그 아들을 세워 都督으로 삼는 등 北族의 정황에 능통하여 잘 대처하였다.

그리고 高宗 永徽 4년(653)에 侍中이 되었고 固安縣公을 받았으며 國史를 撰修하였다. 同 6년 中書令이 되었다가 곧 檢校太子詹事, 顯慶 元年에 太子少師·同三品에 나아갔으나, 병을 얻자 아들 餘慶(定襄都督府 長史)으로 하여금 간호토록 하는 두터운 恩寵을 받았다. 60여세로 他界했고, 高宗은 많은 특전을 주고 있다.[208] 이처럼 高宗이 많은 봉건적 특전을 賜與하고, 太宗이 山東人을 재상으로 삼지 않았던 것에 반대하여 그를 재상으로 삼았던 것은 武昭儀 혹은 武后 옹립에 긍정하였던 이유가 아닌가 싶다.

ⓒ 范陽 盧門의 경우,

① 赤松은 隋 武陽太守 盧思道의 아들이다. 그는 大業 末에 河東令이 되었고, 李淵과 友誼관계가 있어 義師(李淵의 起義軍)가 霍邑에 이르렀다는 소식을 듣고 縣令職을 버리고 영접하여 行臺 兵部郎中에 補하여져 唐朝의 창건에 立功하였다. 武德 初에 太子 率更令에 이르렀고, 范陽郡公에 封해졌으나, 곧 사망하였다.

---

207) 『舊唐書』 卷74, 崔仁師傳. pp.2621-2.
208) 上揭書 卷81, 崔敦禮傳. pp.2747-8.

② 赤松의 아들 承慶은 風儀가 아름다웠고 博學할 뿐만 아니라, 才幹이 있었다. 어려서 父爵(范陽郡公)을 세습하였다. 貞觀年間에 承慶은 먼저 秦州都督府 戶曹參軍이 되어 河西地域의 군사에 대하여 황제에게 明辯하자, 매우 기특히 여겨 考功員에 발탁한 후 民部侍郎을 제수하였다. 太宗이 일찍이 백관에게 역대 戶口의 다소에 대하여 물었는데, 承慶은 夏殷에서 北周－隋에 이르기까지 근거를 밝혀서 상세하게 답변하자 매우 칭찬해 마지않았다. 곧이어 兼檢校兵部侍郎으로 知五品選事토록 하자, "選事의 직무는 尙書에 있는데 지금 臣이 담당하면 곧 越局이 됩니다"하고 사양했으나, 太宗은 "朕이 지금 卿을 믿는데, 경은 어찌하여 자신을 믿지 못하는가"하여 불허하였다. 그 후에 雍州別駕·尙書左丞을 역임했다.

그러나 그는 永徽 初에 褚遂良에게 모함을 받아 益州都督府長史로 출외되었다. 다시 褚遂良의 배척을 받아 簡州司馬에 좌천되었다. (褚遂良과 어떤 관계에 있었는지는 불분명) 그후 洪州長史에 옮겨 때마침 汝州 溫湯에 행차한 高宗을 謁見하여 汝州刺史에 발탁되었고, 光祿卿에 이르렀다가 顯慶 4년에는 度支尙書·同三品으로 재상에 올랐다. 그후 潤州刺史·雍州長史를 역임하였고 銀靑光祿大夫를 제수받았다. 이해에 『姓氏錄』이 간행되었고, 長孫無忌가 폄척되었으며, 武后勢力이 확립되었다. 이러한 盧承慶의 재상에의 영진은 武后勢力에 상당히 동조한 것에 기인한 것이 아닌가 의심스럽다. 總章 2년(669) 刑部尙書에 임용되었으나, 致仕를 청원하여 허락 받아 그 翌年에 타계했다.

그는 임종 때에 그 아들들에게 훈계하고 있다. 즉,

ㄱ) 내가 죽으면 平常服으로 염하라.

ㄴ) 晦朔 常饌하되 儉約하게 하라.

ㄷ) 墳이 높이하는 것은 가능하나 廣大하게 할 필요가 없다.

ㄹ) 喪事가 발생하면 葬禮할 일이지 占卜으로 擇日할 필요가 없다.

ㅁ) 墓中의 器物로는 瓷漆 몇 점이고(풍부하게 할 필요가 없다),

ㅂ) 棺은 갖추되 槨은 갖출 필요가 없다.

ㅅ) 碑·誌는 단지 官號·年代 만을 기록하고 반드시 文飾을 하여 사실을 확대하지 말라는 것이었다.

③ 承業(承慶의 弟)은 어려서 학식이 있었고, 貞觀 末에 雍州刺史·尙書左丞에 이르렀다. 이 職掌은 일찍이 그의 兄 承慶이 역임하여서 當時人들은 영예로운 일이라고 했다. 곧 형의 사건으로 忠州刺史에 좌천되었지만, 顯慶初에 다시 雍州長史에 임용되어 前後 모두 能名했다. 左肅機에 이르러 選事에 간여했고 魏縣子를 수여받았으며, 總章中에 揚州大都督府 長史로 타계했다.[209]

ⓓ 趙郡 李門의 경우,

① 李百藥은 隋의 名臣 李德林의 아들이다. 그는 大業 5년에 魯郡 臨泗府步兵校尉, 同 9년에 建安郡丞에 이르렀으나, 宇文化及의 煬帝 시해 사건 후 부득이 沈法興의 掾이 되었다. 沈이 李子通에게 격파됨에 李의 中書侍郎·國子祭酒가 되었다. 다시 李가 杜伏威에 격파되자 杜의 行臺 考功郎中이 되었다가 모함을 당하기도 하였다. 이때 唐高祖가 使者를 보내 杜를 招撫함에 李는 杜에게 入朝토록 권고하여 따랐다. 그러나 그는 渡江하여 歷陽에 이르러 후회하고 李를 죽이고자 石炭酒를 마시게 하였다. 그런데 酒中에 大洩痢로 말미암아 宿病이 제거되었다. 杜는 輔公祏과 더불어 李百藥을 다시 살해코자 했으나, 이번에는 王雄誕(杜의 養子)이 보호하여 身命을 보전했고, 百藥은 吏部侍郎에 제수되었다. 그러나 후에 輔가 작란하자 李가 同 起義에 동참했다는 모함을 받아 이전에 杜·輔가 百藥을 죽이려는 作書를 증거로 삼아 오해를 풀었지만, 涇州에 유배되었다.

한편 太宗은 百藥의 才能과 名位를 重視하여 貞觀 元年에 中書舍人에 발탁 安平縣男을 賜爵했다. 그후 詔에 따라 『五禮』와 律令을 수정했고 또한 『齊書』를 찬수하라는 명령을 받았다. 同 2년에 禮部侍郎으로 앞서 말한 바와 같이 功臣을 世襲刺史로 삼아 봉건하려는 朝議를 번복시켰고, 동 4년에 太子右庶子로 옮겨 동 5년에 左庶子 于志寧, 中允 孔穎達, 舍人 陸敦信과 더불어 太子를 輔導코자 했으나, 太子가 깨닫지 못했다. 동 10년에 『齊書』를 찬수하여 散騎常侍로 가해지고, 곧이어 宗正卿에 나아가 『五禮』를 편찬하여

209) 上揭書 卷81, 盧承慶傳. pp.2748-9.

子爵을 받고 致仕를 허락받고 있다.

뿐만 아니라 百藥은 名臣의 아들로 재능과 행실이 相符하여 名流였다. 文學上으로도 五言詩에 능했고, 後生의 引進에도 노력을 경주하여 받은 바 봉록을 親黨에 散施했으며 父母喪을 당하여 至孝로 칭찬을 받은 바 그런 인품을 가졌다. 그리고 百藥의 아들 安期는 百藥이 大業中에 桂州司馬로 좌천되었는데, 太湖를 지나면서 도적을 만나 해치려 하자, 安期는 자신이 父親을 대신하게 하여 달라고 애걸함에 도적이 가련하게 생각하여 위기를 넘겼다는 逸話가 있다. 그는 貞觀 初에 符璽郎으로『北齊書』찬수에 참여했고 永徽中에는 中書舍人에 발탁되었다.[210]

② 李守素는 趙郡人으로 대대로 山東의 名族이었다. 太宗이 王世充을 평정하고, 徵召하여 文學館學士, 다시 天策府 倉曹參軍으로 삼았다. 특히 守素는 譜學에 정통하여 당시인들은 '行譜'라 하였고, 江南의 名高한 譜學者인 虞世南도 자신의 역량이 미치지 못함을 自認하여 천하의 '人物志'라 함이 可하다고 했다. 貞觀 初에 타계했다.[211]

ⓔ 滎陽의 鄭門의 경우,

① 鄭善果는 전술한 바와 같이 隋朝에서 大理卿·光祿大夫에까지 이르렀지만, 煬帝 시해로 宇文化及을 따라 북상하다가 결국 竇建德에게 잡혔다. 이때 善果가 마음을 정하지 못함을 보고 竇建德의 장수 王琮이 "公은 隋室의 대신인데 어찌하여 順命하지 못하고 도적을 따라 이 지경에 이르렀는가"라고 꾸짖자, 그는 매우 난처하여 자살코자 하였지만, 竇의 中書令 宋正本이 구제했다. 그러나 竇가 그를 禮待하지 않자 相州로 도망함에 淮安王 李神通이 京師에 보냈고 高祖는 그를 太子左庶子·檢校內史侍郎에 拜하고 滎陽郡公에 封하였다. 그후 鄭善果는 東宮에서 太子를 잘 보살폈고, 大理卿·民部尙書로 善政하였으며, 從兄인 元璹와 함께 裵寂 등 侍立臣下 10명 중에 끼어 영광스러웠다. 그 후에 刺史를 역임하였다.[212]

---

210) 上揭書 卷72, 李百藥傳. p.2572-3.

211) 上揭書 卷72, 李守素傳. p.2584.

212) 上揭書 卷62, 鄭善果傳. p.2375.

② 鄭元璹는 隋朝의 건설에 대공이 있었던 沛國公 鄭譯의 아들이다. 어려서 父의 功으로 儀同大將軍·右武候將軍을 역임하고 大業中에는 文城郡守가 되었지만, 李淵이 기병하여 河東에 이르자 郡을 들어 來降하여 太常卿에 올랐다. 그는 軍法에 밝아 參旗將軍으로 諸軍에게 兵事를 가르쳤다. 그후 突厥의 招撫에 공로가 있어 鴻臚卿·左武候大將軍·刺史 등을 역임하였다. 그러나 가정에는 鄭譯 이래 孝(事親)함이 없어 淸論上 小人으로 指斥되었다.[213]

③ 鄭世翼의 祖父는 敬德으로 北周 儀同大將軍, 父 機는 司武中士였다. 世翼은 약관에 盛名하여 武德中에 萬年丞·揚州錄事參軍을 역임했으나, 매우 경박한 인물이었다. 그 당시 문장상으로 스스로 독보적 존재에 있었다는 崔信明의 작품을 조롱하고 물에 던져버렸다. 그가 그처럼 문장에 탁월했는지의 여부를 알 수는 없고, 문장이 많이 유실되었지만, 「交遊傳」을 찬수하여 그 당시에 자못 행해졌다는 것을 보면, 一家를 이루었던 인물로 추구된다. 그렇지만 貞觀中에 仕官上 현달하지 못하고 怨謗하여 巂州에 유배되어 사망하였다.[214]

ⓕ 太原의 王門의 경우,

① 王珪는 太原 祁人으로 증조 神念이 北魏에서 梁에 망명하여 烏丸氏에서 王氏로 복귀했다. 祖 僧辯은 梁太尉·尙書令을; 父 顗는 北齊 樂陵太守를 역임했고, 季叔 頍는 漢王 楊諒의 모반에 연좌되어 주살되었다. 이렇듯 王珪는 매우 波瀾萬丈한 辛苦를 겪은 家門所生으로 隋代에 南山에 10여 년간 망명하였다. 李淵이 入關하자 丞相府 司錄이었던 李綱은 王珪가 정직하고 도량이 넓으며 知識이 있다 하여 천거함에 世子(建成)府 諮議參軍을 삼았고, 太子府 건설과 함께 太子中舍人·中允에 옮겨 建成을 위해 헌신하다가 陰謀(楊文幹 事件)에 연루되어 巂州에 귀양갔다. 建成被誅 後 太宗이 본래 그 재능을 알고 있어 諫議大夫에 召拜했다. 太宗이 君臣의 正邪關係를 설명하고 諸臣의 匡救를 통해 太平을 이루겠다 함에 王珪는 옛 聖主는 반드시 諍臣 7인을 두었고, 그들이 諫言하여 채용하지 않으면 죽음을 각오하고 계속 諫爭

213) 上揭書 卷62, 鄭元璹傳. p.2380.
214) 上揭書 卷190 上, 文苑 上, 鄭世翼傳. p.4988.

하다가 죽는다고 하였으니, 불법비리를 匡訂함을 다해야겠다고 諫議大夫로서의 각오를 다짐하였다. 이에 太宗은 좋다고 칭찬하고, 지금 이후 中書門下 및 3품 이상이 入閣할 때는 반드시 諫官을 待同하도록 했다. 그후 매번 그의 성실함을 받아들여 太宗은 親待하고, 永寧縣男을 賜爵하고, 黃門侍郎·兼太子左庶子를 역임시켰다. 수차례에 걸쳐 忠諫하였고 諸儒와 더불어 『五禮』를 정정하는 등 공로로 郡公이 되었고, 同州刺史·禮部尚書·魏王師를 역임하였다. 王(皇子)의 師에 대한 先禮를 정했고, 珪의 아들 敬直이 南平公主에 장가든 것을 계기로 舅姑의 의식을 재건했다.

더욱이 王珪는 어렸을 때 貧寒했던 것을 생각하여 옛 은혜를 후하게 갚았고, 은인이 이미 죽었을 경우에는 그 처자들을 賑贍했다. 寡嫂를 섬기어 禮를 다하고 孤姪 등을 잘 돌보고, 同族 및 姻戚中의 困匱者도 두루 보살펴 주었다. 長子 崇基가 襲爵하여 主爵郎中에 이르렀고, 次子 敬直은 공주에 장가들어 駙馬에 이르렀지만, 太子 承乾과 交結한 것에 연좌되어 嶺外에 귀양갔다.[215]

② 王君廓은 幷州 石艾人으로 隋末에 무리 1,000여명을 모아 長平을 轉掠하고 夏縣을 進逼함에 李密이 使者를 보내 불러들이자 그에게 의지했다. 곧 이어 무리를 이끌고 歸唐하여 右武衛將軍·彭國公에 封해졌다. 劉黑闥을 평정하는 데에 공로를 세웠고, 令에 따라 幽州를 鎭撫하고 突厥 침략을 격퇴하는 대공을 세워 錦袍·金帶 등을 받고 幽州에 還鎭하였다. 때마침 玄武門 事件이 일어났고, 太宗은 廬江王 李瑗의 作亂을 염려하여 소환시키기 위하여 崔敦禮를 파견했다. 한편 太子 建成과 結한 廬江王 瑗은 敦禮로부터 京師의 사정을 들은 뒤 崔를 구금하고, 휘하 北燕州刺史 王詵으로 하여금 돌궐과 通結하게 하고 王利涉을 모사로 삼아 거병했다. 그러나 王君廓은 瑗 一黨을 일망타진하였다. 이 공로로 王君廓은 左領軍大將軍에 進拜되어 幽州都督에 임명되었으며, 光祿大夫·食實封 1,300戶를 賜與받았다. 그렇지만 그는 재직함에 있어 放縱하여 長史 李玄道에게 누차 朝憲으로 위협받아 불안해하던 중 입조할 것을 명 받자 渭南에서 驛吏를 살해하고 突厥에 도망치려다가 野

215) 上揭書 卷70, 王珪傳. p.2530.

人에 살해되고 그 封邑마저 追削되고 말았다.216)

③ 王方翼은 幷州 祁人으로 高宗 王庶人(皇后) 從祖兄이다. 祖父인 裕는 武德 初에 隋州刺史를 역임하였다. 그의 妻는 高祖의 妹 同安大長公主로 世民은 公主가 특히 年老하여 수차 그 댁을 방문하였다. 父親인 仁表는 貞觀中에 岐州刺史를 역임하였다. 그 후에 友人 趙持滿이 범법하여 주살되었지만, 친척이 감히 그 시신조차 거두지 못하자, 欒布가 체포될 것을 무릅쓰고 彭越을 위하여 哭을 한 것이 義롭다는 것을 알고 있던 터이라, 趙의 시신을 거두어 禮를 갖추어 장례를 치러주었다. 高宗은 이 美談을 듣고 嘉歎하여 유명한 人士가 되었다. 永徽中에는 安定令으로 同地의 大姓 皇甫氏를 주살하여 도적을 없애는 등 善政을 폈고, 肅州刺史로 多樂水를 끌어 壕을 만들고 私財로 물레방아를 만들어 饑民과 貧民을 救濟하여 州民이 立碑 頌德하였다.217)

④ 王績은 字는 無功이요, 絳州 龍門人이다. 兄은 文中子 通이다. 煬帝 大業中에 孝悌廉潔擧에 합격하여 揚州 六合縣丞에 제수되었으나, 싫증을 느껴 관직을 버리고 歸鄕隱士로서 술과 가야금으로 自樂하고, 「北山賦」로써 志高한 사람을 채용하지 않음을 비난하고 임종일을 대비하여 薄葬을 당부하며 墓誌를 自作하였다. 貞觀 18년 사망했다.218)

G) 隴西 李門 출신의 경우,

① 李大亮의 曾祖 琰, 祖 綱, 父 充節에 대해서 앞서 이미 설명했다. 大亮은 文武의 재간이 있어 隋末에 韓國公 龐玉의 行軍兵曹로 起家하여 李密과의 대전에서 패배하여 죽음을 면하지 못하게 되었지만, 賊帥 張弼이 보고 자신의 幕下에 두었다. 그 후에 李淵이 入關하자 東都로부터 歸附하여 土門令에 나아가 도적을 막고 백성이 饑饉을 당하자 자신이 타고 다니던 말을 팔아 구제하였다. 그 후에 北族이 침입하여 敵軍이 我軍보다 훨씬 많자 匹馬로 적진에 이르러 그의 豪帥를 불러 禍福으로 설득하였는데, 그들이 감격하여 항복함에 타고 갔던 말을 잡아 그들에게 잔치를 베풀고 도보로 귀환함에

216) 上揭書 卷60, 廬江王 瑗 附 王君廓傳. p.2352.

217) 上揭書 卷185 上, 良吏 上, 王方翼傳. pp.4802-3.

218) 上揭書 卷192, 隱逸 王績傳. p.5116.

歸降者가 千餘人에 이르렀고, 이로부터 縣境은 안정되었다. 이에 高祖는 크게 기뻐하여 金州總管府 司馬로 超拜하였다. 王世充 평정에 공로를 세워 安州刺史에 올랐고, 輔公祏를 격파하고 그 공로로 노비 백여명을 하사받자 그들이 衣冠子女임을 가엽게 여기어 放遣했다. 이에 高祖는 그 소식을 듣고 칭찬하면서 다시 노비 20명을 하사하고 越州都督에 제수하였다.

이 때에 (貞觀 初) 交州都督·太府卿·涼州 都督을 역임하는 동안 백여권의 책을 寫書하였다. 그는 惠政을 베풀고 名鷹을 바치면서 사냥을 諫하였다. 그 후 西北道(劍南道)安撫(巡省)大使·河東道行軍總管으로 많은 공을 세워 公爵에 봉해졌고, 노비 등의 많은 봉건특전을 하사받았으나, 모두 친척에게 散施하였다. 게다가 그 家資를 풀어 五世代 宗族의 無後者 30여명에 대하여 장례를 치루어 주어 당시에 稱頌되었다. 그리고 太宗의 신임이 두터워 左衛大將軍·太子右衛率·工部尙書의 3職을 겸하여 兩宮의 宿衛를 잘했고, 房玄齡으로부터 王陵·周勃의 志節이 있어 마땅히 大位에 나갈 것이라고 칭찬받았다. 이런 李大亮은 비록 位望이 通顯하건만, 居處는 鄙陋했고 의복은 검소했다. 더욱이 至性과 忠謹의 생활을 하여 兄嫂를 부모처럼 섬겼다.

뿐만 아니라 항상 隋末·唐初에 혼전 중에 자신을 구해준 張弼의 은혜를 생각하였으나, 갚을 길이 없었다. 그때에 張이 將作丞이 되어 스스로 감추고 말하지 않았다. 家產을 정리하여 그에게 주니 받지 않았다. 이에 大亮은 太宗을 알현하고 "臣에게 오늘의 영광은 張弼의 힘입니다. 가진 바의 관작을 회수하여 그에게 주십시오"라고 청했다. 이에 太宗은 張을 中郎將으로 삼았다가 代州都督을 삼았으니, 그 당시인들은 모두 현명한 李大亮은 은혜를 배반하지 않았고, 張弼은 긍벌하지 않았다고 칭찬하였다.

또한 大亮은 임종 때에 高句麗 원정을 정지할 것과 京師에 宗廟가 있음을 들어 關中에 유의할 것을 당부하는 上表를 올리고, 『禮記』에 남자는 부인의 손에서 죽지 않는다는 말이 있음을 들어 병풍으로 부인을 가리라고 언명하면서 일생을 마쳤다. 그의 사망시에 집안에서는 그의 입에 물릴 만한 珠玉이 없었고, 겨우 米 五石, 布 三十端이 있을 뿐이었으나, 孤遺의 친척으로 그가 鞠養하여 부모처럼 喪服을 입은 者가 15人이나 되었다.[219]

이처럼 大亮은 문무를 겸비한 인물이었다. 즉 말을 팔아 勸農함으로써 政

事를 폈고, 홀로 적진에 뛰어들어 외적을 敎喩한 지략이 있었으며, 奴婢를 從良(良民으로 解放)하였으니 仁者이며; 임종에 황제로 하여금 과도한 사냥을 간했으니 忠臣이며, 伊吾의 일을 논했으니 智者요; 宗族中에 후예가 없는 자를 葬禮하도록 했고, 張弼의 은혜를 갚았으니 義人이요; 兄嫂를 부모와 같이 섬겼으니 孝子요; 부인의 손에 죽지 않았으니 禮者요; 주옥을 입에 머금지 않았으니 廉者라고 극찬하고 있는 바의 그런 인물이다.[220]

② 李玄道는 隴西人으로 鄭州에서 世居했다. 祖父 李瑾은 西魏의 著作左郎이었고, 父 行之는 隋의 都水使者였다. 玄道는 隋末에 齊王府의 속료였다가 李密의 記室, 王世充의 著作左郎을 역임했지만, 東都平定 後 李世民이 불러 秦王府 文學館學士로 삼았다. 貞觀 元年에 給事中에 나아갔다가 幽州都督을 역임하였고, 王君廓이 時事를 不習하였다고 하여 玄道를 幽州長史로 삼아 협조토록 했다. 이에 玄道는 수 차례에 걸쳐 왕의 불법비리를 억제하도록 했으나, 마침내 不和하여 從甥인 房玄齡에게 연락함에 王은 두려워 亡叛했고, 玄道는 巂州에 잠시 유배되었다가 常州刺史에 발탁되어 淸簡한 治績을 쌓아 銀青光祿大夫에 가해졌다. 아들 雲將은 尙書左丞에까지 올랐다.[221]

③ 李延壽는 본래 隴西의 著姓으로 相州에 世居하였다. 貞觀中에 太子 典膳丞·崇賢館學士로서 著作左郎 敬播와 함께『五代史志』를 찬수하였고,『晋書』찬수에도 참여했으며, 御史臺主簿·兼直國史를 전임하여 견문을 더욱 넓혀 부친 大師의 뜻을 따라 北魏 登國元年(386)에서 隋의 義寧 2년(618)까지 本紀 10, 列傳 70을 지어『北史』·『南史』라 하였다. 이미 찬수한『太宗政典』30권을 표상하였는데, 매우 조리가 있어 칭찬받고 符璽郎·兼修國史로 되었다가 사망하였다. 高宗은 調露中에 그가 찬수한『政典』을 보고 감탄하여 비각에 보관하도록 했고, 皇太子에게도 別錄하여 주었으며 李延壽의 家에도 포상하고 있다.[222]

---

219) 上揭書 卷62, 李大亮傳. p.2387.
220) 上揭書 同卷, 史臣 曰. p.2392.
221) 上揭書 卷72, 李玄道傳. pp.2583-4.
222) 上揭書 卷73, 李延壽傳. pp.3343-4.

B. 이제 山東 郡四姓 출신에 대하여 살펴보자.

唐 초기에 등장한 郡四姓[223] 출신으로는 ① 劉文靜을 비롯하여; ② 劉德威; ③ 劉審禮; ④ 劉延景; ⑤ 劉胤之; ⑥ 劉延祐; ⑦劉伯莊; ⑧ 丘和; ⑨ 丘行恭; ⑩ 封倫; ⑪ 房玄齡; ⑫ 高士廉; ⑬ 高季輔; ⑭ 魏徵; ⑮ 溫大雅; ⑯ 溫彦博; ⑰ 溫大有; ⑱ 顔師古; ⑲ 顔相時; ⑳ 顔遊秦; ㉑ 孔穎達; ㉒ 杜正倫; ㉓ 張行成; ㉔ 張文瓘; ㉕ 張錫; ㉖ 張文收; ㉗ 祖孝孫; ㉘ 傅奕; ㉙ 李勣 등이 있다.

① 劉文靜은 (自云)彭城人이지만 대대로 京兆 武功에서 거주했다. 그는 父爵을 세습하였다. 그의 풍모는 위엄이 있고 思慮 또한 깊었으며 權略이 많았다. 隋末 晋陽令으로 宮監 裵寂과 벗삼고 世民과 천하장악을 모의하면서 그의 빈객이 되었다. 이때에 장군 高君雅가 對突厥戰에 실패하여 留守 李淵이 문책받게 되었으며, 煬帝의 高句麗 원정이 실패하였다는 소식으로 민심이 離反되고 더욱 혼란해졌다. 高君雅·王威는 李世民·劉文靜 등의 행동을 의심하였으나, 劉文靜 등은 도리어 高·王 등을 제거했고 對突厥戰에 승리하였다. 특히 唐朝의 건립에 큰 공로로 納言에 榮進하여 律令을 參定하고 對薛擧戰에 元首府 長史에 나갔다. 그는 功·才에 있어서 裵寂과 함께 쌍벽을 이루었으나, 고조는 裵를 더 중시하였다. 결국 불만을 표출하여 世民의 변호에도 불구하고 살해되고 말았다. 貞觀 3년 관작은 복구되고 次子 樹義가 습작하였다. 후에 兄 樹藝가 부친 피살에 원망하고 모반을 도모하였으나 실패하여 살해되었다.[224]

② 劉德威는 徐州 彭城人으로 父 子將은 隋의 通守였다. 그는 자못 풍채가 걸출하고 幹略이 있었다. 大業 末 무장집단을 편성하여 토적하다가 李密을

---

223) 여기서 郡四姓으로 설정한 인물은 王仲犖氏가 太宗 貞觀 8年(634) 5月 高士廉 등이 85郡에서 수합한 398姓 즉『貞觀氏族志』再進本의 기초자료에 근거하였다. 이 문서 곧 〈唐貞觀八年條擧氏族事件〉의 殘卷은 關內·隴右·劍南 等地의 郡望이 全缺되어 있는 것과 같은 약점이 있다. 그러나 이 문서에 실려있는 郡望은 魏晋南北朝時代의 그것과 대체로 변함이 없고, 新姓이 등장하여 士族에 합류하는 것을 볼 수 있다. 필자는 이들 중에 郡姓을 제외한 郡望을 郡四姓 출신으로 인정하였다. 그리고 이들의 후예들도 貫籍을 이주시킨 者들이 많았다. 그리하여 선택한 인물들은 遷徙 등 내용이 분명한 것 만을 골랐다.

224)『舊唐書』卷57, 劉文靜傳. p.2294.

따랐고, 다시 歸唐하여 左武候將軍·彭城縣公에 나아갔으며, 大理少卿을 역임하였다. 東都 평정에 공로가 있어 刑部侍郎 散騎常侍 大理卿 太僕卿과 刺史를 역임하였다. 내외 관직을 역임할 때에 廉平하여 백성들이 立碑하여 덕망을 칭송하였다. 貞觀 初에 太宗이 刑法의 過密한 것에 대하여 묻자 그것은 황제의 의사에 따라 결정된다고 충고하였다. 그 후 刑部尙書 刺史를 역임하였다. 그의 閨門은 우애 화목하고 인간관계에 있어서 관대하고 공평을 추구하여 얻은 바의 봉록은 대부분 종친들에게 나누어 주었다.[225]

③ 劉審禮는 德威의 아들로 父爵 彭城縣公을 襲爵하였다. 일찍이 모친을 잃고 祖母와 父親에 대하여 효성이 지극하였다. 貞觀중에 左驍衛郎將, 永徽중에 將作大匠·彭城郡公이 되었다. 그는 작위를 동생에게 양보하려 하였으나 허락되지 않았고, 계모를 잘 섬기며 동생 延景을 잘 키우면서 우애 또한 돈독하였다. 그리고 再從까지 同居하여 200여 대가족이었으나 間言이 없었다. 또한 받은 바의 봉록 대부분은 계모에게 보내고 妻子는 飢寒에 떨었으나 개의치 않았다. 高宗 儀鳳 2년 工部尙書로 吐蕃이 侵寇하자 출전하였지만, 실패하고 포로로 되어 사망하였다. 工部尙書를 贈하였다.[226]

④ 劉延景의 관직은 刺史에 이르렀고 后父로 睿宗 초에 尙書 左僕射에 追贈되었다.[227]

⑤ 劉胤之는 徐州 彭城人으로 祖父 禕之는 後魏의 鎭將을 지냈다. 그는 학문에 뛰어나 李百藥 등과 忘年의 친우가 되었다. 高祖 武德중에는 杜淹의 추천으로 信都令이 되어 惠政을 폈다. 永徽 초에 著作郎·弘文館學士로 국사편찬에 참여하여 陽城縣男에 封해졌고 楚州刺史를 역임하였다.[228]

⑥ 劉延祐는 胤之의 동생으로 進士에 합격하여 縣尉로부터 右司郎中·刺史를 거쳐 安南都護에 나가 모반자 李嗣仙을 주살하였으나 그 부하들의 逆攻으로 피살되었다.[229]

---

225) 上揭書 卷77, 劉德威傳. p.2677.
226) 上揭書 卷77, 劉德威傳 附 審禮傳. p.2678.
227) 上揭書 卷77, 劉德威傳 附 延景傳. p.2678.
228) 上揭書 卷190 上, 文苑 上, 劉胤之傳. p.4994.
229) 上揭書 同卷, 劉胤之傳 附 延祐傳. pp.2678-9.

⑦ 劉伯莊은 徐州 彭城人으로 貞觀중에 國子助教에 이르렀다. 그의 장인 太學博士 侯孝遵과 함께 弘文館學士에 나아가 그 당시에 영광스러웠다. 그는 國子博士 許敬宗과 함께 『文詞博要』·『文館事林』 등을 찬수하여 하였다. 그리고 高宗 龍朔중에는 『史記音義』·『史記地名』·『漢書音義』 등을 편찬하였다.[230)]

⑧ 丘和는 河南 洛陽人이다. 부친 壽는 後魏의 將軍이었다, 그는 弓馬에 능했고 任俠的 인물이었다. 北周에서 開府儀同三司, 隋에서 右武衛將軍, 3郡의 太守를 역임하면서 善政하였다. 隋朝가 망할 것을 알고 蕭銑에 歸附하였다가 다시 唐朝에 歸附하여 交州總管, 國公에 이르렀다. 후에 入朝하여 右武衛大將軍·特進에 올랐다.[231)]

⑨ 丘行恭은 丘和의 아들로 隋末에 의병을 모아 世民에게 의부하여 世民을 따라 京城을 비롯하여 劉武周·薛擧·王世充 및 竇建德의 평정 등에 공로를 세웠다. 특히 王을 평정할 때에는 世民을 위기에서 구하여 太宗 때에 右武候大將軍, 高宗 때에는 2州의 刺史를 역임하였다.[232)]

⑩ 封倫은 觀州 蓨縣人으로 北齊 太子太保 隆之의 孫이고, 父는 隋 通州刺史 子繡이었다. 그 丈人 盧思道가 倫을 가르켜, "지식이 많아 卿相에 이르리라"고 했다. 倫은 楊素가 隋 尙書左僕射·土木監으로 仁壽宮을 너무 화려하게 축조하여 文帝에 질책당하자 매우 걱정하였다. 이에 倫은 楊素에게 皇后에게는 칭찬 받을 것이니, 염려말라 하여 그렇게 되었다. 이리하여 楊素는 封倫을 過人으로 보고 재상 임무에 대해 詳論하였고, 內史舍人에 천거하고 자신의 자리에 올라 올 것임을 예측했다. 煬帝 때 虞世基가 專政함에 방관했고, 宇文化及의 옆에서 그가 帝의 죄상을 묻자 煬帝는, "卿은 士人인데 어찌하여 이 지경에 이르렀는가"라고 힐책을 받을만큼 추세하였다.

더욱이 그는 煬帝 弑害 後 宇文士及과 함께 歸唐하여 內史舍人·侍郎·檢校吏部尙書를 거쳤고 太宗 초기에 尙書右僕射를 역임했다. 그 동안 東都 평정에 有功했는데, 이는 世民의 天策府 司馬이었을 때로, 군사기밀 장악과 山東

230) 上揭書 卷189 上, 儒學 上, 劉伯莊傳. p.4955.

231) 上揭書 卷59, 丘和傳. pp.2325-6.

232) 上揭書 同卷, 丘行恭傳. pp.2326-7.

의 초무 역할도 담당했을 것이다. 그렇지만 후에 太子 建成에 陰付했다는 彈劾으로 改謚 贈官과 食實封을 삭탈당하고 있다. 아들 言道는 高祖女 淮南長公主에 장가들고 있다.[233]

⑪ 房玄齡은 齊州 臨淄人으로 祖父 態는 北齊 本州主簿, 父 彦謙은 隋의 令을 역임했다. 그는 隋朝의 정치가 기강이 없음을 보고 은거했으나, 知名의 선비로 다시 벽소되어 司隸刺史·縣令 등을 역임하였다. 그는 오직 변절하지 않고 子姪들을 독려하며 받은 바의 봉록은 친척이나 친우들을 두루 구휼하는 데에 사용하였으며, 隋王朝의 危亂을 경계하였다.[234] 玄齡은 어려서 총민하고 屬文·工書에 정통했다. 그는 부친의 경계를 거울삼았던지 隋朝는 功德·長計가 없다고 하면서 때마침 李淵이 입관함에 스스로 軍門에 이르러 渭北道 行臺의 記室參軍으로 활약하였다. 이후 李世民에 적극 협력하여 군공을 세우고 世民을 태자로 옹립하는 데에 극력 노력하여 太子左庶子, 貞觀元年에는 功勞 第一로 中書令에 오르고 禮部尙書를 거쳐 尙書左僕射에 이르렀다. 後에 司空·監修國史에 임명하자 적극 辭讓했지만 근력이 왕성하니 辭讓을 받아들일 수 없다고 하였다. 諸子에게 驕奢를 경계하고 地望으로 사람을 凌蔑할 수 없는 것이니 이를 병풍에 넣고 좌우명으로 삼아 保身·揚名토록 당부하고 있다. 또한 그는 "袁氏는 累世(東晋·南朝)에 걸쳐 忠節을 바치고 있다. 이것은 내가 숭상하는 바이니 너희는 마땅히 이를 본받아라"고 훈계하고 있다. 그의 작위는 褱國公, 次子 遺愛는 太宗의 高陽公主에 장가들었고, 女息은 韓王의 妃가 되었다.[235]

⑫ 高士廉은 渤海 蓨人이다. 祖父 嶽은 北齊 侍中, 父 勵는 北齊 樂安王·尙書左僕射, 隋의 洮州刺史이었다. 士廉(儉)은 어려서 재능과 도량이 있었고 자못 文史를 섭렵했다. 그의 누이는 隋의 右驍衛將軍 長孫晟에 출가했는데, 無忌와 달 (太宗 長孫皇后)을 낳았다. 士廉은 大業中에 治禮郎에 나아갔으나, 高句麗에 망명한 斛斯政과 교류했다는 죄로 남방에 유배되었고, 隋末 혼란 때 交趾太守 丘和가 司法書佐로 채용하여 활동하다가 歸唐하여 無忌·世

233) 上揭書 卷63, 封倫傳. pp.2397-8

234)『隋書』卷66, 房彦謙傳. p.1566.

235) 上揭書 卷66, 房玄齡傳. pp.2459-67.

民과의 관계로 함께 太子勢力을 격멸하고 太宗 때에 太子右庶子·益州大都督府 長史를, 貞觀 5년에 吏部尙書·同三品, 尙書右僕射, 太子太傅를 역임하였고, 그 동안 『貞觀氏族志』를 刊定하는 책임을 맡았다. 아들 履行은 太宗의 東陽公主에 장가들어 駙馬都尉·戶部侍郞·戶部尙書·刺史 등을 역임하는 등 여러 아들 역시 顯達하였다. 祖·父·自身이 尙書僕射였고, 아들은 尙書, 甥(無忌)은 太尉로 그 당시 매우 영광스러웠다. 그는 출신상 北齊系이지만, 실제로는 關隴 관료적 문벌사족의 일원처럼 盛族·貴盛하였던 貴戚이었다.[236]

⑬ 高季輔는 德州 蓨人이다. 祖 表는 魏 安德太守, 父 衡은 隋의 萬年令이었다. 季輔는 어려서 학문을 좋아하였을 뿐만 아니라 무예도 함께 익혔으며, 父喪에 至孝하였다. 그는 兄 元道가 隋末에 汲令에 나아갔으나 武德 初에 도적에게 피해를 입자 그 黨(자신이 모집한 종족 및 인근 몰락한 파산자 일 것임)을 이끌고 형을 살해한 자들을 처단하여 무덤에서 제사지내자 士友가 칭송하였다. 이로부터 群盜가 많이 歸附하여 무리가 수천명에 이르렀으며, 곧이어 武陟人 李厚德이 무리를 이끌고 來降하였다. 歸唐하여 陟州總管府 戶曹參軍에 제수되었다가 貞觀時에 監察御史에 나아갔다. 그는 규탄함에 있어 權要(者)를 피하지 않았다. 누차 승진하여 中書舍人에 올랐고, 近臣에게 時政損益에 관한 의견을 개진하라는 太宗의 詔命에 따라 季輔는 奉公, 節儉, 公主·勳貴의 사치에 대한 儉約, 황실의 질서 등에 대한 五條에 걸친 上封事를 하여 칭찬을 받았다. 貞觀 17년에는 太子右庶子에 나아가 시정득실을 上疏하여 切諫했다. 동 18년에 吏部侍郞으로 그가 행한 銓敍가 允當하다는 평가를 받았다. 동 22년에는 中書令·兼檢校吏部尙書·監修國史에 영진하였고, 蓨縣公을 授爵하였다. 高宗 永徽 2년에는 光祿大夫·行侍中·兼太子少保에 나아갔으나, 풍질이 심하자 그의 兄 虢州刺史 季通을 宗正少卿으로 入內시켜 간호하도록 함과 동시에 누차 中使를 보내 進食하는 바를 살피며 時政의 得失을 탐방하도록 하였다.[237]

⑭ 魏徵은 鉅鹿 曲城人이다. 父 長賢은 北齊 屯留令이었다. 魏徵은 어려서 孤貧하였지만, 큰 뜻을 품고 道士가 되었고 독서를 좋아하여 群書에 통달하

236) 上揭書 卷65, 高士廉傳. pp.2441-5.
237) 上揭書 卷78, 高季輔傳. pp.2700-3.

였다. 특히 천하가 점차 혼란해지자 縱橫의 說을 익혔다. 大業 末에 거병한 元寶藏·李密에 방책을 건의했으나 채용되지 못하고, 李密을 따라 歸唐하여 산동을 安輯하겠다고 자청하여 秘書丞에 제수되었다. 그는 徐世勣에게 서한을 보내 歸唐토록 했다. 잠시 竇建德의 포로가 되었다가 裴矩와 함께 다시 歸唐하자 太子 建成의 洗馬로 삼고 깊이 禮待했다. 太宗은 魏徵이 玄武門 사건 이전 太子를 도와 자신을 모해할 것을 권고한 일이 있는 것을 알면서도 그를 유력자로 생각하여 太子府의 詹事主簿로 삼았고, 즉위하여 諫議大夫에 발탁하여 자주 정치의 득실을 물었다. 魏徵도 자신을 알아주는 군주를 만나 기꺼이 그 힘을 다하여 奉戴하였다. 이 후 魏徵은 尙書左丞, 貞觀 2년에 秘書監·參預朝政, 同 7년에 侍中·特進으로 榮進되면서 정치의 득실에 대하여 諫諍하였다. 특히 高句麗 원정을 결행하지 말 것을 당부했다. 그가 사망하자 太宗은 자신의 三鏡中 一鏡이 깨졌다고 하면서 애석해 하였다.[238]

⑮ 溫大雅; ⑯ 彦博; ⑰ 大有 三兄弟는 太原 祁人이며 父友 薛道衡·李綱 등이 3형제가 모두 卿·相의 才幹이 있다고 칭찬을 하였다. 父 君悠는 北齊末 文林館學士와 隋의 泗州司馬를 역임했다. 大雅는 효성이 지극하고 학문을 좋아하여 이름이 널리 알려졌다. 隋의 東宮學士·長安縣尉를 역임했으나, 父喪으로 去職했고 천하가 혼란해지자 不仕·留鄕하였다. 李淵이 太原에 鎭하여 매우 禮待하고 기병하여 大將軍府 記室參軍에 기용하고 文翰을 專掌하도록 하였다. 禪代 때에는 司錄 竇威·主簿 陳叔達과 함께 禮儀를 參定했다. 武德 元年에는 黃門侍郎을 역임했는데, 이 때 동생 彦博도 中書侍郎에 재직하여 識者들는 영광스럽다고 했다. 또한 高祖도, "내가 晋陽에서 기병할 때에 (도운 것은) 卿 一門 뿐이었다"고 하면서, 工部侍郎에 전임시키고 곧 陝東道 大行臺 工部尙書에 進拜했다. 武德末 世民은 太子와의 알륵 중에 大雅로 하여금 洛陽에 出鎭하도록 하여 변란에 대비했으며, 卽位하면서는 禮部尙書을 加하였고 黎國公을 封爵했다.

동생 彦博은 隋 晋王의 추천으로 文林郞이 되었고, 隋末 혼란기에 幽州總管 羅藝의 司馬였다가 羅氏의 歸唐에 찬성하였으며, 幽州總管府 長史로부터

238) 上揭書 卷71, 魏徵傳. pp.2545-62.

中書舍人·侍郎을 거쳐 貞觀 2년에는 御史大夫, 동 4년에는 中書令, 동 10년에는 尙書右僕射를 역임했다. 그는 機務를 장악하는 동안에는 빈객을 두절시켜 오직 국가의 흥성에 진력하여 太宗이 이를 칭찬했다.

次弟 大有는 學行이 뛰어났다. 隋 仁壽中에 李綱의 추천으로 羽騎尉가 되었으나, 父喪으로 去職한 후 留鄕하였다. 李淵이 기병하여 太原令으로 삼은 것으로부터 大將軍府 記室을 거쳐 武德 元年에 中書侍郎에 나아갔으나 일찍이 사망하였다.239)

⑱ 顔師古는 雍州 萬年人이다. 家訓으로 이름높은 北齊 黃門侍郎 顔之推의 孫이다. 父 思魯는 學藝로 칭찬을 받았는데, 武德 初에 秦王府 記室參軍이었다. 師古는 어려서 家傳하던 群書를 두루 읽고 訓古에 정통했으며 屬文도 잘했다. 隋 仁壽中에 李綱의 천거로 安養令에 나아갔으나, 顯達하지 못하고 10년간이나 뜻을 이루지 못하였다. 李淵이 기병함에 長安에서 알현하여 朝散大夫·敦煌公(李建成)府 文學·起居舍人·中書舍人으로 唐初에 機密을 專掌했다. 太宗이 즉위하여 中書侍郎에 발탁했고, 孔穎達과 더불어 『五經正義』를 찬수했으며, 동 7년에는 秘書(少)監으로 여러 博士와 더불어 『五禮』를 정했으며, 『漢書註』·『匡謬正俗』 등을 찬수하였다.240)

⑲ 동생 相時는 역시 학업을 닦아 武德中에 李世民의 秦王府 學士로부터 貞觀中에 諫議大夫·拾遺·補闕을 거쳐 禮部侍郎에 이르렀다.241)

⑳ 叔父 遊秦은 武德 初에 廉州刺史에 승진하여 山東의 招撫에 진력하였다. 그리하여 邑里에서, "廉州刺史 顔氏는 道가 있고, 性行은 莊老와 같고, 愛人함은 어린아이를 돌보듯이, 풀이라도 때가 아니면 베지 않는다"고 노래하였다.242)

㉑ 孔穎達은 冀州 衡水人으로 祖父 碩은 後魏의 縣丞, 父 安은 北齊 州參軍이었다. 그는 8세에 취학하여 날마다 千餘言을 誦讀하여 경전에 정통하였다. 煬帝 때에 明經이 되었다가 敎授로 생업을 삼았다. 唐初에 秦王府 學士,

239) 上揭書 卷61, 溫大雅傳. pp.2359-60.

240) 上揭書 卷73, 顔師古傳. pp.2594-5.

241) 上揭書 同卷, 相時傳. pp.2495-6.

242) 上揭書 同卷, 遊秦傳. p.2596.

武德 9년 國子博士, 貞觀 초에 給事中으로 太宗의 親侍를 받았다. 國子司業·散騎常侍를 역임하면서 『五禮』·『五經正義』를 찬수하였다.[243]

㉒ 杜正倫은 相州 洹水人으로 隋 仁壽中(『文獻通考』에는 開皇 16년) 兄 正玄·正藏과 함께 3형제가 秀才에 합격했다. 隋에서 羽騎尉를 역임하였고, 秦王府 文學館 學士로부터 貞觀中에 兵部員外郎·給事中·中書侍郎·散騎常侍·刺史를 두루 역임했다. 高宗 顯慶中에는 黃門侍郎·同三品, 度支尙書·同三品 및 中書令을 역임했다.[244] 특히 正倫은 長安 城南의 諸杜와 함께 본래 昭穆이 멀어 同譜할 것을 구하였으나, 그들이 허락하지 않아 매우 악감을 가졌다. 그 당시 諸杜가 거주하던 곳을 杜固라 하였고 대대로 그 땅에는 壯한 기운이 서려있다고 전하며, 고로 대대로 의관이 배출된다는 것이다. 正倫이 執政이 되자 杜固를 뚫어 물을 통하게 하여 백성에게 이롭게해야 한다고 건의하였다. 이미 杜固를 뚫었는데 강물이 피와 같았고 십일간이나 흘렀다. 이로부터 城南 諸杜가 부진하였다.[245] 이는 신화에 가까운 이야기이지만, 그 당시에 문벌관념이 상당하였던 것을 대변하고 있다.

㉓ 張行成(定州 義豊人)은 大業 末에 孝廉으로 謁者臺의 散從員外郎이었다가 王世充의 度支尙書를 역임하고, 貞觀 初에 制擧 乙科에 합격하여 雍州 富平縣 主簿로부터 殿中侍御史·給事中·太子小詹事를 거쳐 貞觀 23년에 侍中·兼刑部尙書에 이르렀다. 高宗이 즉위하여 尙書左僕射·太子少傅를 역임했으며, 諫言·抗表로 天子 輔導(佐)에 진력했다.[246]

㉔ 張文瓘은 貝州 武城人으로 부모에 至孝하였고, 貞觀初에는 明經에 합격하였다. 幷州 參軍에서부터 누차 승진하여 水部員外郞에 이르렀다. 이때 형 張文琮이 戶部侍郎으로 형제가 台閣에 있게 되었다. 그런데 형제가 함께 台閣에 있는 것을 금지하는 舊令에 따라 出外하였다. 龍朔年間에 東西舍人·參知政事, 곧이어 東台侍朗·同東台三品에 올랐다. 이때 土蕃이 침입하자 新羅가 不遜했다. 조정에서는 양측 모두 征討해야 한다고 했으나, 文瓘은, "백

243) 上据書 同卷, 孔穎達傳. pp.2601-2.

244) 上据書 卷70, 杜正倫傳. pp.2541-3.

245) 『新唐書』 卷106, 杜正倫傳. pp.4037-8.

246) 『舊唐書』 卷78, 張行成傳. pp.3703-5.

성이 그 패단을 감당하지 못할 것이니 군사활동을 중지하고 德을 닦아 백성을 안정시켜야 한다"고 奏請하여 허락받았다. 4子 潛(刺史)·沛(刺史)·洽(衛尉卿)·涉(殿中監)은 모두 三品官에 올라 "萬石張家"라 하였다.[247]

㉕ 張錫은 3州 刺史를 역임하고, 爲政이 淸簡하였던 文琮의 次子이다. 則天때에 鳳閣侍郎·鳳閣鸞台平章事에 올랐다. 錫은 姊子 李嶠 다음에 재상이 되어 당시인들은 영광스럽게 여겼다.[248]

㉖ 張文收는 張文琮의 從父弟이다. 그는 協律郎으로서 隋末의 혼란으로 흩트러진 音律을 조정하여 「燕樂」을 만들고 太子率更令에 나아가 『新樂書』 12卷을 편찬하였다.[249]

㉗ 祖孝孫은 幽州 范陽人으로 音律에 정통하여 大業時期에 宋·齊의 舊樂을 채집하여 『皇夏』 등 十四曲을 상주했고, 武德 7년에는 詔令에 따라 吳楚의 舊樂 및 周齊의 舊音을 정리하여 『大唐雅樂』을 撰定하였다.[250]

그밖에 ㉘ 傅奕(相州 鄴人)은 武德 3년 太史丞으로 『漏刻新法』을 찬수하였고,[251] ㉙ 李勣(曹州 離狐人)은 본래 徐世勣으로 "집안에는 僮僕이 많고, 곡식은 數千種을 가졌다"는 豪族 또는 東魏 高歡을 따르던 漢化胡人으로 山東豪傑이라고도 한다.[252] 그는 大業 末 韋城人 翟讓·李密集團에 활약하다가 歸唐하여 黎陽總管·右武候大將軍·左監門大將軍·幷州(大)都督으로 山東·江南平定에 大功을 세웠고, 突厥을 격퇴하는 등에도 큰 공로를 세운 역전의 老將이었다. 貞觀 17년에는 晋王(治)을 太子로 삼으면서 太子詹事 兼右衛率로 삼고 다시 特進을 加하여 同三品, 동 22년에는 太常卿·同三品으로 삼았다. 太宗은 太子에게, "나는 勣을 내칠 터이니, 너는 그에게 僕射를 제수하면, 그는 반드시 死力을 다할 것이다"하고 疊州都督에 좌천시켰다. 그후 高宗은 그를 父帝의 遺命대로 재상으로 삼았다.[253]

---

247) 上揭書 卷85, 張文瓘傳. pp.2815-6.
248) 上揭書, 卷85, 張文瓘傳 附 張錫. pp.2815-6.
249) 上揭書, 卷85, 張文瓘傳 附 張文收. p.2817.
250) 上揭書 卷79, 祖孝孫傳. pp.2709-10.
251) 上揭書 卷79, 傅奕傳. pp.2714-17.
252) 陳寅恪, 「論隋末唐初所謂'山東豪傑'」, 同上.
253) 『舊唐書』 卷61, 李勣傳. pp.2486-7.

이상과 같이 山東郡姓의 崔·盧·李·鄭·王 5姓으로부터 출신한 종래 山東門閥士族과 山東郡四姓의 후예가 隋末 反亂期로부터 唐 初期에 어떠한 동향을 보였는가를 구체적으로 살펴보았다. 그 결과 다음과 같은 몇 가지 특점을 살펴볼 수 있었다.

첫째로 山東 문벌사족과 그에 연결되어 있던 세력들의 역량이 아직 강성하여 隋唐朝에서 이를 이용하고 있다. 崔信明처럼 종래 문벌사족임을 자긍하여 四海의 士望을 경멸하여 비난을 받기도 했으나, 宗主를 중심으로 한 族居的 宗族力量은 魏晋南北朝時代와 큰 차이가 있었다. 물론 隋의 輸籍法과 鄕正制 및 地方行政의 개편 등과 같은 강력한 통제정책의 실시와 隋末의 농민전쟁의 결과 문벌 특히 山東門閥貴族의 세력이 상당히 약화되었던 것은 틀림없는 사실이다. 그러나 崔賾이 煬帝의 命을 받아 高陽과 襄國의 위무한 것을 비롯하여 崔民幹이 山東按撫副使로 활동하였으며; 崔恭禮에게 高祖의 眞定公主를 降嫁시켰던 사실 등은 산동지역을 대표할만한 博陵 崔門의 宗主的 역량을 회유하고(授官 등), 그들을 통하여 반란평정 혹은 동 지역을 招撫하려 하였던 의도로 이해된다. 이런 사실은 太宗 때 靑州에서 起事가 일어나자, 崔仁師를 파견하여 처리했다든지, 高宗 永徽 初에 婺州에서 陳碩眞의 난을 평정하였던 사실에서도 엿볼 수 있다. 그리고 太原 王君廓이 隋末 반란기에 무리 천여명을 결집하여 李唐에 귀부했던 사실 또한 宗主集團인 문벌사족의 在地力量이 아직 온전하였다고 인정하지 않을 수 없다. 뿐만 아니라 李大亮을 비롯하여 王方翼·李百藥, 劉德威 등이 俸祿을 散施하는 등 宗族을 돌보아주고 훈계까지 하고 있던 정황을 볼 수 있다. 그리고 郡四姓의 후예 중에는 彭城 劉審禮의 가문처럼 合門하여 2百餘口의 대가족을 거느렸지만, 예절을 지키며 서로 사잇말을 하지 않는 것과 같은 魏晋南北朝時代의 문벌사족의 優美한 家風을 재현하고 있다. 이리하여 唐 宗室과도 통혼하였다. 이러한 사실은 문벌사족으로서의 지위 보전 혹은 재건하려는 지향이 아직 잔존하였음을 웅변해준다고 생각한다.

둘째로 이들 山東 문벌사족의 후예들은 魏晋南北朝時代에서처럼 累代에 걸쳐 家傳하던 儒學·天文·曆法 등 修己治人의 학문을 체득하였고, 그러한 관료적 통치역량을 통하여 初唐時期에 통치계급에 합류하고 있다. 말하자면

大將軍府·唐王(李淵)·世子(建成)·諮議參軍(王珪)·大將軍府行臺郞中(盧赤松)·司戶參軍(鄭善果),懷州總管府司馬(崔義玄)·天策上將府長史·記室(崔行功·溫大雅)·晋陽令 劉文靜, 그리고 李百藥처럼 他集團을 전전하는 등 隋末 군웅집단의 謀士나, 隋官으로부터 唐朝에 투항하여 唐朝의 창건에 적극 참여하고 공로를 세워 受官(鄭善果·鄭元璹·魏徵·劉德威·丘和·封倫·房玄齡·高士廉·高季輔·溫彦博·溫大有·顔師古·孔穎達·杜正倫·張行成·祖孝孫·李勣 등등)하고 封爵을 받았다. 또한 그들의 통치역량 즉 時務나 法理에 능통하여 善政을 편다든지; 국가의 五禮·律令 등 典章을 撰修 혹은 改修하고 『齊書』『高祖·太宗實錄』 등 국사편찬에 참여한다든지; 劉伯莊처럼 『文館事林』·『史記音義』 등 저작활동을 하였으며; 崔善爲와 같이 잘못된 朝議(樂遷 즉 虛近遠實)를 번복하는 등 정치정략상 탁월한 역량을 가져 治人으로서의 역량은 전혀 쇠퇴되지 않았다. 특히 山東郡四姓 出身 高士廉 등의 『貞觀氏族志』의 편찬과 孔穎達 등의 『五經正義』 편찬은 그 의미가 크다. 즉 『貞觀氏族志』는 후술하는 바와 같이 唐初의 對門閥策으로 추진한 정책이었다. 그리고 『五經正義』는 孔穎達을 비롯하여 司馬才章·王恭·王琰 등 산동출신의 諸儒들이 太宗의 명령에 따라 五經의 義訓 180권을 편찬하였다. 이 사업은 太宗이 孔穎達 등에게, "卿들은 古今을 널리 종합하고 의리를 갖추어 합하여 前儒들의 폐단과 異說을 고려하여 聖人의 깊은 뜻에 부합하도록 하였으니, 실제로 不朽의 찬수사업이다"고 극찬하였던 국가적 事業이었다.[254] 그리고 이 책은 당시에 과거시험의 지침서인 점에서 그 의의가 크다. 동시에 산동인물들이 편찬한 점에서 볼 때 문화적 선진지역인 산동과 산동인물을 수렴하였다는 차원에서 關隴政權인 唐王朝의 위상을 크게 제고시켰다고 생각된다. 이런 역량은 장차 널리 시행되어 關隴 관료적 문벌사족 위주의 정계를 개편할 수 있었던 科擧制를 통하여 산동인물들이 관료로 적극 진출하고, 그들의 지위를 개선하여 통치계급에 합류하였다.

뿐만 아니라 이들은 武后와 같은 야심가를 이용하여 정계를 주도하였다. 예컨대 ① 崔仁師가 武德 初에, 崔信明이 貞觀 初에 과거에 응하고 있는 것

254) 上揭書 卷73, 孔穎達傳. pp.2602-3.

이나; ② 崔敦禮가 永徽中에 中書令, 盧承慶이 武后의 발언권이 점차 커지던 顯慶中에 度支尙書·同三品(재상)에 顯達하였던 것 등은 그런 출발점으로 고려된다. 특히 盧承慶이 임종시에 일상생활을 비롯하여 祭祀나 葬禮에 절대적으로 儉約을 당부한 것이나; 隴西 李大亮은 종래 山東 문벌사족 중에 首位인 인물로 宗族을 보전하고 家風을 재건하고 있는 점 등이다. 이처럼 그가 관료사족으로서 모범을 보인 것에 대하여 太宗이 극구 칭찬하여 重用하며 봉건적 특전을 거듭 사여하였다. 이리하여 『舊唐書』의 撰者(劉昫)가 政·略·仁·義·禮·智·信을 체현한 인물로 賞贊하였음을 본다.

이러한 사실은 문벌사족으로서 학문을 닦고 家門을 이으며 계속 仕宦을 추구해야 한다는 앞서 말한 王昶의 訓戒와는 달리, 西魏－北周 이래 賢才主義로 科擧制가 정립되어 황제의 전제주의가 관철되고 종래 山東門閥士族에 대한 통제가 추진되던 사정, 특히 후술하는 것처럼 李義府·許敬宗 등 武后派에 의하여 長孫無忌를 중심으로 하는 關隴 관료적 문벌사족이 무너졌던 상황에서 오직 儉約이나 개인적인 官僚力量에 따라 立身·揚名할 수밖에 없다는 것을 말한다. 따라서 그들에게는 종래 문벌사족으로써 자긍심을 가지거나(崔信明), 志高·位下의 입장에서 官職을 버리는 것과 같은 행위(王績)는 결코 용납될 수가 없는 것이다. 동시에 그들은 唐朝의 전제주의 하에서 종래 문벌사족의 후예로서가 아니라 文武兩兼과 같은 官僚的 表像을 지닌 관료이어야 함을 제시한 것으로 이해된다. 그리하여 山東의 郡四姓 後裔들은 隋朝下에서 철저한 탄압과 통제를 받았고, 다시 隋末의 참혹한 전란을 경험하여 새 지배자 唐朝에 의부하지 않을 수 없었다. 게다가 그들은 唐朝의 이런 정책방향을 감지하여 적극적으로 정계에 진출하고 헌신하여 卿相 및 州刺史 그리고 (大)將軍 등 3品官 以上에 진출하였던 것이다. 예컨대 劉文靜·魏徵·房玄齡·李勣 등 (郡四姓 27명중) 3품관 이상에 이른 자가 16명이나 되었다. 이점에서 보면 唐初의 政界가 關隴 관료적 문벌사족이 중심이 되고 山東 문벌사족이 微族으로 次位에 있었다고 할 수 있다.

셋째로 汪籛氏가 太宗은 山東 문벌사족에 대하여 惡感情을 가지고 "山東微族"을 채용하여 재상을 삼고, 산동 문벌사족들은 그들의 예하 혹은 關隴 관료적 문벌사족의 次官으로 채용하여 그들의 통치역량을 수용했다고 하였다.[255] 이런 汪籛氏의 논설에 그런 측면은 전적으로 인정할 수 있겠다. 그렇지만 太宗의 악감정이란 이유만으로 산동 문벌사족을 정계에서 배제하였다는 말은 납득이 잘 안된다. 말하자면 太宗이 산동에 대하여 악감정을 가진 것도 보통 王世充·竇建德 등이 할거했던 東中國의 평정과정에서 큰 위기에 빠졌을 때 丘行恭이 필사적으로 구제하여 겨우 죽음을 면하였던 일과 같은 악전고투했던 사정에서 나온 말이라고 생각된다. 그러나 그것 만으로 태종이 "山東微族"만 재상으로 삼았다는 설은 성립되지 않는다. 그것은 ① 東西魏 분립 이후 형성된 東西對立 사정이 (唐 初期까지) 계속되어 宇文泰를 중심으로 형성 발전된 關隴 관료적 문벌사족의 대표자 唐太宗은 北魏－北齊를 이어온 산동문벌사족과는 문화·정치·사회적 기반이 서로 달라서 山東 및 산동문벌사족에 대하여 嫉視하는 측면이 없지 않고; ② 자신을 도와 천하를 평정하여 唐朝를 건설하고 황제에까지 즉위하는 데에 절대적인 공로가 있었던 關隴 관료적 문벌사족에게 의존하였다.(房玄齡 등 山東·江南人도 약간은 있지만) ③ 高祖 武德年間 후반기에 太子·元吉과 世民의 대립에서 太子가 싸우지 않고 승리를 얻은 것으로부터 山東地域이 建成의 지역이 되고, 그 지역에서 長林兵을 구축했으며, 이것이 楊文幹 사건으로 부각됨으로써 양성·증대된 감정으로 이해된다. 그리하여 汪籛氏가 太宗은 房玄齡 등 山東微族을 채용하였던 것으로 보인다고 하였던 것이다. ④ 앞 항에서 상세히 설명한 것처럼 산동 문벌사족보다는 郡四姓 後裔들이 唐朝의 건설과 太宗의 즉위에 다대한 공로를 세워 卿相·大將軍에 현달하였던 사정은 이들이 산동 문벌사족보다 族小 등 사회·경제적 기반이 약하여 隋王朝의 강한 통제정책과 隋末 농민전쟁에서 더 이상 감내하지 못하고 새로운 지도자(혹은 왕조)를 찾아 적극 立功함으로서 현실적인 역경을 극복하려는 의지에서 전개한 활동으로 이해된다. 또한 이런 사정에서 唐朝 통치자는 종래 산동 문벌사족 보다는 차하 郡四姓 出身(이른바 微族)을 중용했다고 할 것이다. 그리하여 山東微族의 채용은 태종에서 비롯된 것이 아니고 高祖때부터 이며, 차하계층인 郡四姓 出身들도 唐朝의 건설 이래 政界에 적극 진출·활동함으로써, 조성된 현

255) 汪籛, 同上 論文.

상으로 이해된다. 그러나 山東 招撫에 있어서 커다란 역할을 하였던 崔民幹을 비롯하여 唐 初期에 산동 문벌사족들이 특별히 중용되지 못한 것만은 확실하다. 그 이유로 많은 필자가 제시한 산동(인)에 대한 악감정 뿐만 아니라 關隴政權과 산동의 문화적 차이, 그리고 北周·隋王朝 이래 關隴政權의 기반인 關隴 관료적 문벌사족 集團勢力의 산동 문벌사족에 대한 질시 등을 제시할 수 있을 것이다.

한편, 산동지역은 문화적 선진지역으로 적어도 東周 이후 인재가 많고, 문화적으로 중심이 되었다는 사정은 唐시대에 이르러서도 변화하지 않았다.[256] 또한 隋朝에서 산동에 대한 강한 통제와 산동 문벌사족에 대한 배척·불채용은 통치의 실효성을 거두지 못하여 隋末 반란이 일어났다. 이런 隋朝의 모순을 극복하는 방향에서 唐朝를 개창한 太宗으로서는 산동지역을 차별·무시할 수 없었고, 인재를 선발하여 통치의 실효성을 提高시켜야 함은 두 말할 여지가 없었다.

그리고 앞서 말한 바와 같이 陳寅恪氏가 唐室은 趙郡 李氏의 假冒牌 혹은 胡化漢人으로부터 그 계보가 확실하다고 한 것처럼, 唐室의 사회적 위망과 仕宦·婚姻上으로 볼 때에 산동 문벌사족보다 훨씬 처지는 입장에서 산동 문벌사족보다는 그 次下 계층인 郡四姓을 채용했을 뿐만 아니라, 중용하여 재상으로 삼았던 것이다. 그리하여 천하의 최고 통치자로서, 그나마 唐朝 창건에 적극 동참한 산동 문벌사족들을 채용하지 않을 수 없었던 까닭에 주요 部處의 차관이나 정책 결정 기구의 구성원으로 수용하였던 것이다. 이런 방안은 후술하는 『貞觀氏族志』 편찬의 의도와 상관관계가 있는 것으로 이해된다. 그러나 이런 국면은 高宗 때에 타결되어 새로운 정계가 재편성되었으니, 高宗 永徽年間의 山東人을 재상으로 삼았던 사실은 그런 변화를 예고하였던 것이며 武周政權의 형성과 전개 중에서 본격적으로 변화가 나타난 것이다.

특히 이런 郡四姓과 같은 次下 산동 문벌사족을 많이 채용하고 재상으로 삼은 사실은 唐太宗의 특별한 정치적 의도(목적)에서 진전된 책략이었다. 이에 대하여 橫田滋氏는, "唐 太宗이 山東人과 특별하게 대립한 것은 山東의

256) 『舊唐書』 卷189 上, 儒學 上, 序. pp.4939-42.

농민군이 唐朝의 군사력에 최후까지 저항하였기 때문이다"고 하여 唐 太宗이 산동지방의 농민군을 평정하는 데에 큰 희생을 치루었고, 이 惡感情으로 말미암아 산동인과의 대립, 즉 채용하지 않는 주요 원인이라고 지적하였다.[257] 그리고 汪籛氏도 王世充·竇建德 등 산동지방의 군웅집단의 평정과정에서 악전고투하여 산동인에 대한 악감정이 있었던 사실이라고 하면서도, 산동은 前代 이래 인물이 풍부한 지역이고, 경제적으로는 李唐의 생명선이었던 까닭에 부득이나마 그 지역의 인물을 唐朝의 통치구조에 포괄해야 하는 입장에서 山東微族을 채용했다고 하였다.[258]

필자는 좀 달리 생각한다. 즉 橫田·汪 兩氏가 산동평정의 어려움 때문에 그 지역 인물을 배척한 것이라고 하였지만, 근본적으로는 왕조의 창건에 어려움이 있는 것은 時空을 가릴 것이 없는 것이고, 隋末叛亂을 평정하여 재통일한 唐太宗이 각 군웅집단 평정에 많은 고초를 겪은 것은 사실인 것에서 본다면, 입론의 방법에 문제가 있다. 그리고 설사 唐太宗이 산동지역에 대하여 악감정을 가지고 있었다고 할지라도, 張行成이 "臣은 듣건데, 천자는 천하의 四海를 一家로 하는 것입니다. 東西로 한정한다면 不當하고, 他人이 隘狹하다고 할 것입니다" 라고 하여 시정하였을 뿐만 아니라,[259] 앞서 상세히 例示한 것처럼 郡四姓 출신을 많이 채용하고 재상에까지 영진시키고 있는 점이다. 여기서 한 가지 문제가 될 만한 점은 汪氏가 말한 山東微族이란 어떤 계층인가 명확하지 못하지만, 필자가 말하는 郡四姓 출신이라면 동감이다. 그리고 汪·橫田 兩氏가 말한대로 唐 初期 특히 太宗시기에만 국한시켜 상황을 설명하는 것보다는 시대를 전후로 확대하여 살펴보는 것이 필요하다.

北周 末 산동지역에 대한 강한 통제정책을 실시한 이후 隋王朝의 輸籍法·科擧制, 그리고 唐王朝의 氏族志 編撰과 같은 통일정책의 선상에서 보면, 산동 문벌사족을 중용하지 않은 것은 시기를 적어도 隋王朝까지 거슬러 올라가야 한다. 말하자면 隋王朝에서 특히 강남 陳王朝 평정이후 산동인을 배척

257) 橫田滋, 「武周政權成立の前提」, 『東洋史硏究』 14-4, 1956.

258) 汪籛, 同上 論文.

259) 『舊唐書』 卷78, 張行成傳. pp.2703-4.

하여 채용하지 않았던 것이다. 그러나 이러한 사정은 隋末·唐初에 개선되기 시작하여 唐 初期에 郡四姓의 후예가 唐朝에 적극 진출하여 정계가 크게 확대되었고, 후술하는 바와 같이 高宗時期부터 산동 문벌사족도 적극 정계에 진출하였던 것이다.

그러면 唐太宗은 山東 문벌사족을 왜 그처럼 채용하지 않았던가? 이에 대하여 汪籛氏는 종래 산동 문벌사족은 五胡十六國 이래 상호 간에 內婚을 통하여 견고한 집단을 형성하였을 뿐만 아니라, 孝文帝의 姓族分定 이후에는 朋黨·皎固한 현상을 보였기 때문에 이를 疑憚하고, 山東微族을 중용했다고 하였다. 이 설명은 종래 산동문벌사족이 정치사회적으로 강고한 집단을 형성하여 폐쇄적인 難攻不落의 정치집단 혹은 사회집단을 형성한 것 같은 인상을 갖게 한다. 사실상 그들은 內婚을 빈번히 하고 그 선상의 정치적 離合集散이 없었던 것은 아니지만, 어떠한 정치적·사회적 집단을 형성하여 황제권에 도전한 것은 아니었다. 그리고 그들은 인물이 풍부한 산동지역에서 누대에 걸쳐 家傳하는 儒學·天文·曆法 등 修己治人의 群書를 섭렵하여 통치역량을 얻고 중앙과 지방행정을 주도하여 문화 특히 예절상에서 향리를 지도하며 優美한 家(門)風을 保持하면서 皇室 및 同類와 통혼함으로써 婚·宦上에 있어서 位望을 가졌던 것이다.

까닭에 산동의 문벌사족과 郡四姓은 모두 隋朝에서 탄압받고 채용되지 못한 가운데, 李淵集團을 비롯하여 산동 등 각지에서 궐기한 군웅집단의 謀士나 幕僚로 진출 또는 被徵되어 많은 공로를 세웠다. 심지어는 封倫처럼 煬帝와 宇文化及 그리고 太子 建成과 秦王 世民의 兩端에 끼기까지 하였다. 그리하여 끝내는 李唐의 官僚로 진력함으로써 顯達하였던 것이다. 그러나 산동 문벌사족 출신이 郡四姓 출신보다 적지 않고 至大한 功勞 또한 量面에서 도리어 거대하고 良質이었던 측면을 홀시할 수 없다. 반면에 唐 宗室을 중심으로 하는 關隴 관료적 문벌사족의 정치·사회적 지위는 산동 문벌사족보다 日淺하여 未洽하였던 것으로 생각된다.

이런 사정에서 唐太宗은 자신을 정점으로 하는 關隴 관료적 문벌사족의 정치상의 지위를 提高시키고 山東郡四姓(隋朝의 통일정책 이래 몰락위기에 빠진)을 흡입하여 새로운 통치집단으로서의 새로운 관료적 문벌士族(制)을 편성하게 하여 武官職은 물론 文官職도 關隴 관료적 문벌사족에게 거의 수여하고 재상지위에 영진시켰으며, 山東 및 江南의 郡四姓 출신을 발탁하여 顯達시켰던 것이다. 이는 太宗과 李義府와 사이에 和答한 詩, "上林에 허다한 나무가 있는데, 한 그루 빌림을 애끼시렵니까"에 대하여 太宗은, "내 장차 네게 모든 나무를 줄 것인데 어찌 한 그루일 뿐이랴"라 한 것에서[260] 충분히 살펴 볼수 있는 것이다. 뿐만 아니라 이러한 사정은 산동 문벌사족에 대하여 唐朝에 적극 협력을 촉구한 측면으로도 고려된다.

마. 禁婚과 『貞觀氏族志』의 刊行

이는 정치 군사적으로 천하를 재통일한 唐太宗이 행한 前代 이래의 관료적 문벌사족제 정비작업의 일환이었다. 말하자면 앞서 말한 것처럼, 關隴 관료적 문벌사족이라는 唐朝의 지지기반에 대하여 좀 더 확실한 士族制를 설정하려는 의도에서 마련된 것이다.

唐高祖 李淵은 8柱國中 一人인 李虎의 孫으로 西魏 이래 문벌이라 호칭되었고, "善射者"로 竇威의 여식을 부인으로 맞아 들였으며(太穆皇后), 父 昞은 北周의 安州總管, 柱國大將軍으로 唐國公을 습작했고, 妃는 獨孤信의 4女였다. 太宗 世民은 증조 이래 상무적 가문에서 성장한 "貴游子弟"로 "어려서부터 武藝를 숭상하여 학업에 정통하지 못했고, 弓矢를 좋아하고 연마하여 스스로 그 묘미를 다했다"고 한 것처럼 대단한 豪傑이었다.[261] 그의 장인 長孫晟 역시, "말을 잘 타고 활쏘기에 정통하며 민첩함이 타인을 초월"하여 右驍衛將軍에 이르렀다. 따라서 西魏 이래 형성 발전된 關隴 관료적 문벌사족집단의 중심 인물로서 唐初의 高祖·太宗은 산동 문벌사족과는 다른 통치계층이었다.

그리하여 高祖는 역전의 명장이지만 산동 문벌사족과는 별도의 門閥觀念을 가지고 있었다. 즉 高祖는 李淵 丞相府 司錄參軍이자, 博物하고 舊儀를 많이 알아 國家의 制度를 定하는 등의 공로로 中書令에 (唐朝 창건과 함께)

260) 『隋唐嘉話』 卷 中.

261) 『舊唐書』 卷1·2, 高祖·太宗紀. pp.1-2; pp.21-3.

발탁한 外戚인 竇威에게,

> "옛 北周 때에는 8柱國이 貴盛하였고, 나와 公의 家는 모두 이 관직에 올랐다. 이제 나는 천자가 되었고, 公은 中書令이 되어 본래는 같았으나, 결국은 다르게 되었다. 이것이 平安하지 못하다"고 함에, 威는 高祖에게 사례하며, "臣家는 옛 漢朝 때 두 번 외척이 되었고, 後魏에 이르러 세번 외가로 되었으며, 陛下께서 唐朝를 창건하여 다시 황후가 나왔습니다. 臣은 또한 位階上으로 外戚이고 官位 또한 鳳池(中書令)에 이르렀으니, 스스로 넘치고 외람되어 朝夕으로 두려워하고 있습니다"고 하였다. 이에 高祖는 웃으면서, "崔·盧와 같은 關東人과 혼인함으로써 도리혀 矜伐하고 있지만, 公은 대대로 帝戚이니 역시 귀하지 않으랴"[262]

고 하여 崔·盧·李·鄭 등 산동 문벌사족의 內婚을 비난하고 있다. 이러한 高祖와 竇威의 對談으로부터 몇 가지 사정을 살필 수 있다. 그것은,

1) 高祖를 정점으로 한 關隴 관료적 문벌사족과 山東 문벌사족 사이에는 관념상에서 큰 차이가 있었다. 이것은 8세기 중엽의 譜學者 柳芳이, "代北의 사람들은 무예에 능하여 貴戚을 숭상하고, 關中人은 雄(健)하여 冠冕을 숭상한다"고 지적한 것처럼, 關隴 관료적 문벌사족의 대표자 李淵과 그의 재상 竇威의 문벌관념은 婚宦을 중시하는 산동 문벌사족과는 서로 달랐다.[263] 다시 말하면 關隴 관료적 문벌사족은 西魏 건설의 元勳인 8柱國 12大將軍을 중심으로 하는 군사적 공로자로부터 北周-隋-唐 초기에 걸쳐 정치 군사상에 있어서 핵심 인물이며 사회상으로 상호간에 통혼하여 "貴盛"하였던 盛族을 관료적 문벌사족제로 설정할 수 있다. 이에 대하여 山東의 문벌사족(제)은 前章에서 詳說한 바와 같이, 그들은 魏晋 이래 누대에 걸쳐 九品中正法을 통하여 중앙과 지방의 관직을 독점하고, 경제적으로 대토지겸병자, 문화적으로 향리사회의 지도자일 뿐만 아니라 사회적으로 內婚을 통하여 혈통을 보전하는 그러한 사회계층이었다.

262) 上揭書 卷61, 竇威傳. p.2364.

263) 『新唐書』 卷199, 柳沖傳 附 柳芳傳 「姓系論」. p.5678.

2) 이리하여 兩者간에는 기본상 악감정 혹은 대립하는 측면이 있고 직접 山東에 대한 統治와 平定의 어려움을 표현한 것으로 이해된다.

3) 결국 唐朝의 문벌숭상은 산동문벌사족처럼 사회상의 通念이나 通婚이 基準이 아니고, 唐朝의 官職 역임 상황과 皇室과의 關係가 중요하다는 정책 방향을 제시한 것이다.

이와 같은 당왕조와 산동 문벌사족과의 문벌관념의 차이는 關隴 관료적 문벌사족의 참신한 군사역량을 통하여 천하를 재통일한 唐朝의 발전에 엄중한 장애적 작용, 즉 당조의 정책에 대하여 원심적으로 작용할 수 있는 측면이 있어 이에 대한 적절한 대책이 요청되었다. 이런 상황에서 貞觀 6년(632)에 御史大夫 韋挺이 王化의 기본이 되는 婚姻의 禮義가 사치에 빠져 方略으로 훈계하지 않으면, 장차 弊風이 만연될 것이라는 내용의 上表를 하였다.[264] 이에 太宗은 尙書左僕射 房玄齡에게, "崔·盧·李·鄭의 山東 郡四姓은 비록 누대에 걸쳐서 점차 쇠퇴하였지만, 도리어 그들은 門地에 의지하여 스스로 矜大하기를 좋아하고 士大夫라 칭하고 있다. (그들은) 他族에 嫁女할 때마다 반드시 聘財를 廣索하고 많은 것으로 귀하다 하여 액수로 논하여 약속(혼인)을 정하니, 市價와 마찬가지이기에 이런 처사는 풍속을 매우 손상시키며 禮經을 문란하도록 하고 있다. 이미 (그의) 輕重이 마땅함을 잃었으니 개혁함이 이치이다"라고[265] 하여 禁婚令과 氏族志의 간행에 관한 詔勅이 나왔다.

먼저 禁婚에 관한 조칙을 검토해 보자.

『唐會要』 卷83 嫁娶에,

> "氏族의 盛(『貞觀政要』에는 美라고 되어 있다.)함은 실제로 冠冕에 달려 있는 것이다. 婚姻의 道는 仁義에 앞설 수 없다. 北魏 때부터 統御에 실패했고, 高齊 때에는 이미 망하여 市中에 이미 옮겨졌고, 풍속이 凌滯되었다. 燕趙 右姓(산동문벌사족)은 대체로 衣冠의 근본됨을 상실하였고, 齊·韓 舊族(산동문벌사족)도 예의의 풍속에서 乖離되었다. (이에) 이름은 비록 州

264) 『唐會要』 卷83, 嫁娶 貞觀 六年詔.

265) 『舊唐書』 卷65, 高士廉傳 및 『貞觀政要』 卷7, 論禮樂 貞觀 六年詔.

閭에 현저하지만 몸은 貧賤을 면하지 못하여 高門의 자손이라고 自號하면서도 匹敵의 儀表를 敦厚하게 하지 못하여 問名하면 오직 竊貲할 뿐이요, 결혼함에는 반드시 富室로 돌아가 버린다. (그리고) 新官의 무리들은 豊財의 家임에도 그 祖宗을 흠모하여 경쟁적으로 (그들과) 혼인하면서 貨賂를 多納하고 있으니, (이는 자신의) 가문을 自貶하여 姻婭로 욕되며, 그 옛 위망을 뽐내지만 (그들의) 행위는 舅姑에 無禮하며, (이런) 습관이 쌓여 풍속이 되고, 지금에까지 그치지 않으니 이미 인륜을 문란하도록 함이며, 실로 名教를 훼손함이다. 朕은 兢惕하며 正道를 憂勤하고 지난 세대의 蠹害는 모두 懲革하였으나, 이 弊風만은 아직 개변하지 못했다. 이제부터 명확히 고시하여 嫁娶의 序를 알리게 하여, 힘써 禮典에 합당하게 하려는 것이 朕의 뜻이다"[266]

라고 하면서, 今年 大月로부터 賣婚을 금지하도록 조치하고 있다.

이 詔勅은,

a) 氏族의 우열은 冠冕의 우열로 기준을 삼아야 하고 혼인의 도리는 仁義에 따라야 한다고 전제하고,

b) 北魏 특히 高齊에서 산동 문벌사족이 仁義와 禮義에서 괴리되었지만, 그 자손들은 조상의 옛 位望을 뽐내고, 혼인에 있어서 막대한 聘財를 받아 人倫을 문란시키고 名教를 손상시키고 있다.

c) 이에 (王朝는) 혼인의 기본사항을 갖추고 그것을 仁義·禮義·人倫 및 名教에 合當하도록 하기 위하여 내리는 금령이었다.

이런 賣婚에 대해서는 이미 顔之推가 高齊의 鄴都에서 恣行된 사정을 충

266) 『唐會要』 卷83, 「嫁娶」에는 貞觀 16년 6월 詔로 되어 있어 대다수의 논자들은 考慮하지 않은 체 그대로 사용하고 있다. 그러나 『貞觀政要』 卷7, 「論禮樂」에 보면 貞觀 6년의 詔임이 틀림없고, 蘇冕이 同 16년 詔로 기록한 것은 6년 詔인 것을 잘못 기록한 것이다. 그리고 詔는 갑자기 나오는 것이 아닌 점과 내용상으로도 同 6년 御史大夫 韋珽의 上表로부터 내려진 조칙이다. 특히 同 16년에 혼인이나 문벌 문제는 『新·舊唐書』 「本紀」나 『通鑑』 등에 보이지 않는다. 동시에 『貞觀政要』의 成書는 太宗 사후 50년에 吳兢이 편찬한 것으로, 蘇冕의 『唐會要』의 成書보다 약 70년이 빠르다.

분히 지적하였지만,[267] 隋代에는 이 문제에 대하여 특별한 대책이 강구된 것은 없었다. 隋朝의 大官 楊素가 (門地와 사회적 位望이 높은) 淸河 崔儦의 따님을 많은 聘財를 주고 맞이하고 있는 사정은 앞서 말한 바이다. 또 이런 조칙이 나온 貞觀 初年에도 大官인 房玄齡·魏徵·李勣 등이 산동 문벌사족과 더불어 통혼하고 있었다.[268]

한편 高祖와 竇威의 대담에서 본 것처럼, 산동 문벌사족들의 內婚을 指斥하고 혼인은 官品과 唐室과의 關係를 중시해야 한다는 사회정책 방향이 제시된 바 있었다. 이리하여 太宗은 名敎에 알맞는 혼인을 해야 한다는 명분으로 쇠퇴한 산동 문벌사족에 대한 타격을 가하고 아울러 房玄齡 등 고관을 질책하였던 것이다. 이것은 房玄齡이 太宗으로부터, "어떤 일로 견책을 받고 매일 朝堂에 이르러 간절히 請罪하였지만 용납되는 바 없었다"고 한 기사[269]로도 틀림없다.

결국 太宗은 고조때의 매혼에 대한 비판을 발전시켜 賣婚을 금지한다는 禁婚詔令을 내렸다. 이것은 北齊 이래 누적된 폐습을 혁파하여 禮敎를 시행코자 하는 방략이었다. 이 조치로 말미암아 산동 문벌사족은, "이름은 향리에 뛰어났지만, 몸은 貧賤을 면하자 못하였다"는 것과 같은 타격을 받았던 것이었음은 물론이고 산동 문벌사족으로서도 명분상 자신들의 更生이 필수인 입장에서 唐朝의 禁婚令을 수용할 수밖에 별다른 도리가 없었다.
그리고 다른 하나의 조칙인 氏族志 간행에 관하여 살펴보자.

太宗은 산동 문벌사족이 자행한 賣婚을 근본적으로 해결하기 위하여 『貞觀氏族志』를 刊正하도록 하였다. 즉, 太宗은 吏部尙書 高士廉을 비롯하여 御史大夫 韋挺·中書侍郎 岑文本·禮部侍郎 令孤德棻 등에게 姓氏를 刊定토록 詔令하였다. 이에 이들은 천하의 譜牒을 거두어들이고, 史傳에 의하여 그 眞僞를 살피고 忠賢者를 포진시키며 悖逆者를 貶黜하는 원칙을 통하여 천하의 姓族에 대하여 博陵 崔民幹을 第一等으로 한 것을 비롯하여 293姓 1,651家의 등급을 획정하였다. 이것이 그 初進本이다.

---

267) 『顔氏家訓』 卷 上, 風操篇.

268) 『新唐書』 卷95, 高儉傳. p.3842.

269) 『舊唐書』 卷66, 房玄齡傳. p.2461.

太宗은 이것을 일별한 후에,

"나와 山東의 崔·盧·李·鄭과 사이에는 예로부터 아무런 혐의도 없다. (그렇지만) 그들은 대대로 쇠미하여 冠著가 全的으로 없으나, 도리어 스스로 士大夫라 하고 혼인 할 때에는 많은 錢幣를 要求하고 있다. 才識은 보통 이하이면서도 누어서 (아무런 일을 하지 않으면서) 自高하기를 바라며, 松檟(조상의 棺)를 팔아 富貴를 의탁하고 있다. (그런데도 불구하고) 사람들이 어찌하여 그들을 重하게 여기는지 나는 모르겠다. 대체로 齊家(北齊)는 河北에 근거했고, 梁陳은 江左에 偏在에 있었다. 그 당시에는 인물이 있었을지라도 小國에 편벽했을 뿐으로 가히 귀하다고 할 수 없는데, 도리어 지금에도 崔·盧·王·謝를 중시하고 있다. 나는 四海를 평정하고 천하를 一家로 하여 조정의 선비는 모두 공로가 현저하고, 혹은 忠孝로써 가히 칭찬할 수 있으며, 혹은 學藝로 通博하였던 까닭에 발탁하여 채용하였다. (현재) 3품 이상의 관료들을 보건데 쇠퇴한 舊門과 더불어 親하고자 하며, 많은 錢帛을 지불하는 데도 그들은 도리어 누어서 받아먹고 있다. 내가 지금 姓族을 특별히 定하려는 것은 今朝의 冠冕을 崇重하도록 함인데, 어찌하여 도리어 崔民幹이 第 一等이 되랴? 옛 漢高祖는 산동의 一匹夫에 지나지 않았지만, 천하를 평정하여 군주는 존중되고 신하는 귀하게 여겼다. 卿들은 독서하여 그의 행적을 잘 보았을 터이다. 지금까지도 미담으로 되어 있어 가슴 속 깊이 敬重하는 바이다. (이와 같은 데도) 卿들은 나의 官爵을 귀하게 여기지 않는다는 말인가? 반드시 數世 以前을 論할 것이 아니라 지금(금일) 官爵의 高下를 보아 등급을 지어야 할 것이니라"[270]

고 준엄하게 指斥하였다.

이 詔勅에서 太宗은,

1) 산동 문벌사족은 士大夫라고 칭하면서도 보통 이하의 才識을 가졌고 현재 官著가 전혀 없다. 게다가 그들은 조상들이 옛 小國 官歷에 의지하여 自高하며 聘財를 탐내고 있으니, 이를 금지하여 혼인의 正道를 밝히고 사회

270) 上揭書 卷65, 高士廉傳. pp.2443-4.

적 紀綱을 바로 잡겠다는 것이다. 게다가 조정의 고관들이 그들에게 많은 聘財를 주고 통혼하고 있어 염려된다는 것이다.

2) 한편 唐朝는 천하를 통일하였고 관료는 사대부로서 功勞·忠孝 및 學藝에 뛰어나 발탁했으며 公·大夫의 작위를 수여하였다. 이런 사대부의 역량이 대대로 연속되어야 門戶, 즉 문벌사족이라는 것이다.

3) 따라서 산동문벌사족처럼 옛 조상의 관력이 아니라 현재 唐朝의 官品의 高下에 따라 姓族의 등급을 정하여 영원한 법칙으로 삼도록 명령한 것이다.

이리하여 貞觀 12년에 皇族을 第 1等, 外戚을 다음, 그리고 唐朝의 官品에 따라 등급을 매겨 崔民幹을 第 3等으로 하여 전국의 293姓 1,651家를 내용으로『貞觀氏族志』100卷을 찬수하여 천하에 반포하였다.

이런『貞觀氏族志』에 대하여 당시에 "(등급의) 升降과 去取함이 允當하다고 칭찬하였다"고 한 것을 보면,[271] 보편성을 확보한 것으로 이해된다. 그렇지만 氏族志가 전해오고 있지 않는 현 상황에서 그 진면목을 자세하게 알 수 없는 것이 안타깝다.

다만 太宗 貞觀 12년 1월 氏族志를 천하에 반포한 것은 천하의 族姓을 9等으로 나누었고, 이 내용에 관하여 胡三省 注에서는, 그 9等級을 皇族이 上上·外戚이 上中·崔民幹이 上下라고 되어 있고,[272] 中上 이하는 현재로서는 알 수 없다. 여기서 볼 수 있는 것은 ① 太宗이 의도한 대로 唐皇室과 唐朝의 官品이 존숭되었다. ② 崔民幹을 上下로 甄別함으로써, 崔의 本貫 博陵 崔氏를 비롯한 淸河 崔·范陽 盧·趙郡 李·滎陽 鄭 및 太原 王氏 등 산동문벌사족이 上流로 편성되었음을 알 수 있다.

원래 官品에 따라 姓族을 구분한 것은 北魏 孝文帝의 姓族分定 때에 만든「方司格」에서 비롯된다. 그때에 隴西의 李氏를 1等으로 했는데, 그 후 門地를 뽐내고 숭상하였기에『貞觀氏族志』에서는, "일체 강등시켰다"[273]는 것이다. 이러한 원칙은『貞觀氏族志』에 등제된 293姓 1,651家에 대한 9등급 제

271)『資治通鑑』卷200, 唐紀 16, 唐 高宗 顯慶 四年 六月 詔 p.6315.
272) 上揭書 卷195, 唐紀 11, 唐 太宗 貞觀 十二年 一月詔 및『唐會要』卷36, 氏族.
273)『新唐書』卷95, 高儉傳. p.3842.

정에서 적용된 것으로 이해된다. 말하자면 9等級중의 上下에 崔民幹의 관직인 黃門侍郎(正4品 上)이 들어간다는 말이 된다. 그리하여 산동문벌사족이 또한 이 上下의 등급에 포함되는지의 여부는 알 수 없다.

게다가 이 原則과 唐朝의 정책 그리고 사회상의 통념은 괴리되어 있었다. 즉, 唐太宗은 王妃·主婿는 모두 그 당시의 關隴 관료적 문벌사족과 名臣家(唐朝의 통일과 太宗의 文武功臣) 顯達者에서 선택하고,[274] 산동문벌사족에서는 선택하지 않았다. 그렇지만 房玄齡·魏徵·李勣과 같은 고관들이 산동문벌사족과 통혼한 사실은 그들의 사회적 위망이 아직 쇠퇴되지 않았음을 보여주고 있다. 뿐만 아니라 族姓의 등급을 官品에 따라 확정하기 때문에 一族姓의 房望이 큰 차이가 나오는 문제성을 가져 族姓의 등급을 수시로 획정해야 한다는 모순 혹은 복잡성을 내포하고 있었다.

이런 『貞觀氏族志』에 대한 연구성과로는,

① 태종의 『貞觀氏族志』 간행은 官品秩序를 絶對化하여 새로운 제국의 황권을 강화하고, 사회질서를 수립하려는 의도였다. 이것은 太宗 時期에 접어들어 科擧에 응시자가 점차 沙汰에 빠졌던 사실과 상응된다. 말하자면 唐朝는 次第어 문벌사족을 관료로 포용할 필요가 있었기에 士族制의 신분을 중시하고, 문벌사족제를 부정하지 않으면서 官製的으로 적절한 질서를 창출하려 했다.[275]

② ①에 대하여 孝文帝는 政治地位를 이용하여 사회적 지위를 제고시키려 했고, 通婚으로 本身所屬의 집단을 공고히 하려는 의도에서 姓族을 分定하였지만, 太宗은 本身集團의 사회적 지위가 이미 있었고, 王妃·主婿를 勳貴·名臣家에서 선택하여 산동문벌사족과는 합작할 수 없어 그들의 賣婚을 지적하고, 新門閥을 수립할 의도에서 刊定했다고 했다.[276]

③ 唐朝를 지지하는 主力集團은 胡人 혹 胡化漢人으로 "清"이라는 문화적 전통이 없어, 唐朝는 "명의를 버리고 실질을 취한다"는 工作으로 氏族志를 刊定하고, 崔·盧·李·鄭·王 등을 "일체 강등시켰다"는 것은 산동문벌사족에

274) 上揭書 同卷. p.6318.

275) 池田溫, 「唐朝氏族志の一考察」, 『北大文學部紀要』 13-1.

276) 汪籛, 「唐太宗樹立新門閥的意圖」, 『汪籛隋唐史論稿』 所收 1981, 北京.

대하여 무조건 배척할 수 없는 사정에서 그들의 對唐態度(唐朝에서 仕宦 등 협조태도)에 따라 대우할 수 밖에 없었다는 것이다.[277)]

④ 貞觀 8년의 「唐貞觀八年條擧氏族事件」을 집중 분석한 王仲犖氏는 이것을 『貞觀氏族志』의 底本이 되는 문서로 인정하고, 293姓 1,651家 중에는 舊郡姓 이외에 新興郡姓이 등장하고 있었다. 新興郡姓이 舊郡姓에 합류하여 氏族志의 편찬으로 唐의 집권이 강화되었고, 世族大家는 과거의 世資로 公卿에 진출하는 것이 용이해졌으며, 世族·大家에서는 재상이 많이 배출되었다고 하고 있다.[278)]

이상과 같은 논설은 결국 『貞觀氏族志』의 刊定을 긍정적으로 평가하여 나온 것으로 대체로 종래 산동문벌사족을 타격하여 新帝國·新門閥 질서를 창출하려는 의도였던 점과 산동문벌사족의 사회적 위망을 보증하였지만, 그것은 그들이 唐朝에 仕宦하여 얻은 만큼의 官品에 따른다는 의도(태도)라는 점을 부각시키고 있다.

이런 논설에 대하여 筆者도 몇 가지 다른 의견을 제시해 보겠다.

ㄱ) 高士廉 등이 만든 『貞觀氏族志』 刊正 기준은 이 사실을 전하는 典籍마다 약간씩 다르다. 즉 『舊唐書』에는 위에 인용한 대로 천하의 譜牒에 등재된 사실을 史傳에 따라 그 眞僞를 밝히고 忠賢者는 褒進하며 敗逆者는 貶黜시킨다고 되어 있다. 『貞觀政要』에서는 "浮華된 것은 도려낸다"고 되어 있으며, 『新唐書』에는 위 兩書의 내용이외에, "宗室을 먼저 外戚을 뒤로 하며 新門을 퇴진시키고 舊望을 진출시키며 膏粱을 左로 하고 寒峻을 右로 한다"고 기록되어 있다. 이처럼 3書에서 刊正에 관한 기준이 차이가 있지만, 특히 『新唐書』는 成書한 년대가 가장 늦고 그의 내용 상호 간에 모순점이 있는 것에서 앞의 두 책의 기준이 옳은 것으로 이해된다.

ㄴ) 『貞觀氏族志』의 頒布 이후 王妃·主婿를 관료적 문벌사족과 名臣家에서 선택함으로써, 四海를 一家로 하고, 前代 이래 사회적 位望이 현저한 산동문벌사족을 무조건 배척할 수 없는 입장에서 禮教에 어긋나는 산동의 문벌사족제는 다른 별도의 사족제, 즉 關隴 관료적 문벌사족제을 정치 사회적

277) 鄧文寬, 「唐前期三次官修譜牒試論」, 『唐史學會論文集』 所收 1986, 西安.

278) 王仲犖, 「〈唐貞觀八年條擧氏族事件〉殘卷考釋」, 『文史』 9, 1980-6, 北京.

으로 천착시켜 唐朝의 기반을 提高하고 황권을 강화하여 신제국질서를 구축하려 했던 것이다. 다시 말하면 종래 소수의 문벌사족 및 그에 연결된 사족세력보다 훨씬 많은 293姓(혹은 393姓) 1,651家를 士族, 즉 官僚에 나갈 수 있는 姓家(관료 공급원)를 擴大하여 황제권의 강화가 가능해지고 이런 곳에서 신제국질서가 편성될 수 있으리라고 생각한다.

ㄷ) 唐朝는 官品 위주로 사회적 등급을 劃定하고자 하여 산동문벌사족은 물론 그 次下階層, 그리고 江南人도 唐朝政權에 포괄하여 통치집단을 거국적으로 편성하려는 의도가 보인다. 다만 이런 경우, 隋朝 이래 탄압과 수탈을 받은 산동문벌사족을 비롯하여 山東·江南人의 정계에의 진출이 활성화되어 顯達하는 사정이 전개될 것이 예상된다. 그리하여 唐朝 건설이래 有功·高官에 이른 자들에 대한 정치 사회적 지위를 보증하였다. 高宗 初에 盧承慶·崔敦禮·杜正倫 등의 산동문벌사족에서 출신한 인물들이 재상에 진출하고 있는 것이 그 좋은 예이다.

ㄹ) 鄧文寬氏가 "일체 강등시켰다"는 대상을 山東郡姓과 虜姓 8族이라 하고 唐朝에 대한 태도로 貶抑한다고 했다. 필자는 이에 대하여 좀 달리 생각한다. 말하자면 9등급 중에 上上은 唐 宗室, 上中은 皇后家로 정하고, 崔民幹 등 나머지를 "일체 강등시킨다."는 언급은 3등 이하로 재조정한다는 것이다. 이에 대하여 『資治通鑑』에는 上下(3등급)를 崔民幹으로 하고 있다. 그런데 『新唐書』에는 北魏 孝文帝 太和年間에 정한 四海望族, 곧 山東郡姓·郡四姓 등을 대상으로 하여 차이가 있다. 필자는 ① 『資治通鑑』에서 上下의 대상을 崔民幹으로 한 것은 太宗의 입장이 반영된 것이며, 아울러 唐朝의 官品上 黃門侍郎은 正 4品 上이고 9等級중에 上下에 포함되어 적어도 이 官品 以上이라야 9等級中 上下가 된다는 말로 이해된다. ② 『新唐書』에서 四海望族을 대상으로 한다는 언급은 이들을 崔民幹과 같은 9等級中 上下로 결정한다는 의미가 아니고 그들 각자 진출한 官品에 따라 등급이 결정된다는 표현으로 고려된다. 따라서 兩書의 차이는 원래 저작을 찬수할 때에 행해진 刪削의 程度에서 나온 것이다. 그리하여 『貞觀氏族志』는 士族의 等級을 唐朝의 관품에 따라 엄격히 정한 것으로 사회적 통념상의 등급을 완전히 묵살한 것이다. 결국 『貞觀氏族志』의 간행은 山東 門閥士貴族과 그에 연결된 세력으로

하여금 唐朝의 政界에 적극 진출할 것을 유도한 정책이었던 것이다.

ㅁ) 王仲犖氏가 분석한 것처럼, 新興郡姓이 대두하여 옛 郡四姓에 합류한 것은 士族을 확대시켜 종래 魏晋南北朝 이래 문벌사족에 의하여 蔑視·賤視되던 次下階層의 열열한 仕宦의 요청을 『貞觀氏族志』로 수용한 것이었다. 또한 그렇게 함으로써 唐朝政權의 기초를 사회 전반에 더욱 확산·강고하도록 하는 것이었다. 뿐만 아니라 士族의 과잉을 통하여 관료 공급원을 확대하고, 自高하는 산동문벌사족과 그에 연결된 세력이 갖는 사회적 희소성 같은 것으로 존중 받던 풍토를 改變시키려는 의도가 다분히 내포되어 있었다.

이런 상황에서 官品 위주의 唐朝式 士族制, 아니 官僚制가 산생된 것이라고 해야 할 것이다.

이리하여 隋末·唐 初期에 산동 문벌사족들은 상당히 제한된 범위 안에서 활동하지 않을 수 없었다. 즉,

ⓐ 정치·군사상으로 關隴 관료적 문벌사족 集團을 중심으로 성립된 李唐政權下에서, ① 唐朝 官品上 崔民幹은 黃門侍郎으로 正4品 上을, 盧赤松은 郡公으로 上下 혹은 中上에 해당되어 그 蔭敍特權으로 關隴 관료적 문벌사족集團에 의해 主持되는 정부에 가입하고 있거니와; ② 關中政權에 협조하고, 비록 좁은 문이기는 하였으나 科擧 시험을 통하여 그들에게 儒學의 經典 등 諸 書籍을 학습하여 進士·秀才·明經에 합격하고 정계에 진출하여 활동할 수 있는 場이 개방되어 있었다. 이는 博陵 崔民幹이 산동을 위무하고, 范陽 盧赤松이 李淵의 起兵初에 협력함으로써 唐 初期의 정치무대에서 자기네의 진출통로를 타개한 것이었다.

ⓑ 사회 경제적으로 산동 문벌사족들은 北朝 後期 이래 진행된 중앙집권책 특히 隋朝의 통일정책과 같은 강력한 정책으로 말미암아 종래의 존재형태로 자존할 수 없는 상황으로 변화되었다. 결국 그들은 李唐政權에 仕宦·忠誠함으로써, 均田制 등 제도상의 여러 가지 특권을 얻어 기득권을 재건·보전·확대하는 등 통치계층으로써 권익을 창출하는 방향 이외에는 별다른 방략이 없었다.

ⓒ 문화적으로 산동 문벌사족들은 家傳하던 經典 등의 書冊 및 儒學 등의 家學을 보전하여 그것이 없는 신흥지주 및 새로 부상한 세력보다는 훨씬 유

리한 입장에서 仕宦의 準備가 가능했다.

ⓓ 그밖에 대외원정 등 군사적 측면에서 軍功을 세워 顯達하는 방법이 있었다.

그리하여 산동 문벌사족들은 隋朝 때와는 달리 唐朝에 協助 혹은 忠誠하여 제도상으로 개방된 仕宦루트를 통하여 중앙정계에 진출하고 顯達할 수 있었기 때문에 太宗이 禁婚令이나 氏族志를 간행한 것도 사실상 그들의 비합리성 혹은 모순을 극복하려는 정책이라는 의미가 있었다. 이런 합리적 정책에 대한 內婚·旣得權 保全·過度한 聘財의 要求 등 항변의 소지가 없게 된 것은 그들의 존재형태에 대한 강력한 비판이요, 요구로 간주된다. 그리하여 前代(魏晋南北朝)에 종족적 역량이 크지 못했던 郡四姓 出身, 예컨대 魏徵, 房玄齡, 溫大雅·彦博·大有 3형제 등이 太宗 때에 顯達하였다. 그리고 崔仁師, 王珪 등 山東郡姓이 충분히 나갈 수 있는 역량과 공로가 있었음에도 불구하고 高宗·武后 때에 이르러서야 同三品 등 재상의 지위에 진출하고 있었다. 이런 사정은 唐太宗의 山東郡姓에 대한 악감정에서 그러했다고 보기보다는 太宗이 唐을 扶持하는 關隴 관료적 문벌사족의 정치역량을 더욱 강화하여 (학문·문화적으로 기반을 확대하여) 그들을 움직일 수 없는 통치기반으로 확고히 해놓는다는 입장에서 그런 것이라고 생각된다. 뿐만 아니라 唐太宗이 산동의 微族을 重用하였던 것은 郡四姓 및 그 次下階層의 열렬한 仕宦 意圖를 수용하려는 의도임에 틀림없고, 이는 士族의 범위를 크게 확충한 氏族志 刊定 意義·意圖와도 밀접한 상관관계가 있는 것으로 고려된다. 따라서 隋末·唐初에 활동한 山東郡姓·郡四姓과 그들에게 연결된 세력들은 南朝出身과 함께 포로적 성격을 가졌다고는 할 수 없다. 오히려 次代의 중요 통치계급으로 上升할 가변적 지위에 놓여 있었던 계층으로 결코 홀시할 수 없다.

결국 太宗 貞觀 6년의 禁婚令과 『貞觀氏族志』의 刊正은 산동문벌사족의 통혼상의 弊端인 賣婚에 대한 금지령을 내려 禮敎에 합당한 혼인을 이행하도록 하여 人倫을 밝힌다는 名分을 내걸고,

1) 士大夫는 누대에 걸쳐 官界에 진출하여야 門戶, 즉 문벌사족이라 할 수 있다고 하여 문벌사족으로서의 사회적 등급을 官品으로 획정하였던 것이다.

2) 산동문벌사족이 가진 바의 門閥觀念을 부정하고 그들이 가진 功勞, 忠孝 및 學藝 등 통치역량을 통하여 올바른 사대부로서 官界에 진출하라는 권고이었다.

따라서 唐太宗은 이러한 방향에서 官僚界를 정비하고 前代 이래의 사회적 관념을 통일(획일)하여 全 中國을 포괄하는 官僚制의 방향을 제시한 것이라고 생각한다.

第4章 唐 官僚制의 成立과 그 展開

제1절 武后期 官僚制의 成立

가. 廢王立武 事件

처음 高宗이 王皇后를 폐하고 武皇后를 책립한 것은 궁중의 秘事였으나, 이 문제는 唐朝에 있어 아니 중국사상에 상당히 폭넓은 변화를 일으켰다. 이 사건의 始末은 다음과 같다.

高宗의 王皇后는 현명하였지만, 자식이 없었기 때문에, 황제의 총애를 잃었고 蕭淑妃가 황제의 은총을 받자 투기하였다. 앞서 晋王이 황태자에 나아가 위독한 太宗을 시중들 때에, 才人 武氏를 보고 내심으로 즐거워했다. 얼마 되지 않아 太宗이 붕어하고 武氏는 다른 內命婦와 더불어 感業寺의 비구니가 되었다. 高宗은 父帝의 忌日에 同寺에서 제사를 지냈는데, 이때에 帝는 武氏를 만나 함께 울었다. 이 소식을 들은 王皇后는 황제에게 武后를 후궁에 입궁시키도록 권하여, 蕭淑妃에의 은총을 멀리하고자 했다. 武氏는 입궁하여 겸손한 말씨와 행동으로 王皇后를 정성껏 섬겼고, 王皇后는 帝에게 그녀를 칭찬하여 크게 총애를 받아 마침내 昭儀에 책봉되면서 王皇后와 蕭淑妃는 모두 失寵하고 말았다.[279] 武昭儀가 翁主를 낳자, 王皇后는 빈번히 귀여워 해주었는데, 황후가 나간 후 武昭儀는 繦娥를 목졸라 죽이게 한 후 황제가 납시어 발견하여 大怒하도록 하였다. 이로 말미암아 王皇后를 폐립하도록 하였다.

황제는 大臣이 반대할 것을 염려한 나머지 昭儀와 더불어 太尉 長孫無忌의 舍第에 행차하여 無忌의 寵妃의 세 아들에게 朝散大夫를 拜授하고, 金寶와 비단 十車를 無忌에게 하사하면서 王皇后의 자식 없음을 들어 廢后할 뜻을 내놓았으나, 無忌는 다른 말로 회피하여 皇帝의 뜻에 대하여 반대하였다. 이에 武昭儀는 모친 楊氏로 하여금 無忌에게 간곡하게 청원토록 했으나 끝내 허락되지 않았고, 禮部尙書 許敬宗도 여러 차례에 걸쳐 無忌에게 권고했

---

279)『資治通鑑』卷199, 唐紀 15, 高宗 永徽 五年 三月詔. p.6286.

지만 수용되지 못하고 말았다.[280]

얼마 안 되어 中書舍人 李義府가 無忌에게 증오를 받아 壁州司馬로 좌천되기에 이르렀다. 帝勅이 아직 門下에 이르지 않았을 때에 義府가 이를 알고 동료인 中書舍人 王德儉에게 계책을 물었다. 이에 德儉은, "황제께서는 지금 武昭儀를 황후로 삼고자 하지만 宰臣들의 異議를 염려하여 미결상태로 猶豫하고 있으니 君(義府)이 武昭儀의 황후책립을 건의하면 능히 전화위복이 될 것이다"라는 방략을 제시하였다. 이에 義府는 德儉을 대신하여 宿直하며 王皇后를 폐하고 武昭儀를 황후로 책립하여 만민의 마음을 편안하게 하도록 해야한다고 청원하였다. 황제는 매우 기뻐하여 그를 불러들여 대화하고, 구슬 한말을 하사하며 舊職에 留任토록 했다. 武昭儀는 가만히 사람을 보내 노고를 치하하였고, 곧이어 中書侍郞에 超拜하였다. 그리고 이때 衛尉卿 許敬宗, 御史大夫 崔義玄, 御史中丞 袁公瑜가 武昭儀의 심복이 되었다.[281]

다음 달 長安令 裵行儉이 武昭儀를 황후로 책립할 것이라는 소문을 듣고 국가에 큰 화가 이 문제로부터 일어날 것이라고 생각하고 無忌·褚遂良과 함께 개인적으로 그 일을 의논하였다. 이 사실을 袁公瑜가 듣고 昭儀의 母 楊氏에게 고발함에 行儉은 西州都督府 長史로 좌천되었고, 許敬宗은 禮部尙書로 승진되어 武昭儀派의 위상이 상승되었다.[282]

그러던 어느 날 高宗은 퇴조하여 長孫無忌, 李勣, 于志寧, 褚遂良을 내전에 불러들였다. 이에 遂良은, "今日 부르심은 궁중에 관한 일로 황제의 의사가 이미 결정되어 이를 거역하면 반드시 죽게 될 것이다. 太尉(無忌)는 元舅이고, 司空(李勣)은 공신이니, 황제께서 元舅와 공신을 살해할 수는 없을 것이고, 遂良은 草茅에서 일어나 汗馬의 공로(軍功)없이 관위는 이미 右僕射·同三品, 知選事에 이르렀다 또한 先帝 太宗의 顧託을 받았으니 죽음으로써 굳게 반대하지 않고 어찌 地下의 先帝를 뵈우랴"하며 각오를 단단히 하였다. 李勣은 稱病하여 들어오지 않고 無忌 등이 내전에 이르자, 황제는 無忌에게, "황후는 자식이 없고 武昭儀는 자식이 있으니, 이제 昭儀를 세워 황후로 삼

280) 上揭書 卷199, 唐紀 15, 高宗 永徽 五年 末. p.6287.

281) 上揭書 卷199, 唐紀 15, 高宗 永徽 六年 七月詔. pp.6288-9

282) 上揭書 卷199, 唐紀 15, 高宗 永徽 六年 九月詔. p.6289.

고자 하는데 어떠한가"라고 묻자, 遂良이, "皇后는 名家(출신)이고 先帝께서 陛下(高宗)에게 娶하도록 하였습니다. 그리고 先帝께서 임종시에 陛下의 손을 잡고, 臣에게 朕의 아리따운 아들·子婦이니 이제 卿에게 부탁한다고 하신 말씀을 陛下도 들으셨습니다. 뿐만 아니라 王皇后의 過失을 듣지 못했는데, 어찌 가볍게 황후를 폐하고자 하십니까? 신은 감히 폐하를 따르지 못하겠고 위로 先帝의 명령을 거역할 수 없습니다"라고 강력하게 반대하였다. 高宗은 좋지 않아 내전의 모임을 중단하였다. 다음날 황제는 또 (이문제를) 말하자 遂良은, "陛下께서 반드시 황후를 바꾸고자 한다면 엎드려 바라 건데 천하의 令族에서 잘 골라 뽑으실 일이지 하필 武氏이어야 하겠습니까? 武氏는 앞서 先帝를 섬겼음은 천하가 다 아는 일로 천하의 耳目을 어찌 가리울 수 있겠습니까? 萬代 後에 陛下를 무엇이라고 하겠습니까? 원컨대 세 번 생각하소서. 臣은 지금 陛下의 (뜻을) 거슬렸으니 罪는 마당이 죽음에 해당합니다"라고 하면서 殿階에 놓아두었던 笏로 자신의 머리를 두드려 피를 흘리면서 "폐하의 笏을 되돌려 드리고 田里에 되돌아가게 하소서" 함에 황제는 대노하여 끌어내도록 했고, 武昭儀는 簾中에서 큰소리로, "어찌하여 저 오랑캐놈(遂良이 강남출신인 까닭인 듯)을 때려죽이지 못할까"라고 외쳤다. 이때 無忌는, "遂良은 先朝의 顧命을 받았으니 罪는 있지만 형벌을 가할 수 없다"고 하여 은근히 武昭儀의 큰 소리에 반발하였다. 于志寧은 감히 말하지 않았다. 그밖에 韓瑗·來濟 등이 울면서 극간하였지만, 모두 받아드리지 않았다. 얼마 후 李勣이 황제를 알현하였다. 황제가, "朕은 武昭儀를 세워 황후로 삼고자 하는데, 遂良이 불가하다고 고집한다. 그는 이미 顧命을 받은 大臣으로 일을 마땅히 그쳐야 할 것인가"라고 물었다. 李勣은, "이 일은 陛下의 집안일입니다. 어찌 또 外人에게 물어볼 필요가 있겠습니까"라고 반문하여 간단히 황제의 뜻에 의부하였다. 이에 황제의 의사는 결정되었고, 許敬宗은 조정에서, "十斛의 보리를 거두어들이는 한낱 시골 늙은이도 부인을 바꾸고자 하면 그렇게 한다. 하물며 천자가 立后코자 하는데 어찌하여 여러 사람이 그 일에 끼어 망령되게 異議를 일으킬 수 있단 말인가"라고 선언했다. 武昭儀는 좌우에 명령하여 그 말을 듣도록 했다.[283]

이리하여 褚遂良은 潭州都督에 좌천되었고, 동년 11월 丁卯에 昭儀 武氏

를 황후로 책봉하여 肅義門에서 백관이 朝會하여 高宗의 武皇后가 등장하였다. 이때 王皇后와 蕭淑妃는 武皇后에 의하여 살해되었음은 두말할 나위 없다. 이상과 같이 武皇后가 책립된 후에 唐朝 政界에는 武后派 즉 李義府를 비롯한 許敬宗·崔義玄·袁公瑜 등은 황제와 황후의 보증 하에 영진하였고 無忌 등 反武后派는 알력 끝에 정치의 樞要에서 축출되었다.

武后派의 중심인물 李義府는 용모가 단정하고 겸손하며 사람과 더불어 말할 때에는 반드시 즐겁게 미소하지만, 교활하기 짝이 없어 사람들은 그의 웃음 가운데에 칼이 있다고 했고, 표현은 온유하지만 害物하기 때문에 "李猫"라고 했다.284) 예컨대 洛州 婦人 淳于氏가 美色이었지만 大理의 감옥에 갇히게 되자, 義府는 大理寺丞 畢正義에게 法을 굽혀 출감하도록 부탁하여 장차 妾으로 삼고자 하였다. 이에 大理卿 段寶玄이 의심하여 上奏하자, 황제는 給事中 劉仁軌 등으로 하여금 이를 심문도록 함에 義府는 正義를 핍박하여 옥중에서 자결토록 사주하였다. 그러나 황제는 이를 불문에 붙였고, 이에 대하여 侍御史 王義方이 몇 차례 彈奏했지만, 皇帝는 義府의 죄를 불문에 붙인 것은 물론 侍御史 義方이 大臣을 욕보이고 言辭가 不遜하다고 하여 萊州司戶로 좌천시켰다.

이때에 韓瑗(武后擁立에 반대했던)이 褚遂良은 社稷의 舊臣이요, 폐하의 賢佐였고, 罪狀을 듣지 못했으니 仁恕로 돌보도록 상소하였다. 이에 황제는, "遂良의 마음은 朕이 잘 알지만 그가 도리에 어긋나고 윗사람 거슬리기를 잘하여 문책을 받은 것인데, 卿(韓瑗)은 무슨 말을 하느냐"고 묻자, 韓은 "遂良은 충신이요 헐뜯고 아첨하는 자에게 훼손되었습니다. 옛날 微子를 제거하여 殷國이 망하였습니다. 張華가 있었기에 晋의 紀綱이 어지럽혀지지 않았습니다. 陛下께서는 아무런 연고없이 舊臣을 버려 좇으심은 국가의 福이 아닌 줄로 압니다."고 간곡히 그를 赦免시켜 重用토록 上奏했지만 받아들여지지 않았다. 이에 韓은 자신의 上奏가 채용되지 않자 田里로 되돌아갈 것을 청원했지만, 이것 또한 허락되지 않았다.285)

---

283) 上揭書 卷199, 唐紀 15, 高宗 永徽 六年 九月詔. pp.6291-2.

284) 上揭書 卷200, 唐紀 16, 高宗 永徽 六年 末 및 『舊唐書』 卷82, 李義府傳. p.2767.

285) 上揭書 卷200, 唐紀 16, 高宗 顯慶 元年 十一月詔. p.6300.

이 같은 두 가지 사건은 立武 以後 찬반 양파를 모두 수용하려는 황제의 의지로 보이지만 실제상 反武后派에 대한 제거준비로써 결과는 反武后派의 거세가 확실시된다는 전망이 보이는 그런 사건이었다. 그리하여 李義府가 顯慶 2년(657) 中書令(宰相)을 겸임한 것으로부터 反武后派 去勢(作戰)가 본격화 하였다.

첫번째는 李義府와 許敬宗은 武后의 뜻(반대파 제거하여 자신들의 현달)을 바라고 侍中 韓瑗, 中書令 來濟가 遂良과 더불어 不法을 도모하여 遂良에게 用武의 지역인 桂州의 都督을 제수하도록 하여 外援이 되게 하고자 하였다고 무고하여 상주함에 동년 8월에(査實審理도 없었는 듯) 韓瑗은 振州刺史에, 來濟는 台州刺史에, 柳奭은 象州刺史에 再貶되었다. 이에 褚遂良은 愛州에 이르러 貞觀末 황태자를 선택할 때에 死生을 돌보지 않으면서 폐하를 위해 노력했고, 無忌와 더불어 先帝의 遺詔를 받았으니 불쌍히 여겨 자신을 사면해줄 것을 간곡히 상주 청원했지만, 表奏는 황제가 살피지도 않았다.

두번째로 禮部尙書 許敬宗이 侍中·兼度支尙書가 되고, 顯慶 3년 10월 中書令 李義府가 同列의 杜正倫과 不合(李義府가 賣官하여 축재)으로 杜를 外州刺史로 좌천시키고, 許敬宗을 中書令으로 삼았다. 그리고 于志寧을 太子太師·同三品으로 삼자 武后는 太尉 趙公 長孫無忌가 重賜를 받고도 자신을 돕지 않아 깊은 원한을 가졌고; 王皇后 廢立때 燕公 于志寧은 中立으로 찬성을 하지 않았다고 불쾌하게 여겼다. 그리고 許敬宗도 누차 利害로써 無忌에게 설득했으나 無忌는 그 때마다 이를 면박주어 敬宗 역시 원망하고 있었다. 武后策立 후로 無忌는 내심 불안하였다. 드디어 武后는 敬宗에게 틈을 보아 모함토록 사주했다. 때 마침 洛陽人 李奉節이 太子洗馬 韋季方, 監察御史 李巢가 朋黨했다고 고발함에 황제는 許敬宗에게 辛茂將과 더불어 심문토록 했다. 그러나 敬宗의 국문이 太急하여 季方은 자살코자 했으나, 죽지 않았다. 이에 敬宗은 季方이 無忌와 더불어 없는 사실로 忠臣·近戚을 모함하여 無忌에게 권력이 돌아가게 하고 틈을 보아 모반코자 하였다가, 이 사실이 지금 발각됨에 자살코자 했다고 誣奏하였다.

황제는 크게 놀라, "어찌하여 이럴 수가 있는가? 元舅가 小人들의 잘못한 사이에 끼어들게 되었으니, 조금도 의심되는 바 없지만, 어찌하여 謀叛에까지 이른다는 말인가"라고 개탄하였다. 敬宗은, "臣이 처음 추국하지 않고도 反狀이 이미 나타났는데, 폐하께서 도리어 의심을 하니 아마도 社稷의 福이 아닌가 합니다"고 하였다. 황제는 울면서, "我家(황제)에 불행으로 친척 간에 누차 異志가 있어 지난해에는 高陽公主와 房遺愛(房玄齡의 次子)가 모반하였고, 이제는 元舅가 다시 그러했으니, 朕은 천하의 사람에게 부끄럽게 되었구나. 이 일이 사실이라면 어찌할거나"하고 난감해하였다. 敬宗은, "遺愛는 젖비린내 나는 아이로 한 여자와 더불어 모반한 것이니 형세가 어찌 이루어지겠습니까? (그렇지만) 無忌는 先帝와 더불어 천하를 도모하여 취하였고, 천하가 그 지혜에 굴복하였으며, 재상이 된지 30년이나 되어 천하가 모두 그 위세를 두려워합니다. 만약 하루아침에 (사건이) 발생하면 폐하께서는 누구를 보내어 막겠습니까? 지금 宗廟의 영령들에 힘입던 皇天이 돌보아 (그를) 미워하여 小事로서 按察하도록 하여 大姦을 얻어 잡게 되었으니, 실로 천하에 慶賀할 일입니다. 臣이 가만히 생각하니 無忌가 季方의 자살을 알게 되어 급박하게 모반하며 소매를 걷어 붙이고 한번 호령하면 무리들이 운집하여 반드시 宗廟의 걱정이 될까 두렵습니다. 臣은 옛날 宇文化及의 父親 述이 煬帝에게 親任을 받고 혼인을 맺고서 朝政을 위임받았지만, 述이 죽은 후에 化及은 또한 大臣 蘇威·裵矩의 무리들과 함께 마침내 隋室을 기울게 하였습니다. 앞 일이 멀지 않으니, 원컨대 폐하께서는 일을 速決하소서"라고 대답하자, 황제는 敬宗에게 사태를 깊이 살피도록 하였다.

이튿날 다시, "지난 밤 季方이 無忌와 더불어 모반을 꾀하였다고 하기에 臣이 季方에게 '陛下와 無忌는 至親間이고 累朝에 걸쳐 寵任을 받았는데, 무슨 恨이 있어 모반하였는가'라고 물었더니, 季方은 '韓瑗에게 청하여 일찍이 柳奭·褚遂良으로 하여금 公(無忌)에게 梁王을 태자로 삼을 것을 권고하였습니다. 그런데 지금 梁王이 이미 廢位되고 上(陛下) 역시 公(無忌)을 의심하는 고로 高履行을 出外(無忌의 舅子로 지난해 益州長史로 옮겼다)하였다'고 했습니다. 이로부터 미루어 보면, 無忌는 걱정스럽고 두려워하여 자신의 안전을 획책하고 있었습니다. 그 후로 長孫祥이 出外하고 韓瑗이 得罪함에 어느 날 季方 등과 모반을 도모하였던 것입니다"고 하였다. 敬宗은 (더 나아가) 사태를 점검해 보건대, 모두 서로 부합하다고 하면서 체포·수감하여 法에 따라 다스리도록 청원하였다.

이에 황제는 또 울면서, "외숙부가 만약 이러했다고 하더라도 朕은 차마 그를 살해하지 못하겠구나. 천하(사람)가 후세에 장차 朕을 무엇이라고 하겠느냐"고 하자, 敬宗은, "薄昭는 漢 文帝의 외숙부이었습니다. 文帝는 代王으로부터 황제에 즉위했고, 昭는 역시 공로가 있었지만, 그가 죄인에 연좌됨에 文帝는 百官에게 素服하고 哭하게 하면서 자살하도록 하였습니다. (그렇지만) 지금까지도 세상에서는 文帝를 明主라고 합니다. 이제 無忌는 兩朝의 大恩을 잊어버리고 사직을 옮길 것(모반)을 도모하였으니, 그 죄는 가히 薄昭와 견줄만 합니다. 다행히 姦狀이 스스로 나타났고, 逆徒가 복종하였으니 陛下께서는 어찌하여 의심하시며, 도리어 일을 조속히 처리하지 않으십니까? 故人이 말하기를 '마땅히 끊어야 할 것을 끊지 않으면 도리어 그 문란을 받는다'고 하였습니다. 安危의 틈에 한 오라기 머리털(조그마한 착오)이라도 용납할 수 있겠습니까? 無忌는 지금 姦雄으로 王莽, 司馬懿의 부류입니다. 폐하께서 조금이라도 미루신다면 臣은 左右에서 叛變이 발생하여 後悔莫及일까 두렵습니다"라는 자못 사리에 맞은 듯 싶은 (핵심을 호도하면서) 敬宗의 농락에 황제는 그러려니 생각하고 결국 無忌를 查實하지도 않았다.

이리하여 황제는 無忌의 官職(太尉), 官爵(趙公) 및 봉건적 특전인 封邑을 삭탈하고 揚州都督을 삼아 黔州에 안치하고 一品에 준하는 봉록만을 공급토록 하였다. 이에 敬宗은 한걸음 더 나아가, "無忌의 謀逆에는 褚遂良·柳奭·韓瑗이 내통하여 이루어진 것이며, 柳奭은 거듭 宮掖과 潛通하여 毒殺을 모행하였으며, 于志寧은 역시 無忌에게 의부하였다"고 상주하였다. 이에 褚遂良의 관직을 삭탈하였고, 柳奭·韓瑗을 제명하였으며, 于志寧은 免官되었고 無忌의 아들 秘書監·駙馬都尉인 長孫沖 등이 제명되어 嶺表에 유배되었다. 뿐만 아니라 遂良의 아들 彦甫·彦沖 兄弟는 愛州에 유배되던 도중에 살해되었고, 益州長史 高履行은 洪州都督에 貶任되었다.[286] 심지어 許敬宗은 涼州刺史 趙持滿의 從母가 韓瑗의 첩이고, 장인이 長孫無忌의 族弟 銓인 것을 알고, 그가 힘이 壯士이고 善射하며 任俠을 좋아하여 자신에 앙갚음 할 것을

286) 上揭書 卷200, 唐紀 16, 高宗 顯慶 四年 四月詔. pp.6313-5.

두려워하여 그를 無忌에 연좌시켜 巂州에 유배보내고 심문해 보았으나, 전혀 혐의가 없고 他辭로 변명하지 않음에도 불구하고 주살하여 長安城 서쪽에 시체를 버렸다. 이때 친척 누구 한 사람 감히 돌보지 못했으나, 友人이자 廢后의 從祖兄인 王方翼이 탄식하며, "欒布가 彭越을 위해 통곡한 것을 의롭다 했고, 文王은 枯骨을 장사지낸 것을 仁慈한 것이라 했다. 趙持滿은 아래로 失義하지 않았고 위로 失仁하지 않았으니, 역시 可하지 않으랴"고 하면서 시신을 수렴하여 장례를 치루어 주었다. 황제는 이 소식을 전해듣고 죄가 되지 않는다고 했다. 그리고 長孫銓은 유배지에 이르자, 당해 縣令의 希旨로 杖殺되었다.

그리고 高宗 顯慶 4年 7月에 長孫恩(無忌의 族弟)을 高州, 柳奭을 象州, 韓瑗을 振州에 내쫓고 州縣의 (罪囚)簿에 기록토록 했으며, 李勣, 許敬宗 외에 辛茂將, 任雅相, 盧承慶 등으로 하여금 無忌의 일에 대하여 다시 檢查토록 下詔하자, 許敬宗은 中書舍人 袁公瑜 등을 黔州에 파견하여 無忌의 反狀을 다시 국문토록 하였다. 결국 無忌를 핍박하여 자살하게 하였고, 柳·韓을 주살토록 하는 下詔에 따라 使者를 象州에 보내 柳를 살해했고, 韓瑗은 이미 사망한 후임에 증거를 취했다. 그 외에 이들 三家를 籍沒하고 그 近戚은 모두 嶺南에 유배시켜 노비로 삼았다. 常州刺史 長孫祥은 無忌와 通書했다 하여 絞首刑에 처했고, 長孫恩은 檀州에 유배시켰다. 이리하여 동 사건에 연좌되어 貶下되고 降等된 자는 十三人이었으니, 高履行은 永州刺史, 于志寧은 榮州刺史에 각각 폄척되었다. 특히 于氏로 폄척된 자는 9인이나 되었다. 이로부터 정치는 中宮(武皇后)에 돌아갔다.

이상과 같이 廢王立武 事件은 武后의 용의주도한 책략에 長孫無忌를 중심으로 하는 反武后派와 그에 의부한 세력이 철저하게 타격을 받아 政界에서 타도되었고, 李義府·許敬宗이 주도하는 정국이 출현하였다.

이런 廢王立武 사건에 대한 연구성과는 매우 풍부하다. 예컨대 王皇后派를 지지하는 관료적 문벌사족과 武皇后를 지지하는 과거출신 관료와의 투쟁이라고 하거나,[287] 武后를 지지하는 新興官僚群이 關隴 관료적 문벌사족에

287) 築山治三郎, 『唐代政治制度の研究』 1章 2節 참조 (大阪, 昭和 12)

반대하는 투쟁으로 다루어[288] 정치적 大事件으로 부각시키고 있지만, 구체적인 분석을 거치지 않은 채 兩派中에 내재하는 부분적 요소만을 들추어 평가하고 있다. 同 事件에 대하여 구체적인 연구를 진행시킨 이는 陳寅恪, 松井秀一 兩氏이다.

먼저 陳氏는 同 事件을 宮闈의 后妃 사이 싸움일 뿐만 아니라 실제로 정치사회상 關隴 관료적 문벌사족집단과 山東 문벌사족집단의 결승부적인 사건이라고 하였다. 즉, 立武에 대한 贊反者 등의 貫籍 등 유관자료를 분석하여 그 당시의 정치사회와 지역집단 곧 長孫無忌를 비롯하여 于志寧 韓瑗 柳奭 등이 관롱 관료적 문벌사족집단이라 하였다.[289] 다시 말하면 王皇后派는 關隴 관료적 문벌사족집단이고 褚遂良과 來濟는 江南(南朝)出身으로 浮虜·家臣的 성질을 가져 절대로 독립할 자격이 없는 자이거나 "關隴 관료적 문벌사족집단의 附屬品"이라고 하였으며; 武后派는 許를 제외한 李勣 王德儉은 山東 문벌사족이라고 하면서 兩集團의 투쟁이 立武事件이라는 것이다.[290]

이에 대하여 松井秀一氏는 陳氏의 주장과 입론에 적지 않은 모순이 있다고 지적하면서 兩派의 地域性과 士族性에 대하여 구체적으로 논증하였다.[291]

먼저 地域性에 대하여

① 關隴地域 출신자는 韓瑗과 于志寧 뿐이고, 韓은 貞觀 12年에 山東의 易州에서 雍州에 遷徙하여 關隴地域 출신자라 할 수 없으며, 于志寧은 양쪽에 끼어 同 問題에 개입하지 않으려 했다.

② 關隴地域 인물로 보아도 좋은 인물로는 柳奭·長孫無忌 등인데, 柳는 關中郡姓 출신이고 拓拔氏인 長孫無忌는 王朝의 관료적 문벌사족으로 이들은 지리적으로 보다는 역사적 조건으로 關隴 관료적 문벌사족집단이라 할 만하다.

③ 褚遂良·來濟는 關隴 관료적 문벌사족집단 내에서 자신의 지위를 保持

---

288) 橫田滋, 「武后政權成立の前提」, 『東洋史硏究』 14-4, 1956.

289) 陳寅恪, 「記唐代之李武韋楊婚姻集團」, (同上)

290) 陳寅恪, 「唐代政治史述論稿」 (同上)

291) 松井秀一, 「則天武后の擁立をめぐって」, 『北大史學』 11, 1966.

하려는 타산적인 자세라기보다는 立武意思를 타진하는 高宗에게 완강하게 반대하여 簾中의 武昭儀가, "어찌하여 저 오랑캐놈을 撲殺하지 못하는가"라 한 것을 보면, 그는 지역성을 떠났으며, 부속품이 아닌 주체적으로 율령제적인 관료로서 강한 신념을 가졌다.

④ 武后派는 許敬宗을 제외하고 貫籍이 명확한 5명은 모두 山東人임에는 틀림없지만, 李義府는 祖父가 四川 辛州에 거주했고, 그를 "四川神童"이라고 하였다. 특히 武后가 山東出身이기에 李勣이 협조했다고는 할 수 없다. 따라서 동 사건을 지역적 항쟁이라고 할 수 없다는 것이다.

뿐만 아니라 氏는,

① 關隴 관료적 문벌사족집단은 西魏－北周時代의 정치 집단이고, 隋의 천하 통일에서 立武 때까지는 적어도 40년이나 지났고,

② 關中本位 政策의 핵심인 府兵制는 변화될 수밖에 없었으며, (陳氏도 言及)

③ 옛 山東을 포함한 河東道는 李世民·武后와 관계있는 지역이고, 唐 初期에 宰相에 이른 자가 많았으며, 凌煙閣 24功臣 중에는 14명이 山東人이었다. 또한 太宗은 "四海를 一家로 삼는다"고 자처하였으며, 그 표현으로 高祖와 太宗의 皇妃·主婿 40명중 12명이 山東人이었다. 그리고 高祖 때에 재상의 과반수가 關隴出身이었던 것에 비하여 태종 때에는 산동인이 과반수에 육박한 것으로 보아도 立武事件을 계기로 산동의 문벌사족집단이 그들의 세력만회의 계기로 삼았다는 견해는 매우 의문이다. 동시에 산동 문벌사족과 關隴 관료적 문벌사족집단의 대립이라는 논설은 성립할 수 없다고 하였다. 한 걸음 더 나아가 同 事件을 통해서 율령제 지배에 의한 관롱 관료적 문벌사족의 동질화 경향이 追察되어 천하 통일을 실현한 역사발전의 추세에도 상응한다는 것이다.

다음으로 兩派의 官僚적 門閥士族性에 대하여

松井氏는 陳氏가 山東 문벌사족이 武昭儀派로 되어 關隴 관료적 문벌사족집단에 반발한 직접 원인을 太宗의 산동 문벌사족 7姓 大家에 대한 억압에서 찾는 것은 잘못으로 이들에 대한 禁婚은 立武以後에 나온 정책이라고 전제하면서,

① 王皇后派는 武人出身 來濟를 제외하고는 왕조의 관료적 문벌사족이며(王皇后 자신도 관료사족 출신으로 後魏 尙書左僕射를 역임한 王思政의 孫女), 이들은 唐朝에 들어와서도 太宗과 깊은 관계를 지속하여 정권의 중추를 장악했고, 특히 無忌·柳奭·韓瑗 등은 唐室과 깊은 혼인관계를 맺었다고 하였다.

② (이에 대하여) 武后派의 중심인물 李勣은 왕조의 관료적 문벌사족이 아니고, 富農(豪族)으로 隋末 群雄中의 한 사람으로 杜伏威·高開道 등과 함께 唐朝에 懷柔(賜姓· 授官)된 인물로 家格이 높지 않으며; 하급 사족 출신인 李義府는 南朝의 명문출신 許敬宗과 함께 과거시험에 통과하여 入仕하였고; 李義府(神童)·王德儉(지혜주머니)은 신흥관료로 이들은 관직의 品階 등이 왕조의 관료적 문벌사족과 차이가 있어, 산동문벌사족의 대변자라고 할 수 없다.

③ 그리고 李勣이 산동 문벌사족과 通婚하여 그들과 관계가 있지만, 그는 長孫無忌와 같이 功勞로 성장하였으며, 후술하는 바와 같이 李義府가 산동·관롱문벌사과의 通婚을 거절당한 것을 보아도 立武事件에 있어서 문벌사족의 존재를 고려할 필요가 없다고 주장하였다.

이런 陳, 松井氏의 高見에 대하여 필자도 몇 가지 의견을 제기하고자 한다.

첫째, 關隴 관료적 문벌사족집단의 地域性 문제에 대하여 살펴보자. 關隴 관료적 문벌사족집단은 西魏 즉 宇文泰 政權이 편성되고 그 핵심 멤버인 八柱國 十二大將軍의 20명과 그들에 연결된 關隴地方의 郡姓 등 陳氏가 말한 "有武力·才智者"들이다. 이들은 西魏·北周에서는 물론 隋王朝와 唐 初期, 즉 적어도 長孫無忌 등이 貶斥될 때까지 그들의 지배력이 관철되었고, 이 기간 동안에 關中本位政策은 아직 유효하였다고 생각한다. 예컨대 그 骨幹의 制度인 府兵制는 武周政權 때에 해체기에 들어가고 있으며, 反武后 무장집단인 李敬業亂 평정에 府兵의 역할이 컸다는 사실은 주지하는 바이다.

그런데 太原은 高歡政權의 근거지이고 高齊의 最高(大) 군사거점인 이래 隋代에도 산동지역을 統御하는 주요 군사거점으로 중시되었으며, 煬帝 때 總管府 廢止 이후에도 留守를 두었다. 李淵은 바로 太原留守로써 太原地方에서 隋朝의 군사력을 이용 唐朝를 건설하여 太原은 唐朝의 발상지가 되었다. 이리하여 關隴集團은 李淵·李世民을 중심으로 하고 東中國의 군사거점인 太原에서 기병하여 關隴의 본거지 長安을 점령하여 長安政權(隋政權)을 대체함으로써, 장차 華北 및 全中國을 재통일하는 기초를 확립하였다. 따라서 廢王立武 사건에 관하여 陳·松井 兩氏처럼 반드시 지역성을 문제로 삼을 필요가 있다고 동의한다.

둘째, 士族性에 대하여 구체적으로 검토해보자. 王皇后는 太原 祁人으로 山東 門閥士族(山東郡姓)이며, 王思政의 孫女이다.[292] 孝武帝는 北魏의 最末期 高歡과 抗衡하던 중에 思政을 中軍大將軍·大都督으로 삼아 宿衛兵을 총괄토록 하였다. 이에 思政은 황제의 洛京에서의 위기와 關中이 천하 군사거점이고 宇文泰의 功效 등을 들어 西遷할 것을 권고하였다. 그후 그는 東魏와의 大戰중의 하나인 王壁에서 大勝하는 등 大功을 세웠다. 文帝 大統 12년(546)에는 特進 兼尚書左僕射, 동 14년에 大將軍에 올라 潁川에서 東魏와 대전에서 상당한 전과를 올렸지만, 결국 패하여 東魏에 포로로 되었으며, 高齊의 都官尙書·儀同三司에 나아갔다.

그런데 『新唐書』에는 王皇后의 父 仁祐가 陳州刺史로 되어 있지만, 『北史』에는 思政의 5子중에 仁祐가 보이지 않는다. 仁祐는 思政의 幼子로 생각된다. 그리고 唐 高祖의 妹 同安長公主는 王皇后의 從祖母로 王皇后가 婉淑하고 미색이 있어 太宗에게 이야기하여 晋王妃로 맞아들였다. 여기서 한 가지 주의할 것은 唐太宗이 王氏를 晋王妃로 맞아들인 점에 있다. 唐初期의 后妃·主婿는 勳貴名臣家에서 選任·降嫁시켰다는 것은 주지의 사실이고, 이 점에 근거하여 高祖와 太宗의 皇子·皇女의 通婚을 분석한 논증도 있다.[293] 이러한 사실과 논증에 따라 본다면, 太宗이 王氏를 晋王妃로 삼은 것은 姑母 同安長公主의 청원도 한 요인이 되겠지만, 西魏政權에 대공을 세워 忠節상 著名하고 名聲이 넘친 祖父 王思政의 공로[294] 때문이었던 것으로 이해된다. 말하자면 宇文泰를 중심으로 하는 關隴 출신은 아니었지만, 西魏政權을 건설하고 東魏와의 대립 중에 커다란 전공을 세운 將家인 思政의 家와 李淵家

292) 『新唐書』 卷76, 王皇后傳. p.3473.

293) 布目, 汪籛, 松井 諸氏 등. (上同論文)

294) 『周書』 卷18, 王思政傳의 史臣曰.

와 通婚은 자연스런 것이고, 그 연장선상에서 太宗이 王氏를 晋王妃로 맞아 들인 것으로 고려된다.

이리하여 高宗의 王皇后는 孝武帝 西遷 以後 西魏-北周政權의 將家에서 생장하여 소위 關隴集團의 최고 통치자요, 중심인물인 太宗의 子婦(晋王妃)가 되었다. 이 사실은 關隴 관료적 문벌사족집단의 확대라 할 수 있겠고, 太宗이 천명한대로 "四海를 一家로 삼는다"라고 한 唐朝는 關隴地域에만 국한된 정권으로 남아 있을 수는 없는 점을 설명한다. 그러기에 唐室의 通婚對象은 關隴集團에 국한되지 않고 唐朝 건설과 太宗의 즉위에 立功한 인물들이 포함될 것이었다. 실제로 王珪, 房玄齡 등 산동출신에게 公主의 降嫁가 이루어졌다.

셋째, 정치집단이란 일반적으로 그것을 主旨(導)하는 중심인물의 지역성이나 정책방향에 따라 호칭된다는 점에서 볼 때, 南朝出身 褚遂良은 "關隴集團의 附屬品"으로 절대로 독립할 수 없는 浮虜·家臣的 성질을 가진 자들이라고 규정짓는 陳說이나; "主體的으로 律令制的 관료로서 강한 신념을 가진 行動派"라고 한정하는 松井氏의 說도 모두 문제는 있는 것 같다. 예컨대 太宗의 名臣 高士廉은 그의 부친 高岳이 東魏의 武將 淸河王이며, 그의 妹는 長孫晟에게 출가하여 太宗의 長孫皇后와 이른바 關隴 관료적 문벌사족집단의 거두 無忌를 낳았으며, 이로 말미암아 高士廉은 江南 평정 후 秦王府에 들어가 太宗의 즉위에 房玄齡과 함께 헌신하고, 貞觀時期에 『貞觀氏族志』를 편찬하는 등 名臣으로서의 역할을 다하고 있었다.

넷째, 武后派에 대하여 陳氏가 山東門閥士族이라고 일률적으로 규정한 것에 대하여, 松井氏가 許敬宗을 제외하고 산동에 거주한 李義府는 父·祖父 때 四川에 거주했고, 太宗 이래 재상이 된 자를 보면 山東人이 과반수 이상이고, 尙主者도 12명(40명중), 凌煙閣 功臣 14명(24명)에 이르고 있다는 것에 근거하여 同 事件(廢王立武)을 關隴集團과 山東貴族의 지역적 항쟁일 수 없다고 강한 비판을 하였다. 그러나 필자가 보기에는 王皇后派 즉 無忌派는 關隴 관료적 문벌사족집단으로 철저하게 殺害되고 貶斥되었으며, 그 범위가 13인에 이르고 關隴 관료적 문벌사족 집단의 骨幹分子인 于志寧은, "양쪽에 끼려"했지만, 立武에 적극 협력하지 않았다 하여 폄척되었고, 연루된 于氏가

9명에 이른 것은 武后派에 의하여 關隴 관료적 문벌사족집단이 중앙정계에서 철저하게 배제된 정치투쟁이라고 하지 않을 수 없다.

다섯째, 武后派중에는 崔義玄·仁師와 같은 산동 문벌사족이 포함되어 있고, 許敬宗과 같은 南朝의 名門 출신이 있으며, 李勣·王德儉·袁公瑜·侯善業과 같은 산동의 士族과 서민지주층이 끼어있는 점을 감안한다면, 陳氏가 武后派를 산동 문벌사족이라고 일괄하여 단정한 논설도 문제가 있다. 아울러 松井氏가 太宗이래 재상에 오른 자로 山東人이 많다는 점 등으로 陳說을 공격하는 것도 문제 해결을 위한 합당한 논설로 수용하기에는 그들이 산동 문벌사족이 아닌 "微族"이었다는 점에서 어딘지 모르게 아쉬운 감이 있다. 왜냐하면 우리가 앞章에서 누누이 살펴본 것처럼, 산동문벌사족에 대한 隋朝의 철저한 통제정책과 불채용의 사실이라든지; 隋末·唐初의 농민전쟁 때 山東의 士族·地主 등의 봉기와 唐朝의 관료로써 招撫와 같은 활동은 隋朝의 강력한 통제정책에 대한 반발적 성격이 있음과 동시에 그것은 唐朝에서 현달을 도모하는 적극적인 측면으로 이해되기 때문이다.

여섯째, 唐朝도 그 창업과 전국을 통일하는 과정에서 政權에 반드시 關隴人만으로 국한할 수 없는 일이기 때문에 山東人 및 江南人도 필연적으로 수용(포용)되었을 것이다. 실제로 唐朝 성립 후 누차에 걸쳐 천하 諸州에 貢士할 것을 명령하고 있다. 특히 高宗이 山東·江南에 인물이 많다고 하면서 추천토록 명령한 것에서 볼 수 있는 것처럼,[295] 人·物的으로 풍부하고 자원이 生長하여 唐朝의 생명선이라 할 수 있는 山東·江南地域을 隋王朝에서 취한 바와 같은 탄압·수탈 대상지역으로 간주할 수만은 없는 입장에서 적극적으로 협조하는 그들을 수용하는 것은 부득이한 형편이었을 것이다. 이런 맥락에서 山東人이 朝廷에 많아지고 宰相이 된 인물이나 凌煙閣 공신으로 등장한 인물이 대다수를 차지한 것이다. 그리고 "四海를 一家로 삼는다"고 자처하는 太宗이 李勣을 그처럼 중시하고, 詩로써 李義府에게 微族 즉 서민지주층을 많이 채용하겠다는 정책의지를 표현했던 것을 비롯하여 氏族志를 刊正하여 士族을 증가확대시켜 唐朝에 필요한 인적 자원을 확보하려는 사정에서

295) 『全唐文』 卷13, 令山東江左採方人物詔.

보면, 太宗 以來 30년이나 정치의 樞要에서 군림해 온 長孫無忌를 중심으로 한 關隴集團 및 그에 의부한 세력에 대한 반대세력이 武后派로 편성되리라고 하는 것은 필연적일 수밖에 없을 것이다.

따라서 廢王立武 事件은 陳氏가 말한 것처럼 宮闈의 后妃 사이에서 일어난 싸움일 뿐만 아니라, 關隴 관료적 문벌사족과 山東門閥士族의 결승부적인 투쟁이라고 말할 수 있다. 그러나 西魏·北周·隋·唐 初期에 걸쳐 政治·軍事上 樞要를 장악하고, 정책을 주도하던 關隴 관료적 문벌사족집단에 대하여 동 기간 동안에 억압받았던 산동문벌사족과 그에 연결된 세력 그리고 새로이 부상한 서민지주층이 연합한 측면이 농후하다. 따라서 동 사건은 이들 양측이 后妃 사이에 벌어진 싸움에 편승하여 政界를 주도할 수 있는 기회를 갖고자 전개한 투쟁이다. 이것은 물론 일부의 산동문벌사족·서민지주층이 정계에 등장하는 방법이지 그들 모두가 이 사건에 의지하는 武后派였다는 말은 아니며, 이들이 정계에 나아가 현달하는 正途는 科擧制였던 것은 두말할 나위가 없다.

나.『姓氏錄』編纂과 禁婚令

武皇后는 李義府·許敬宗 등의 책략에 따라『姓氏錄』을 편찬하고, 禁婚을 단행함으로써 정치적 기반을 확보하였다. 그리고 武后는 병약한 高宗에 대하여 臨朝함으로써, "二聖"·"天后"와 같은 최고 통치자의 지위에 올랐다. 또한 中·睿宗을 自意로 擁·廢立하고 酷吏를 이용하여 唐宗室 등 官僚적 문벌사족들을 회유 혹은 숙청하였다. 아울러 科擧制를 정비하고 北門學士와 같은 교양인을 모아『臣軌』등 저작을 통하여 武氏政權을 창출할 수 있는 기반, 곧 人的기반을 마련하여 A.D. 690년 드디어 중국 역사상 前無後無의 女帝 出現, 곧 武周政權이 출현하였다.[296]

이러한 정치적 변동 중에서 筆者의 관심을 끄는 것은 흔히 산동문벌 탄압책이라고 하는『姓氏錄』의 편찬과 禁婚, 그리고 산동문벌사족의 관료계에 진출하는 루트로써의 科擧制度이다.

---

296) 礪波護,「唐中期の政治と社會」,『世界歷史』 V, 古代 V, 岩波書店.

武后派의 대표인물 李義府는, "웃음 가운데에 칼이 있고 부드러운 것 같으면서 사람을 해친다" 라 하여 '李猫'로 지칭되었다. 그는 顯慶 2년(657) 高宗과 武皇后의 적극적인 지지와 은총으로 中書令 兼檢校御史大夫·監修國史의 宰相 地位를 얻고, 父 德晟은 魏州刺史에 추증되었으며, 諸子는 淸官에 병렬되는 영광을 누렸다. 그러나 그는 매우 탐오하여 賣官·鬻獄을 통하여 치부했고, 同列의 杜正倫과 不協하여 普州刺史에 잠깐 좌천되고, 동 4년 兼吏部尙書·同中書門下三品, 龍朔元年에는 母喪으로 잠깐 휴직되었다가, 太常伯·同東西臺三品으로 再三 宰相이 되었다. 특히 그가 祖父 墓의 改葬을 청원하여 三原 등 七縣 丁夫의 부역을 통하여 극히 雄麗하게 꾸몄고, 王公 이하는 다투어 贈遺하고 葬送者가 매우 많았다는 희극도 연출되었다.

이처럼 李義府의 權勢가 충천할 때에, 그는 본래 趙郡에서 나왔다고 억지로 말해 趙郡의 諸李와 더불어 昭穆을 함께 했으며, 무뢰배들은 合譜한 것만으로 그 권세에 의지하고자 하여 그를 兄·叔이라고 한 者가 매우 많았다. 그런데 그 당시 給事中 李崇德은 처음 義府와 더불어 昭穆을 함께 했으나, 그가 普州刺史에 貶出되자, 즉시 合譜를 파기해 버렸다. 義府는 이 소식을 듣고 매우 악감을 가졌고, 다시 재상이 되자, 타인에게 그 죄를 모함하도록 하여 하옥시켜 자살을 사주하였다.

그는 여기서 그친 것이 아니라 자기 家門의 本望을 높이고자 하여 氏族志를 개편하고자 하였다. 말하자면 『貞觀氏族志』는 앞서 구체적으로 언급한 바와 같이 太宗이 高士廉·韋挺·岑文本·令孤德棻 등에게 명하여 그들과 四方士大夫로서 문벌사족에 정통한 학자로 하여금 편찬하도록 하였다. 그들이 裁斷한 升降·去取는 그 당시에 타당하다고 칭찬한 바 있었다. 따라서 『정관씨족지』는 천하 諸州에 반포하여 "永式"으로 사용토록 명령한 것이다. 그렇지만 李義府는 同 氏族志에 그의 門望이 실려 있지 않은 것을 수치로 생각하고, 許敬宗과 함께 武皇后의 本望이 同 氏族志에 기록되어 있지 않으니, 이를 개편해야 한다고 주청하였다. 그리하여 禮部郎中 孔志約, 著作郎 楊仁卿, 太子洗馬 史玄道 및 太常丞 呂才 등으로 하여금 重修하도록 위임하였다. 이때 孔志約 등이 만든 升降의 기준은,

① 后族 4家 곧 高祖 太穆皇后 竇氏·太宗 文德皇后 長孫氏 (2家는 不明)를

비롯하여 酅公(北周 宗室), 介公(隋 宗室)의 三公, 贈臺省者, 太子三師, 開府儀同三司, 僕射歷任者를 제 1등으로 하고; 文武三品 및 知政事者 三品者를 2등으로 하고; 나머지는 官品에 따라 9등으로 획정한다.

② 그리하여 唐朝에서 5品官을 얻은 자는 士流에 편성되고, 그 후예 및 친형제는 同譜하고 나머지 支屬은 同譜하지 않는다는 것이다.

이렇게 하여 『姓氏錄』 200권이 수찬되었는데, 245姓 2,287家에 이르렀다. 이에 士(兵)卒로부터 軍功으로 5品 이상에 이른 者까지 모두 士流에 편성되기에 이르렀다. 그러나 그 당시의 搢紳·士大夫들은 이런 구별을 수치로 생각하여 그것을 "勳格"이라고 하였고, 李義府는 『貞觀氏族志』를 모두 수거토록 하여 태워버렸다.[297)]

이러한 『姓氏錄』에 대하여 많은 연구성과가 있지만, 대략 다음과 같은 몇 가지로 요약할 수 있다

(a) 5品 이상 官品者를 士流로 편성함에 따라 특히 士卒로서 5品 이상에 이른 자가 많아 그 당시 搢紳·士大夫는 勳格이라고 지적한 것을 근거로 하여, 鄭欣은 魏晋南北朝 이래의 '士庶天隔'이라는 사회적 신분질서가 소실되고 문벌제가 타파되었다고 하였고;[298)] 鄧文寬은 문벌사족의 사회적 지위를 억제하였다고 하였으며;[299)] 林立平은 庶族地主의 지위를 대폭 제고시켰다고 하였다.[300)]

(b) 唐朝의 官品에 따라 사회적 등급을 9등급으로 획정한 것에 근거하여 吉岡眞氏는 唐朝의 官品秩序로써 귀족층을 재편성하여 그들의 사회적 지위를 한정코자 한 방략이라 하였다.[301)] 横田滋는 그 당시 서민지주층이 성장하던 사정을 중시하여 『姓氏錄』의 편찬과 후술하는 禁婚의 上奏는 李義府·許敬宗 등이 六朝의 신분질서인 士庶의 구별을 타파하고, 武氏를 정점으로 하는 官僚體制에 의하여 新官僚의 권력을 세우려는 지향을 가졌다고 하였

297) 『資治通鑑』 卷200, 唐 高宗 顯慶 四年 五月詔. pp.6315-6.

298) 翦伯贊, 『中國史綱要』, p.166; 鄭欣, 「關于魏晋南北朝隋唐門閥政治幾個問題」, 『中國古代史論叢』 第1卷 所收, 1981, 福建).

299) 鄧文寬, 「唐前期三次官修譜牒試論」, 『唐史學會論文集』 所收, 1986, 西安.

300) 林立平, 「唐代士族地主的衰亡過程」, K22, 1987-4.

301) 吉岡眞, 「隋唐初の支配階層」, 『史學研究』 155, 所收.

다.[302] 그리고 吳宗國氏는 『姓氏錄』이 출현하자 고급관료들은 산동 문벌사족과 더불어 通婚·合譜하여 봉건등급제, 즉 사회적 신분질서를 재편하려는 목적을 달성하지 못하고 실패했으며, 그 실패 이유는 唐朝에 들어와서 일반지주 즉 서민지주의 經濟와 商品·貨幣經濟의 발전으로 문벌사족의 지위가 불안했고, 그들의 고정된 門第 획득이 불가능하였기 때문이라고 하였다.[303]

(c) 『貞觀氏族志』 100권은 293姓 1,651家의 士族에 대한 등급획정이었는데, 『姓氏錄』 200권은 245姓 2,287家로 조정되었다. 이에 대하여 瞿林東氏는 『貞觀氏族志』는 士庶(혹은 新·舊家)간의 투쟁 혹은 타협의 산물이었고, 『姓氏錄』은 庶族이 士族에 대한 투쟁에서 승리한 산물로 士族의 범위가 확대되어 士庶合流의 실현이라고 했다.[304]

(d) 근본적으로 『貞觀氏族志』의 改修는 李義府의 私怨에서 시작되고 명분상으로 武后의 本望이 기록되지 않은 것을 문제삼아 이루어진 것이다. 이에 대하여 林立平은 최고 통치자들이 문벌관념이 농후하고, 문벌숭상의 사회적 풍기에 有關된 것으로 『姓氏錄』 편찬의 주된 목적은 문벌제도의 파괴가 아니다. 또한 48姓이 감소한 사실은 士庶의 한계가 명확하지 못하며 선별적인 것을 시사한다고 하였다.[305] 그리고 瞿林東氏는 熊德基氏가 士族 隊伍의 확대이면서도 士族에 대한 타격이나 貶抑이 아니기 때문에 非進步라 한 것에 대하여[306] 문벌관념을 削弱하는 데에 적극적인 작용을 하였고, 兩 譜冊은 역사발전에 진보적 작용을 하였다고 했다.[307]

이상과 같이 『姓氏錄』에 대하여 문벌사족에 대한 타격 혹은 온존; 새 신분질서 편성의 성공 혹은 실패; 문벌관념의 농후 혹은 삭약; 역사발전에 관한 진보 혹은 비진보 등의 다양한 논의가 전개되고 있다.

필자는 기본적으로 『姓氏錄』은 立武事件을 계기로 하여 立武派, 즉 종래 낙후된 山東門閥士族과 士族(郡四姓) 및 그에 연결되는 세력의 浮上과 같은

302) 橫田滋, 同上 論文.

303) 吳宗國, 「唐代士族及其沒落」, 『唐史學會論文集』 所收, 1986. 西安.

304) 瞿林東 「唐代譜學簡論」, 『中國史研究』 1981-1.

305) 林立平, 同上 論文.

306) 熊德基, 『論武則天』 1972-2, 吉林, pp.32-3.

307) 瞿林東, 同上 論文.

정치적 변동, 小麥 생산의 확대 등 농업생산력의 팽창, 商品經濟의 발전에 따라 새로이 등장한 庶民地主層의 政界 진출에 대한 열렬한 요구와 같은 사회경제적인 변동, 關隴集團 이외의 많은 軍功者에 대한 보상의 필요 등의 사정을 어떻게 정치적으로 수렴할 것인가 하는 課題로부터 찬수된 것이라고 생각한다.

따라서『姓氏錄』은,

첫째로 唐朝의 최고 통치자(武后, 李義府, 許敬宗)들은 그들 자신 및 당시의 사회에서 문벌을 숭상하던 풍기에 입각하여 종래 문벌체계를 재건한 것이 아니고, 자기네 중심의 정치사회적 체계를 희망한 나머지 기존의 문벌사족제를 손상시키거나 貶抑시키지 않고 온존하도록 하였다. 더욱이 그들은 그 위에 자신들의 지위를 올려놓으려는 原則 혹은 基準을『貞觀氏族志』이래 (멀리는 孝文帝의 姓族分定의 원칙)의 관품질서로 정하여 武后를 頂点으로 하는 245姓 2,287家의 品等을 裁定한 것이다.

여기서 고려해야 할 점은『姓氏錄』편찬을 주장한 인물들의 志向이다. 말하자면 武后는 자신을 돕고 있던 馮小寶가 非士族인 것을 보고 薛氏를 賜姓하고 太平公主의 婿인 薛紹에게, 그와 合譜하도록 했을 뿐 아니라 季父로 섬기도록 하였다. 그리고『貞觀氏族志』에 登載되지 못할 정도로 門望이 낮은 李義府는 정치적 권력을 통하여 趙李와 더불어 合譜하는 데에 성공했으나, 그가 좌천됨과 동시에 昭穆을 파기해버린 수모를 겪었다. 그는 다시 재상에 나아가 원한을 갚았으나, 이번에는 정치적으로 해결코자 하였다. 즉,『貞觀氏族志』의 찬수기준이 관품에 근거한 사실에 입각하여 자신의 門望을 높히고자 하였다. 그리하여 그는 실권자 武后의 本望을 높여야 한다는 名分을 내세우고 그 위에 4后家를 제일등으로 편성하고, 그 다음은 唐朝의 관품 순서에 따라 편성하였다. 이로써 武后의 정치 사회적 지위를 제고시켰고, 동시에 자신의 지위도 제고시켰다. 결국『姓氏錄』의 편찬은 그 당시 官僚界에 포진한 인물들이 關隴 관료적 문벌사족이었음을 감안하면, 唐朝政權의 기반을 보증하는 의미이고 새로 고관에 이른 자에 대한 보증이며, 동시에 舊 門閥士族도 관료로 진출하여야 비로서 기득권을 재건할 수 있다는 사실을 지극히 명확하게 표현한 것이다. 특히 兵卒이라 하여도 軍功에 따라 五品官에 이른 자는 士流로 편성함으로써 이들을 비롯하여 신흥지주층에서 출신한 인물 등을 중심으로 한 정치세력을 배양하려는 저의가 보인다. 동시에 장차 士庶合流의 밝은 길을 열어 놓은 것이다.

둘째로 『貞觀氏族志』에 수록된 姓家는 293姓 1,651家이지만, 『姓氏錄』에서는 245姓 2,287家로 조정되었다. 여기서 48姓이 감소한 사실로 보아 士庶의 한계가 불명확하여 主旨者에 의한 선별이 가능하였던 점을 지적한 논설에 대하여 필자는 찬성을 한다. 그렇지만 家의 숫자로는 636家가 증가하고 있는 것을 보면, 姓의 숫자가 三百數十姓의 착오가 아닌가 의심스럽다. 그리고 이런 家(姓)의 증가는 그 만큼 士族의 범위가 확대된 것을 의미한다. 따라서 이것은 그 당시 정치·군사 및 사회·경제적 변동에 따라 浮上한 계층을 포괄하고, 장차 그들을 수렴하여 정치집단을 편성하려는 농후한 정치적 측면이 계산되어 있었던 것으로 고려된다.

셋째로 『姓氏錄』은 唐朝의 관품질서에 따른 관료체계를 편성하고자 했기 때문에, 魏晋南北朝時代 이래 "士庶天隔"인 사회적 등급제도를 파기할 수 없고, 그럴 필요도 없었다. 따라서 『姓氏錄』의 撰修의 목적이 단순히 산동 문벌사족에 대한 탄압이라는 주장은 잘못된 것이다. 더욱이 官婚을 중시하던 종래 문벌사족(의 후예)들이 前代 이래의 통제정책과 같은 새로운 사태에 대하여 적극 대응하기 위해서는 부득이나마 인재수렴의 장치인 科擧制에 적극 동참하지 않을 수 없게 되었다. 여기에 官僚制가 형성되는 주요 계기가 있는 것이다. 결국 『貞觀氏族志』의 편찬이 唐宗室을 중심으로 하는 문벌사족을 재편성하려 한 것인데 반해 『姓氏錄』의 편찬은 武后를 정점으로 하고 武后派를 중심으로 하는 官僚體制를 건설(창출)하는 관건이었다.

한편 禁婚令은 高宗 顯慶 4년(659) 10월 15일에 下詔되었다. 앞서 말한 것처럼 唐太宗은 산동 문벌귀족들이 자신들의 門地를 自矜하는 것을 싫어하였고, 또 혼인할 때에는 많은 資財(聘財)를 구하였기 때문에, 氏族志를 撰修하도록 한 것이다. 唐室의 王妃·主婿는 모두 勳貴·名臣家에서 선발했고, 산동의 문벌사족과는 의논하지 않았다. 그런데 그 당시 朝廷의 大官인 魏徵·李勣·房玄齡 등은 모두 그들과 더불어 通婚을 성대하게 행하였다. 이리하여 산동문벌사족의 舊望이 감소되지 않았을 뿐만 아니라 一姓中에도 某房·某姓

으로 나뉘고, 그 高下가 크게 차이가 있어 자칫 풍속이 문란하여 사회적 문제가 야기될 위험을 수반하고 있었다. 이러한 때에 李義府는 앞서 산동의 문벌사족으로부터 子婦를 맞아들이고자 했지만 뜻을 이루지 못하였다. 이에 義府는 先帝(太宗)의 뜻이라 하여 高宗에게 그 폐단을 교정토록 권하고 七姓十家의 禁婚과 함께 嫁女受財와 陪門受財의 禁止를 획정하였다.

즉, 禁婚家는 北魏時代의 문벌사족이었던 隴西 李寶를 비롯하여 太原 王瓊, 滎陽 鄭溫, 范陽 盧子遷·盧渾·盧輔, 淸河 崔宗伯·崔元孫, 前燕이래 활동한 博陵 崔懿, 그리고 西晋이래 활동한 趙郡 李楷 등 七姓 十家의 자손에 대하여 상호 通婚하지 못하도록 금지하였다. 동시에 천하의 백관, 백성이 嫁女할 때에는 貲妝(재물과 장식용)의 비용을 3品 이상의 家에서는 絹 300匹 이하; 4,5品의 家에서는 200匹 이하; 6,7品의 경우는 100匹이하; 8品 이하는 50匹이하로 受財를 규정하고, 陪門 즉 門閥(門地)에 따르는 재산은 받지 못하도록 금지하였다.[308)]

그러나 그 당시에 문벌사족의 本望(즉, 門地)은 아직 숭상하는 바 되어 그것이 높지 않은 女家에서 高門에 출가시킬 때나, 혹은 높지 않은 男家에서 高門의 子婦를 맞아들일 때는 聘財(陪門의 財)를 납부해야 하였던 것으로 끝내 금지할 수 없었다.

왜냐하면 ① 同 禁婚家에서 新婦를 몰래 新郎家에 보내거나 ② 新婦가 늙어도 출가하지 않으려고 끝내 異姓과 通婚하지 않고자 했으며; ③ 宗族이 쇠퇴하여 譜諜에도 실리지 못한, 말하자면 破落戶로써 그 昭穆을 배열하여 맞출 수도 없는 者가 왕왕이 禁婚家라고 자칭하여 聘財가 더욱 증가하였기 때문이다.[309)]

필자는 이런 禁婚令에 대하여 기본적으로 唐朝가 魏晋南北朝時代의 문벌사족, 특히 산동 문벌사족의 후예들이 보존해오는 사회적 문화적 전통을 포괄·재조정하려는 의도가 있는 조치였다고 생각한다. 왜냐하면,

ⓐ 禁婚家로 지정된 七姓十家는 隴西 李氏의 李寶家를 비롯하여 이른바 산동 문벌사족이 바로 그들이었다. 이들은 魏晋이래 특히 북방민족이 北中

308) 『資治通鑑』 卷200, 唐紀 卷16, 高宗 顯慶 四年 十月, p.6318.

309) 上揭書 卷200, 同上 내용.

國을 정복하고 통치할 때에 그들에게 협조하였다. 즉, 이들은 정치적으로 宗族이 族居하던 향리사회에서 家傳해 오던 修己治人의 유학을 兼習하여 향리사회를 지도·인도하였으며; 정치적으로는 九品中正法을 통하여 지방행정, 더 나아가 중앙행정에 참여·주도하여 통치계층으로 그들의 위망을 보전하였다. 또한 사회적으로 優美한 家(門)風을 애써 실천하며 이를 보존하려는 의도 하에서 대등한 입장에 있던 계층인 문벌사족들과의 중복되는 通婚, 즉 內婚을 견지하였다. 아울러 경제적으로는 대토지를 겸병하고 자신의 종족 및 인근의 파산·몰락하여 의부한 농민을 이용·경영했고, 국가는 이를 一戶로 파악하거나 戶調·均田·租庸調의 특례조항으로 그들의 기득권을 인정·옹호하였다. 게다가 그들은 그들에 연결된 次下의 士族이나 지방의 호족세력과 師弟關係, 恩惠關係 그밖에 인간관계 등을 통하여 문화를 주도했던 계층이었었기 때문이었다.[310] 이러한 사족들의 자율적인 通婚에 대하여 국가권력의 간섭은 예상대로 맹렬한 반발이 수반되었다. 즉, 修己治人의 儒學에서 중시·강조된 孝悌가 가정윤리 및 사회윤리였고, 그것을 주지하던 그들에게 정치·사회적인 지위가 낮은 次下階層과의 通婚이란 사실상 껄끄러운 일이었고, 같은 사회적 지위를 가진 계층끼리의 通婚을 황제의 一片法令·詔令으로 규제한다는 것은 그렇게 쉽게 되지 않은 것이었다. 그렇지만 隋이래 통일정책으로 그들의 세력이 削弱되었고, 역량이 쇠미하여져 갔던 사정에서, 名義上 禮節을 주지한다는 그들이 단지 선대의 高官·顯爵을 팔아먹는 格의 聘財는 자신들의 지위를 스스로 放棄하는 결과를 초래하게 되었다. 뿐만 아니라 지식계급으로 官界에 투신하는 것이 절대적으로 필수사항인 점에서 황제의 詔令을 질시하여 배척할 대상으로 삼을 수만은 없다는 사정에서도 상당히 긴 시간적인 지연이 있을지언정 점차 완화되리라고 생각한다. 이것은 후술하는 千唐·全唐文에 보이는 通婚狀況에서 엿볼 수 있었다.

ⓑ 한편 夫家의 陪門에 따라 지불하는 聘財는 금지했지만, 嫁女의 경우 貲妝의 비용을 관품에 따라 규정하고 있다. 이는 실제로 훨씬 많았던 受財의 額數를 정했다는 의미로 여겨지지만 官品에 따라 혼례비용을 子婦의 家에

310) 李啓命, 『北朝의 貴族』, 同上.

지급할 수 있다는 의미로도 해석할 수 있다. 즉, 문벌사족의 聘財는 名義만 禁止하지만 嫁女의 경우 貲妝의 費用을 인정함으로써 聘財가 현실화 되었다고 생각된다. 그리고 貲妝의 비용이 상당히 고액이었다. 3品 이상의 경우 絹三百匹로 거대한 자금인 점에서 문제가 있는 것으로 추측되고, 그런 막대한 혼례비용이 그렇게 광범하게 통용되기는 어려웠을 것으로 생각되며 權貴가 아니면 그런 막대한 聘財를 마련하기는 쉽지 않았으리라고 고려된다. 따라서 문벌사족의 위망을 통해 자기의 사회적 위망을 提高하려는 權貴들의 지향과 탄압받던 산동문벌사족들이 대관에 진출하는 등 정치적 지위를 提高하려는 입장이 쉽게 상호 결합되어 결국 국가권력이 지향하는 禁婚이 추진되어 그것은 점차 官僚制 성립의 사회적 계기가 성숙되는 萌芽라고 보아도 좋을 것이다.

ⓒ 또한 禁婚令은 主旨者 李義府의 私怨에 따라 시작되었다. 그러나 그 역시 禁婚家와 通婚하고자 하였고 그런 이유로 시행된 詔令인 점에서 보면, 太宗이 禮法에 맞는 通婚을 해야하며 사회질서 또한 관품질서에 따라야 한다는 정해놓은 명분을 강제한 조치였다.

이리하여 禁婚令은 『姓氏錄』과 함께 단순히 산동 문벌사족을 탄압하기 위한 것이라기보다는 그들을 唐朝의 官僚組織에 포용하려는 高度 政略의 하나인 것이며, 이런 상황 하에서 位望이 실추된 산동 문벌사족들은 科擧制와 같은 합리적 取士政策에 적극 참여하는 계기가 되었던 것이다.

다. 科擧制의 尊定

唐代 科擧制에 대한 종래의 논자들은 魏晋南北朝時代 문벌사족들의 기득권을 維護하는 九品中正法에 대체된 것이 科擧制라는 소박한 인식에서; 科擧制는 문벌사족(제)의 파탄을 초래한 제도적 장치로 이해하거나; 科擧制는 신흥 지주출신이 정계에 진출하는 수단이라는 견해도 있다.[311] 그리고 科擧制의 운영으로 말미암아 통치계층이 옛 문벌사족 대신에 비문벌·신흥관료로 代替되었다고 하여 科擧制의 출현과 운영에 따라 마치 옛 門閥士族이 역

---

311) 翦伯贊, 『中國史綱要』, 上冊 6章 1節.

사의 무대에서 사라진 것처럼 논의되고 있는데,[312] 과연 그러한가?

筆者가 검토한 바로는 科擧制가 문벌사족과 신흥지주층의 정계진출의 出口였던 것은 물론이지만, 산동 문벌사족이 정계에 재등장하는 제도적 장치이기도 하였다.[313] 다시 말하면, 科擧制는 北朝 後期에 전개되었던 蘇綽의 "擢賢良"으로 대표되는 賢才主義에 따라 漢代의 察擧制가 재건되어 北周 武帝 때에 秀才(高才博學者)·孝廉(經明行修者), 隋文帝 때의 知行修勤者와 淸平幹濟者를 지방관으로 하여금 중앙에 推擧토록 명령한 것이 그것이다.

그렇지만 진정한 科擧制의 開始는 煬帝가 國子 등 학교를 건설하여 篤志好古·學行優敏·時務堪膺한 者를 입학시켜 經術을 연마하도록 하고, 課試法을 갖추라는 詔에 따라 만들어진 十科擧人의 詔中 時務堪膺에 관한 과목이 時務·方略을 시험하던 進士科를 비롯하여 明經科·秀才科 등의 分科擧人으로 정비되었던 것이다. 이런 科擧制가 唐高祖 武德 4년(621) 재건되었지만, 秀才科는 처음 詩賦·方略·雜文 등에 대한 高才博學者를 선발하는 과정이 매우 어렵고, 후술하는 바와 같이 문벌사족들이 능통한 雜文을 배격하던 唐太宗의 의도에 따라 雜文이 생략되었다. 이에 秀才科는 時務方略만을 시험하던 進士科와 중복되어 高宗 永徽 2년(651)에 폐지되었다. 결국 進士科는 高祖 武德 5년으로부터 武則天 革命 직전까지 1,000여명의 합격자를 내어 관료의 주요 공급원으로 등장하였다.

그리고 明經科는 太宗이 특별히 유학을 존숭하고 그 역량을 수렴하였다. 처음 太宗이 孔穎達 등에게 魏晋 이래 南北間에 經學의 해석상의 차이를 해소하도록 『五經正義』를 편찬하도록 하였다. 그 후에 더욱 정비하여 高宗 永徽 2년에 長孫無忌로 하여금 刊正하게 하고, 이를 천하에 반포하여 사용토록 하고, 동시에 同科의 指針書로 삼았다. 이 같은 明經科는 關隴 관료적 문벌사족의 주요 仕宦 루트로 등장하고 그들이 새로운 문벌사족으로 성장하였다는 주장까지 있는 것을 보면,[314] 매우 성황을 이루었다는 것을 짐작하게 한다. 따라서 明經科는 唐 初期에 있어서 進士科와 더불어 고급관료의 주요

---

312) 吉岡眞, 同上 論文.

313) 李啓命, 「中國 科擧制의 成立」, 同上.

314) 尙定, 「論武則天時期的詩賦取士」, 『中國社會科學』 1991-6.

공급원이었던 것이다.

이처럼 明經·進士科 등의 科擧制가 운영되고 있었음에도 불구하고 唐初期 및 武則天 집권시기에 擧人에 관한 詔勅이 누차에 걸쳐 발표되고 있었다. 예컨대 太宗은 貞觀 4년(630) 재상인 房玄齡·蕭瑀 등과 함께 賢才를 선발해야 한다는 의지를 표명하면서,[315] 隋文·煬帝 때와 같이 여러 차례 分科하여 인재를 등용하였고; 高宗은 文武 四科擧人을 실시하였다.[316] 이런 여러 詔勅을 보면, 隋 煬帝 때 복잡한 선거를 十科로 종합했던 것처럼, 太宗 이래 雜多한 여러 科가 조정되어 이른바 諸科로 등장했다는 것을 알 수 있다.

諸科에 대한 성립·융성 여부에 관한 岑仲勉·烏廷玉氏의 논설이 있다. 岑仲勉氏는 唐의 諸科는 太宗때부터 여러 차례의 詔勅에 따라 시작되었지만, 登第한 者가 적었고 매년 시행한 것도 아니었기에 仕途上 큰 영향을 끼치지 못하였다고 하였다.[317] 이에 대하여 烏廷玉氏는 同科는 武則天 長安 2年(702)에 창립되었고, 원칙적으로 皇帝가 직접 時務策과 雜文을 고시하여 憲宗 元和 15年(820) 폐지될 때까지 博學宏詞·賢良方正 및 詳明政術 등 86種에 이르렀다고 하였다.[318] 그러나 兩者의 논설 중에 두 가지 문제가 있다. 하나는 諸科의 성립시기에 차이가 있는데 兩說 모두 잘못인 듯싶다. 왜냐하면 「唐登科記總目」에 武則天 혁명 이전에 同科의 합격자가 상당히 보이고 있다. 그리고 岑文에서 同科의 과목으로 文才秀美者을 내세웠으나, 이 과목은 隋煬帝 때의 十科擧人 중에 포함되어 있다. 따라서 諸科의 시작은 煬帝 때의 十科擧人에서 찾는 것이 타당할 것이다. 다른 하나는 岑氏가 同科는 仕途上 별다른 영향을 주지 못하였다고 하였지만 잘못이다. 그것은 「唐登科記總目」에 따르면, 高宗 顯慶 3年에 1명이 보이는 것을 비롯하여 武則天 혁명 직전에 30명의 합격자가 보이며, 唐朝 一代에 1,300여명의 합격자가 있었다. 이 숫자는 唐一代 과거합격자 약 7,000명중에 약 20%를 차지한다.[319]

---

315) 『舊唐書』 卷3, 太宗 下, 貞觀 四年 七月 甲子. p.40.

316) 上揭書 卷4, 高宗 上, 顯慶 五年 六月 辛卯. p.80.

317) 岑仲勉, 『隋唐史』, 卷下, 第18章.

318) 烏廷玉, 「唐代的科擧制度」, k22, 1987-2.

319) 『文獻通考』 卷29, 選擧 2, 唐登科記總目.

따라서 唐의 諸科는 隋煬帝 때의 十科擧人에서부터 기원하여 필요에 따라 수시로 시행되다가 적어도 武周革命 직전 (垂拱 4, 688)에 다시 집성되어 정식 과목으로 설정되었고, 博學宏詞科·賢良方正科 등 86種으로 확대되어 시행되었다. 다만 太宗이래 孝悌淳篤·儒術該通 등 前代의 十科(儒學의 德目)와는 달리 文辭秀美·博學宏詞 등 雜文 시험이 포괄되고 있었다. 이는 高宗初에 秀才科의 폐지로 雜文 시험이 사실상 폐지되었으나, 前代 이래 발전되었던 雜文이 武則天時期에 다시 과거시험에 추가되고, 그것을 시험하던 進士科가 武則天에 중시되고 발전한 계기가 되었다고 고려된다.[320)]

그리고 明經科와 進士科가 科擧制의 중추과목으로 尊定되었다. 唐 高祖 武德 4년(621)에 明經科·進士科 등이 復置된 후, 太宗 貞觀 8년(634)에는 進士科에 대하여 일부의 經史를 읽도록 하는 조치가 있었다.[321)] 그리고 上官儀 사건으로 天后로 격상된 武皇后는 上元 2年(675) 高宗에 표를 바쳐 道敎를 聖敎로 받들면서 王公이하 내외 백관에게 老子의 道德經을 학습시킴과 동시에 明經科에 대하여 孝經과 論語를 策試토록 하였다.[322)] 이것은 太宗과 武皇后가 進士·明經 兩科 出身에 대하여 더 많은 經史의 지식을 요구한 것으로 兩科 출신의 통치역량을 증장시키려는 조치로 이해된다. 동시에 武后가 장차 그의 정치역량을 과시할 수 있다는 표현이었다.

특히 兩科에 대한 고시과목의 추가도 調露 2년(680) 吏部 考功員外郎 劉思立이, "明經科는 대체로 議條를 베끼고 進士科는 오직 舊策만을 암송할 따름이니, 모두 실질적인 人才를 망치고 있는 格이요, 有司는 (필요한) 人數만을 충당하고 있을 뿐이다"라고 비판하고, "明經科에 帖經하도록 하여 10條 中에 6條 이상을 적중시킨 자를 합격자로 하고, 進士科에 먼저 雜文 2策을 시험하여 文律에 통달한 자로 인정하고 합격자를 뽑도록 하소서"라고 上奏하여 그 翌年 (永隆 2. 681)에 수용되어 "常式"으로 定例化하였다.[323)]

이와 같은 明經·進士 兩科에 대한 帖經과 雜文의 추가는 劉祥道가 選擧에

---

320) 烏廷玉, 「唐代的科學制度」, K22, 1987-2.

321) 『通典』 卷15, 選擧 3, 歷代制 下, 大唐 貞觀 八年詔. p.354.

322) 『文獻通考』 卷29, 選擧考 二.

323) 『新唐書』 卷44, 選擧志 上, 高宗 永隆 二年詔 p.1164.

대하여 明經修行者가 적고 流外入流者가 너무 많을 뿐만 아니라, 秀才科의 廢絶은 매우 애석한 일이라고 비판한 것이나,[324] 雜文이 魏晋이래 唐代에 이르기까지도 성행하고 있던 사정에 비추어 雜文을 시험하던 秀才科의 폐지는 문제가 있다는 당시의 여론을 수렴한 매우 주목되는 조치인 것이다. 이에 대하여 尙定氏는 이 조치를 太宗이래 科擧를 河南·北, 江淮 이남까지 확대하여 "東選"·"南選"을 실시함으로써 山東과 江南을 포괄하는 정치·문화적인 조치로 파악하였다. 이는 결국 武則天이 關隴 관료적 문벌사족을 멀리하고 자신의 정치적 기반을 확립하기 위해 雜文 즉 "詩賦取士"로서의 進士科를 크게 제고시켰다고 하였다.[325]

근본적으로 賦·箴·銘·頌 등 雜文과 騈文은 魏晋이래 士族의 浮華的 文風의 本嶺이었다. 그리하여 宇文泰의 覇府에서 진력하였던 蘇綽이 앞서 말한 바와 같이 선거상 "擢賢良"을 표방하여 문벌주의적 폐쇄성을 賢才主義로 전환시킴과 아울러 士族의 문장의 浮華를 혁파하고자 하여 大誥을 저작하여 모든 文體의 모범으로 하였다.[326] 그리고 隋文帝 또한 李諤·司馬幼之의 건의로 모든 公私文翰을 實錄토록 조칙으로 명령하였으나, 일반화 되지는 못하였다.[327] 더욱이 貞觀 22년(648) 9월에는 考功員外郎 王師明(본명은 師旦)이 京師에까지 才聲을 떨쳤던 冀州의 鄕貢進士 張昌齡과 王公理(본명은 公瑾)을 낙제시켰다. 太宗이 이들이 登第者의 명단에 빠진 것을 괴이하게 생각하여 그 이유를 묻자, 師明은 그들의 문장이 浮華하다고 하면서 만약 그들을 발탁하면 풍속이 피폐될 것이라고 설명하였고,[328] 太宗은 그것을 수용하였다. 그러나 태종은 말년에 名高한 雜文作者를 환대하고 있음을 본다.[329]

이상과 같이 그 당시 성행했던 雜文을 쉽게 開閉할 수 없었던 상황에서

---

324) 『通典』 卷17, 選擧 五, 雜議論 中. p.402.

325) 尙定, 上揭論文. 그리고 雜文을 詩賦라고 한 것은 중국문학사상 詩·賦 및 雜文은 각각 다른 장르이지만, 趙翼, 『陔余叢考』 卷28, 進士 永隆 2年條에 "…乃詔進士試 雜文二篇 通文律者 然後試策 此進士試 詩賦之始"라 있는 것에 근거했음.

326) 『周書』 卷23, 蘇綽傳. p.391.

327) 『通典』 卷16, 選擧 四, 雜議論 上. p.393.

328) 『通典』 卷17, 選擧 五, 雜議論 中. p.402.

329) 『新唐書』 卷201, 文藝 上, 張昌齡傳. p.5734.

煬帝의 "十科擧人"중에 文武秀美者, 唐太宗의 人才推薦 詔勅 중에 文辭秀美者 등이 포함되었다가 본격적으로 進士科에 雜文, 明經科에 帖經을 각각 추가하였던 것이다. 특히 이것은 정치적 혁명을 추구하던 武則天이 『文選注』를 확정하고 "詩賦로 取士하여" 進士科를 크게 提高시켰다고 한 尙定氏의 언급은 옳다. 이리하여 한층 강화된 明經·進士科는 科擧制의 중추과목으로 크게 발전하였다.

그밖에 武則天이 自擧와 殿試를 실시함으로써, 科擧制가 역사상에 확실히 그 모습을 드러냈다. 본래 自擧는 武后가 專權을 행사하던 睿宗 垂拱 元年(685) 5월 내외 文武 9品 이상인 자와 백성에 대하여 自擧하도록록 조치하였고,[330] 稱帝 후 모든 官人에게 自擧하도록 하였다.[331] 自擧란 "覓擧"·"投牒自進"·"懷牒自進"이라고도 하였다. 이는 처음에 縣令·州刺史가 보통 타인의 추천을 받은 자에 대하여 일정한 考試를 부과하여 이른바 鄕貢進士를 뽑고 이들을 중앙 尙書省의 考試에 참가시키는 것이 통례였다. 그러나 그 당시 사회경제의 발전에 따라 求官者의 폭발적인 증가를 수렴하고 武周革命을 성취하려는 의도 하에 추진한 것이다. 말하자면 求官者 자신이 中央의 高官 및 縣과 州의 지방장관에게 求官하고 중앙 尙書省의 시험에 합격한 후 入仕하도록 한 것이었다. 이후 自擧는 科擧制度의 시행에 있어서 첫 과정으로 운영되었다. 더욱이 武則天은 載初 元年 (690) 2월 洛城殿에서 貢士에 대하여 직접 策問하였던 사실에서[332] 황제가 殿의 앞에서 科擧를 주관한다는 의미로 殿試가 시작되어 이후 科擧制의 마지막 관문으로 운영되었다. 王夫之가 이런 殿試에 대하여 "士에게 恩遇를 베풀고 大臣의 마음을 떠나게 한 것이고", "천자가 그 甲乙을 친히 낙점하였는 즉, 崇文으로 重爵하고 天秩을 공경하고 인재를 장려함에 게을리(가볍게)하지 않았다"고[333] 하여 殿試가 실시되어 隋·唐初半期에 정부에 직속된 選擧權이 최고 통치자의 수중에 집중되었다는 지적은[334] 주의할 만하다.

---

330) 『舊唐書』 卷6, 則天皇后 垂拱 元年 五月條, p.365.

331) 上揭書 卷6, 則天皇后 天授 二年 冬 十月制. p.122.

332) 『通典』 卷15, 選擧 三, 歷代制 下. p.354.

333) 王夫之, 『讀通鑑論』 卷21-8.

따라서 唐의 科擧制는 隋時代 儒家思想의 德目을 시험하던 進士科를 포함한 十科擧人(制)에 그 당시 발전하던 雜文을 進士科에 추가하고, 自擧와 殿試를 定制化 함으로써 성립되었던 것이며,[335] 武則天의 집정과 武周革命을 달성하는 제도적 장치로 운영되었다는 사실은 홀시할 수 없는 것이다. 동시에 武則天時期에 科擧制度의 奠定은 官僚制 확립의 제도적인 장치이었다.

라. 山東官僚의 動向

武則天의 人的 기반으로는 新興地主 출신과 山東官僚(이하 山東郡姓과 郡四姓 출신들)를 고려해 볼 만한데, 筆者는 주로 후자에 대하여 구체적으로 분석해 보고자 한다.

A. 山東官僚

① 清河 崔氏: 崔義玄·神基·神慶, 琳·珪·瑤, 知溫·融 등이 보인다.

崔義玄은 앞서 말한 것처럼, 高宗 永徽中에 睦州女子 陳碩眞의 亂을 평정했고, 五經의 大義에 밝았다. 그는 高宗이 王皇后를 폐하고 武昭儀를 立后코자 할 때에, 李義府·許敬宗 등과 함께 그 모의를 협찬하여 長孫無忌 등이 得罪하게 하였다. 이는 모두 義玄이 武后의 뜻에 따라 無忌 등의 죄를 옭아맨 것이었다. 즉 그는 立武의 일등공신이었다. 그러나 顯慶 元年(656)에 蒲州刺史로 출외하였다가 사망함에(71세) 幽州都督를 追贈하고, 貞이라고 謚했으며 武則天은 그의 공로를 생각하여 또 다시 揚州大都督을 추가로 贈했으며, 崔家에 二百戶의 實封을 賜與하였다. 큰 아들 神基는 父爵(清丘縣公)을 세습하고, 武周 長壽中에 司賓卿·同鳳閣鸞臺平章事, 즉 재상에 영진했으나, 한 달여 만에 酷吏에게 모함을 받아 살해될 위기에 처했다. 그러나 그 부친의 立武에 대한 공로와 동생 神慶이 억울함을 해명하여 誅殺을 免하고 유배당하였으며, 후에 다시 채용되어 中宗 初에 大理卿이 되었다. 次子 神慶은 明經科에 급제하여 武則天 때에 누차 승진하여 萊州刺史를 거쳐 入朝하고

334) 『通典』 卷15, 選擧 三. p.353.

335) 李啓命, 「中國 科擧制의 成立」, 同上.

億歲殿에서 待制하여 奏事에서 武則天의 뜻을 잘 받들었다. 이에 女帝는 神慶이 담임하는 직장마다 美政을 한 것과 그 부친이 일찍이 翊贊의 큰 공훈이 있다는 점을 들어 매우 賞贊·慰撫하였고, 幷州長史로 발탁하였다. 이때 武則天은, "幷州는 朕의 故鄕이며, 또한 軍馬가 있어 매일 간택해도 卿과 같은 적임자가 없다. 앞서 幷州의 長史는 모두 尙書의 지위에 있던 자로 삼아 중시하였기에 卿에게 그 직(長史)을 수여한다"면서 택일까지 하여 파견하였다. 神慶이 幷州에 이르러 그 곳 富豪들의 貨幣僞作을 조정하고, 幷州의 東西二城을 相接시켜 방어병 수천명을 생략함에 주민은 크게 편하게 되었다. 이때 兄 神基가 혹리에 모함됨에 형을 위해 힘써 그 억울함을 해명하여 救하고, 자신은 兄에 연좌되어 歙州司馬에 貶授되었다. 그러나 長安中에 禮部侍郞에 전임되어 누차 時政의 利害에 관한 상소를 하여 嘉納되었고, 太子右庶子로 옮기고, 魏縣子를 受爵하였다. 때마침 突厥의 使者가 입조함에 儀注에 따라 太子와 함께 입조하도록 함에, 神慶은 太子는 儲貳로 太重한데 外臣의 使者와 合預함은 부당하다고 상소하고 太子를 위해 매일 侍讀하였다. 그후 刑·禮部尙書를 역임했다. 神慶은 張昌宗을 推鞠할 때에, 그 죄를 관대하게 처벌했다고 하여 中宗이 復唐한 神龍 初에 欽州에 유배 사망하였으나, 敬暉 등 5王이 득죄하여 결국 雪怨되어 幽州都督에 贈하였다. 그리고 그의 자손들은 開元中에 大官에 이르러 "三戟崔家"라 하였다.[336] 이러한 義玄과 神慶 父子에 대하여 劉昫는, "義玄은 武后에 아부했고, 神慶은 穢臣(張昌宗)에 追從했으며, 비굴·사특하게 살아 결국 失敗했으니 마땅하다"고 비판하였으며, 二崔는 能吏이지만 소행은 취할 만한 것이 없다면서 그가 德이 없음을 견책하였다.[337]

崔知溫은 許州 鄢陵房 출신으로 祖 樞와 父 義眞은 唐 初期에 司農卿·陝州刺史를 각각 역임했다. 知溫은 麟德中에 (武后 臨朝時期) 靈州都督府 司馬로 北族 渾·斛薛 萬余帳을 15회에 걸쳐 上奏하여 遷徙시켰고, 그들을 회유하여 주민을 안정시켰으며, 蘭州刺史로 자주 침입하던 黨項의 삼만여 무리를 항복시켜 그 공로로 尙書左丞을 거쳐 黃門侍郞·同中書門下三品에 영진하고,

336) 『舊唐書』 卷77, 崔義玄傳. pp.2688-9.

337) 上揭書 同卷, 史臣曰. p.2691.

國史를 兼修하였다. 永隆 2년(681) 7월에는 中書令에 옮겼고, 永淳 3년(683)에 사망하여 荊州大都督을 贈해졌다. 그리고 知溫의 次子 謂之는 神龍 初에 將作少匠으로 張易之 주살에 참여하여 博陵縣侯에 封해져 實封 2백호를 하사받았으며,[338] 형 知悌는 高宗 때에 戶部尙書를 역임하였다.[339]

崔融은 齊州 全節人으로, 처음 8科擧에 발탁되어 宮門丞·直崇文館學士·皇太子(中宗) 侍讀으로 봉사했고, 武則天 聖曆中에는 武則天이 嵩嶽에 행차하여 融이 撰한 『啓母廟碑』를 보고 그 우미한 문장을 칭찬하며 朝覲의 비문을 찬수토록 하였다. 그후 著作左郎을 거쳐 동 4년에 鳳閣舍人에 이르렀다. 久視 元年(700)에는 張昌宗의 뜻을 거슬려 婺州長史에 좌천되었다가 오해가 풀려 春官郎中·知制誥를 거쳐 다시 長安 2년(702)에 鳳閣舍人 동 3년에 兼修國史가 되었다. 이때 有司에서 關市稅를 제정코자 함에, 周官에 위배되고 本末의 轉倒 등을 이유로 극력 반대하여 저지하였다. 동 4년에 司禮少卿·知制誥로 이때 張易之 형제가 文學에 있어서 뛰어난 인재를 소집하였다. 이때 그는 納言 李嶠, 鳳閣侍郎 蘇味道 및 麟臺少監 王紹宗 등 一代의 文士들과 함께 지조를 꺾고 張氏 형제를 섬겼다. 그후 張易之가 주살됨에, 融은 袁州刺史로 좌천되었다가 곧 國子司業·兼修國史로 神龍 2년(706)에 『則天實錄』 修撰에 참여하여 淸河縣子에 봉하여졌다.[340] 그는 문장이 바르고 아름다워 그 당시에 비길 자가 드물었고, 「洛出寶圖頌」·「則天哀冊文」 등 중요 3건을 작성하였다. 특히 哀冊文을 精麗하도록 작성하려다가 發病 死亡하였다. 이에 中宗은 侍讀의 은혜로 衛州刺史를 추증하고 文이라고 諡했다. 그의 文集 60권이 있었다.[341] 이런 崔融에 대하여 劉昫는 후술하는 盧藏用과 더불어 "문장은 비록 숭상받을 만 하지만, 義는 가히 본받을 만한 것이 없고, 지위를 따내고 통상적인 것을 가졌다고 할 수 있는데, 이 말은 두말할 것이 없이 옳은 말이다"라고 贊하고 있다.[342]

---

338) 『新唐書』 卷72下, 宰相世系表 崔氏 項에 鄢陵房은 淸河 崔氏로부터 나와 있어 封號 博陵은 잘못임.

339) 『舊唐書』 卷185上, 良吏 上, 崔知溫傳. p.4759.

340) 崔融의 封號 淸河縣子는 그가 淸河人이며, 齊州 全節人은 淸河에서 分家한 것을 나타냄.

341) 『舊唐書』 卷94, 崔融傳. p.3000.

그리고 崔元綜은 鄭州 新鄭人으로,[343] 祖 君肅은 高祖 武德中 黃門侍郎 鴻臚卿을 역임했다. 그는 天授中에 秋官侍郎, 長壽 元年에 蘭臺侍郎·同鳳閣鸞臺平章事에 영진하였다. 그는 政事에 근면하고 中書에 근무할 때에는 반드시 束帶하느라고 늦게 이르렀지만, 휴식·눕는 일이 없었다. 깨끗하고 세밀하여 薰辛을 입에 넣지 않은 지 20년이나 되었다. 이처럼 겉으로 보기에는 謹厚했지만, 情感은 매우 각박하여 鞫獄이 있으면 매우 무거운 죄로 다스려 사람마다 두려워하고 鄙陋하다고 여겼다. 그리하여 그가 범죄로 振州에 유배되자 朝野에서는 慶賀해마지 않았다. 얼마 후 사면을 받아 監察御史가 되었고 中宗이 복위하여 尙書左丞·蒲州刺史를 역임했다.[344]

② 博陵 崔氏: 崔仁師·挹·湜·滌·液, 崔敦禮·餘慶·貞愼, 崔汪·沔 등이 있었다.

崔湜은 앞서 누누히 언급한 仁師의 孫子이다. 그의 父 挹(仁師의 子)은 神龍 初에 國子祭酒였고, 恩例로 同州刺史에 贈해졌다. 湜은 武則天 때에 文辭로써 이름이 알려져 進士에 급제하고 左補闕에 나아가『三敎珠英』찬수에 참여하였고, 殿中侍御史에 옮겼다. 中宗이 復位한 神龍 初에 考功員外郎이었는데, 中宗 復位에 有功한 桓·敬 등 五王이 국정을 주지하면서 武三思가 문제를 일으킬까 두려워 湜을 자기들의 측근으로 끌어들여 耳目으로 삼아 三思의 동정을 살피도록 하였다. 얼마 안 되어 中宗이 공신을 시기하여 三思에게 은총을 점차 두텁게 내리자, 湜은 도리어 桓·敬 등의 謀議를 三思에게 밀고하여 中書舍人에 오르고, 桓·敬 등이 嶺外에 유배되자 湜은 또한 三思에게 그들을 모두 살해함이 마땅하다고 三思의 희망에 아첨하였다. 三思는 그에게 누구를 使者로 파견함이 좋겠느냐 함에, 그는 앞서 周利貞은 桓·敬 등에게 증오되어 侍御史에서 嘉州司馬에 나간 것이라고 하고, 湜 또한 동행할 것을 자청하였다. 이때 桓·敬은 利貞이 이르렀다는 말을 듣고 자살하였고, 三思는 利貞을 御史中丞으로 삼도록 하였다. 그리고 湜은 景龍 2년(708) 兵部侍郎에 올랐는데, 이때 부친 挹이 禮部侍郎으로 매우 명예스러운 일이었

342) 上揭書 同卷, 史臣曰. p.3007.

343) 鄭州 新鄭人은 淸河人에서 分支한 것임.

344)『舊唐書』卷90, 崔元綜傳. p.2923.

으나, 그가 兵部侍郎에 나간 것은 中宗에게 총애 받던 上官昭容에게 부탁한 것이었다. 그는 다시 中書侍郎·同中書門下平章事에 영진하였다. 그러나 湜은 함께 選事를 담당하던 鄭愔이 인사를 전형하는 과정에서 서열을 무시한다고 御史 李尙隱에게 탄핵을 받아 鄭은 嶺表에 유배되고, 湜은 그에 연좌되어 江州司馬로 좌천되었다. 이에 上官昭容은 은밀하게 安樂公主와 더불어 사실을 왜곡하고 억울함을 탄원하여 鄭은 江州司馬, 湜은 襄州刺史를 거쳐 尙書左丞에 이르렀다. 그는 中宗의 韋后가 臨朝하자, 다시 中書侍郎·同中書門下三品에 영진하였으며, 睿宗이 즉위하여 잠깐 華州刺史에 출외하였다가 太子詹事가 되었다.

그리고 湜은 앞서 南山 新路를 개척하여 수륙의 운반에 편안하도록 했다는 공로로 銀靑光祿大夫가 추가되었지만, 工程을 매우 엄격히 하여 많은 희생자를 내었다. 얼마 안되어 湜은 太平公主에 의부하여 세번째 同中書門下三品이 되었고, 先天 元年(712) 中書令에 나아갔으나, 劉幽求와 더불어 권력을 다투다가 마침내는 劉를 모함하여 嶺表에 유배토록 했고, 廣州都督 周利貞으로 하여금 살해토록 했지만, 玄宗이 구했다. 부친 挹이 탐오하여 문제가 있으면 아들 湜에게 의탁했지만, 거슬리고 복종하지 않아 不孝하여 時論上의 비판을 받았다. 게다가 東宮인 玄宗과 더불어 친밀한 채 하면서도 太平公主에 의부하여 門客 陳振鷺·동생 滌 등이 충고하였으나 듣지 않았고, 玄宗의 회유도 뿌리쳤으며, 결국은 후술하는 尙書右丞 盧藏用과 함께 유배되었다가 賜死되었다. 당시의 時論으로는 처음 湜과 張說 사이에 틈이 있어 張이 同 嶽事를 꾸몄다고 하였다.

그런데 崔湜은 용모가 잘 생긴데다가 일찍부터 재능이 있었고, 동생 液은 五言詩에 뛰어나 湜이, "海子(液)는 我家의 거북이"라고 칭찬했고, 후에 殿中侍御史를 역임하다가 湜에 연좌되어 유배되었지만, 도중에 도망하였다가 「幽征賦」로 특사를 받고 귀환 도중에 병사했다. 次弟 滌는 辨智가 많고 諧謔을 잘하여 본래부터 玄宗과 더불어 친밀하였다. 그리하여 湜이 太平黨이 되었으나 滌을 秘書監에 발탁했다. 그리고 從弟 涖 또한 文翰에 뛰어나 아들 형제들이 淸要에 濫居하여 私宴 때마다 스스로 東晋의 王導·謝安에 비유하여 타인에게, "우리 一門의 出身·歷官은 일찍이 천하의 제일이 되지 않음이 없다. 대장부는 마땅히 먼저 要路를 차지하여 다른 사람을 다스려야지 어찌 묵묵히 타인에게 제어되랴"라 하여 매우 오만하였다. 그리하여 그들의 진취는 그치지 않았으나, 제 명대로 살다가 편안하게 죽지못하였다.[345)]

劉昫는 이런 崔湜의 一家에 대하여 "勢力者에 의지하여 無上的인 榮進만을 추구하여 大臣에 이르렀지만 止足함이 없었다. 「海鷗賦」를 열람했지만, 알고도 경계하지 않아 사람들은 그가 (어떤 일에 연루되면) 면제되지 못할 줄 알았으니, 이에 '절제하지 않고 탄식함은 누구의 허물이냐'고 한 말은 옳다"고 贊하였다.[346)]

崔沔은 京兆 長安人으로 본래는 博陵 安平人이다. 北周 隴州刺史 士約의 玄孫이다. 父 皚는 初唐時期(高宗인 듯)에 庫部員外郎, 汝州長史를 역임했다. 沔은 효성이 지극하고 博學하였으며 文辭에도 밝았다. 처음 制擧에 응하여 對策에 성적이 優等이었다. 武則天時의 낙제자의 重試 命令에 일등으로 登第하여 크게 이름이 알려졌다. 睿宗 때에 中書舍人을 역임하였고, 후술하는 바와 같이 玄宗 때 中書侍郎 등을 역임했다.[347)]

崔敬嗣는 滑州 靈昌人으로 본래 博陵 舊族이지만, 系譜는 不明하다. 樗蒲(도박)와 음주를 좋아했다. 武則天 初에 房州刺史가 되었는데, 이때 中宗이 폐위되어 廬陵王으로 房州에 안치되었다. 州官들이 王에 대하여 모두 無禮하였다. 그러나 崔는 홀로 王을 매우 親待하고 공급을 풍족하게 해주어 王은 매우 은덕으로 생각했다. 中宗이 다시 복위하자 이름이 같은 益州長史 崔敬嗣를 바로 그 사람으로 생각하고 御筆로 몇 번이나 超拜하였다. 그런데 후에 그와 더불어 대화를 해보고 은총을 잘못 베푼줄 알고 다시 敬嗣를 찾았지만, 이미 죽은 후인지라 中書令 韋安石으로 하여금 그의 아들 崔汪을 찾아 관직을 수여하도록 하였다. 그러나 그도 역시 好酒家로 그 직무를 감당하지 못함에 洛州의 司功參軍을 수여하고 결국 그 직을 5品官으로 改作하여 대우했다. 그의 아들이 후술하는 崔光遠이다.[348)]

345) 『舊唐書』 卷74, 崔湜傳. pp.2622-3
346) 上揭書 同卷, 史臣曰. p.2625.
347) 上揭書 卷188, 孝友 崔沔傳. pp.4927-8.
348) 上揭書 卷111, 崔光遠傳. pp.3317-8.

그리고 高宗 初에 재상을 역임한 崔敦禮의 아들 餘慶은 武則天 때에 兵部尙書, 孫子 貞愼은 中宗 神龍 初에 兵部侍郎을 각각 역임하였다.[349)]

③ 范陽 盧氏 출신으로 盧齊卿·藏用·粲·照隣·懷愼 등이 있다.

盧齊卿은 齊州長史를 역임한 承泰의 아들이다. 武則天 長安 初에 雍州의 錄事參軍이 되었다. 이때에 武則天이 同州長史 薛季昶에게 僚吏中에서 御史로 채용할만한 인사를 추천하도록 했다. 이에 薛은 齊卿에게 묻자 盧는 盧懷愼, 李休光(長安尉), 李乂, 崔湜(晩年尉), 倪若水(咸陽丞), 田崇辟(盩田尉), 崔日用(新豊尉) 등을 추천했다. 이들은 모두 후에 大官에 이르렀다. 그리고 開元年間에 豳州刺史가 되었는데, 張守珪가 果毅將軍으로 부임해 오자, 盧는 張을 보고 "10년 안에 마땅히 節度使가 될 것이다"고 했다. 후에 그렇게 되니 사람들은 盧齊卿이 사람을 볼 줄 아는 식견이 있다고 했다. 그는 술을 좋아하였지만, 말술을 마셔도 흐트러지지 않았고 관후하여 士友들이 이를 稱善했다. 그후 太子詹事에 올랐고 廣陽縣公에 봉하여졌다.[350)]

盧藏用의 字는 子潛, 度支尙書 盧承慶의 姪孫이다.[351)] 父親 璥은 魏州司馬였다. 그는 어려서 辭學에 칭송이 자자하였지만 처음 進士試驗에 낙방하여 「芳草賦」로 자신의 의사를 내보이고, 終南山에 은거하여 辟穀·練氣의 術을 배웠다. 武則天 長安中에 左拾遺에 徵拜되었다. 이때 武則天은 萬安山에 興泰宮을 營建하고자 함에, 上訴하여 널리 중생을 구재할 것을 諫했다. 中宗 神龍중에는 起居舍人, 兼知制誥를, 얼마 안되어 中書舍人이 되었지만, 世務가 이치에 많이 어긋나자 「析滯論」으로 그 일을 진술하였다. 景龍中에는 吏部侍郎이 되었다. 이때 그는 성품이 뛰어나거나 특별함이 없어 權勢者에게 핍박을 받아 자못 公道를 지키지 못하였다. 또 黃門侍郎 兼昭文學館學士를 거쳐 工部侍郎·尙書右丞에 옮겼다. 玄宗 先天中에 崔湜과 함께 太平公主에 託附했다는 일에 연좌되어 嶺表에 유배되었다가 開元 初에 黔州 都督府 長史 兼判都督事에 임명되었으나, 부임하지 못하고 죽었다. 文集 20권이 있었

---

349) 上揭書 卷81, 崔敦禮傳. pp.2747-8.

350) 上揭書 卷81, 盧承慶 附 齊卿傳. pp.2748-9.

351) 『新唐書』 卷73上, 宰相世系表에는 承慶의 七弟(承禮)의 孫으로 되어 있다.

다.[352] 이런 盧藏用은 篆·隷書에 능했고 琴棋를 좋아하여 多能의 士라 칭했다. 어려서부터 陳子昂·趙貞固와 友善하였고, 二人이 일찍 사망함에 그들 자식을 잘 양육하여 당시에 칭찬받았다. 그렇지만 登朝해서는 진취적이지 못하고 간사하며 추세하여 오로지 權貴를 섬겨 奢靡·淫從하여 세상의 비난을 받았다.[353]

盧粲은 幽州 范陽人이다. 後魏의 侍中 盧陽烏의 5代孫으로, 祖父 彦卿은 『後魏紀』 20권을 찬수했고, 合肥令을 역임했다. 叔父 行嘉는 역시 학문을 섭렵하여 高宗 때에 雍王記室이 되었다. 粲은 經史를 널리 섭렵하고, 弱冠에 進士에 합격하여 景龍 2년(708) 누천 給事中에 나아갔다. 이때 韋后는 節愍太子가 자기의 소생이 아니라고 매우 시기하여 中宗에게 권하여 封物을 삭감코자 함에 그는 皇太子의 중요함을 들어 駁奏하여 개선했다. 더욱이 安樂公主 夫君인 武崇訓이 節愍太子에게 살해됨에 특별히 魯王에 封하여 司農少卿 趙履溫으로 하여금 葬事를 감독하도록 하였다. 이에 趙는 永泰公主의 故事에 따라 造陵을 奏請토록 하여 허락코자 함에 盧는 이를 駁奏했다. 中宗은 두 公主와 다르지 않다고 하여 고집부리지 말도록 했다. 그러나 그는 또 다시 반대하여 뜻을 관철코자 하였다. 이에 安樂公主가 大怒하여 陳州刺史로 출외되었고, 곧 秘書少監에 옮겼지만, 開元 初에 사망했다.[354]

盧照隣의 字는 昇之로 幽州 范陽人이다. 10여세에 曹憲·王義方에게서 「蒼·雅」 및 經史를 배워 博學하였으며 屬文도 잘했다. 처음 鄧王府의 典籤으로 매우 우대받아 王은 群臣들에게 자신의 相如(戰國시대 趙의 名宰相 藺相如)라고 했다. 후에 新都尉에 나가 風疾로 관직을 버리고 요양했지만, 회복되지 않았다. 그는 「釋疾文」·「五悲」 등을 作誦하여 文士들의 중시를 받았지만, 끝내 회복되지 않아 潁水에 投身·溺死하고 말았다. 文集 20권이 있다. 그는 楊炯·王勃·駱賓王과 더불어 文詞上 初唐의 '四傑'이라고 하였는데, 그 가운데서도 首位였다.[355] 兄 光乘은 長壽중에 隴州刺史를 역임하였다.[356]

---

352) 『舊唐書』 卷94, 盧藏用傳. p.3004.

353) 上揭書 同卷, 史臣曰. p.3007.

354) 上揭書 卷189下, 儒學 下, 盧粲傳. pp.4972-4.

355) 上揭書 卷190上, 文苑 上, 楊炯傳. pp.5001-3.

盧懷愼은 滑州 靈昌人이다. 范陽에서 遷徙(祖父 哲이 靈昌令으로)하였다. 父 挺은 潭州 司戶參軍이었다. 懷愼은 어려서 淸謹하여 進士에 급제하여 監察御 史·吏部員外郎을 역임하였고, 景龍中에는 右御史臺 中丞으로 그 당시의 時政得失, 예컨대 지방관의 紀綱 해이에 대하여 考績을 엄밀히 하고, 員外官으로 財政이 窮乏하니 賢才나 良幹을 채용함으로써, 백성을 위무·통치할 것 등을 주장하였다. 모두 받아들여지지는 않았지만, 그는 黃門侍郎에 옮겼고 漁陽伯을 하사받았다. 先天 2년(713)에는 侍中 魏知古와 더불어 東都의 選事를 分掌했고 곧 同中書門下三品에 영진했다.[357]

④ 趙郡 李氏 출신으로 李安期·李敬玄·李懷遠·李嶠 등을 들 수 있다.

李安期는 隋文帝 때의 名臣 李德林의 孫이요, 唐 初期의 名臣 李百藥의 아들이다. 그는 총민하여 7세 때 屬文을 이해하였다. 앞서 말한 것처럼 百藥이 桂州司馬였을 때 太湖를 지나다가 도적을 만나 부친을 살해코자 함에, 安期는 무릎을 꿇고 울며 父命을 대신할 것을 간절하게 청함에 도적은 이를 애석히 여겨 풀어주었다. 貞觀 初에는 符璽郎으로 『北齊書』 찬수에 참여하여 主客員外郎, 高宗 永徽中에는 中書舍人에 나갔고, 李義府 등과 함께 『三教珠英』을 修書하여 黃門侍郎이 되었으며, 龍朔中에는 軍國의 事를 參知했다. 武后의 泰山 행차 때에는 朝覲壇碑文을 지었다. 전후 3차에 걸쳐 選事를 담당하여 칭찬하는 바 되었다. 이때 高宗은 누차 侍臣에 대하여 賢良을 천거하지 않는다고 문책하였다. 이에 백관이 응대하지 못하였으나, 安期는 홀로 皇上께서 겸허하게 招納한다면 가능하다고 하여 수용되었다. 곧 檢校東臺侍郎·同東西臺三品에 영진했다가 荊州大都督府 長史로 출외하여 咸亨 初에 죽었다. 孫 羲仲은 또한 中書舍人을 역임했다. 3代에 걸쳐 制誥를 장악했다.[358]

李敬玄은 亳州 譙人이다.[359] 父親 孝節은 穀州長史였다. 敬玄은 많은 책을 널리 섭렵했고, 馬周의 천거로 崇賢館에서 侍讀으로 御書를 빌려 독서했다.

356) 上揭書 同卷, 盧照隣傳 附 光乘傳. p.5000.

357) 上揭書 卷98, 盧懷愼傳. pp.3064-9.

358) 上揭書 卷72, 李百藥 附 安期傳. pp.2577-8.

359) 敬玄의 본관은 趙郡이지만, 先代에 南遷했다. 그것은 그의 曾孫 紳(『舊唐書』 卷173)이 증명하고 있다.

매우 근면하여 馬周·許敬宗이 추천했고, 乾封 初에 西臺舍人·弘文館 學士를 역임했다. 敬玄은 總章 2년(669) 西臺侍郎 兼太子右中護·同東西臺三品에 영진했고, 永徽 이후 選事를 담당하여 그 능란함에 모두 감탄했다. 預選者 萬餘人을 물이 흐르듯 원활하게 해결했다. 咸亨 2년(671)에 中書侍郎, 同 3년에 吏部侍郎·太子左庶子·同中書門下三品, 上元 2년(675)에는 吏尙·太子右庶子·同 三品으로 국정을 主旨했다. 이처럼 敬玄은 選事를 오래도록 담당하여 사람들이 그에게 의부했고, 전후 3차에 걸쳐 山東官僚로부터 부인을 娶했고, 趙郡 李氏와 더불어 合譜하여 臺省의 요직에 同族과 그의 婚家의 출신이 많아 高宗은 불쾌하게 생각하였지만, 그 잘못을 지적하지는 않았다. 그러나 儀鳳 2년(677) 劉仁軌를 대신하여 中書令이 되자, 敬玄은 仁軌와 不協하게 되고 때마침 吐蕃이 침입해오자, 劉는 李를 洮河道 大總管에 추천하여 吐蕃을 방어토록 함에 칭병하여 요양을 요청하였다. 후에 皇上을 기만했다고 하여 衡州刺史로 貶授했다가 揚州大都督府 長史에 옮겨 永淳 元年(682)에 죽었다. 「禮論」 60권과 「政論」 3권 및 30권의 文集이 있다.

아들 思沖은 神龍 初에 工部侍郎·左羽林將軍을 역임하던 중 節愍太子를 섬겨 武三思를 주살하고자 하였으나, 실패하여 그 家가 적몰되었다. 그리고 敬玄의 弟 元素는 또한 吏才로 처음 武德令에 나갔다. 그때에 懷州刺史 李文暕이 常滿樽를 만들어 헌상코자 함에 백성들이 큰 피해를 입게 되었지만, 관리들은 감히 이의를 제기하는 자가 없었다. 이에 元素는 그 부당함을 굽히지 않고 주장하니 文暕는 부득이 家財로 이를 만들었다. 元素는 延載 元年(694) 文昌左丞으로부터 鳳閣侍郎·鳳閣鸞臺平章事에 영진되고 銀青光祿大夫에 가해졌으나, 萬歲 通天 2년(697) 洛州 錄事參軍 綦連耀와 交結했다는 武懿宗의 모함으로 피살되었고, 神龍 初에 雪怨되었다.[360)]

李懷遠은 邢州 柏仁人이다. 어려서 孤貧했지만, 好學하여 屬文을 잘 하였다. 어떤 宗人이 高蔭으로 仕官할 것을 권유했으나 거부하고, 四科擧에 응시하여 급제하고 누차 승진하여 司禮少卿에 나가고 邢州刺史로 출외하게 되자 本鄉이라 하여 固辭함에 冀州刺史에 改授했다. 얼마 안되어 揚·益州 都督府

360) 『舊唐書』 卷81, 李敬玄傳. pp.2754-6.

長史·同州刺史를 역임하였는데 직장마다 淸簡으로 칭찬되었다. 내직으로 옮겨 太子左庶子·兼太子賓客에서 右散騎常侍·春官侍郎을 역임했다. 大足 元年(701)에는 鸞臺侍郎이 되고 곧이어 鳳閣鸞臺 平章事에 영진하였고, 銀靑光祿大夫에 가해졌으며, 秋官尙書·檢校太子左庶子에 제수되어 平鄕縣男에 封해졌다. 長安 4년(704) 年老함을 이유로 사직코자 함에 秋官尙書를 면직시켜 太子左庶子만을 담당하도록 하고 다시 太子賓客을 삼았다. 中宗 神龍 初 다시 左散騎常侍·兵部尙書·同中書門下三品에 영진하고, 趙郡公을 제수받았다. 그리고 특별히 實封 300戶를 하사받았다. 얼마 안되어 질병으로 致仕하고 中宗이 京師에 행차함에 東都留守를 담당했다. 이처럼 李懷遠은 비록 오랫동안 榮位에 머물러 있었지만, 대범하고 솔직한 것을 숭상하였고 園林宅室을 改作하지 않았으며, 駿馬를 타지 않느냐는 左僕射 豆盧欽望의 질문에, "지금 타는 말은 다행히 놀라 뛰는 것을 면하는데 별도로 구할 것이 있겠는가"라 하여 豆盧氏가 감탄해마지 않았다. 神龍 2년(706)에 사망하니 황제는 錦被를 特賜하여 수렴하도록 하고 제문을 친히 지어 주었다. 侍中을 贈했고, 成이라 謚했다.

아들 景伯은 景龍中에 給事中이 되고, 諫議大夫에 옮겼다. 이때 中宗은 侍臣과 朝集使에 잔치를 베풀고 각자 「迴波辭」를 짓도록 하였는데, 모두 아첨하는 글을 지어 스스로의 권위를 굳게 지키고자 하였다. 그러나 景伯은 諸臣의 아첨하는 글을 비꼬는 글로 대신하여 中宗이 불쾌하게 생각함에, 中書令 蕭至忠은 "진실한 諫官"이라고 칭찬하였다. 景雲中에 右散騎常侍에 이르러 老病으로 致仕하고 開元中에 죽었다.[361]

李嶠는 趙州 贊皇人으로 隋 內史侍郎 李元操의 從曾孫이다. 父親 鎭惡은 襄城令을 역임했다. 嶠는 어려서 부친을 여의고 모친에게 효성을 다하였다. 학업에 정진하여 약관으로 進士에 합격하고 監察御史에 나갔다. 이때 嶺南의 邕·嚴 二州의 수령이 反叛함에 高宗은 發兵 討擊하면서 李嶠를 監軍事로 파견하였다. 이에 嶠는 그들의 죄를 特赦하고 스스로 그들 소굴로 들어가 회유하여 항복을 받아 개선하자, 高宗이 매우 칭찬하였다. 그가 給事中에 나

361) 上揭書 卷90, 李懷遠傳. pp.2920-1.

아갔을 때에, 酷吏 來俊臣이 狄仁傑·李嗣眞·裵宣禮 등의 3家를 주살(모함)코자 함에, 武則天은 李嶠와 大理少卿 張德裕·侍御史 劉憲으로 하여금 옥사를 처리토록 하였다. 이에 張은 모함하는 사건임을 알면서도 죄를 두려워하여 來俊臣에게 따르고자 하였다. 이에 李嶠는, "어찌 그 간사함을 알고도 신명하지 않으리오. 孔子는 義를 보고 행하지 않으면 無勇이라 했다"고 하면서 혹리의 비리를 개선하였다. 마침내 윗사람의 뜻을 거슬려 潤州司馬에 좌천되었으나, 곧 鳳閣舍人으로 삼아 大特令 때 그가 참여했다.

李嶠는 武則天이 右御史臺를 설치하여 천하를 巡按토록 함에 그 득실을 논하는 상소를 하였다. 황제는 그의 의견을 쫓아 천하를 二十道로 나누어 단행코자 했으나 다른 일로 행하지 않았다. 곧이어 知天官侍郎事에서 麟臺少監, 다시 聖曆 初에 姚崇과 더불어 同鳳閣鸞臺平章事가 되고, 長安 末에는 武則天이 장차 白司馬坂에 大像을 건설코자 함에 天下戶口中 編戶로써 빈약자가 많다고 하여 그들을 돌보아야 한다고 간청했으나 받아들여지지 않았다. 그후 中宗이 복위하여 李嶠는 張易之에게 附會하였다고 하여 通州刺史로 貶斥되었으나, 불과 수개월 만에 吏部侍郎에 제수되었고, 贊皇縣男, 다시 吏部尙書·贊皇縣公에 올랐으며 神龍 2년에는 韋安石을 대신하여 中書令이 되었다. 그러나 그는 재임시에 개인적인 은혜를 曲行하고 相位에 오르고자 하였으며, 員外官 수천명을(이른바 中宗 韋后黨의 斜封官) 설치하여 관료는 정원보다 배 이상이 많아져 府庫가 減耗됨에, 시정득실을 진술하고 사직코자 하였으나, 中宗은 위무하며 趙國公에 봉하였다. 景龍 3년(709)에는 中書令에 特進을 추가하고 守兵部尙書·同中書門下三品으로 삼았다. 睿宗이 복위하여 懷州刺史에 나가 年老로 致仕했다. 그런데 中宗이 崩할 때 李嶠는 相王諸子를 在京하지 못하도록 해야한다는 表를 올린 바 있었다. 이것이 문제가 되어 결국 廬州別駕로 삼았으나, 곧 사망했다. 文集 50권이 있다.[362]

그밖에 趙州 高邑人으로 李素立은 高祖 때 侍御史, 太宗 때 揚州 大都督府長史·翰海都護, 高宗 때 蒲州刺史로서 칭직했고, 그 손자 至遠은 역시 重名이 있어, 長壽中에 天官郎中에 이르렀다. 아들 畬는 처음 汜水主簿·國子司業

362) 上揭書 卷94, 李嶠傳. pp.2992-5.

을 역임하였다. 그의 家門에는 累代同居·閨門邕睦하고 예절이 넘치며 至孝하여 士友가 칭찬했으며, 母喪에 過毁하여 喪中에 사망했다. 從遠(至遠의 弟)은 景雲中에 黃門侍郎·太府卿을 역임했고, 遊道(素立의 從兄의 子)는 武則天 때에 冬官尙書·同鳳閣鸞臺三品에 영진하였다.363)

⑤ 武周時期에 隴西 李氏로부터 등장한 인물은 李迥秀와 李義琰 등이 있다. 李迥秀는 李大亮의 族孫으로 祖父 玄明은 濟州刺史, 父親 義本은 宣州刺史였다. 그는 약관에 諸擧(英材傑出擧)에 합격하여 相州參軍·考功員外郎을 역임하였다. 武則天은 그의 재주를 사랑하여 큰 은총을 베풀어 鳳閣舍人으로 발탁했고, 長安 初에 天·夏官侍郎을 역임하고 同鳳閣鸞臺平章事에 영진했다. 앞서 그의 모친은 庶賤이었으나 봉양을 잘했다. 그런데 그의 妻 崔氏가 자신의 시녀를 힐책하였다. 그러나 이를 모친이 듣고 불쾌하게 여김에 그는 부인을 즉시 내쫓았다. 이에 어떤 이가 지나친 처사가 아니냐고 하면, 娶妻는 본래 순종하고 부모님의 안색을 살핌에 있는데, 안색을 진실로 어긋나게 하면 어찌 감히 남기랴 하고 (말을) 받아들이지 않았다. 그리고 迥秀는 文才가 뛰어나고 好酒하며 賓朋을 넓게 하여 풍류의 선비라고 칭찬하였지만, 權要인 張易之·張昌宗 등을 잘 섬겨 옳은 말을 하는 사람들로부터 비난을 받았다. 그후 景龍中에 刺史·鴻臚卿·兵部尙書 등을 역임했다.364)

李義琰은 魏州 昌樂人으로 常州刺史 李玄道의 族孫이다. "그 선조는 隴西로부터 山東으로 옮겨와 대대로 著姓이었다"고 한 것을 보면 후술하는 것처럼, "地著", 즉 貫籍을 중시하는 관념이 아직 남아 있었다. 부친 玄德은 瘿陶令이었다. 義琰은 어려서 진사에 급제하여 太原尉에 나갔는데, 이때 僚吏들이 幷州 都督 李勣을 멀리서 보고도 놀라 두려워 했지만, 그는 홀로 시비를 가리자 대우 禮待했다. 그는 高宗 麟德中에 白水令으로 이름을 날려 司刑員外郎, 上元中에 中書侍郎에 나아갔고 곧이어 太子右庶子·同中書門下三品에 영진했다. 이때에 武后가 국정에 간여하는 것을 高宗이 승인코자 함에 義琰은 中書令 郝處俊과 더불어 그 불가함을 固爭하여 그만 두었다. 義琰은 신장

363) 上揭書 卷185上, 良吏 李素立傳. pp.4786-7.
364) 上揭書 卷62, 李大亮傳 附 迥秀傳. pp.2390-1.

이 8척이요, 박학다식하여 高宗의 자문에 대하여 정성스럽고 바르게 응대했다. 예컨대 章懷太子의 폐위에 많은 관료 등이 말을 하지 않고 오직 사은할 뿐이었으나, 義琰은 홀로 눈물을 흘리며 사죄하고 있다. 이에 대하여 時論은 아름답다고 했다. 그의 집에는 正寢이 없었는데, 동생 義璡이 岐州 司功參軍이 되어 建築木材를 보내왔다. 그는 동생에게 "나는 國相이 되어 부끄러움을 품지 않을 수 없다. 게다가 美室을 건축하는 것은 나에게 화를 재촉하는 것으로 이것이 어찌 나의 뜻을 아끼는 것이랴"하고 꾸짖었다. 이에 동생 義璡은, "대체로 사람이 관직에 나아가 丞位가 되면 第室을 짓는 것이 통상적인 일인데, 형의 관은 높고 봉록은 많은데 어찌하여 거처를 비루하게 하여 아랫사람을 핍박함을 마땅하다 할 것입니까"라고 강변하였다. 그는, "일은 오로지 나의 것 만은 아니고 만물은 兩興하는 것이 아니다. 이미 貴貨가 있었으니, 또한 그 품성을 넓혀야 하는 것이다. 만약 착한 덕행이 없으면 반드시 그 재앙을 받는다. 내가 집을 짓는 일은 하고자 하지만 잘못을 저지를까 두렵다"고 하면서 마침내 집을 짓지 않고 그 목재가 비바람으로 썩어버렸다.

그 후 義琰은 兩親의 墓를 改葬하였는데, 舅氏(외삼촌)로 하여금 옛 무덤을 옮기게 했다. 후에 이 일을 高宗이 알고 노하여, "어찌하여 몸은 樞要에 있으면서 외가를 능멸하는고? 이 사람 다시는 知政事를 삼지 못하겠구나"라고 하였다. 그는 이 말을 전해 듣고 불안해하여 足疾을 빙자 면직을 청함에, 황제는 그에게 銀靑光祿大夫를 가하여 허락했다. 장차 東都에 있는 田里로 귀환코자 함에, 公卿 이하 백관이 通化門에서 전송했고, 당시인들은 西漢의 즉 宣帝때 淸高한 관리였던 疏廣·疏受의 叔侄에 비유했다. 그 후 垂拱 初에 懷州刺史에 기용되었지만, 그는 스스로 武則天의 뜻을 잃었고 禍가 미칠 것을 두려워하여 固辭함에 不拜하였다.

이러한 義琰의 從祖弟 義琛은 永淳 初에 雍州刺史가 되었다. 이때 關輔地方에 큰 기근이 들어 高宗은 빈민을 商·鄧州地域으로 보내 就食토록 조치하였다. 이에 그는 백성이 流轉하여 귀환하지 않을 것을 염려하여 굳게 말렸지만, 이것으로 武則天의 뜻을 어겨 梁州都督에 나갔고, 岐州刺史에 전임하여 施政上 良吏로 칭찬되었다.[365)]

⑥ 太原 王氏 출신으로 方翼·勃·處力·續 등이 있다.

王方翼은 앞서 말한 高宗 王皇后의 從祖兄으로 肅州에서 惠政을 베풀어 주민이 송덕비를 세워 칭송하였다. 永淳中에는 檢校安西都護로서 突騎施 등 西域 諸胡를 평정하여 안정시켰다. 그 공로로 夏州都督에 나아갔다. 綏州 白鐵余가 거병·작란함에 程務挺을 도와 討平했고 그 공로로 太原郡公에 올랐다. 그러나 그가 王皇后의 近族으로 武則天이 은밀히 제거코자 하더니, 程務挺의 주살을 계기로 본래 程氏와 친한 사이라고 하여 崖州에 귀양보냈다가 살해하였다. 아들 珤·瑨은 開元中에 中書舍人, 珣은 秘書監에 이르렀다.[366]

王勃은 字가 子安이요, 絳州 龍門人이다. 祖父 通은 隋의 巨儒 文中子이고 부친은 福畤이다. 그는 6세에 屬文을 해독하였는데, 文辭·藻에 뛰어나 (형 勔·處力와 더불어) 부친의 친구인 杜易簡이, "이들은 王氏의 三珠樹다"고 했다. 勃은 나이 어려 幽素擧에 급제하고 乾封 初에 궁궐에 이르러 「晨遊東嶽頌」을 바쳤으며, 東都에서 乾元殿을 축조함에 「乾元殿頌」을 지어 상주했다. 沛王 李賢이 그의 이름을 듣고 王府의 修撰으로 삼고 매우 애중했다. 이때 諸王이 鬪鷄하고 승부를 겨루는 것을 보고 장난삼아 「檄英王鷄文」을 지었다. 高宗이 이 글을 보고 대노하여 그 날로 王府에서 추방하였다. 그 후 그는 虢州參軍이 되었으나 재능에 의지하여 오만하여 동료들에게 배척받았다. 官奴가 범죄한 것을 보고 은익해주다가 제명되었고, 그 때 雍州 司戶參軍이었던 부친인 福畤는 勃의 일에 연좌되어 交趾令에 좌천되었다. 勃은 上元 2년(675)에 부친을 뵙고자 交趾에 가던 중 도중에 남해에 이르러 물에 빠져 죽었다. 江中에서 「採蓮賦」로 심사를 표현했는데 그 文辭는 매우 아름다웠다. 처음에 勃은 吏部侍郎 裵行儉, 吏部尙書 李敬玄에게 중시되었지만, 결국 志高·位下"의 인물이라고 한 것처럼 顯達하지 못했다.[367]

兄 處力는 약관에 進士에 합격하여 누천 太子 典膳丞에 이르고, 長壽中에 鳳閣舍人에 발탁되어 壽春王 成器·衡陽王 成義 등 五王의 책봉식에서 책문을 준비하지 않은 실수가 일어났지만, 즉각 작성하여 사람들은 탄복했다. 곧

---

365) 上揭書 卷81, 李義琰傳. pp.2756-7.

366) 上揭書 卷185上, 良吏 上, 王方翼傳. pp.4802-3.

367) 上揭書 卷190上, 文苑 上, 王勃傳. p.5005.

이어 弘文館學士가 되고 兼知天官侍郎이 되었다. 그는 권세를 잡자 非流와 더불어 交結했고, 萬歲通天 2년(697)에는 綦連耀의 모역사건에 연루되어 동생 勔과 함께 伏殺되었지만, 神龍 初에 官位는 복원되었다.[368]

⑦ 그리고 滎陽 鄭氏 출신으로 同時期에 등장한 인물로는 鄭譯의 曾孫 杲를 비롯하여 鄭愔 및 鄭惟忠 등이 있다.

杲는 武則天 때에 天官侍郎에 이르렀다.[369] 鄭愔은『新唐書』卷75 上, 宰相世系表 上 滎陽 鄭氏에 中宗 때 재상 역임자로 기록되어 있으나, 兩唐書 列傳에는 등재되어 있지 않다. 그리고 鄭惟忠은 系譜를 찾을 수 없고 貫籍은 宋州 宋城人을 사용하는 것으로 보아 滎陽 鄭門이라고 할 수 없다. 그러나 그의 언행과 中宗이 복위하여 滎陽縣男에 封하고 있는 것을 보면, 滎陽 鄭門이지만 宋州 宋城에 이주한 것으로 인정된다. 그는 天授중에 충신에 대하여 묻는 武則天의 말에 대해, “밖으로 군주의 아름다움을 선양하고, 안으로 군주의 악한 면을 개선하는 자”라 하여 左司禦率府·胄曹參軍에서 水部員外郎에 올랐고, 그후 武則天이 長安에 행차하여 鄭을 보고 옛날을 회상하며 朝散大夫를 가하고 鳳閣舍人에 발탁했다. 中宗이 복위하고, 매우 敬重히 하여 黃門侍郎에 발탁되어 施政에 능란했다. 이때 節愍太子가 武三思를 주살코자 하다가 도리어 실패하고 폐위되었다. 이에 황제와 韋后黨은 사건을 확대하고자 했으나, 그는 인심이 편안하지 못하다고 반대하여 생명을 보전한 자가 많았다. 곧 御史大夫로 황제의 뜻을 잘 받들어 銀青光祿大夫에 가해졌고 滎陽縣男에 봉해졌다. 玄宗 開元 初에는 禮尙·太子賓客을 역임했다. 사후 太子少保를 증하였다.[370]

B. 山東官僚(=山東郡四姓)

① 劉易從은 審禮의 아들이다. 그는 岐州 司兵參軍으로 吐番에 들어가 부친을 보살필 것을 허락받았다. 부친이 죽자 禮를 행함에 있어서 너무 지나치

368) 上揭書 同卷, 王慶力 傳. p.5005.

369) 上揭書 卷62, 鄭善果傳 附. pp.2380-1.

370) 上揭書 卷100, 鄭惟忠傳. pp.3117-8.

자, 吐蕃의 왕이 歸葬하도록 선처하였다. 이에 朝野가 칭찬하여 마지 않았다. 곧 彭州長史·任城男에 나갔다. 永昌中 酷吏 徐敬貞에게 誣搆되어 피해를 입었다. 그는 관직에 있을 때, 仁恕하여 모두 칭송하였고, 그가 사망하자 그의 명복을 빌고자 從葬者가 10여만에 이르렀다.[371)]

② 劉延嗣는 審禮의 從父弟이다. 그는 文明年間(684)에 潤州司馬로 徐敬業이 반란을 일으켜 무리를 이끌고 潤州를 공격하자, 刺史 李思文과 함께 항복하지 않았다. 徐敬業이 城을 함락하고 항복할 것을 권고하자, 延嗣는 "대대로 국가에 은혜를 입었으니, 마땅히 그 효험이 있어야 한다. 州城을 지키지 못하면 많이 조정에 짐이 될 것이다. 마침내 끝내 욕되게 살기를 탐내면 宗族에 累가 된다. 어찌 一身의 연고로 千載이 욕이 되랴! 금일의 일은 죽음이 다행이다"고 항변하다가 살해되었다. 그의 宗族으로 刺史에 이른 자가 20여명이었다.[372)]

③ 劉知柔는 어려서 文學에 정통하였다. 荊·揚 등 8州 長(刺)史·戶部侍郎·國子司業·鴻臚卿·尙書右丞·工部尙書·東都留守·太子少保 등을 역임하였다. 대대로 유학을 傳習하였으며, 그 당시 인물들은 述作의 名家로 일렀다.[373)]

④ 劉子玄(本名 知幾)은 楚州刺史 胤之의 族孫으로, 형 知柔와 함께 詞學으로 유명하다. 그는 進士·獲嘉主簿에 나갔다. 武后가 證聖年間 九品 이상 관리에게 時政得失을 개진하도록 명령하자, 그는 官爵의 범람, 法網의 엄밀, 士流의 경쟁과 범법 등에 대하여 「思愼賦」로써 의견을 개진하였다. 이때 鳳閣侍郎 蘇味道와 李嶠가 이를 보고 "陸機와 같은 큰 선비도 미치지 못하겠구나"라고 탄복하였다.

子玄은 長安중에 左史로써 국사를 찬수하여 鳳閣舍人에 올랐고, 景龍중에는 太子中允으로 국사를 찬수하였다. 이때 侍中 韋巨源·紀處訥, 中書令 楊再思, 兵尙 宗楚客, 中書侍郎 蕭至忠 등이 監修國史로 폐단이 컸다. 이때에 蕭至忠이 그에게 成果가 없다고 책망함에 史官의 직무를 면재해 줄 것을 蕭에게 요청하면서 다음과 같은 의견을 내놓았다. 즉,

---

371) 上揭書 卷77, 劉德威傳 附 易從傳. p.2678.

372) 上揭書 同卷. p.2679.

373) 上揭書 卷102, 劉知幾傳 附 知柔傳. p.3174.

㉠ 監修者가 많아 한 가지 일을 기록하려고 하면 서로 간여하는 자가 많아 期限을 정할 수 없으니 그 不可한 첫번째이다.

㉡ 풍속을 州郡에 물어도 視聽함이 상세하지 못했고, 臺閣에서 그 연혁을 토론함에 있어 결론이 나오지 않으니 그 不可함의 두번째이다.

㉢ 史法이 있는 것인데 그것에 따라 一字라도 貶하면 그 사실이 곧 朝野에 전달되어 조금도 기제할 수 없고, 기제하면 權貴에 원망을(투기)를 살 수 있다. 그 불가함의 세번째이다.

㉣ 옛날에 歷史는 一家가 纂成하였다. 지금은 감수자가 많아 그 體統이 각각 다르다. 또한 마음으로는 반드시 정직한 말을 사용해야 하는 것인데, 이것이 어렵다. 그 불가함의 네번째이다.

㉤ 監修란 옛날에는 없는 것이었다. 이는 대체로 통령한다는 것으로 作史중에 생략해야 하는데 생략하지 않고, 응당 써야하는데 쓰지 못하는 등 폐단이 있으니 세월이 지연될 수 밖에 없다. 그것이 불가함이 다섯번째이다고 하였다.

이에 蕭至忠은 그 재주를 애석하게 생각하고 사임을 不許하였다. 宗楚客은 그 정직함을 투기·질시하였다. 이때 子玄은『史通(子)』200卷을 저술하여 論史策을 갖추었다. 太子右庶子 徐堅이 이 책을 중시하여 史職에 있는 者가 좌우에 두고 반드시 참고해야 할 책이라고 하였고, 子玄 또한 史才를 갖추었다고 자부하여『劉氏家史』15卷,『譜考』3卷 등을 저술하여 잘못된 것을 바로 잡았다. 景雲中 太子左庶子·弘文館學士· 銀靑光祿大夫에 나갔고, 開元 初 左散騎常侍·安州都督府別駕에 좌천되었다.

그는 20년 동안 국사를 찬술하여 당시 칭찬이 자자하였다. 禮部尙書 鄭惟忠이 文士는 많으나 史才가 적은 이유에 대하여 묻자, 그는 史者는 3長 곧 史才, 史學 그리고 史識이 있어야 한다고 하였다. 뒤에 玄宗이『史通』을 읽고 太守로 추증했고, 다시 工部尙書로 추증하였다. 시호는 "文"이다.[374)]

⑤ 劉允濟는 洛陽 鞏人으로 그의 조상들이 沛에서 이주하여 왔다. 南齊 彭城郡丞 巘의 6代孫이다. 그는 지극히 효성스러웠고 博學하였을 뿐만 아니

374) 上揭書 同卷. p.3173.

라, 屬文을 잘하여 絳州의 王勃과 齊名하고 友善하였다. 進士에 발탁된 후에 著作左郎에 나아가 『魯後春秋』를 찬수하여 바쳐 左史와 直弘文館을 겸하였다. 다시 『明堂賦』를 撰進하여 著作郎에 올랐다. 天授중 酷吏 來俊臣에게 무고 받아 죽게 되었으나, 老母로 인해 구제되어 사면되었다. 縣尉로 나갔다가 長安중에 著作左郎으로 국사찬수를 擔當하고 鳳閣舍人에 나아갔다. 그는 張易之와도 友善하였다. 그가 靑州 長史로 매우 淸白하여 河南道 巡察使 路敬潛이 칭찬하고 조정에 추천하였다. 곧 母喪을 당하자 過禮로 죽고 말았다.[375]

⑥ 劉褘之는 常州 晋陵人으로 祖 興宗은 陳 鄱陽王 諮議參軍, 父 子翼은 學行이 있었고 효자이었다. 著作郎으로 『晋書』 撰修에 참여하였다. 그는 孟利貞·高智周·郭正一과 함께 文藻로 유명하여 '劉孟高郭'이라 칭하였다. 上元중에 左史, 弘文館直學士로 著作郎 元萬頃, 左史 范履冰 등과 함께 禁中에 들어가 『烈女傳』·『臣軌』·『百僚新誡』 등을 共撰하였다. 北門學士로도 활동하였다. 이때 형 懿之가 給事中으로 형제가 兩省에 弁擧하여 논자는 아름답다고 하였다.

그는 高宗 儀鳳 2년(677) 朝議大夫, 中書侍郎으로 이즈음 그의 妹가 궁중 내관이 되어 天后는 그녀에게 榮國夫人의 병환을 살피게 했다. 그는 몰래 이를 엿보다가 巂州에 유배당했다. 수년 후 소환되어 中書舍人·相王府 司馬·檢校中書侍郎에 나아갔다. 이때 高宗은 그에게, "相王은 朕의 愛子이고 卿은 忠孝의 집안으로 卿에게 師範을 부탁한다"고 하였다. 그는 居家하면서 孝友하여 士族에게 칭송되었고, 받은 봉록은 친속에게 散施하니 高宗이 이를 중시했다.

則天이 臨朝하여 親衛하였고, 豫王을 세울 때, 그가 참여하여 中書侍郎·同中書門下三品, 臨淮男에 榮進하였다. 國事가 多難했으나, 신속 정확히 처리하였다. 官名의 改易으로 鳳閣侍郎·同鳳閣鸞臺三品으로서 그는 국가에 충성함이 매우 嘉賞하다는 평판으로 크게 표창되었다. 儀鳳 2년 吐番의 入寇에 의견이 분분하여 上策이 없던 차에, 그는 中書舍人으로, "萬乘의 위엄을 베

375) 上揭書 卷190 中, 文苑 中, 劉允濟傳.

풀어 백성의 役을 관대하도록 하소서"라고 上奏하여 嘉納되었다.

그는 鳳閣舍人 賈大隱에게 太后가 返政해야할 것이라고 말한 일이 있었다. 이를 賈가 밀고했다. 이를 듣고 太后는 자신이 引用했는데 배반한다고 不平하였다. 垂供 3년(687) 뇌물을 받고 許敬宗의 첩과 私通했다고 무고받아 則天이 肅州刺史로 추방토록 명령하였다. 상황이 이렇게 진전되자, 그는, "鳳閣鸞臺를 거치지 않고 勅命이 나올 수 없다"고 반대했으나 賜死되고 말았다. 睿宗이 申理했으나 받아들이지 않았다. 睿宗이 즉위하여 中書令에 추증하였다. 이처럼 그는 名父의 아들로 臣節을 다했고 임종때도 굽히지 않았다.[376]

⑦ 張文瓘은 貝州 武城人으로 大業 말기 魏州 昌樂에서 孝友로 칭찬이 자자했다. 貞觀 初에 明經에 급제하여 幷州 參軍, 水部員外郎 (兄 文琮은 戶部侍郎), 雲陽令; 龍朔年間에 東西臺舍人, 參知政事를 거쳐 東臺侍郎·同東西臺三品, 兼知左史事에 榮進하였다.

이때 作宮 등 토목공사로 인한 재정궁핍을 충심으로 諫하였다. 咸亨 3년(672) 黃門侍郎 兼太子左庶子로 옮겼다. 武后는 모든 정책을 그와 더불어 논의토록 했다. 예컨대 이때 新羅가 唐朝에 外叛하였다. 그들을 공격하지 않을 수 없다는 朝議에 대하여, 그는 吐番과 新羅 양쪽 征討하려면 백성이 그 負擔을 이기지 못할 것이기에 兵事를 멈추고 修德으로 百姓을 안정시킬 것을 청원하였다.

그의 아들 潛과 沛는 刺史, 洽은 衛尉卿, 涉은 殿中監으로 五父子가 3品官에 올라 "萬石張家"라 하였다.[377]

⑧ 張文琮은 文瓘의 형으로 貞觀중에 侍御史, 刺史로 政治가 淸簡하여 百姓을 安定시켜 戶部侍郎에 올랐다. 從母弟 房遺愛를 따르다가 房州刺史에 貶授되었다. 곧 建州刺史에 옮겨 淫祀에 대해 경고하였다. 長子 戩은 刺史를 역임하였고『喪儀纂要』7권을 찬수하였다. 次子 錫은 武則天 때에 鳳閣侍郎·同鳳閣鸞臺平章事에 榮進하였다. 이때에 錫의 妹子 李嶠가 知政事, 國子祭酒를 거쳐 宰相이 되어 舅甥間에 교대하여 재상에 올랐다고 사람들은 영광스럽게 여겼다. 그는 뇌물을 받은 일이 있었지만 특별히 사면을 받았다.

376) 上揭書 卷87, 劉禕之傳. pp.2846-8.
377) 上揭書 卷85, 張文瓘傳. pp.2814-7.

그리고 韋庶人 臨朝 때에도 다시 同中書門下三品에 올랐고 刺史로 致仕하였다.[378]

⑨ 徐彦伯은 兗州 瑕丘(高平)人이다. 文章으로 이름 있어 河北安撫大使 薛元超의 추천을 받았다. 그는 진사로부터 蒲州 司兵參軍으로 文辭가 뛰어나 時人이 「河中三絶」이라 하였고 聖曆中 給事中에 올랐다. 이때 王公卿士는 대체로 言語를 삼가하지 않아 酷吏 朱興·來俊臣 등에게 모함받자, 그는 「樞機論」으로 경계하였다. 神龍 元年(705)에는 太常少卿·修國史로 『則天實錄』 찬수에 참여하였다. 高平縣子를 받고 2州의 刺史를 거쳐 工部侍郎·衛尉卿·太子賓客 등을 역임하였다. 그는 寡嫂를 매우 삼가하여 섬겼고 諸姪를 자기 자식처럼 양육하였다. 만년에 스스로 屬文을 좋아하여 자못 後進들에게 효과를 보았다.[379]

⑩ 宋璟은 邢州 南和人으로 그의 조상 때에 廣平에서 이주하여 왔다. 後魏 吏尙 宋弁의 七代孫이다. 父는 玄撫이고 璟이 귀하게 되어 邢州刺史로 贈해졌다.

璟은 大節이 있고 博學하며, 文翰上 정통하였다. 그는 鳳閣舍人으로 공명정대하자 武則天이 중시하였다. 長安중에 張易之가 御史大夫 魏元忠을 무고하였다. 그는 鳳閣舍人 張說을 끌어들여 증명코자 하였다. 璟은 說을 충고하면서 공명정대하게 하여 禍를 입으면 자신이 적극 나서겠다고 설득함으로써 元忠이 죽음을 면하게 하였다. 그리고 璟은 左御史臺 中丞으로 張易之·昌宗이 專斷하여 모반대역의 상황까지 이르렀다고 上奏하였지만, 武則天은 용서하고 받아들이지 않았다. 이때 楊再思가 중재하였지만, 張氏 兄弟는 謝辭에 타협하지 않았다. 한때 璟이 궁중 잔치에 6品 下位로 참가하였다. 이때 易之가 璟에게, "公은 제 1人인데, 어찌 下位인가"라고 묻자, 璟은, "才劣品卑이지만 張卿은 제 1人인 것은 어떤가"라고 반문하였다. 그 당시 백관들은 二張의 官名을 부르지 않고 易之를 5郎, 昌宗을 6郎이라고 하였다. 이때 天官侍郎 鄭善果가 '中丞은 어찌하여 五郎을 卿이라 했는가"라고 충고함에, 璟은, "官으로 말하면 마땅히 卿이요, 만약 친하면 張五라 해야한다. 易之가 家奴가

378) 上揭書 同卷.

379) 上揭書 卷94, 徐彦伯傳. pp.3004-7.

아닌 바에야 어찌 郞이라 할까? 善果는 무슨 이런 겁장일까"라고 확실히 말했다. 이리하여 易之 등이 늘 해치려 하였으나, 則天이 그 정황을 살펴 마침내 면제하였다.

神龍 원년(705)에 吏部侍郞을 거쳐 黃門侍郞이 되었다. 武三思 등이 집권하고도 짐짓 청탁함에 그는 正色하여, "이제 中宗이 복위했으니 王(三思)은 마땅히 就第하여야지 어찌 조정에 간여하는가? 王은 홀로 (漢初의) 呂産, 祿의 일을 알지 못하는가"라고 충고했다. 곧이어 三思가 宮掖과의 私通 사실을 고발했다. 中宗은 특별 명령으로 고발자 韋月將을 유배하도록 했다. 璟은 貝州刺史로 나아가 水害를 만나 백성이 기한에 떨자, 三思의 封邑에서 거둔 租賦를 三思에게 주지 않고 백성을 구제하도록 함으로써, 兩人간에 사이가 멀어졌으며, 璟은 그후 杭·相州刺史로 出外하여 惠政하였다. 그후에 洛州刺史에 옮겼다가 睿宗이 즉위하여 吏部尙書·同中書門下三品, 兼太子右庶子에 榮進하였다. 이때 외척과 公主들이 조정을 간여하여 崔湜·鄭愔 등과 함께 선거를 어지럽혔다. 璟은 侍郞 李乂·盧從愿과 함께 選擧와 人事上의 폐단을 혁신, 平允함을 확보하였다. 그리고 姚崇과 함께 太平公主黨을 격파하는 데에 진력하여 開元時代를 열었다.[380)]

⑪ 高叡는 雍州 萬年人으로 隋 尙書左僕射 高熲의 손자이다. 父 表仁은 穀州刺史를 지냈다. 그는 明經으로부터 桂州都督·銀青光祿大夫를 추가받고, 趙州刺史·平昌縣子에 나아갔다. 聖曆 初에 突厥의 默綴이 侵寇하자 固守하다 결국 전몰하였다. 冬官尙書에 贈해졌고 시호를 "節"이라 했다. 반면에 長史 唐波若은 家口가 적몰되었다.[381)]

⑫ 丘悅은 河南 陸渾人으로 學業이 있어 景龍中 相王府 掾, 岐王의 傅를 역임하고『三國典略』30권을 저작하였다.[382)]

⑬ 丘神勣의 부친은 唐 초기의 丘和, 兄이 行恭이다. 그는 嗣聖 元年 左金吾衛將軍으로 章懷太子 살해 때에 죄를 지어 刺史로 폄척되었다. 그후 관직에 복귀되었으나 酷吏의 모함으로 피살되고 말았다.[383)]

---

380) 上揭書 卷96, 宋璟傳. pp.3029-36.

381) 上揭書 卷187 上, 忠義 上, 高叡傳. p.4877.

382) 上揭書 卷190 中, 文苑 中, 丘悅傳. p.5015.

⑭ 魏叔瑜는 魏徵의 아들로 刺史·禮部侍郎을 역임하던 중에 酷吏에게 살해되었다.[384]

⑮ 陽嶠는 河南 洛陽人으로 그 先代에 北平에서 이사하였다. 그는 北齊 尙書右僕射 休之의 玄孫이다. 儀鳳中에 八科擧에 통과하여 將陵尉, 詹事司直에 나아갔다. 長安中 桓彦範(左中丞)과 袁恕己(右中丞)가 서로 다투어 御史에 천거하고자 하였다. 이에 그와 친한 楊再思가 陽이 御史의 職務을 좋아하지 않는다고 전하자, 桓은, "官에서 사람을 선택을 하는 데에 어찌 개인의 희망을 따를 것인가"라고 반문하여 右臺侍御史로 삼았다.

그는 恭謹好學하여 儒者風이 있었다. 政理에도 근엄하여 魏州刺史 兗州都督 荊州長史 本道按察使 등 모든 관직에서 청백하였다. 魏州人이 再任을 청원함에 따라 다시 魏州刺史를 재임하기도 하였다. 그후 國子祭酒·北平伯에 올랐다. 그러던 가운데에 名儒들을 學官으로 추천하였다. 그때에 國子監生의 怠慢·弛緩에 대하여 經業을 堅强히 운영하자 학생들이 원망하였다. 이에 그는 그들을 회유했으나 결국 구타당함에 帝命으로 그 풍기를 해결하였다. 그는 본래 友悌하여 孤姪들을 자기 자식들처럼 잘 양육하였다. 나는, "비록 方伯에 이르렀으나, 마음은 어릴 때 생각 그대로다"고 했다. 識者들은 이를 칭찬하였다. 그의 시호는 "敬"이다.[385]

⑯ 路敬淳은 貝州 臨淸人으로 父는 文逸이다. 貞觀 말에 申州司馬에 이르렀다. 그는 季弟 敬潛과 함께 學行으로 어려서부터 유명하였다. 路敬淳은 더욱 勤學하여 墳籍을 박람하였으며 孝友함에 있어서 매우 경건하였다. 삼년간 侍墓 후에 귀가하자, 그의 부인도 알지 못하였다. 그는 진사로부터 天授中 司禮博士·太子司議郎으로 국사편찬에 참여하고 崇賢館學士를 겸하였다. 그리고 萬歲通天 2년(697) 綦連耀와 交結한 것에 연좌되어 獄死하였다. 그는 특히 譜學에 정통하여『著姓略記』10권 등을 찬수하였다. 神龍 初에 秘書少監에 追贈되었다. 동생 敬潛은 中書舍人에 이르렀다.[386]

---

383) 上揭書 卷59, 丘和傳 附 神勣傳. p.2327.

384) 上揭書 卷71, 魏徵傳 附 叔瑜傳. p.2562.

385) 上揭書 卷185 下, 良吏 下, 陽嶠傳. pp.4814-5.

386) 上揭書 卷189 下, 儒學 下, 路敬淳傳. p.4962.

이상 매우 번쇄하게나마 武韋時期에 활동한 山東官僚들에 대하여 분석하였다. 여기서 몇 가지 주의할 만한 점이 있다.

A. 武韋時期에 활동한 山東官僚들에게는 門閥貴族의 餘風이 아직 遺傳하고 있었던 것 같다. 예컨대 앞서 말한 것처럼 唐 初期에 李大亮이 보인 바의 一族이 舊制와 家風을 보전하는 의지를 가졌다. 그리고 李迥秀가 모친에 대한 지극한 효성을 보인 점; 李至遠은 累世同居하고 門風이 和睦하여 魏晋南北朝時期에 빈번히 보이는 바와 같은 優美한 門風을 자랑하고 있다는 점이다. 특히 崔湜은 동생 滌, 從弟 涖 등과 함께 淸要官에 올라 一門의 官歷이 천하의 제일이라고 뽐내어 魏晋時代의 王·謝氏에 비유하는 오만을 부리고 있다.

그러나 이런 상황을 가지고 문벌사족제의 재건이라고는 할 수 없다. 그것은 中國社會가 전통적으로 家族 나아가 宗族이 기초로 되어 있고, 이 시기에는 門閥士族의 관념이 아직 遺傳하는 가운데 國家理念이나 社會秩序의 原理로써 儒學이 계속 보전 발전되는 事情에서 나타난 狀況이라고 할 수 있다. 또한 이런 觀念은 山東官僚들만 가지고 있는 것은 아니다. 예컨대 武則天은 愛女 太平公主의 駙馬를 關中郡姓에서 求하였다.[387] 그리고 薛元超는 高宗 上元 初에 中書侍郎·同中書門下三品에 영진하였지만, 친우에게 자신이 이루지 못한 세 가지 일이 있는데, 그것은 자신이 進士 출신이 아닌 점, 山東門閥士族인 五姓에서 娶妻하지 못한 점 그리고 國史撰修에 참여하지 못한 점이라 하였다.[388]

여기서 薛氏의 언급을 보면 적어도 武周時期에는 종래의 문벌관념도 상당히 변모하고 있었다는 것을 알 수 있다. 다시 말하면 앞서 薛元超가 말한 五姓은 崔·盧·李·鄭·王氏, 즉 산동 문벌사족을 말한다. 이들은 魏晋南北朝時代에 정치 등 각 분야를 주지한 것은 물론 國史撰修도 그들의 관심사이었다. 그리고 進士科는 앞서 말한 대로 北朝 後期에서 武則天에 이르기까지 門閥主義 대신 賢才主義 그리고 九品中正法을 科擧制로 개편하였던 선상에서 등장하였다. 그런데 薛元超는 關西孔子로 일컬어지던 薛道衡의 孫子로서 그가

387) 『資治通鑑』 卷202, 唐紀 18, 高宗 開輝 元年 7月.

388) 『唐語林』 卷4, 企羨.

門蔭으로 官界에 진출하고 재상에까지 이르렀다. 따라서 그가 進士 아닌 門蔭으로 入仕한 점과 國史撰修에 참여하지 못한 일을 아쉬워하였다는 것인데, 이것은 그가 官僚적 門閥士族의 후예로서의 位望과 官僚로써의 名望을 가질 것을 간절히 희망한 사정에서 나온 말로 이해된다.

그리고 武周 神功中에 蘇州司馬 張沛가 隴西 李亶은 천하의 甲門이기 때문에 長史로 채용할 만한 인물이라고 함에, 同 刺史 袁誼는,

> "司馬는 무슨 失言을 그렇게 하는가? 門戶는 반드시 역대 人賢이어야 하고 名節과 風教가 衣冠의 촉망을 받아야 비로소 칭찬·추거할 수 있음이니, 老父가 바로 그런 사람이다. 무릇 山東人은 婚姻을 숭상하여 祿利를 힘써 구한다. 국가의 중임을 맡은 신하가 되어 위험을 보고 授命하면, 즉 시대를 밝힐만한 인물이 없다. 이들을 어찌하여 門戶라 할 수 있겠는가"

라고 힐문하고 있다.[389)]

말하자면 袁誼는 前 시대의 門閥觀念이 다소 보인다. 그렇지만, 그는 門戶의 기준으로 ㄱ) 代代로 賢才를 배출해야 하고; ㄴ) 名節과 風教上 衣冠의 촉망을 받아야 한다는 것을 밝히면서, 山東人처럼 婚姻과 仕官을 숭상하거나 江南人처럼 단지 혈통만으로 고관에 오르는 것보다 위정자는 國利·民福 등 시대를 밝혀야 한다는 것이다. 이런 그의 주장은 袁氏가 南朝에서 상당히 충성하던 가문이었던 사정에서 비롯된다. 더욱 중요한 것은 隋의 통일 이래 시대적인 변모에 따라 통치계급은 마땅히 名節과 風教를 갖추어 위정자로서의 사명을 다해야한다는 官僚像을 제시하고 있다. 다만 "門戶"라는 말을 아직 사용하는 것은 그런 관념이 계속 보전되었다는 표현이다. 특히 이것은 唐 太宗이 『貞觀氏族志』를 刊正하던 때에, 士大夫란 혼인에 의하여 사회적 등급이 정하여지는 계층이 아니고, 學藝를 닦고 국가와 사회의 발전을 위하여 이바지하는 계층이어야 한다고 하였다. 이는 이른바 통치역량을 가지고 공로를 세워 관료가 되는 상황이 一家에서 代代로 이어져야 비로소 門戶라고 할 수 있다는 것이다.

---

389) 『舊唐書』 卷190 上, 文苑 上, 袁朗傳 附 誼傳. p.4986.

B. 산동관료는 進士科 등 科擧制를 통하여 고관에 顯達하였다. 위에서 잡다하게 열거한 山東官僚 약 30명 가운데 본인에 관한 기록이 확실한 者는 21명이다. 나머지 9명은 최종 관력만을 기재하여 확실히 알 수 없다. 21명은 明經 1명, 制擧 2명, 不明者가 4명, 進士出身이 13명이다. 불명자 4명에 대하여 章群氏가 崔元綜은 門蔭으로 入仕했다고 했지만,[390] 門蔭을 통하여 정계에 진출하였다기보다는 대체로 進士나 明經으로 진출한 것으로 고려된다. 그것은 薛元超가 進士로 入仕하지 않은 것을 限스러운 일이라고 고백했던 것처럼, 太宗 이래 科擧制가 중시되던 사정 등을 고려하면, 崔氏를 비롯한 불명자 4명은 進士科나 明經科 출신으로 간주된다.

이러한 進士科 등 科擧制度를 통하여 정계에 진출하고, 武韋時期에 재상에 오른 산동관료들은 淸河 崔神基를 비롯하여 崔融·崔知溫·崔元綜, 博陵 崔湜, 范陽 盧承慶, 趙郡 李安期·李敬玄·李元素·李懷遠·李嶠, 隴西 李義琰 등이 보인다. 말하자면 進士科는 宰相 등 고관에 顯達하는 주요 등용문이 되었던 것이다.

한편 武韋時期의 宰相에 관한 연구는 재상이 숫자상 매우 많아 68명에서 78명으로 확실하지 않고, 이들에 대한 출신성분의 구분도 필자마다 달라 상당히 복잡하다. 일찌기 章群氏는 武周政權時期에 재상 역임자 69명에 대하여 門蔭·將相·新人 등으로 분류하고,

> "新人은 文學상의 선비로 이들은 門第가 없이 정계에 진출하려는 희망자였지만, 대부분 뜻을 얻지 못하였다. 이와 반대로 關中將相의 舊家는 여전히 相位에 高居하였고, 武后 이래 唐朝는 신흥계급을 부식하려는 의도를 가졌지만 잘 실현되지는 못하였다. 그렇지만 이후에는 文士가 점차 득세한 것을 부인할 수 없는 사실이었고, 門第는 계속 전해져 끊을 수 없게 되었기에 二者는 상호 배척하여 唐朝의 멸망까지 이루어져 政事와 風氣는 그 가운데서 변화하였던 고로 武后때 用人에 대하여 詳考해야 한다"

고 하였다.[391]

---

390) 章群, 『唐史』 p.43.

말하자면 章氏는 武后 집권시기의 정계가 關隴 관료적 문벌사족에 의하여 運營되었고, 新人 즉 문학적 선비는 門第가 없어 정계에 진출이 어려웠다. 이에 武后는 과거제의 운영을 개선하여 그들을 많이 발탁하였다. 이리하여 그들은 舊門閥과 대립하여 唐 後期의 黨爭이 이로부터 출발하였다는 지적을 하였다.

이처럼 武周時期에 재상에 이른 자 약 70명에 대한 출신에 대하여 章群氏가 門蔭·將相舊家 및 新人 즉 신흥계급으로 구분한 것을 비롯하여; 馬駿民氏는 大族名門 등으로 구분하였고;[392] 李荷先은 地域·貫籍 및 入仕經路 등으로 구분하였으며;[393] 李必忠은 대다수가 士族地主였다[394]고 하는 등 매우 다양한 분석이 있다. 또 이런 단순한 분류로부터 연구를 진전시켜 武周의 정치적 기초에 대하여 陳寅恪氏는 일찌기 武后가 山東·江左人物을 파격적으로 채용하여 武周革命을 성공시켰다고 하여 武周革命은 人群의 변화라고 하였다.[395] 이에 대하여 橫田氏는 家柄이 없는 자가 宰相에 오른 것을 근거로 이들(無家柄者)을 武周의 정치적 기반으로 설정했다.[396] 또한 胡如雷氏도 신흥계급으로 재상에 이른 자가 30명이나 된다고 하면서 이들이 武周의 사회적 기초라 하여 武則天은 신흥지주집단을 대표하는 者로서 정권을 창출하였다고 하였다.[397] 그리고 西村元佑氏는 明經出身 11명, 進士 17명, 非科擧 출신 30명으로 분류하고 이들은 탁월한 재능을 가진 자들로 政治的 業績을 쌓으면서 酷吏를 비판했고, 武則天은 이들을 변호해 주었다면서 武則天에 대하여 陸贄·司馬光·趙翼 등이 칭찬하였고 과거관료의 우수성이 표현되었다고 하였다.[398]

---

391) 上揭書, p.47.

392) 馬駿民, 「武則天朝宰相考」, k22, 1987-10.

393) 李荷先, 「武則天宰相考」, 『華東師範大學報』, 1985-5.

394) 李必忠·陳賢華, 「有關武則天評價的幾個問題」, K22, 1982-14.

395) 陳寅恪, 「唐代政治史述論稿」, (同上).

396) 橫田滋, 同上 論文.

397) 胡如雷, 「論武周的社會基礎」, 『歷史硏究』, 1955-1.

398) 西村元佑, 「則天武后における政治の基本姿勢と科擧出身宰相の活躍」, 『中國關係論說資料』 卷15.

대략 이상과 같은 先學의 高見에 대하여 異議를 제기하거나 批判할 생각은 없다. 선학들의 견해는 科擧制를 통하여 정계에 진출 활동하였다는 점에 대해서는 거의 일치하고 있으나, 정권의 기초가 문벌사족인가 혹은 신흥계급인가 하는 점에서 엇갈리고 있다. 그래서 용어상의 정리가 필요하다. 舊貴族, 關中將相舊家, 大族, 名門 및 士族地主 등 다양한 표현이 그것이다. 이들 용어는 關中을 비롯하여 山東과 江南을 포함하고 문벌사족과 그에 연결된 세력의 후예를 총망라하고 있어 매우 혼란스럽다. 뿐만 아니라 이들은 모두 科擧를 통하여 政界에 진출·활동하고 있었다. 게다가 앞서 詳說했던 것처럼 武周時期에 官僚制가 성립되었으며 문벌이나 문호의 관념이 부정되던 唐中·晩期에 士庶鬪爭 혹은 合流가 이루어지던 상황에서 門閥·非門閥의 구분보다는 士와 庶 곧 官僚·非官僚로 구분하는 것이 옳을 것 같다.

이에 대하여 필자도 몇 가지 견해를 제시하겠다.

첫째로, 앞서 말한 『姓氏錄』이 士流를 대폭 확대시켜 武則天(派) 중심의 관료체제를 재편성하려는 의도로 찬수되었다고 볼 때, 새로이 편성된 士流에는 종래의 산동문벌사족을 비롯한 關隴 관료적 문벌사족, 江南의 大族과 軍功으로 5品 이상에 오른 자, 새로이 성장한 서민지주층이 합류될 것은 자명한 일이다. 이리하여 武周政權의 정치적 혹은 사회적 기초는 士族地主나 庶族地主로 규정하는 것보다는 양 계층이라고 보아야 한다.[399] 따라서 산동문벌사족은 隋朝의 통일정책에서 탄압받고 채용되지 못했던 사정이나, 隋末 농민전쟁에서, "隋王朝의 관직자 및 士族의 자제는 모두 살해하라"는 위기를 탈피코자 唐朝에 의부하고, 唐朝가 증진시키려는 科擧制에 적극 진출하여 점차 고관에 이르렀다. 동시에 武周의 臨朝時期 및 武周時期에 그 정치적 기반을 확보하려는 목적에서 정비·성립된 科擧制에 그들의 經學·文學上의 역량을 통하여 정계에 적극 진출하고 활약함으로써 정권의 樞要에 이르게 되었다. 그리하여 마치 魏晋南北朝時代에서처럼 그들의 위상이 재건된 것처럼 보였던 것에서 崔湜이 자기 一門의 顯達을 東晋의 王·謝에 비교한다든지 "三戟崔家"로 지칭할 정도였다.

---

399) 閻守誠·趙和平 整理, 「唐代士庶族問題討論會綜述」, 『歷史硏究』, 1984-4.

둘째로, 初唐의 進士科는 時務策을 시험했지만, 永隆 2년(681) 劉思立의 上奏에 따라 雜文이 추가됨으로써 科學制 성립의 주요한 계기가 되었다.[400] 반면에 陳寅恪氏의 산동문벌사족이 누대에 걸쳐 經學을 家學으로 삼아 學習·尊崇하였다고 한 견해에 따르면,[401] 進士科에 雜文의 추가는 산동관료에게 불리한 제도변경인 것처럼 보인다. 그렇지만 실제상 詩·賦·頌·文 등 雜文이란 前時代 이래 문벌사족이 經學과 더불어 兼習한 문학이었으며, 이미 앞에서 많이 예시했듯이 산동문벌사족의 후예인 산동관료들이 그것으로 자신들의 입장을 표현하였던 것이다. 그리고 盧藏用과 같은 인물은 문학, 즉 辭章에 뛰어났지만 進士科에 불합격하여 특별히 徵辟되어 相位에 오르는 등 顯達하고 있는 것으로 보면, 詩賦 등 雜文을 통하여 取士하는 科學에 따라 문벌사족은, "文學의 臣"으로서 入仕할수 밖에 다른 도리가 없다는 것을 알 수 있다. 그렇다고 家傳하던 경학이 완전히 放棄된 것은 아니며, 章群氏가 앞서 말한 것처럼 신흥계급만이 "文學의 臣"으로 정계에 진출한 것도 아니다. 그리고 魏晋 이래 騈文體의 확대로써 李善의 「文選音注」를 비롯하여 『文選』에 대한 연구 및 광범위한 학습을 하였다. 이것은 山東門閥士族과 그 후예인 山東官僚들이 經學과 함께 文學을 兼習하였던 그런 사회적 양상을 수렴하려는 의도로 武則天에 의해 『文選』에 대한 注釋이 확정되었던 것이다.[402] 또한 그런 선상에서 雜文(詩·賦·辭·章 등)이 進士科에 추가되고 "東選"은 물론 "南選"까지 확장하여 인재를 수렴하고, 그런 人的·政治的·社會的 기반을 통하여 산동관료들이 정계에 進出·顯達하였던 것이다.

셋째로 武周時期에는 새로운 官僚像이 형성되었다. 科學試驗을 통해 정계에 진출하고 顯達한 산동관료들은 士族으로 보증받으면서 황제권에 의부하고 실권자, 예컨대 張昌宗·張易之 兄弟, 武三思·太平公主 등에게 의부하여 지탄을 받고 있었다. 즉 崔義玄·崔融·盧藏用·李嶠·李迥秀와 같은 者들이 그들이다. 물론 그 가운데는 李義琰처럼 淸職·節儉·能名 한다든지; 李義琛처럼 良吏라 한다든지; 崔知溫·盧懷愼·盧粲처럼 時政得失을 上疏하여 그 是正

400) 李啓命, 「中國 科學制의 成立」, (同上).

401) 陳寅恪, 「唐代政治史述論稿」, (同上).

402) 尙定, 同上 論文.

을 촉구한다든지; 특히 劉延嗣처럼 生死를 돌보지 않고 忠誠하는 등의 모범된 관료상도 엿보이고 있는 것도 사실이다. 이런 현상은 황제권의 강화와 같은 시대조류에 입각한 동향으로 이해된다. 다시 말하자면 唐朝 前期에 세 차례에 걸쳐 찬수된 氏族志는 거시적으로 볼 때 地方 名族을 흡수하여 만든 士族(즉 官僚)의 譜이었다. 그러나 이것은 황제의 詔命에 의하여 官製的으로 편찬되었고, 兵卒도 軍功에 따라 五品官에 오르면 士流로 편성되게 하였다. 특히 종래의 문벌사족을 배제한 것이 아니라 官品에 따라 등급을 제정했기에 상당히 합리적·현실적으로 포용하였다. 따라서 唐朝에서 인정한 士族, 즉 통치계층 속에는 종래의 문벌사족과 서민지주 출신을 포용하여, 일차적으로 魏晋南北朝 이래 "士·庶天隔" 및 "혈통으로 평범하게 政界에 진출하여 公卿에 이른다"라는 폐쇄적 문벌사족사회의 최대의 맹점이 北朝 後期 이래 전개된 "擢賢良"으로 표현되는 賢才主義와 그 연장선상에서 성립된 科擧制를 통하여 깨끗이 청산되었다고 할 수 있다. 아울러 부차적으로 科擧制의 운영과 氏族志의 찬수 결과 등장한 통치계층은 한 마디로 관료라 할 수 있고, 그 가운데는 종래의 출신으로 보면 山東·江南·關中 등의 문벌귀족의 후예, 서민지주층으로 구분할 수 있다. 이들은 武則天의 통치시기(臨朝時期부터 45년간)에 70명 이상의 재상을 역임한 인물들이다. 평균 7개월의 재임기간인 점에는 많은 인재를 수렴하였다는 의미도 있겠다. 그러나 武則天은 酷吏를 통하여 공포정치를 하고 『臣軌』·『百僚新誡』 등을 찬수하여 專權하였으며, 楊再思와 같은 인물이 10년간이나 재상으로 국정을 주지하고 鄭國公에 封해지기까지 하였다. 그렇지만 楊은 매우 아첨하는 人士이었다. 어떤 이가 그에게 "公의 이름은 높고 지위는 중요한데 어찌 이처럼 아부하는가?"라고 바른 말을 하자, 그는 "세상사가 艱難하여 정직한 자는 화를 입어 차라리 이와 같이 (아첨)하지 않으면 어떻게 자신을 보전할 수 있으랴"고 아주 쉽게 말하고 있는 것을[403] 본다. 이처럼 魏晋南北朝時期에 정계를 좌우하고 專斷하던 문벌사족의 氣慨는 상실되었고, 官僚로서 儉素·忠誠하는 官僚像 이외에 황제권에 완전히 의부하는 관료상, 실권자에게 아부 등 불법과 비리조차 사양하

403) 『舊唐書』 卷90, 楊再思傳. p.2918.

지 않은 굴절된 官僚像이 형성되었다.

넷째로 山東官僚들은 貫籍(貫籍)을 移動하는 등 그들의 옛 생활상을 벗어나 唐朝의 관료계에 동참하였다. 예컨대 博陵 崔慶嗣가 滑州 靈昌人, 范陽 盧懷愼이 역시 滑州 靈昌人, 趙郡 李敬玄이 亳州 譙人을 칭하였다. 그리고 앞서 말한 것처럼 趙郡 李懷遠은 同族의 높은 門蔭을 이용하여 入仕하라는 권유를 거절하고 進士科에 登第하였고, 本鄕인 邢州의 刺史에 임명되자 固辭하였다. 특히 劉知幾가 李義琰을 魏州 昌樂人으로 기록하려 하자 監修者가 조롱하여 隴西 成紀人으로 바꾸어 기록하자 劉는 奇怪한 일로 인식했다.[404] 그런데 『舊唐書』의 撰者는 李義琰을 魏州 昌樂人으로 明記하고 있는 것을 보면, 적어도 劉知幾 時期 以來 '地著', 즉 貫籍의 이동은 보편화된 사실이었음을 시사해주는 것이다.

이상과 같은 貫籍의 이동에 대하여 史念海氏는 兩 唐書 列傳에 등장하는 山東 5姓 인물 중에 이주한 자를 면밀히 분석하였다. 그 결과 첫째로 太原 王氏 37명중 24명 이주(56%); 范陽 盧氏 44명중 36명 이주(75%); 滎陽 鄭氏 25명중 1명 이주(4%); 淸河·博陵 崔氏 79명중 33명 이주(42%); 趙郡 李氏 40명중 18명 이주(45%); 隴西 李氏 26명중 22명 이주(85%)로, 隴西 李氏와 范陽 盧氏가 가장 몰락하였다. 둘째로 이들의 移住 이유는 安史亂으로 말미암아 士族의 거주지역 河北이 크게 파괴되어 士族들은 불안정하여 부득이 이주하였고, 이 지역은 경제적으로 부유한 河·淮·江南이라고 지적하였다. 이러한 史氏의 주장은 士族의 이주에 관한 실태를 통하여 그들의 몰락을 입증한 탁견이다.[405]

이에 대하여 필자는 대체로 동감이지만, 몇 가지 부연할 점이 있다. 그것은,

1) 이른바 士族, 곧 산동관료의 이주 이유로 安史亂 뿐만 아니라 隋 이래 문벌사족 및 그에 연결된 세력에 대한 輸籍法 등 강력한 대책으로 兩京地區나 赴任地에의 이주가 필요하였다.

2) 唐王朝는 氏族志 편찬 등의 정책으로 士族의 범위를 계속 확대하였고,

404) 『史通』 卷5, 因習下 第 19, 邑里.

405) 史念海, 兩 『唐書』列傳人物貫籍的地理分布」, 『紀念顧詰剛學術論文集』, 下冊, 巴蜀書社, 1990.

그 위에 士族과 庶族의 官僚化를 추진함으로써, 통치력과 황제권을 제고하려는 책략에서 이주는 불가피하였다.

3) 게다가 唐朝의 中·晩期에 들어오면 藩鎭, 宦官의 專橫, 黨爭 그리고 北方民族의 진출 등 국가의 大課題 앞에 土著에 있어서 중요한 宗族問題는 倭小해지고 말았다. 그리하여 士族들의 自存의 길은 적극적으로 관료계에 진출하거나 경제 방면에서 활약한 것이었고, 이를 위해서는 兩京이나 경제적 풍요지구 河·淮·江南으로 이주할 수밖에 없었다. 이리하여 산동관료의 이주는 관료제의 형성과 전개에 있어서 중요한 요인이라고 하지 않을 수 없다.

주지하는 바와 같이 魏晋南北朝時代의 選擧制인 九品中正法하에서 형성된 문벌사족제는 入仕者의 人·才地 보다는 門地 즉 혈통을 중심으로 인재를 채용하였고, 그들이 지방·중앙행정을 좌우할 뿐만 아니라, 각종 봉건적 특권을 향유하였다. 이리하여 출신신분이 중요하고 향리사회에서의 輿望이 기초로 되어 구태여 중앙에 거주지를 옮겨야하는 일이 발생하지 않았다. 그렇지만 隋王朝 이래 행한 바와 같은 破郡·地方官品者의 중앙파견 등 일련의 지방행정 개혁이 단행되었고, 科擧制가 계속 운영됨으로써, 이른바 "地著"라는 토착의 재지역량은 아무런 의미가 없게 되었을 뿐만 아니라, 도리어 岐視되는 사정에서 入仕·居住 등이 편리한 長安·洛陽 등지로의 遷徙는 불가피하였던 것이다. 또한 唐代에도 蔭敍制가 철폐된 것은 아니지만, 宰相에의 등용문으로 進士科가 부상한 이상 門蔭入仕를 탐탁하지 않게 여겼다. 魏晋南北朝時期에는 문벌사족의 통치역량을 흡수하고 그들의 宗族이 갖는 자위역량을 이용하여 外侵과 內憂에 대처하려는 사정에서 本州·縣의 장관에 임명하여 錦衣還鄕의 영광을 안겨주었다. 그러나 隋唐時代에는 그렇게 할 필요성이 없었던 사정에서 엄격한 相避制가 시행되었던 것이다. 이런 정황에서 李懷遠이 門蔭을 통한 入仕를 거부하고 本州刺史를 사양한 것이다. 결국 隋 이래 추진된 지방행정의 개혁 및 科擧制의 실시에 따라 이루어진 貫籍의 이동 등이 황제의 중앙집권적 전제 정치를 통하여 이루어졌다 할 수 있다면, 武周時期에 산동관료가 同 政權에 적극 진출하여 관료계에 포괄됨으로써, 실질적인 황제의 중앙집권적인 전제정치의 달성, 곧 관료제가 성립되었다 하여도 좋을 것이다. 그리하여 劉昫가 "時勢에 편승하여 政界에 진출했다"라고 한[406] 論贊은 武周時期 정계의 상황을 대변하여 준다고 할 것이다.

다섯째로 武韋時期에 있어서 획기적인 사실은 서민지주층의 발탁이었다. 앞서 언급한 것처럼 문벌사족이나 그에 연결된 세력이라고 할 수 없는 李義府가 처음 太宗을 알현하는 자리에서 "上林에 許多한 나무가 있는데, 한그루의 나무를 아끼시렵니까"에 대하여, 太宗은 "내 장차 너희같은 나무로 채우려는데 어찌 한 그루뿐이랴" 라 하여, 서민지주층의 발탁의지를 분명히 드러내었다. 그렇지만 그 당시의 사회 사정으로 보면 그들은 하나의 사회세력으로 아직 성장하지 못하였고, 魏晋南北朝時期의 문벌사족이나 그에 연결된 세력이 아직 온존하여 그들 가운데 유력자가 통치계층에 편승되었던 것은 두 말할 여지가 없다. 이러한 太宗의 의지는 그 후로 계속 이어져 武韋時期에 개화하였다. 예컨대 高宗 때 吏尙 李敬玄이 오래도록 選部을 장악하여 趙李가 合譜하고 산동문벌사족 세력과 통혼하여 그가 행한 인사에서 臺省 요직에는 동족이나 그의 혼인한 가문이 많았다. 이에 대하여 高宗이 불쾌하게 여겼던 것은 唐朝의 정책상의 방향이 역류하는 것에 대한 반감의 표현이고 그것에 따라 그는 武職에 貶授되어 실각하였다.

이런 정책은 武韋時期에 전개된 濫官이나 斜封官을 설치한 것이 그 절정을 이루었다고 생각한다. 濫官은 員外·同正員·檢校·兼·守·判·知·試·攝 등 정식으로 授與하지 못하고 濫授하였다. 이에 대한 정확한 숫자는 알 수 없지만 수백명 혹 武后時期에는 2,000명에 달하여, 이러한 濫官을 통한 신흥서민의 관료계의 진출은 귀족적 신분사회의 붕괴에 획기적인 계기를 만들어 주었다. 동시에 이 濫官政策은 律令官制를 그 말단에서 부정하여 관료층의 기반이 확대되고, 황제의 專制를 가능하도록 하여 官僚制 형성과정에서 빼놓을 수 없는 事像으로 고려하고 있다.[407] 필자는 이를 卓見으로 생각한다.

이러한 濫官은 실제로 그 당시 생산력의 증대와 상품경제의 발전을 통하여 성장한 富農·大商富賈·新興地主層의 성장에 따라 조성된 것이고, 이들의 정계진출을 이용한 것 또한 武韋政權의 성립에 있어서 주요 요인이 된다는

---

406) 『舊唐書』卷6, 則天皇后 史臣曰. p.133.

407) 柳元迪, 「唐前期에 있어서 官僚制 형성과정에 대하여」, 『全海宗先生回甲論叢』 所收.

것은 부정할 수 없는 것이다. 그리하여 이들은 대체로 6품 이하의 관료로서 그 상층에 5품이상 관료가 존재하는 그런 구조를 이루었다. 이처럼 비문벌 사족 다수가 정계에 진출하고 相位에 오르는 국면이 연출되어 武則天을 서민지주층의 대표라고 한 것과 같은 논설이 성립된 것이다.

이런 사정은 唐 前期 3차례에 걸쳐 官修한『氏族志』및 唐 後期 官修된『永泰譜』·『天下新集姓族譜』등에 등제된 姓家의 숫자가 크게 증가하고 있으며, 古文書上에서도 그 실태를 파악할 수 있다. 말하자면『貞觀氏族志』와『姓氏錄』의 편찬으로 士族 즉 관료층이 확대되었다. 더더욱 玄宗 先天 2년(713)에는『大唐姓族系錄』이 편찬되었다. 이것은 물론『姓氏錄』에 대한 반동으로 찬수되었고,『貞觀氏族志』에 근거하였다지만, 姓家의 숫자가 명확치 못한 약점이 있다. 그러나 그것은 적어도 高宗 顯慶이래 軍功者가 唐朝의 관품을 취득하고 고관에 榮進한 者가 많았던 事情과 200권을 헤아린다는 사실로 미루어 볼 때에, 士族의 확대를 짐작하게 한다. 이같은 姓家의 증가는 사회계층의 변동을 단적으로 표현한 것이다. 즉 사회생산력의 발전에 따라 浮上한 서민지주층과 軍功 등을 통하여 庶民이 관료계에 진출하고 顯達하였던 사정을 官修 氏族譜에 登載한 것이다. 이런 현상은 唐朝에서 추진된 서민지주층의 提拔이라는 정책에 아주 걸맞는 방향이며, 열렬히 求官하던 그들의 요청을 唐朝의 관품질서 위에 조립한 것이다. 동시에 이를 통하여 士庶合流가 이루어지는 계기라고 해도 좋을 것이다.

그것은 宋祁가,

> "옛날 有力者를 氏·姓으로 표시하여 土著가 있었던 고로 名宗·望姓들은 郡·國으로 자기를 드러내어 계보가 일어났던 까닭에 昭穆을 推敍하고 百代가 지나도 相亂하지 않았다. 晋朝가 江南에 播遷하여 오랑캐가 중국을 혼란하도록 하니 백가지 종족이 유랑하였고, 士人은 고향(본문)을 떠나고, 자손은 도리어 系錄을 가지고 이은 바를 내보이고, 문벌이라 이르는 者는 賣婚하여 求財하니 廉恥를 상실하였다. 初唐時期에 이러한 유래는 더욱 심화되어 천자가 누차 억압하여도 쇠퇴되지 않았다. 中葉에 이르러 風教가 또한 각박해지고 譜錄이 모두 피폐하여 常產의 구애됨은 公的으로 흐트러지고, 선비(士人)는 舊德의 傳承을 망쳐 李姓을 가진 자는 모두 隴西에서

나왔다고 하고, 劉姓을 가진 자는 모두 彭城에서 나왔다고 해도 유구한 대대의 胙(福)은 마침내 考按할 수 없게 되어 冠冕者와 皂隷(하인)가 한 구역에 섞여버렸으니, 가히 太息할 일인지고!"

라고 한탄하였다.[408]

다시 말하자면 ㄱ) 종래 名宗·望姓 등 문벌사족들은 "地著", 즉 在地力量이 있어 郡·國으로써 온존하였다. ㄴ) 五胡의 亂華로 朝廷과 士人은 江南으로 떠난 후 系錄을 통하여 문벌이라 하고 이들은 賣婚하여 廉恥를 상실하였다. ㄷ) 初唐 이래 이들의 賣婚·求財를 탄압하였으나 성과를 거두지 못하였고 唐 중엽 이래 風敎가 각박해지고 譜錄이 피폐하여 李氏는 모두 隴西, 劉氏는 모두 彭城에서 나왔다고 하였기 때문에 그 眞僞를 가릴 수가 없었다. 결국 관료계층 士와 비관료계층 庶가 섞여 살게 되었다는 것이다. 따라서 宋祁는 종래 문벌사족이 在地力量을 상실하여]士庶合流가 이루어져가던 사정을 단적으로 지적하였다.

이러한 宋祁의 지적은 결국 산동문벌사족의 후예들은 토착역량을 인정하지 않는 唐朝의 정책에 따라 그들이 가진 經學 및 文學力量을 통하여 과거시험에 합격하여 정계에 진출하여 황제권에 적극 의부하고, 皇親 및 실권자에 영합하여 相位에 나아가는 등 顯達함으로써, 唐朝의 관료제질서에 합류하여 魏晋南北朝時代의 문벌사족과는 전혀 다른, 전제 황권에 절대 봉사하는 관료층으로 변모하지 않을 수 없었음을 말한 것이다. 아울러 비문벌계층 및 서민지주층도 그들을 提拔하려는 唐朝의 정책에 따라 문벌사족과 거의 같은 방도로 정계에 진출 顯達함으로써, 士·庶合流가 더욱 진척되었으며, 이런 토양에서 官僚制가 産生된 것으로 이해된다. 다만 위진남북조시대의 문벌사족제 사회나 수당시대의 관료제 사회에서 수기치인의 유학역량이 계속 존중되었다. 따라서 산동문벌사족의 후예와 신흥지주출신의 대립이 있었던 것은 사실이지만 신흥계급과 산동관료의 상호대립 그리고 상호배척이 唐朝의 멸망에 이르게 했다는 章群氏와 같은 論說은 재고되어야 할 것이다.

武韋時代에 이르러 서민지주층은 물론 산동문벌사족의 후예들이 科擧制

408) 『新唐書』 卷95, 高儉傳 贊曰. p.3843.

혹은 軍功 등을 통하여 관계에 진출 顯達함으로써, 前代(위진남북조)에 문벌사족이 독점하고 있던 관료계의 폐쇄적인 맹점이 극복되고, 이로써 士庶合流가 이루어졌던 것이다. 이렇게 보면 陸贄가 武后의 인재에 관해 「破格用人」을 칭찬하고,[409] 明末의 과격한 사상가 李卓吾가, “사람을 알아보는 데에 있어서 武后와 같은 자 있을까? 오로지 인재를 愛養하고, 백성을 편안하도록 하려고 한데에 있어서 武后와 같은 자가 있을까”라고 절찬한 것은[410] 비록 酷吏를 통하여 정권을 잡고 반대파를 무자비하게 처단하였을 지라도, 魏晋南北朝 이래 산동문벌사족이나 北朝 후기 및 隋唐 초기 關隴 관료적 문벌사족의 정치 농단의 폐쇄적 국면을 극복·돌파함으로써, 士庶의 合流를 꾀하여 그 완성은 아직 시간이 필요하였지만, 관료제를 성립하도록 한 공헌을 높이 평가한 탁견이라고 생각한다.

제2절 唐 中·晩期 山東官僚의 動向

唐中·晩期라 함은 玄宗의 開元·天寶時期와 安史亂 이후 唐 後期를 가리킨다. 동 시기에는 府兵制를 비롯한 均田·租庸調 등 唐 前期의 율령지배질서가 무너지고; 募兵制를 비롯한 地主佃戶制·兩稅法 등 새로운 질서가 성립되었다. 또한 북방민족의 도약에 따라 설치된 節度使(藩鎭)와 宦官의 정치특권 문제 등 매우 복잡한 역사전개가 이루어졌다. 이런 과정 중에서 山東門閥士族의 후예(이하 山東官僚)들은 어떠한 활동을 전개하였는가를 고찰하여 보는 것은 상당히 가치 있는 일이다. 동 기간은 200년에 가깝고 등장인물 또한 상당히 많기 때문에, 가) 玄宗의 開元·天寶時期; 나) 肅·代·德·憲宗時期; 다) 唐 晩期(黨爭과 그 이후)의 3期로 나누어 살펴보자.

가. 玄宗의 開元·天寶時期

이 시기에 활동한 山東官僚는 다음 表 1과 같다.

---

409) 趙翼, 『二十二史箚記』 卷19, 武后納知人.

410) 李贄, 『藏書』 卷56.

표 1. 開元·天寶期 山東官僚 活動狀況表

NO	人名	本貫	父親官歷	出身	本人官歷	특기사항	舊唐書卷
1	盧懷愼	滑州永昌人	挺-司戶	進士	監察御使-吏部員外郎-御史中丞-黃門侍郎·同三品-黃門監		98
2	盧奐	滑州永昌人	懷愼 相玄宗		어사중승-刺史-尙書右丞	淸白 能政	98
3	盧奕	滑州永昌人	회신		어사중승 贈兵部尙書		187下
4	盧從愿	相州臨漳人	景日長史	進士 諸科	우습유 중서사인-상서좌승-東都留守-이부상서	稱職不廉	98
5	崔隱甫	貝州武城人	元彦-令		자사-태원윤-어사대부-형부상서	爲政嚴肅	185下
6	崔圓	淸河東武城	景晊 大理評事	諸科 甲科	원외랑-중서시랑동삼품-자사	유공명심 達成	108
7	崔琳	貝州武城人	神慶-太子右庶子		중서사인 太子少保	三剋崔家	77
8	崔沔	京兆長安人	晊·長史	諸科	右補闕-中書舍人-중서시랑-자사	至孝博學	188
9	崔渙	博陵安平人	璩侍郎	諸科	원외랑-黃門侍郎同三品-어사대부	有時望	108
10	崔器	深州安平人	肅然-令	明經	만년위-감찰어사-어사대부	淸謹	115
11	崔無波	京兆長安人	從禮 尉衛卿		익주사마-태수-小府監-태수	忠義者	187下
12	李彭年	刑州栢仁人	景伯常侍		知貢擧-중서사인-병부시랑	吏才	90
13	李乂	趙州房子人		進士	중서사인-황문시랑-형부상서	花岳集	101
14	李華	趙郡人		進士	감찰어사-侍御史-이부원외랑	達文詞	100
15	李傑	相州釜陽人		明經	원외랑-尉衛少卿-어사대부	嚴苛	100
16	王旭	太原祈人			州參軍-시어사-좌사랑중-龍平尉		186하
17	王鉷	太原祈人	縉 中書舍人		縣尉-감찰어사-戶部郎中-어사중승-호부시랑	兼20使	105
18	王忠嗣	太原祈人			河西兵馬使-州都督-河東節度使	將家	103
19	王維	河東人	處廉司馬	進士	右拾遺-이부랑중-상서좌승	孝悌門	190下
20	王晙	滄州景城人	行果 장안위	明經	시어사-長史-兵部尙書同三品	盡忠	93
21	鄭慈	滎陽人	長裕 國子司業		太子舍人	父, 叔父 有名	158

表 1에 등장시킨 21명에 대하여 몇 가지 검토해 보자.

첫째로 산동관료의 貫籍(本貫)이 크게 변화하고 있다. 이러한 貫籍의 이동에 대해서는 앞서 구체적으로 살펴보았지만, 唐中·晚期에도 많았다. 예컨대, 王維는 太原祁人에서 그의 父親 處廉이 汾州長史를 역임하던 중에 遷居하여 河東人으로 일컬어졌다.[411] 결국 魏晋南北朝時代의 "혈통으로 평범하게 政界에 진출하여 公卿에 이른다"고 하던 사정은 크게 달라져 科擧制 및 父祖의 門蔭을 통하여 관료계에 진출하지 않을 수 없었다. 그들은 개인적 修己治人의 역량을 통하여 현달하는 길 이외에는 이제 이른바 土著, 종족적 자위역량은 별도로 기대하기 어려웠다.

둘째로 山東官僚는 대체로 과거시험을 통과하여 관료계에 진출·승진하여 高官에 이르렀다. 이 시기에 등장한 36명 중에 12명은 진사 혹은 명경을, 縣尉 혹은 州參軍을, 혹은 諸科를 통과하여 淸官 코스를 거쳐 宰相 등 高官에 榮進하고 있었다. 門蔭으로 入仕한 劉子玄의 6子 등 8명과 武功에 의하여 영달한 王忠嗣를 제외한 나머지 19명도 科擧 합격자로 고려된다.

淸官, 즉 淸望官은 『唐六典』에 의하면 內外三品을 포괄하고 中書·黃門侍郎·尙書左右丞·諸司侍郎·太常少卿·秘書少監·太子詹事·左右庶子·左右率·國子司業 등이다. 그 가운데 주요한 것은 御史大夫(中丞)·諫議大夫·給事中·中書舍人·國子博士·諸司郎中·秘書丞·著作郎·起居郎·起居舍人·太子司議郎·諸司員外郎·侍御史·著作佐郎·殿中侍御史·監察御史 및 左右拾遺 등 이다. 이러한 淸(望)官 코스의 운영은 그 당시 士人들의 이상적인 官歷으로 『夢遊錄』에서 盧子라는 젊은이가 과거시험에 낙방하여 꿈에서 縣尉 → 監察御史 → 吏部員外郎 → 吏部郎中·知制誥 → 禮部侍郎 → 河南尹 → 兵部侍郎 → 京兆尹 → 吏部侍郎 → 黃門侍郎·同平章事에 이르고, 다시 左僕射 → 罷知政事 → 東都留守·御史大夫로써 관직을 그만두는 一大 長久한 꿈을 꾸고 있다. 그리고 『枕中記』에서는 進士甲科 → 校書郎 → 諸科 → 縣尉 → 監察御史 → 起居舍人 – 知制誥 → 刺史·京兆尹 → 御史中丞·節度使 → 御史大夫 → 吏部侍郎 → 中書侍郎·同中書門下平章事의 코스를 그리고 있다.

---

411) 『舊唐書』 卷118, 王縉傳. pp.3416-8.

이처럼 唐時代의 小說과 表 2에서 보는 바와 같이 官僚制의 운영은 적어도 『唐六典』이 勅撰된 玄宗 開元·天寶年間에는 이미 정착되었음을 말해주는 것이다.

셋째로 山東官僚는 개인의 官僚的 力量을 통하여 관료계에 진출하고 榮進하고 있다. 관료적 역량이란 文學 및 經學上의 지적인 역량, 즉 修己治人하는 統治力量과 文化人으로서의 지식역량이다. 이는 앞서 詳述한 것처럼 과거시험에서 구체적으로 점검하였다. 高宗 永隆 2년(681) 劉思立의 上奏로 進士에 雜文, 明經에 帖經을 추가함으로써 확정되었다고 생각한다. 이런 역량은 入仕후 직무수행 때에는 필수적이었다. 다시 말하면 修己治人의 유학은 국가에 충성·부모에 효도, 그리고 직무에 충실함으로써 체현되었던 것이다. 예컨대 至孝한 崔沔, 孝悌의 가문으로 알려진 王維·顔眞卿 등이 있고,[412] 표 2에 등장시킨 인물들은 經學 및 文學上의 力量으로 入仕하였으며, 그런 역량을 통하여 能政(盧奐), 美政(崔隱甫), 忠懇(崔煥), 外戚彈劾(李傑), 盡忠(王晙, 顔眞卿·杲卿, 甄濟), 稱職(盧從愿)함으로써, 高官에 승진하고 있음을 볼 수 있다. 뿐만 아니라 劉子玄의 6子들은 給事中·尙書左丞 등 비교적 고관에 승진하고 많은 撰著로 그의 부친 子玄과 함께, "一代에 文史가 燦然하다"라고 하였다. 특히 安史의 난이 일어나자, 顔眞卿 등은 太守로써 한때, 安史勢力을 격퇴하는 등 충절을 보였다. 이러한 사정은 魏晋南北朝時代에 門第, 즉 血統에 의하여 仕宦하고 승진하던 것과는 달리 개인적인 관료역량에 따라 직무를 수행하고 통치의 실효성을 提高함으로써 皇帝에게 칭찬받고 승진을 비롯한 각종 봉건적 특권을 향유하며, 또한 그것을 同族의 곤궁자를 위하여 散施함으로써 治者의 修己治人을 체현하였다. 이러한 사정 하에서 崔琳(太子少保)·崔珪(太子詹事)·崔瑤(光祿卿)의 3형제는 東都의 私第에 棨戟(황제의 前驅者가 갖는 적흑색 비단으로 쌓은 나무창)을 俱列하여 당시에 "三戟崔家"라 하여, 福祿이 매우 昌盛하였다. 그리고 王旭이 御史로써 매우 엄격하

412) 上揭書 同卷, 王縉傳에 王維는 天寶 末 給事中 이었지만 安史의 무리들에게 포로가 되어 부득이 安史에 협조하였다. 亂의 평정 후에 이것이 문제가 되었다. 이때 동생 王縉은 형의 죄를 속죄코자 자신의 官職 減等을 請願하여 문제를 해결하고 있다.

고 가혹한 법 집행을 하였다. 또한 王鉷이 實權者 楊國忠과 野合하여 20餘使를 겸직하는 등의 사정은 관료제 운영중에 顯達하고자 하는 관료의 일단면을 例示한 것이다. 특히 玄宗이 崔琳을 "族大" 즉 종족이 매우 번성한 것을 이유로, 盧從愿을 "不廉" 즉 100頃이나 되는 막대한 토지를 소유하여 "多田翁"이라는 이유로 宰相에 임명하여 政事를 위임하지 않았던 사정 또한 官僚制를 신장시키려는 (황제의)의지로 이해할 수 있다.

이런 사정은 玄宗時代에 전개된 2차례의 政爭 중에서 확실히 드러나 보인다. 하나는 宇文融과 張說 사이의 政爭이요; 다른 하나는 張九齡과 李林甫와의 政爭을 가리킨다. 前者는 御史中丞 宇文融이 천하의 逃戶와 籍外 剩田을 括籍할 것을 청했다. 이에 左丞相 兼 中書令었던 張說은 그것을 백성을 근심하게 하고 불편하게 한다는 이유로 수차 반대했고, 東都에 吏部를 分置할 것을 密奏하여 禮部尙書 蘇頲과 함께 選事를 分掌하였다. 宇文融의 여러 차례에 걸친 奏請은 모두 張說에게 억압되어 選事가 잘못되었다. 이에 宇文融은 御史大夫 崔隱甫, 中丞 李林甫와 더불어 張說이 術士을 끌어들여 뇌물을 받았다는 내용으로 탄핵하여 결국 張은 知政事를 해제당하고 말았다. 그리고 宇文融도 括戶에 관한 일이 원만히 추진되지 못하여 유배되어 장독으로 병사하고 말았다.[413] 後者는 張說이 張九齡을 추천한 것을 생각한 玄宗은 九齡을 中書侍郎·同中書門下平章事로 임용하고 이듬해에는 中書令을 제수했다. 이때 九齡은 李林甫가 學術이 없음을 보고 내심 이를 시기했고, 玄宗이 역시 학술이 없으나 大功을 세운 牛仙客을 知政事로 삼고자 함에, 張九齡은 누차에 걸쳐 그 不可함을 상소했다. 결국 황제는 不悅하여 그를 尙書左丞相으로 옮기고 知政事를 해제했다. 곧이어 長安尉 周子諒이 張九齡의 천거로 監察御史가 되었는데, 妄陳했다는 이유로 주살당한 것에 연좌되어 荊州大都督府 長史에 좌천되어 가던 도중에 發病하여 사망하였다.[414]

대략 이상과 같은 현종시기의 政爭에 대하여 汪籛氏는 宇文融을 비롯한 崔隱甫 등 吏治의 관료와 張說·張九齡 등 文學의 臣사이의 투쟁으로 파악하였다. 그 이유는 玄宗 때 文學을 중시하던 풍조가 성행하여 詩賦가 進士考試

413) 上揭書 卷97, 張說傳 pp.3054-5.

414) 上揭書 卷99, 張九齡傳. pp.3098-9.

의 표준이었기 때문이라고 하였다.415) 그리고 唐森·林立平 兩氏는 汪氏와 유사하게 전자를 吏治, 후자를 尙文하는 士로 구분하고 二張에 句結된 嚴挺之·周子諒 등을 憂國·奉公의 士들로 평가하였다.416) 이들 三者(汪籛, 唐森, 林立平)의 관점은 탁견으로 수용된다.

필자도 여기에 한두가지 부언코자 한다. 먼저 張九齡과 그에 句結된 인사들이 堅持한 奉公은 하나의 官僚像으로 이해된다. 다음으로 崔隱甫는 前代의 名門인 淸河 崔氏 후예로서 재직 중에 强正하고 上司에 대하여 아첨하지 않으며, 사무역량 또한 민첩하여 玄宗이, "일찍이 어사대부로 합당하다고 보고 위임한다"는 언급이나, 그의 爲政이 엄숙하여 人吏에게 매우 탄복되었다417) 함은 문벌사족으로서의 존재형태를 표현한 것이 아니고, 중앙집권적 專制 皇權下의 官僚像을 구현한 것으로 이해된다.

넷째로 玄宗 初에 刊正된『大唐姓族系錄』200권은 동 시기의 통치계층을 정비하여 중앙집권적 관료제를 확대시키려는 方略(수단)으로 찬수되었다. 그것은 同 官修譜牒의 撰者였던 柳沖이, "貞觀中 太宗이 학자에 명하여『貞觀氏族志』100권을 撰修하여 士庶를 甄別하였는데, 그후 100년이 지나 諸姓이 興替하였으니 氏族志를 改修할 것을 청합니다"라고 한 것에서 中宗이 柳沖을 비롯하여 魏元忠·張錫·蕭至忠·岑羲·崔湜·徐堅·劉憲(劉知幾) 등에게『貞觀氏族志』에 의거하여 修撰하도록 하였다.418) 撰修의 기준은 名高한 盛德을 가졌고 家業·家風이 이어져 史籍에 실려 있어 士人들의 모범이 되며, 功勳을 세워 當代의 명성을 떨치고 지금까지 여론 상에 나타나는 그런 功勞者, 그리고 外民族 추장으로 대대로 唐朝를 섬긴 자를 別品으로 하여 등제하도록 한 것이다.419)

이와 같은『大唐姓族系錄』에 대하여 池田氏는『貞觀氏族志』에 의거토록 한 것은『姓氏錄』에 대한 반동으로 撰修되었고, 기준으로 볼 때에 문벌사족

415) 汪籛,「唐玄宗時期吏治與文學之爭」『汪籛隋唐史論稿』所收, 1981, 北京.

416) 唐森·林立平,「從張九齡「阿黨」離議開元間南北文化之碰撞」, k22, 1990-1.

417)『舊唐書』卷185 下, 良吏 下, 崔隱甫傳. p.4821.

418) 上揭書 卷189 下, 儒學 下, 柳沖傳. p.4972.

419)『冊府元龜』卷560, 國史部·譜諜.

적 성격과 개인적 명예 그리고 세계적 위용을 과시하였다고 했다. 뿐만 아니라 새 시대, 즉 玄宗時代를 맞이하기 위하여 武周時代의 모순·폐단을 극복하고 貞觀時代로 복귀하려는 시대적 슬로건에 적합한 측면이 있지만, 동시에 『貞觀氏族志』·『姓氏錄』에 비하여 현실정책으로써의 의의가 후퇴되어 기념비적인 색채를 가진 것도 부정할 수 없다고 하였다.[420] 이는 매우 卓見으로 수용되지만, 姓家의 숫자가 明記되어 있지 않고 기준이 상당히 추상적이어서 구체적으로 내용을 알 수 없다. 또한 "二百卷"이라는 권수를 보면 『姓氏錄』에 대한 반동에서 나온 것이라고 이해할 수 있지만, 그것에는 문벌사족의 후예, 곧 산동관료들을 비롯하여 과거시험 및 軍功으로 入仕한 서민지주층은 물론 『姓氏錄』 찬수 이후 등장한 새 인물도 등재되었으리라고 고려된다. 왜냐하면 氏族志는 官修된 士族의 譜라는 점과 唐朝의 정책방향이 서민지주층을 提拔하는 방향이었던 점에서 열렬히 求官하던 그들을 배제할 수 없었던 상황에서 편찬되었다고 할 수 있기 때문이다. 그리고 武韋時代에 전개된 濫官을 玄宗 初期에 혁파를 단행하였던 사정이나,[421] 柳沖이 『姓氏錄』의 改修를 건의한 中宗 神龍 2년(706)으로부터 완성된 玄宗 開元 2년(714) 사이에는 주지하는 바와 같이 매우 복잡한 정치적 변동을 거쳤다. 또한 撰修者 또한 柳沖·劉知幾 등이 主持하였으나, 監修者가 3차에 걸쳐 변동되고 있는 것을 보면, 撰修 기준은 비록 변하지 않았다 하더라도 등급을 획정하는 과정에서 상당히 조정되었으리라는 것을 예상하기 어렵지 않다. 그러나 唐朝의 官品秩序에 합당하게 등급을 정하였을 것이며 表에서 보는 바와 같이 山東官僚도 과거시험을 통하여 정계에 등장하고 재상의 지위에 나가는 등 현달하던 사정에서 그들의 종래 盛德이나 家業·門風과 같은 문벌사족적 성격으로 왕조권력과 대립할 수 없었고, 그러한 능력도 없었다. 이러한 점을 감안한다면 池田氏가 그 기준상 문벌적 성격을 과시하는 것이라고 단정한 것[422]에 대해서는 그 구체상황을 이해할 수 없다. 다만 『大唐姓族系錄』은 『姓氏錄』과 마찬가지로 관품질서에 따른 사회계층의 관제적 조정이며, 나아가서 관

420) 池田溫, 「唐朝氏族志の一考察」, 同上.

421) 『資治通鑑』 卷211, 唐紀 27, 唐 玄宗 開元 二年·四年 各 正月條, p.6694.

422) 池田溫, 「唐朝氏族志の一考察」, 同上.

료계에 진출하는 계층을 제한하는 의미를 벗어나지 못하였던 사정을 정리하였기 때문인 것으로 이해된다.

그리고 姓氏學上 柳沖과 나란히 이름이 있던 孔至가 『百家類例』을 찬수하면서 張說 등을 近世 新族으로 열거하였다. 이에 張洎 (說의 次子)가 怒하여, "天下族姓은 사실과 같이 (士族譜에) 참여하는 것이지 어찌하여 망령되이 어지럽게 할 수 있으랴"고 하면서 매우 불쾌하게 말하였다. 그런데 그의 弟 埱이 孔至와 본래 友善하여 형의 불만을 전해 주었다. 이에 至는 增損하여 改修하려 함에 至의 저서를 보고 精工하여 가히 보존할 수 있다고 칭찬하였던 韋述은, "그만두어라. 대장부가 一家의 書를 완성하고 타인의 말을 듣고 동요할 수 있는가? 죽음이 있을지언정 改修하는 것은 불가하다"고 만류하여 그만두었다.[423)]

이 『百家類例』는 柳沖·韋述·蕭穎士 등 그 당시 쟁쟁한 譜學者들이 精工하였다고 했던 것을 보면 秀作이었지만, 그 구체적인 내용은 알 수 없다. 다만 3차에 걸친 氏族志의 찬수기준이었던 관품에 의한 士族의 기준을 설정하지 않고, 사회통념상 魏晋南北朝 이래 名門大族을 品等하였던 것이라 이해된다. 또한 孔至가 박해를 받지 않고 별다른 문제가 발생하지 않은 것으로 보아 前代 門閥士族 후예들이 보수적 입장에서 撰修한 것이고, 정치적·사회적 구속력이 없었던 기념비적인 저작이라는 의미를 가질 뿐이라고 생각한다.

뿐만 아니라 『大唐姓族系錄』의 撰修가 개시된 中宗 神龍年間에 禁婚令이 나왔다. 이것은 兩 唐書 本紀에 보이지 않고 『全唐文』 卷318 李華의 「唐贈太子少師崔公(景晊)神道碑」에 7姓 44家의 상호 통혼을 금지하는 규정이 그것이다. 말하자면 隴西 李寶의 6子(承·茂·輔·佐·公業·沖), 太原 王瓊의 4子(遵業·廣業·延業·季和), 趙郡 李楷의 4子(晃·芬·勁·叡), 范陽 盧子遷 4子(淵·敏·昶·尙之), 同 盧輔의 6子(琇·靜·同·隆 2名 不明), 盧洪의 3子(崇·仲義·光宗), 崔懿의 8子(連·琨·格·邈·殊·怡·豹·侃), 崔元孫의 2子(亮·敬默), 滎陽 鄭溫의 3子(曄·簡·括) 등으로 되어 있다.

이 禁婚令은 同 神道碑文을 쓴 李華가 무엇을 근거로 하였는지 알 수 없으

---

423) 『新唐書』 卷199, 儒學 中, 孔若思傳 附 至傳. p.5685.

나, 그 내용은 高宗 顯慶年間의 禁婚이 7姓 10家를 詳說한 것에 불과한 것이며, 同 勅令으로 高宗 때와 같은 거센 반발은 보이지 않았다. 同上 碑文에는 주인공 崔景晊의 부인은 兵部郎中·衛州刺史를 역임한 昇文의 아들 滎陽 鄭愔(吏部侍郎·同平章事)의 女弟였다. 또한 아들 崔圓은 中書令 趙國公 및 尙書左僕射를 역임했고, 부인을 역시 滎陽 鄭門에서 맞이하여 당시의 山東士大夫들은 五姓과 함께 통혼한 것을 제 1등으로 삼고 있으며, 3代에 걸쳐 尙書를 역임하였으니, "가히 盡善을 얻었다"고 하였던 사실을 본다. 이처럼 山東官僚들은 과거에 참여하고 자기의 역량을 통해 국가에 충성함으로써, 고관에 榮進코자 하여 관품질서에 참여하면서도 종래처럼 五姓間의 상호 통혼은 유지하였던 것으로 이해된다.

후술하는 것처럼 이는 근래 집성된 『千唐誌齊藏誌』에 보면, 그 현상은 괄목할 만하다. 더우기 山東五姓은 대체로 東中國의 중심인 洛陽 및 그 부근에 移居하여 종래 관습이나 經費 등의 문제로 內婚을 계속한 것으로 보인다. 그 위에 통혼은 律令을 통하여 강제할 수 없는 것이고, 唐朝가 추진한 禁婚도 陪門의 聘財를 타파하고 禮敎에 맞추어야 한다는 강한 권장사항이었지 반드시 준수해야 할 명령이 아니었던 사정에서 별 문제가 될 것이 없었다. 아울러 山東士大夫들도 과거제도를 통하여 관료로 진출·顯達하였던 사정이 전개되어 관품질서를 강화하는 보조 수단인 禁婚令은 한갓 기념비에 불과한 것이 되고 말았다고 해도 좋을 것이다. 결국 唐朝는 3차에 걸친 씨족지의 官撰을 통하여 성공적으로 산동문벌사족의 후예들을 官僚制에 포괄하였다. 그런 사정에서 關中郡姓의 후예·신흥지주층 등으로 구성되어 가던 관료계에 山東官僚가 합류함으로써 唐의 관료제가 본 궤도에 진입하여 전개되었던 것으로 간주된다. 그러나 3차에 걸친 禁婚令은 唐朝가 기대한 만큼 성과를 거두지 못하고 말았다. 그것은 후술하는 바와 같이 그 당시 이후로 정치·사회·경제의 발전에 따라 문벌사족이 관료화하였다. 여기서 많은 예를 열거할 수 없으나 盧從愿을 앞서 말한 것처럼 "多田翁"으로 淸廉하지 않다는 이유로 재상을 삼지 않았던 사정에서 보면, 산동관료들도 請賜하여 客戶를 통해 경영하던 사정을 구체적으로 나타낸 것이라고 생각된다. 이에 대한 근거는 玄宗 天寶 11년 詔文에서 볼 수 있는 바와 같다.[424] 그리하여 산동관료들도 서민지주층과 함께 지주계급에 합류하였던 사정이나 藩鎭의 할거, 그리고 宦官의 專權하던 사정에서 氏族문제에 대한 정치적 고려가 倭小해졌고, 그 밖에 唐 宗室의 통혼이 太宗이래 勳貴·名臣家의 범위에서 벗어나지 않는 사정 등에서 볼 때에, 氏族志는 통치계급을 정비하여 중앙집권적인 관료제를 확대하려는 수단으로 撰修되었던 것이다.

이리하여 玄宗이 開元 24년 京師의 陝城頓에 행차하여 刺史 盧奐의 能政을 살펴보고 廳舍에서, "자신을 돌보지 않고 백성을 사랑하여 국가의 보배가 되었으니, 家風이 추락되지 않았다고 題贊하였다. 여기에서 家風이란 魏晋南北朝時代의 士族으로서 우미한 家風(門風)이 아니고, 그의 부친 懷愼처럼 賢才로 時政得失을 論하여 善政하여야 하고, "伴食宰相"이라는 평가를 받고도 임종하면서까지 賢才를 천거하던 그런 충절인 것이다. 이에 대하여 司馬光은 다음과 같이 평가하였다. 즉 鮑叔牙가 管仲을, 子皮가 子産을 각각 자신의 윗 자리에 앉혀 國政을 펴도록 하고, 曹參이 蕭何의 法을 변경하지 않고 실천하여 漢業을 이룬 것과 같이, 盧懷愼은 姚崇을 賢相으로 생각하여 말하자면 남이 가진 器量을 자신이 가진 것과 같이 생각하여 지지하여 주었다. 그리하여 明皇을 도와 국가를 융성하게 하였다. 따라서 그는 "伴食宰相"라는 비평을 받았지만 개의치 않았다.[425] 이는 盧의 至公的인 官僚像을 극명하게 들어낸 것이다. 뿐만 아니라 四門博士 張星이 이런 忠淸直道者에게 寵贈하지 않으면 勸善할 수 없다고 上言[426]한 것과 같이 종래와는 다른 그러한 충성된 관료상을 家風이라 한 것이다.

더욱이 盧奐의 弟 奕은 父·兄과 함께 御史中丞을 역임하였다. 이는 그들이 淸節한 생활을 하였기 때문이고, 당시인들은 이를 아름답다고 하였다. 게다가 그가 東都에서 安史에 항거하다가 장렬하게 순국함에 博士 獨孤及이(奕에 대하여) 淸節이 不撓하였고, 父親 懷愼이 直道로 佐時하더니 이제 奕이 이를 계승하여 忠純하였으니 가위 遵業이라할 수 있다면서 「貞烈」로 請謚함에 皇帝가 允許하였다.[427] 물론 여기의 "家風"을 문벌사족의 우미한 관

---

424) 『冊府元龜』 卷495, 邦計部 田制.
425) 『資治通鑑』 卷211, 唐紀 27, 玄宗 開元 3年, 臣光曰, 「贊盧懷愼」. pp.6708-9.
426) 『舊唐書』 卷98, 盧懷愼傳. pp.3068-9.

습과 동일시하여 唐代에까지 문벌사족의 존재와 國政을 主持할 역량을 가지고 있었다고 주장을 펼 수도 있겠으나, 이것은 큰 오해라고 하지 않을 수 없다. 이는 盧懷愼 3부자의 충절을 보아도 충분히 그러하거니와 그들의 활동은 관료로서의 사명감, 곧 官僚像이며, 그런 官僚像은 기본적으로 修己治人의 학문을 통하여 습득 체현하였던 것이다. 따라서 이들의 충절 등의 官僚像은 官僚制 전개의 주요한 근거로 설정할 수 있을 것이다. 다만 儒學이 隋唐時代에도 前·後時代와 같이 統治理念 혹은 秩序觀念이었던 사정에서 盧懷愼 3父子를 비롯한 山東門閥士族의 후예들, 곧 山東官僚들이 魏晋南北朝時代의 도래를 염원하고, 그런 세계를 재건하려는 관념을 계속 가지고 있었던 것으로 고려된다. 따라서 柳芳이, "무릇 文章의 폐단으로 尙官하게 되고 官의 폐단은 尙姓하게 되며, 姓의 폐단으로 斯巧함을 숭상하기에 이르렀다. 隋는 그 폐단을 이었지만, 폐단의 원인을 알지 못하고, 도리어 古道(察擧)로 中正制를 혁파하여 地著를 떠나게 하여 執事의 吏를 존중하게 했다. 이리되니 士人은 鄉里를 떠나 里에는 衣食이 없어 사람들은 염치가 없게 되니 士族은 혼란스럽게 되고, 庶人들은 僭越하게 되었다"고 하여 원망하였던 것은[428] "地著", 즉 在地 역량을 상실한 문벌사족의 후예가 도도히 발전하던 皇帝를 頂点으로 하는 관료제 전개에 대한 항변으로 간주된다.

나. 肅·代·德·憲宗時期의 山東官僚

이 시기는 唐朝 후기 곧 中國史의 分期問題에 관한 論著에서 빈번히 上程되는 安史亂을 거친 직후로부터 6·70년간이다. 또한 이 시기는 唐前期의 律令支配秩序도 구체적으로 파괴되고, 藩鎭의 割據中에 神策軍을 중심으로 하는 傭兵制와 그것을 부양하는 兩稅法을 兩翼으로 하는 皇帝의 專制가 관철된 듯 했으나, 軍事權을 장악한 宦官의 횡포, 士庶合流中에 전개된 黨爭으로 말미암아 唐朝는 回生되지 못하고 말았다. 말하자면 本項에서 살피고자 하는 肅宗·代宗·德宗·順宗 및 憲宗時期는 唐朝 後期에 있어서 그 초기에 해당

427) 上揭書 卷187 下, 忠義 下, 盧奕傳.
428) 『新唐書』 卷199, 儒學 中, 柳冲傳 附 芳傳. pp.5678-9.

되어 兩稅法이 조립되고, 神策軍 中尉와 樞密使로 軍權을 장악한 환관세력이 막강한 시기였다. 뿐만 아니라 同 시기에는 庶民地主階級이 크게 성장하여 경제적으로 대토지겸병과 租佃制를 통한 理財에 열정을 올렸고, 풍부한 경제력을 이용하여 과거(진사과 등)나 捐納 등을 통하여 통치계급에 합류하였다.

이러한 同 시기에 山東官僚들은 어떠한 활동을 전개하였던가를 살펴보는 것은 상당히 재미있는 일이다. 이 시기에 山東官僚로 兩唐書 列傳에 등장한 인물들은 다음 表 2에 등장시킨 36명을 들 수 있다.

▎표 2. 肅憲宗期 山東官僚活動狀況表▐

NO	人名	本貫	父親官歷	出身	本人官歷	특기사항	구당서권
1	盧某	幽州范陽人	子騫-諮議	門蔭	시어사, 자사-경조윤 관찰사	巧宦	126
2	盧從史	(未見)	虔진사刺史	선기사	소의군절도사	遷居	132
3	盧邁	范陽人		명경제과	현위 자사 중서시랑동삼품	孝友恭儉	136
4	盧群	范陽人			병부랑중-어사중승-절도사	正直君子	140
5	盧杞	滑州永昌人	奕어사中丞	문음	이부랑중-문하시랑동삼품자사	姦慝人物	135
6	盧元輔	滑州永昌人	杞-相德宗	진사	右拾遺-자사-이부랑중	淸行文風	135
7	盧徵	范陽人			전중시어사-급사중-자사	遷擧	146
8	盧擔	하남낙양인	巒-刺史		員外郎이부시랑判度支-節度使	君子	153
9	崔邠	청하동무성	倕(-官卑)	진사제과	縣尉-중서사인-太常卿	至孝和睦	165
10	崔瑾	博陵人			자사-관찰사	能政	153
11	崔縱	박릉안평인	渙-相玄宗	문음	大理卿-鹽鐵使-어사대부	至孝稱職	108
12	崔祐甫	京兆長安人	沔黃門侍郎	진사	어사중승-문하시랑 동삼품	剛直	119
13	崔造	博陵安平人			자사-급사중-중서시랑 동삼품	義兵	130
14	崔漢衡	博陵人			장서기-和吐蕃副使-병부상서	稱職	122
15	崔損	博陵人		進士諸科	右諫議大夫(門下侍郎)同三品	不孝悌	136
16	崔元翰	博陵人		진사제과	掌書記-知制誥-比部郎中	好學	137
17	李揆	隴西成紀人	成裕-進士		우습유-중서시랑 동삼품	明利害	126
18	李皆	隴西成紀人	(揆의 兄)		절도사-司門員外郎-자사		126
19	李益	隴西成紀人	(揆의簇子)	진사	비서소감-태자빈객-예부상서	善詩	137
20	李皐	隴西成紀人	初金-參軍	진사	國子博士중서사인刺史절도사	自負士藝	160

NO	人名	本貫	父親官歷	出身	本人官歷	특기사항	구당 서권
21	李珙	趙郡人			昭義大將 右武衛上將軍	經史重視	160
22	李承	趙郡高邑人	金國子司業	명경	監察御使-이부랑중-觀察使	至孝	161
23	李藩	趙郡人	承-觀察使	幕僚	비서랑員外郎-자사-御史大夫	盡忠	148
24	李巽	趙郡人		명경제과	刺史급사중 觀察使이부상서	苦心爲學	123
25	李觀	趙郡人			주부-어사중승-檢校左僕射		133
26	李觀	洛陽人		武藝出衆	절도사-工部尙書	文儒武藝	144
27	李若初	趙郡人			자사-團結使	善吏治	146
28	李西筠	趙郡人		進士	主簿원외랑觀察使어사대부	重興望	新 146
29	鄭雲逵	滎陽人		進士	장서기-대장군-경조윤	平朱泚亂	137
30	鄭餘慶	滎陽人	慈太子舍人	진사	중서시랑(尙書左丞)동삼품	偉大力量	158
31	鄭膺甫	滎陽人			원외랑 3주자사		158
32	王縉	河中人			국자제주 황문시랑 동삼품	事貴 依才地	118
33	王紹	京兆萬年人			원외랑 병부상서	謹密	123
34	王緯	太原人	之咸長安尉	명경제과	원외랑給事中-어사대부-尙書	淸潔	146
35	王翃	太原晉陽人			자사=절도사		157
36	王翃	太原晉陽人			자사-節度使-동도유수		148

表 2에 등장한 36명은 范陽 盧氏로부터 나온 盧愖·杞를 비롯한 8명; 淸河東武城人 崔邠, 博陵 崔祐甫를 비롯한 7명; 隴西 李氏로부터 나온 李揆을 비롯한 5명; 趙郡 李氏로부터 나온 李承 등 7명이 있으며; 滎陽 鄭門에서 나온 鄭餘慶 등 3명; 그리고 太原 王氏의 출신으로 王縉 등 6명이 그들이다. 그밖에 范陽 盧氏의 盧翰처럼 재상을 역임했지만, 兩 唐書 列傳에는 등재되어 있지 않은 인물도 있어 그밖에 산동관료가 상당수 더 있을 것으로 추구된다.

이들 36명을 출신별로 보면, 진사출신이 11명으로 가장 많고 明經이 4명, 그리고 門蔭을 통한 入仕 또한 3명이다. 그리고 武藝를 통하여 入仕 顯達한 인물도 3명이나 된다. 이는 唐後期 藩鎭의 割據와 주변민족의 도약을 반영하고 있다. 그리고 과거출신 13명도 대체로 진사과를 거쳐 정계에 진출하고 顯達하였던 것으로 이해된다. 왜냐하면 武則天 이래 進士科가 성행하여 관료의 등용문으로 거의 고정되었기 때문이다. 말하자면 代宗때 禮部侍郎 楊綰은 앞서 말한 바와 같이 劉思立의 건의로 개선된 진사과 등 과거제도에 대하여 진사 入仕者는 실무능력이 없다는 등의 積弊를 지적하고 貢擧制의 개선을 주장하였다. 이에 황제는 尙書左·右丞·諸司侍郎·御史大夫·中丞·給事中 및 中書舍人 등으로 하여금 合議하여 上奏토록 했다. 이에 給事中 李廙, 李栖筠, 尙書左丞 賈至, 京兆尹·兼御史大夫 嚴武 등이 楊綰과 같은 의견을 奏議함에 楊綰의 의견은 정론이 되었다. 그렇지만 황제는 事案이 중대한 만큼 진사과의 폐지에 대하여 翰林學士에게 묻자, "진사과의 시행은 이미 오래되어 갑자기 이를 폐지하면 士人의 학업이 실추될까 두렵다"고 신중히 처리할 것을 제안함에 孝廉을 진사과와 병행하는 등의 논의가 이루어졌다.[429] 게다가 代宗 때 元載가 秉政하여 과거제의 운영이 혼탁했으며, 그가 실각한 후 楊綰 및 常袞이 科場의 비리 등 과거제의 합당한 운영을 위해 노력하여 상당한 성과도 거두었다. 그러나 常袞은, "辭賦로써 登第하지 않으면 進用하지 않았다"고 한 것처럼,[430] 진사과는 入仕 및 高官에 이르는 正途로 운영되었다.

한편 唐朝는 安史大亂 후에 흐트러진 사회질서의 재건 특히 통치계층을 조정·정비하고, 그들을 확대시켜 관료계에 포괄할 필요가 있었던 시점에서 唐後期에도 官撰修譜가 추진되었다. 唐朝 후반기에 撰修된 氏族志는 『新集天下姓族譜』와 『元和姓纂』이 그 대표라 할 수 있다. 前者에 대하여 吳宗國은 (山東)士族의 후예와 일반지주의 융합으로 士庶區分이 불가능했기 때문에 撰修되었다고 하였다.[431] 王仲犖은 同譜를 상세히 분석하여 91郡 777姓이 등재되었고; 『唐貞觀八年條擧氏族事件』보다 379姓이나 증가되었으며; 山東郡姓으로 五姓 이외에 18姓, 關中郡姓도 韋·裵·杜·楊·薛·柳의 6姓 以外 17姓이 증가되었다는 것을 근거로 庶民地主層이 점차 대두하여 문벌사족이 쇠락한 표지라고 하였다.[432] 後者에 대하여 林立平은 安史亂으로 經籍이 대량

429) 『舊唐書』 卷119, 楊綰傳. pp.3429-36.
430) 上揭書 卷119, 崔祐甫傳. pp.3838-40.
431) 吳宗國, 「唐代士族及其沒落」, 同上.
432) 王仲犖, 「新集天下族姓譜稿稱」 『山昔 華山館叢稿』 所收.

으로 散失된 사정에서 士族의 眞僞를 판결하는 일이 명확하지 못하여 士族의 한계를 한정함으로써, 加爵, 加封의 편의를 도모하기 위하여 편찬되었다고 하였다. 그런데 여기에는 元載·嚴震 등이 등재되었던 것을 비롯하여 博陵崔氏의 경우 系譜·本貫의 혼란 등을 들어 士族의 쇠락, 譜學의 쇠퇴라고 논평하였다.[433)]

이 같은 吳·王·林 3人의 論析은 매우 탁견으로 수용된다. 그러나 武則天時代에 이미 관료제가 성립되고 唐 玄宗 이래 同 관료제가 전개되었다는 입장을 가진 필자로서는 납득하기 어려운 점이 있다. 그것은 앞서 상술한 것처럼, 隋文帝이래 선거 방법 및 관료운영 방법이 전혀 다른 상황이며, 그런 실정에서 진사과 등 과거제에 적극 진출하였던 사정에서 門閥士族의 존재 혹은 쇠락을 운운하는 그 자체가 문제가 된다. 그리고 吳宗國이 山東士族은 唐의 정책, 예컨대 門蔭으로 入仕하여 고관에 이르는 코스나 문벌사족이 표방하던 예법·문풍의 보전도 지극히 어려웠으며, 新門을 성장시키려는 정책 때문에, 진사과를 통하여 재상·대관료로 顯達해야 했다고 지적한 것을 보면,[434)] 문벌사족과 관료와의 혼동이 아닌가 의심스럽다.

이리하여 鄧文寬 등 官撰 氏族志에 관한 논자들은 唐末 농민전쟁으로 말미암아 崔·盧·李·鄭·韋·杜氏 등 문벌사족이 몰락했다고 전제하고, 이를 증명하기 위하여 "그들이 唐末에 계속 쇠퇴하여 宋朝에 이르러서 자취를 감추었다"는 王明淸의 언급[435)]을 통하여 그들이 唐末·五代에 몰락하였다는 것이다. 그렇지만 필자가 보기로는 唐朝의 氏族志 편찬 등 정책은 士族의 확대(물론 전면적 확장은 아니지만)를 통한 통치의 실효성을 확보하고 庶民地主의 사회경제적 성장과 열렬한 정계진출의 요구를 수용하는 선상에서 통치계층을 확대한 것이라고 생각되기 때문에 문벌사족의 존재를 唐末까지 인정하는 것은 합리적이지 못하다고 생각한다. 뿐만 아니라 元載·嚴震 등을 등재한 사실은 唐朝 氏族志 찬수의 기준이 官品 위주인 점이나 新門을 성장시키려는 정책인 점 등으로 볼 때에, 반드시 이 점 만으로 문벌사족의 쇠퇴라고

---

433) 林立平, 「唐代士族地主的衰亡過程」, k22, 1987-4.

434) 吳宗國, 「唐代士族及衰落」, 『唐史學會論文集』 所收.

435) 宋·王明淸, 『揮麈前錄』 二.

할 수 있는지 의문이다. 다만 중국의 사회는 이전시대부터 宗族의 氏族組織이 사회의 주요 根幹이 되어 있었고, 그 유지·발전을 돕는 儒學이 건재하였던 상황에서 문벌사족의 존재형태적 관념과 지향이 아직 온전하고 있다는 점, 그리고 그것을 동경하고 재건코자 하는 희망이 지속되었다는 점은 留傳하였으며, 이런 관념의 지향은 唐末·五代에 이르러 완전히 타파되었다는 것으로 고려된다. 따라서 『新集天下姓族譜』와 『元和姓纂』과 같은 官撰修譜는 士庶合流의 副産物일 것이며, 瞿林東이 唐代 譜學은 士庶間의 政治鬪爭의 工具로서 士庶鬪爭의 완화에 기여하였다고 설파한 것은 훌륭한 지적[436]이라고 생각한다.

그리고 兩 唐書를 비롯하여 『全唐文』 및 『千唐誌齊藏誌』 등에 등재된 山東官僚들의 位像·存在形態를 보면 門(家)風, 門戶·甲門·望族 등의 용어로 표현되어 있다. 이것으로 魏晋南北朝時代의 門閥士族(制)이 계속 발전하여 나온 것처럼 오해할 수 있다. 그러면 이런 자료는 어떻게 이해해야 할 것인가는 매우 중대하고 지극히 어려운 문제이다.

먼저 몇 가지 예를 들어 보자.

① 盧元輔의 경우: 盧元輔의 系譜는 范陽 盧氏의 제 3房 昶의 계통으로 『新唐書』卷73 上 宰相世系表 范陽 盧氏에 잘 보인다. 앞서 詳述한 바와 같이, 대체로 盧氏는 隋朝와 唐 初期의 강력한 통일정책으로 매우 낙후되었던 사정이 역력하고 本貫 遷徙 이후 唐朝 政界에 적극 참여하고 있다.

盧元輔는 德宗 때의 奸邪로 유명한 盧杞의 아들이다. 杞는 狀貌가 누추하고 안색조차 藍色으로 참으로 해괴한 인상의 인물이었다. 그렇지만 검소하고 祖父 懷愼의 淸節을 이어받았고 口辯조차 유창하였다. 그는 建中 初에 御史中丞에 이르렀다. 이때에 尙父인 郭子義가 百官이 問病해 오면 姬待하였지만, 杞가 왔다는 말을 듣고 郭은 타인들을 모두 물러가게 하고 그를 맞이했다. 그가 물러간 후 家人들은 그 연고를 묻자, 郭은, "杞의 形貌가 누추하고 마음마저 음험하여 그를 보는 이는 반드시 웃게 된다. 만약 그가 권세를 얻게 되면 吾族은 無類(견줄 것 없게 됨)일 것이다"라고 했다. 그후 御史

436) 瞿林東, 「唐代譜學簡論」, 『中國史硏究』 1981-1.

大夫를 거쳐 門下侍郎·同中書門下平章事에 영진하여 楊炎를 비롯하여 崔寧·顔眞卿·嚴郢·鄭詹·李揆 등을 모함하여 貶斥 또는 誅殺토록 하였다. 그리고 후술하는 바와 같이 間架稅 등을 실행하여 많은 원망을 사는 등 매우 간특한 爲政으로 자신의 지위를 지키는데 혼신의 힘을 기울였다. 德宗은 盧杞를 매우 신임하여, "많은 사람들이 杞를 간사하다고 하는데, 朕은 어찌하여 그것을 모르는가?"라고 물었다. 宰臣 李勉이, "盧杞가 간사함은 천하인이 다 알지만 오직 폐하만이 모르는 것은 (그가) 간사하기 때문입니다"고 대답할 정도였으며, 德宗 또한 忠良은 채용하지 않은 그런 凡庸한 皇帝였다. 이러한 부친의 허물을 잘 알았던 元輔는 진사로 入仕하여 刺史, 兵部侍郎 등을 역임했다. 특히 그는 曾祖 懷愼과 祖父 奕의 名節이 현저하여 史冊에 드러나 있음을 보고, 언행을 簡潔·貞方하게 하고, 門風을 계승하고, 淸顯 관직을 역임하여 稱職의 평판을 얻음으로써, 사람들은 부친의 醜行을 연루시키지 않고, 아름답다고 칭찬하였다.[437] 여기서 말하는 門風이란 前述한 바와 같이 曾祖 盧懷愼이래의 淸白·稱職하여 至孝·忠誠하는 官僚制下의 名節이 하나의 家風(門風)으로 되었던 것이지, 魏晋南北朝時代에 형성된 그러한 문벌사족의 門風은 아니다.

② 崔祐甫의 경우

崔祐甫의 家系는 博陵 二房으로 산동문벌사족 중에서 가장 昌盛하였다. 이는 앞서 詳說했고 『新唐書』 72 下 宰相世系表 博陵 崔氏 二房에서도 보는 바와 같이 同房의 元祖인 崔楷의 4子 중 제3子는 孝武帝의 西遷 때에 從駕하여 西魏·北周 및 隋王朝의 尙武的 세계에서 주로 군사적 공로로 현달하였다. 外戚으로 확고한 지위를 가졌다. 특히 唐初에 高祖가 同房 출신 崔恭禮를 尙主하도록 하고, 駙馬都尉로 임명한 것은 문벌사족으로 族大한 博陵 崔氏의 在地·統治力量을 포괄하는 정략적인 측면도 있었다. 그러나 이는 그들의 조상중에는 西魏 이래 關中政權에 대하여 협조한 인물들이 있어 이들의 지위를 보증하는 그런 선상에서 唐朝에서 入仕가 유리함을 선전한 정책으로 추구된다. 아울러 唐朝의 관료제 하에서 그들의 經·文學上의 역량으로 진사

437) 『舊唐書』 卷135, 盧杞 元輔傳 pp.3717-8. 및 史臣曰. pp.3743-4.

과 등 과거를 통하여 入仕하고, 다시 관료적 역량으로 현달하는 등, 冠冕이 단절되지 않았던 것이다.

崔祐甫는 至孝하고 博學하며 文詞에도 뛰어나 玄宗 때에 中書侍郎·黃門侍郎 등을 역임하고 淸直했던 崔沔의 아들이다. 그의 家에는 淸儉한 禮法이 있어 士流의 則(모범)이 되었다. 예컨대 그가 진사에 등제하여 壽安尉를 역임하였는데, 이즈음 安祿山이 洛陽을 함락하여 士庶들은 모두 도망하기에 바빴지만, 그는 홀로 矢石이 쏟아지는 위험한 가운데서도 私廟에 潛入하여 木主(나무로 만든 神主)을 짊어지고 피난했다. 또한 朱泚의 亂을 당하여 그의 婦人 王氏가 賊中에 남아있었다. 朱泚는 일찍이 祐甫와 더불어 同列이었던 관계로 그의 사람됨을 雅重하였기에 王氏婦人에게 繒帛·菽粟을 보냈다. 이에 王氏는 그것을 받아 緘封하여 놓아두었다가 德宗이 還京함에 그 상황을 개진하며 헌상했다. 이리하여 士君子는 더욱 祐甫의 家法을 중시했고 令名을 향유하는 것은 마땅하다고 하였다.[438] 여기에서 말하는 家法은 至孝하는 家風에서 家父長 중심으로 국가에 충성하는 정황이 체현됨으로써 士流, 즉 선비의 모범이 되어 중시한 것이다. 그리고 그 至孝한 것은 그의 祖母가 老疾에 걸렸을 때에, 그의 부친이 侍食코자 閒官을 청하였던 사정에서부터 이어져 온 것이며, 魏晋南北朝時代에 博陵 崔氏가 가진 바의 그런 優美한 家風의 재건이라고 할 수도 있겠다. 그것은 祐甫가 百口를 公携하여 南遷하였다는 자료에 따라 보아도 그러하다. 그렇지만 이를 가지고 문벌사족제의 재건이라고 단정할 수 없고, 다만 門閥士族像이 재건된 것이라고 하겠다. 근본적으로 宗族은 중국사회 특히 魏晋南北朝·隋唐時代에는 기초가 되어 있었고, 그것을 유지하는 기틀은 修己治人의 학문 즉 儒學이다. 여기에서 국가에의 충성·애국과 같은 관료의 素養도 나왔다고 고려할 때에, 관료제가 전개되던 사회에서도 문벌사족제 시대의 그것과 유사한 優美한 門風이 얼마든지 형성·성장될 수 있는 것이다. 따라서 그것은 사회적 주요가치이므로 통치에도 도움이 된다는 점에서 칭찬해 주고 보증해줄 필요가 있는 것이다. 더욱이 士流란 산동관료만 지칭하는 것이 아니고, 그들과 더불어 關中·江南

---

438) 上揭書 119, 崔祐甫傳. p.3441.

出身을 포함한 전체 통치계급과 그 예비원, 예컨대 『新集天下姓族譜』에 새롭게 등제된 士族이나 그외 武功入仕者의 경우에도 마찬가지이기 때문이다.

③ 李承-藩의 경우

『新唐書』卷72 上, 宰相世系表 趙郡 李氏 南祖(輯)房에 등장하는 인사들이 보인다. 이들을 관력으로 보면, 그들은 대대로 儒學을 섭렵하여 仕官하였고, 산동문벌사족에 대한 강한 통제를 가하던 隋·唐 初期에도 淸官을 역임한 자가 출현하였다.(李政藻·素立 등) 특히 刺史를 역임한 至遠의 아들 畬에 이르러서는 老母를 섬김에 있어 매우 삼갔다. 家內에 和睦하고 累代에 걸쳐 同居하였다. 특히 家內 長幼有序의 예절이 명확하였다. 예컨대 老母의 病苦 中에 그의 妻가 사망하자, 老母의 뜻을 상할까봐 가족들로 하여금 哭聲이 노모에게 들리지 않도록 명령하여 喪禮를 잘 살펴서 士友들이 이를 매우 칭찬하였다. 그리고 그는 노모가 사망하자 그 슬픔을 이기지 못하고 장례 거행 도중에 사망하고 말았다. 그리고 李承은 畬의 제 2子로 兄 曅에 의해 鞠養되었고(재상세계표에는 曅은 보이지 않음) 장성하여 兄을 섬김에 있어 부모처럼 섬겼다. 아들 藩은 好學하고 용모가 아름다운 귀공자로 친족에 대한 散施를 극진히 하였기 때문에 얼마 안되어 가산이 없어졌다. 또한 40여세에 이르러서도 不仕하여 自給하기에 곤란함에 妻子가 원망하였지만 태연자약하였다. 이때 父親 承의 故吏인 杜亞가 東都留守로 부임해와 從事로 삼은 것으로부터 秘書郎, 吏部郎中을 거쳐 憲宗 初에 재상에 榮進하였다.[439]

이처럼 李承·藩의 一家는 魏晋南北朝時代의 문벌사족의 후예답게 문벌사족으로써의 통치역량, 累世同居 등 家業의 保全·傳承 및 누대에 걸쳐 仕官顯達者가 등장하고 있기 때문에, 문벌사족제가 隋唐時代에도 온존했다거나 재건되었다는 논평도 가능할 수 있을지 모른다. 그렇지만 그들은, "혈통으로 평범하게 政界에 진출하여 公卿에 이르는 것"이 아니라, 進士·明經科를 거쳐 입사하고 본인의 稱職·無隱과 같은 관료적 역량 - 특히 李藩처럼 修身하여 愼行 輕財·散施함으로써, 이른바 "經緯의 臣"·"王佐才"로 타인의 추천을 받아 재상에까지 榮進·顯達하고 있음을 볼 때에, 문벌사족(제)의 온전이나 재

439) 上揭書, 148 李藩傳. pp.3999-4000.

건이라는 論理는 성립할 수가 없는 것이다.

④ 李揆의 경우

李延壽가 『北史』의 自序에서 밝힌 바와 같이 隴西 李氏는 누대에 걸쳐 家傳하던 유학을 학습하여 北朝 이래 현달하였고 우미한 문풍을 보전하는 등 문벌사족으로서 輿望의 對象이었다. 이는 『新唐書』 卷72 上, 宰相世系表 隴西李氏 姑臧大房에 명확히 나타나 있다. 반면에 隋朝 및 唐初에는 막대한 통제를 받았지만 行之·玄道 및 大亮 등 通顯者가 보인다. 그리고 高宗 때에는 禁婚家의 首位로 指斥되었지만, 위의 世系表上 直系祖先의 官歷을 보면 과거제를 통해 入仕하고 관료적 역량으로 현달하여 李大亮처럼 문벌사족적 家業을 보전코자 노력하였다. 또한 武則天時期에 蘇州司馬 張沛가 李亶을 "天下甲門"으로 同 州의 長史에 천거하였던 사실을 보면, 문벌사족적인 家風의 유전을 알 수 있다. 특히 李揆는 肅宗 建元初에는 禮部侍郎으로 進士試驗에 文章(五經, 諸史 및 切韻) 시험을 강조하고 그런 방향에서 選事를 잘 진행시켜 中書侍郎·同平章事, 集賢殿·崇文館大學士, 兼修國史에 榮進하였다. 뿐만 아니라 그는 風儀가 아름답고 奏對를 잘하여 肅宗이 칭찬하기를, "卿의 家는 門地·人物·文章에 있어서 모두 當代에 推仰하는 바이다"고 하였고, 당시인들은 그를 "三絶"이라 했다. 더우기 그는 재상이 되어 秉政하였을 때에, 侍中 苗晋卿이 누차 元載를 중용 관료로 삼도록 추천하자 (그는 스스로 門望에 의지하여 元載의 寒門임을 들어 가볍고 쉽게 생각하여 받아드리지 않으면서) 苗에게, "준수한 풍채를 가진 선비도 채용되지 못하고 있는데, 하찮은 선비의 子息이 이에 求官하는구나"라고 말하였다. 이에 元載는 매우 큰 악감을 갖게 되었다.

그 후 元載가 代宗의 신임을 얻어 재상이 되어 李揆를 試秘書監(非實務官)을 삼고 江淮에 나아가 養疾하도록 조처해버렸다. 이에 완전히 去勢되어 봉록이 없으니 家庭은 貧乏을 면하지 못하게 되었다. 말하자면 그가 거느린 百口의 孀孤들은 걸식하게 되었고 天下 諸州를 떠돌이한지 15,6년이 되었는데, 그 牧守들이 점차 박대하면 移居하였던 고로 그들이 移居한 지역만 하여도 十餘州에 이르렀다. 元載가 誅殺되고 나서 그는 睦州刺史에 제수되고 國子祭酒·禮部尙書를 역임했으나, 盧杞에게 증오되어 吐藩會盟使·左僕射를 잠깐씩 역임했었다.[440] 위에서 "家率百口"란 魏晋南北朝時代 문벌사족의 기초조직인 宗主集團의 형태로 인식되어 앞서 상세한 李承·藩처럼 문벌사족의 재건이라고 평가할 측면이 없지 않다. 그렇지만 肅宗이 門地·人物·文章에 탁월하다고 칭찬하고 당시인들이 "三絶"이라고 추앙한 뉘앙스는 魏晋南北朝時代의 문벌사족의 (비리가 없는) 원칙상 합당한 그런 인물, 즉 그런 정도의 여망을 가진 인물로 칭찬한 것 뿐이다. 그리고 그가 李藩처럼 관료적 역량으로 현달하여 재상이 된 점에서 볼 때 문벌사족의 재건이라고 볼 수 없으며, 다만 문벌사족적 관념은 留傳되었던 사정이라고 인정할 수 있을 뿐이다. 그렇지만 이것은 崔祐甫의 경우처럼 종족이 사회의 기초가 되고 그것을 운영하는 원리가 經學(修己治人)인 사회, 말하자면 그러한 구조와 원리는 사족제사회이건 관료제사회에서건 보전·재건되고 황제권으로 보증되는 것이기 때문이다.

이상과 같은 문벌사족적 家業을 보전하던 山東官僚들은 進士, 明經科(혹은 門蔭)를 통하여 官界에 입사하고, 吏治·至公 등 관료적인 역량을 통하여 현달하고 있는 것이다.

몇 가지 예를 들어 보자.

盧元輔가 父蔭이 아닌 進士에 등제하여 刺史·兵部侍郎 등 淸顯을 역임하면서 稱職했고, 崔祐甫는 進士에 등제하여 中書舍人 등의 관직을 역임하면서 성품이 강직하여 재상 常袞과 더불어 不協하면서 非理(選擧, 行政上의)를 척결하려 했다. 예컨대 節度使 朱泚(隴州刺史)가 部將 趙貴의 집에서 고양이와 쥐가 함께 젖을 먹는 일이 생겨 이는 상서로운 일로 보고함에 中使를 보내 확인하고, 재상(常袞)은 이를 국가에 좋은 일이 생길 것이라 하여 백관을 인솔하고 황제에 稱賀하였다. 그러나 그는 도리어 동물이 本性을 잃은 것으로, 역사상에서 볼 때 혼란이 일어났다고 전제한 후 변방을 경계해야 한다고 上奏했다. 그 후 朱泚의 亂이 일어났다. 그리고 元載·王縉이 재상이 되어 저지른 선거·행정 등의 비리를 常袞이 많이 제거했다. 그후에 崔祐甫는 특히 선거상의 비리를 척결했다. 즉, 그가 재상이 된지 일년이 못되어 吏 800여명

440) 上揭書 권126 李揆傳. p.3561.

을 선발·제수하여 모두 妥當한 인사라고 칭찬하였다.441) 그러나 時論上 그의 親故를 인사했다고 비방한다는 황제의 심문에 대하여, 자신은 "聖旨를 받들어 인사했고, 자신이 만약 그들의 才行을 모르면 어찌 그들의 言行을 알 수 있겠습니까. 비방하는 이유는 여기에 있습니다"고 直言하였다. 이에 대하여 司馬光은 다음과 같이 말하였다. 즉 人才採用은 親疎·親故의 구별없이 오직 賢·不肖를 살피는 것이라고 전제하고, 현명하고 덕망이 있는 바로 그 사람을 사사로운 情이 없이 뽑아야 한다고 강조하였다. 이는 北宋時代 冗官의 汎濫과 賢才를 求하지 않는 정책에 대한 針對性 발언이다.442) 동시에 그가 "其人"을 뽑는다는 원칙은 『舊唐書』 撰者 劉昫가 崔祐甫는 常袞과는 달리 "滅私·徇公의 道"로서 관리를 선발한 사실을 격찬한 論贊443)과 그 軌를 같이 한다. 이러한 官僚像은 선거의 원칙과 함께 官僚制 展開上에 있어서 중요한 계기 혹은 운영방침인 것이다.

뿐만 아니라 淄靑節度使 李正己가 德宗의 威德을 두려워하여 3萬錢을 헌납코자 한다는 上表에 대하여 황제는 受納코자 했으나, 祐甫는 正己가 奸詐하니 使者를 보내 살피고 그것을 諸軍人에게 하사하면 陛下의 聖德을 감탄할 것이고, 諸 外藩이 朝廷은 財貨를 중시하지 않는다고 할 것이라고 경계하였다. 이에 황제는 기꺼이 허락하고 正己는 크게 부끄럽게 되어 마음으로부터 복종하였다고 한다.444)

이와 같이 崔祐甫가 행한 바의 통치는 국가에 弘益하여 貞觀·開元時代의 태평함이 복구되었다고 할 만큼 吏事에 능통하였다. 이러한 崔가 사망하자, 황제는 門下侍郎·同中書門下平章事를 역임한 자에게는 행하지 않았던 太傅에 冊贈하였다. 이처럼 그는 吏事에 능통하는 등 大臣의 名節이 있었던 것이다. 그리고 李承·藩의 경우 稱職한 王佐才라 하였고, 李揆도 진사에 등제하여 縣尉 右拾遺 中書舍人 禮部侍郎 中書侍郎 同平章事를 역임하면서 治理에 밝고 진사시험에 經史 등을 시험해야 한다는 주장을 하고, 도적에 대한 대책

441) 『資治通鑑』 卷225, 唐紀 41, 代宗 大曆 14年 5月 甲辰; 『舊唐書』 卷119, 崔祐甫傳.
442) 陶懋炳, 「評崔祐甫對德宗問用人」, 『司馬光史論探微』, 湖北師大, 1989.
443) 『舊唐書』 卷119, 史臣曰. pp.3446-47.
444) 상게서 권119 최우보전 p.3441.

을 강구하는 등 관료로서 진력하였다. 이에 황제는 司空을 贈職하고 喪事를 官給하여 禮遇하였다.

그밖에 崔損은 進士·諸科에 등제하여 校書郎, 大理評事, 兵部郎中 및 門下侍郎·同平章事에 榮進하였다. 그가 博學宏詞科에 등제한 것으로 보면 儒家理念을 잘 알고 있을 터이었다. 그렇지만 그는 母喪때에 野殯하고 비구니인 姉가 閒寺에서 죽었으나 장례에도 참석하지 않아 士君子가 이를 責罪하였다. 이로써 그는 산동관료의 근본까지도 放棄한채, 오직 追勢한 것임을 볼 수 있다.

그리고 崔群은 19세에 進士에 登第하고 制科에 통과되어 校書郎 翰林學士 中書舍人 禮部侍郎 戶部侍郎을 거쳐 中書侍郎 同平章事에 榮進하여 平恕의 治理를 도모했다. 예컨대, 憲宗은 外藩鎭의 詢地 때문에 財用이 不足하던 차에 處州刺史 苗稷이 羨餘로 7,000貫을 상납하고자 하였다. 이에 崔群은 이를 違詔로 여겨 만약 受納하면 皇權이 천하에 신의를 잃는다고 하면서 도리어 本州에 下賜하여 貧下者의 租稅로 代替토록 하여 아름다운 처사라고 論評받았다. 그리고 度支使 皇甫鏄이 權倖과 陰結하여 재상에 나가고자 하였는데, 崔群은 玄宗이 李林甫와 楊國忠을 기용함으로써 安史亂이 일어났다고 전제하면서 이를 저지하였다. 그러나 憲宗은 마침내 皇甫鏄를 재상으로 삼았고 崔는 出外되고 말았다.

여기서 崔群에 관한 일화 한 가지를 소개하겠다. "崔群은 元和 4년((809) 中書舍人으로 知貢擧가 되었는데, 婦人 李氏가 한가한 틈에 莊田을 만들어 자손이 資業으로 하도록 권했다. 群은 웃으면서 나는 30곳이나 아름다운 莊田을 만들어 천하에 편재시켜 놓았으니, 부인은 무슨 걱정이냐고 말하였다. 부인은 그런 자업을 아직 듣지 못했는데, (웬일인가?) 이에 群은 나는 지난해 봄에 과거시험에 30명을 합격시켜 放榜했으니, 어찌 莊田이 아니리오? (이에) 부인은 만약 그렇다면 당신께서는 재상 陸贄의 門生이 아니었던가요 함에, 群이 그렇다고 대답했다. 부인은 지난해에 당신께서 文秉을 잡았는데, 남에게 그 아들은 간예토록 기약하고서 본인에게는 불응시토록 하였다. 만약에 당신께서 莊田을 만들었다면 (과거합격에) 곧 陸氏의 莊은 황폐해 버렸구랴 함에, 群은 부끄러워 물러나 며칠동안 굶었다"는 것이다.[445] 이 일화는 과거제를 통한 관료제의 한 단면, 곧 故吏와 門生 사이의 강고함을 전해주는 자료로 唐朝 後期에 이르면 官僚制가 정착되었음을 명확히 반영하고 있다.

더욱이 君子로 자처하거나 清儉했던 盧坦·盧邁·王緯를 비롯하여 吏事에 능하여 稱職되었던 崔從·崔瓘·李益·鄭餘慶 등이 보이고, 李絳은 忠正·自立하여 환관 吐突承璀와 결탁 재상에 오른 趙郡 李氏 吉甫와 화합하지 못하였다. 심지어 權要者를 잘 섬겨 현달했던 追勢的 인물로 盧愖·盧徵·李若初·王縉 등이 등장하였다. 뿐만 아니라 산동의 관료들은 經學 학습을 통하여 吏治에 밝고 名節을 중시하며, 廉潔하여 재상 등 高官에 현달하였다. 더욱이 顏眞卿은 李希烈에 대하여 황제에 朝覲을 강조하고 藩鎭割據에 반대하여 황제권 제고에 노력하다가 피살되었고; 柳宗元은 번진할거와 환관의 전횡 등을 폐정개혁하려 永貞革新에 적극 참여하였으며; 高沐은 李師道의 반역모의에 항거하다가 피살되었으며; 심지어 陽城은 유학 등 학문하는 것을 忠孝를 하려는 것이라고 설파하였다.

이상과 같은 山東官僚들의 官歷과 言行은 관료제 전개상에 있어서 존재형태로 魏晋南北朝時代 문벌사족들의 향유한 바의 그런 신분적인 특권과는 크게 다른 상황이었다. 말하자면 일반 서민으로부터 과거제를 통하여 顯達 재상에까지 영진하던 인물들과의 차이란 거의 없었다. 따라서 앞서 말한 것처럼 盧杞와 楊炎, 崔祐甫와 常袞, 李揆와 元載 그리고 崔群과 皇甫鎛과의 정치 투쟁은 문벌사족과 그 次下階層과의 신분적 차이에서 전개된 것이 아니다. 더욱이 산동관료와 타지역 출신 관료와의 투쟁도 아니었다. 그것은 관료제 전개 중에 재상 등 고관에 현달하려는 사정에서 전개되었던 것이며, 이런 정치 투쟁을 통해서 종래 문벌사족의 후예 혹은 서민지주층으로부터 관료화한 통치계급이 편성되어 이른바 士庶合流가 진척되었다고 고려된다. 그리고 永貞革新에 있어서 骨幹分子들의 출신에서 보면 北方官僚와 南方官僚들의 대립이라는 논평도 있지만,[446] 士庶聯盟(合)으로 평가하는 것이 타당한 것이며,[447] 이런 士庶合流는 庶民地主層에 의한 대토지겸병의 恣行과 租佃制

445) 『太平廣記』 卷181, 貢擧 4, 崔群.

446) 唐森·林立平, 同上論文.

447) 烏廷玉, 「唐代士族地主和庶族地主的歷史地位」, 『中國史研究』 1981-1.

에의 이행, 상품경제의 발달 그리고 科擧制度의 역사적 작용이라고 생각한다.

결국 唐 後期에 氏族志를 官撰하여 통치계급을 확대시키고 통치의 실효성을 제고하려던 唐朝의 정책은 성공을 거두어 관료제 전개에 있어서 주요 디딤돌이 되었던 것이다.

다. 唐 晩期

唐 晩期란 穆宗이래 文·武·宣宗時期의 黨爭期와 僖宗 때의 黃巢農民戰爭을 전후한 시기를 말한다. 이 시기에는 安史亂을 전후하여 재조립된 傭兵 및 兩稅法을 양축으로 황제의 전제가 가능하였으나, 藩鎭의 唐朝에 대한 反服의 교체와 宦官集團의 軍權掌握에 따르는 擅權 등으로 말미암아 정치적으로 통치계층의 이합집산이 노출되어 상호 대립·투쟁하고 있었다. 또한 경제적으로 양세법 성립 이후 "貨賤·錢貴"의 현상과 專賣制가 확대되었다. 게다가 군사적으로 외족침입 및 藩鎭의 反唐鬪爭에 대한 비용의 확대에 따라 進奉·羨餘·和糴 등이 실시되었다. 결국 그 해독이 농민에 轉嫁되고 그들은 몰락·파산되어 농민전쟁이 자주 일어나 결국 唐朝는 통치의 실효성을 상실하고, 이런 총체적인 난국을 극복해 갈 수 없어 亡國할수밖에 없었다.

이 시기에 산동문벌사족의 후예인 산동관료들의 동향은 어떠하였던가? 唐晩期에 등장한 산동관료는 다음 表 3과 같다.

표 3. 唐晩期 山東官僚 活動狀況表

NO	人名	本貫	父親官歷	出身	本人官歷	특기사항	구당서권
1	崔邠	淸河武城人	倕(官卑)	진사·현량방정과	縣尉-중서사인-太常卿	지효돈목	155
2	崔鄯	淸河武城人	倕	〃	현위-중서사임-태상경	冠族	155
3	崔郾	淸河武城人	倕	〃	랑중給事中禮部侍郎 觀察使	銓選淸簡	155
4	崔瑤	淸河武城人	郾	진사	중서사인知貢擧-刺史관찰사		155
5	崔瑾	淸河武城人	郾	진사	상서랑知制誥예부시랑觀察使		155
6	崔鄲	淸河武城人	倕	진사	郎中한림학사太常卿同三品		155

NO	人名	本貫	父親官歷	出身	本人官歷	특기사항	구당서권
7	崔群	淸河武城人		진사	翰林學士 中書侍郎同三品兵尙	善選平恕	159
8	崔于	淸河武城人	群의동생	진사	郎署	有令名	159
9	崔充	淸河武城人	群		三署역임 東都留守		159
10	崔龜從	淸河武城人	誠	진사 현량방정	右拾遺-태상박사知制誥-中書侍郎同三品-吏尙-節度使	長禮學	176
11	崔從	淸河武城人	異	진사	吏部員外郎-節度使-戶部尙書		177
12	崔愼由	淸河武城人	從	진사·현량방정과	翰林學士-節度使-工尙尙書同三品-吏部尙書		177
13	崔安潛	淸河武城人	從	진사	剌史성도윤 節度使태자소부	淸顯歷任	177
14	崔柅	淸河武城人	안잠		起居郎-尙書		177
15	崔艤	淸河武城人	안잠		右拾遺		177
16	崔能	淸河武城人	從의 형		자사-관찰사-절도사		177
17	崔彦曾	淸河武城人	能		3州剌史太僕卿-武寧郡節度使		177
18	崔胤	淸河武城人	愼由	진사	吏部員外郎-給事中-吏部侍郎同三品 4회	주전충에게 의부	177
19	崔彦昭	淸河武城人	豈	진사	지제고 중서사인절도사이부시랑동삼품 형부상서	유학우심	178
20	崔元畧	博陵安平人	儆	진사	御史中丞 자사吏部尙書절도사	失愛族心	163
21	崔鉉	博陵安平人	元略	진사	掌書記 中書侍郎同三品		163
22	崔沆	博陵安平人	鉉	진사	員外郎知制誥 中書侍郎同三品	3子進士	163
23	崔元受	博陵安平人	元略동생	진사	縣尉 判官		163
24	崔元式	博陵安平人	元略동생	진사	觀察使형부상서 判度支同三品		163
25	崔弘禮	博陵安平人	父-縣令	진사	시어사 저사 형부상서		163
26	崔琯	博陵安平人	頲진사 小府監	진사判策	尙書郎급사중兵部侍郎절도사	精吏術	177
27	崔珙	博陵安平人	琯동생	書判拔萃	太府卿절도사戶部侍郎同三品		177
28	崔遠	博陵安平人	澹진사 이부시랑	진사	知制誥 한림학사 中書舍人 兵部侍郎同三品(3代進士10여명	釘座梨 文才精麗	177; 爲相 藩嶽 20명

NO	人名	本貫	父親官歷	出身	本人官歷	특기사항	구당서권
29	崔咸	博陵安平人	銳급사중	진사 博學宏詞	都督府長史 散騎常侍 秘書監		
30	崔戎	博陵安平人	貞固현위	명경	이부랑중-급사중-자사		162
31	盧士玫	范陽人			이부랑중 관찰사 절도사		162
32	盧簡辭	范陽人	綸 진사 호부랑중	진사	시어사-고공원외랑-랑중- 자사-병부시랑-절도사		163
33	盧簡能	范陽人	簡嗣의兄	진사	節度判官-李訓에 가담- 피해		163
34	盧弘正	范陽人	簡嗣동생	진사	원외랑刺史병부랑중太子太 師		163
35	盧簡求	范陽人	綸	진사	掌書記호부랑중刺史절도사		163
36	盧知柔	范陽人	簡能	진사	원외랑 刺史병부랑중		163
37	盧嗣業	范陽人	簡求	진사	좌습유 檢校禮部郎中		163
38	盧汝弼	范陽人	簡求	진사	원외랑 지제고 호부시랑		163
39	盧商	范陽人	廣-현위	진사 발췌	교서랑 탁지랑중 자사 兵部侍郎同三品		176
40	盧鈞	范陽人	繼	진사 발췌	우보궐 자사 市舶使 司徒同三品	염결 관료상	177
41	盧携	范陽人	求	진사	우습유 員外郎 翰林學士 戶部 侍郎同三品		178
42	盧光啓	范陽人		진사	兵部侍郎同三品 太子少保		182
43	李逢吉	隴西成紀人	歸期	진사	절도사 給事中 門下侍中同三品		167
44	李程	隴西成紀人	鶴伯	진사박학 굉사	한림학사-節度使- 吏部侍郎同三品3회	예학우심	167
45	李廓	隴西成紀人	程-相文宗	진사	자사 觀察使	명시인	169
46	李訓	隴西成紀人	(李揆族孫)	진사	한림시강 知制誥 禮部侍郎同 三品	奸邪- 甘露事變	169
47	李中敏	隴西成紀人	嬰	진사	監察御史 형부랑중 給事中		171
48	李石	隴西成紀人	明	진사	급사중 中書侍郎同三品3회		172
49	李福	隴西成紀人	李石의동생	진사	刺史형부시랑司空同三品		172
50	李蔚	隴西成紀人	景素-진사	진사	중서사인 尙書左丞同三品		178
51	李泥	隴西成紀人	蔚의아들	진사	중서사인 禮部侍郎		178
52	李洵	隴西成紀人	蔚의아들	진사	福建觀察使		178
53	李讓夷	隴西成紀人	應規	진사	한림학사 中書侍郎同三品		176

NO	人名	本貫	父親官歷	出身	本人官歷	특기사항	구당서권
54	李巨川	隴西成紀人	循-진사	진사	掌書記 諫議大夫	朱全忠에 피해	190下
55	李吉甫	趙郡人	栖筠 어사대부	문음	剌史 한림학사 中書侍郎同三品2회 절도사	多撰	148
56	李德脩	趙郡人	길보	진사	繕部원외랑 3州剌史	有志操	新146
57	李藩	趙郡人	承-관찰사	진사	비서랑 員外郎 급사중 門下侍郎同三品	盡忠	
58	李虞中	趙郡人		진사	太常博士병부랑중中書舍人	不矜伐	163
59	李絳	趙郡贊皇人	端-진사/대력10재자	진사	한림학사 知制誥 中書侍郎·同三品 이부상서	忠正	164
60	李璋	趙郡人	絳-相憲宗	진사	감찰어사 觀察使		164
61	李紳	潤州武錫人	晤-3縣令	진사	우습유 翰林學士 지제고 兵部侍郎同三品		173
62	李珏	趙郡人	仲朝	진사	우습유 知制誥 한림학사		173
64	李固言	趙郡人	現	진사	랑중 급사중 門下侍郎同三品2회 병부상서		173
65	李德裕	趙郡人	길보 相憲宗	문음	장서기 한림학사 工部侍郎同三品 兵部尙書同平章事4회 淮南節度使		174
66	李尙隱	趙郡人		명경	員外郎도독戶尙동도유수	剛直선거부정탄핵	185下
67	李萃	趙郡人		진사	監察御史 吏部員外郎	達文詞	190下
68	鄭澣	榮陽人	餘慶	진사	考工郎中중서사인刑部尙書	經史要錄	158
69	鄭允謨	榮陽人	澣		剌史 太子右庶子		158
70	鄭茂諶	榮陽人	餘慶	진사	태상박사 吏部郎中 자사		158
71	鄭處誨	榮陽人	澣	진사	급사중 刑部侍郎 절도사	명황잡록	158
72	鄭從讜	榮陽人		진사	이부시랑 剌史 刑尙同三品	國之名臣	158
73	鄭絪	榮陽人	羨 剌史	진사	掌書記·中書侍郎同三品	儒學高名	159
74	鄭祗德	榮陽人		진사	좌습유 給事中 이부시랑	尙公主	159
75	鄭權	榮陽開封人		진사	郎中자사 節度使 공부시랑		
76	鄭珣瑜	榮陽人		諸科	시어사 門下侍郎同三品		165
77	鄭覃	榮陽人	珣瑜相德宗	문음	左拾遺급사중尙右僕同三品		173

NO	人名	本貫	父親官歷	出身	本人官歷	특기사항	구당서권
78	鄭郎	滎陽人	〃(覃동생)	진사갑과	고공낭중給事中禮尙同三品		173
79	鄭涽	滎陽人	〃(覃동생)	진사	(官歷不見)		173
80	鄭肅	滎陽人	閱-儒家	진사	급사종 戶·兵尙同三品	長經學	176
81	鄭洎	滎陽人	洎	진사	상서랑 刺史		176
82	鄭仁規	滎陽人		진사	습유 자사 中書舍人		176
83	鄭仁表	滎陽人	亞진사자사	진사	장서기 起居郎	오만	176
84	鄭畋	滎陽人		진사	戶部郎中중서사인 尙左僕同三品		178
85	鄭凝績	滎陽人	畋	진사	刑·戶部侍郎		178
86	鄭遇昌	滎陽人		진사	감찰어사 員外郎 호부상서 中書侍郎同三品 형부상서		新 182
87	王彦威	太原人		진사	兩稅使 刺史 禮部尙書	교환	157
88	王質	太原祈人	潛	진사갑과	원외랑 給事中 자사	칭직	163
89	王播	太原人	恕	진사	공부낭중 中書侍郎同三品		164
90	王起	太原人	播	진사 현량방정	원외랑 中書舍人興元令同三品 縣尉		164
91	王龜	太原人	起	진사	지제고 兵部尙書		164
92	王蕘	太原人	龜	벽징	우보궐낭중 刺史 어사대부		164
93	王權	太原人	蕘	문음	兵部尙書		164
94	王式	太原人	播	문음	감찰어사 觀察使 節度使	巧宦	164
95	王鐸	太原人	炎	진사	절도사 門下侍郎同三品2회		164
96	王鐐	太原人	炎	진사	汝州刺史		164
97	王正雅	太原人	翊	명경	감찰어사 刺史 大理卿		165
98	王凝	太原人	重仲	진사갑과	考工郎中 중서사인 자사		165
99	王涯	太原人	滉	진사 박학굉사	縣尉 翰林學士 원외랑 中書侍郎同三品	貪權固寵	169
100	王溥	不知何所人	聰	진사	員外郎낭중中書侍郎同三品		新 182

表 3에서 등장한 인물은 주로 『舊唐書』 列傳에 등재되어 있는 산동관료들이다. 말하자면 范陽 盧氏로부터 진출한 盧簡辭를 비롯한 12명, 淸河 崔邠을 비롯한 19명, 博陵 崔元略을 비롯한 11명, 隴西 李逢吉을 비롯한 12명, 趙郡

李德裕를 비롯한 10명, 滎陽 鄭覃을 비롯한 17명, 그리고 太原 王播을 비롯한 15명, 그리고 彭城 劉瞻을 비롯한 郡四姓에서 출신한 산동관료 19명 등 모두 115명이다. 그밖에도 상당한 인사들이 정치를 비롯한 각 방면에서 활동하였으리라는 것은 부정할 수 없다.

위 115명중에 가운데 進士(89), 明經(5), 諸擧(21, 諸擧의 경우는 進士 혹은 明經을 거쳐 入仕후 응시자가 많기 때문) 門蔭(5), 그리고 徵辟이 3명이 있다. 출신을 확인할 수 없는 17명은 대부분 進士, 明經 출신으로 이해된다. 그것은 范陽 盧氏는 90년 동안(AD 795-875)에 (2년간 停擧) 進士 116명을 배출하고 있을 뿐만 아니라,[448] 앞서 언급한 것처럼 常袞이 代宗 末 元載를 대신하여 재상이 되자, "辭賦로 登第하지 않으면 채용할 수 없다" 라는 원칙을 세운 이후 진사과는 재상 등 고관에 이르는 등용문으로 확고한 지위를 확보하였기 때문이다. 이런 진사과는 晩唐時期 산동관료를 포함한 통치계급의 주요 관심사로서, 이것에 근거하여 穆宗으로부터 宣宗 初期에 걸쳐 약 40년동안 매우 첨예한 대립이 전개되었다. 이를 이른바 黨爭이라 한다.

이 黨爭에 관하여 章群氏는 앞서 말한 것처럼, 武后가 山東地主層을 부식시키려는 의도에서 科擧制를 통해 문학적 선비를 뽑았으나, 이들은 舊門閥과 대립하여 唐 後期의 당쟁은 이로부터 시작되었다고 하였다. 그러나 이런 章氏의 黨爭에 대한 전문적인 논설은 없다. 그후 陳寅恪氏는 당쟁을 산동문벌사족과 신흥관료의 대립으로 파악하였다. 前者의 李德裕의 黨, 즉 李黨은 그의 부친 吉甫가 憲宗 때 재상으로 재임하던 元和 3년(808) 진사 策試에서 牛僧孺·李宗閔·皇甫湜 등이 국정의 실책을 책론한 것이 문제가 되어 吉甫가 황제에 泣訴하였고, 결국 貶斥되었던 사정에서 私黨이 결성되었다. 말하자면 李黨의 鄭覃과 같은 인물들은 역사배경 예컨대, 門第를 중시하고 經學을 家傳·學習하여 文詞로 뽑는 進士科를 증오하였다. 이들은 과거제의 座主와 門生과의 은혜 관계로 朋黨을 결성하여 世家·名家로 되었으며, 孤寒이 되었음에도 불구하고 미덕이 高名하였던 山東舊族을 擬引하였으니, 이것이 역시 수백년간의 一大世變이었다. 또한 牛黨(牛僧孺)은 모두 科擧 進士출신이고,

448) 『唐語林』 卷四, 企羨.

이들은 高宗·武后의 進士科로부터 성장한 신흥지주로부터 진출하여, 山東舊族을 위주로 하는 李黨과 서로 용납되지 못하여 山東舊族은 이들 신흥계급과 더불어 死鬪를 전개하였다고 하였다.[449)]

이러한 陳說에 대하여 諸家의 의견은 매우 분분하여 정리하기조차 힘들 정도이다. 말하자면 韓國磐은 양자 모두 지주계급으로 공통점이 있다면서 대체로 陳說과 같은 입장을 취하고, 그 연원은 玄宗 때에 시작되었다고 하였다.[450)] 그러나 이들 陳·韓 兩氏의 士庶鬪爭說에 대하여 近來의 논자들은 정치 그룹간의 政見上 차이에서 비롯된 것이라고 하고 있다. 예컨대 瞿林東은 黨爭에서 藩鎭割據나 維州에 대한 維持 혹은 放棄와 같은 정책으로 상호 仇視하였고, 出身이 서로 같아 강경한 바가 아니라고 하여 士庶鬪爭說을 반대하였다.[451)] 그리고 唐長孺는 憲宗 太和年間에 史臣의 실록에 없던 李吉甫의 죄상을 기록하였던 것에서 당쟁이 연유하였고, 牛僧孺·皇甫湜의 策問中에 공격대상은 李吉甫가 아니라고 하여 陳說에 대하여 근본적으로 반대하는 입장을 취하고 있다.[452)]

이런 唐氏 이후 당쟁에 대하여 근본적으로 연구를 진척시킨 사람이 王炎平, 胡如雷 兩氏이다. 먼저 王氏는,

① 李德裕·鄭覃의 진사과 비판(증오가 아님)은 진사의 浮華를 비롯하여 廉恥와 科場의 풍기가 불량함, 그리고 名額을 제한하는 폐단을 개선코자 한 것이지 억압하고자 한 것이 아니었다. 또한 그들은 실제로 "孤寒"을 발탁하였고, 牛黨에서 발탁한 인사까지도 채용했으며, 앞서 말한 바와 같은 楊綰의 논의에 따라 詩賦만으로 취사하는 편협한 科擧制의 개선을 청구하여 진보적이고 타협적인 것이었다.

② 과거제도는 庶族에게 官界出口를 개방한 것이지만, 아울러 士族에게 더 유리했다. 예컨대 李德裕의 祖父 栖筠은 詩賦를 열심히 하여 一擧에 登第하였던 사실이 그것이다.[453)]

---

449) 陳寅恪, 「唐代政治史述論稿」, 同上.

450) 韓國磐, 『隋唐五代史綱』, 13章 2節 同上.

451) 瞿林東, 「唐代譜學簡論」, 同上.

452) 唐長孺, 「『舊唐書』中關于元和三年封策的矛盾記載」, 『唐史學會論文集』, 西安, 1986.

③ 일반적으로 士族은 禮法과 經術을 중시하고 진사과에 대하여 만족하지 않았다. 魏晋 이래 士族은 역시 詞華를 중시하였지만, 특히 李德裕 등은 진사출신들이 "화려하지만 충실하지 못하다"는 이유로 그들이 실무능력의 결여를 배척한 것이다. 그가 정권을 주지하던 武宗 會昌中 재상 9명은 모두 진사출신이고, 詩로서 저명하였지만 그들과 李德裕는 매우 친밀하였다.

④ 과거제 시행결과 寒微한 출신으로 경시될 만한 楊虞卿 형제가 진사과를 통과하여 公卿이 되었음은 물론, 趙郡 李珏을 비롯하여 陳夷行·楊嗣復 등 門第를 중시하는 者가 牛黨人物로 처신하고 있는 것 등을 들어 牛李의 당쟁은 士庶의 투쟁이라고 한 것은 타당하지 못하다[454]는 것이다.

그리고 胡如雷氏도 대체로 王氏와 비슷한 관점에서 士庶鬪爭說을 반대하였다. 王氏와 다른 관점으로는,

① 藩鎭割據의 국면으로 보아 憲宗 이후 藩鎭이 失勢한 시기는 李黨이 得勢하였고; 宣宗 이후에 藩鎭이 득세하고 승리한 시기는 牛黨이 득세하였다. 兩黨 人員上 牛黨이 매우 많은데, 이는 藩鎭이 중앙 세력을 능가함을 표현하며, 宦官과 결합하는 능력면에서 李黨이 우월하였던 점으로 볼 때, 黨爭은 藩鎭의 割據와 反割據의 산물이다.

② 李德裕의 증조 李載는 燕趙의 豪傑로 "傍若無人"하여 禮法이 결여되어 山東士族이라 할 수 없다.

③ 牛黨은 중소지주의 대표로 牛黨 소속의 재상 楊嗣復은 布衣(서민지주층)의 재상을 등용하는 것에 반대하였다.

④ 특히 宣宗 大中 14년(860)의 取士는 "모두 門閥로서 採取한다"[455]하여 과거제도는 대관료·대지주의 仕途進出의 工具化 되었다는 것이다.[456]

결국 王·胡 兩氏는 陳說을 반대하였다.

필자는 이상과 같이 매우 정밀하게 진척하여 얻은 우수한 논문에 대하여 대체로 동의하지만, 몇 가지 부연해보자.

---

453) 『舊唐書』 卷18上, 武宗紀, 會昌 四年末 李德裕의 言及. pp.602-3.

454) 王炎平, 「辯牛李之爭與士庶鬪爭的關係」, K22, 1987-9.

455) 『冊府元龜』 卷651, 貢擧部 謬濫.

456) 胡如雷, 「唐代牛李黨爭研究」, 『歷史研究』, 1979-6.

a. 隴西 李逢吉은 李德裕와 同類의 산동관료로 우미한 문벌사족의 기반을 애써 보존 혹은 재건하였던 점에서 보면 他의 추종을 불허하는 터이지만 牛黨의 인물이다. 그리고 優美한 門風은 隋朝 및 唐朝 初期이래 통제된 산동관료들이 보전·유지 혹은 재건하기 어려운 측면이 있었고, 후술하는 바와 같이 魏晋南北朝時期의 그것과 상당히 차이있는 門風이 조성되고 있다. 후술하는 바 柳玭이 遺傳시킨 훈계가 그것이다.

b. 胡氏가 牛黨 인물에 대하여 중소지주를 대표한다고 했는데, 그 근거가 불확실하다. 兩派 人物은 다함께 그들의 先代가 문벌사족이든지 아니든지 모두 과거시험 특히 진사과를 통과하여 고관에 현달하고 있음을 볼 때, 설령 그것이 재건·보전되었다고 하더라도 관료의 선거와 銓選이 魏晋南北朝時期의 그것과 전혀 달랐다.

c. 앞의 宣宗 14년(860)의 取士는 "門閥"을 위주로 한 取士라고 지적한 것을 보면, 마치 宣宗 때에 문벌사족제가 재건된 것처럼 보이지만 그런 것은 아니다. 그것은 同年에 천명의 擧人 중에서 進士 得第者는 前代의 宰相高官 자손 예컨대 鄭義(故 戶部尙書 鄭翰의 孫), 裵弘(故 相 裵休의 아들), 魏當(故 相 扶의 子), 令孤滈(相 綯의 아들) 등 문벌출신과 진사 한 사람만 "孤平", 즉 서민지주층으로 榜 末尾에 붙였다. 이에 諫議大夫 崔瑄이 令孤滈의 不法及第에 대해 규탄하는 상소를 올렸으나, 황제는 上疏文을 궁중에 보류시키고 있었다.[457] 이 자료의 출처에 "謬濫"이라고 한 것처럼, 그 당시의 用人政策의 잘못인 점에서 표현된 말로 고려된다. 그리고 鄭翰을 비롯하여 裵休·令孤綯 등은 "衣冠子弟", 즉 士族임에는 틀림없지만, 唐史硏究에 있어서 가장 권위 있는 자료 『舊唐書』에는 이들을 문벌이라고 표현하지 않았다. 산동문벌의 후예 鄭翰은 前代의 鄭餘慶의 一族으로 "衣冠之盛, 近代不儔"라는 것이다.[458] 즉 鄭氏 一門이 매우 昌盛하게 官界에 진출하여 근래 곧 唐後期 이래 상대할 종족이 드물다는 뜻이다. 이것은 관료제 전개상에서 현달하였던 상황으로 이해되기 때문에 문벌이라는 표현은 타당하지 못하다. 그래서 여기서 말한 문벌이란 官僚子弟의 빈번한 等科·顯達한 사정을 가리키는 것을 말

457) 『冊附元龜』 卷651, 貢擧部 謬濫.

458) 『舊唐書』 卷158, 鄭汝慶傳 史臣曰. p.4178.

하며, 中第者 30명은 모두 衣冠者라 한 것은 그 명단이 없어 분석 검토할 여지가 없지만, 魏晋南北朝時代의 문벌사족이 아니라 唐朝가 찬수한 氏族志(적어도 『新集天下姓族譜』 등)에 등제된 姓族의 자손으로 이해되며, 이들 역시 唐朝의 관료제 하에서 개인적 관료역량으로 현달했던 것이다.

이리하여 唐 晩期에 전개된 당쟁은 官僚制 전개 중에서 형성된 정치 그룹 간의 정견상의 차이에서 첨예하게 대립된 권력투쟁인 것이다. 그리고 양파 모두 진사출신이 주류이고, 선대의 문벌사족, 서민지주의 자제의 구분이 없이 발탁 진용하고 結黨하였던 과정에서 보면, 黨爭의 결과 唐朝의 통치력이 현저히 削弱되었음에도 불구하고, 당쟁을 계기로 士庶合流가 구체적으로 이루어졌던 것으로 생각된다.

한편 산동관료들은 진사 등 과거에 등제된 후 淸要官의 관력을 통과하여 현달하였던 사실이 마치 魏晋南北朝時代의 문벌사족처럼 昌盛하여 존중되었다. 몇 가지 구체적 예를 들어보자.

① 崔邠의 경우 "令族"

『舊唐書』 卷155, 史臣 曰에,

> "塤·篪와 같이 不通하면 개입하지 않는 것이 士行의 아름다움이니 이것이 崔氏의 諸子에게 있다. (李)建·遜 형제의 마음이 곧고 방정하나, 薛戎·放의 道義는 元和 이래 令族이라 칭함이 마땅하구나". 또한 同 贊曰에는 "二李는 英英(아름답고); 四崔는 濟濟(豊盛, 창성하며); 薛氏 三門은 難兄難弟라"459)

고 하였다. 여기서 가장 문제가 되는 것은 "令族"이라는 語句이다. 그 의미를 이해하기 위해서 崔·李·薛氏 인물의 관력 등 행적을 구체적으로 살펴보자.

崔邠는 淸河 武城人이요, 祖 結과 부친 倕는 官歷이 미미하였지만, 그는 進士科와 賢良方正科에 等第하였고 吏部侍郎·太常卿 등을 역임했다. 성품이 온유하고 치밀했으며 매우 청렴하여 황제에게서 중시되어 재상 裵均이 추천하자 재상에 임명코자 했으나, 持病으로 그만 두었다. 四兄弟가 동시에 奉朝

459) 상게서 卷155 鄭餘慶傳 史臣曰 p.4128.

請에 올랐고, 孝敬·和睦하였다. 예컨대 邠은 퇴청하면 官帽를 벗고 母輿를 친히 인도하여 공경들도 이를 만나면 회피해주니 영광스러웠다는 것이다. 동생인 鄯·郾·鄲·瑤·瑾 등 6명과 아들 崔璀와 孫子 彦融 등이 모두 進士에 등제하여 臺閣의 현직을 역임하였다. 그리고 鄯은 大和 9년에 金吾衛大將軍이 된지 얼마 안되어 無病으로 갑자기 사망했는데, 며칠뒤 金吾衛로부터 李訓·鄭注의 亂(甘露之變)이 일어났다. 이에 군자들은 崔가 먼저 죽었음을 듣고 崔氏가 積善한 징조라고 했다. 이들 형제들은 吏部의 선거를 담당하고 공정하게 賢德者를 발탁하는 등 淸簡한 정치를 하였다. 鄲은 開成 4년(839) 太常卿·同中書門下平章事에 영진하였고, 武宗 會昌初에는 李德裕와 友善하여 수년간에 재상에까지 영진하였으며, 節度使·太子太保 등 고관을 역임한 李黨의 인물이었다.460)

李遜은 趙郡 申公(發)房으로 증조 進德은 太子中允, 조부 珍玉은 昌明令; 부친 震은 雅州 別駕를 각각 역임했으며, 대대로 荊州의 石首에서 寓居하였다. 遜은 진사에 등제한 후 使府의 掌書記·刺史·虞部郎中·觀察使·給事中·京兆尹·節度使·刑部尙書를 역임하면서 政積이 우수하여 稱職했다. 그는 어려서 어버이를 여의고 江陵에 寓居하면서 형제간에 한벌의 옷을 서로 바꾸어 입고 이삼일만에 한끼를 먹는 등 빈고한 생활를 하면서도 학습에 정진하였다. 그의 형 造는 두 동생(遜·建)이 현명하다는 것을 알고 날마다 구걸하면서까지 그들의 학업을 이루도록 도왔고, 그 보람으로 두 형제가 함께 현달하니 士君子들은 이를 稱美했다. 建은 舊業이 없이 형인 造·遜에 의하여 荊南에서 몸소 경작하면서 학문을 열심히 닦아 進士에 登第하고 校書郎으로부터 右拾遺 翰林學士 兵部郎中 知制誥 京兆尹 刺史 禮(刑)部侍郎을 역임하였다. 그는 비록 名位가 현저했지만, 淸廉 儉素로 自處하고 집은 담옥을 만들지 않아 士友들이 이를 높이 받들었다. 아들 訥은 刺史·檢校尙書右僕射를 역임하였다.461)

그리고 薛戎은 河中 寶鼎人이다. 그는 학술이 있었으나 不仕하여 毗陵 산중에서 거주했다. 江西 觀察使 李衡이 3차에 걸쳐 징벽하여 從事로 삼은 것

460) 上揭書 卷155, 崔邠傳. pp.4117-20.

461) 上揭書 卷155, 李遜傳. pp.4123-5.

에서부터 殿中侍御史·令·刺史·浙東觀察使를 역임했는데, 政積이 훌륭했고, 처신을 간략하면서도 헛된 명예를 구하려 하지 않았으며, 받은 바 봉록의 여분이 있으면 종족에게 散施하였다. 막내 동생 放은 진사에 등제하여 使府 막료로부터 大理評事 右拾遺 水(兵)部員外郎 兵部郎中 太子侍讀 工(刑)部侍郎 禮部尙書 등을 역임하였다. 穆宗이 즉위하여 태자 때에, 자신을 돌보듯 재상이 되어 미흡한 점을 匡正해 줄 것을 부탁하자, 賢能者를 선택해야한다면서 사양했고, 『論語』·『孝經』을 중시할 것을 당부하였다. 그의 집안에서는 더욱 孝睦을 높이 받들었고, 孤霜 百口를 거느려 薄俸으로 고통받아 外任을 희망하여 江西 觀察使에 나아가 청결로 다스려 지금(劉昫가 생존한 五代時期)까지 백성들이 기리었다는 것이다.[462]

이상과 같이 崔邠·李遜 및 薛戎의 一家에 대하여 살펴보았다. 이들은 대체로 進士에 등제하여 淸望官을 역임하였고, 관료적인 역량(儉素, 淸簡의 政績)을 통하여 顯達하였을 뿐만 아니라, 받은 바의 봉록의 여분을 宗族에 散施·孝睦을 도모하고 있다. 특히 薛放은 百口정도의 宗族, 말하자면 魏晋南北朝時代에 보이는 門閥貴族 곧 宗主集團의 존재형태가 보이고 있지만 前時代의 그것과 다르다. 즉 崔·李 등은 개인적인 역량을 통하여 현달하였음은 물론, 심지어 李造는 두 동생을 위해 구걸까지 하면서도 동생들의 科擧 合格을 주선한 사실은 官僚制 전개상의 好例이다. 그리하여 劉昫의 논찬은 그들의 관료적인 생활상에 대한 핵심을 간명하게 나타냈을 뿐이다. 따라서 그가 말한 "令族"이란 관료로써 현달하여 昌盛한 宗族이라는 뜻이다. 그리하여 이 宗主집단은 前代의 그것을 재건한 것이라기보다는 앞서 누차 말한 것처럼, 宗族爲主·修己治人의 生活像은 사회적 가치로서 아름답다고 칭찬하는 대상이요, 표창의 대상으로 "士行의 美"·"貞方"·"道義" 등으로 賞贊된 것으로 官僚像의 표현으로 생각된다.

② 崔從·崔頲의 경우 "門族昌盛"

『舊唐書』 卷177, 史臣曰에,

462) 上揭書 卷155, 薛戎傳. pp.4125-27.

"근대 衣冠人物로서 門族이 昌盛한 것은 崔從과 崔𩔖의 후예로 실제로 名流임에 충분하다. 그리고 崔彦曾은 桂州의 병란 중에 전몰하였고, 崔胤은 李唐이 장차 쇠망할 운수에 접하여 계책한 것은 곧 어그러졌으니 하늘(명령)이 (唐을) 버렸음인가"[463]

라고 하였다. 여기서 "門族昌盛"이란 표현은 어떤 의미인지 구체적으로 살펴보자.

崔從은 淸河 武城人이다. 어려서 가난하여 太原에 寓居하며 仲兄 崔能과 더불어 산림 중에서 힘써 학문을 하였고, 식사조차 어려웠으나 십년간을 정진하여 貞元 初에 進士에 등제한 후 吏部員外郞 尙書左丞 節度使 東都留守 등을 역임하였다. 그는 마음이 곧아 자기 재능을 드러내지 않았고, 恭讓에 힘쓰며, 權貴와 교유하지 않고 忠厚·方嚴으로써 타인에게 추앙을 받았다. 품계상으로 門戟은 세울 수 있었지만 끝내 요청하지 않았으며, 4차에 걸쳐 大鎭의 節帥에 나갔지만 집안에 妓樂이 없어 士友들이 이를 稱美하였다. 아들 愼由는 進士 賢良方正科에 등제하여 工部尙書 同平章事에 영진했고, 節度使 吏部尙書를 역임했다. 손자 崔胤 역시 3차에 걸쳐 재상이 되었지만 실제로 亡國의 주요인물이었다. 즉 처음 그가 同平章事에 제수되자 季父인 安潛이 親信者에게 "나의 父兄(從·愼由)이 刻苦하여, 門戶를 수립하였으나, 마침내는 緇郞(胤)에게 무너지겠구나"하고 개탄했다. 왜냐하면 崔胤이 侍中·魏國公에 이르자, 본래 河南 方鎭을 절취한 朱全忠은 아직 問鼎의 뜻(簒位)은 없었지만, 그가 朱의 향도가 되어 潼關을 雷擊한 때부터 비로소 찬탈을 도모했기 때문이다. 그리하여 劉昫가 예로부터 도적과 합종하여 宗社를 覆亡시킴에 있어서 崔胤과 같이 심한 자가 없다고 꾸짖고 있다.[464]

그리고 崔彦曾은 幹能하여 大中末 3州 刺史를 역임하였고, 僖宗 咸通初에 太僕卿, 同 七年(866)에 檢校散騎常侍·徐州刺史·御史大夫로 武寧軍節度使에 나아갔다. 그는 法律에 통달했지만 성품이 엄격하고 급한데다가, 徐州의 군병은 교만하였으며, 軍政에는 밝지 못했다. 그리고 그가 채용한 속리(尹

463) 상게서 卷177 崔愼由傳 史臣曰. p.4620.

464) 上揭書 卷177, 崔愼由傳 附 胤傳의 末尾. p.4587.

戡·徐行儉)는 요직을 담당하고도 貪猥하고 군병을 돌보지 않아 사졸이 원망하였다. 이에 앞서 南蠻이 交州에 침입하자 이를 방어하기 위하여 桂州에 군병 800명을 3년 교대로 보내 대치하였다. 이때에 軍兵이 희망하는 교대가 안되고 교대 희망자가 핍박을 받자 戍卒들이 격노하여 都頭인 王仲甫를 살해하고 糧料判官 龐勛을 都將으로 옹립하고, 徐州 경내를 주유하여 천여인의 동참자를 확보하였다. 이때에 彦曾은 押牙 田厚簡을 보내 위무하는 한편, 都虞候 元密에게 군사를 거느려 任山館에 복병토록 하였다. 이에 勛은 使者를 보내 사태의 심각성을 말하고 복병을 풀어 士卒의 귀가에 편리하도록 요청(?)하였다. 그러나 彦曾은 노하여 사자를 살해하고, 2000여 병사를 급모하여 공격했지만, 오히려 패배하였다. 그 후 15일간 짙은 안개 때문에 대치상태에서 도망·망명자가 매우 많아져 徐州 城中의 丁男을 驅逐하여 城을 지키도록 하고, 반역한 사졸의 가구를 살해함에 드디어 勛의 군병이 州城을 함락하고 절도사 崔彦曾 이하 막료를 살해하였다.465)

崔珙은 博陵 安平人이다. 父 頲은 貞元 初에 진사에 등제하여 秘書少監·刺史를 역임했다. 아들 8명이 있었는데 모두 현달하여 그 당시인들은 漢의 荀氏에 비유하여 "八龍"이라 불렀다. 琯(兵部侍郎·節度使), 珙(戶部侍郎·同平章事, 節度使), 瑨(刺史·節度使)·璪(刑部尙書), 璵(吏部侍郎), 球(尙書郎) 등 손자들도 모두 진사로부터 현달하였으며, 특히 璵의 孫 崔遠은 兵部侍郎·同平章事를 역임했으며, 文才가 청려하고 風神이 峻整하여 많은 인사들이 그를 敬譔하여 "釘座梨"이라 하여 席上의 珍珠라 하였다.

이런 博陵 崔氏로 부터 등장한 인물들은 僖宗 咸通·乾符年間에 昆仲·子弟 등이 臺閣에서 현달하였고, 節度使 역임자만도 20여명에 이르러 大中이래 盛族으로 甲等이라 했다.466)

또한 淸河 崔門은 崔從 → 愼由 → 胤의 3대에 걸쳐 재상 등 고관으로 현달했고, 아울러 安潛·彦曾 등이 恭儉·淸簡·忠方 등의 관료적 역량을 통해 節帥 등 관료가 다수 출현하였던 것이다. 이런 상황에서 "門族昌盛" 혹은 "門戶樹立"과 같은 언급을 一見할 때, 唐末에 魏晋南北朝의 문벌사족의 재건 혹

465) 上揭書 卷177, 崔彦曾傳. p.4587.

466) 上揭書 卷177, 崔珙傳. p.4591.

은 소생된 것처럼 이해할 수 있는 측면이 있다는 논설도 가능하다. 그러나 崔胤은 朱全忠과 더불어 결탁하여 재상이 되었고, 東漢時代에 荀氏처럼 唐代에는 崔·杜의 자제로부터 宰輔가 많이 등장하였다고 論贊한 것을 본다.[467] 따라서 崔氏 등의 동향은 官僚制의 전개과정 중의 樣狀임에 틀림이 없으며, 그것도 昌盛한 名流의 家門이라는 뜻이지 결코 문벌사족의 전개 혹은 재건이라고 할 수는 없다. 특히 崔從이 산림 중에서 학업을 닦고 식사조차 어려웠지만 십여년간 정진하여 정계에 진출했으며, 胤의 언행으로 門戶가 무너졌다고 개탄한 것은 官僚制 展開上의 좋은 예이다. 백보 양보하여 문벌사족의 재건이라 하더라도 그것은 魏晋南北朝時代와 차원을 달리하는 관료제 전개상에 있어서 등장한 昌盛한 宗族이라는 뜻 이상은 아니다.

이와 관련하여 唐朝의 最末, 昭帝 天祐 3년(906)에 벌어진 白馬의 役에서 희생된 崔遠·裵樞·王溥 등 30여명의 "搢紳"들을 "門冑高華"·"科第" 및 "名節者"로 지칭하여,[468] 唐末까지도 문벌사족이 활동하였던 것처럼 파악하였던 涑水先生 司馬光의 논설은 現今까지 유효한 것 같다. 그렇지만 이들 搢紳, 즉 사대부들을 "門冑高華"라는 표현만으로 문벌사족이라고 해석함은 좀 무리가 있어 보인다. 그것은 司馬光 자신도 이들 搢紳을 科第者, 즉 科擧合格者 그리고 名節이 있는 인물이라 하였다. 그리고 "門冑高華"란 前時代의 그것과는 달리 武則天 이래 科擧制를 중심으로 한 관료제의 전개상에서 一家의 世系上 高官에 현달함이 昌盛하다는 의미일 뿐이다.

③ 盧簡辭의 경우 "鼎門"

『舊唐書』 卷163, 史臣曰에,

> "李端·盧綸은 재능이 있어 임용하였지만 元士(善良)를 초월하지 못하고, 盧簡辭의 여러 동생은 힘써 학문에 노력하여 성대한 鼎門이 되었으니, 德을 쌓고 善한 일을 하지 않고 어찌 능히 이에 미치랴? 辭人의 후예는 역시 아름답지 않을까 보냐"[469]

467) 上揭書 同卷, 史臣曰. p.4620.

468) 『資治通鑑』 卷265, 唐紀 81, 唐 昭·宣帝 天祐 二年 六月詔. p.8643.

469) 상게서 卷163 崔元略 盧簡辭傳 史臣曰 p.4274.

라고 하였다. 여기서 "鼎門"이란 무엇을 의미하는가?

盧簡辭 형제와 李虞仲에 대하여 구체적으로 살펴보자.

盧簡辭는 范陽人으로 후에 蒲에 移居하였다. 조부 之翰(『新唐書』 72上, 宰相世系表에 의함. 『舊唐書』에 보이는 盧簡辭의 조부 盧翰은 第 二房 盧氏로 德宗 때 재상이므로 잘못임)은 縣尉를 역임하였고, 부친 綸은 天寶 末에 진사에 등제하였으나, 安史亂을 만나 어버이를 모시고 피난하였다. 代宗 때에는 재상 王縉이 辭人·名士인 吉中孚·韋渠牟의 재능을 인정하고 추천하여 校書郎·令·戶部郎中 등을 역임하였다. 大曆中에 詩人 李端·錢起·韓翃 등이 五言詩에 능했지만, 그의 詩는 더욱 정교하였다(大曆十才子). 후에 文宗은 好文하여 더욱이 그의 시를 중시하고, 侍臣에게 "『盧綸集』은 몇 권인가, 子弟는 없는가"라고 묻자, 李德裕가 그는 4男을 두었는데 모두 진사에 등제하였고, 지금은 員外郎 簡能, 侍御史 簡辭가 그들이라고 대답하자, 황제는 즉시 中使를 그 집에 보내어 文集을 바치도록 했다. 이에 簡能은 오백편을 모아 헌상하여 칭찬을 받았다.

簡辭는 元和 6년(811) 진사에 합격하여 3차에 걸쳐 使府 막료로 벽소된 후 侍御史 考功員外郎 吏部郎中 刑(兵)部侍郎 刺史 御史大夫 節度使 등을 역임했다. 그의 兄 簡能은 진사에 등제한 후, 節度使 幕僚 監察御史 司封郎中 鳳翔節度判官을 역임했으나, 鄭注가 그 곳 節度使에 부임한 것이 계기가 되어 甘露의 變에 연루되어 監軍使에게 살해되었다. 그의 동생 弘正은 진사에 올라 使府幕僚 侍御史 兵部郎中 給事中 工(戶)部侍郎 鹽鐵轉運使 刺史 節度使를 역임했다. 그는 通敏하고 혜정하여 會昌中에 李德裕의 추천으로 河北三鎭을 宣諭했고, 武寧軍 節度使로서 銀刀都의 교만함을 충의로 효유하고, 그 간악한 자를 없애는 등 能政하였다.

末弟 簡求도 진사에 올라 使部의 掌書記로부터 監察御史 戶部員外郎 刺史 節度使 太原尹을 역임했다. 그가 蘇州刺史를 청하여 부임했을 때, 兄 簡辭는 漢南節度使, 弘正은 侍郎으로 使의 임무를 수행하는 등 여러 형제들이 모두 고관에 올라 당시인들은 이를 영광스럽다고 하였다. 그는 辭翰·應變에 능했고, 4鎭에 절도사를 역임하여 政積이 뛰어났으며, 沙陀 등 외적과 도적떼를 撫慰하였다. 그밖에 知猷(簡能의 아들)를 비롯하여 嗣業·汝弼(簡求의 아들

들) 등이 진사에 급제 후 현달하여 盧氏는 懿宗·僖宗 兩代에 걸쳐 六卿, 方鎭 역임자를 계속 배출하였다. 다만 이 시기에 재상에 이른 자가 없었으나 後唐에서 嗣業과 그 아들 文紀가 中書侍郎·平章事에 이르렀다.[470)]

그리고 李端은 趙郡人이다. 父 震은 大理丞을 역임했다. 端은 진사에 등제하고 詩作에 능란한 「大曆十才子」의 한 사람이다. 杭州司馬를 역임했다. 그의 아들 虞仲도 역시 詩作에 능란하여 進士 制策等科로 校書郎 太常博士 兵部郎中 知制誥 中書舍人 刺史 秘書監 尙書右丞 兵(吏)部侍郎 등을 역임했다. 그는 簡澹·寡慾하고 方雅하였으며, 그 문학적 재능은 세상에 드물었고, 현달하고도 자랑하지 않아 士友들이 존중하였다.[471)]

이상과 같이 詩辭에 능란했던 盧綸과 李端의 여러 아들들에 대하여 아름답다고 칭찬하고, 특히 盧綸의 자손이 또한 辭翰에 능하며, 여유있는 데로 績善하고 德을 쌓으며 힘써 학문을 닦아 모두 진사에 등제하고 通敏 忠義 機略 등 관료적 역량을 통해 고관에 현달한 사정을 "鼎門" 즉 현귀한 가문으로 높이 받들고 있는데, 이는 官僚像의 표현이지 문벌사족의 位像이 아니다.

여기에 한 가지 덧붙일 것은 崔元略과 그 자제, 그리고 王播의 자제 등은 上記한 崔邠·崔珙 그리고 盧簡辭처럼 진사를 거쳐 현달하고 재상에 영진한 자도 2·3명씩이나 배출하였음에도 불구하고 "門族" "鼎門" "門族昌盛" 등의 표현이 보이지 않고, 도리어 그들은 小人으로 이익을 가깝게 하여 醜名이 있었거나 奸邪하게 進就하여, 君子들이 이를 수치스러워 했다고 하였다.[472)] 이런 사정을 보면, 비록 家門이 번창하였을지라도 통치계급으로서 吏事·治理에 밝아 政積을 올려 淸簡·稱職·散施 등의 本分을 중시하였던 것을 엿볼 수 있는 것이다.

뿐만 아니라 淸河人 崔彦昭가 儒術이 깊고, 吏事에 정통하며 經齊에도 밝아 재상에 영진하고도 가정에서는 老母를 좌우에서 받들고 高聲을 지르지 않는 등, 至孝하여 君子들이 이를 아름답다고 칭찬하였던 점[473)]에서 볼 때

470) 『舊唐書』 卷163, 盧簡辭傳. pp.4268-74.

471) 上揭書 卷163, 李虞仲傳. p.4266.

472) 上揭書 卷163, 贊曰. p.4274.

473) 上揭書 卷178, 崔彦昭傳 및 同 史臣曰. pp.4628-30; 4643-4.

에, 통치자는 모름지기 修己治人의 역량, 말하자면 관료역량을 갖추어야 존중되었음이 同 時期(적어도 晩唐)에도 유효하였던 것으로 이해된다.

게다가 崔從의 경우 "近代以來"로 門族이 昌盛하였다고 했으며, 崔安潛이 父(從), 兄(愼由)이 각고하여 門戶를 수립하였다고 하였다. 崔珙의 경우 "僖宗 咸通·乾符年間", 盧簡辭의 경우 "懿宗·僖宗 兩代" 등으로 시기를 한정하고 있는 것을 보면, "令族" "門族昌盛" "鼎門"과 같은 문벌사족적인 표현은 魏晋南北朝時代와는 아무런 관련이 없는 官僚像이지 門閥士族像이 아니다.

일반적으로 隋唐史의 논자들이 隋唐時代의 통치자들을 문벌사족시대로 논술하고 있는 것이 현주소로 되어 있고, 이런 까닭에 門閥士族의 쇠락(원인) 등이 주요 문제로 다루어지고 있는 것은 부정할 수 없다. 게다가 唐末期에 이르기까지 門閥士族이 엄격히 존재하였다고 하였다. 말하자면 張邦輝氏는 唐代의 과거제도가 문벌사족제를 타파하고, 관료정치를 행하는 대원칙이었으나 문벌사족이 엄격히 존재했고, 氏族이 숭상되었다. 이는 과거제의 미성숙성 때문이며, 이 미성숙성으로 舊傳統이 타파되지 못했다. 이것은 선거에서 簿狀, 즉 郡縣 鄕里에 보관되어 있는 名籍에 父·祖의 官名, 內外族의 혼인 등을 명기하여 科擧에 작용했다. 따라서 姓氏書 곧 氏族志는 士族의 高下를 표현하여 편찬시에 격렬한 투쟁이 전개되었다고 주장하였다.[474] 그러나 唐 前期에 官修한 3氏族志로 士庶甄別과 士族의 확대가 이루어져 있었지만, 玄宗時代에 들어와 張說과 같은 新興地主層이 "新門"으로 등장하여 사회질서가 유동하는 사정, 특히 士族의 지위가 위축되는 상황 하에서 柳芳이 「姓系論」에서 士庶 구분을 주장한 것과; 唐 後期에 편찬된 『新集天下姓族譜』나 『元和姓纂』에는 士庶의 등급이 보이지 않는 것으로 보아 士族의 등급은 해체되고 한계만이 설정되어 있었을 뿐이다.[475] 따라서 필자는 이런 등급의 해체는 사회 통념상 遺傳하고 있던 舊族의 관념까지 상실되는 상황을 반영하는 것이라고 생각한다.

그런데 文宗이 開成 初에 眞源·臨眞 두 公主를 山東官僚에 降嫁코자 하였지만, 여의치 않아 杜中立과 衛洙에게 출가시켰다. 이때 文宗은 재상에게,

474) 張邦輝, 「略論唐代科擧制的不成熟性」, 『唐史學會論集』 所收.

475) 多賀秋五郎, 『中國宗譜の硏究』 1章 3節, 1982年, 東京.

"민간에서 혼인을 거행함에 있어서 官品을 헤아리지 않고 閥閱을 숭상한다. 我家(唐王室)는 2백년이나 天子를 하였는데, 崔·盧에 미치지 못한다는 말인가"라고 개탄하였던 사정과,[476] 鄭樵가 "五季(五代) 以來 取士는 家勢를 불문하고 婚姻은 閥閱을 불문하였다"는 지적은[477] 필자와는 정반대로 唐朝 後期에 山東門閥士族들이 內婚을 지속적으로 추진하였다는 근거로 간주하여 門閥士族制의 貫徹이라고 反論할 수도 있겠다. 과연 그러한가?

여기서 문제가 되는 것은 ① 山東官僚와 唐室과의 통혼문제; ② 山東官僚間의 內婚問題; ③ 取士問題 등으로 이들 문제를 집중적으로 검토하는 것이 필요하다.

먼저 通婚上 唐 宗室과 山東官僚 사이에 통혼이 이루어지지 못한 점은 상호 대항 관계에 있었던 사정에서 비롯된다. 이는 陳寅恪氏가 지적한 것처럼, 兩者사이에 문화상의 차이로 친밀하지 못한 이유도 있겠지만,[478] 앞서 말한 바와 같이 唐太宗이 后妃·主婿는 勳貴·名臣家에서 선발한 사정과 그 후 그 연장선상에서 혼인이 추진되었다. 한편 山東官僚側은 唐室의 閨門 失禮의 사실이 많고, 公主의 驕慢·放恣함 등으로 얼룩진 唐宗室과의 통혼을 꺼렸다. 더욱이 家風을 잘 보전할 수 있는 혼인을 잘 치루어야 한다고 믿고 있는 山東官僚들은 오랜동안 내혼을 행하여 습관이 되다시피 하였다. 그러나 이는 거주지역상 편의 등으로 그렇게 된 것으로 고려되며, 또한 婚姻이란 權力을 통하여 결코 強制할 수 있는 성질의 문제가 아니었다. 특히 8세기 전반기 崔元亮이, "天寶 以來 山東士人들은 모두 兩京에 改葬하여 편리를 추구하고 있다. 近來 우리 一族만 옮기지 않았으니, 내가 죽거든 先塋에 歸葬하라"고 당부하고 있다.[479] 이 記事에서 보면, 적어도 玄宗 開元 以後 天寶時期, 즉 필자가 官僚制가 전개되던 시기라고 하였던 때에 산동관료들은 土著를 완전히 포기하였다. 그럼에도 불구하고 內婚이 계속되었던 것은 그 당시의 婚姻이 어떤 法的인 強制나 政策으로 강요할 수 없는 측면이 있었다는 것을 알

476) 『新唐書』 卷172, 杜中立傳. pp.5205-6.

477) 『通志』 卷26, 氏族略 序.

478) 陳寅恪, 「唐代政治史述論稿」, 同上.

479) 『全唐文』 卷679, 「唐故虢州刺史贈禮部尙書崔公墓誌銘」.

수 있다. 따라서 혹자는 8세기 중반기에 唐宗室 출신 李駢의 女息과 博陵 崔友之(崔伯謙 7대손)의 통혼을 하였던 단 한 가지 사실을 가지고 關隴 관료적 문벌사족과 山東名族과의 영원히 隔絶한 것은 아니라고 하였지만,[480] 필자가 보는 바로는 통혼상으로 博陵 2房의 崔鄯도 唐後期에 駙馬都尉가 된 例도 있었다.[481] 그러나 이것은 兩者, 즉 唐宗室과 山東官僚가 통혼을 통하여 일치된 것이 아니고 관직을 매개로 한 것이다. 말하자면 博陵·淸河 崔氏 등 산동관료가 唐朝 政界에 적극 진출함으로써 일체화된 사정 혹은 反唐藩鎭 지역의 詢地化政策 등과 같은 정략적 통혼으로 이해되는 것이지, 문화와 사회상 唐朝의 권력이 山東地域에 깊숙히 관철되었다고 보기 어렵다. 후술하는 通婚例에서는 山東郡姓과 唐宗室間에 불과 5件을 헤아릴 수 있었다.

두번째 內婚問題에 대하여 좀 상세히 분석하여 보자. 필자는 『全唐文』·『千唐誌齊藏誌』에 보이는 神道碑·墓誌 등에서 다음 표와 같은 通婚例를 뽑을 수 있었다.

▌표 4. 千唐·全唐文의 通婚例▐

NO	본인	배우자	년도	전거	NO	본인	배우자	년도	전거
1	淸河崔	隴西李	永淳1-682	千唐341	13	博陵崔	范陽盧	開元20	千唐721
2	太原王	淸河崔	聖曆2-699	千唐459	14	范陽盧	隴西李	開元21-733	千唐730
3	趙郡李	范陽盧	神龍2-706	千唐523	15	博陵崔	滎陽鄭	開元28-740	千唐784
4	滎陽鄭	趙郡李	景龍1-707	千唐540	16	태원왕	滎陽鄭	天寶4-745	千唐822
5	太原王	淸河崔	景龍3-709	千唐547	17	博陵崔	太原王	天寶12-753	千唐879
6	博陵崔	趙郡李	開元3-715	千唐582	18	范陽盧	隴西李	天寶12-753	千唐884
7	淸河崔	隴西李	開元11-723	千唐630	19	淸河崔	范陽盧	天寶13-754	千唐897
8	太原王	博陵崔	開元10-722	千唐639	20	隴西李	淸河崔	上元1-760	千唐912
9	太原王	淸河崔	開元14-726	千唐662	21	范陽盧	博陵崔	大曆4-769	千唐922
10	范陽盧	博陵崔	開元14-726	千唐676	22	隴西李	滎陽鄭	大曆4-769	千唐923
11	范陽盧	隴西李	天寶14-755	千唐687	23	博陵崔	范陽盧	大曆13-778	千唐935
12	太原王	隴西李	開元20-732	千唐709	24	博陵崔	范陽盧	大曆13-778	千唐936

480) 長部悅弘, 「北朝隋唐時期胡漢通婚」, 『史林』, 1973-4.

481) 『新唐書』 卷72下, 宰相世系表 中 博陵二房.

NO	본인	배우자	년도	전거	NO	본인	배우자	년도	전거
25	滎陽鄭	范陽盧	貞元11-795	千唐960	57	范陽盧	博陵崔	大中12-858	千唐1142
26	滎陽鄭	范陽盧	貞元12-796	千唐 761	58	滎陽鄭	淸河崔	咸通2-861	千唐1151
27	淸河崔	隴西李	貞元19-803	千唐 983	59	滎陽鄭	范陽盧	함통2-861	千唐1152
28	隴西李	滎陽鄭	元和3-808	千唐 995	60	趙郡李	范陽盧	咸通3-862	千唐1156
29	淸河崔	范陽盧	元和11-816	千唐1008	61	淸河崔	范陽盧	咸通3-862	千唐1157
30	淸河崔	隴西李	元和11-816	千唐1008	62	范陽盧	滎陽鄭	咸通3-862	千唐1158
31	范陽盧	淸河崔	長慶3-823	千唐1022	63	范陽盧	滎陽鄭	咸通3-862	千唐1158
32	博陵崔	滎陽鄭	長慶4-824	千唐1024	64	淸河崔	范陽盧	會昌初-841	千唐1159
33	淸河崔	隴西李	太和2-828	千唐1034	65	淸河崔	滎陽鄭	咸通6-865	千唐1165
34	淸河崔	范陽盧	太和2=828	千唐1036	66	淸河崔	滎陽鄭	咸通9-868	千唐1175
35	博陵崔	太原王	太和5-831	千唐1043	67	博陵崔	范陽盧	咸通11-870	千唐1181
36	淸河崔	滎陽鄭	太和5-831	千唐1044	68	趙郡李	滎陽鄭	咸通12-871	千唐1185
37	范陽盧	淸河崔	太和6-832	千唐1048	69	滎陽鄭	淸河崔	咸通15-874	千唐1192
38	滎陽鄭	博陵崔	太和6-832	千唐1049	70	博陵崔	隴西李	乾符3-876	千唐1195
39	隴西李	范陽盧	太和7-833	千唐1052	71	淸河崔	范陽盧	乾符5-878	千唐1200
40	淸河崔	滎陽鄭	太和9-835	千唐1063	72	范陽盧	馮翊馮	貞觀16-642	千唐27
41	淸河崔	太原王	開成5-840	千唐1071	73	太原王	南陽趙	貞觀18-644	千唐31
42	范陽盧	淸河崔	開成5-840	千唐1073	74	淸河崔	窟突氏	貞觀18-644	千唐453
43	趙郡李	博陵崔	開成5-840	千唐1074	75	淸河崔	渤海李	貞觀18-644	千唐453
44	滎陽鄭	范陽盧	會昌2-842	千唐1083	76	隴西李	彭城劉	永徽5-654	千唐96
45	范陽盧	隴西李	大中1-847	千唐1098	77	太原王	富春孫	永徽6-655	千唐101
46	博陵崔	趙郡李	大中1-847	千唐1100	78	隴西李	東平呂	顯慶1-656	千唐115
47	滎陽鄭	范陽盧	大中4-850	千唐1106	79	太原王	樂安任	顯慶1-656	千唐121
48	淸河崔	滎陽鄭	大中6-852	千唐1117	80	太原王	南陽張	顯慶2-657	千糖123
49	隴西李	滎陽鄭	大中7-853	千唐1120	81	廣平松	太原王	顯慶3-658	千唐132
50	隴西李	范陽盧	大中7-853	千唐1122	82	太原王	淮陽陰	顯慶6-661	千唐167
51	隴西李	淸河崔	大中7-853	千唐1122	83	太原王	南陽張	仁德2-665	千唐224
52	隴西李	范陽盧	大中7-853	千唐1122	84	高平靖	隴西李	乾鳳2-667	千唐239
53	淸河崔	范陽盧	大中7-853	千唐1123	85	隴西李	滎陽藺	乾封2-667	千唐240
54	范陽盧	滎陽鄭	大中9-855	千唐1126	86	彭城劉	滎陽鄭	咸亨1-671	千唐254
55	范陽盧	淸河崔	大中11-857	千唐1136	87	東平呂	太原王	咸亨1-671	千唐262
56	淸河崔	隴西李	大中11-855	千唐1136	88	高陽許	淸河崔	上元2-675	千唐292

NO	본인	배우자	년도	전거	NO	본인	배우자	년도	전거
89	趙郡李	鉅鹿魏	上元3-676	千唐296	121	清河崔	清河張	開元22-734	千唐736
90	趙郡李	清河孟	上元3-676	千唐308	122	滎陽鄭	清河張	開元24-736	千唐757
91	趙郡李	東平呂	永隆2-681	千唐329	123	范陽盧	清河房	開元27-739	千唐777
92	高陽許	隴西李	垂供3-687	千唐361	124	太原王	清河張	開元27-739	千唐781
93	渤海封	清河崔	垂公4-688	千唐364	125	隴西李	南陽張	開元27-7398	千唐782
94	太原王	廣平宋	長壽2-693	千唐405	126	太原王	南陽樊	開元29-741	천당787
95	南陽張	太原王	長壽2-693	千唐412	127	南陽張	太原王	天寶1-742	천당796
96	太原王	彭城劉	長壽2-693	千唐414	128	南陽張	滎陽鄭	天寶1-742	천당796
97	太原王	彭城劉	延載1-694	千唐421	129	滎陽鄭	河南管	天寶4-745	천당823
98	太原王	清河孟	通天1-695	千唐425	130	太原王	渤海李	天寶7-748	천당842
99	清河崔	渤海李	聖曆2-698	千唐454	131	太原王	渤海高	天寶9-750	천당861
100	渤海封	隴序李	聖曆2-698	千唐460	132	屯丘李	博陵崔	永泰1-765	천당916
101	太原王	中山成	長安3-703	千唐499	133	河內司馬	太原王	貞元3-787	천당946
102	渤海高	范陽盧	長安3-703	千唐504	134	太原王	上谷侯	貞元3-797	천당966
103	清河張	太原王	長安3-704	千唐508	135	太原王	彭城劉	貞元16-800	천당973
104	太原王	彭城劉	長安4-704	千唐514	136	富春孫	范陽盧	永貞1-805	천당989
105	趙郡李	渤海高	神龍2-706	千唐533	137	江夏李	太原王	元和9-814	천당1003
106	太原王	滎陽藺	景龍3-709	千唐543	138	昌黎韓	太原王	乾符3-876	천당1216
107	何間邢	趙郡李	景龍3-709	千唐544	139	鉅麓魏	范陽盧	長慶1-821	천당1019
108	太原王	中山甄	景龍3-709	千唐546	140	太原王	譙郡曹	長慶4-824	천당1025
109	清河張	太原王	景雲2-711	千唐562	141	太原王	清河房	太和2-828	천당1037
110	太原王	清河張	景雲2-711	千唐564	142	樂安任	隴西李	太和4-830	천당1042
111	渤海封	趙郡李	開元9-721	千唐721	143	彭城劉	范陽盧	太和5-831	천당1046
112	太原張	太原王	開元9-721	千唐615	144	太原王	渤海高	太和2-828	?천당572
113	太原張	安定皇甫	開元9-721	千唐615	145	清河張	隴西李	開成3-838	천당1068
114	河內司馬	范陽盧	開元11-723	千唐629	146	樂安孫	隴西李	開成5-840	천당1073
115	南陽張	太原王	開元11-723	千唐632	147	博陵崔	彭城劉	大中1-847	천당1101
116	南陽鄧	太原王	開元13-725	千唐650	148	上谷丘	滎陽鄭	大中4-850	천당1105
117	趙郡李	彭城劉	開元18-730	千唐693	149	清河崔	南陽張	大中6-852	천당1117
118	東平呂	隴西李	開元19-731	千唐702	150	富春孫	隴西李	大中9-855	천당1127
119	滎陽鄭	廣平宋	開元19-731	千唐706	151	隴西李	渤海高	大中11-857	千唐1139
120	范陽盧	清河房	開元21-733	千唐728	152	清河崔	清河張	咸通14-873	千唐1190

NO	본인	배우자	년도	전거	NO	본인	배우자	년도	전거
153	南陽張	灌津車	永徽2-651	千唐66	185	南陽張	彭城劉	寶應1-762	千唐915
154	范陽祖	南陽張	永徽5-654	千唐95	186	江夏李	太原溫	大曆3-768	千唐917
155	淸河路	河南翟	顯慶2-656	千唐127	187	淸河張	平昌孟	大曆6-771	千唐925
156	昌黎韓	淸河張	顯慶2-656	千唐129	188	南陽樊	富春孫	貞元9-793	千唐958
157	渤海高	上谷張	顯慶3-657	千唐131	189	彭城劉	南陽韓	貞元12-796	千唐962
158	汝南周	南陽毛	顯慶3-657	千唐133	190	北平陽	彭城劉	貞元12-796	千唐963
159	魯郡蓋	富春孫	咸亨1-670	千唐258	191	東平呂	太原郭	貞元14-798	千唐969
160	河南樂	南陽樊	朝露1-670	千唐317	192	潁川陳	河南丘	貞元20-804	千唐985
161	河南周	北地傅	朝露1-670	千唐320	193	富春孫	廣平程	開成1-836	千唐1065
162	河南韓	河內程	垂拱1-685	千唐356	194	礁郡曹	上黨樊	大成1-847	千唐1099
163	汝南周	遼東公孫	垂拱3-687	千唐359	195	礁郡曹	隴西李	大中1-847	千唐1099
164	淸河張	丹陽亻冀	垂拱4-688	千唐370	196	淸河路	礁郡曹	大中1-847	千唐1099
165	河亳孔	遼東公孫	聖曆2-699	千唐465	197	鉅鹿魏	淸河張	大中3-849	천당1204
166	滎陽鄭	南陽張	聖曆3-700	千唐469	198	鉅鹿魏	河內張	大中7-853	千唐1121
167	淸河張	河內程	長安3-793	千唐497	199	南陽張	彭城劉	咸通2-861	千唐1153
168	永川陳	淸河房	神龍2-706	千唐536	200	鉅鹿魏	中山張	咸通6-865	千唐1166
169	何間邢	彭城劉	神龍2-706	千唐539	201	鉅鹿魏	中山張	咸通9-868	千唐1173
170	汝南何	淸河傅	景龍3-709	千唐545	202	樂安孫	太原武	咸通11-870	千唐1178
171	南陽韓	北平田	景龍3-709	千唐551	203	昌黎韓	樂安樊	乾符5-878	千唐1202
172	淸河張	北平田	開元2-714	千唐572	204	京兆杜	太原王	顯慶2-656	千唐124
173	昌平孟	中山張	開元3-715	千唐636	205	弘農楊	太原王	光宅1-684	千唐348
174	許昌夏后	南陽樊	開元12-724	千唐642	206	河東裵	泰原王	天授1-690	千唐376
175	太原張	太原郭	開元14-726	千唐661	207	弘農楊	滎陽鄭	如意1-692	千唐400
176	汝南周	淸夏房	開元18-730	千唐698	208	京兆杜	滎陽鄭	開元3-715	千唐584
177	潁川韓	彭城劉	開元21-731	千唐729	209	河東裵	隴西李	開元9-721	天唐618
178	太原白	彭城劉	開元29-741	千唐789	210	弘農楊	趙郡李	開元11-723	千唐628
179	太原白	淸河張	開元29-741	千唐789	211	范陽盧	弘農楊	開元23-735	天唐748
180	樂安張	淸河張	開元29-741	千唐794	212	京兆杜	淸河崔	開元27-739	天唐778
181	南陽樊	北平田	天寶1-742	千唐806	213	太原王	河東裵	長安1-742	天唐797
182	上谷寇	하간형	天寶7-748	千唐844	214	范陽盧	弘農楊	天寶6-747	天唐835
183	淸河房	南陽耿	天寶12-753	千唐878	215	范陽盧	弘農楊	天寶6-747	天唐875
184	彭城劉	渤海高	天寶13-754	千唐895	216	范陽盧	弘農陽	天寶11-751	天唐877

NO	본인	배우자	년도	전거	NO	본인	배우자	년도	전거
217	狄道李	清河崔	貞元15-799	千唐972	249	南陽張	天水梁	貞觀19-645	천당33
218	京兆韋	隴西李	咸通15-874	千唐1191	250	隴西董	太原王	乾封1-666	천당228
219	河東柳	隴西李	光明-1-880	千唐1203	251	隴西上官	太原郭	總章2-669	千唐250
220	隴西辛	范陽盧	貞觀22-648	千唐47	252	隴西董	彭城劉	上元1-674	千唐290
221	弘農楊	南陽張	永徽4-653	千唐91	253	天水皇甫	南陽張	天水2-691	千唐390
222	河東柳	渤海封	顯慶5-660	千唐160	254	南陽張	河東張	通天2-697	千唐443
223	京兆杜	涿郡張	總章3-670	千唐253	255	彭城劉	天水馬	聖曆3-700	千唐470
224	太原王	安定梁	長壽3-693	千唐411	256	南陽張	河西段	久視1-700	千唐480
225	太原王	河東柳	長安3-703	千唐506	257	清河張	燉煌索	長安3-703	千唐501
226	隴西董	太原王	長安3-703	천당509	258	南陽張	天水趙	長安3-703	千唐505
227	京兆杜	富春孫	長安4-704	천당511	259	淮陽柳	河東裵	神龍2-706	千唐534
228	清河張	京兆韋	貞元17-801	천당974	260	隴西董	渤海高	開元5-717	千唐595
229	弘農楊	廣平宋	先天1-712	천당569	261	太原王	天水梁	開元8-720	千唐604
230	清河張	河東薛	開元5-717	천당587	262	隴西董	上谷侯	開元14-726	千唐660
231	弘農楊	清河張	開元9-721	천당614	263	平昌孟	天水趙	開元15-727	千唐673
232	弘農楊	南陽張	開元9-721	천당614	264	北平敬	天水趙	開元15-727	千唐678
233	河西段	太原王	開元15-727	천당665	265	南陽張	弘農楊	開元23-735	千唐750
234	滎陽鄭	隴西董	開元15-727	천당674	266	彭城劉	弘農楊	開元24-736	千唐752
235	河東裵	范陽祖	天寶7-748	천당840	267	何間邢	隴西辛	開元29-741	千唐791
236	渤海高	京兆杜	天寶8-749	천당847	268	武功蘇	東平呂	天寶5-746	千唐831
237	渤海丘	弘農楊	天寶8-749	천당847	269	武功蘇	東平呂	天寶5-746	千唐831
238	渤海高	京兆杜	天寶11-752	천당863	270	天水皇甫	清河張	建中1-780	千唐942
239	清河張	河東裵	大曆6-771	천당926	271	上黨苗	豊翊嚴	大中9-855	千唐1128
240	京兆韋	樂安孫	元和5-810	천당997	272	南陽張	天水趙	咸通11-870	千唐1179
241	滎陽趙	天水趙	元和9-814	천당1002	273	南陽樊	錢塘范	咸亨1-670	千唐258
242	夏東裵	趙郡李	元和14-819	천당1014	274	清河張	丹陽冀	垂拱4-688	千唐370
243	清河崔	天水梁	太和8-834	천당1057	275	清河張	琅邪王	貞觀1-633	千唐16
244	武功蘇	范陽盧	會昌1-841	천당1078	276	吳郡朱	清河張	如意1-692	千唐398
245	樂安孫	河東裵	會昌1-841	천당1081	277	高陽許	琅邪王	久視1-700	千唐476
246	京兆韋	南陽張	大中2-848	천당1103	278	平昌孟	吳郡陸	神龍2-706	千唐530
247	京兆韋	高陽齊	大中14-860	천당1148	279	平昌孟	吳興顧	開元3-715	千唐578
248	京兆韋	渤海李	咸通3-862	천당1160	280	范陽盧	琅邪王	開元3-715	千唐583

NO	본인	배우자	년도	전거	NO	본인	배우자	년도	전거
281	吳郡朱	渤海高	開元11-723	千唐633	313	隴西李	榮陽鄭	元和3-808	全唐文504
282	丹陽陳	彭城劉	貞觀11-637	千唐21	314	隴西李	范陽盧	大曆11-776	全唐文504
283	昌黎韓	丹陽陳	朝露1-679	千唐322	315	趙郡李	范陽盧	元和4-809	全唐文505
284	太原武	陳郡謝	開元25-737	千唐763	316	趙郡李	京兆韋	元和4-809	全唐文505
285	彭城劉	吳郡張	大中11-857	千唐1140	317	隴西李	清河崔	貞元7-791	全唐文521
286	淸河張	會稽姚	開元24-736	千唐751	318	隴西李	范陽盧	大曆12-777	全唐文521
287	陳郡謝	隴西李	咸通6-865	千唐1167	319	博陵崔	隴西李	貞元8-792	全唐文530
288	丹陽陶	太原王	天寶7-748	千唐843	320	隴西李	清河崔	貞元17-821	全唐文564
289	吳郡朱	隴西李	天寶13-754	千唐900	321	范陽盧	榮陽鄭	元和5-810	全唐文564
290	陳郡袁	平昌孟	久視1-700	千唐481	322	范陽盧	隴西李	元和5-810	全唐文564
291	趙郡李	范陽盧	龍朔-600	全唐文678	323	范陽盧	隴西李	貞元20-804	全唐文566
292	趙郡李	榮陽鄭	龍朔-600	全唐文678	324	清河崔	榮陽鄭	元和5-810	全唐文589
293	趙郡李	范陽盧	龍朔-600	全唐文678	325	清河崔	范陽盧	元和5-810	全唐文589
294	博陵崔	榮陽鄭	神龍1-705	全唐文232	326	清河崔	隴西李	貞元7-791	全唐文610
295	范陽盧	趙郡李	開元1-713	全唐文321	327	太原王	清河崔	貞元20-804	全唐文679
296	清河崔	榮陽鄭	開元3-715	全唐文318	328	太原王	清河崔	元和6-811	全唐文714
297	隴西李	榮陽鄭	天寶14-755	全唐文420	329	博陵崔	榮陽鄭	大曆3-768	全唐文784
298	清河崔	榮陽鄭	大曆4-769	全唐文321	330	博陵崔	榮陽鄭	大曆3-768	全唐文784
299	范陽盧	榮陽鄭	大曆13-778	全唐文346	331	榮陽鄭	范陽盧	貞元8-792	全唐文784
300	博陵崔	趙郡李	大曆14-779	全唐文391	332	榮陽鄭	范陽盧	貞元8-792	全唐文784
301	博陵崔	趙郡李	大曆14-779	全唐文391	333	范陽盧	隴西李	貞元3-787	全唐文784
302	博陵崔	范陽盧	大曆14-779	全唐文391	334	趙郡李	范陽盧	上元1-760	全唐文784
303	榮陽鄭	清河崔	大曆9-774	全唐文392	335	隴西李	榮陽鄭	貞元6-790	全唐文784
304	范陽盧	清河崔	大曆5-770	全唐文420	336	榮陽鄭	清河崔	貞元6-790	全唐文785
305	范陽盧	博陵崔	元和9-814	全唐文438	337	榮陽鄭	范陽盧	貞元6-789	全唐文785
306	范陽盧	榮陽鄭	大曆10-775	全唐文445	338	清河崔	榮陽鄭	貞元4-788	全唐文785
307	范陽盧	隴西李	元和7-812	全唐文500	339	清河崔	榮陽鄭	貞元2-786	全唐文785
308	隴西李	范陽盧	貞元2-786	全唐文502	340	榮陽鄭	清河崔	大曆12-777	全唐文679
309	隴西李	范陽盧	永貞1-805	全唐文503	341	榮陽鄭	博陵崔	大曆12-777	全唐文679
310	趙郡李	范陽盧	貞元10-794	全唐文503	342	榮陽鄭	趙郡李	元和1-821	全唐文563
311	博陵崔	范陽盧	貞元10-794	全唐文503	343	榮陽鄭	京兆韋	元和1-821	全唐文563
312	范陽盧	隴西李	大曆9-774	全唐文503	344	博陵崔	太原王	元和7-833	全唐文679

NO	본인	배우자	년도	전거	NO	본인	배우자	년도	전거
345	太原王	榮陽鄭	開成1-836	全唐文608	377	東海書	南陽樊	天寶13-754	全唐文343
346	范陽盧	淸河崔	太和1-827	全唐文639	378	東海書	扶風竇	元和1-806	全唐文294
347	范陽盧	榮陽鄭	太和1-827	全唐文639	379	淸河張	汝南周	建中3-782	全唐文502
348	博陵崔	范陽盧	長慶3-823	全唐文654	380	東海書	渤海高	元和1-898	全唐文294
349	博陵崔	榮陽鄭	長慶3-823	全唐文654	381	潁川韓	礁國翟	長慶2-822	全唐文562
350	博陵崔	隴西李	太和5-831	全唐文678	382	河南畢	淸河張	元和6-811	全唐文566
351	榮陽鄭	博陵崔	大中9-855	全唐文792	383	上黨苗	淸河張	元和2-807	全唐文569
352	范陽盧	隴西李	天佑2-902	全唐文809	384	北地傅	南陽張	太和2-828	全唐文638
353	榮陽鄭	淸河房	垂拱2-686	全唐文220	385	汝南張	汝南周	元和3=818	全唐文724
354	博陵崔	彭城劉	大足1-701	全唐文231	386	汝南韓	淸河張	咸通2-861	全唐文792
355	太原王	中山甄	景龍3-709	全唐文264	387	京兆杜	太原王	咸亨2-671	全唐文195
356	東海書	趙郡李	開元16-728	全唐文318	388	博릉崔	河東裵	長安3-703	全唐文229
357	廣平宋	博陵崔	開元25-737	全唐文343	389	范陽盧	河東薛	長安3-703	全唐文360
358	上黨苗	博陵崔	上元2-761	全唐文321	390	淸河崔	河東薛	大曆4-769	全唐文420
359	陽平路	榮陽鄭	開元시기	全唐文620	391	太原王	河東薛	天寶11-752	全唐文420
360	礁國戴	博陵崔	貞元5-789	全唐文502	392	京兆杜	范陽盧	貞元14-798	全唐文497
361	蘆江何	范陽盧	興元1-784	全唐文504	393	太原王	狄道李	開元2-714	全唐文257
362	彭城劉	趙郡李	貞元18-802	全唐文538	394	狄道李	榮陽鄭	貞元15-799	全唐文502
363	太原王	河南胡	元和11-816	全唐文561	395	榮陽鄭	경조위	貞元17-801	全唐文503
364	陽平路	榮陽鄭	元和6-811	全唐文562	396	博陵崔	河東柳	貞元10-794	全唐文504
365	范陽苗	上黨苗	貞元9-803	全唐文564	397	京兆魏	榮陽鄭	元和3-808	全唐文506
366	淸河房	榮陽鄭	元和6-811	全唐文565	398	河東裵	博陵崔	貞元8-792	全唐文506
367	南陽鄧	隴西李	元和5-810	全唐文589	399	趙郡李	河東裵	上元2-762	全唐文520
368	太原王	渤海李	長慶3-823	全唐文564	400	河東柳	范陽盧	元和14-819	全唐文563
369	隴西李	淸河房	長慶1-821	全唐文655	401	京兆韋	淸河崔	元和5-810	全唐文566
370	何間邢	隴西李	太和9-835	全唐文755	402	京兆杜	恒山張	元和4-809	全唐文566
371	何間邢	南陽張	太和9-835	全唐文755	403	河東裵	范陽盧	元和12-817	全唐文588
372	渤海高	隴西李	大中4-851	全唐文764	404	河東裵	河東柳	元和12-817	全唐文588
373	渤海高	京兆韋	大中4-851	全唐文764	405	河東薛	博陵崔	元和12-817	全唐文589
374	太原郭	彭城劉	開元9-721	全唐文305	406	博陵崔	河東柳	元和7-812	全唐文589
375	太原郭	河南元	開元9-721	全唐文305	407	河東薛	趙郡李	元和10-815	全唐文609
376	東平呂	淸河傅	開元14-726	全唐文231	408	河東薛	隴西李	元和10-815	全唐文609

NO	본인	배우자	년도	전거	NO	본인	배우자	년도	전거
409	彭城劉	河東柳	元和2-807	全唐文630	424	彭城劉	隴西辛	太和8-835	全唐文759
410	京兆杜	趙郡李	元和3-808	全唐文631	425	隴西董	滎陽鄭	元和8-813	全唐文564
411	范陽盧	燉煌張	貞元13-797	全唐文566	426	隴西董	滎陽鄭	元和8-813	全唐文564
412	曲阜孔	京兆韋	貞元5-810	全唐文566	427	隴西董	南陽張	貞元5-789	全唐文499
413	河東裵	隴西李	貞元8-792	全唐文784	428	許昌許	京兆韋	元和2-807	全唐文504
414	狄道李	滎陽鄭	建中3-782	全唐文785	429	太原郭	燉煌索	開元9-721	全唐文227
415	河東裵	博陵崔	元和3-808	全唐文565	430	天水權	南陽張	貞元18-802	全唐文504
416	博陵崔	河東柳	太和4-830	全唐文563	431	河南胡	天水趙	貞元17801	全唐文562
417	京兆韋	滎陽鄭	長慶1-821	全唐文563	432	彭城柳	武功蘇	정원8-813	全唐文409
418	狄道李	博陵崔	長慶1-821	全唐文563	433	琅邪王	范陽盧	開元6-718	全唐文293
419	趙郡李	河東裵	太和5-531	全唐文678	434	滎陽鄭	琅邪王	開元18-730	全唐文313
420	天水皇甫	博陵崔	開成1-836	全唐文679	435	彭城劉	吳郡陸	貞元3-787	全唐文499
421	天水皇甫	范陽盧	開成1-836	全唐文679	436	琅邪王	博陵崔	貞元19-803	全唐文504
422	河東裵	趙郡李	寶曆3-827	全唐文680	437	濮陽吳	會稽鍾	太和4-830	全唐文695
423	太原郭	狄道李	長慶2-822	全唐文738	438	陳郡袁	太原王	大中14-860	全唐文792

위 表로부터 산동군성간; 산동군사성간의 통혼상황을 총괄해 보면 다음 표와 같다.

시기 구분	618-689	690-712	713-759	760-819	820-907	합계
山東郡姓간	4	4	17	48	51	124
山東郡姓과 山東郡四姓간	22	19	23	14	20	98
山東郡四姓간	11	7	22	16	14	70
山東郡姓·關中郡姓간	3	3	12	20	6	44
山東郡姓·關中郡四姓간	10	12	23	18	14	77
山東郡姓·江南郡(四)姓간	5	4	10	3	2	24
합계	55	49	107	120	107	438

이상 通婚例 438件을 장황하게나마 열거한 表에 대하여 검토해 보자.

① 山東郡姓間; 山東郡姓과 山東郡四姓間; 山東郡四姓間의 통혼이 290例

로 전체의 67%나 되어 內婚이 줄기차게 그리고 지속적으로 추진되었다.

② 山東·關中郡姓間; 山東·關中의 郡姓·郡四姓 상호간의 通婚이 119例로 전체의 약 30%에 도달하여 상당한 의미가 있다.

③ 山東·江南의 郡姓 및 郡四姓 상호간의 通婚이 24例로 전체의 5%에 이르고 있다.

이러한 사정은 어떻게 하여 나타난 것일까?

①의 경우 ⓐ 唐 初期에는 內婚의 통제에 따라 다소 주춤하고 있다. ⓑ 山東郡姓間의 경우에는 玄宗時期부터 증가하기 시작하여 安史亂 후 氏族問題가 왜소해지고 방관상태에서 폭팔적으로 증가하고 있다. ⓒ 山東 郡姓과 郡四姓 상호간에는 각 時期마다 20例 程度로 비슷하다.

②의 경우,

ⓐ 唐 初期 통제정책에 따라 위축되거나 反感으로 기피한 측면이 있다.

ⓑ 唐朝 中·晩期, 즉 官僚制가 成立·展開되던 때에 현달하던 關中의 그들과 적극 통혼함으로써 관료계에 용이하게 진출하고, 奉公·至公 등의 관료상의 실천을 통해 현달하려는 상황으로 이해된다. 그리고 당만기에 이르면 그들 간의 통혼이 격감되고 있다. 이는 관료제의 전개상 산동관료들도 정치적으로 상당히 성장하였던 사정의 표현으로 여겨지며, 安史亂 後로 정치가 불안정하고 대토지소유제의 발전에 따라 서민지주층이 열열하게 求官하던 사정에서 士族 동류끼리의 자존적인 입장을 모색하려는 방향, 곧 반동적인 동향으로 이해된다. 그리고 唐 宗室과 山東郡(四)姓 사이의 통혼은 위의 表에서 5例, 그밖에 『舊唐書』·『大唐詔令集』 등에서 몇 例를 볼 수 있어, 이를 합하여 10例 정도일 뿐이다. 이는 양자 간에 일체감이 별로 없고 친밀감이 시종 원만하지 못했음을 반영한 것이라고 생각한다.

ⓒ 山東地域은 北魏末 孝武帝 西遷이래 낙후되었고 특히 唐王朝 後期에는 「河北三鎭」 등 反唐地域化 하였다. 科擧制의 운영에 있어서 首都 長安이나 그 근방 출신에게 海送上의 특혜를 주어 山東官僚가 많이 入關하였다. 이리하여 이들 山東官僚와 關中官僚와의 통혼이 빈발한 상황을 고려할 수 있다.

③의 경우,

ⓐ 唐 中期 곧 玄宗時期에 전체의 50%를 차지하고 있다. 이는 官僚制가

전개되던 때에 山東官僚들처럼 정계에 진출하려는 의지의 표현으로 이해된다.

ⓑ 江南은 山東·關中과 더불어 문화상으로 차이가 있었고 江南의 경제적 발전 특히 地主土地所有制의 발전으로 唐朝 政界에의 진출이나 그것을 위한 유력자와의 통혼은 次要的 지위에 있었던 사정을 반영한 것 같다.

결국 위에 例示한 通婚例의 대체로 洛陽地方의 墓誌에서 檢出한 것임에도 불구하고 山東郡(四)姓間의 內婚이 줄기차게 이루어졌다. 그러나 山東官僚와 關中官僚사이의 통혼은 그들이 政界에 진출하고 關中에의 移住 등으로 말미암아 크게 擴大되어 전체의 약 30%에 이르는 것을 보면 唐王朝의 통제정책이나 서민지주층을 선발하려는 조치가 상당한 성과를 거양했던 것이라고 볼 수 있다. 따라서 이는 唐王朝에서 官僚制가 展開·發展된 결과 나타난 현상이라고 생각한다.

그밖에도 北方民族의 도약, 租佃制의 발전 등 산적된 唐朝의 當面問題가 속출하였다.

이러한 상황은 앞서 상세하게 살펴본 것처럼, 큰 氏(宗)族에서 文武에 뛰어난 者가 속출하여 국가의 커다란 당면문제에 대하여 자신의 임무로 생각하여 노력하는 그들을 唐王朝는 적극적으로 受容·表彰해야지 倭小해져버린 氏(宗)族問題를 고집할 수는 없었다. 그 위에 지역적 편의나 습관적으로 추진되어온 내혼을 배타적으로 질시하거나, 정책으로 막는 것보다 그것을 묵인·양해하였던 사정에서 관철되었던 것으로 이해된다. 이리하여 文宗의 개탄은 다분히 정치적인 의미로 이해해야 하여야 할 것이다.

그리고 鄭樵의 지적에서 五代 이래 內婚的 통혼은 종말을 고했다는 내용과 取士, 곧 인재선발은 家勢 곧 門閥을 묻지 않았다는 언급은 科擧制에 의하여 官僚制가 展開되고 士庶가 合流한 사정을 의미한다고 생각한다. 또한 이는 司馬光을 비롯하여 劉昫, 宋祁 등 唐史의 撰修者들이 唐末까지 門閥士族制가 계속되었다는 언급을 고려한 것이라고 이해된다. 다만 이 지적에서 상호 통혼 부분은 필자도 동감이다. 그러나 武則天時期에 官僚制가 成立되었다고 믿는 필자로서는 五代에 들어와 관료제가 성립되었고, 士庶合流가 이루어졌다는 논설을 가능하도록 하는 지적은 선뜻 이해되지 않는다. 이 언급이 通時代를 논함에 있어서 일·이백년을 조정하는 巨視的인 논설로 이해된다. 동시에 앞서 누누이 검토한 바와 같이 그 時期를 唐 中期까지 上向해야 할 것이다.

셋째로 取士方面에서 家勢를 不問한다는 점을 보자. 이는 士族이 官界에 적극 진출하여 官僚制가 전개되는 과정 중에도 그들의 역량이 상당히 방대하였고, 그것으로 사회적 輿望을 가졌던 사정에서 제기되었던 것이다. 이는 특히 太宗 이래 庶民地主層을 발탁하는 방향으로 唐朝정책의 일관성이 계속 촉진되는 선상에서 士庶를 不問한 取士로써 士庶合流를 획책하고, 나아가서 관품질서를 통한 官僚制를 발전시키려는 의지에서 강조된 결과라고 생각된다.

그리고 張邦輝氏는 魏晋南北朝時代의 門第取士의 표준은 唐代에 극복·해결되었지만, 새로운 모순 예컨대 ① 策名의 先定; ② 公的인 추천이 시험성적보다 우세하고; ③ 朝廷 중에 친척이 없으면 과거시험에 불합격하였기에 唐代의 정치는 半門閥·半官僚的 성질을 체현하였다고 했다.[482] 이는 필자로서는 좀 납득이 잘 안 된다. 왜냐하면 策名의 先定과 朝廷에 親戚의 有無가 科擧의 當落을 결정한다고 함은 科擧制운영이나 官僚의 紀綱問題이며, 추천은 문벌사족제와는 아무런 관계가 없고 그 당시 政界에 강고한 門生故吏에 관한 문제이다. 특히 唐 後期의 山東官僚들이 문벌사족의 관념을 보전하고, 그것의 재건을 희망하였던 사정은 충분히 이해할 수 있다. 그렇지만 그들은 唐의 官僚로 정계에 진출하고 관료적 역량을 통하여 현달하였던 사정에서 보면, 半門閥·半官僚政治라고 할 수 없다. 뿐만 아니라 唐 後期에는 일부 藩鎭이 각각 일방을 장악하여 할거상태에 있었으며, 환관이나 유력한 절도사와 협력하여 재상 등 고관에 현달하였던 사정(예컨대 李吉甫·李德裕·李逢吉·崔胤·崔昭緯 등)과 같은 비정상적인 상황 하에서 權貴들이 행한 정치이지 문벌통치의 색체가 있다고 할 수 없는 것이다. 따라서 科擧制의 여러 가지 모순은 관료제 전개과정 중에서 나타난 정치적 현상으로 그릇된 단면일 뿐이다.

482) 張邦輝, 同上 論文.

게다가 柳玭의 훈계를 비롯하여 여러 가지의 官僚像, 그리고 時論 등 著作上에 士族의 변모된 존재형태를 살펴볼 수 있다.

첫째로 柳玭의 訓戒에 대하여 보자. 柳玭은 京兆 華原人이다. 조부 公綽은 賢良方正·直言極諫科에 등제하여 秘書省 校書郎 御史中丞 觀察使 給事中 刺史 節度使 刑部尙書를 역임하였고, 謹重하고 禮法에 따라 처신하였다. 선천적으로 仁慈하였고 부친 仲郢은 진사에 올라 校書郎 吏部郎中 諫議大夫 刺史 節度使 등을 역임하였다. 역시 예법에 따라 처신하며 官僚的인 政績을 쌓았다. 柳玭는 明經 書判拔萃科에 등제하여 度支推官 右補闕 廣州節度副使 給事中 御史大夫를 역임했다. 옛 上司인 高湜이 사건에 연루되어 縣尉로 貶斥됨에 3차에 걸쳐 상소하여 申理했다. 高湜 본인도 그의 변호에 감탄하였다. 黃巢가 廣州를 함락함에 僖宗 行在所에 出奔하였다.

이런 柳玭는 그 자제들을 위하여 訓誡를 저작하였다.

① 門地(家門의 지위)가 높으면 가히 두려워 의지할 곳이 없다. 두려워해야 할 것은 立身하여 한 가지 일이라도 先訓을 추락시키면 罪가 커서 타인에 미치는 것이다. 비록 名位를 얻는다 하더라도 어찌 지하의 조상을 뵈올 것인가. (가문에) 의지할 수 없게 되었으니, 家門이 높으면 교만하고 (宗)族이 번창하면 남의 시기를 받는다. 까닭에 世胄를 잇고자 하는 자는 修己하되 정성을 다하고, 학문을 하되 견실하게 해야 한다. 무능하면서 남이 채용해 주기를 희망하고 善行이 없으면서 남의 사랑을 바라면 가능하랴!

② 家法으로 孝悌·恭默을 기본으로 하고 畏怯·勤儉하여, 修身 → 守法 → 養人의 도리를 취해야 한다.

③ 安逸을 구하지 말 것이며, 儒術과 古道를 배워 선악을 잘 판별하여 근검하여야 하며, 名譽와 仕宦을 서둘러 權要에 가까이 하지 말라는 등 君子의 처신을 해야 한다는 내용이다.483)

말하자면 먼저 개인의 역량을 통하여 立身하고, 학문(修己治人의)을 통해서 습득한 윤리를 體現하며, 선악의 판별을 할 줄 알며, 근검하고 오직 정직한 君子의 자세를 통하여 현달해야 한다는 것을 강조한 것이다. 이것은 「顔

---

483) 『舊唐書』 卷165, 柳公綽傳 附 玭傳. pp.4308-10.

氏家訓」이나 北朝의 士族 范陽盧氏의 우미한 門風에서 볼 수 있다.[484] 즉, 魏晋南北朝時代의 門閥士族들이 學問을 닦고 門風을 세워 실천함으로써, 宗族과 그 秩序 倫理를 통하여 鄕里의 지도자가 된다. 나아가서 그들은 地方行政과 中央政界를 좌우하며, "혈통으로 평범하게 政界에 진출하여 公卿에 이른다"는 것이었다. 뿐만 아니라 그들은 做官, 免稅 등 각종의 특전을 향유하던 그런 것과는 매우 현저한 차이가 보인다. 따라서 이와 같은 訓誡야말로 官僚制가 전개되던 唐王朝의 晩期에 통치계급으로서 지녀야 할 태도, 즉, 勉學·至公 등 官僚像의 실천을 지적한 것이다. 특히 宗族이 창성하면 남의 시기를 받는다는 言及은 宗族이나 문벌사족 위주가 아닌 사회임을 명확히 말해주는 것이라 이해된다.

둘째로 여러 가지의 官僚像이란 산동관료들이 체현한 것이다. 앞서 崔邠·從, 崔挺, 盧簡辭 등의 各家에 나타났던 관료적 역량을 통해 현달하였던 관료상을 보았다. 그밖에도 이런 事例는 많다. 몇 가지 살펴보자. 鄭從讜이 재상이 되었지만 겸손,[485] 盧鈞의 廉潔,[486] 李德裕의 至公[487] 등의 官僚像이 보인다. 특히 京兆 王氏에서 大中朝에 이르러 진사를 18인이나 배출하였고, 臺省에 등장하여 牧守 등 顯職 역임자가 30여명이나 되었으며, 王徽의 증조 擇從, 易從과 從祖 明從, 言從 4명이 開元中에 3차례에 걸쳐 鳳閣舍人을 역임하였던 사정에 따라 당시인들은 "鳳閣王家"라고 지칭하였다.[488]

뿐만 아니라 郡四姓으로부터 출신한 山東 官僚들도 대체로 經學 法律 詩文 등에 정통하여 진사로부터 翰林學士 등 내외관직에서 정치적 공적을 올려 재상(同平章事)에 榮進하였던 인물만하여도 劉瞻을 비롯하여 劉瑑, 劉鄴;[489] 宋申錫,[490] 魏謨,[491] 路巖, 夏侯孜 그리고 畢諴[492] 등 8명을 헤아릴

484) 李啓命, 『北朝의 貴族』, 同上.
485) 『舊唐書』 卷158, 鄭餘慶傳 附 從讜傳. pp.4169-72.
486) 上揭書 卷177, 盧鈞傳. pp.4591-2.
487) 上揭書 卷174, 李德裕傳. p.4509이하 내용에서 이해된다.
488) 上揭書 卷178, 王徽傳. p.4639.
489) 上揭書 卷177, 劉瞻·劉瑑·劉鄴傳. pp.4616-9.
490) 上揭書 卷167, 宋申錫傳. pp.4370-2.
491) 上揭書 卷176, 魏謨傳. p.4571.

수 있다. 그 가운데 宋申錫은 정계에 뇌물공여 등 정치적 폐단을 척결하고 時政을 改善하였다.[493] 그리고 南陽 張正甫의 一家에서는 宣宗 大中年間에 3代에 진사 5명이 속출하여, 모두 칭찬하였다.[494] 高元裕 兄弟가 교대로 侍講學士를 담당하고,[495] 孔戣 兄弟가 나란히 절도사에 진출한 것을 보고 당시인들은 영광스럽게 여겼다.[496] 특히 孔氏 一門에서 正卿·節度使 6, 7명이나 배출된 사실을 가지고, "孔氏貴盛"이라 하였다.[497] 이러한 指稱이 山東관료에게도 부여되던 언급인 점에서 보면, 관료계에의 진출이 많았던 씨족을 가르킨 것이며, 동시에 이들은 官僚制가 전개되는 상황에서 登場하여 융성한 氏族을 말한다. 게다가 畢諴처럼 下僚의 잘못을 책임지고 관직에서 사퇴하자 君子들은 아름답다고 하였다.[498] 더욱이 郭子儀 一家는 거의 重官에 올랐고, 재상의 지위에 오른 자 만도 60여명에 이르렀으며, 모두 忠良이어서 그 당시인들이 영광스럽게 생각하였다[499]는 것이다. 심지어 王播는 單門으로부터 나와 文辭로 自立·顯達하고 士族으로서의 행동이 없고 姦邪하였지만 천성이 吏事에 밝고 행정능력이 탁월하여 재상에 올랐고, 동생 起와 손자 鐸이 또한 相位에 나아갔다.[500] 이상의 몇 가지 구체적인 사례는 관료제 전개상에 있어서 官僚像 등 구체적인 상황으로 고려된다.

셋째로 劉禹錫이 「烏衣巷」과 柳宗元의 「封建論」의 主旨는 世變을 일러준다. 前者는 東晋·南朝의 저명한 名族 王·謝 등 문벌사족의 후예들이 百姓家에 날아든다는 뜻으로 士庶合流의 사정을 명확히 나타내주었다고 고려된다. 말하자면 魏晋南北朝時期에 名門巨族인 王·謝氏의 후예들이 적어도 劉禹錫

492) 上揭書 卷177, 路巖·夏侯孜·畢諴傳. p.4603; p.4604; p.4610.

493) 上揭書 卷167, 宋申錫傳. p.4372.

494) 上揭書 卷162, 張正甫傳. p.4253.

495) 上揭書 卷171, 高元裕傳. p.4452.

496) 上揭書 卷154, 孔巢父傳 附 孔戣·戢傳. pp.4095-9.

497) 上揭書 卷179, 孔緯傳. p.4652.

498) 上揭書 卷177, 畢諴傳. p.4610.

499) 上揭書 卷120, 郭子儀傳. p.3466.

500) 上揭書 卷164, 王播傳. 그리고 王播의 貫籍은 『舊唐書』에는 보이지 않고, 『新唐書』 卷72, 中에는 "亦出太原晋陽人"으로 되어 있다.

이 살던 憲宗 初에 백성, 즉 庶民과 다름이 없다는 絶叫는 士庶合流의 상황을 반영하는 좋은 事例이다.[501] 後者 柳宗元의 「封建論」은 그의 주요 정치사상으로 唐朝의 지방통치조직인 州縣制는 時宜에 적합하고 하나의 勢이기 때문에, 장차 그렇게 될 것이라는 것이다. 따라서 그는 藩鎭割據는 勢에 따라 장차 중앙집권으로 변화할 것임을 주장한 것이다. 아울러 봉건등급이나 士族의 등급은 그 연원이 따로 있는 것으로 時宜(勢)에 적합하지 못하다는 정치주장이다. 이러한 柳宗元의 「封建論」에 대하여 고찰한 韓國磐은 柳宗元을 庶族地主出身으로 분류하였지만,[502] 그는 분명히 關中郡姓 河東 柳氏의 출신이며, 『新唐書』 卷73上 宰相世系表에도 나와 있다. 따라서 柳宗元은 문벌사족의 후예로 그들이 쇠퇴한 唐 後期에 등장하여 永貞革新의 骨幹分子로서 그의 정치관에 입각하여 정치혁신, 즉 藩鎭平定, 宦官의 特權減少, 稅役減少 등을 추진하였다. 그 개혁이 비록 실패로 끝났으나, 그의 지향은 명확한 관료상으로 생각된다.

따라서 唐 晩期 官僚의 존재형태로써 "令族"·"盛族"·"鼎門"·"門戶" 등의 표현은 문벌사족의 후예들의 관념 상의 표현형태일 뿐이고, 재건된 문벌사족의 樣態가 아니라 尙古的으로 표현된 官僚像인 것이다. 아울러 그들은 서민지주층으로부터 성장하여 관계에 진출·현달한 또 다른 통치계층과 더불어 정치 그룹을 구성하고, 수차에 걸친 離合集散과 정치투쟁 및 반목을 거치면서 합류하였다. 이른바 士庶合流는 尙古·宗族觀念이 강했던 隋唐時代에 완만하게 이행되었고, 宋 이후에 서민지주층이 중심이 된 士大夫社會로 진보하였던 것이다.

501) 『全唐詩』 卷365, 劉禹錫 12, "朱雀橋邊野草花 烏衣巷口夕陽斜 暮時(來)王謝堂前燕 飛入尋常百姓家"

502) 韓國磐, 「論柳宗元的封建論」, 『隋唐五代史論集』 所收, 1978, 北京.

第5章 結 論

隋唐時代는 門閥士族制社會, 統治者들은 門閥士族이라고 하고 있는 것은 오늘날 국내외 학계의 현주소인 것 같다. 그리하여 문벌사족의 쇠퇴(원인) 등이 주요 문제로 다루어지고 있다. 필자는 이에 대하여 감히 회의하면서 山東郡姓을 포함한 山東郡四姓의 자태는 어떤 것인가, 그들에 대한 北朝 後期 이후 隋·唐 初期에 어떤 統制가 이루어졌는가, 그리고 武韋時期와 唐 中·晩期 역사 발전 과정 중에 그들이 어떠한 동향을 보였던가를 면밀히 분석하였다. 이제 그 결과를 종합 정리하여 결론으로 대신하고자 한다.

먼저 山東이란 太行山脈 以東, 즉 오늘날 北京市를 비롯하여 河北省·河南省 및 山東省을 가르키고 山東郡姓과 그에 연결된 郡四姓의 거주지역을 말한다. 본고에서는 同 郡四姓이 淮水 以南 長江 以北에까지도 분포되어 있어, 이 지역도 부분적으로 포함시켰다.

여기의 郡姓이란 崔(博陵·淸河), 盧(范陽), 李(隴西·趙郡), 鄭(滎陽), 王(太原)氏의 7姓을 말하고; 郡四姓은 各 郡에서 有力한 姓氏를 가르킨다. 이들이 이른바 산동 문벌사족과 그에 연결된 세력이다. 이들 대표적인 名族은 崔(博陵·淸河), 盧(范陽)氏, 李(隴西·趙郡) 滎陽鄭氏 그리고 太原王氏를 말한다. 그들은 存在 형태상에서 볼 때에, 鄕里社會에서 宗主를 중심으로 族居 상태를 유지하고, 修己治人의 儒學을 傳習하면서 優美한 家風을 가져 鄕里사회를 지도하고, 九品中正法으로 지방과 중앙행정에 참여(농단)하였으며, 武裝集團을 편성하여 內憂外患에 대처하였다.

이런 산동문벌사족은 北魏 孝文帝의 姓族分定으로 官製的으로 사회의 지도계층으로 欽定되었지만, 특수계층만의 권익을 보존하여 결국 北鎭의 亂이 야기되었고, 同 亂의 진행 중에 洛京의 漢人士族이 살육되는 등 참극이 연출되어 새 돌파구가 필요하였다. 이리하여 宇文泰·高歡 주도의 北朝 후기정권이 출현하였다. 北朝 後期에는 문벌주의를 극복하는 방향, 예컨대 北齊 文宣帝의 지방 행정 개혁을 비롯하여 無田人의 寬鄕에의 이주, 그리고 賢才主義에 입각한 課試制가 시행되었다. 宇文泰의 西魏에서도 蘇綽의 中興永式과

六條詔書 특히 擢賢良을 비롯한 이른바 關中本位政策이 추진되어 관롱집단, 곧 關隴 관료적 문벌사족(제)를 확립하여 결국 北周의 華北統一·淮南確保, 곧이어 楊隋政權이 등장하였다. 이 기간동안 東魏·北齊時期의 산동문벌사족은 前代 그들의 존재형태상의 큰 변모를 거치지 못한 채, 정치·경제 등 각 방면에서 통치자의 位像을 보전했으나, 北周의 華北 統一로 산동문벌사족과 그들에 연결된 세력들의 위상은 크게 실추되었다. 그들은 周禮主義로 분식된 北周의 尙武的 세계에서 새로운 존재형태를 모색해야 하였다. 北朝 후기 산동 문벌사족의 入關은 北魏末 孝武帝의 西遷과 北周의 平齊 때에 이루어졌다. 孝武 西遷 때에 함께 入關한 인물로는 盧辯·崔猷를 비롯하여 盧辯·光·盧賁·王思政·鄭譯 등이 있다. 이들은 土著를 상실하여 西魏－北周에서 제도의 창제·운영에 적극 참여하고 실권자에 의부하고 있었다. 그리고 平齊 후 入關者는 李德林을 비롯한 盧思道·盧昌衡 등 18명이다. 이들은 처음 周禮主義에 의거한 北周體制에의 동경도 있었다. 그러나 그들은 현실적으로 關隴集團의 주도 하에 운영되는 北周의 정계에서 志高位下의 捕虜的 입장에서 벗어나려는 동향도 있었으나, 楊堅과 같은 유력자에 의부하여 隋朝 창건에 적극 노력하였다.

隋王朝에서는 西魏以來 關隴集團의 주도 하에 "擢賢良"을 비롯한 賢才主義가 관철되어 選擧上 科擧制를 시행하였다. 그리고 관롱집단의 우수한 군사력을 통하여 천하통일의 위업을 달성한 것이다. 그것은 貌閱과 輸籍法과 같은 강력한 경제적 조치를 통하여 얻어진 재부가 그 기초가 되었던 것은 물론이다.

이런 隋王朝의 창건과 발전은 李德林·高熲과 같은 산동문벌사족의 통치역량의 발로에 힘입은바 크다. 말하자면 輸籍法을 비롯한 鄕正制 설치, 破郡과 州를 郡으로 변경하는 조치는 編戶齊民과 행정의 효율을 제고한다는 一元化라는 미명하에 추진된 것이지만, 실제로는 산동사족족을 타격하여 중앙집권 전제주의를 관철하고 천하통일의 기반을 확보하자는 것이었다. 그것은 그 후 산동세력 李德林 등 실각은 日蹴不振하였고, 文帝 開皇 末에 전개된 江南地方의 反變事態는 그것을 웅변해 주고 있다. 그리고 隋文帝조차 "眞宰相"이라 하여 隋王朝의 창건 발전에 큰 공로를 세웠던 高熲은 楊廣의 脫宗에 장애가 되어 결국 실각되었다. 그리고 隋文帝의 誕生說話과 定州說話를 만들고 「述佛志」를 저작하여 志高位下의 현실을 타개하고 나아가 현달하려던 王劭를 봉건적 특권으로 우대할 뿐 관직상으로 중용하지 않는 등 산동세력은 隋王朝의 정계에서 부진을 면하지 못하였다.

따라서 隋의 정계는 關隴 관료적 문벌사족과 산동인물의 연합통치라는 논설은 성립할 수 없는 것이다. 더욱이 隋王朝의 창건 직전에 전개된 尉遲迥의 반란에 산동인들이 關中本位政策에 반대하여 反楊堅의 세력에 동참하였다. 이리하여 隋唐王朝의 산동에 대한 악감정은 앞서 말한 산동통제정책 및 산동인 배제와 무관하지 않으리라고 생각된다. 뿐만 아니라 煬帝의 脫宗과 즉위에 대한 불만을 가진 楊諒이 일으킨 반란에 산동인의 대거 참여하여 煬帝 때 산동인은 더욱 채용되지 못하였다. 이에 비하여 蕭皇后의 연고로 蕭氏를 비롯한 虞世基·裴蘊·來護兒 등 江南人 진출이 활발해진 사정에서 楊玄感이 반란을 일으켜 隋末의 거대한 반란이 전개되었다. 이 기간동안 煬帝의 江都遷都를 비롯한 關中本位政策을 탈피하려는 여러 정치적 조치는 宇文化及 등에 의하여 煬帝 弑害事件으로 이어졌다. 특히 隋 이래 관철된 破郡·改州爲郡·輸籍法 등 행정과 경제조치로 타격을 받고, 庫狄士文·燕榮 및 裴蘊 등이 펼친 산동 문벌사족에 대한 폭력정치는 산동문벌사족과 그에 연결된 세력을 몰락시켜, "이름은 鄕里에 뛰어 났지만, 몸은 貧賤을 면치 못했다"는 悽慘한 상황에 빠뜨렸다.

隋王朝의 폭력통치로 전개된 隋末의 농민전쟁은 大小 126개 集團의 武裝結集을 통하여 反隋活動을 펼쳐 약 10년간의 일대 혼전을 거쳐 唐王朝가 결속하였다. 이 기간동안 산동문벌사족과 그에 연결된 세력들은 貧賤에 처하여 隋朝의 정책에 항거 새 집단의 결집, 혹은 다른 무장집단의 브레인으로 가진 바의 통치역량을 투입하여 공로를 세우고, 唐朝의 3省 6部나 太子·秦王府 18學士·齊王府 등의 막료로 진출하여 唐王朝의 통치집단에 합류하였다. 이리하여 唐 初期의 통치집단은 西魏 이래 關隴 관료적 문벌사족으로 竇威를 비롯하여 楊恭仁 于志寧 長孫無忌 등, 山東郡姓으로 崔仁師 盧承慶 등, 山東郡四姓 출신으로 魏徵 封倫 房玄齡 등이 있었다. 唐王朝의 창건과 천하 재통일, 그리고 玄武門事件이 전개되던 唐 初期에 관롱 관료적 문벌사족은 정치 군사상 주요 요직을 장악하여 "貴盛"·"貴戚"·"盛族"·"冠族"이라 하였다. 그리고 산동문벌사족들은 隋末 이래 역사발전 중에 가진 바의 在地力量을 통하여 山東 招撫에 활약하였고, 가진 바의 修己治人의 儒學力量을 통하여 唐朝의 행정에 참여하고 문물제도의 정비, 편찬사업 『貞觀氏族志』, 『五經正義』 등에 적극 참여하였다. 즉, 隋王朝 下에서 탄압받고 채용되지 못하여 貧賤에 처하는 등의 역경을 극복하는 방향에서 활발한 동향을 보였던 것이다.

혹자는 唐太宗이 산동문벌사족에 대한 악감정을 가져 矜閥하던 산동문벌사족보다는 "山東微族", 곧 郡四姓 후예를 채용하였다고 하고 있다. 山東微族의 채용면에서 보면 太宗 때 재상 28명중 산동인 12명이었다는 것이 이런 입장에서 나온 이야기이다. 여기서 악감정이란 직접적으로 太宗이 王世充·竇建德 평정 과정에서 몇 차례 위기를 맞아 겨우 죽음을 면한 것에서 나온 말이다. 그렇지만 산동문벌사족은 隋王朝에 도전하여 唐王朝에 협조하였고(盧赤松, 鄭善果 등), 이들에 대한 채용은 高祖 때부터인 점에서 보면, 太宗 때만 그런 것이 아니다. 동시에 근본적으로 唐 初期에 산동 문벌사족이 隋朝의 강력한 政策적인 영향없지 않고, 원천적으로는 "東相·西將"의 중국의 오랜 전통과 北朝 後期 東西對立의 영향 하에서 關中本位政權이 가질 수 있는 산동 문벌사족에 대한 지역감정일 수도 있다. 결국 唐朝의 정책은 唐朝에 협력한 인사를 발탁하고 있는 사정이나 과거제를 확대(東選·南選)하던 정책 등에서 보면 산동 문벌사족의 唐의 官僚化를 촉구한 것으로 이해된다.

그리고 산동문벌사족들은 官界進出과 혼인을 중시하였고, 그 결과 北朝後期 이래 정부의 통제정책으로 貧賤에 처하여 賣婚을 전개하였다. 太宗은 이에 대하여 仁義를 전제로 해야 하는 혼인에서 聘財를 받는 것은 禮教를 손상한다고 하여 그들을 매도하고 『貞觀氏族志』를 편찬하고 禁婚措置를 강요한 것이었다. 唐 初期에 다시 반포된 均田制에서 관료에 대한 막대한 永業田 지급, 그 외 職分田 및 賜田, 그위에 食實封 등이 부여되고 있는 점에서 볼 때, 산동문벌사족의 零落을 해결하는 방법은 聘財가 아니고 禮教를 닦고 거기서 얻은 통치역량으로 정계에 진출하고 국가에 봉사해야 신분이 보증될 것임을 강조·촉구한 것이라고 고려된다. 따라서 禁婚조치는 皇帝專制主義와 그것을 떠받드는 관료제 건설의 기반을 확보하자는 정책방향으로 이해된다.

『貞觀氏族志』는 산동 문벌사족의 억압 혹은 新門閥 수립 의도에서 刊正되었다는 견해도 있지만, 官品에 따르는 등급 설정, 山東郡姓이 9等級中 上下(第 3等級)에 처한 점, 그리고 293姓 1,651家는 종래 郡姓 및 郡四姓인 점 등을 보면, 『貞觀氏族志』는 官製的 士族의 譜이고, 관료 공급원의 확대 조치이며, 그리고 문벌사족의 次下階層의 열렬한 求官 요구를 수렴한 조치이기도 한 것이다. 동시에 사회등급도 官品을 근거로 그 기준을 삼은 것에서 볼 때에, 산동 문벌사족을 질시하는 것이 아니라, 그들을 唐朝의 관료계에 적극 진출을 촉구하는 측면이 있으며, 나아가 관롱 관료적 문벌사족의 기반을 온전하도록 하며, 전 중국을 포괄하는 관료제 창출의 기초라고 할 것이다.

武韋時期는 官僚制 성립시기이다. 武則天은 王皇后를 몰아내고 武周政權까지 창출하였다. 이런 廢王立武 사건에 관하여 陳寅恪氏는 后妃間의 투쟁일 뿐만 아니라 관롱집단과 산동집단의 결승부라고 하였다. 이에 대하여 松井秀一氏는 양파의 地域性과 門閥士族性을 명료하게 구획지을 수 없다는 이유로 陳說을 비판했다. 필자가 보기에는 王皇后는 王思政의 손녀이다. 王思政은 孝武 西遷 때 入關한 역전의 驍將으로 8柱國 12大將軍家와 同類로 唐室과 통혼한 것이다. 그리고 武后派 가운데에는 山東 以南의 郡姓 및 次下階層 출신이 있고, 太宗 때 재상으로 山東人이 많기 때문에 陳·松井 兩氏의 논설에 문제가 있다. 양파의 대립 결과 反武后派 (대체로) 관롱집단이 철저히 타격을 받았다. 이리하여 同 사건을 地域·門閥士族性으로 따지는 것 보다는 關隴 관료적 문벌사족 집단과 그 의부자, 피압박 산동문벌사족과 그에 연결된 세력 그리고 신흥지주층과 대립으로 보는 것이 타당할 것 같다.

한편 武后는 『姓氏錄』의 편찬, 禁婚令 단행, 그리고 科擧制를 尊定함으로써 관료제를 확립하였다. 『姓氏錄』은 李義府의 私怨으로부터 편찬되었다. 그리하여 『姓氏錄』은 철저한 官品 爲主로 백관을 배열한 위에, 兵卒이라도 五品에 오르면 모두 士流로 인정하는 것을 설정하여 245姓 2,287家를 재편성하였다. 이런 『姓氏錄』에 대하여 士族의 범위 확대, 사회신분 질서 소실로 문벌사족의 지위 억제, 신흥지주층의 지위 提高, 武后 頂点의 新官僚制 편성이라는 여러 가지 觀点이 거론되고 있다. 筆者가 보기로는 舊貴族勢力도 관료계에 진출하여야 기득권을 보전·재건할 수 있고, 『貞觀氏族志』보다 636家

가 증가하여 士族의 범위가 확대되었으며, 士庶合流의 길을 터 놓았다는 점 등으로 보아, 武后(派)를 最頂点으로 하는 관료제를 창출하려는 정치적 중요한 工作이었다고 생각한다.

禁婚令도 李義府의 私怨에서 출발하여 산동 문벌사족 이른바 7姓 10家의 內婚禁止를 명령하였고, 陪門嫁女의 경우 貲奘의 費用을 官品으로 규정하였다. 그러나 산동 문벌사족의 반발은 거세었고, 內婚의 오랜 관습은 唐末까지도 불변하고 있는 점을 본다. 더욱이 貲奘費用이 상당히 고액인 점에서 보면 문벌사족과 통혼하여 사회적 위망을 제고하려는 權貴와 탄압받던 산동문벌사족이 大官에 진출하는 등 정치적 지위를 정립하려는 兩者 상호 보완의 입장이 쉽게 결합하였다는 것을 알 수 있다. 이리하여 禁婚令은 사회적 질서 또한 唐朝의 官品秩序에 따라야 한다는 강제조치요, 산동문벌사족을 唐朝의 관료조직에 포용하려는 정략으로 고려된다. 따라서 금혼령은 관료제 성립의 사회적 계기로 추진된 공작이라고 생각한다.

그리고 科擧制는 高宗 永隆 2년 劉思立이 詩賦를 進士科에 추가하고 "自擧" 및 "殿試"를 실시함으로써, 尊定되었고 동시에 문벌사족은 물론 신흥 지주층에게도 유리하여 관료등용문으로 운영되었다. 이리하여 과거제는 武后의 집정과 武周革命을 달성하려는 공작의 하나였으며, 관료제 운용의 공구였던 것이다. 따라서 武則天時期에 과거제의 초점은 『姓氏錄』의 편찬 및 禁婚令과 함께 관료제 확립의 제도적 장치였다.

이러한 사정은 그 당시 관료계 동향에서도 살펴 볼 수 있다.

① 武韋時期에 활동한 산동문벌사족 후예, 곧 산동관료에는 崔湜이 동생 滌, 涖 등의 현달을 東晋의 王·謝에 비유하고, 심지어 杜固에 얽힌 이야기까지 하고 있는 것을 보면 종래의 문벌사족의 餘風이 남아 있었다. 그러나 이 시기에는 문벌관념 또한 상당히 변하고 있음을 볼 수 있다. 그것은 蘇州刺史 袁誼가 門戶의 기준으로 ㄱ) 대대로 賢才를 배출해야 하고; ㄴ) 名節과 風敎上 衣冠의 촉망을 받는 자; ㄷ) 그리고 위정자는 혈통에 따라 현달하는 것이 아니고 시대를 밝혀야 한다고 한 것이 그것이다.

② 동 시기에 정계에 등장한 산동관료는 모두 37명이고, 그중 進士 18명, 明經 3, 制擧 2명, 그리고 門蔭이 4명이다. 그리고 재상 薛元超가 進士로 정

계에 진출 못한 점을 자신이 하지 못한 3가지 중 하나라고 실토한 것을 보면, 進士科가 관료등용문으로 정착되었고, 그것으로부터 재상에 榮進하던 인물들이 많았다는 것을 알 수 있다.

③ 황제권에 의부하고 節儉·能名, 淸職 및 忠節과 같은 官僚像이 보이고, 時政의 得失을 開陳하여 황제권을 제고하기 위해 헌신하는 官僚像이 보이고 있다. 동시에 彭城 劉氏 一門에서 刺史 20여명 배출하였다든지, 張文瓘의 五父子가 모두 3품관에 올라 "萬石張家"라고 하였던 것과 같은 一族의 관료적 현달을 볼 수 있었다. 심지어 楊再思·崔湜·李嶠·盧藏用과 같은 관료들은 실권자에 아부하여 불법 비리도 감히 사양하지 않는 굴절된 官僚像까지 보였다.

④ 산동 문벌사족으로부터 탈피한 관료들은 貫籍을 이동하여 官僚界에 동참하였다. 史念海氏는 관직 이동에 대하여 대체로 安史亂을 계기로 경제적 富裕地帶 江·淮南으로 이동하고, 이것으로 門閥士族의 몰락을 가져왔다는 卓見을 내놓았다. 필자는 이에 동감이지만, 그 위에 산동관료는 관료로 진출하기 위하여 兩京地域이나 부임지에 이주한 경우도 적지 않았다. 이로서 보면 唐朝의 정책방향, 곧 庶族의 士族化에 순응한 것으로 이해된다. 동시에 唐 後期는 藩鎭의 割據, 宦官의 專橫, 黨爭 그리고 周邊民族의 진출 등으로 氏族問題는 倭小해져 土著의 포기와 이주는 불가피하였다. 따라서 貫籍의 이주는 관료제 형성의 주요한 요인이 되었다. 동시에 武韋時期 이후에는 魏晋南北朝時代와는 달리 門蔭 入仕를 거부하고 本籍地 刺史 任命까지도 사양하던 사정에서 官僚制가 성립되었다.

⑤ 庶民 地主層이 濫官 등으로 대거 발탁되어 관료제 형성의 事像이었다는 柳元迪氏의 논점에 동감이다. 동시에 이런 서민지주층을 提拔하려는 정책과 『大唐姓族系錄』·『天下新集姓族譜』·『元和姓纂』 등 官修 氏族志는 士族擴大·士庶合流의 계기인 것은 물론, 관료제 성립과 운영의 상황으로 이해된다. 그래서 陸贄·李卓吾가 武后의 인재선발을 칭찬한 것은 西魏 이래 唐 初期에 걸친 관롱 관료적 문벌사족의 정치농단을 극복·돌파하여 士庶合流를 꾀하고, 나아가서 관료제를 성립하도록 한 공헌을 높이 평가한 것으로 생각한다. 그리하여 唐의 中·晚期에는 산동관료의 적극적인 활동으로 관료제가

전개되었다. 그것은, 첫째 그들은 唐 中期, 肅-憲宗期 및 晩期에 각기 36, 49, 115명 모두 200명의 정계진출 상황을 보인다. 그중에 進士 각 12, 14, 89명 모두 105명; 門蔭 8, 4, 5명 모두 17명으로 진사출신이 55% 정도이다. 나머지 출신이 확실하지 못한 55명도 대체로 진사 출신으로 믿어진다. 왜냐하면 德(代)宗 때 楊綰이 進士科의 폐단을 들어 그 폐지를 제안했을 때, 진사과 실시가 오래되었다는 이유로 孝廉과 함께 실시하기로 하였고, 常袞이 재상이 되어 詩賦로 진사에 登第하지 못하면 채용할 수 없다는 원칙이 관철되었다. 따라서 진사과가 관료의 등용문으로 정착되어 官僚制가 전개되었다.

둘째 새로운 官僚像이 정립되어 그들의 존재형태가 변모하였다. 官僚像이란 魏晋南北朝時代와는 다른 것으로 몇 가지 實例를 들어 설명하겠다.

ㄱ) 산동관료들이 至孝·至公의 태도로 公務를 처리하고, 황제권의 提高에 헌신적으로 노력하고 있었다. 예컨대 顔眞卿·高沐·孔巢父 등은 反唐 節度使에 朝覲를 강조하다가 희생되었고, 陽城은 儒學 등 학문을 연마함은 忠孝를 실행하기 위한 것이라고 설교하는 등 관료적인 역량을 통하여 현달하고 있었다. 이런 사정에서 玄宗이 崔琳은 "族大", 盧從愿은 "不廉"으로 재상으로 삼지 않은 것 같이 재상을 비롯한 관료제의 운영이 황제의 의지로 행해져 專制化 되었다.

ㄴ) 문벌적 관념은 아직 온존하여 "門風"·"累世同居"·"令族" 및 "門胄昌盛"·"盛族" 등의 용어가 상당히 넓게 사용되었다. 말하자면 玄宗이 盧元輔를 칭찬하여 "門風不墜"라 한 것이나; 崔祐甫가 安史亂 때 百口를 거드리고 南遷했다든지; 李藩이 "累世同居"하면서 家內 和睦하고 예절을 지켰다는 것 등이다. 특히 李揆는 元載에게 밀려나 百口의 孀孤가 걸식하며 15, 6년간에 10餘州를 방랑하였다. 그리고 崔邠의 家를 "令族"; 崔從의 家를 "門族昌盛"; 崔珙의 家를 "盛族"; 그리고 范陽 盧氏의 家를 "鼎門"이라 한 것이 그것이다. 여기서 盧元輔의 경우는 祖父 盧懷愼, 父 盧奐이 이룬 관료로써 家風과 그리고 叔父 盧奕의 忠節 등으로 이룬 것이다. 崔祐甫·李藩 및 李揆의 累世同居는 魏晋南北朝時代의 문벌사족의 樣態이지만, 中國은 宗族 爲主의 사회이고, 통치와 사회의 질서 관념이 修己治人의 儒學인 이상, 그런 樣態는 언제든지 更生될 수 있는 것이다. 그래서 肅宗이 李揆에게 門地·人物 및 文章에서 "三

絶"이라고 칭찬한 사실 또한 그가 魏晋南北朝時代 문벌사족에 비유해도 충분한 그러한 輿望을 지닌 인물이라는 말이다. 令族이란 博陵 崔邠, 淸河 崔從 및 博陵 崔珙처럼 관료로써 현달하여 昌盛한 宗族을 이루었다는 뜻이며; "鼎門"은 范陽 盧氏 여러 형제가 학문을 닦아 6卿 方鎭 역임자가 계속되었다는 뜻이다. 그리고 이들의 문벌적 관념도 前代 이래 계속 이어져 온 것이 아니고, "近世"·"大中以來"·"咸通·乾符年間" 등 시기를 한정하고 있음에 유의할 필요가 있다. 뿐만 아니라 그런 문벌적 관념을 가진 崔祐甫·李藩·李揆 등은 진사를 거쳐 정계에 진출하여 至孝하며 至公的 입장에서 정치적인 업적을 쌓고 皇帝權의 提高에 노력하면서 국가발전에 헌신하고 있다. 특히 李造가 걸식하면서까지 동생들의 과거합격을 주선한다든지 崔從·愼由가 식사조차 제대로 하지 못하는 사정에서도 각고하여 進士에 등제·현달하여 門戶를 열었다는 상황이 전개되었다. 이는 官僚制 展開의 좋은 사례이다. 게다가 崔元略 一家는 재상에 이른 자가 3명이나 되는 등 현달하였지만, 母喪에 不葬하고, 親妹의 장례식에 불참하여 오직 출세 현달만을 추구하여 그 당시 인물에게 비난받고 "令族"·"門冑昌盛"과 같은 칭찬을 받지 못하고 있다. 이에 反하여 崔彦昭는 儒術에 깊고 吏治에 밝으면서도 至孝하여 군자들이 아름답다고 칭찬하였다. 이런 사정을 통하여 보면 결국 문벌사족사회라는 언급은 잘못되었다고 생각한다. 다만 중국사회의 질서관념이나 宗族爲主 社會라는 측면에서 그런 관념은 언제든지 更生할 수 있는 것이어서 "令族"·"門族昌盛" 등의 용어는 문벌관념의 尙古的 표현일 뿐이다.

셋째 어떤 이는 唐朝가 科擧制를 통하여 문벌을 타파했으나, 科擧制의 未成熟으로 문벌이 엄격히 존재했고 숭상되었다고 주장하였다. 그런 사정에서 文宗이 두 公主를 산동관료에 降嫁코자 했으나 실패하여 개탄하였다. 이러 사정을 들어 唐代 社會는 半官僚 半門閥社會라고 하였다. 사실상 唐朝에서 科擧制의 種種의 모순으로 黨爭이 발생했고, 唐 宗室과 산동관료와의 통혼은 잘 추진되지 못하고 오히려 산동관료 사이의 이른바 內婚이 줄기차게 이루어졌던 것은 사실이다.

그렇지만 산동관료와 唐室 사이의 통혼이 잘 이루어지지 않은 것은,

ㄱ) 양측의 문화·지역성의 차이는 물론, 太宗의 后妃·主婿는 勳貴名臣家

에서 맞이한다는 원칙이 유효했고, 公主가 교만 방자하고 失禮가 많았다.

ㄴ) 山東郡姓 후예 사이, 山東의 郡姓과 郡四姓 후예 사이, 그리고 山東郡四姓 후예 사이의 통혼은 거주하는 지역성의 편의와 습관으로 內婚이 지속되었다. 그리고 山東郡(四)姓과 關中郡(四)姓間의 통혼이 洛陽地方의 資料[503] 임에도 불구하고 119例 약 30%에 이르는 것을 보면, 唐王朝의 통제, 서민지주층을 선발하려는 정책이나 조치가 관철된 것으로 이해된다. 아울러 이러한 사실은 官僚制의 展開·發展上의 現狀으로 고려할 수 있을 것이다.

ㄷ) 婚姻이란 일련의 法令이나 權力으로 강제할 수 없다는 측면이 있다. 실제로 唐宗室과 山東官僚間의 통혼은 10例 程度로 兩者사이에는 그렇게 원만한 관계가 아니었던 것으로 이해된다.

ㄹ) 唐王朝로써는 산동관료의 충성이나 원만한 정치 업적을 거양하도록 하여 藩鎭의 割據를 비롯한 宦官의 橫暴, 黨爭의 廢端, 그리고 周邊 民族의 跳躍·來侵과 같은 당면한 국가 중대 문제 등을 해결하는 것이 중요한 일이다. 따라서 倭小해진 통혼문제를 가지고 그들에게 족쇄를 채워 반발을 불러일으키는 것보다는 관료로서의 역량과 그 업적을 보증해 주는 것이 더 중요하였다. 따라서 문벌관념을 표현하는 용어의 사용이나 내혼적인 통혼을 가지고 문벌사족(제) 사회라고 하는 것은 깊이 재고해 볼만한 문제이다.

넷째 黨爭을 비롯한 단편적인 기록을 통해서 보면 唐王朝時代社會는 官僚制社會였다. 당쟁은 한 마디로 관료제 전개 중에 형성된 정치 그룹간의 권력 투쟁이요, 士庶合流의 단면으로 이해된다. 단편적인 기록 예컨대 劉玭의 훈계에서 門戶의 수립 보존, 곧 世冑를 잇고자 하는 자는 정성으로 修己하고 견실하게 학문을 해야 한다는 것을 전제하고 있다. 이 훈계는 개인적인 역량으로 정계에 진출·현달해야 함을 내새워 官僚制 下의 필요한 家法으로 내세운 것이다. 특히 宗族이 昌盛하면 남의 시기를 받는다는 언급은 宗族이나 문벌위주의 사회가 아님을 명확히 말해주는 것으로 이해된다. 劉禹錫은 「烏衣港」에서 東晋南朝의 名族 王·謝 등 문벌사족의 후예들이 백성 家에 날아든다 뜻으로 士庶合流의 사정을 나타냈다. 柳宗元은 「封建論」에서 唐朝 後

503) 河南省文物研究所 『千唐誌齊藏誌』文物出版社 1984.

期의 藩鎭割據는 勢에 따라 중앙집권화할 것임을 지적하였다. 이 지적은 그가 關中郡姓의 후예라는 점에서 자신들의 문벌적 관념을 탈피하여 皇帝專制下의 관료이어야 함을 상기시킨 언급으로 고려된다.

뿐만 아니라 宋祁가 土著의 상실을 한탄하고, 劉芳이 察擧로 中正을 혁파하여 士人은 鄕里를 떠나 里에는 衣冠이 없어 사람들은 廉恥가 없게 되고, 士族은 混亂스럽게 되고 庶人들은 僭越하게 되었다고 한 지적은 그가 關中郡姓 출신이라는 점에서 보면, "土著" 곧 在地力量이 중요했던 문벌사족의 후예가 도도히 발전하던 官僚制의 展開·發展에 대한 抗辯으로 간주된다.

그리고 鄭樵는, "五季(五代) 이래 取士는 家世를 不問하고 婚姻은 閥閱을 불문하였다"고 하여 五代 이래로 과거제에 의하여 관료제가 전개되었고 내혼적 혼인은 끝났다고 하였다. 이 지적에서 필자는 五代 이래 내혼적 통혼은 종말을 고했다는 내용과 取士, 곧 인재 선발은 家世, 곧 문벌을 묻지 않았다는 언급은 과거제에 의하여 官僚制가 전개되고 士庶合流가 진행되었다는 것을 의미한다고 생각한다. 아울러 이는 司馬光을 비롯하여 劉昫·宋祁 등 唐史의 撰修者들이 唐末까지 門閥制가 계속되었다는 언급을 고려한 것으로 이해된다. 또한 通婚部分에 대해서는 필자도 동감이다. 그러나 武后時期에 官僚制가 성립되었다는 생각을 갖고 있는 필자로서는 五代에 들어와 官僚制가 성립되고 士庶合流가 이루어졌다는 언급은 선뜻 이해되지 않는다. 이 언급이 通時代를 논함에 있어 일, 이백년을 조정하는 巨視的 논설이라면 몰라도, 앞서 누차 검토한 바와 같이 그 시기를 唐 中期까지 上向해야 할 것으로 생각한다.

따라서 산동관료가 關中의 관료적 문벌사족과 豪右, 곧 郡(四)姓, 吳姓·僑姓貴族, 그리고 虜姓貴族의 후예, 그리고 서민지주층에서 성장하여 隋·唐王朝 관료계로 진출·현달한 다른 통치계급과 아울러 당쟁과 같은 수차례의 離合集散 등 정치투쟁을 거치면서 완만하게 士庶合流가 이행되었다. 결국 이런 趨勢上에서 武則天이래 발생한 逃戶를 寄住戶나 寄莊戶로 인정하여 佃田制, 곧 地主佃戶制의 발달로 말미암아 봉건사회후기, 곧 五代를 거쳐 宋代에 이르러 서민지주층이 중심이 된 士大夫중심의 관료제사회가 역사상에 전개된 것이다.

〈Abstracts〉

Establishment and Development of SsueTang隋唐 Bureaucratic System

－Based on ShanDueng山東 Literati Clans and Bureaucrats－

Kim, Bong-Jung

ShanDueng山東 personnel of SsueTang隋唐 got their power by following HuoWuDi孝武帝 who moved the capital to the west due to the conflict with GaoHouhan高歡 in late PeiWei北魏, or by resisting or adopting in between Ru汝·Ing潁, and were absorbed into bureaucratic literati clans. Among them, GengHuoMu鄭孝穆 achieved an unity of people through virtuous rule, LuBien盧辯 made GouGuanpumpuo周官品表 based on GouLi周禮, and TsueIou崔猷 proposed ChengDiGienUan稱帝建元, thus made a great contribution to the development of the nation. In addition, LiDeLin李德林 opposed to the policies of the court to reform HiangLiGi鄉里制 in remote areas, thus was demoted to a local bureaucrat. When the reform of 508Gun郡, ShuGiFa輸籍法 and other unification policies, and the expansion of bureaucratic clans with the unification of the dynasty became successful, ShanDueng山東 literati clans and bureaucrats did make little contribution to the success.

ShanDueng山東 literati clans and bureaucrats and other forces who were connected to them reshaped their power with new group or played a central role in the military groups during the farmers revolt in late Ssue隋 and early Tang唐. They were eventually absorbed into Tang唐 as officials of 3Sheng省 6Bu部 etc. TangTaiTzueng唐太宗 published GenGuanShiTzuGi貞觀氏族志 and prohibited intermarriage of ShanDueng山東 literati clans, thus strengthened the foundation of bureaucratic literati clans. But WuTzeTien

武則天 published SingShiLu姓氏錄 with the help of some of ShanDueng山東 literati clans, and expanded the circle of clans to a great degree. In addition, he polished and completed GinShiKe進士科 and GiKe諸科, and made the literati clans of ShanDueng山東 and KanLueng關隴 and other lower land classes to advance to the politics, thus created WuGou武周 regime.

Although there appeared some resistance from traditional literati clans, all these changes of family and clans made the bureaucrats to obey and serve to the power of emperor. The division of FanGen藩鎭, abuses and inner fighting of officials, and the advancement of outer nations made the family matters weakening and bureaucratic system expanding. Therefore, LuGi陸贄 and LiGuoU李卓吾 praised the human selecting system. In reality, the great majority of prime ministers and other higher ranking officials began their careers as GinShi進士, which shows that GinShiKe進士科 served as a door to government bureaucrats and a tool for a solid bureaucratic system. Although there appeared in historical books such traditional terms as GiaFeng家風, ShengTzu盛族, it was natural because China was basically family-oriented society and LuHak儒學.

For instance, LiouBin柳玭 emphasized the personal ability, not of family connection, to become bureaucrats, LiouUSi劉禹錫 sang ShiShu士庶 unity in UIGang'烏衣港'. and LiouTzuengUan柳宗元 argued that the revolts of FanGen藩鎭 under the rule of centralized nation signaled an unified system based on bureaucratic system.

ShanDueng山東 officials who transformed themselves from ShanDueng山東 literati clans gathered their political strength thru KeKi科擧 system and MenUm門蔭, just like the great clans of USing吳姓 and ChiaoSing僑姓, LuSing虜姓, and lower landlord class. They gradually achieved ShiShu士庶 unity through numerous political strifes and unities. Although they adopted a policy of GinLing禁令 and GuaHou括戶 to stop the problem of TauHu逃戶 due to GunTienGi均田制 problems and heavy taxation and military duties since WuTzeTien武則天, they had to accept the community of TauHu逃戶 in IGuDi移住地. As DuIou杜佑, publisher of 『通典』 admitted that 均田制 became to be PienTienGi偏田制, DiGuTienHuGi地主佃戶制 was able to be established as lower landlord class began to own large lands. Therefore, it can be said that lower landlord class based ShiTaiFu士大夫 society of SsuengDai宋代, or the transformation into later period of Chinese feudal society.

第4編

原文資料의 해설과 번역

*해설: 이 참고자료는 주로 政論으로 많는 鑑戒로 이용할 수 있다고 보고, 중국 古代文獻에서 발췌하여 번역·해설하여 모아 묶은 것이다. 몇 편은 다른 이의 번역을 참조하였다. 대학생들도 좋아하여 본 논문집에 포함하였다. 필자가 펴낸 『資治通鑑史論探訪』(전남대학교출판부, 2009년)과 함께 읽을거리라고 보고 혜람을 희망해본다.)

1. 大同과 小康(『禮記』〈禮運篇〉)

해설: 중국 고대의 理想鄕이 大同이고, 信義가 무너지면 小康이 전개되다가 混亂에 이르고 聖人이 도래하여 大同으로 되돌린다는 일종의 變易觀이다.

"큰 도리가 행하여지면 천하에는 公義, 곧 공평한 의리가 행해진다. 현명하고 유능한 자를 뽑아 (관직을) 주고 信義와 和睦을 가르치게 한다. 그리하면 사람들은 자신의 어버이만을 어버이로 여기지 않고, 자기 자식만을 자식으로 여기지 않는다. 노인으로 하여금 그의 여생을 (편안히) 보내게 하며, 장년은 일할 수 있고 어린이는 양육되며, (의지할 곳 없는) 과부·홀아비·모든 병든 자도 부양받는다. 남자와 여자는 제각기 자신의 할 일이 있다. 財貨가 땅에 떨어져 버려지는 것을 싫어하지만, 반드시 (개인적으로) 저장할 필요가 없다. 스스로 노동하는 것을 싫어하지 않지만 반드시 자기만을 위하여 일하지도 않는다. 그러므로 (남을) 해치려는 음모가 생기지 않고, 도적이나 혼란도 발생하지 않는다. 이리하여 (집집마다) 바깥문을 닫을 필요가 없다. 이러한 상태를 大同이라고 한다."

이런 상황은 『예기』〈예운〉에 다음과 같이 묘사되어 있다. 즉 "지금 큰 도리가 숨고 천하는 개인의 家가 되었다. 사람들은 각기 자기의 어버이만을 어버이로 여기고, 자기의 자식만을 자식으로 여기며, 재화와 노동을 자기만을 위하여 사용한다. 대인이 그 지위를 세습하는 것을 禮라 하고, 성곽과 해자로 요새를 만들었으며, 예의를 기강으로 삼아 군신의 관계를 바로잡는다. 부자의 관계를 敦篤히 하고 형제를 和睦시키며, 夫婦를 화합시키고 토지제도를 세우며, 용감하고 지혜있는 자를 현명하다고 하며, 자기를 위하여 공로를 이룬다. 그러므로 음모가 생기고 병란이 발생한다. 禹, 湯, 文, 武, 成王과 周公은 이 때문에 뽑힌 사람들이다. 그 義를 밝히고 信義를 입증하였으며, 과오도 밝히고 仁을 본받았으며, 사양하는 것을 가르쳐 백성들에게 통상적인 法則을 보여주었다. 이것을 따르지 않는 자가 있으면 권세가 있는 자도 제거되었고, 백성들은 그것을 재앙으로 여겼다. 이런 상태를 小康이라고 한다"고 하였다.

2. 王臣·王土사상 〈詩·小雅·谷風之什·北山〉

해설: 이 사상이 王의 통치를 정당화 한다. 통치자가 나라를 세워 먼저 하는 일은 官僚制를 편성하고 백성을 編戶齊民하는 데에 토지를 주고 세역을 납부받아 경영한다. 이때에 王權과 土地所有權이 핵심이다.

하늘아래 땅은 모두 임금님의 땅이라네. 모든 땅에 사는 사람은 임금님의 신하라네.(溥天之下, 莫非王土. 率土之濱, 莫非王臣.)

3. 賈誼「過秦論」

해설: 가의는 西漢 초의 政論家로 제왕의 통치를 돕는 논설을 한 인물이다. 「과진론」은 西漢통치자에게 秦一代의 흥망성쇠를 명확하게 분석하여 漢왕조의 무궁한 발전을 요청한 글이었다. 司馬遷은 本文을 약 반으로 요약하여 그의 불후한 名著『史記』에 게재하였다.

秦나라는 제후를 兼併하여 30여 郡을 설치한 후에 나루와 關所를 정비하고 험고한 요새에 의지하여 무기를 만들어 지켰습니다. 그러나 陳涉은 흩어도망친 수졸 수백 명을 규합하여 팔을 휘두르고 큰 소리를 내지르며, 활과 창같은 무기도 사용하지 않고, 다만 호미자루나 곤봉을 무기로 삼아 군량도 없어 民家에서 밥을 얻어먹으며, 천하를 橫行하였습니다. 그 당시 진나라의 험고한 요새(百二地域)는 지켜지지 않았고 관소나 교량도 그들을 막지 못하였으며, 긴 창과 강한 활도 그들을 찌르거나 쏘지 못하였습니다. 그리하여 楚나라 군대는 秦나라의 영토에 깊이 들어와 鴻門에서 싸웠으나, 그들을 가로막는 장애가 없었습니다. 이에 關東이 크게 동요되자, 제후가 나란히 일어나고 豪傑이 각처에서 蜂起하였습니다. 秦나라는 章邯을 시켜 관동을 토벌하였으나, 장감은 3군의 대병을 이끈 것을 機化로 封土를 요구하면서 모반을 획책하였습니다. 군신간에 불신이 여기에서 나타난 것입니다. 子嬰은 즉위하였으나, 그 역시 사태의 심각성을 깨닫지 못하였습니다. 만약 자영에게 범용한 군주의 자질이라도 있었고, 보통 정도의 재능이라도 가진 신하가 그를 보좌하였다면 관동지역이 비록 반란을 일으켰을지라도 秦나라의 故地는 보전할 수 있었고 宗廟의 제사도 끊기지 않았을 것입니다.

秦나라의 땅은 사방이 산과 황하로 둘러쌓인 천연의 요새였습니다. 穆公이래 秦始皇에 이르는 20여 군주는 제후의 웅자(雄者), 곧 覇者가 되었습니다. 그러나 어찌 賢君을 만난 때문이었겠습니까? 그 地勢때문이었던 것입니다. 일찍이 천하가 한 마음으로 합쳐 秦나라를 공격하였던 일도 있었습니다. 그 당시 賢命하고 지혜로운 제후들이 나란히 참여하였으며 훌륭한 장수들이 군대를 이끌고 현명한 대신들이 지혜를 합쳤으나, 험준한 지세에 막혀 진군할 수 가 없었습니다. 진나라는 제후의 군대를 끌어드려 함곡관을 열어두었으나, 백만에 달하는 제후의 군대는 도주하고 괴멸되고 말았습니다. 어찌 힘과 용기, 지혜가 부족하였기 때문이겠습니까? 자연의 형세가 불리하였기 때문입니다. 진나라가 작은 읍을 합쳐 큰 성으로 만들고 험고한 요새를 지켜 군대를 주둔시키고 보루를 높이 세우며 싸우지 않고, 관소를 닫고 협로에 의지하여 무기를 가추고 지켰으면 망하지 않았을 것입니다. 진나라 말에 봉기한 제후들은 본래 필부출신으로 단지 이익을 위하여 합친 것에 불과하여 소왕(素王)과 같은 자질은 없었으며, 그 협력도 친밀하지 않고 부하들도 심복하지 않았습니다. 그들은 秦나라를 타도하는 것을 名分으로 내걸었으나, 실제 이익을 얻고자 한 것뿐이었습니다. 그들이 秦나라의 험준한 지형을 범하기 어렵다는 것을 알았더라면 반드시 군대를 후퇴시켰을 것입니다. 秦나라가 경내를 안정시키고 백성을 휴식시키며, 그들이 피폐할 때를 기다려 약하고 피곤한 자들을 거두고 큰 나라의 군대를 호령하였다면 천하를 상실할 걱정도 없었을 것입니다. 천자의 高貴한 지위로 천하의 부(富)를 소유하면서도 자영이 사로잡힌 것은 패망을 구하는 방법이 잘못되었기 때문입니다. 始皇은 자신에 만족하여 남의 의견을 묻지 않았고, 잘못을 범하여도 고치는 일이 없었습니다. 2세는 이것을 본받아 고치지 않고 폭정으로 그 禍를 더욱 무겁게 하였습니다. 자영은 고립되어 원조가 없는 상태에서 취약하면서도 보좌할 신하가 없었습니다. 이 세명의 군주들은 정신을 차리지 못하고 마침내 깨닫지 못하였으니, 秦나라가 망한 것도 당연하지 않겠습니까?

그 당시 세상에는 사려가 깊고 시세의 변화를 아는 사람이 없었던 것은 아니었습니다. 그러나 감히 충성을 다하여 과오를 교정하지 못한 것은 秦나라에 시기하고 꺼리는 법령이 많아 忠言이 입을 떠나기도 전에 처형당하는 것이 일상화되었기 때문이었습니다. 그러므로 천하의 선비들은 귀를 기울이고 듣기만 하고 발을 무겁게 버티고 서서 입을 막고 말을 하지 않는 것이었습니다. 그리하여 세명의 군주가 도리를 잃어도 충신은 감히 諫하지 못하였고, 지혜는 있었지만 감히 그 계책을 제시하지 못하였으며, 천하가 어지러워진 후에도 그것을 황제가 듣지 못하였으니, 실로 슬픈 일이 아니겠습니까? 先王은 아랫사람에 내린 정의(情誼)가 위로 통하지 않는 것이 나라를 망친다는 것을 알았습니다. 그래서 公卿 大夫 士를 두었고 법령을 정비하였으며, 형벌을 만들었기 때문에 천하가 다스려졌던 것입니다. 왕실이 왕성하면 포악한 자를 금하고 반란을 정복하였기 때문에 천하가 심복하였으며, 弱할 때는 五霸가 출현하여 정벌을 행하니, 제후들이 복종하였습니다. 또한 왕실이 이름뿐이고 실질이 없을 정도로 쇠약해져도 안으로 지키고 밖으로 강자에 붙어 사직을 보존하였습니다.

그러나 진나라가 강성할 때에는 법을 번잡하게 만들고 형벌을 엄하게 집행하여 천하가 공포에 떨었으며, 쇠약해지자, 백성들이 원망하고 해내(海內)가 반기를 들었습니다. 결국 주나라 왕들은 도리를 잃치 않았기 때문에 천여년간 사직을 보존하였지만, 진나라는 본말을 모두 상실하였기 때문에 오래 계속되지 못한 것입니다. 이것으로 보면, 안전과 위험의 차이는 그 根源이 멀리 떨어져 있었기 때문이라고 할 수 있을 것입니다. 속담에 "과거의 일을 잊지 않는 것 그것이 곧, 앞날의 귀감이기 때문이다"라는 말이 있습니다. 그래서 君子가 나라를 다스리면 上古의 사적을 돌아보고 현실의 상황을 살피며, 인간의 사정을 참조하여 흥망성쇠의 理致를 살피고 시세에 합당한 방편을 면밀히 검토하면서 일정한 원칙에 따라 거취를 정하고 시대의 변화에 적절히 적응하는 것입니다. 그러므로 장구하게 번영을 누리고 사직이 안정되는 것이 아니겠습니까?

秦孝公은 淆山과 函谷關의 험준함에 의지하여 雍州의 땅을 옹유하고 군신이 그것을 고집하면서 周王室을 엿보았습니다. 그는 천하를 석권하고 宇內, 곧 천하를 수중에 넣어 차지하려는 야심이 있었고, 또 8荒까지 병탄하려는 생각을 갖고 있었습니다. 그 당시 商鞅이 그를 보좌하여 안으로는 법령을 세우고 농사와 織布에 힘써 방어와 전쟁의 준비를 가추었으며, 밖으로 連橫策으로 제후를 서로 다투게 하였습니다. 그래서 秦나라는 팔장을 낀 채, 河西밖의 땅을 탈취한 것입니다.

효공이 죽은 후, 혜왕과 무왕은 그 유업을 계승하여 그의 유언에 따라 남으로는 漢中을 겸병하고 서로는 巴蜀을 정복하였으며, 동으로는 기름진 땅을 할양받고 요해에 위치한 군(郡)을 수중에 넣었습니다. 제후들이 이를 두려워하여 동맹을 맺고 秦나라를 약화시킬 계책을 세워 珍器와 重寶 및 비옥한 땅을 아끼지 않고 천하의 인재를 불러들여 合縱을 채결하여 하나로 뭉쳤습니다. 그 당시 齊나라에는 孟嘗君, 趙나라에는 平原君, 楚나라의 春申君, 魏나라의 信陵君이 각각 있었습니다. 이들 4君은 모두 지혜가 밝고 충신한 인물로서 너그럽고 관대하여 사람을 아꼈으며, 현명하고 뜻있는 인물들을 존중하였습니다. 그들은 합종을 체결하여 連橫을 해산시키고 韓 魏 燕 楚 齊 宋 衛 中山의 군대를 연합시켰습니다. 그 당시 6국에는 영월, 서상, 소진, 두혁 등이 있어 계책을 세웠으며, 제명 주최, 진진 소활, 루원, 적경, 소려, 락이 등이 서로 뜻을 소통하였고, 오기, 손빈, 대타, 아량, 왕류, 전기, 염파, 조사 등이 군대를 지휘하였습니다. 秦나라에 비하여 10배의 땅을 가진 제후들이 백만의 군대로 함곡관을 두드리며, 秦나라를 공격하였습니다. 秦나라는 關門을 열고 敵을 끌어드렸나, 9국의 군사는 머뭇거리다가 도망가고 감히 진군하지 못하였습니다. 秦나라는 화살과 화살촉을 버리는 비용도 들이지 않고도 천하의 제후들이 이미 곤경에 처하였습니다. 이에 합종이 깨어지면서 제후들은 서로 다투어 그 패주하는 군대를 추격하니, 넘어진 시체가 백만에 달하고 방패가 떠내려갈 정도로 피가 흘렀습니다. 秦나라는 유리한 입장을 이용하여 천하의 牛耳를 잡고 제후의 산하를 분할하니 강국은 복종하고 약국은 입조(入朝)하였습니다.

孝文王과 莊讓王의 재위기간이 짧았고 나라에 별다른 일도 없었습니다. 그러나 始皇帝에 이르러 그는 6대임금(孝公, 惠文, 武, 昭, 孝文, 莊讓왕)의 빛나는 유산을 계승하여 말채찍을 휘둘러 宇宙안을 제압하였으며, 東周를 병합하고 제후를 멸망시키고 至尊의 자리에 올라 천하를 호령하였으며, 매를 들고 천하를 편달하니, 四海가 진동하였습니다. 그는 남으로 百越의 땅을 취하고 桂林과 上郡을 설치하였으며, 百越의 君長은 머리를 숙이고, 목에 밧줄을 걸며, 그 목숨이 刑吏의 손에 달리게 되었습니다. 이어서 蒙廉으로 하여금 北에 長城을 쌓고 국경을 지키며, 匈奴를 700리 밖으로 내쫓으니, 호인(胡人)이 남하하여 감히 말을 기르지 못하고 활을 굽혀 원한을 갚을 생각도 못하였습니다. 그는 先王의 법도를 폐기하고 諸子百家의 책을 불태워 백성을 愚民化하였으며, 큰 城을 허물고 해자를 메운 후에 천하의 병기를 咸陽에 모아 그것을 녹여 金人 12개를 만듦으로서 백성들의 힘을 약화시켰습니다. 그 후 華山을 깍아 城을 만들고 황하 연변에 나루터를 만들어 까마득하게 높은 성 위에서 헤아릴 수 없는 깊은 계곡을 굽어보는 요새를 만들었습니다. 훌륭한 장군과 强弓을 휴대한 병사들이 요해의 장소를 지켰으며, 충실한 신하와 정예병사들이 예리한 무기를 들고 關門에서 출입하는 사람들을 검문하였습니다. 이렇게 천하는 안정되었습니다. 시황은 마음속으로 관중은 금성천리의 鐵甕城이라 자손 대대로 영원히 帝業을 누릴 수 있을 것이라고 자부하였습니다.

始皇이 죽은 후에도 그 남은 위세는 풍속이 다른 먼 지방까지 진동하였습니다. 그러나 陳涉은 깨진 그릇으로 창문을 달고 새끼로 엮은 집에서 태어난 품팔이 농사꾼으로 옮기는 대열에 섞인 병사였습니다. 그의 재능은 보통사람만도 못하였고 孔子와 墨子와 같은 현명함도 없었으며, 范蠡와 기돈과 같이 재산이 많은 사람도 아니었습니다. 다만 군대의 졸병가운데서 뛰어나와 伍長 什長에서 몸을 일으켜 피곤하여 흩어진 백성들을 모아 수백명을 거느리고 등을 돌려 秦나라를 공격하였습니다. 그들은 나무를 잘라 무기로 삼고 장대에 깃발을 꽂은 데에 불과했으나, 천하가 구름같이 몰려와 향응하였고 식량을 짊어지고 그림자처럼 따라왔습니다. 이어 산동의 豪傑들이 마침내 각처에서 봉기하여 秦나라 종족을 멸하였습니다. 秦나라가 보유한 천하는 결코 약소하지도 않았고 옹주의 땅 효산 함곡관의 험고함도 그대로 남아 있었습니다. 진섭의 지위가 齊 燕 趙 韓 魏 宋 中山의 군주보다 높은 것도 아니었고 굉이자루나 가시나무로 만든 그들의 무기가 창이나 긴 칼보다 예리한 것도 아니었으며, 그가 규합한 戍卒과 유배자의 무리가 예전 9국의 군대에 필적할 만큼 많은 것도 아니었습니다. 깊은 모략이나 원대한 생각으로 군대를 지휘하거나 용병술에 있어서도 옛날의 인사들보다 미치지 못하였습니다. 그러나 兩者의 성패는 뒤바뀌었고 그 功業도 상반된 결과를 빚어냈습니다. 시험삼아 관동의 제후들과 진섭 등의 장점을 각각 따져 그 세력을 비교하여 보면 논할 바가 아니었습니다. 그러나 秦나라는 협소한 영토와 제후의 신분으로 100여년 동안 同列의 8州 제후들을 입조시켰으며, 결국 천하를 一家로 만들고 효산과 함곡관 안을 궁전으로 삼았으나, 일개 필부 한 사람이 반란을 일으키자, 7묘(廟)가 파괴되고 천자의 몸은 다른 사람에게 죽어버려 천하의 웃음거리가 된 것은 무엇 때문입니까? 仁義의 정치를 펴지 못하고 공격하여 정벌하고 守成의 방법이 다르다는 것을 깨닫지 못한 때문입니다.

秦나라가 海內를 통일하여 제후의 땅을 겸병하고 南面하여 황제를 일컬으면서 사해를 기르자, 천하의 士人들이 풀이 바람에 쓸리듯 모두 진나라로 쏠렸습니다. 이것은 무엇 때문인가요? 近古이래 왕자가 없는지 이미 오래되었기 때문입니다. 주나라 왕실이 쇠미해지고 五覇도 사라진 후에 천하를 호령하는 자가 없었습니다. 그래서 제후들은 정치를 하였습니다. 强者가 弱者를 침략하고 다수가 소수를 학대하였으며, 이로 말미암아 전쟁은 그치지 않고 四民은 피폐하였습니다. 이런 상황에서 秦나라가 南面하여 천하의 王者가 된 것이며 이것은 곧, 位와 天子가 있다는 것을 의미하였습니다. 모든 백성들은 안전을 바랐던 터이라 虛心으로 황제를 환영한 것입니다. 다시 秦나라는 위세를 잘 지키고 창업의 공업을 닦았어야 마땅하였으며, 안전과 위험의 근본은 실로 여기에 있었습니다.

그러나 始皇은 탐욕하고 비루한 마음을 품고 자신의 智謀만을 자랑하며, 공신을 신임하지 않고 四民을 親하게 여기지 않았으며, 王道를 피하고 權道를 내세워 百家의 서적을 불태우고 刑法을 혹독하게 집행하였으며, 詐術과 무력을 앞세웠으며, 仁義를 輕視하고 포악한 정치를 천하통치의 근본으로 삼았던 것입니다. 겸병에 몰두할 때는 사술과 무력을 앞세우는 것도 필요한 것이지만, 공로를 이루어 그것을 안정시킬 때에는 仁義를 따르는 것을 貴하게 여겨야 하는 것입니다. 천하를 취하는 것과 지키는 것은 그 방법이 다르기 때문입니다. 秦나라는 전국시대의 상황을 해소하고 천하의 王者가 되었으나, 그 통치방법을 바꾸지 않았습니다. 이것은 결국 천하를 취하는 것과 지키는 방법을 달리하지 않은 것입니다. 지지하는 자 없이 홀로 고독하게 천하를 영유하고 있었기 때문에 그 멸망이 그렇게 빨리 온 것입니다. 만약 始皇이 上古의 일을 헤아리고 殷·周나라의 발자취에 따라 그 정치를 펴나갔다면 비록 후세에 음란하고 교만한 군주가 나왔을지라도 나라가 기울어지는 근심은 없었을 것입니다. 三王은 천하를 세우면서 仁政을 폈기 때문에 그 名號가 아름답게 빛나고 공업이 장구하게 이어진 것입니다.

秦나라 2세황제가 즉위하였을 때에도 천하는 길게 목을 늘어뜨리고 그 정치가 어떨 것인지를 관망하였던 것입니다. 무릇 추위에 떠는 자는 거친 갈포로 만든 옷이라도 따뜻하게 여기고, 굶주린 자는 술지개미도 달게 여기는 법입니다. 천하가 배고픈 아기처럼 보채어 새로 즉위한 군주에게는 유리한 조건인 것입니다. 이는 피로한 백성들에게 인의를 베풀기 쉽기 때문인 것입니다. 만약 2세황제가 범용한 황제처럼만 처신하고 충성스럽고 현명한 신하를 신임하며, 군신이 한 마음으로 海內의 근심을 걱정하고 喪服을 입는 도중에 先帝의 과오를 바로잡아 땅과 인민을 나누어 공신의 후예를 봉하여 제후국을 세우고 王을 세워 천하를 예우하고 감옥을 비우고 형벌을 면제하였으며, 收賂와 腐弊한 죄를 제거하여 각각 향리로 돌려보내고, 창고를 열어 재물을 나누어 고독하고 곤궁한 사람들을 진휼하였더라면, 세금과 요역을 감소시켜 백성들의 급박한 생활을 돕고 법령을 간소화하고 형벌을 줄여 그 후손을 보존하게 하였더라면 천하사람들로 하여금 스스로 거듭나는 기회를 갖도록 하여 德行을 닦아 근신한 생활을 하도록 하고 만백성의 희망을 충족시키며 위엄과 덕망으로 천하에 군림하였더라면 천하는 안정되었을 것입니다. 사해안의 백성들이 모두 기뻐하며 각자 그 생활을 즐기며 다만 변란이 일어날까봐 걱정하였드라면, 아무리 귀한 백성이라 할지라도 천자를 이반할 마음을 품지 못하고 불충한 신하라고 하드라도 그 간사한 지혜를 분식할 길이 없었을 것이고 포악하고 간사함과 어지러운 행동은 종식되었을 것입니다. 그러나 2세는 이 길을 취하지 않고 더욱 無道한 일을 거듭하여 끝내 종묘와 백성을 망쳐버렸습니다. 그는 또다시 阿房宮을 짓기 시작하였고 형벌을 혹독하게 하고 처형을 엄격하게 하였던 것입니다. 관리의 행동은 극히 가혹하고 형벌은 부당하였으며, 부세는 節度없이 가중되었습니다. 천하가 다사다난하였으나, 관리들은 기강을 세울 수 없었고 백성들의 곤궁함이 極에 달하여도 황제는 거두어 救恤하지 않았습니다. 이런 상황에서 간사한 무리들이 각처에서 봉기하자, 상하가 서로 돌보지 않아 무고한 죄를 받은 자가 많아지니 형벌과 처형을 받은 자가 길에 연이었으며, 온 천하가 고통을 받았습니다. 九州 公卿이하 庶人에 이르기까지 모든 사람이 불안한 마음을 품고 곤궁한 처지에 빠져 모두 자신의 처지를 불안해 하였습니다. 이 때문에 민심이 쉽게 동요한 것입니다. 진섭은 文王 武王과 같은 현명함도 없었고 公侯와 같은 높은 지위가 없이도 大澤鄉에서 한번 팔뚝을 휘두른 것만으로 천하가 향응한 것은 백성들의 마음이 안정되지 않은 때문이었습니다. 옛 聖王은 정세의 변화를 성찰하고 존망의 미묘한 계기를 알았던 것입니다. 백성을 다스리는 요체는 민심을 안정시키는 데에 있는 것입니다. 그러면 비록 천하에 반역을 꾀하는 신하가 있을지라도 결코 그에 향응하여 힘을 도와주는 일이 없을 것입니다. 그러므로 '안정된 백성과는 더불어 의로움을 행할 수 있고 불안한 백성과 더불어 쉽게 비행을 저지를 수 있다'고 하는 것은 이런 것을 두고 하는 말입니다. 천자의 귀한 신분으로 천하의 富裕함을 가지고도 몸이 살육되는 것을 면하지 못한 것은 기울어버린 것을 바로잡는 방법이 틀렸기 때문입니다. 이것이 바로 2세의 과오였습니다.

4. 賈誼의 重建諸侯對策

해설: 夏殷周 3代의 封建은 진시황의 郡縣體制로 대체되었지만, 시황과 2세의 폭정과 군현체제가 전통과 시의 알맞지 않아 秦은 조속히 멸망되었습니다. 西漢 초에 군현제와 봉건제를 병존하는 군국제를 채용하였다. 그러나 제후왕국의 역량이 막대하여 중앙집권이 어려워 제후를 거듭

세워 황제권을 강화하려는 방략이었다.

陛下께서 즉각 제도를 확정하시지 않으면 오늘날의 형세와 같을 경우 황제의 자리는 한두 번 전해지는 데 불과할 것입니다. 반면에 제후들은 방자해져서 황제의 통제를 벗어나고, 이렇듯 제후들이 세력을 심어 크고 강해지면 한나라의 법이 시행될 수 없게 됩니다. 폐하께서 울타리로 여기시고 황태자가 믿을 수 있는 곳은 오직 淮陽과 代, 두 나라뿐입니다. 代나라는 북쪽으로 匈奴와 경계하고 있어서 강한 적과 이웃하고 있기 때문에 스스로 완전할 수 있는 것으로 충분합니다. 그러나 淮陽은 다른 커다란 제후국에 비교하면 겨우 얼굴에 있는 까만 점 정도여서 큰 제후국의 먹이가 될 수 있을 뿐, 그들을 통제하고 막아내기에는 어렵습니다. 이제 나라를 통제하는 권한은 폐하께 있사옵니다. 나라를 통제하고 있지만, 아들들이 제후들의 먹이가 될 수 있으니, 어찌 세심하게 조치한 것이라 말할 수 있겠습니까? 신의 어리석은 계책으로는, 淮南國(도읍은 하남성 상구현)의 땅을 전부 회양국에 덧붙여주시고, 양왕을 위해 후계자를 세우시어 회양 북쪽에 있는 두세 개의 성과 동군(東郡)을 잘라내어 梁나라에 덧붙여주시옵소서. 그렇게 할 수 없다면, 대왕(代王)을 옮겨서 수양(睢陽, 양나라의 도읍지로 하남성 상구시)에 도읍을 정하게 할 수는 있는 것이옵니다. 양나라는 신처(新郪, 안휘성 태화현)에서 시작하여 북으로는 황하에까지 닿아 있습니다. 회양국에는 진(陳, 하남성 회양현)을 포함시키고 남쪽으로는 장강까지 이르게 하시옵소서. 그리하면 큰 제후들 가운데 혹여 다른 마음을 갖고 있는 자가 있다 할지라도, 간담을 떼어내고 감히 반란을 일으키려고 꾀하지 못할 것이옵니다. 양나라는 제나라와 조나라를 막을 수 있으며, 회양국은 오나라와 초나라를 충분히 가두어놓을 수 있을 터이니, 폐하께서는 높은 베개를 베고 계시면서, 효산의 동쪽 지역에는 끝까지 근심거리를 없애는 것입니다. 이렇게 되면 두 세대 정도는 편안할 것입니다. 오늘날 마음이 편안한 것은 제후들의 나이가 모두 아직 어리기 때문입니다. 몇 년이 지난 후에는 폐하께서도 그러한 결과들을 친히 보시게 될 것입니다. 무릇 秦나라는 밤낮으로 노력하여 6국의 禍를 없앴습니다. 이제 폐하께서도 힘껏 천하를 통제하신다면 지시만 하여도 뜻대로 될 터이지만, 높이 팔장을 끼고서 6국의 禍를 만드신다면 지혜롭다고 말하기 어려울 것입니다. 이대로 아무 일도 하지 않으시면 어지러움을 기르고 禍를 싹틔우는 것을 익히 보시고도 대책을 세우지 않는 것과 같습니다. 만 년 뒤에 이러한 상황을 늙은 어미와 약한 자손(薄태후와 그의 아들 劉泊)에게 전해주게 되어 장차 그들로 하여금 편안하지 못하게 할 것이니, 仁이라 말할 수 없사옵니다"고 상소하였다.

5. 賈誼의 時務策

해설: 가의는 서한왕조의 황제권 강화를 위하여 황제가 할 일의 先後, 황제의 자질문제에 대하여 간절하게 권고하고 重民의 입장에서 설파하여 의미가 크다.

臣이 생각하건대, 오늘날의 사태와 형세를 보면 통곡할 만한 것이 하나 있습니다. 또한 눈물을 흘려야 할 만한 것이 둘 있으며, 긴 탄식을 해야 할 것이 여섯 개 있습니다. 그 외에 이치에 어긋하고 도리를 상하게 하는 것 같은 것은 전부 疏에 적어 올리기가 어려울 정도입니다. 말씀을 올리는 사람들은 모두, "천하는 이미 안정되었고 잘 다스려지고 있다"고 합니다. 그런데 臣만은 아직은 아니라고 생각합니다. 안정되어 잘 다스려지고 있다고 말하는 사람은 어리석은 사람 아니면 아부하는 사람일 터이니, 모두 잘 다스려지는 시대와 혼란한 시대가 어떠한 것인지, 그 본체를 모르는 사람들입니다. 무릇 장작을 쌓아놓은 밑에 불씨를 놓고 장작더미 위에 자면서 불이 아직은 이르지 못했기 때문에 편안하다고 말하는 것과 같습니다. 지금의 형세가 이와 무엇이 다르겠습니까?

폐하께서는 어찌하여 臣으로 하여금 폐하 앞에서 이러한 것들을 헤아리게 하고 그로 말미암는 치안대책을 진술해 시험해보려 하지 않으십니까?

나라를 잘 다스리려면 폐하께서 뜻과 염려를 수고롭게 하셔야 하고, 신체를 고생스럽게 해야 하며, 鐘鼓를 울리는 즐거움을 줄이고 하지 말아야 합니다. 즐김은 오늘날과 같게 하여서 이를 諸侯들이 法制로 받아들이게 하여야 군대를 동원하지 않아도 흉노를 복종하게 하며, 백성들은 素朴해져, 살아서는 밝은 황제가 되고, 죽어서는 밝은 신력이 됩니다. 또한 빛나는 이름의 아름다움을 끝없이 이어내려가게 하여, 고성(顧成)의 사당을 태종(太宗)으로 불리게 하며, 위로는 태조를 배향하면서 漢나라와 더불어 끝없이 이어질 것입니다. 그리고 원칙과 기강을 세워서 만세의 법을 세워야 될 것입니다. 그러면 비록 어리석고 어리며 불초한 후손이라 할지라도 그 업적에 힘입어 편안할 것입니다. 폐하께서 밝고 통달하심을 갖추셨으므로 다스리는 본체를 조금 아는 사람으로 하여금 보좌하게 하여 이러한 풍조를 내려보내시면 이러한 상황에 이르기는 어려운 일이 아닙니다.

나라를 세워서 굳어지면 반드시 서로 의심하는 형세가 만들어지기 망정입니다. 아래 지위에 있는 사람은 자주 그 재앙을 받게 되고, 위에 있는 사람은 근심거리가 일어날까 자주 의심하게 되니, 이러한 일은 윗사람을 편안하지 못하게 하고 아랫사람을 온전하게 하지 못합니다.

이제 어떤 사람이 친동생(회남왕 유장)은 동제(東帝)가 되기를 꾀하였고, 친형의 아들(제북왕 유흥거)이 서쪽을 치려고도 했으며, 이제 오왕(吳王, 유비)까지 고발을 당했습니다. 천자께서는 春秋가 한참 왕성하시고, 의로움을 행하시는데 아직 허물이 없으시며, 은혜를 더하여주시는데도 오히려 이와 같습니다. 하물며 제후들이 가진 막대한 권력은 그들의 열 배나 되니 어떠하겠습니까?

그러나 천하가 조금 안정된 까닭은 무엇 때문이겠습니까? 큰 나라의 왕은 아직 장성하지 못하여 어리고, 한나라에서 제후국에 파견한 태부와 승상이 그 나라의 일을 장악하고 있기 때문입니다. 몇 년후에는 제후 왕들이 대부분 관례를 치르게 되어 혈기가 왕성해질 것입니다. 한나라에서 파견한 태부와 승상들은 병을 핑계로 파직되고, 저들은 현승(縣丞)과 현위(縣尉) 이상의 관리는 전부 자기 사람들을 둘 것입니다. 이렇게 되면 회남왕과 제북왕이 한 일과 어찌 다르겠습니까? 이러한 때에는 아무리 잘 다스리고 편안하게 하려 해도, 요임금이나 순임금이라 할지라도 잘 다스리지 못할 것입니다.

황제(黃帝)가 말하기를, "해가 중천에 오르면 반드시 햇볕을 쬐고, 칼을 잡으면 반드시 자르라"고 하였습니다. 이제 이 도리를 순조롭게 펼친다면 모두

가 안정되는 것은 아주 쉬운 일입니다. 그런데 일찍 이러한 일을 하려고 하지 않으면, 마침내 골육에 속한 사람들의 목을 베게 될 것이니, 어찌 진나라의 말년 사정과 다르겠습니까?

漢나라 초기에 책봉한 제후 가운데 성(姓)이 다른 사람들은 강한 세력을 짊어지고 움직였습니다. 漢나라는 다행히 그들을 이겼지만, 그렇게 된 원인은 아직 바꾸지 않았습니다. 같은 성의 제후들도 이러한 흔적을 이어받아 그 움직임의 징조가 나타나고 있으니, 그 형세를 보면 또다시 그렇게 될 것입니다. 재앙과 禍의 변화는 어느 곳으로 옮겨 붙을지 알 수 없는데, 밝은 황제께서 이를 안정시킬 수 없다면 앞으로 후세에는 어떠하겠습니까?

신이 가만히 예전의 일들을 더듬어보니, 대개 강한 사람이 먼저 반란을 일으킵니다. 장사왕(長沙王)은 2만 5,000호를 가졌을 뿐이고 공로도 적지만 가장 완전하게 나라를 이어갑니다. 혈연관계는 멀지만 가장 충성스럽습니다. 성품이 다른 사람과 다를 뿐만 아니라 형세 또한 그러합니다. 하지만 번쾌, 역이기, 강후 주발, 관영 같은 경우는 수십 개의 성에 근거를 두고 왕 노릇을 하게 하였다고 해도 이제는 모두 망해버렸을 것입니다. 만약 한신과 팽월 같은 이를 철후(徹候)로 삼았더라면 오늘날까지 살아남아 있었을 것입니다.

그러므로 천하를 다스릴 커다란 계책을 알 수 있을 것입니다. 여러 왕들을 모두 충성스럽게 귀부하게 만들려면 장사왕처럼 하게 하는 것만한 것이 없습니다. 신하들이 죽임을 당해 젓 담금을 당하지 않게 하려면 번쾌와 역이기처럼 해서는 안 됩니다. 천하를 잘 다스려서 편안하기를 바란다면 諸侯들을 많이 세워 그들의 힘을 줄이는 것만한 것이 없습니다. 힘이 적으면 쉽게 의로워지고, 나라가 적으면 간사한 마음이 없어집니다. 해내(海內)의 세력이란 몸이 어깨를 부리는 것 같고, 어깨가 손가락을 부리는 것과 같게 하여, 제한하고 따르게 하지 못할 것이 없는 것입니다. 그리하면 제후들은 감히 다른 마음을 품지 못하고 천자에게 돌아와 명령을 받을 것입니다.

땅을 나누고 제도를 확립하여 齊(도읍은 임치), 趙(도읍은 한단), 楚(도읍은 강소성 서주)나라를 각기 몇 개의 나라로 만들고 도혜왕(悼惠王, 유비), 유왕(幽王, 유우), 원왕(元王, 유교)의 자손들은 차례로 할아버지의 땅을 나누어 받게 하여, 나누어 줄 땅이 없어진 다음에야 그치십시오. 나누어 줄 땅은 많으나 자손이 적은 곳은 제후국을 세우고, 제후 왕의 자리를 빈 채로 두십시오. 그리하여 그 자손이 생기기를 기다렸다가 반드시 그에게 왕 노릇을 하게 하십시오. 한 치의 땅이나 한 사람의 백성도 천자께서 빼앗아 이익으로 삼지 마시고, 진실로 정치를 안정시키려고 할 뿐이라는 것을 알게 하십시오.

이와 같이 하면 어린아이를 천하의 맨 윗자리에 뉘어놓아도 안전할 것이며, 유복자를 세워놓고 조정에서 옷을 입혀놓아도 천하는 혼란하지 않을 것입니다. 살아 계실 당대에는 크게 다스려질 것이고, 후세에는 성스럽다고 칭송받을 것입니다. 그런데 폐하께서는 무엇을 꺼려서 오랫동안 이 일을 하지 않으십니까?

천하의 형세는 바야흐로 수종다리 병에 걸린 것 같아서, 한쪽 정강이는 허리처럼 굵어지고, 한쪽 손가락은 팔뚝처럼 되어 평상시에도 굽혔다 폈다 할 수가 없었습니다. 한두 개의 손가락만 움직여도 아프니, 몸은 의지할 곳이 없습니다. 지금 기회를 잃고 치료를 하지 않으면 고질병이 되어 훗날 제 아무리 편작 같은 이름난 의원이 있다하여도 고칠 수가 없을 것입니다. 수종다리뿐만 아니라 곰배팔이로도 고생을 하고 있습니다. 원왕의 아들은 황제의 사촌 동생입니다. 그런데 지금 왕 노릇을 하는 사람은 사촌 동생의 아들입니다. 또 혜왕의 아들은 친형의 아들입니다. 그런데 지금 왕 노릇을 하는 사람은 형의 아들의 아들입니다. 황제와 가까운 사람은 땅을 나누어 갖지 못해 천하를 안정시키지 못하고 있는데, 황제와 먼 사람이 대권을 장악하여 천자를 다그치고 있습니다. 그렇기 때문에 신은 수종다리 병을 앓고 있을 뿐만 아니라 곰배팔이 병까지 앓고 있다고 말씀을 올리는 것입니다. 통곡할 노릇은 바로 이 병이옵니다.

천하의 형세는 바야흐로 거꾸로 매달려 있습니다. 무릇 천자란 천하의 머리입니다. 왜 그러합니까? 아랫사람이기 때문입니다. 그런데 지금은 흉노가 업신여기고 모욕하면서 침략하는 불경스런 지경에 이르렀습니다. 게다가 漢나라에서는 매년 금과 비단을 보내서 그들을 받들고 있습니다. 발이 도리어 위에 올라와 있고 머리는 숙여서 아래에 있는 형상입니다. 거꾸로 매달인 형세가 이와 같으니, 이를 풀지 못하면서 어찌 나라에 인재가 있다고 할 수 있겠습니까? 신이 눈물을 흘리는 것은 이 때문입니다.

지금 사나운 적을 잡지 않고 전원에 사는 돼지를 수렵하며, 반란을 일으킨 도적은 치지 않고 기르는 토끼를 잡으며, 자질구레한 오락을 즐기면서 커다란 환란에 대한 대책은 도모하지 않습니다. 덕은 멀리까지 베풀어져 수백 리 밖까지 나가지만 위엄 있는 명령은 통하지 않으니, 눈물을 흘리는 것은 이것 때문입니다.

지금 서민들의 집에서도 황제와 같은 복장을 착용할 수 있고, 창기와 배우 등 낮고 천한 사람들도 황후와 같은 장식을 붙일 수 있게 되었습니다. 또한 황제는 몸에 백제(帛綈)를 걸치는데, 부유한 사람의 담장과 집은 무늬로 수놓고 있습니다. 천자의 황후는 옷깃에만 꽃 한 송이를 수놓았는데, 서인의 첩실들은 신발에도 꽃을 수놓고 있습니다. 이것이 신이 말씀드리는 바 어긋났다고 하는 것입니다.

무릇 100명의 사람이 만들어 한 사람을 입힐 수 없다면, 어떻게 천하의 사람들에게 모두 추위를 없애줄 수 있겠습니까? 한 사람이 경작하고 열 사람이 모여 이를 먹게 하면서, 천하 사람들을 주리지 않게 한다는 것은 불가능합니다. 배고픔과 추위가 백성들의 피부를 깎는 듯한 상태에서 천하의 사람들 속에 있는 간사한 사람을 없애려 하여도 할 수 없을 것입니다. 긴 탄식을 해야 하는 이유는 바로 이것입니다.

상군(商君)은 예의를 버리고 인(仁)과 은(恩)을 포기하며 앞으로 나아가는 데 마음을 쓰라고 하였습니다. 이것을 2년 시행하더니 秦나라의 풍속은 날로 무너지고 파괴되었습니다. 그런고로 秦나라에서는 아들이 장성하면 집안이 부유한 사람들은 분가(分家)를 해주었고, 가난한 사람들은 아들이 장성하면 데릴사위로 내보냈습니다. 농기구를 아버지에게 빌려주어 김을 매게 하면서 덕을 베푼다는 기색이 있었고, 어머니는 데릴사위로 보낸 아들네 집에 가서 청소를 해주는데, 어머니가 잘못하면 즉각 나무라는 말을 하였습니다. 며느리는 그의 아들에게 젖을 먹이면서 시아버지와 함께 걸터앉아 있고, 며느리와 시어머니가 서로 화목하지 않으며, 입을 삐죽거리면서 서로 따졌습니다. 그들은 아들을 사랑하고 이익을 좋아하지만, 금수와 다른 사람은 거의 없었습니다.

지금도 그 시절부터 내려온 풍속이 아직 고쳐지지 않아서 예의를 버리고 염치를 버리는 일이 날로 심해지고 있으니, 달마다 다르고 해마다 다르다고 말할 수 있습니다. 그저 이로움만 좇을 뿐, 행하는 일이 善한지 惡한지를 돌아보지 않습니다. 그 가운데 심한 사람은 부형(父兄)을 죽이기도 합니다. 대신들은 서류를 보고하지 않고, 자식이 직책에 있을 동안 있었던 일상적인 일을 큰일로 여기고 있습니다. 그리하여 좋은 풍속을 잃어버리게 되었고, 세상이 파괴되고 썩어버려도 편안함으로 말미암아 이상하다는 것을 알지 못하며, 耳目을 움직이지도 않고 그것이 적당하다고 생각합니다.

무릇 풍속을 바꾸고 천하 사람들의 마음을 도리로 돌려놓는 것은 속된 관리들이 할 수 있는 일이 아닙니다. 속된 관리들이 힘써야 하는 것은 글을 써서 서류를 만드는 것이지만 그 큰 줄거리를 모릅니다. 그런데 폐하께서도 스스로 근심하지 않으시니, 신은 이것을 애석하게 여깁니다. 지금 어떻게 제도를 확정하여야 임금이 임금답고 신하는 신하다우며, 위아래가 차별이 있고, 부자(父子)와 육친(六親)이 각기 그들이 있어야 할 자리에 마땅히 있게 할 수 있겠습니까? 이 일이 확정되면 세세토록 편안할 것이며, 앞으로도 늘 유지하여 따를 것입니다. 만약 제도를 확정하지 못하면, 노와 닻 없이 강과 하천을 건너려는 배와 같아서 중간쯤 흘러가다가 풍파를 만나면 반드시 전복되고 말 것입니다. 긴 탄식을 하게 되는 것은 이것 때문입니다.

夏, 殷, 周는 천자가 모두 수십 세를 이어갔는데, 秦나라의 경우는 천자가 되어 2세 만에 망하고 말았습니다. 사람의 본성이란 그렇게 차이가 심한 것이 아니거늘, 어찌하여 삼대의 임금은 도리를 가지고 있어 왕조가 장구하게 이어졌으며, 秦나라는 도리를 갖고 있지 못하여 갑자기 망했겠습니까? 그 까닭은 알 수 있습니다.

옛날 왕들의 경우 태자가 탄생하면 예를 거행했는데, 유사들이 일제히 정숙하고 단정하게 의관을 갖추고 남쪽에 있는 교외에서 천지에 제사를 지냅니다. 이때 대궐 앞을 지날 때에는 수레에서 내리고, 종묘 앞을 지날 때에는 종종걸음으로 지나갑니다. 이는 갓난아이 때부터 가르쳐서 진실로 실천하도록 하려는 것입니다.

조금 자라 아동이 되어 얼마간 아는 바가 생기면, 삼공(三公)과 삼소(三少)

가 효도와 인(仁), 의(義), 예(禮)를 밝혀서 이를 익히도록 이끌었고, 사특한 사람을 내쫓아 악한 행동을 보지 못하게 했습니다. 또한 천하에서 단정하고 우아한 선비와, 효심이 있고 우애가 있으며 공부를 많이 하고 도술이 있는 사람들을 뽑아서 그를 호위하여 돕게 하고, 그들로 하여금 태자와 함께 있도록 했습니다. 그러므로 태자는 나오면서부터 옳은 일만 보고 옳은 도리를 행하며, 좌우전후 주위에 있는 사람들이 모두 올바른 사람들이었습니다.

무릇 올바른 사람과 더불어 살면 바르지 않을 수가 없습니다. 이는 제나라에서 자라면 제나라 말을 안 할 수 없는 것과 같습니다. 바르지 않은 사람과 살려면 부정하지 않을 수 없으니, 마치 초나라 땅에서 자라면 초나라 말을 하지 않을 수 없는 것과 같습니다. 그러므로 孔子께서 말씀하시기를, "어려서부터 천성을 이루면 익힌 것이 자연과 같이 된다"고 하였습니다.

지혜로운 사람과 함께 자라면 부끄러운 일이 없을 것입니다. 하는 일이 마음과 더불어 이루어지면 도리에 맞게 되어 천성처럼 됩니다. 무릇 삼대가 장구하게 된 까닭은 태자를 이처럼 輔導하였기 때문입니다. 그런데 秦나라의 경우는 그러지 못했습니다. 趙高로 하여금 胡亥를 가르치게 하였는데, 배운 것은 감옥에 관한 일과 사람을 목 베거나 의형(劓刑)하는 것, 아니면 三族을 모두 멸하여 죽이는 일 등이었습니다. 그리하여 호해는 즉위한 다음날부터 사람에게 활을 쏘았으며, 충성스럽게 諫하는 사람에게 비방한다는 말을 하고, 깊이 계책을 세우는 사람에게는 요사스러운 말이라고 핀잔을 주었으며, 사람 죽이기를 마치 잡초 베듯 했습니다. 이것이 어찌 호해의 천성이 다만 사나워서 이었겠습니까?

그리 된 것은 그를 이끌었던 사람이 이치에 맞지 않게 행동했기 때문입니다. 속담에 이르기를, "앞에 가는 수레가 넘어지면 뒤에 가는 수레는 이를 경계로 삼아야 한다"고 했습니다. 秦나라가 그렇게 빨리 망한 이유는 여기서 그 흔적을 찾아볼 수 있습니다. 그런데 피하지 않으면 뒤에 가는 수레 역시 전복될 것입니다. 천하의 운명은 태자에게 달려 있습니다. 태자가 착하게 자라는가 아닌가 하는 것은 일찍부터 잘 가르치는 것과, 주변 사람을 잘 선발하는 데 있습니다. 마음이 아직 흩어지지 않았을 때 잘 가르치면 교화는 쉽게 이루어집니다. 道術과 지혜를 열어주는 지침은 가르치는 힘에 있습니다.

만약 그가 복종하여 익히고 습관을 들이려 한다면, 그것은 주변 사람들에게 달려 있습니다.

무릇 북쪽에 사는 胡人과 남쪽에 사는 粤人들도 갓 태어났을 때에는 같은 소리를 내고, 좋아하고 바라는 것도 다르지 않습니다. 그러나 그들이 자라면서 습관과 풍속을 익혀버리고 나면, 중간에서 여러 차례 통역을 하여도 말이 통하지 않고 서로 상대를 못 하게 되니, 가르치고 익히는 것이 그렇게 만드는 것입니다.

그러한 연고로 신은 주위에 있을 사람을 잘 선발하고 일찍부터 잘 가르치는 것이 가장 급한 일이라고 말하는 것입니다. 제대로 가르침을 받고, 좌우에 있는 사람들이 올바르다면 태자는 올바르게 성장할 것입니다. 그리고 태자가 올바르면 천하는 안정됩니다. 『서경(書經)』에 이르기를, "한 사람이 경사스러운 일을 갖게 되면 億兆나 되는 사람들이 그에게 의지한다"고 하였으니, 이것이 이 시기에 힘쓸 일입니다.

무릇 사람의 지혜라는 것은 이미 일어났던 일은 볼 수 있지만 앞으로 일어날 일은 볼 수 없습니다. 예란 장차 그렇게 되기 전에 금지시키는 것이며, 법이란 이미 그렇게 된 후에야 금지시키는 것입니다. 이러한 연고로 法의 쓰임새는 쉽게 나타나지만 禮가 만들어내는 것은 알기 어렵습니다. 무릇 경하(慶賀)하며 상을 주면서 착한 일을 하도록 권고하는 것이나, 형벌을 주면서 악한 일을 징계하는 것과 같은 일들은 선왕(先王)이 정치를 하였을 때에는 굳기가 쇠나 돌 같습니다. 이러한 명령이 시행되면 信義는 네 계절이 차례로 오는 것과 같을 것입니다. 이러한 공적인 생각에 근거하여 사사로움 없이 한 일들은 천지와 같을 것입니다. 어찌 이를 돌아보아 채택하지 않으십니까?

그러나 "禮에서 이르기를", "禮에서 이르기를"이라고 중복하여 禮를 내세우는 것은, 惡이 아직 싹트기 전에 끊어버리려는 것이며, 미세하고 희미할 때 교육을 시작하는 것을 귀히 여기기 때문입니다. 그리고 이렇게 하여 백성들로 하여금 매일 善을 실천하고 죄를 멀리하면서도, 스스로도 그렇게 되고 있다는 것을 알지 못하게 하는 것을 貴하게 생각하기 때문입니다.

공자께서 말씀하시기를, "訟事를 담당할 때, 나도 다른 사람처럼 처리하였으나, 반드시 송사를 없게 하여야 할 것이다"라고 하였습니다. 임금이 되어서 계획할 것으로, 먼저 어느 것을 버리고 어느 것을 취할 것인가 살피는 것만한 것이 없습니다. 취하고 버릴 것이 안에서 확실히 정해지면, 밖에서는 안전한가 위태로운가 하는 싹이 나타날 것입니다. 秦나라 왕은 종묘를 존중하고 자손을 탕임금이나 무왕처럼 안정시키고 싶었을 것입니다. 그러나 탕임금과 무왕은 그들의 덕행을 넓고 크게 했기 때문에 600~700년이 되어도 왕조를 잃어버리지 않았고, 秦나라 왕은 천하를 통치한 지 10여 년 만에 크게 실패하고 말았습니다. 여기에는 다른 이유가 없습니다. 탕임금과 무왕은 취하고 버릴 것을 살펴서 일을 확정하였으나, 秦나라 왕은 취하고 버릴 것을 살피지 않고 일을 확정해버린 까닭이었습니다.

무릇 천하란 하나의 커다란 그릇입니다. 이제 사람이 그릇을 놓을 때 편안한 곳에 놓으면 안정되고, 위태로운 곳에 놓으면 위태로워집니다. 천하 사람들의 인정(人情)도 그릇과 다를 바가 없는데, 천자가 이것을 놓는 것입니다. 탕임금과 무왕은 천하를 仁義禮樂위에 두어서 자손들이 수십대를 이어가게 하였으니, 이것을 천하의 사람들이 다 들었습니다. 秦나라 왕은 천하를 법령과 형벌 위에 두어서, 그 禍가 결국 자기 몸에 미쳤고 자손은 주살되어 끊겼으니, 이것도 천하의 사람들이 다 보았습니다. 이와 같이 옳고 그름은 아주 분명한 결과를 냅니다.

사람들이 말하기를, "다른 사람의 말을 제대로 듣는 도리란, 반드시 그 실제의 사실을 가지고 살펴본다면 말하는 사람은 감히 망령된 말을 하지 못한다"고 했습니다. 지금 어떤 이들은 "예(禮)란 법령만 못하며, 교화는 형벌만 못하다"고 말하는데, 임금께서는 어찌하여 은나라, 주나라, 진나라의 일을 인용하여 이를 보지 않으십니까? 임금께서는 높으시기가 마치 마루와 같으며, 여러 신하는 계단과 같고, 많은 서민들은 땅바닥과 같습니다. 아홉 계단 위에서 땅바닥까지가 멀기 때문에 마루가 높은 것입니다. 계단에 아무 등급이 없으면 땅바닥이 가깝고 마루가 높은 것입니다. 계단에 아무 등급이 없으면 땅바닥이 가깝고 마루도 낮습니다. 높은 곳은 오르기 어렵고 낮은 곳은 쉽게 짓밟는 것이 이치와 형세가 그러합니다.

그러므로 옛날 성인의 王制를 보면, 등급을 두어 늘어놓았으니 안으로는 공, 경, 대부, 사가 있고, 밖으로는 公侯伯子男이 있으며, 그러한 연후에 官師와 小吏가 있고, 또 이어서 서인들이 있었습니다. 그리하여 등급은 분명하며, 천자는 그 위에 서게 되므로, 그 존귀함을 따라갈 수가 없었습니다.

속담에, "쥐를 잡으려고 돌을 던지고 싶지만 항아리가 깨질까 걱정한다"는 말이 있습니다. 이것은 훌륭한 비유이옵니다. 쥐가 그릇 가까이 있으면, 쥐를 잡으려고 돌을 던지지 않는 것은 그 그릇이 깨질까 걱정해서입니다. 하물며 귀한 신하가 임금 가까이 있는 경우는 말해 무엇하겠습니까? 염치와 예절을 가지고 군자를 다스리는 것이므로 죽음을 내릴지언정 치욕은 입히지 말아야 하는 법입니다. 그러므로 黥刑이나 劓刑은 대부에게는 적용하지 않는 것이니, 그들이 主上에게서 멀리 떨어져 있지 않기 때문입니다.

『禮記』를 보면, 임금을 모시는 말의 치아도 감히 검사하지 못하며, 그 꼴을 밟는 사람도 벌을 받게 되어 있는데, 이것은 주상을 미리 멀리하여 불경한 뜻을 일으키지 않게 하려는 것입니다. 이제 천자께서는 왕이나 후, 三公처럼 귀한 사람들을 대하실 때에는 얼굴을 바꾸시고, 그들을 예로 대하십시오. 옛날의 천자는 伯父라든가 伯舅같은 존경어를 썼습니다.

그런데 이제 그들에게도 서민과 마찬가지로 의형, 髡刑, 刖刑, 笞刑, 傌刑, 棄市의 법을 쓰게 하였으니, 마루 위에 있다고 한들 계단을 없앤 것이 아니겠습니까? 육체적 곤욕을 당하는 사람이 너무 가까이 있는 것은 아닙니까? 겸손함과 부끄러움이 행해지지 않으니 대신들이 무거운 권력과 높은 관직은 장악하였으나 노예들처럼 수치심을 잃어버린 건 아닙니까? 무릇 望夷의 일은 二世가 법을 중히 여긴 결과를 당장 본 것입니다. 이는 쥐를 잡으려고 돌을 던지면서 그릇이 깨질까 염려하는 습관을 익히지 않았기 때문입니다.

신이 듣건대, "신발이 깨끗하다 하여도 베개로 쓸 수는 없으며, 冠이 떨어졌다 하여도 신발 아래 둘 수는 없다"고 하였습니다. 일찍이 귀하고 총애를 받는 지위에 있었던 사람에게 천자께서 얼굴을 바꾸신다 하여도 그들에게 禮貌를 갖추시면 吏民은 그에게 엎드려서 존경하고 두려워할 것입니다. 지금 어떤 사람에게 허물이 있다면 황제께서 그를 파직할 수 있고, 그를 물리칠 수도 있습니다. 그러나 그를 결박하여 법관인 司寇에게 보내고, 형벌 집행관인 徒官에 보내서, 사구의 낮은 관리들이 욕하고 매질하는 것을 많은 서민들이 보게 해서는 안 됩니다.

비천한 사람이 지금 존귀한 사람이라도 어느 날 내가 그에게 욕하고 매질할 수 있음을 알게 된다면, 높은 사람을 높이 여기지 않고 귀한 사람을 귀히 여기지 않을 것입니다. 옛날에는 대신들이 청렴하지 않아서 파직시킬 때에도 청렴하지 않다고 말하지 않고 '보궤불식(簠簋不飾)'이라 하였습니다. 또한 더럽고 음란하고 남녀의 구별이 없는 자에게는 '오예(汚穢)'라고 말하지 않고 '유박불수(帷薄不修)'라고 했습니다. 일을 맡은 관리가 일을 못하고 나약하여 책임을 다 감당하지 못할 때에도 '파연(罷軟)'이라 말하지 않고 '하관불직(下官不職)'이라 하였습니다.

이렇듯 귀한 대신은 죄를 지어서 이것을 확정할 때에도 곧바로 그 죄목을 부르지 않고, 그 말을 바꾸었습니다. 그리하여 큰 견책을 받은 사람과 큰 질문을 받은 사람은 견책을 듣거나 물음을 받자마자 바로 백관(百冠)에 잡털로 된 끈을 단 관을 쓰고 물 담은 대야에 칼을 넣으며 '청실(請室)'을 만들어놓은 뒤 죄를 청하는 것이지 잡아서 결박을 하여 끌고 가지 않았습니다.

중급 정도의 죄를 지은 자는 명령이 내리면 스스로 죽게 하였지 황상이 사람을 시켜서 목에 칼을 대지 않았습니다. 큰 죄를 지었을 때에는 명령이 내리자마자 북쪽을 향하여 두 번 절하고 무릎을 꿇은 채 스스로 형벌을 시행하였지, 황상께서 사람을 시켜서 머리를 형틀에 잡아넣지는 않았습니다. 그러고는 말하기를, "그대는 허물을 갖고 있으나, 나는 예로써 대우한다"라고 했습니다. 그들을 대우하는 데 예의를 갖추니 많은 신하들도 좋아했습니다.

이렇게 염치를 더했기 때문에 사람들은 節義있는 행동을 했습니다. 황상께서 염치와 예의를 만드시어 그 신하들을 대우하시는데, 신하가 절의 있는 행동으로 보답하지 않는다면 사람의 종자라고 할 수 없을 것입니다. 그러므로 敎化가 완성되고 풍속을 안정시키면, 신하된 사람이 모두 자기의 행동을 돌아보고 사사로운 이익을 잊게 되며 절의를 지키고 大義에 복종하게 됩니다. 그리하면 통제할 수 없는 큰 권력을 신하들에게 의탁하는 일도 가능하고, 여섯 자밖에 안 되는 고아에게 권력을 맡겨도, 염치에 힘쓰며 예의를 행하게 하여 이룩한 것이니 주상께서 무엇을 잃겠습니까?

그런데 이처럼 신하에 대한 예우를 시행하지 않고, 신하를 살육하는 일이 오랫동안 시행되었습니다. 제가 긴 탄식을 하는 이유가 여기에 있습니다.

6. 晁錯의 重農정책과 立粟授爵

해설: 조조는 서한 초기의 尊主·安民의 입장에서 농업을 중시하고 변방경략, 흉노격퇴 등에 대한 政論을 전개하여 왕권의 강화와 중국사의 발전에 공헌하였다.

성스러우신 임금께서 백성들이 주리거나 추위에 떨지 않게 하는 방법은 임금이 직접 밭을 갈아 먹이고 길쌈을 하여 입히는 것이 아니라, 그들이 자원과 재화를 생산하도록 길을 열어주는 것입니다. 그래서 堯임금은 9년간의 홍수 속에서도 또한 湯임금은 7년간의 가뭄 속에서도 병든 사람을 버리지 않았고 저축하는 것이 많았으며, 준비할 것을 먼저 갖추었습니다.

지금은 천하가 하나로 통일되어 湯임금이나 禹임금 시대보다 토지와 인민이 적지 않습니다. 게다가 몇 년 동안 계속되는 水災나 旱災도 없었습니다. 그런데도 저축해 놓은 것이 그때만큼 되지 못한 것은 무엇 때문이겠습니까? 땅에서 나올 이익을 남겨두었고, 백성들은 더 일할 여력을 남겨두었습니다. 곡식을 생산할 수 있는 땅을 아직 다 개간하지 않았고, 산과 연못에 있는 이로운 것들도 다 드러내지 못했으며, 놀고먹는 백성들을 다 농사짓는 곳으로 돌아가게 하지 못했기 때문입니다.

추위에 떠는 사람이 가볍고 따뜻한 옷만 찾지는 않습니다. 또한 주린 사람이 달고 기름진 것만 기다리지 않았습니다. 주리고 추우면 염치를 생각하지 못하는 것입니다. 사람이 보통 하루에 두 번 먹지 않으면 주린다고 하고, 1년 내내 옷 한 벌 지어 입지 못하면 추위에 떤다고 합니다. 무릇 배를 주리는데도 먹을 것을 얻지 못하고, 피부가 찬데도 옷을 얻어 입지 못하면 아무리 자비심 많은 아버지라 할지라도 그 아들을 보호할 수가 없는데, 어찌 임금이 그 백성을 거느릴 수 있겠습니까?

현명한 군주는 그러한 이치를 알기 때문에 백성들을 농상(農桑)에 힘쓰게 하고, 부렴(賦斂)을 적게 거두면서도 저축을 넓히며, 창고를 가득 채워서 水

災와 旱災에 대비합니다. 그래야 백성들을 얻어서 거느릴 수 있기 때문입니다. 백성이란 위에 있는 사람들이 길러주어야 합니다. 백성들이 이익을 좇는 것은 마치 물이 아래로 흘러가면서 사방으로 흩어져 아무것도 가리지 않는 것과도 같습니다.

무릇 구슬, 옥, 금, 은은 배가 고파도 먹을 수가 없고, 추워도 입을 수가 없습니다. 그러나 많은 사람들이 이것을 귀하게 여기는 것은 윗 사람들이 이것을 쓰기 때문입니다. 그것들은 가볍고 작아서 쉽게 숨길 수 있고, 손바닥에 갖고 있으면 천하를 두루 다녀도 주리거나 추위에 떨 염려가 없습니다. 또한 이것은 신하로 하여금 임금을 쉽게 배반하게 하고 백성들로 하여금 자신의 고향을 쉽게 떠나게 하며, 도적들의 마음을 끌고 도망가는 사람의 가벼운 資金이 됩니다.

반면 곡식, 쌀, 포(布), 백(帛)은 땅에서 나고 시절에 따라 자라며, 힘을 들여야 모아지는 것이어서 하루에 이룰 수가 없습니다. 몇 석 정도 되는 곡식의 무게는 보통 사람이 들지를 못하기 때문에, 간사한 사람이 이것을 가지고 이로움을 취할 수가 없지만, 이것을 하루라도 얻지 못하면 주리고 추위에 떱니다. 이러한 까닭에 밝은 임금은 五穀을 귀하게 여기고 금과 옥을 천하게 여겨야 한다는 것입니다.

지금 다섯 식구를 가진 農家라면 일할 수 있는 사람이 두 사람은 넘을 것이나, 그들이 경작할 수 있는 것은 100무(畝)를 넘지 못할 것입니다. 100무에서 수확되는 곡식은 백석에 불과할 것입니다. 봄에 밭을 갈고 여름에 김을 메서 가을에 수확하고 겨울에 저장해 두는데, 또한 땔감을 준비하여야 합니다. 게다가 관부(官府)를 수선해야 하고 徭役에도 나가야 되니, 봄에도 바람과 먼지를 피할 수 없고 여름에는 더위를 피할 수 없으며, 가을에는 차디찬 비를 피할 수 없고 겨울에도 추위에 얼어 터지는 것을 피할 수가 없어서, 사계절동안 하루도 편히 쉴 날이 없습니다.

또한 그러는 사정에서 사사롭게 사람을 보내고 맞이하며, 죽은 사람을 조문하고 병든 사람을 위문할 뿐만 아니라, 어린이를 기르고 돌보아야 합니다. 부지런하고 고생스러움이 이와 같은데, 거기에 때로 水災와 旱災를 만나고, 급한 정치군사적인 징발이나 갑작스런 부세가 있으며, 부렴도 때를 가리지 않고 부과되고, 아침에 명령을 내렸다가 저녁에 다시 고칩니다. 그러면 저축한 것이 많던 사람은 물건을 반값에 팔아버리고, 없는 사람은 두 배의 이자를 물고 돈을 빌립니다. 결국 어떤 사람은 밭이나 집을 팔고 심지어 妻子를 팔아서까지 채무를 상환합니다.

그러나 장사하는 사람들 가운데에 큰 집들은 저축해놓고 이자를 받고, 작은 집에서는 앉아서 물건을 늘어놓고 판매를 합니다. 그들은 매일 도시에서 놀이를 하다가 위에서 급하게 쓸 일이 있으면 이에 따라 반드시 倍이상을 받고 팝니다. 그러므로 그 집의 남자들은 밭을 갈거나 김을 매지 않고, 여자들은 길쌈을 하지 않는데도 입는 옷은 전부 무늬 있는 것이고 먹는 것은 항상 기름진 고기입니다. 또한 농부들이 하는 고생을 하지 않고도 천 만전을 얻습니다.

이렇게 얻은 부유함을 가지고 王侯들과 교류하여, 그들의 힘은 관리의 세력보다 더하고 이익으로 서로에게 기울어집니다. 그리하여 1,000里나 되는 곳까지 놀러가는데, 그들이 머리에 쓴 冠과 마차 위에 얹은 덮개가 서로 마주칠 정도로 많이 왕래하고 있습니다. 그들은 튼튼한 수레를 타고 살찐 말을 채찍질하며, 비단실로 된 신발을 신고, 흰옷을 질질 끌리게 입고 있습니다. 이것은 상인이 농민을 겸병하기 때문이며, 농민이 흩어져 도망치는 까닭입니다.

바야흐로 오늘날에 힘써야 할 일은 백성들로 하여금 농사에 힘쓰게 하는 것뿐입니다. 백성들이 농사에 힘쓰게 하려면 곡식 값을 올려야 됩니다. 곡식 값을 올리려면 백성들에게 곡식을 가지고 賞을 주거나 罰을 받게 해야 합니다. 곡식을 바치고 관직을 받을 사람을 모집하여, 그들에게 작위를 주고 죄를 면제해주어야 합니다.

이와 같이 하면, 富者는 爵位를 갖게 되고 농민은 돈을 갖게 되며, 곡식은 여러 사람에게 골고루 흩어지게 됩니다. 곡식을 바치고 작위를 받으려는 사람은 모두 여유가 있는 사람들입니다. 여유가 있는 것을 가져다가 위에서 써야 할 곳에 공급해준다면 가난한 백성들의 賦稅는 줄어들 수 있습니다. 이것을 가리켜 여유 있는 곳에서 덜어내 부족한 곳을 보충한다는 것이니, 이러한 정치명령을 내려 보내면 백성들이 利로울 것입니다.

지금은 수레를 끌거나 탈 수 있는 말 한필을 헌납하며 갑졸 세 사람 몫의 부역으로 계산합니다. 수레와 타는 말은 무력을 갖추는 데 필요한 것이므로 졸역을 면제해주고 있습니다. 신농(神農)의 가르침에, "석성(石城)을 10인(仞)이나 쌓고, 탕지(湯池)가 100보(步)나 되며, 갑옷을 입은 사람이 100만 명이라 해도 곡식이 없으면 성을 지킬 수 없다"고 하였습니다. 이것으로 보아도 곡식이라는 것은 임금이 크게 써야 할 물건이며, 정치의 본래 책무입니다.

지금 백성들이 곡식을 바치고 작위를 받는 것은 오대부(五大夫)이상이라고 하여도, 부역 한 사람 몫을 면제해주는 것뿐입니다. 이것은 騎馬를 제공하고 받는 것과 비교하면, 너무 차이가 납니다. 爵位라는 것은 위에서 독점하는 것으르, 입으로 임명하면 되는 것이라서 끝없이 나올 수 있지만, 곡식이라는 것은 백성들이 심는 것이므로 땅에서 나며, 모자라서는 안 되는 것입니다. 무릇 높은 작위를 얻는 것과 죄를 면제받는 것은 사람들이 몹시 바라는 것입니다. 천하 사람들에게 변방에다 곡식을 바치게 하고 작위를 받게 하거나 죄를 면해주면, 3년이 안 되어 요새에 곡식이 반드시 많아질 것입니다.

폐하께서 다행히도 천하 사람들로 하여금 요새 지역에 곡식을 바치게 하여 작위를 주시니, 아주 커다란 은혜이옵니다. 그런데 가만히 생각해보니, 요새 지역에 있는 졸병들이 그 곡식을 다 쓰지 못해, 천하의 곡식이 크게 흩어져버릴까 걱정이옵니다. 변방에 쌓아둔 곡식은 5년을 지탱할 수 있으면 충분하니, 郡縣에다 곡식을 바치도록 명령을 내리심이 옳을 것입니다. 또한 군현에서는 1년 이상 지탱할 수 있는 곡식이면 충분하니, 때로 부세를 감소시켜 주시고 농민들에게서 조(租)를 걷지 말게 하시옵소서. 이와 같이 한다면 덕택(德澤)이 만백성에게 내려져서 백성들은 더욱 부지런히 농사를 지을 것이며, 큰 부자도 즐길 것입니다.

7. 吳나라의 땅을 삭감해야 한다.

옛날 高祖께서 천하를 처음으로 평정하셨을 때에는 형제가 적었고 여러 아들들도 약하여, 같은 姓을 가진 사람들을 王으로 冊封하였습니다. 그리하여 齊나라에는 70여 城을 주었고 楚나라에는 40여 城을 주었으며, 吳나라에도 50여 城을 주었습니다. 세 서자들을 왕으로 책봉하고서 천하의 반을 나누어준 셈입니다. 그런데 이제 吳나라 왕은 예전에 황상께서 태자이실 때의 일로 틈이 생겨 병을 핑계 대고 朝會에도 나오지 않았습니다. 이것은 옛날 法道에 의한다면 마땅히 죽을죄를 지은 것입니다. 그러나 漢文帝께서는 차마 그렇게 조치하지 못하셨고, 도리어 탁자와 지팡이를 하사하셨습니다. 이토록 그 德이 후하셨으면 吳나라는 마땅히 허물을 고치고 스스로 새롭게 되어야 할 것입니다. 그런데 도리어 교만이 넘쳐흐를 뿐만 아니라, 산에 가서 돈을 鑄造하고 바닷물을 끓여서 소금을 만들어 천하 각지에서 도망쳐온 사람들을 유인하여 난을 일으키고자 합니다. 이제는 그 땅을 삭감한다 하여도 반란을 일으킬 것이고, 삭감하지 않는다 하여도 반란을 일으킬 것입니다. 그 땅을 삭감하면 반란이 일찍 일어날 것이나, 그 화가 적을 것입니다. 그러나 만약 그 땅을 삭감하지 않는다면 반란은 늦어지겠지만 그리 되면 그 화는 커질 것입니다.

8. 조조의 匈奴對策

兵法에서는, "반드시 승리하는 장수는 있어도 반드시 승리하는 백성은 없다"고 하였습니다. 이 말로 본다면 변경 지역을 편안하게 하고 功名을 세우는 것은 훌륭한 장수에게 달려 있으니, 장수를 잘 골라야 한다는 것입니다.

또한 臣은 군사를 사용하여 싸움에 나아가서 접전하는 데에는 중요한 것이 세 가지 있다고 들었습니다. 그 하나는 地形을 잘 선택하는 것이고, 두 번째는 잘 복종하고 훈련된 졸병이 있어야 하며, 세 번째로는 예리한 무기가 있어야 한다는 것입니다.

병법에 보면, 步兵, 戰車, 騎兵, 활[弓弩], 긴 창[長戟], 세모진 창[矛], 작은 창[鋋], 칼[劍], 방패[楯]가 쓰이는 지역이 다 다른 법인데, 접전하는 장소에 따라 가장 적당한 무기를 확보하여야 하고, 그렇지 않으면 열 명이 하나를 당하기 어려운 일입니다.

또한 사관(士官)이 선택되어 훈련되지 않고 졸병이 복종하여 연습하지 않으면, 움직임이 정확하지 않고 동정(動靜)이 한결같지 못하며, 이로움을 좇아도 따라잡지 못하며, 곤란한 상황을 피하는 경우에도 제대로 끝내지 못합니다. 뿐만 아니라 앞에서는 공격하는데 뒤에서는 해산하게 되니 금고(金鼓)가 지시하여도 그 의미를 잃어버리게 됩니다. 이것은 졸병을 엄격하게 훈련시키지 않은 허물 때문이니, 백 명이 열 명을 당하지 못할 것입니다.

또 병기가 정말로 날카롭지 못하다면 빈손으로 싸우는 것과 같고, 갑옷이 단단하고 조밀하게 만들어져 있지 않다면 맨몸으로 싸우는 것과 같습니다. 노(弩)로 화살을 멀리까지 쏠 수 없다면 짧은 병기와 같고, 쏘아도 맞지를 않는다면 화살이 없는 것과 같으며, 맞아도 뚫고 들어가지를 못하면 화살촉이 없는 것과 같습니다. 이는 장군이 병기를 살피지 않은 데서 오는 禍이니, 다섯 명이 한 사람을 당하지 못할 것입니다.

그러므로 병법에서 이르기를, "무기가 예리하지 못하면 그 졸병들을 적에게 내어주는 것이나 같다. 졸병을 쓸 수 없다면 그 장수를 적에게 내어주는 것이나 같다. 장수가 병법을 모르면 그 임금을 적에게 내어주는 것이나 같다. 임금이 제대로 장수를 택하지 못하면 그 나라를 적에게 내어주는 것이나 같다. 이 네 가지는 병법 가운데 가장 요긴한 것이다'라고 하였습니다.

또한 신이 듣건대, "적은 것과 큰 것에 따라 모습을 달리해야 하고 강한 것과 약한 것에 따라 형세를 다르게 해야 하며, 험한 곳과 쉬운 곳에 따라 그 방비를 달리해야 한다"고 하였습니다. 무릇 몸을 낮추어 강한 것을 섬기는 것이 작은 나라의 모습입니다. 작은 것을 합쳐서 큰 것을 공격하는 것은 대적(對敵)하는 나라의 모습입니다. 또한 만족 오랑캐로써 만족 오랑캐를 치게 하는 것은 중국의 모습입니다.

지금 匈奴의 地形과 技藝는 中國과 다릅니다. 산비탈을 오르내리고 시내와 골짜기를 드나드는 점에서는 중국의 말이 이들 흉노의 말을 상대하지 못합니다. 험한 길과 비탈진 옆길을 달리면서 활을 쏘는 점에서도 중국의 기병이 이들을 당할 수 없습니다. 비바람과 주림이나 목마름에 잘 견디는 점에서도 중국 사람들은 그들을 당할 수 없습니다. 이것이 匈奴들의 장기입니다.

만약 평원 지대와 평평한 지역, 가벼운 수레, 돌격하는 기병이라면 흉노의 무리가 많더라도 쉽게 꺾어 혼란시킬 수 있을 것입니다. 강한 활[勁弩], 긴창[長戟] 그리고 활을 쏘아서 멀리까지 이르게 하는 것에서라면 흉노의 궁전(弓箭) 부대라도 막지 못할 것입니다. 튼튼한 갑옷과 예리한 칼을 가지고 긴칼과 짧은 칼을 서로 배합해 유격을 하고, 강궁을 번갈아 쓰면서 십오(十伍)의 대로를 이루어 함께 전진하는 점에서 본다면 흉노의 군대가 감당할 수 없을 것입니다. 또한 재관(材官)이 좋은 화살을 한곳으로 집중시킨다면 흉노의 가죽옷과 나무 방패들은 지탱할 수 없을 것입니다. 말에서 내려 땅에서 싸우는데 칼과 창을 가지고 서로 접전하여 육박전을 벌인다면 흉노들도 버틸 수 없을 것입니다. 이것이 중국의 장기입니다.

이러한 점을 볼 때에, 흉노의 장기는 셋이고, 중국의 장기는 다섯입니다. 폐하께서 수십만의 무리를 일으켜서 수만 명의 흉노를 주륙하려는 것은 많고 적음을 가지고 싸우려는 계책이지만, 흉노는 하나로 열을 공격할 술책을 쓰고 있습니다.

그렇다고는 하나, 무기란 흉기이며 전투는 위험한 일입니다. 그러므로 큰 것이 작은 것이 되고 강한 것이 약한 것이 되는 것은 고개를 숙였다가 쳐드는 정도로 짧은 순간에 일어납니다. 무릇 사람의 生死를 가지고 승리하고자 싸우는 것인데, 한 번 넘어져서 떨쳐 일어나지 못한다면 후회해도 이미 늦습니다.

제왕의 길은 萬全을 기하는 데서 나옵니다. 지금 항복해 온 흉노와 의義渠(서방 오랑캐), 그리고 蠻族(남방 오랑캐)으로 귀부한 사람의 수가 수천 명인데, 그들이 먹고 마시는 것과 잘하는 특기는 흉노와 같습니다. 이들에게 튼튼한 갑옷과 면직 옷, 강한 활과 날카로운 화살을 내려주시고, 거기다 변방의 군(郡)에 있는 훌륭한 전마를 내려주십시오. 그리고 눈 밝은 장수에게 명령하여 그들의 습속과 그 마음을 사로잡을 수 있는 사람을 알아내게 하여 폐하의 밝은 약속으로써 그들을 거느리게 하십시오. 그래서 험조(險阻)한 곳이 있다면, 이 사람들에게 담당하게 하십시오. 그리고 평지여서 길이 통하는 곳이라면 가벼운 전차와 재관으로 그들을 제압하게 하십시오. 이들 두 군사가 서로 표리(表裏)를 이루어 각기 그들의 장기를 사용하게 하고, 그 위에 많은 수를 더해주십시오. 이렇게 하는 것이 만전을 대비하는 술책이옵니다.

신이 듣건대, 秦나라가 군사를 일으켜서 胡와 越을 공격한 것은 변방 지역을 보위하고 백성들이 죽는 것을 구하려던 것이 아니라, 탐욕으로 그 땅을 넓히려는 데 있었던 까닭에 공로를 세우기도 전에 천하는 크게 어지러워졌습니다. 무릇 군사를 일으킬 때 그 형세를 모르고 싸우면 다른 사람에게 잡히고 陣을 쳐도 끝내 죽음만 닥쳐옵니다.

胡와 貊의 사람들은 추위를 잘 참고, 揚과 越의 사람들은 더위를 잘 참습니다. 진나라의 수자리를 섰던 졸병들은 물과 토질을 참지 못하여 변방에서 죽었고, 운송을 담당했던 사람들은 길에서 쓰러졌습니다.

秦나라 백성들은 전쟁에 나가는 것을 버리는 것처럼 생각했는데, 이런 까닭에 죄를 진 사람을 징발하여 전쟁에 내보내 그 이름을 '적수(謫戍)'라고 했습니다. 먼저 관리 가운데 죄를 진 사람과 췌서(贅壻), 그리고 상인을 뽑아 보내고, 다음은 일찍이 장사를 했던 적이 있는 사람을 보내며, 또 그 다음은 조부모와 부모가 상인이었던 사람을, 그 다음은 골목의 왼쪽에 사는 사람들을 징발했습니다.

그들을 징발하는 일은 순조롭지 못하였고, 징발되어 가는 사람들은 화를 내며 원망했습니다. 징발되어 만 번 죽을 정도의 위험을 겪는다고 하여도 그 보답이 거의 없었고, 설령 전사한다 하더라도 1산(算)의 보수도 얻지 못했으니, 천하의 사람들은 징발되기만 하면 禍가 자기에게 이른 것을 분명히 알았습니다. 수자리를 설 사람을 데리고 가던 陳涉이 大澤(안휘성 숙현의 남쪽)에 이르러 천하에서 가장 먼저 반란을 일으키자고 부르짖었고, 천하의 모든 사람들이 그를 따랐습니다. 그것이 마치 물 흐르는 것과 같았습니다. 이것은 秦나라가 위협하고 겁을 주면서 강제 징집을 행사하였던 데에서 나온 폐단입니다.

胡人(匈奴)들은 먹을 것과 입을 것을 구하는 생업을 땅에 의지하지 않기 때문에, 그 형세를 보면 쉽게 변경을 소란스럽게 할 뿐만 아니라 쉽게 왕래하고 이사합니다. 이렇게 변경을 소란스럽게 하는 것이 호인의 생업이기 때문에 중원 지역에 사는 사람들이 농경지를 떠나는 것입니다.

지금 호인(胡人)들은 요새 아래에서 자주 목축을 하거나 수렵을 하면서 요새를 방비하는 졸병을 엿보고 있다가 졸병의 수가 적으면 침입합니다. 폐하께서 구해주시지 않는다면 변방의 백성들은 절망하여 적에게 항복할 마음을 가질 것입니다. 그런데 이들을 구원한다고 하여도, 적은 숫자를 보낸다면 그들을 쫓아내기에 부족할 것이고, 많은 수를 보낸다면 먼 거리에 있는 현에서 원군(援軍)이 도착하였을 때에는 호인들이 이미 철수해버렸을 것입니다.

또한 병졸을 주둔시키고 철수시키지 않는다면 비용이 많이 필요할 것이며, 철수시켜버리면 호인들이 다시 들어올 것입니다. 이런 일이 해마다 이어진다면 중국은 빈곤해지고 백성들은 불안해질 것입니다. 폐하께서 다행히도 변경을 걱정하시고, 장수와 관리를 파견하고 졸병들을 발동하여 요새를 잘 다스리시니 아주 큰 은혜가 됩니다.

그러나 지금은 먼 곳에 사는 졸병들이 요새를 지키는데 일년으로 순번을 바꾸어주기 때문에, 호인의 능력을 잘 모릅니다. 그래서 그곳에 항상 살 수 있는 사람을 뽑아서 집을 마련해주고 농사를 짓게 하면서 이에 대비하게 하며, 성을 높이 쌓고 깊게 참호를 파느니만 못합니다. 요새를 쓸 만한 곳과 냇물의 길이 통하는 곳에는 城邑을 만들어 놓는데, 1,000호가 못 되게 해서는 안 됩니다. 먼저 집을 짓게 하고 농기구를 갖추고서 백성들을 모집하되 죄를 면제해주고 爵位를 주십시오. 또한 그 집안 부역을 면제해주고 겨울옷과 여름 옷을 내려주며 먹을 것도 주십시오.

요새 아래에 있는 백성들은 祿俸과 이익이 많지 않으면 위험하고 어려운 곳에 오랫동안 살지 않으려고 할 것입니다. 호인이 가축을 훔쳐가려던 것을 막은 사람에게는 그 반을 내려주고, 현관(縣官)에서 잃어버린 것을 대신 갚아주십시오. 그곳 백성들에게 이와 같이 해준다면 邑과 里에서 서로 도와주면 호인들과 맞서서도 죽음을 피하지 않을 것입니다.

그들이 이렇게 하는 것은 임금에게 공로를 세우려는 것이 아니고, 친척을 온전하게 보존하고 자기의 이익을 얻으려는 것입니다. 이러한 방법은 동방에서 온 수졸들이 땅의 형세를 익히지 못한 채, 마음 속으로 호인을 두려워하고 있는 것과 비교한다면 공로와 효과에서 1만 배나 많고 높을 것입니다.

폐하께서 다스리는 시기에 백성을 옮겨서 변방을 충실하게 하시옵소서. 그리하여 먼 곳에 사는 사람들이 변방에 와서 둔수(屯戍)하게 하는 일이 없게 하시옵소서. 요새 아래에 사는 백성들은 부자가 서로 보호하고 호로(胡

虜)에 관한 근심을 없애도록 해주시옵소서. 이렇게 하여 이익을 후세에 남기시고 성스럽고 밝다고 불리어지신다면, 그것은 백성들의 원망을 받았던 秦나라의 정책과는 아주 다를 것입니다.

폐하께서 다행히도 백성들을 모집하여 이주시키시고, 요새 아래에 있는 지역을 알차게 하셨습니다. 둔수의 일을 더욱 줄이셨으며, 수송 비용을 훨씬 줄이셨으니, 커다란 은혜이옵니다. 또한 하급 관리들이 진실로 두터운 은혜를 능히 칭송할 수 있어서 밝은 법을 받들고, 이주시킨 사람들 중 노약자들을 먼저 걱정해주며, 장사들은 잘 대우하여 주십니다. 그 마음을 화합하게 하고 서로 침탈하지 않게 하며, 먼저 도착한 사람들로 하여금 편안하게 즐기면서 고향을 생각하지 않게 한다면, 가난한 백성들은 서로 가기를 권할 것입니다.

신이 듣건대, 옛날에 백성을 이주시킬 때에는 그 음양이 고른가를 살펴본 뒤에, 물이나 샘물의 맛을 보고 나서 邑을 만들고 城을 세우며 리(里)를 만들었다고 합니다. 집터를 구획하고 먼저 집을 짓고 기물들을 준비해두었다가, 백성들이 도착하면 살 곳과 일할 때 사용할 것들을 마련해주었습니다. 이것은 백성들이 쉽게 고향을 떠나 새로운 邑으로 가까이 가게 하기 위해서였습니다.

또한 의사와 무사(巫士)를 두어 질병에서 구하고 제사를 지내게 하며, 남녀가 혼인해 생사를 서로 걱정하게 하고 분묘에는 서로 좇아가며, 나무를 심고 가축을 기르면, 집은 완전하고 편안해집니다. 이것은 백성들로 하여금 사는 곳에서 즐기며 오래 거주할 마음을 갖게 하기 위함입니다.

또한 신이 듣건대, 옛날 변방에 현(縣)을 설치하였던 것은 적을 대비하기 위해서였다고 합니다. 그래서 다섯 집으로 오(伍)를 만들고 오에는 장(長)을 두었으며, 열 명의 오장을 합하여 1리(里)로 하였고, 리에는 가사(假士)를 두었습니다. 또 4리를 1연(連)이라 하고 연에는 가오백(假五百, 연장자)을 두었고, 10연(連)을 1읍(邑)으로 하여, 읍에는 가후(假侯, 읍장)을 두었습니다. 가후로는 그 읍에 사는 사람 가운데 읍을 보호할 수 있고 지형을 익히 알며, 민심을 아는 똑똑한 사람을 선발했습니다.

또한 평시에는 백성들에게 활 쏘는 법을 익히게 하고, 출정하여서는 적에게 대응하는 방법을 가르치게 합니다. 그러므로 卒伍는 안에는 완성하고, 軍政은 밖에서 확정됩니다. 잘 연습하고 익힌 뒤에는 이사하지 않게 하고, 어려서는 같이 놀고 자라서는 같이 일하게 합니다. 혹시 밤에 싸움이 일어나더라도 서로의 소리를 알고 있다면 충분히 서로 구원해줄 수 있고, 또 낮에 싸울 때에는 서로 눈만 봐도 충분히 서로의 생각을 알 수 있기 때문입니다. 이렇게 되면 아껴주는 마음을 갖게 되어 서로 죽음도 같이하게 됩니다.

이와 같이 한 뒤 후하게 상을 내려주면서 권고하고 중벌로 위엄을 보이신다면, 앞에 가던 사람이 죽는다 하여도 발길을 돌리지 않을 것입니다. 하지만 이사시킨 백성들이 강건하고 재주가 있는 사람들이 아니라면 그저 의복과 식량만 소비할 뿐 쓸 수 없을 것입니다. 또한 비록 재주와 힘이 있다 하여도 좋은 관리를 만나지 못하면 공로를 세울 수 없을 것입니다.

폐하께서는 흉노와의 관계를 끊고 더불어 화친하지 않으셨습니다. 그래서 신이 생각해보건대, 그들은 겨울에 남쪽으로 내려올 것입니다. 이때 한 번만 크게 다스려놓으면 죽을 때까지 징계될 것입니다. 위엄을 세우고 싶다면 처음에 꺾어버려야 합니다. 그들이 몰려왔을 때 곤혹스럽게 하지 못하고 기를 얻어 돌아가게 한다면, 뒤에 가서도 쉽게 항복하지 않을 것입니다.

9. 董仲舒의 春秋大一統

해설: 동중서는 서한 중기의 정치이론가이다. 그의 정론은 유가의 덕치와 법가의 법치를 서로 보충하여 군주의 절대지위와 전제를 합리화 하였다. 즉, 儒術獨尊·君權神授·三綱五常 그리고 德刑併用의 德治주장이었다. 이 정론이 양천년 중국봉건사회의 통치이념이었다.

道, 곧 도리라는 것은 국가를 다스리는 데 나아가야 할 길을 말합니다. 仁, 義, 禮, 樂은 모두 그러한 것을 갖추었습니다. 그러므로 聖스러운 王은 죽어도 자손들이 오래가고 안녕함도 수백 세를 이어가는데, 이것은 모두 禮樂으로 敎化한 공로 때문이옵니다.

무릇 모든 임금은 편안하게 있기를 바라지만, 정치가 혼란해지고 나라가 위태로워지는 경우가 참으로 많았습니다. 책임을 지는 사람이 그 일에 적당한 사람이 아니고, 일에 종사하는 방법이 그에 적합한 도리를 시행하지 않으니, 이 때문에 정치가 날로 기울어져서 멸망하는 것입니다.

무릇 주나라의 도리는 유왕(幽王) 과 여왕(厲王) 때에 쇠퇴하였습니다. 도리가 없었던 것이 아니고 유왕과 여왕이 그 도리를 따르지 않았던 것입니다. 그러다가 선왕(宣王)때에 이르러서 돌아가신 왕들의 德을 생각하여 막힌 것을 일으키고 없어진 것을 보충하여 문왕과 무왕의 공로와 업적을 밝히어 주나라의 도리를 찬연하게 부흥시켰습니다. 이것은 밤낮으로 쉬지 않고 선(善)을 시행하여 이루어진 것입니다.

공자께서는 "사람은 도리를 넓힐 수 있지만, 도리는 사람을 넓힐 수 없다"고 말씀하셨습니다. 그러므로 나라가 잘 다스려지느냐 어지러우냐, 쓰러지느냐 일어나느냐 하는 것은 자신에게 달려 있습니다. 하늘에서 천명이 내려와서 위반할 수도 없는 것은 아닙니다. 조정하는 행위가 잘못된 것이라면 통수권을 잃어버리는 까닭이기 때문입니다.

임금이 된 사람은 마음을 바르게 하여서 조정을 올바르게 이끌어야 합니다. 조정을 올바르게 한 연후라야 백관이 올바르게 정치명령을 실행하고, 백관이 올바르게 정치명령을 실행한 연후라야 만백성이 올바르게 다스려지는 것입니다. 또한 만백성이 올바르게 처신한 연후라야 사방(天下)이 올바르게 됩니다. 사방이 올바르게 되면 멀고 가까운 사람들이 감히 올바름으로 통일되지 않을 수 없고, 사악한 기운이 그 사이에서 간사하게 일어날 수 없습니다. 이로써 음양은 순조로워지고 비와 바람이 때를 맞추어 내리며, 뭇 생명들과 만백성들이 자라고 여러 복된 물건들이 나타나는 상서로움이 멈추지 않으니, 이것이 王道의 끝입니다.

공자께서 "봉황새가 오지 않고 황하에서 용의 그림[龍圖]이 나오지 않으니 나는 그만이다"라도 말한 바 있습니다. 이 말은 자기가 쌓은 德은 이러한 징표가 되는 물건이 올 만하지만, 자신이 비천하여 오지 않음을 슬퍼한 것입니다. 이제 폐하께서는 귀하시어 천자가 되셨습니다, 부유하기로 말하자면 사해를 다 가지셨고, 이러한 상서로운 물건을 가질 수 있는 지위에 계시옵니다. 또한 상서로운 물건을 가질 수 있는 세력을 가지셨으며, 상서로운 물건을 오게 할 만한 자질을 가지셨습니다.

행하시는 일은 높고 은덕은 두터우시며, 지혜는 밝고 가지신 뜻은 아름다우며, 백성을 사랑하고 선비를 좋아하시는 것이 의로운 군주라 할 만합니다. 그런데도 천지가 감흥하지 않고, 아름답고 상서로움이 아직 이르지 않은 것은 무엇 때문입니까? 아직 교화를 확립하지 않아 만백성이 바르지 못하기 때문이옵니다. 무릇 만민들이 이로움만 좇는 것은 마치 물이 아래로 흘러가는 것과 같아, 敎化를 통해 이를 막지 않으면 이러한 풍조를 중지시킬 수가 없습니다.

옛날 임금님들은 이것에 밝았습니다. 그리하여 남쪽을 향해 앉아서 천하를 다스리면서, 교화시키는 것을 커다란 임무로 생각하지 않은 때가 없었습니다. 나라에 태학(太學)을 세워서 가르치고 읍에서 상서(庠序)를 세워 교화시키니, 점차 백성들이 인(仁)에 물들었습니다. 백성들을 마땅함으로 어루만지고 예로써 절도 있게 하였습니다. 그러므로 그 형벌이 매우 가벼웠는데도 법을 범하지 않았던 것은 교화가 시행되어 습속이 아름다워졌기 때문이옵니다.

성스러운 임금이 어지러운 시대를 이어받았을 때에는 그 어지러운 흔적을 모두 없애고 다시금 교화하여, 이것을 높이 일으키는 것입니다. 교화하여 이미 밝게 되었고 습속이 이미 완성되면, 자손들도 이를 따르는 것이니, 500~600년을 시행한다 하여도 실패하지 않을 것입니다.

그런데 秦나라는 먼저 계셨던 성인들의 도리를 없애고, 몹시 궁색한 통치방법을 시행하였습니다. 그리하여 나라를 세운지 14년 만에 망하였으며, 그것이 남겨놓은 독소의 매서움은 오늘날까지도 없어지지 않고 있습니다. 습속은 경박하고 사나워졌고, 인민들은 시끄럽고 완고해졌으며, 법을 어기고 교화를 거절하는 데 익숙해진 것이 이처럼 심해졌습니다.

잠깐 비유를 하자면, 비파와 거문고의 소리가 조화를 이루지 못하면 심한 경우에는 악기의 끈을 풀어서 다시 고쳐야 탈 수 있습니다. 이와 같이 국가가 잘 다스려지는 일이 시행되지 않으면, 심한 경우에는 이를 다시 만들어야 마침내 이치에 맞게 됩니다. 그러므로 漢나라는 천하를 얻은 이후 늘 잘 다스리려고 해왔으나, 오늘날에 이르러서도 잘 다스려지지 않고 있는 것은 다시 교화하여야 마땅한 것을 잃어버리고 다시 교화시키지 못했기 때문입니다.

신이 듣자옵건데, 성스러운 임금이 천하를 다스릴 때에는 백성들로 하여금 젊어서는 이를 익혀 배우게 하고, 자라서는 그 재주를 여러 자리에서 일하면서 작위와 녹봉을 가지고 그 덕을 함양하게 하며, 사나운 사람에게는 형벌로써 위엄을 보여야 한다고 하였습니다. 그리하면 백성들은 禮와 마땅함에 밝아지고, 윗사람을 범하는 것을 부끄럽게 생각합니다.

무왕이 커다란 마땅함을 시행하셔서 잔적들을 평정하시고, 주공께서 예악을 만드셔서 그들을 빛나게 하였습니다. 성왕과 강왕이 다스려 융성할 때에는 죄인을 가두는 감옥이 40여년 동안이나 텅 비어 있었습니다. 이것은 백성을 교화하여 인과 마땅함이 점점 스며들어 흘러내리게 한 것이니, 그저 피부만 상하게 하는 형벌을 통해 나타난 효과가 아니옵니다.

秦나라 때에 이르러서는 그러하지 못했습니다. 신불해(申不害)와 상앙(商鞅)의 법을 스승으로 삼고, 한비자(韓非子)의 설법대로 시행하며, 제왕의 도리를 싫어하고, 욕심 많은 이리 같은 습속을 만들었습니다. 또한 명목상으로만 책임지면서 실제를 살피지 않으니, 善을 행하는 사람이 반드시 면죄되지도 않고 사나움을 범하는 자가 반드시 형벌을 받지도 않았습니다.

그리하여 많은 관리들이 헛된 말로 겉치장만 한 채, 사실은 돌아보지 않고, 겉으로는 임금을 섬기는 예제를 갖고 있으되 속으로는 윗사람을 배신하는 마음을 갖고 있었습니다. 거짓을 만들고 속이며 이익을 좇으면서도 수치심이 없었습니다. 이리하여 형벌을 받는 자가 많아지고, 죽는 자도 줄을 이었으며, 간사함이 끊이지 않아 세속화되었습니다.

이제 폐하께서는 천하를 아울러 가지셨으니, 이끌어 복종하지 않는 사람이 없지만, 공로를 백성들에게 베풀지 않으셨다면, 아직 왕도를 그들에게 베풀지 않은 것입니다. 증자(曾子)는, "들은 바를 존중하면 높고 밝아지며, 아는 바를 실행하면 빛이 커진다. 고명하고 광대해지는 것은 다른 데 있지 않고, 여기에 뜻을 더하여 주는 데 있을 뿐이다"라고 말하였습니다. 원컨대 폐하께서 들은 바를 쓰시어, 안으로 정성을 다해 이를 실행하신다면 삼왕과 무엇이 다르겠사옵니까?

평소에 선비를 기르지 않고 똑똑한 사람을 찾으려 하신다면, 이는 마치 옥을 다듬지 않고 그것이 광채를 갖기를 바라는 것이라 할 수 있습니다. 선비를 기르는 방법가운데 태학을 세우는 것보다 큰 것은 없습니다. 태학이란 똑똑한 선비들을 기르는 곳이며 교화를 시키는 근본입니다. 이제 군(郡)과 국(國)에 조서를 내리셔서 이에 응하는 사람이 없다면 이는 왕도가 끊긴 것입니다.

원컨대 부디 태학을 일으키시고, 밝은 스승을 두시어 천하의 선비를 기르며, 자주 시험을 보고 물어보아서, 그들이 가진 재주를 다 발휘하게 하시옵소서. 그러면 뛰어난 사람들을 얻을 수 있을 것이옵니다. 오늘날의 군수와 현령은 백성들의 스승이오니, 이들로 하여금 이러한 덕의 흐름을 이어받아 교화하게 하시옵소서. 가르치는 스승이 똑똑하지 못하면 主上의 덕이 전파되지 못하고, 은택도 흘러나가지 못하옵니다.

오늘날 관리는 아랫사람들에게 이미 교훈을 줄 수 없게 되었으며, 主上의 법을 이어받아 쓰지도 못하고, 포학하게 간사한 사람들과 장사를 합니다. 가난하고 외롭고 약한 백성은 원통하게 고생하며 일자리를 잃고 있으니, 폐하의 뜻에 매우 맞지 않습니다. 이리하여 음양이 뒤섞이고 흉한 기운이 가득차 있으며, 많은 사람들이 끝까지 보살핌을 받지 못하고, 백성은 다 구제되지 못하고 있습니다. 모두 장리(長吏)들이 밝지 못하기 때문에 여기에 이르른 것 입니다.

무릇 장리는 대부분 낭중, 중랑과 이천석의 녹봉을 받는 관리의 자제 가운데 선발하고, 낭리(郎吏)를 선발할 때에는 재산을 가지고 뽑기 때문에 이들이 반드시 똑똑하지만은 않습니다. 옛날에는 이른 바 공로라고 하면 관리로 임명되어 얼마나 직책을 잘 수행하느냐로 차이를 두었지, 얼마나 오랫동안 했느냐를 말하지 않았습니다. 그러므로 재주가 적은 사람은 비록 오래 있었다 하여도 낮은 관직을 떠나지 못했고, 똑똑한 재목의 사람은 비록 오래되지 않아도 황제를 보좌하는 데 방해되지 않았습니다. 그렇기 때문에 유사는 힘과 지혜를 다해 자신의 업무를 처리하고, 힘써서 공로를 세웠습니다.

지금은 그렇지 않습니다. 날짜만 쌓이면 직책이 올라가고 직책을 오래 맡기만 하면 높은 관직에 이르니, 염치는 없어지고 똑똑한 사람과 불초한 사람이 구별되지 않으며, 진실을 가릴 수가 없습니다.

신은 어리석으나, 여러 列侯와 郡守, 二千石의 祿秩을 받는 관리로 하여금 각기 그가 관할하는 곳에서 관리나 백성 가운데 똑똑한 사람을 골라서 1년에 두 명씩 뽑아 올려 숙위하도록 함으로써 대신들의 능력을 보십시오. 똑똑한 사람을 뽑아 올린 사람에게는 상을 내리고, 불초한 사람을 뽑아 올린 사람에게는 벌을 주십시오. 이와 같이 한다면 이천석의 녹질을 받는 관리들은 모두 마음을 다하여 똑똑한 사람을 찾을 것이며, 그리하면 천하의 선비들을 얻어서 관리로 일을 시킬 수가 있을 것이옵니다.

널리 천하의 똑똑한 사람을 얻는다면 삼왕(三王) 시대의 번성함도 쉽게 이룰 수가 있으며, 요임금과 순임금과 같은 명예도 얻을 수 있을 것이옵니다. 세월만 가지고 공로를 세웠다 하지 말고, 실제로 현명하고 능력이 있는가를 시험해보는 것을 제일로 삼으시옵소서. 또한 재주를 헤아려 관직을 주며 덕행을 기록하여 자리를 정해준다면, 청렴한 사람과 수치스러운 일을 하는 사람이 다른 길을 가게 되며, 현명한 사람과 불초한 사람이 한곳에 있지 않게 될 것입니다.

신은 적은 것이 모여서 많은 것이 이룩되고 작은 것이 쌓여서 큰 것이 된다고 들었습니다. 그러므로 성인은 어두운 사람을 밝게 하고 미세한 것을 드러나게 합니다. 이로써 요임금이 제후들 가운데 발탁되었으며, 순임금은 깊은 산 속에서 일어났습니다. 이러한 것은 하루 만에 이루어지는 것이 아니라 조금씩 조금씩 이르는 것입니다.

말은 자신에게서 나오는 것이라 막을 수가 없습니다. 행동도 몸에서 시작되어 가릴 수가 없습니다. 그러나 말과 행동은 다스려야 할 것 가운데 큰 것이니, 이것이 군자가 천지를 움직이는 까닭입니다. 그러므로 적은 일에 다하여 큰 것이 되고, 작은 것을 신중히 하여 드러나는 것입니다. 착한 일을 자기 몸에 쌓는 것은 마치 해가 조금씩 길어지지만 이를 사람들이 모르는 것과 같습니다. 또한 사나운 일을 자기 몸에 쌓아가는 것은 마치 기름에 불을 붙여 태우는데 기름이 조금씩 닳아 없어지는 것을 사람들이 보지 못하는 것과 같습니다. 이것이 당우(唐虞)가 아름다운 명예를 얻은 이유이고, 걸주(桀紂)를 보고 사람들이 그렇게 될까 슬퍼하며 두려워하게 된 것입니다.

무릇 즐겁지만 음란하지 않고, 다시 한다 하여도 싫지 않은 것이 도리입니다. 도리라는 것은 만세를 가도 폐단을 없는 것인데, 만일 폐단이 생겼다면 그것은 이미 도리를 잃었기 때문입니다. 선왕의 도리가 한쪽으로 치우쳐 쓰이지 않는 곳이 있기 때문에 정치가 밝게 드러나지 못하고 시행되지 못한 것입니다. 그러니 그 치우친 것을 드러내어 폐단을 보충하면 됩니다. 삼왕의 도리가 그 근원은 다르나 그것이 상반된 것은 아닙니다. 그것들은 모두 넘치는 것을 구하고 쇠약한 것을 부축하려는 것인데, 다만 당면하였던 것이 달라졌기 때문에 그렇게 보이는 것입니다.

그러므로 孔子께서는, "어떠한 간섭도 하지 않음으로써 다스린 분이 순임금이다"고 말하였습니다. 그는 정삭(正朔)을 고치고, 복색(服色)을 바꾸어서 천명(天命)을 좇았을 뿐이었습니다. 그 나머지는 모두 요임금의 도리를 따랐지 무엇을 바꾸었습니까? 그러므로 왕이 된 사람은 제도의 명칭을 고쳐도 도리의 알맹이를 변경시키지 말아야 합니다. 그러나 하 왕조가 충(忠)을 존중하였고, 은 왕조가 경(敬)을 숭상하였으며, 주 왕조가 문(文)을 숭상한 것은 계승한 것을 구제하기 위해 마땅히 이런 방법을 써야 했기 때문입니다.

공자는, "殷나라는 夏나라 때의 禮를 근본으로 삼아 덧붙이거나 뺐다는 것을 알 수 있다. 주나라는 은나라 때의 예를 근본으로 삼아 덧붙이거나 뺐다는 것을 알 수 있다. 혹 주나라를 계승하는 사람도 비록 100세대가 지난다 하여도 그 원리는 알 수 있다"고 말하였습니다. 이것은 100명이나 되는 왕이 있다고 하여도 이 세 성왕의 예를 근본으로 한다고 말한 것입니다. 하나라는 우임금의 시대의 정치를 근본으로 삼았지만, 덜고 늘린 것을 말하지 않았으니, 그 도리는 하나이며 윗대의 것과 같아서입니다.

도리의 커다란 근원은 하늘에서 나온 것이며, 하늘이 변하지 않으면 도리 또한 변하지 않습니다. 이리하여 우임금은 순임금을 이어받고 순임금은 요임금을 이어받았으니, 이 세 성왕은 서로 받아들여 하나의 도리를 지켰으며, 고쳐야 할 폐단이 없는 정치를 하였으므로 그것에서 덜어내고 덧붙일 것을 말하지 않았습니다. 이것으로부터 살펴보건대, 잘 다스려졌던 시대를 이어받으면 그 도리를 같이하였고, 어지러웠던 시대를 이어받으면 그 도리를 바꾸었던 것입니다.

지금 우리 한(漢)왕조는 커다란 혼란이 있었던 시대의 뒤를 이어받았으므로 마땅히 주나라 시대의 문치(文治)를 조금 덜어내고 하나라 시대 충(忠)의 정책을 채용해야 할 것입니다. 무릇 옛날의 천하도 오늘날의 천하이고, 다 같은 천하입니다. 그런데 옛것을 기준으로 삼아 오늘날을 보면 어찌하여 서로의 차이가 이렇게 멀단 말입니까? 어찌하여 어그러지고 쇠락해가는 것이 이와 같습니까? 옛날의 도리에서 잃어버린 것이 있다는 말입니까? 하늘의 이치에 어그러진 것이 있기 때문입니까?

무릇 하늘도 또한 나누어준 것이 있습니다. 이빨을 준 것에게는 뿔을 주지 않았고, 날개를 준 것에게는 발 두 개만을 붙여주었으니, 이는 크게 쓰일 것을 받았다면 적게 쓰일 것은 갖지 못하게 한 것입니다. 옛날에 준 녹(祿)이라는 것은 힘을 사용해서 밥을 먹지 않도록 하여 했던 것으로, 다른 말업에 종사하지 말라는 것입니다. 이는 큰 것을 받은 사람은 작은 것을 얻을 수 없게 한 것으로, 하늘의 뜻과 같습니다.

이미 큰 것을 받고도 작은 것까지 노리는 사람은 하늘도 못마땅해 할 것인데, 하물며 사람들이야 말할 것이 있겠습니까? 이것이 백성들이 길거리에서 원망하며 모든 것이 부족하여 고생하게 된 이유가 됩니다. 몸은 임금의 총애를 받아서 높은 자리에 앉아 있고, 집안은 따뜻하며, 후한 녹봉을 받아먹은 사람이 부유함과 귀한 신분을 이용하여 그 자금과 힘으로 백성과 더불어 아래에서 이익을 다툰다면, 백성이 어떻게 그처럼 할 수 있겠습니까?

그렇게 되면 백성들의 삶은 날로 깎이고 달로 움츠러들어서 몹시 궁색해집니다. 부자는 사치가 넘쳐흐르게 되고 가난한 사람은 더욱 궁색해져서 급하고 근심스러운 고통을 당하게 됩니다. 백성들이 삶을 즐기지 못하니 어찌 죄짓는 일을 피할 수 있겠습니까? 이것이 바로 형벌이 많아지는 까닭이며, 간사한 사람이 헤아릴 수 없이 많아지는 까닭이옵니다.

천자와 대부가 된 사람은 백성들이 본받으려는 사람으로, 사방 먼 곳에서 바라보고 있습니다. 가까운 자는 직접 보고 그를 모방하며, 멀리 있는 자도 그를 본받으려 하는데, 어찌하여 현인의 지위에 있으면서 서민의 행동을 하려 합니까? 급히 재물의 이익을 찾으며 항상 궁핍하게 될까 두려워하는 것은 서민들의 생각입니다, 급히 인의(仁義)를 찾아서 항상 백성들을 교화시키지 못할까 두려워하는 것이 대부가 가져야 할 뜻입니다. 그래서 『주역』에서는, '재물을 지니고서 수레를 타면 도적이 온다'고 하였습니다. 수레를 타는 사람은 군자의 자리에 있는 사람입니다. 짐을 짊어지는 것은 소인이 해야 할 일입니다. 이것은 군자의 자리에 있으면서 서민의 행동을 하는 자에게는 환란과 화가 반드시 닥쳐올 것이라는 말입니다. 만약에 군자의 지위에 있으면서 군자의 행동을 한다면 공의휴(公儀休)가 노나라 재상이 되어서 한 일 이외에 더 할 수 있는 일이 없을 것입니다.

『춘추』의 대일통(大一統) 관념은 天地의 변하지 않은 眞理이며, 옛날부터 오늘날까지 통하는 理致입니다. 그런데 지금의 스승들은 서로 다른 도리를 말하고, 사람들은 다른 이론을 말하며, 백가(百家)들은 저마다 다른 방향에서 말하여 지향하는 뜻이 다릅니다. 그러므로 위에서 일통(一統)을 유지할 수가 없어 법률과 제도가 자주 바뀌고, 아랫사람들은 무엇을 지켜야 할지 모르는 지경에 이르렀습니다.

신은 어리석으나 육예(六藝)의 과목과 공자의 학술에 들어 있지 않은 것은 모두 그 도리에 끊어서 아울러 나아가지 못하게 하여야 치우치거나 옳지 않은 학설이 없어진다고 생각합니다. 그런 후에라야 통치 기강이 하나가 될 수 있고, 법률과 제도가 밝아지며, 백성들은 무엇을 좇을지 알게 될 것입니다.

10. 隆中對策(『三國志』 卷35, p.912)

해설: 諸葛亮, 臥龍선생은 東漢말 三國 蜀漢시대 정론가요 승상이었다. 그의 저명한 융중대책, 곧 천하삼분의 계책이 그것이다. 이는 荊州, 益州에 근거하여 內政을 정비하고 西南과 和解하며, 동으로 孫吳와 연계하여 천자를 끼고 제후를 호령하는 曹操에 대항하면서 장차 전국을 통일하고 漢황실을 부흥하려는 전략이었다.

유비(劉備)가, "한황실은 기울어져 간신들이 天命을 도둑질 할 때에, 이 유비는 자신의 힘을 돌아보지 않고 천하에 대의명분(大義名分)을 펴려하나 지혜가 부족해서 어찌할 바를 모르겠습니다. 선생은 이 어리석은 저를 가르쳐서 액운에 빠진 나라를 건져 주십시오. 그러면 실로 다행이겠습니다.

공명(孔明)이 대답한다.

동탁이 반역을 꾸민 이래로 천하의 영웅들이 다 일어나 조조는 그 형세가 원소(袁紹)만 못했건만, 마침내 원소를 쳐서 없앴으니, 이는 하늘의 도움이 아니라 또한 사람의 힘에 의한 것입니다. 이제 조조가 백만군사를 거느리고 천자를 방패삼아 모든 제후를 호령하니, 진실로 조조와 겨룰 수는 없습니다. 한편 손권은 江東일대에 그 기반을 세운지 이미 삼대째요, 국토는 천연요새를 이루었고 백성들이 잘 따르니, 그들을 잘 이용해야지 갑자기 도모할 수는 없는 실정입니다. 그러나 형주는 북쪽으로 한수와 면수를 두어 남해에 이르기까지 다 이로운 땅이요 동쪽으로 오회의 땅과 닿고 서쪽으로 파촉의 땅과 통하니 이곳이야말로 군사를 거느리고 천하를 경영할만한 곳입니다. 그러나 참다운 주인이 아니면 능히 지키지 못할 곳입니다. 이는 하늘이 장군을 위해서 남겨둔 곳인데 지금 장군께서는 거들떠보지도 않습니까? 또 익주는 험준한 요새를 이루어 비옥한 들이 천리에 뻗어있는 좋은 나라입니다. 옛날에 한고조도 이곳에서 기반을 마련하였는데, 오늘날 유장이 사리에 어둡고 나약해서 나라가 풍성하고 백성이 번영하건만, 현명한 이를 숭상할 줄을 모르기 때문에 그곳 뜻있는 사람들이 새로이 어진 주인을 섬기고 싶어합니다. 장군은 이미 漢종실의 종친으로서 信義를 천하에 드날린데다가 모든 영웅을 휘하에 거느렸스면서도 어진 인재를 목마르게 구하니, 형주와 익주 두 곳에 걸쳐 그 험한 곳을 요새로 삼아 서쪽 오랑케들과 화친하고 남쪽 오랑케들을 위로하며, 밖으로 손권과 동맹하고 안으로 실력을 쌓으십시오. 그러다가 천하에 변화가 생기거든 기회를 놓치지 마십시오. 즉시 한 장수에게 명하여 형주 군사를 거느리고 완성을 경유하여 洛陽으로 쳐들어가게 하고, 장군은 친히 익주군사를 거느리고 진천으로 나간다면 모든 백성은 음식을 바치면서 도처에서 장군을 환영할 것입니다. 진실로 그렇게만 하면 대업을 성취할 것이요, 한나라 황실을 다시 일으키실 수 있을 것입니다. 이것이 내가 장군을 위해서 계책한 바이니 장군은 힘써 보십시오.

11. 出師表(『삼국지』)

해설: 제갈량이 조조정벌에 출정하기에 앞서 유주에게 바친 충성심이 넘치는 명문이다.

신 제갈량(諸葛亮)은 아뢰나이다. 선제께서 대업을 일으키사, 반도 이루지 못하신 채, 중도에서 세상을 떠나시고 이제 천하는 세 쪽으로 나눠 져 촉(蜀)은 매우 지쳤으니, 진실로 망하느냐 존재하느냐의 위급한 때입니다. 그러나 폐하를 모시고 호위하는 신하들이 안에서 부지런하고도 충의 군대가 밖에서 목숨을 아끼지 않는 것은 선제로부터 특별한 대우를 받은 그들이 그 은혜를 생각하고 오로지 폐하에게 보답하려는 일념에서입니다. 그러니 모든 진실한 말을 잘 들으시어 선제의 남기신 덕을 빛내시고 지사들의 기상을 크게 일으켜주시며, 마땅히 스스로 단념하지 마시고 옳지 않는 비유를 인용하여 충성으로 諫하는 말을 막지 마소서. 궁중과 부중이 한 마음 한 뜻이 되어 벼슬을 올리고 잘못을 벌하고 잘한 일은 상주되 옳지 않은 판단하는데에 있어 서로 적용하는 법이 다르면 안됩니다. 만일 간악한 짓을 하고도 죄를 지은 자나 또는 충성하고 착한 일을 한 자가 있으면 마땅이 맡은 바 부서에 보내어 그 상벌을 밝히게 함으로써, 폐하의 명백하고 공평한 정치를 나타내야 하며, 사사로운 감정에 가리어 궁중과 부중의 법이 각각 다르다는 그런 인상을 주어서는 안됩니다.

시중 곽유지 비의, 황문시랑 동윤 등은 다 어질고 성실하며, 그 바탕이 충성스럽고 순수하기 때문에, 선제께서 그들을 발탁하셔 폐하께 넘겨주신 바이니, 신의 어리석은 생각으로는 궁중의 크고 작은 일 모두 그들에게 물어보시고 그 뒤에 시행하면 반드시 부족한 점을 보충하여 널리 이로울 것입니다. 장군 황충은 선량하고 공평할 뿐만 아니라 군사의 숙달에서, 옛날에 선제께서 시험삼아 써보시고 능숙하다고 말씀하셨기 때문에 모두가 의논하고 상충을 도독으로 천거하였으니 軍中의 일은 크고 작거나 모두 그에게 물어서 결정하시면 군사들간에 서로 화목하고 뛰어난 자와 그만 못한 자도 각기 그 적당한 책임을 완수할 것입니다. 어진 신하와 소인을 멀리하였기 때문에 西

漢은 번영하였으며, 소인과 친하고 어진 사람을 멀리하였기 때문에 東漢은 무너졌으니, 선제께서 생존하였을 당시에 신과 더불어 이 일을 논의하실 때마다 환제와 영제의 한 일을 매우 탄식하셨습니다. 시중 상서 장사 참군들은 다 인품이 곧고 밝아서 절개를 위하여 죽을 수 있는 신하들이니 바라건대 폐하는 그들을 믿고 친하소서. 그러면 머지않아 한나라 재흥을 달성하리이다.

신은 본시 가난한 선비로서 남양땅에서 몸소 밭을 갈며 이 어지러운 세상에서 목숨을 보존하고자 하였을 뿐, 제후를 섬긴다든가 부귀영화를 누릴 생각은 없었습니다.

선제께서 저를 미천하다고 생각하지 않으시고, 스스로 몸을 굽히시어 세 번씩이나 초려를 찾아오시어 그 당시 세상일을 물으셨습니다. 이에 감격하여 선제를 위하여 일신을 돌보지 않기를 허락했더니, 그 뒤 당양 장판 땅싸움에 패하여 어려운 고비에서 책임을 맡았고, 동오의 구원을 청하는 등 위험한 때에 명령을 받아 동분서주한 이래 어언 20여년이요, 또 일년이 지났습니다. 선제께서는 신이 모든 일에 조심하고 신중하다는 것을 아셨기 때문에, 세상을 떠나실 때에 신에게 대사를 맡기셨으니, 남기신 부탁을 받은 이후로 자나 깨나 근심하고 또 책임을 완수하지 못하여 선제의 밝은 뜻을 손상시키지나 않을까 두렵습니다. 그리하여 5월에 노수를 건너 오랑케 땅으로 깊게 들어갔습니다. 이제 남쪽이 이미 안정되었고 무장한 군사도 충분하니 마땅이 삼군을 거느리고 북쪽 위(魏)를 정벌하여 중원을 평정하고 노둔하나마 있는 힘을 다하여 간악하고 흉악한 무리들을 무찌르고 한나라 황실을 다시 일으켜 옛도읍으로 환도하는 것이 신이 선제께 보답하고 폐하께 충성하는 직분이었습니다. 그리고 손해와 이익을 살펴서 폐하께 충언 드리는 일은 곽유지 비의 동윤 등의 임무로소이다.

바라건대 폐하께서는 신에게 역적을 치고 나라를 부흥하는 일을 명령하시고 성과를 올리지 못하거든 신의 죄를 다스리사 선제의 영전에 고하소서. 또 나라를 일으키는데 필요한 충언이 없을 경우에는 바로 곽유지 비의 동윤 등의 허물을 문책하시고 그 태만함을 세상에 밝히소서. 뿐만 아니라 폐하께서도 또한 스스로 연구하여 옳은 길을 물으시고 좋은 말을 많이 받아들으시어 선제의 남기신 뜻을 깊이 명심하소서. 신은 크나큰 은혜에 감격한 나머지 이제 멀리 떠나는 자리에서 표문(表文)을 적으니 눈물이 앞을 가려 더 말할 바를 모르겠나이다.

12. 戶調之式(『通典』 卷1. 食貨1, pp.14-15.)

해설: 이는 조위(曹魏)의 호조(戶調)에 서진건설 과정 중에 공로를 세운 상층 士族과 皇族의 정치·군사 그리고 경제적인 기반을 확고하게 설정하였지만, 북방민족의 도약에 대처하지 못하였다.

晉무제는 吳나라 평정 후에 石包가 유사에서 왕공은 나라로 일가를 삼았으니, 경성에 또다시 토지·저택을 지급하는 것은 마땅하지 않습니다. 지금 아직 국가기반이 갖추어지지 않았기에, 마땅히 성내에 왕래하는 곳을 만들고 그 근방에 芻槀, 곧 목초의 토지가 있어야 합니다. 지금 그것을 한정하자면 왕국·공후에게 경성에 저택 1처를 지급하는 것입니다. 또한 近校田으로 각각 大國 15頃, 次國 10頃, 小國에 7頃을 지급하여 성내나 성밖에서 머무를 수 있게 하십시오 라고 상주하였다.

이에 연이어 占田으로 남자 1인에게 70畝, 여자 1인에게 30畝를 인정하고; 그 丁男에게 課田 50畝, 丁女 20畝, 次丁男은 半額, 庶姓은 不課한다. 그 관직자는 1품 50頃이고 매품마다 5頃을 감하여 제 9품 10頃으로 차등을 둔다. 또한 각 관품의 고하에 따라 그 친속을 蔭附하였는데, 많으면 9族에까지 확대하고 적은 자는 3代까지 보존한다.

13. 均田詔

해설: 북위 효문제는 선비족이 중국에 안착하는 방안으로 발달한 중국 한민족의 문화를 수용하고자 정치사회 경제 그리고 문화에 걸쳐 이른바 일연의 漢化, 곧 중국화를 추진하여 '胡越之人親如兄弟', 곧 북방의 호인과 남방의 월인이 거주하는 구역에 거주하는 모든 사람이 형제처럼 친

하게 생활한다는 중국세계의 한층 확보한 셈이었다. 그리하여 토지를 균등하개 授田하여 租庸調를 수취하여 앞시대 이래의 불균형한 收取體制를 개선하여 상당한 성과를 거두었다. 특히 均田制는 북조후기로부터 수당시대에 실시하여 盛唐문화를 이룬 정치경제의 기초였다. 또한 주변국가 신라 일본에의 큰 영향을 주었다는 것은 부정할 수 없다.

北魏 孝文帝 太和 9年 천하인들에게 토지를 지급하도록 조칙을 반포하였다. 즉, 모든 男子 15세 以上인 자에게 露田 40畝(나무를 栽培하지 않는 토지를 露田), 婦人 20畝를 주고; 奴婢는 良人과 같다. 丁牛 1頭에 30畝를 주고 4頭로 한정한다. 지급하는 토지에 倍田이 있고 또한 3易의 토지는 耕·休耕 그리고 還收에 따라 신축성을 갖는다. 나이가 丁男에 이르러 勸課할 수 있으면 토지를 받고 老男이 되거나 사망하면 還田한다. 牛는 유무에 따라 還受한다. 모든 桑田은 還受의 제한이 없지만, 倍田分에 통틀어 합한다. 倍田分이 가득 차면 문제없지만, 없으면 倍田한다. 露田의 수를 충당할 수 없거나 부족할 때에는 露田으로 倍田數를 충당한다. 모든 처음 受田者는 男子 1인에게 토지 20畝를 지급하여 파종·모종을 권과하였는데, 桑 50樹·棗 5株·楡 3根이었다. 桑에 알맞지 않으면 1畝를 지급하여 果蒔楡棗에 따르도록 하고 奴婢도 良人과 같다. 3년 안에 種子를 심지 않으면 그 토지를 심지 않는다는 이유로 몰수한다. 桑楡地 몫은 雜蒔餘果나 多種桑楡者는 금지하지 않는다. 모든 환수하는 토지는 桑楡棗果를 파종하여야 하고 種子는 命令이나 時論을 위반하면 환수분으로 들어간다. 모든 桑田은 代를 이어 경작하고 사망하여도 환수하지 않으며, 항상 戶口에 따른다. 한번 가득 차면 환수가 없고, 부족하면 종자를 받아 법대로 경작한다. 가득차면 그 나머지를 팔 수 있고, 부족한 자는 그 부족한 부분을 매입할 수 있다. 그 몫을 매출할 수 없고 부족한 부분을 초과하여 매입할 수 없다. 모든 마포 생산지에서는 남자에게 별도로 麻田 10畝, 婦人에게 5畝, 노비는 양인과 동액을 주어 모두 환수의 법에 따르도록 하였다. 모든 戶內에 老少殘疾 및 수전하지 않는 자는 나이 11세 이상과 疾者에게는 丁男의 반액을 받는다. 나이가 70이 넘으면 환수하지 않는다. 과부로 뜻을 굽히지 않으면 비록 免課하지만, 부인에게 토지는 준다. 모

든 토지의 환수는 항상 정월에 실시한다. 만약 처음 수전하여 사망하거나 노비·소를 매매할 때에는 모두 명년 정월에 환수해야 한다. 모든 寬鄕에서는 노동력에 따라 관청에서 노동력을 빌려 種蒔하고 후에 이주자가 있으면 법에 따라 울타리를 막아 토지를 수여한다. 토지가 적고 이주해오지도 않으면 桑田法에 따라 倍田을 없애고 부족해도 별도로 감액하지 않는다. 뽕나무 없는 고장은 이에 따라 법으로 삼으며, 樂遷者는 텅빈 無主荒地에서 수전하여 안일을 추구하지 않도록 한다. 땅이 풍족한 곳에 이유없이 이주할 수 없다. 새로 이주해온 자는 3口(노비는 5口) 토지 1畝를 주어 주거를 만들어 살게 한다.

남녀 15세 이상이면 그 地分에 따라 1課口는 種採 5分畝의 1를 勸課한다. 모든 1인의 몫은 正從에 맞추고 倍田은 그 倍에 따른다. 원격지에서 다른 토지를 받을 수 없다. 丁男이 되어 수전하는 자는 항상 근처에서 수전한다. 만약 동시에 함께 받으려면 먼저 가난자, 후에 부자가 받는다. 모든 배전의 법은 이에 제한받지 않는다. 모든 遠地에 유배되어 자손이 없거나 戶가 끊어진 경우 빈터 桑榆가 다하였으면 먼저 公田化하고 授受에 제공한다. 授受한 다음에 그 친척에게 지급하고 미급한 기한은 그 친척이 차용한 것으로 한다. 모든 宰人의 관인은 각기 근처에 공전을 지급하는데, 刺史 15頃, 太守 10頃, 治中·別駕 각 8頃, 縣令·郡丞 6頃이다. 또한 世代를 거듭하여 相付하도록 하고 매도한 자는 법률에 연좌된다. 職分田은 이로부터 일어났다.

*** 北齊의 授田令은 北魏의 제도에 따랐다. 武成帝 河清 3年條에, 매년 봄에 각 향토의 早晚에 따라 봄으로부터 가을에 이르기까지 남자 15세 이상자는 토지에 나아가 잠상의 계절에 부녀 15세 이상이 모두 잠상에 종사한다. 孟冬, 곧 초봄에 자사는 나라의 가르침에 관한 우열을 심사·허가하고 최상의 品評을 정하였다. 사람에 따라 노동력 차이가 있지만, 소가 없거나 소는 있으나 노동력이 없으면 반드시 서로 편리를 도모하도록 하여 모두 파종하도록 한다. 그렇게 하여 토지에 이익이 남아있지 않게 하고 노는 노동력이 없도록 한다. 남자는 18세에 授田하여 租調를 납부하고 20세에 兵士로 보충되며, 60세에 병역에서 면제된다. 66세에 退田하고 租調를 면제한다. 경성의

사면의 諸坊외에 30리 안을 公田으로 삼는다. 공전을 받는 자는 3縣 代遷戶 1품이하 羽林·武賁에 이르기까지 각각 차이를 두었다. 그 외 畿郡은 華人官 第 1품이하 羽林·武賁 이상 각각 차이를 두었다. 職事官 및 백성 중에 墾田을 요청하는 자에게 명칭을 永業田이라 한다. 노비로 수전한 자는 親王 300人, 嗣三 200人, 제 2品嗣王 및 庶姓王 150人, 정 3품 이상 및 皇宗 100인, 7품 이상 80인, 8품 이하 庶人에 이르기까지 60人으로 한다. 노비는 제한이 외에는 급전하지 않은 자는 庸調가 없다. 방 100리 외와 州縣人은 丁男 80畝, 婦人 40畝, 노비는 良人에 따른다. 제한한 수는 京官의 그것과 같다. 丁牛 1頭에 授田 60畝로 하고 4頭로 한정한다. 丁男마다 永業田 20畝를 주어 桑田이라 한다. 그 토지에 桑 50根 楡 3根, 棗 5根을 심어 還收의 제한은 없었다. 이런 桑田이 아닌 토지는 환수의 구별이 있었다. 토지가 뽕나무 심기에 적절하지 못하면 麻田을 지급하여 桑田法처럼 운영한다.
(『通典』 巻2, 食貨2 田制下 26-27)

14. 서위북주 균전제

北周文帝(우문태) 覇政의 초에, 六官을 설치하고 田里를 균등하게 장악하는 政令을 담당하도록 하였다. 家族 10명 이상이면 5畝, 7명 이상이면 4畝, 5명 이하에 각각 宅地를 지급하였다. 有室者는 토지 140畝, 丁男은 토지 100畝를 받았다.(『通典』 卷2, 食貨2, 田制下 後周條에, p.28)

15. 수 왕조의 균전제

隋文帝는 諸王이하 都督에 이르기까지 永業田을 차등있게 지급하였다. 많으면 100頃에 이르렀고 적은 자는 40畝에 이르렀다. 그 丁男·中男은 모두 北齊의 제도에 준거하여 지급하고 뽕·느릅·대추나무를 심도록 勸課하였고, 園宅地는 3口마다 1畝를 지급하고 노비는 5口에 1畝를 지급하였다. 京官에게는 職分田을 지급하였다. 1品者에게 토지 5頃에서 9品 1頃에 이르기까지 每品마다 50畝를 차감하여 지급하였다. 外官은 각기 職分田·公廨田을 지급하였다. 이리하여 開皇 9年에 全國의 墾田은 19,404,267頃에 이르고 총호수는 8,907,536戶로 매호의 墾田은 2頃남짓이었다. 開皇 12년 隋文帝는 천하

호구가 해마다 증가하여 京兆 3輔 및 3河지역은 토지는 적고 인구는 많아 의식을 수급하지 못하자, 혹자가 寬鄕에로의 이주하고자 하는 자를 허용하자는 의견에 따라 문제는 使者를 사방에 내보내 천하의 토지를 均等하게 하였다. 그리하여 狹鄕에서는 丁男마다 겨우 20畝를 지급하고 老小 또한 적었다. 大業년간에 이르러 천하의 墾田이 55,854,040頃, 8,907,536戶로 매호는 墾田 5頃남짓으로 실제와는 다른 것이라고 주석하고 있다.

16. 唐 開元 25年 均田令

大唐 開元 25年令에 의하면 다음과 같다. 토지의 넓이 1步 × 길이 140步를 1畝라고 하고, 百畝는 1頃이라 한다.(실제는 참으로 다른 사정이었음을 시사하고 있다.)

丁男에 永業田 20畝와 口分田 80畝를 지급한다. 中男 18세 이상인 자는 丁男과 같고, 老男·篤疾·廢疾·寡妻妾으로 戶를 이루는 경우에, 각각 永業田 20畝와 口分田 80畝를 지급한다. 寬鄕에서 受田하는 경우는 아울러 그 定數에 따르고, 狹鄕에서 새로 受田한 자는 寬鄕 구분전의 半을 지급받고 易田은 또한 倍給한다. 寬鄕의 3易田한 자는 鄕法에 따라 易給한다.

官人永業田은 親王 100頃, 職事官 正1品 60頃; 郡王·職事官 從1品 50頃; 國公·職事官 正2品 40頃; 郡公·職事官 從2品 35頃; 縣公·職事官 從3品 25頃; 職事官 從3品 20頃; 侯·職事官 正4品 14頃; 伯·職事官 從4品 10頃; 子·職事官 正5品 8頃; 男·職事官 從5品 5頃; 上柱國 30頃; 柱國 25頃; 上護軍 20頃; 護軍 15頃; 上輕車都尉 10頃, 輕車都尉 7頃; 上騎都尉 6頃; 騎都尉 4頃; 驍騎尉·飛騎尉 80畝; 武騎尉·雲騎尉 각 60畝를 각각 지급한다.

그 散官 5品이상은 職事官과 同額이고 겸하여 官爵이 있거나 勳舊로 應給者는 많은 것에 따르고 아울러 주지 않는다. 만약 해당하는 가구이외에 앞서 받은 토지가 狹鄕이 아니면 아울러 廻收하고 謄記하면 沒收하지 않고 不足한 경우에는 다시 지급한다.

모든 永業田은 子孫에게 세습하게 하여 還收하지 않는다. 子孫이 범죄를 짓고도 제명되었지만, 이어받은 토지는 追奪하지 않는다. 每畝마다 뽕50根, 누릅·대추 10根을 勸課는 3년 안에 심어야 하지만, 그 향리의 土質이 마땅하지 않으면 알맞는 果樹로 충당한다.

지급한 5품이상의 永業田은 모두 狹鄕에서 받을 수 없고, 寬鄕에서도 떨어진 無主荒地로 보충한다. 6품이하의 永業田은 즉, 본향에서 공전을 取還하여 지급하되 취환할 것을 희망하면 허락한다. 賜田의 경우 지정하지 않은 것은 狹鄕에서 지급하지 않는다. 영업전을 수전할 때에는 만약 官爵의 내에 解免한 자가 있을 때에, 해면자의 것을 追하여 주고 解免職자의 수량에 다하면 各品에 따라 보충하여준다. 그 제명자는 인구에 따라 사례처럼 나누어준다. 外部에 賜田이 있으면, 아울러 보충해준다. 만약 當家의 내에 관작과 구분전을 받을 자가 함께 있을 경우에는 廻給을 하도록 하고, 이미 謄記하였으면 追收한다. 官爵에 따라 영업전을 수전할 경우에는 청하지 않거나 부족하거나 그 몸이 사망하였드라도 자손에게 보충해주지 않는다. 혹시 감액할 때에는 처음 受封者의 半을 지급한다. 襲爵者는 오직 父祖의 영업전을 받고 별도로 청할 수 없다.

만약 州縣 안에서 受田할 때에 풍족하면 寬鄕에서 받고 부족한 자는 狹鄕에서 수전한다. 諸 狹鄕의 토지부족은 관향에서 遙受할 수 있다.

園宅地를 지급하는 경우 良口는 3口이하에 1畝, 3口 증가할 때마다 1畝씩을 증가시키고 賤口(奴婢)의 경우는 5口에 1畝씩을 주고 5口 증가할 때마다 1무씩을 증가해 주며, 永業·口分의 제한에 해당되지 않는다. 그 京城 및 州郡縣郭의 園宅은 이 사례에 제한받지 않는다.

모든 京官 文武職事官의 職分田은 1품 12頃, 2품 10頃, 3품 9頃, 4품 7頃, 5품 6頃, 6품 4頃, 7품 3頃 50畝, 8품 2頃 50畝, 9품 2頃를 각각 京城 200里 내에서 지급한다. 京兆 河南部 및 京縣官의 職分田은 앞의 것에 준하여 지급한다. 100리외에서 지급을 희망하면 허락한다. 諸州 都護府 親王府의 官人 職分田은 2품 12頃, 3품 10頃, 4품 8頃, 5품 7頃, 6품 5頃, 京畿縣 또한 이에 준한다. 7품 4頃, 8품 3頃, 9품 2頃 50畝, 9품 1頃 50畝를 지급한다. 鎭戍關岳瀆 및 外監官 5품 5頃, 6품 3頃 50畝, 7품 3頃, 8품 2頃, 9품 1頃 50畝이다. 3衛中郎將, 上府折衝都尉 각 6頃, 中府 5頃 50畝, 下府 및 郎將 각 5頃, 上府果毅都尉 4頃, 中府 3頃 50畝, 下府 3頃, 上府長史·別將 각 3頃, 中府 下府 각 2頃 50畝이다. 親王府 典軍 5頃 50畝, 副典軍 4頃, 左右·太子의 千牛備身

각 3頃으로 親王府 文武官은 出藩者는 그 所在에서 지급한다. 諸郡 上折衝府 兵曹 2頃, 中·下府 각 1頃 50畝, 그외 軍校尉 1頃 20畝, 旅帥 1頃, 隊의 正副 각 80畝로 해당 府의 隣近 縣에서 지급한다. 그 校尉이하는 本縣이나 100리 이외에서 지급한다. 諸 驛封田은 모두 隣近에서 지급하고 말 1匹當 40畝로 한다. 만약 驛舍 옆에 牧田이 있으면 匹마다 5畝를 감소한다. 그 傳送馬는 필당 20畝를 지급한다.

모든 庶人 중에 사망자나 가난하여 장례비조차 조달하기 곤란한 자에게는 영업전의 賣買를 허락한다. 遊離者 또한 이에 해당한다. 寬鄕에 거주지 이전을 희망하는 자는 구분전의 賣買를 허가한다. 住宅·邸店·碾磑를 구입할 때에는 이주하지 않더라도 또한 私的으로 賣買를 허가한다. 토지를 매입한 자는 본 제도를 초과할 수 없고, 비록 협향에 거주한다고 하여도 관향제도에 따라 허가하지만, 賣出者는 다시 受田을 요청할 없다.

대체로 모든 賣買는 所管 部署의 申牒울 통하여 처리하고 년말까지 피차에 정리한다. 만약 문첩에 빈번한 매매가 없으면 재산을 몰수하고 보충해주지 않고 토지는 本主에게 되돌려 준다.

모든 工商業者는 永業·口分田의 半額을 받고, 협향에서는 수전받지 않는다. 여러 王事로 몰락하거나 외번에 나아갔다가 돌아오지 않을 경우 친속동거자가 그 신분의 토지로 소유하되 6년이 지나면 환수하고 몸이 돌아온 후에 편의로 먼저 지급한다. 즉, 王事로 사망한 경우 자손이 成丁이 아직 되지 않았으면, 그 신분지는 회수하지 아니한다. 戰傷·篤疾·廢疾者는 사망 때까지 추탈·감액하지 않는다. 모든 토지는 貼賃·質을 할 수 없고, 위반하면 재산을 몰수하고 보충해주지 않으며, 토지는 본주에게 반환한다. 만약 遠役·外任에 나아가 家業을 이어받을 자가 없으면 貼賃·質을 허가한다.

그 官人永業田과 賜田은 賣買·貼賃 때에 제한받지 않는다. 모든 口分田은 힘써 近便한 곳에서 받고 떨어져 먼 곳에서는 수전할 수 없다. 만약 州縣의 행정구역의 改易으로 예속지가 타현으로 편성되어 가까우면 옛 환수에 따른다. 城안에 거주하는 자로 本縣에 토지가 없는 자는 먼 곳에서 受田받을 수 있다.(비록 이 제도는 개원말·천보이래 법령이 이완되어 겸병의 폐단이 西漢 成·哀帝시기를 넘은 바 있었다.)

또한 土地法令은 서울의 모든 官廳·天下 州府縣監折衝府 鎭戍關津岳瀆 등의 公廨田 職分田은 각기 차이가 있었다. 모든 職分陸田은 3월 30일을 한정하여 稻田은 4월 30일을 한정하여 이전은 앞사람, 이후를 후인에게 병합한다. 麥田은 9월 30일을 한정하여 만약 앞사람이 自耕하여 種子를 뿌려 가꾸지 않았으면 후인이 그 공직을 넣어 보수로 삼을 수 있고 이미 스스로 파종하였으면 租分法에 따른다. 그 가격이 6斗이하인 경우는 관례에 따르고 그 이상자는 6斗를 초과할 수 없다. 또한 진심으로 소원하여 취하고자 하면 억지로 분배할 수 없다. 親王으로 出藩한 자는 토지 1頃의 田園을 지급한다. 만약 성내에 개간할 수 없는 곳은 가까운 성에 지급할 있다. 만약 관전이 없어 백성의 토지를 취하려면 좋은 토지로 충당해 줄 수 있다. 천보 중에 應受田額은 14,303,862頃 13畝였다.(이는 天寶 14년 戶 890만 여로 墾田數는 每戶 60餘畝이고 建中 초에 天下에 黜陟使를 파견하여 조사한 보다 100여만 頃이 많다.)

17. 통전 향당제

통전 권3, 식화3 향당에 "後魏 初에 3長을 세우지 않고 오직 宗主를 세워 督護하여 사람이 많이 隱冒하였다. 50家, 30家를 1戶라 하여 蔭附하였다. 음부자는 모두 官役이 없고 豪强으로 證驗이 되었으니 貢賦의 倍나 되었다. 효문제 태화 10년 給事中 李沖이 3正으로 백성을 관리하면 멀리 있는 자가 올 것이라 하여 3長制를 제정하였다. 즉 마땅이 옛 제도에 준거하여 5家立一隣長, 5隣立一里長, 5里立一黨長, 黨長은 鄕人强謹者를 취한다. 隣長은 1男, 里長은 二男, 黨長은 三人을 각각 면세한다는 것이다. 북제에서는 10家를 隣比, 50家를 閭로 삼아 100家를 族黨이라 하였다. 1黨內에 黨族 1인, 副黨 1인, 閭正 2인, 隣長 10인 합하여 14인이 함께 100가를 통령한다. 성읍에서는 一坊 僑舊및 千戶이상 있으면 오직 里正 二人, 里吏 2인이 있다. 里吏는 항상은 설치하지 않는다. 隅老 4人 또한 官府는 아니다. 번다한 것을 편리하게 하려는 것이다.

隋文帝 受禪하여 新令을 반포하였다. 5家를 保라 하고 5保를 1閭라 하며 4閭를 1族이라 하여 모두 正이라 하였다. 大唐은 100戶로 里로 삼고, 5里를

一鄕이라 하며, 4家를 隣이라 하고 5家를 保라 하여 里에 正 1인 戶口에 따라 두어 農桑奬勵, 非違檢察, 賦役調達하게 하였다. 도시에는 坊을 두고 田野에는 村正을 別置하였다. 3년에 戶籍을 만들어 운영하였다.

18. 曹操의 戶調令

曹操가 鄴都에서 袁紹를 평정한 후에, 田租 畝粟4升 戶絹2匹 綿3斤 나머지는 擅興할 수 없다고 敎令하였다.
(『통전』권4, 식화4 부세상 p.80)

***西晉武帝는 孫吳를 평정하고 戶調式을 제정하여 丁男戶는 해마다 絹3匹 綿3斤 女子 및 次丁男爲戶者는 半額, 諸 邊郡은 3분지 2, 遠者는 3분지 1을 담당하게 하였다. 夷族은 戶 1필 遠者는 一丈, 不課役者는 義米를 거두었는데, 戶 3斛, 遠者는 5斗 극히 遠者는 算錢 1인 28文이었다.

19. 北魏 戶調令

北魏令에 每戶調는 一夫一婦는 帛 1匹·粟2石이다. 丁男의 나이 15세이상이고 장가들지 않은 자는 4人이 一夫一婦의 調를 납부하고 奴婢는 任耕·續하였는데, 8口가 未娶者 4名에 해당되며, 耕牛 20頭가 奴婢 8名에 해당된다. 그 麻布의 고장은 一夫一婦 布1匹 아래 牛에 이르기까지 이로부터 내려간다. 대체로 10匹 중에 5匹이 公租이고 2匹이 調外費이며, 3匹이 내외 백관의 봉록용이다. 사람나이 80이상은 一子의 從役에서 면제받는다. 孤獨·病老·篤貧하여 자존할 수 없는 자는 3長 안에서 부양한다. 舊制로 絹布의 폭넓이는 2尺2寸이고 길이는 40尺이 一匹, 60尺이 一端이었다.(변모많다)(『통전』권5, p.92)

20. 北齊의 租調令

北齊 河淸 3年令에 18세에 受田하고 租調를 납부하며, 20歲에 兵役에 충당되며, 60세에 役力을 면하며, 66세에 退田하고 租調를 면한다. 一牀마다 調絹 一匹·綿 8兩으로 調로 납부하는데, 대체로 10斤 綿이 1斤을 折하여 1斤

으로 絲로 하며, 墾租는 2石이고 義調는 5升이다. 墾租는 臺省에 보내고 義租는 郡에 납부하여 水旱에 대비하였다.
(『통전』권5, p.95.)

21. 後周文帝의 租調令

後周文帝는 覇府를 처음 열고 賦를 장악하는 政令을 반포하여 대체로 사람은 18세로부터 64세에 이르기까지 가벼운 疾者와 함께 모두 賦를 담당한다. 그 賦法은 有室者는 해마다 불과 絹 1匹·綿8兩이고 粟5斛이며, 丁者는 半額이었다. 桑土로 부적합한 고장은 有室者 布 1匹 麻 10斤 丁男은 또한 그 半이었다. 豊年이면 그 전체의 賦를 납부하고 中年에는 半額이며, 下年에는 3分의 일이다. 모두 때에 따라 조정한다. 또한 艱·凶聞일 경우 그 賦를 징수하지 않았다. 또한 力役의 政令을 장악하였으니, 대체로 18세로부터 59세에 이르기까지 모두 役에 복무한다. 豊年에는 3旬, 中年에는 2旬, 下年에는 一旬이었다. 徒役이 일어나면 1人도 지나치지 않고 나이 80된 자가 있으면 一子가 不役하고 100歲者가 있으면 그 집에 不役이다. 폐질자의 경우도 같다. 만약 흉문이 있으면 力征이 없다. 北周武帝 保定원년 8丁兵을 12丁兵으로 개선하였다. 이로써 대체로 일년 1월役이었다. 건덕 2년 군사를 侍官으로 삼아 백성을 징집(徵集)하여 충당하여 縣籍에서 제외시켰으니, 이후 夏人의 半이 府兵이 되었다.
(『通典』 卷5 賦稅下 北周項)

22. 隋의 調賦令

隋文帝 受禪하여 北周의 제도에 따라 役政은 12番, 匠은 6番 丁男 1牀은 租粟 3石이다. 桑土의 調는 絹絁, 麻土의 調는 布로 한다. 絹絁는 匹, 綿의 경우 3兩을 추가하며, 布는 端으로 하는데, 麻 3斤을 추가한다. 單丁 및 僕隷는 半額이며, 品爵·孝子·順孫·義夫·節婦 또한 課役을 면제하였다. 開皇 3년에 12番을 20日役으로 개선하고 調絹 1필을 2丈으로 경감하였다. 煬帝 즉위하여 無時로 巡幸·遠征 등으로 천하는 怨叛하여 멸망하고 말았다.(『통전』권5 pp.96-8)

23. 唐高祖의 調賦令

唐高祖 武德 2년 制에, 一丁男의 租는 上戶 1石 2斗요, 次戶는 8斗, 下戶는 6斗; 만약 夷潦의 호구는 그 반액이다. 蕃人으로 內附者는 上戶 丁稅田 10文, 次戶 5文 下戶는 면제하며 附經 2년이면 上戶 丁輸羊 2口 次戶 1구, 下戶 3戶 共 1口로 한다. 무릇 水旱蟲霜의 재해 때에는 손 40%는 免租, 손60%이면 免租調 손 70%이상이면 課役을 모두 면제한다.

(『통전』권·식화6, 賦稅下大唐項 106)

24. 北魏 孝文帝의 姓族詳定詔

太和 19(495)년에, "代人 諸冑는 앞서 姓族이 없었으나, 비록 功賢의 胤은 있었지만, 混然하여 나누지 않았다. 그러므로 官達者는 地位가 극에 달하여 公卿에 이르렀지만 그 공로가 쇠퇴한 친척은 거듭 猥任에 있었다. 이에 姓族을 정하려는 것은 사건이 많아 성취하지 하였고 또한 마땅하게 발탁하지도 못하여 때에 따라 점차로 銓選해 쓰고자 하는 것이다. 그 穆·陸·賀·劉·樓·于·嵇·尉의 8姓은 모두 太祖이래 당세에 훈공이 뛰어나 지위는 王公에 이르고 확실하게 알 수 있는 자는 또한 司州에 내려 보내 吏部에서 猥官으로 충당하지 말고 (漢人의)四姓과 동일하게 하여라. 이로부터 이후에 응당 士流로 수반하려는 자는 別勅에 따라야 한다.

朔土에서 원래 출신하여 옛 부락대인이었고 皇始이래 3世의 官職이 給事이상으로부터 州刺史·鎭大將 그리고 官品이 王公에 오른 자를 姓이라 하고; 본래 大人이 아니지만 皇始이래 職官이 3世 尙書이상, 官品이 王公에 이르는 자 그리고 중간에 官署가 강등되지 않은 자 또한 姓이라 한다. 諸 부락대인의 후예 또한 皇始이래 관직이 앞 사례에 미치지 못하였거나 3世에 中散·監이상 外官인 太守·子都 관품이 侯이상에 오른 자를 族이라 한다. 만약 본래 大人이 아니고 황시이래 3세에 令이상 외직 副長·子都·太守 및 관품이 侯이상자는 또한 族이라 한다. 대체로 이런 姓族의 至親은 그 몸이 緦麻服이내인 자와 함께 미미하나마 1·2세에 관직에 있었던 자는 비록 전적으로 아름다운 사례처럼 하지는 못하겠지만, 또한 姓族에 넣는다. 비록 緦麻와 3世 관직이

姓班에 이르지 못하드라도 族官이 있으면 族官에 넣고 族官이 없으면 姓族의 사례에 넣을 수 없다.

대체로 이렇게나마 姓族을 정하는 이유는 모두 由來를 갖추어 나누게 하여 姓族에 直應·呈聞하여 짐이 마땅한 姓族의 首末를 결정하려는 것이다. 이러한 諸狀은 반드시 宗族을 묻고 의심나는 것을 물어 하나같이 밝게 한 연후에 그 舊籍을 살펴 그 官宦을 심사하여 실질이 있으면 上奏하도록 하고 만약 그 말을 가볍게 믿을 수 없으면 澆僞로 虛長하도록 한 것이다. 충실하지 않으면 그를 고소하여 모두 황제의 명령을 속여 어긴 죄에 연좌시킬 것이니, 선관은 職事와 問答한 결과 실제가 아니라는 조항을 넣어라. 司空公 穆亮, 영군장군 元儼, 중호군 廣陽王 嘉, 상서 陸琇 등은 北人의 姓을 詳定하여 힘써 平均하도록 하라. 下命에 따라 완료는 3월로 하고 簿帳을 일열로 만들어 門下에 보내 들어보게 해달라." 이에 그 昇降·區別이 있었다.

世宗때에 代人이 姓族에 관한 辭訟이 일어나 尙書 于忠, 尙書 元匡, 侍中 穆紹 尙書 元長 등이 量定하였다고 있다.(위서 권113, p.3014)
(곡천가 해설한 도표 참조)

25. 柳芳의 姓系論

처음 唐太宗이 諸儒에게 명하여 氏族志를 편찬하여 많은 성씨의 차이를 甄別하였다. 그후 門胄興替가 통상을 벗어나 柳沖 등이 그 책의 改修를 요청하여 황제가 魏元忠 장석 소지충 잠희 최식 서견 유헌 吳兢 및 沖이 함께 그 德·功·時望·國籍之家를 취하여 等次를 만들었다. 이번 추장으로 관대를 세습한 자는 별품으로 석저하였다. 위원충 등이 계속함에 先天時에 이르러 다시 柳沖과 徐堅 吳兢 魏志고 육상선 劉子顯 등에게 명하여 토철하도록 하였는데, 책이 완성됨에 姓族系錄이라 하였다. 유충은 태자빈객 송왕사 소문관학사를 역임하고 致仕하였다. 개원 초에 유충·설남금 다시 간서를 가하여 정하였다.

후에 柳芳이 그 상세함을 著論하였는데 그 요긴한 것이 性系論이다.

"氏族이란 옛 史官의 기록이다. 옛날 周小史는 繫世를 정하고 昭穆을 판별하였던 고로 고대에 世本이 있어서 黃帝이래 春秋시대의 諸侯·卿大夫의 名號系統을 기록하였다. 左丘明은 춘추를 傳하여 또한 "天子가 德을 세워 賜姓이 생겨나 胙之土하여 氏가 나왔다. 諸侯는 字로 氏를 삼고 謚號로 族을 삼았다. 옛날 堯임금은 伯禹에게 姓으로 似氏를 주고 氏를 有夏라 하였다. 伯夷는 姓을 姜이라 하고 氏를 有呂라 하였다.

三代에 이르러 관직에 世功이 있으면 官族이 있게 되었으니 邑 또한 주었다. 후세에 혹 나라에 氏가 있었으니, 齊·魯·秦·吳가 그것이고; 시호에 氏가 있었으니, 文·武·成·宣이 그것이다. 官에도 氏가 있었으니, 司馬 司徒요; 爵位에도 氏가 있었으니, 王孫 公孫이 그것이며; 字에도 氏가 있었으니, 孟孫 叔孫이 그것이며; 居住에도 氏가 있었으니, 東門 北郭이 그것이었다. 또한 志·事에도 氏가 있었으니, 三烏·五鹿·巫·乙·匠·陶 등이 그것이었으니, 이에 受姓命氏는 粲然하게 무리를 이루었다. 秦이 이미 滅學하여 公侯의 자손은 그 本系를 상실하였다. 西漢이 일어나 司馬遷부자가 世本을 간략하게 하여 史記를 찬수하였다. 周譜로 말미암아 世家를 명백하게 하였으며, 성씨의 래원을 알게 되었으니, 虞, 夏, 商, 周, 齊桓, 晉文이 같은 조상이었다는 사실을 알겠다. 다시 王覇가 지속되어 先王의 封建은 이미 끊어지고 後嗣가 그 福을 누려 오히려 强家를 이루었다. 漢高帝가 ?徒步를 일으켜 天下를 소유하고 현명한 자를 관리로 임용하고 공로로 爵位를 주도록 조칙을 내리고 劉氏王이 아니면 公侯者가 없게 하며, 天下에서 誅殺하도록 서약하였다. 이에 先王公卿의 後裔는 才能이 있으면 채용하고 재능이 없으면 버리며 士庶族을 판별하지 않아 비로소 官을 숭상한 것이다. 그리하여 山東의 豪傑로 京師를 충실히 하였으니, 齊의 慶씨·楚의 屈씨 모두가 右姓이라 하였다. 그후 進發한 豪英이 논술·기록하였다. 대게 7相·5公이 일어난 유래이었다.

魏氏가 9品을 세우고 中正을 설치하여 世胄를 존대하고 寒士를 卑下하여 權力은 右姓에게 돌아갔다. 그 州에 大中正·主簿·郡中正·功曹 모두 著姓士族이 獨占하여 門胄를 定하고 인물을 品藻하였다. 晉宋이 因襲하여 비로소 姓을 숭상하게 되었다. 그리하여 貴賤을 판별하고 士庶를 구별하여 바꿀 수 없었다. 이에 有司에서 選擧를 장악하여 반드시 譜籍을 참조하고 그 眞僞를 고찰하였다. 그러므로 官에는 世胄가 있고 譜에 世官이 있었으며, 賈氏 王氏의 譜學이 나온 것이다. 이로 말미암아 譜局이 나왔고 令史가 그 職을 갖추었다.

江을 건너 僑姓으로 王·謝·袁·蕭가 大族이고, 東南에는 吳姓이 있었으니 朱·張·顧·陸이 大族이었다. 山東은 郡姓이라 하였으니, 王·崔·盧·李·鄭이 大族이며, 關中 또한 郡姓이라 하였으니, 韋·裴·柳·薛·楊·杜가 首望이었다. 代北은 虜姓이니 元·長孫·宇文·于·陸·源·竇가 首望이었다. 虜姓은 北魏 孝文帝가 洛陽에 천도하여 8氏 10姓이 있고 36族 92姓이 있었으니, 8氏 10姓은 황제의 宗屬에서 나왔고 諸國으로 北魏를 따르는 자는 36族 92姓으로 대대로 部落大人이었다. 아울러 河南洛陽人이라 하였다.

郡姓이란 中國士人을 門閥로 差第하여 3世 3公者를 膏粱, 令·僕이 있는 姓을 華腴, 尙書·領·護軍이상자가 있으면 甲姓이라 한다. 9卿·方伯이 된 자를 乙姓이라 하며, 散騎常侍 太中大夫를 배출하였으면 丙姓이라 하며, 吏部正員郎을 배출하였으면 丁姓이라 하였다. 대체로 得人을 하였으면 四姓이라 한다. 또한 大人 諸胄는 처음 姓族이 없어서 그 穆嵇于가 있으며, 吏部에 보내 猥官에 충당하지 않았고 四姓이라 보았다. 北齊는 거듭하여 手才·州主簿·郡功曹로의 선발은 四姓이 아니면 선출하지 않았다. 그러므로 江左에서의 씨족을 정할 때에 대체로 郡上姓이 第一이었으니, 右姓이고, 太和 郡四姓이 右姓이었으며, 北齊 浮屠 曇江의 類例는 甲門을 右姓이라 하였으며, 北周 建德氏族에서는 四海通望을 右姓이라 하였으며, 隋 開皇氏族에서는 上品 茂姓을, 右姓이라 하였다. 唐太宗『貞觀氏族志』에서는 제1等을 右姓이라 하였으며, 路氏는 姓略을 저술하여 盛門을 右姓이라 하였으며, 柳沖은 姓族系錄을 저술하여 四海通望을 右姓이라 하였다. 이에 歷代의 說에 통하지 않고는 더불어 譜를 말할 수 없다고 하였다. 지금 流俗으로 홀로 崔盧李鄭을 四姓이라 하고 太原王氏를 더하면 5姓이라 하니, 대체로 經由하지 않은 것이다.

무릇 官을 崇尙하는 폐단에 이르렀다. 官에서 姓氏를 숭상하니, 성씨를 숭상하는 폐단은 詐欺를 숭상함에 이르렀다. 隋는 그 폐단을 이었고 그 폐단이 된 이유를 이해하지 못하고 도리어 古道에 따른 鄕擧를 혁파하고 地著를 떠나 執事의 吏를 존중하였다. 이리하여 선비는 향리가 없고 里에는 衣冠이 없었으며, 사람은 염치를 모르고 士族은 혼란하여 서인은 참람하게 행동하였다. 고로 譜를 잘 말하는 자는 地望에 連繫하여도 현혹되지 않고 성씨를 바로잡아도 의심하지 않으면서도 婚姻을 하면서는 구별하였다. 山東人들은 순박한 고로 婚婭를 숭상하였으니, 믿을만 하였다. 江左人들은 文하여 인물을 숭상하여 지혜가 있다고 할만하며, 關中人들은 雄傑하여 冠冕을 숭상하여 더불어 통달하였다고 할만하다. 代北人들은 武하여 貴戚을 숭상하는 고로 더불어 크다고 할만하다. 아울러 그 폐단으로 婚婭를 숭상하는 자는 먼저 外族을 중시하고 다음이 本族이며, 인물을 숭상하는 자는 庶孼을 진출시키고 嫡長을 물러나게 하며, 冠冕을 숭상하는 자는 먼저 부부를 생각하고 영화를 사모하며, 貴戚을 숭상하는 자는 勢利에 따라 禮敎를 망각한다. 이 4폐단은 곧 그 숭상할 바를 상실하였다는 것이다.

사람으로 지키는 바가 없으면 士族은 깍이고 士族이 깍이면 나라는 따라서 쇠퇴하는 것이다. 管仲이 "나라를 통치하는 도리는 一孔에서 이익을 내면 王이고, 2孔에서 이익을 내려고 하면 굳세어 강해지지만, 3孔에서 이익을 내려고 한다면 기력이 弱해지며, 그런대도 4孔에서 이익을 나오게 한다면 亡한다"고 한 것이 이를 두고 한 말이다. 冠婚者는 人道의 大倫이다. 周漢의 官人은 齊의 정치로 하나는 그 門에서 살펴 알아 1孔에서 나온 고로 王政이다. 魏晉의 官人은 中正을 존중하고 9품을 세웠으니, 鄕에 異政이 있고 家에는 競爭하는 마음이 온존하여 이로 말미암아 强하였다. 江左·代北의 著姓은 불란함이 하나가 아니어서 그 요령이 돌아갈 곳이 없어 이로 말미암아 정치는 3孔에서 나와 약화되었다. 隋氏의 官人은 異道(불교)로 천하를 다스리니, 사람의 행동은 鄕黨에 근본을 둔 것이 아니어서 위로 정치는 煩衰하고 아래로 백성은 혼란하였다. 이에 4孔에서 나왔으니, (급히)亡한 것이다. 唐은 隋의 혼란을 이어받아 마땅이 忠으로 구제하여야 하였다. 충성이 두터우면 鄕黨에서 행동이 닦아 인물들의 도리를 키워야 하고 그렇게 하면 冠冕의 緖崇해지고 관면이 숭상되면 敎化가 豐美하여 더불어 옛것을 참조하였다고 할만하다.

晉太元 중에 散騎常侍 河東 賈弼이 姓氏簿狀을 찬수하여 18州 160郡 합 712篇으로 士庶를 빠짐없이 甄別·分析하였다. 宋 王弘, 劉諶이 그 책을 좋아

하였다. 王弘은 매차 千客에게 1인의 諱도 범하지 않았다고 할 만하다고 하였다. 유심은 選曹에 나아가 『百家譜』를 찬수하여 銓衡을 돕고 글을 과도하게 생략하였고, 王儉은 이를 넓혔으며, 王僧孺는 18篇을 演益하였는데, 東南의 諸族은 스스로 일편을 만들었지만, 百家譜속에 넣지도 않았다. (그 후로 唐 路敬淳·孔至·李守素(肉譜) 北魏 太和 중에 「方仕格」을 찬수한 사실 등을 소개하였다.)

(新唐書 卷199 儒學中 柳沖傳 附 芳傳 p.5676-5680)

26. 劉毅가 分析한 〈中正八損議〉

해설: 유의는 西晉시기에 주요관직을 두루 지낸 특권을 반대하는 정론가였다. 칭찬도 받았지만 황제를 비롯한 윗사람에게 굽히지 않아 귀향하였다. 위진시기 문벌사족은 品·狀, 곧 人·才地보다 門地만으로 선거를 추진하고 주군현의 功曹·別駕·主簿·司馬·長史 등의 주요 佐史·幕僚를 독점하고 중앙정부의 요직을 담임하여 국가의 전영역의 통치역량을 과시하였다. 劉毅는 九品中正法을 廢法이라고 통열하게 비판하고 美制를 만들어 정치를 쇄신할 것을 기대하였다.

첫째 中正官은 재능과 학식을 말하지 않고 단지 偏黨의 이익에 따라 균등하지 못한 척도로 개인의 愛憎에 따라 선거를 시행하였다. 그리하여 추세하여 이익을 얻는 소인이 고위를 차지하고 천하를 독단하여 庶族·寒門을 배제하고 억제하여, 이른바 상품을 받은 자는 빈한한 가문 출신이 없고, 하품을 받은 자는 세력 있는 종족이 없다는 현상이 출현했다고 지적하였다. 이에 그는 관원의 선거는 신중히 해야 하고, 오직 현명하고 才能이 있는 자만을 추천해야 한다고 주장하였다.

둘째 인물을 평정함에 있어 公論을 중시하였다. 그런데 中正官 일인으로 공론을 장악하기가 어려웠다. 즉, 중정관을 군수나 현령에게 맡기지 않고 門閥士族에게 위임한 결과, 여러 사람의 의논에 不服하고 결정한 일이 마땅하지 못하게 되었다는 것이다. 이로부터 근본적인 원망이 발생하여 인륜을 다투고 붕당이 흥기하며, 형벌과 감옥이 발생하고 마침내는 화근이 된다는 것이다.

셋째 인품의 재정은 우열이 있고, 관리를 선택하고 인재채용은 반드시 질서가 있어야 한다. 중정관은 소인을 임용한 결과, 보편성을 버리고 개인적으로 취하며, 우열과 앞뒤가 바뀌고 뒤섞였다고 지적하였다.

넷째 응당 성실하고 공평하며, 충간을 구하고 받아드리며, 상벌을 엄정히 해야 한다. 또한 사람의 감정을 잘 살펴 아래의 상황이 위에 이르게 하고, 위의 명령이 아래로 내려지게 해야 한다는 것이다. 그런데 현재 중정관의 설치로 그것이 전혀 시행되지 않는다고 지적하였다.

다섯째 그는 평소에 윤리·도덕·교화를 강조하여 鄕黨의 인물의 品裁를 고려하여 현명자·불초자를 구분하고, 그런 연후에 향리에서는 그를 추천하여 올려보내고 관리는 재능을 헤아려 관직을 수여해야 한다. 아울러 고가평정을 실행하여 진퇴·승강을 밝게 하여야 풍속이 바로 잡히고, 공인된 인재채용의 표준이 있어야 붕당·간사자의 암약을 막는다고 지적하였다. 그 당시 중정관은 복잡한 사회상황을 원하지 않아 그의 人·才地를 살피지 않고, 단지 世資 혹은 門第에 따라 품평했던 상황을 비판하였다.

여섯째 원래 관품을 설치하고 품행(狀)을 세우는 것은 나라를 다스리고 백성을 이롭게 하기 위한 것이지, 허식과 명예, 그리고 재능을 궁구하는 것이 아니다. 사람이 그 재능을 다하면 각자는 널리 알려져 이름을 얻는다. 그런데 관직에서 공적이 없어도 고품을 획득하여 헛된 명성만을 융성하게 한다. 이에 위로는 천자의 고과평정을 문란시키고 아래로는 붕당을 맺어 화려한 것 같으나, 경박하다고 지적하였다.

일곱째 品·장은 하나가 아니어서 빈번히 재능이 없는 자를 채용하여 합당한 임용이 아닌 폐단이 있다고 비판하였다.

여덟째 9품의 배열은 선악에 따라 포상·폄척하는 근거로 삼아야 하며, 일개인의 공로와 과오를 대중에 비쳐 장려·승강의 근거로 삼아야 한다고 지적하였다.

그리하여 유의는 최후로 중정을 혁파하고 9품을 제정하여 曹魏의 폐법을 버리고 일대의 美制를 세워야 한다고 주장하였다.

그가 추구하는 미제는 자료상 명확하지 않지만, 대체로 漢代에 실행했던 徵辟·察擧, 곧 鄕擧里選制를 이르는 것으로 고려된다. 즉 붕당과 사견을 배제하고 인재의 선발은 공의·공론에 따른다. 임관하여 관직을 수여할 때에는 사정을 합당하게 하며, 임용과 그 지위는 현명하고 불초한 것을 가려야 하며, 우열이 뒤바꾸면 안된다고 보았다. 또한 관원의 진퇴·승강은 엄격한 고과평정·감찰제도를 두어 공평·합리적으로 운영해야 한다는 주장은 그가 한 시대의 향거이선제를 美制로 보고 있다는 판단을 가능하게 한다.

마지막으로 劉毅는 漢 양성경왕 유장의 후예로 그가 관직을 버리고 귀향한 후에, 淸州大中正의 위임을 수용한 의도는 그가 비판한 구품중정법의 폐단을 개선해 보려는 데에 있었던 것 같다.

27. 楊播의 優美한 家風

해설: 家風은 위진수당시대 문벌사족과 관료사족의 실천적인 우미한 가족윤리이었다. 이것으로 문벌사족의 정치사회적인 위치를 판단하기도 하였다. 魏收가 찬수한 『魏書』에 기록된 弘農楊氏의 優美한 가풍이 어떤 것인가를 소개하려는 것이다.

양파의 집안은 대대로 淳厚하고 아울러 의로움과 사양함을 돈독히 하였다. 동생들이 형을 섬기되 父子처럼 하였다. 양파는 굳세고 깐깐하였다. 동생 椿과 津은 공손하고 겸손하였으며, 사람과 더불어 말할 때에는 스스로 이름을 대면서 말하였다. 형제들이 아침이면 廳堂에 모여 하루 종일 상대하며 각자 안방으로 들어가는 일이 없었다. 맛좋은 음식이 있으면 모두 모이지 않으면 먹지 않는다. 청당사이에는 장막으로 두러쳐 떨어지게 하여 자고 쉬는 곳으로 삼고 휴식 후에는 곧 돌아와 함께 담소한다.

춘이 나이 많아 다른 곳에 출타하여 술취하여 귀가하면 津이 부축하여 방안에 모시고 침상 앞에서 안부를 살핀다. 椿과 진의 나이가 이미 60이 넘어 함께 고관에 올랐지만, 조석으로 문안을 살폈으며, 아들 손자들이 뜰밑에 나열하면, 형 춘이 앉으라고 하지 않으면 감히 앉지 않았다. 춘이 매일 가까운 곳에 출타하여 혹 날이 저물어 돌아오지 않으면 먼저 밥을 먹지 않고 춘이 돌아온 연 후에 함께 먹는다. 식사할 때에는 진이 친히 수저를 드리고 먼저 맛을 보고 춘이 먹으라고 한 연후에 먹는다.

진이 司空에 올랐다. 이때에 府主는 자신의 보좌관을 벽소하였는데, 사람들이 津에게 관직을 구하러 오면, 그는 "이 일은 내 가형이 결정하는 데 어찌 나에게 구하는가"라고 반문하였다. 처음 진이 肆州자사에 나아가 춘이 수도의 집에 머물러 사시마다 좋은 음식이 있으면 번번이 형에게 보내고 혹 보내지 못하였으면 먼저 입에 넣지 않았다. 춘은 매번 보내올 때마다 그것을 대면하여 감격하여 눈물을 흘렸다. 오직 형제들이 손자는 있지만, 춘이 증손이 있어 나이 십오 육세에 이르자, 춘이 항상 그를 일찍 장가들여 현손 보기를 기대하였다. 장손 욱(昱)이하 모두 학문을 숭상하니, 그 당시인들이 흠모하여 칭찬하지 않는 사람이 없었다.

한 집안에 남녀 합하여 백여명의 緦麻服親이 한 솥의 밥을 먹으며, 한 뜰 안에서 사잇말이 없어서 魏나라 이래 오직 盧淵兄弟와 楊播의 동생들이 있었으니, 그 당시에 따라갈 자가 없었다.

28. 蘇綽의 六條詔書

해설: 소작은 武功蘇氏로 關隴의 官僚士族에 걸맞는 종족으로 서위시대이래 두각을 나타낸 종족출신이다. 서위의 정치군사 경제사회에 기초적인 통치원칙을 제시하여 정권을 확립하고 대동위전의 기초를 확립하였다. 서위·북주시대 관료사족의 언행지침, 곧 六條詔書에 따라 통치할 것을 강제하여 화북을 통일하고 그 연장상에서 수왕조의 남북통일을 이루었다.

1. 先治心

무릇 지금의 方伯守令은 모두 天朝에 명령을 받아 지방 州郡縣에 나아가 다스리고 있으니, 그 존귀함으로 말하면 옛날의 諸侯라고 말할만하다. 이로써 앞 시대의 帝王은 항상 함께 天下를 다스리는 자는 오직 어진 宰相·守令

의 역할에 따를 뿐이라고 한 것이다. 그리하여 文武百官이 비록 각자는 맡은 바의 임무가 있는 것이지만, 그것은 백성을 다스리는 根本이란 宰守의 역량을 가장 중요시 하지 않을 수 없었다. 무릇 백성을 다스리는 要諦란 먼저 백성을 다스리는 마음을 감당하는 것이다. 마음이란 통치자 각자가 가지는 主體로 모든 언행·행동의 근본이다. 그 마음이 淸淨하지 않으면 생각·고려하는 것이 妄靈되게 생각하게 된다. 생각과 고려하는 것이 망령되게 생각하면 사물의 理致를 명확하게 살필 수 없다. 사물의 이치를 명확하게 살피지 못하면 옳고 그릇된 것이 謬亂하게 되는 것이다. 사물의 옳고 그릇되는 是非가 謬亂하게 되면 方伯守令 각자가 능히 스스로를 다스릴 수 없이 되는 것인데, 어찌 능히 백성을 다스릴 수 있으랴! 이로써 백성을 다스리는 요체는 맑은 마음(淸心)에 따를 뿐이다. 대체로 淸心이란 것은 財貨를 탐내지 않을 수 없는 마음을 맑게 하는 것을 가르킨다. 그렇게 하려면 관료 각자가 心氣를 맑고 화합하여 고루고 의지를 端靜하게 하여야 한다. 마음이 안정되고 화합하며, 의지가 단정하면 邪僻한 생각·고려를 없애 통치를 실행할 수 있다. 사벽한 마음을 버리고 통치를 실행하면 무릇 생각·고려한 것은 모두 지극히 공정한 이치를 얻어지지 않는 것이 없다. 이러한 지극히 공정한 理致에 따라 백성의 통치에 나서면 아래 백성 누구도 복종하지 않을 수 없다. 이로써 백성을 다스리는 근본적인 요체라고 일컬을 수 있는 것이어서 중앙·지방의 각급 관료가 먼저 체득하여 통치할 맑고 단정한 정신인 것이다.

그 다음이 또한 통치자 각자의 몸을 다스리는 것이다. 무릇 人君의 몸은 곧 백성의 표상으로 한 나라의 과녁이다. 백성의 사표가 바르지 않으면 직접적인 반영을 구할 수 없는 것이고; 과녁이 명백하지 않으면 맡은 바 임무를 적중시킬 수 없다. 이제 군주가 능히 스스로 맑고 단정한 다스리는 정신을 갖지 않고 백성을 다스리고자 하면 이것이 나라의 師表를 왜곡하여 직접적인 반영을 구하는 것과 같은 것이며; 군주의 언행이 능이 스스로 수양하지 않고 백성이 스스로 수신하여 실행하리라고 할 것이니, 이것이 과녁이 없이 맡은 바 임무를 적중시키라고 하는 것과 다를 바 없다. 그런고로 인군된 자는 반드시 마음을 맑은 물로 닦아 白玉처럼 자신의 형상에 나타나게 하여야 하는 것이다. 군주 스스로 인의·효제·예양·염평·검약을 실행해야 하는 것이고 그런 연후에 계속적으로 권태함이 없이 밝게 살펴야 한다는 것이다. 이러한 여덟가지를 행하여 그 백성을 훈도해야 하는 것이다. 이로써 그 사람이 두려워하면서도 사랑받으면 본받는 것이니, 가정의 가르침을 기다리지 않고도 날마다 보고 익혀 스스로 언행을 일으키도록 하여야 할 것이다.

2. 敦教化

하늘·땅의 품성이 있는데, 오직 인간만이 高貴하여 그것을 中和하는 마음으로 仁恕한 언행을 밝혀야만 목석과 다르게 되고 금수와 다른 고로 고귀할 뿐이다. 그러나 성품은 항상 지킬 수 없어 변화에 따라 옮기는 것이다. 변화에 敦篤·質朴하면 품성이 質直하게 되고 변화에 경솔·거짓되면 붕붕 떠 야박해지는 것이니, 붕붕떠 야박해지면 쇠퇴하여 피폐하는 것이고 순수하고 바른 것은 淳和하는 것이다. 쇠퇴하여 피폐되면 화란이 교차하여 일어나고 순화하면 천하는 스스로 다스려진다. 治亂興亡이란 모두 변화하는 바에 따르지 않는 것이 없다.

그렇지만 세상의 도리가 손상되어 피폐한 것은 이미 수백년이나 되었다. 大亂이 滋甚하여 또한 20년이 되었다. 백성이 德治를 보지 못하고 오직 군사적인 충돌만 보이고 형벌만이 採用채용되었을 뿐이었다. 中興이래 큰 어려움은 아직 평정되지 않아서 군사활동이 추가되고 기근으로 말미암아 만사가 초창기로 대체로 마땅한 것을 강요하여 왔다. 禮讓을 일으키지 못하면 풍속을 개선할 수 없다. 근년에 점차로 풍년이 들고 요역·부역이 점차 가벼워지며, 의식을 끊기지 않아 教化를 가히 이루었다고 할만하다. 대체로 牧守令長은 마땅이 마음을 깨끗이 닦고 의지를 바꾸어 위로 朝政의 방침을 계승하여 아래로 教化를 宣揚할 일이로다.

무릇 教化란 인간의 고귀한 것을 능히 淳風을 부체질하여 太和에 적시게 하는 것이며, 백성에게 도덕을 입혀 소박하게 나타나도록 하는 것이다. 백성이 疊疊하게 하고 善에 거듭 옮기도록 하며, 거짓같은 마음과 기호하여 욕심내는 성품을 消化로 잠잠해지게 하며, 그 所以然을 알지 못하게 하면 이것이 교화한 것이라고 말할 수 있다. 그러한 연후에 孝悌로 교화하여 백성으로 하여금 慈愛하도록 하는 것이며; 인자함으로 백성에게 순종함을 가르켜 백성으로 하여금 和睦하도록 하는 것이며; 예의를 가르켜 백성으로 하여금 敬讓하도록 하는 것이다. 慈愛하면 그 어버이가 서운함을 남기지 않을 것이고 和睦하면 다른 사람에게 怨恨을 주지 않을 것이며, 敬讓하면 사물에 다투지 않을 것이다. 위 세 가지가 이미 갖추어지면 王道가 일어나는 것이다. 이것을 敎化라고 할 수 있다. 先王이 異風易俗하였던 사례로 순박·소박하도록 되돌려 똑바로 이처럼 천하를 다스려 太平에 이르게 하는 것이니, 이것으로 말미암지 않는 것이 없다. 이것을 要道라고 할만하다.

3. 盡地利

사람은 天地사이에 衣食으로 목숨을 연장하여 왔다. 먹을 것이 부족하면 굶주리고 입을 것이 부족하면 춥고 천해지게 된다. 굶주리고 춥고 천한 것이 온 몸에 이르름에도 불구하고 禮讓을 일으켜 행하도록 하는 이것은 坂을 거꾸로 돌려 彈丸을 날리는 形勢와 같아 가능하지 않는 것이다. 이런 고로 古代의 聖스러운 帝王은 그것이 이와 같이 된다는 이치를 알고, 먼저 의식을 풍족하게 한 연후에 교화하여 백성을 따르게 하였다. 무릇 의식을 풍족하게 한다는 것은 地利에 있는 것이다. 地利를 다하게 한다는 것은 勸課의 방략이 있다는 것이다. 이것을 위주로 하여 백성을 가르치는 것은 牧守令長에 있을 뿐이다. 백성은 몽매하여 지혜는 스스로 주변성이 없어 반드시 권하여 가르친 연후에 그 힘을 다한다. 諸州의 郡縣은 매년 초에 반드시 戒勅하여 젊은이 장년을 묻지 말고 다만 능히 농기구를 조종할 수 있도록 하면 모두 논밭에 나아가 밭갈이하고 때에 따라 開墾하니, 그들이 하고자 하는 바를 잊어버리지 않도록 하는 것이다. 종자를 파종하여 싹(苗種)을 이치에 맞도록 관리하고 때에 따라 養蠶도 잘하도록 하면 모두 청년·장년이 그 힘을 다하니 男女가 함께 공로를 세우면서 만약 援溺·救火·寇盜가 장차 이를러 처리한 연후에 가히 농부로 하여금 폐지하지 않도록 하여야 한다. 양잠하는 여성 또한 그 功力을 다하도록 하는 것이다. 만약 남아돌아가는 노동력이 있는 데에도 태만·나태하여 늦게나와 일찍 돌아가는 편안함을 좋아하고 노동을 싫어하는 그런 자가 있으면, 亭長이 郡縣에 그 명단을 통보하도록 하고 수령은 사안에 따라 罰을 가하고 一罰百戒하도록 하는 것이다. 이것이 곧 宰相의 가르침이다.

무릇 100畝의 땅은 반드시 봄에 갈고 여름에 씨를 뿌리며 가을에 수확하며 연후 겨울이후에 먹는 것이다. 만약 그 시기를 잃으면 가히 얻을 수 없다. 그러므로 先王은, "농부 한 사람이 경작하지 않으면 천하는 반드시 기근을 만난 자 있을 것이고, 한 농부부인이 베짜기를 하지 않으면 천하에는 반드시 춥고 천함에 빠진 자가 있으리라"고 하였다. 만약 이 세 시기를 업무를 살피지 않아 농민이 폐농에 이르르면 이것은 백성의 목숨을 끊는 것과 같은 것이다. 丁男이 적어 열악한 戶口나 소(牛)가 없는 집은 있는 집과 相通하게 하여 서로서로 권하도록 하여야 한다. 분주한 상농시기에는 장기간의 비가 내리는 한가한 틈에, 또한 마땅이 백성에게 種桑·植木이나 채소를 원예하고 그 園圃를 잘 다스려야 한다. 닭·돼지를 사육하여 생산·소비자가 함께 살아가는 재료를 준비하여 養老하여야 하는 것이다.

무릇 爲政은 과도하게 煩碎하면 번거롭게 되는 것이니 번쇄하게 할 필요는 없고; 勸課 또한 크게 간편함을 용납하지 않아야 하고 너무 간략하게 하여도 백성이 태만하게 되기 때문이다. 爲政을 잘하는 자는 반드시 時宜에 적절하게 변통하여야만 하는 것이다. 번거롭고 간편한 것을 조정하여야 하는 고로 『詩』에, "剛하지도 않고 柔弱하지도 않게 하는 것이니, 布政이 優優하면 百祿을 구할 수 있다"고 한 것이다. 만약 이런 업무에 능하지 못하면 반드시 刑辟에 빠질 것이다.

4. 擢賢良

하늘은 백성을 낳아 능히 다스릴 수 없어서 반드시 君主를 세워 다스리는 것입니다. 人君 또한 홀로 다스릴 수 없어서 반드시 臣下를 두어 보좌하게 하였습니다. 위로 帝王으로부터 아래로 郡國에 이르기까지 신하를 두되 賢明한 자를 얻으면 다스려지고 현명한 자를 얻지 못하면 混亂하게 되었으니, 이것이 곧 自然의 이치로 百王이 능히 바꿀 수 없는 것입니다.

지금 刺史·守令은 모두 僚吏(幕僚와 佐史)를 두었으니, 정치를 보좌하는 사람들이었습니다. 刺史의 府官은 天朝에서 임명하였고 그 州吏이하는 牧守가 스스로 설치하여 채용하였습니다. 예로부터 州郡의 大吏는 다만 門資로

取士하여 많이 그 賢良함을 선택하지 못하였다. 末曹의 小吏는 오직 刀筆로 시험하여 그 志行을 問題 삼지 않았습니다. 무릇 門資란 先世의 爵祿을 근거로 삼아 子孫의 어리석고 몽매함에 방해를 받지 않았습니다. 刀筆이란 자신의 몸 이외의 末材만을 근거로 삼아 性行의 경박하고 거짓됨이 폐지하지 않았습니다. 만약 門資에 적중하여 賢良을 얻을 수 있다면 이것이 곧 명마를 획책하여야만 千里馬를 취할 수 있다는 것입니다. 만약 門資에 적중하여 경박하고도 거짓된 자를 얻는다면 이것은 土牛·木馬를 얻는 것과 같아 형상은 흡사하여 그 사람을 채용하였으니, 체험할 도리라고 할 수 없는 것이다. 만약 刀筆에 적중하고 또한 志行者를 얻는 이것은 金相玉質로 내외에 아름다움을 갖추었으니 실제로 人寶라는 것입니다. 만약에 刀筆에 적중하여 경박하고 거짓된 자를 얻으면 이것이 곧 朽木을 그림처럼 꾸며 일시적으로 사람들을 즐겁게 바라볼 것이지만, 가히 석가래를 충당하여 채용한 것이라고 말할 수 없는 것입니다. 지금의 選擧는 資陰에 한정하지 말고 오직 현자를 얻는 데에 있습니다. 진실로 그 사람을 얻으면 천한 종복을 일으켜도 卿相에 오를 수 있으니, 傅說와 伊尹이 그런 부류라고 할 수 있는데. 하물며 州郡의 職務에 있어서 어떠할 것입니까? 진실로 그 사람이 아닌 것은 丹朱·商均의 부류와 같습니다. 이들은 비록 帝王의 天倫이지만 능히 百里의 封建區域를 지킬 수 없을 것인데, 하물며 公卿의 자손이라야 할 수 있겠습니까? 이로부터 말하면 사람을 보는 도리를 가히 알아볼 수 있습니다.

대체로 材藝者를 구하는 것은 백성을 다스리는 데에 가능하기 때문입니다. 만약 材藝는 있고 正直을 본위로 한다면 반드시 그 材藝로 다스리고; 만약에 材藝는 있고 간사한 거짓을 본위로 행동한다면 장차 그의 말로 混亂하게 될 것이니, 어찌 다스릴 수 있겠습니까? 이런 고로 장차 그 材藝있는 자를 구하려면 반듯이 먼저 그 志行을 선택하여야 한다. 그 志行이 善한 자는 뽑아야 하고 그 志行이 선하지 않는 자를 제거해야 하는 것입니다.

그리고 지금 선택할 者자 많다고 하여 "邦國에 賢明한 者가 없다고 하여 선거할 者를 알 필요 없다"고 말한다면 이것은 곧 생각하지 않고 하는 말입니다. 그 이유는 고인이 말하되, 현명한 君主가 일어나려면 하늘을 우럴러 보아도 내려오지 않고 大人의 기초적인 명령은 后土에서 발탁하는 것이 아닙니다. 항상 一世의 인물을 끌어들여 一世의 업무를 다스리는 것이라고 하였습니다. 그럼으로 殷周는 后稷·契과 같은 신하를 기다리지 않았고, 魏晉에서 蕭何·曹參과 같은 인물의 보좌를 빌리려고 하지 않았습니다. 仲尼께서, "十室의 邑에 孔丘와 같은 忠信者가 있을 것입니다"고 말씀하였듯이, 반드시 萬家의 都邑에 그런 인물이 있을 것이니, 賢士가 없다고 말할 것입니까? 다만 賢士를 구하는 데에 근면하지 않고 선택하되 심사하지 않으며, 혹은 채용하드라도 그 하는 바를 할 수 없게 한다거나, 그 재능을 다 펼치지 못하게 하는 연고로 賢者가 없다고 하는 것입니다. 아울러 "天人 중에 우수한 자를 英, 萬人 중에 英特한 자를 雋이다"고 하였으니, 지금의 智慧가 하나의 관직(자)를 뽑고 언행상 한 나라에 울러 퍼진다면 어찌 英雋이라 하는 賢士가 아닐 것입니까? 다만 능히 勤勉하고 신중하게 살펴 헛된 것을 제거하고 실질을 취한다면 각기 州郡의 고과평정 중에 최고인 자를 채용한다면 백성 모두 충분히 다스린다고 할 수 있을 것입니다. 누가 감히 賢者가 없다고 할 수 있을 것입니까?

무릇 良玉을 해부하지 않고도 瓦石과 더불어 서로 분별할 수 있을 것이고; 名馬는 길들여 보지 않고도 駑馬와 혼합되는 것을 알 수 있습니다. 또한 그것을 해부하여 밝게 길들이기를 시험하여 玉石과 駑驥를 구분한 연후에라야 비로소 분별하였다고 할 수 있습니다. 賢士로 지명되었지만 채용되지 못하고 凡品에 혼합되어버린다면, 마침내 어찌 凡品과 다를 것입니까? 임용을 요구하는 사업은 책임을 다 함으로써 저 용열한 자와 비교하어 같지 않게 하여야 되는 것입니다. 옛날 呂望이 낚시하고 百里奚가 푸줏간을 하였으며, 甯生이 뿔을 두드렸고 管夷吾가 세 번 실패하였지만, 그 당시에 悠悠한 무리들이 어찌 그 현명함을 말할 수 있었겠습니까? 王朝를 强國으로 上昇시키고 覇國의 班列에 올려 수십년간을 쌓아 공로를 이루고 사업을 세워 비로소 奇士라고 인식하였다. 이에 후세에 稱讚하여 人口에 회자함을 용납하지 않았습니다. 그는 瓌偉한 인물로 불세출의 英傑로 오히려 능히 때를 쉽게 만나지 못하여 스스로를 凡品과는 다르게 처신하였으니, 하물며 그 보다 못한 인물은 어떠하겠는가! 만약 반드시 太公을 기다린 후에 채용하였으니, 이것으로 천여 년 간에 太公과 같은 인물이 없다고 하였고; 반드시 夷吾와 같은 인물을 기다린 후에 임용하고도 이것으로 백년동안에 夷吾와 같은 인물이 없다고 하였습니다. 그러한 이유는 선비는 반드시 미미한 것을 따라가다가 저명함에 이르러 공로는 반드시 공로를 쌓아 큰 것에 이르는 것이니, 어찌 맡아보지 않고 이미 이루었다고 할 것이며, 채용해보지 않고도 通達한 인물이라고 할 수 있겠습니까? 만약에 이와 같은 이치를 안다면 현명한 인물을 구하여 선택할 수 있는 것입니다. 그러므로 현명한 인물을 구하여 임용하고 선비를 구하여 사업을 추진하도록 한다면 천하는 다스려지는 것입니다. 무엇 때문에 선비가 향하여 오는 것인데, 성공할 수 없다고 하겠습니까?

그런 고로 선량한 관인은 반드시 그 관직에 대한 직분을 살펴 성략하는 것입니다. 관직을 살펴 성략하려면 선량한 인재를 쉽게 충당할 수 있어서 사업은 불리할 수 없는 것이고; 관직이 번거로우면 반드시 좋지 못한 인물이 섞이게 되그 좋지 않은 인물이 섞이게 되어 정치는 반드시 得失이 있는 것이다. 그런 고로 "官職을 생략하면 사업이 생략되고 사업을 생략하면 백성이 맑은 마음을 가지는 것이고, 官職이 번거로우면 사업이 번거로워지고 사업이 번거로워지면 백성은 혼탁해진다"는 말씀은 淸濁으로 말미암아 官職의 번거롭고 생략하는 緣由의 所在를 언급한 것입니다. 살피건데 지금의 官員은 그 숫자가 적지 않습니다. 옛날 백성이 안정되어 있으면 사업을 확대하여도 오히려 능히 극복하고 구제할 수 있었습니다. 하물며 戶口가 감소하였지만 정원에 따라 설치하려면 오히려 작게 임용해야 할 것입니다. 아래 州郡의 상황은 도리어 兼假하여 細民을 요란하게 하고 심하면 無理한다고 들었습니다. 대체로 이런 무리들과 같다면 마땅이 모두 罷黜하여 습관화한 통상적인 상황을 없애야 할 것입니다.

똑바로 州郡의 官을 두어 운영하자면 마땅히 좋은 인물을 채용하여야 할 것이니, 가까이 黨族·閭里의 正長 職任者에 이르기까지 모두 마땅이 審擇하여 각기 一鄕이 선거하고 서로 監統할 수 있어야 합니다. 무릇 正長이란 백성을 다스리는 기초인물이기 때문입니다. 기초인물이 어느 한쪽으로 기울지 않아야 나라가 안정하게 되기 때문입니다.

무릇 현자를 구하는 일은 한 가지 길만이 있는 것이 아닙니다. 그러나 심사숙고하여 얻어야 하기 때문에 반드시 임용하여 시험해보고 고찰하여야 하는 것입니다. 가정에서 일어나 향당에 이르고 그 이유를 탐방하도록 하여 그 연유한 바를 보면, 그 사람의 도리를 밝히고 현명하고 불초한 것을 판별할 수 있는 것입니다. 이렇게 하여 구하면 대체로 허물이 없을 것입니다.

5. 恤獄訟

인간은 陰陽의 氣運을 타고 태어나 感情과 品性이 있습니다. 품성은 善한 것이고 감정이란 사나운 것입니다. 善惡은 이미 나눠져 있고 賞罰은 그것에 따라 실행히는 것입니다. 상벌이 적중하면 사나운 것은 그치고 善한 것을 권장할 수 있으며; 상벌이 적중하지 않으면 백성이 수족을 어떻게 할 수 없게 되는 것입니다. 백성이 수족을 어떻게 할 수 없으면 원성이나 반란하려는 마음이 일어나는 것입니다. 이로써 先王은 이를 중시하여 특별히 警戒하고 愼重히 처리하였습니다. 무릇 경계하고 신중하게 한다는 것은 監獄을 관장하는 관리로 하여금 정성스런 마음을 다하도록 하여 사건의 根源을 추구하고자 할 것입니다. 먼저 다섯번 듣고 證驗을 참조하며 情狀을 기묘하게 관찰하며 먼저 그 자신이 鑑戒로 삼아 自制하도록 하며, 奸詐하면 용납할 수 없다는 것을 알도록 하여 罪人이 반드시 얻은 바 있게 해야 할 것입니다. 그런 연후에 사건에 따라 刑罰을 가하는 것인데, 輕重은 모두 감당하게 해야 하고, 사면은 지나치게 하여 어리석은 자부심을 알게 하여 감정으로만의 즐거움을 없도록 해야 하는 것입니다. 또한 능히 情理를 없애 禮律을 짐작하도록 하여 人心을 모두 왜곡하지 않을 수 없게 하여 멀리는 大教를 밝혀 죄를 지은 자가 되돌아올 수 있게 하여야 하는 것이다. 이렇게 하는 것이 잘한 것 중에 최상입니다. 그러나 守宰가 하나가 아니어서 사람마다 모두 通識을 얻게 하는 것은 가능하지 않고 감정을 추리하여 구하려면 시기상 다하기 곤란한 것입니다. 오직 지극히 公正한 마음으로 오직 阿諂하고 歪曲하는 뜻을 없애고자 힘써 正直과 歪曲된 것을 구하여 고려하는 것은 공평하고 마땅하게 하도록 하여야 하는 것입니다. 듣고 살피는 理致는 반드시 보는 바를 窮究하게 한 연후에 法에 따라 栲訊하되, 가혹하지 않고 포악하지 않게 하고, 의심나면 깊이 보지 못하여 형벌을 망령되게 않게 하여 사건에 따라 理致로 판단하여 獄事를 停滯되지 않도록 하여야 하는 것 입니다. 이것이 또한 그 다음으로 중요한 것 입니다. 만약에 仁恕하지 않고 잔폭하게 하여 백성과 木石과 함께 하면 全的으로 捶楚로 擔任하는 것입니다. 교활·거짓된 자는 비록 사건이 들어나 면제할 수 있을지라도 辭弱者가 곧 無罪로 형벌을 받게 되는 것입니다. 이와 같은 자가 있으면 下等이니, 함께 다스리는 바가 아닙니다. 지금의 宰守는 마땅히 中科에 근면하고 윗사람을 사모하도록 잘 처리하여야 하는 것입니다. 만약 下條가 있다면 刑罰은 사면할 수 없어야만 하는 것입니다.

또한 마땅히 원대하고 깊이 생각하고 理念은 德教에 두어야 합니다. 先王이 제한한 것은 살해하여도 無辜한 것이니, 차라리 赦免하여도 罪는 남아있는 것이고; 더불어 善한 것을 해치는 것은 차라리 그것이 利淫하는 것입니다. 밝히되 반드시 적중할 수 없으면 차라리 有罪를 濫捨하여 善人을 謬害하지 않도록 하여야 하는 것입니다. 지금 정치를 하는 자는 그렇게 하지 않고 있습니다. 깊이 글을 살펴 巧劾하면 차라리 善人을 法에 이르게 하여 죄가 있어 형벌을 면하지 못하도록 해야 하는 것입니다. 그 이유는 모두 살인하는 것을 좋아하지 않지만, 차라리 屬吏가 혹독하게 하였다고 하면 가히 後患을 모면할 수 있을 것입니다. 이것이 곧 감정에 따라 스스로 지극히 공정함을 생각하지 않는 것이고 이와 같이 法을 받드는 것은 모두 간사한 자들입니다. 무릇 인간은 天地의 貴한 자로 한번 죽으면 다시는 살 수 없습니다. 그러나 楚毒아래에서 스스로 속여 고통 받아도 申理하지 못하여 드디어 刑戮에 빠지는 자는 장차 왕왕 두려워하는 자가 있을 것입니다. 이로써 예로부터 5聽3宥의 法을 설치하여 庶獄의 法을 밝고 신중하게 드러냈으니, 이것이 모두 깊은 愛民인 것입니다. 무릇 伐木·殺草하고도 田獵이 不順하다면 오히려 時令을 어기는 것이고 帝王의 法道를 훼손하는 것인데, 하물며 형벌이 적중하지 않는 것은 착한 사람을 넘치게 해치는 것이어서 차라리 天心을 해치지 않고 中和한 기운을 범할 수 있겠습니까? 天心이 손상되고 和氣가 훼손되며, 陰陽을 조절하여 적당하게 하여 四時의 順序로 추진하고자 하여 萬物이 阜安하고 蒼生이 悅樂한다는 것은 가능하지 않는 것입니다. 그런 고로 仲尼께서, "一夫가 원한을 가지면 王道가 顚覆된다"고 하신 말씀은 똑바로 이를 두고 나온 것입니다. 무릇 모든 宰守들은 삼가지 않을 수 없습니다.

만약에 深姦巨猾이 있어 德化를 손상하고 풍속을 疲弊시킨다면 人倫을 悖倫하게 하는 것이니, 이것이 不忠하고 不孝하는 것이므로 道理를 위배한 자는 한 사람을 죽여 수많은 백성을 이롭게 하는 일이며, 王化를 맑고 깊게 하는 데에는 重刑도 가능할 것입니다. 이러한 두 가지 方途를 알면 刑政이 끝날 것입니다.

6. 均賦役

聖人의 大寶는 地位이다. 어떻게 그 지위를 지키는가 하는 것이 仁이요, 어떻게 사람을 모을 것인가를 財라 합니다. 先王은 반드시 財로써 聚人하고 仁으로써 地位를 지키는 것 입니다. 따라서 나라에 財가 없으면 地位를 지킬 수 없는 것입니다. 이런 고로 3皇5帝이래 모두 徵稅法이 있었습니다. 비록 그 輕重이 같지 않았지만, 구제하여 채용하는 것은 하나같았습니다. 지금 叛逆하고 侵寇가 평정되지 못하여 軍用의 자료가 廣大하여 비록 減省을 未遑하여 民瘼을 긍휼히 하려고 하지만, 그리하여 平均하게 하도록 한다면, 오리어 아래 백성이 匱逼하게 되어 그렇게 할 수 없습니다. 무릇 平均하게 한다는 것은 豪强을 버리지 않고 貧弱者를 徵集하여 그들이 姦巧에 따르지 않고 곤궁하여 어리석고 졸열하게 하지 않게 하는 이것을 平均이라고 하는 것이기 때문이다. 고로 聖人이, "대개 均等하면 貧寒함이 없다"고 말씀하신 것입니다.

그러나 財貨를 創出하는 것은 쉽지않습니다. 織紝紡織을 점차로 일으켜 십여 일만이 아니고 줄곧 造次해야만 합니다. 반드시 필수적으로 勸課하고 모두 參與하여 事理에 따라 운영하여야 합니다. 絹鄕에서는 먼저 織紝에 종사하고 麻土에서는 일찍이 紡績해야 합니다. 앞서 준비하고 때가 이르르면 輸出入하여야만 하는 고로 王賦를 獲拱하여야 아래 백성이 곤궁하지 않게 되는 것입니다. 만약 勸戒에 參預하지 않고 임시로 절박해진다면 또다시 稽緩을 두려워하여 이미 지나쳐 버린다면 궁박함이 교차하여 이르러 目前에서 取販하지 않을 수 없습니다. 이때에 富商大賈는 커다란 이익을 노려 그들에게 따르는 자 있으면 貴買하고, 없으면 擧息에 投資하여 납세하는 백성이 이에 疲弊하게 되는 것입니다.

租稅를 납부할 때에, 비록 大式이 있지만, 貧富를 짐작하여 差次先後를 결정하니, 모두 國事가 正長으로부터 일으켜 守令에까지 연계 짓는 것입니다. 만약 얻은 바를 짐작하면 정치는 中和하여 백성이 悅服할 것이고; 만약 檢理에 방략이 없으면 胥吏는 姦詐해지고 백성이 원망하게 되는 것입니다. 또한 徭役을 差發하여도 대체로 그러려고 하지 않는 것입니다. 이에 빈약자에게 무거운 徭役과 遠地域의 수자리를 살도록 하고, 富强者는 가볍게 그들의 近方에서 임무를 수행하려 할 것입니다. 守令은 이 같은 마음속 깊이 알고도 恤民하는 마음이 있지 않으면 모두 王政의 罪人이 되는 것이다.

太祖 宇文泰는 이를 重視하여 항상 여러 좌우에 두게 하였다. 또한 百官에게 學習·誦讀하도록 하였다. 그 牧守令長이 이 六條와 計帳에 정통하지 못하면 그 관직에 유임하지 못하도록 강제하였다.

『周書』 卷23 蘇綽傳 pp.381-391 所收)

29. 魏徵이 十思疏 (貞觀 11년)

***먼저 魏徵과 『貞觀政要』에 관하여 살펴보자

貞觀은 당태종 때에 사용하던 연호요, 정요는 정치의 요체라는 의미이다. 따라서 정관정요는 당태종과 위징을 비롯한 이백약·방현령·마주·장현소 등의 여러 宰臣과의 정치요담을 무측천의 지시로 吳兢 등이 집성한 책이다. 이책은 역대 중국과 일본 조선 등에서 통치자의 수요로 널리 읽혀져왔고, 현재 우리나라에서도 몇분이 번역·유행하고 있다.

위징은 어려서 외롭고 빈한하였으나, 생업보다 독서하고 隋나라말 혼란중에 縱橫說에 능하였다. 李密의 典書記로 10策을 제시하였으나, 수용하지 못하여 이밀을 따라 당에 투항하였다. 그는 산동을 안정시킬 수 있다고 주장하여 이밀의 무리를 장악한 徐世積을 회유하였다. 태자 이건성이 세마로 삼아 예우하였다. 위징은 태종의 훈공이 많아 몇 차례 재거할 것을 요청하였다. 현무문사건 직후 태종이 "네 우리 형제사이를 이간한 이유는 무엇이냐" 고 물었다. 위징은 "황태자께서 이 위징의 말을 따랐더라면 반드시 오늘의 곤란을 없었을 것입니다"고 대답하자, 태종은 본래 그를 중시하였기에 태자첨사주부에 임명하였다가 즉위하여 간의대부에 발탁하였다.

태종은 위징이 經國의 재능이 있고 성품이 伉直하여 알고 말하지 않는 일이 없는 것이 없어서 중용하였다. 상서좌승·시중으로 梁·陳·北齊·周 그리고 隋의 5史의 總論과 隋書序·史論을 정리하여 良史라는 평론을 받고 鄭國公에 올랐다. 여기 良史란 현명한 역사가로 현대중국에서 유행하고 있는 經世史學을 말하고 5사편찬자의 역사관에 대하여 졸저 『中國史學史要綱』에 정리하였다.

아울러 위징은 秘書監·特進·知門下省事로 빈번하게 상소를 올려 득실을 논평하여 정치에 資料·鑑戒이 되도록 힘썼다. 이에 태종은 皇孫탄생을 축하하는 잔치에서, "정관이전에 내가 천하를 평정하고 간난을 극복하게 한 것은 방현령의 공로이고, 정관이후에 나에게 진심으로 충성을 바쳐 나라를 안정시키고 백성을 이롭게 하는 데에 용안을 거슬려 바르게 충간하여 짐의 잘못을 개선하는 데에는 오직 魏徵이 있을 뿐이다. 옛날 명신에 무었을 추가하랴 고 극찬하고 자신의 佩刀를 풀어 두 사람에게 하사하였다.

또한 위징은 戴聖의 예기의 편차가 불윤하여 수년간에 『類禮』 20권을 재정리하였다. 아울러 공경대신이 封禪을 청하였지만, 위징 한 사람이 隋煬帝의 잘못을 근거로 반대하여 그만두게 하였다. 위징의 부인 裵氏는 태종이 위징의 공로를 생각하고 시호 文正을 비롯하여 일품에 해당하는 장례비 등을 수여하였지만, 위징의 부인은 "亡者의 뜻이 아니다"는 이유로 사양하고 받지 않았다. 당태종은 食實封900戶를 주고 군신들에게 '무릇 銅으로 거울을 만들어 의관을 정제하는 것이다. 옛것을 거울로 삼아야 興替를 알고 사람을 거울로 삼아야 得失을 밝힐 수 있다. 짐은 항상 이 세가지 거울로 나의 과오를 방지하였다. 이제 위징이 서거하였으니, 거울 하나를 잃었다고 애통해 하였다. 아울러 위징이 남긴 많은 초고들을 수집하도록 하였는데, 알면 반드시 충간하는 자료들 뿐이었다. 다만 태종은 위징이 추천한 인물 중에 侯君集이 죄로 추방·살해된 사실과 위징의 간쟁언사가 사관·기거랑이었던 저수량과 왕래한 사실을 알고 즐겁게 생각하지 않고 衡山공주와 위징의 장자 叔玉과의 통혼을 정지시키고 집안의 점차 쇠퇴할 것을 뒤돌아 보왔다고 한다. 이는 태종의 과오인 듯하다. 그것은 위징의 작위는 세습되었고 영달하였고, 제3자 숙린이 예부시랑이었다가 무칙천 때에 혹리에게 피살되었기 때문이다. 이상은 『舊唐書』권71 위징열전에 보인다.

이제 우징의 十事疏를 보자.

“저는 예로부터 창업의 천자, 또는 제위를 계승한 천자들을 관찰하였습니다. 그런데 그들은 모두 자손이 영원히 번영을 누리고 그 제위가 영구히 전해지기를 바라지 않은 이가 없었습니다. 그러나 끝을 온전히 한 이는 드물고 국가의 파망이 연속되었습니다. 그 까닭을 살피건대, 국가의 번영을 구하는 방법이 잘못된 때문이었습니다. 그 실례로는 전조(前朝)인 수(隋)나라가 있습니다. 수는 천하를 통일하고 그 병력은 강성하여, 30여 년 동안 그 위풍은 외국에까지 미치었습니다. 그러나 그것이 일거에 멸망하고 남의 소유가 되었습니다. 저 수양제가 천하의 치안을 싫어하고, 국가의 장구를 바라지 않으면서 일부러 포학한 정치를 행하여 멸망한 것은 아닙니다.

국력의 부강을 믿어 뒤에 닥칠 우환 같은 것을 생각하지 않고 천하의 백성들의 물자를 긁어모아 자기의 욕망을 채우고 나라 안의 미녀나 먼 곳의 진기한 물건을 구하고 궁원(宮苑)이나 고루(高樓)를 장려하게 건축하였습니다. 그리하여 백성들의 노역이 그칠 날이 없고 외정을 좋아하여 전쟁을 그치지 않고 계속하였으며, 표면으로는 위엄을 과시했지만 마음 속으로는 의심이 많아 사악한 무리는 반드시 입신하고 충정(忠正)한 자는 피살되었습니다. 상하 군신 사이에 의사가 통하지 않고, 백성은 가혹한 명령에 견딜 수가 없어, 국내는 엉망으로 분열되어 기어이 지존인 천자의 몸이 보잘 것 없는 자의 손에 피살됨으로써, 수왕조의 자손은 끊어지고 천하의 웃음거리가 된 것은 실로 통탄해 마지않을 일입니다.

우리 성철(聖哲)하신 고조(高祖) 태종(太宗)은 그 기회를 타서 대란을 건지고 짧은 시일 동안에 군웅을 평정하여 천하를 본래와 같이 평화로운 상태로 회복시키셨습니다.

그러나 천자의 위에 오르신 폐하께서는 지금 수(隋)의 궁궐에 사시고, 진귀한 보배도 미녀도 곁에 두고 계십니다. 만일 저 수나라가 멸망한 원인을 표본으로 삼고, 우리 당실(唐室)이 천하를 얻은 이유를 잘 생각하신다면, 매일 깊이 삼가시고 사람들에게 훌륭하다는 칭송을 받더라도 우쭐하는 일이 없이, 저 주(周)의 무왕(武王)이 은(殷)의 주왕(紂王)을 꺾고 녹대(鹿臺)의 재보를 불사른 일과, 초(楚)의 항우(項羽)가 진시황(秦始皇)이 지은 아방궁(阿房宮)을 불살라 버린 것과 같이, 높고 커다란 궁전은 위험하고, 낮고 검소한 궁전이 안전하다는 것을 생각하신다면, 신(神)과 같은 천자의 덕화(德化)가 저절로 백성들에게 전파되어, 하는 일 없이도 천하가 다스려집니다. 이것이 천자로서의 최상의 덕입니다.

만약 이미 만들어진 궁전을 일부러 파괴할 필요가 없다고 생각하시어, 있는 그대로 사용하여 급하지 않고 필요하지 않은 일을 제거하시고, 새로 만드는 것은 검소하게 하심을 뜻하시어 백성을 기쁘게 하면서 그들을 부리신다면 백성은 천자의 덕택으로 생활이 즐거워질 것입니다. 이것은 천자의 덕으로서 차선의 방법입니다. 그런데 만약 이상과 같은 생각이 없이 창업의 어려움을 잊고 천명이 언제까지나 당실(唐室)에만 있다고 여기시어 공검(恭儉)을 등한히 하시어 궁전이나 누각을 장려하게 하면서 만족할 줄을 모르면, 백성은 천자의 덕을 인정하지 않고 노역의 괴로움만을 생각하게 됩니다. 이것은 최하의 방법입니다.

이와 같이 포학으로써 난세와 바꾸고 혼난과 도리를 같게 하신다면 국가가 멸망하는 길입니다. 폐하의 후사(後嗣)는 무엇을 표본으로 삼을 것입니까? 그 결과 백성은 원망하고 신은 노하고, 재앙이 생겨 화란이 일어나게 되어 국가의 안전을 보전할 수가 없습니다. 저 하늘에 순종하여 혁명한 은(殷)의 탕왕(湯王)이나 주(周)의 무왕(武王)은 자손을 위해 장래의 계획을 세워 국가를 만세에 전하고자 하였습니다. 진실로 제왕의 지위라는 것은 얻기 어렵고 잃기 쉬운 것입니다. 잘 생각하시지 않으면 안 될 일입니다"고 상소하였다.

그 달에 위징은 또 상소하였다.

"저는 이런 이야기를 들었습니다. 그것은, "나무가 잘 자라기를 바라는 자는 반드시 그 근본을 굳게 할 것이며, 물의 흐름이 멀기를 바라는 자는 반드시 그 샘의 근원을 깊게 할 것이며, 나라가 편안하기를 바라는 자는 반드시 그 덕의(德義)를 쌓을 것이다"고 하는 것이었습니다. 그러므로 군주가 덕을 두껍게 하지 않으면서 나라가 다스려지기를 바라는 것은 도저히 불가능한 일입니다. 황제로서 최고의 지위에 있으면서 나라를 무궁하게 보전하고자 하면서, 편안할 때에 위험을 생각하고 사치를 경계하며 검약을 주지로 할 것을 생각하지 않으면서 덕을 쌓지 않고 욕망을 억제하지 못한다면, 뿌리를 끊어 버리면서 나무가 무성하기를 바라고 근원을 막으면서 흐름이 길기를 바라는 것과 같습니다.

과거의 모든 군주로서 하늘의 명을 받아 천자가 된 자가, 처음에는 비상한 우려에 의해 그 도리가 세상에 나타나서 한번 공을 이룬 뒤에는 덕이 쇠하지 않은 일이 없습니다. 처음에 잘하는 자는 많고 끝까지 잘하는 자는 극히 드물었습니다. 아무튼 천하를 잡기는 쉽고 천하를 지키기는 어려운 것입니다.

성의를 다하면 멀리 있는 자도 한 몸 같이 되고, 거만하고 뽐내면 육친이라도 완전히 남이 되는 것 입니다. 민심이 떨어지면 아무리 준엄한 형벌로써 위협하더라도, 겉으로는 공손한 체하면서 속으로는 복종하지 않습니다. 참으로 두려워할 것은 백성입니다. 배를 띄우는 것도 물이요, 배를 전복시키는 것도 물입니다. 임금은 배요. 백성은 물에 비유되는 것이므로, 잘 경계하고 삼가지 않으면 안 된다는 것 입니다. 그래서 임금 된 자는 다음의 열 가지를 꼭 알아두어야 합니다.

가지고 싶은 것이 보일 때는 넉넉한 것을 안다는 것을 생각하고, 일을 하고 싶을 때는 그칠 것을 알아 백성을 편안하게 하고자 한다고 생각하고, 높고 위험한 것이라도 해야만 한다면 겸손하여 스스로 긴장할 것을 생각해야만 하는 것이며, 차서 넘쳐흐를 것을 두려워할 때는 강물이나 바다가 모든 개울보다 낮은 곳에 있다는 것을 생각하고, 수렵 따위를 해서 즐기고 싶을 때는 정도에 넘치지 않을 것을 생각하고, 게을러질 걱정이 있을 때는 처음은 삼가고 끝을 조심할 것을 생각하고, 군주의 눈을 가려 어두워지게 하려는 자가 있을 것을 근심해야 할 때는 마음을 비우고 신하의 말을 받아들일 것을 생각하며, 사악한 신하가 있을 것을 걱정할 때는 몸을 바르게 가져 사나움을 물리칠 것을 생각하고, 은혜를 베풀고자 할 때는 기쁨으로 하여 상을 그르치는 일이 없도록 하는 것을 생각하고, 벌을 가하고자 할 때는 홧김에 되는대로 형벌을 주는 일이 없어야 할 것을 생각해야 합니다. 이 열 가지 생각을 확실하게 지키면, 지자(智者)도 용자(勇者)도 인자(仁者)도 신자(信者)도 감격하여 나라를 위하여 몸과 마음을 던져 그 재능을 다할 것이므로, 천자는 별로 하는 일이 없어도 저절로 세상이 평화롭게 다스려집니다. 하급 관리처럼 천자 자신이 정신을 괴롭힐 필요가 없습니다."

태종이 스스로 조서를 써서 위징에게 답하였다.

"때때로 상표(上表)한 소(疏)를 읽으니, 진실로 성의를 다하였고 그 말은 극히 적절하다. 그대의 상표를 읽으며 지루한 줄을 모르고 밤중까지 갔다. 그대는 나라를 위해 생각하는 바가 깊고, 일신의 이해를 생각하지 않고 나를 위해 다하는 성의가 없이는 어떻게 이러한 좋은 계획을 보여 나의 미치지 못하는 바를 바로잡아 줄 수가 있겠는가? 그대가 말하는 바에 따라 나는 자신의 결점을 들을 수가 있었다. 이 상소를 늘 책상 위에 두고 내 몸의 경계를 삼을 것이다. 앞으로도 아무쪼록 직언을 숨기지 말아 주기 바란다. 나는 심지(心志)를 비우고 그대의 좋은 말을 기다릴 것이다"고 권장하였다.(君道篇第4章)

30. 魏徵이 상벌의 公正을 구한 상소

貞觀 11년 위징이,

"저는 다음과 같은 이야기를 듣고 있습니다. 『서경(書經)』에, '덕을 밝히어 벌(罰)을 삼가한다. 오직 형을 근심함이다'고 하였고, 『예기(禮記)』에 '윗사람이 되어 섬기기 쉽고, 아랫사람이 되어 알기 쉬우면 곧 형이 번거롭지 않다. 윗사람으로 의심이 많으면 곧 백성이 당혹한다. 아랫사람이 알기 어려우면 군장(君長)이 수고한다'고 하였습니다. 애초에 윗사람을 섬기기 쉬우면 아랫사람이 알기 쉽고, 군장은 수고하지 않고도 백성은 당혹하지 않습니다. 그런 까닭에 임금에게 至誠의 德이 있어야 하는 것이고, 신하에게 두 마음이 없이 윗사람은 신하에게 충후한 성의를 보이고 신하는 군주에게 충성을 다하면, 그 결과 태평의 기초는 굳어지고 평화로운 세상이 구가(謳歌)되는 것입니다. 지금 세상에 正道의 은혜가 중국은 물론 사방의 만민(蠻民)에 이르게까지 미쳐, 폐하의 공적은 우주에서 따를 것이 없고 사모하여 따르지 않는 나라가 없습니다.

그러나 폐하께서 하시는 형벌과 상을 행하시는 방법에는 불충분한 점이 있는 것 같습니다. 본디 형상(刑賞)의 근본은 선을 권하고 악을 징계하고자 하는 점에 있고, 제왕이 천하를 위해 한번 정하면 움직일 수 없는 법을 정하여 친소(親疎)나 귀천에 의해 차이가 생기지 않게 하는 데에 있습니다. 그런데 지금이 상벌은 반드시 그렇지는 않습니다. 좋아하고 미워함과 기쁘고 노함에 따라 경중의 차가 생기고, 기쁠 때는 법 가운데에서 정상을 참작하고 노여울 때는 죄를 법률 밖에서 구하여 호오(好惡)에 따라 차이가 있게 되어 형의 집행은 자연스럽게 문란해질 것입니다. 형벌이 되는대로 이루어지면 사나운 자가 날뛰고, 상벌이 잘못되면 군자의 도리가 행하여지지 않는 것입니다. 소인의 악행을 징계하지 않고 군자의 선이 권장되지 않고서는 세상이 바르게 다스려지기를 바라기는 불가능한 일입니다.

게다가 여유 있게 이야기할 때는 공자나 노자(老子)의 도를 존중합니다. 위엄과 노여움이 미칠 때는 신불해(申不害)나 한비자(韓非子)의 가혹한 법을 씁니다. 그러므로 도덕의 정신은 넓어지지 않고 각박한 풍조는 성해지고 있습니다. 각박한 풍조가 성해지면 아래에는 여러 가지 문제가 일어나 헌장(憲章)의 통일이 없게 되는 것이지요. 이것을 옛날 군주의 덕에 비교한다면, 실로 군주다운 도리에서 벗어나는 것이라고 할 수 있습니다.

요즈음 폐하의 책벌은 좀 많아졌고, 위엄과 노여움이 좀 심하신 듯합니다. 때로는 향응이 부족하다든가, 영작(營作; 공사하는 일)이 약간 틀린다든가, 물건이 마음에 들지 않는다든가, 사람이 명령에 따르지 않는다든가 하는 등의 작은 문제로 노여워하시고 벌을 가하려고 하십니다. 이런 일은 좋은 세상을 만드는 데에 방해물이 되고 교만하고 사치한 마음이 차차로 나아가 높아질 것이어서 걱정됩니다. 그리하여, "귀함은 교만함과 기약함이 없이 교만 스스로 오고, 부유함은 사치와 기약함이 없이 사치 스스로 온다"는 말이 헛된 말이 아니라는 것을 알 수 있습니다.

또한 우리 당조(唐朝)가 대(代)를 바꾼 것은 수조(隋朝)입니다. 수가 어지러워 멸한 원인은 폐하께서 잘 보아 아시는 바입니다. 수가 가장 강성(强盛)을 자랑할 당시의 국부(國富)와 병력 및 호구(戶口)를 우리 당대와 비교하건대, 도저히 미칠 수가 없습니다. 그런 데도 수는 부강하면서 국가가 멸망한 것은, 백성을 노역이나 전쟁을 위해 동원했기 때문이고, 우리 당(唐)이 가난·작음에도 나라가 안녕한 것은 백성을 조용하게 놓아두었기 때문이었습니다. 조용하게 해두면 편안해지고 움직이게 하면 어지러워지는 것은 누구나 알기 쉬운 도리입니다. 그러한데도 평이한 도리를 실행하는 자는 적고 실패의 길을 걷는 자가 많은 것은 무슨 까닭이겠습니까? 그것은 편안할 때 위험할 것을 생각하지 않았고, 다스려질 때 어지러울 것을 생각하지 않았으며, 존립할 때 멸망한다는 것을 염려하지 않았다는 것이 그것을 스스로 불러들인 결과로 나타났기 때문입니다.

옛날 수(隋)가 아직 어지럽지 않을 때에는 자기는 반드시 어지러운 일이 없을 것이라 생각하고, 또 멸망하지 않았을 때에는 절대로 멸망하는 일이 없을 것이라고 생각하였습니다. 그런 까닭으로 계속되는 전쟁을 위하여 병력을 동원하고 거창한 토목 공사를 위해 백성의 노역은 그칠 날이 없었습니다. 그리고 신하에게 피살될 즈음에도 결국 그 멸망하게 될 까닭을 깨닫지 못한 것은 참으로 가련하다 할 것입니다.

원래 얼굴이 아름다운가 보기 싫은가를 보려면 잔잔한 물을 거울로 삼아 보면, 나라의 안위(安危)에는 반드시 망국의 표본이 나타나는 것입니다. 그런 까닭으로 『시경』에 "은감(殷鑒)은 멀지 않은 하후(夏后)에 있다"고 하였습니다. 이제 원하는 바는 당금(當今)의 동정에는 반드시 수왕조가 망한 것을 생각하시어 표본으로 삼으신다면 존망 치란(治亂)에 대하여 좋은 참고가 되실 것입니다. 만약 그 수조(隋朝)가 위험하게 된 원인을 생각하신다면 편안해지고, 어지러워진 원인을 생각하신다면 다스려지고, 멸망한 원인을 생각하신다면 오래 존립할 것입니다.

존망한 원인을 잘 알고, 욕망을 절제한 사람의 의견에 따르시어 수렵의 즐거움을 줄이시고, 미려한 건축을 중지하시고, 급하지 않은 일을 그만두시고, 한쪽 말만 듣고 노여워하시는 일을 삼가시고, 진실하고 정직한 사람을 가까이 하시고, 입 끝으로만 번지르르하고 성실하지 못한 무리를 멀리 하시고, 귀를 즐겁게 하는 간사한 말을 거절하시고, 입에 쓴 충언을 들으시고, 기분을 맞추어 스스로 가까워지려는 자를 멀리 하시고, 얻기 어려운 귀중한 보물을 존중하지 마시어, 요순이 비방(誹謗)의 나무를 길에다 세우고 백성의 괴로운 사정을 쓰게 한 방법이나 우탕(禹湯)이 백성의 죄를 자기의 죄라 하고, 한(漢)의 문제가 열 집의 재산에 상당하는 것을 아깝게 여겨 건축을 중지했다고 하는, 옛날 성인이나 명군(名君)을 본보기로 삼아 백성의 마음을 살피어 마음 쓰는 생각에 근접하게 하고, 겸손은 이익을 주고 자만은 손해를 초래한다는 것을 분별하신다면, 한번 움직이면 온 국민이 일치하고, 한 마디를 내면 천리의 먼 거리에서도 응한다는 그러한 과거의 성왕을 넘어 아름다운 이름을 후세에 남기실 수 있습니다. 성철(聖哲)하신 제왕의 위대한 업적으로서, 이 이상의 것은 없습니다. 오직 이상의 것을 삼가고 지키실 뿐입니다.

원래 지키기는 쉽고 취하기는 어렵습니다. 그 어려운 일을 얻은 이상에는 그 쉬운 것을 지키지 못할 이유가 없습니다. 그런데 삼가 지키는 일이 강고하지 못한 것은 교만과 사치와 방탕한 마음이 움직이기 때문입니다. 사물의 끝을 조심하기를 시작할 때와 같은 마음의 자세를 가지는 데에 노력하기를 게을리 하지 말아야 합니다. 『주역』에, “군자는 편안할 때에 위험을 잊지 않고 존립할 때에 멸망을 잊지 말며, 치세에 난세를 잊지 말아야 이로써 몸이 편안하고 나라가 보전될 수 있는 것이다”라고 권고하였습니다. 진실로 이 말은 깊이 음미해야 할 말입니다. 삼가 생각하건대 폐하께서 선을 하고자 하시는 뜻은 종전과 조금도 다르지 않습니다마는, 허물에 대하여 들으시면 꼭 고쳐야겠다고 생각하시는 점에서는 이전보다 많은 감소되신 것 같이 생각됩니다. 만약 지금 세상과 같은 태평 무사한 때를 당하시어 예전 창업 당시의 공검(恭儉)하셨던 마음을 실행하신다면, 제왕으로서의 선미(善美)를 다하시는 것이 되어 진실로 말씀드릴 것이 없습니다”고 상소한 것이다.

이에 대하여 태종이 깊이 이 상소를 받아들였다.(刑法篇 第7章)

31. 房玄齡이 高句麗 정벌을 반대한 상소

정관 22년에 태종이 거듭 고구려를 정벌하고자 하였다. 이때 방현령은 병상에 누워 위독한 지경에 이르고 있었다. 그러나 아들들을 돌아보면서 "지금은 천하가 평화롭고 모든 것이 잘 되어 가고 있다. 다만 천자께서 동쪽에 있는 고구려를 정벌하고자 하신다. 이것을 그만두지 않으면 반드시 장차 국가의 해가 될 것이다. 천자께서는 고구려의 무례함을 격노하시어 정벌을 결의하시고, 신하 중에서는 천자가 불쾌하게 여기시더라도 무릅쓰고 나아가 간하는 자가 없다. 내가 이것을 알면서도 말하지 않는 것은, 마음에 한을 품은 채, 땅속에 묻히는 것이 된다"고 하면서 기어이 상표문(上表文)을 받들어 태종을 간하였다.

저는 이러한 말을 듣고 있습니다. "병(兵)은 모으지 않는 것을 미워하해야 하고, 武(호반)는 창을 그치는 것을 존중해야 한다"고 합니다. 지금의 세상은 폐하의 덕화가 어떠한 먼 곳에라도 미치지 않는 곳이 없어, 상고에는 칭신(稱臣)하여 받들지 않던 나라도 폐하께서는 모두 신하로 삼으시었고, 제어하기 어렵던 이민족도 모두 제어하시었습니다. 여러모로 고금의 역사를 관찰하건대, 중국에 대하여 근심거리였던 것은 돌궐(突厥)보다 더한 것이 없었습니다. 그것을 폐하께서는 움직이지 않고 궁중에 계시면서 신과 같은 책략으로 정벌의 수고도 없이 크고 작은 가한(可汗;돌궐의 추장)들이 속속 항복하여, 이제 와서는 금위(禁衛)의 호위(護衛)를 분담하여 창을 들고 대열에 끼어 있습니다.

그 뒤 설연타(薛延陀)가 맹위를 떨쳤습니다만 얼마 가지 않아 전멸되었고, 철륵(鐵勒)은 폐하의 은의를 사모하여 중국에 귀속하여 주현(州縣)의 설치를 원하고, 사막 이북은 만리에 걸쳐 티끌 하나 일어나지 않은 상태입니다. 고창(高昌)이 멀리 유사(流砂) 일대에서 반역하였고 토곡혼(吐谷渾)이 적석산(積石山) 일대에서 어정쩡한 태도를 취했습니다만, 일부의 군대를 파견했을 뿐으로 어느 것이나 다 평정하였습니다.

그런데 고구려는 역대에 걸쳐서 주벌(誅伐)에서 벗어나, 이것을 토격(討擊)하지 못했습니다. 폐하께서는 그들이 반역하여 난리를 꾸미고 주군(主君)

을 죽이고 백성을 학대함을 꾸짖어, 스스로 대군을 인솔하시어 죄를 묻는 군사를 일으켜 열흘도 지나지 않아 요동을 공략하여 떨어뜨리시어, 전후의 포로가 수십만에 미치고 그들을 여러 주에 분배하셨으므로 어디를 가나 그들 포로로 꽉 차 있습니다. 수대(隋代) 이래 중국에 쌓였던 치욕을 씻고 지난날의 전사자의 유해를 매장하시었습니다. 그 공덕을 비교한다면 전대 제왕들의 만 배에 이릅니다. 그것은 성명(聖明)하신 폐하께서 스스로 잘 알고 계시는 일이므로 저 같은 사람이 자세하게 이야기 할 것은 아닙니다.

그 위에 폐하의 인자하신 은혜는 나라 안 구석구석까지 미쳐 그 효(孝)의 덕은 부군(夫君)을 하늘에 배(配)하여 제사하는 최고의 것입니다. 이민족의 멸망 기미가 보이면 틀림없이 몇 해 뒤에 있을 것을 지적하시고, 장수에게 명령을 내리실 때는 만리 먼 곳에 전기(轉機)를 결정하시어 그 결과의 보고가 들어오는 것은 마치 신이 앞일을 내다보는 것과 같아, 계략에 조금도 틀림이 없으십니다. 대오 중에서 장수 재목을 발탁하시고, 범용한 모임에서 인물을 찾아내시며, 먼 나라에서 온 이민족의 사자라도 한 번 보실 뿐으로 잊지 않으시고, 별 것 아닌 하급 관리의 이름도 한 번에 기억하시며, 쏘시는 화살은 일곱 겹 갑옷의 비늘을 꿰뚫고, 활은 여섯 균(鈞;1균은 30근)의 강궁(强弓)을 당기십니다.

그뿐 아니라, 서적이나 시가나 문장에도 관심을 가지셔 필적은 옛날 종요나 장지를 앞서시고, 문장은 조식이나 사마상여에 앞서십니다. 만민에게는 자애가 깊으시고, 군신(群臣)을 예우하시고, 작은 선행도 칭찬하시고, 법망은 관대하고, 되는 대로 사람을 벌주지 않으시며, 귀에 거슬리는 간언도 반드시 들으시고, 교묘하게 남을 중상하는 말은 딱 잘라 거절하시고, 생명을 좋아하시는 덕은 개울물을 막고 물고기 잡는 것을 금하시고, 살생을 미워하시는 착한 마음은 도살장에서 칼을 휘두르지 못하게 하시며, 일부러 수레에서 내리시어 화살에 맞아 다친 이 사마의 고름을 빠셨으며, 그 집에까지 가시어 위징의 관 앞에서 그의 죽음을 조상하시었고, 전몰 졸병을 제사하여 곡하실 때는 그 슬픔이 전군을 통곡시키셨고, 요동(遼東)의 싸움에서는 진창길에 사졸과 함께 섶을 저다가 메우셨으며, 백성의 생명을 중히 여긴 점에서는 특히 형옥의 신중을 기하셨습니다. 저는 병으로 마음이 혼미하여 아무리하여도 폐하의 위대한 공적을 다 설명할 수가 없습니다.

폐하께서는 제왕으로서의 모든 좋은 점은 완전히 갖추고 계십니다. 그러므로 저는 이번의 고구려 정벌에 대하여 깊이 폐하를 위하여 이것을 애석하게 여기고 심히 경솔하다고 여깁니다. 『주역』에, "나아갈 줄 알면서 물러설 줄 모르고, 보존함을 알면서 망하는 것을 모르며, 얻는 것을 알면서 잃는 것을 모른다면, 이것이 성인인가"라고 말씀하셨습니다. 또한 "진퇴(進退)와 존망을 알면서, 그 바른 것을 잃지 않는 자는, 그것이 오직 성인인가"라고도 하였습니다. 이에 따라 말씀드리면, 나아감에는 물러남의 뜻이 있고, 존재하는 것은 망함의 기틀이며, 얻는 것은 곧 상실한다는 의미를 갖는 이치입니다. 노신이 폐하를 위해 애석하게 여기는 이유는 이러한 점에서 여쭙는 말씀입니다. 노자(老子)가 "풍족한 것을 알면 부끄럽지 않고, 그칠 줄을 알면 위태롭지 않다"고 하였습니다. 제가 생각하기로는 폐하의 위명과 공덕은 충분히 족하고, 영토를 확장하는 일도 그만 그칠 때라고 여깁니다.

저 고구려 같은 것으로 말씀드리면 까마득하게 먼 변경의 보잘 것 없는 이민족으로 인의와 도리로써 대우할 상대도 아니고, 중국의 예의를 요구할 만한 상대도 아닙니다. 그러므로 약간 무례한 짓을 하더라도 너그럽게 보아 모른 척하시는 것이 좋을 듯합니다. 만약 그들을 멸족시키고자 하신다면, 짐승도 쫓기다 몰리면 돌아서서 물어뜯는 것이니, 고구려도 반드시 완강하게 저항할 것입니다.

더욱이 폐하께서는 사형수를 재결하심에 있어서도 반드시 세 번을 조사하고 다섯 번을 주상하여 절대로 틀림이 없다고 할 때 비로소 사형에 처하십니다. 그리고 그 집행하는 날에는 고기 없는 소식(素食)을 권하고 음악을 금하시는 것은, 사람의 목숨은 소중한 것으로서, 거룩한 자애심을 감동시키시기 때문입니다. 하물며 병사들은 아무런 죄도 없고 이유도 없이 전쟁터로 끌려나와 칼날 아래 목숨을 던져, 그들의 간과 뇌는 진창에 짓밟히고, 그 혼백은 갈 곳이 없습니다. 그들의 늙은 부모나 어린 자식, 남편 잃은 아낙들은 관을 실은 수레를 바라보며 눈물을 짓고, 고골(枯骨)을 끌어안고 가슴을 두드립니다. 이렇게 된 많은 백성의 슬픔이 모이는 곳은 반드시 음양의 변화가 생겨, 날씨가 불순해지고 농사는 흉작이 되며, 온 국민의 격렬한 원한이 될 것입니다.

그뿐이겠습니까? 병기는 흉기이고 전쟁은 위험한 것입니다. 그러므로 부득이한 경우에 한해서 쓰는 것입니다. 가령 고구려가 당조(唐朝)에 대하여 신하로서의 절의를 지키지 않는다면 폐하께서는 그를 주벌(誅伐)하시어도 상관없습니다. 고구려가 중국의 인민을 침략한다면, 폐하께서는 그를 멸하셔도 상관없습니다. 고구려가 영원히 중국에 대하여 해를 끼치는 근심거리가 된다면, 폐하께서 그를 공격하여 항복시키셔도 상관없습니다. 그 중 어느 것 하나만이라도 있다면, 설사 우리 병졸을 하루에 만 명을 죽이는 전쟁을 한 대도 부끄러운 행위가 아닙니다.

그러나 지금은 그 세 가지 중 해당하는 것이 하나도 없습니다. 다만 중국을 번거롭게 하고, 저들의 내란에 의해 막리지(莫離支)가 그 군주인 고무(高武)를 죽이고 국정을 전단하고 있는 것을 옛 왕을 위해 한을 풀어 주고, 막리지가 신라를 침략한 것에 대하여 복수를 해 준다는 이유 뿐입니다. 얼마나 얻는 것은 적고 손실은 지나치게 큰 것이 아니겠습니까?

아무쪼록 폐하께서는 皇祖이신 노자의 知足이라는 계율에 따라 만세에 걸치는 명예를 보전하시고, 비처럼 광대한 은혜를 펴시어 관대한 조서를 내리시어 따뜻한 봄볕같은 덕택을 베푸시어 고구려를 용서하여 반성시키시고, 바다에 띄워 있는 큰 선단을 불사르시고, 응모한 병졸들을 고향으로 돌려보내 주시기를 바랍니다. 그렇게 하신다면 자연히 중국도 이민족도 모두 폐하에게 따르고, 먼 곳에 있는 나라도 조용해지고, 가까운 국내도 평화로워 질 것입니다.

저는 노병 중에 있는 3공으로서 머지않아 세상을 떠날 것입니다. 다만 유감인 것은 저의 티끌 같고 이슬 같은 작은 힘이 폐하의 바다 같고 산 같은 위대한 덕에 조금이라도 공헌할 수 없게 되는 것입니다. 그래서 삼가 죽음에 임하여, 남은 목숨이 끝날 때까지 다하여 사후에 풀을 묶어 생전의 은혜를 갚았다고 하는 옛날 위무자(魏武子)의 첩의 노부(老父)의 정성을 미리 대신하고자 생각합니다. 만약 나의 죽음에 임한 가련한 울부짖음이 받아들여진다면, 저는 죽더라도 썩지 않을 것으로 믿습니다"고 상표하였다.

태종은 이 상표를 읽고 탄식하며,

"이 사람은 이와 같이 위독한 상태에 있으면서도 우리 나라의 전도에 대하여 우려하고 있다. 참다운 충신이다"고 평가하였다.
(征伐篇 第12章)

32. 魏徵이 十漸을 간한 상소

정관 13년에 위징(魏徵)은 태종이 창업 당시와 같은 검약을 지속하지 못하고 근년에 이르러 매우 사치해지고 또 방일해지는 것을 우려하여, 상소로써 그것을 충간하였다.

"제가 고래 제왕의 나라를 창업한 일을 관찰하건대, 모두 그 국가를 만세에 전하고자 하고 자손을 위해 장래의 계획을 남겨 놓습니다. 그런 고로 조정에 서서 천하를 다스림에 있어서, 정치에 대하여 말할 때는 반드시 순박을 으뜸으로 쳐서 부화(浮華)를 억제하고, 인물을 논할 때는 반드시 충량한 자를 존중하여 사악하고 아부한 자를 낮추고, 제도를 말할 때는 사치를 끊고 검약을 존중하고, 물산을 말할 때는 곡식이나 천 따위 백성의 생활에 없어서는 안 되는 물자를 중히 여겨 진기한 보물 따위를 낮추었습니다. 천명을 받아 왕조를 창건하여 천자가 된 처음에는 모두 전기한 방침에 따라 잘 다스려진 세상을 이루었으나, 얼마간 나라가 편안해진 뒤에는 이에 반하여 풍속을 파괴하는 일이 많습니다. 그 이유는 무엇이겠습니까?

그것은 만승의 존귀한 천자의 지위에 있으면서 사해의 재부를 내 것으로 보유하고, 말만 내면 자기에게 거역하는 자가 없고, 행함에는 사람이 반드시 순종하고, 공정한 도리가 사사로운 정으로 헤어나지 못하고, 예절이 욕망으로 해서 결여되기 때문이 아니겠습니까? 옛말에, "이것을 알기는 어렵지 않고, 이것을 행하기가 어렵다. 이것을 행하기는 어렵지 않고, 이것을 마치기가 어렵다"고 했는데, 이것은 사실입니다.

삼가 생각하건대 폐하께서는 약관 20에 천하의 어지러움을 평정하여 국내를 통일하시고, 비로소 제왕의 업을 여시었습니다. 정관 초년에는 장년이시었으므로, 기호에 대한 욕망을 억제하여 스스로 절검(節儉)을 행하시고 나라의 안팎이 지극히 편안하여 마침내 태평성세가 이루어졌습니다. 그 공적을 논하면 은의 탕왕이나 주무왕도 비교가 되지 않고 그 덕으로 말하면 요순(堯舜)과 같은 성천자(聖天子)도 멀리 뒤져 있었습니다. 제가 발탁되어 폐하의 측근에서 섬기면서부터 10여 년 동안, 언제나 기밀에 대하여 의논하시고 때때로 현명한 분부를 내리시어 들어 주셨습니다. 폐하께서는 항상 인의에 찬 도리의 실천을 기대하시고, 그것을 지키어 종시 변함이 없으셨습니다. "한 마디로 나라를 일으킨다"고 한 『논어』말씀은 바로 이러한 일을 이르는 것이었습니다. 당시의 폐하의 훌륭하신 말씀은 지금도 생생하게 제 귀에 남아 있어 결코 잊을 수가 없습니다. 그러나 근년에 와서 얼마간 지난날의 의지와는 다른 일찍이 인정미가 넘치던 정치가 차츰 유종의 미를 온전히 하실 수 없을 것 같이 생각됩니다. 삼가 아뢰오면 다음과 같은 것들입니다.

폐하께서 정관 초년에는 무위무욕(無爲無欲)으로 청정한 덕화는 나라 안 뿐 아니라, 멀리 미개한 나라에까지 미치었습니다. 그런데 이것을 오늘날에 대하여 생각해 보건대, 그 풍조가 점차로 쇠퇴하였습니다. 말씀만을 들으면 멀리 상고의 성인보다도 앞서는 훌륭한 의견입니다만, 실제를 말슴드리면 역사상 평범한 군주에게도 앞서지 못하십니다. 무슨 증거로 그런 말씀을 아뢰옵는가 하면, 한문제나 진무제는 어느 모로나 상고의 성인에 비할 만한 천자가 아니었습니다. 그러나 한문제는 하루에 천리를 비할 만한 천자가 아니었습니다. 그러나 한문제는 하루에 천리를 달리는 명마의 헌상을 물리쳤고, 진의 무제는 헌상한 꿩의 아름다운 깃으로 장식한 갑옷을 전전(殿前)에서 살라 버렸습니다. 그런데 지금의 폐하께서는 준마를 만리의 먼 곳에서 구하시고 진기한 보물을 국외에서 사들이시어 도중의 사람들로부터 무엇인가 이상하게 여김을 받고 이민족에게는 업신여김을 받습니다. 이것이 차츰 유종의 미를 온전히 하지 못하는 점의 첫째입니다.

옛날에 자공(子貢)이 공자께 백성을 다스리는 도를 물었을 때에, 공자는 "썩은 줄로 여섯 마리의 말을 부리는 것과 같다"고 하였습니다. 폐하께서는 정관 초년에는 백성을 보호하시기를 상처 입은 사람을 보시듯 하셨고, 그들의 근로하는 모습을 가엾게 보시었으며, 백성을 사랑하심을 내 자식처럼 귀여워하시어 언제나 간략을 주지로 하시어 대규모의 건축물을 짓는 일이 없으셨습니다. 그런데 근년에 와서는 사치하고 방일해지시어, 갑자기 종전의 겸손하고 검약하시던 정신을 잃으시고 가볍게 백성을 노역으로 부리십니다. 그리고 "백성은 할 일이 없으면 교일해지고, 노역을 하면 부리기가 쉽다"고 하십니다. 예로부터 백성의 일락에 의해 나라가 기울고 패한 예는 없습니다. 그런데 어찌하여 미리 백성이 일락 해질 것을 두려워하여 일부러 노역으로 혹사시키려 하시는 것입니까. 그러한 말씀은 아마도 나라를 흥륭(興隆)시키는 정당한 말씀이 아닙니다. 어찌 백성을 안정시키는 원대한 계획이라 하겠습니까? 이것은 점차로 유종의 미를 거둘 수 없는 점의 둘째입니다.

폐하께서 정관 초년에는 자신의 손해를 돌보지 않으시면서까지 백성의 이익을 도모하셨습니다. 그런데 오늘날에 와서는 자신의 욕망을 채우는 일에 봉사시키기 위해 백성을 괴롭히고, 겸손하고 검약하시던 행동은 해가 갈수록 바뀌어, 뽐내고 사치하고자 하는 마음이 날로 늘어나십니다. 입으로는 백성의 일을 근심하시는 말씀을 끊임없이 하시지만, 자신을 즐겁게 하는 일에 실로 열심이 십니다. 궁전이나 이궁을 건조하고 싶다고 생각하실 때에는 신하가 그것을 간할 것을 생각하시고, 선수를 치시어 "만약 이것을 하지 않으면 내 몸이 편하지 않다"라고 하십니다. 이렇게 되면 신하의 정리로서 도저히 그것을 제치고 간할 수가 있겠습니까? 이것은 다만 간하고자 하는 사람의 입을 막기 위한 것으로서, 어찌 선한 일을 가려 행하는 것이라고 하겠습니까. 이것이 점차 유종의 미를 거두지 못하는 점의 셋째입니다.

사람이 몸을 세움에 있어서 성공과 실패는 그 영향과 감화를 받는 점에 있습니다. 난채(蘭茝)와 같은 좋은 향기가 있는 방에 들어가서도 포어(鮑魚)와 같은 악취가 나는 방에 들어가서도 오래 있으면 그 냄새를 모르게 됩니다. 선인과 교제를 하거나 악인과 교제를 하거나 마찬가지로 그 영향과 감화는 심대한 것입니다. 그러므로 사람은 물들기 쉬운 상대를 주의하지 않으면 안 된다는 것은 잘 생각하여야 할 일입니다. 폐하께서 정관 초년에는 명예와 절의를 중히 여기고 힘쓰시어 사람에게 편드는 일이 없으시고 오직 선인만을 친하시어 군자를 친애하고 소인을 멀리 하셨습니다. 그런데 지금은 그렇지 않으시고 소인들과만 친숙하시고 군자는 경의를 표하면서 중히 여기십니다. 그러나 중히 여기신다고는 하지만 그것은 공경하여 멀리한다는 것이었고 소인을 우습게 여긴다고는 하지만 그것은 친숙하여 가까이 하시는 것입니다. 친숙하여 가까이 지내면 그 옳지 않은 점이 보이지 않게 되고, 공경하여 멀리하면 그 좋은 점을 알 수가 없습니다. 군자의 좋은 점을 알지 못하면 이간을 꾀하는 자가 없어도 저절로 소원해지고, 소인의 결점을 깨닫지 못하면 시간이 감에 따라 저절로 친밀해집니다. 소인과 친밀해지는 것은 치세를 완성하는 방법이 아닙니다. 군자를 소원하게 하는 것이 어찌 나라를 흥륭시키는 길이겠습니까. 이것이 점차로 유종의 미를 거둘 수 없게 하는 점의 넷째입니다.

『상서』에는 다음과 같은 말이 있습니다. "무익을 짓고 유익을 해하지 않으면, 공이 곧 이루어진다. 이물(異物)을 귀히 여기지 않고 용물(用物)을 천히 여기지 않으면, 사람은 곧 만족한다. 견마(犬馬)는 그 토성(土性)이 아니면 기르지 말고, 진금기수(珍禽奇獸)는 나라에 기르지 않는다"고 하였습니다. 폐하께서 정관 초년에는 그 행동이 모두 상고의 성천자인 요순(堯舜)을 본보기로 하여 따르시어, 황금이나 보옥(寶玉)을 돌아보지 않으시고, 고대의 순박하고 질소(質素)한 생활로 돌아가셨습니다. 그런데 근년에 와서는 진기한 물품을 존중하시어 손에 넣기 어려운 물건을 아무리 먼곳에서라도 이르지 않는 것이 없고, 견줄 데 없는 정교한 기구를 제작하는 일이 그칠 적이 없습니다. 이와 같이 임금께서 화려한 사치를 좋아하시면서 백성의 순박한 생활을 바라셔도 그것은 실현될 수가 없습니다. 상공업만을 성대하도록 하면서 농작물의 풍성한 결실을 기대하는 것은 있을 수 없다는 것은 분명합니다. 이것이 점차로 유종의 미를 거둘 수 없게 되는 점의 다섯째입니다.

정관 초년에는 현자를 구하는 일이 마치 목마른 자가 물을 찾듯이 열렬하게 구하여, 선인이 천거하는 인물은 이를 믿어 임용하고 그 장점을 취하여 항상 현재(賢才)를 구하는 일에 열중하셨습니다. 그런데 근자에 와서는 폐하의 마음에 좋고 싫음에 따라 사람을 쓰시고, 혹은 많은 선인들이 일치하여 천거한 사람을 쓰더라도, 한 사람이 헐뜯으면 그 사람을 버리고 쓰지 않으십니다. 또 오랜 동안 임용하여 신뢰하시다가도 한 번 의심하시면 그를 멀리하십니다. 본디 사람에게는 평소의 행함이 있고, 일에는 성취한 사적(事跡)이 있는 것입니다. 그러므로 사람을 나쁘게 말하는 사람이 반드시 칭찬 받는 사람보다 신용할 수 있다고는 할 수 없습니다. 그런 고로 여러 해를 쌓은 선행을 하루아침에 갑자기 잃게 되서는 안 됩니다. 더구나 군자의 마음은 인의와 도덕을 실행하여 훌륭한 덕을 세상에 넓히고자 합니다만, 소인의 성질은 남의 욕을 하기 좋아하고 자기 개인의 이익만을 생각합니다. 폐하께서는 상세하게 그 근원을 살피지 않으시고 경솔하게 겉만으로 인물의 선악을 단정하십니다. 그러면 바른 도리를 지키는 사람은 날로 멀어지고, 능력도 없는 주제에 지위만을 바라는 자가 날로 진출하게 됩니다. 그러므로 사람들은 다만 한때를 피하여 실패만 없으면 된다고 생각하게 되고 자기의 능력을 충분히 발휘하려고 하지 않습니다. 이것이 점차로 유종의 미를 거둘 수 없게 하는 점의 여섯째입니다.

폐하께서 처음으로 황제의 지위에 오르셨을 때는 높은 지위에 계시면서도 깊이 민간의 일을 잘 살피시었고 일은 청정을 으뜸으로 하고 마음은 기호의 욕심이 없으시어 수렵의 도구를 치워버리고 유렵의 근원을 끊어 버리셨습니다. 그런데 몇 해가 지난 뒤에는 그러한 뜻을 굳게 지키시지 못하고 옛날 이야기에 있는 백일 동안이나 사냥에 나간 채 돌아오지 않은 천자 정도는 아닙니다만, 옛날 천자가 세 방면만을 에워싸고 사냥을 했다는 제도보다 넘치는 일이 있고, 드디어 너무도 빈번하게 사냥 나가시는 것을 백성들이 비난하고, 사냥에 쓰는 매나 엽견(獵犬)의 공물은 멀리 사방의 이민족에게까지 미치고, 혹은 사냥터의 길이 멀어 아침이 밝기 전에 대궐을 나시어 밤중에 돌아오시고, 달아나는 짐승을 쫓아 말을 달리는 것을 즐거움으로 삼으시고, 뜻하지 않은 재난이 일어날 수도 있다는 것에 대하여는 전혀 마음에 두시지 않습니다. 변사라는 것은 뜻하지 않은 때에 일어나는 것입니다. 일단 변사가 일어난 뒤에는 수습하기가 어렵습니다. 이것이 점차로 유종의 미를 거두지 못하는 점의 일곱째입니다.

공자의 말씀에, "임금이 신하를 부림에는 예로써 하고, 신하가 임금을 섬김에는 충성으로써 한다"고 하였습니다. 이렇게 말씀드리면 군주가 신하를 대우함에는 도의가 엷어서는 안 되기 때문입니다. 폐하께서 처음에 천자의 위에 오르셨을 당시에는 존경의 마음으로 신하를 대하시고, 군주의 은혜는 신하에게 충분히 미쳤고, 신하의 심정은 군주에게 잘 이르렀습니다. 그래서 신하들은 무슨 일에나 주군을 위하는 일이라면 자기가 할 수 있는 한 힘을 다 하려 하였고, 마음속에 조금도 숨기는 일이 없었습니다. 그러나 근년에 이르러는 폐하의 신하들에 대한 태도가 경박하고 소홀하고 거친 점이 많아지셨습니다. 어느 경우에는 지방관이 임무를 띠고 지방을 다스리다가, 지방의 사정에 대하여 상주할 일이 있어 입조하여 궁중에 입궐(入闕)하여 임지에서 본 사실을 아뢰고자 하여도, 아뢰려면 존안(尊顔)을 뵐 수가 없고, 원하는 바가 있어 말씀 드려도 받아들여지지 않고, 그리고 갑자기 그 단점에 대하여 작은 과실을 꾸짖으십니다. 이렇게 되면 아무리 현명하고 구변이 뛰어나고 재략이 있는 신하라도 그 충의심을 아뢸 수가 없습니다. 이러한 상태이면서 상하의 마음이 일치하고, 군신이 함께 태산같이 안전하기를 바라도 곤란한 일이 아니겠습니까? 이것이 점차로 유종의 미를 거둘 수 없게 되는 점의 여덟째입니다.

"거만함은 오래가지 못할 것이고, 욕심은 뜻대로 이루지 못할 것이며, 즐거움은 다하지 못할 것이며, 뜻하는 바를 채우지 못할 것이다"라고 한 것은 『예기』에 있는 말입니다. 이 네 가지는 옛날의 제왕이 그 몸에 행복을 가져오게 한 원인이 되어 있는 것으로 널리 사리에 통달한 현자가 깊이 경계한 바입니다. 폐하께서 정관 초년에는 한마음으로 노력하여 게으르지 않고, 자신의 생각을 굽혀 남의 의견에 따르고, 언제나 부족한 데가 있는 듯한 겸손한 태도셨습니다. 그런데 근자에 이르러서는 약간 뽐내면서 방일한 행동을 하시고, 공업의 위대한 것을 과시하여 전대의 제왕을 경멸하시고, 뛰어난 지혜의 현명함을 자부하시어 당대의 현자를 업신여기십니다. 이것은 오만한 마음이 자란 까닭입니다. 그래서 하고자 하시는 생각이 계시면 무엇이나 뜻대로 해 치우십니다. 가령 일시적으로 감정을 억누르고 충간하는 말에 따르시는 경우가 있더라도 결국은 마음으로부터 믿지는 않으십니다. 이것은 욕망이 무제한으로 자란 까닭입니다. 폐하께서 뜻하시는 것은 즐겁게 노는 것 뿐으로 아무리 놀아도 그것으로 만족하실 줄을 모릅니다. 현재의 상태로는 아직 그것이 정사에 방해가 되지는 않습니다만, 전연 정치에 대해서는 관심이 없어지셨습니다. 이것은 즐거움이 극도에 이르고자 하는 것입니다. 나라 안 방방곡곡까지도 태평하고, 사방의 이민족도 본심으로 복종하고 있습니다. 그러함에도 불구하고 먼 변방 땅에 병마를 동원하여 까마득하게 먼

끝의 이민족의 무례함을 꾸짖어 토벌하고자 하는 무익한 전쟁을 일으키는 일에 대하여, 폐하의 측근에서 친숙하게 지내는 자는 분부에 아부하여 자신의 의견을 아뢰고자 하지 않고, 소원한 자는 폐하의 위광이 두려워 충간하고자 하지 않습니다. 이러한 상태가 쌓이고 또 쌓이면, 뛰어난 폐하의 덕망에 손상을 가져올 것으로 생각됩니다. 이것이 점차로 유종의 미를 거두지 못하게 되는 점의 아홉째입니다.

옛날의 요임금이나 순임금, 또는 은의 탕왕이나 주무왕(武王) 같은 성천자 시대에도 전혀 재해가 없었던 것은 아닙니다. 그러나 그들이 대단히 뛰어난 덕을 가진 제왕이었다고 일컬어지는 것은 시종일관하게 무위무욕이었고 재해를 만나면 우려와 근로의 모든 것을 다하였고, 세상이 편안할 때에도 자기의 욕망대로 교만하거나 방일하는 일이 없었기 때문입니다. 정관 초년에는 해마다 연속해서 상해(霜害)와 한해(旱害)가 있었고, 도성을 중심으로 한 지역의 호구는 모두 먹을 것을 구하여 관외의 땅으로 나가, 노인이나 유아를 등에 업거나 손을 잡아끌면서 오고 가고 한 자가 수천에 달했습니다. 그러나 한 집도 도망한 일이 없었고, 한 사람도 그 고통을 원망한 자가 없었습니다. 그것은 진실로 폐하께서 백성을 친절하고도 가련하게 여겨 양생하려는 뜻을 가지고 계신 것을 잘 알기 때문이었습니다. 그런 까닭으로 굶주려 죽은 자는 있어도 두 마음을 가진 자는 없었던 것입니다. 그런데 근년에 이르러서는 백성은 정부의 노역으로 해서 지치고, 도성 가까운 관중 백성들의 노역으로 인한 피폐가 가장 심합니다. 그리고 공장(工匠)들은 비번으로 쉬어야 할 날에도 머물러 노동을 시키고, 정규병들은 당번 날에도 근무 밖의 일에 부려집니다. 각 지방의 산물을 교역하여 정부가 거기서 수수료를 취하기 위해 촌마을에까지도 물자의 이동이 그치지 않고, 물자 수송에 동원되는 인부는 길에 이어져 있습니다. 만약 어떠한 폐해가 생긴다면, 약간의 트집거리로도 백성은 소동을 일으키기 쉽고, 만약 홍수나 한해로 해서 곡식의 수확이 없어질 때는 아마도 백성의 마음은 왕년처럼 편안하게 있을 것 같지는 않습니다. 이것이 점차로 유종의 미를 거둘 수 없게 하는 점의 열째입니다.

저는 "禍福은 문이 없고, 오직 사람이 부르는 바에 따른다"고 한 『좌전』의 말을 들었습니다. 사람에게 결점이 없으면 재화가 분별없이 일어나는 것은 아닙니다. 삼가 생각하건대, 폐하께서 천하를 통어하시기 여기 13개년 그 동안에 폐하의 도덕은 국내에는 골고루 퍼져 있고, 그 위광은 멀리 해외(海外)에까지 미쳤으며, 해마다 곡식은 풍작이고, 학문과 교육은 왕성하게 일어나고, 집집마다의 백성은 모두 선량하고 재덕(才德)이 뛰어나 제후로 봉해도 손색이 없을 만큼의 자들뿐이고, 미곡은 풍부하여 물이나 불과 마찬가지고 아끼지 않고 쓸 수가 있습니다. 그런데 금년에 이르러서는 자연재해가 성대하게 일어나고, 염기(炎氣)는 한해(旱害)로 변하고 그것이 먼 군국(郡國)에까지 피해를 입히고, 사나운 자들이 사나운 짓을 하여 곧 천자의 무릎 밑 가까운 황도(皇都)에까지도 흉악한 범죄자가 출몰하기에 이르렀습니다.

본디 하늘은 아무 말도 하지 않습니다. 오직 하늘이 변하고 땅이 이상해지는 것과 같은 현상을 두려워하고, 하늘을 대신하여 지상을 통치하는 천자에 대하여 경계를 보이는 것입니다. 그러므로 지금의 재해가 일어나는 현상은 폐하께서 하늘의 경계에 대하여 두려워하여 우려하고 근면할 때입니다. 만약 하늘의 계고(戒告)에 대하여 두려워하고, 선인을 가려 써서 그의 말에 따르며, 교만하고 방일한 마음을 버리고, 주문왕이 세심(細心)하게 마음을 써서 깊이 삼가한 것과 같이, 은탕왕이 크게 가물었을 때 자신을 희생으로 하여 하늘에 기도하여 자기가 정치를 잘못한 죄를 반성한 일을 배우고, 전 시대에 제왕이 치세를 완성한 원인이 된 방법은 모두가 노력하여 실행하고, 오늘날에 도덕이 패퇴한 원인이 된 것을 잘 생각하여 그 나쁜 점을 고치고, 백성과 함께 개인이나 사회에 있는 모든 방법을 갱신하여 사람의 이목(耳目)을 일신한다면 천자의 지위는 무궁하게 전하여지고, 천하 만민의 행복은 이보다 더한 것이 없게 되어 재앙이나 파멸을 근심하겠습니까?

그렇게 생각하면 천하 나라의 치란과 안위라는 것은 천자 한 분에게 달려 있는 것입니다. 현재의 태평한 기초는 하늘보다도 높이 쌓아져 있습니다. 그러나 아직 일껏 쌓아 올린 태평의 기초도, 그것을 중도에서 중지한다면 지금까지의 노력이 모두 수포(水泡)로 돌아가고, 이른바 구인(九仞)의 공(功)을 일궤(一簣)에 없어질—거의 다 이루어 놓은 공적을 마지막 작은 노력의 부족으로 일을 망쳐버릴 두려움이 있습니다. 지금은 천 년에 한 번 나타난다고 하는, 이런 성천자가 계신 훌륭한 시기이고, 이러한 시기는 두 번 다시 얻을 수가 없습니다. 현명한 군주는 그것을 실행할 능력이 있으면서도 그것을 실행하지 않고, 그로 해서 저 같은 비천한 신하가 마음 밝을 날이 없이 한숨만 짓게 되는 까닭입니다.

저는 진실로 어리석고 비천하여 사물의 기회라는 것에 충분히 통달하지는 못하였습니다. 그러나 거의 저의 눈에 뜨인 점 열 가지를 들어, 성스럽게 들으심에 상주합니다. 삼가 바라는 바는 폐하께서 저의 중언부언하는 되지 않은 말을 채택하시고, 민간의 의견도 참고해 주시고, 부디 나와 같은 어리석은 자의 생각 중에도 천려에 일득(一得)이 있어, 천자의 직책에 조금이나마 보탬이 되는 점이 있다면, 설사 폐하의 노여움을 사더라도 죽는 날이 나의 새로 태어나는 날이라고 여기고, 사형에 처하신다고 하여도 만족하겠습니다"라고 상소하였다.

이 상소문이 주상 되었을 때, 태종은 위징(魏徵)에게

"신하된 자로서 군주에게 섬김에는, 군주의 뜻을 순종하기는 퍽 쉬우나 군주의 감정을 거슬리면서까지 간하는 일은 가장 어려운 일이다. 그대는 나의 이목이나 수족이 되어 언제나 사려 깊은 의견을 헌납해 준다.

나는 지금 그대에게서 허물되는 점을 듣고 반드시 고쳐 보이겠다. 그리고 아무쪼록 유종의 미를 이룰 것이다. 만약 이 말에 위반된다면 무슨 낯으로 그대를 만날 수 있을 것인가? 그뿐인가? 그대의 상소 이외에 어떤 방법으로 천하를 다스릴 수 있을 것인가? 그대의 상소를 얻어서 되풀이하여 충분히 연구하여 그 말은 강하고 도리가 바른 것임을 깊이 깨달았다. 그래서 그것을 병풍으로 만들어 아침 저녁으로 우러러 보기로 하고 또 사관에게 명하여 기록하게 하였다.

아무쪼록 천년 뒤의 사람들이 이것에 의하여 군신의 의를 알았으면 하고 바란다"라고 하면서, 포상으로 황금 열 근과 궁중 마굿간에서 말 두 필을 하사하였다.(愼終篇 第5章)

34. 胡適은 不朽論을 제출하였다

불후는 영혼불멸의 의미이다. 이 측면은 인간의 행위에서 실제로 어떤 영향이 없어 말이 되지 않는다. 『春秋·左傳』에 三不朽가 보인다. 즉 德·功勞·言論을 세우는 것이 그것이다. 德이란 개인 인격의 가치로 그것을 세운 자는 계속해서 숭배받으니 불후한 것이다. 공로는 콜롬부스가 신대륙을 발견하고, 워싱턴이 미공화국을 건설하여 신기원·신천지를 열어 후세인들에게 무궁한 행복을 제공하여 그 공로가 불후한 것이다. 저작자가 언어로 위대한 작품을 써서 후세에 영향을 주어 좋은 著書·새역사·새철학을 내놓아 문화를 발전하게 하니, 그 말이 불후한 것이다.

이러한 삼불후는 통상적으로 극소수이고 서로 유기적 관계에 있었으며, 범위 또한 애매하다. 그러나 이는 사회적 不朽論으로 발전한다. 그 큰 뜻은 그것이 독립 존재가 아니고 무수한 小我가 직·간접적으로 관련되어 있고 사회전체와 세계전체와도 관련되어 있다. 또한 그것은 세계의 과거·미래와 모두 인과관계가 있다. 즉, 종종의 원인은 현재 무수한 小我와 무수한 세력으로 조성된 원인과 모두 나 한 사람의 小我가 그 일부분이 된다. 이러한 小我에 종종의 원인이 보태져서 전해져 내려와 무수한 장래의 小我를 조성한다. 이런 종종의 과거 小我는 종종의 현재 小我와 종종의 미래 무궁한 小我가 대대로 전해져 끊임없이 흐르는 물처럼, 단절되지 않는다. 이것이 곧 大我이고, 小我는 비록 소멸하지만 大我는 영원불멸, 곧 죽지 않고 불후하다. 이에 小我의 모든 행동·공덕·죄악·어언행사·시비선악은 모두 영원히 大我 중에 남아 있다. 까닭에 일체의 소아의 인격·사업·일거수일투족·공과 또한 영원불후한 것이다. 이것이 곧 사회적 불후로 대아의 불후인 것이다.

예컨대 담장안의 삼현(三絃)을 타는 음악은 퍼지고 퍼져 많은 사람들에게 감미로움을 전해주어 大我가 형성된다. 폐병환자의 기침과 가래는 퍼지고 퍼지면 커다란 악과가 그 大我로 형성된다. 총결하면 공덕죄악, 언어행사는 대소·좋고 나쁨이 없이 하나하나가 모두 大我 중에 남아 영향을 주고 모든 이러한 불후한 대아는 하나같이 영원불후하다는 것이다.

***磨勘 한 말씀

필자는 독서를 좋아하여 1977년 5월 전남대학교에 입사하여 中國古代史·中國史學史를 主專攻으로 삼아 연구방법론조자 모른 상태에서 독자적으로 논문을 써보았지만 잘 되지 못하여 허탈한 상태에 전북대학교 송준호교수님께서 빨리와 공부하라는 부르심을 받고 영국 애베리교수님의 博陵崔氏·미국 존슨교수님의 趙郡李氏에 관한 논문을 강독해주셔서 일인교수님의 太原王氏와 성균관대학교 이공범교수님의 琅邪王氏에 관한 연구논문과 서울대학교 이성규교수님의 淸河崔氏 崔浩一門에 관한 논문을 읽고 위진 수당시대의 우미한 가풍을 가진 范陽盧氏에 관한논문으로 박사학위를 취득하였고,『중국사학사요강』·『중국정치사상사강요』·사마광의『자치통감사론탐방』을 펴냈다. 또한 입사처음에 잘못된 논문을 이번에 대폭 보강하여「서위·북주의 관료적 문벌사족연구」라고 하고, 저간에 시대사에 관한 10여편 拙文과 拙著 산동문벌사족의 성립과 전개 그리고 중국고대사를 이해하는 데에 필요하다고 생각되는 名文을 번역·해설하여 이책에 삽입하여 상촌선생 위진수당 문벌사족연구논문집Ⅱ로 출판하였다. 이리하여 현대한국인인 필자는 孔子의 世界觀에서 고된 생애를 살아왔다.

실제로 孔子님의 인생은, "나는 十有五에 學문에 뜻을 두어 三十에 立身하고 四十에 不惑하며, 五十에 知天命하고 六十에 耳順하여 七十에야 비로소 하고자 한 바를 마음대로 하여도 법규를 벗어나지 않았도다.(論語 爲政)고 하시었다. 또한 子路에게, 名分이 바르지 않고 言行이 순조롭지 못하면 사업이 이루어지 못한다. 또한 禮樂이 일어나지 못하고 형벌이 적중하지 못하여 백성은 어떻게 할줄몰라 혼란에 빠진다(論語 子路3章)는 말씀은 인생역정에 필요한 참좋은 이정표로 생각되어 후학에게 소개한다. 아우러 孝悌忠信 敦睦宗中 立身揚名 顯父母·祖上名하여왔던 과거 동아세계에서 살았던 인생역정이었으니, 이것이 또한 우리 모든 사람들의 역정이라고 할만하여 勸勉해 본다.

따라서 필자가 胡適·魏徵·賈誼 등의 저명한 政論과 司馬光의 史論 등을 후학여러분에게 참고자료를 번역·해설하여 勸勉하였으니, 후학여러분에게 드릴 한 말씀은 간사·교활한 한 인간의 현재의 小我가 미래의 大我에 善果인가 惡果인가를 通察하여 鑑戒로 삼을만하니, 名人의 말씀과 그 善果는 존중되고 우대받고 奸邪·邪慝한 惡果는 破壞·埋葬하는 일이 정의로운 사회를 만들어 후손에게 물려주는 첩경이라고 결론짓고 권고해 본다.

찾아보기

ㄱ

ㄷ

ㄹ

ㅁ

ㅂ

ㅅ

ㅇ

ㅈ

ㅊ

ㅌ

ㅍ

ㅎ

기타